内容简介

如何阅读财务报表并理解企业经济活动过程及其结果？如何透过财务报表洞察企业的商业模式或价值创造动因？如何借助财务报表评估企业价值？诸如此类的问题都可以从本书中找到相应的答案。

与其他同类教材相比，本书有如下亮点：

- 跳出"就财务报表论财务报表"的思维桎梏，以财务报表分析与估值的六个相互关联且前后有序的步骤（即六步骤框架）构造篇章结构，由表（财务报表）及里（经济活动）、由此及彼，充分展现财务报表分析新思维。
- 百事公司真实的财务报告贯穿始终，将行业特征与战略分析、会计学与财务学融为一体，打通财务报告、财务报表分析与企业估值之间的关系，使读者有身临其境之感。
- 各章的综合案例以星巴克公司的真实财务报告贯穿始终，与百事公司的财务报告遥相呼应，使读者读完本书之后达到"既见树木，又见森林"的理想境地。

本书不仅适合作为商科类院校各层次学生的教材，也是值得各类经理人（包括希望成为经理人的人士）阅读或珍藏的经典读物。

主要作者简介

詹姆斯·瓦伦（James M. Wahlen） 印第安纳大学凯利商学院会计学系主任、詹姆斯·霍奇会计学讲席教授。获得密歇根大学博士学位，曾任教于多所著名大学。教学与研究兴趣集中在财务会计、财务报表分析和资本市场等领域，在会计学与财务学等学术期刊上发表多篇论文，获得多项教学奖励。

译者简介

胡玉明 暨南大学管理学院会计学系/暨南大学管理会计研究中心教授。长期关注管理会计理论与方法及其中国实践，专注于管理会计、财务报表分析和经理人会计等课程的教学工作，始终倡导"学海无涯乐作舟"，并"由技入道"地感悟会计数字背后的"灵性"。

工商管理经典译丛·会计与财务系列
BUSINESS ADMINISTRATION CLASSICS

财务报表分析

第8版

詹姆斯·瓦伦（James M. Wahlen）
斯蒂芬·巴金斯基（Stephen P. Baginski） 著
马克·布拉德肖（Mark T. Bradshaw）
胡玉明 译

FINANCIAL REPORTING,FINANCIAL STATEMENT ANALYSIS,AND VALUATION:A STRATEGIC PERSPECTIVE

Eighth Edition

中国人民大学出版社
·北京·

译者序

曾几何时，会计学专业的大学毕业生在求职时手持毕业和学位证书就可以叩开任何一个单位的大门。大学的所有专业中，没有第二个专业有此殊荣。可如今，面对世界科技发展潮流以及“互联互通，万物联通”的互联网，会计职业面临严峻的挑战。不过，我一直认为会计职业还没有到“山重水复疑无路”的地步。我对会计职业的看法是“不必过于忧虑，但不能高枕无忧”。2016 年 5 月 7 日，我曾经在北京大学光华管理学院举办的以“供给侧改革背景下的管理会计教育变革”为主题的中国管理会计教育高峰论坛上明确指出：“互联网可以创造机会，但互联网本身未必能创造价值。同理，互联网改变了会计工作方式（会计实务），但并没有改变会计的本质（会计理论）。互联网背后的计算机运行的还是会计思维。没有会计思维，计算机根本就无法替人类做会计工作。”

就营利性组织而言，会计信息是一种商业语言。俗话说“在商言商”。在商界，人人都要有会计思维。这就印证了“经济越发展，会计越重要”这句至理名言。然而，许多重要工作不见得必须要由人来做，常规性的重要工作可以由计算机来做。计算机未必比人聪明，但比人能干。我们每个人都不应该与计算机“抢饭碗”，而要做计算机不能做的事情。当然，学校也不应该培养与计算机“抢饭碗”的学生。

照相机逐渐退出历史舞台，但照相的基本原理依然存在（嵌入各种消费电子设备）。同理，会计岗位可能逐渐减少，但会计思维永存。当然，不可否认的是，互联网改变了会计工作方式，意味着会计人员的需求量会减少，从而影响会计人员的就业。因此，会计学依然存在，但会计师减少也许是一种大趋势。

其实，这不足为奇，只不过是印证了我 2005 年 12 月 4 日在中山大学管理学院“全国会计硕士专业学位（MPAcc）‘管理会计’课程教学研讨会”上提出的“21 世纪是一个没有会计的会计时代。21 世纪只能看到教会计的人，而看不到做会计的人”的观点而已。

尽管如此，我对会计职业的未来走向一直持乐观态度。尽管人类已经逐步将机器发展为机器人，但机器人并不能完全替代人。也许，如何“做会计”留给会计职业的空间正在逐步缩小甚至消失，但如何“用会计”却给会计职业留下较大的空间。我甚至认为会计职业面临严峻的挑战是一种“利好”。会计人员终于可以从枯燥单调的数字处理（做账）工作中解放出来，让机器人做枯燥单调的数字处理工作，会计人员做充满乐趣的工作，发挥自己天生“拥抱数字”的优势，用心感悟会计数字背后的“灵性”。当然，会计职业的生态环境和未来走向必然会随之发生变化。

财务报表中充满了数字。无论财务报表的呈现方式将发生多大变化，它依然是会计信息的主要载体。财务报表分析就是会计人员从如何“做会计”通向如何“用会计”的桥梁。计算各种财务指标只是一个“算术”问题，理解并运用各种财务指标才是一个“管理”问题。财务报表分析只是问题的起点，而不是问题的终点。借用哲学的一个词表达我多年来从事“财务报表分析”课程教学的想法：财务报表分析必须以战略为导向，由表及里，跳出繁杂琐碎的数字迷宫，以经济活动透视财务报表，以财务报表感悟经济活动，从而梳理财务报表分析的整体框架。财务报表分析过程就是“业财融合”的过程。

呈现在读者面前的这本《财务报表分析》较为完美地体现了我个人的想法。如果直译，这本书的名称应该是“财务报告、财务报表分析与估值：一种战略视角”。不过，这个书名过于冗长，与出版社协商后，将书名翻译为“财务报表分析”。全书以财务报表分析与估值的六个相互关联且前后有序的步骤（即六步骤框架）构造篇章结构，以百事公司真实的财务报告贯穿始终，将战略与行业特征分析、会计学与财务学融为一体。本书各章的综合案例部分以星巴克公司真实的财务报告贯穿始终。本书采用如此独具匠心的方法，可使读者产生身临其境的感觉。至于本书的其他优点，作者在前言里已经描述得很清楚了，不需要再赘述。尽管如此，我还是忍不住要强调，作为一本财务报表分析教材，该书已经出到第8版，且经久不衰，享有盛誉。市场就是最好的鉴定者，市场已经为本书做了很好的鉴定！

值得指出的是，大趋势并不等于现实。我们必须承认一个事实：世界发展并不平衡，处于不同发展阶段的企业，其管理需求和管理方式各有侧重，因此“过去未去，未来已来”将并存，但大趋势却不能逆转，“未来总会来”。面对未来会计职业的严峻挑战，会计人员与其终日焦虑不安，不如主动提升自己。如果读者认为“未来已来”，那就赶紧学习财务报表分析；如果读者认为“过去未去”，那也得立足未来，布局现在，未雨绸缪，提前学习财务报表分析。

自从2006年开始从事“财务报表分析”课程的教学工作以来，我就一直向学生推荐本书的各个版本。我非常喜欢这本教材，也正是出于这种喜欢，当中国人民大学出版社向我提议时，我欣然接受了翻译任务。然而，在强调团队合作的今天，由于在大学的评价机制里翻译不算科研成果，我居然找不到合适的合作译者（其实我也不忍心耽误同事的前程）。既然已经答应，只能“单枪匹马”“风雨兼程”。在近三年的时间里，我将所有业余时间都投入本书的翻译工作中。在此，特别感激我的爱妻康淑敏女士的包容、理解与支持。当然，我还得感谢中国人民大学出版社对我的信任与支持。

尽管我非常希望能够翻译好这本优秀的教材，但由于本人水平有限，难免存在错误之处，敬请读者批评指正。

胡玉明

前言

我们希望财务报告、财务报表分析和估值的程序能够帮助投资者和分析师深入理解公司的盈利能力与风险，并运用各种信息预测公司未来的盈利能力与风险，最终评估公司的价值，做出明智的投资决策。该程序在世界经济的会计、财务报告、资本市场、投资、组合管理和公司管理等领域都扮演着极其重要的角色。谨慎诚信、全面周到的财务报表分析与估值是一项可以为社会创造巨大价值的令人向往且有益的活动。不过，近年来爆发的资本市场金融危机表明，财务报表分析与估值如果不够谨慎和缺乏诚信，可能给资本市场造成巨大损失，即使是世界上最强大的经济体也可能深陷危机。这种风险相当大。

此外，游戏规则也在不断变化。整个世界正转向采用财务报告新方法，投资者和证券监管者对高质量和讲诚信的财务报表分析与估值的预期也与日俱增。许多世界上最强大的经济体（包括欧盟、加拿大和日本）已经开始采用国际财务报告准则。美国证券交易委员会接受了非美国公司根据国际财务报告准则编制的财务报表文件，并正在考虑是否要让美国公认会计原则向国际财务报告准则趋同。考虑到金融改革立法的步伐和范围，显然，财务报表分析与估值已经不再是华尔街和世界范围内的“平常事”。

考虑到财务报告、财务报表分析与估值的重要性以及会计领域和资本市场的不断变化，本书为读者提供了一种财务报表分析与估值的系统方法。本书全面阐释了财务报表分析与估值应该运用的六步骤框架。读者在开始有效的财务报表分析与估值时，应该评估：（1）公司所处行业的经济特征和现有经营环境和（2）公司在特定行业实施的具体战略。接着，财务报表分析与估值的流程就应该转向（3）评估公司财务报表反映公司战略决策与行动的程度。为此，读者需要理解公司编制财务报表所采用的会计原则与会计方法，财务报表提供的相关、可靠的信息以及为了改善会计信息质量应该做出的各种必要调整。我们将立足美国公认会计原则和国际财务报告准则，帮助读者理解财务报告与财务报表分析。接下来，读者应该（4）运用各种财务报表比率和其他分析工具评估公司的盈利能力和风险，并（5）结合行业经济特征的预期变化信息和公司的战略，预测公司的盈利能力和风险。最后，读者应该（6）采用各种估值方法评估公司的价值，并通过比较公司股票估值的最可能范围与资本市场的股票价格，做出投资决策。这六个步骤构成了本书的理论与教学框架。这是有助于读者做出明智的财务报表分析与估值决策的一种系统方法。

所有财务报表分析教材都包括第（4）步骤，即评估公司的盈利能力和风险，所以各种财务报表分析教材的差异就在于关注其他五个步骤的程度。下图描绘了这些步骤之间的关系。

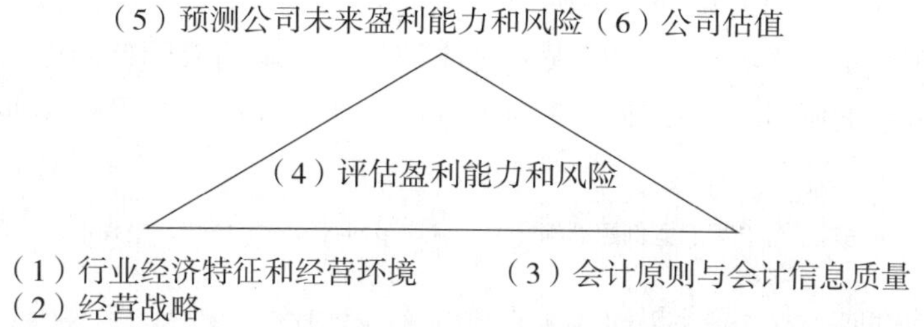

我们认为这六个步骤必须形成一种有效、完整的财务报表分析方法。有鉴于此，本书将平衡并整合这六个步骤，并以此来架构与展开本书的论述：首先讨论行业经济特征和公司战略。然后讨论美国公认会计原则和国际财务报告准则以及会计信息的质量，为分析盈利能力和风险提供一种框架和工具。接着深入讨论具体的会计问题和会计信息质量的决定因素。最后讨论预测与估值问题。公司的盈利能力和风险是公司价值的基本动因，因此，在分析公司的盈利能力和风险的过程中，我们始终关注这六个步骤。为了保持这种平衡、整合的观念，我们始终强调各部分内容的承前启后关系。

本书的预设前提是读者通过分析真实公司的财务报表最有效地学习财务报表分析。本书以百事公司的财务报表为例，讨论某些重要概念和分析工具及其运用。本书各章都包含主要以真实的公司财务报表数据为基础的问答题、练习题、综合题和案例题。各章也都包含一个有关星巴克公司的综合案例。[①] 读者可以运用本书所讲的各种工具和方法讨论该综合案例。财务报表分析软件包有助于读者完成各种财务报表分析工作。

本书第8版的亮点

我们不断完善本书。斯蒂芬·巴金斯基和马克·布拉德肖这两位优秀的合作者从本书的第7版开始替代克莱德·斯蒂克尼和保罗·布朗，加盟本书的作者团队。本书第1版至第3版的原作者、第4版至第6版的合作者克莱德·斯蒂克尼正在安享其舒适的退休生活。第4版至第6版的合作者保罗·布朗现在担任蒙莫斯大学（Monmouth University）的校长。斯蒂芬·巴金斯基和马克·布拉德肖都是会计学、财务报表分析与估值领域的国际知名学者并屡获殊荣。他们不断为本书的新版本带来崭新的理念和观点。本书的新版本非常注重周密系统的基本面分析，广泛深入地涵盖了各种会计学问题（包括国际财务报告准则），基于全球经济环境拓展公司的财务报表分析。

我们将在后面部分着重介绍各章的内容。这里只是列举影响本书第8版各章或各篇的主要亮点。[②]

（1）凝练了各章的内容。作为一本以精心编写、通俗易懂而闻名的教材，本书第8版以简明扼要、直截了当的方式呈现各章的主题，以使读者更快、更有效地抓住各章的关键观点。

（2）综合案例综合了各章的学习目标，以使读者能够运用与各项学习目标相关的重要技能与方法。

（3）有关盈利能力分析（第4章）和风险分析（第5章）的各章通过结合盈利能力、效率和杠杆等传统项目以及经营活动和筹资活动项目来讨论普通股权益报酬率的分解问题。

（4）为了更广泛进行了重构深入地反映筹资活动、投资活动和经营活动的会计处理过程，我们对与会计质量相关的各章进行了重构。重构提供了第6～9章的逻辑流。第6章首先讨论决定会计质量的各种因素，如何评估会计质量，如何调整对外报告的盈余和财务报表，净化低质量会计项目，接着按业务（筹集资金、将筹集的资金投资于生产性资产、经营各种业务）发生的自然顺序讨论公司主要经营业务的收益项目。第7～9章分别讨论筹资活动、投资活动和经营活动的会计问题。

（5）为了更深入地分析资产负债表质量，提升利润表质量，我们对与会计质量相关的各章进行了扩展。

（6）每章都讨论了现行美国公认会计原则与国际财务报告准则，并将美国公认会计原则与国际财务报告准则进行比较，还讨论了读者在分析财务报表时应该如何处理两者的差异。

（7）每章都通过最新的财务会计准则汇编提供美国公认会计原则的具体参照准则。

---

① 考虑到本书原有的问答题、练习题、综合题和案例题篇幅庞大，且许多内容过于美国化，中译本只保留贯穿本书始终的星巴克公司综合案例。——译者

② 中译本删减了某些过于美国化的内容，本部分内容也做了相应的删减。——译者

（8）每章都提供了许多与财务报表分析和估值相关的实证会计研究观点。

（9）每章都包含更新后的综合案例，要求运用该章讨论百事公司时使用的各种概念和工具深入讨论星巴克公司财务报表分析与估值的相关问题。

本书内容概览

下面简要描述各章的内容和亮点。①

第 1 章：财务报告、财务报表分析与估值概览。本章将介绍构成本书基本篇章结构的财务报表分析的六个相互关联且前后有序的步骤，呈现理解行业经济特征和公司经营战略所需的几个框架并以百事公司为例说明其运用。回顾三种主要财务报表的目的、基本概念和内容（包括非美国公司根据国际财务报告准则编制的财务报表）。专门描述 2002 年《萨班斯-奥克斯利法案》，讨论基于资本市场背景的财务报表分析依据（包括某些非常令人振奋的意外盈余与经市场调整的股票报酬率之间关系的实证研究结果，各种实证研究结果表明公司基本面分析有助于投资者获得超过市场平均水平的报酬率）。

第 2 章：资产与负债估值和收益确认。读者在深入学习本书更为复杂的主题之前，必须温习本章涵盖的三个主题。

第一，我们将讨论资产负债表列报的资产和负债估值与收益计量之间的关系。我们认为，如果读者能够以欣赏的心态审视资产负债表与利润表内在的权衡关系，就更容易理解各种主题（如收入确认以及有价证券、衍生工具、养老金的会计处理和其他主题）。本章还将讨论力图同时提供既可靠又相关的财务报表信息的会计准则制定者、监管者和公司经理人所面临的各种权衡，以及公司应该在净利润中立即确认价值变动还是通过其他综合收益递延确认价值变动。

第二，我们将呈现一个分析经济交易和其他事项对财务报表产生的双重影响的框架。该分析框架借助资产负债表的会计恒等式追踪这些经济交易和其他事项对财务报表产生的双重影响。即便是已经较好掌握复式记账法的学生也会发现，该分析框架有助于形象地识别各种复杂的商业交易（如公司收购、衍生工具和租赁）对财务报表的影响。我们在随后各章讨论涉及美国公认会计原则和国际财务报告准则的各种主题时，都运用以下分析框架呈现和分析各种交易。

期初资产总额＝期初负债总额＋期初投入资本＋期初累计其他综合收益＋期初留存收益
资产总额增加额＝负债总额增加额＋普通股与优先股资本增加额＋净利润－股利
期末资产总额＝期末负债总额＋期末投入资本＋期末累计其他综合收益＋期末留存收益

第三，我们将讨论所得税费用的计量问题，尤其是账面收益与应税收益之间暂时性差异的所得税费用计量问题。实际上，每一笔商业交易都存在所得税问题，理解所得税披露所传递的信息至关重要。在本书的前面章节会讨论所得税问题，以帮助读者学习后续各章所涉及的复杂主题（如重组费用、资产减值、折旧和租赁）。

第 3 章：收益流量与现金流量：理解现金流量表。第 3 章将回顾现金流量表，呈现一个能够将筹资活动现金流量、投资活动现金流量和经营活动现金流量与公司所处产品生命周期各个阶段相联系的模型。讨论在公司没有提供任何现金流量信息时，读者可以自己编制现金流量表的程序。提供一种新观点，特别强调读者运用现金流量表的信息评估公司的盈余质量的方法。

第 4 章：盈利能力分析。本章将讨论分析公司盈利能力并整合影响财务比率解读的行业经济特征和战

① 中译本删减了某些过于美国化的内容，本部分内容也做了相应的删减。——译者

略因素的各种概念和工具。然后运用这些概念和工具分析百事公司的盈利能力。盈利能力分析的核心是资产报酬率及其分解的各个因素、普通股权益报酬率及其分解的各个因素和每股收益。本章还将讨论经济附加值这个被广为宣传的指标，并说明经济附加值与基于美国公认会计原则的净利润之间的关系。本章也将讨论某些行业（如航空公司、服务公司和金融机构）特有的分析工具。

第 5 章：风险分析。本章首先将讨论公司应该披露近期遭受各种类型风险（如商品价格、汇率和利率的意外变动）影响的程度以及如何管理这些风险，就财务柔性的利弊得失以及杠杆的运用提出一种新观点。本书第 8 版专门讨论如何将普通股权益报酬率分解为两部分：凸显公司资产本身盈利能力的贡献部分和因公司战略性运用杠杆而提升普通股权益报酬率的贡献部分。本章为读者提供一种深入分析与杠杆相关的各类风险（包括短期流动性风险、长期偿债风险、信用风险、破产风险、系统性风险和公司特有的市场风险）的财务报表分析方法，描述和说明各种风险比率的计算过程及其含义，并运用各种比率分析百事公司的财务报表，关注短期流动性风险和长期偿债风险，更深入地讨论信用风险和破产风险。

第 6 章：会计质量。本章将广泛地讨论利润表和资产负债表的信息质量，强调如实反映相关和可靠的经济内涵的各种关键特征，识别管理层可能实施盈余管理的各种情境。这些内容将为第 7～9 章讨论各种会计问题提供一个会计质量分析的框架。还将讨论几个主要影响盈余持续性的财务报告主题，包括终止经营利得和损失、会计原则变更、其他综合收益项目、减值损失、重组费用、会计估计变更以及辅助业务利得和损失。最后借助应计项目与现金流量的差异评估会计质量，并以一个示例说明评估财务报告操纵风险的模型（识别潜在的财务报表操纵的贝尼斯多因素模型）。

第 7 章：筹资活动。为了按业务（筹集资金、将筹集的资金投资于生产性资产、经营各种业务的活动）发生的自然顺序讨论会计问题，我们重写了本章和第 8 章、第 9 章。本章以美国公认会计原则和国际财务报告准则为基础，讨论与公司筹资活动相关的会计原则与会计实践。首先讨论所有者对公司的资本投资（公司发行权益性股票）与公司向所有者分配（公司发放股利与回购股票）所引发的财务报表列报问题以及以股份为基础的薪酬（股票期权、股票增值权和限制性股票）费用的会计处理问题，讨论股东权益如何反映公司与非所有者之间的交易结果（利润表反映的项目即净利润，没有反映的项目即其他综合收益）。接着，讨论长期负债（债券、应付票据、租赁负债和问题债务）、混合证券（可转换债券、优先股）和用于规避利率风险的衍生工具的财务列报问题。有关租赁的讨论阐述了将经营租赁转换为资本租赁需要做出的各种调整。本章还重点讨论美国公认会计原则与国际财务报告准则在权益筹资和债务筹资领域存在的差异。最后讨论债务与租赁财务列报准则可能发生的变化。

第 8 章：投资活动。本章基于美国公认会计原则和国际财务报告准则，讨论与公司的长期有形资产、无形资产和金融工具等投资项目相关的各种会计原则与方法。阐述公司的有形生产性资产投资（包括财产、厂房与设备）的会计处理，包括资本化还是费用化的决策、选择相应的方法与估计值通过折旧程序分配成本。阐述并解释公司核算各种无形资产（尤其是研究与开发支出、软件开发支出和商誉）的其他方法，包括通过摊销程序分配成本涉及的各种职业判断。回顾并运用各种规则评估不同类型长期资产（包括商誉）的减值损失。描述公司之间的证券投资（如投资于交易性证券、可供出售证券、持有至到期证券、非控制性子公司）与公司收购（包括市场价值、权益、比例合并和全部合并）的会计处理与财务列报问题。回顾可变利益主体的会计处理，包括可变利益主体与作为主要受益人的公司之间的合并问题。最后讨论国外投资问题，如何采用完全现行汇率折算法和货币或非货币折算法编制折算后财务报表，并描述各种方法能够最好地刻画美国母公司与国外子公司之间经营关系的各种情境。

第 9 章：经营活动。本章将讨论根据美国公认会计原则或国际财务报告准则编制的财务报表如何捕捉和列报公司的经营活动。首先讨论财务会计如何计量和列报公司经营活动产生的各项收入和费用以及与经营活动相关的资产、负债和现金流量。这些讨论回顾了基于权责发生制会计的收入与费用确认标准，并将这些确认标准运用于各种类型的业务。本章还将评估公司在销售时点前、销售时点和销售时点后确认收益会如何影响财务报表。分析和解释先进先出法与后进先出法如何影响财务报表，说明如何将公司根据后进先出法编制的财务报表转换为根据先进先出法编制的财务报表。指出经营活动引发的营运资本投资以及信用政策和信用风险对财务报表的影响。说明如何运用财务报表及其附注披露的所得税信息分析公司的税收战略、养老金和其他退休后福利债务。最后讨论公司如何运用衍生工具规避与商品和以外币计价的经营交易相关的风险。

第 10 章：编制预测性财务报表。本章将描述和说明编制预测性财务报表应该采用的各种程序。预测性财务报表为第 11～14 章将要讨论的公司估值奠定了坚实的基础。本章首先总体描述预测的基本原理以及编制综合且具有勾稽关系的预测性财务报表的重要性。接着以百事公司为例，说明预测性财务报表的编制过程。讨论如何使预测性资产负债表保持平衡，如何根据预测性资产负债表和利润表编制预测性现金流量表。讨论分析师有时可能采用的快捷预测方法及其可靠性问题。财务报表分析软件包与预测升级电子表格提供了各种模板，读者可以用这些模板开发和创建自己的预测性财务报表模板。

第 11 章：经风险调整的预期报酬率与股利估值法。第 11～14 章是一个单元，我们将在这个单元讨论各种估值方法。本章关注后续各章都会涉及的估值的基本问题。本章首先讨论债务资本成本率、权益资本成本率和加权平均资本成本率的估算以及股利估值法。讨论各种估值问题，包括预测期间、预测长期持续股利和估算持续（有时称为终止）价值。描述和说明运用股利、自由现金流量或盈余评估公司价值的内在一致性。要特别强调的是，不同估值方法只是估值的视角不同而已（股利反映财富分配，自由现金流量反映以现金形式实现的财富，而盈余则代表创造财富），而且这些估值方法应该得出内在一致的估值。我们在本章采用第 10 章编制的百事公司预测性财务报表说明百事公司是如何估算资本成本率和运用股利估值法的。本章通过改变各种关键假设（如资本成本率和长期增长率）来展现评估估值敏感性的各种方法。讨论并解释财务报表分析软件包估值电子表格所展示的资本成本率与股利估值模型的具体估算过程。该估值电子表格从预测电子表格和其他相关信息中获得各种预测数据，并运用第 11～14 章讨论的各种估值方法估算公司价值。

第 12 章：现金流量估值法。本章关注如何运用自由现金流量现值估算公司价值。本章将自由现金流量区分为归属于所有债权人和权益股东的自由现金流量与归属于普通股权益股东的自由现金流量，并讨论各种适合估值的自由现金流量指标的适用情境。讨论和解释运用归属于普通股权益股东的自由现金流量的估值法和运用归属于所有债权人和权益股东的自由现金流量的估值法。讨论并运用各种预测自由现金流量和估算预测期之后的持续价值的方法。本章运用两种折现自由现金流量估值模型估算百事公司的价值，详细说明如何估算归属于所有债权人和权益股东的自由现金流量与归属于普通股权益股东的自由现金流量。百事公司的估值采用了第 10 章编制的百事公司预测性财务报表的预测数额。本章还通过改变各种关键假设（如资本成本率和长期增长率）来讨论评估估值敏感性的各种方法。解释和说明各种不同方法估值的内在一致性，并论证股利估值法（第 11 章）与自由现金流量估值法（第 12 章）应该而且确实能估算出百事公司相同的估值。财务报表分析软件包的估值电子表格以预测电子表格的预测数额和其他相关信息为基础，运用两种自由现金流量估值方法估算公司价值。

第 13 章：盈余估值法。本章强调会计盈余在估值过程中扮演的重要角色，重点关注剩余收益估值法。剩余收益估值法以公司获得超过资本成本率的收益能力作为公司价值超过其账面价值的主要动因。我们以第 10 章百事公司各项预测数据为基础，讨论剩余收益估值法的具体运用。本章论证股利估值法、自由现金流量估值法与剩余收益估值法是一种等效的基本估值法。解释和说明这些估值方法都能估算出百事公司相同的估值。财务报表分析软件包的估值电子表格包括采用剩余收益估值法的估值模型。

第 14 章：市场估值法。本章将讨论如何分析和运用市场价值隐含的各种信息。特别讨论市场倍数估值法（包括市场价值与账面价值比率、市盈率、价格盈余增长比率）及其运用。描述和说明市场倍数估值的理论方法，并比较市场倍数估值的理论方法与市场倍数估值的实践方法。论证市场价值与账面价值比率跟第 13 章讨论的剩余普通股权益报酬率估值法和剩余收益估值模型具有内在一致性。描述影响市场倍数的各个因素。读者可以据此适当地调整市场倍数，以反映可比公司之间的盈利能力、增长率和风险差异。本章将讨论如何反向推算公司股票价格，推断股票市场可能做出的各种估值假设，运用所有估值方法估算百事公司的价值。除了讨论资本市场效率问题之外，还讨论分析师运用盈余出其不意地挑选股票并形成组合（伯纳德-托马斯的盈余公告后股票价格漂移异象）以及运用市场价值与市场价格比率形成组合（弗兰克尔-李的策略）的某些重要证据。所有这些学术研究结果都有助于投资者获得显著超过市场平均水平的报酬率。

本书结构

根据经验以及与其他教授的讨论，我们认为讲授“财务报表分析”课程的方法各有不同，又各有千秋。各种讲授方法有其适用的特定场景。有鉴于此，我们灵活地构造了本书的篇章结构。下表描绘了本书的整体结构。

<table>
<tr><td colspan="6" align="center">第 1 章：财务报告、财务报表分析与估值概览</td></tr>
<tr><td colspan="3">第 2 章：资产与负债估值和收益确认</td><td colspan="3">第 3 章：收益流量与现金流量：理解现金流量表</td></tr>
<tr><td colspan="3">第 4 章：盈利能力分析</td><td colspan="3">第 5 章：风险分析</td></tr>
<tr><td colspan="6" align="center">第 6 章：会计质量</td></tr>
<tr><td colspan="2">第 7 章：筹资活动</td><td colspan="2">第 8 章：投资活动</td><td colspan="2">第 9 章：经营活动</td></tr>
<tr><td colspan="6" align="center">第 10 章：编制预测性财务报表</td></tr>
<tr><td colspan="6" align="center">第 11 章：经风险调整的预期报酬率与股利估值法</td></tr>
<tr><td colspan="3">第 12 章：现金流量估值法</td><td colspan="3">第 13 章：盈余估值法</td></tr>
<tr><td colspan="6" align="center">第 14 章：市场估值法</td></tr>
</table>

上述安排遵循第 1 章所讨论的财务报表分析的六个步骤。第 2 章和第 3 章为三种财务报表提供相应的概念基础。第 4 章和第 5 章为财务报表分析提供各种工具。第 6～9 章根据美国公认会计原则和国际财务报告准则讨论如何评估会计信息的质量，进而讨论筹资活动、投资活动和经营活动的会计问题。第 10～14 章主要关注如何编制预测性财务报表与估值问题。

有些学校开设了“美国公认会计原则与国际财务报告准则专题”和“财务报表分析”两门课程。第 6～9章是一个有机整体，完全可以满足“美国公认会计原则与国际财务报告准则专题”课程的教学需求。其余各章则可以满足“财务报表分析”课程的教学需求。有些学校在财务学课程讲授估值主题，而会计课程是财务课程的先修课程。第 1～10 章可以满足会计课程的教学需求。有些教师可能希望先讲授预测与估值（第 10～14 章），然后讨论可能影响估值的数据问题（第 6～9 章）。总之，可以根据教学需求，灵活地安排本书各个主题的顺序。

致谢

在本书的编写过程中，许多人提供了非常珍贵的帮助，在此郑重感谢他们给予的帮助。

特别感谢为本书以前版本提供有益评论和建议（许多评论和建议也有助于改善第 3 版）的 Susan Eldridge（内布拉斯加大学），Omaha（乔治华盛顿大学）和 Christopher（乔治华盛顿大学）。也非常感谢

Matt Wieland（印第安纳大学与普渡大学印第安纳波利斯联合分校）帮忙收集数据。

许多同事曾经审阅本书以前版本或为以前版本提供了有益的评论或素材。本版的编写也得到这些同事的帮助：

Kristian Allee（密歇根州立大学）
Murad Antia（南佛罗里达大学）
Drew Baginski（佐治亚大学）
Michael Clement（得克萨斯大学奥斯汀分校）
Messod Daniel Beneish（印第安纳大学）
Matthew Diamond（百事公司）
Ellen Engel（芝加哥大学）
Aaron Hipscher（纽约大学）
Robert Howell（达特茅斯学院）
Amy Hutton（波士顿学院）
Prem Jain（乔治城大学）
Julia Yu（佐治亚大学）
Michael Keane（南加州大学）
April Klein（纽约大学）
Betsy Laydon（印第安纳大学）
Yuri Loktionov（纽约大学）
D. Craig Nichols（雪城大学）
Cris Noe（麻省理工学院）
Virginia Soybel（巴布森学院）
Christine Wiedman（滑铁卢大学）
Matthew Wieland（印第安纳大学）
Michael Williamson（得克萨斯大学奥斯汀分校）
Ross Jennings（得克萨斯大学奥斯汀分校）
J. William Kamas（得克萨斯大学奥斯汀分校）

我们也要感谢在本书修订的各个阶段给予指导、鼓励或帮助的圣智公司西南出版公司的各位同仁：Matt Filimonov，Krista Kellman，Conor Allen，Darrell Frye 和 Nadia Saloom。Katherine Rybowiak 的工作非常出色，帮助我们编写了答案和教师手册。我们还要感谢百事公司的评审团队成员 Matthew Diamond，Michael Mihok，Dawn Southerton 和 Jeffrey Tjon。他们审阅了本书的初稿，确保公司的所有财务信息都正确无误。

我们还要感谢曾经学习“财务报表分析”课程的学生。他们在学习过程中扮演各种角色，不断接受挑战。我们还要感谢 Clyde Stickney 和 Paul Brown 允许我们通过讲授“财务报表分析与估值”课程来传承其思想。最后，也是最重要的，我们深深地感激家人对我们写作本书所给予的鼓励和耐心。将本书献给你们。

詹姆斯·瓦伦
斯蒂芬·巴金斯基
马克·布拉德肖

目　录

第 1 章

财务报告、财务报表分析与估值概览

学习目标

1. 描述六步骤分析框架。该框架是财务报表分析与估值的逻辑结构，也是本书的基础。

2. 运用评估经济特征和驱动行业竞争态势的各种工具，包括价值链分析、波特五力分类框架和经济特征框架。

3. 识别公司赢得行业竞争优势的具体战略。

4. 熟悉资产负债表、利润表和现金流量表的目的、基本概念与格式。

5. 运用各种工具分析公司的盈利能力和风险，包括财务比率、共同比财务报表和百分比变动率财务报表。

6. 掌握如何运用财务报表信息预测公司未来经营活动并评估公司价值。

7. 理解财务报表分析在有效资本市场中的作用并评估盈余变动与股票价格变动之间关系的实证证据。

8. 评估上市公司的财务信息来源。

本书有三个主要目的，每个目的都有助于掌握财务报表分析与估值所需的重要知识和技能。

(1) 阐述如何将行业经济特征、公司战略及其财务报表联系在一起，以深刻地理解公司的盈利能力和风险。第1～5章将讨论分析公司盈利能力和风险的主要财务报表与工具。

(2) 强化对基于美国公认会计原则和国际财务报告准则的会计原则与方法的理解。公司在一整套财务报表中运用这些会计原则与方法计量和报告其筹资活动、投资活动和经营活动。有时，公司为了增加其报告数据的相关性和可靠性，可能做出某些调整。第6～9章将深入讨论这些会计原则。

(3) 阐述如何运用财务报表信息编制预测未来的财务报表，并运用盈余、现金流量和股利的预期未来数值评估公司的价值。第10～14章将关注预测与估值。

财务报表在公司的分析与估值过程中扮演着重要的角色。财务报表分析是一项令人激动且受益匪浅的活动。如果财务报表分析的目标是评估市场对公司股票的定价是否公允，那么财务报表分析更是一项令人兴奋的活动。只要对学习和运用本书所讨论的财务报表分析和估值的各种工具与方法感兴趣，任何人都可以研究一家公司的商业模式、产品市场以及经营、投资和筹资决策等内在特征，并根据这些信息对公司的价值做出合理的判断。

证券分析师是专业人士，其主要目标是评估公司的价值。证券分析师广泛收集和分析来自财务报表和其他渠道的各种信息，评估公司过去和现在的绩效，预测公司未来的绩效。而后运用这些预期绩效评估公司股票的价值。将精心估算的公司股票价值与其市场价格对比，可以为做出有效的投资决策奠定基础。

除了评估公司的价值，有效的财务报表分析工具还可以运用于诸多其他决策情境，具体包括：

- 管理公司，并与投资者、债权人、员工和其他利益相关者沟通各种结果。
- 评估信用等级或短期信用展期（例如，为应收账款或存货提供融资的银行贷款）或长期信用展期（例如，为购置财产、厂房与设备提供融资的银行贷款或公开发行的债券）。
- 评估供应商、顾客、竞争对手或潜在雇主的经营成果和财务状况。
- 评估潜在的收购、兼并或剥离目标公司。
- 评估公司首次公开发行股票的价值。
- 为公司咨询，并提供有益的战略建议。
- 对因法律诉讼可能承受的损失做出判断。
- 评估形成财务报表审计意见需实施的审计程序的详尽程度。

1.1　财务报表分析概览

我们将有效的财务报表分析比喻为如图 1－1 所示的“三脚凳”。其三条腿分别代表基于以下三种情境的有效分析。

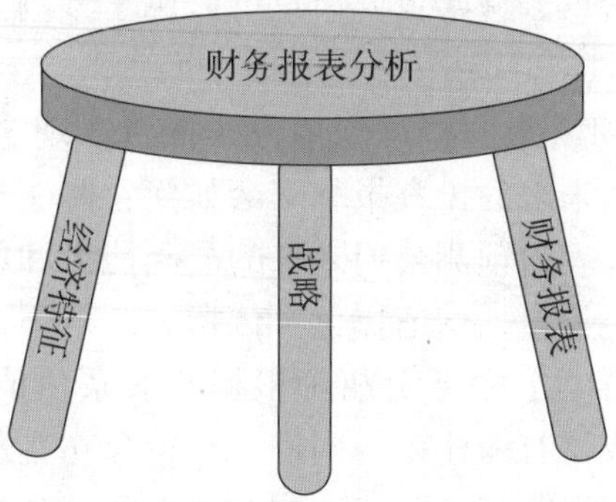

图 1－1　财务报表分析的“三脚凳”

（1）识别公司所处行业的经济特征并将这些经济特征反映为盈利能力和风险的决定因素。

（2）描述公司为有别于竞争对手所采用的战略，并以此为基础评估公司的竞争优势、盈利的可持续性和潜在增长率以及公司的风险。

（3）评估公司的财务报表，包括财务报表背后的会计理念与方法以及财务报表提供的信息。

基于估值和其他决策目的，有效的财务报表分析包括如图 1－2 所示的六个相互关联且前后有序的步骤。

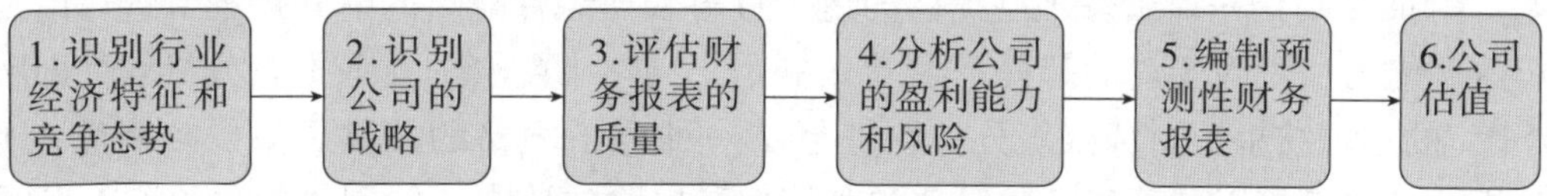

图 1－2　财务报表分析的六个相互关联且前后有序的步骤

1. 识别特定公司所处行业的经济特征和竞争态势。驱动行业竞争的动力是什么？例如，该行业是否存在大量销售相似产品的公司，如杂货铺？或者该行业只有少数销售独特产品的竞争对手，如制药公司？技术变革是否在保持竞争优势方面发挥了重要作用（如计算机软件行业）？在第一步骤理解公司所处行业的竞争态势可以为后续步骤奠定经济基础和建立管理情境。

2. 识别公司获得并保持竞争优势所采用的战略。公司采用什么商业模式使其在行业独树一帜？公司拥有竞争优势吗？如果拥有竞争优势，其可持续性如何？公司的产品是满足特定细分市场（如少数族裔或健康食品）的需求还是面向更广阔的消费者市场（如典型的杂货铺和家庭饭店）？该公司是否后向整合了其产品所需原材料的种植或制造领域（例如钢铁公司拥有铁矿）？该公司是否跨越多个区域市场或行业进行多元化经营？理解公司的战略及其竞争优势的可持续性可以为评估该公司的会计信息质量、盈利能力和风险，乃至规划该公司的未来经营业务提供必要的具体管理情境。

3. 评估公司财务报表的质量。如有必要，按照可持续性或可比性等特征调整财务报表。公司的财务报表是否提供了有关公司经济成果、财务状况和风险的翔实、充分的信息？公司是根据美国公认会计原则编制财务报表还是根据国际会计准则理事会制定的国际财务报告准则编制财务报表？公司的盈余是否包括有别于经常性盈余的非经常性利得和损失，如商誉一次性冲销？公司是否构造了交易或商业安排或通过选择会计方法以使其看上去盈利能力更强或风险更低？为了有效分析公司的盈利能力和风险，编制未来的资产负债表、利润表和现金流量表时必须理解公司会计信息的质量。

4. 运用财务报表信息分析公司目前的盈利能力和风险。多数财务分析师根据公司的风险评估其盈利能力。公司资产的报酬率是多少？公司普通股权益报酬率是多少？公司一定期间内的利润率是不断上升还是不断下降？公司的报酬率和利润率高于还是低于其主要竞争对手？公司资本结构的杠杆有多高？反映财务报表特定项目之间关系的各种比率就是可以用于分析盈利能力和风险的工具。理解公司目前和过去的盈利能力和风险可以得到许多重要信息。这些重要信息可以用于预测公司的未来盈利能力和风险，进而评估公司股票的价值。

5. 编制预测性财务报表。公司未来的资源、债务、投资、现金流量、收入和费用状况会如何？公司未来的盈利能力和风险，乃至公司未来的投资报酬率会如何？基于对公司未来经营活动、投资活动和筹资活动的预测而编制的预测性财务报表为预测公司未来的盈利能力和风险提供了依据。而公司未来的盈利能力和风险的预测又为公司的财务决策包括估值提供了依据。

6. 公司估值。公司的价值是多少？财务分析师根据其股票估值对其认为市场价格过低、过高或大致合适的公司股票给出买入、卖出或持有的建议。同理，承销公司首次公开发行的普通股的投资银行必须确定首次发行价格，而正在考虑是否收购某家公司（或剥离某个子公司或分部）的分析师则必须评估收购目标公司的合理出价区间（或剥离某个子公司或分部预期可以得到的价值）。

这六个步骤提供了一个合乎逻辑的有效序列分析框架，可以解决非常重要的难题，如分析并评估公司的价值。这六个相互关联的步骤构成本书的主题。如果读者希望提升自己的分析和评估公司价值的技能，那么这六个步骤是可以遵循的分析框架。本章简要介绍各个步骤，后续各章将更深入地讨论各个步骤所涉及的重要概念与工具。

本书自始至终都采用百事公司及其子公司的财务报表、附注和其他信息说明要讨论的各种主题。书末的附录A列示了百事公司2012年度的财务报表及其附注，以及管理层声明和注册会计师就这些财务报表发表的意见。附录B则是一篇由管理层提供的讨论百事公司经营战略的财务评论节选，以及管理层对一定期间内公司盈利能力和风险变动的解释。附录C展示了与本书配套的财务报表分析软件即财务报表分析软件包（FASP）的运行结果。财务报表分析软件包是一种电子表格的插件。只要读者输入财务报表数据，财务报表分析软件包就可以计算出各种反映盈利能力和风险的比率，并创建各种预测未来财务报表和估值模型的模板。附录C列示了百事公司运用财务报表分析软件包的结果，包括反映百事公司盈利能力和风险的各种比率、预测性财务报表和估值。读者可以运用财务报表分析软件包解答本书的许多习题和案例，提升自己的分析能力。财务报表分析软件包有一个指导读者使用的用户手册。附录D以各种财务比率的形式列示了48个行业的描述性统计数据。

1.2 第1步：识别行业经济特征

行业的经济特征和竞争态势显著影响行业内各个公司的战略、盈利能力和风险。因此，读者应该关注各种类型的财务报表关系。例如，表1-1列示了分别属于四个不同行业的四家公司的财务报表数据，列示了资产负债表和利润表的各个项目占收入的百分比。读者可以思考这些行业的经济特征是如何影响行业内公司的财务报表的。

表 1-1 四家公司的共同比财务报表数据（所有数字以收入的百分比表示）

	杂货连锁店	制药公司	电力公司	商业银行
资产负债表				
现金与有价证券	0.7%	11.0%	1.5%	261.9%
应收账款与应收票据	0.7	18.0	7.8	733.5
存货	8.7	17.0	4.5	—
财产、厂房与设备	22.2	28.7	159.0	18.1
其他资产	1.9	72.8	29.2	122.6
资产总额	34.2%	147.5%	202.0%	1 136.1%
流动负债	7.7%	30.8%	14.9%	936.9%
长期负债	7.6	12.7	130.8	71.5
其他非流动负债	2.6	24.6	1.8	27.2
股东权益	16.3	79.4	54.5	100.5
负债与股东权益总额	34.2%	147.5%	202.0%	1 136.1%
利润表				
收入	100.0%	100.0%	100.0%	100.0%
销售成本	(74.1)	(31.6)	(79.7)	—
经营费用	(19.7)	(37.1)	—	(41.8)
研究与开发费用	—	(10.1)	—	—
利息费用	(0.5)	(3.1)	(4.6)	(36.6)
所得税费用	(2.2)	(6.0)	(5.2)	(8.6)
净利润	3.5%	12.1%	10.5%	13.0%

□ 杂货连锁店

某家杂货连锁店的货品与其他杂货连锁店的类似货品差别不大，难以区别。这些货品可以统称为商品。此外，杂货连锁店行业的准入门槛较低，只要具备零售场所并拥有商品分销商就可以进入该行业。因此激烈的竞争和无差异的商品使得该行业的销售利润率相对较低（本例的销售利润率为 3.5%）。不过，杂货连锁店只需少量的资产就可以获得销售收入（每一美元的销售收入只需要 34.2 美分的资产），这些资产每年周转 2.9 次（100.0%/34.2%，每投入一美元的资产平均可以获得 2.90 美元的收入）。该杂货连锁店的资产每周转一次就可以获得 1 美元的收入，从而获得 3.5 美分的利润。因此在这一年间，该杂货连锁店每投入一美元的资产就可以获得 10.15 美分的利润（3.5%×2.9）。

□ 制药公司

制药公司的准入门槛远远高于杂货连锁店。为了开发新药，制药公司必须投入巨额的研究与开发费用。研究与开发过程相当漫长，且充满不确定性。只有极少的项目可以成功开发出新药。即便开发出新药，这些新药也必须经历漫长的政府测试与审批程序。如果这些新药通过了政府的审批，制药公司就得到这些新药的专利权。这些专利权赋予制药公司在一定期间内制造并销售这些新药的专属权利。较高的准入门槛使得制药公司能够通过这些获批的专利保护产品实现远远高于杂货连锁店的利润率。根据表 1-1，该制药公司的利润率为 12.1%，是杂货连锁店利润率的三倍多。不过，制药公司面临着产品责任风险以及竞争对手开发出更有效的新药导致其产品被淘汰的风险。由于存在这些经营风险，与其他行业的公司（如电力公司和商业银行）相比，制药公司的债务融资数额相对较小。

□ 电力公司

电力公司的主要资产是需要投入巨额资金的发电厂，因此财产、厂房与设备是其资产负债表的重要项目。由于这些资产需要巨额投资，电力公司通常需要在某个特定地域能够享有垄断地位。政府监管部门允许电力公司享有这些垄断地位，不过也限定了电力公司的电力服务价格。因此，电力公司的利润率较高（本例的利润率为10.5%），可以弥补其相对较低的资产周转率（本例的资产周转率为100.0%/202.0%＝0.495）。这种垄断地位与监管保护降低了电力公司陷入财务困境的风险，使得电力公司能够对长期资产项目投入巨额资金，且债务在资本结构中所占的比例也相对较高。然而，随着垄断地位的逐渐消失和电力服务定价引入竞争机制，电力公司的这些经济特征近年来发生了显著变化。由此，电力公司的利润率显著下降。

□ 商业银行

商业银行通过借贷行为充当金融资本供给与需求的中介。商业银行的主要资产是对金融证券的投资与向公司和消费者发放的贷款。商业银行的主要资金来源是储户的存款和短期借款。由于储户可以随时提取存款，所以商业银行会投资于必要时可以快速转换为现金的证券。货币是一种商品，人们期待商业银行从其贷款中获得的收入（利息收入）超过其支付所借资金的价格（利息费用），从而取得较低的利润率。根据表1-1，该商业银行的利润率为13.0%，意味着该商业银行通过收费金融服务（如为公司设计融资组合方案、提供金融担保、安排公司的兼并与收购）获得了非常高的利润率。值得注意的是，该商业银行每年的资产周转率只有0.09次（100.0%/1 136.1%）。这是该商业银行需要对金融资产项目投入大量资金以及每年6%～8%的利息收入、投资与贷款收益等因素综合影响的结果。

□ 研究行业经济特征的工具

研究行业经济特征的三种工具是：(1) 价值链分析；(2) 波特五力分类框架；(3) 经济特征框架。微观经济学研究文献提供了其他分析框架。

价值链分析

某个行业的价值链确定了创造、制造和分销该行业产品和服务等活动的次序或链条。例如，图1-3描绘了制药行业的价值链。制药公司为了发现和开发新药而投资于研究与开发活动。一旦开发出药品，制药公司就开始进入漫长的药品审批程序。据估计，开发出一种新药并获得批文需要耗时7～10年，耗资大约10亿美元。为了加快审批速度，降低成本，使科学家能够专心致力于更富有创造性的药品开发，制药公司经常会与临床研究机构签订合同，委托临床研究机构实施新药审批程序的新药测试与跟踪工作。

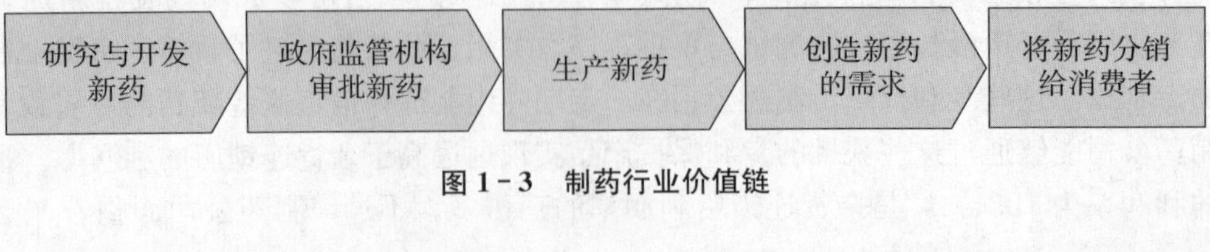

图1-3 制药行业价值链

只要读者知道产品或服务在价值链各个环节的价格，就可以清楚特定行业内可以创造价值的领域。例如，读者只要知道收购某家拥有预期或新近已开发出药品的公司所需要支付的价格，就可以确定药品开发阶段的价值。临床研究机构针对新药测试与获得批文所支出的费用，就反映了这些活动所能创造的价值。任何活动所能创造的价值越高，该阶段的盈利能力就应该越强。

读者也可以运用价值链识别特定行业内某家公司的战略定位。制药公司通常只关注研究与开发阶段至创造需求阶段，而将分销工作交给药房去做。越来越多的制药公司开始将药品测试与获得批文的工作外包出去。

生产药品需要混合各种化学品和其他原料。基于质量控制和保证产品纯度的原因，制药公司引进了各种高度自动化的生产流程，聘用销售人员将药品销售给医生、医院和保健机构。为了努力创造新药的需求，制药公司不断通过各种广告媒体推销新药，以使消费者向医生咨询新药的功效。尽管邮购和网购越来越普遍（医疗保险机构也鼓励这种购药方式），但药品分销的常规渠道还是药房。

根据百事公司描述其分部情况的财务报表附注 1 “呈报基础与我们的分部”，可以看到百事公司拥有四个业务经营单位：百事美洲食品公司，百事美洲饮料公司，百事欧洲公司以及百事亚洲、中东和非洲公司。这四个业务经营单位包括六个报告分部，其中百事美洲食品公司包括三个分部：北美菲多利公司（经营知名零食、薯条和其他食品）、北美桂格食品公司（经营谷类及相关产品）和拉丁美洲食品公司（经营知名零食、薯条和其他食品）。百事美洲饮料公司是一个单一经营分部，在整个北美地区生产和分销软饮料和其他饮料。百事欧洲公司以及百事亚洲、中东和非洲公司在北美以外的市场从事经营业务，生产并销售知名零食、早餐食品、软饮料和其他饮料。表 1－2 列示了百事公司 2012 年各分部的收入与经营利润的绝对数和构成比例以及经营利润率（经营利润/收入）。这些数据都摘自百事公司的财务报表附注 1。

表 1－2　百事公司 2012 年各分部收入与经营利润　　单位：百万美元

	收入		经营利润		经营利润率
北美菲多利公司	13 574	20.7%	3 646	40.0%	26.9%
北美桂格食品公司	2 636	4.0%	695	7.6%	26.4%
拉丁美洲食品公司	7 780	11.9%	1 059	11.6%	13.6%
百事美洲饮料公司	21 408	32.7%	2 937	32.2%	13.7%
百事欧洲公司	13 441	20.5%	1 330	14.6%	9.9%
百事亚洲、中东和非洲公司	6 653	10.2%	747	8.2%	11.2%
未明确分配部分	—	—	(1 302)	(14.3)	
合计	65 492	100.0%	9 112	100.0%	13.9%

图 1－4 描绘了百事公司主要经营业务之一软饮料/饮料行业的价值链。值得注意的是，这项业务只是百事公司的传统业务，为了全面起见，读者还应该评估百事公司的其他主要业务，尤其是其零食和早餐食品业务。

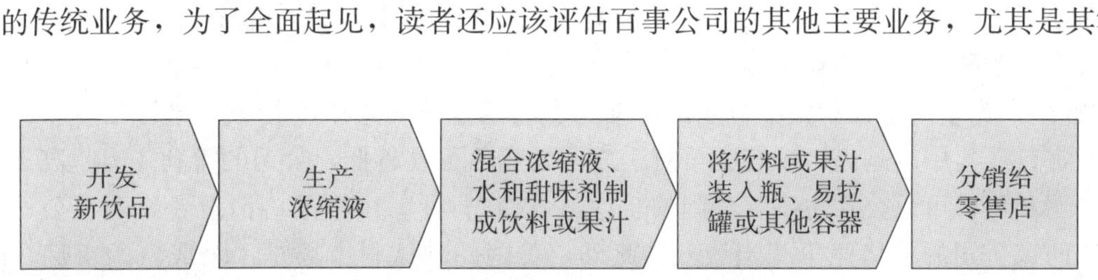

图 1－4　软饮料/饮料行业的价值链

尽管百事公司的传统软饮料（百事可乐、无糖百事可乐和激浪）数年来未曾改变，但百事公司还是始终致力于开发新产品。一旦某种产品显示出商业价值，百事公司就会将原材料加到浓缩液或果汁中。当然，其配料和配方高度保密。百事公司将浓缩液运送到其灌装厂（或将果汁运送到国内各个液体储存点），将浓缩液与水和甜味剂混合，然后装瓶生产出软饮料。

波特五力分类框架

波特认为有五种力量影响着行业内各家公司的竞争水平和盈利能力。[①] 现有公司之间的竞争、新进入者的威胁和替代品的威胁等三种力量代表着行业内现有或未来潜在的公司之间的横向竞争，与产品和服务紧密联系。购买者的议价能力和供应商的议价能力两种力量代表从供应商、现有竞争对手到购买者的价值链内部的纵向竞争。我们将讨论这五种力量，并结合软饮料/饮料行业来说明。图1-5描绘了软饮料/饮料行业的波特五力分类框架。

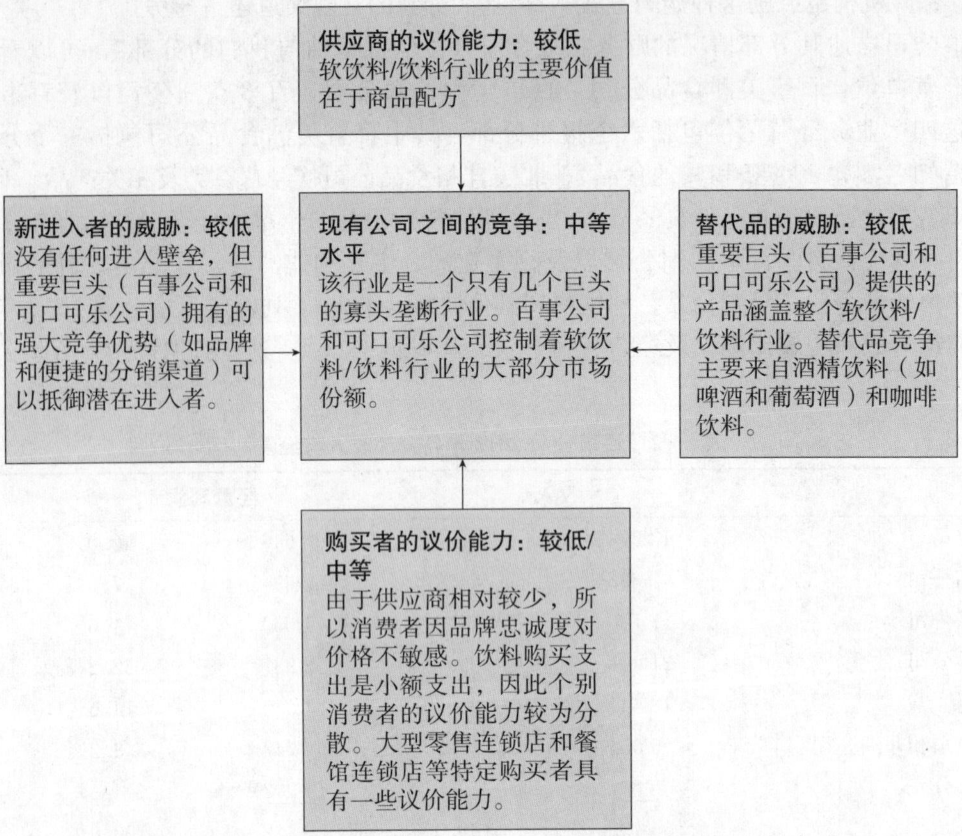

图1-5　软饮料/饮料行业的波特五力分类框架

1. 现有公司之间的竞争。现有公司之间的直接竞争经常是行业内最重要的竞争。有些行业（如垄断、双头垄断或寡头垄断行业）的竞争非常集中，而有些行业的竞争较为分散。经济学家经常采用行业集中度（如估算四家最大竞争对手控制整个行业销售额比率的四家公司集中度指数）来评估竞争水平。经济学认为，总体而言行业集中度越高，现有竞争对手之间的竞争程度越低，公司的盈利能力越高。

百事公司和可口可乐公司主宰着美国的软饮料/饮料行业。由于某些消费者将两家公司的产品视为相似品，所以两家公司的价格竞争相当激烈。此外，美国的软饮料市场是一个成熟的市场（即不会快速成长），降低价格成为赢得市场份额的一种战略。尽管激烈的竞争可能降低公司的盈利能力，但百事公司与

① Michael E. Porter, *Competitive Strategy*: *Techniques for Analyzing Industries and Competitors* (New York: Free Press), 1998.

可口可乐公司似乎有意避开价格竞争，转而在品牌形象、关键分销渠道（如快餐连锁店和杂货店货架空间）和其他方面展开竞争。这两家公司都在积极寻找其他国家的成长机会。有鉴于此，我们将百事面临的行业竞争视为适度的竞争。

2. 新进入者的威胁。新公司很容易进入市场吗？是否存在阻止新进入者的壁垒（如巨额资本投资、技术专长、专利权或管制）？现有竞争对手是否拥有显著的竞争优势，导致其他公司难以进入从而自身在竞争中立于不败之地？如果现有竞争对手拥有显著的竞争优势，那么该行业内公司获得的利润就会高于新进入者可以轻易进入市场的行业内公司所能获得的利润，从而获得潜在的超额利润。

软饮料/饮料行业没有显著的进入壁垒。该行业的基本特征是：存在众多小规模的果汁、运动饮料、水和软饮料公司；新公司频繁进入该行业；随处可见不知名的饮料产品。不过，软饮料/饮料行业的现有公司都具有竞争优势，可以抵御新进入者带来的威胁。就新的潜在竞争对手而言，百事与可口可乐的品牌认知度是其强有力的进入壁垒。另一个进入壁垒则是由两家公司把持的分销渠道。多数餐饮连锁店都与这两家公司的其中一家签订了供应饮料的排他性合同。百事和可口可乐还往往占据了杂货连锁店的货架空间。

3. 替代品的威胁。顾客很容易转向购买可替代的产品和服务吗？顾客转向购买可替代的产品和服务的可能性有多大？如果市场上存在相似的替代品，竞争就会很激烈，盈利能力就会减弱（例如，餐馆与杂货连锁店的某种熟食就是相似的替代品）。替代品极少的独一无二的产品（如某种处方药）拥有很强的盈利能力。碳酸软饮料行业面临来自众多其他饮料替代品的竞争。这些其他饮料也具有解渴功能，消费者可以将其作为碳酸饮料的替代品，如果汁、瓶装水、运动饮料、茶、咖啡、牛奶、啤酒和葡萄酒。多年来，可口可乐和百事不断拓展其饮料系列，以囊括所有无酒精饮料。例如，百事并购了纯果乐公司（Tropicana）和佳得乐公司（Gatorade），丰富了果汁、运动饮料和瓶装水的产品系列。百事还与立顿和星巴克建立了合资公司，出售茶和咖啡。由于百事和可口可乐经营众多饮料产品，以及消费者的购买习惯、品牌忠诚度和渠道便捷性，其软饮料/饮料行业面临的替代品威胁较小。软饮料/饮料行业的主要替代品来自酒精饮料（如啤酒和葡萄酒）和咖啡饮料。

4. 购买者的议价能力。购买者的议价能力不仅与行业内购买者和供应商的相对数量有关，也与购买者影响价格的能力有关。购买者是价格的接受者还是价格的制定者？如果某种产品的供应商众多，而能做出巨额采购决定的购买者却寥寥无几（如政府购买军用设备或汽车制造商购买汽车零部件），那么购买者就有强大的压价能力，从而会显著影响供应商的盈利能力。如果供应商寥寥无几，而购买者众多（如饮料行业），那么供应商就有更多讨价还价的能力。

购买者的议价能力还与购买者的价格敏感性和需求弹性有关。消费者对产品价格很敏感吗？如果公司提供的产品与竞争对手提供的产品相似，消费者可能转向购买价格最低的产品。如果消费者认为某公司的产品独一无二，那他对价格差异就不敏感。价格敏感度的另一个方面则是产品的相对成本。消费者对小额支出的产品（如饮料）的价格敏感度较低，而对价格较高的产品（如汽车）的价格敏感度较高。不过，即便个别消费者可能轻易地转换购买不同品牌的产品或价格不同的产品，这些消费者也是单独做出购买决策而不是集体做出购买决策。因此，个别消费者可能还是价格的接受者（而不是价格的制定者）。购买者可以轻易地购买不同产品并不意味着购买者具有议价能力。相反，购买者可以轻易地购买不同产品加剧了竞争对手之间的竞争。

饮料行业的购买者议价能力相对较低。因为该行业的供应商很少，这些供应商拥有便捷的基本分销渠道。因为品牌忠诚度较高，而且购买饮料支出的数额也不大，个别消费者的价格敏感度相对较低。然而，有些购买者（例如，大型零售和杂货连锁店如沃尔玛、大型快餐连锁店如麦当劳）会在全国范围内大额采购饮料，拥有强大的议价能力。

5. 供应商的议价能力。影响购买者议价能力的众多因素也适用于供应商。如果某个行业拥有大量的潜在购买者，而供应商的数量相对较少，那么供应商就拥有强大的议价能力，从而可以获得丰厚的利润。例如，尽管许多公司组装并销售个人电脑和平板电脑，但它们都面临供应商强大的议价能力，因为微软是操作系统和应用软件的强势供应商，英特尔则是微处理器的强势供应商。

饮料公司购买原材料来生产浓缩液和甜味剂。尽管百事并没有披露配方，但其原材料采购不可能只依赖一家供应商（甚至少数几家供应商）。这些原材料并非独一无二，供应商还是能够对百事施加较大的议价能力。当然，考虑到百事的规模，其议价能力可能强于供应商。

综上所述：

- 软饮料/饮料行业的供应商议价能力较低，新进入者的威胁和替代品的威胁都较低。
- 软饮料/饮料行业的购买者议价能力较低，快餐连锁店和大型零售杂货连锁店的购买者议价能力处于中等水平。
- 软饮料/饮料行业内的竞争处于中等水平。除非百事或可口可乐决定低价竞争，否则这两家公司将持续保持较强的盈利能力。

经济特征框架

我们发现，下述框架在研究某家公司的经济特征时非常有用，主要是因为该框架与财务报表列报的项目相匹配。

1. 需求

- 顾客对价格非常敏感（如汽车行业），还是相对不敏感（如软饮料行业）？
- 该行业需求快速增长（如保健行业），还是相对成熟（如杂货连锁店）？
- 需求与经济周期同步（如新房与办公楼），还是对商业周期不敏感（如食品和医疗保健品）？
- 需求随季节变动（如夏装和滑雪设备），还是全年相对稳定（如多数杂货连锁店商品）？

2. 供给

- 是众多供应商提供相似的产品，还是少数供应商提供独特的产品？
- 是存在较高的进入壁垒，还是新进入者可以轻易进入？
- 如果公司面临巨额的环境清理成本，是否存在退出壁垒？

3. 制造

- 制造过程是资本密集型（如发电），还是劳动密集型（如广告、投资银行、审计和其他专业服务），或者两者兼而有之（如汽车制造和航空运输）？
- 制造过程是复杂且不容出错（如心脏起搏器和微芯片），还是相对简单且容许一定的差错（如服装和非机械玩具）？

4. 营销

- 产品需要销售人员大力推销给其他公司，还是通过广告、销售点和折扣等主要促销手段直接出售给消费者？
- 是通过分销渠道稳定拉动需求，还是持续创造需求？

5. 投融资

- 行业内公司的资产周转时间相对较短（如商业银行需要短期资金来源为这些资产提供融资），还是相对较长（如电力公司主要依靠长期资金来源为这些资产提供融资）？
- 行业内公司资产的风险相对较低（如技术陈旧引起的风险），可以承受较高比例的债务融资，还是因产品生命周期较短或产品责任因素而导致风险相对较高，需要降低债务融资比例，提高股东权益融资的比例？
- 是行业的盈利能力相对较强且成熟，经营活动创造的现金流量超过购置财产、厂房与设备所需要的现金流量，还是行业在快速成长，需要依靠外部融资？

表 1－3 总结了软饮料/饮料行业的经济特征。

表 1－3　软饮料/饮料行业的经济特征

需求
- 需求对价格相对不敏感。
- 在美国增长率较低，但在其他国家存在较多的快速增长机会。
- 需求没有周期性。

供给
- 两家主要供应商（百事和可口可乐）出售各种知名品牌的产品。
- 两家主要供应商拥有的知名品牌产品和控制的分销渠道使其具有强大的竞争优势。

制造
- 浓缩液/甜味剂的制造过程不是资本密集型。
- 装瓶和最终产品的分销是资本密集型。
- 制造过程简单（主要是混合操作）且对质量波动有一定的容忍度。

营销
- 尽管通过分销渠道可以提升品牌认知度并拉动既有的产品需求，但广告在一定程度上也可以刺激需求。

投融资
- 装瓶和将产品运送到零售商处需要长期融资。
- 在美国，盈利能力相对较强但增长率较低，产生了多余的现金流量。面对其他国家成长的市场，需要内部的现金流量或外部资源提供融资。

1.3　第 2 步：识别公司战略

尽管公司希望通过制定经营战略使自己有别于竞争对手，但行业的经济特征影响了公司制定战略的灵活性。有时，公司可以创造可持续的竞争优势。相比规模较小、缺乏知名品牌的公司，百事的规模、品牌和便捷的分销渠道使其拥有可持续的竞争优势。同理，迪士尼因提供高质量的家庭娱乐项目而享有的声誉为其赢得了可持续的竞争优势，沃尔玛则因价格低廉的美名而赢得了可持续的竞争优势。

然而在许多行业，产品与创意很快就会被复制。这样的例证比比皆是：移动电话、平板电脑和计算机硬件；经营炸鸡、比萨饼和汉堡包的餐馆连锁店；金融服务。基于这种情形，公司只有敢为人先，通过提出一种新的观念或创意而赢得竞争优势（称之为先发优势），或者持续投资于产品的开发，在行业发展过程中保持领先地位来获得竞争优势。不过，公司难以（但并非不可能）长期保持这种竞争优势。

□ 战略分析框架

各行各业的公司都面临一系列战略抉择。综合考虑产品和公司特征的分析框架有助于读者权衡取舍，构建公司的战略。

1. 产品或服务的性质。公司力图为某个细分市场创造独特的产品或服务，从而获得相对较高的利润率（即产品差异化战略），还是以较低价格提供无差异的产品，接受较低的利润率，薄利多销，以增加销售量，提高市场份额（即低成本领先优势）？公司是否力图通过差异化（比如通过提升品牌忠诚度或技术创新）和严格控制成本来赢得价格竞争优势，同时实现两个目标？

2. 价值链的一体化程度。公司是追求纵向一体化战略，涉足价值链的所有环节，还是只涉足价值链的某些环节？就制造环节而言，公司是自己完成所有的制造过程（通常出现在钢铁制造业），还是外包所有的制造过程（普遍存在于运动鞋制造业），或者将零部件的制造过程外包但公司自己完成组装（普遍存在于汽车和计算机硬件制造业）？

就分销而言，公司是自己控制分销渠道，还是将其外包？例如，有些餐馆自己经营所有连锁店，而有些餐馆则通过独立经营的特许经营店开展经营活动。计算机硬件公司近年来从依靠自己的销售人员销售产品转向依靠各种间接销售商（如增值零售商和系统集成商）销售产品。事实上，计算机硬件公司已经将分销从内部职能转化为外部职能。

3. 地域分散化程度。公司是将其产品瞄准国内市场，还是横向一体化，遍及各国市场？公司在其他国家从事经营业务固然可以创造增长的机会，但可能面临汇率波动、政治不确定性和更多竞争对手等诸多风险。

4. 行业多元化程度。公司是在单个行业从事经营业务，还是遍布多个行业从事经营业务？公司在多个行业从事经营业务可以分散产品、周期性波动、管制和其他在单个行业从事经营业务可能面临的风险。当然，管理层能否有效地理解并管理多个行业和不同领域的业务是在多个行业从事经营业务的公司必须面对的问题。

□ 战略分析框架在百事公司饮料分部的运用

为了将上述战略分析框架运用于百事公司饮料分部，我们需要借助百事公司管理层提供的相关描述。多数美国公司提交给美国证券交易委员会（SEC）的年报（即10-K表格）就包含这种类型的“管理层讨论与分析”。

1. 产品或服务的性质。百事公司饮料分部广泛参与饮料行业的竞争，产品包括软饮料、果汁、瓶装水、运动饮料、茶和咖啡。不过，百事公司饮料分部的主要饮料产品是软饮料。尽管有人可能会质疑百事公司饮料分部的产品与可口可乐及其他竞争对手的类似产品是否存在差异（这种质疑难免牵扯到口味问题），但是，通过品牌认知度和分销渠道，百事公司饮料分部还是提供了各种与众不同的产品。

2. 价值链的一体化程度。百事公司饮料分部致力于新产品开发、浓缩液与甜味剂的制造、装瓶、分销和产品的推广。确保产品质量和分销渠道的有效性是百事公司饮料分部的关键成功因素，因此，百事公司饮料分部非常强调其价值链的重要性。不过，装瓶业务相对简单，属于资本密集型，需要长期融资，尤其是长期债务融资。将装瓶业务外包给附属的装瓶厂很多年之后，百事公司饮料分部近年来开始回购装瓶业务的财务权益，导致了债务融资的增加。

3. 地域分散化程度。根据百事公司财务报表附注1和表1-2，2012年度百事美洲饮料公司的收入占百事公司收入总额的33%。百事欧洲公司与百事亚洲、中东和非洲公司的收入分别占百事公司收入总额的21%和10%。其余的收入来自三个独立的食品分部（北美菲多利公司、北美桂格食品公司和拉丁美洲食品公司）。值得注意的是，百事欧洲公司与百事亚洲、中东和非洲公司的收入包括饮料收入和食品收入。如此一来，根据披露的信息就难以分辨百事公司的全部收入中食品收入与饮料收入的准确数额。显然，百事并不是一家严格意义上的饮料公司。

4. 行业多元化程度。为了聚焦和简化行业分析与战略分析方法，迄今为止，我们的讨论集中在百事公司的饮料分部。其实，百事公司的零食分部和早餐分部所创造的收入和经营利润率都超过饮料分部。正如表1-2所示，百事公司三个食品分部创造的收入大约占百事公司全部收入的37%。尽管百事的行业多元化程度高于可口可乐，但在性质上，饮料、零食和谷物行业的许多经济特征很相似，都是营销知名品牌消费品。这些行业的基本特征都是准入门槛低但存在少数拥有品牌认知度和关键分销渠道的强大竞争对手。由于品牌忠诚度和分销渠道的原因，这些行业的主要投入是原材料商品，供应商的议价能力较低，购买者对价格较为敏感。因此，百事公司的饮料分部与食品分部的战略较为相似，都聚焦于产品的开发与推广，提升品牌认知度，维护重要的分销渠道。

1.4 第 3 步：评估财务报表的质量

为了报告其经济活动的结果，公司需编制四种主要财务报表：(1) 资产负债表；(2) 利润表；(3) 综合收益表；(4) 现金流量表。公司还会编制第五种财务报表股东权益表，进一步披露资产负债表的股东权益部分的详细信息，同时需要提供详细说明这些财务报表列示的各个项目的各种附注。财务报表及其附注共同提供有关公司财务状况、经营成果和现金流量的大量信息，有助于财务报表使用者了解公司的盈利能力、风险和成长性。

本节以百事公司的财务报表及其附注为例，简要说明这些财务报表的目的与内容。理解会计概念与方法，评估公司财务报表的质量是有效的财务报表分析的核心要素，也是本书的三个核心目标之一。第 2 章和第 3 章将讨论计量与报告下列项目的基本会计概念与方法：

- 资产、负债和股东权益。
- 收入、费用和利润。
- 与经营活动、投资活动和筹资活动相关的现金流量。

第 6～9 章将首先讨论会计质量问题，然后再深入讨论具体的会计原则与方法。我们将在本章强调百事公司财务报表及其附注的关键组成部分，以介绍会计质量的总体概念。

□ 会计原则

公司根据会计职业组织制定的会计准则和会计原则编制财务报表及其附注。就美国公司而言，美国公认会计原则（GAAP）决定了编制财务报表需运用的估值与计量方法。作为美国联邦政府的一个机构，尽管美国证券交易委员会有权制定具体的公认会计原则，但其通常会授权财务会计准则委员会（FASB，www.fasb.org）制定美国公认会计原则。财务会计准则委员会是会计职业组织的一个私人部门，是一个由七位委员和一位全职专业人员组成的独立委员会。财务会计准则委员会只有在收到财务报表编制者、审计师和财务报表使用者对酝酿中的会计准则的广泛意见之后，才会发布相应的公认会计原则。

国际会计准则理事会（IASB）是一个由十六位委员和一位全职专业人员组成的独立机构，负责制定国际财务报告准则（IFRS，www.ifrs.org）。许多国家已经停用本国会计准则，正式将国际财务报告准则作为本国适用的会计准则。从 2005 年开始，欧盟的上市公司财务报表必须遵循国际会计准则理事会公告的规定。

美国证券交易委员会接受非美国公司提交的根据国际财务报告准则编制的财务报表，但尚未接受美国公司提交的根据国际财务报告准则编制的财务报表。这是一个尚在讨论的问题。财务会计准则委员会与国际会计准则理事会紧密合作，协调全球的会计准则和会计原则。尽管两套会计准则之间存在需要解决的重大差异（本书将着重介绍两套会计准则的现有差异），但财务会计准则委员会与国际会计准则理事会的许多重要的会计原则拥有共同基础。财务会计准则委员会与国际会计准则理事会在拟定一项新的会计原则或修订现有的会计原则时，都会紧密合作，公布拟议的会计原则，征求并评估各方意见。财务会计准则委员会与国际会计准则理事会最终达成共识的会计原则会成为美国公认会计原则和国际财务报告准则的一个组成部分。会计准则的全球协调会更有效地促进财务报表分析，有助于财务分析师更好地评估并比较各国公司基于相似的会计原则编制的财务报表。与此相适应，不断增强的可比性会使资本在全球范围内得到更有效的配置。

□ 资产负债表：衡量财务状况

资产负债表或财务状况表是呈现公司截至某个特定时点的资源（资产）以及对这些资源的求索权（负债与股东权益）的快照。资产负债表因其反映下列余额或恒等式而得名：

资产总额＝负债总额＋股东权益总额

也就是说，公司的资产与债权人（负债）和股东（股东权益）对这些资产的求索权平衡或相等。资产负债表从两个维度看待公司的资源：(1) 公司控制的具体资源（如现金、存货与设备）；(2) 主体的义务与资产的所有权（如供应商、员工、政府、金融机构和股东）。

资产负债表的资产部分列报了公司的经营决策（主要是为了生产产品并向顾客提供产品和服务而发生的日常经营活动的资产营运决策）和投资决策（主要是为了获得利息、股利和其他投资收益而发生的金融资产决策）的成效。以表1-4列示的百事公司2008—2012年的资产负债表为例。百事公司主要的经营性资产包括：(1) 现金及现金等价物；(2) 应收账款与应收票据；(3) 存货；(4) 预付费用；(5) 财产、厂房与设备；(6) 商誉与其他无形资产。百事公司来自投资活动的主要金融资产包括：(1) 短期投资性证券；(2) 非控制性子公司的权益证券投资。

表1-4　百事公司及其子公司合并资产负债表　　单位：百万美元

	2012年	2011年	2010年	2009年	2008年
资产					
流动资产					
现金及现金等价物	6 297	4 067	5 943	3 943	2 064
短期投资	322	358	426	192	213
应收账款与应收票据（净额）	7 041	6 912	6 323	4 624	4 683
存货	3 581	3 827	3 372	2 618	2 522
预付费用与其他流动资产	1 479	2 277	1 505	1 194	1 324
流动资产总额	18 720	17 441	17 569	12 571	10 806
财产、厂房与设备（净值）	19 136	19 698	19 058	12 671	11 663
可摊销无形资产（净值）	1 781	1 888	2 025	841	732
商誉	16 971	16 800	14 661	6 534	5 124
其他不可摊销无形资产（净值）	14 744	14 557	11 783	1 782	1 128
非控制性子公司投资	1 633	1 477	1 368	4 484	3 883
其他资产	1 653	1 021	1 689	965	2 658
资产总额	74 638	72 882	68 153	39 848	35 994
负债与股东权益					
流动负债					
短期负债	4 815	6 205	4 898	464	369
应付账款与其他流动负债	11 903	11 757	10 923	8 127	8 273
应交所得税	371	192	71	165	145
流动负债总额	17 089	18 154	15 892	8 756	8 787
长期负债	23 544	20 568	19 999	7 400	7 858
其他负债	6 543	8 266	6 729	5 591	6 541
递延所得税	5 063	4 995	4 057	659	226
负债总额	52 239	51 983	46 677	22 406	23 412

续表

	2012 年	2011 年	2010 年	2009 年	2008 年
承诺与或有负债	—	—	—	—	—
优先股（无面值）	41	41	41	41	41
回购优先股	(164)	(157)	(150)	(145)	(138)
普通股权益					
普通股（有面值）	26	26	31	30	30
资本公积	4 178	4 461	4 527	250	351
留存收益	43 158	40 316	37 090	33 805	30 638
累计其他综合损失	(5 487)	(6 229)	(3 630)	(3 794)	(4 694)
超面值回购普通股	(19 458)	(17 870)	(16 745)	(13 383)	(14 122)
普通股权益总额	22 417	20 704	21 273	16 908	12 203
非控制性权益	105	311	312	638	476
股东权益总额	22 399	20 899	21 476	17 442	12 582
负债与股东权益总额	74 638	72 882	68 153	39 848	35 994

资料来源：百事公司 2010—2012 年年报（10-K 表格）。

资产负债表的负债与股东权益部分列报了因公司的经营决策和筹资决策而产生的义务。因经营决策而产生的义务主要包括公司对员工、产品与服务供应商的支付义务，因筹资决策而产生的义务主要包括公司向银行和其他债权人借入的债务资本和以普通股形式向投资者筹集的权益资本。百事公司的资金来源于产品与服务的供应商（列报为应付账款、其他流动负债和其他长期负债）、银行与其他债权人（列报为长短期负债）、优先股权益投资者（列报为优先股和回购优先股）和普通股权益投资者（列报为普通股权益）。

为了便于比较，还需要参照表 1-5 列示的可口可乐公司 2008—2012 年的资产负债表。值得注意的是，可口可乐公司的主要资产、负债和资金来源（包括银行、债权人和普通股权益投资者）都与百事公司类似。

表 1-5　可口可乐公司合并资产负债表　　单位：百万美元

	2012 年	2011 年	2010 年	2009 年	2008 年
资产					
流动资产					
现金及现金等价物	8 442	12 803	8 517	7 021	4 701
短期投资	5 017	1 088	2 682	2 130	—
现金及现金等价物、短期投资小计	13 459	13 891	11 199	9 151	4 701
有价证券	3 092	144	138	62	278
应收账款（净额）	4 759	4 920	4 430	3 758	3 090
存货	3 264	3 092	2 650	2 354	2 187
预付费用与其他资产	2 781	3 450	3 162	2 226	1 920
待售资产	2 973	—	—	—	—
流动资产总额	30 328	25 497	21 579	17 551	12 176
投资（基于权益法）	9 216	7 233	6 954	6 217	5 316
其他投资（主要是装瓶公司）	1 232	1 141	631	538	463
其他资产	3 585	3 495	2 121	1 976	1 733
财产、厂房与设备（净值）	14 476	14 939	14 727	9 561	8 326
无限期商标	6 527	6 430	6 356	6 183	6 059
装瓶公司的无限期特许权	7 405	7 770	7 511	1 953	—
商誉	12 255	12 219	11 665	4 224	4 029

续表

	2012 年	2011 年	2010 年	2009 年	2008 年
其他无形资产	1 150	1 250	1 377	468	2 417
资产总额	86 174	79 974	72 921	48 671	40 519
负债与股东权益					
流动负债					
应付账款与应计费用	8 680	9 009	8 859	6 657	6 205
贷款与应付票据	16 297	12 871	8 100	6 749	6 066
长期负债到期的流动负债	1 577	2 041	1 276	51	465
应交所得税	471	362	273	264	252
待售负债	796	—	—	—	—
流动负债总额	27 821	24 283	18 508	13 721	12 988
长期负债	14 736	13 656	14 041	5 059	2 781
其他负债	5 468	5 420	4 794	2 965	3 011
递延所得税	4 981	4 694	4 261	1 580	877
负债总额	53 006	48 053	41 604	23 325	19 657
股东权益					
普通股	1 760	1 760	880	880	880
资本公积	11 379	10 332	10 057	8 537	7 966
留存收益	58 045	53 621	49 278	41 537	38 513
累计其他综合收益（损失）	(3 385)	(2 774)	(1 450)	(757)	(2 674)
库藏股	(35 009)	(31 304)	(27 762)	(25 398)	(24 213)
归属于股东的权益	32 790	31 635	31 003	24 799	20 472
非控制性权益	378	286	314	547	390
权益总额	33 168	31 921	31 317	25 346	20 862
负债与股东权益总额	86 174	79 974	72 921	48 671	40 519

资料来源：可口可乐公司 2010—2012 年年报（10-K 表格）。

基于美国公认会计原则，公司必须根据流动性的强弱列报资产和负债，因此最接近现金的资产项目列示在资产负债表资产部分的最上方，而最难转化为现金的资产项目列示在资产负债表资产部分的最下方。同理，需要最先清偿的负债项目列示在资产负债表负债部分的最上方，而未来要最后清偿的负债项目列示在资产负债表负债部分的最下方。

有些国家的资产负债表格式与美国的资产负债表格式不同。例如，根据国际财务报告准则，公司可以选择根据流动性强弱列报资产负债表的资产项目和负债项目，也可以选择首先列报长期资产项目（如财产、厂房与设备）和其他非流动资产项目，再列报流动资产项目。根据国际财务报告准则编制的资产负债表，其资金来源方应首先列报股东权益，再列报非流动负债和流动负债。基于国际财务报告准则，不论采用哪种资产负债表格式，资产负债表总是保持平衡，只是各个项目的列报顺序有所不同。

例如，英国资产负债表的恒等式通常采用如下格式：

非流动资产总额+(流动资产总额−流动负债总额)−非流动负债总额=股东权益总额

这种格式是基于股东视角，列报了扣除债权人的求索权之后，股东可以得到的净资产数额。读者可以重新排列资产负债表的各个项目，使资产负债表的格式能够提供更充分的信息或更有可比性。

□ 资产：确认、计量与分类

公司的哪些资源应该确认为资产？公司应该以多少数额计量这些资产？资产负债表的资产部分应该如何对这些资产进行分类？针对这些问题，美国公认会计原则和国际财务报告准则确定了公司必须采用的会计原则。

界定公司应该将哪些资源确认为资产是美国公认会计原则和国际财务报告准则制定的所有会计原则中最重要的定义之一。

> 资产是某个特定主体因为过去的交易或事项而取得或控制的未来可能的经济效益。①

资产是能够为公司提供未来经济效益的资源：能够创造未来现金流入量（如应收账款、存货和投资性证券）或能够减少未来现金流出量（如预付账款）或能够为经营活动提供未来服务（如财产、设备和无形资产）。因此，资产的确认取决于公司管理层对未来经济效益的预期。只有满足以下条件，公司才能将资源确认为资产：

- 由于过去的交易或事项，公司拥有资源未来经济效益的控制权。
- 公司能够以合理的精确度和可靠性预测并计量或量化资源的未来经济效益。

如果某项支出不能同时满足上述两个条件，就不能资本化为资产，必须作为当期费用处理。如果公司确定某项资产不再具有未来经济效益（如无法收回的应收账款或无法出售的存货），就应该撤销对该项资产的确认（即从资产负债表中注销该项资产）。有些资源（如取得的顾客购货订单；与公司职员签订的聘用合同；与员工、顾客或社区居民相关的质量声誉）因无法满足上述一个或两个条件而无法确认为资产。

资产负债表上的多数资产项目要么是货币性资产，要么是非货币性资产（我们将在第 8 章讨论外币折算时再详细讨论这种分类的定义）。货币性资产包括现金和对现金未来偿付的求索权（如应收账款）。百事公司的货币性资产包括现金、应收账款与应收票据、债券投资和对其他公司的权益投资。根据美国公认会计原则和国际财务报告准则，为了提高所列报资产价值的相关性和可靠性，资产负债表可以采用多种计量属性。有些货币性资产（如现金）以现值列报。其他资产（如应收账款）按其可变现净值（公司预期可收回的数额）列报。至于其他货币性资产（如收款期超过一年的应收票据和贷款），公司按其未来现金流量的现值列报。计算现值所用的折现率反映了该求索权最初估测的收取现金的不确定性程度。还有些货币性资产（如债券投资和对其他公司的权益投资）通常以公允价值列报。所谓公允价值就是如果出售这些证券，公司预期可以收到的现金数额。第 2 章将更深入地讨论为什么会计是一个“混合属性”的计量系统。

非货币性资产包括有形资产（如存货、建筑物和设备）和无形资产（如品牌、专利权、商标、特许经营权和商誉）。与货币性资产相反，非货币性资产并不代表未来现金流量的求索权。公司应用或出售非货币性资产可能得到的现金数额取决于应用或出售资产的市场条件。根据美国公认会计原则和国际财务报告准则，公司可能基于以下条件列报非货币性资产：

- 根据资产使用时间（累计折旧或摊销）调整的原始购置价格（购置或历史成本）。
- 目前重置资产的价格（重置成本）。
- 公司目前出售资产的价格（可变现净值）。
- 公司未来出售或使用资产预期可以得到的现值（未来现金流量的现值）。

第 2 章将讨论其他估值方法及其对盈余计量的影响。

也许，百事公司最有价值的资产是其品牌（如百事、菲多利和桂格燕麦片）及与特定产品相关的品牌

---

① Financial Accounting Standards Board, *Statement of Financial Accounting Concepts No. 6*, “Elements of Financial Statements” (1985), par. 25.

（如激浪和多力多滋）。百事及其子公司通过广告、活动赞助、产品开发和质量控制方面的支出，创建和开发了这些品牌。然而，由于公司难以明确地判断这些支出中哪些支出能够创造可以可靠地进行预测的未来经济效益，哪些支出只能增加当期的销售量，因而难以确认资产。百事公司的资产负债表列报了其因购买其他公司而形成的可摊销无形资产、商誉和其他不可摊销无形资产的价值。这些交易可以提供所购置的无形资产价值的市场证据。百事公司2012年的资产负债表列报的可摊销无形资产和不可摊销无形资产（主要是品牌）的价值分别为17.81亿美元和147.44亿美元。其余的169.71亿美元无形资产为商誉，即百事公司购买其他公司的价款中不能分配到可辨认资产项目和可辨认负债项目的部分。百事公司每年都要根据减损情况检测无形资产的价值。如果公司重新评估无形资产的价值，发现该无形资产价值发生减损，那么该无形资产的价值应该调减为其估计的公允价值。第8章将讨论商誉和无形资产的会计问题。

在公开披露的年度报告中，资产负债表的资产分类存在较大的差异。主要的资产分类如下所示：

流动资产。流动资产包括现金和公司预期在一个正常的经营周期（通常为一年）内可以收到、出售或消耗的其他资产。百事公司资产负债表列报的流动资产包括现金、短期投资、应收账款与应收票据、存货、预付费用（如租金、保险费和广告费）。

投资。投资包括短期债券投资、长期债券投资和对其他公司的权益证券投资。如果公司基于短期持有目的而进行上述各项投资，那么这些投资就列报为流动资产。非流动资产包括公司对非控制性子公司的投资。尽管百事公司最近购买了附属公司的控股权益（尤其是其主要的装瓶厂），但该项投资依然属于对其他非控制性子公司的投资。就这些非控制性权益投资而言，百事公司并不需要编制合并财务报表，只需要采用权益法（将在第8章讨论）在资产负债表上列报。

财产、厂房与设备。财产、厂房与设备包括公司可以在经营活动中使用多年的各种有形长期资产。根据百事公司财务报表附注4“财产、厂房与设备和无形资产”，其财产、厂房与设备包括土地及其改良支出、建筑物及其改良支出、机器与设备、在建工程。这些资产项目都以其购置成本列报，而后扣除这些资产项目购置以来计提的累计折旧。

无形资产。无形资产包括通过法律或合同确立的各种财产的未来使用权。专利权、商标和特许经营权都是无形资产。确认无形资产最麻烦的是判断哪些权利满足资产的确认标准。我们将在第8章更深入地讨论这个问题。公司通常只确认通过外部市场交易取得的无形资产。例如，根据百事公司财务报表附注4“财产、厂房与设备和无形资产”，百事公司的资产负债表在“可摊销和不可摊销无形资产”项目列报了品牌与商标。不过，公司不确认内部自行开发的无形资产（如百事和菲多利等品牌）。之所以采用不同的会计处理方法，是因为通过外部市场交易取得的无形资产的价值比公司内部自行开发的无形资产的价值更为可靠。

□ 负债：确认、估值与分类

根据美国公认会计原则和国际财务报告准则，如果某项义务符合负债的定义，那么，公司就必须将其列报为负债：

> 负债是某个特定主体因过去的交易或事项在未来需要向其他主体转让资产或提供服务的现时义务。某个特定主体履行该现时义务可能牺牲未来的经济效益。①

因此，负债就是公司因过去的交易或事项而在未来某个可以合理预计的时间以一个可以合理预计的数

① Financial Accounting Standards Board, *Statement of Financial Accounting Concepts No. 6*, “Elements of Financial Statements” (1985), par. 35.

额支付现金或提供服务的现有义务。负债反映了公司管理层对履行现有义务而牺牲未来资源的预期。百事公司的负债包括对商品与服务供应商的义务（应付账款和其他流动负债）、对政府的义务（应交所得税）和对银行与其他债权人的义务（短期负债和长期负债）。

确认负债最麻烦的问题是待履行合同和或有义务。根据美国公认会计原则和国际财务报告准则，公司不得将劳工合同、承诺的购货订单和某些租赁协议确认为负债。因为公司尚未从这些项目中获得效益，所以不必为此履行支付义务。例如，公司在下单采购存货时不应该将该订单确认为一种负债。该订单只是一种或有义务。只有公司收到存货时，该订单的或有义务才转化为现时义务。同理，公司也不应该将支付给员工的未来工资确认为一种负债。不过，一旦员工提供了服务，公司就应该确认相应的负债。读者务必注意财务报表披露的待履行合同和其他或有求索权的资料。例如，百事公司财务报表附注 9“债务与承诺”就提及了长期合同承诺。百事公司列示了不可撤销经营租赁、购货承诺和待履行合同涉及的营销承诺。

多数负债都是未来需要支付现金的货币性负债。根据美国公认会计原则和国际财务报告准则，一年内到期的负债按公司履行义务预期需要支付的现金数额列报。如果支付期超过一年，美国公认会计原则和国际财务报告准则规定该负债以未来需要的现金流量的现值列报（计算现值所用的折现率反映了该义务估测的支付现金的不确定性程度）。有些负债（如保证性负债）需要提供商品或服务，而不是支付现金。资产负债表以提供这些商品或服务的未来预期成本列报这些负债。如果顾客预付了款项，就会产生递延收入的负债，即存在提供商品或服务的义务。例如，出售可兑换商品或服务的礼品卡以及预购保险、预购机票、预订报刊和预交会员费就可能产生这种负债。资产负债表按已收顾客（但尚未赚取）的收入数额列报这种负债。

资产负债表的负债可以采用多种方式进行分类。事实上，所有公司（银行除外）都会采用流动负债这种类别。流动负债就是公司预期将在一年内清偿的债务。资产负债表以“非流动负债”或“长期负债”的名义列报剩余负债。百事存在三类非流动负债：长期负债、其他负债和递延所得税。第 2～9 章将讨论递延所得税问题。

□ 股东权益的估值与披露

公司的股东权益是一种剩余权益或求索权。换言之，股东权益就是所有者对没有用于满足债权人求索权的所有资产的求索权。因此，资产负债表的各项资产与各项负债的估值就决定了股东权益的估值。①

资产负债表在列报股东权益时，将股东权益分为：

- 股东为了取得某家公司的所有权而投入的金额（百事采用的账户是“普通股”和“资本公积”）。
- 扣除宣告发放的股利后的累计净利润（百事采用的账户是“留存收益”）。
- 某项资产或负债的确认或估值引起的股东权益变动部分（百事将与可供出售投资性证券、外币折算、衍生工具和养老金相关的项目归入累计其他综合收益）。
- 库藏股（百事回购自己的股票，账户为“超面值回购普通股”）。

百事还通过优先股（百事并购桂格公司之前，桂格公司发行的优先股）减去优先股的回购数额列报了一小部分投入资本。

① 具有权益特征的债券（如可转换债券）、具有债务求索权特征的权益证券（如可赎回的优先股或普通股）、以权益股份清偿债务的证券（如股票期权）模糊了负债与股东权益之间的界限。

□ 以完整呈现经济状况的角度评估资产负债表的质量

分析师在评估某家公司的财务状况和信用风险时，经常会考察资产负债表各个项目之间的关系。例如，流动资产总额超过流动负债总额意味着公司拥有充分的流动性资源可以偿还短期负债。此外，如果公司拥有充裕的现金流量和强大的议价能力（如沃尔玛或亚马逊），即便流动负债总额超过流动资产总额也可以经营下去。长期负债与股东权益比率相对较低意味着公司可能拥有足够的长期资产以清偿到期的长期负债，或者公司至少有能力以长期资产作为抵押借入新的债务，从而偿还到期债务。

不过，如果读者基于上述分析目的运用资产负债表，必须注意以下问题：

● 公司的某些能够创造未来现金流量的有价值资源（如制药公司的专利权或消费品公司的品牌）只有从其他公司购入且存在可计量的购置成本时，才会作为资产出现在资产负债表上。

● 非货币性资产即便现行市场价值超过账面价值，也只能以其购置成本扣除累计折旧或摊销之后的净值列报。铁路公司和许多市区百货公司的资产负债表上的土地市场价值与其账面价值之间的关系就是一个例证。

● 资产负债表可能没有将某些资源的使用权和在未来支付款项的承诺列报为资产和负债。例如，读者通常在航空公司的资产负债表上看不到租赁飞机或未来支付这些飞机款项的承诺。当然，读者在钢铁公司、轮胎公司和汽车公司的资产负债表上也看不到收取劳务费的权利或根据工会合同在未来支付劳务费的承诺。

● 在资产负债表上，非货币性负债以预期现金流量的现值列报。计算现值的折现率为负债最初发生时确定的利率，而不是现行市场利率。

就面临上述情景的某些公司而言，资产负债表可能呈现公司并不完整的经济状况。在运用资产负债表时，读者应该考虑调整那些影响资产负债表质量的项目。第6～9章将更充分地讨论这些问题。

□ 利润表：衡量经营成果

第二种主要的财务报表是利润表，提供公司在一定期间内的盈利能力信息。根据分析师和投资者的习惯，我们交替使用净利润、盈余和利润这几个术语指代利润表最后一行的数额。表1-6列示了百事公司2008—2012年的利润表。

表1-6 百事公司及其子公司合并利润表 单位：百万美元（每股数据除外）

	2012年度	2011年度	2010年度	2009年度	2008年度
收入净额	65 492	66 504	57 838	43 232	43 251
销售成本	31 291	31 593	26 575	20 099	20 351
销售毛利	34 201	34 911	31 263	23 133	22 900
销售与一般行政管理费用	24 970	25 145	22 814	15 026	15 877
无形资产摊销费用	119	133	117	63	64
经营利润	9 112	9 633	8 332	8 044	6 959
装瓶公司权益投资收益	—	—	735	365	374
利息费用	(899)	(856)	(903)	(397)	(329)
利息收入	91	57	68	67	41
税前利润	8 304	8 834	8 232	8 079	7 045
所得税准备	2 090	2 372	1 894	2 100	1 879
净利润	6 214	6 462	6 338	5 979	5 166

续表

	2012 年度	2011 年度	2010 年度	2009 年度	2008 年度
减：归属于非控制性权益的净利润	36	19	18	33	24
归属于百事公司的净利润	6 178	6 443	6 320	5 946	5 142
归属于百事公司的每股普通股净利润：					
基本每股净利润	3.96	4.08	3.97	3.81	3.26
稀释后每股净利润	3.92	4.03	3.91	3.77	3.21

* 百事公司的合并利润表并没有列示销售毛利。不过，为了与可口可乐进行比较，这里列示了销售毛利。

资料来源：百事公司 2010—2012 年年报（10-K 表格）。

净利润等于收入与利得减去费用与损失。收入计量销售商品和提供服务过程中的各种资产流入。费用计量公司创造收入的经营过程中耗用的各种资产。作为一定期间的绩效指标，收入意味着公司创造了资源，而费用意味着公司消耗了资源。以高于或低于账面价值的价款出售资产或结清债务而产生的利得和损失，与公司核心经营业务几乎没有关系。例如，百事以高于账面价值的价款出售了一栋建筑物，其利润表就会列报一项利得。第 2 章将详细讨论收益计量，第 3 章将收益流量与现金流量进行比较。第 9 章将讨论经营活动的会计问题，尤其是收入与费用的确认问题。

百事的收入主要来自销售三大类产品：(1) 零食；(2) 各种软饮料浓缩液、甜味剂和瓶装饮料；(3) 谷物食品及其相关产品。百事还从债券投资中获得利息收入，并获得对非控制性子公司（如 2011 年之前的装瓶厂）权益投资的利润。

销售成本包括：(1) 制造零食的成本；(2) 生产浓缩液、甜味剂和瓶装饮料的成本；(3) 制造谷物食品及相关产品的成本。费用则包括销售与一般行政管理费用（包括广告与推销费用）、长短期借款的利息费用。百事单独列报了无形资产摊销费用。

不妨将百事的利润表与其竞争对手可口可乐的利润表做个比较。表 1-7 列示了可口可乐 2008—2012 年五年的利润表。就年收入而言，百事强于可口可乐，但就年净利润而论，可口可乐强于百事。例如，2012 年度百事的收入总额和净利润分别为 654.92 亿美元和 61.78 亿美元，而可口可乐的收入总额和净利润分别为 480.17 亿美元和 90.19 亿美元。

表 1-7　可口可乐公司合并利润表　　单位：百万美元（每股数据除外）

	2012 年度	2011 年度	2010 年度	2009 年度	2008 年度
经营收入净额	48 017	46 542	35 119	30 990	31 944
产品销售成本	19 053	18 215	12 693	11 088	11 374
销售毛利	28 964	28 327	22 426	19 902	20 570
销售与一般行政管理费用	17 738	17 422	13 194	11 358	11 774
其他经营费用	447	732	819	313	350
经营利润	10 779	10 173	8 413	8 231	8 446
利息收入	471	483	317	249	333
利息费用	397	417	733	355	438
权益投资收益（损失）净额	819	690	1 025	781	(874)
其他收益（损失）净额	137	529	5 185	40	39
税前利润	11 809	11 458	14 207	8 946	7 506
所得税费用	2 723	2 812	2 370	2 040	1 632
合并净利润	9 086	8 646	11 837	6 906	5 874
减：归属于非控制性权益的净利润	67	62	50	82	67
归属于股东的净利润	9 019	8 584	11 787	6 824	5 807
基本每股净利润	2.00	1.88	2.55	2.95	2.51
稀释后每股净利润	1.97	1.85	2.53	2.93	2.49

资料来源：可口可乐公司 2008—2012 年年报（10-K 表格）。

读者在运用利润表评估公司的盈利能力时，不仅会对公司目前和过去的盈利能力感兴趣，而且会对公司未来可持续的盈余水平感兴趣（本书六步骤分析框架的第五步骤）。读者在预测公司的未来盈余时必须判断公司过去的收入与费用水平是否可以持续并得到改善。第 4 章和第 6 章将讨论读者在做出判断之前应该考虑的影响会计质量的各种因素。第 10 章将全面讨论如何编制预测性财务报表。

□ 权责发生制会计

图 1-6 描绘了一家典型的制造业公司的经营或盈余周期。这一系列活动创造的净利润等于向顾客收取的现金数额减去支付原材料、劳工和生产设施服务的现金数额。如果整个经营周期发生在同一个会计期间，那么计量经营成果就没有什么困难。净利润就等于这些经营活动相关的现金流入量减去现金流出量。然而，公司会在某个会计期间购买原材料，在以后几个会计期间使用这些原材料。公司会在某个会计期间购置建筑物和设备，在以后多个会计期间使用这些建筑物和设备。公司销售商品或提供劳务的会计期间通常早于顾客支付其购货款的会计期间。公司经常在某个会计期间消耗资源或发生债务，而在以后会计期间支付购买这些资源的价款或结清这些债务。

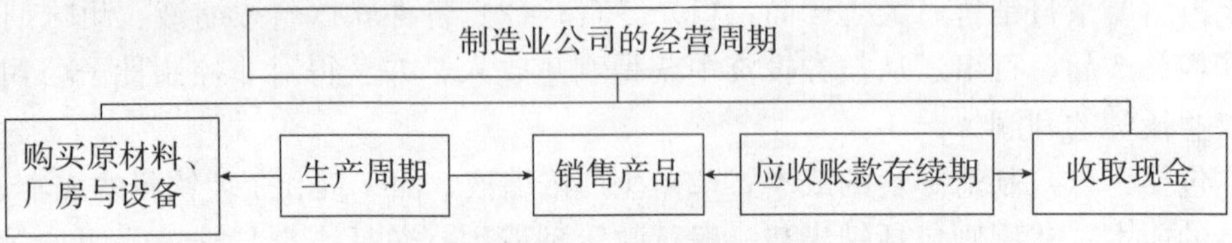

图 1-6　制造业公司的经营周期

基于收付实现制会计，公司在收到顾客的现金时确认收入，在向供应商、员工和其他产品与服务供应商支付现金时确认费用。由于公司的经营周期通常跨越多个会计期间，收付实现制会计只关注现金收付的时间匹配，而没有关注公司成功地赚取资源（收入）与为了取得该资源而耗用资源（费用）的期间匹配。因此，收付实现制会计难以充分地衡量某个特定期间的经济成果。为了克服收付实现制会计的这个缺陷，美国公认会计原则和国际财务报告准则都要求公司在计量利润表的经营成果和资产负债表的各项资产、负债与股东权益时采用权责发生制会计。

基于权责发生制会计，公司确认收入必须满足以下两个条件：

- 公司通过向顾客提供产品或服务，已经完成所有（或实质上完成所有）创造收入的过程。
- 公司合理地确信已经满足能够可靠地计量某项负债或资产的条件。

多数公司在出售产品或提供服务期间确认收入。以制造业公司应用权责发生制会计为例，公司在出售产品之前，将产品制造成本作为一种资产（存货）保留在资产负债表上。在出售产品时，以其预期可以收到的现金数额确认收入。将产品制造成本确认为产品销售成本。

有些成本是在某个特定期间经营业务所发生的成本（如公司首席执行官的薪酬和公司租办公场所的租金），难以与特定收入相联系。因此，公司会在消耗这些资源的当期将这些成本确认为费用，列示于利润表。

值得注意的是，基于权责发生制会计，公司不必等到收到顾客的现金才确认收入。只要公司能够以合理的精确度估计最终可能收取的现金数额，就可以确认收入。在收到现金之前，将预期可能收到的现金数额作为应收账款列示在资产负债表上。与收付实现制会计相比，权责发生制会计可以更好地衡量公司的经营成果。因为权责发生制会计不仅列报了现金流量，而且更好地刻画了公司定期经营活动及其成果的经济特征。①

① 当然，如果我们将定期经营活动及其成果定义为收取的现金数额，那么，现金流量就是理想的绩效指标。尽管现金为王，投资者还是对经营活动的成果更感兴趣，而且历经数十年的研究人们发现，投资者更偏爱利润表和资产负债表。本章后面部分将讨论这个问题。

□ 利润表的分类与格式

投资者通常根据公司预期未来可持续的盈余流量评估公司的价值。我们将在第 10 章更详细地讨论，分析师通过预测公司可能影响未来收入、费用和现金流量的未来经营活动来预测其未来盈余或净利润。为了更充分地向分析师和其他财务报表使用者提供有关可持续盈余的信息，公司经常分别列报正常经营活动的收益与非经常性活动（如资产减值、重组、终止经营部门和非经常性事项）的收益。为了能够给预测提供更有用的信息，美国公认会计原则要求公司根据某个会计期间收益的性质，在利润表上列报下面部分或类别的某些或全部内容：

- 持续经营收益
- 终止经营收益、利得和损失

持续经营收益

这是利润表的第一部分内容，列报了公司持续经营活动产生的收入和费用。如果公司在某个特定年份不存在终止经营部门活动，那么公司的所有收益项目都是持续经营收益，也就不需要采用“持续经营”这样的名称。

公司可以采用多种方式列报其费用。多数美国公司根据功能列报费用：因制造而产生的产品销售成本、因营销而产生的销售费用、因行政管理而产生的管理费用以及因融资而产生的利息费用。有些公司（尤其是欧盟公司）倾向于根据性质来列报费用：原材料、薪酬、广告、研究与开发。

公司年报中的利润表存在许多不同的格式。多数公司通常先列报销售产品和提供服务所获得的各种来源的收入，再列报产品销售成本。有些公司（如可口可乐，百事）会单独列报销售毛利（销售收入减去销售成本，销售毛利是衡量公司主要产品和服务盈利能力的一个重要指标），而后再列报各种经营费用的扣除项目（如销售与一般行政管理费用）。这种格式的利润表还会单独列报经营利润，接着列报来自投资的利润（利息收入和权益收益）、与融资相关的费用（如利息费用）以及非经营性利得和损失。公司通常将经营收益与非经营收益之和列报为税前利润，最后从税前利润中扣除所得税准备作为净利润。

许多公司（包括百事）在其利润表中列报了重组费用和减值损失。这些项目通常反映了资产的注销或因经济状况和公司战略发生变动而引发的负债再确认。由于重组费用和减值损失并不满足终止经营的条件，因此，公司经常在利润表的持续经营部分列报这些项目。如果这些项目的数额较大，公司将单独列报这些项目，以区别于经常性收益项目。第 4 章和第 6 章将结合盈利能力分析讨论这种分开列报的利弊。

终止经营收益

如果公司打算留在某个行业但决定出售或关闭该行业的某些部门（如关闭某家独立的工厂或终止某条产品线），通常就会基于持续经营的前提列报因这些行为而产生的许多收益、利得或损失。当然，如果公司决定终止某个行业的经营业务（如出售或关闭整个分部或子公司），那就需要在利润表的第二部分“终止经营收益、利得和损失”列报终止该行业经营业务产生的收益、利得和损失。利润表的“终止经营收益、利得和损失”列报的是其税后净额。公司必须分别列报终止经营与持续经营收益，以使财务报表使用者评估这部分未来可持续的盈余。

□ 综合收益

财务会计准则委员会和国际会计准则理事会指出，资产负债表是会计的基石，必须根据资产和负债的价值变动计量收益。为了提供相关且可靠的资产和负债的计量标准，美国公认会计原则和国际财务报告准则采用了各种计量属性。有些计量属性要求公司调整资产或负债的价值，以反映可变现净值、公允价值或现值的变化。资产和负债的价值调整通常会产生收入（或利得）或费用（或损失）。例如，如果公司认为无法收回某些应收账款或无法出售某些存货，就应该将应收账款和存货的价值调整为可变现净值，并将这些调整额确认为影响净利润的费用或损失。

财务会计准则委员会和国际会计准则理事会指出，2012年12月15日之后开始的报告期间内，四种类型的未实现利得或损失的估值调整应该以综合收益表的方式列报。[①] 其他综合收益项目则累计在一个名为"累计其他综合收益或损失"的专门权益类账户中。在某个经济交易（如出售相关的资产或清偿相关的负债）使这些其他综合收益实现之前，这些其他综合收益项目不确认为净利润。在这些利得或损失最终实现之前，"累计其他综合收益或损失"作为一个独立项目起着一种临时"置存区"的作用。

百事公司的权益合并报表详细地列示了因资产和负债的重估值而产生的四种类型的未实现利得/损失。这些项目一定期间内的累积影响作为累计其他综合收益或损失的组成部分单独列报：（1）外币折算调整；(2) 现金流量套期保值（税后净额）；（3）养老金和退休医疗计划负债变动额（税后净额）；（4）各种证券未实现的损失/利得（税后净额）。由于百事采用美国公认会计原则（而没有采用国际财务报告准则），因此没有列报与"财产、厂房与设备"的重估值相关的第五种可能项目。后续各章将讨论这些项目的会计问题。

财务会计准则委员会和国际会计准则理事会意识到，未实现利得和损失的性质可能影响公司的市场价值，却没有体现在净利润项目上，财务报表使用者可能忽视其对公司价值的影响。因此，公司必须列报综合收益。[②] 综合收益涵盖某个会计期间的全部收入、费用、利得与损失（包括已实现和未实现的利得和损失）。综合收益包括净利润加上或减去其他综合收益项目。以百事公司的综合收益合并报表为例，其2012年度的综合收益表如下所示（单位：百万美元）：

项目	金额
净利润	6 214
外币折算调整	737
现金流量套期保值（税后净额）	18
养老金和退休医疗计划负债变动额（税后净额）	(72)
各种证券未实现的损失（税后净额）	18
其他	36
综合收益	6 951
归属于非控制性权益的综合收益	(31)
归属于百事公司的综合收益	6 920

由此可见，百事公司的综合收益超过了其净利润。这主要是因为外币折算调整产生了较大的有利影响。公司可能会编制一份包括净利润的综合收益表，但结合其他综合收益也可以计算出综合收益。当然，公司也可能将其他综合收益作为单独编制的综合收益表的一个部分。单独编制的综合收益表以净利润为起点，加上或减去其他综合收益的各个项目，计算出综合收益。百事采用第二种披露方式，在合并资产负债表中采用了"累计综合损失"这个术语。此外，百事的财务报表附注13"归属于百事公司的累计其他综合损失"列示了其他综合收益各个项目的累计余额。

① Accounting Standards Codification 220，*Comprehensive Income*.

② 同①。

□ 以完整呈现经济成果的角度评估盈余的质量

一旦公司发布了新的盈余信息，资本市场的普通股价格通常会快速做出反应。这意味着盈余显著影响公司的估值。我们将在本章后面部分关于盈余与股票报酬率之间关系的有力实证证据。然而，在运用盈余信息进行估值时，读者必须警惕某个特定期间列报的盈余可能没有完整地衡量当期的盈利能力或并非未来可持续盈利能力的良好预测指标。例如，列报的净利润包括未来不可能再现的数额如重组费用、减值费用或终止经营的利得和损失。基于预测未来盈余的目的评估公司经营成果时，读者可能希望消除这些非经常性项目的影响（第 6 章和第 10 章将更深入地讨论这些问题）。

在某些情境中，管理层可能采用某些微妙的手段操纵盈余。例如，为了增加某个特定期间的盈余，公司可能加快确认收入、低估可能的坏账损失或保证费用、削减广告费或研究与开发支出、推迟维修支出。第 6～9 章将讨论会计信息的质量与为改善盈余的质量可能做出的各种调整。

□ 现金流量表

第三种主要财务报表是现金流量表。现金流量表的目的可谓重要且简单：以经营、投资和筹资三种经营活动分别向财务报表使用者提供关于现金来源与运用的信息。尽管现金流量表是一种非常有用的财务报表，但多数公司的列报方式可能令人困惑，从而被人误解或忽视。现金流量表提供了补充利润表的有用信息，解释了现金流量与基于权责发生制的净利润之间的差异。按照常规的编制方法，现金流量表以净利润为起点，有效地“还原”了权责发生制会计程序，重新展现了相关的现金流量。

现金流量表的基本原理

现金流量表提供现金的来源与运用的信息。即使是营利性公司，尤其是快速成长的公司，有时也会发现面临现金短缺，无法及时向供应商、员工和其他债权人支付相应的款项。这主要有两个原因：

● 基于权责发生制会计，向顾客收取现金的时间未必与收入的确认时间一致，现金支出的时间未必与费用的确认时间一致。通常，现金支出先于费用的确认，而现金收入则晚于收入的确认。因此公司某个会计期间的净利润可能为正值，而其经营活动现金流量净额却为负值。

● 公司可能在需要购置新的财产、厂房与设备，偿还债务，或回购自己的普通股股份时没有足够的现金。

在许多情况下，营利性公司发现自己现金短缺后，可以通过长短期债权人或权益投资者获得所需的资金。公司必须向债权人还本付息。公司的所有者可能要求公司定期支付股利，以吸引投资者对公司投资。归根到底，如果公司希望生存，其经营活动就必须创造出足够的现金。

有时，公司会有多余的现金。这主要有两个原因：

● 公司的经营活动可能盈利，经营活动的现金流量等于或大于利润。例如，公司处于成熟期，稳定且盈利，资本或成长机会不需要过多的现金流量投资（这种公司有时称为现金牛公司）。

● 公司可能通过出售资产或剥离附属公司、发行长短期债券或发行股票进行筹资。

理解上述解释公司拥有多余现金的两个原因对读者来说很有用。就公司的战略而言，这两个原因具有不同的意义，还有可能影响公司的估值。

现金流量的分类

现金流量是经营活动、投资活动和筹资活动的重要连接纽带，使公司的这三种主要活动能够平稳、有效地持续发挥作用。现金流量表有助于评估公司过去创造自由现金流量的能力并预测其未来的自由现金流量。自由现金流量的概念在第3章介绍。根据第12章的讨论，自由现金流量是基于现金流量估值模型的核心。

根据与经营活动、投资活动和筹资活动的关系可以将现金流量分为以下几类。

经营活动现金流量。出售商品和提供服务是财务健康的公司创造现金的最重要方式。评估公司多年的经营活动现金流量可以了解其经营活动为维护公司经营能力提供必要现金的程度（和公司必须依赖其他现金来源的程度）。

投资活动现金流量。购置长期生产性资产，尤其是财产、厂房与设备，通常意味着现金持续大量的使用。如果这些资产被用坏，公司就得重置这些资产。如果处于成长期，公司还必须购置更多的长期生产性资产。当然，公司可以通过出售现有资产获得购置长期生产性资产所需要的部分现金。不过，这种现金流入量通常难以弥补购置新资产的成本。

筹资活动现金流量。公司可以通过长短期借款或发行优先股和普通股获得现金。公司用现金偿还长短期借款、发放股利以及回购流通在外的优先股和普通股。

表1-8列示了百事公司2008—2012年的合并现金流量表。如表1-8所示，百事各年度的经营活动现金流量都超过投资活动现金流出量净额，而且百事每年都在投资活动上耗用巨额现金，除了2010年之外，百事每年都在筹资活动上耗用巨额现金。这种现金流入量和现金流出量模式是成熟型营利性公司的典型例证。基于比较目的，表1-9列示了可口可乐2008—2012年的合并现金流量表（其现金流入量和现金流出量模式与百事的模式类似）。

表1-8 百事公司及其子公司合并现金流量表

单位：百万美元

	2012年度	2011年度	2010年度	2009年度	2008年度
经营活动					
净利润	6 214	6 462	6 338	5 979	5 166
将净利润调整为经营活动现金流量：					
折旧与摊销	2 689	2 737	2 327	1 635	1 543
以股份为基础的薪酬费用	278	326	299	227	238
兼并与整合成本	16	329	808	—	—
兼并与整合成本的现金支付额	(83)	(377)	(385)	—	—
重组与减值费用	279	383	—	36	543
重组费用的现金支付额	(343)	(31)	(31)	(196)	(180)
百事装瓶公司/百事美洲公司的兼并成本	—	—	—	50	—
百事装瓶公司/百事美洲公司的兼并成本的现金支付额	—	—	—	(49)	—
与康师傅食品有限公司相关的重组与其他费用	176	—	—	—	—
与康师傅食品有限公司相关的重组与其他费用的现金支付额	(109)	—	—	—	—
以前持有百事装瓶公司/百事美洲公司权益的利得	—	—	(958)	—	—
资产注销	—	—	145	—	—
与委内瑞拉货币贬值相关的非现金性外汇损失	—	—	120	—	—
来自股份支付协议的额外税收效益	(124)	(70)	(107)	(42)	(107)
养老金与退休医疗计划缴款额	(1 865)	(349)	(1 734)	(1 299)	(219)
养老金与退休医疗计划费用	796	571	453	423	459
扣除股利后的装瓶公司权益投资收益	—	—	42	(235)	(202)
递延所得税与其他税收费用及其贷项	321	495	500	284	573
应收账款与应收票据变动额	(250)	(666)	(268)	188	(549)
存货变动额	144	(331)	276	17	(345)

续表

	2012 年度	2011 年度	2010 年度	2009 年度	2008 年度
预付费用与其他流动资产变动额	89	(27)	144	(127)	(68)
应付账款与其他流动负债变动额	548	520	488	(133)	718
应交所得税变动额	(97)	(340)	123	319	(180)
其他(净额)	(200)	(688)	(132)	(281)	(391)
经营活动产生的现金净额	8 479	8 944	8 448	6 796	6 999
投资活动					
资本支出	(2 714)	(3 339)	(3 253)	(2 128)	(2 446)
出售财产、厂房与设备	95	84	81	58	98
购买和投资非控制性子公司	—	—	—	(500)	(1 925)
购买百事装瓶公司/百事美洲公司(现金及其等价物净额)	—	—	(2 833)	—	—
向 DPSG 公司购买制造和分销权	—	—	(900)	—	—
购买云贝丹(WBD)品牌(现金及其等价物净额)	—	(2 428)	—	—	—
对云贝丹(WBD)品牌的投资	—	(164)	(463)	—	—
与康师傅食品有限公司交易相关的现金支付额	(360)	—	—	—	—
其他的购买和投资非控制性子公司	(121)	(601)	(83)	—	—
资产剥离	(32)	780	12	99	6
因未决并购而限制用途的现金	—	—	—	15	(40)
出售百事装瓶公司/百事美洲公司股票获得的现金	—	—	—	—	358
短期投资(按到期时间列示):					
三个月以上的短期投资——购买	—	—	(12)	(29)	(156)
三个月以上的短期投资——到期	—	21	29	71	62
三个月及三个月以下的短期投资(净额)	61	45	(229)	13	1 376
其他短期投资(净额)	12	(16)	(17)	—	—
投资活动运用的现金净额	(3 005)	(5 618)	(7 668)	(2 401)	(2 667)
筹资活动					
发行长期债券获得的现金	5 999	3 000	6 451	1 057	3 719
偿还长期负债	(2 449)	(1 596)	(59)	(226)	(649)
回购债券	—	(771)	(500)	—	—
短期借款(按到期时间列示):					
三个月以上的短期借款——借入	549	523	227	26	89
三个月以上的短期借款——偿还	(248)	(559)	(96)	(81)	(269)
三个月及三个月以下的短期借款(净额)	(1 762)	339	2 351	(963)	625
支付的现金股利	(3 305)	(3 157)	(2 978)	(2 732)	(2 541)
股票回购——普通股	(3 219)	(2 489)	(4 978)	—	(4 720)
股票回购——优先股	(7)	(7)	(5)	(7)	(6)
行使股票期权获得的现金	1 122	945	1 038	413	620
来自股份支付协议的额外税收效益	124	70	107	42	107
购买非控制性权益	(68)	(1 406)	(159)	—	—
其他筹资	(42)	(27)	(13)	(26)	—
筹资活动产生(运用)的现金净额	(3 306)	(5 135)	1 386	(2 497)	(3 025)
汇率变动对现金及现金等价物的影响	62	(67)	(166)	(19)	(153)
现金及现金等价物增加(减少)净额	2 230	(1 876)	2 000	1 879	1 154
年初现金及现金等价物	4 067	5 943	3 943	2 064	910
年末现金及现金等价物	6 297	4 067	5 943	3 943	2 064

资料来源:百事公司 2008—2012 年年报(10-K 表格)。

表 1-9　可口可乐公司合并现金流量表　　单位：百万美元

	2012 年度	2011 年度	2010 年度	2009 年度	2008 年度
经营活动					
合并净利润	9 086	8 646	11 837	6 906	5 874
将净利润调整为经营活动现金流量：					
折旧与摊销	1 982	1 954	1 443	1 236	1 228
以股份为基础的薪酬费用	259	354	380	241	266
递延所得税	632	1 035	604	353	(360)
扣除股利后的权益投资收益或损失	(426)	(269)	(671)	(359)	1 128
外币调整	(130)	7	151	6	(42)
出售资产利得	(98)	(220)	(645)	(43)	(130)
其他重大（利得）损失（净额）	—	—	(4 713)	—	—
其他经营费用	166	214	264	134	209
其他项目	254	(354)	512	221	153
经营性资产和负债的变动净额	(1 080)	(1 893)	370	(564)	(755)
经营活动产生的现金净额	10 645	9 474	9 532	8 186	7 571
投资活动					
短期投资	(9 590)	(4 057)	(4 579)	—	—
处置短期投资获得的现金	5 622	5 647	4 032	—	—
并购与投资	(1 535)	(977)	(2 511)	(300)	(759)
其他投资	(5 266)	(787)	(132)	(2 152)	(240)
处置装瓶公司和其他投资获得的现金	2 189	562	972	240	479
购置财产、厂房与设备	(2 780)	(2 920)	(2 215)	(1 993)	(1 968)
处置财产、厂房与设备获得的现金	143	101	134	04	129
其他投资活动	(187)	(93)	(106)	(48)	(4)
投资活动产生（运用）的现金净额	(11 404)	(2 524)	(4 405)	(4 149)	(2 363)
筹资活动					
发行债券	42 791	27 495	15 251	14 689	4 337
偿还负债	(38 573)	(22 530)	(13 403)	(12 326)	(4 308)
发行股票	1 489	1 569	1 666	664	586
为了库藏股而回购股票	(4 559)	(4 513)	(2 961)	(1 518)	(1 079)
股利	(4 595)	(4 300)	(4 068)	(3 800)	(3 521)
其他筹资活动	100	45	50	(2)	—
筹资活动产生（运用）的现金净额	(3 347)	(2 234)	(3 465)	(2 293)	(3 985)
汇率变动对现金及现金等价物的影响	(255)	(430)	(166)	576	(615)
现金及现金等价物					
年度内增加（减少）净额	(4 361)	4 286	1 496	2 320	608
年初余额	12 803	8 517	7 021	4 701	4 093
年末余额	8 442	12 803	8 517	7 021	4 701

资料来源：可口可乐公司 2008—2012 年年报（10-K 表格）。

有时，公司可能从事某些不直接涉及现金的投资活动和筹资活动。例如，公司可能通过承担抵押义务来购置建筑物。也可能以发行普通股置换长期负债的方式或采用股票而不是现金的方式收购其他公司。公司在现金流量表的补充资料或附注中披露这些交易事项，以一种清晰的方式说明这些不影响现金的投资活动与筹资活动交易事项。

美国公认会计原则和国际财务报告准则都要求公司编制现金流量表，但有些国家并不强制要求公司编制现金流量表。越来越多的大型国际公司开始自愿编制现金流量表。为了说明现金流量表与其他财务报表的联系，第 3 章将以资产负债表和利润表为基础讨论编制现金流量表的程序。第 10 章将进一步讨论以预测性资产负债表和利润表为基础编制预测性现金流量表的各种方法。

□ 财务报表隐含的重要信息

公司的会计系统记录了交易、事项和商业协议的结果，并产生了财务报表，但财务报表并非孤立存在。为了向财务报表使用者提供更全面的信息，公司通常随同财务报表提供大量的重要附加信息。这里简要讨论三种重要的附加信息：(1) 附注；(2) 管理层讨论与分析；(3) 管理层与独立审计师的意见。

附注

尽管财务报表列报了资产负债表、利润表和现金流量表的各个项目及其金额，但并没有解释这些项目及其金额的确定过程。财务报表附注经公司独立审计师的审计，对读者理解公司计量资产、负债、收入、费用、利得与损失所采用的各种会计方法至关重要。通常，附注的第一部分首先简要说明公司采用的关键会计原则。因为如何确定财务报表列报的各个项目余额涉及判断、估计和会计方法的选择，因此，附注通常描述和解释各个项目的金额的确定过程（不重要项目除外）。例如，附注解释了公司的存货会计处理方式、公司采用何种成本方法评估存货价值与产品销售成本。也解释了如何确定财产、厂房与设备的价值；如何对财产、厂房与设备计提折旧；这些资产累计计提了多少折旧；这些资产的预期使用寿命有多长。附注还提供了关于关键财务报表项目估计值的重要信息，如投资性证券、养老金与退休后福利负债、所得税和无形资产的公允价值。

百事公司 2012 年年报总共有 15 个附注，解释其编制财务报表采用的会计原则、会计方法和会计估计。财务报表之后紧接着就是长达 36 页的各项附注。读者应该仔细阅读这些附注，因为这些附注提供了有助于读者理解公司的会计处理方式并评估其会计质量的重要信息。

管理层讨论与分析

许多公司随同财务报表和附注会附上来自管理层的定性与定量相结合的详细讨论与分析。财务报表的“管理层讨论与分析”部分有助于读者深刻理解管理层的战略、判断以及对公司绩效的评估。有时，“管理层讨论与分析”也有助于读者窥见管理层对公司的预期。

百事公司的“管理层讨论与分析”描述了整个公司及其各个分部的经营状况。除了定性描述之外，“管理层讨论与分析”部分还提供了各个分部财务成果的有价值信息，以及管理层对 2012 年度与 2011 年度、2011 年度与 2010 年度的比较分析结果。此外，还提供了关于公司的风险以及公司管理风险的方式、公司采用的会计政策、公司的流动性与资本资源状况等重要信息，可以帮助读者窥见公司的未来计划（如继续大举投资于新兴和发展中市场、在 2013 年度大约缴纳 2.40 亿美元的养老金等宏伟计划）。由于“管理层讨论与分析”从管理层的角度提供信息，所以读者应该以怀疑的态度仔细阅读，因为该部分内容未经审计，而且管理层在评估自己经营的公司的战略与绩效时难免过于乐观。

管理层与独立审计师的意见

尽管设计与运行会计系统是公司管理层的职责，但是，美国证券交易委员会和多数证券交易所都要求普通股公开交易的公司必须具备经独立审计师审计的会计记录和财务报表。独立审计师根据美国公认会计原则或国际财务报告准则，就公司财务报表的公允性和可靠性发表的意见是保证财务报告程序的完整性和资本市场的有效性的一项必要内容。投资者和其他财务报表使用者只有确信独立审计师已经根据美国公认会计原则或国际财务报告准则审计了公司的会计记录并认为财务报表是公允和可靠的，才能信赖财务报表提供的有关公司的重要信息。

为了应对某些管理层的虚假呈报和近年来某些声名狼藉的案件（如安然公司、环球电讯公司、奎斯特电信公司和其他公司）的审计差错，美国国会通过了2002年《萨班斯-奥克斯利法案》。该法案清晰地界定了管理层对财务报表的明确责任、独立审计师与被审计公司之间的关系、独立审计师可以和禁止为被审计公司提供的服务种类。表1-10总结了《萨班斯-奥克斯利法案》与财务报表相关的某些重要条款。

表1-10 《萨班斯-奥克斯利法案》主要条款概要

(1) 违反《萨班斯-奥克斯利法案》就是违反规制证券公开交易的《1934年证券交易法》。

(2)《萨班斯-奥克斯利法案》创建了美国上市公司会计监督委员会（PCAOB）。该委员会受美国证券交易委员会监管，负责制定公认审计准则、伦理准则和审计质量控制准则。

(3)《萨班斯-奥克斯利法案》禁止登记在册的公共会计公司在提供审计服务的同时提供非审计服务。如果某些服务（如税收服务）经公司审计委员会批准或其服务收费占审计与其他服务收费的比例低于5%，则可以算作例外。

(4) 公共会计公司的主审计师或协调合伙人与复核合伙人每五年必须轮岗或更换一次。

(5) 公司董事会的审计委员会成员主要负责选聘、监管登记在册的公共会计公司并确定其审计费用。

(6) 公司董事会的审计委员会成员必须至少有一位“财务专家”。

(7) 公司的首席执行官和首席财务官必须随同审计报告签署一份声明书，声明公司的财务报表和附注公允地反映了公司的经营与财务状况。

(8) 每份年度报告都必须包含一个“内部控制报告”（管理层评估报告），声明管理层对建立并维护充分的内部控制结构与程序负责。年度报告还必须包括一份公司审计师对公司内部控制结构与程序有效性的评估报告（鉴证意见）。鉴证意见包括无保留意见、保留意见、否定意见和无法表示意见。首席执行官和首席财务官必须在这份管理报告上签字。

多年来，公司的财务报表中始终包括一份管理层声明其对财务报表负责的报告。现在，《萨班斯-奥克斯利法案》要求公司管理层报告中必须包括一份管理层声明——对建立并维护充分的内部控制结构与程序负责。现在，这项新的规定不仅明确了管理层对财务报表的责任，而且明确了管理层对编制财务报表的会计与控制系统的责任。

公司的首席执行官（CEO）和首席财务官（CFO）必须在这份管理层报告上签字。

独立审计师还要评估公司的内部控制系统，并根据内部控制的质量设计审计测试，基于审计测试的结果就财务报表所列报金额的公允性形成一份审计意见报告。现在，独立审计师必须就内部控制系统的有效性（称为鉴证意见）与财务报表所列报金额的公允性发表审计意见。这种双重审计意见明确了独立审计师在测试内部控制系统有效性与判断财务报表所列报金额的公允性这两方面的责任。百事公司财务报表附注15“收购与剥离”之后就附有管理层评估报告和独立审计师鉴证意见（由毕马威会计师事务所出具的鉴证意见）。管理层评估报告的最后一段为：

> 百事公司长期以来始终恪尽职守。我们坚信伟大的公司建立在信任、健全的伦理准则和各种原则之上。我们基于受托责任的文化列报公司的财务成果，我们对公司财务报告的质量和准确性负责。

独立审计师报告的最后一段同时包括了对内部控制系统和财务报表的审计意见：

> 我们认为，前述的合并财务报表在所有重大方面遵循了美国公认会计原则，公允地列报了百事公司截至2012年12月29日和2011年12月31日的财务状况，以及截至2012年12月29日三年间每个会计年度的经营成果和现金流量状况。我们还认为，基于COSO《内部控制：整合框架》确立的标准，百事公司截至2012年12月29日的财务报表在所有重大方面都保持了内部控制有效性。

1.5 第 4 步：分析盈利能力和风险

六步骤分析框架的前三个步骤确立了关键的“三条腿”：

- 理解公司参与竞争的行业的经济特征。
- 理解公司在行业竞争中采取的特定战略。
- 理解列报公司经营活动、投资活动和筹资活动成果的财务报表及其附注中包含的各种信息，评估财务报表的质量。

现在，读者已经做好开始财务报表分析的准备。

财务报表分析的目的大多是评估公司的盈利能力和风险，这种双重聚焦源自投资决策既强调报酬率也强调风险。投资者购买某家公司的普通股，希望获得期望的报酬，包括投资者持有股票期间收到的股利和股票市场价格的变动额。如果两种投资的预期报酬率都是 20%，但获得 20%报酬率的不确定性或风险不同，那么理性的投资者不会对这两种投资一视同仁。投资者可能要求从高风险投资中获得较高的预期报酬率，以弥补其承担的额外风险。

利润表列报了公司当年和以前年度的净利润。在调整各个非经常性或非持续性项目之后，评估公司在一定期间内的盈利能力有助于评估公司现在与过去的盈利能力，并预测公司未来的盈利能力。实证研究揭示了公司盈余与普通股的市场报酬率之间的关系。本章的后面部分将讨论这个问题，第 13 章和第 14 章将更深入地讨论这个问题。

财务报表还有助于评估公司的风险。实证研究已经揭示，一定期间内报告盈余的波动与基于股票市场的公司风险指标（如股票市场的权益 β 系数）相关。此外，那些经营活动不能创造足够现金流量的公司很可能陷入财务困境，甚至面临破产。那些资本结构中负债比率过高的公司，如果不能偿还到期债务或以新债偿还到期债务，也将陷入财务困境。评估公司的财务风险有助于投资者在对公司的普通股进行投资时识别其可能面临的风险。

盈利能力与风险分析的各种工具

本书的大多数篇幅将描述并举例说明财务报表分析的各种工具。下面，我们先宽泛地讨论几种工具。

共同比财务报表

一种简单有效的分析工具就是有助于凸显财务报表内部各种关系的共同比财务报表。共同比利润表和资产负债表用共同基数的百分比表述财务报表的各个项目。共同比资产负债表通常以资产总额作为共同基数，而销售收入则是共同比利润表的共同基数。

表 1－11 的前 5 栏列示了百事 2008—2012 年的共同比资产负债表。值得注意的是，尽管该期间有些项目出现变化，但百事各种共同比依然相当稳定。例如，包括多数有形资产和金融资产（如应收账款、存货以及财产、厂房与设备）在内的资产项目的比例有所下降，但无形资产在资产项目中的比例却有所上升。为了更好地理解无形资产比例上升的原因，可以回过头来看看表 1－8 列示的百事现金流量表的投资活动部分。表 1－8 显示，2008—2012 年间百事因几项并购活动发生了巨额现金流出，而并购经常需要确认巨额的无形资产。此外，财务报表附注 4“财产、厂房与设备和无形资产”按类别和部门分别列示了各项无形资产。

表 1-11　百事公司的共同比和百分比变动率资产负债表（经四舍五入处理）

	共同比资产负债表					百分比变动率资产负债表			
	2012 年	2011 年	2010 年	2009 年	2008 年	2012 年	2011 年	2010 年	2009 年
资产									
现金及现金等价物	8.4%	5.6%	8.7%	9.9%	5.7%	54.8%	(31.6)%	50.7%	91.0%
短期投资	0.4	0.5	0.6	0.5	0.6	(10.1)	(16.0)	121.9	(9.9)
应收账款与应收票据（净额）	9.4	9.5	9.3	11.6	13.0	1.9	9.3	36.7	(1.3)
存货	4.8	5.3	4.9	6.6	7.0	(6.4)	13.5	28.8	3.8
预付费用与其他流动资产	2.0	3.1	2.2	3.0	3.7	(35.0)	51.3	26.0	(9.8)
流动资产总额	25.1%	23.9%	25.8%	31.5%	30.0%	7.3%	(0.7)%	39.8%	16.3%
财产、厂房与设备（净值）	25.6	27.0	28.0	31.8	32.4	(2.9)	3.4	50.4	8.6
可摊销无形资产（净值）	2.4	2.6	3.0	2.1	2.0	(5.7)	(6.8)	140.8	14.9
商誉	22.7	23.1	21.5	16.4	14.2	1.0	14.6	124.4	27.5
其他不可摊销无形资产	19.8	20.0	17.3	4.5	3.1	1.3	23.5	561.2	58.0
非控制性子公司投资	2.2	2.0	2.0	11.3	10.8	10.6	8.0	(69.5)	15.5
其他资产	2.2	1.4	2.5	2.4	7.4	61.9	(39.6)	75.0	(63.7)
资产总额	100.0%	100.0%	100.0%	100.0%	100.0%	2.4%	6.9%	71.0%	10.7%
负债与股东权益									
短期负债	6.5%	8.5%	7.2%	1.2%	1.0%	(22.4)%	26.7%	955.6%	25.7%
应付账款与其他流动负债	15.9	16.1	16.0	20.4	23.0	1.2	7.6	34.4	(1.8)
应交所得税	0.5	0.3	0.1	0.4	0.4	93.2	170.4	(57.0)	13.8
流动负债总额	22.9%	24.9%	23.3%	22.0%	24.4%	(5.9)%	14.2%	81.5%	(0.4)%
长期负债	31.5	28.2	29.3	18.6	21.8	14.5	2.8	170.3	(5.8)
其他负债	8.8	11.3	9.9	14.0	18.2	(20.8)	22.8	20.4	(14.5)
递延所得税	6.8	6.9	6.0	1.7	0.6	1.4	23.1	515.6	191.6
负债总额	70.0%	71.3%	68.5%	56.2%	65.0%	0.5%	11.4%	108.3%	(4.3)%
优先股（无面值）	0.1%	0.1%	0.1%	0.1%	0.1%	0.0%	0.0%	0.0%	0.0%
回购优先股	(0.2)	(0.2)	(0.2)	(0.4)	(0.4)	4.5	4.7	3.4	5.1
普通股（面值）	0.0	0.0	0.0	0.1	0.1	(16.1)	0.0	3.3	0.0
资本公积	5.6	6.1	6.6	0.6	1.0	(6.3)	(1.5)	1 710.8	(28.8)
留存收益	57.8	55.3	54.4	84.8	85.1	7.0	8.7	9.7	10.3
累计其他综合损失	(7.4)	(8.5)	(5.3)	(9.5)	(13.0)	(11.9)	71.6	(4.3)	(19.2)
库藏股	(26.1)	(24.5)	(24.6)	(33.6)	(39.2)	8.9	6.7	25.1	(5.2)
非控制性权益	—	0.4%	0.5%	—	1.3%	(66.2)%	(0.3)%	(51.1)%	34.0%
股东权益总额	30.0%	28.7	31.5	43.8%	35.0	7.2	(2.7)	23.1	38.6
负债与股东权益总额	100.0%	100.0%	100.0%	100.0%	100.0%	2.4%	6.9%	71.0%	10.7%

共同比资产负债表还显示，百事来自负债的融资比例从 2008 年的 65.0%上升到 2012 年的 70.0%。流动负债的比例依然相对较低，不过，长期负债和非经常性递延所得税负债的比例却有所上升。这与前述根据现金流量表得出的结论一致。根据百事的现金流量表，该公司增加了长期借款。共同比资产负债表还显示，留存收益占资产总额的比例有所下降，从 2008 年的 85.1%下降到 2012 年的 57.8%。这是前面已经讨论过的因并购活动而增加无形资产与长期负债增加这两个因素影响的结果。表1－13前 5 栏所列示的可口可乐公司 2008—2012 年的共同比资产负债表揭示了类似的趋势。

表 1－12 的前 5 栏列示了百事 2008—2012 年的共同比利润表。值得注意的是，税前利润占销售收入的比例（也称为利润率）从 2008 年的 16.2%上升到 2009 年的 18.7%，而后下降到 2012 年的 12.7%。根据共同比利润表，该期间多数费用占销售收入的比例都有所上升。管理层对经营活动的讨论与分析解释了产生这些变化的某些原因。财务分析师的主要任务就是探究产生这些变化的原因，考虑行业的经济特征、公司战略、管理层的解释以及竞争对手的经营成果。第 4 章将讨论百事公司利润率下降的原因。

表 1－12 百事公司的共同比和百分比变动率利润表（经四舍五入处理）

	共同比利润表					百分比变动率利润表			
	2012 年	2011 年	2010 年	2009 年	2008 年	2012 年	2011 年	2010 年	2009 年
收入净额	100%	100%	100%	100%	100%	(1.5)%	15.0%	33.8%	0.0%
销售成本	47.8	47.5	45.9	46.5	47.1	(1.0)	18.9	32.2	(1.2)
销售毛利	52.2%	52.5%	54.1%	53.5%	52.9%	(2.0)%	11.7%	35.1%	1.0%
销售与一般行政管理费用	38.1	37.8	39.4	34.8	36.8	(0.7)	10.2	51.8	(5.5)
其他经营费用	0.2	0.2	0.2	0.1	0.1	(10.5)	13.7	85.7	(1.6)
经营利润	13.9%	14.5%	14.4%	18.6%	16.0%	(5.4)%	15.6%	3.6%	16.0%
装瓶公司权益投资收益	0.0	0.0	1.3	0.8	0.9	0.0	(100.0)	101.4	(2.4)
利息费用	(1.4)	(1.3)	(1.6)	(0.9)	(0.8)	5.0	(5.2)	127.5	20.7
利息收入	0.1	0.1	0.1	0.2	0.1	59.6	(16.2)	1.5	63.4
其他收益（损失）净额	0.0	0.0	0.0	0.0	0.0	0.0	0.0	0.0	0.0
税前利润	12.7%	13.3%	14.2%	18.7%	16.2%	(6.0)%	7.3%	1.9%	15.1%
所得税准备	3.2	3.6	3.3	4.9	4.3	(11.9)	25.2	(9.8)	11.8
净利润	9.5%	9.7%	11.0%	13.8%	11.9%	(3.8)%	2.0%	6.0%	16.3%

表 1－14 前 5 栏列示的可口可乐公司 2008—2012 年的共同比利润表揭示了同期利润率有所下降的类似情况。鉴于两家公司投入品相似，这不足为奇。

读者必须认真理解共同比财务报表。财务报表任何项目的金额都不可能独立于其他项目而存在。例如，某个项目的金额在两个会计期间之间可能增加，但如果金额的增加幅度低于资产总额的增加幅度，那么该项目在共同比财务报表中的相对比例可能下降。例如，百事的“财产、厂房与设备”项目的金额在 2008—2012 年间显著增加（从 11 700 000 美元增加到 19 100 000 美元），但其共同比百分比却有所下降（从 32.4%下降到 25.6%）。共同比百分比只能提供对公司财务状况和经营成果的总体概览，读者还需要结合其他分析工具以弥补其不足。

百分比变动率财务报表

另一种有效的分析工具是有助于凸显不同年度和更长期间内财务报表项目金额相对增长率的百分比变动率财务报表。百分比变动率财务报表列示了某个项目的金额相对该项目以前期间金额的变动百分比或以前若干期间内复合平均变动百分比。

表 1－11 的最右边 4 栏列示了百事 2009—2012 年间资产负债表各个项目的百分比变动率。值得注意

的是，2010年资产项目中百分比变动率最大的项目是无形资产，与前述根据现金流量表列报的并购活动得出的结论一致。2009—2012年间，百分比变动率较大的其他项目是长期负债和递延所得税，前述的共同比分析已经讨论过。温馨提示：每一行项目的百分比变动率的变化也非常大。如前所述，这些变化通常具有共生性。例如，无形资产的增加与长期负债的增加紧密联系。基于比较的目的，表1-13的最右边4栏列示了可口可乐2009—2012年间资产负债表各个项目的百分比变动率。读者由此可以看到百事与可口可乐的百分比变动率具有相似的趋势。

表1-13　可口可乐公司的共同比和百分比变动率资产负债表（经四舍五入处理）

	共同比资产负债表					百分比变动率资产负债表			
	2012年	**2011年**	**2010年**	**2009年**	**2008年**	**2012年**	**2011年**	**2010年**	**2009年**
资产									
现金及现金等价物	9.8%	16.0%	11.7%	14.4%	11.6%	(34.1)%	50.3%	21.3%	49.4%
短期投资	9.4	1.5	3.9	4.5	0.7	558.2	(56.3)	28.6	688.5
应收账款与应收票据（净额）	5.5	6.2	6.1	7.7	7.6	(3.3)	11.1	17.9	21.6
存货	3.8	3.9	3.6	4.8	5.4	5.6	16.7	12.6	7.6
预付费用与其他流动资产	6.7	4.3	4.3	4.6	4.7	66.8	9.1	42.0	15.9
流动资产总额	35.2%	31.9%	29.6%	36.1%	30.1%	18.9%	18.2%	23.0%	44.1%
财产、厂房与设备（净值）	16.8	18.7	20.2	19.6	20.5	(3.1)	1.4	54.0	14.8%
可摊销无形资产（净值）	1.3	1.6	1.9	1.0	6.0	(8.0)	(9.2)	194.2	(80.6)
商誉	14.2	15.3	16.0	8.7	9.9	0.3	4.7	176.2%	4.8
其他不可摊销无形资产	16.2	17.8	19.0	16.7	15.0	(1.9)	2.4	70.4	34.3
非控制性子公司投资	12.1	10.5	10.4	13.9	14.3	24.8	10.4	12.3	16.9
其他资产	4.2	4.4	2.9	4.1	4.3	2.6	64.8	7.3	14.0
资产总额	100.0%	100.0%	100.0%	100.0%	100.0%	7.8%	9.7%	49.8%	20.1%
负债与股东权益									
短期负债	20.7%	18.6%	12.9%	14.0%	16.1%	19.9%	59.0%	37.9%	4.1%
应付账款与其他流动负债	11.0	11.3	12.1	13.7	15.3	5.2	1.1	33.1	7.3
应交所得税	0.5	0.5	0.4	0.5	0.6	30.1	32.6	3.4	4.8
流动负债总额	32.3%	30.4%	25.4%	28.2%	32.1%	14.6%	31.2%	34.9%	5.6%
长期负债	17.1	17.1	19.3	10.4	6.9	7.9	(2.7)	177.5	81.9
其他负债	6.3	6.8	6.6	6.1	7.4	0.9	13.1	61.7	(1.5)
递延所得税	5.8	5.9	5.8	3.2	2.2	6.1	10.2	169.7	80.2
负债总额	61.5%	60.1%	57.1%	47.9%	48.5%	10.3%	15.5%	78.4%	18.7%
优先股（无面值）	0.0%	0.0%	0.0%	0.0%	0.0%	0.0%	0.0%	0.0%	0.0%
回购优先股	0.0	0.0	0.0	0.0	0.0	0.0	0.0	0.0	0.0
普通股（面值）	2.0	2.2	1.2	1.8	2.2	0.0	100.0	0.0	0.0
资本公积	13.2	12.9	13.8	17.5	19.7	10.1	2.7	17.8	7.2
留存收益	67.4	67.0	67.6	85.3	95.0	8.3	8.8	18.6	7.9
累计其他综合损失	(3.9)	(3.5)	(2.0)	(1.6)	(6.6)	22.0	91.3	91.5	(71.7)
库藏股	(40.6)	(39.1)	(38.1)	(52.2)	(59.8)	11.8	12.8	9.3	4.9
其他	0.4	0.4	0.4	1.1	1.0	32.2	(8.9)	(42.6)	40.3
股东权益总额	38.5%	39.9%	42.9%	52.1%	51.5%	3.9%	1.9%	23.6%	21.5%
负债与股东权益总额	100.0%	100.0%	100.0%	100.0%	100.0%	7.8%	9.7%	49.8%	20.1%

在解释某个年度的资产负债表项目的百分比变动率时，必须小心谨慎。如果某个项目在作为基期的上年度的金额相对较小，即使金额发生较小变动，也可能导致较大的百分比变动率。例如，百事公司的递延

所得税负债就是一个典型例证。尽管2009年的递延所得税负债增长了191.6%，但其数额只是从2.26亿美元略微增加到了6.59亿美元。与2012年递延所得税负债的期末余额50.63亿美元相比，递延所得税负债的增加额显得有点微不足道。那些占资金来源总额或资产总额比例较小但其百分比变动率较大的项目的意义远不如那些占资金来源总额或资产总额比例较大但其百分比变动率较小的项目重大。

表1-12的最右边4栏列示了百事利润表各个项目的百分比变动率。值得注意的是，销售成本的百分比变动率通常与销售收入的百分比变动率紧密相关。这与销售成本是一种变动成本相吻合。相反，因为存在某些固定性或一次性费用，因此净利润的百分比变动率就较少显示出某种相关性。例如，2009年的销售收入百分比变动率为0.0%，净利润却上升了16.3%。由于销售成本的增长率（18.9%）远远超过销售收入的增长率（15%），因此，读者可能特别关注2011年的销售成本增长率。这可能是因为对变动成本的控制力度不够，议价能力缺失或者产品组合转向低利润率的产品。读者应该仔细探究导致百事盈利能力恶化的原因。表1-14的最右边4栏列示了可口可乐同期利润表各个项目的百分比变动率。通过比较可以看出，可口可乐销售成本的百分比变动率也常常超过其销售收入的百分比变动率。

表1-14 可口可乐公司的共同比和百分比变动率利润表（经四舍五入处理）

	共同比利润表					百分比变动率利润表			
	2012年	2011年	2010年	2009年	2008年	2012年	2011年	2010年	2009年
收入净额	100.0%	100.0%	100.0%	100.0%	100.0%	3.2%	32.5%	13.3%	(3.0)%
销售成本	39.7	39.1	36.1	35.8	35.6	4.6	43.5	14.5	(2.5)
销售毛利	60.3%	60.9%	63.9%	64.2%	64.4%	2.2%	26.3%	12.7%	(3.2)%
销售与一般行政管理费用	36.9	37.4	37.6	36.7	36.9	1.8	32.0	16.2	(3.5)
其他经营费用	0.9	1.6	2.3	1.0	1.1	(38.9)	(10.6)	161.7	(10.6)
经营利润	22.4%	21.9%	24.0%	26.6%	26.4%	6.0%	20.9%	2.2%	(2.5)%
装瓶公司权益投资收益	1.7	1.5	2.9	2.5	(2.7)	18.7	(32.7)	31.2	(189.4)
利息费用	(0.8)	(0.9)	(2.1)	(1.1)	(1.4)	(4.8)	(43.1)	106.5	(18.9)
利息收入	1.0	1.0	0.9	0.8	1.0	(2.5)	52.4	27.3	(25.2)
其他收益（损失）净额	0.1	1.0	14.6	(0.1)	(0.1)	(85.0)	(90.9)	(12 326.2)	50.0
税前利润	24.5%	24.5%	40.3%	28.6%	23.3%	3.0%	(19.5)%	59.7%	19.2%
所得税准备	5.7	6.0	6.7	6.6	5.1	(3.2)	18.6	16.2	25.0
持续经营收益	18.8%	18.4%	33.6%	22.0%	18.2%	5.1%	(27.2)%	72.7%	17.5%

财务报表比率

也许，评估公司盈利能力和风险最有用的分析工具是财务报表比率。财务报表比率表述了三种财务报表各个项目之间的关系。研究者与分析师已经发现，财务比率是从各个维度衡量公司盈利能力和风险的有效指标，可以作为传递公司未来盈利能力和风险的有用信号。第4章和第5章将深入讨论这些财务报表比率。这里只简单介绍其中几个。

衡量盈利能力的比率。最常见的财务比率是每股收益（earnings per share，EPS）。基本每股收益等于归属于普通股股东的净利润（即净利润减去优先股股利）除以流通在外普通股的加权平均股数。百事公司2012年度的基本每股收益（参见表1-6和附注11“归属于百事公司的每股普通股净利润”）为3.96美元/股［(6 178 000 000－7 000 000)/1 557 000 000］。公司通常在其利润表中同时列报基本每股收益和稀释后每股收益。第14章将明确指出，财务分析师经常运用每股收益的倍数（市盈率）推断公司普通股的合理价格。

本书另一个举足轻重的衡量盈利能力的比率是普通股权益报酬率（return on common equity, ROCE）。普通股权益报酬率等于归属于普通股股东的净利润除以当年普通股的平均股数。百事2012年的普通股权益报酬率为28.5%{(6 178 000 000－7 000 000)/[0.5×(22 399 000 000＋20 899 000 000)]}。相对多数公司而言，百事2012年的普通股权益报酬率已经很高了。不过，读者应该期待百事为其股东创造出更高的报酬率，因为作为饮料行业的重要竞争对手和零食行业的全球领先者之一（我们据此认为其拥有相对有利的竞争环境），百事已经制定了有效且可持续的战略。这个例子说明，如果缺乏参照框架（当然，读者可以通过行业分析、战略分析和会计质量分析构建这种参照框架），就难以对普通股权益报酬率和其他财务比率进行解释。就百事而言，其各种有价值的品牌能使其获得较高的销售收入和丰厚的利润，但其资产负债表并没有列报自创品牌的价值。① 为了理解各种比率，分析师将其与以前各期的相应比率（时间序列分析）、同行业其他公司的相应比率（同业比较分析）以及行业平均水平进行对比。第4章将深入地分析百事的普通股权益报酬率和其他衡量盈利能力的比率，以及如何根据异常或非经常性项目调整列报的盈利能力。

衡量风险的比率。评估公司一定期间利润的波动性并度量其未来利润的内在不确定性的一种简单方法就是，计算普通股权益报酬率的标准差。此外，为了评估公司偿还短期负债的能力，分析师也经常计算各种衡量短期流动性的比率如流动比率（流动比率等于流动资产总额除以流动负债总额）。百事2012年末的流动比率为1.10（18 720 000 000/17 089 000 000）。与各种衡量盈利能力的比率一样，只有通过时间序列分析和同业比较分析，这些比率才有意义。与多数公司一样，百事过去5年间的流动比率都超过1.0，其短期流动性风险显得非常低。

为了评估公司长期的持续经营能力（即为了避免破产），读者可能会关注各种衡量长期偿债能力的比率，如资本结构中长期负债的相对数额，百事2012年末的长期负债与普通股权益的比率为1.05（23 544 000 000/22 399 000 000）。尽管百事的杠杆不断提高，但其盈利能力较强，因此现金流量充裕，短期流动性较强，破产风险较低。第5章将深入分析百事的债务与权益比率以及其他衡量风险的比率。

1.6 第5步：编制预测性财务报表

六步骤分析与估值框架的每个步骤都很重要，但最重要（也是最困难）的步骤是编制预测性财务报表。这些预测性数据是各种估值模型或其他财务决策所需要的数值，决策的质量取决于预测的可靠性。分析公司的行业特征、战略、会计质量和财务报表比率的主要目的在于，以这些分析结果作为预测未来绩效的起点。预测性财务报表的质量取决于预测者对未来所做出的各种假设：公司的战略是保持不变还是可能发生变化？公司的销售收入增长率是多少？与竞争对手相比，公司的市场份额是扩大还是萎缩？销售收入的增长是因为销售量增加还是因为销售价格提高或者两者兼而有之？公司的成本可能发生变化吗？为了实现公司的增长战略，公司需要增加多少经营性资产（如存货以及财产、厂房与设备）？为了满足增加资产的资金需求，公司还需要筹集多少资金？公司可能改变其债务与权益的融资组合吗？改变债务与权益融资组合可能影响公司风险吗？回应以上及其他问题，其实就为编制预测性利润表、资产负债表和现金流量表奠定了基础。读者通过比较预测性财务报表与对外报告财务报表的相应比率，可以判断预测者所做假设的合理性。第10章将描述和解释编制预测性财务报表的各种方法及其运用。预测性财务报表的数额将作为第六步骤中估值模型的基础。

① 因此，资产总额被低估，也就导致权益总额（等于资产总额减去负债总额）被低估，最终导致普通股权益报酬率偏高。

1.7 第 6 步：公司估值

资本市场的参与者最经常采用的公司估值方法就是财务报表分析。这种方法是将六步骤分析框架的前五个步骤融入估值模型的典范。财务报表，尤其是来自财务报表的关键指标（如利润、股利和现金流量），在公司估值过程中扮演着重要的角色。有鉴于此，本书的重点是为读者提供运用这些复杂且全面的估值模型所需要的知识。

为了合理地估算公司的价值，做出明智的投资决策，读者必须依赖理由充分且客观的公司未来盈利能力和风险的预测数据。未来股利、利润和现金流量的预测数据奠定了最常用估值模型的基础。

有时，分析师喜欢运用经典的股利模型评估公司的价值。经典的股利模型以投资者预期可以通过股利（或出售持有的股票）获得现金的视角评估公司的价值。分析师也普遍运用公司预期未来自由现金流量指标评估公司的价值。自由现金流量就是满足生产性资产再投资和偿还债务所需现金之后，还可以用于发放现金股利的那部分现金流量。另一种类似的估值方法则以公司的账面价值和分析师预期超过公司资本成本的利润（其逻辑类似于经济附加值的计算过程）为基础计算公司的价值。在多数情境中，分析师发现有必要或值得通过诸如市盈率和市场价值与账面价值比率等探索性估值方法（valuation heuristics）来估算公司的价值。第 11～14 章将描述该理论并以示例说明各种估值方法的应用。

1.8 基于有效资本市场的财务报表分析

证券价格代表了资本市场所获得的有关公司的全部信息。市场效率描述了资本市场的证券价格消化信息的程度。消化的信息越多，证券价格反映新信息的速度越快，市场效率就越高。在一个高度有效的资本市场，股票价格会快速、完全、无偏差地消化所有可以公开获得的价值相关信息（如某个会计期间利润非常好或非常差的公告）。相反，在一个有效性较弱的资本市场，股票价格对价值相关信息的反应速度很慢。在美国资本市场，买方分析师、卖方分析师、机构投资者和财经媒体会对大型公司的绩效进行广泛跟踪。因此，美国资本市场中大型公司的股票价格调整机制比小型公司的股票价格调整机制更有效。分析师和机构投资者不会跟踪小型公司的绩效，财经媒体也很少关注小型公司的绩效。

基于市场有效性的情境，针对财务报表分析的种种益处存在各种不同的观点。一种观点认为，股票市场价格可以高效地对公司的相关信息做出反应，因此，分析师和投资者通过财务报表分析难以发现“价值被低估”或“价值被高估”的证券。因为资本市场的证券价格已经快速消化了新的财务报表信息。

不过，还需要考虑以下问题：

- 即使资本市场是有效的，分析师和投资者也需要分析财务报表，从而确定合适的价格。分析师具有专业知识，可以便捷地获得有关公司的信息，因此可以快速地分析财务报表，从事必要的交易，从而使证券得到合理定价。分析师和投资者是市场有效性的推动者。
- 资本市场有效性的研究汇总了各家公司的财务数据，研究了市场对盈余和其他财务报表信息的平均反应。一项研究发现，总体而言市场是有效的，但不排除个别公司股票的暂时性错误定价。
- 研究显示，权益市场并非完全有效。各种异象包括，市场价格对新盈余信息的调整存在时滞、对盈余公告包含的信息存在系统性反应不足、综合运用各种财务比率发现定价过高或定价过低证券的能力。[1]

---

① 有关这个问题和相关研究的总结参见 Ray Ball，“The Theory of Stock Market Efficiency：Accomplishments and Limitations，” *Journal of Applied Corporate Finance*（Spring 1995），pp. 4 - 17。

● 考虑到工作安全与薪酬，在美国公认会计原则的许可范围内，管理层有尽量呈报一份光鲜的财务报表的动机。如此一来，财务报表可能列报了某些存在偏差的反映经济成果和公司财务状况的指标。如果市场价格反映了隐含的经济价值，那么分析师就必须分析和调整财务报表，消除这些偏差。

除了权益资本市场，财务报表分析在许多领域（如支持公司借款的银行信贷分析、识别竞争优势的竞争对手分析和识别并购对象的并购分析）都有价值。

□ 盈余与股票价格之间的关系

为了说明会计盈余与股票报酬率之间存在显著关系，预示通过分析和预测可以获得正的超额报酬率，不妨看看克雷格·尼科尔斯（D. Craig Nichols）和詹姆斯·瓦伦（James Wahlen）的实证研究结果。[①] 他们研究了公司宣告年度盈余之前12个月和当月经市场调整的平均累计报酬率。针对1988—2001年间的31 923个公司年（firm-years）样本，他们研究发现，宣告盈余增长（相对前一年的盈余）的公司的股票报酬率大约比市场平均报酬率高出19.2%，而宣告盈余下降的公司的股票报酬率大约比市场平均报酬率低了16.4%。他们的研究结果说明，平均而言，盈余变动只与样本期间某个年度的股票报酬率差异(35.6%）有关。图1-7描绘了他们的研究结果。

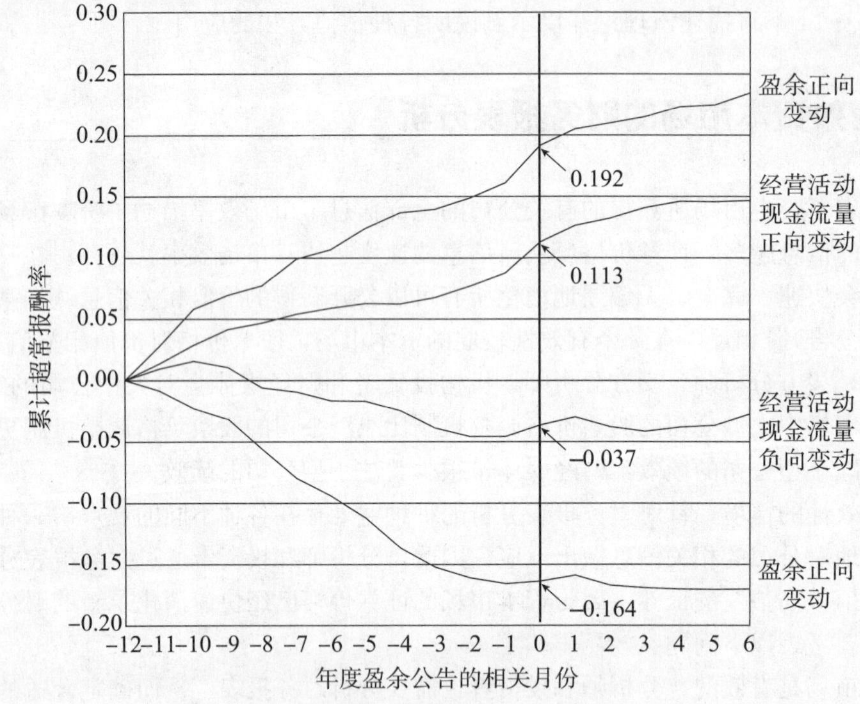

图1-7 年度盈余变动与累计超常报酬率之间的关系

资料来源：D. Craig Nichols and James Wahlen，"How Do Earnings Numbers Relate to Stock Returns? A Review of Classic Accounting Research with Updated Evidence，" *Accounting Horizons*（December 2004），pp. 263 - 286.

尼科尔斯和瓦伦的研究结果揭示了富有信息含量的会计盈余会如何影响资本市场，并强调了提前一年

① D. Craig Nichols and James Wahlen，"How Do Earnings Numbers Relate to Stock Returns? A Review of Classic Accounting Research with Updated Evidence，" *Accounting Horizons*（December 2004），pp. 263 - 286. 这里描述的尼科尔斯和瓦伦的部分研究内容只是对鲍尔和布朗在会计学领域所做的开创性研究的重复检验。具体参见 Ray Ball and Philip Brown，"An Evaluation of Accounting Income Numbers，" *Journal of Accounting Research*（Autumn 1968），pp. 159 - 178。

预测盈余变动的重要性。分析师应该对尼科尔斯和瓦伦的研究结果感到十分振奋。因为他们的研究结果意味着分析师只要能够预测公司未来的盈余是高于还是低于当期的盈余，就可以获得投资利润。当然，尼科尔斯和瓦伦肯定可以提前一年知道哪家公司可能宣告盈余增加，哪家公司可能宣告盈余减少。分析师却必须自己预测公司的盈余，并以此为基础预测公司盈余变动，决定股票的买卖。

值得注意的是，尼科尔斯和瓦伦的研究结果也检验了经营活动现金流量变动与经市场调整的累计股票报酬率之间的关系。运用相同的公司年和研究期间，尼科尔斯和瓦伦证实了经营活动现金流量出现正向变动的公司，平均而言，其股票报酬率比市场报酬率高出 11.3%，经营活动现金流量出现负向变动的公司，平均而言，其股票报酬率比市场报酬率低 3.7%。这些研究结果表明，经营活动现金流量变动与研究期间某个年度的股票报酬率差异（15.0%）有关。这意味着现金流量变动与股票报酬率强相关，但就资本市场的信息含量而言，现金流量变动与股票报酬率的相关性却不如盈余变动与股票报酬率的相关性显著。这并不足为奇，因为在描绘公司某个期间的绩效方面，现金流量变动确实不如盈余变动管用。例如，经营活动现金流量发生负向变动的公司可能是因为陷入现金流量困境（坏消息），也可能是因为成长机会而需要巨额现金投资（好消息）。而盈余的负向变动几乎就是坏消息。在一定程度上，这就解释了为什么分析师、公司管理层、财经媒体、董事会和审计师，乃至财务报表教材的作者，都会花这么多精力关注盈余数据的分析与预测。

1.9　财务报表信息的来源

债券和普通股股票在美国公开资本市场上交易的公司通常会提供如下信息：

- **致股东年报**。一份完整的年报包括最近两年的资产负债表、最近三年的利润表和现金流量表，以及各种附注和支持性文件。年报还包括一封由董事会主席和首席执行官写的总结公司近年来各种活动的书面信件，以及管理层对公司经营成果、财务状况和流动性的讨论与分析。各家公司的管理层讨论与分析提供的会计信息质量差别较大。有些公司（如百事公司）提供了有关公司战略的有用信息，并解释了公司盈利能力、财务状况和风险变化的原因。而有些公司则只重复陈述财务报表所列报的数额，并没有对经营成果提供有用的解释。
- **10-K 格式年报**。提交给美国证券交易委员会的 10-K 格式年报包括与公司年报相同的财务报表和附注，以及美国证券交易委员会要求提交的额外支持性文件。例如，与公司年报相比，10-K 格式年报经常需要就无法收回的应收账款与其他估值项目的准备金变化情况提供更详细的信息。美国证券交易委员会要求公司在其 10-K 格式年报中列报以下几个关键项目：
  - 描述公司的经营业务（第 1 个项目），包括其风险因素（第 1A 个项目）。
  - 描述公司的特征（第 2 个项目）。
  - 管理层讨论与分析（第 7 个项目）。
  - 财务报表、附注和补充文件（第 8 个项目）。

  大型公司必须在每年会计期间结束之后的 60 天内向美国证券交易委员会提交年报。
- **10-Q 格式季报**。提交给美国证券交易委员会的 10-Q 格式季报包括最近三个月的简化资产负债表和利润表信息以及以前季度的比较数据。与 10-K 格式年报不同，10-Q 格式的财务报表未经审计。
- **招股说明书或上市公告**。打算发行新的债券或股票的公司必须向美国证券交易委员会提交招股说明书，描述发行数额和募集资金的用途。招股说明书包含了 10-K 格式年报的许多财务信息。

多数公司在其网站发布年报和提交给美国证券交易委员会文件的全部或部分内容。例如，百事公司在其网站（www.pepsico.com）公布了所有财务数据及其分析。此外，许多公司还在其网站公布年报中没有披露的额外财务数据。公司网站的投资者关系部分公布的其他有用信息包括：（1）向分析师所做的陈述；（2）发布有关新产品和顾客的新闻与盈余公告；（3）与分析师电话会议的网络直播记录或档案。

美国证券交易委员会要求公司提交年报的电子文档，登录美国证券交易委员会的网站（www.sec.gov）可以获得公司近年提交的各种文件。许多商业在线和只读光盘（CD-ROM）服务商（例如彭博社、标准普尔和穆迪）也提供财务报表信息。

本章小结

本章的目的是全面介绍六步骤分析与估值框架，这是本书的核心，也是分析与评估公司价值的逻辑过程：

（1）识别公司所处行业的经济特征和竞争态势。

（2）识别公司在行业竞争中采取的战略。

（3）评估公司财务报表的质量，必要时可以调整缺乏可持续性或可比性的财务报表项目。

（4）分析并解释公司的盈利能力和风险，评估公司的绩效和财务状况。

（5）编制预测性财务报表。

（6）评估公司的价值。

在这个学习阶段，读者不应期待完全理解上述六步骤。后续章节将更加深入地讨论各个步骤。第2章将讨论资产负债表的资产和负债的估价与利润表的收入和费用的估价之间的重要关系。第3章将详细讨论不同行业、不同成长阶段公司的现金流量表的编制与分析。第4章将讨论评估公司盈利能力的常用财务报表比率，并以百事公司的财务报表为例说明这些财务报表比率的计算与分析。与第4章类似，第5章将讨论评估公司风险的常用财务报表比率。第6～9章将围绕筹资活动、投资活动和经营活动讨论美国公认会计原则和国际财务报告准则，并重点讨论影响盈余质量和财务状况的各种问题。第10～14章将焦点转向估值。第10章将讨论预测性财务报表的编制问题。第11～14章将讨论基于股利、现金流量、盈余和可比公司数据的各种估值模型。估值是财务报表分析最常见的目标，因此第11～14章是本书的精华。

综合案例

星巴克公司

本章及后续各章的综合案例是星巴克公司的系列案例。该系列案例围绕星巴克公司的财务报表及其附注，展示各章讨论过的各种概念和分析工具的具体运用。实际上，读者通过回答这些综合案例提出的各种问题就能对本章及整本书讨论的财务报表分析的六个前后有序的步骤进行综合运用。

引言

当德布·米尔斯（Deb Mills）和她的朋友金·香农（Kim Shannon）坐下来享用星巴克卡布奇诺咖啡时，德布·米尔斯深情地评论道："星巴克不只是卖咖啡，还卖体验。"作为一家大型保险公司的投资基金经理，金仔细思考德布·米尔斯的评论，以及这对作为潜在投资机会的星巴克意味着什么。环视该咖啡店，金发现许多人单独或成群坐在那里，一边聊天、阅读或通过该店的无线网络收邮件和上网，一边享用着饮品。金注意到，除了种类繁多的热咖啡、法式与意式浓咖啡、茶和冷咖啡混合饮料，星巴克还提供食品、咖啡豆、与咖啡有关的周边产品与设备，甚至独家的激光唱片。金非常好奇，下定决心全面分析星巴克公司的财务报表并估值，借此评估星巴克公司的商业模式和普通股权益是否像其咖啡那样充满吸引力。

成长战略

金的研究很快就印证了其朋友的评论，星巴克卖的是享受好咖啡的体验。星巴克公司2012年度的10-K格式年报（第3页）声称：

> 我们的零售店目标是通过出售最优质的咖啡及相关产品并为每位顾客提供独特的星巴克体验以成为各个目标市场的领先零售商和品牌咖啡。星巴克体验有赖于优质的顾客服务和整洁的公司直营店。这些直营店体现了所在社区的独特风格，因此顾客忠诚度很高。

星巴克体验就是在整洁和个性化的零售店为顾客提供友善而娴熟的服务，努力营造一个“第三空间”，即除了家庭和工作场所之外能让顾客感到舒适和受欢迎的场所。这种理念使星巴克公司快速成长，从靠近西雅图派克市场的一家店发展到2012年末在世界各地拥有18 066家店的全球公司。其中，直营店有9 405家（美国有7 857家；欧洲、中东和非洲地区有882家；亚太地区有666家），加盟店有8 661家（美国有5 046家；欧洲、中东和非洲地区有987家；亚太地区有2 628家）。

截至2012年末，星巴克公司的多数零售店都在美国，平均每28 000位美国居民就有一家星巴克店。然而，星巴克显然不是一家只关注美国市场的公司，而是不断在全球范围内开设零售店，在美国之外共开设了数千家零售店。截至2012年末，星巴克在全世界开设了许多直营店，其中，在加拿大开设了878家，在英国开设了593家，在中国开设了408家。

星巴克的成功主要归于其开发和发展了一种欧洲理念：在舒适、友善的环境里，接受愉快和高品质的服务，享用咖啡饮料并与他人分享体验。星巴克将法国和意大利咖啡馆的理念融入北美忙碌的生活方式。具有讽刺意味的是，星巴克居然成功地将其品牌和咖啡馆风格推广到了欧洲大陆。2004年1月16日，星巴克在法国开设了第一家咖啡馆（位于巴黎中心地带歌剧院大街26号），到2012年末，星巴克已经在法国开设了67家咖啡馆。事实证明，星巴克零售咖啡馆的理念已获成功。截至2012年末，星巴克在欧洲开设了超过1 100家直营店和加盟店，大多数店开设在英国。

不久之前，星巴克首席执行官霍华德·舒尔茨（Howard Schultz）宣称其个人愿景和星巴克的最终目标是在美国和全球国际市场分别开设20 000家零售店，使星巴克成为世界领先的品牌。金·香农很想知道，星巴克最终能否实现其渗透全球的目标，因为她能想到的真正做到这点的全球公司只有几家。她想到了在118个国家开设了超过34 000家零售店的麦当劳公司、在90个国家开设了超过34 000家零售店的赛百味公司和用肯德基、必胜客和塔可钟（Taco Bell）等品牌在130个国家开设了超过40 000家快餐店的百胜公司（Yum! Brands）。

增开零售店曾经是星巴克公司收入增长的一个主要动因。近年来，在星巴克模式拓展最重要的地区，加盟店的数量快速增长。截至1999年末，星巴克公司只有363家加盟店，但到了2012年末，加盟店已经猛增到8 661家。

近期的表现

面对星巴克公司的近期表现，金产生了疑问：星巴克公司的发展是否已经达到（甚至超过）了其全部潜能。她不知道星巴克公司能否像过去那样在开设新店和取得收入方面都取得引人注目的增长。

2008年，星巴克公司开设了1 669家新的零售店（698家直营店和971家加盟店），但其所开新店的数量远低于其开设2 500家新店的最初目标，也远远低于2007年开设的新店数量（2 571家）。2008年底，星巴克公司宣布计划在美国和澳大利亚分别关闭大约600家和64家绩效不佳的零售店。关闭零售店会产生重组费用，使得星巴克公司2008年度的经营利润减少2.669亿美元。

2009年，星巴克公司加大重组力度，计划关闭大约800家美国门店（增加了200家），当年实际关闭566家美国门店。星巴克公司还宣布计划关闭各个国际市场的门店100家。2009年因关闭门店而产生的额外重组费用导致星巴克公司2009年度的经营利润减少了3.324亿美元。2009年，星巴克公司新开设门店数量有史以来第一次出现负增长，当年在美国实际减少门店474家（关闭566家门店，扣除新开设门店92家），在国际市场实际增加门店89家（新开设130家，关闭41家）。综上，星巴克公司实际关闭了385家门店。

星巴克2009年的收入从2008年的103.83亿美元减少到97.75亿美元，是历史上第一次出现收入减少（5.9%）。2009年之前，星巴克公司创造了令人瞩目的收入增长率。2008年、2007年和2006年的收入增长率分别为10.3%，20.9%和22.2%。

星巴克公司的收入增长并非完全来自开设的新店，还来自现有的门店。2007年之前，让星巴克公司引以为豪的是连续16年的可比门店收入增长率从不低于5%，但2008年的可比门店收入增长率为−3%，打破了星巴克公司收入持续增长的光辉纪录。遗憾的是，2009年的情况变得更糟糕。星巴克公司在美国的可比直营店收入增长率为−6%，在国际市场的可比直营店收入增长率为2%，可比直营店整体收入增长率为−6%。

为了应对星巴克公司经营业务的衰退，2009年1月，原本已经退休的霍华德·舒尔茨重返工作岗位，再次出任星巴克公司的总裁和首席执行官，以期重组公司的业务，重新挖掘公司的增长潜力。其改革计划的重点包括严格控制开设新店数量、重新打造星巴克体验、提供更好的服务和品质、降低经营费用和间接费用。此外，改革计划还包括开发新的饮料和食品，如烘焙食品、早餐食品、冷冻食品和其他食品。星巴克公司利润增长的关键在于通过新产品增加相同门店的收入。星巴克公司会定期推出新的特色咖啡饮料、咖啡口味和冰咖啡饮料，如非常成功的星冰乐系列和冰摇系列。

在霍华德·舒尔茨的领导下，可比门店收入增长率迅速反弹，让人刮目相看。美国的门店收入增长了7%，国际市场的门店收入增长了6%。2010年，星巴克公司的开店速度非常保守，主要是因为主要市场的经济状况不好。2011年，星巴克公司在美国实际只开设3家新门店（开设60家加盟店但关闭57家直营店）。在国际市场方面，星巴克公司实际开设了220家新门店（开设235家加盟店但关闭15家直营店）。星巴克公司的整体收入也随之反弹，达到107亿美元（比2009年增长9.5%）。

2011年，星巴克公司延续这种适度的开设新店速度。在直营店方面，星巴克公司在美国开设49家但关闭51家，在国际市场开设180家但关闭36家。在加盟店方面，星巴克公司在国际市场开设345家新店，在美国开设133家新店。遗憾的是，由于面临破产，博德斯书店（Borders' Bookstores）2011年关闭475家星巴克公司加盟店。因此2011年星巴克公司在美国的加盟店实际减少342家。当然，星巴克公司的整体收入还是保持健康的增长态势，达到117亿美元（比2010年增长9.3%）。

星巴克公司2012年的增长令金感到更加兴奋。当年，星巴克公司总共开设1 063家新店。其中，在美国开设234家直营店和270家加盟店，在欧洲、中东和非洲地区开设10家直营店和101家加盟店，在亚太地区开设154家直营店和294家加盟店。整体收入达到133亿美元（比2011年增长14%）。

星巴司通过开发新的渠道，不断延伸其商业模式的触角，门店遍布“顾客工作、旅行、购物和用餐之处”。为了进一步拓展其商业模式，星巴克公司终止了与卡夫食品公司的加盟和分销协议，将全豆咖啡和咖啡粉销往杂货店和仓储式俱乐部门店的营销和分销渠道都由自己掌控。截至2012年末，整个美国大约有39 000家杂货店和仓储式俱乐部门店可以买到全豆咖啡和咖啡粉。星巴克公司还通过有组织的食品服务公司出售全豆咖啡和咖啡粉。有组织的食品服务公司专门为服务机构、教育机构、办公室、旅店、餐馆、航空和其他食品客户提供服务。例如在2012年，星巴克（及其子公司西雅图极品咖啡公司）是西斯科公司（Sysco Corporation）向食品服务公司推销的唯一一种全国顶级咖啡品牌。现在，星巴克公司已经与百事公司建立了合作关系，联合生产和分销罐装星冰乐和双倍浓缩冰咖啡饮料，与联合利华公司合作生产和分销顶级冰淇淋。

尽管星巴克公司过去面临关闭门店、支付重组费用和可比门店收入负增长等种种困难，但金还是看到了星巴克公司财务绩效和财务状况的积极方面。她注意到，尽管面临种种困难，星巴克公司 2008 年和 2009 年依然实现盈利。她也注意到，星巴克公司 2010 年、2011 年和 2012 年获得了巨额利润。这意味着星巴克公司的重组和改革计划取得了成功。重组计划近乎完美，为星巴克公司节约了成本。金还注意到星巴克公司这段时间的经营活动现金流量非常充裕，星巴克因此在 2009 年偿还了所有商业票据和短期借款，共 7.13 亿美元，2010 年公司史上第一次发放现金股利，重新开始回购普通股。截至 2012 年末，星巴克公司的现金和短期投资的余额已经超过 20 亿美元。

产品供应

星巴克公司从全世界的咖啡生产地购买绿咖啡豆，而后按其严格的标准烘烤并调制。尽管咖啡豆是在商品市场交易且价格经常波动，但星巴克公司还是以较高价格购买到了较高质量的咖啡豆。星巴克公司按与各供应商签订的固定价格购买合同购买咖啡豆，不过每年都要重新确定购买价格。星巴克公司还从其零售店附近的供应商那里购买大量的乳制品，从几个供应商处购买纸张和塑料制品，其价格则随着纸和塑料树脂的价格变动而变动。

特色咖啡行业的竞争

反复思考之后，金意识到，星巴克公司面临着激烈的竞争。金想到，人们可以从许许多多的便利店购买咖啡，她认为星巴克的竞争对手是众多咖啡饮料零售商，包括快餐连锁店（如麦当劳）、甜甜圈连锁店（如卡卡圈坊、唐恩都乐和提姆霍顿）和加油站便利店。当然，这些零售店提供的体验与星巴克公司提供的有很大差距。金注意到，麦当劳公司已经开始拓展其“麦咖啡”零售店，在麦当劳餐厅出售优质咖啡饮料（如拿铁、卡布奇诺和摩卡）。在金看来，“麦咖啡”的创意可以说是对星巴克公司的正面竞争和挑战。

金也知道许多能够与星巴克公司相提并论的公司，它们都开设了零售咖啡连锁店，包括 Panera Bread Company，Diedrich Coffee，New World Restaurant Group，Inc. 和 Caribou Coffee Company，Inc.（一家私人公司）。不过，这些公司的规模比星巴克小得多。这些公司中规模最大的是 Panera Bread Company，截至 2012 年底，该公司大约拥有 1 700 家烘焙咖啡馆。与此同时，金意识到星巴克公司还面临来自当地独立咖啡店和咖啡馆的竞争。

金认为，尽管星巴克公司面临种种竞争，但还是有其独特的竞争优势。星巴克的经营战略几乎没有公司可以匹敌。星巴克公司强调体验、产品和服务的质量。此外，只有快餐连锁店和甜甜圈连锁店的经营规模能够与星巴克公司相媲美。星巴克公司已经开发出一种能体现其体验质量的全球品牌。最近，国际品牌集团公司（Interbrand）将星巴克评为世界最有价值品牌 100 强之一，估计其品牌价值超过 40 亿美元。

估值之争

在开始研究星巴克公司的股票价格（股票代码：SBUX）时，金就知道星巴克公司过去五年间的股票价格曾经历过一次狂野之旅，走势与这期间星巴克公司的盈余走势非常相似。星巴克曾经是资本市场最热门的公司之一。这主要是因为 2006 年 12 月之前，星巴克公司的收入和利润增长率都十分引人瞩目。星巴克公司的股票价格曾经大涨，累计报酬率远远超过同期标准普尔 500 指数股票的报酬率。2007 年初，星巴克公司的股票开始转冷，从每股接近 40 美元一路下滑到 2008 年 11 月每股 8 美元。之后，星巴克公司的股票价格开始触底反弹。2012 年，星巴克公司的股票价格介于每股 42～62 美元之间。目前交易价格为每股 50 美元，意味着市盈率超过 28 倍（以既往 12 个月的每股收益 1.79 美元为基础计算），其盈余倍数远远超过行业平均水平。

金进而发现，资本市场和分析师对星巴克公司股票价值持多种观点。有 24 位分析师认为星巴克公司股票未来一年的目标价格会介于每股 49 美元至 65 美元之间，目标价格的中位数为每股 59（60）美元。她还发现，有 30 位分析师发布了对星巴克公司股票的投资建议：11 位分析师强烈推荐买入，10 位分析师推荐买入，9 位分析师推荐持有，没有分析师推荐卖出。分析师一致预测星巴克公司 2013 年和 2014 年的每股收益分别为2.15美元和2.62美元。

财务报表

表1-15列示了星巴克公司的比较资产负债表，表1-16列示了星巴克公司的比较利润表，表1-17则列示了星巴克公司截至2012年9月30日四个会计年度的比较现金流量表。

表1-15　星巴克公司比较资产负债表　　单位：百万美元

会计年度截止期	2012年	2011年	2010年	2009年
资产				
流动资产：				
现金及现金等价物	1 189	1 148	1 164	600
可供出售短期投资性证券	848	903	286	67
应收账款（净额）	486	387	303	271
存货	1 242	966	543	665
预付费用与其他流动资产	197	162	157	147
递延所得税（净额）	239	230	304	287
流动资产总额	4 200	3 795	2 756	2 036
可供出售长期投资性证券	116	107	192	71
权益投资	460	372	342	352
财产、厂房与设备（净值）	2 659	2 355	2 417	2 536
其他资产	385	409	418	322
商誉	399	322	262	259
资产总额	8 219	7 360	6 386	5 577
负债与股东权益				
流动负债：				
应付账款	398	540	283	267
应计薪酬与其他应计费用	1 134	941	936	772
保险储备	168	146	146	154
递延收入	510	449	414	389
流动负债总额	2 210	2 076	1 779	1 581
长期负债	550	550	549	549
其他长期负债	345	348	375	390
负债总额	3 105	2 973	2 704	2 520
股东权益：				
普通股（每股面值0.001美元）	1	1	1	1
资本公积	39	41	106	147
其他资本公积	—	—	39	39
留存收益	5 046	4 297	3 471	2 793
累计其他综合收益	23	46	57	65
股东权益总额	5 109	4 385	3 675	3 046
非控制性权益	6	2	8	11
权益总额	5 115	4 387	3 682	3 057

资料来源：星巴克公司截至2012年9月30日和2011年10月2日的会计年度10-K格式年报。

表 1－16　星巴克公司比较利润表　单位：百万美元（每股数据除外）

会计年度截止期	2012 年 9 月 30 日	2011 年 10 月 2 日	2010 年 10 月 3 日	2009 年 9 月 27 日
收入净额：				
公司直营店	10 535	9 632	8 964	8 180
特色门店：				
加盟店	1 210	1 008	875	1 222
食品服务与其他	1 555	1 061	869	373
收入净额	13 300	11 700	10 707	9 775
销售成本（包括租用成本）	5 813	4 916	4 417	4 325
门店经营费用	3 918	3 595	2 472	3 425
其他经营费用	430	393	280	264
折旧与摊销费用	550	523	510	535
一般行政管理费用	801	749	705	453
重组费用	—	—	53	332
经营费用总额	11 513	10 176	9 436	9 993
出售财产利得	—	30	—	0
权益投资收益	211	174	148	114
经营利润	1 997	1 729	1 419	504
利息收入与其他收入净额	94	116	50	5
利息费用	(33)	(33)	(33)	(53)
税前利润	2 059	1 811	1 437	456
所得税	674	563	489	144
净利润（包括非控制性权益）	1 385	1 248	948	312
归属于非控制性权益的净利润（亏损）	1	2	3	(4)
归属于星巴克公司的净利润	1 384	1 246	946	316
基本每股收益	1.83	1.66	1.27	0.43
稀释后每股收益	1.79	1.62	1.24	0.43

资料来源：星巴克公司截至 2012 年 9 月 30 日和 2011 年 10 月 2 日的会计年度 10-K 格式年报。

表 1－17　星巴克公司比较现金流量表　单位：百万美元

会计年度截止日	2012 年 9 月 30 日	2011 年 10 月 2 日	2010 年 10 月 3 日	2009 年 9 月 27 日
经营活动：				
净利润	1 385	1 248	948	392
将净利润调整为经营活动现金流量净额：				
折旧与摊销费用	581	550	541	563
出售财产利得	—	(30)	—	—
减值准备与资产处置	—	—	—	224
递延所得税净额	61	106	(42)	(70)
权益投资收益	(61)	(66)	(61)	(78)
权益投资收益的分配	—	—	—	53
以股份为基础的薪酬费用	154	145	114	2
行使股票期权的税收效益	—	—	—	2
行使股票期权的超额税收效益	—	—	—	(16)
其他项目	24	33	76	5
经营性资产和负债变动提供（运用）的现金：				
应收账款	(90)	(89)	(33)	—

续表

会计年度截止日	2012年9月30日	2011年10月2日	2010年10月3日	2009年9月27日
存货	(273)	(422)	123	29
应付账款	105	228	(4)	(53)
应计负债与保险服务	24	(82)	(19)	—
应计税金	—	—	—	57
递延收入	61	36	24	16
其他经营性资产	—	—	—	121
其他经营性负债	—	—	—	61
预付费用、其他流动资产和其他资产	(20)	(23)	17	—
经营活动现金流量净额	1 750	1 612	1 705	1 389
投资活动：				
投资收购	(1 749)	(966)	(549)	—
购买可供出售证券	—	—	—	(129)
到期的投资与投资赎回	1 796	430	210	—
到期的可供出售证券	—	—	—	111
出售可供出售证券	—	—	—	5
收购而支付的现金净额	(129)	(56)	(12)	—
购买权益、其他投资和其他资产的净额	—	—	—	(5)
财产、厂房与设备的增加额	(856)	(532)	(446)	(446)
出售财产、厂房与设备获得的现金	5	117	5	—
出售财产、厂房与设备获得的款项	—	—	—	43
其他项目	(42)	(13)	2	—
投资活动现金流量净额	(974)	(1 020)	(790)	(421)
筹资活动：				
开具商业票据获得的现金	—	—	—	20 965
清偿商业票据	—	—	—	(21 379)
(支付短期借款）短期借款所得	(31)	31	—	1 338
偿还短期借款	—	—	—	(1 638)
收购非控制性权益	—	(28)	(46)	—
发行普通股获得的现金	237	250	133	57
行使股票期权的超额税收效益	170	104	37	16
偿还长期负债的本金	—	—	—	(1)
支付现金股利	(513)	(390)	(171)	—
回购普通股	(549)	(556)	(286)	—
其他项目	(1)	(5)	(8)	(2)
筹资活动现金流量净额	(746)	(608)	(346)	(642)
汇率变动对现金及现金等价物的影响	10	(1)	(5)	4
现金及现金等价物增加（减少）净额	41	(16)	564	330
现金及现金等价物：				
期初余额	1 148	1 164	600	270
期末余额	1 189	1 148	1 164	600
现金流量信息的补充披露：				
该期间内为以下项目支付的现金：				
利息（扣除资本化利息之后的净额）	34	34	32	40
所得税	417	350	527	162

资料来源：星巴克公司截至2012年9月30日和2011年10月2日的会计年度10-K格式年报。

要求：

回答下列有关星巴克公司的问题：

行业与战略分析

a. 运用波特五力分类框架分析特色咖啡零售行业。

b. 如何描述星巴克公司的战略？星巴克公司如何为顾客创造价值？星巴克公司必须管控哪些关键风险和成功因素？

资产负债表

c. 描述“现金”与“现金等价物”的差异。

d. 为什么“投资”会同时出现在资产负债表的“流动资产”部分和“非流动资产”部分？

e. 应收账款以扣除坏账准备之后的净额列示，为什么？指出可能引起应收账款增加和减少的事项或交易。指出可能引起坏账准备增加和减少的事项和交易。

f. 资产负债表的累计折旧与利润表的折旧费用有何不同？

g. 递延所得税作为流动资产项目出现在资产负债表上。指明何种情境中递延所得税可能产生某项资产。

h. 累计其他综合收益包括有价证券和证券投资的未实现利得和损失，以及将国外子公司财务报表货币计量单位折算为美元产生的未实现利得和损失。为什么利润表的“净利润”中不包括这些利得和损失？如果可能的话，“净利润”何时会包括这些利得和损失？

利润表

i. 星巴克公司列示了三种主要的收入来源：(1) 直营店；(2) 加盟店；(3) 食品服务和其他消费者服务。运用本案例提供的信息，描述这三种主要收入来源的性质。

j. 星巴克公司可能将哪种类型的费用列示于：(1) 销售成本；(2) 租用成本；(3) 门店经营费用？

k. 星巴克公司在其利润表中列报了权益投资的收益。运用本案例提供的信息，描述这种类型收益的性质。

现金流量表

l. 为什么净利润的数额与经营活动现金流量的数额不同？

m. 在计算经营活动现金流量时，为什么星巴克公司将折旧与摊销费用加回到净利润？

n. 在计算经营活动现金流量时，为什么星巴克公司将存货增加额作为一个扣除项目？

o. 在计算经营活动现金流量时，为什么星巴克公司将应付账款减少额作为一个扣除项目？

p. 星巴克公司的资产负债表的流动资产项目列示了短期投资，而其现金流量表的投资活动部分也列示了购买和出售投资性证券活动。解释为什么投资性证券的变动是投资活动，而多数其他流动资产（如应收账款和存货）的变动却是经营活动。

q. 星巴克公司的现金流量表的筹资活动部分列示了短期借款的变动。解释为什么短期借款的变动是筹资活动，而多数其他流动负债（如应付账款和其他流动负债）的变动却是经营活动。

财务报表之间的关系

r. 分析并解释留存收益从 2011 年末的 42.97 亿美元变动到 2012 年末的 50.46 亿美元的原因。

s. 分析并解释“财产、厂房与设备”的数额从 2011 年末的 61.63 亿美元变动到 2012 年末的 69.03 亿美元以及累计折旧的数额从 2011 年末的 38.08 亿美元变动到 2012 年末的 42.44 亿美元的原因。读者可能需要推算星巴克公司没有披露的某些数额。简化起见，假设所有折旧与摊销费用都是折旧费用。

解释财务报表之间的关系

表1－18列示了星巴克公司的共同比和百分比变动率资产负债表，表1－19列示了星巴克公司的共同比和百分比变动率利润表。百分比变动率报表列示了星巴克公司2010—2012年各项目每年的百分比变动率。回答以下问题：

t. 根据表1－15，星巴克公司2011年末至2012年末的现金及现金等价物数额有所增加，而根据表1－19，现金及现金等价物数额占资产总额的百分比却有所下降。解释其中的缘由。

u. 2009—2012年，星巴克公司的负债总额所占的比例有所下降，而股东权益总额所占的比例有所上升。产生这种变化的可能的原因是什么？

v. 2009—2012年，星巴克公司的收入结构有何变化？联系星巴克公司的经营战略解释这些变化。

w. 星巴克公司的净利润占收入总额的百分比从2009年的3.2%上升到2012年的10.4%。指出产生这种变化的最重要原因。

表1－18　星巴克公司共同比和百分比变动率资产负债表（经四舍五入处理）

	共同比资产负债表				百分比变动率资产负债表		
会计年度截止期	2012年	2011年	2010年	2009年	2012年	2011年	2010年
资产							
流动资产：							
现金及现金等价物	14.5%	15.6%	18.2%	10.8%	3.5%	(1.4)%	94.1%
可供出售短期投资性证券	10.3	12.3	4.5	1.2	(6.0)	216.1	329.3
应收账款（净额）	5.9	5.3	4.7	4.9	25.7	27.7	11.7
存货	15.1	13.1	8.5	11.9	28.5	77.8	(18.3)
预付费用与其他流动资产	2.4	2.2	2.5	2.6	21.7	3.2	6.3
递延所得税（净额）	2.9	3.1	4.8	5.1	3.6	(24.3)	6.1
流动资产总额	51.1%	51.6%	43.2%	36.5%	10.7%	37.7%	35.4%
可供出售长期投资性证券	1.4%	1.5%	3.0%	1.3%	8.4%	(44.2%)	169.4%
权益投资	5.6	5.1	5.3	6.3	23.5	9.0	(3.1)
财产、厂房与设备（净值）	32.3	32.0	37.8	45.5	12.9	(2.5)	(4.7)
其他资产	4.7	5.6	6.5	5.8	(5.9)	(2.0)	29.7
商誉	4.9	4.4	4.1	4.6	24.1	22.6	1.3
资产总额	100.0%	100.0%	100.0%	100.0%	11.7%	15.3%	14.5%
负债与股东权益							
流动负债：							
应付账款	4.8	7.3	4.4	4.8	(26.3)	91.1	5.8
应计薪酬与其他应计费用	13.8	12.8	14.7	13.8	20.5	0.5	21.3
保险储备	2.0	2.0	2.3	2.8	15.2	(0.4)	(5.2)
递延收入	6.2	6.1	6.5	7.0	13.6	8.5	6.5
流动负债总额	26.9%	28.2%	27.9%	28.3%	6.5%	16.7%	12.5%
长期负债	6.7%	7.5%	8.6%	9.8%	0.0%	0.0%	0.0%
其他长期负债	4.2	4.7	5.9	7.0	(0.7)	(7.3)	3.7%
负债总额	37.8%	40.4%	42.3%	45.2%	4.4%	10.0%	7.3%
股东权益：							
普通股（每股面值0.001美元）	0.0%	0.0%	0.0%	0.0%	0.0%	0.0%	0.0%
资本公积	0.5	0.5	1.3	1.8	(2.7)	(61.9)	(27.8)
其他资本公积	0.0	0.0	0.5	0.5	不适用	(100.0)	0.0

续表

会计年度截止期	共同比资产负债表 2012 年	2011 年	2010 年	2009 年	百分比变动率资产负债表 2012 年	2011 年	2010 年
留存收益	61.4	52.3	42.2	34.0	17.4	23.8	24.3
累计其他综合收益	0.3	0.6	0.7	0.8	(51.0)	(19.1)	(12.5)
股东权益总额	62.2%	59.6%	57.5%	54.6%	16.5%	19.3%	20.7%
非控制性权益	0.1	0.0	0.1	0.2	129.2	(68.4)	(32.1)
权益总额	62.2%	59.6%	57.7%	54.8%	16.6%	19.1%	20.5%
负债与股东权益总额	100.0%	100.0%	100.0%	100.0%	11.7%	15.3%	14.5%

表 1-19　星巴克公司共同比和百分比变动率利润表（经四舍五入处理）

会计年度截止期	共同比利润表 2012 年度	2011 年度	2010 年度	2009 年度	百分比变动率利润表 2012 年度	2011 年度	2010 年度
收入净额：							
公司直营店	79.2%	82.3%	83.7%	83.7%	9.4%	7.5%	9.6%
特色门店：							
加盟店	9.1	8.6	8.2	12.5	20.1	15.1	(28.4)
食品服务与其他	11.7	9.1	8.1	3.8	46.6	22.1	132.9
收入净额	100.0%	100.0%	100.0%	100.0%	13.7	9.3	9.5
销售成本（包括租用成本）	43.7	42.0	41.2	44.2	18.3	11.3	2.1
门店经营费用	29.5	30.7	32.4	35.0	9.0	3.5	1.4
其他经营费用	3.2	3.4	2.6	2.7	9.4	40.4	5.8
折旧与摊销费用	4.1	4.5	4.8	5.5	5.2	2.5	(4.6)
一般行政管理费用	6.0	6.4	6.6	4.6	6.9	6.3	55.5
重组费用	0.0	0.0	0.5	3.4	不适用	(100.0)	(84.0)
经营费用总额	86.6	87.0	88.1	102.2	13.1	7.8	(5.6)
出售财产利得	0.0	0.3	0.0	0.0			
权益投资收益	1.6	1.5	1.4	1.2	21.3	17.3	29.9
经营利润	15.0%	14.8%	13.3%	5.2%	15.6	21.8	181.6
利息收入与其他收入净额	0.7%	1.0%	0.5%	0.1%	(18.6)	130.4	867.3
利息费用	(0.2)	(0.3)	(0.3)	(0.5)	(1.8)	1.8	(38.8)
税前利润	15.5%	15.5%	13.4%	4.7%	13.7	26.0	215.1
所得税	5.1	4.8	4.6	1.5	19.8	15.2	239.4
净利润（包括非控制性权益）	10.4	10.7	8.9	3.2	11.0	31.6	203.9
归属于非控制性权益的净利润（亏损）	0.0	0.0	0.0	0.0	(60.9)	(14.8)	(171.1)
归属于星巴克公司的净利润	10.4%	10.6%	8.8%	3.2%	11.1	31.7	199.7

第 2 章

资产与负债估值和收益确认

- 2.1 多种属性的会计模式
- 2.2 资产和负债估值以及相关性与可靠性之间的权衡
- 2.3 收益确认
- 2.4 所得税会计
- 2.5 分析各种交易对财务报表的影响的框架

学习目标

1. 界定用于计量资产与负债的多种属性的会计模式。
2. 描述多种属性的会计模式如何为财务报表使用者提供更相关且可靠的信息。
3. 解释利润表或综合收益表如何确认资产负债表中资产和负债的估值变化。
4. 概述所得税对财务报表的广泛影响。
5. 通过调整永久性差异和递延所得税资产与负债，协调财务报告与纳税报告。
6. 借用一个分析框架来描述经营业务和事项对资产负债表和利润表的影响。

我们将在本章更深入地讨论基本的财务会计概念，主要关注会计的特征即所谓的“多种属性的会计模式”。为了有效地分析财务报表，读者必须清晰地理解如何编制财务报表、财务报表呈报了哪些经济事项和交易。读者不禁会问：如果主要目的是学会如何深入地分析财务报表，那么是否有必要理解公司的每一笔交易，如购买存货或确认一项流动负债。毕竟，公司一年内可能会发生数千甚至数百万笔交易。读者需要理解公司具体事项和交易对财务报表的影响的理由有两个：

● 第一，为了能够合理地理解某家公司的盈利能力和风险，读者必须理解资产负债表和利润表数据代表的众多交易的影响。

● 第二，由于交易越来越复杂，有效的财务报表分析必须能够梳理各种独立事项对财务报表各个项目的影响，尤其是当读者通过分析财务报表发现需要剔除某些事项的影响或采用另外的会计处理方法重编财务报表。

本章将讨论构筑资产负债表和利润表的“三脚凳”。① 我们在讨论某种财务报表的某个项目时，必须参照该财务报表的其他项目或其他财务报表，因此本章将简要地讨论资产负债表和利润表的各个要素。

2.1 多种属性的会计模式

基本的会计恒等式为：

资产总额＝负债总额＋股东权益总额

公司刚刚成立并获得融资（通过股东的权益投资或获得来自银行的融资）时，其资产负债表很简单，各项资产和负债的估值也不复杂。例如，某个企业家从银行借了 1 000 000 美元创办一家咨询公司。此时，其资产的价值（也就是所有现金）就是 1 000 000 美元，等于该企业家对银行的负债。不过，随着时间的推移，该公司开始使用这些现金并从事经营业务，这时要评估该公司资产与负债的价值就没有那么简单了（但更有趣）。下面列举一些简单但可能富有挑战的示例。这些示例将贯穿本章及本书其余部分：

（1）企业家购置了一辆经营用汽车。该汽车的价值就是企业家的购买价格或二手市场的出售价格吗？如果公司购置该汽车时还必须支付登记和法律费用，那么这些登记和法律费用是该汽车价值的组成部分吗？

（2）为了反映该汽车的磨损及其相关的减值，公司应该定期减少该汽车的价值吗？如果应该，如何计

---

① 正如第1章所述，财务报表主要包括资产负债表和利润表以及在资产负债表和利润表所提供信息之间架起桥梁的现金流量表。第3章将开始综合分析利润表和现金流量表。

算每期减少的价值？

（3）如果公司需要一栋办公大楼，以使企业家可以在该办公大楼里工作，那么公司应该像处理汽车那样定期调整该办公大楼的价值吗？显然，随着时间的推移，汽车的价值在不断减少。然而与汽车不同，随着时间的推移，办公大楼的价值可能增加。如果增加，那资产负债表列示的该办公大楼的价值应该随之增加吗？该办公大楼又没有出售，如何估计其价值呢？

（4）企业家为十位顾客提供咨询服务，每位顾客收费 5 000 美元，公司此时就拥有了一项资产，即应收每位顾客的款项（应收账款），总共 50 000 美元。不过从数据来看，其中的某位顾客可能无法支付服务费。那么公司应该调整其资产的价值（50 000 美元），以反映这种无法支付服务费的可能性吗？如果应该，资产的价值应该减少多少？在财务报表中列示该数额是为了正确估计资产负债表中应收账款的价值，还是为了保证利润表能合理反映该咨询服务的成本（即向不能支付价款的顾客提供咨询服务的成本），还是二者兼而有之？

（5）企业家将银行贷款部分投资于共同基金。几个月后，共同基金投资的价值有所增加。此时公司应该调整其资产负债表列示的该共同基金投资的价值吗？如果该共同基金投资的价值又跌回其原始投资额，公司应该如何处理？如果该共同基金投资的价值下跌至低于其原始投资额，公司又该如何处理？公司应该以利得或损失的名目在利润表中列报这些资产负债表调整事项吗？

这些假设性问题只不过是以示例的方式指出一家拥有有限资产和负债的公司可能面临的问题，现实生活中的公司经营各种各样的业务，可以预见其资产和负债的估值会变得越来越复杂。根据资产或负债的性质，基于美国公认会计原则或国际财务报告准则，公司必须运用各种不同的方法评估其财务报表所列报的各项资产和负债的价值。这种多样性有助于深刻理解何谓“多种属性的会计模式”。①

□ 复式簿记

会计的一个重要特征就是资产负债表的各项资产和负债的估值与利润表的收益确认和计量并行不悖。复式簿记将各种交易视为一个问题的两个方面，在记录各种事项和交易时至少要涉及两个账户。也就是说，复式簿记的“复式”意味着必须至少记入一个账户的借方，至少记入一个账户的贷方。例如，经营前述假设业务的公司就同时增加了资产（现金）和负债（银行贷款）。表 2-1 列示了另外一些示例，这些示例可能通过会计恒等式对合并财务报表产生影响。②

表 2-1　各种事项和交易对合并财务报表的影响示例

对合并财务报表的影响[a]	示例
资产和收入	提供服务 （1）应收账款增加；（2）收入增加
资产和费用	确认并支付当月工资 （1）现金减少；（2）工资费用增加

① 破解本章描述的这种复杂思路的方法就是运用一种标准化的分析框架来分析各种事项和交易对财务报表的影响。我们将在本章后面部分讨论这种分析框架。

② 讨论了资产和负债的估值之后，本章将转向讨论收益确认。记住第 1 章讨论过的净利润与综合收益之间的重要差异。综合收益是为了调整资产负债表项目的各种公允价值而存在的。

续表

对合并财务报表的影响[a]	示例
资产和资产	顾客支付以前未付的服务费 (1) 现金增加；(2) 应收账款减少
资产和负债	顾客预付服务费 (1) 现金增加；(2) 预收账款增加
资产和权益	公司发行股票筹集资金 (1) 现金增加；(2) 普通股和资本公积增加
负债和负债	公司对一笔短期贷款申请展期 (1) 短期负债减少；(2) 长期负债增加
负债和权益	公司宣告发放现金股利 (1) 应付股利增加；(2) 留存收益减少
负债和收入	向预付服务费的顾客提供服务 (1) 预收账款减少；(2) 收入增加
负债和费用	记录月末应计但未付的工资 (1) 应付工资增加；(2) 工资费用增加

a. 为了更好地理解本表所列示的利润表和资产负债表各个项目之间的关系，有必要回顾收入和费用的定义。收入的定义为："会计主体因运输或生产商品、提供服务或实施主要或核心的其他经营业务引起的资产流入或其他形式的资产增加或债务的减少（或两者兼而有之）。"费用的定义为："会计主体因运输或生产商品、提供服务或实施主要或核心的其他经营业务引起的资产流出或其他形式的资产耗用或债务的增加（或两者兼而有之）。"

□ 相对有用性

尽管会计系统的目的是通过资产负债表和利润表提供相关且可靠的信息，但过分强调某个方面的有用性经常会影响另一个方面的有用性。资产负债表与利润表显然具有互补性，因为资产负债表提供的是某个时点的信息，而利润表提供的是某个期间的流量信息。多数会计准则的基本特征是多种属性的会计模式，这意味着资产负债表与利润表项目各有其侧重点。财务报表的不同项目各有其侧重点是会计准则制定者试图根据如实计量的各种约束条件平衡各种相关信息的结果。

学术研究已经证实，资产负债表和利润表在解释普通股价格方面总体上具有相对有用性，也为以下观点提供了证据：过去几十年来，财务报表似乎变得更着重于资产负债表而不是利润表。基于柯林斯（Collins）、梅杜（Maydew）和韦斯（Weiss）1997 年的研究成果的数据，图 2－1 描绘了过去 40 年间盈余（体现着重于利润表的观念）和权益账面价值（体现着重于资产负债表的观念）在普通股价格方面的增量解释力度。不断下降的趋势线说明该指标（相对其他指标）在证券价格方面的解释力度有所下降。与许多研究者的观点一样，该期间账面价值的增量解释力度相对于盈余有所增强。此外，该研究成果表明：与财务报表的有用性不断增强的趋势相吻合，过去 40 年间账面价值和盈余的总体解释力度都有所增强。①

① 有些会计监管机构如财务会计准则委员会和国际会计准则理事会已经指出，新会计准则的最近趋势显示，重心已经从利润表转向资产负债表。

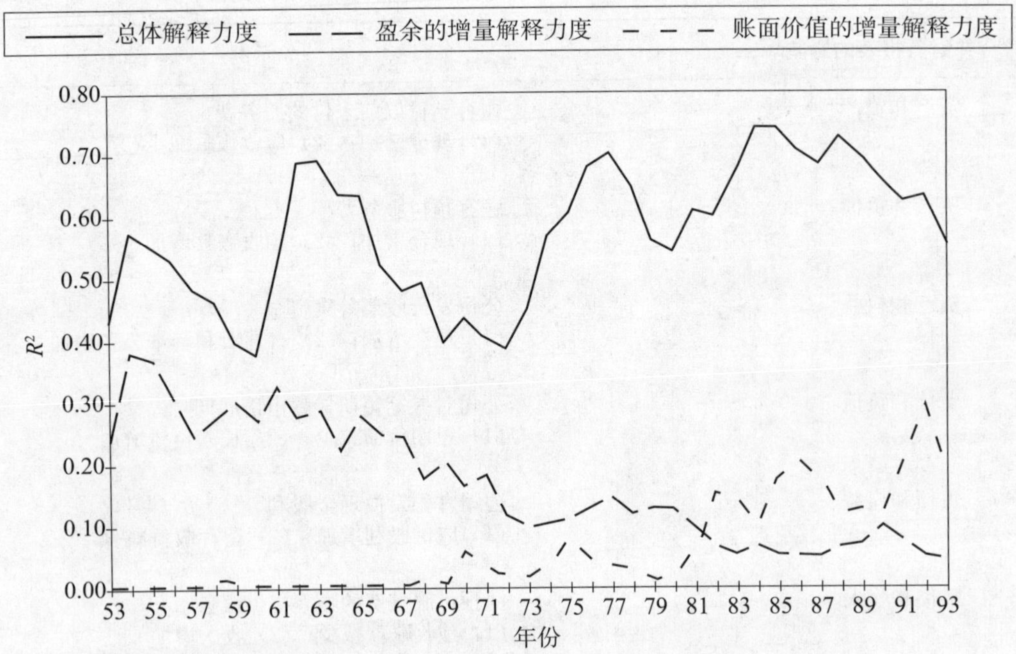

图2-1　1953—1993年账面价值和盈余在市场价值方面的相对解释力度

资料来源：Daniel W. Collins, Edward L. Maydew, and Ira S. Weiss, "Changes in the Value-Relevance of Earnings and Book Values over the Past Forty Years," *Journal of Accounting & Economics* (1997), pp. 39-67.

2.2　资产和负债估值以及相关性与可靠性之间的权衡

正如第1章所述，资产负债表描述的是某个时点公司的资产以及债权人（负债）和所有者（股东权益）对这些资产的求索权。一种理解资产、负债和股东权益的有效方式是，负债和股东权益代表供应商、贷款机构和股东提供的资本，让公司可以获得经营性资产并运用于可以盈利的活动。本节的重点是从理论上理解各项资产和负债应该如何估值并列示于财务报表。①

资产能为公司带来未来的经济效益，负债则要求公司牺牲未来的经济资源。尽管资产和负债都具有未来导向，但基于美国公认会计原则和国际财务报告准则编制的资产负债表采用多种属性的会计模式列报各项资产和负债。有些资产以原始（历史）成本列报，有些资产以现行公允价值列报，有些资产则以可变现净值列报，还有些资产以多种方式列报。同理，有些负债以其发生时的原始金额计量，而有些负债则会在考虑现行利率和其他因素之后以现值计量。

一个显而易见的问题是，为什么不采用相同的计量属性计量并记录所有的资产和负债呢？那样不是能明显简化财务报表分析吗？例如，以历史价值或现行公允价值列报所有资产和负债，信息使用者显然更容易理解财务报表。多数高质量会计准则遵循多种属性的会计模式的原因是会计准则制定机构希望通过财务报表提供相关性和可靠性的最优组合信息，从而有助于信息使用者更好地运用这些信息来评估风险、时机和未来现金流量的数额。

① 学习本节时不必急着掌握分析具体资产或负债的程序，本书后续各章将讨论这个问题。

□ 相关性与可靠性

如果财务信息会影响其使用者基于财务报表做出的决策，那么该信息就具有相关性。例如，及时提供信息就是相关性的一个方面。如果信息能反映其意在反映的事实，那么该信息就具有可靠性。对此，美国财务会计准则委员会第9号财务会计概念公告指南阐述如下：

> 具有相关性的财务信息能够使信息使用者做出不同的决策，即使某些信息使用者选择不运用该信息或已经从其他渠道知晓了该信息。
>
> 财务报告用文字和数字呈报经济现象。为了确保其有用性，财务信息不仅必须呈报相关的现象，也必须如实呈报其意在反映的现象。为了更好地体现可靠性，描述文字需具备三个特征：完整性、中立性和没有误差。当然，完美往往是可望而不可即。财务会计准则委员会的目的是让这些质量特征最大化。①

为了通过这种平衡让财务报表对外部使用者尽可能有用，会计准则要求某些资产和负债的估值更强调可靠信息，而有些资产和负债的估值则更强调相关信息。

□ 会计信息质量

可以用下列公式评估财务会计信息质量：

财务会计信息质量＝f(经济实质，计量误差，操纵)

转化成文字就是使用者可以将财务会计信息质量视为财务报告过程中几个特征的函数。财务报表的首要目的是提供有关公司财务状况或经营成果的“真实经济实质”的有用信息，这意味着财务报表要以不偏不倚的方式捕捉和列报公司的基本经济状况。公司的管理层负责编制财务报表，因为他们切实参与了公司的经营活动，也最了解公司的经营活动，所以他们最适合。显然，这种信息与分析财务信息的使用者密切相关。

另外两个特征可能会降低财务报表的质量。由于许多事项和情境都需要估计，因此对外披露的财务数字可能存在计量误差。例如，管理层必须估计收回应收账款的可能性、影响固定资产折旧的各种变量、退休后津贴的最终数额等。即便是诚信估计，最终结果有时也可能被证明高估或低估。希望这样的计量误差能够相互抵消。管理层在估计和列报会计数据方面拥有自由裁量权，尽管这种自由裁量权可能导致计量误差，但也可能增强财务报表的相关性。

不过，管理层也可能滥用其自由裁量权，操纵对外披露的财务报表。为了向利益相关者展示公司更强的盈利能力或更低的风险，甚至为了个人利益，管理层可能操纵各种估计值。管理层的激励薪酬通常与已实现利润挂钩，因此为了创造更高的利润，进而获得更高的薪酬，管理层就可能操纵各种估计值。例如，管理层可能低估最终无法收回的应收账款数额，从而低估坏账费用，高估利润。

□ 相关性与可靠性之间的权衡

计量误差和操纵都会降低对外披露的财务报表的相关性和可靠性。如前所述，对外披露的财务数据的这些特征取决于管理层拥有的自由裁量权。那么为什么不免去管理层的自由裁量权呢？这就涉及前述的相

① Financial Accounting Standards Board, *Statement of Financial Accounting Concepts No. 8*, “Chapter 1, The Objective of General Purpose Financial Reporting, and Chapter 3, Qualitative Characteristics of Useful Financial Information” (September 2010).

关性与可靠性的权衡问题。如果管理层没有自由裁量权，那么所有公司都必须运用相同的会计原则。例如，会计准则可能规定所有公司都必须计提5%的坏账准备，从而能达到可以用数学核实的可靠性程度，也可以防止管理层操纵坏账准备的估计值。不过，对许多实际坏账比率不是5%的公司而言，这种规定可能会导致有失相关性。

随着会计准则的发展，会计准则制定者已经开始思考相关性与可靠性的权衡，以及捕捉经济实质是否重于计量误差或操纵的负面影响。基于这样的考虑，产生了多种属性的会计模式，通过各项资产和负债的估值综合反映各种历史数据、最新的信息和对未来的预期。精明的分析师可以从资产和负债估值的多种属性提供的信息中捕捉到商机。

本节后面部分将结合示例简要描述资产负债表项目最常用的主要估值方法，为后续各章更详细地讨论财务报表信息奠定基础。

□ 主要估值方法：历史成本与公允价值

历史成本是公司取得某项资产时的原始成本或发生某项负债时的原始（本金）金额。而公允价值则反映基于现行市场环境的资产或负债的价值。在市场交易中，资产的历史成本和负债的原始数额等于其公允价值。不过，随着时间的推移，其公允价值可能发生变化。有时为了反映公允价值，资产负债表也需要做某些调整。①

历史成本

某项资产的历史或购置成本就是公司取得该项资产最初支付的数额。历史成本包括使资产达到预定可使用状态所发生的所有成本，但不包括资产的营运成本。在取得资产时，购置成本的估值可谓毫无偏差，因为以公司取得该资产时实际支付的数额计量其价值，所以估值具有相关性，又因为不偏不倚、客观，而且还可以通过各种发票、已付支票和其他支持估值的文件加以验证，所以估值又具有可靠性。

例如，假设左撇子酒庄（Mollydooker Wines）花700 000美元聘用员工负责看管葡萄园的葡萄，采摘，并将葡萄酿制成葡萄酒。与酿制葡萄酒相关的建筑物和设备的折旧额为250 000美元。左撇子酒庄还发生了与酿制葡萄酒相关的其他经营成本150 000美元。在葡萄酒开始陈化之前，葡萄酒存货的历史成本为1 100 000美元（700 000+250 000+150 000)。在葡萄酒陈化期间还会发生其他资本化成本，左撇子酒庄的存货账户在以后各个期间也会不断增加。最后在存货可以出售之前，在存货账户记录生产葡萄酒的所有成本。

资产项目中包括的成本经常会引发一个问题：葡萄酒的取得成本中应该包括左撇子酒庄为了生产葡萄酒而借入的资金的利息吗？尽管实务中存在多种处理方法，但均应在财务报表附注中披露重大金额项目的会计处理方法。

另一个问题则涉及历史成本估值对财务报表使用者的相关性。在公司取得某项资产时，历史成本估值具有及时性和客观性，因此对财务报表使用者不仅具有相关性，而且具有可靠性。然而随着时间的推移，尽管历史成本估值依然保持可靠性，却因估值已经过时且没有反映现行价值而可能失去相关性。

经调整的历史成本。公司经常会下调历史成本。某些资产的服务潜能会逐渐消耗（如使用寿命有限的机器设备）或立即消耗（如存货，一旦出售就产生所有效益）。随着资产的服务潜能被消耗，被消耗部分

① 许多市场研究者认为，尽管财务会计准则委员会和国际会计准则理事会的某些委员对公允价值存有异议，但这两个委员会都已经着手努力推动采用公允价值（而不是历史成本）计量各项资产和负债。事实上，图2-1显示出账面价值（相对于盈余）在解释市场价值方面的能力在不断增强，就是这种努力的结果。

就转化为费用（即资产价值减少，费用增加）。机器设备的费用就是折旧费用。存货的费用就是产品销售成本。在公司获得某项资产的效益期间，如果某项资产的价值已经完全消耗完毕（如存货），公司应该注销该项资产（即从资产负债表中剔除该资产项目），而如果某项资产的价值逐渐消耗，公司应该通过系统化的折旧或摊销按比例下调其购置成本（如机器设备）。

与历史成本一样，经调整的历史成本也涉及相关性与可靠性的权衡问题。例如，某公司花5 000 000美元购置了计算机设备，在 4 年内计提折旧，预计净残值为 1 000 000 美元。该计算机设备第 4 年末的估值就是综合考虑可靠性的购置成本（5 000 000 美元）与出售或置换旧设备最终可变现的诚信估计值(5 000 000 美元)的结果。这些估计值都力图提供具有相关性的估值。即使这些数据都是诚信估计值，也是不确定的数值，最终结果可能是错误的。

公司的非货币性资产采用历史成本或经调整的历史成本估值。非货币性资产的未来现金流量不固定，也难以确定。例如，存货、土地、机器设备和商誉就是非货币性资产。如果某项资产的未来经济效益充满不确定性，公司就要采用历史成本和经调整的历史成本如实反映该项资产的价值。

货币性资产和负债则代表公司未来可以得到或应该支付的现金数额。现金、应收账款、应收票据属于货币性资产，应付账款、应付票据和应付债券属于货币性负债。尽管美国公认会计原则和国际财务报告准则允许公司对一年内到期的货币性资产和负债不采用折现程序，公司通常还是采用现值对货币性资产和负债估值。

现值。历史成本的另一种表现形式就是现值。如果市场不够活跃，难以提供有关公允价值的可靠证据，公司可能采用预期现金流量的现值粗略地估计资产和负债的公允价值。[①] 应收账款和应付账款通常采用现值进行估值。

以赊销的方式向顾客出售商品或提供服务或将资金出借给其他公司，出售商品或提供服务的公司或出借资金的公司就会产生应收账款或应收票据。以赊购的方式向供应商购买商品或服务或向其他公司借入资金，就会产生一项负债（如应付账款、应付票据和应付债券）。将基于这种交易安排的预期现金流量进行折现，就是以现时的等值现金表示现金流量。财务报表第一次列报货币性资产和负债时，（如果其现金流量的时间分布超过一年）可以采用当时特定融资安排的利率计算其现值。

例如，假设乔丹家具公司（Jordan's Furniture）1 月 1 日以 500 美元的价格向某位顾客出售一套沙发，允许该顾客延期 5 年付款。根据该顾客的信用状况评估结果，（尽管销售合同没有明确载明对该顾客的利率）其信用等级适用的年利率为 6%。如果按 6%的折现率进行折现，5 年之后才能收到的 500 美元的现值为 373.63 美元。如果乔丹家具公司严格按照现金流量估值方法计算初始现值，那么 1 月 1 日将确认销售收入和应收账款 373.63 美元，12 月 31 日利息收入和应收账款会增加 22.42 美元（6%×373.63）。下一个年度将确认利息收入和应收账款 23.76 美元［6%×(373.63+22.42)］，以后 3 年依此类推。到第 5 年末，应收账款的数额刚好等于顾客应该支付的 500 美元。

由于买卖双方之间的融资安排通常都会载明未来现金流量的时间分布和数额，以采用历史利率计算出来的现金流量现值评估货币性资产和负债的价值既满足相关性，又满足可靠性。[②] 如果现金流量的时间分布跨越多个年度，现金（与名义价值）的相关性说明将资产和负债折现为未来现金流量的现值是合理的做法。当然，在交易时确定适合的利率可能会受某些主观因素的影响。例如，借款人可能选择采用其可以以类似条款从银行获得贷款的利率，而卖方可能采用使现金流量现值等于商品或服务的现销价格的利率。不

① 现值法的理论阐述参见 Financial Accounting Standards Board，*Statement of Financial Accounting Concepts No. 7*，"Using Cash Flow Information and Present Value Accounting Measurement"（February 2000）。公允价值计量方法的权威文献参见 *FASB Codification Topic* 820，"Fair Value Measurements and Disclosures"。

② 前面有关历史成本的讨论假设现金的变化可能会导致价值的变化。然而，如果公司用应付票据购置某项资产，其初始现值也可能是历史成本的基础。

过，利率的微小差异通常不会导致交易各方的估值出现重大差异。

公允价值

采用历史成本法对资产和负债进行估值，可能会因估值已经过时且没有反映现行的经济状况而失去相关性。有鉴于此，财务会计准则委员会和国际会计准则理事会不断改善会计准则，倡导采用现行或公允价值法评估各项资产和负债的价值，既强调相关性，也强调可靠性。财务会计准则委员会将公允价值定义为“市场参与者在计量日的有序交易中出售资产收到的价格，或转移负债支付的价格。”① 显然，这个定义以计量“脱手价格”（exit price）作为公允价值的特征。“脱手价格”就是公司出售资产或清偿债务或转移负债可以收到的数额。国际会计准则理事会对公允价值的定义略有不同，将公允价值定义为：“熟悉情况的当事人在公平交易中自愿据以进行资产交换或负债清偿的金额。”② 这个定义表明公允价值既可以用于计量“脱手价格”，也可以用于计量“入账价格”（entry price）。“入账价格”就是公司购买或出售资产或者形成或清偿负债所发生的数额。如果购买行为与出售行为发生在不同的市场（例如，证券公司与零售顾客、机构投资者或其他证券公司之间的交易），那么“入账价格”与“脱手价格”可能产生差异。除了采用市场报价作为现值之外，会计师有时也会采用现值法估计现值（如下面将讨论的第三层次资产）。

显然，财务报表使用者对公允价值感兴趣，尤其是在公允价值显著偏离资产的购置成本或负债的初始现值的情况下。金融机构就是一个典型例证，因为一旦利率发生变动，金融机构的金融资产和金融负债的价值就会立即随之变动。如果资产和负债的价格取决于股票、债券、证券、商品、衍生品和其他项目在有序市场中的可观察价格，那么一旦取得了资产和负债的交易价格，就可以完美地解决相关性和可靠性的计量属性问题。然而，如果活跃市场中缺乏资产或负债的报价，则需要借助公司管理层的估计才能取得这种价格。金融资产（和商品）或负债通常比非货币性资产或负债更容易随时获得相应的价格。这就是财务报告倾向于以公允价值列报多数金融资产或负债的缘由。

不过，即使是金融资产或负债，其市场报价也不尽相同。与此相匹配，基于美国公认会计原则和国际财务报告准则，不同来源的公允价值估计值存在三个层次。③

公允价值估计值的来源	如实反映程度
• 估计公允价值的“第一层次”输入参数取决于活跃交易市场（如证券交易所）中的同质资产或负债价格可以随时获得的参数。	高
• 估计公允价值的“第二层次”输入参数包括活跃或不活跃市场中类似资产或负债的报价、其他可观察信息（如收益率曲线和价格指数）和其他可观察数据（如市场相关系数估计值）。	中高
• 估计公允价值的“第三层次”输入参数包括公司自身对资产或负债公允价值的推算（如运用各种未来现金流量数据和折现率估计现值）。	可能较低

截至2009年，标准普尔500指数包含的公司以公允价值列报的资产总额估计会超过6万亿美元（绝大多数资产为金融资产）。其中，大约有10%采用公允价值估计值的第三层次输入参数。

基于美国公认会计原则和国际财务报告准则，以公允价值评估金融资产和负债的价值已经是司空见惯

① Financial Accounting Standards Board, *Statement of Financial Accounting Standards No. 157*, “Fair Value Measurements” (September 2006). *FASB Codification Topic* 820.

② International Accounting Standards Board, *International Accounting Standards No. 39*, “Financial Instruments: Recognition and Measurement” (December 1998)。在本书出版之际，国际会计准则理事会正在考虑改变其对公允价值的定义，以便与财务会计准则委员会的公允价值定义的“脱手价格”的特征相匹配。

③ SFAS No. 157, *FASB Codification Topic 820* 和 IFRS No. 7 详细说明了这个问题。为了披露第一层次、第二层次和第三层次的公允价值，国际会计准则理事会也相应修改了 IFRS No. 7。

的事情。以公允价值列报金融资产和负债也称为“市值”（market-to-market）会计。尽管公允价值的相关性毋庸置疑，但是，综合考虑现值估计值的主观性质以及从资产和负债的第一层次至第三层次输入参数的如实反映程度，这种估值方法能否达到可靠性有时还是备受质疑。例如，第一层次输入参数适用于具有公开市场报价的活跃交易的多数资产，而第三层次输入参数则主要与流动性较差的投资（如抵押担保证券）相关。财务会计准则委员会和国际会计准则理事会最近发布的规则允许公司采用公允价值计量和列报某些金融工具（根据盈余状况做后续调整）。在金融资产或负债产生时，公司就必须决定采用公允价值还是历史成本计量，并在该金融工具存续期间内持续采用（公允价值或历史成本）。不过，公司可以对不同金融工具做出不同的选择。这种公允价值选择权可能最适合金融机构。① 当然，许多非货币性资产的估值也有赖于资产本身或资产预期可以创造的现金流量现值的公允价值估计值。

现行重置成本。公允价值的另一种形式是现行重置成本。现行重置成本是公司目前购置或生产其现有资产需要支付的金额。由于现行重置成本面向外部市场，因此是公允价值运用的一个特例。不过，公允价值通常适用于金融资产和商品，而现行重置成本通常适用于非货币性资产。现行重置成本最普遍的运用就是存货的成本与市价孰低法。尽管现行重置成本估值通常比购置成本估值更具主观性，但如果现行重置成本估值以活跃市场类似资产或负债已经交易的可观察市场价格为基础，那么其主观性最弱，也最能如实反映。例如，公司可以参考商品市场的即时价格确定可靠的原材料商品的现行重置成本。如果商品不存在活跃市场（专门根据某公司的需求而设计的存货或设备就是常见例证），现行重置成本的主观性就较强。因此，尽管现行重置成本具有较强的相关性，但基于多数市场环境，现行重置成本估值的主观性降低了其可靠性。然而，财务报表使用者可能会偶尔运用现行重置成本估值，并认为其相关性还是强于过时的购置成本估值。

可变现净值。历史成本与公允价值的一种混合形式是可变现净值。可变现净值是公司出售资产可以获得的净额（例如，存货的现值已经跌至其成本之下）。尽管可变现净值是公允价值的另一个特例，但也具有经调整的历史成本估值的某些特征。因为历史成本为公司确定是否采用可变现净值提供了一个参照点。因此，可变现净值是一种混合估值方法。下面将讨论的示例描述了可变现净值与其他估值方法（包括历史成本与现值）的相似点。由于可变现净值也是“脱手价格”，所以我们所讨论的现值法包括可变现净值估值法。其差异在于可变现净值估值法并非估计基于假想交易购置类似资产的成本，而是关注基于现有市场状况可能实现的价值净额（扣除所有相关的出售成本）。

□ 资产和负债估值方法的比较与某些未确认资产

前面的讨论聚焦于各种资产和负债估值的不同方法。如前所述，各种不同估值方法计量资产和负债的可靠性不同，由此产生了资产和负债估值的混合方法。有些资产和负债以历史成本计量，而有些资产和负债则用公允价值可靠计量。有时，计量并不精确。有鉴于此，会计准则不允许一起确认各种资产（有时还包括各种负债）。例如，评估有利可图的成长机会、内部开发的无形资产（如品牌）、供应链网络和其他知识产权（如各种研究与开发资产）的价值具有高度不确定性。如果各项资产和负债都能够以公允价值可靠地估值，那么，所有资产的公允价值减去所有负债的公允价值就是公司的公允价值或市场价值。但显然，这只是一种假想。因为影响许多公司价值的重要因素是捕捉未来增长和盈利的机会，而这些重要因素几乎

① Financial Accounting Standards Board, *Statement of Financial Accounting Standards No. 159*, “The Fair Value Option for Financial Assets and Financial Liabilities” (February 2007). *FASB Codification Topic 825*; International Accounting Standards Committee, *International Accounting Standards No. 39*, “Financial Instruments: Recognition and Measurement” (revised June 2005); International Accounting Standards Committee, *International Accounting Standards No. 40*, “Investment Properties” (revised December 2003).

不可能可靠地计量。

在本节，我们将以市场价值相似的两家公司的资产负债表为例，说明账面价值与市场价值计量资产的能力差异。表2-2列示了黑岩凯尔索资本公司（BlackRock Kelso Capital Corporation，纳斯达克股票代码：BKCC）的资产负债表。该公司是一家上市公司，专门投资于市场价值在1 000万～5 000万美元之间的中小型企业。相应地，黑岩凯尔索资本公司资产负债表所列报的多数资产反映了以公允价值计量的投资价值（资产总额为10.90亿美元，以公允价值计量的资产为10.61亿美元）。其余已确认的资产为现金、各种短期应收账款、少量的预付费用和其他资产，这些资产列报的价值也非常接近其公允价值。资产负债表中最大的负债是债务（负债总额为4.03亿美元，债务为3.47亿美元），其列报的价值非常接近公允价值。其余的负债为短期负债，价值也非常接近甚至就是公允价值。因此，如果公司所有资产和负债的价值都接近公允价值，公司的账面价值就非常接近市场价值（忽略了未确认的增长机会的价值）。实际上，其账面价值（6.87亿美元）非常接近2012年度财务报告公布之后月份的市场价值（大约为7.00亿美元）。

表2-2 黑岩凯尔索资本公司资产负债表

单位：美元

	2012年12月31日	2011年12月31日
资产		
投资（以公允价值计量）：		
非控制性、非关联公司投资（成本分别为849 028 227和959 635 127）	850 511 125	890 691 404
非控制性、关联公司投资（成本分别为50 983 674和59 633 913）	67 750 172	71 035 799
控股公司投资（成本分别为137 337 392和78 601 629）	143 336 244	87 225 239
投资总额（以公允价值计量）（成本分别为1 037 349 293和1 097 870 669）	1 061 597 541	1 048 952 442
现金及现金等价物	9 122 141	7 478 904
以外币标价的现金（成本分别为0和300 380）	—	300 089
未实现的远期外汇合约升值	369 417	—
已出售投资应收款	504 996	2 734 705
应收利息	14 048 248	16 474 871
应收股利	—	8 493 799
预付费用和其他资产	4 375 527	6 740 517
资产总额	1 090 017 870	1 091 175 327
负债		
已购投资应付款	440 243	421 597
未实现的远期外汇合约贬值	—	1 106 241
债务	346 850 000	343 000 000
应付利息	5 277 132	5 592 184
应付股利	19 196 418	19 040 586
应付基本管理费用	5 626 893	5 293 755

续表

	2012 年 12 月 31 日	2011 年 12 月 31 日
应付激励性管理费用	20 277 930	11 878 159
应计管理服务费用	277 000	144 625
其他应计费用和应付款	4 692 562	3 689 331
负债总额	402 638 178	390 166 478
净资产		
普通股（每股面值 0.001 美元，授权发行普通股 200 000 000 股，这两年已经分别发行 75 832 381 股和 74 636 091 股，流通在外股票分别为 73 832 381 股和 73 210 584 股）	75 258	74 636
资本公积	917 534 577	983 082 373
超过应税投资收益净额的分配	(22 291 022)	(26 165 703)
累计已实现损失净额	(219 270 607)	(194 505 823)
未实现升值（贬值）	20 808 162	(51 999 958)
以成本计量的库藏股（分别持有 1 425 507 股和 1 425 507 股）	(9 476 676)	(9 476 676)
净资产总额	687 379 692	701 008 849
负债与净资产总额	1 090 017 870	1 091 175 327
每股净资产	9.31	9.58

资料来源：黑岩凯尔索资本公司截至 2012 年 12 月 31 日的年报（10-K 表格）。

与黑岩凯尔索资本公司相反，有些公司的资产负债表以公允价值列报多数资产和负债。表 2-3列示了奥洛兹美医疗公司（Halozyme Therapeutics，纳斯达克股票代码：HALO）的资产负债表。奥洛兹美医疗公司是一家生物制药公司，研究与开发改善病人护理状况的商业化药品。与前述的黑岩凯尔索资本公司一样，奥洛兹美医疗公司 2012 年的市场价值大约为 7.00 亿美元。不过，奥洛兹美医疗公司资产负债表中列报的资产和负债价值显著偏离其市场价值。奥洛兹美医疗公司 2012 年的资产总额为 1.35 亿美元，负债总额为 0.86 亿美元，账面价值净额为 0.49 亿美元。账面价值净额与市场价值之间的差异（6.51 亿美元）应如何解释？

表 2-3 奥洛兹美医疗公司合并资产负债表

单位：美元

	2012 年 12 月 31 日	2011 年 12 月 31 日
资产		
流动资产：		
现金及现金等价物	99 901 264	52 825 527
应收账款（净额）	15 703 087	2 262 465
存货	2 670 696	567 263
预付费用与其他资产	12 752 888	8 332 242
流动资产总额	131 027 935	63 987 497
财产与设备（净值）	3 700 462	1 771 048
资产总额	134 728 397	65 758 545
负债与股东权益		
流动负债：		

续表

	2012年12月31日	2011年12月31日
应付账款	2 271 689	7 556 859
应计费用	7 783 447	5 615 574
递延收入（流动部分）	8 891 017	4 129 407
流动负债总额	18 946 153	17 301 840
递延收入（扣除流动部分）	34 954 966	36 754 583
长期负债净额	29 661 680	—
租赁融资债务	1 450 000	—
递延租金（扣除流动部分）	861 879	802 006
负债总额	85 874 678	54 858 429
股东权益：		
优先股（每股面值0.001美元，授权发行20 000 000股，股票尚未发行和流通）	—	—
普通股（每股面值0.001美元，授权发行150 000 000股，2012年12月31日和2011年12月31日，已发行并流通在外的股票数量分别为112 709 174股和103 989 272股）	112 709	103 990
资本公积	347 314 658	255 817 772
累计亏损	(298 573 648)	(245 021 646)
股东权益总额	48 853 719	10 900 116
负债与股东权益总额	134 728 397	65 758 545

资料来源：奥洛兹美医疗公司截至2012年12月31日的年报（10-K表格）。

奥洛兹美医疗公司已确认的多数资产的价值均接近公允价值。例如，资产总额为1.35亿美元，其中，现金及现金等价物的价值达到1.00亿美元，其余的资产为应收账款、存货、预付费用以及财产与设备。尽管应计提折旧的财产与设备的市场价值可能超过经调整的历史成本（3 700 000美元），但该差额仍无法解释前述的巨额差异（6.51亿美元）。导致资产负债表列报的账面价值与市场价值之间存在差异的原因是多种属性的会计模式，奥洛兹美医疗公司的财务报表并没有确认某些资产。实际上，奥洛兹美医疗公司的网站明确指出，“公司的产品组合主要以知识产权为基础，涵盖影响细胞外基质的透明质酸酶和其他酶的人体酶”。这种知识产权代表从研究、临床试验、专利和定位中获得的知识，将来可以转化为适销产品。此外，奥洛兹美医疗公司可能还有能力从战略的高度配置这些资产，捕捉可能产生的各种机会。尽管要将奥洛兹美医疗公司这些未来增长的战略定位可靠地纳入资产负债表非常困难，但市场仍试图将其报价定为6.51亿美元（市场价格7.00亿美元一账面价值0.49亿美元）。

遗憾的是，许多重要资产（如上述的知识产权）基于多数会计准则难以确认。如果公司（如奥洛兹美医疗公司）将资金和其他资源投资于研究与开发，通常需将这些研究与开发支出费用化，而不是将其确认为“知识”资产。显然，就财务报表使用者而言，这些资产的价值具有相关性，但其估计值的可靠性却非常差。有鉴于此，会计准则制定者宁可默许公司将这些研究与开发支出费用化，也不愿意因重大计量误差或管理层操纵而扭曲资产负债表。因此，投资者只能自己确定这类资产的公允价值。这类估计值的计量误差解释了这类公司的股票价格波动性超过平均水平的原因。①

① 分析师和投资者在预测这些未入账资产所创造的现金流量时，可能需要估计这些资产的公允价值。显然，就奥洛兹美医疗公司而言，投资者和分析师主要依靠其知识和公司与行业的专家意见预测奥洛兹美医疗公司将知识产权转化为未来盈利的比率。运用公司特有的财务报表信息，结合行业知识预测未来现金流量、股利和盈余，并根据预测结果确定公允价值的估计值是第10～14章的重要主题。

□ 美国公认会计原则与国际财务报告准则的各种估值方法总结

实际上，美国公认会计原则和国际财务报告准则并不是让所有资产和负债都采用一种估值方法，不同资产和负债可以采用不同的估值方法。例如，美国公认会计原则和国际财务报告准则规定，公司既可以运用历史成本计量某些资产和负债，也可以运用现行或公允价值计量一些资产和负债，因此美国公认会计原则和国际财务报告准则倡导的是多种属性的会计模式。修订之后的美国公认会计原则和国际财务报告准则不断强调采用公允价值评估某些资产和负债的价值。如果会计准则要求公司采用公允价值评估某些资产的价值，公司可能采用市场报价、现行重置成本或可变现净值来确定公允价值。如果市场不够充分活跃，无法为公允价值提供可靠的证据，公司可以运用预期现金流量的现值大体估算公允价值。就具有可观察到的市场价格或契约性未来现金流量的金融资产和负债而言，公允价值估值法通常能较好地体现可靠性。表 2-4总结了各种资产和负债的估值方法。后续各章将更充分地讨论这些问题。

表 2-4　各种资产和负债的估值方法示例

历史成本

- 购置成本：土地、使用年限无限的无形资产、商誉、预付款
- 经调整的历史成本：建筑物、设备和其他应计提折旧资产、使用年限有限的无形资产、面临折耗的自然资源
- 初始现值：持有至到期的债权投资、长期应收应付款、非经常性预收款、短期应收应付款（不过，美国公认会计原则和国际财务报告准则忽略了折现过程，因为折现与非折现现金流量不会使估值产生重大差异）

公允价值

- 有价权益证券投资、分类为交易性证券或可供出售证券的债券投资、套期保值的金融工具和衍生工具、用购买法核算的被收购公司的资产和负债、终止经营公司的资产和负债

历史成本与公允价值的组合

- 涉及购置成本的长期资产的现行重置成本
- 存货的成本与公允价值孰低、存货的可变现净值、应收账款扣除坏账准备后的净额

2.3　收益确认

现在，我们从资产负债表转向利润表。资产负债表与利润表紧密相连。利润表列报的收入、费用、利得和损失描述的是资产和负债的变化，利润表的净利润会转化为年末资产负债表中的留存收益。[①] 本书、分析师、管理层和投资者通常交替使用盈余、净收益和利润这三个术语，这三个术语都指有别于综合收益的净利润。正如第 1 章所讨论的，综合收益等于净利润加上其他综合收益。

理想状态下，某个期间的净利润等于该期间公司资产和负债的经济（或公允）价值的所有变动额。不过，如前所述，基于可靠性的要求，有时公司很难甚至不可能计量资产和负债的某种经济价值。因此，财务报表使用者必须仔细琢磨多重属性的会计模式。毕竟，资产负债表是基于各种不同的估值方法列报资产和负债的，这也是收益确认有时不能反映公司经济价值的所有变动额的原因。此外，公司也很难可靠地估计和列报其推出新产品、进入新市场、提高经营效率、采取其他战略举措为股东创造未来价值等可能创造的未来价值。因此，会计和财务报告准则制约了会计系统，只允许公司确认能够以各个期间资产和负债的变动额可靠计量的收入、费用、利得和损失。相关性与可靠性的权衡也影响了利润表。

① 利润表不仅列报了公司某个期间经营活动创造的利润（收入与费用之间的差额），还列报了投资活动（例如，出售有价证券产生的利得或损失）和筹资活动（例如，提前偿还未到期债务产生的利得或损失）产生的利得或损失。

如前所述，资产和负债的估值方法涵盖了历史成本估值法至现行（公允）价值估值法。同理，我们也可以采用同样的思路（如表2-5所示）将这些估值方法与利润表所列报的价值变动相联系。

表2-5　资产负债表和利润表如何确认经济价值的变动

	第一种方法	第二种方法	第三种方法
在资产负债表和利润表中确认经济价值的变动：	在市场交易中实现价值变动时确认（如公司出售资产或偿还负债）。	在发生价值变动时调整资产负债表，但在市场交易中实现价值变动时确认净利润（如某种投资性证券的公允价值的利得或损失）。*	即使尚未在市场交易中实现价值变动，只要发生价值变动就确认（如减值费用）。

* 在此期间，价值变动将作为其他综合收益处理。

第三种方法的本质特征就是在资产负债表和利润表之间动态确认经济价值的变动。有时，资产负债表没有确认经济价值的变动，只有实际发生经济价值变动时才确认净利润（第一种方法）。有时，只要发生经济价值变动马上就予以确认（第三种方法）。有时，资产负债表先确认，利润表后确认（第二种方法）。值得注意的是，根据第二种方法，经济价值的变动并不确认为净利润，却包括在其他综合收益中。

□ 权责发生制会计

在深入讨论上述三种方法之前，有必要回顾一下权责发生制会计。下列观点说明了权责发生制会计存在的基本原因：

> 从长远来看，除了与所有者相关的现金流量（例如，发行或回购普通股、支付现金股利）之外，净利润等于现金流入量减去现金流出量。资产和负债的估值与收益的确认决定了财务报表何时、如何列报价值的变动。所有价值的变动最终都会影响净利润和留存收益。

公司的最终目标是通过创造更多的现金流入量，弥补已经发生的现金流出量，从而为股东创造财富。因此，列报财务绩效的一种非常简单的选择就是只列报现金流入量和现金流出量。然而，作为公司绩效和财务状况的衡量指标，只列报现金流入量和现金流出量可能存在现金流量的时间分布问题。我们以一个典型示例来说明这个问题。表2-6列示了基于权责发生制和现金流量列报法的三笔交易事项。

表2-6　以典型示例说明权责发生制比现金流量列报法更具优势

日期	交易事项		
2013年12月31日	公司花100美元购买物料用品		
2014年8月17日	公司使用物料用品提供服务，应收服务费1 000美元		
2015年1月1日	顾客支付服务费1 000美元		
	2013年	**2014年**	**2015年**
根据现金流量净额列报	−100美元	0美元	1 000美元
权责发生制会计	0美元	900美元 （服务费1 000美元−物料用品100美元）	0美元

在这个典型示例中，公司购买了物料用品（2013年12月31日），在下一年使用这些物料用品为顾客提供服务，在后年以现金的方式收取应收服务费。基于现金流量列报法，这笔业务的净利润出现在三个报告期中的数额分别为：−100美元、0美元和1 000美元，而基于权责发生制会计，净利润900美元只出现

在经济业务发生的那个期间。在这个典型示例中我们可以看到，现金流量列报法会产生一系列绩效指标，从负值到零再到正值，而权责发生制会计只计量和列报价值变动是何时、如何产生的。权责发生制会计将收入和费用的时间分布集中在经济业务实际发生的那个期间（2014 年）。基于权责发生制会计，2013 年投资于物料用品和 2015 年收回应收账款可以视为资产负债表的“占位符”（在本例中就是资产）。基于权责发生制会计，物料用品属于存货，与许多其他非货币性资产一样，是“一种待发生的费用”。应收服务费属于应收账款（对应已经入账的收入），与许多其他货币性资产一样，是“一种待发生的现金流入量”。

尽管上述示例是一个典型示例，但确实是现实世界的象征。著名会计学者帕特里西娅·德肖（Patricia Dechow）检验了现金流量与会计盈余反映公司绩效的相对解释力。她预测并解释：

> ……对处于稳定状态的公司（即具有营运资本、投资和筹资的现金需求但相对稳定的公司）而言，现金流量没有什么时间分布和匹配问题，现金流量是衡量公司绩效的一个相对有用的指标。然而，就处于动荡环境的公司而言，其营运资本、投资和筹资活动的变化较大，此时现金流量……就存在严重的时间分布和匹配问题。随着公司营运资本需求量、投资和筹资活动的增加，现金流量反映公司绩效的能力就会减弱。权责发生制会计……缓解了现金流量的时间分布和匹配问题。因此，对经营、投资和筹资活动变动较大的公司而言，盈余……比现金流量能更好地反映公司的绩效……当然，对经营周期较短的行业而言，现金流量与盈余……同样有用。不过，对经营周期较长的行业而言，现金流量是……衡量公司绩效相对较差的指标。[①]

接下来，我们将讨论收益确认的三种方法。由于第二种方法是第一种方法和第三种方法的混合，因此，先讨论第三种方法，再讨论第二种方法。

□ 第一种方法：资产负债表和利润表在经济价值变动实现时进行确认

正如传统的资产与负债估值模型依赖历史价值估值法（不过，依赖程度在逐渐降低）一样，收益计量的传统估值模型以实现原则作为确认收益各个要素的标准。公司因向顾客出售商品或提供服务而收到能够如实计量的现金、应收账款或其他资产（或通过提供商品或服务来偿还欠顾客的债务）时，收入就“实现”了。这些资产的取得就证实了价值变动的数额，会计师会认为公司已经实现了价值变动。这就确保确认为收入的数额同时符合相关性和可靠性的标准。

就费用而言，“实现”的概念有些不同。因为费用通常反映资产的消耗或负债的发生，而资产的消耗或负债的发生通常不像向顾客出售商品那样可以直接观察。传统的费用确认观念认为，费用与其创造的收入相配比。不过，这种传统观念只适用于能够清晰地与实现的收入相联系的某些费用（如产品销售成本或销售佣金）。[②] 例如，家得宝公司（Home Depot）出售木料时就已经实现收入，应该终止确认存货，并相应确认产品销售成本。更为普遍的做法是，在消耗资源（如向员工支付工资）或时间已经流逝（如租金或利息）的那个期间确认费用。

根据前述对资产和负债估值模型的讨论，推迟确认资产和负债的价值变动直至其实现（如出售或消耗），意味着资产负债表以历史价值列报各项资产和负债。如果采用历史价值列报，资产负债表在其实现之前并不确认资产和负债的估值变动。这意味着某些事项（如销售）为计量和列报财务报表的资产和负债价值变动确立了一个可靠的基准，因此“实现”的概念同时影响了资产负债表和利润表。这就是第一种方

---

① Patricia M. Dechow, “Accounting Earnings and Cash Flows as Measures of Firm Performance: The Role of Accounting Accruals,” *Journal of Accounting & Economics* (July 1994), pp. 3-42.

② 由于监管者的关注点已经从资产和负债的历史价值估值法转向现值估值法，配比原则的重要性和流行度也随之减弱。不过，在考虑何时和如何确认某些费用（例如折旧费用）时，配比原则依然有效。

法的特征。例如，某公司以 300 000 美元购置一块土地，现在该土地值 900 000 美元，但在将该土地实际出售之前，公司不能确认 600 000 美元利得。第一种方法直观而言就是“观望”估值法。

值得注意的是，现金的收取或支出并非“实现”的前提条件。因为现金流量可能会先于价值发生变动，也可能与价值同步变动或在价值变动之后变动。资产负债表采用各种应计和递延项目列报这些现金流量（如应收账款、应付账款和预付账款）。

□ 第三种方法：资产负债表和利润表在经济价值变动发生时进行确认

第三种方法要求公司每期都按公允价值重新评估资产和负债的价值，并在该期的净利润中确认尚未实现的利得和损失。这种收益确认方法与资产和负债的现值估值法非常匹配。因为利润表反映了尚未实现的经济价值的变动。除了下面即将讨论的第二种方法之外，美国公认会计原则通常不允许公司为了价值增值而重估资产增值，以将尚未实现的利得确认为净利润，因为估计经济价值的增加额可能难以达到可靠性的要求，管理层的自利行为可能导致其列报较高的账面价值和利润，从而可能危及财务报表的质量（尽管可能提高相关性）。因此，公司必须等待该价值增值额通过市场交易获得验证（也就是该价值增值额已经“实现”），具备合理、可靠的确认基础时，才能确认该项利得。

美国公认会计原则对如何确认价值的增加与减损持不同的态度。公司通常必须注销公允价值低于账面价值的资产并立即在利润表中确认其经济价值的减损额，但通常不允许确认公允价值的增值额。例如，假设史密斯菲尔德食品公司（Smithfield Foods）列报的生猪存货价值为 8.82 亿美元。尽管只要煮熟并合理食用，猪流感未必会蔓延，但猪流感的传言还是导致芝加哥商品交易所的生猪市场价格大约下降了 5%，导致史密斯菲尔德食品公司的生猪存货价值高估了 0.44 亿美元。根据新的市场价格，该公司的资产负债表和利润表都确认了生猪存货的公允价值减损额，生猪存货的列报价值变成 8.38 亿美元，同时根据存货的成本与市价孰低原则调减存货价值 0.44 亿美元，并在利润表中确认该经济价值减损额。

与美国公认会计原则不同，国际财务报告准则有条件地允许公司增加资产的估值。例如，首次采用国际财务报告准则的公司可以选择用公允价值评估财产与设备的价值。此外，即便公允价值超过其持有成本，公司也可以采用公允价值记录投资性财产（如租赁性财产）、无形资产和某些金融资产。不过要注意的是，如果公司根据国际财务报告准则在当期利润中列报尚未实现的经济价值变动，那么必须额外披露公允价值的应用情况，包括确定公允价值的方法。这些额外披露的信息能增加公允价值的透明度，如实反映公允价值的数额。还要注意的是，根据国际财务报告准则，如果公司选择确认资产的公允价值增加额，则类似的所有类别资产（例如，所有不动产而不仅仅是单项不动产）都必须确认其公允价值增加额。此后，即使公允价值下降，公司也必须持续重估该类别资产的价值。这些要求意在阻止公司任意挑选重估其价值增值的资产和时间。

□ 第二种方法：资产负债表在经济价值变动发生时进行确认但利润表在经济价值变动实现时进行确认

如果某种类型的资产和负债的价值变动特别令财务报表使用者感兴趣，且能够以一种可靠性程度极高的方式计量，那么美国公认会计原则和国际财务报告准则要求公司每期都以公允价值重估这些资产和负债的价值。不过，美国公认会计原则和国际财务报告准则也意识到，只有公司出售这些资产或清偿这些负债，这些价值变动才能真正实现。如果这些基础资产或负债的市场价值变动频繁，每期最终实现的利得或损失可能与尚未实现的利得或损失存在差异。有鉴于此，美国公认会计原则和国际财务报告准则要求公司在利得或损失实现之前，不得在净利润中包括这些利得或损失，但（正如第 1 章已经讨论过的）这些利得或损失会作为综合收益的一部分出现在财务报表上。最为常见的按照第二种方法处理的尚未实现利得或损失主要包括：

- 外币折算结果。
- 财务报表的可供出售投资和未来现金流量套期保值的衍生金融工具所发生的公允价值利得和损失。
- 养老金与退休后福利负债的某些调整。①

回到现实情境中，图 2－2 展示了雷诺兹美国烟草公司（Reynolds American，纽约证券交易所上市公司，股票代码为：RAI）2012 年日历年度每个月的实际股票价格。雷诺兹美国烟草公司是世界最大的烟草公司之一，许多投资组合都持有其股票。不妨思考一下，雷诺兹美国烟草公司股票价格的涨跌将如何影响在 2012 年持有该投资组合的公司的财务报表。2012 年末，雷诺兹美国烟草公司的每股股票价格为 41.43 美元，与其年初的每股股票价格（41.42 美元）相比几乎没有变化。由于各家公司每个季度都要报告其经营成果，因此以 12 月份为年末的公司可能会发现其持有的雷诺兹美国烟草公司股票的投资价值几乎没有变化：第一季度末每股股票价格为 41.44 美元；第二季度末每股股票价格比第一季度末上涨了 3.8%，达到每股 44.87 美元；第三季度末每股股票价格下跌了 3.4%，达到 43.34 美元；最后一个季度末又下跌了 4.4%，跌至 41.43 美元。如果各个季度的财务报表都采用第三种方法列报，那么尽管该年的投资估值相当平稳，但四个季度确认的净利润将呈现波动起伏的状态。这里无意讨论哪种方法更好，只是说明各种方法的差异。

图 2－2　雷诺兹美国烟草公司 2012 年 1—12 月的股票价格

资料来源：*Center for Research on Security Prices* database. 作者自行绘制。

综合了第一种方法和第三种方法，第二种方法试图反映基于第三种方法确认的资产和负债的相关经济价值变动，运用现值估值法评估资产和负债的价值。与此同时，在市场交易实现经济价值变动之前，根据第二种方法，不在净利润中确认经济价值变动，但这些经济价值变动会作为其他综合收益出现在综合收益表中。因此，第二种方法融合了第一种方法的可靠性特征。

① 第 6 章、第 8 章和第 9 章将更详细地讨论这些项目。另外，其他数额绕开了利润表和综合收益表，直接计入权益中。差错改正和因会计原则的某些变化而产生的追溯调整就是例证。Accounting Principles Board Opinion No. 9，“Reporting the Results of Operations”（December 1966）. *FASB Codification Topic 250*；International Accounting Standards Board，*International Accounting Standards No. 8*，“Accounting Policies, Changes in Estimates and Errors”（revised January 2008）.

根据第二种方法，推迟在净利润中确认公允价值变动的做法是基于以下假设：投资者首先关注作为公司绩效综合指标的净利润的相关性，其次才关注确认为其他综合收益的数额的相关性。首次要求披露综合收益信息之后不久，一项研究表明：投资者并没有将其他综合收益视为公司绩效（即净利润）的一个重要部分。① 不过，其他多项研究却证实，证券价格与其公允价值估计值之间存在密切关系，公允价值变动与股票报酬率之间也存在密切关系。② 此外，作为综合收益组成部分的公允价值变动的波动性可以解释商业银行的许多风险指标。③ 因此，总体而言，尽管公允价值的可靠性不如历史价值估值法，但投资者显然认为公允价值具有相关性。

多种属性的会计模式的演进

多种属性的会计模式以保持财务报表的整体可靠性的方式，很好地反映了公司的经济事项和交易特征（回顾图 2-1 描绘的财务报表有用性在不断增强的趋势图）。财务会计准则委员会和国际会计准则理事会持续关注财务报表使用者的需求，并不断改善财务报告规则以满足这些需求。

财务会计概念框架是会计模式的基础。财务会计准则委员会和国际会计准则理事会正积极完善财务会计概念框架，以使不同公司和不同期间的类似事项和交易的会计处理方法保持一致。不过，由于相关性与可靠性之间的权衡问题，财务报告不可能走向极端，如完全采用历史价值估值法或完全采用公允价值估值法。相反，多种属性的会计模式的演进反映了财务报告持续完善以适应财务报表使用者不断变化的需求的过程。当然，一个需要牢记在心的重要事实是，经济环境的其他特征（如管理层自愿披露的意愿、公司治理水平以及股东保护制度及其实施情况）可能强化（或削弱）财务报告的质量。例如有研究表明：在股东保护制度（如习惯法系和股东权利保护条款）较为完善的国家，权责发生制会计的作用更强。④

2.4 所得税会计

到现在为止，本章讨论资产、负债、收入、利得、费用和损失的计量问题时都没有考虑所得税的影响。任何人都知道，所得税是做生意需要考虑的一个重要问题，但很少有人能够理解所得税是如何影响财务报表的。本节简要讨论所得税的目的在于使读者熟悉财务报表的所得税会计处理背后隐含的基本概念。为了充分理解经济交易及其对公司的影响，读者必须理解所得税的影响。（第 4 章的）盈利能力分析要求读者理解所得税对盈利能力的影响，因此本节有必要简要回顾基于美国公认会计原则和国际财务报告准则的所得税会计处理方法。

造成所得税的财务报告问题难以理解的主要原因是财务报告采用一套会计准则（如美国公认会计原则）确认净利润，却采用另一套规则（如国内税法）计算所得税。这两套规则的差别导致利润表中所得税的时间分布及其数额与公司实际向政府缴纳所得税的时间分布及其数额存在差异，因此需要确认递延所得

---

① Dan Dhaliwal, K. R. Subramanyam, and Robert Trezevant, "Is Comprehensive Income Superior to Net Income as a Measure of Firm Performance?" *Journal of Accounting & Economics* (1999), pp. 1-3, 43-67.

② Thomas J. Carrol, Thomas J. Linsmeier, and Kathy R. Petroni, "The Reliability of Fair Value versus Historical Cost Information: Evidence from Closed-End Mutual Funds," *Journal of Accounting, Auditing and Finance* (2003), pp. 1-23.

③ Leslie D. Hodder, Patrick E. Hopkins, and James M. Wahlen, "Risk-Relevance of Fair Value Income Measure for Commercial Banks," *The Accounting Review* (April 2006).

④ Mingyi Hung, "Accounting Standards and Value Relevance of Financial Statements: An International Analysis," *Journal of Accounting & Economics* (December 2000).

税资产和递延所得税负债，这些差异其实也就是财务报告规则与收付实现制会计之间的差异，由此又导致需要引入各种应计项目（如应收账款和应付账款）。因此，要理解财务报表分析，就必须领会如图 2-3 所示的计量财务绩效的（至少）三种基本方法。

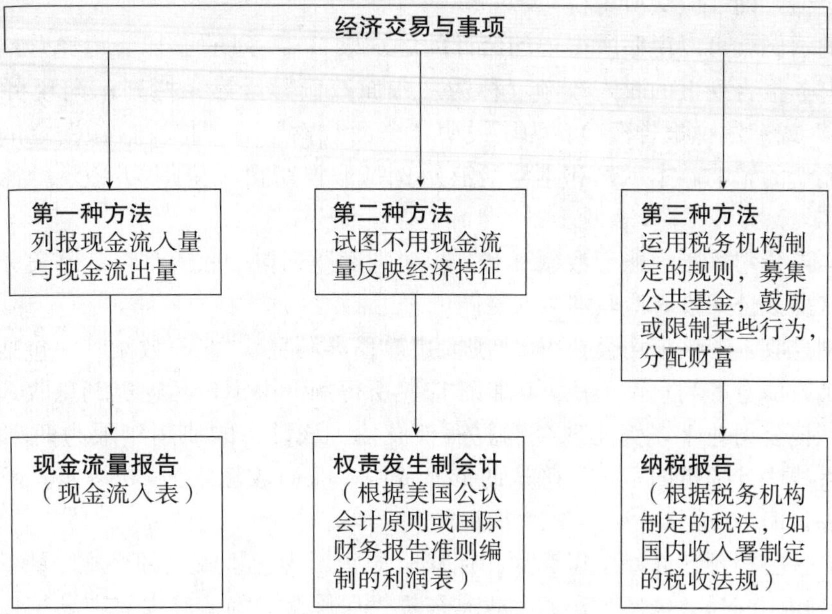

图 2-3　确定财务绩效的主要方法

□ 所得税的财务报告问题概览①

所得税对所有财务报表、公司盈利能力分析（计算净利润时需扣除所得税费用）、现金流量（支付所得税是一项经营性现金流出）以及资产与负债（如应交所得税、递延所得税资产和递延所得税负债）都有重要的影响。基于权责发生制会计的某个期间的所得税费用未必等于基于税法的该期间的应交所得税（公司必须支付的现金数额）。这些讨论首先有助于让读者厘清（财务报表中）所得税的财务报告与所得税各要素的纳税报告（纳税申报表）所涉及术语的差异。表 2-7 列示了两者的主要差异。

表 2-7　财务报告与纳税报告的术语差异

财务报告	纳税报告
收入（根据美国公认会计原则确定）	收入（根据税法确定）
－各种费用	－各种扣除数额
＝税前利润	＝应税所得额
－所得税费用	⇒应缴税额
＝净利润	

财务报告和纳税报告都以收入为起点，但根据财务报告的确认规则得到的收入却未必等于纳税报告所列报的收入。根据纳税报告，公司列报“各种扣除数额”而不是列报“各种费用”。收入减去“各种扣除

① 我们的讨论会让人觉得所得税的会计处理似乎遵循利润表观，但其实从技术层面说，这种感觉并不正确，因为会计准则要求采用资产负债表观。我们发现，对读者来说，与技术层面正确的资产负债表观相比，采用利润表观解释所得税会计问题更直观。

数额”等于“应税所得额”（不是“税前利润”），由“应税所得额”决定最后的“应缴税额”。“应缴税额”可能与利润表的“所得税费用”存在显著差异。对此，本章后面部分将进一步讨论。资产负债表将两者的差异确认为递延所得税资产或递延所得税负债，将年末的“应缴税额”（可能超过公司预计支付的全年税额）确认为流动负债，即“应交所得税”。

用一个简单的示例就可以说明所得税的会计问题。表2-8列示了某公司经营活动的前两年信息。每年的第一栏列示财务报告列报的收入数额（称为“账面数额”），第二栏列示向税务机构申报的收入数额（称为“报税数额”或“纳税报告额”）。为了说明“账面数额”与“报税数额”之间的差异，第三栏列示各种项目对现金流量的影响。本示例和本章所有示例都假设所得税税率为40%。各个项目的其他信息如下所示：

- 销售收入：该公司每年“账面数额”和“报税数额”列报的收入都是500美元。假设每年都以现金全额收回销售款（即该公司没有应收账款）。
- 市政债券利息收入：该公司会获得25美元市政债券利息。“账面数额”中包括该利息收入，但由于联邦政府对州和市政债券的利息不征税，因此“应税所得额”中不包括这笔利息收入。
- 折旧费用：该公司花120美元现金购置一台设备。该设备的使用年限为两年。基于财务报告的目的，该设备采用直线法计提折旧，每年确认的折旧费用“账面数额”为60美元。税务机构允许该公司的设备在第一年计提折旧80美元，第二年计提折旧40美元。
- 保修费用：该公司预计已经出售商品的保修服务费用为销售收入的2%。基于财务报告目的，该公司每年确认保修费用10美元（2%×500）。这是与提供保修服务的已经出售商品销售收入相匹配的预计保修费用。在计算应税所得额时，除非公司为了提供保修服务已经发生了现金支出，否则所得税法不允许公司扣除保修费用。假设该公司第一年和第二年发生的现金保修费用分别为4美元和12美元。
- 其他费用：该公司每年支付的其他费用为300美元。
- 税前利润与应税所得额：基于前述假设，每年的税前利润为155美元；第一年和第二年的应税所得额分别为116美元和148美元。
- 应交所得税：假设该公司在年末支付所有应缴纳的所得税。

表2-8　所得税对净利润、应税所得额和现金流量的影响示例　　单位：美元

	第一年			第二年		
	账面数额	报税数额	现金流量	账面数额	报税数额	现金流量
销售收入	500	500	500	500	500	500
市政债券利息	25	—	25	25	—	25
购置设备	—	—	(120)	—	—	—
折旧费用	(60)	(80)	—	(60)	(40)	—
保修费用	(10)	(4)	(4)	(10)	(12)	(12)
其他费用	(300)	(300)	(300)	(300)	(300)	(300)
税前利润或应税所得额	155	116		155	148	
所得税费用或应交所得税	(52)	(46.4)	(46.4)	(52)	(59.2)	(59.2)
净利润或现金流量净额	103		54.6	103		153.8

基于以下主要原因，财务报告的税前利润与应税所得额有所不同：

(1) 永久性差异：基于财务报告目的，公司净利润中包括纳税申报表中从不包括的那些收入与费用。市政债券利息收入就是一项永久性收入差异。不允许作为扣除项目的费用包括超过规定上限的高管薪酬、某些娱乐费用、政治和游说费用、某些罚款和罚金。

(2) 暂时性差异：公司将有些收入和费用同时计入净利润和应税所得额，只不过计入不同的期间。在“反转”之前，这种时间性差异是暂时性差异。采用直线法计提折旧与采用加速折旧法计提折旧产生的折旧费用差异就是一种暂时性差异。无论是财务报告还是纳税报告，公司都会确认该设备在整个使用年限内的全部折旧额（120美元），但会以不同方式确认。同理，保修费用也是一种暂时性差异。基于财务报告目的，公司在两年内确认了全部保修费用（20美元），但基于纳税报告目的，公司在两年内只扣除了16美元。如果公司估计的保修费用总额正确无误，那么在以后年度还需要提供保修服务。在提供保修服务时，基于纳税报告目的，公司将扣除剩余的保修费用（4美元）。

基于财务报告目的的所得税会计的核心问题是利润表的所得税费用计量问题。

(1) 公司应该以税前账面利润（表2-8中每年税前账面利润为155美元）为基础计算所得税费用吗？

(2) 公司应该以税前账面利润扣除永久性差异后的余额［表2-8中该数额为每年130美元（155－25)］为基础计算所得税费用吗？

(3) 公司应该以应税所得额（表2-8中第一年和第二年的应税所得额分别为116美元和148美元）为基础计算所得税费用吗？

美国公认会计原则和国际财务报告准则要求公司采用第二种方法。这种方法使所得税会计问题变得令人费解，因为利润表未必列报能据以计算所得税费用的数额（即税前利润减去永久性差异）。有鉴于此，美国公认会计原则和国际财务报告准则要求在财务报表的“所得税”附注中披露该数额，并说明所得税费用的计算过程。这应该就可以消除一个误解：所得税费用就是当前应该缴纳的所得税额（第三种方法）。如果公司不存在永久性差异，第一种方法与第二种方法也就不存在差异。

以税前利润扣除永久性差异之后的数额为基础计算所得税费用的理由是，这种方法融合了各种项目和事项发生期间财务报表或纳税申报表已经确认的所有税收影响，因此，所得税费用以账面利润为基础且经常偏离纳税申报表列示的数额。永久性差异不影响任何年度的应税所得额或已缴纳所得税，公司也无须确认永久性差异的所得税费用或所得税节约额。

延续上述示例，根据第二种方法计算，每年的所得税费用为52美元（40%×130)。确认的所得税费用、已缴纳所得税及相应的递延所得税项目对财务报表的影响如下所示[①]：

	资产总额	=	负债总额	+	股东权益总额		
					投入资本	累计其他综合收益	留存收益
	现金 −46.4 递延所得税资产——保修费用 2.4		递延所得税负债——折旧 8.0				所得税费用 52.0

尽管确认了所得税费用52.0美元，但公司却只用现金支付了46.4美元的税款。递延所得税资产计量公司在未来年份提供保修服务，以及因实际发生第一年预计的保修费用而减少部分应交所得税后可能实现的税收节约额。公司预计第二年及以后年份将发生保修费用6美元（10－4)。如果公司实际发生了这些保修费用，其应税所得额将相应减少。如果其他条件不变，当年的应缴税额较少，那么递延所得税资产为2.4美元（40%×6)，反映因基于财务报告目的已经作为费用处理但基于纳税报告目的尚未扣除的那笔未来可扣除数额产生的预期未来税收节约额。递延所得税负债为8美元（40%×20)，计量了公司第二年因基于纳税报告目的比基于财务报告目的少确认了20美元的折旧费用而必须支付的税款。

下面总结了账面数额、报税数额和相关现金流量之间的差异。市政债券的利息收入（25美元）是一笔现金流量，纳税申报表却没有列报该项目（这是一项永久性差异）。折旧是一笔费用，是纳税报告与财

---

① 参见本章最后部分，该部分专门描述了分析各种交易和事项对财务报表影响的框架。

务报告之间的暂时性差异，却不必耗用现金。在计量净利润时，公司确认了保修费用10美元，但保修服务只用了4美元，因此纳税申报表允许扣除的保修费用就是4美元。最后在计量净利润时，公司确认的所得税费用为52美元，但由于永久性差异和暂时性差异只用46.4美元现金支付了所得税。总之，净利润为103美元，应税所得额为116美元，现金流量净额为54.6美元。净利润与现金流量净额之间的差异主要是公司投资于长期资产的现金数额与定期折旧额之间的差异。

第二年，所得税对财务报表的影响如下所示：

	资产总额	=	负债总额	+	股东权益总额		
					投入资本	累计其他综合收益	留存收益
	现金 −59.2 递延所得税资产—— 保修费用 −0.8		递延所得税负债—— 折旧 −8.0				所得税费用 −59.2

与第一年一样，公司按实际税率乘以税前利润的结果确认所得税，现金支付的税款等于税率乘以应税所得额。第二年，与折旧相关的暂时性差异完全“转回”，公司的递延所得税负债减少为零，因此当年应交所得税增加了8美元。第二年，与保修相关的暂时性差异也部分“转回”，但公司又因另一笔预计未来保修费用而产生另一项暂时性差异。综合考虑这两个年度，基于财务报告目的而列报的保修费用为20美元（10+10），超过基于纳税报告目的列报的16美元（4+12），因此公司将确认一项递延所得税资产，意味着未来的税收节约额为1.6美元（40%×4）。第一年末，递延所得税资产的余额为2.4美元，因此第二年的调整额使递延所得税资产余额减少了0.8美元（2.4−1.6）。

现在，考虑一下第二年的现金流量问题。经营活动现金流量为153.8美元，折旧费用为60美元，是一项非现金费用。基于财务报告目的，公司确认10美元保修费用，但为了提供保修服务却耗用现金12美元。这2美元的差额也就是第二年的保修负债扣减额，具体分析如下：

第二年初的保修负债	6
第二年的保修费用	10
第二年提供保修服务的现金支出	(12)
第二年末的保修负债	4

公司确认了所得税费用52美元，但耗用了59.2美元现金支付所得税，比所得税费用多了7.2美元，减少了递延所得税负债的余额。这7.2美元的差额也就是第二年的递延所得税资产借方余额（减少0.8美元）与递延所得税负债贷方余额（减少8美元）的变动净额。具体总结如下①：

第二年初的递延所得税负债净额 （递延所得税资产2.4美元−递延所得税负债8美元）	5.6
第二年的所得税费用	52.0
第二年支付的所得税	(59.2)
第二年末递延所得税负债或递延所得税资产净额 （递延所得税资产1.6美元−递延所得税负债0美元）	(1.6)

第二年末，净利润、现金流量和税款的合计数额列示如下：

① 为了方便讨论，我们列示了递延所得税的净额。不过，要注意与设备相关的递延所得税负债属于非流动负债，与保修服务相关的递延所得税资产（通常）属于流动资产，因此在实务中，并不列示递延所得税净额。

	第一年	第二年	合计数额
净利润	103.0	103.0	206.0
现金流量净额	54.6	153.8	208.4
应税所得额	116.0	148.0	264.0
已支付税款	−46.4	−59.2	−105.6
	69.6	88.8	158.4

净利润的合计数额与现金流量净额的合计数额相差 2.4 美元，具体情况如下所示：

尚未实际支付的保修负债	4.0
相关递延所得税资产的抵销数额	−1.6
	2.4

与保修服务相关的现金流量净额是现金流出量 4.0 美元与公司实际支付保修费用时可以节约的 1.6 美元所得税费用相互抵销的结果。一旦保修负债最终被清偿，净利润将等于现金流量。此外，现金流量净额的合计数额（208.4 美元）超过了应税所得额和已支付税款的净额（158.4 美元），差额为 50.0 美元。这个差额就是这两年的永久性差异的合计数额（25.0＋25.0）。我们已经将现金流量净额调整为净利润，因此这个额外的差异（50.0 美元）就是纳税申报表列报的数额与财务报表（包括利润表和现金流量表）列报的数额之间的永久性差异。

□ 所得税费用的计量：更深入的讨论

前述示例依据所谓"利润表法"计量所得税费用，比较了基于财务报告目的与基于纳税报告目的确认的收入与费用，扣除了永久性差异，而后以扣除永久性差异之后的税前账面净利润为基础计算所得税费用。然而，财务会计准则第 109 号公告和国际会计准则第 12 号①要求公司依据资产负债表法计算所得税费用。例如，财务会计准则第 109 号公告（第 11 段）的规定如下所示：

> ……如果资产的列报数额已经"转回"或负债的列报数额已经清偿，那么某项资产或负债的税基与资产负债表列报的数额之间的差异可能在将来某个（些）年份产生应税额或可扣除额。

国际会计准则第 12 号也做了类似的规定：

> 资产或负债的确认本身就隐含着报告主体预期将收回或清偿该资产或负债的账面价值。如果报告主体收回或清偿该资产或负债的账面价值将导致未来支付税款的数额大于（小于）基于没有任何纳税影响可能收回或清偿该资产或负债的数额，那么除了某些有限的例外，本准则要求报告主体确认递延所得税负债（递延所得税资产）。

因此，基于前述示例的背景，根据资产负债表法计量所得税费用的基本步骤如下：

步骤一。根据该示例，第一年末设备的账面价值（即资产负债表列报的数额）为 60 美元（原始成本 120－累计折旧 60），而税基（即公司基于纳税报告目的而编制的资产负债表将列报的数额）为 40 美元

① Financial Accounting Standards Board, *Statement of Financial Accounting Standards No. 109*, "Accounting for Income Taxes" (1992). *FASB Codification Topic 740*; International Accounting Standards Committee, *International Accounting Standards No. 12*, "Income Taxes" (October 1996).

(120－80)。第二年末，设备的账面价值和税基都为零。第一年末保修负债的账面价值为6美元(10－4)，而税基为零。(也就是说，基于纳税目的，公司在支付保修费用时确认了一个扣除数额，因此公司基于纳税目的编制的资产负债表不会列报负债。)第二年末，保修负债的账面价值为4美元（6＋10－12），而税基依然为零。

步骤二。识别账面价值与税基之间的差异之后，将不会对未来纳税产生影响的差额（即永久性差异）扣除。在本示例中，资产和负债的账面价值与税基之间不存在永久性差异。不过，如果假设公司在第一年末尚未收到市政债券投资的利息收入25美元，那么基于财务报告目的，资产负债表将列报应收利息25美元，但基于纳税目的编制的资产负债表却不会列报该应收利息，因为税法不对该利息收入征税。账面价值与税基之间的差异是一项永久性差异。在进入下一步骤之前，公司必须扣除该账面价值与税基之间的差异。

步骤三。接下来，将剩余差异分为可能产生未来税收抵免的差异与可能产生未来应税所得额的差异。表2-9总结了各种可能性并列举了后续各章将讨论的暂时性差异的某些例证。第一年末保修负债的账面价值（6美元）与税基（0美元）之间的差异意味着（假设保修费用估计数的账面价值是准确的）公司可以得到未来税收抵免。第一年末设备的账面价值（60美元）与税基（40美元）之间的差异可能产生未来应税所得额（这意味着如果其他条件不变，折旧扣除额将减少，应税所得额将相应增加）。我们将这些差异乘以预期未来期间适用的边际税率。就本示例而言，保修费用的未来税收抵免可能产生的第一年末的递延所得税资产为2.4美元［40％×(账面价值6－税基0)］。(由于设备的未来折旧扣除额较少）未来应税所得额可能产生的第一年末的递延所得税负债为8美元［40％×(账面价值60－税基40)］。

表2-9 暂时性差异的某些例证

	资产	负债
未来税收抵免（可能产生递延所得税资产）	资产的税基超过财务报告列报的账面价值。 例证：基于纳税目的对坏账采用直接销账法的应收账款超过基于财务报告目的对坏账采用备抵法的应收账款（净额）。	负债的税基低于财务报告列报的账面价值。 例证：纳税报告不确认保修服务的预计负债（公司只能扣除提供保修服务所发生的实际支出），而基于财务报告目的必须确认该预计负债，以使保修费用与当期的销售收入相匹配。
未来应税所得额（可能产生递延所得税负债）	资产的税基低于财务报告列报的账面价值。 例证：基于纳税目的采用加速折旧法计提的折旧额与基于财务报告目的采用直线法计提的折旧额。	负债的税基超过财务报告列报的账面价值。 例证：承租人（租赁资产的使用者）基于纳税目的将租赁确认为资本租赁，但基于财务报告目的将租赁确认为经营租赁。

步骤四。所得税会计准则要求管理层评估公司实现已确认递延所得税资产的未来效益的可能性。这种评估应该考虑公司经营活动的性质（例如是否具有周期性）和特征（例如处于成长期、成熟期还是衰退期）以及公司未来税收筹划战略。如果公司很可能（即可能性超过50％）实现递延所得税资产的效益，那么递延所得税资产就等于步骤三计算出来的数额。如果公司很可能难以实现某些或全部递延所得税资产的效益，那么必须运用估值准备（类似于应收账款的坏账准备概念）冲减递延所得税资产的数额。估值准备将递延所得税资产数额冲减至公司未来通过支付较少税额预期可实现的数额（类似于可变现净值法）。基于这里的目的，假设在前述的示例中，公司认为自己很可能实现与保修费用相关的递延所得税资产收益，因此无须确认任何估值准备。

按照本示例四个步骤操作的结果是每个资产负债表日都有一项递延所得税资产和一项递延所得税负债。前述示例的递延所得税资产和递延所得税负债的数额如下所示：

	第一年的1月1日	第一年的12月31日	第二年的12月31日
递延所得税资产——保修费用	0.0	2.4	1.6
递延所得税负债——设备	0.0	8.0	0.0

各期的所得税费用等于：

（1）根据应税所得额计算出当期应交所得税

（2）加上（减去）递延所得税负债的增加（减少）额

（3）加上（减去）递延所得税资产的减少（增加）额

此时，前述示例的所得税费用如下所示：

	第一年	第二年
根据应税所得额计算出当期应交所得税	46.4	59.2
加上（减去）递延所得税负债的增加（减少）额	8.0	(8.0)
加上（减去）递延所得税资产的减少（增加）额	(2.4)	0.8
所得税费用	52.0	52.0

只要未来期间适用的税率没有变化且公司没有确认任何递延所得税资产的估值准备，那么，利润表法与资产负债表法的结果相同。未来期间适用的税率的变化将使先前已经确认的暂时性差异的纳税影响与递延所得税资产和递延所得税负债账户的数额不同。公司要根据税率变动重新评估递延所得税资产和递延所得税负债，并将税率变化的影响计入变化当年的所得税费用。同理，递延所得税资产的估值准备的变化也应该立即计入所得税费用。

□ 在财务报表中列报所得税

所得税会计不容易理解，因为公司利润表中的“所得税费用”一栏并没有包括某个期间的所有所得税数额。有些所得税数额可能出现在其他地方：

- 终止经营：根据美国公认会计原则，公司的利润表要以一个单独部分列报终止经营的结果及其所得税影响。因此，所得税费用只反映持续经营收益应缴纳的所得税。国际财务报告准则不允许非经常性项目中包括所得税影响，但例外或重大项目可以单独披露。
- 其他综合收益：归类为可供出售有价证券的未实现市场价值变动、归类为现金流量套期保值的金融工具和衍生工具的未实现市场价值变动、未实现外币折算调整、出现在其他综合收益中的养老金和退休后福利资产和负债的某些变动及其纳税影响这些项目通常会产生递延所得税资产或递延所得税负债。因为这些利得和损失一旦实现，所得税法的应税所得额就包括这些利得和损失，因此资产负债表的递延所得税资产和递延所得税负债的部分变动额并不纳入利润表的所得税费用中。

□ 百事公司的所得税列报

百事公司在财务报表附注5“所得税”中列报了所得税信息，部分信息如表2-10所示。2012年的所得税费用为20.90亿美元，包括当年应缴纳的所得税20.04亿美元和递延所得税0.86亿美元。扣除永久性差异，百事公司财务报表中列报的净利润将超过其2012年的应税所得额（递延所得税费用0.86亿美元就是证据，它是未来将支付的所得税负债）。

表 2-10　百事公司财务报表附注 5“所得税”节选　单位：百万美元

年度利润表	2012 年	2011 年	2010 年
所得税条款——持续经营：			
当年应缴纳所得税	2 004	1 617	1 797
递延所得税	86	755	97
合计	2 090	2 372	1 894
年末资产负债表	**2012 年**	**2011 年**	
递延所得税负债总额（具体细节省略）	7 948	7 816	
递延所得税资产总额（具体细节省略）	4 858	4 930	
估值准备	(1 233)	(1 264)	
递延所得税资产净额	3 625	3 666	
递延所得税（资产）负债净额	4 323	4 150	
	2012 年	**2011 年**	
递延所得税包括：			
资产：			
预付费用与其他流动资产	740	845	
负债：			
递延所得税	5 063	4 995	
估值准备的分析：			
年初余额	1 264	875	
计提准备	68	464	
其他扣除额	(99)	(75)	
年末余额	1 233	1 264	

资料来源：百事公司截至 2012 年 12 月 29 日的年报（10-K 表格）。

2012 年末，百事公司的递延所得税负债超过其递延所得税资产，产生的递延所得税负债净额为 43.23 亿美元。2011 年，百事公司的递延所得税负债净额为 41.50 亿美元，2012 年较上年增加了 1.73 亿美元，实际是递延所得税负债增加了 1.32 亿美元而递延所得税资产净额减少了 0.41 亿美元。

值得注意的是，表 2-10 也说明百事公司 2011 年和 2012 年的递延所得税资产总额都计提了估值准备。2012 年，递延所得税资产总额为 48.58 亿美元，估值准备为 12.33 亿美元。估值准备可能与结转经营损失 104 亿美元有关（可能产生巨额的递延所得税资产）。这些结转经营损失的到期日各不相同。如果百事公司的管理层认为某些结转经营损失很可能不会发生，那么就需要计提估值准备。

最后，表 2-10 的下面部分说明，百事公司的资产负债表分别以流动资产（“预付费用与其他流动资产”）和非流动负债（“递延所得税”）列报了递延所得税资产和递延所得税负债。

我们将在第 9 章再次回到所得税这个主题，更深入地讨论所得税会计的概念与程序。

2.5 分析各种交易对财务报表的影响的框架

每个会计期间，公司都需要编制汇总和总结各种交易结果的财务报表。本节将以示例的形式讨论一种有助于理解各种交易对财务报表的影响的分析框架。这种分析框架以财务会计的基本原理为基础。理解各种交易的影响很重要，因为财务报表分析要求必须理解通用财务报表的构成。为了分析现金流量（第 3

章)、盈利能力(第 4 章)、风险(第 5 章)和会计质量(第 6 章),必须理解通用财务报表的构成。对所有这些问题的理解都有助于读者预测未来的成果(第 10 章),乃至评估公司的价值(第 11～14 章)。

□ 分析框架概览

这个分析框架以资产负债表恒等式为基础:

资产总额＝负债总额＋股东权益总额

为了识别股东对公司投资净额变动的源头,我们可以将股东权益总额细分为不同部分:

股东权益总额＝投入资本＋累计其他综合收益＋留存收益

投入资本是股东的股票交易净额之和,其账户包括“普通股”“资本公积”“库藏股”和“其他资本公积”。“累计其他综合收益”是第 1 章和第 2 章讨论过的“置存区”。某些资产和负债的未实现利得或损失在实现之前都“储存”在“累计其他综合收益”中。留存收益是所有净利润减去股利(和偶尔的其他交易)后的累积数额。

公司在期初和期末都要编制资产负债表。因此,将资产负债表恒等式的各个部分拆开后,下列恒等式依然成立:

期初资产总额＋资产变动额＝期末资产总额
期初负债总额＋负债变动额＝期末负债总额
期初股东权益总额＋股东权益变动额＝期末股东权益总额

各个期间的资产、负债和股东权益的变动反映了该期间所有交易的最终影响结果,这是理解各个交易对财务报表的影响非常重要的原因。股东权益总额的变动涉及许多因素,包括所有者之间的股票交易净额、某些资产和负债未实现利得或损失的“置存区”以及净利润减去股利的累积数额。有鉴于此,可以将股东权益总额变动额细分为:

股东权益总额变动额＝股票交易变动额＋其他综合收益变动额＋净利润－股利

这样,作为反映期初期末资产负债表及该期间的各种变动(包括在利润表中确认净利润引起的变动)的一个工作框架,我们将在全书运用下列框架总结各种交易和事项:

期初资产总额＝	期初负债总额	＋	期初投入资本	＋	期初累计其他综合收益	＋	期初留存收益
＋资产变动额	＋负债变动额		＋股票交易变动额		＋其他综合收益变动额		＋净利润 －股利
期末资产总额＝	期末负债总额	＋	期末投入资本	＋	期末累计其他综合收益	＋	期末留存收益

下面以示例的形式说明如何运用该分析框架对本章前述的几项交易进行分析。我们运用该分析框架来展现这些交易如何对资产负债表产生影响(用“＋/－”符号和金额表示增加额或减少额),也会展示会计分录,用以说明各项交易是如何影响财务报表的具体项目的。

示例 1:资本支出

快捷汉堡包连锁公司(In-N-Out Burger)出售一块购置成本为 210 000 美元的土地,获得 300 000 美元现金。简化起见,假设该公司马上以 40%的税率支付所得税。

	资产总额		=	负债总额	+	股东权益总额			
						投入资本	累计其他综合收益	留存收益	
1.	现金 土地	＋300 000 －210 000						出售土地利得	＋90 000
现金 　土地 　出售土地利得				300 000 　210 000 　90 000					
2.	现金	－36 000						所得税费用	＋36 000
所得税费用 　现金				36 000 　36 000		［40%×(300 000－210 000)］			

要注意，如果读者只希望计算各种交易引起的资产负债表项目的整体变动额，只需要汇总各个项目的数额。例如，这些交易对资产项目的整体影响是资产总额增加了 54 000 美元（300 000－210 000－36 000）。同理，如果读者要计算这些交易对净利润的影响，可以汇总“留存收益”栏目的各个数额。这些交易对净利润的影响是 54 000 美元（90 000－36 000）。根据示例 1，资产变动额刚好等于留存收益变动额（因为这些交易对负债、投入资本和累计其他综合收益没有任何影响）。

示例 2：出售存货

左撇子酒庄发生了以下三个事项：

（1）赊销 2 000 000 美元葡萄酒（应收账款）。

（2）注销成本为 1 600 000 美元的葡萄酒存货。

（3）马上以 40%的税率支付所得税。

	资产总额		=	负债总额	+	股东权益总额			
						投入资本	累计其他综合收益	留存收益	
1.	应收账款	＋2 000 000						销售收入	＋2 000 000
应收账款 　销售收入				2 000 000 　2 000 000					
2.	存货	－1 600 000						销售成本	－1 600 000
销售成本 　存货				1 600 000 　1 600 000					
3.	现金	－160 000						所得税费用	－160 000
所得税费用 　现金				160 000 　160 000		［40%×(2 000 000－1 600 000)］			

将每栏的增减变动额进行汇总就能得到出售葡萄酒的（税后）净利润。例如，该交易带来的资产变动额为240 000美元（2 000 000－1 600 000－160 000），股东权益总额会因此增加相应的数额。该交易对左撇子酒庄的资产负债表没有其他影响，对利润的影响就是各种影响的综合。根据国际财务报告准则，应在利润表中反映这些影响。具体地说，该交易的影响包括销售收入增加 2 000 000 美元、销售成本增加 1 600 000美元和所得税费用增加 160 000 美元，对利润的最终影响就是利润增加 240 000 美元。

示例3：存货估值

因为生猪市场价格下跌，史密斯菲尔德食品公司调减了生猪存货的价值。账面价值为8.82亿美元的生猪存货大约减值了5%（0.44亿美元）。在生猪存货减值损失实际发生之前，所得税法不允许史密斯菲尔德食品公司扣除其生猪存货的减值额。这样，生猪存货减值额的所得税影响（税率为40%）就转变为一项递延所得税资产，由此产生了如下两个方面的影响：

	资产总额	=	负债总额	+	股东权益总额		
					投入资本	累计其他综合收益	留存收益
1.	存货　－44 000 000						存货减值损失　－44 000 000
	存货减值损失　44 000 000 　存货　44 000 000						
2.	递延所得税资产　＋17 600 000						所得税费用　＋17 600 000
	递延所得税资产　17 600 000 　所得税费用　17 600 000						

0.44亿美元减值的综合影响是使资产总额减少了0.264亿美元（减值损失0.44亿美元扣除递延所得税资产0.176亿美元）。该数额计入净利润，且留存收益相应减少了0.264亿美元。

示例4：外部融资

巴西石油公司（Petroleo Brasileiro）从太阳微系统公司（Sun Microsystems）购买计算机设备后签发一张金额为998 178美元的五年期应付票据（利率为8%，现值为250 000美元）。购买、使用设备、支付第一年的本金和利息的过程中需要确认以下事项（本示例忽略所得税因素）：

（1）购买计算机设备并签发应付票据；

（2）根据使用年限为5年计提该计算机第一年的折旧额199 636美元（998 178÷5）；

（3）第一年的利息费用为79 854美元（8%×998 178），支付现金250 000美元，本金减少170 146美元（250 000－79 854）。

	资产总额	=	负债总额	+	股东权益总额		
					投入资本	累计其他综合收益	留存收益
1.	计算机设备　＋998 178		应付票据　＋998 178				
	计算机设备　998 178 　应付票据　998 178						
2.	累计折旧　－199 636						折旧费用　－199 636
	折旧费用　199 636 　累计折旧　199 636						
3.	现金　－250 000		应付票据　－170 146				利息费用　－79 854
	利息费用　79 854 应付票据　170 146 　现金　250 000						

示例5：其他综合收益

微软公司投资了有价权益证券，发生了如下事项：

（1）有价权益证券的初始投资额为 4 500 000 美元；

（2）截至 12 月 31 日，该证券的公允价值增加到 4 900 000 美元；

（3）产生未实现的递延所得税利得（假设税率为 40%）；

（4）在 6 月份以 5 000 000 美元的价格出售该证券；

（5）结清所得税负债（假设在该证券出售之后马上支付所得税）。

	资产总额	=	负债总额	+	股东权益总额		
					投入资本	累计其他综合收益	留存收益
1.	有价权益证券 +4 500 000 现金 −4 500 000						
有价权益证券 4 500 000 现金 4 500 000							
2.	有价权益证券 +400 000					未实现持有利得 +400 000	
有价权益证券 400 000 未实现持有利得 400 000							
3.			递延所得税负债 +160 000			未实现持有利得 −160 000	
未实现持有利得 160 000 递延所得税负债 160 000							
4.	现金 +5 000 000 有价权益证券 −4 900 000					未实现持有利得 −400 000	出售有价权益证券利得 +500 000
现金 5 000 000 未实现持有利得 400 000 有价权益证券 4 900 000 出售有价权益证券利得 500 000							
5.	现金 −200 000		递延所得税负债 −160 000			未实现持有利得 +160 000	所得税费用 −200 000
所得税费用 200 000 （40%×500 000） 递延所得税负债 160 000 未实现持有利得 160 000 现金 200 000							

本示例说明了其他综合收益如何对财务报表产生影响的。微软公司年末未实现利得为 400 000 美元，有价权益证券的价值调至其公允价值 4 900 000 美元。因为该增值额尚未通过市场交易实现（如出售），因此微软公司将该利得计入累计其他综合收益的“置存区”，而没有确认为净利润。不过，值得注意的是，微软公司必须在其综合收益表中以其他综合收益的一部分列报该数额。确认为其他综合收益的该数额最后会计入累计其他综合收益，并称为未实现持有利得或损失。微软公司 6 月份出售该有价权益证券时，从累

计其他综合收益的“置存区”中转出 400 000 美元并将出售该证券的利得确认为利润。随同一起结转的还有 12 月份之后发生的 100 000 美元利得。当然，相关的税收影响也要不断累积并从累计其他综合收益转出。这些事项的最终影响是微软公司实现利得 500 000 美元，扣除所得税费用 200 000 美元，净资产增加了 300 000 美元。

本章小结

本章提供了理解资产负债表和利润表的理论基础。

- 美国公认会计原则、国际财务报告准则和其他主要的会计准则都充分体现了多重属性会计模式的特征。根据资产或负债的性质，采用基于历史价值和现值的各种方法评估资产负债表中资产和负债的价值。
  - √ 传统会计模式采用历史或购置成本评估资产和负债的价值，并且在外部市场交易证实其价值发生变动之前，不确认该价值变动额。与现值相比，采用购置成本评估资产和负债价值的可靠性通常更高。但在初始交易之后，随着时间的推移，历史价值可能会偏离现值，这时再采用购置成本估值可能会失去相关性。
- 资产和负债的价值变动会影响净利润，但何时影响依然是个悬而未决的问题。这种价值变动可能马上影响净利润，也可能以后影响净利润。不过，在外部市场交易证实其价值变动之前，应将这种价值变动暂时作为（股东权益总额的）累计其他综合收益处理。
  - √ 在一个足够长的期间内，净利润等于现金流入量减去现金流出量（不包括与所有者的现金交易）。各种不同的资产与负债估值方法和各种不同的收益计量方法会影响一定期间内的净利润时间分布，但不影响其最终结果。
- 几乎所有影响净利润的交易都存在所得税问题。财务报告问题是指如果相关收入或费用影响净利润或影响应税所得额，公司是否应该确认其所得税影响。
  - √ 美国公认会计原则要求公司以财务报告列报的税前利润为基础（不包括永久性差异）计量各期的所得税费用。
- 如果所得税费用与根据应税所得额计算出来的当期应纳所得税存在差异，公司可以确认递延所得税资产和递延所得税负债。
  - √ 应税所得额超过账面利润就会产生递延所得税资产。公司现在预缴了所得税，但如果暂时性差异反转，账面利润会超过应税所得额，公司随后可以少缴纳所得税。
  - √ 与递延所得税资产相反，账面利润超过应税所得额就会产生递延所得税负债。公司现在延迟缴纳所得税，但如果暂时性差异反转，应税所得额会超过账面利润，公司随后将缴纳所得税。

综合案例

星巴克公司

星巴克公司的财务报表如表 1 - 15 至表 1 - 17 所示。这些财务报表的所得税附注提供的所得税信息如表 2 - 11 所示。

表 2-11　星巴克公司披露的所得税信息　　单位：百万美元

会计年度分别截至9月30日和10月2日：	2012年	2011年
所得税费用		
当期所得税：		
联邦所得税	466.0	344.7
州所得税	79.9	61.2
外国所得税	76.8	37.3
递延所得税	51.7	119.9
合计	674.4	563.1
会计年度分别截至9月30日和10月2日：	**2012年**	**2011年**
递延所得税资产和递延所得税负债的具体构成		
递延所得税资产：		
财产、厂房与设备	62.7	46.4
应计租用成本	72.0	55.9
应计薪酬和相关成本	66.9	69.6
其他应计负债	15.7	27.8
退休债务	20.1	19.0
递延收入	43.7	47.8
资产减值	38.5	60.0
税收抵免	14.6	23.0
以股票为基础的薪酬费用	131.8	128.8
经营损失净额	99.2	85.5
其他	80.9	58.6
递延所得税资产总额	646.1	622.4
估值准备	(154.2)	(137.4)
递延所得税资产净额	491.9	485.0
递延所得税负债：		
财产、厂房与设备	(89.0)	(66.4)
无形资产与商誉	(34.0)	(25.2)
其他	(44.8)	(18.1)
递延所得税负债总额	(167.8)	(109.7)
递延所得税资产净额	324.1	375.3

资料来源：星巴克公司截至2012年9月30日的年报（10-K表格）。

要求：

a. 如果星巴克公司的账面利润与应税所得额不存在任何显著的永久性差异，其2012年财务报告列报的税前利润高于还是低于应税所得额？为什么？

b. 在计算星巴克公司2012年现金流量表的经营活动现金流量时，因递延所得税而调整净利润的数额是增加额还是减少额？

c. 星巴克公司为其咖啡店租用了零售场所，因为使用了租用设施，所以必须确认租金费用，但在公司将现金支付给房东之前，租金费用不能作为所得税的扣除项目。这种情形可能产生一项与租用成本（“应计租用成本”）相关的递延所得税资产还是递延所得税负债？

d. 由于员工提供了服务，星巴克公司确认了一项与退休后福利相关的费用，但在公司将现金支付给退休基金之前，该费用不能作为所得税的扣除项目。为什么递延薪酬产生的递延所得税是一项递延所得税资产（“应计薪酬和相关成本”）？2011年末至2012年末，递延所得税资产略有减少的原因是什么？

e. 星巴克公司因出售各种门店储值卡（如星巴克卡和礼品券）而列报了递延收入，一旦这些收入实际发生就得纳税，但在顾客消费之前，这些收入不能确认为利润。为什么递延收入的税收影响是一项递延所得税资产？

f. 为了反映国外分店的经营损失净额，星巴克公司确认了一项递延所得税资产估值准备。为什么2011—2012年的估值准备有所增加？

g. 基于财务报告目的，星巴克公司采用直线法计提折旧，而基于所得税报告目的，星巴克公司采用加速折旧法计提折旧。与多数公司一样，星巴克公司最大的递延所得税负债项目是财产、厂房与设备的折旧。解释折旧如何导致递延所得税负债产生。2011—2012年与折旧相关的递延所得税负债增加的原因是什么？

第 3 章

收益流量与现金流量：理解现金流量表

学习目标

1. 理解现金流量表的目的。
2. 描述并解释现金流量表的经营活动、投资活动和筹资活动现金流量的结构。
3. 理解现金流量表是如何反映公司生命周期各个阶段的。
4. 解释净利润如何与经营活动现金流量相联系以及现金流量表如何融合利润表与资产负债表的信息。
5. 根据资产负债表和利润表编制现金流量表。
6. 理解现金流量表的其他用途，如用于会计处理与风险分析。

前面各章讨论了资产负债表的资产与负债估值以及利润表的各个收益要素确认的基本原理。本章的重点是现金流量表。① 除了资产负债表和利润表，美国公认会计原则和国际财务报告准则要求公司每期公布的财务报表中必须包括现金流量表。②

本章将在第 1 章的基础上更深入地讨论现金流量表。第一，我们将现金流量分为经营活动、投资活动和筹资活动的现金流量，讨论各种现金流量模式是如何反映公司生命周期各个阶段的。第二，本章将说明资产负债表、利润表和现金流量表之间的联系。第三，本章将引导读者掌握如何运用资产负债表和利润表的信息编制现金流量表。如果读者理解了如何编制现金流量表，就可以轻而易举地解释现金流量表的信息。第四，本章的最后部分将初步讨论分析师如何基于对净利润与现金流量之间关系的综合理解举一反三地判断盈余质量、流动性与信用风险或计算自由现金流量。后续各章将更详细地讨论这些问题。

3.1　现金流量表的目的

编制现金流量表的目的在于帮助使用者理解支持公司主要活动的现金流入量和现金流出量。有时，从资产负债表和利润表的权责发生制会计信息中难以获得这种信息。正如利润表从利润或损失的角度帮助读者理解某个期间的经营业务变动情况一样，现金流量表可以从现金的视角帮助读者理解某个期间的经营业务变动情况。

根据美国公认会计原则和国际财务报告准则经常使用的间接法，现金流量表的第一行是净利润，要将净利润调整为某个期间的现金变动净额。简化的现金流量表列报了某个期间现金的所有来源与所有运用情况。现金流量表提供了资产负债表或利润表之外的许多信息。现金流量表：

- 协调了资产负债表列报的现金变动额与利润表列报的净利润之间的关系。
- 与创造利润的主要目标相符合，（经营活动、投资活动和筹资活动）三个部分有机地组合在一起。现金流量表提供公司因与各主体（如顾客、供应商、债权人和投资者）交易而引起的各种现金流出与现金流入的信息。
- 帮助分析师完成其他工作，如掀开会计自由裁量权的面纱、计算自由现金流量和挖掘财务报告没有披露的其他信息。

现金流量在确认资产负债表和利润表的许多项目之前就已经发生。会计师的工作就是获取现金流量与其他事项，采用权责发生制会计程序并根据权责发生制会计原则编制利润表和资产负债表。正如第 2 章已

① 1988 年之前，公司对外公布财务状况变动表以提供与现金流量表类似的信息。不过，财务状况变动表聚焦于“资金”，并没有要求公司列报一定期间内的现金流量。

② 美国公认会计原则与国际财务报告准则对现金流量表的要求有两个显著的差异：第一，国际财务报告准则界定的现金及现金等价物包括各种银行透支额，而美国公认会计原则将各种银行透支额视为营运资本；第二，股利和利息的分类存在差异，本章后面部分将讨论这个问题。

经指出的，权责发生制有助于投资者更好地预测未来现金流量的性质、数额和时间分布。因此，现金流量表实际上就是对编制资产负债表和利润表时采用的权责发生制会计程序的“大揭秘”，展现了基本的现金流量状况。

□ 现金流量与净利润

公司各期的现金流量与净利润不同，因为：

- 收到顾客支付的现金与确认收入未必发生在相同期间。
- 支付现金与确认费用未必发生在相同的期间。
- 来自投资活动和筹资活动的现金流入量和现金流出量并不会立即转入利润表。

如前所述，编制利润表的主要目标就是使某个期间耗用或消费的经济资源（费用）与该期间获得的经济资源（收入）相匹配。权责发生制会计原则忽略了现金流入量与现金流出量的时间分布。然而，公司必须有现金才能从事经营活动、投资活动和筹资活动，因此公司必须编制现金流量表，列报各期间流入与流出公司的现金。

□ 现金流量与财务分析

理解公司的现金流量是第1章讨论过的财务报表分析六步骤中各个步骤的基本功：

- **识别公司的经济特征**：不同类型的经济业务、处于生命周期不同阶段的公司，其经营活动、投资活动和筹资活动的现金流量模式显著不同。例如，高速成长、资本密集型公司的经营活动现金流量通常难以满足其资本支出（投资活动）需求，因此需要外部融资（筹资活动）。相反，成熟型公司通常可以用经营活动现金流量支付资本支出、清偿债务、发放股利或回购普通股（筹资活动）。
- **识别公司的战略**：现金流量表展现了公司的整体战略，尤其是公司如何创造和运用现金以实施其经营、投资和筹资战略。现金流量表也展现了公司的成长轨迹，例如，选择有机成长的公司将拥有巨额的正值经营活动现金流量，这些现金流量将集中于投资活动。如果公司采用通过兼并其他公司而成长的战略，其并购行为（投资活动）将产生巨额的现金流出量，而且还可能因筹资活动产生巨额的现金流入量。现金流量表通过展现公司如何真正地创造和运用现金为公司既定战略提供了“真实检验”。
- **识别非经常性项目，理解管理层采用的会计自由裁量权**：现金流量表提供了有关非经常性项目（一次性利得或损失和终止经营）的现金与非现金构成的信息。此外，希望从净利润中剔除非经常性项目，以便更好地评估经营活动盈利能力的分析师也应该调整现金流量表的相关部分。有时，经营活动部分的调整过程可以在一定程度上揭示管理层运用会计自由裁量权影响对外报告的利润的情况。
- **分析盈利能力与风险**：第2章已经指出，在一个足够长的期间内，净利润等于来自经营活动、投资活动和非所有者的筹资活动的现金流量净额。因此，对报告净利润的“真实检验”就是随着公司逐渐成熟并渐入“稳定状态”，尽管各个期间的净利润与经营活动现金流量都会有所波动，但净利润应该大致等于经营活动现金流量。此外，公司的经营活动能否创造充裕的现金流量以满足资本支出需求并足额清偿债务，就是反映公司财务健康与否的一个重要信号。
- **编制预测性财务报表**：第10章将讨论，预测是公司估值中最重要的工作。缺乏资产负债表项目的预测数据会使预测盈利能力存在缺陷。其实，预测性资产负债表和利润表中隐含着一系列现金流量。例如，如果公司持续投资于生产性资产，那么可以预测其净利润会持续增长。预测的一个决定性因素是公司将如何创造必要的现金以支撑未来的增长。公司的经营活动能够创造充裕的现金流量吗？或者公司需要外部融资吗？

- **公司估值**：第12章将讨论以归属于权益性股东的自由现金流量为基础的公司估值问题。自由现金流量就是公司满足经营性资产必要的再投资和支付债权人到期债务的现金需求之后，可分配给投资者的现金流量数额。现金流量表提供了计算自由现金流量所需要的信息。

3.2 各种现金流活动之间的关系

现金流量表的结构将公司活动分为具有逻辑关系的三个组成部分：经营活动、投资活动和筹资活动。一种直观的理解公司的方式是公司每天的经营活动都会产生现金流入量和现金流出量，公司通过投资活动将现金继续投资于长期生产性资产。现金短缺引发公司新的筹资需求，而现金充裕则使公司可以通过清偿债务或向股东发放股利的方式分配现金。现金流量表的三部分遵循这种逻辑顺序。

经营活动包括直接参与生产和提供商品或服务的所有活动。收取顾客的现金，用现金购买原材料与支付员工薪酬就是经营活动的例证。正如我们将在本章后面部分讨论的，多数公司采用所谓“间接法”列报这部分。间接法通过分析确定净利润的权责发生制会计记录揭示潜在的现金流量。投资活动部分记录为了创造现金流量而购置资产（如设备和合资公司）的支出（和处置资产所得现金）。当然，投资活动部分也包括与收购和剥离相关的现金流量。筹资活动部分包括收取（或返还）资本提供者（如银行、其他信贷机构和股东）的现金。经营活动、投资活动和筹资活动的现金流量净额合计数就是现金及现金等价物的增加或减少净额。

以百事公司的合并现金流量表（表1-8）为例。百事公司的现金流量表列报了经营活动、投资活动和筹资活动这三部分。在其列报的所有年份中，百事公司经营活动创造了巨额的正值现金流量，而投资活动与筹资活动的现金流量则为负值。例如，百事2012年度的经营活动现金流量为84.79亿美元，投资活动和筹资活动分别耗用现金30.05亿美元和33.06亿美元。由此可见，百事的核心经营活动创造了大量现金（如其现金流量表的经营活动部分所示），也因生产性资产投资（如其现金流量表的投资活动部分所示）和将现金返还给资本提供者（如其现金流量表的筹资活动部分所示）而耗用了大量的现金。百事公司的经营活动、投资活动和筹资活动的现金流量净额合计数就是其现金及现金等价物的增加净额22.30亿美元（包括现金余额因受汇率变动影响而进行的调整）。

百事公司2012年度现金流量表有几个重要项目值得注意：第一，经营活动部分数额最大的调整是将折旧与摊销（26.89亿美元）加回净利润（62.14亿美元）。其他非营运资本调整额的总和（从“以股份为基础的薪酬费用”到“递延所得税与其他税收费用及其贷项”）是−6.58亿美元，说明这些项目使得净利润的调整项目为负值。其他非营运资本的负值调整额（这是大型、成熟公司如百事公司的典型特征）部分抵销了折旧与摊销的巨额调整额。第二，营运资本项目（从“应收账款与应收票据变动额”到“其他（净额）”）的现金流量变动净额是2.34亿美元，说明了百事公司2012年度营运资本投资的减少净额。第三，投资活动现金流量主要是资本支出（27.14亿美元）。筹资活动部分显示，百事通过长期负债筹集的资金净额为35.50亿美元。百事还动用了33.05亿美元的现金发放股利，耗用32.26亿美元的现金回购普通股和优先股。增加长期负债、发放股利和回购股票提高了百事公司的杠杆。

3.3 现金流活动与公司生命周期

一个可以直观反映现金流量结构所传递的信息的有用框架涉及经济学和营销学中的产品生命周期概念。各种产品（如商品或服务）都要经历四个阶段：导入期、成长期、成熟期和衰退期。公司的发展也经历如图 3-1 所示的这四个阶段，图 3-1 描绘了生命周期内收入、净利润和现金流量的典型模式。

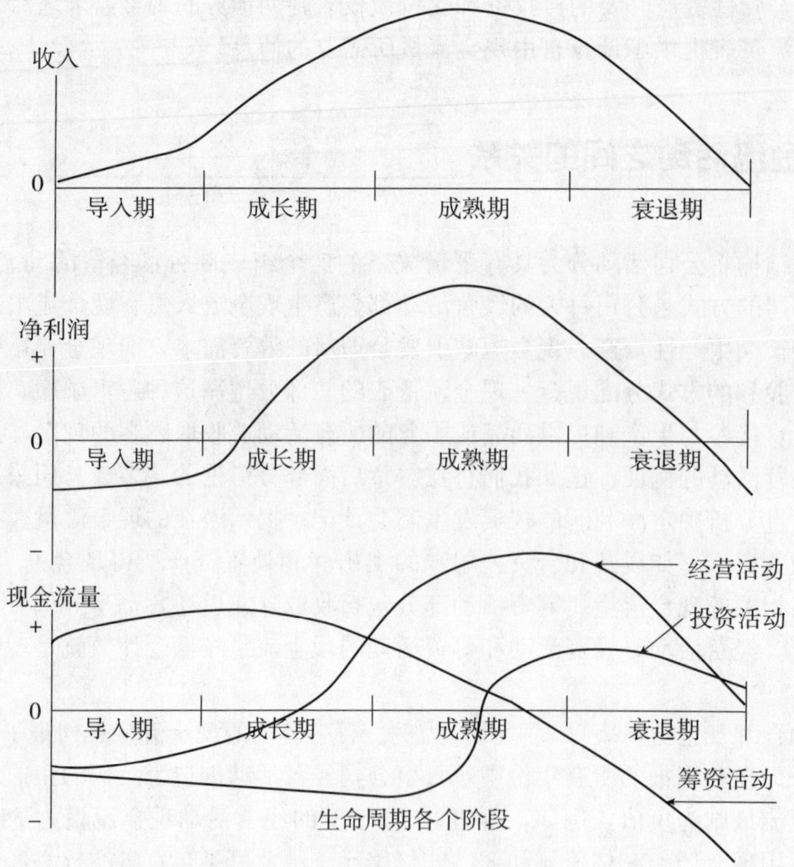

图 3-1　产品或公司生命周期不同阶段收入、净利润和现金流量的典型模式

□ 公司的生命周期：收入

图 3-1 的最上面部分展现了生命周期四个阶段的收入模式。收入通常会在成长期后进入成熟期并达到高峰，最后随着顾客转向其他产品而进入衰退期。显然，生命周期各个阶段的时间长度和收入曲线的陡峭程度会因产品类型和市场表现而有所变动。那些受技术快速变化影响的产品（如半导体和计算机软件）或受时尚潮流影响的产品（如时装），其整个生命周期也就几年的时间。其他像金宝汤公司的汤料、迪士尼公司的电影、万宝路公司的香烟、吉列公司的剃须刀、家乐氏公司的麦片和米其林公司的轮胎这种令人尊敬的主要产品的成熟期可以持续很多年。尽管分析师难以准确地描述某种产品在其生命周期曲线中的精确位置，但通常还是能够识别该产品所处的生命周期阶段以及该产品是处于该阶段的早期还是后期。

公司通常生产多种产品或提供多种服务，因此，如果公司经营处于生命周期不同阶段的多种产品，那么基于单一产品的理论与实践的适用性就存在问题。不过，如果公司既推出新产品也终止老产品，那么这些模式还是能描述公司一定期间的成果。

□ 公司的生命周期：净利润

图 3-1 的中间部分展现了产品或公司生命周期中的净利润变动趋势。在导入期和成长期的早期，由

于收入不足以弥补新产品的设计与推出成本，因此产品或公司处于亏损状态。等产品或公司到了成熟期，净利润达到顶峰；在进入衰退期后，净利润逐步减少乃至出现亏损。

□ 公司的生命周期：现金流量

图 3-1 的下面部分展现了生命周期四个阶段中经营活动、投资活动和筹资活动的现金流量变动趋势。与收入一样，生命周期各个阶段的时间长度以及净利润和现金流量收入曲线的陡峭程度取决于产品或公司经营战略的市场表现与可持续性。例如，百事公司的巨额净利润和经营活动的正值现金流量与其产品（总体上）处于成熟期和盈利状态相吻合。

在产品或公司的导入期初期，收入非常少，净利润和经营活动现金流量净额通常也很少，甚至为负值，公司主要依赖筹资活动现金流量。随着成长期的加速，经营活动开始盈利并创造现金流量。不过，公司还是需要运用这些现金为诸如赊销商品（即应收账款）和为提升未来销售水平而建立存货储备等活动提供融资。由于这些支出列报为资产负债表的资产项目而没有马上费用化，因此与经营活动现金流量相比，净利润通常比现金流量更早转为正值。投资活动现金流量为负值时的数额大小取决于公司或产品的增长率、资本支出需求量和资产密集度。从导入期开始，公司会通过借款或向外部投资者发行股票筹集需要的大部分现金。

随着产品或公司进入成熟期，现金流量模式发生显著变化。由于产品逐步得到市场的认可，营运资本的需要量和资产购置也趋向平稳，经营活动开始盈利并创造巨额的正值现金流量。随着收入的逐步稳定，公司只需要维持现有生产能力，而不需要再追加投资新的生产能力。在成熟期的后期，出售闲置厂房的现金流量净额可能会产生正值投资活动现金流量。公司可以运用通过这些经营活动和为数不多的出售投资所获得的富余现金偿还导入期和成长期借入的债务、发放股利和回购普通股。在衰退期，随着顾客饱和或转向其他产品，销售量开始下降，经营活动和投资活动的现金流量也随之减少。公司这时可以运用现金流量偿还导入期和成长期借入的债务，还可以发放股利或回购权益投资者的普通股。

几乎没有公司只经营单一产品，多数公司会经营处于生命周期不同阶段的各种各样的产品。经营多种产品的公司如百事公司可以运用处于成熟期的产品创造的现金为处于导入期和成长期的产品提供融资，因此并不需要太多的外部融资。况且，本章讨论的现金流量表的列报主体是作为一个整体的公司而不是各种产品。如果读者采用生命周期概念解释现金流量表，就应该关注如何在公司层面汇总各种产品的现金流量。

理解产业竞争态势及其趋势有助于读者评估公司层面的现金流量。例如，令投资者兴奋的技术驱动型行业（如生物技术）的现金流量会在成长期达到顶峰。尽管这些公司也有处于生命周期不同阶段的各种产品，但投资者的兴趣点却在于预测可以转化为能够创造巨额利润和现金流量的新产品的新技术出现的时机。苹果公司就是一个典型的例证。在台式机的销售量不断减少的情况下，平板电脑就代表着苹果公司销售量增长的潜力。相反，许多消费食品公司基本都已进入产品生命周期的成熟期，不过，知名品牌的消费食品可以通过适当的产品质量控制和促销措施将其成熟期延续许多年。通用磨坊公司（General Mills'）的麦片就是一个例证。

公司会持续向市场推出新产品，以替代不再受顾客青睐的类似产品。就其生命周期而言，这些产品更像成熟期的产品，而不像成长期的产品。由于国外竞争、价格下降或技术过时等原因，高度发达经济体（如美国）的某些行业（如纺织、家电维修和汽车）可能已经进入衰退期的早期阶段。为了有效地应对全球竞争，这些行业的某些公司通过制造技术先进的生产设施再次进入成熟期。其他公司采取跨地区多元化经营策略，谋取国外生产转移的效益，这种做法也延长了其产品组合的成熟期。

□ 四家公司：生命周期的四个不同阶段

本节的最后部分通过比较多家公司的现金流量表说明现金流量表是如何反映产品生命周期的各个阶段（即导入期、成长期、成熟期和衰退期）的。

先进细胞技术公司（导入期）

先进细胞技术公司（Advanced Cell Technology，场外柜台交易系统代码：ACTC）是一家专门开发药物治疗干细胞技术的公司。尽管该公司尚未开发出商用产品，但已经有一项临床试验品和几项临床前开发产品。在这个新兴行业里，先进细胞技术公司是一家小规模公司。尽管在2005年就已上市，但其股票价格一直萎靡不振，每股价格低于20美分。先进细胞技术公司2010—2012年度的现金流量表（如表3-1所示）描绘了其处于生命周期导入期的典型模式。值得注意的是：

- 筹资活动巨额的正值现金流量为经营活动和投资活动的负值现金流量提供现金。
- 巨额经营亏损（2011年度和2012年度分别亏损了0.728亿美元和0.285亿美元）。
- 经营活动巨额的负值现金流量（2012年度经营活动现金流量为-0.146亿美元）。
- 筹资活动是现金流量的主要来源。

表3-1 先进细胞技术公司现金流量表

单位：美元

	2012年度	2011年度	2010年度
经营活动现金流量：			
经营亏损	(28 526 261)	(72 795 119)	(54 373 332)
将经营亏损调整为经营活动耗用的现金净额：			
折旧	58 637	67 161	138 050
递延费用摊销	117 436	91 600	91 600
递延收入摊销	(466 487)	(506 419)	(725 044)
可赎回优先股应计股利	135 235	122 605	95 883
以股份为基础的薪酬费用	3 691 149	3 856 501	967 721
递延发行成本	807 989	1 201 741	617 568
折价摊销	161 379	180 172	12 443 112
衍生工具的公允价值调整	(889 883)	(11 444 988)	6 209 898
因服务而发行的普通股	—	475 900	11 194 866
因薪酬而发行的普通股	1 816 630	2 673 960	55 168
非现金筹资成本	3 671 970	60 834 170	3 375 745
结清债务的损失	—	294 144	11 132 467
豁免债务利得	—	—	(197 370)
固定资产处置（利得）损失	17 138	—	(9 500)
递延合资公司债务的摊销	—	(6 870)	(56 602)
因咨询服务而发行的权证和期权	60 388	834 443	—
经营性资产与经营性负债的变动			
应收赠款	(96 425)	—	—
预付费用与其他流动资产	34 204	(241 248)	9 054
递延收入	300 000	—	150 000
应付账款与其他流动负债	4 500 544	734 960	97 784
经营活动耗用的现金净额	(14 606 357)	(13 627 287)	(8 782 932)

续表

	2012年度	2011年度	2010年度
投资活动现金流量：			
购置财产与设备	(96 260)	(36 830)	(207 402)
支付租赁保证金	(15 090)	—	(12 596)
投资活动耗用的现金净额	(111 350)	(36 830)	(219 998)
筹资活动现金流量：			
行使权证和期权获得的现金	—	3 377 715	719 636
发行可转换债券获得的现金	—	—	1 685 000
签发可转换本票获得的现金	—	—	5 880 000
发行优先股获得的现金	6 000 000	7 500 000	14 068 865
发行普通股获得的现金	2 941 102	—	—
与发行普通股相关的成本	(84 550)	—	—
筹资活动提供的现金净额	8 856 552	10 877 715	22 353 501
现金及现金等价物增加净额	(5 861 155)	(2 786 402)	13 350 571
期初现金及现金等价物余额	13 103 007	15 889 409	2 538 838
期末现金及现金等价物余额	7 241 852	13 103 007	15 889 409

此外还需要注意的是，现金余额从2010年度的顶峰（0.159亿美元）逐步下降到2012年度的0.072亿美元。尽管先进细胞技术公司三个年度中每年都通过筹资活动取得巨额资金，但也许是因为投资者没有得到任何实际收益，已经没有兴趣再提供资金，或该公司即将推出一种拥有市场前景的产品，其筹资活动现金流量的数额不断减少。先进细胞技术公司除了将现金投入经营活动外，还将部分现金用于投资活动。当然，与投入经营活动的现金数额相比，投入投资活动的现金数额显得微不足道。基于研究与开发的商业模式，这不足为奇。① 总体而言，现金流量表清晰地描绘了一家处于生命周期导入期的公司的情景。

黑钻石集团公司（成长期）

黑钻石集团公司（Black Diamond Group）是一家成立于2009年的加拿大公司，出租用于员工宿舍和临时工作间的建筑物，也提供物流和维护服务。黑钻石集团公司的客户通常是需要为工人搭建临时建筑物或临时安置场所的非常大型的工程项目（如建设项目、铺路或石油钻探项目）。许多分析师都强烈推荐购买该公司的普通股。

表3-2的现金流量表展现了一家处于成长期的公司的典型特征。第一，2012年度的净利润从2011年度的0.410亿美元增加到0.474亿美元，大约增长了16%。更引人注目的是，经营活动现金流量净额从2011年度的0.688亿美元增加到2012年度的1.035亿美元，增加了50%。第二，资本支出显著增加，投资活动耗用的现金从2011年度的0.852亿美元增加到2012年度的1.640亿美元。资本支出如此巨额的增加可以视为管理层对未来前景非常乐观的信号。第三，快速成长公司的典型特征是现金流量的增加额经常不足以支撑持续增长的投资需求，因此，黑钻石集团公司通过筹资活动筹集了巨额的资金（2011年度和2012年度都筹集了约0.40亿美元）。仔细研究现金流量表的筹资活动部分可以发现，尽管黑钻石集团公司在这两年间也举借和偿还了一些长期负债，但其大部分现金流入量来自发行权益股票。不过，有点不寻常的是，黑钻石集团公司支付了巨额股利。这可是处于成熟期或衰退期的公司将现金返还给股东时才会采用的“套路”。

① 尽管研究与开发的现金支出通常可以视为一项投资（并因此成为一项投资活动），但计量问题（与第2章讨论过的问题一样）导致难以确认内部开发的无形资产（如“研究与开发知识”）。

表 3-2 黑钻石集团公司的现金流量表 单位：千加元

	2012 年度	2011 年度
经营活动		
归属于黑钻石集团公司的净利润	47 394	40 979
加（减）非现金项目：		
财产与设备的折旧	34 665	27 285
无形资产摊销	879	1 415
归属于非控制性权益的净利润	3 761	3 602
未实现汇兑损失	36	7
融资成本	5 747	4 884
递延所得税	7 061	13 996
以股份为基础的薪酬费用	3 321	1 843
	102 864	94 011
大宗销售的账面价值	6 817	14 171
长期应收账款的变动额	(2 708)	—
与经营活动相关的非现金营运资本变动额	(3 458)	(39 378)
经营活动现金流量净额	103 515	68 804
投资活动		
购置财产与设备	(163 628)	(94 656)
与投资活动相关的非现金营运资本变动额	(404)	9 506
投资活动现金流量净额	**(164 032)**	(85 150)
筹资活动		
长期负债筹资额	10 000	62 000
偿还长期负债	—	(41 000)
长期负债融资与再融资成本	(97)	(949)
偿还融资租赁款	—	(561)
当年利息	(5 470)	(4 765)
发行股票筹资净额	57 465	48 772
支付股利	(26 983)	(20 138)
向非控制性权益分配现金	(1 218)	(1 451)
以信托方式回购股票	(993)	(220)
以信托方式出售股票	206	206
银行债务	—	(6 776)
行使股票期权	7 587	1 655
与筹资活动相关的非现金营运资本变动额	(241)	2 573
筹资活动现金流量净额	**40 256**	39 346
现金及现金等价物增加（减少）额	(20 261)	23 000
年初现金及现金等价物	22 990	—
汇率变动对现金及现金等价物的影响	(32)	(10)
年末现金及现金等价物	2 697	22 990

雪松娱乐公司（成熟期）

1983 年在俄亥俄州桑达斯基成立的雪松娱乐公司（Cedar Fair L. P.）是世界上最大的经营主题公园的公司。该公司的现金流量表（如表 3-3 所示）展现了其巨额正值经营活动现金流量和负值投资活动与筹资活动现金流量。该公司创造了巨额且持续的净利润（2012 年度的净利润从 2011 年度的 0.653 亿美元增加到1.019亿美元）和充裕的经营活动现金流量（2012年度的经营活动现金流量净额为2.859亿美元）。由于经营活动创造了巨额现金流量，该公司几乎不需要外部融资，甚至向合伙人分配了大量的股利（该公司是一家合伙企业），还用现金支付信用贷款和短期负债。雪松娱乐公司继续将大量现金用于投资活动（2012年度的投资活动现金净额为0.802亿美元）。实际上，雪松娱乐公司认为每年新推出的旅游设施和景点会显著影响每年入园游览的人数，这也是该公司持续将现金用于投资活动的原因。与先进细胞技术公司的现金余额逐渐减少形成鲜明对比，雪松娱乐公司的现金余额从2010年末的0.098亿美元增加到2012年末的0.788亿美元。总体而言，雪松娱乐公司的现金流量表展现了成熟期公司的典型现金流量模式。

表3-3 雪松娱乐公司现金流量表

单位：千美元

会计年度截至12月31日	2012年度	2011年度	2010年度
经营活动现金流量			
净利润（亏损）	101 857	65 296	(33 052)
将净利润（亏损）调整为经营活动现金流量净额：			
折旧与摊销	126 306	125 837	128 856
基于非现金权益的薪酬费用	4 476	(239)	(89)
提前偿债损失	—	—	35 289
商誉与其他无形资产减值损失	—	—	2 293
固定资产减值/报废损失净额	30 336	11 355	62 752
出售其他资产利得	(6 625)	—	—
互换影响净额	(1 492)	(13 119)	18 194
债务筹资成本摊销	10 417	10 000	5 671
未实现票据外汇（利得）损失	(8 758)	8 753	(17 464)
其他非现金收益	—	—	(1 893)
递延所得税	27 502	677	(14 664)
基于绩效单位的薪酬费用额外税收效益	(1 208)	—	—
经营性资产与经营性负债的变动额：			
流动资产（增加）减少额	(1 420)	1 686	(11 855)
其他资产（增加）减少额	(2 739)	173	6
应付账款增加（减少）额	170	(1 144)	652
应计税款增加（减少）额	1 883	835	(2 242)
保险储备增加（减少）额	2 676	(206)	(383)
递延收入与其他流动负债（减少）增加额	(1 345)	14 170	7 653
其他负债增加（减少）额	3 897	(5 897)	2 391
经营活动现金流量净额	285 933	218 177	182 115
投资活动现金流量			
出售其他资产	16 058	—	—
资本支出	(96 232)	(90 190)	(71 706)
投资活动现金流量净额	(80 174)	(90 190)	(71 706)
筹资活动现金流量			
借入（偿还）周转信用贷款净额——以前信用协议	—	—	(86 300)
借入（偿还）周转信用贷款净额——现有信用协议	—	(23 200)	23 200
短期借款	—	22 938	1 175 000
票据融资	—	—	399 383
结清衍生工具	(50 450)	—	—

续表

会计年度截至12月31日	2012年度	2011年度	2010年度
偿还短期借款（包括提前偿还各种罚金）	(25 000)	(23 900)	(1 556 890)
向合伙人分配现金	(88 813)	(55 347)	(13 834)
支付债务融资成本	—	(21 214)	(43 264)
行使有限合伙单位期权	76	5	7
基于绩效单位的薪酬费用额外税收效益	1 208	—	—
筹资活动现金流量净额	(162 979)	(100 718)	(112 698)
汇率对现金及现金等价物的影响	526	(1 510)	126
现金及现金等价物			
当年增加（减少）净额	43 306	25 759	(2 163)
年初余额	35 524	9 765	11 928
年末余额	78 830	35 524	9 765

华纳音乐集团（衰退期）

表3-4列示了华纳音乐集团（Warner Music Group）被一家私营公司收购之前最后几年的现金流量表。该公司创建于1929年，后逐步发展为世界最大和最有影响力的音乐公司。该公司通过各种格式（过去主要是实物形式如唱片、卡式磁带和光碟）营销、授权和出售音乐内容以获得收入。随着数字音乐和其他传输平台（如网络媒体）的发展，与其他公司一样，身处音乐行业的华纳同样面临营销渠道转型问题。作为一家典型的身处衰退期的公司，华纳音乐集团：

- 连年亏损（2008—2010年的亏损额从0.51亿美元增加到1.45亿美元）。
- 尽管经营活动现金流量为正值，但下降幅度很大（2008—2010年度的经营活动现金流量净额从3.04亿美元减少到1.50亿美元）。
- 投资活动现金流量不稳定（2008年度和2010年度的投资活动现金流量净额都为负值，由于处置了某些投资，2009年度的投资活动现金流量净额为正值）。
- 外部融资的数额非常少（不过，2009年却同时发行债券和清偿巨额债务）。

后来，私营跨行业集团阿卡斯工业集团（Access Industries）收购了华纳音乐集团。

表3-4 华纳音乐集团现金流量表

单位：百万美元

会计年度截至9月30日	2010年度	2009年度	2008年度
经营活动现金流量			
经营亏损	(145)	(104)	(51)
终止经营损失	—	—	21
持续经营损失	(145)	(104)	(30)
将经营亏损调整为经营活动现金流量净额：			
出售权益法投资的利得	—	(36)	—
外汇交易利得	—	(9)	—
出售建筑物利得	—	(3)	—
权益法投资减值	—	11	—
成本法投资减值	1	29	—
折旧与摊销	258	262	268
递延所得税	—	—	(3)
非现金利息费用	20	62	46
非现金的以股份为基础的薪酬费用	10	11	11

续表

会计年度截至9月30日	2010年度	2009年度	2008年度
其他非现金调整项目		—	(3)
经营性资产与经营性负债的变动额：			
应收账款	118	(8)	28
存货	8	10	2
预付版税	16	(20)	(6)
应付账款与应计负债	(147)	15	(13)
应计利息	2	25	(3)
其他资产负债表项目变动额	9	(8)	7
经营活动现金流量净额	150	237	304
投资活动现金流量			
资本支出	(51)	(27)	(32)
购买版权	(36)	(11)	(25)
投资与收购需要的现金净额	(7)	(16)	(132)
出售投资获得的现金	9	125	25
通过第三方偿还贷款	—	3	(3)
出售建筑物获得的现金	—	8	—
投资活动现金流量净额	(85)	82	(167)
筹资活动现金流量			
偿还债务	—	(1 379)	(17)
发行担保票据获得的现金	—	1 059	—
递延已支付的筹资成本	—	(23)	—
支付股利	—	—	(42)
向非控制性权益分配现金	(3)	(3)	—
筹资活动现金流量净额	(3)	(346)	(59)
汇率变动对现金的影响	(7)	—	—
现金及现金等价物增加（减少）净额	55	(27)	78
期初现金及现金等价物余额	384	411	333
期末现金及现金等价物余额	439	384	411

3.4 理解净利润、资产负债表与现金流之间的关系

正如第2章已经指出的，计量基于权责发生制的财务绩效的另一种方法就是计量现金流入量与现金流出量。如果分析师信奉“现金为王”这个朴素的观念，现金流量表能提供公司的现金流入量与现金流出量的基本信息。不过，在短暂的期间（如一个季度或一年）内，现金流入量与现金流出量并不能充分反映公司现在或将来的盈利能力。例如，回顾前述的华纳音乐集团，其经营活动现金流量为正值但不断减少，同时其亏损在不断增加。

权责发生制会计经常备受指责，因可以被管理层轻易操纵而显得不靠谱。不过，如审计师、监管者、董事会、新闻媒体和行动派投资者会仔细查验公司对外报告的利润般的检查和平衡限制了这种不当行为。另一方面，因为现金流量不受会计准则的制约，与操纵利润相比，管理层更容易操纵现金流量。举一个简例，假设公司需要就12月31日还是下一年的1月1日支付供应商货款做出决策。该决策影响现金流量，但不影响利润，而且该现金流量的时间安排也不可能改变对未来绩效或现金流量的预期。因此，权责发生

制会计的目标在于帮助信息使用者评估公司目前的财务状况以及未来现金流量的性质、数额和时间分布，而现金流量报告的目标仅仅在于追踪现金流量。权责发生制会计超越了计量现金流量，计量的是经济流入量与经济流出量。经济资源与义务产生了资产与负债（资产负债表），取得和消耗经济资源又反过来改善了公司的绩效（利润表）。如前所述，尽管现金流量表非常有用，但只是掀开了将现金流量转化为资产负债表和利润表项目这一过程的“面纱”。根据第1章的图1-7，盈余正向变动公司与盈余负向变动公司之间的股票报酬率差异为35.6%，而经营活动现金流量正向变动公司与经营活动现金流量负向变动公司之间的股票报酬率差异只有15.0%。这说明各期间盈余与股票价格的相关性远远超过现金流量与股票价格的相关性。

尽管现金流量表与净利润紧密相关，但现金流量表还有其他用途。为了理解现金流量表，读者需要先了解如下三个关系：

（1）经营活动现金流量净额、投资活动现金流量净额与筹资活动现金流量净额之间的总体关系。

（2）资产负债表现金余额的变动与现金流量表现金净额的变动之间的关系。

（3）净利润与经营活动现金流量之间的具体关系。

前述“3.3 现金流活动与公司生命周期”在讨论四家处于生命周期不同阶段的公司时已经讨论过第一个关系。下面将讨论第二个和第三个关系。由于第三个关系最为重要，因此，将其分两部分讨论。第一部分将特别关注现金流量表的经营活动部分，突出将净利润调整为经营活动现金流量所做的各种必要调整。第二部分将更为笼统地讨论净利润与经营活动现金流量之间的关系。

□ 现金余额与现金流量净额之间的关系

现金流量表的主要目的是为财务报表使用者提供导致公司资产负债表现金余额变动的现金收入与现金支出的信息。这是最简单式的会计处理：

期初现金余额＋现金收入－现金支出＝期末现金余额

一定期间的现金流量净额应该等于该期间的现金变动额。财务会计准则汇编230和国际会计准则第7号以其对现金及现金等价物的影响界定现金流量。现金等价物包括随时可以转换为现金的具有高度流动性的各种短期投资，如期限非常短的国库券、商业票据和货币市场基金。根据美国公认会计原则和国际财务报告准则，三个月内到期的短期投资通常视为现金等价物。本书的“现金”就是指美国公认会计原则和国际财务报告准则所界定的现金及现金等价物。

现金流量表的现金流量净额等于经营活动、投资活动和筹资活动所创造或耗用的现金流量净额之和。2012年度百事公司的现金流量净额是经营活动现金流量（84.79亿美元）、投资活动现金流量（－30.05亿美元）与筹资活动现金流量（－33.06亿美元）之和，即现金变动净额为21.68亿美元。根据资产负债表，2012年度的现金及现金等价物从40.67亿美元增加到62.97亿美元，增加了22.30亿美元。现金流量净额（21.68亿美元）与现金及现金等价物实际增加额（22.30亿美元）之间的差额为0.62亿美元。该差额是现金流量表底部所列示的（采用第2章讨论过的公允价值评估）汇率变动对现金及现金等价物的影响。该差额说明汇率变动对百事公司的现金及现金等价物具有积极影响，进一步增加了百事公司2012年末现金余额的美元价值。

□ 现金流量表的经营活动部分

许多人可能认为现金流量表的第一部分（即经营活动现金流量）最重要，因为该部分提供了公司核心活动的信息。这些活动包括因向顾客出售商品或提供服务而取得的现金以及向供应商、员工、政府和其他商品或服务提供者支付的现金。分析师可以从经营活动部分收集有关盈余质量的信息。分析经营活动部分的现金流量时间分布可以揭示利润表列报的盈利能力的动因。这种分析有时可以提醒分析师关注盈余操纵问题。①

首先，我们简要提及美国公认会计原则和国际财务报告准则倡导的经营活动部分的两种列报格式。无论采用哪种列报格式，都必须列报如何将净利润调整为经营活动现金流量。我们将强调理解这种调整过程可以为分析师提供的信息。接下来，我们将讨论经营活动部分各种调整净利润的方式。最后，我们将提供一些例证。

经营活动部分：可供选择的列报格式

根据美国公认会计原则和国际财务报告准则，公司可以采用直接法或间接法列报经营活动现金流量。美国公认会计原则和国际财务报告准则都首推直接法。直接法列报了各种类别的现金收入与现金支出，如向顾客收取的现金、向供应商支付的现金和向员工支付的现金。相反，间接法则通过“还原”利润的非现金（权责发生制会计）因素，将公司对外报告的净利润调整为经营活动现金流量。尽管会计准则制定机构首推直接法，但几乎所有公司都采用间接法列报现金流量。2011 年，美国注册会计师协会调查了 500 家公司，其中只有 5 家公司采用直接法。② 也许是基于实用性考虑，公司不愿意采用直接法。因为财务会计准则委员会和国际会计准则理事会要求采用直接法的公司单独提供一份净利润与经营活动现金流量之间的调整表（换言之，采用间接法列报经营活动部分）。

表 3－5 列示了医药连锁店西维斯保健公司（CVS Caremark）的现金流量表，该现金流量表的经营活动部分采用直接法。这是一个相当罕见的例证。值得注意的是，2012 年度的经营活动现金流量为 66.71 亿美元，不仅列示于现金流量表的上面部分，而且还作为补充部分“将净利润调整为经营活动现金流量”列示于现金流量表的下面部分。当然，无论采用哪种列报方式，经营活动现金流量净额都是 66.71 亿美元。直接法的各个栏目的描述比间接法的各个栏目的描述要直观得多。因为直接法的各个栏目都列报了现金流量。而基于间接法，没有一个栏目列报实际的现金流量（而是列报净利润的非现金因素调整）。例如，“购买存货支付的现金”远比列示为间接法调整项目（列示于表 3－5 的下面部分）的存货变动额（存货的影响净额）更为直截了当。本章的后面部分将讨论如何根据资产负债表和利润表提供的信息计算出更为直观的数字，如“购买存货支付的现金”。

表 3－5　西维斯保健公司现金流量表：分别采用直接法和间接法列报经营活动部分　单位：百万美元

	会计年度截至 12 月 31 日		
	2012 年度	**2011 年度**	**2010 年度**
经营活动现金流量：			
来自顾客的现金收入	**113 205**	97 688	94 503
通过零售网络药店购买存货和处方支付的现金	**(90 032)**	(75 148)	(73 143)
支付给其他供应商和员工的现金	**(13 643)**	(13 635)	(13 778)
收到的利息	**4**	4	4
支付的利息	**(581)**	(647)	(583)
支付的所得税	**(2 282)**	(2 406)	(2 224)
经营活动提供的现金净额	**6 671**	5 856	4 779
投资活动现金流量：			

① 本章后面将初步讨论盈余质量分析，第 6 章将全面讨论盈余质量分析。

② AICPA, *Accounting Trends & Techniques* (2012).

续表

	会计年度截至12月31日		
	2012年度	**2011年度**	**2010年度**
购置财产与设备	**(2 030)**	(1 872)	(2 005)
售后租回交易获得的现金	**529**	592	507
出售财产与设备获得的现金	**23**	4	34
收购（需要的现金净额）与其他投资	**(378)**	(1 441)	(177)
购买可供出售投资	—	(3)	—
可供出售投资到期	—	60	1
出售子公司获得的现金	**7**	250	—
投资活动耗用的现金净额	**(1 849)**	(2 410)	(1 640)
筹资活动现金流量：			
短期负债增加（减少）	**(60)**	450	(15)
举借长期负债获得的现金	**1 239**	1 463	991
偿还长期负债	**(1 718)**	(2 122)	(2 103)
购置子公司的非控制性权益	**(26)**	—	—
支付现金股利	**(829)**	(674)	(479)
处置衍生工具	—	(19)	(5)
行使股票期权获得的现金	**836**	431	285
来自基于股票薪酬的额外税收效益	**28**	21	28
回购普通股	**(4 330)**	(3 001)	(1 500)
其他	—	(9)	—
筹资活动耗用的现金净额	**(4 860)**	(3 460)	(2 798)
现金及现金等价物增加（减少）净额	**(38)**	(14)	341
年初现金及现金等价物余额	**1 413**	1 427	1 086
年末现金及现金等价物余额	**1 375**	1 413	1 427
将净利润调整为经营活动现金流量：			
净利润	**3 875**	3 457	3 424
将净利润调整为经营活动现金流量需要调整的项目：			
折旧与摊销	**1 753**	1 568	1 469
以股份为基础的薪酬费用	**132**	153	150
提前偿债损失	**348**	—	—
出售子公司的利得	—	(53)	—
递延所得税和其他非现金项目	**(106)**	144	30
经营性资产与经营性负债变动的影响净额：			
应收账款净额	**(387)**	(748)	532
存货	**(858)**	607	(352)
其他流动资产	**3**	(420)	(4)
其他资产	**(99)**	(49)	(210)
应付账款与应付索赔及折扣	**1 147**	1 128	(40)
应计费用	**753**	85	(176)
其他长期负债	**110**	2	(44)
经营活动提供的现金净额	**6 671**	5 856	4 779

基于间接法，公司以净利润为起点计算经营活动现金流量。以净利润为起点隐含的假设是收入增加现金，费用减少现金。但请记住：基于权责发生制会计，收入或费用未必与现金收入或支出同时发生。由于

现金流量与利润表确认的时间分布存在差异，净利润必须根据其非现金影响因素调整为现金流量。西维斯保健公司即使采用直接法列报其经营活动部分，也必须列报（如表3-5下面部分所列示的）间接法的调整过程。

多数公司采用间接法。因为间接法根据经营活动获得或耗用的现金净额调整净利润，展现了现金流量与利润表的直接联系。间接法的反对者认为，缺乏经验的现金流量表使用者难以理解某些调整项目的基本原理。例如，应收账款减少意味着现金流量增加（因为从顾客那里收回现金）。当然，该调整项目通常被冠以“应收账款减少”的名称。而基于直接法，更为直观的类似项目为“来自顾客的现金收入”。尽管只需要多花点功夫就可以理解间接法的调整过程，但即使对经验老到的分析师而言，某些独特之处也是挑战。

经营活动部分：间接法的调整项目

根据间接法，经营活动现金流量的计算过程涉及两种类型的净利润调整项目：营运资本调整与非营运资本调整。由于收益确认与现金流量实现之间存在时间差异，因此同时需要这两种调整。常见的非营运资本调整包括折旧、摊销、递延税项和资产处置利得/损失。这些调整影响当期净利润，但不影响当期现金流量，因此必须从现金流量表的起点即净利润开始调整。以折旧费用为例，折旧费用冲减了净利润，却是一项非现金费用，因此将净利润调整为经营活动现金流量时，必须将非现金费用（如折旧费用）加回净利润。而营运资本调整则根据该期间经营性营运资本项目的变动做出。[①] 常见的营运资本调整包括应收账款、存货和应付账款的增加或减少。

现在，我们讨论采用间接法编制现金流量表的经营活动部分所需要的各项调整。根据经营活动部分的常规格式，我们先讨论最常见的非营运资本调整，再讨论营运资本调整。

非营运资本调整

折旧与摊销费用。[②] 折旧费用不仅冲减了财产、厂房与设备的价值，也冲减了净利润。然而，折旧费用在确认为费用的期间内并不需要支出一笔经营性现金流。为了购置应计提折旧资产而支付的现金流已经被归类为购置当年的投资活动。例如，百事公司现金流量表的投资活动部分将各种购置业务列报为“资本支出”。计算经营活动现金流量时加回的折旧费用抵消了计算净利润时扣除折旧费用的影响。同理，摊销费用反映了无形资产的消耗，在计算经营活动现金流量时也必须加回净利润。百事公司在计算经营活动现金流量时用单独一行加回净利润的“折旧与摊销”，包括建筑物和设备的折旧费用以及无形资产的摊销，这是一种普遍做法。百事公司的“折旧与摊销”项目的调整额（26.89亿美元）是数额最大的一笔非营运资本调整，由于加回折旧与摊销的非现金费用，净利润（62.14亿美元）调增了26.89亿美元。

坏账费用。与固定资产和无形资产的折旧费用和摊销费用一样，坏账费用冲减了应收账款净额和净利润。不过，坏账费用是一种非现金费用，与折旧与摊销费用类似，也必须加回净利润。该数额可能微不足道或包括在营运资本的应收账款调整额中，读者未必总能看到专门的坏账费用加回项目。例如，百事公司

---

① 营运资本等于流动资产总额减去流动负债总额。经营性营运资本通常包括除有价证券之外的所有流动资产和除短期贷款和长期负债的流动部分之外的所有流动负债。本章的后面部分将解释经营性营运资本不包括这些项目的理由。

② 因为折旧费用经常归入存货的成本，因此，现金流量表的折旧与摊销项目的调整远比我们这里讨论的复杂得多。如果某个期间的存货余额发生变动，该变动额可能包括分配到存货成本的折旧费用。因此，分配到存货的折旧（和摊销）费用可能导致费用化数额与现金流量表加回数额之间存在差异。公司可以通过多种方式处理这种差异，但利润表的折旧费用几乎不等于现金流量表的折旧费用调整额（同理，资产负债表存货余额的变动额几乎不等于现金流量表的“存货增加或减少”项目的营运资本调整额）。这是要求管理层提供现金流量表的一个强有力的理由。与外部使用者只能从其他财务报表获得粗略信息相比，管理层拥有更精确的关于编制现金流量表的信息。我们将在本章的后面部分讨论编制现金流量表的方法。

就没有列报坏账费用调整额（由此可以推断，该数额要么微不足道，要么包括在“应收账款与应收票据变动额”中）。例如，塔吉特公司（Target）面向各种零售顾客，其坏账费用数额相对较大。如表 3－6 所示，塔吉特公司在计算经营活动现金流量时加回了一笔 1.54 亿美元的坏账费用。

表 3－6 塔吉特公司现金流量表：经营活动部分 单位：百万美元

	2011 年度	2010 年度	2009 年度
经营活动			
净利润	**2 929**	2 920	2 488
调整为现金流量			
折旧与摊销	**2 131**	2 084	2 023
以股份为基础的薪酬费用	**90**	109	103
递延所得税	**371**	445	364
坏账费用	**154**	528	1 185
非现金（利得）/损失和其他（净额）	**22**	(145)	143
经营性项目的变动额：			
源于塔吉特公司的应收账款	**(187)**	(78)	(57)
存货	**(322)**	(417)	(474)
其他流动资产	**(150)**	(124)	(129)
其他非流动资产	**43**	(212)	(114)
应付账款	**232**	115	174
应计与其他流动负债	**218**	149	257
其他非流动负债	**(97)**	(103)	(82)
经营活动现金流量	**5 434**	5 271	5 881

递延所得税费用。如果公司分别基于财务报告目的和所得税报告目的采用不同的会计模式，那么其资产负债表就需要确认递延所得税资产或递延所得税负债。所得税费用总额（包括当期和递延部分）可能与（来自纳税申报表的）该年度应支付的所得税不同。因此，公司必须将这部分额外的所得税费用加回当年的应交所得税（根据当年所得税费用预估）。百事公司 2012 年度的现金流量表列示了一笔数额为 3.21 亿美元的递延所得税加回项目，说明当年的所得税费用超过了当年实际应支付的所得税。

员工股票期权薪酬。以股份为基础的薪酬费用（如员工股票期权允许员工以低于市场价值的价格购买公司的普通股）确认为利润表的一项费用。① 该费用冲减了净利润，增加了股东权益，但并不影响现金流量。因为该费用并没有耗用现金，在计算经营活动现金流量时，公司将以股份为基础的薪酬费用加回净利润。百事公司 2012 年度现金流量表经营活动部分的“以股份为基础的薪酬费用”列示了一笔数额为 2.78 亿美元的加回额。在员工偶尔行使股票期权时，其以行权价格支付给公司产生的现金流入量列报于现金流量表的筹资活动部分。百事公司 2012 年度现金流量表筹资活动部分的“行使股票期权获得的现金”列示了一笔数额为 11.22 亿美元的由发行股票产生的现金流入量。

利得和损失。公司出售财产、厂房与设备项目后会在其现金流量表的投资活动部分列报全部的现金流入量。例如，百事公司 2012 年度现金流量表投资活动部分的“出售财产、厂房与设备”列示了一笔 0.95 亿美元的利得。只要资产不是以其账面价值出售，净利润就应包括该项资产的利得和损失（即出售资产的收入减去该资产的账面价值）。因此，现金流量表经营活动部分显示加回一项损失和扣除一项利得，抵消

① 第 7 章将更全面地讨论以股份为基础的薪酬费用。

对净利润的影响，避免对利得或损失的双重计算，因为现金流量表的投资活动部分包括出售该资产的全部现金流入量。百事公司 2012 年度现金流量表并没有专门列示利得或损失，说明该数额微不足道，可能包括在“其他（净额）”这个项目中。

处置固定资产的利得和损失如何影响现金流量表的经营活动部分呢？回过头来看表 3－3 列示的雪松娱乐公司现金流量表。以 2012 年度为例，该公司现金流量表的“出售其他资产利得”列示了－662.5 万美元的调整额。之所以作为扣除项目，是因为公司的净利润（即现金流量表的起点）中已经包括该利得，而现金流量表投资活动部分的“出售其他资产”已经包括出售该资产的全部现金流入量，总额为 160.58 亿美元。如果没有做出该项调整，现金流量表将重复计算该利得（净利润中计算了一次，现金流量表投资活动部分又计算了一次）。

权益法收益。如果公司投资持有另一家公司普通股的比例为 20%～50%，该项投资的会计处理通常采用权益法。[①] 作为投资方，公司在净利润中确认其应享有被投资方各期间的利润份额，同时相应地增加其投资项目的余额，如果收到现金股利则冲减投资项目的余额。因此，净利润只是反映了投资方享有的被投资方的利润的份额，并不反映收到的现金。现金流量表通常列示从净利润中扣除投资方享有被投资方的利润份额，而后加上收到的现金股利后的数额。公司经常只列报这两个数额的净额。例如，百事公司 2010 年度在将净利润调整为经营活动现金流量时，“扣除股利后的装瓶公司权益投资收益”列报了 0.42 亿美元的增加额。随后，百事公司与装瓶公司合并，因此 2011 年度和 2012 年度的“扣除股利后的装瓶公司权益投资收益”没有出现任何调整数额。

非控制性权益。公司有时并不拥有子公司 100%的股权。母公司控制着子公司的经营活动，而其他投资者拥有非控制性权益或少数权益。母公司可以 100%合并子公司的资产、负债和利润，但必须列报非控制性权益的扣除额。例如，百事公司 2012 年度对外报告的净利润为 62.14 亿美元，但利润表的下面部分以“归属于非控制性权益的净利润”名目列报了 0.36 亿美元的扣除额，因此“归属于百事公司的净利润”只有 61.78 亿美元。但是由于这项“非控制性权益”是一种非现金扣除额，必须加回，所以实际上百事公司现金流量表的起点还是净利润为 62.14 亿美元。

其他综合收益。第 2 章已经讨论过，其他综合收益是针对某些金融证券、外币利得/损失和各种退休后福利项目的调整。因此，其数额也必须加回净利润。不过，多数公司的现金流量表以净利润为起点，而不是以综合收益为起点。

与员工相关的成本如养老金。养老金计划包括固定缴款和固定受益两种类型。[②] 固定受益计划可能导致养老金费用与实际现金流量之间存在较大差异，而固定缴款计划则不然（例如，需要估算员工继续工作的时间长度、员工享受退休后福利的时间长度、这些福利成本的增长情况以及为了弥补这些未来成本需要达到的投资报酬率等各种估计值）。因此，采用固定受益计划的公司需要根据养老金费用与现金交易之间的差额调整净利润。有些公司（如百事公司）则分别加回养老金费用并扣除实际支付养老金和退休后福利的现金数额。例如，百事公司 2012 年度现金流量表以“养老金与退休医疗计划费用”名目列报了 7.96 亿美元的加回额，同时以“养老金与退休医疗计划缴款额”名目列报了 18.65 亿美元的扣除额。这说明百事公司养老金与退休医疗计划的缴款额几乎是其养老金与退休医疗计划费用的两倍。如果其他条件保持不变，这意味着现金流量数额将少于净利润。

以股份为基础的薪酬计划的额外税收效益。（这个主题有难度）如果公司授予员工股票期权，就需要在授予期间内将该股票期权的公允价值确认为费用。该项费用将冲减净利润，从而降低相应的所得税费用。员工行使股票期权后，必须根据行权时的股票价格与行权需要支付的价格（行权价格）之间的差额纳

---

① 第 8 章将更全面地讨论投资的会计计量问题。

② 第 9 章将更全面地讨论养老金计划问题。

税。公司可以得到的实际扣税额就是该员工的应税所得额［即股票数量×（股票价格－行权价格）］。薪酬的扣税额经常超过已经确认的累计薪酬费用。这种超额减少了实际支付的税款（减少了递延所得税资产），但并不减少利润表中确认的所得税费用。相反，税收效益直接确认为股东权益表实收资本的“贷项”。在实务中，对税收效益可能有各种不同的处理方法，但列报其数额的合适名目是“基于股票薪酬的额外税收效益”，该项目对现金流量表的影响如下所示：

（1）该调整额以一个净利润的加回项目列示于现金流量表的经营活动部分（直接记入权益项目，反映已经绕过利润表的税收节约额）。经过此调整，与相应期权相关的所有税收效益都按规定合理地归类为经营活动。[①]

（2）从经营活动中扣除该数额，因为该交易的实质是与股东（即员工）的一种权益交易，所以应该归类为筹资活动。

（3）增加权益的税收节约额的正值现金流量列示于现金流量表的筹资活动部分（即对上述第二条从经营活动中调整出来的该数额的重分类）。

值得注意的是，将这些税收效益最终归类为筹资活动与将股票期权行权产生的现金流量归类为筹资活动相匹配。本章后面部分将讨论的脸书公司的示例（如表 3－7 所示）就展现了这种处理方法。不过，脸书公司是一个极端的示例，因为：（1）其期权薪酬数额较大；（2）股票价格表现良好，大规模员工行权，使公司得到税收扣除额。就多数其他公司而言，尽管现金流量表经常列示从经营活动重分类为筹资活动的项目，但第一个调整项目往往是其他调整项目相互抵销的净额。例如，百事公司现金流量表的经营活动部分以“来自股份支付协议的额外税收效益”名目列报了 1.24 亿美元的扣除额，该调整额同时以正值现金流量列示于现金流量表的筹资活动部分。

减值与重组相关费用。资产的冲销和减值体现为减值费用，会减少净利润，但通常与现金交易无关。因此，在计算经营活动现金流量时，减值费用必须加回净利润。同理，要先估计可能发生的重组费用，随后才会发生相关的现金流量。因此在现金流量表的经营活动部分，重组费用会加回净利润，而重组实际支付的现金则从净利润中扣除。以 2012 年度为例，百事公司现金流量表的经营活动部分以“重组与减值费用”名目列示了 2.79 亿美元的加回额，而以“重组费用的现金支付额”名目列示了 3.43 亿美元的扣除额。由此可见，百事公司支付的重组费用超过确认为重组费用的数额，两者相抵产生的净利润的调整额为－0.64 亿美元（2.79－3.43）。百事公司还列示了与康师傅食品公司相关的并购整合成本等类似的重组费用调整项目。

营运资本调整

将净利润调整为经营活动现金流量的第二种调整类型涉及营运资本（流动资产和流动负债）项目的变动额。净利润必须根据与营运资本项目变动额相关的现金流量做出调整。我们将再次讨论现金流量表经营活动部分列报的最常见的营运资本调整项目。

应收账款。收入确认基于销售的经济特征而不是基于现金的收取。除非顾客支付现金，否则收入确认只会增加应收账款。应收账款增加说明公司没有收到与净利润中确认的收入相等的现金，而应收账款减少则说明公司收到的现金超过公司确认为收入的数额。这说明净利润包括收入数额但并没有反映收到的现金数额，净利润应该扣除应收账款增加额，加回应收账款减少额。

存货。基于存货会计处理的两个特征，在计算经营活动现金流量时需要调整净利润。如果存货余额增

---

① 无论是财务会计准则第 95 号公告“现金流量表”还是紧急问题工作小组发布的 00-15 问题都规定，基于股票薪酬计划的所有税收效益都应该归类为经营活动现金流量。不过，财务会计准则第 125 号公告（修订稿）规定额外税收效益作为筹资（而不是经营）活动现金流量列报。当前指引参见财务会计准则汇编 718。

加，现金流量表将扣除相应的数额。因为存货余额增加意味着发生一项现金支出。同理，如果存货余额减少，现金流量表需要调增相应的数额。因为存货减少额会转化为商品销售成本，但以前报告期已经支付了与存货相关的部分数额。在本章前面脚注中已经强调过，理解现金流量表如何专门调整折旧与摊销的非现金费用非常重要。

预付费用。预付费用是一种尚未转化为费用的现金支出。预付费用增加说明现金支出的数额超过在计算净利润时确认为费用的数额，而预付费用减少额则代表转化为费用但并没有同时发生等额现金流量的数额。因此，现金流量表必须扣除预付费用增加额或加回预付费用减少额。

应付账款与应计费用。作为流动负债的应付账款和应计经营费用增加意味着公司并没有耗用与利润表列报的存货和经营费用数额相等的现金。例如，某公司在年末收到应付所购买服务的账单，但并没有支付该账单，而是延迟到下一个年度才支付，那么该公司应将该账单确认为费用，同时增加负债。该费用冲减了净利润，但由于没有支付现金，因此在计算经营活动现金流量时，该数额应该加回净利润。当然，应付账款和应计费用减少则说明支付该负债的现金数额超过增加这些负债的费用数额，是一种现金流出量净额。

应交所得税。公司通常不会在某个年度支付该年度应缴纳的所有税款。公司在某个年度支付的税款可能与以前年度的税款有关。当年应该缴纳的某些税款可能在下一个年度支付。回顾前述关于非营运资本调整的讨论，将递延所得税费用加回净利润或从净利润中扣除递延所得税效益，就能将所得税费用转化为当期应交所得税。同理，调整应交所得税变动额就将当期应交所得税转化为实际支付的所得税。

其他流动资产与流动负债。除了前述讨论的营运资本项目，还有其他流动资产和流动负债项目，如有价证券、短期投资、商业票据和其他短期借款。与这些项目相关的现金流量列示于现金流量表的投资活动部分（有价证券和短期投资）或筹资活动部分（商业票据和其他短期借款）。

为何调整额很少等于资产负债表的资产与负债的变动额？

尽管现金流量表的所有调整项目都与资产负债表的非现金项目有关，但资产负债表项目的实际变动额很少等于现金流量表的调整额。例如，百事公司的应收账款和应收票据余额从2011年的69.12亿美元增加到2012年的70.41亿美元，增加了1.29亿美元。但现金流量表的“应收账款与应收票据变动额”的调整额为2.50亿美元。同理，百事公司资产负债表列示的“应付账款与其他流动负债”从117.57亿美元增加到119.03亿美元，增加了1.46亿美元。但现金流量表列示的调整额为5.48亿美元。为何现金流量表的调整额很少与资产负债表相应项目的变动额相等？

资产负债表变动额与现金流量表调整额不相等的主要原因是：

（1）**收购与资产剥离**。如果公司用现金收购另一家公司，则应将该现金流量列示于现金流量表的投资活动部分。在收购过程中，收购公司经常接收被收购公司的各种流动资产和流动负债（如应收账款、存货和应付账款）。年末的合并资产负债表包括这些流动资产和流动负债。然而，为了避免双重计算，资产负债表的变动额合计不应该作为调整额列示于现金流量表的经营活动部分。举个例子，假设X公司以1 000 000美元现金收购了Y公司，取得Y公司的应收账款300 000美元，X公司的资产负债表中将包括这额外的应收账款300 000美元，并将该收购额（1 000 000美元）作为一个扣除项目列示于X公司现金流量表的投资活动部分。现金流量表经营活动部分“应收账款变动额”的调整额并不包括300 000美元。资产剥离具有类似的影响，但影响的方向刚好相反。

（2）**非现金交易**。非现金交易包括使用普通股的非现金交易、基于租赁协议的资产收购、资产交易、金融资产收购或清偿债务、债转股，以及可能增加或减少资产、负债或权益但不涉及现金的其他交易。与前述讨论类似，在编制现金流量表时，必须调整资产负债表相应项目余额的年初与年末变动额。例如，再回顾一下X公司的示例，假设X公司通过向Y公司股东发行普通股（而不是以现金）的方式收购Y公司。巨额的非现金交易应该与支付利息和税款的现金分别列报于现金流量表的附录或附注。

（3）**备抵账户的变动额**。应收账款和固定资产等资产拥有备抵账户。如果这些资产以净值列示于资产负债表，那么备抵账户的变动额也可能引起资产负债表的变动额与现金流量表经营活动部分的调整额不匹配。例如，假设Z公司应收账款净额如下所示（单位：美元）：

	2012年度	2013年度
应收账款	500 000	500 000
坏账准备	(25 000)	(40 000)
应收账款净额	475 000	460 000

假设2013年度Z公司担心经济环境变化可能对欠其500 000美元的顾客产生不利影响，将相应的坏账准备从25 000美元提高到40 000美元，则应收账款净额的变动额为－15 000美元。这是确认非现金坏账费用15 000美元的结果。坏账费用冲减了净利润，但现金流量表的经营活动部分通常将其加回净利润。回顾表3－6列示的塔吉特公司数据。值得注意的是，塔吉特公司的坏账费用变动额与应收账款调整额是分开列报的。

（4）**外币交易**。全球多元化经营的公司在许多国家都有资产和负债，而且这些资产和负债经常以各种货币计价。在编制合并资产负债表时，流动资产和流动负债从当地货币折算为合并公司的计价货币可能会改变这些资产和负债的余额，这是一种非现金交易。基于与前述示例类似的原因，这些资产或负债中包含的外币折算利得或损失可能导致现金流量表经营活动部分的调整额与资产负债表相应项目余额的变动额不匹配。

有时，一些公司会提醒财务报表阅读者注意现金流量表经营活动部分的营运资本变动额不等于比较资产负债表相应项目的变动额，并将这些项目以“经营性营运资本变动净额（不包括收购和转让的影响）”名目列示于现金流量表的经营活动部分。本章后面部分的某些示例将对这种措辞的运用进行说明。值得注意的是，资产负债表变动额与调整额难以完全匹配这一缺陷同样存在于非营运资本项目中，如财产、厂房与设备以及长期投资、长期负债和其他流动负债。

现金流量表的经营活动部分：基于间接法的调整示例

现金流量表经营活动部分的构造与各个项目的措辞因公司而异，主要是因为各家公司的经营活动（以及所处的环境如技术、产品市场和顾客）差异非常大。有鉴于此，为了说明各家公司现金流量表经营活动部分采用的不同列报方式，这里集中讨论几个示例。我们将主要讨论各个示例的代表性项目，不详细讨论非常规或特殊的调整项目。

脸书公司。脸书公司是世界上最流行的社交媒体网站。脸书公司现金流量表的经营活动部分如表3－7所示。脸书公司现金流量表经营活动部分的引人注目之处是，该公司对外报告的净利润只有0.53亿美元，而其经营活动提供的现金净额却高达16.12亿美元。最大的非现金调整项目是基于股份的薪酬费用，总额为15.72亿美元。接着就是折旧与摊销的调整项目，总额为6.49亿美元。冲减这些加回项目的数额大致可以获得4.51亿美元的所得税返还，是一笔扣除额。脸书公司在其财务报表附注部分做出了解释。该公司确认了4.51亿美元的所得税贷项，这是一个增加净利润的非现金事项。根据本章前面部分的描述，脸书公司在员工行使期权时会获得一笔税收效益。而在将期权费用直接计入“实收资本”项目贷方时，脸书公司就已经确认这笔与冲减所得税费用相关的额外税收效益。这笔税收效益的额外扣除产生了一笔税收节约额，而税收节约额又是一笔现金流入量，因此脸书公司将其加回净利润。然而，这笔税收效益应该归类为筹资活动，所以脸书公司在编制其现金流量表时，将这笔税收效益从经营活动部分扣除，加回筹资活动部分。由此，一笔小额的净利润“戏剧性”地转化为一笔巨额的经营活动现金流量，从总体上产生了影响。

表3-7　脸书公司现金流量表：经营活动部分　单位：百万美元

	会计年度截至12月31日		
	2012年度	2011年度	2010年度
经营活动现金流量			
净利润	53	1 000	606
将净利润调整为经营活动现金流量净额：			
折旧与摊销	649	323	139
冲销设备的损失	15	4	3
基于股份的薪酬费用	1 572	217	20
递延所得税	(186)	(30)	23
基于股份奖励的税收效益	1 033	433	115
基于股份奖励的额外税收效益	(1 033)	(433)	(115)
资产与负债的变动额：			
应收账款	(170)	(174)	(209)
所得税返还	(451)	—	—
预付费用与其他流动资产	(14)	(24)	(38)
其他资产	2	(5)	(6)
应付账款	1	6	12
应付平台合作款	(2)	96	75
应计费用与其他流动负债	160	37	20
递延收入与存款	(60)	49	37
其他负债	43	50	16
经营活动提供的现金净额	1 612	1 549	698

黑板公司。黑板公司（Blackboard Inc.）的总部在华盛顿，主要经营教育应用软件（如课程网站管理）和移动应用软件。黑板公司2008年度现金流量表的经营活动部分如表3-8所示。

根据表3-8，黑板公司2008年度的净利润与经营活动现金流量之间存在巨额差异（净利润为0.028亿美元，而经营活动提供的现金净额为0.798亿美元）。具有代表性的数额较大的非营运资本调整项目包括折旧与摊销（0.157亿美元）、由收购产生的无形资产摊销（0.379亿美元）和以股份为基础的薪酬费用（0.151亿美元）。

表3-8　黑板公司现金流量表：经营活动部分　单位：千美元

	会计年度截至12月31日		
	2008年度	2007年度	2006年度
经营活动现金流量			
净（亏损）利润	2 820	12 865	(10 737)
将净（亏损）利润调整为经营活动现金流量净额：			
递延税收效益	(8 113)	(2 830)	(5 075)
行使股票期权的额外税收效益	(2 107)	(6 845)	(3 317)
债券折价摊销	1 653	1 840	1 701
折旧与摊销	15 703	10 681	8 980
由收购产生的无形资产摊销	37 866	22 122	17 969
坏账准备变动额	161	(2)	(109)
以股份为基础的薪酬费用	15 127	12 043	8 056
普通股认股权证投资利得	(3 980)	—	—
经营性资产与负债的变动额（不包括收购的影响）：			
应收账款	(31 721)	(225)	(21 780)

续表

	会计年度截至 12 月 31 日		
	2008 年度	**2007 年度**	**2006 年度**
存货	306	288	(571)
预付费用与其他流动资产	(2 594)	(1 233)	(42)
递延收入的成本	(394)	372	(5 129)
应付账款	(4 018)	952	133
应计费用	4 227	9 394	(5 588)
递延租金	9 675	1 101	(245)
递延收入	45 224	8 834	38 640
经营活动提供的现金净额	79 835	69 357	22 886

值得注意的是，黑板公司现金流量表的经营活动部分以“不包括收购的影响”名目为营运资本调整项目提供了有益的说明，提醒读者资产负债表各个项目的变动额可能与现金流量表相应项目的调整额不对应。因为收购列报于投资活动部分且包括取得的营运资本项目。例如，黑板公司现金流量表列报的应收账款调整额为−0.317 亿美元，说明应收账款有所增加，因为尚未收回现金，所以在计算经营活动现金流量时，应从净利润中扣除该数额。此外，递延收入的调整额多达 0.452 亿美元，说明向顾客预收了现金，但该数额尚未确认为利润，因此净利润必须相应增加该数额。资产负债表中这些项目的变动额为（单位：百万美元）：

	2008 年度	**2007 年度**	**变动额**
应收账款	93.4	53.6	↑39.8
递延收入	184.7	129.5	↑55.2

应收账款的实际变动额（0.398 亿美元）与现金流量表调整额（0.317 亿美元）之间的差额（0.081 亿美元）反映了 2008 年度通过收购可能产生的应收账款。同理，资产负债表中的递延收入增加了 0.552 亿美元，但现金流量表列报的调整额只有 0.452 亿美元，其差额（0.1 亿美元）反映了通过收购可能产生的递延收入。

圣智学习出版集团控股公司。圣智学习出版集团控股公司（Cengage Learning Holdings Ⅱ，L. P.）是一家面向大学生、专业人士和国际市场的纸质与数字教育材料的提供商，也是本教材的出版商。圣智学习出版集团控股公司现金流量表的经营活动部分如表 3 - 9 所示。与黑板公司一样，圣智学习出版集团控股公司列报的现金流量也远远超过其每年对外报告的净利润（亏损）。有几个项目值得关注。第一，有几个大额的摊销费用非现金调整项目，例如第一个调整项目“出版前成本的摊销”。圣智学习出版集团控股公司通过“出版前成本”这个资产项目归集为出版而编辑书稿和其他材料的必要成本。如果书或产品可以推广并销售，一旦确认了书的销售收入，其出版前成本将作为费用处理。作为一种冲减净利润的非现金费用，在编制现金流量表时，摊销费用应该加回。第二，圣智学习出版集团控股公司现金流量表的“提前偿债利得”列报了一项负值调整额。有时，公司能够以低于其账面价值的数额提前偿还债务，这时就会产生一项利得。该利得增加了净利润但并没有产生现金，因为债务的账面价值超过了偿还债务所耗用的现金数额。为了剔除这部分与现金流量无关的利润，必须做出相应的调整。第三，圣智学习出版集团控股公司将所有调整项目汇总在一起。与黑板公司一样，圣智学习出版集团控股公司也以“经营性资产与负债的变动额（不包括收购的影响）”名目列报这些调整项目。所有营运资本调整项目的调整净额为 0.685 亿美元。根据经营活动部分下面摘录的附注，这些调整项目都是典型的调整项目，而且每年都会发生变动。例如，数额最大的营运资本调整项目是应付账款与应计费用的调整额，高达 0.598 亿美元。这说明圣智学习出版集团控股公司 2012 年度通过增加负债获取现金。2012 年度的应收账款也有所增加，耗用现金 0.152 亿美元。圣智学习出版集团控股公司现金流量表的经营活动部分呈现出来的景象是其利润较少但经营活动现金流量却非常充裕。

表 3-9　圣智学习出版集团控股公司现金流量表：经营活动部分　　单位：百万美元

	会计年度截至 6 月 30 日		
	2012 年度	2011 年度	2010 年度
经营活动现金流量			
净（亏损）利润	18.2	(26.9)	7.4
终止经营亏损（税后）	—	3.8	0.7
持续经营收益（亏损）	18.2	(23.1)	8.1
将持续经营收益（亏损）调整为持续经营活动现金流量净额：			
出版前成本的摊销	161.2	142.2	140.7
折旧	54.9	47.3	47.0
可辨认无形资产摊销	164.3	167.5	164.8
债券折价与递延筹资成本的摊销	16.6	16.5	18.7
长期负债利息资本化	0.7	17.5	19.0
衍生工具非现金利息	31.7	57.0	57.1
以利息偿还长期负债	(35.0)	(4.4)	(7.3)
基于权益的非现金薪酬费用	4.4	8.1	5.4
重组费用	—	0.6	10.5
因重组而发生的现金支出	(1.3)	(8.6)	(5.4)
衍生工具的市值	(27.8)	(63.5)	(66.9)
提前偿债利得	(39.1)	(1.9)	(9.2)
递延所得税准备（效益）	(7.8)	(4.4)	3.6
附属公司权益损失（税后）	3.1	2.9	2.4
经营性资产与负债的变动额（不包括收购的影响）	68.5	(6.9)	11.8
其他（净额）	13.6	16.9	(3.3)
持续经营活动提供的现金净额	426.2	363.7	397.0
终止经营活动耗用的现金净额	—	(0.6)	(0.3)
经营活动提供的现金净额	426.2	363.1	396.7

18. 现金流量补充信息

“经营性资产与负债的变动额（不包括收购的影响）”的具体信息如下：

	会计年度截至 6 月 30 日		
	2012 年度	2011 年度	2010 年度
应收账款净额	(15.2)	68.0	(65.2)
存货	14.1	(12.5)	14.8
预付费用与其他流动资产	(2.8)	14.7	(9.9)
应付账款与应计费用	59.8	(69.9)	23.9
应计应付利息	16.2	(0.7)	25.1
递延收入	9.3	4.3	10.7
当期应交所得税	5.1	(12.7)	6.8
预付作者版税	(4.0)	4.8	(2.7)
其他（净额）	(14.0)	(2.9)	8.3
	68.5	(6.9)	11.8

奇华顿香料公司。迄今为止，我们讨论的示例都采用美国公认会计原则编制其现金流量表。奇华顿香料公司（Givaudan SA.）现金流量表的经营活动部分如表 3-10 所示。奇华顿香料公司是一家瑞士公司，是世界领先的香料和调味品制造商之一。根据美国公认会计原则，收到的利息、支付的利息和收到的股利都必须列入经营活动现金流量。与此相反，国际财务报告准则允许公司自由选择收到的利息、支付的利息和收到的股利的归类方法。不过，根据美国公认会计原则和国际财务报告准则的要求，支付股利都必须归类为筹资活动。第一，值得注意的是，奇华顿香料公司的现金流量表在经营活动部分之前就将净利润调整为经营收益，而且其中一个调整项目就是将利息费用加回。第二，筹资活动部分剔除了支付的利息。第三，收到的利息列入筹资活动部分。第四，值得注意的是，采用国际财务报告准则的公司经常直接在经营活动部分列报实际支付的所得税数额。

表 3-10 奇华顿香料公司现金流量表 单位：百万瑞士法郎

	附注	2012 年度	2011 年度
当期收益		411	252
所得税费用	14	103	66
利息费用	12	72	75
非经营收益与费用		21	50
经营收益		**607**	**443**
财产、厂房与设备的折旧	21	108	105
无形资产摊销	22	155	205
长期资产减值	20，21	—	5
其他非现金项目			
股份支付		13	13
养老金费用		63	37
额外未用准备金		18	13
其他非现金项目		(24)	43
非现金项目的调整		**333**	**421**
存货（增加）减少额		90	(117)
应收账款（增加）减少额		(64)	(92)
其他流动资产（增加）减少额		(20)	(7)
应付账款增加（减少）额		13	14
其他流动资产增加（减少）额		(2)	(11)
营运资本（增加）减少额		**17**	**(213)**
已交所得税		**(84)**	**(73)**
已付养老金缴款额		(70)	(75)
已用准备金		(27)	(47)
自有权益工具买卖（净额）		14	—
金融交易对经营活动的影响（净额）		(9)	—
经营活动提供（耗用）的现金流量		**781**	**456**
长期负债增加额		1	839
长期负债（减少额）		(50)	—
短期负债增加额		309	131
短期负债（减少额）		(732)	(1 132)
已付利息		(76)	(77)
已付股东分配款		(200)	(196)
基于筹资活动的衍生金融工具买卖（净额）		(17)	—

续表

	注释	2012 年度	2011 年度
其他项目（净额）		(5)	(6)
筹资活动提供（耗用）的现金流量		**(770)**	**(441)**
购置财产、厂房与设备	21	(156)	(187)
购置无形资产	22	(72)	(86)
联合控股公司权益资本增加额		—	(1)
处置财产、厂房与设备获得的现金	21	8	11
出售联合控股公司的权益	8	10	—
出售无形资产	9	27	—
收到利息		3	2
买卖可供出售金融资产净额		5	1
买卖衍生金融工具净额			29
其他项目（净额）		(8)	(35)
投资活动提供（耗用）的现金流量		**(183)**	**(266)**
现金及现金等价物增加（减少）净额		**(172)**	**(251)**
货币折算对现金及现金等价物的影响（净额）		(5)	(9)
期初现金及现金等价物余额		545	805
期末现金及现金等价物余额		**368**	**545**

这些示例都说明，为了便于财务报表使用者将净利润调整为经营活动现金流量，必须提供某些信息，但其具体的格式和调整项目可能存在显著差异。有鉴于此，读者应该理解会计师将对外报告的利润调整为现金流量的基本原理，而不必记住格式或调整项目的符号。

□ 净利润与经营活动现金流量之间的关系

净利润与经营活动现金流量之间的总体关系是什么？何时净利润会超过经营活动现金流量或经营活动现金流量会超过净利润？在足够长的期间内，净利润与经营现金流量会大致相等吗？如果会，需要多长时间呢？读者从前述示例可以看到，净利润总体上低于经营活动现金流量，不过读者也可以看到某些例外情形。其实这不足为奇，因为净利润与现金流量之间的关系取决于众多因素（如公司和行业的经济特征、公司增长率乃至管理层选择现金流量表列报方式的自由裁量权）。然而，近年来，大约 80%的公司对外报告的经营活动现金流量超过了净利润。

经营活动现金流量超过净利润的趋势不足为奇，理由主要是：首先，现金流量表经营活动部分数额最大的净利润调整项目通常是非流动资产、非流动负债和股东权益等非营运资本调整项目，这些调整项目主要是加回净利润（而不是从净利润中扣除）。这些加回项目主要包括折旧费用（非流动资产）、递延所得税费用（非流动负债）和基于股份的薪酬费用（股东权益）。几乎所有公司都对外列报折旧费用，但与基础资产的资本支出相关的主要现金流量为负值，而且列示于投资活动部分（而不是经营活动部分）。同理（和财产、厂房与设备相关），多数公司列报了递延所得税负债，尽管当期确认了某项费用，但递延所得税负债是递延至以后年度的负值现金流量。因此，许多公司当期的现金流量超过其净利润。其次，以股份为基础的薪酬依然是公司支付员工薪酬的一种流行方式。这种非现金费用的数额经常很大，但与筹资活动部分列报的薪酬协议相关的现金流量却很小（其现金流入量主要来自员工支付的股票期权行权价格以及由此而产生的税收节约额）。最后，巨额的资产减值与重组费用是近年来公司财务报表呈现出来的主要特征。而巨额的资产减值与重组费用会冲减净利润却不影响经营活动现金流量。

快速成长的公司可以反映经营活动现金流量与净利润的各种关系。成长型公司的现金流量表经常列报应收账款、存货和经营性流动负债变动额的巨额调整。如果公司销售增加，其营运资本项目也会随之增加。假设某公司几年来销售成倍增加。该公司很可能增加赊销额（应收账款），同时增加可供出售的商品（存货），并相应地增加应付供应商的账款（应付账款）。多数成长型公司的应收账款和存货（即耗用现金）的增长速度远远超过其经营性流动负债（即现金来源）的增长速度。因此，在计算经营活动现金流量时，经营性营运资本变动净额就是净利润的一个扣除项目，经营活动现金流量可能少于净利润。当然，如果营运资本的资产增加额与营运资本的负债增加额大致相等，增加应收账款和存货所耗用的现金数额就可能与增加应付账款所带来的现金数额相互抵销。其结果就是前述讨论的正值非营运资本调整额占主导地位，经营活动现金流量超过净利润。

另一个可能导致经营活动现金流量与净利润不同的因素是经营周期的长短。经营周期是从公司开始生产商品至出售商品并从顾客那里收回现金的时间长度。经营周期相对较长的公司（如建造公司和航空航天制造企业）为设计、开发、采购原材料、聘用员工支付现金与从顾客那里收回现金的时间差较长。除非公司在产品完工并交付使用之前向顾客预收现金或延迟向供应商支付现金，否则在计算经营活动现金流量时，经营性营运资本变动净额就是净利润的一个扣除项目。经营周期越长，公司的增长速度越快，净利润与经营活动现金流量之间的差额就越大。以酿酒公司为例，酿酒公司必须种植葡萄树并培植数年，才能收获葡萄、发酵葡萄汁、用木桶晒酒数月或数年，而后装瓶、出售、装运。在取得现金流入量之前的数年间，酿酒公司需要承担巨额的现金流出量。相反，经营周期较短的公司（如酒店和服务公司），其产品设计和交付使用与从顾客那里收回现金的时间差较短，因此这些公司的经营性营运资本变动净额对净利润与经营活动现金流量之间产生差异的影响相对较小。

图 3-2 描绘了百事公司 2008—2012 年度的净利润与现金流量之间的关系。首先，值得注意的是，该

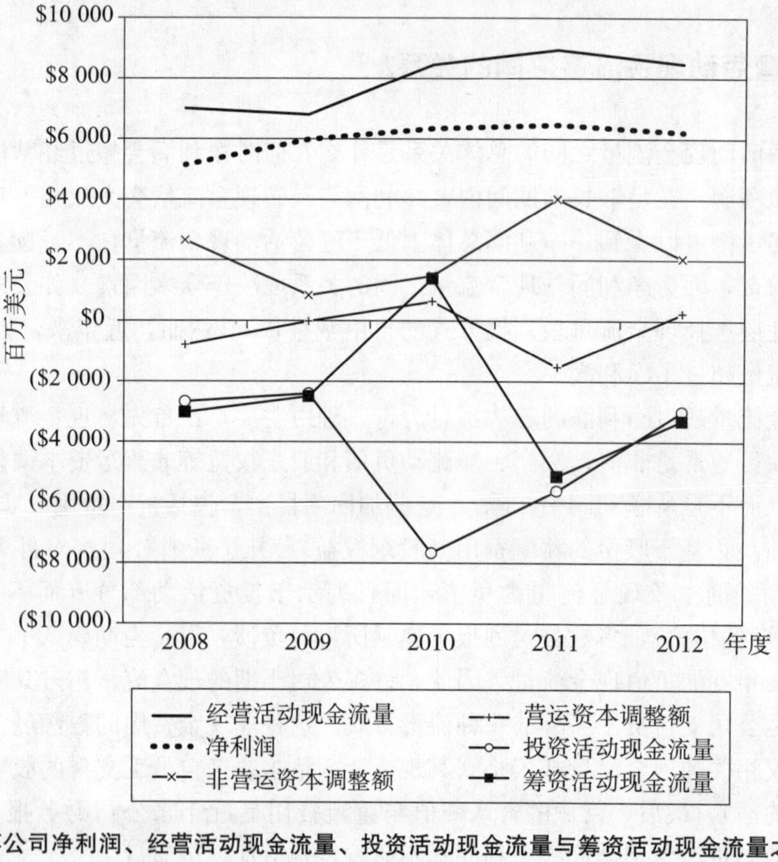

图 3-2　百事公司净利润、经营活动现金流量、投资活动现金流量与筹资活动现金流量之间的关系

公司每年的经营活动现金流量都为正值，除了 2010 年度之外，每年的投资活动和筹资活动现金流量都是负值。百事公司 2010 年度的筹资活动现金流量之所以为正值，是因为当年收购了装瓶厂（而投资活动现金流量的负值比正常年份大）。百事公司的这种现金流量模式与成熟、营利性公司的现金流量模式相符。其次，百事公司每年的经营活动现金流量都超过净利润。为什么呢？是因为非营运资本项目还是营运资本项目的调整？非营运资本项目调整额和营运资本项目调整额的折线说明非营运资本项目调整额总是正值，而营运资本项目调整额则有正有负且围绕零变动。显然，巨额的正值非营运资本项目调整额是导致经营活动现金流量超过净利润的原因。最后，经营活动现金流量各个组成部分变动最大的项目是非营运资本和营运资本调整额。这些项目的巨额变动直接导致净利润和经营活动现金流量的变动。

3.5　编制现金流量表

本部分将讨论运用资产负债表和利润表的信息编制现金流量表的程序。该现金流量表假设非现金资产、负债和股东权益项目的所有变动都是现金流量的变动。例如，负债增加意味着举债，而负债减少则意味着偿债。基于本章前面部分讨论过的四个原因，资产负债表项目的变动额与实际的现金流量调整额并不匹配，因此读者据此编制的现金流量表只能接近那些可能充分掌握公司会计记录的分析师编制的现金流量表。例如，尽管某些经营性营运资本项目的变动额可能因公司的收购或资产剥离这种投资活动而产生，但读者可以假设经营性营运资本项目的所有变动额都是经营交易引起的变动额。还可以考虑另一种情形。假设某公司以支付现金并承担债务的方式收购另一家公司（就像本章前面部分讨论过的黑板公司），那么现金流量表的投资活动部分只列报其现金流出量。通过承担债务来收购资产是一种非现金收购资产的方式，现金流量表并不列报这种非现金收购资产的方式（因为这种方式并不影响现金）。不过，公司必须在现金流量表的下面部分或财务报表的附注披露这种非现金收购资产事项。由于缺乏非现金交易信息，本部分讨论的现金流量表编制程序假设所有项目的变动额都涉及与现金流量表列报的三种活动中的某种活动相关的现金流量。基于这些考虑，估计的数额应该接近实际数额，且满足分析师做出各种有意义解释的信息需求。

我们进一步提醒读者，公司管理层提供的现金流量表并非现金流量本身的计算结果。例如，现金流量表经常将折旧费用加回净利润，读者有时会错误地认为如果公司改变计提折旧的各种假设条件，比如增加折旧费用，就可以增加经营活动现金流量。恰恰相反，公司的经营活动现金流量与公司的折旧政策无关。基于财务报告目的而改变折旧政策并不会影响现金流量。

为了说明问题，假设在编制财务报表之后，公司得到新的要求其必须缩短资产的折旧年限的信息，那么公司必须重编财务报表。缩短折旧年限势必增加折旧费用，折旧费用增加，净利润减少，净利润减少就改变了编制现金流量表的起点。这时，在现金流量表的经营活动部分加回净利润的折旧费用将是一个新的、更大的折旧费用数额。这些变动额相互抵销，最终，经营活动现金流量与原先编制的财务报表所列报的数额可能相同。

□ 代数公式

会计恒等式：

资产总额＝负债总额＋股东权益总额

该会计恒等式对每期的期初和期末资产负债表都成立。如果将期末资产负债表各个项目的数值减去期初资产负债表相应项目的数值，就可以得到下列以变动额（Δ）表示的会计恒等式：

Δ资产总额＝Δ负债总额＋Δ股东权益总额

现在，我们可以将资产总额的变动额分解如下：

Δ现金总额＋Δ非现金资产总额＝Δ负债总额＋Δ股东权益总额

重新整理会计恒等式的各个项目，可以得到：

Δ现金总额＝Δ负债总额＋Δ股东权益总额－Δ非现金资产总额

现金流量表解释了某个期间内现金变动的原因。从上述会计恒等式可以看到，现金的变动额等于资产负债表其他（非现金）项目变动额的总和。“Δ非现金资产总额”的负号（－）解释了现金流量表经营活动部分非现金资产调整额的符号与其实际变动额的符号刚好相反的原因。

以表 3-11 为例。该表列示了轻松鞋业公司（Footloose Shoe Store）截至 12 月 31 日的第 2 年与第 1 年的比较资产负债表。其第 1 年末和第 2 年末的资产负债表呈现了下列会计恒等式（单位：美元）：

	现金总额	＋	非现金资产总额	＝	负债总额	＋	股东权益总额
第 1 年	13 698	＋	132 136	＝	105 394	＋	40 440
第 2 年	12 595	＋	129 511	＝	85 032	＋	57 074
变动额	(1 103)	＋	(2 625)	＝	(20 362)	＋	16 634

表 3-11 轻松鞋业公司资产负债表

单位：美元

	第 2 年的 12 月 31 日	第 1 年的 12 月 31 日
资产		
现金	12 595	13 698
应收账款	1 978	1 876
存货	106 022	98 824
其他流动资产	—	3 591
流动资产总额	120 595	117 989
财产、厂房与设备	65 285	63 634
减：累计折旧	(45 958)	(37 973)
财产、厂房与设备（净值）	19 327	25 661
无形资产	2 184	2 184
资产总额	142 106	145 834
负债与股东权益		
应付账款	15 642	21 768
应付票据	—	—
一年内到期的长期负债	10 997	18 256
其他流动负债	6 912	4 353
流动负债总额	33 551	44 377
长期负债	51 481	61 017
负债总额	85 032	105 394
普通股	1 000	1 000
资本公积	124 000	124 000
留存收益	(67 926)	(84 560)
股东权益总额	57 074	40 440
负债与股东权益总额	142 106	145 834

将第2年末的数值减去第1年末的数值，就可以得到：

$$\Delta 现金总额 + \Delta 非现金资产总额 = \Delta 负债总额 + \Delta 股东权益总额$$
$$(1\,103) + (2\,625) = (20\,362) + 16\,634$$

重新整理会计恒等式的各个项目，可以得到：

$$\Delta 现金总额 = \Delta 负债总额 + \Delta 股东权益总额 - \Delta 非现金资产总额$$
$$(1\,103) = (20\,362) + 16\,634 - (2\,625)$$

现金减少额（1 103美元）等于负债总额增加额加上股东权益总额增加额，再减去非现金资产总额减少额。

为了将上述会计恒等式的分解公式与现金流量表的格式联系起来，将非现金资产总额与负债总额分解为营运资本总额与非营运资本总额。同时，假设所有非营运资本的负债都是债务融资，并分别用下标"WC"和"NWC"表示营运资本项目和非营运资本项目。因此，上述会计恒等式转化为：

$$\begin{aligned}\Delta 现金总额 = &\Delta 负债总额_{WC} + \Delta 负债总额_{NWC} + \Delta 股东权益总额\\ &- \Delta 非现金资产总额_{WC} - \Delta 非现金资产总额_{NWC}\end{aligned}$$

重新整理会计恒等式的各个项目，可以得到：

$$\Delta 现金总额 = \underbrace{\Delta 负债总额_{WC} - \Delta 非现金资产总额_{WC}}_{经营活动部分} \underbrace{- \Delta 非现金资产总额_{NWC}}_{投资活动部分} \underbrace{+ \Delta 负债总额_{NWC} + \Delta 股东权益总额}_{筹资活动部分}$$

重新整理资产负债表的会计恒等式（并运用简化的假设）就可以得到上面这个更直观也更形象的融入现金流量表信息的会计恒等式。这种融入信息的方式非常形象，专业性也没有那么强。"Δ股东权益总额"包括净利润，而净利润是经营活动的结果。

资产负债表项目变动额的分类

分析师要把资产负债表和利润表转化为现金流量表，必须将资产负债表项目的各个非现金项目的变动额（上述会计恒等式的右边）归类为经营活动、投资活动或筹资活动。资产负债表项目的某些变动额可以清晰地归类为经营活动、投资活动或筹资活动的其中一类（例如长期负债的变动额通常就是筹资活动）。不过，有些资产负债表项目的变动额（例如留存收益）是多种活动综合影响的结果，有些与经营活动有关（例如净利润），而有些与筹资活动有关（例如股利）。分析师应该充分运用财务报表及其附注所提供的各种有关资产负债表项目变动额的信息，对各个期间各个项目的变动额做出恰当的分类。

表3-12列示了资产负债表非现金项目变动额的分类，为编制现金流量表提供了一份简明扼要的工作清单。我们将参照表3-12讨论如何编制轻松鞋业公司的现金流量表。下面我们接着讨论各个非现金项目变动额的分类。

1. 应收账款

公司在某个期间内从顾客那里收到的现金数额等于该期间的销售额加上该期间的应收账款期初余额，再减去该期间的应收账款期末余额。换言之，就是销售额减去应收账款的变动额。

$$从顾客那里收到的现金数额 = 销售额 - \Delta 应收账款$$

应收账款增加说明收到的现金数额少于确认为收入的数额，因此调整额就是一种扣除额。反之（应收账款减少）亦然。因此，应收账款的变动额显然与经营活动有关。根据表3-12第（18）行，净利润是一种经营活动的现金来源，这种现金来源包括销售额。如此一来，将包含在表3-12第（18）行的销售额根据第（1）行的应收账款变动额而做出调整，就能知道从顾客那里收到的现金数额。

表3-12 编制现金流量表的工作清单

资产负债表项目	资产负债表项目变动额	经营活动	投资活动	筹资活动
资产（增加）减少额				
（1）应收账款	×	×		
（2）有价证券	×		×	
（3）存货	×	×		
（4）其他流动资产	×	×		
（5）证券投资	×		×	
（6）财产、厂房与设备	×		×	
（7）累计折旧	×	×		
（8）无形资产	×	×	×	
负债与股东权益增加（减少）额				
（9）应付账款	×	×		
（10）应付票据	×			×
（11）一年内到期的长期负债	×			×
（12）其他流动负债	×	×		
（13）长期负债	×			×
（14）递延所得税	×	×		
（15）其他非流动负债	×	×		
（16）普通股	×			×
（17）资本公积	×			×
（18）留存收益	×	×（净利润）		×（股利）
（19）库藏股	×			×
（20）累计其他综合收益				
（21）现金	×	×	×	×

2. 有价证券

公司通常会在暂时拥有富余现金时购买有价证券，而在需要现金时出售这些有价证券。美国公认会计原则和国际财务报告准则都无视该现金来源或运用的原因，将与购买和出售有价证券相关的现金流量归类为投资活动现金流量。净利润包括出售有价证券的利得或损失，在计算经营活动现金流量时，必须从净利润中扣除利得，而将损失加回净利润。如果净利润所包括的利得或损失不能相互抵消，那么现金流量表就可能列报过多（以获利的价格出售有价证券）或过少（以赔本的价格出售有价证券）的经营活动现金流量。

3. 存货

某个期间的存货采购额等于产品销售成本加上存货的变动额。

存货采购额＝产品销售成本＋Δ存货

在计算净利润时，表3-12第（18）行包括作为费用的产品销售成本。用表3-12第（3）行存货变动额加上第（18）行净利润中包括的产品销售成本，就可以得到该期间购买存货的现金流量。当然，这里有一个前提：公司的现金流出量等于其存货采购额。如果公司不是以现金支付所有的存货采购额，那么应付账款就会发生变动。随后，我们将讨论表3-12第（9）行的应付账款变动额的调整问题。

4. 其他流动资产

其他流动资产通常包括预付各种经营成本如保险费和租金。除非财务报表及其附注呈报了相反信息，否则我们可以推断其他流动资产变动额都与经营活动有关。基于这种假设，净利润中会包括相关的费用，因此我们必须调整其他流动资产的所有变动额，将这些费用转化为现金数额。其逻辑与存货项目的逻辑相同。

5. 证券投资

证券投资可能出于以下原因而发生变动：

变动原因	现金流量表的分类
运用权益法确认的利润或亏损	经营活动（从净利润中扣除或加回净利润）
购买或出售投资	投资活动（现金流出量或现金流入量）
从被投资单位收到股利	经营活动（现金流入量）
购买或出售“交易性”证券	经营活动（现金流出量或现金流入量）

我们在本章前面部分讨论过百事公司权益法收益的调整问题，这类投资通常单独披露。如果公司的资产负债表、利润表或其附注所提供的信息足以将证券投资变动额分解为上述各个单独项目，那么读者可以将这些单独项目进行适当的分类。如果信息不够充分，读者只能将投资性证券（而不是交易性证券）的变动额归类为投资活动现金流量。

6. 财产、厂房与设备

与购置和处置固定资产相关的现金流量被归类为投资活动现金流量。由于净利润包括出售固定资产的所有利得或损失，所以在计算经营活动现金流量时，读者必须将损失加回净利润，而从净利润中扣除利得，从而抵消利得和损失对净利润的影响。因此，处置固定资产获得的全部现金都被归类为投资活动现金流量。如果公司还有减值费用，那么减值费用是一项非现金费用，为了恰当地呈报经营活动现金流量，必须加回经营活动部分的净利润。

7. 累计折旧

每期确认的折旧费用冲减了净利润，但并没有耗用现金，因此必须加回表3-12第（7）行的折旧费用。由于折旧费用不是一项现金流出量（不考虑所得税的影响），所以这么处理是恰当的。如果公司在某个期间内处置了应计提折旧的固定资产，那么累计折旧的变动额应包括已处置固定资产的累计折旧和当期的折旧费用。因此，除非公司披露的信息显示公司当年没有处置应计提折旧固定资产，否则读者不能认为累计折旧项目的变动额仅仅与折旧费用有关。

8. 无形资产

资产负债表列示的无形资产包括专利权、版权、商誉及类似的资产。无形资产项目的变动额就是摊销费用。在计算经营活动现金流量时，摊销费用必须加回净利润。除非财务报表及其附注提供了相反的信息，否则我们可以假设无形资产项目的变动是一种投资活动。许多公司的资产负债表还包括“其他非流动资产”项目，读者应该运用公司披露的所有信息确定该项目变动的恰当类别。

9. 应付账款

假设所有应付账款都是由向公司供货的供应商引起的。基于这样的假设，应付账款的现金流出量等于当期存货采购额减去应付账款变动额。

$$\text{支付给供应商的现金数额} = \text{存货采购额} - \Delta\text{应付账款}$$

通过表3-12第（3）行存货的计算可以推算出当期的存货采购额。表3-12第（9）行应付账款变动额的调整将净利润中包括的产品销售成本转化为存货采购的现金支出。与存货一样，这是一种经营活动。

10. 应付票据

如果公司向某家银行或金融机构借入短期借款，通常会产生应付票据。即使公司可能运用借到的现金满足应收账款、存货或其他营运资本的需求，这种借款通常也被归类为现金流量表的筹资活动。将银行借款归类为筹资活动隐含的假设是，公司从顾客那里而不是通过银行借款获得经营性现金流入量。

11. 一年内到期的长期负债

某个期间的一年内到期的长期负债变动额等于：(a) 长期负债从非流动负债重分类为流动负债（即公司预期在一年内偿还的债务）的部分减去 (b) 当期已经偿还的一年内到期的长期负债。当期已经偿还的一年内到期的长期负债是筹资活动的现金流出量。我们随后将讨论由与表 3-12 第（13）行相关的重分类产生的数额。

12. 其他流动负债

公司通常用其他流动负债而不是存货采购额来表示与经营活动所用的产品和服务相关的义务。因此，其他流动负债变动额作为经营活动列示。

13. 长期负债

基于以下原因，长期负债可能发生变动：

- 发行新的长期证券
- 长期负债从非流动负债重分类为流动负债（一年内到期的长期负债）
- 偿还长期负债
- 长期负债转换为优先股或普通股

显然，这些项目都是筹资活动，但它们都不影响现金。发行新证券和偿还原有债务则会影响现金流量。在长期负债接近其到期日时，长期负债的重分类会抵销一年内到期的长期负债相应的增加额。由于重分类并不影响现金流量，因此这种处理方式是恰当的。同理，因负债转换为普通股而引起的表 3-12 第（13）行的长期负债变动额抵销了第（16）行和第（17）行的类似变动额。这些交易事项有助于解释资产负债表项目的变动情况，读者可以将前述的这些重分类和负债转换记录在现金流量表的编制工作底稿中。当然，这些交易事项不涉及实际的现金流量，正式的现金流量表并没有列报这些交易事项。

14. 递延所得税

当期应交所得税等于所得税费用（表 3-12 第（18）行包括的作为净利润的扣除项目）加上或减去该期间递延所得税变动额。因此，递延所得税变动额应作为一项经营活动列示于现金流量表。

15. 其他非流动负债

其他非流动负债包括未预提基金的养老金、退休后福利义务、收到的长期存款和其他长期负债。除非有相反的信息，否则其他非流动负债的变动额应归类为经营活动。

16、17 和 19. 普通股、资本公积和库藏股

如果公司发行新的普通股或回购和注销流通在外的普通股，那么普通股、资本公积和库藏股等项目就会发生变动。因此，这些项目的变动额应归类为筹资活动。如果公司确认了与股票期权相关的薪酬费用，资本公积也会发生变动，这种薪酬费用是一项非现金费用。与折旧一样，在计算经营活动现金流量时，必须将该薪酬费用加回净利润。

18. 留存收益

净利润增加，留存收益随之增加，每期宣告发放股利，留存收益随之减少。

期末留存收益＝期初留存收益＋净利润－股利

$\Rightarrow\Delta$ 留存收益＝净利润－股利

确认净利润是一种经营活动，而发放股利则是一种筹资活动。

20. 累计其他综合收益

如前所述，累计其他综合收益是股东权益的一个组成部分，包括尚未实现的各种公允价值利得和损失。外币交易、某些投资性证券、衍生工具和某些养老金项目的利得和损失就是例证。资产负债表的累计其他综合收益变动额涵盖了当期其他综合收益数额和以现金方式实现并确认为当期净利润的所有累计其他综合收益净额。如前所述：

净利润＋其他综合收益＝综合收益

其他综合收益只是非现金调整（即尚未实现的利得和损失）。以现金方式实现的累计其他综合收益项目已经确认为当期净利润。由于现金流量表以净利润（而不是综合收益）为起点，因此现金流量表不必再确认资产负债表的累计其他综合收益项目的变动额。

编制程序示例

以轻松鞋业公司的数据为例，其现金流量表的编制程序如表 3－13 所示。除了资产负债表列报的数据之外，该公司第 2 年的净利润为 16 634 美元。表 3－13 的第一栏列示了资产负债表的各个非现金项目的变动额，当期现金减少净额为 1 103 美元。读者应该特别注意各个项目的变动方向。回顾前述的会计恒等式的分解公式，现金、负债、股东权益和非现金资产的变动净额的可能组合描述如下：

Δ现金总额	=	Δ负债总额	+	Δ股东权益总额	－	Δ非现金资产总额
增加额	=	增加额				
减少额	=	减少额				
增加额	=			增加额		
减少额	=			减少额		
减少额	=					增加额
增加额	=					减少额

表 3－13　轻松鞋业公司第 2 年现金流量表工作底稿

单位：美元

资产负债表项目	变动额	经营活动	投资活动	筹资活动	与表 3－16 的现金流量表相互对照
资产（增加）减少					
应收账款	(102)	(102)	—	—	①
存货	(7 198)	(7 198)	—	—	②
其他流动资产	3 591	3 591	—	—	③
财产、厂房与设备	(1 651)	—	(1 651)	—	④
累计折旧	7 985	7 985	—	—	⑤
无形资产	—	—	—	—	
负债与股东权益增加（减少）					
应付账款	(6 126)	(6 126)	—	—	⑥
应付票据	—	—	—	—	⑦
一年内到期的长期负债	(7 259)	—	—	(7 259)	⑧
其他流动负债	2 559	2 559	—	—	⑨
长期负债	(9 536)	—	—	(9 536)	⑧
普通股	—	—	—	—	
资本公积	—	—	—	—	
留存实收资本	16 634	16 634	—	—	
现金	(1 103)	17 343	(1 651)	(16 795)	⑩

由此可见，负债和股东权益的变动额对现金具有同向的影响，而非现金资产的变动额对现金具有反向的影响。向银行借款同时增加了负债和现金，而偿还债务则同时减少了负债和现金。发行普通股同时增加

了股东权益和现金，而支付股利或回购流通在外的普通股则同时减少了股东权益和现金。购置设备增加了非现金资产，减少了现金，而出售设备则减少了非现金资产，增加了现金。

由于缺乏有关一种以上活动可能引起各个项目变动的信息，读者将各个项目的变动额归类为经营活动、投资活动和筹资活动。我们不妨观察下列有关第 2 年的推断：

（1）经营活动是当期现金的净来源。经营活动现金流量大致等于净利润。轻松鞋业公司增加了存货但减少了应付账款。多数公司试图增加应付账款，以期满足增加存货的现金需求。应付账款减少可能意味着公司希望尽快支付供应商货款，或者希望利用现金折扣或迫于供应商的压力尽快支付货款。

（2）经营活动现金流量足以满足增加财产、厂房与设备的现金需求。值得注意的是，与当年的折旧额相比，资本支出数额较小。这说明公司并没有提高其生产能力。

（3）轻松鞋业公司运用其经营活动现金流量超出资本支出数额的富余现金偿还长期负债。

表 3-14 列示了轻松鞋业公司第 2 年的现金流量表。该表的数据取自表 3-13 列示的工作底稿。表 3-13 和表 3-14 的最右栏可以相互对照，说明如何运用工作底稿编制现金流量表。

表 3-14　轻松鞋业公司现金流量表　　单位：美元

	第 2 年	与表 3-13 列示的数额相互对照
经营活动		
净利润	16 634	
折旧	7 985	⑤
应收账款（增加）减少额	(102)	①
存货（增加）减少额	(7 198)	②
其他流动资产（增加）减少额	3 591	③
应付账款增加（减少）额	(6 126)	⑥
其他流动负债增加（减少）额	2 559	⑨
经营活动现金流量	17 343	⑩
投资活动		
出售（购置）财产、厂房与设备	(1 651)	④
投资活动现金流量	(1 651)	⑩
筹资活动		
应付票据增加额	—	⑦
偿还长期负债	(16 795)	⑧
筹资活动现金流量	(16 795)	⑩
现金变动净额	(1 103)	⑩
期初现金余额	13 698	
期末现金余额	12 595	

3.6　将现金流量表用于会计处理与风险分析

作为评估盈余和总体会计质量的组成部分，第 6 章将讨论应计项目的分析。其实，应计项目就是编制利润表和资产负债表时采用的非现金会计调整项目（如确认赊销收入、应计已经发生但尚未支付的费用等）。第 2 章已经讨论过，这些会计调整都涉及管理层的自由裁量权。现金流量表的优势在于其经营活动部分已经体现了各种应计项目。

作为分析评估盈余质量的应计项目的铺垫，表 3-15 列示了微策略公司（MicroStrategy，Inc.）1998

年度现金流量表的两个不同版本。一个是对外报告的原始版本，另一个是因收入会计处理方式发生变化而重述的版本。微策略公司是一家软件提供商，其提供的软件有助于公司通过各种渠道处理交易数据并检验顾客、合伙伙伴和供应链的信息。该公司的收入确认政策非常激进，一旦与顾客签订了合同就确认收入（而且经常在签订合同之前就确认收入）。2000 年 4 月，该公司对外宣告的重述财务报表的内容包括收入确认程序的修改，只有合同履行完毕和合同履行期间才能确认收入，而不是一旦签订合同就马上确认收入。表 3-15 最为关键之处是无论会计实务如何处理（重述之前或重述之后），现金流量都没有发生变化。不同的会计处理方法如何才能创造或减少现金流量呢？

表 3-15 微策略公司 1998 年度现金流量表

单位：千美元

	对外报告的原始版本	重述之后的版本
经营活动		
净利润（亏损）	6 178	(2 255)
将净利润（亏损）调整为经营活动现金净额：		
折旧与摊销	3 250	3 250
坏账准备（扣除注销和收回部分的净额）	815	815
递延所得税变动净额	(45)	0
其他	163	1 120
经营性资产和负债变动额（扣除汇率变动影响之后的净额）：		
应收账款	(17 525)	(10 835)
预付费用与其他流动资产	(711)	(3 758)
应付账款与应计费用、薪酬和福利	5 948	5 508
递延收入	2 267	3 795
存款与其他资产	(188)	(188)
长期应收账款	(2 700)	0
经营活动耗用的现金净额	(2 548)	(2 548)
投资活动		
购置财产、厂房与设备	(9 295)	(9 295)
投资活动耗用的现金净额	(9 295)	(9 295)
筹资活动		
出售 A 类普通股和行使股票期权获得的现金（扣除发行费）	48 539	48 539
偿还短期信用贷款	(4 508)	(4 508)
偿还应付股利票据	(5 000)	(5 000)
通过应付票据获得的现金	862	862
支付应付票据的本金	(4 190)	(4 190)
筹资活动提供的现金净额	35 703	35 703
汇率变动对现金的影响	125	125
现金及现金等价物增加净额	23 985	23 985
年初现金及现金等价物余额	3 506	3 506
年末现金及现金等价物余额	27 491	27 491

1998 年的软件许可收入原本为 72 721 000 美元，经过重述之后变成 61 635 000 美元。净利润原本为 6 178 000美元，经过重述之后变成亏损 2 255 000 美元。重述导致应收账款减少（因为在合同履行完毕之前就确认了收入），递延收入增加（因为马上就确认收入，而不是在合同履行期间确认收入），产生了其他

调整事项，因此重述影响了资产负债表。如表3-15所示，微策略公司的经营活动耗用了2 548 000美元的现金。不过，收入（及与资产负债表相关的数据）的重述并不影响微策略公司经营活动耗用的现金。根据对外报告的原始版本财务报表，非营运资本调整额为4 183 000美元，但重述之后却高达5 185 000美元。更为重要的是，营运资本调整额从－12 909 000美元变为－5 478 000美元。

微策略公司对外报告的原始版本的现金流量表经营活动部分有几个突出的特征。第一，正如读者从本章前面部分讨论的其他示例中了解到的哪般，微策略公司颠覆了净利润比经营活动现金流量少这个典型特征。尽管公司（尤其是成长型公司）的净利润可能超过经营活动现金流量，但就会计质量而言，这可能是一个危险的信号。因为公司管理层对如何列报营运资本与非营运资本的调整事项拥有自由裁量权。第二，经营活动现金流量为负值但净利润为正值意味着公司管理层热衷于对外报告盈利状况（而不是亏损状况），具有采用激进会计处理方法的强烈动机。第三，营运资本调整额超过非营运资本调整额，说明营运资本的会计处理方法对公司对外报告的利润具有举足轻重的影响。例如，应收账款和递延收入直接与收入的确认相联系。

根据微策略公司对外报告的原始版本财务报表，其应收账款的调整额为－17 525 000美元，说明应收账款有所增加（同时确认了收入）。另一方面，递延收入变动额相对较小，使现金流量增加了2 267 000美元（因为顾客预付了货款，微策略公司实际上递延了收入）。不过，经过重述，应收账款增加额减少到10 835 000美元（将收入推迟到未来年份确认），递延收入增加额提高到3 795 000美元（递延顾客已经预付的数额更大的收入）。从收入确认的角度看，这些变动额说明公司采用较为稳健的会计处理方法。最后，微策略公司1998年平均资产总额为56 377 000美元（表3-15没有列示该数据），因此全部应计数额大约为平均资产总额的15.5%（[6 178 000－(－2 548 000)]/56 377 000)。以资产规模为基础，所有公司的全部应计数额的中位数大约为－0.04，因此＋0.155这个数值就显得相当大，第6章将更为深入地讨论这个问题，这个数值越大意味着盈余质量越差。显然，微策略公司1998年对外报告的原始版本财务报表就具有该特征。

在微策略公司宣告重述的5天内，其股票价格从227美元暴跌到113美元，因此微策略公司的股东为重述付出了高昂的代价。显然，微策略公司对外报告的原始版本财务报表中包含了投资者原本应该注意到的盈余质量可能较低的线索。

除了分析会计质量之外，现金流量表还可以用于分析流动性与信用风险。第5章将讨论如何运用现金流量信息评估公司为经营活动和投资活动筹集资金的能力及偿债能力。第12章将讨论如何运用现金流量表计算广泛运用于估值的自由现金流量。

本章小结

作为资产负债表和利润表的补充，现金流量表对分析师而言是一份信息含量丰富的报表的原因如下所示：

- 如果分析师能理解现金流量表提供的信息类型及其呈报的方式，就可以发现现金流量表揭示了公司的行业经济特征、战略和公司所处生命周期阶段的信息。
- 理解现金流量表的编制原理有助于分析师更好地理解利润表与资产负债表之间的关系。
- 现金流量表提供的信息可以用来评估公司财务健康情况。分析师越来越意识到现金流量与收益流量未必同步。利润表光鲜的公司，其财务状况未必健康。例如，偿还债务的现金需求量可能超过经营活动创造的现金。或者公司正在清算其资产，因此现金流量可能较多。
- 现金流量表凸显了会计的应计项目，可以成为分析风险和盈余质量的重要工具。风险分析和盈余质量分析是预测未来结果和估值的必要组成部分。

综合案例

星巴克公司

表3－16列示了星巴克公司2010年度、2011年度和2012年度的现金流量表。其实，表3－16是表1－17列示的星巴克公司现金流量表的扩展版本。

表3－16 星巴克公司比较现金流量表 单位：百万美元

会计年度截止日	2012年9月30日	2011年10月2日	2010年10月3日
经营活动：			
净利润（包括非控制性权益）	1 384.7	1 248.0	948.3
将净利润调整为经营活动现金流量净额：			
折旧与摊销费用	580.6	550.0	540.8
出售财产利得	—	(30.2)	—
递延所得税净额	61.1	106.2	(42.0)
基于权益法的投资收益（扣除已分配数额）	(49.3)	(32.9)	(17.2)
收购合营公司的利得	—	(55.2)	(23.1)
以股份为基础的薪酬费用	153.6	145.2	113.6
其他项目	23.6	33.3	75.5
经营性资产和负债变动提供（运用）的现金：			
应收账款	(90.3)	(88.7)	(33.4)
存货	(273.3)	(422.3)	123.2
应付账款	(105.2)	227.5	(3.6)
应计负债与保险服务	23.7	(81.8)	(18.7)
递延收入	60.8	35.8	24.2
预付费用、其他流动资产和其他资产	(19.7)	(22.5)	17.3
经营活动现金流量净额	1 750.3	1 612.4	1 704.9
投资活动：			
投资收购	(1 748.6)	(966.0)	(549.0)
到期的投资与投资赎回	1 796.4	430.0	209.9
因收购而支付的现金净额	(129.1)	(55.8)	(12.0)
财产、厂房与设备的增加额	(856.2)	(531.9)	(445.8)
出售财产、厂房与设备获得的现金	5.3	117.4	5.1
其他项目	(41.8)	(13.2)	2.3
投资活动现金流量净额	(974.0)	(1 019.5)	(789.5)
筹资活动：			
（支付短期借款）短期借款所得	(30.8)	30.8	—
收购非控制性权益	—	(27.5)	(45.8)
发行普通股获得的现金	236.6	250.4	132.8
行使股票期权的超额税收效益	169.8	103.9	36.9
支付现金股利	(513.0)	(389.5)	(171.0)
回购普通股	(549.1)	(555.9)	(285.6)
基于股份奖励的最低扣税额	(58.5)	(15.0)	(4.9)
其他项目	(0.5)	(5.2)	(8.4)
筹资活动现金流量净额	(745.5)	(608.0)	(346.0)
汇率变动对现金及现金等价物的影响	9.7	(0.8)	(5.2)
现金及现金等价物增加（减少）净额	40.5	(15.9)	564.2
现金及现金等价物：			
期初余额	1 148.1	1 164.0	599.8
期末余额	1 188.6	1 148.1	1 164.0

资料来源：星巴克公司截至2012年9月30日的会计年度10-K格式年报。

要求：

a. 在将净利润转换为经营活动现金量时，为什么基于权益法的投资收益是一个扣除项目？

b. 计算每年获得的被投资方现金股利数额。读者需要参考第 1 章的表 1－16 列示的星巴克公司利润表。

c. 在计算经营活动现金流量时，为什么以股份为基础的薪酬费用是净利润的一个加计项目？

d. 讨论 2010—2012 年度每年的净利润与经营活动现金流量之间的关系。

e. 讨论 2010—2012 年度每年的经营活动现金流量、投资活动现金流量与筹资活动现金流量之间的关系。

f. 参考表 1－16 列示的星巴克公司利润表，分别计算 2010 年度、2011 年度和 2012 年度的息税折旧摊销前利润（EBITDA）。

g. 讨论 2010—2012 年间的净利润、非营运资本调整额、营运资本调整额、经营活动现金流量和息税折旧摊销前利润之间的关系。各种模式是相似还是不同？净利润、经营活动现金流量与息税折旧摊销前利润之间存在差异的主要原因是什么？

h. 根据表 1－16 列示的利润表，折旧与摊销费用如下所示（单位：百万美元）：

2012 年度	2011 年度	2010 年度
550	523	510

不过，根据现金流量表，加回净利润的折旧与摊销费用如下所示（单位：百万美元）：

2012 年度	2011 年度	2010 年度
581	550	541

为什么每年的利润表数额都与现金流量表数额不同？

第4章

盈利能力分析

- 4.1 基于各种收益指标的盈利能力分析概览
- 4.2 资产报酬率
- 4.3 普通股权益报酬率
- 4.4 解读资产报酬率与普通股权益报酬率的经济和战略因素
- 4.5 运用财务报表比率的利弊

学习目标

1. 运用公司的主要绩效指标（净利润）和其他方法（如每股收益分析、共同比分析、百分比变动率分析、分部盈利能力分析以及其他利润指标）评估公司的盈利能力。

2. 解释报酬率在描述公司绩效方面的重要性，说明如何解释资产报酬率及其组成要素——利润率和资产周转率。

3. 分析和解释普通股权益报酬率，包括公司成功运用财务杠杆提升普通股权益报酬率的各种前提条件。

4. 联系经济和战略因素的影响，解释资产报酬率和普通股权益报酬率。

5. 描述运用各种比率（如资产报酬率和普通股权益报酬率）理解公司历史绩效的利弊。

多数财务报表分析的最终目标是评估公司权益证券的价值。权益证券的价值主要取决于其与风险相关的预期未来盈利能力。当然，即便目标不是估值而是绩效评估，财务报表分析也可以评估公司的绩效及其风险。评估公司最近的盈利能力能提供有助于预测未来盈利能力和投资于该公司权益证券的预期报酬率的信息。风险评估需要判断公司过去成功管理风险的各种维度及其未来管理风险的能力。

本章将介绍盈利能力分析常用的几种财务报表分析方法，第5章将讨论运用财务报表评估风险的各种方法。这两章都以百事公司的财务报表为例来运用这些分析工具。我们建议读者追踪这两章基于百事公司财务报表讨论的各种财务比率的计算过程，以便理解如何计算这些财务比率。第4章和第5章讨论的分析工具将为第6～9章讨论会计质量分析问题和第10～14章讨论预测与估值问题提供一个框架。

我们在第1章将财务报表分析视为一只“三脚凳”（见图1-1）。因此，要了解财务报表分析必须理解：

（1）公司所处行业和市场的经济特征。

（2）公司基于特定行业的具体战略。

（3）财务报表中隐含的信息。

盈利能力分析主要包括基于财务报表数据的各种财务比率分析，我们将在本章讨论许多财务比率。读者必须树立一个重要的观念，各种财务比率并非必须记住的指标，而是能够以不同方式组合并加以运用的有用工具。读者可以运用这些有用工具捕捉自己需要的信息。尽管我们讨论的是最常用且理论基础扎实的计算与解释各种财务比率的方法，读者还是可以根据自己的需求运用这些财务比率。例如，读者可以根据自己的需求决定某个财务比率究竟采用销售额或销售净额、资产期初余额还是资产平均余额或资产期末余额来计算。如果读者要评估其他人提供的各种财务比率，就必须理解这些财务比率的定义和计算公式。财务比率定义的差异未必都会导致财务报表分析结论的重大差异，但有时确实会。

第1章讨论了饮料行业的经济特征和百事公司的竞争战略。我们将第1章讨论的这些信息与百事公司在其管理层讨论与分析（MD&A）部分所提供的其他信息结合起来，解释百事公司的财务比率。

4.1 基于各种收益指标的盈利能力分析概览

公司的投资者对盈利能力非常感兴趣。投资者需要评估管理层运用其投入公司的资本获得的投资报酬率的高低。作为评估公司持续发展能力的指标之一，其他利益相关者（如债权人、员工、供应商和顾客）同样对盈利能力感兴趣。因此，盈利能力分析是评估管理层是否有效实施公司战略的一种方式。有鉴于此，我们将财务报表分析视为一种假设检验方式。例如，百事公司是一家饮料、休闲食品和早餐食品的领先制造商，拥有许多知名品牌和高超国际化水平，我们就可以假设百事公司的盈利能力超过行业平均水平。我们可以从百事公司和可比公司的财务报表中获得数据，以此判断我们的假设是否真正描述了百事公司的绩效。评估盈利能力的方法有很多，如何有条不紊地采用多种方法分析盈利能力尤为重要。我们在本章将以百事公司为例，讨论盈利能力分析，逐步检验不同层面的财务信息。

尽管公司必须列报综合收益，但净利润依然是衡量盈利能力的关键指标，而且净利润与股票报酬率的相关性更强。① 这主要是因为净利润具有非常强的持续性，而其他综合收益项目的持续性非常差。因此，我们会关注净利润并将其作为衡量盈利能力的主要指标。当然，我们也提醒读者，不应该自动忽略某些公司的其他综合收益项目。

图 4-1 展示了对净利润分析方法的图解。该图解以利润表的净利润为起点，从净利润开始，两个分支表示进一步分析公司盈利能力的各种方法。左边的分支是分析净利润不同形式的方法。右边的分支则是计算报酬率的分解式。净利润的形式包括每股收益分析、共同比分析、百分比变动率分析和利润的另一种定义。这些都是理解盈利能力的简单方法。报酬率的分解式包括整合资产负债表和利润表信息的资产报酬率和普通股权益报酬率。由于资产报酬率和普通股权益报酬率是第 6～9 章讨论会计质量和第 10～14 章讨论预测和估值的关键指标，因此，本章将用大部分篇幅来集中讨论如何理解和解释资产报酬率和普通股权益报酬率。

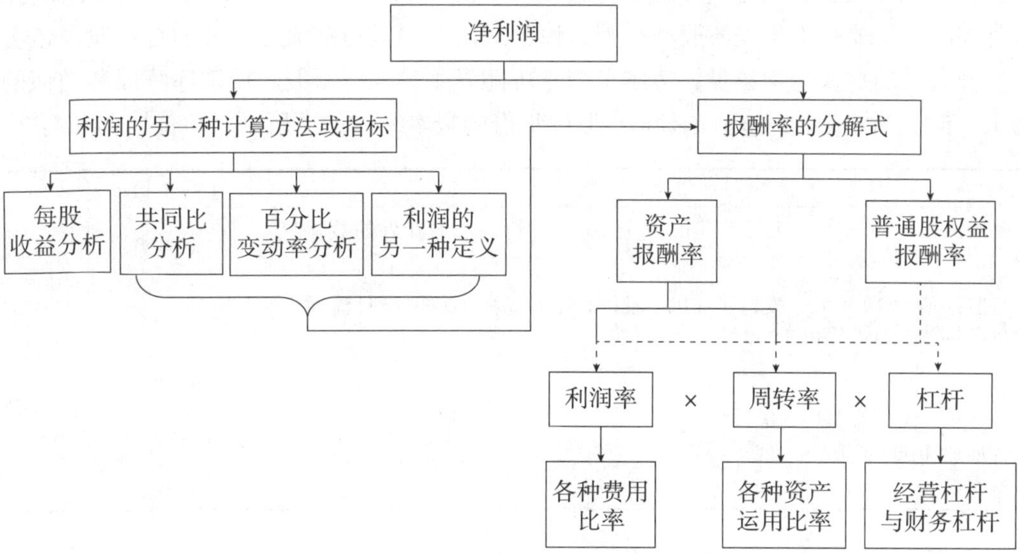

图 4-1　净利润分析方法图解

如图 4-1 所示，资产报酬率和普通股权益报酬率可以分解为利润率、周转率和杠杆。这样，读者就可以更深入地理解公司是如何为股东创造财富的。描绘普通股权益报酬率分解为利润率（和杠杆）的虚线凸显了资产报酬率与普通股权益报酬率计算过程的差异。本章后面（“将资产报酬率与普通股权益报酬率联系起来”）部分将讨论这个问题。运用根据财务报表不同栏目数据计算出来的各种财务比率还可以更深入地分析利润率、周转率和杠杆。值得注意的是，图 4-1 展示的净利润分析的两个分支是相互联系的，尤其是共同比分析与利润的另一种定义更是相互联系的。共同比分析与利润的另一种定义可以并入报酬率分析。我们将在本章后面部分讨论这个问题。

① Dan Dhaliwal, K. R. Subramanyam, and Robert Trezevant, "Is Comprehensive Income Superiors to Net Income as a Measure of Firm Performance?" *Journal of Accounting and Economics* Vol. 26, Issues 1-3 (January 1999), pp. 43-67.

□ 每股收益

每股收益（EPS）是最常用的衡量盈利能力的指标之一。分析师和投资者经常用每股收益倍数即市盈率评估公司的价值。每股收益是唯一一个美国公认会计原则要求公司必须在其利润表封面披露且注册会计师必须明确表达意见的财务指标。[①] 下面将简要描述每股收益的计算过程，并讨论其用途和局限性。

计算基本每股收益

如果公司不存在以下两种情形，其资本结构就是简单资本结构：

- 持有者可以换取普通股流通在外的可转换债券或可转换优先股。
- 持有者有权购买普通股期权或认股权证。

对这些公司而言，计算其每股收益的公式为：

$$基本每股收益(简单资本结构)=\frac{净利润-优先股股利}{流通在外普通股的加权平均数量}$$

净利润扣除优先股股利就得到归属于普通股股东的净利润，即对公司利润的剩余求索权。[②] 基本每股收益计算公式的分子要扣除优先股股利是因为该公式的分母只包括流通在外的普通股。该公式的分母是当年流通在外普通股的加权平均数量，考虑了当年可能发生的发行新股、回购库藏股和类似的交易。

示例1。卡特公司（Cat Corporation）最近年份的资本结构如下所示（单位：美元）：

	1月1日	12月31日
优先股，每股面值为20美元，1月1日和12月31日发行并流通在外的数量为500股	10 000	10 000
普通股，每股面值为10美元，发行了4 000股；1月1日和12月31日流通在外的数量分别为4 000股和3 000股	40 000	40 000
资本公积	50 000	50 000
留存收益	80 000	85 600
库藏股（普通股1 000股）	—	(30 000)
股东权益总额	180 000	155 600

当年留存收益变动情况如下所示（单位：美元）：

1月1日的留存收益余额	80 000
净利润	7 500
优先股股利	(500)
普通股股利	(1 400)
12月31日的留存收益余额	85 600

假设优先股不能转换为普通股，公司在1月1日回购了1 000股库藏股。该公司也没有流通在外的股票期权或认股权证。此时，卡特公司的基本每股收益计算如下：

① *FASB Codification Topic 260*. International Accounting Standards Board, *International Accounting Standard No. 33*, "Earnings Per Share" (2003).

② 多数优先股的股利可以“累积”。也就是说，公司在以后年度向普通股股东分配任何股利之前，必须首先宣告发放以前年度应发未发的优先股股利。因此，即使公司没有宣告发放优先股股利，也必须扣除优先股股利。

$$\text{基本每股收益}=\frac{7\,500-500}{(0.5\times4\,000)+(0.5\times3\,000)}=\frac{7\,000}{3\,500}=2(\text{美元/股})$$

计算复杂资本结构的稀释每股收益

如果公司发行了可转换债券和/或股票期权或认股权证，那么其资本结构就是复杂资本结构。这时，公司必须列报两个每股收益：基本每股收益和稀释每股收益。稀释每股收益反映了可转换债券、股票期权和认股权证的潜在稀释程度。稀释意味着降低基本每股收益。如果可转换债券的持有者将其债券转换为普通股或股票期权或认股权证来行使其权利，就可能产生每股收益的稀释问题。只有当持有者可以行使可转换债券、股票期权和认股权证的权利并降低每股收益，公司才需要披露稀释每股收益的计算过程。如果持有者还不能行使其权利（例如，尚未授予的期权）或持有者将可转换债券转换为普通股可能提高每股收益（这种证券称为“无价证券”，其对每股收益的影响称为“反稀释效应”），那么每股收益计算公式的分子和分母都不包括权益投资的利润与股票稀释效应。相应地，稀释每股收益总是低于（或等于）基本每股收益。有鉴于此，这里只是基于一般情境来讨论稀释每股收益的计算过程。

$$\text{每股收益(复杂资本结构)}=\frac{\text{净利润}-\text{优先股股利}+\text{稀释性证券调整额}}{\begin{matrix}\text{流通在外普通股的}\\\text{加权平均数量}\end{matrix}+\begin{matrix}\text{稀释性证券可发行股票的}\\\text{加权平均数量}\end{matrix}}$$

稀释性证券调整额和流通在外普通股的加权平均数量的调整假设稀释性证券都会在年初转换为普通股。为了计算稀释每股收益，会计师假设所有具有稀释效应的可转换债券和可转换优先股都会转换为普通股，所有股票期权和认股权证都会行权。会计师会将公司在计算归属于普通股股东的净利润时已经扣除的可转换债券利息费用（税后净额）和可转换优先股股利加回净利润。基于一致性考虑，会计师还会将员工持股计划已经确认的所有薪酬费用加回净利润。不过，美国公认会计原则和国际财务报告准则并不鼓励这种加回的做法，坚持要求公司将这些期权尚未摊销的薪酬费用并入稀释每股收益计算公式的分母。本章随后将讨论这个问题。

将额外发行的普通股并入稀释每股收益计算公式的分母时，我们假设（因债券的转换、优先股的转换以及行使股票期权和认股权证）在年初发行这些普通股。在计算因行使股票期权而额外发行的普通股时，我们假设公司将在公开市场回购这些普通股。其回购数额等于行使股票期权获得的现金、这些股票期权尚未摊销的薪酬费用以及资本公积可能获得的税收效益之和。[①] 只有额外发行的股票数量净额（因行使股票期权而发行的股票数量减去可能回购的股票数量）可以并入稀释每股收益计算公式的分母。

示例2。假设道格公司（Dawg Corporation）的优先股可以转换为1 000股普通股，除此之外，其资本结构与卡特公司相同。同时假设道格公司流通在外股票期权的持有者现在可以换取额外的300股普通股。[②] 其稀释每股收益计算如下：

$$\text{稀释每股收益}=\frac{7\,500-500+500}{0.5\times(4\,000+3\,000)+1.0\times(1\,000+300)}=\frac{7\,500}{4\,800}=1.56(\text{美元/股})$$

---

① 要理解为什么在计算可发行股票数量净额时要将尚未摊销的薪酬费用包括在内，就必须理解第7章将要讨论的股票期权会计处理问题。总体而言，美国公认会计原则和国际财务报告准则都把在受益期间费用化的股票期权价值视为现金薪酬的替代形式。假设尚未摊销的薪酬费用可能导致股票回购本身就假设公司获得了一笔相应数额的虚拟现金节约额。

② 我们为了简化本示例，假设额外增加300股。实际计算时可能需要分别估算行使股票期权的收益、尚未摊销薪酬费用和相关税收效益。

上述计算过程假设可转换优先股转换为普通股的截止日为 1 月 1 日。如果可转换优先股已经转换为普通股，当年就不必发放任何优先股股利，会计师此时就需要将优先股股利加回稀释每股收益计算公式的分子。稀释每股收益计算公式分母的“股票加权平均数量”增加了公司因优先股的转换而需要发行的 1 000 股普通股。当然，稀释每股收益计算公式分母的“股票加权平均数量”也增加了公司因股票期权计划而需要额外发行的普通股。

根据百事公司的利润表，百事 2012 年度的基本每股收益和稀释每股收益分别为 3.96 美元和 3.92 美元。百事公司财务报表附注 11“归属于百事公司的每股普通股净利润”列示了其每股收益的计算过程。根据基本每股收益的计算过程，其净利润不仅扣除了优先股（与员工持股计划相关的可转换优先股）股利，也扣除了百事公司赎回部分流通在外优先股所支付的赎回溢价。[①] 在计算稀释每股收益时，百事公司假设优先股在年初转换为普通股，因此计算公式的分子将计算基本每股收益时扣除的股利和赎回溢价加回净利润。同理，计算公式的分母也加回了根据股票期权计划可能发行的普通股数量和根据员工持股计划可转换优先股可能转换的普通股数量。

对每股收益的批评

对每股收益作为一个盈利能力指标的批评指出，每股收益没有考虑公司为了获得特定数额的利润所需的资产或资本数额。如果某家公司为了获得特定数额的利润所需的资产或资本数额是另一家公司的两倍，那么两家公司的利润和每股收益相同，其盈利能力却不同。此外，流通在外的普通股数量并不是衡量公司运用资本数额的合适指标。流通在外的股票数量通常反映了公司希望其普通股达到一个理想交易规模的意图。例如，假设某公司的普通股市场价值总额为 10 000 000 美元。如果该公司流通在外的普通股数量为 500 000 股，那么每股的交易价格大概为 20 美元。如果该公司流通在外的普通股数量为1 000 000股，那么每股的交易价格大概为 10 美元。这两种情形的资本额相同，流通在外的股票数量（也包括每股收益）却不同。此外，每股收益是衡量公司一定期间内盈利能力变动的一个模糊指标。因为该期间内公司流通在外的股票数量的变动不会同比例影响每股收益计算公式的分子和分母。例如，公司某个年度的净利润可能下降，但如果该公司年初回购股票的数量足够多，那么该年度对外报告的每股收益可能会高于上年度的每股收益。在评估盈利绩效时，读者必须区分这两个因素对每股收益的影响。

尽管作为一个衡量盈利能力的指标，每股收益遭到了众多批评，但每股收益依然是季度盈余公告期的一个焦点，分析师也经常采用每股收益来评估公司的价值。每股收益得到普遍运用的原因是公司的每股收益与其股票的价格具有直接可比性。第 14 章将讨论如何运用每股收益评估公司的价值。

□ 共同比分析

共同比分析将财务报表各行的数额转化为占销售额（共同比利润表）或资产总额（共同比资产负债表）的百分比。通过采用相同的分母，共同比分析使读者能够比较不同公司和（同一家公司）不同期间的财务报表。例如，假设某公司的销售额是其竞争对手的十倍。将两家公司的净利润和各项费用转换为基于相同分母（各家公司的收入总额）的比率，就可以消除两家公司经营规模重大差异的影响，从而使得两家公司的盈利能力更有可比性。在评估以不同货币列报（例如，百事公司以美元列报，而雀巢公司则以欧元列报）的财务报表时，共同比分析也是一种非常有用的工具。

第 1 章已经提及共同比财务报表并讨论了百事公司和可口可乐公司 2008—2012 年度的共同比财务报

---

① 在计算基本每股收益时，这种处理赎回溢价的方法并不多见。

表（基于财务报表列报数据的同业比较分析与时间序列分析）。回顾表1-12和表1-14。根据2012年度的销售额共同比数据，可口可乐公司的销售毛利（销售收入减去产品销售成本）为销售额的60.3%（即销售毛利率为60.3%），而百事公司的销售毛利为销售额的52.2%。显然，可口可乐公司的销售毛利率更高。可口可乐公司的销售与一般行政管理费用为销售额的36.9%，而百事公司的销售与一般行政管理费用为销售额的38.1%。可见，可口可乐公司的销售与一般行政管理费用占销售额的比例更低。相对而言，两家公司的其他项目差异不大，销售毛利率的显著差异导致可口可乐公司的销售收益率（与净利润的共同比）高于百事公司。共同比分析是理解公司盈利能力的一种简单但非常有用的方法。共同比利润表为计算公司利润率（包括销售毛利率、经营利润率和利润率）提供了快捷、简易的方法。例如，根据表1-12和表1-14的分析，以每一美元销售额实现的利润为依据，可口可乐公司的盈利能力远远超过百事公司。不过，要更深入地理解这种比较的结果，读者还必须进一步分析，以理解可口可乐公司销售毛利率较高的主要原因。尽管百事公司国内业务的盈利能力强于可口可乐公司，但可口可乐公司在国际饮料市场上表现非常好，盈利能力也非常强。

针对不同公司盈利能力的共同比分析还可以延伸到时间序列分析。观察各家公司的时间序列可以揭示各项费用的变动趋势。如前所述，可口可乐公司与百事公司2012年度盈利能力的主要差异是可口可乐公司的销售毛利率较高。观察2008—2012年度的销售毛利率变动趋势，可以看到可口可乐公司的销售毛利率从2008年的64.4%下降到2012年的60.3%。而百事公司的销售毛利率为52.2%～54.1%，并没有明显的变动趋势。两家公司销售毛利率的变动趋势说明可口可乐公司的投入成本以较快的速度不断上升，上升速度超过了销售额的增长速度和/或其销售收入组合正在转向销售毛利率较低的产品和市场。实际上，可口可乐公司财务报表的“管理层分析与讨论”部分说明，是商品成本、临时改变包装组合和不利的汇率变动等因素导致销售毛利率下降。

共同比分析必须注意百分比变动可能是因为：

- 与销售额变动无关的各项费用变动（例如，员工薪酬水平的变动）。
- 与各项费用变动无关的销售额变动（例如，该期间的固定费用）。
- 分子和分母相互影响（广告费增加导致销售额增加，但两者的增长率可能不同）。
- 分子和分母同步变动但独立变动（即其他三种可能性的混合）。

因此，尽管共同比分析很有用，但为了充分理解其揭示的趋势，读者必须深入探究分析该期间公司面临的经营环境的经济特征和公司采用的战略，并运用精细的数据分类进一步实施财务分析。这就是本书的六步骤分析框架以对公司经营环境和战略的分析为起点的原因。

□ 百分比变动率分析

另一种分析财务数据的方法是计算各个项目百分比的变动率。这种方法也可以比较不同公司和不同期间的财务报表。不过其关注点并不是财务数据本身，而是不同期间各个项目的变动率。第1章提及共同比分析时，也连带简要提及了百分比变动率分析。除了共同比数据之外，表1-11、表1-13（资产负债表）、表1-12和表1-14（利润表）分别列示了百事公司和可口可乐公司2008—2012年度的百分比变动率数据。值得注意的是，与共同比分析相比，百分比变动率分析少了一个年度的数据。因为2008—2012年度百分比变动率中可以计算的第一个年度是2009年度（即五个年度的数据只能提供四个百分比变动率数值）。

在讨论共同比分析时，我们指出百事公司与可口可乐公司的销售毛利率存在显著差异。我们可以进一步讨论这是否就是百事公司与可口可乐公司的销售毛利率变动趋势。回顾表1-12和表1-14。它们分别列示了百事公司和可口可乐公司四个年度的百分比变动率分析数据。百事公司2010年度的收入增长率超过可口可乐公司，2011 年度的情况则出现反转。更为重要的是，2009 年度之后，可口可乐公司每年的销售成本百分比变动率都超过收入百分比变动率，由此导致销售毛利率下降。此外，百事公司和可口可乐公司的销售与一般行政管理费用都大幅增加，百事公司 2010 年度和可口可乐公司 2011 年度的销售与一般行政管理费用大幅增长。预测（第 10 章的重点）的基础就是借助以前年度的百分比变动率（和共同比数据）来判断未来可能延续的趋势。只要明确公司的战略计划和近期趋势，就可以预测许多变化。不过，百分比变动率的局限性在于非经常性项目或“其他”项目可能出现极端的变动。

□ 利润的另一种定义

评估公司盈利能力时关注的是影响公司经济价值的所有收入、费用、利得和损失。然而，如果读者运用过去的盈利能力指标预测公司未来的盈利能力，关注点应该是盈利能力的可持续性。如果近期的净利润包括出售资产的非经常性利得或非经常性资产减值损失或重组费用，那么读者在预测公司未来盈余时可能会剔除过去盈余的非经常性项目。估值的目标就是预测公司的可持续盈余。本杰明·格雷厄姆（Benjamin Graham）和戴维·多德（David Dodd）撰写的著名投资学教材将可持续性盈余称为“赚钱能力”（earnings power）。[①] 可持续盈余或赚钱能力是预期未来可持续的盈余水平及其增长率。非经常性利得和损失可能发生于未来各个期间，但我们难以精准地预测其是否发生、发生的时间分布或数额，因此可持续盈余中无法包括这些项目。综上，预测有助于估值，预测的关键在于识别经常性盈余的各个组成要素。

分部盈利能力

许多公司拥有不止一个经营分部。美国公认会计原则和国际财务报告准则都要求公司提供盈利能力指标和各个分部的某些附加信息。分部的定义采用“管理法”，由管理层根据其管理公司经营业务的方式自主决定经营分部。例如，百事公司对外披露其四个分部（百事美洲食品公司，百事美洲饮料公司，百事欧洲公司以及百事亚洲、中东和非洲公司），并进一步将这四个经营分部分为六个报告分部（参见本章后面部分的讨论）。通常在财务报表附注中披露分部盈利能力数据。由于这种必要披露采用开放式的管理法，各家公司提供的具体数据通常差异非常大，使各个分部的横向比较存在某些障碍。当然，公司必须调整各个分部呈报的收入和其他项目，使其与公司相应项目的总额相等。值得注意的是，公司经常不将一般行政管理费用分配到各个分部（可能只分配部分一般行政管理费用到“公司”分部）。因此，如果公司拥有多个分部，那么比较各个分部的绩效与单一分部公司的绩效也存在一定困难。因此只有拥有一个分部的公司的利润表中才会包括一般行政管理费用。

综合收益

财务报表使用者通常将净利润视为最终的绩效指标并加以分析，但美国公认会计原则和国际财务报告准则都要求呈报综合收益。综合收益可以定义为：

> 一个主体在某一期间内与非业主方面进行交易或发生其他事项和情况而引起的权益（净资产）变动。综合收益包括该期间内除业主投资和派给业主款项外的一切权益变动。[②]

因此，“其他综合收益”包括的各个项目要加回净利润或从净利润中扣除。这些项目包括某些外币折

① Benjamin Graham and David Dodd，*Security Analysis*（New York：McGraw-Hill），1934.

② *FASB Codification 220－10－20.*

算项目、固定受益养老金计划与其他退休后福利计划调整项目、某些投资性证券和衍生工具的未实现利得和损失、其他调整项目。

列报其他综合收益各个项目最重要的目的是充分呈现公司在某个期间内的全貌。其他综合收益包括的各个项目未来很可能不会发生，或者在最终实现目前已确认的利得和损失之前可能出现反转。与其依赖综合收益这个综合性绩效指标，不如理解综合收益的各个组成要素。分析师主要关注其他综合收益的各个组成要素，并以此评估某些组成要素的可持续性。尽管如此，鉴于其多数项目存在波动性和不确定性，其他综合收益通常对预测公司未来收益没有帮助。

经常性收益、息税前利润、息税折旧摊销前利润和其他利润指标

不同公司拥有不同的组织结构和资本结构是需要对利润表各个项目不同组合方式进行分析的另一个原因。因此有时有必要讨论扣除各种费用之前的盈利能力，这些费用会根据组织结构或资本结构的不同而变化。所以分析师有时对分析各种不同的盈利能力感兴趣。这些不同的盈利能力包括销售毛利、经营利润、息税前利润（EBIT）、息税折旧摊销前利润（EBITDA）、息税折旧摊销租金前利润（EBITDAR）、税后经营净利润（NOPAT）、息前税后利润（EBIAT）以及各种剔除已确认费用的利润。其中，最常用的是息税折旧摊销前利润。遗憾的是，许多分析师和投资者将息税折旧摊销前利润误认为是公司的现金流量。在后面讨论盈余质量（第6章）时，我们将指出，以息税折旧摊销前利润代替经营活动现金流量没有什么意义，从现金流量表中可以轻易地获得经营活动现金流量信息。尽管上述指标都有意义，但我们不应该将任何一个指标（包括净利润）视为一个完美的财务绩效指标。根据表1-12和表1-14所示的共同比利润表分析，在比较百事公司与可口可乐公司的盈利能力时，销售毛利是盈利能力的关键要素。但百事公司在提交给美国证券交易委员会的利润表中并没有单独列报销售毛利。同理，利润表中不同形式的盈利能力指标（如息税折旧摊销前利润）也很少出现在公司的利润表中。为了适应不同的需求，尤其是跨公司进行比较时，读者必须能熟练地重新组合利润表的各个项目。

备考盈余、调整后盈余或华尔街盈余

管理层经常讨论剔除某些项目后的盈余的具体计算过程，并将这些盈余称为“备考”或“调整后”的盈余。这些在华尔街应用广泛的盈余形式统称为“华尔街”盈余。作为First Call公司的研究主管，查克·希尔（Chuck Hill）认为“公司一直在做的事情就是诱导分析师关注那些剔除某些费用后的指标并只基于这些指标评估公司价值”。[①] 表4-1列示了一种计算备考盈余的假设性方法，假设利润表的某些项目是非经常性或与评估目前的盈利能力无关的项目。根据表4-1的示例，该项目收入为100美元，费用总额为50美元，净利润为50美元。以某个管理者的观点为例，该管理者认为第5种费用是一次性费用，如因关闭工厂而支付给工人的离职补偿金。该管理者在剔除该费用之后对外列报的备考盈余为60美元（表4-1的第1种备考盈余）。第4种费用可能是一种支出（如广告或研发支出），该管理者可能由此认为这些支出会体现为各种资产，与评估目前的盈利能力无关。剔除第4种费用后，备考盈余为70美元（表4-1的第2种备考盈余）。该管理者也可能认为诸如折旧与摊销这样的费用应该忽略不计，而且这些费用不涉及当期的现金流量，因此在计算盈余时不应该扣除该费用。如果表4-1的第3种费用就是折旧与摊销费用，那么该管理者可能列报第3种备考盈余为80美元。诡计多端的管理层甚至可能倾向于反对包括所有费用，最终列报的备考盈余等于收入（表4-1的第5种备考盈余）。这种做法可能有些不靠谱，但20世纪90年代后期处于增长期的互联网公司就采用了这种做法。互联网公司的管理层认为评估公司绩效的关键是收入水平及其增长率。因为收入水平及其增长率反映了公司赢得市场份额的先发优势和巩固公司未来盈利能力

① Elizabeth MacDonald, “Varied Profit Reports by Firms Create Confusion,” *The Wall Street Journal* (August 24, 1999), P. C1.

的顾客增长率。毋庸置疑，多数市场观察人士认为，由于衡量互联网公司盈利能力的指标忽视了经营费用，所以互联网公司的估值处于非理性状态，会导致后续的股票市场崩盘。

表 4-1　备考盈余的示例

单位：美元

	美国公认会计原则	第 1 种备考盈余	第 2 种备考盈余	第 3 种备考盈余	第 4 种备考盈余	第 5 种备考盈余
收入	100	100	100	100	100	100
一费用：第 1 种费用	(10)	(10)	(10)	(10)	(10)	—
第 2 种费用	(10)	(10)	(10)	(10)	—	—
第 3 种费用	(10)	(10)	(10)	—	—	—
第 4 种费用	(10)	(10)	—	—	—	—
第 5 种费用	(10)	—	—	—	—	—
＝盈余	50	60	70	80	90	100

一项实证研究表明，管理层倾向于对外报告备考盈余而不是净利润的趋势显著增强，主要通过从备考盈余中剔除某些费用来提高备考盈余。① 图 4-2 描绘了该研究结果。两条折线的距离在不断拉大，清晰地说明在 20 世纪 80 年代后期公司不断从其对外报告的备考盈余中剔除各种费用。一项针对管理层如何凸显非经常性利得和损失的研究表明，管理层喜欢在其发生的那个季度凸显非经常性或一次性利得或损失。不过，如果该季度是下一个年度同一季度宣告盈余的标杆，那么管理层并不希望提醒投资者公司以前年度的盈余中包括某项非经常性或一次性利得或损失。② 从改善公司各年度的盈利能力角度看，管理层的想法使当时的盈余公告看起来更讨喜。

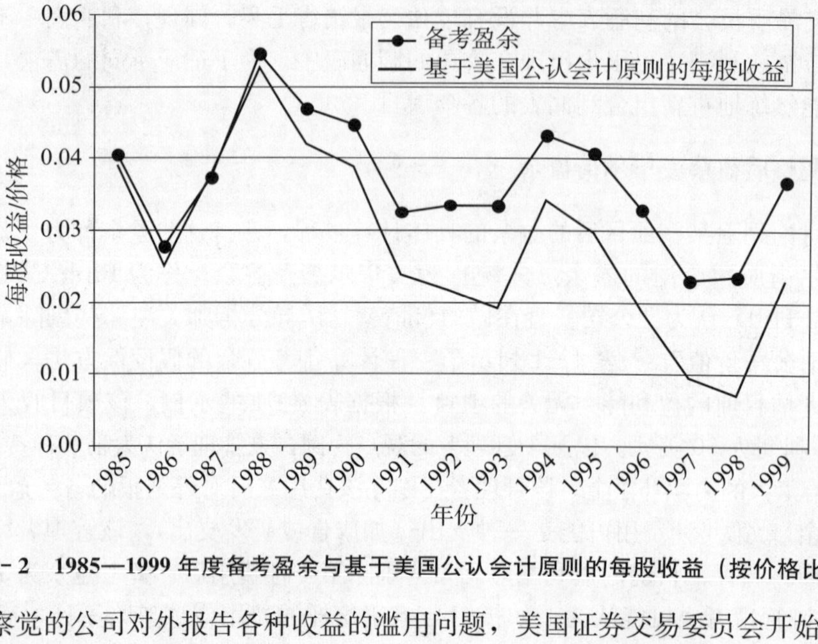

图 4-2　1985—1999 年度备考盈余与基于美国公认会计原则的每股收益（按价格比例）

为了消除已察觉的公司对外报告各种收益的滥用问题，美国证券交易委员会开始关注管理层为了误导一般投资者而冒险操纵备考盈余的问题。2013 年，美国证券交易委员会发布了 G 条例（Regulation G），专门解决所谓的“非美国公认会计原则”的盈余问题即投资界所谓的备考盈余。G 条例禁止公司将关注点

① Mark T. Bradshaw and Richard G. Sloan, “GAAP versus the Street: An Empirical Assessment of Two Alternative Definitions of Earnings,” *Journal of Accounting Research*, Vol. 40, No. 1 (March 2002), pp. 41-66.

② Catherine M. Schrand and Beverly R. Walter, “Strategic Benchmarks in Earnings Announcements: The Selective Disclosure of Prior-Period Earnings Components,” *The Accounting Review*, Vol. 75, No. 2 (April 2000), pp. 151-177.

放在备考盈余（而不是基于美国公认会计原则的盈余）上或在某个项目过去已经发生或未来很可能发生时，将该项目视为非经常性或非常规性项目。不过，G条例并没有完全禁止公司对外报告“非美国公认会计原则”的盈余（或备考盈余），投资者必须深刻理解其他利润指标的组成要素。例如，公司的年度财务报告经常列报重要的财务数据，但只在附注中以很小的字体来说明公司呈报的数据中已经剔除了某些费用。不过，为了便于投资者理解公司管理层是如何看待非经常性或非常规性费用的，多数公司现在单独列报非经常性或非常规性费用。例如，百事公司的“管理层讨论与分析”部分就有一个题为“影响可比性的各个项目”的内容，以量化的方式描述了许多非经常性或偶发性项目。例如，兼并与整合费用、重组与减值费用、52周或53周的会计年度变化都显著影响了百事公司各个年度之间的比较。

4.2 资产报酬率

图4-1的右边分支是运用报酬率指标分析盈利能力。该分支假设一定的投资额可以创造经济利润，一个简单的例证就是储蓄账户可以赚取利息。计算该投资报酬率的一个简单方法就是将利息收入除以存款额。从理论上来说，针对债权人和股东的报酬率分析没有什么本质差别。财务报表分析的两个最常见的报酬率指标是资产报酬率（ROA）和普通股权益报酬率（ROCE），有时甚至就是股东权益报酬率（ROE）。我们从资产报酬率开始讨论报酬率分析，之后再讨论普通股权益报酬率。

资产报酬率可用来衡量公司运用各种资产（不考虑这些资产的资金来源）创造利润的能力，因此债务融资与权益融资的比例以及各种资本的成本不影响资产报酬率的正确计算。资产报酬率的计算公式为：

$$资产报酬率=\frac{净利润+(1-税率)\times利息费用+非控制性权益的利润}{资产平均余额}$$

资产报酬率计算公式的分子通过剔除各种融资成本的影响调整了净利润。因此，与资产报酬率相关的利润指标是扣除各种融资成本之前的净利润。[①] 会计师在计算净利润时扣除了利息费用，因此读者在计算资产报酬率时必须加回利息费用。当然，公司在计算应税所得额时也扣除了利息费用，因此利息费用对净利润的增量影响等于“利息费用×(1－边际税率)”[②]。也就是说，读者会将利息费用全额加回净利润，而后再扣除利息费用的税收节约额。

利息费用的税收节约额取决于公司举债时税收管辖权规定的法定税率，而该税率变化较大。例如，在我们编写本教材时，美国的联邦法定税率为35%，而挪威、英国、加拿大和开曼群岛的法定税率分别为28%，23%，15%和0%。在美国，公司必须在财务报表附注中披露其平均所得税税率（即所得税费用除以缴纳所得税之前的净利润）与联邦法定税率（35%）不同的原因。原因可能有以下几个：

（1）州、当地和外国的税率并不是35%（第9章将讨论其影响）。

（2）公司会计利润中包括的收入与费用并不影响应税所得额（即第2章讨论的永久性差异）。

读者可以在35%的基础上加上或减去与上述第1项相关的数额，估算出适合计算利息费用的税收节约额的联邦、州和当地的法定税率以及外国税率。第2项的永久性差异通常与利息费用没有关系，不应该影响计算利息费用扣除额的法定税率。为了简化计算过程，遵循常规做法，本书采用35%的联邦法定税率计算资产报酬率公式分子中的利息费用税收节约额。由于会计师在计算净利润时并没有扣除优先股和普通

① 如果公司存在终止经营收益或非常规性利得或损失，而读者的目的是评估公司的持续盈利能力，那么读者可能就需要剔除这些项目，以持续经营净利润（而不是净利润）为评估基础。

② 边际税率乘以利息费用就是利息的税盾，利息税盾其实就是公司在计算所得税负债时因扣除利息费用而减少的应交所得税。

股的股利，因此，在计算资产报酬率公式分子时不需要调整股利。[①]

将非控制性权益的利润加回净利润的理由是保持资产报酬率公式的分子和分母口径一致。资产报酬率公式的分母包括合并公司的所有资产，而不仅仅是母公司的资产。然而，资产报酬率公式分子的净利润是母公司的净利润与母公司享有的子公司的净利润份额。所以为了使资产报酬率公式的分子与分母保持口径一致，分子必须包括合并公司的所有利润，而不仅仅是母公司应享有的利润份额。将非控制性权益的利润加回净利润实现了该目标。由于非控制性权益的利润通常非常小，多数上市公司不会披露非控制性权益的利润，只有当非控制性权益的利润数额特别大时，通常才会调整非控制性权益的利润。百事公司对外报告的非控制性权益的利润数额虽然较小但在不断增加，因此需要做出调整。

以净利润为起点，可以轻易地计算出资产报酬率公式的分子。[②] 由于资产报酬率公式的分子在扣除各种融资成本之前的净利润是某个期间的结果，因此，资产报酬率公式的分母应采用该期间运用的资产平均余额。这种计算过程将分子的利润指标与该期间使用的资产平均余额相联系。当然，也不是非采用资产平均余额不可，采用期初资产余额未必就不妥（事实上，如果该期间内资产总额没有发生重大变化，期初资产余额与资产平均余额差别不大）。采用资产平均余额只是一种解释资产总额的投资水平变动情况的简单方式。投资水平的变动可能影响利润的高低。因此，非季节性公司年初资产平均余额与年末资产平均余额通常都可以使用，而季节性公司则使用每个季度末的资产平均余额更为合适。

根据百事公司的财务报表，其2012年度的资产报酬率计算如下：

$$\text{资产报酬率}=\frac{\text{净利润}+(1-\text{税率})\times\text{利息费用}+\text{非控制性权益的利润}}{\text{资产平均余额}}$$

$$9.2\%=\frac{6\,178\,000\,000+(1-35\%)\times 899\,000\,000+36\,000\,000}{0.5\times(74\,638\,000\,000+72\,882\,000\,000)}$$

□ 非经常性或特殊项目的调整

如前所述，读者应该考虑公司列报的净利润中是否包括那些可能影响评估公司持续盈利能力的非经常性或特殊项目。财务报表附注和管理层讨论与分析为评估公司持续盈利能力提供了相关信息。百事公司的"管理层讨论与分析"中就有一个题为"影响可比性的各个项目"的内容。以2012年度为例。百事公司在"影响可比性的各个项目"部分列示了影响净利润的许多非常规性或非经常性项目（如重组与减值费用、养老金费用、税收效益的法院裁定）。如果财务报表分析的目的是评价百事公司某个年度的盈利能力，就不应该剔除这些项目。因为这些项目会影响百事公司对外报告的利润。如果财务报表分析的目的是评估百事公司的可持续盈利能力，就应该剔除这些项目。百事公司所列报的这六个项目的净额为−2.76亿美元，大约是上述未经调整的资产报酬率计算公式的分子数额的5%。

在评估可持续盈利能力时是否剔除这些特殊项目，应该考虑导致费用或利得的这些事项是否会持续发生。公司有时会提供有助于评估这些事项是否会持续发生的前瞻性信息，但多数情况下不会提供。如果某个项目可能持续发生，那么资产报酬率计算公式的分子的利润中就应该包括该项目的数额。如果某个项目可能是非经常性项目，就应该从资产报酬率计算公式的分子中剔除该项目的影响。有人可能认为，"非此即彼"和非直接承认存在非经常性或非常规性费用比直接承认更常见。因此，第三方法是利润中依然保留

① 有人可能认为，资产报酬率公式的分子应该剔除富余现金的短期投资收益（即利息收入），分母应该剔除短期投资。这种观点认为短期投资是一种负融资（储蓄而不是借款）。对多数公司而言，这种调整显得微不足道。所以简便起见，在计算资产报酬率时我们不做这种调整。

② 同理，有人也可能以息税前利润为起点，而后扣除按税前利润计算出来的税款。分析师经常从利润表中扣除所得税费用，不包括利息的所得税调整，由此计算息前税后利润（EBIAT）。对带息债务数额不多的公司而言，这种计算方法没有什么纰漏。不过，在计算各种比率时为了方便计算而牺牲其正确的理论结构是否合适？这是分析师必须权衡的问题。

这些特别项目的数额，但在具体分析持续盈利能力时淡化这些项目的影响。这也是一种相当普遍的做法。

我们采用第二种方法并根据对百事公司核心经营业务是否重要剔除了2010—2012年度的某些项目。下面将讨论这些项目。值得注意的是，我们认为是否剔除这些项目差别甚微，而且可以根据这些项目最近的循环性轻易地决定不剔除这些项目。我们在第10章预测百事公司的未来财务报表时假设这些费用不会经常发生。讨论剔除这些费用的程序也体现了教学的功效。

百事公司的“管理层讨论与分析”部分列示了2012年度的六个项目（单位：百万美元）[①]：

归属于百事公司的净利润	2012年度	2011年度	2010年度
市场价格变化对利得/(损失）的影响净额	**41**	(71)	58
收购与整合费用	**(12)**	(271)	(648)
重组与减值费用	**(215)**	(286)	—
与康师傅食品公司相关的重组与其他费用	**(176)**	—	—
一次性养老金清算费用	**(131)**	—	—
与税收法院裁定相关的税收效益	**217**	—	—
会计年度为53周的影响	—	64	—
存货公允价值调整	—	(28)	(333)
以前年度持有权益利得	—	—	958
委内瑞拉货币贬值	—	—	(120)
资产注销	—	—	(92)
基金捐赠	—	—	(64)
债务回购	—	—	(114)

下面将更详细地讨论这些项目并说明公司对外报告的利润中应该剔除或保留这些项目数额的理由。

1. 市场价格变化对利得/(损失）的影响净额。上表列示的数额是商品衍生品价格变动引起的。百事公司的财务集团代表所有分部管理这些商品衍生品。商品衍生品的价格变化无常。百事公司三年间每年都调整该项目的数额是很正常的事情。然而，问题在于分析公司盈利能力时对外报告的净利润中是否应该剔除这些项目。剔除这些项目的理由是商品价格变动趋势难以预测。不过，商品衍生品包括“农产品、金属与能源”似乎可以强有力地说明这些商品是百事公司核心经营业务的主要投入品，并没有偏离其核心经营业务。因此，百事公司2010—2012年度对外报告的净利润中没有剔除这些项目。

2. 收购与整合费用。百事公司2012年度发生了与收购云贝丹食品公司（Wimm-Bill-Dann Foods）相关的费用12 000 000美元。云贝丹食品公司是俄罗斯的一家处于行业领先地位的食品与饮料公司。百事公司经常发生这种费用以支撑公司的全球品牌拓展。有鉴于此，这种项目是百事公司战略必不可少的组成部分，因此没有剔除这些项目。

3. 重组与减值费用。百事公司2012年度发生了与一项跨年度的“提升生产率计划”相关的费用。该“提升生产率计划”旨在改善百事公司全球经营活动的效率。百事公司的“管理层讨论与分析”部分指出，“我们预计发生的税前费用大约为9.10亿美元，其中，2.79亿美元体现于2012年度，3.83亿美元体现于2011年度，剩下的部分将体现于2013—2015年度”。这些费用将在今后两年再次发生，因此我们有足够的理由认为百事公司可以不调整这些项目。然而，由于在评估公司价值时经常需要未来五年或五年以上的预测数据，因此一种变通的方法是调整这些费用，但分别预测百事公司2014年度和2015年度这些费用的数额。我们将在历史分析时根据这些项目的数额调整资产报酬率，但在预测销售与一般行政管理费用时包

① 百事公司2011年度和2010年度的“管理层讨论与分析”部分还列报了其他项目的数额，有的项目数额比较大（如2010年度的权益利得为9.58亿美元）。我们主要关注2012年度，而且调整的目的在于说明程序，因此我们的讨论仅限于2012年度列报的六个项目，其中的三个项目影响以前年度。以前年度的调整也会涉及其他项目的调整。

括这些项目（第10章将讨论这个问题）。

4. 与康师傅食品公司相关的重组与其他费用。百事公司2012年度将某项装瓶业务转让给康师傅食品公司，这是一家设在中国的连锁装瓶公司。与该交易相关的费用主要是与员工相关的费用。该项目费用数额较大且与上述“提升生产率计划”的重组费用相似，因此我们根据这些费用调整资产报酬率。

5. 一次性养老金清算费用。百事公司2012年第四季度为其以前的某些员工提供既定养老金期权，即一笔一次性的款项，由此产生了该项清算费用。鉴于该事项在性质上属于非经常性项目，我们将根据该项目的数额调整资产报酬率。

6. 与税收法院裁定相关的税收效益。就2012年度而言，该项目的数额反映了一项非现金税收效益。该项目与税收法院对百事公司的金融工具分类做出的有利裁定有关。这个项目在性质上属于非经常性项目，需要根据其数额调整百事公司的盈利能力，因此我们将根据该税收效益的数额调整资产报酬率。因为该项目的数额是与税务机关协商的结果，其本身难以预测。

总之，百事公司2010—2012年度的净利润调整了上述后面三个项目（即重组费用和税收效益）。此外，其他调整项目也有所涉及。其他项目的调整影响了2010年度和2011年度，但不影响2012年度。这些披露反映了对“归属于百事公司的净利润”的调整。由于“归属于百事公司的净利润”已经扣除了非控制性权益，因此调整的起点应该是某个恰当的盈利能力水平。换言之，在考虑（加上或减去）具体项目的影响时，调整的起点应该是归属于百事公司的净利润。所有调整都应该考虑所得税的影响。如果公司已经披露了所得税的影响，可以直接采用其对外报告的利润额。否则，只能推定公司现在适用的联邦边际税率。务必仔细考虑表4-2各个调整项目的符号。显然，抵减利润的各项费用（如减值和重组费用）应该加回税前利润。

百事公司2012年度调整后的资产报酬率为：

$$9.6\%=\frac{6\,483\,000\,000+(1-35\%)\times 899\,000\,000+36\,000\,000}{0.5\times(74\,638\,000\,000+72\,882\,000\,000)}$$

百事公司2011年度和2010年度的减值和重组费用也做了类似的调整。如表4-2所示，百事公司2012年度和2011年度调整后的净利润高于其对外报告的净利润，但2010年度调整后的净利润低于其对外报告的净利润。

表4-2 根据非常规性或非经常性项目调整百事公司对外报告的净利润 单位：百万美元

	2012年度	2011年度	2010年度
归属于百事公司的净利润	6 178	6 443	6 320
重组与减值费用（2012年度为215+176）	391	286	—
一次性养老金清算费用	131	—	—
与税收法院裁定相关的税收效益	(217)	—	—
会计年度为53周的影响	—	(64)	—
存货公允价值调整	—	—	333
以前年度持有权益利得	—	—	(958)
委内瑞拉货币贬值	—	—	120
资产注销	—	—	92
基金捐赠	—	—	64
债务回购	—	—	114
归属于百事公司的调整后净利润	6 483	6 665	6 085

表4-3列示了百事公司三年间未经调整和调整后的资产报酬率计算过程。百事公司2012年度、2011

年度和2010年度以其对外报告的净利润为基础计算出来的资产报酬率分别为9.2%，10.0%和12.8%，而以调整后的净利润为基础计算出来的资产报酬率分别为9.6%，10.3%和12.4%。以时间序列的视角分析百事公司以其对外报告的净利润或调整后的净利润为基础计算出来的资产报酬率可以看出，与以前年度相比，百事公司2012年度的绩效呈现持续下降趋势。

表4-3　百事公司未经调整和调整后的资产报酬率计算过程　单位：百万美元

	2012年度	2011年度	2010年度
年初资产总额	72 882	68 153	39 848
年末资产总额	74 638	72 882	68 153
资产平均余额	73 760	70 518	54 001
归属于百事公司的净利润	6 178	6 443	6 320
归属于百事公司的调整后净利润	6 483	6 665	6 085
利息费用	899	856	903
净利润＋(1－35%)×利息费用	6 798	7 018	6 925
调整后净利润＋(1－35%)×利息费用	7 103	7 240	6 690
资产报酬率（未调整）	9.2%	10.0%	12.8%
资产报酬率（调整后）	9.6%	10.3%	12.4%

□ 关于资产报酬率计算过程的两个问题

第一，某些分析师会从资产报酬率计算公式分母的资产平均余额中扣除不带息负债（如应付账款和应计负债）的平均余额，理由是这些项目是间接融资的来源。从资产平均余额中扣除不带息负债的另一个理由是，资产报酬率被视为典型的投入资本报酬率指标，资产总额应该剔除这些间接投入资本项目（如应付账款）。

经济学家认为，如果负债不承担显性的利息费用，那么债权人会通过调整契约条款（例如，为立即付款的顾客提供折扣或对没有立即付款的顾客设定更高的价格）收取隐性的利息。资产报酬率计算公式的分子是扣除各种融资成本的利润，因此资产报酬率计算公式的分母也可以采用资产总额（即不扣除不带息负债），但根据各种显性和隐性融资成本调整净利润。不过，通常难以可靠地估算不带息负债（如应付账款和应计负债）的隐性利息费用并将因产品销售成本和销售与一般行政管理费用而增加的这些隐性融资成本重新归类为利息费用（即加回净利润）。这种调整扣除融资成本之前的利润的方式可能增加资产报酬率计算公式分子中的经营利润，从而提高资产报酬率（从资产总额中扣除不带息负债，减少资产报酬率计算公式的分母，也可以提高资产报酬率）。尽管根据隐性利息调整资产报酬率计算公式的净利润或根据间接投入资本调整资产总额都说得通，但极端情况下这种调整会使对资产报酬率的时间序列或横向分析产生微小的差别。考虑到这些项目的数额难以准确估算，本书的示例采用传统的做法，资产报酬率计算公式的分母采用的是资产平均余额，而没有调整不带息负债项目。

第二，值得注意的是，尽管我们根据非常规性或非经常性项目调整了资产报酬率计算公式的分母，但并没有调整其分子。隐含的假设是非常规性或非经常性项目不可持续但其对资产总额的影响却是可持续的。以将重组费用加回净利润为例，这些减值费用可能减少资产的账面价值。这种加回净利润的调整体现了重组费用对利润表的影响，却没有体现重组费用对年末资产余额的影响。资产的注销减少了年末资产余额。因此虽然调整了资产报酬率计算公式的分子（增加），却没有调整资产负债表，也就是没有调整资产报酬率计算公式的分母（减少）。这两种影响资产报酬率的因素交织在一起，导致调整后资产报酬率向上偏离。对资产报酬率计算公式分子分母的这种矛盾性处理方式背后的逻辑是分析师希望计算可持续的资产报酬率。当期的重组费用应该不会在未来期间重现，但注销资产是永久性行为（现在某些资产的价值已经微不足道或可能已被完全注销）。尽管调整后的资产报酬率在衡量当期资产报酬率方面存在偏差，却是衡量分析师希望观察的未来期间资产报酬率的一个更好的指标。虽然我们采用了传统方法，但精明的分析师应该理解盲目无视利润表的负值费用，任其影响资产负债表可能影响调整后绩效的计算结果。这种告诫呼应了本章前面部分强调的管理层在备考盈余上可能会存在误导性操作的警示。

□ 分解资产报酬率

将资产报酬率分解为销售收益率[1]和全部资产周转率（也可以简称为资产周转率）这两个要素可以更深入地理解资产报酬率的特性。资产报酬率的分解过程为：

$$\text{资产报酬率} = \text{销售收益率} \times \text{资产周转率}$$

$$\frac{\text{净利润}+\text{税后利息费用}+\text{非控制性权益的利润}}{\text{资产平均余额}} = \frac{\text{净利润}+\text{税后利息费用}+\text{非控制性权益的利润}}{\text{销售收入}} \times \frac{\text{销售收入}}{\text{资产平均余额}}$$

销售收益率说明公司基于特定销售收入水平运用资产创造利润的能力。[2] 资产周转率说明公司基于特定销售收入水平管理资产的能力或基于特定资产创造销售收入的能力。资产周转率说明公司运用资产创造销售收入的能力，而销售收益率则说明公司运用销售收入创造利润的能力。

调整非经常性项目之后，百事公司2012年度的资产报酬率可分解如下：

$$\text{资产报酬率} = \text{销售收益率} \times \text{资产周转率}$$

$$\frac{7\,103\,000\,000}{73\,760\,000\,000} = \frac{7\,103\,000\,000}{65\,492\,000\,000} \times \frac{65\,492\,000\,000}{73\,760\,000\,000}$$

$$9.6\% = 10.8\% \times 0.89$$

表4-4总结了百事公司2012年度的资产报酬率、销售收益率和资产周转率。百事公司的销售收益率在不断下降，同时资产周转率也在不断下降。我们将在后面部分讨论另一个盈利能力指标即普通股权益报酬率，并讨论资产报酬率和普通股权益报酬率这两个盈利能力指标背后的经济与战略因素。

表4-4 百事公司2012年度的资产报酬率、销售收益率和资产周转率（调整后数据）

	2012年度	2011年度	2010年度
资产报酬率	9.6%	10.3%	12.4%
销售收益率	10.8%	11.0%	11.6%
资产周转率	0.89	0.93	1.07

4.3 普通股权益报酬率

资产报酬率在衡量公司经营活动盈利能力时没有考虑融资效应，即忽略了公司为其资产进行的债务融

① 严格地说，"profit margin for ROA"应该直译为"基于资产报酬率的利润率"，但除非特别需要，为了行文的方便一般意译为"销售收益率"（因为其计算公式的分子并非严格意义上的"利润"）。——译者

② 有人可能认为销售收益率计算公式的分母应该采用收入总额，而不仅是销售收入。因为资产不仅创造销售收入，而且创造各种各样的收益（如利息收入和子公司权益的收益）。不过，销售收益率计算公式的分母采用销售收入使（本章后面部分将讨论的）各种费用比率更容易解释，而且使其他收入的报酬率更容易单独分析。

资与权益融资的比例。对关注公司核心经营业务的盈利能力和经营效率的分析师而言，资产报酬率非常重要。

普通股权益报酬率衡量从公司的收入中扣除经营费用（如产品销售成本、销售与一般行政管理费用和所得税费用）和债务与优先股融资成本之后归属于普通股股东的报酬率。① 债务与优先股融资成本包括债务的利息费用和优先股必要的股利（如果有的话）。因此，普通股权益报酬率涵盖了公司经营决策、投资决策和筹资决策的所有结果。我们在后续各章提及估值时，资产报酬率体现的是归属于所有投资者的现金流量或盈余的估值，而普通股权益报酬率体现的则是归属于权益投资者的现金流量或盈余的估值。普通股权益报酬率的计算公式为：

$$\text{普通股权益报酬率}=\frac{\text{净利润}-\text{非控制性权益的利润}-\text{优先股股利}}{\text{普通股权益平均余额}}$$

普通股权益报酬率计算公式的分子用来衡量该期间公司扣除分配给非控制性权益和优先股股东的利润之后归属于普通股股东的净利润。会计师在计算净利润时已经扣除了债务的利息费用，因此普通股权益报酬率计算公式的分子不需要再考虑债权人对利润的求索权。不过，在计算归属于普通股股东的利润时，必须从净利润中扣除已支付或应付的优先股股利。②

普通股权益报酬率计算公式的分母用来衡量该期间公司运用的普通股权益总额的平均余额。如果公司在该期间没有新发行巨额普通股或回购巨额普通股，可采用年初和年末的普通股权益总额的平均余额。如果公司在该期间新发行巨额普通股或回购巨额普通股，那么为了更好地反映该年度公司流通在外的普通股权益，应该采用每个季度末的普通股权益的平均余额。

普通股权益等于股东权益总额减去子公司净资产的非控制性权益和优先股的账面价值。由于普通股权益报酬率计算公式的分子已经扣除了子公司净资产的非控制性权益，分母也应该剔除子公司净资产的非控制性权益（如果公司存在该项目）。公司发行优先股的价格很少显著超过其面值，因此，我们可以假设资本公积的数额只与普通股相关。

百事公司列报了流通在外的普通股数量？利润表和资产负债表也列报了一项小额的非控制性权益。根据百事公司对外报告的净利润，其2012年度的普通股权益报酬率计算如下：

$$\text{普通股权益报酬率}=\frac{\text{净利润}-\text{非控制性权益的利润}-\text{优先股股利}}{\text{普通股权益平均余额}}$$

$$28.5\%=\frac{6\ 214\ 000\ 000-36\ 000\ 000-7\ 000\ 000}{0.5\times(22\ 399\ 000\ 000+20\ 899\ 000\ 000)}$$

运用表4-4列示的调整后净利润，百事公司2012年度的普通股权益报酬率计算如下：

$$\text{普通股权益报酬率}=\frac{\text{归属于百事公司的调整后净利润}-\text{优先股股利}}{\text{普通股权益平均余额}}$$

$$29.9\%=\frac{6\ 483\ 000\ 000-7\ 000\ 000}{0.5\times(22\ 399\ 000\ 000+20\ 899\ 000\ 000)}$$

---

① 有些分析师用“ROCE”这个首字母缩略词指代“已用资本报酬率”（return on capital employed，ROCE）。已用资本报酬率计算公式的分子是扣除长期负债利息费用（考虑节税后的净额）之前的净利润，而分母则是当年的长期负债与股东权益的平均余额。根据我们对这些比率的定义，已用资本报酬率通常介于资产报酬率与普通股权益报酬率之间。尽管本书不采用已用资本报酬率这个指标，但我们必须明确，盲目使用首字母缩略词可能引起误解。事实上，与普通股权益报酬率相比，权益报酬率得到更广泛的运用。不过，我们用普通股权益报酬率以强调这正是我们希望使用的概念。

② 第14章将指出，基于估值的目的，我们可能采用归属于普通股股东的综合收益（而不是归属于普通股股东的净利润）计算普通股权益报酬率。

百事公司的财务报表附注 11“归属于百事公司的每股普通股净利润”披露了优先股股利的数额。[①] 基于本章分析百事公司的目的，我们解释了如何运用详细的优先股股利信息（包括其赎回溢价）计算归属于普通股股东的净利润。[②] 根据优先股股利和赎回溢价调整百事公司对外报告的净利润后，百事公司 2011 年度和 2010 年度的普通股权益报酬率分别为 30.4%和 32.5%，与本章前面部分讨论过的资产报酬率呈现的下降趋势一致。

□ 普通股权益报酬率的基准问题

我们已经计算出了百事公司 2012 年度的普通股权益报酬率为 28.5%（按其对外报告的净利润计算）或 29.9%（按调整后净利润计算），那么，这样的绩效是好还是差呢？一个比较的基准就是同行业其他公司的普通股权益报酬率的平均值。美国上市公司普通股权益报酬率的平均值大约为 10%～12%。百事公司的普通股权益报酬率远远超过普通股权益报酬率的平均值。如果我们以普通股权益报酬率的平均值为基准[③]，百事公司当年的绩效肯定是好的。当然，也可以将与之类似的公司（如可口可乐公司）的普通股权益报酬率作为基准。以 2012 年度为例，可口可乐公司的普通股权益报酬率为 27.7%。显然，百事公司的普通股权益报酬率略高于可口可乐公司。

由于公司使用普通股股东的资金，因此衡量普通股权益报酬率的一个更为直接的基准是普通股股东要求得到的报酬率。因为普通股股东是公司的剩余求索者，会计师在计算净利润时没有将普通股权益资本的成本作为费用处理。如果公司的普通股权益报酬率低于普通股权益的成本，那说明该公司减少了股东价值，而如果公司的普通股权益报酬率高于普通股权益的成本，则说明该公司创造了股东价值。尽管普通股权益报酬率可以衡量普通股股东的报酬率，但并没有说明该报酬率是高于还是低于普通股权益资本的成本。

根据前面的计算，百事公司 2012 年度的普通股权益报酬率为 29.9%。第 11 章将讨论如何计算权益资本成本率。第 11 章估算出的百事公司的权益资本成本率为 7.5%。根据该普通股权益资本成本率，百事公司的普通股权益报酬率比其普通股权益资本成本率高出 22.4%(29.9%－7.5%)。如果普通股权益资本成本率为 40%（这是一个不合理的假设），那么，百事公司创造的普通股权益报酬率不足以弥补普通股权益资本成本率。

从理论上说，普通股权益资本成本率就是普通股股东因牺牲以其他方式运用其投资的机会和承担投资于某家公司的风险而要求得到的补偿报酬率。普通股权益资本成本率比债务资本成本率更难度量。因为债务工具通常都会有一个确定利率，也很容易确定其实际利率。不能根据普通股股利精确地测算普通股权益资本的成本，因为公司的管理层和董事会决定股利支付政策，而权益投资者决定权益资本的成本。

普通股权益报酬率在评估公司盈利能力和估算公司价值中非常重要。我们将在第 13 章讨论，剩余收益（也称为超额利润）指标确定了公司以费用方式扣除权益资本成本之后获得的利润数额。其计算公式为：

---

① 实际上，普通股权益报酬率计算公式分子的 7 000 000 美元优先股股利包括 1 000 000 美元的优先股股利和 6 000 000 美元的优先股赎回溢价。美国证券交易委员会要求公司在为计算每股收益而确定归属于普通股权益的净利润时，必须从净利润中扣除优先股赎回价格超过其账面价值或存续价值的溢价部分。参见：Securities and Exchange Commission，*EITF Abstracts*，Topic No. D 42，“The Effect on Calculation of Earnings per Share for the Redemption or Induced Conversion of Preferred Stock”(1994)；*FASB Codification Topic* 260。为了保持普通股权益报酬率和每股收益的计算口径一致，这两个指标计算公式的分子都扣除了优先股赎回溢价。分析师可能不会经常遇到优先股赎回溢价问题。

② 不过，值得注意的是，由于优先股赎回溢价这个项目并不多见且数额相对较小，财务报表分析可以采用标准做法，只调整优先股股利，而将优先股赎回溢价作费用处理。本章的解释旨在强调财务报表分析（尤其是公司从事这种非常规或非经常性交易）必须做出必要的判断。

③ 普通股权益报酬率的平均值取决于许多因素，如计量的期间、采集的公司样本以及普通股权益报酬率计算公式的分子分母所采用的会计数据口径。

剩余收益＝归属于普通股股东的净利润－(权益资本成本率×普通股权益期初余额)

剩余收益是衡量公司在某个期间内因超出普通股股东投资于公司要求得到的回报而为其创造财富的指标。近年来，财经媒体和某些公司的管理层高度重视类似的扣除资本成本的利润指标。① 这些改良的利润指标背后隐含的观念是，除非公司获得的利润超过其全部资本（包括普通股权益资本）的成本，否则，公司并没有创造价值。这种方法给人的直觉是如果公司未来的普通股权益报酬率超过权益资本成本，那么其估值自然就比较高。因此，本书后面部分衡量普通股权益报酬率时最有用的基准就是权益资本成本率。

此外，我们还有必要观察本章前面讨论过的生命周期和竞争压力是如何影响普通股权益报酬率的。例如，图 4－3 描绘了某项针对不同期间普通股权益报酬率变动趋势的研究的结果。② 该研究结果根据期初普通股权益报酬率将公司分为十个等级，而后追踪各个等级后续年份的普通股权益报酬率平均值。该图说明刚开始各个等级普通股权益报酬率之间的差距非常大，盈利能力最强的公司的普通股权益报酬率超过30%，而盈利能力最差的公司的普通股权益报酬率低于－20%。竞争压力拉低了盈利能力最强的公司超高的普通股权益报酬率，最终生存下来的公司（或申请破产或收购）使得盈利能力最差的公司逐步提升其普通股权益报酬率，达到0%以上的水平。这并不意味着普通股权益报酬率高于平均水平的所有公司未来的普通股权益报酬率都会比较低，但这一定是主要的模式。少数具有可持续的战略优势和/或巨额表外资产和权益（如百事公司各种有价值的品牌）的公司在可预见的将来还是可以获得超过平均水平的普通股权益报酬率。

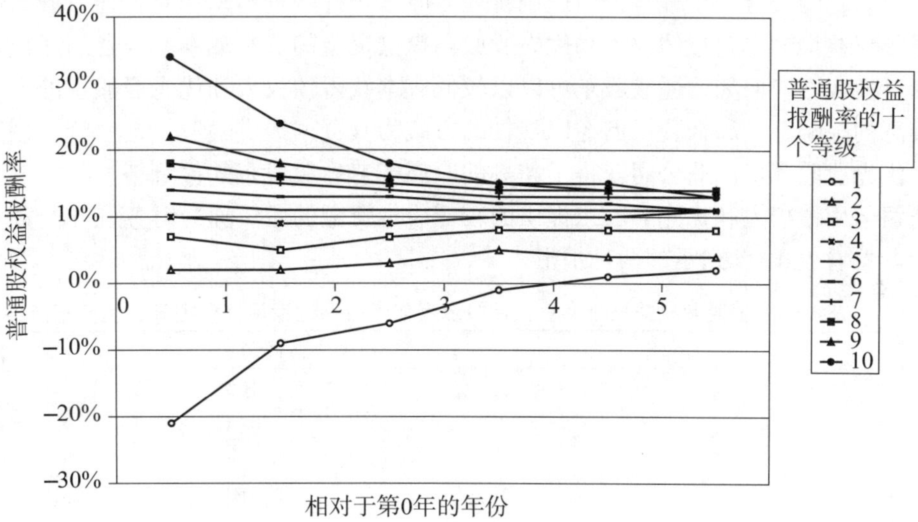

图 4－3 基于当前的普通股权益报酬率推算未来的普通股权益报酬率

□ 将资产报酬率与普通股权益报酬率联系起来

资产报酬率衡量的是公司不考虑融资因素的经营成果，而普通股权益报酬率则明确考虑了债务和优先股融资的成本。图 4－1 描绘了资产报酬率和普通股权益报酬率的差异，并显示两者都可以分解为利润率、

① 例如，众多咨询公司都推广类似的利润指标，如思滕思特公司（Stern Stewart）的经济附加值（EVA）、霍尔特国际财务顾问公司（HOLT Value Associates）的现金流投资回报模型（CFROI）、艾意凯咨询公司（L. E. K. Consulting）的股东附加值（SVA）、马拉康咨询公司（Marakon）的折现经济利润（EP）和毕马威会计师事务所（KPMG）的经济价值管理（EVM）。

② 参见 Victor L. Bernard, "Accounting-Based Valuation Methods, Determinants of Market-to-Book Ratios, and Implications for Financial Statement Analysis," Unpublished Manuscript, University of Michigan Business School, Kresge Library (January 1994)。

周转率和杠杆（用虚线标识两者的差异）。资产报酬率与普通股权益报酬率之间的关系可以进一步图解为[①]：

$$\text{资产报酬率} \rightarrow \text{债权人报酬率} \quad \text{优先股权益报酬率} \quad \text{普通股权益报酬率}$$

$$\frac{\text{净利润}+\text{税后利息费用}}{\text{资产平均余额}} \rightarrow \frac{\text{税后利息费用}}{\text{负债平均余额}} \quad \frac{\text{优先股股利}}{\text{优先股权益平均余额}} \quad \frac{\text{归属于普通股股东的净利润}}{\text{普通股权益平均余额}}$$

上述图解将考虑融资因素之前的每一美元利润都分配给了各种资本的提供者。债权人首先以利息的形式得到报酬率。对公司而言，债务资本成本就是在计算应税所得额时扣除因利息费用而产生的所得税之后的利息费用。许多负债（如应付账款和应付工资）并没有显性的利息费用。

优先股的资本成本等于优先股的股利数额。过去，公司在计算应税所得额时不能扣除优先股股利，但近年来，某些公司已经成功地使优先股的发行结构化，从而使公司已经支付的优先股股利可以作为税前扣除项目。因此，读者应该根据相关的税收节约额调整优先股股利。

普通股股东是公司的剩余求索者。尚未分配给债权人或优先股股东的那部分净利润归属于普通股股东。同理，并非由债权人或优先股股东提供资本的那部分资产就是普通股股东提供的资本。[②]

现在，考虑一下资产报酬率与普通股权益报酬率之间的关系。

- 在何种情境中普通股权益报酬率会高于资产报酬率？
- 在何种情境中普通股权益报酬率会低于资产报酬率？

回答这两个问题的关键在于理解公司运用普通股股东之外的资本来源对普通股股东有害还是有益。

只要普通股权益报酬率超过债权人和优先股股东提供资金的资本成本率，普通股权益报酬率就可能高于资产报酬率。换言之，假如普通股股东可以以较低成本获得债权人和优先股股东的资金来源，并运用这些资金创造较高的报酬率，那么公司已经以杠杆的方式为其资产提供融资，这些资产创造的较高报酬率足以支付利息和优先股股利，因此公司获得了超额的归属于普通股股东的报酬率。

通常将公司运用债权人和优先股股东提供的较低成本资金的做法称为财务杠杆或资本结构杠杆。为了说明这个概念，看看表 4-5 列示的两种情形。

表 4-5　普通股权益报酬率：权益投资者如何战略性运用杠杆提升其投资报酬率　　单位：美元

	第一种情形	第二种情形
权益投资	100	10
债务融资	0	90
资金总额	100	100
资产报酬率	10%	10%
融资的税后资本成本率	——	5%
归属于权益的净利润：		
第一种情形（10%×100）	10.00	
第二种情形（10−90×5%）		5.50
普通股权益报酬率：		
第一种情形（10/100）	10%	
第二种情形（5.50/10）		55%

表 4-5 列示的第一种情形是该公司只有一位普通股权益投资者，投资了 100 美元，资产报酬率为

① 值得注意的是，这种关系并没有采用等式表述。我们采用箭头（而不是等号）来说明公司将获得的资产报酬率分配给各种资本的供给者。如果要以等式精确地表述这种关系，还需要清楚各种融资来源在资本结构中所占的比重。

② 如果公司没有拥有子公司 100%的普通股权益，会计师必须将部分资产报酬率分配给非控股股东。就包括百事公司在内的某些公司而言，箭头右边第四个项目是非控制性权益的利润/非控制性权益的净资产平均余额。

10%。年末，该公司归属于普通股权益投资者的净利润为10美元，资产报酬率和普通股权益报酬率均为10%（净利润10/投资额100）。表4-5列示的第二种情形是，该公司唯一的权益投资者只投了10美元，但借了90美元，合计同样投入该公司100美元，也获得相同的资产报酬率（10%）。假设债权人以5%的税后成本率向该公司提供90美元的贷款。年末，该公司创造了相同数额的净利润（10美元），但融资的税后成本为4.50美元（债务90×5%），归属于普通股股东的净利润为5.50美元。尽管第二种情形的净利润比较低，但其普通股权益报酬率非常高，达55%。这体现了权益投资者战略性运用杠杆的成效。一个非常小的投资额（10美元而不是100美元）与债务融资（90美元）相结合，为普通股权益投资者创造了非常高的报酬率。就此示例而言，普通股权益报酬率不是10%而是55%（净利润5.50/投资额10）。该示例说明该公司战略性运用财务杠杆提升权益投资者报酬率的优势。该公司利用那些资产报酬率为10%，部分融资成本率仅为5%的资产创造了"超常"的报酬率。与此同时，提高杠杆可能引发较高的风险，我们将在第5章讨论这个问题。

回到我们分析的百事公司。百事公司2012年度的调整后资产报酬率为9.6%。债权人2012年度提供资金的税后资本成本率为1.1%((1−35%)×899 000 000/[0.5×(52 239 000 000+51 983 000 000)])。[1] 该公司的债务资本成本率为1.1%，而由债务资本提供融资的资产所创造的资产报酬率为9.6%，两者之间的差额归属于普通股股东。换言之，百事公司大约有520亿美元的资产来源于债权人提供的资金，其融资的资本成本率为1.1%（或融资成本大约为5.84亿美元），但这些资产创造的报酬率为9.6%（或净利润大约为50亿美元）。

百事公司的财务杠杆对普通股股东有益。因为2011—2012年度百事公司的资产报酬率都高于其普通股权益之外的所有融资的资本成本率。因此，百事公司每年的普通股权益报酬率都高于资产报酬率（2010年度：31.2%>12.4%；2011年度：31.4%>10.3%；2012年度：29.9%>9.6%）。接下来，我们将讨论普通股权益报酬率高于资产报酬率时，权益投资者获得超额报酬率的原因。

□ 分解普通股权益报酬率

正如我们分解资产报酬率那样，为了更好地解释普通股权益报酬率，我们也可以将普通股权益报酬率分解为几个组成部分。分解之后，普通股权益报酬率的组成部分包括销售收益率、资产周转率和资本结构杠杆效应。

$$\text{普通股权益报酬率} = \text{销售收益率} \times \text{资产周转率} \times \text{资本结构杠杆效应}$$

$$\frac{\text{归属于普通股股东的净利润}}{\text{普通股权益平均余额}} = \frac{\text{归属于普通股股东的净利润}}{\text{销售收入}} \times \frac{\text{销售收入}}{\text{资产平均余额}} \times \frac{\text{资产平均余额}}{\text{普通股股东权益平均余额}}$$

值得注意的是，基于资产报酬率的销售收益率与基于普通股权益报酬率的销售收益率的差异在于其计算公式的分子。基于普通股权益报酬率的销售收益率计算公式的分子是归属于普通股股东的净利润，而基于资产报酬率的销售收益率计算公式的分子则是加回税后利息费用和非控制性权益投资收益的净利润。基于资产报酬率的销售收益率是一个扣除融资成本之前的利润指标。两者分子的差异与其分母的差异是同步的（普通股权益报酬率计算公式的分母是普通股权益，而资产报酬率计算公式的分母是资产总额）。

这里的资产周转率与分解资产报酬率时使用的资产周转率相同。分解普通股权益报酬率多出来的一个

① 百事公司计算公式分母的数额等于资产总额减去股东权益总额即负债总额。债权人提供资金的税后资本成本率似乎很低，但如前所述，许多负债并没有显性的利息成本。

组成部分是资本结构杠杆效应。资本结构杠杆效应用来衡量公司战略性运用财务杠杆为其资产提供融资的程度。资本结构杠杆效应计算公式的分子与分母之间的差异就是资本结构中的负债和优先股权益（如果公司发行了优先股）的数额。公司从这些渠道获得的资金越多，从普通股股东那里获得的资金就越少，资本结构杠杆效应就越大。资本结构杠杆效应可以采用另一种方式进行解释：

$$\frac{\text{资产总额}}{\text{普通股权益总额}}=\frac{\text{负债总额}+\text{优先股权益总额}+\text{普通股权益总额}}{\text{普通股权益总额}}$$

$$=1+\frac{\text{负债总额}+\text{优先股权益总额}}{\text{普通股权益总额}}$$

因此，资本结构杠杆效应就是“1＋债务与权益比率”（公司没有发行优先股）或“1＋债务和优先股权益与普通股权益之比”（公司发行了优先股）。

在分解百事公司的普通股权益报酬率之前，我们曾经指出，分解普通股权益报酬率或资产报酬率的方式远不止本章讨论的这些方式。我们将在第5章讨论另一种分解普通股权益报酬率的方式，该方式更凸显公司比较资产创造的报酬率与债务资本成本率的重要性。

根据本章讨论的基本组成部分，百事公司2012年度的普通股权益报酬率分解如下（单位：百万美元）：

普通股权益报酬率	=	销售收益率	×	资产周转率	×	资本结构杠杆效应
$\frac{6\,483-7}{0.5\times(22\,399+20\,899)}$	=	$\frac{6\,483-7}{65\,492}$	×	$\frac{65\,492}{0.5\times(74\,638+72\,882)}$	×	$\frac{0.5\times(74\,638+72\,882)}{0.5\times(22\,399+20\,899)}$
29.9%	=	9.9%	×	0.89	×	3.41

表4-6列示了百事公司2010—2012年度普通股权益报酬率的分解过程。百事公司的普通股权益报酬率得以不断提升归功于以下因素的综合影响：(1) 销售利润不断下降；(2) 资产周转率不断下降；(3) 资本结构杠杆效应不断提升。销售收益率不断下降同样反映了前面讨论过的资产报酬率的变化情况。普通股权益报酬率与资产报酬率分解过程中的资产周转率计算方式相同，因此资产周转率也就反映了前面讨论过的资产报酬率分解的情形。普通股权益报酬率与资产报酬率分解过程的主要差异在于资本结构杠杆效应。我们必须讨论因各种融资来源的变化而引起的百事公司资本结构的变化。百事公司资产负债表的优先股权益变动额微不足道，无法解释不断提升的杠杆效应。百事公司资产负债表明确地列示了负债总额（从2011年度的51 983 000 000美元增加到2012年度的52 239 000 000美元）和普通股权益总额（从2011年度的20 889 000 000美元增加到2012年度的22 399 000 000美元）的小额变动。

表4-6 百事公司2010—2012年度普通股权益报酬率的分解过程

年份	普通股权益报酬率	=	销售收益率	×	资产周转率	×	资本结构杠杆效应
2012年	29.9%	=	9.9%	×	0.888	×	3.407
2011年*	31.4%	=	10.1%	×	0.934	×	3.328
2010年	31.2%	=	10.5%	×	1.071	×	2.775

*为了反映会计年度为53周的影响，2011年度的计算过程采用调整后销售收入（623 000 000美元）和调整后净利润（64 000 000美元）。此外，计算过程也采用了之前讨论过的各项调整（参见百事公司财务报告“管理层讨论与分析”部分的“影响可比性的各个项目”）。

销售收益率和资产周转率每年稳步下降，资本结构杠杆效应却逐年上升。尽管许多公司很少直接讨论销售收益率或资产周转率，但通过阅读公司财务报告“管理层讨论与分析”部分对其利润表和资产负债表各个项目变动原因的解释，读者还是可以理解其中的奥妙。百事公司将其2012年度经营利润率下降的原因描述为“成本上升反映了战略性投资、商品成本较高、广告与营销费用较高以及汇率的不利影响，有效的净额定价抵消了部分不利影响”。此外，因举债数额不断增加引起的利息费用不断增加也对销售收益率产生了负面的影响。

通过探究销售收入（资产周转率计算公式的分子）和资产总额（资产周转率计算公式的分母）的相对变化，我们可以洞悉资产周转率变动的原因。百事公司 2012 年度的销售收入下降了 0.6%（按 2011 年度 53 周调整了销售收入），资产总额增加了 2.4%。资产周转率计算公式的分子不断减少，其分母却不断增加，最终导致资产周转率下降。

我们刚刚指出，举债数额不断增加导致的利息费用不断增加对销售收益率产生了不利的影响。百事公司的现金流量表和财务报表附注 9 “债务与承诺” 表明该公司每年举借的长期负债数额都超过其偿还数额。例如，百事公司 2012 年度举借长期负债 59.99 亿美元，而只偿还 24.49 亿美元。百事公司将这些提高财务杠杆的行为描述为“满足公司整体目标”的需要。

4.4　解读资产报酬率与普通股权益报酬率的经济和战略因素①

不同行业的资产报酬率和普通股权益报酬率之间存在差异。这种差异取决于这些行业的经济特征，而同行业不同公司的差异则取决于其战略的制定与实施。本节将讨论影响解读资产报酬率和普通股权益报酬率的经济与战略因素。我们将在第 5 章进一步讨论普通股权益报酬率的杠杆问题。图 4-4 描绘了 1990—2004 年度 23 个行业 15 年间的资产报酬率、销售收益率和资产周转率的平均中位数。两条等量曲线分别代表资产报酬率为 3%和 6%，即通过销售收益率和资产周转率的各种组合得到的资产报酬率为 3%和 6%。例如，资产报酬率为 6%可能来自如下各种“销售收益率×资产周转率”的组合：6%×1.0，3%×2.0，2%×3.0 和 1%×6.0。

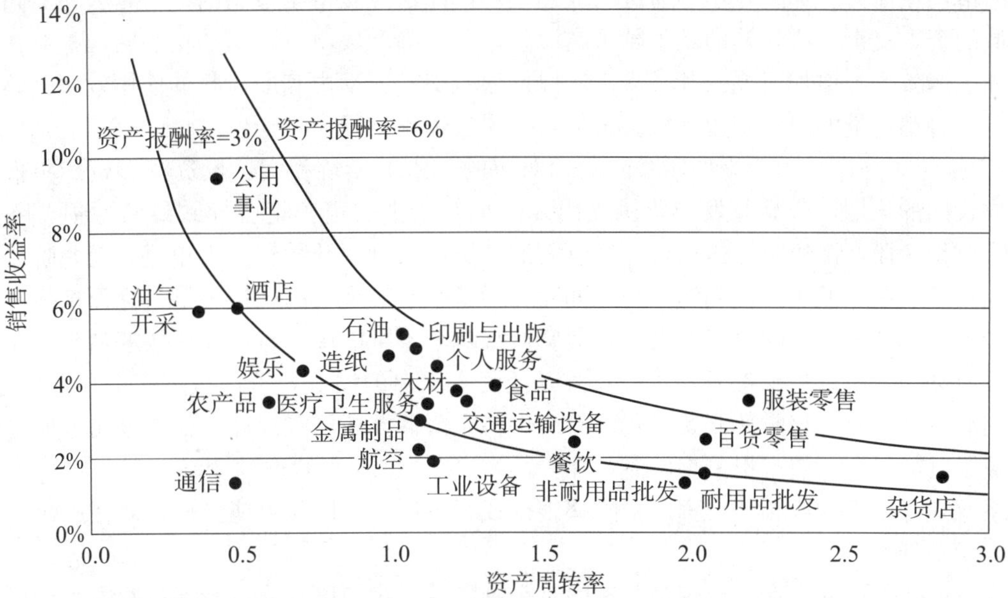

图 4-4　1990—2004 年度 23 个行业的资产报酬率、销售收益率和资产周转率的平均中位数

① 本部分内容主要取自 Thomas I. Selling and Clyde P. Stickney, “The Effects of Business Environments and Strategy on a Firm's Rate of Return on Assets,” *Financial Analysts Journal* (January/February 1989), pp. 43-52。

财务报表分析关注特定年份（甚至季度）特定公司（甚至其分部）的资产报酬率。图4-4的资产报酬率、销售收益率和资产周转率数据反映了各行业不同公司和不同年份的汇总数据。哪些因素可以解释为什么某些行业的资产报酬率始终高于或低于所有行业的平均值？如何解释某行业的销售收益率较高、资产周转率较低，而某些行业的销售收益率较低、资产周转率较高？

微观经济学和公司战略资料为解释资产报酬率、销售收益率和资产周转率的表现提供了有用的背景知识。作为后续讨论的前奏，可以观察图4-4的两个极端行业。公用事业存在重大的进入壁垒（监管和巨额的固定成本），因此其销售收益率很高。该行业的进入壁垒使得现有公司因有限的竞争可以获得较高的销售收益率，由于该行业需要巨额资产（如发电厂和配电网络），因此其资产周转率较低。作为另一个极端，杂货店的资产周转率最高。由于进入壁垒较低，竞争很激烈，该行业的公司只能靠提高经营效率求生存，大力提升资产周转率。这种情形是这类公司通过不断变换销售方式和营销渠道以提升客流量的生动写照。

经济学理论认为，如果某项活动想吸引投资者的资金，其较高的感知风险必须带来较高的预期报酬率。以对外报告的财务报表数据为基础的资产报酬率不仅为追踪公司及其分部过去期间的绩效（已实现的资产报酬率）提供了有用信息，而且为预测公司未来盈余（预期的资产报酬率）提供了依据。风险的各个要素可能导致已实现的资产报酬率偏离预期的资产报酬率。我们下面将简要地讨论有助于理解各个公司资产报酬率差异及其变化的三个风险因素：（1）产品生命周期；（2）经营杠杆；（3）销售的周期性。

产品生命周期。第3章讨论过产品生命周期这个概念。影响资产报酬率的一个风险因素是公司所处产品生命周期的阶段及其时间长度。产品经历四个明确的阶段：导入期、成长期、成熟期和衰退期。在导入期和成长期，公司关注产品的开发（产品的研究与开发支出）和产能的扩张（资本支出），公司此时的目标是赢得市场的认可，提升生产率并获得市场份额。在导入期和成长期，公司可能存在的重大不确定性就是其产品的市场生命力。那些好不容易进入成熟期的产品已经赢得了市场的认可，公司有可能削减新拓展的经营领域的资本支出。成熟期的竞争越来越激烈。为了降低成本，公司的重心转向提高产能利用率（规模经济）和生产效率（增加研究与开发支出，以期通过提升劳动力和原材料的使用效率来降低生产成本）。在衰退期，随着销售量的降低和盈利机会丧失，公司会退出该行业。

图4-5描绘了与产品生命周期四个阶段相对应的收入、经营利润、投资额和资产报酬率的特性。在导入期和成长期的早期，产品开发与营销支出以及相对较少的销售量会导致经营亏损，资产报酬率为负值。在高速成长阶段，销售量加速增长，经营利润和资产报酬率开始转变为正值，但此阶段巨额的产品开发、营销和折旧费用降低了经营利润。与此同时，为了未来实现较高的销售量目标而扩张产能的巨额资本支出使资产报酬率计算公式的分母增大，因此资产报酬率不可能像销售量那样快速增长。在成熟期，由于规模经济效应和学习曲线现象带来的各种效益以及资本支出的缩减，资产报酬率会显著提高。在衰退期，随着经营利润下降，资产报酬率开始恶化，有时保持正值甚至还可能提高（如果公司各种应计提折旧的资产已经计提了巨额折旧，资产报酬率就有可能提高）。资产报酬率的这种变动趋势似乎与风险水平呈现负相关的关系。在导入期和成长期，资产报酬率很低或为负值，但风险可能最低；而在成熟期，资产报酬率较高，风险却最低。

值得注意的是，产品生命周期理论关注的是个别产品。我们可以通过考察行业内的所有产品生命周期的平均阶段将产品生命周期理论拓展到行业层面。例如，尽管计算机行业的产品涵盖了从导入期至衰退期的各个阶段，但整个行业可能处于高速成长阶段的后期。百事公司的主要市场是饮料与食品加工行业。尽管百事公司及其竞争对手持续地推出新产品，但饮料与食品加工行业已经相当成熟。尽管有些公司为了延缓钢铁行业进入衰退期的步伐，使其生产过程充分现代化，我们还是可以认为钢铁行业（甚少在美国）已经处于衰退期的早期。

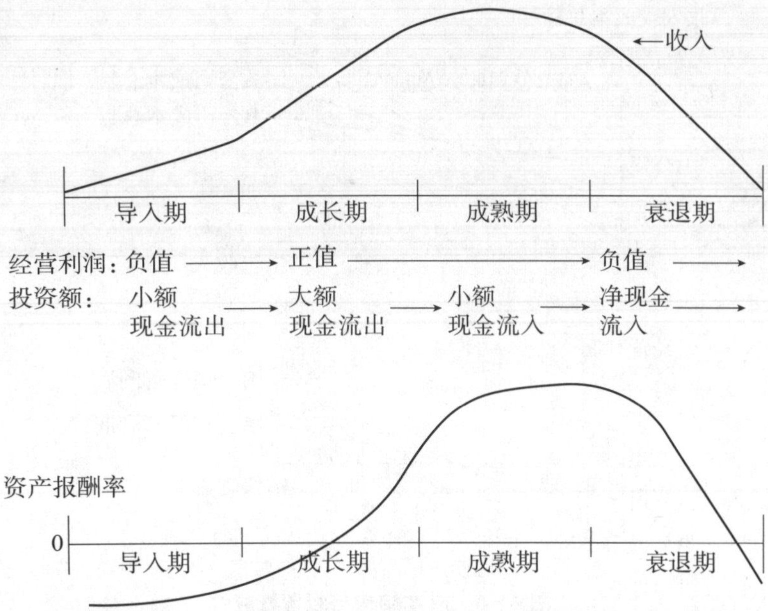

图 4-5 产品生命周期各个阶段的收入、经营利润、投资额与资产报酬率之间的关系

除了产品生命周期的阶段，产品生命周期的时间长度也是一个风险因素。为了开发替代品或新产品，产品生命周期短的产品可能需要更经常发生各种支出，从而会增加风险。多数药品的生命周期大约为 7 年。百事公司的软饮料、品牌食品和某些玩具（如芭比娃娃和火柴盒小汽车）的生命周期会更长。

经营杠杆。公司以各种成本结构从事经营活动。成本结构就是固定成本与变动成本的不同组合。公用事业、通信、酒店、石油和化学等行业的公司属于资本密集型公司，特定期间的折旧费用和许多经营成本几乎都是固定成本。而多数零售和批发公司的变动成本在其成本结构中占有相当大的比重。如果公司的固定成本比重较高，那么随着销售的增加，其经营利润会更显著地增加，这就是规模经济现象。因为此时公司将固定成本分配到更多的销售量中，单位平均成本会下降，经营利润会增加。相反，如果销售量减少，那么公司的经营利润会显著下降，这就是规模不经济的结果。经济学家将拥有较高比重的固定成本的经营过程称为经营杠杆。经营杠杆高的公司其资产报酬率变动程度高于经营杠杆低的公司。如果其他条件保持不变，经营杠杆高的公司的经营风险更高。为了对承受较高风险的投资者进行补偿，经营杠杆高的公司应该有更高的报酬率。

衡量公司或其分部的经营杠杆需要成本结构方面的信息。图 4-6 的上半部分描绘了 A 和 B 两家典型公司的收入总额与成本总额函数。该图假设两家公司的规模相同，收入总额函数（该线标识为 A 或 B 公司收入总额）与盈亏临界点（收入总额线与成本总额线的交点）也相同。虽然这些假设简化了经营杠杆的讨论，但在比较实际公司时，无须使用这些假设。

如图 4-6 的上半部分所示，B 公司的成本总额（在纵轴的截距）在 A 公司之上，所以 B 公司的固定成本水平高于 A 公司的固定成本水平。随着销售收入的增加，A 公司的成本总额函数的斜率越来越大，A 公司的变动成本水平高于 B 公司的变动成本水平。图 4-6 的下半部分用收入总额函数减去成本总额函数，得到经营利润函数（即收入总额减去成本总额）。如果销售收入等于零，那么经营利润为负值，绝对值等于固定成本。如果销售收入等于固定成本与变动成本之和，那么经营利润为零（即处于盈亏临界点）。我们采用经营利润线的斜率作为衡量经营杠杆程度的一个指标。B 公司的固定成本较高而变动成本较低，其经营杠杆较高。随着销售收入的增加，B 公司经营利润的增长速度比 A 公司更快。不过，如果销售收入下降，B 公司经营利润的下降速度也更快。

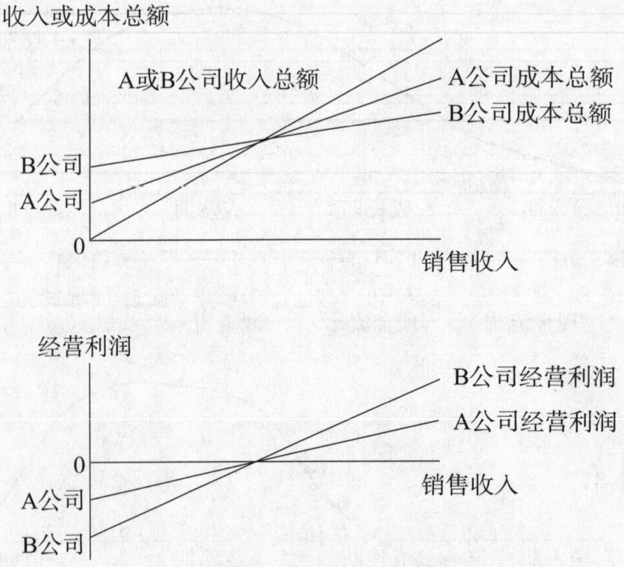

图4-6　成本结构与经营杠杆

遗憾的是，公司并不公开披露其成本结构（固定成本与变动成本）方面的信息。为了考察某家公司或其分部经营杠杆对资产报酬率的影响，读者必须估算其成本结构。估算成本结构的方式是研究公司的各个成本项目，并尽量识别出各种固定成本项目。在某个期间内，无论公司经营活动的实际水平如何，都可能发生一定数额的成本，这种成本称为约束性固定成本。折旧费用、摊销费用和租金就是约束性固定成本的典型例证。为了应对经营环境的变化，公司在短期内可以改变某种成本的数额，但成本数额通常不直接随着经营活动水平的变化而变化，这种成本称为酌量性固定成本。研究与开发支出、维护费用、广告费用和公司总部员工费用就是酌量性固定成本的典型例证。在衡量经营杠杆时，应该将酌量性固定成本视为固定成本还是变动成本取决于该成本项目在特定公司的表现。如果读者拥有充分的时间序列数据，就可以通过经营费用变量的回归分析得出经营费用的变动成本部分，从而估算出固定成本数额。例如，为了估算产品销售成本中的固定成本，读者应该估算下列回归方程式：

$$\text{第 } t \text{ 期的产品销售成本} = \alpha + \beta \times \text{第 } t \text{ 期的销售收入} + \varepsilon_t$$

估算出来的截距α的数值可能就是产品销售成本中固定成本的最佳估计值，而β可能就是变动成本（销售收入的百分比）的估计值。尽管这种估算方法在理论上很完美，但读者需要用到过去季度或年份的数据。然而，随着公司的战略和经营结构的变化，这些数据可能已经过时。作为评估固定成本与变动成本相对贡献的更简单示例，沿用产品销售成本这个示例，读者需要通过观察产品销售成本变动百分比与销售收入变动百分比之间的关系来检验公司是否存在巨额固定成本。拥有巨额固定成本的公司就像图4-6所示的B公司，产品销售成本的变动百分比低于销售收入的变动百分比（第10章将更详细地讨论如何估算固定成本和变动成本，并运用这些信息预测未来的各项费用与利润）。

销售的周期性。某些产品和服务的销售状况对经济环境的变化特别敏感。建筑服务、工业设备、计算机、汽车和其他耐用品就是典型例证。如果经济上行（国民生产总值增长率较高、失业率较低、利率也较低），顾客就会购买价格相对较高的商品，这类公司的销售收入就会相应增加。如果经济下行，顾客就会减少购买这类商品，这类公司的销售收入就会大幅减少。这些周期性的销售模式与杂货店、食品加工、非时尚服装和电力行业的销售模式形成鲜明的对比。后面这些行业出售的商品是多数顾客的必需品，而且商品的单位成本较低，能减少延缓购买该商品的收益以节约开支。与那些采用非周期性销售模式的公司相比，采用周期性销售模式的公司可能面临更高的风险。

降低周期性销售模式内在风险的一种有效方法是尽量提高成本结构中变动成本的比例。这种变动成本战略包括按小时支付员工的工资（而不是固定工资制）、以短期可撤销的租赁方式租用（而不是购买）建筑物和设备。这样一来，成本总额会与销售收入同比例变动，公司就可以保持一个稳定的利润率并降低风险。当然，这种做法取决于公司是否能根据需要的变化及时调整成本结构（例如，临时解聘工人或将租赁设备返还给出租人）。

有些公司的业务性质决定了其必须拥有数额较大的固定成本（即经营杠杆）。资本密集型服务公司如航空和铁路公司就是典型的例证。这些行业的公司可能试图通过短期租赁或外包的方式将有形产能的成本从固定成本转化为变动成本。不过，出租人可能因承担周期性销售模式的风险而要求得到更高的报酬率（经济学家称之为租金）。因此，有些公司的风险就特别高，因为可能要承担经营杠杆与周期性销售模式的组合风险。非周期性销售模式可以抵消高经营杠杆带来的风险，从而消除该风险因素。例如，尽管电力公司的固定成本比较高，但电力公司在多数服务领域的主导地位降低了其面临的经营风险，因此电力公司能够保持稳定的盈利能力。

□ 利润率与资产周转率之间的权衡

再次回到图 4－4 展现的行业资产报酬率。有几个行业的位置与其正面临一个或一个以上风险因素的情形相吻合。公用事业和石油行业较高的资产报酬率与其较高的经营杠杆相匹配。造纸、石油和交通运输设备行业的销售具有周期性，而服装零售业则面临产品过时的风险。根据图 4－4，某些行业的位置与这些风险因素并不吻合。油气开采、农产品和通信属于资本密集型行业，资产报酬率在 23 个行业中处于最低水平，我们也许可以将这些情形视为非均衡状态。不过，从长远来看，如此低的资产报酬率难以吸引到资金。

美国公认会计原则似乎影响了几个行业的资产报酬率所处的位置。食品公司（如通用磨坊公司和金宝汤业公司）的主要资源就是其品牌的价值。然而，美国公认会计原则要求这些公司将开发品牌发生的广告及其他费用马上费用化（即转化为费用）。如此一来，势必会低估这些公司的资产，高估其资产报酬率。① 同理，出版业由于不确认版权的价值或将作者资源确认为资产，会高估其资产报酬率。服务公司也存在类似的高估问题，因为服务公司员工的价值也没有确认为资产。

除了图 4－4 展现的资产报酬率差异，我们还必须考察利润率与资产周转率相对组合产生差异的原因。相关的解释来自微观经济学和经营战略文献。

微观经济学理论。图 4－7 展示了某些重要的经济因素，它们限制某些公司和行业以特定的利润率与资产周转率组合从事经营活动。如果公司和行业具有巨额固定产能成本和需要不断增加新产能的特征，其经营活动就会受到产能的约束，可达到的资产周转率也就存在一个上限。为了吸引更多的资金，这些公司必须创造一个相对较高的利润率，因此，这类公司会在图 4－7 的 A 区域从事经营活动。这些公司通常借助某种进入壁垒获得较高的利润率。进入壁垒可能以需要巨额资本支出、高风险或监管等形式出现。这些因素有助于解释图 4－4 展现的公用事业、油气开采、通信、酒店和娱乐等行业的利润率与资产周转率组合。

那些产品同质、几乎没有进入壁垒、竞争激烈的公司通常在竞争约束环境下从事经营活动，其可达到的利润率存在一个上限。为了吸引更多的资金，这些公司必须尽力提高资产周转率。因此，这些公司在图 4－7的 C 区域从事经营活动，只能通过尽量控制成本来获得较高的资产周转率（例如，将固定制造费

① 广告费用马上费用化会低估净利润。不过，费用化的数额与当期及前期已经资本化数额的摊销额之间的差异对净利润的影响不如资产总额对净利润的影响大。

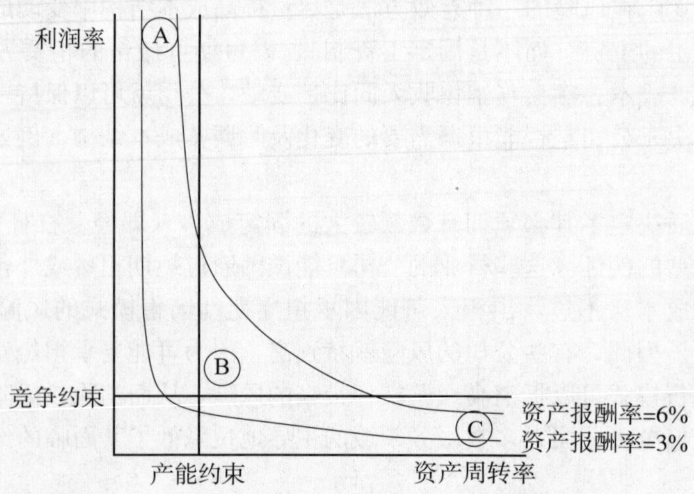

图 4-7　影响利润率与资产周转率组合的经济因素

用控制在最低水平，采购足够数量的商品以获得折扣，横向或纵向整合以节约成本）。这些公司还会将这些行动与控制成本相匹配，力争以较低的价格赢得市场份额，进而将边缘公司驱逐出市场。多数零售和批发商会在图4-7的低利润率与高资产周转率区域从事经营活动。

在图4-7的B区域从事经营活动的公司既不受产能的约束，也不像在资产报酬率曲线尾部从事经营活动的公司那样受竞争的约束，因此更具灵活性，可以采取措施提高销售收益率、资产周转率或两者兼顾，从而获得较高的资产报酬率。如前所述，在图4-7的A区域从事经营活动的那些公司可能试图通过外包某些生产能力给图右边区域的企业来重新确定其产能约束。这种行为降低了单位美元销售收入所需的固定资产数额（即提高了固定资产周转率），但可能降低销售收益率（因为有些利润需要与外包公司共享）。在图4-7的C区域从事经营活动的公司可能增加利润较高的产品。例如近年来，杂货店增加了鲜花、沙拉、新鲜烘焙食品和处方药服务，以努力提高利润率，打破杂货商品普遍面临的竞争约束。

总之，利润率与资产周转率组合背后隐含的经济概念如下所示：

在图4-7所处的区域	资本密集度	竞争程度	可能的战略焦点
A	高	垄断	销售收益率
B	中	寡头竞争或垄断竞争	销售收益率、资产周转率或两者的组合
C	低	完全竞争	资产周转率

经营战略。霍尔（Hall）① 和波特（Porter）② 认为，就特定产品而言，公司具有两种可替代的通用战略：差异化和低成本领先。产品差异化战略的关键是以某种方式使产品与众不同，以此赢得市场竞争力，提高销售收入乃至利润率。差异化可能与产品性能、产品质量、服务、分销渠道或其他因素有关。低成本领先战略的关键则是成为成本最低的生产商，以最低价格赢得更多的销售量，薄利多销。可以通过规模经济、高效生产、外包或类似的措施赢得低成本优势，也可以通过控制资产规模（严格控制应收账款、存货和资本支出）赢得低成本优势。③

① W. K. Hall, "Survival Strategies in a Hostile Environment," *Harvard Business Review* (September-October 1980), pp. 78-85.

② M. E. Porter, *Competitive Strategy: Techniques for Analyzing Industries and Competitor* (New York: Free Press), 1998. 波特认为，公司也可以采用细分市场战略。因为细分市场战略从本质上说只是细分市场的差异化而已，因此我们将细分市场战略纳入产品差异化战略。

③ 经营战略研究表明，公司可以同时采用产品差异化战略和低成本领先战略，因为产品差异化战略是收入导向（产出），而低成本领先战略则更多地体现为费用导向（投入）。

根据图 4-7，沿着资产报酬率曲线的任意点往 A 区域方向移动，关注点都是产品差异化。而沿着资产报酬率曲线的任意点往 C 区域方向移动，关注点都是低成本领先。例如，可以观察三种类型零售商的销售收益率和资产周转率。

	销售收益率	资产周转率
专业零售商	2.97%	2.21
大型综合商店	2.38%	2.02
杂货店	1.43%	2.82

在零售行业，专业零售商借助细分市场战略独树一帜，获得的销售收益率高于其他两种类型零售商。竞争严重制约了杂货店的销售收益率，杂货店只能更多地求助于低成本领先战略。因此，产品差异化公司或低成本领先公司不一定都处于资产报酬率曲线的尾部。合适的比较基础应该是同行业的其他公司（而不是不同行业的公司）。需要记住的是，在资产报酬率曲线的相对位置影响着公司权衡利润率（产品差异化）与资产周转率（低成本领先）的灵活性。更为重要的是，在一个行业内，各家公司的利润率与资产周转率不完全一致。例如，在杂货店行业内，克罗格公司（Kroger）的资产周转率较高，但其利润率较低；全食公司（Whole Foods）的利润率较高，但其资产周转率较低。总而言之，销售收益率与资产周转率组合的差异既与公司外部的经济因素（如竞争程度、监管程度、进入壁垒以及类似因素）有关，也与公司内部的战略选择（如产品差异化战略和低成本领先战略）有关。当然，内外部因素之间是相互影响、不断变化的。

□ 百事公司在消费品行业的地位

百事公司属于消费品行业。消费品行业的资产报酬率、销售收益率和资产周转率的中位数以及百事公司 2010—2012 年度相应指标的平均值如下：

	消费品行业	百事公司
资产报酬率	8.4%	9.6%
销售收益率	6.8%	10.8%
资产周转率	1.4	0.9

值得注意的是，由于销售收益率较高，百事公司的平均资产报酬率显著超过消费品行业的平均资产报酬率。从经济或战略因素看，百事公司较高平均资产报酬率的可能解释包括：(1) 百事公司各种品牌的价值超过其他食品公司的品牌价值；(2) 由于百事和可口可乐主宰着饮料行业，因此百事公司具有较强的议价能力；(3) 百事公司对其装瓶公司具有影响力，因此具有较强的议价能力；(4) 百事公司的规模或管理水平导致其经营效率较高。接下来，我们将更详细地讨论销售收益率较高的原因。

□ 销售收益率分析

销售收益率以（扣除融资成本之前）税后利润数额占销售收入的百分比来衡量，可以反映公司经营活动的整体盈利能力，所以销售收益率的分析关注所有可能降低税后利润与销售收入比率的费用（除利息费用外）。百事公司 2010—2012 年度的资产报酬率逐年下降，从 12.4%下降到 9.6%。本章前面部分（运用调整后资产报酬率）将资产报酬率分解为销售收益率和资产周转率，说明是资产周转率和销售收益率逐年下降导致资产报酬率的下降。

这种分解过程就像剥洋葱。资产报酬率是最外面的那一层，剥掉那层洋葱就露出销售收益率和资产周转率。我们再剥掉一层洋葱，分别讨论销售收益率和资产周转率的各个组成要素。运用共同比分析，我们可以将利润表的各个项目表述为销售收入的百分比来揭示销售收益率变动的原因。表 4－7 列示了百事公司的销售收入和费用的百分比。我们依然采用前面的方法，通过表 4－7 底部的调整项目调整各特殊项目的报告数额。

表 4－7 百事公司 2010—2012 年度的利润率分析

	2012 年度	2011 年度	2010 年度
收入净额	100.0%	100.0%	100.0%
装瓶公司权益投资收益	0.0	0.0	1.3
利息收入和其他收益	0.1	0.1	0.1
销售成本	(47.8)	(47.5)	(45.9)
销售与一般行政管理费用	(38.1)	(37.8)	(39.4)
其他经营费用	(0.2)	(0.2)	(0.2)
利息费用	(1.4)	(1.3)	(1.6)
所得税准备	(3.2)	(3.6)	(3.3)
特殊项目调整	0.5	0.3	(0.4)
在资产报酬率计算公式的分子上加回税后利息费用和非控制性权益数额	0.9	0.9	1.0
销售收益率	10.8%	10.9%	11.6%

值得注意的是，根据表 4－7，百事公司 2011 年度的资产报酬率陡然下降。其原因主要有两个：

- 装瓶公司权益投资收益占销售收入的百分比下降
- 销售成本占销售收入的百分比上升

销售与一般行政管理费用占销售收入的百分比下降、利息费用占销售收入的百分比下降和所得税准备占销售收入的百分比上升部分抵消了上述两个因素的影响。

读者必须理解上述总结包含了某种程度与前述调整有关的计量误差。因为实际上，我们直接调整的特殊项目应该根据表 4－7 列示的各个项目分别调整。这些项目包括销售成本、销售与一般行政管理费用。正如百事公司财务报表附注 3“重组、减值与整合费用”描述的，百事公司 2012 年度的重组费用为 2.79 亿美元，主要包括遣散与其他员工成本、资产减值和其他成本。这些重组费用很可能影响销售成本、销售与一般行政管理费用。

分析师的任务就是识别表 4－7 列示的销售收入和费用百分比变动的原因。百事公司财务报告的“管理层讨论与分析”部分应该提供解释这些盈利能力百分比变动率的信息。不过，不同公司在“管理层讨论与分析”部分提供的信息量有所不同。有些公司详细解释了各种财务比率的变动原因，而有些公司则只提及增减变动的数额或比例，没有解释变动的具体原因。即使公司提供了各种解释，分析师也应该根据经济与行业状况、公司确定的战略和公司竞争对手的情况，评估这些解释的合理性。如果公司没有讨论或解释财务比率的重大变动原因，分析师也应该保持清醒的头脑，因为这意味着公司压根就没有提供什么有用的信息。

接下来，我们只关注发生最显著变动的利润率要素，并运用百事公司财务报告“管理层讨论与分析”部分提供的信息来识别销售收益率变动的各种原因。

百事公司的装瓶公司权益投资收益

百事公司财务报表附注 8“关联方交易”指出，百事公司 2010 年 2 月收购了百事装瓶公司和百事美洲公司，并开始合并这些公司的经营成果。在收购之前，百事公司按照权益法核算对这些装瓶公司的投资。根据权益法，百事公司按所有权比例将这些装瓶公司的净利润确认为装瓶公司权益投资收益。一旦百事完全收购了这些装瓶公司，公司权益投资收益这个项目就没有存在的必要了。2011 年度，该项目为零。现在百事公司来自装瓶公司的收入与费用（像装瓶公司的资产与负债那样）与其他经营活动混在一起。

百事公司的产品销售成本

解释产品销售成本占销售收入的百分比变动的原因经常是一件困难的事情。因为各种解释可能只与销售收入相关，也可能只与产品销售成本相关，或者与同时影响销售收入和产品销售成本的因素相关。例如，不妨考虑一下产品销售成本占销售收入的百分比下降的各种可能原因：

(1) 产品需求量增加超过行业现有产能，很可能拉升销售价格。即使产品生产成本没有发生变化，产品销售成本占销售收入的百分比也会下降。

(2) 由于产品的改良或有效促销，公司产品的市场份额增加。公司将产品生产成本中的固定成本分配给更多的产品，降低了单位产品成本。即使销售价格没有发生变化，产品销售成本占销售收入的百分比也会下降。

(3) 为了占有更多的市场份额，公司会降低产品的销售价格。公司通过大量购买原材料获得数量折扣，也可以降低其单位生产成本。单位产品销售成本降低的幅度大于单位产品销售价格下降的幅度，也会导致产品销售成本占销售收入的百分比下降。

(4) 公司销售多种产品，各种产品的销售成本占销售收入的百分比不同。产品组合偏向利润率较高的产品，也会降低产品销售成本占销售收入的百分比。

因此，分析师在解释产品销售成本占销售收入的百分比变动原因时，必须考虑销售价格、生产成本和产品组合等因素的变动情况。根据表 4-7，百事公司 2010—2011 年度的产品销售成本占销售收入的百分比有所上升，2012 年度的产品销售成本占销售收入的百分比依然上升。经营成果的管理层讨论指出，百事公司在许多地方都面临较高的商品成本。由于百事公司 2010 年度收购了装瓶公司，所以不再披露这些装瓶公司的销售毛利。不过，如果读者读过百事公司以前年度披露销售毛利的 10-K 格式财务报告，就可以发现这些装瓶公司的产品销售成本占销售收入的百分比高于百事公司其他分部的产品销售成本占销售收入的百分比。例如，百事装瓶公司和百事美洲公司 2009 年度的产品销售成本占销售收入的百分比分别为 55.8%和 60.0%。将百事装瓶公司和百事美洲公司的经营成果合并到百事公司的财务成果中，有助于提高产品销售成本占销售收入的百分比。

百事公司的销售与一般行政管理费用（包括特殊项目的调整）

多数公司在利润表中合并列报销售与一般行政管理费用。从分析师的角度看，合并列报这些费用项目并不可取，因为这些费用项目的驱动因素不同。销售费用包括随销售水平变化的销售佣金、广告费、促销材料费。一般费用包括各种间接费用如租金、水电费、通信费和保险费，而行政管理费用则包括高管薪酬和各辅助部门的营运成本（如信息系统、法务和研究与开发等成本）。这些费用通常更为稳定，不随销售水平而变化。

百事公司 2010—2011 年度的销售与一般行政管理费用占销售收入的百分比有所下降（从 39.4%下降至 37.8%），而 2012 年度的销售与一般行政管理费用占销售收入的百分比则略有回升（回升到 38.1%）。百事公司 2011—2012 年度对外报告的销售收入略有下降（大约下降了 1.5%），因此其固定行政管理费用要在相对较小的销售规模内分配。这就解释了百事公司的销售与一般行政管理费用占销售收入的百分比从 37.8%上升为 38.1%的原因。剔除因 2011 会计年度为 53 周而导致销售收入减少这个因素，销售收入同比下降了 0.6%。2010—2011 年度，销售收入增长了 15%（不过，如果我们剔除因 2011 会计年度为 53 周而导致销售收入减少这个因素，销售收入还是略有下降），固定成本将在更大的销售规模内分配。如此一来，销售与一般行政管理费用占销售收入的百分比自然会下降。百事公司财务报告的“管理层讨论与分析”部分并没有为读者理解销售与一般管理费用的详细分类提供充分的信息。此外，如前所述，“管理层讨论与分析”指出，作为“提升生产率计划”的组成部分，百事公司2010年度确认了巨额的特殊费用，而这些特殊费用多数被记入销售与一般行政管理费用（通常作为公司尚未分配费用处理）。

百事公司的分部数据

表4-7以共同比利润表的形式汇总了百事公司的经营成果，掩盖了不同产品或区域市场的盈利能力可能存在的显著差异。幸好，正如本章前面部分所述，美国公认会计原则和国际财务报告准则都要求公司提供其经营分部、产品与服务以及主要顾客的财务数据。① 百事公司财务报表附注1“呈报基础与我们的分部”列报了其2010—2012年度的分布数据。百事公司列报了北美菲多利公司，北美桂格食品公司，拉丁美洲食品公司，百事美洲饮料公司，百事欧洲公司以及百事亚洲、中东和非洲公司六个分部的产品数据。

公司披露的分部数据有助于分析师更深入地思考资产报酬率、利润率和资产周转率。实际上，这是又剥了一层洋葱。公司（如百事公司）都按分部列报其销售收入、经营利润和其他汇总信息。遗憾的是，为了避免披露敏感性信息，公司通常并不呈报各个分部的产品销售成本、销售与一般行政管理费用，这意味着我们无法将分部的利润率变动分析提升到整个公司层面产品销售成本、销售与一般行政管理费用占销售收入的百分比变动率分析的高度。公司还会呈报各个分部的税后数据，因此分部的资产报酬率和利润率可能大大超过整个公司的资产报酬率和利润率。

表4-8列示了百事公司的销售组合数据。随着欧洲和拉丁美洲食品公司销售收入的增长，百事公司过去三年间的销售组合已经从北美食品和饮料分部转向国际分部。表4-8列示的共同比分析揭示的一个重要特点是，两个北美分部的销售收入大约占百事公司销售收入总额的1/4。不过，欧洲和拉丁美洲的销售收入增长比较快，这两个分部的销售收入大约占百事公司销售收入总额的1/3。百事美洲饮料公司规模最大，其分部销售收入占百事公司销售收入总额从2010年度的35.3%大幅度下降到2012年度的32.7%。准确地说，百事更像一家食品公司，而不是一家饮料公司（因为食品分部的利润率和资产周转率都最高，我们下面将讨论这个问题。）。

表4-8 百事公司销售组合数据

可报告分部	2012年度	2011年度	2010年度
北美菲多利公司	20.7%	20.0%	21.7%
北美桂格食品公司	4.0	4.0	4.6
拉丁美洲食品公司	11.9	10.8	10.9
百事美洲饮料公司	32.7	33.7	35.3
百事欧洲公司	20.5	20.4	16.6
百事亚洲、中东和非洲公司	10.2	11.1	10.9
合计	100.0%	100.0%	100.0%

表4-9列示了百事公司各个分部的资产报酬率、销售收益率和资产周转率。值得注意的是，我们在这里采用的计算方法与之前对百事公司合并报表采用的计算方法不同。第一，为了简化计算过程，我们采用期末资产余额计算各个分部的资产报酬率和资产周转率。采用各个分部的资产平均余额面临的问题是公司经常改变分部的定义，而且公司当期的年度报告只列报最近三年的分部数据。为了计算这三年的资产平均余额，我们可能需要往前追溯到第四年的资产数据，并且希望公司没有改变分部的定义。如果公司在上一

① *FASB Codification Topic. 280*；International Accounting Standards Board，*International Financial Reporting Standards No. 8*，“Operating Segments”（November 2006）.

个年度改变其分部的定义，就无法提供与当期分部定义口径一致的数据。对一家稳定、成熟的公司（如百事公司）而言，以期末资产余额替代资产平均余额可能会影响资产报酬率和资产周转率，但如果公司在某个年度没有发生重大的收购或剥离事项，这种替代不会显著影响一定期间内各个分部指标的变动趋势。第二，盈利能力指标计算公式的分子采用税前经营利润指标而不是按税后利息费用调整的净利润这个常规指标。之所以这样处理，是因为百事公司没有披露各个分部层面的按税后利息费用调整的净利润这个信息。筹资政策和筹资活动通常由公司总部负责，公司总部也没有将利息费用分配给各个经营分部。与我们采用期末资产余额一样，这种处理方法不会妨碍我们对各个分部的盈利能力和经营效率做出客观的判断。这些假设的主要局限在于我们难以准确地协调分部的计算结果与百事公司合并报表的计算结果。数据的可获得性和实用性经常左右财务分析选用的方法。这就再次强调了前面的警示：精明的分析师不需要记住各种财务比率，但要理解解释各种指标的逻辑。

表 4-9 百事公司产品分部的税前盈利能力分析

	资产报酬率		
	2012 年度	2011 年度	2010 年度
北美菲多利公司	69.1%	67.3%	64.0%
北美桂格食品公司	72.9%	78.4%	69.8%
拉丁美洲食品公司	22.2%	23.9%	24.8%
百事美洲饮料公司	9.8%	10.7%	9.9%
百事欧洲公司	7.1%	7.1%	8.4%
百事亚洲、中东和非洲公司	15.6%	14.8%	12.7%

	销售收益率			资产周转率		
	2012 年度	2011 年度	2010 年度	2012 年度	2011 年度	2010 年度
北美菲多利公司	27.1%	27.8%	26.9%	2.55	2.43	2.38
北美桂格食品公司	26.7%	30.7%	27.9%	2.73	2.55	2.50
拉丁美洲食品公司	14.3%	15.7%	15.9%	1.56	1.52	1.56
百事美洲饮料公司	14.2%	15.1%	15.3%	0.69	0.71	0.65
百事欧洲公司	10.2%	9.6%	11.4%	0.70	0.73	0.74
百事亚洲、中东和非洲公司	13.5%	12.1%	11.3%	1.16	1.22	1.13

表 4-9 的上半部分表明，迄今为止，北美菲多利公司和北美桂格食品公司的资产报酬率最高。下半部分展现了资产报酬率分解为销售收益率和资产周转率的情况。销售收益率通常反映了表 4-9 上半部分所展现的资产报酬率的布局，北美菲多利公司和北美桂格食品公司的销售收益率最高，其资产周转率也最高。拉丁美洲食品公司的销售收益率和资产周转率位列第三。这些食品分部盈利能力和资产运用效率的整体水平较高的情况与第 3 章（图 3-1）和本章前面部分（图 4-5）讨论的生命周期理论相吻合。与其他公司相比，北美公司成立时间较早，也更为成熟，因此北美公司的盈利能力和经营效率较强也就无可厚非。与此相反，百事美洲饮料公司似乎处于衰退期，其资产报酬率和销售收益率都呈现下降趋势。这也与我们前面部分讨论过的百事公司“提升生产率计划”的举措相吻合。百事公司“提升生产率计划”引出了我们已经讨论过的许多特殊项目。百事公司 2010 年度为了改变饮料细分市场的消费者偏好以替代知名品牌而收购百事装瓶公司和百事美洲公司也与其“提升生产率计划”有关。

成长性分部如百事欧洲分部就没有那么赚钱。因为这些成长性分部需要投资以扩大销售量并使其生产和分销活动达到更成熟分部的水平。如果百事公司希望达到在美洲分部成功实现的国际化水平，那就应该提升这些成长性分部的未来利润率和资产周转率。有鉴于此，分部披露的信息通常对财务报表分析和估值的预测工作最有帮助。我们将在第 10 章讨论这个问题。

对分部报告分析的一个警示与其运用的数据有关。百事公司财务报表附注 1 的信息是计算表 4-8 和表 4-9 列示的各个指标的基础。表 4-8 以调整为百事公司合并报表的销售收入总额，即六个分部的销售收入总额汇总到百事公司合并报表的销售收入总额为基础。而表 4-9 以没有调整为以百事公司合并报表的经营利润为基础。正如百事公司财务报表附注 1 所指出的，百事公司总部尚未分配的费用（13.02 亿美元）导致该公司 2012 年度经营利润总额（91.12 亿美元）与各个经营分部经营利润总额（104.14 亿美元）存在差异。百事公司利润表的销售与一般行政管理费用包括这些在汇总分部数据时尚未分配给各个经营分部的费用。这三年间百事公司总部尚未分配费用占销售收入的百分比如下所示：

2010 年度：1 327 000 000 美元/57 838 000 000 美元＝2.3％
2011 年度：1 233 000 000 美元/66 504 000 000 美元＝1.9％
2012 年度：1 302 000 000 美元/65 492 000 000 美元＝2.0％

如果分部披露的信息存在巨额尚未分配给各个分部的费用，读者在解释分部的利润率和资产报酬率时必须格外谨慎。已分配费用数额与尚未分配给各个分部的费用数额之间的变动（这是管理层的决定）显然会影响上述财务比率。百事公司每年都会呈报一个相当稳定的公司总部尚未分配费用数额，大约为 2.0％，因此这种做法并不影响我们之前对分部披露信息的分析，但读者应该对这种列报方式的合理性进行评估。

百事公司的利润率分析总结

我们在本节的开头部分就指出，百事公司 2010—2012 年度的销售收益率从 11.6％下降到了 10.8％，反映了销售成本和销售与一般行政管理费用占销售收入的百分比不断上升。为了更好地理解各个因素对百事公司利润率的影响，我们运用共同比分析识别各个因素的影响并分析主要影响因素。利润率分析的结论总结如下：

- 为了更有效地应对饮料消费者市场的变化，作为重组计划的一个组成部分，百事公司决定收购其装瓶公司，因此，百事公司 2011 年度利润表没有装瓶公司权益投资收益这个项目。
- 由于商品成本较高，也可能由于装瓶业务较高的成本被并入百事公司的经营成本，销售成本有所增加。
- 由于百事公司 2010 年度确认了巨额的重组和其他特殊费用，其 2011 年度的销售与一般行政管理费用有所下降。2012 年度销售收入略有减少，固定成本在更小的销售规模内分配，销售与一般行政管理费用占销售收入的百分比略有提高。
- 分部分析表明北美食品分部的盈利能力最强，但美洲饮料分部的销售收入占销售收入总额的百分比逐年下降，而且其利润率低于食品分部的利润率。

在讨论资产报酬率的第一个因素（销售收益率）之后，我们接着讨论资产报酬率的另一个要素（资产周转率）。

□ 分析资产周转率

资产周转率可以反映公司运用资产创造收入的效率。一定的资产规模能创造出更多的销售收入说明资产运用效率更高。根据表4-4，百事公司2010—2012年度的资产周转率不断下降，从1.07下降到0.89。要理解资产周转率的变动，首先要弄清楚各个年度资产周转率计算公式的分子（销售收入）和分母（资产平均余额）的相对变动。2011年度，销售收入增加了15%，但资产平均余额增加了31%，资产平均余额的增长率超过了销售收入的增长率。同理，2012年度资产平均余额增加了4.5%，而销售收入下降了1.5%。因此，2011年度和2012年度的资产周转率都有所下降。这三年间的重大变动是收购了百事装瓶公司、百事美洲公司和俄罗斯食品饮料公司（即云贝丹公司）。这些收购举措主要通过确认各种无形资产（如商誉和品牌）的公允价值增加了资产。资产总额增加以及销售收入的同步增加，导致资产周转率下降。

在利润率分析部分，我们通过影响经营利润的不同费用分解其计算公式的分子。与利润率分析不同，资产周转率分析最好是分解其计算公式的分母。检验某类资产的周转率可以更深入地认识资产周转率的变动原因。各类资产的周转率汇聚成资产周转率。基于相应资产的重要性，最普遍运用的三个周转率指标如下所示：

- 应收账款周转率
- 存货周转率
- 固定资产周转率

公司财务报表的"管理层讨论与分析"部分通常会详细地解释经营利润的变动原因，但不会解释资产周转率的变动原因，因此读者必须自己寻找各种可能的线索。这有些令人遗憾，因为资产周转率的微小变动可能显著影响公司的整体盈利能力（即资产报酬率和普通股权益报酬率）。

应收账款周转率

应收账款周转率可以衡量公司以现金收回应收账款需要的平均时间。读者只要将销售收入净额除以应收账款平均余额，就可以计算出应收账款周转率。多数公司之间的销售都是赊销，而非现金交易。除了直接与消费者交易的零售商和饭店之外，假设所有销售都是赊销通常是合理的。百事公司2012年度的应收账款周转率计算如下：

$$\text{应收账款周转率}=\frac{\text{赊销收入净额}}{\text{应收账款平均余额}}$$

$$9.4\text{ 次}=\frac{65\,492\,000\,000}{0.5\times(7\,041\,000\,000+6\,912\,000\,000)}$$

百事公司2011年度和2010年度的应收账款周转率分别为10.0次和10.6次。

分析师经常以公司应收账款的平均收现天数来表述应收账款周转率，计算公式为365天除以应收账款周转率。[①] 百事公司2010年度、2011年度和2012年度的应收账款周转天数分别为34.4天（365/10.6）、36.5天（365/10.0）和38.8天（365/9.4）。分析师还可以计算期末应收账款余额中包含的每天销售收入，计算公式是期末应收账款余额除以平均每天销售收入（销售收入/365）。百事公司2012年的期末应收账款余额略有增加，而从2011年开始销售收入略有下降，因此期末应收账款余额的每天销售收入略有增加［7 041 000 000/(65 492 000 000/365)=39.2］。这些计算结果清晰地表明百事公司应收账款回收的速度越来越慢。许多公司赊销的信用期限为30天。尽管有些顾客会延迟付款，百事公司的多数顾客会在稍微超过一个月的合理期限内付款。

应收账款周转率和应收账款平均收款期的变动原因也与公司的信用延期政策有关。公司经常将信用条款作为促销的手段。例如，为了刺激销售，公司允许顾客等到夏天过后再支付购买割草机的货款，等到冬

① 我们有时也可能看到应收账款周转率计算公式的分子为360天。尽管可能产生计量误差，导致计算出来的周转率更高，但只要所有计算过程都采用360天，就不会对结论产生显著的影响。

天过后再支付购买雪橇车的货款。这种举措可能降低应收账款周转率，增加应收账款收现天数。如果公司新增销售收入带来的净利润增加额大于延迟收回应收账款的各种成本，那么这些应收账款周转率的变动未必就是负面的信息。公司还可以运用信用政策为其关联公司提供隐性融资。例如，汽车制造商通过信用展期为经销商提供隐性融资，制造商通过信用展期为关系密切的分销商提供隐性融资（如百事公司和可口可乐公司为其关联公司提供隐性融资），连锁酒店通过信用展期为其加盟店或授权经销商提供隐性融资（如麦当劳公司为其加盟店提供隐性融资，星巴克公司为其授权经销商提供隐性融资）。

零售商，尤其是百货连锁店如西尔斯百货公司和梅西百货公司，会向顾客提供自己的信用卡。这些零售商利用信用卡来促销。零售商应收账款收现天数增加的原因与两个相互冲突的信号相关。应收账款收现天数增加可能意味着应收账款收现的风险更大，但也可能带来额外的利息收入。有些公司的产品定价表示其只想获得一个相对较低的销售毛利率，但将利息收入作为利润的主要来源。有鉴于此，在理解应收账款周转率和应收账款收现天数时，读者必须考虑公司的信用战略和信用政策。

百事公司没有解释其应收账款周转率较差的原因，其多数应收账款可能与其零售商有关。一种可能是在2010—2012年度经济衰退期间，百事公司可能有意为其装瓶公司和杂货店提供更为优惠的付款条件，以支持装瓶公司和杂货店的发展。另一种可能是其他国家的付款条件不同于美国的付款条件，因此来自付款期较长国家的销售收入所占百分比提高或许可以解释百事公司应收账款周转率较差的原因。不管怎么说，百事公司的应收账款收现天数从2010年的34.4天增加到了2012年的38.8天，似乎并不是一个重要的问题。假设百事公司为了满足增加应收账款收现天数的资金需求，以4%的利率举借短期负债，那么2012年需要承担的融资成本大约为3 300 000美元（[(38.8－34.4)/365]×0.04×[0.5×(7 041 000 000＋6 912 000 000)]）。百事公司2012年度的利息费用为899 000 000美元。基于上述假设，延长收款期只会导致利息费用增加0.37%（3 300 000/899 000 000）。

存货周转率

存货周转率可以衡量公司生产、保有和出售存货所需的时间长度。读者可以通过将产品销售成本除以当期存货平均余额来计算存货周转率。百事公司2012年度的存货周转率计算如下：

$$\text{存货周转率}=\frac{\text{产品销售成本}}{\text{存货平均余额}}$$

$$8.4\text{次}=\frac{31\ 291\ 000\ 000}{0.5\times(3\ 581\ 000\ 000+3\ 827\ 000\ 000)}$$

因此，百事公司2012年度存货的平均库存时间为43.5天（365/8.4）。2010年度和2011年度的存货周转率分别为8.9次（41.0天）和8.8次（41.5天）。存货周转率三年间慢了2.5天。

百事公司没有解释存货周转率变低的原因，但一种可能是近年来收购了装瓶公司，增加了存货的数额。此外，全球经济环境导致优质零食或饮料的购买量下降，可能降低存货周转率。尽管百事公司的期末存货余额从2011年末开始略有下降，但2012年的存货平均余额还是有所提高。百事公司财务报表的“管理层讨论与分析”部分指出，碳酸饮料、纯果乐和佳得乐的销售收入减少导致百事美洲饮料公司的销售收入大幅减少。销售收入大幅减少而存货水平相对稳定，那么存货周转率自然较低。不过，这只是一种猜测。因为其他分部销售收入增加可能会抵消存货周转率的降低。另一种可能是百事公司拓展国际市场时为了满足不同消费者的偏好而改变了销售组合。遗憾的是，由于缺乏各个分部的产品分类数据，我们无法对改变销售组合这种可能性进行评估。

解释存货周转率数据涉及两个相反的因素。公司总是希望存货占用最少的资金而销售尽量多的产品。而且，存货（尤其是食品）还可能过时或损坏。各个期间存货周转率的提高意味着存货投资的盈利能力更强，存货的融资与保有成本降低。另一方面，公司也不希望因存货过少而导致缺货，丧失销售机会。这时，存货周转率提高可能意味着丧失销售机会，抵消了减少存货投资额所产生的成本节约额。公司必须在决定存货的最佳水平与理想的存货周转率时做出权衡。例如，高端珠宝商蒂芙尼公司（Tiffany）2012 年度的存货周转率（天数）为 509 天，而苹果公司的存货周转率（天数）只有 3 天。

联系产品销售成本占销售收入百分比的变动考察存货周转率的变动，读者可以更深入地理解存货周转率的变动原因。考虑以下各种情形和可能的解释：

- **产品销售成本占销售收入百分比和存货周转率同时提高。**
  - √ 公司降低产品销售价格以尽快出售存货。
  - √ 公司改变销售组合，转向销售毛利率低但出售速度更快的产品。
  - √ 公司外包更多的产品，与外包商分享利润，但减少原材料和在产品存货的数额。
- **产品销售成本占销售收入百分比和存货周转率同时下降。**
  - √ 公司为了提高销售毛利率而提高产品销售价格，但存货出售得更慢。
  - √ 公司改变销售组合，转向销售毛利率更高但出售速度更慢的产品。
  - √ 公司生产更多的产品（而不是外包），获得更高的销售毛利率，但必须储存更多的原材料和在产品存货。
- **产品销售成本占销售收入百分比提高，存货周转率下降。**
  - √ 经济环境疲软导致公司产品的需求量下降。为了促销，公司必须降低产品销售价格。尽管公司降低了产品销售价格，但存货依然不断增加。
- **产品销售成本占销售收入百分比下降，存货周转率提高。**
  - √ 经济环境良好导致公司产品的需求量增加，允许公司提高产品销售价格。公司补充存货的速度赶不上出售存货的速度，存货周转率提高。
  - √ 公司实施即时存货系统，降低了储存成本、产品废弃量和存货保有量。

有些分析师用销售收入（而不是产品销售成本）除以存货平均余额来计算存货周转率。只要产品销售价格与产品销售成本之间保持一种合理、稳定的关系，分析师就可以运用任何一种存货周转率指标识别存货周转率变动趋势。如果分析师想用存货周转率计算存货的平均库存时间或想比较不同销售价格和不同销售毛利率的公司的存货周转率，那么，存货周转率计算公式的分子就不适合采用销售收入。

存货的成本流动假设（先进先出法、后进先出法或加权平均法）和产品销售成本都可能显著影响存货周转率和产品销售成本占销售收入的百分比。第 9 章将讨论成本流动假设的影响，并说明分析师在处理这些影响时可能做出的各种调整。

固定资产周转率

固定资产周转率可以衡量销售收入与财产、厂房与设备投资额（即固定资产）之间的关系。固定资产周转率等于销售收入除以当年固定资产平均余额（扣除累计折旧）。百事公司 2012 年度的固定资产周转率计算如下：

$$\text{固定资产周转率}=\frac{\text{销售收入}}{\text{固定资产平均余额}}$$

$$3.4\text{ 次}=\frac{65\,492\,000\,000}{0.5\times(19\,136\,000\,000+19\,698\,000\,000)}$$

百事公司 2010 年和 2011 年的固定资产周转率分别为 3.6 次和 3.4 次。固定资产周转率较高通常意味着现有固定资产的营运效率较高，而固定资产周转率较低则通常意味着现有固定资产的营运效率较低。与其他指标一样，读者必须谨慎解释固定资产周转率变动的原因。公司投资固定资产是期望未来的生产率和销售水平能够提高。因此，就某个着眼于未来发展的扩张型公司而言，固定资产周转率暂时较低或下降也许是一个有利的信号。另外，如果公司预期近期产品需求量疲软，可能会削减资本支出，由此导致固定资产周转率提高。

近年来，许多公司都提高了将产品外包给其他制造商的比例，使得公司可以以较少的固定资产实现相同（或者更高）的销售水平，从而提高固定资产周转率。百事公司却反其道而行之。百事公司 2012 年收购了装瓶公司，增加了固定资产，导致随后的固定资产周转率下降。当然，被收购公司与资产相联系的盈利能力也起了重要作用。就此案例而言，百事装瓶公司的盈利能力比不上百事公司的盈利能力。基于装瓶业务需要，百事装瓶公司的固定资产规模非常大。因此，百事装瓶公司的固定资产周转率明显低于百事公司的固定资产周转率。

其他资产周转率

尽管应收账款周转率、存货周转率和固定资产周转率是最普遍的周转率指标，但是，只要周转率计算公式的分子采用适当的指标，任何资产都可以计算其周转率。例如，公司持有的现金数额各不相同，但分析师经常对公司的现金管理效率感兴趣。投资者可以通过现金周转率指标估算公司战略性持有的现金余额。用销售收入除以当年现金平均余额，就可以计算出现金周转率。百事公司 2012 年的现金周转率计算如下：

$$现金周转率=\frac{销售收入}{现金及现金等价物平均余额}$$

$$12.6\ 次=\frac{65\ 492\ 000\ 000}{0.5\times(6\ 297\ 000\ 000+4\ 067\ 000\ 000)}$$

百事公司的现金余额持有时间大约为 29.0 天（365/12.6），意味着百事公司大约每个月补充一次现金余额。现金周转率计算公式的分子采用销售收入。当然，读者也可以将现金视为其他营运资本（例如存货）的一种融资来源。基于这种思维，读者也可以将产品销售成本作为现金周转率计算公式的分子。计算过程与前述的计算过程相似，但解释却有所不同。

同理，读者可能需要一个衡量公司所有流动资产（而不是个别流动资产）管理效率的整体指标。用销售收入除以当年流动资产平均余额，就可以计算出相应的流动资产周转率。百事公司 2012 年度的流动资产周转率计算如下：

$$流动资产周转率=\frac{销售收入}{流动资产平均余额}$$

$$3.6\ 次=\frac{65\ 492\ 000\ 000}{0.5\times(18\ 720\ 000\ 000+17\ 441\ 000\ 000)}$$

由此可见，百事公司的流动资产大约每个季度周转一次。流动资产周转率提供与现金、应收账款或存货等个别资产周转率类似的信息，不过更有代表性。因为整体流动资产的波动性小于个别流动资产的波动性。例如，年末超预期的销售收入可能导致年末应收账款余额暂时超过其正常水平，而存货余额则暂时低于其正常水平，从而可能压低应收账款周转率，抬高存货周转率。不过，如果其他条件不变，流动资产周转率基本不受影响。因为应收账款余额与存货余额的波动性可能相互抵消。

资产周转率分析总结

百事公司 2010—2012 年的资产周转率逐年下降。我们首先注意到，百事公司因收购了装瓶公司、美洲公司和俄罗斯云贝丹公司而增加了资产总额（尤其是确认了许多无形资产），从而导致公司的结构性变动。我们也讨论了应收账款、存货和固定资产三个主要的资产周转率指标。这三年来，百事公司的应收账款周转率、存货周转率和固定资产周转率都略有下降。应收账款大约为资产总额的 9%，存货大约为资产总额的 5%，而固定资产则为资产总额的 25%。因此，我们可以预见，由于应收账款周转率和存货周转率变动较小，固定资产周转率的走势将左右这三个周转率的走势。不过，应收账款、存货和固定资产之外的其他资产也会影响资产周转率，其他资产的营运效率有时更重要。例如，百事公司的无形资产占资产总额的百分比从 2009 年度（收购装瓶公司之前）的 23.0%上升到了 2012 年度的 44.9%。

资产报酬率分析总结

如前所述，盈利能力的分解类似于剥洋葱。经营活动的盈利能力包括四个层次：

第 1 层次：公司整体的资产报酬率；

第 2 层次：将公司整体的资产报酬率分解为销售收益率和资产周转率；

第 3a 层次：将销售收益率分解为各个成本项目的费用比率；

第 3b 层次：将资产周转率分解为个别资产的周转率；

第 4 层次：公司分部的销售收益率和资产周转率分析。

表 4 - 10 总结了分析资产报酬率模板。这种模板将贯穿本书后面部分。

表 4 - 10　百事公司第 1 层次至第 3 层次的盈利能力分析

第 1 层次分析

资产报酬率		
2012 年度	2011 年度	2010 年度
9.6%	10.3%	12.4%

第 2 层次分析

销售收益率			资产周转率		
2012 年度	2011 年度	2010 年度	2012 年度	2011 年度	2010 年度
10.9%	10.9%	11.6%	0.89	0.94	1.07

第 3 层次分析

	2012 年度	2011 年度	2010 年度		2012 年度	2011 年度	2010 年度
收入净额	100%	100%	100%	应收账款周转率	9.4	10.0	10.6
装瓶公司权益投资收益	0.0	0.0	1.3	存货周转率	8.4	8.8	8.9
利息收入	0.1	0.1	0.1	固定资产周转率	3.4	3.4	3.6
销售成本	(47.8)	(48.0)	(45.9)				
销售与一般行政管理费用	(38.1)	(38.2)	(39.4)				
其他经营费用	(0.2)	(0.2)	(0.2)				
利息费用	(1.4)	(1.3)	(1.6)				
所得税准备（调整后）	(2.9)	(3.6)	(3.3)				
将利息税收效益加回分子	0.9	0.8	1.0				
销售收益率	10.8%	11.0%	11.6%				

这种分层次分析财务报表的方法适用于任何公司。

盈利能力分析：资产报酬率的补充讨论

资产报酬率以资产平均余额为基础评估公司运用各种资源创造利润的有效性。就某些公司和行业而言，基于盈利能力分析目的，资产总额可能没有什么信息含量。正如第2章所述，会计实践（1）没有确认某些有价值资源（品牌、技术知识和人力资本）的资产价值；（2）按取得成本而不是现行市价列报资产价值（林产品公司的森林资源、铁路公司的土地）。为了强化财务报表分析的作用，对资产报酬率分析进行补充，分析师在评估公司的盈利能力时经常将收入、费用和利润与非财务指标联系起来。本部分将讨论专门针对几个行业的盈利能力评估方法。这种讨论无意分析所有行业，只想为使用补充方法提供一个参考。

零售商分析

零售商的关键资源是其零售空间。有些零售商拥有自己的店铺，而有些零售商则租赁零售空间。读者也可以将经营租赁费用的现值资本化为建筑物的价值，确保资产总额包括基于经营租赁合约的店铺建筑物。分析零售商的另一种方法是按单店或每平方英尺零售空间描述其销售收入、经营费用和经营利润。这种评估盈利能力的方式绕开了公司拥有或租赁零售空间的问题，也消除了不同折旧方法、不同折旧年限和不同使用寿命的固定资产对资产报酬率计算公式分母的影响，但并没有消除不同折旧方法或不同折旧年限对资产报酬率计算公式分子（利润）的影响。评估零售商的一个同等重要的指标是“相同店铺”或“可比店铺”的销售收入增长率。分析师感兴趣的是销售收入是否会因零售店铺数量或每家零售店铺平均销售收入的变动而变动。因此，零售行业的公司对外报告的一个关键指标是可比店铺（基于整个期间的开店数量）销售收入的变动。

表4-11列示了塔吉特公司和沃尔玛公司每平方英尺可比店铺的数据及其销售收益率、资产周转率和资产报酬率（2009年度）。沃尔玛的资产报酬率较高，因为其每平方英尺的销售收入较高，这与其资产周转率较高相一致。不过，塔吉特的销售收益率高于沃尔玛公司。总体而言，以资产报酬率为依据，沃尔玛该年度的盈利能力更强。沃尔玛可比店铺的销售收入在增长，而塔吉特同期可比店铺的销售收入却在下降。

表4-11　塔吉特公司与沃尔玛公司的盈利能力指标　　单位：美元

	塔吉特公司	沃尔玛公司
每平方英尺：		
销售收入	302	454
产品销售成本	(205)	(342)
销售与管理费用	(76)	(86)
经营利润	21	26
销售收益率	4.30%	3.82%
资产周转率	1.47	2.45
资产报酬率	6.3%	9.4%
可比店铺销售收入变动率	(2.9)%	3.5%

航空公司分析

在某个特定期间内，飞机为航空公司提供固定运力。可用于载客的座位数量乘以飞行里程等于可用运力。已乘坐的座位数量乘以飞行里程等于已用运力（也称为乘客里程收入）。航空业的惯例是计算每个座位里程的收入和支出以及每个乘客飞行里程的收入，并以此评估其定价、成本结构和盈利能力。

表4-12列示了美国航空公司（American Airlines）、捷蓝航空公司（JetBlue）和穿越航空公司（Air-tran）具有代表性的盈利能力数据（2008年度）。美国航空公司同时经营国内航线和国际航线，捷蓝航空

公司和穿越航空公司主要提供国内服务。美国航空公司和穿越航空公司的员工加入了工会组织，而捷蓝航空公司的员工没有加入工会组织。这三家航空公司都是公众公司。表 4－12 的前三列列示了这三家航空公司每个座位里程的收入、支出和税前经营利润，后三列列示了这三家航空公司每个乘客飞行里程的收入、支出和税前经营利润。

表 4－12 美国航空公司、捷蓝航空公司和穿越航空公司的盈利能力指标 单位：美分

	每个座位里程			每个乘客飞行里程		
	美国航空公司	捷蓝航空公司	穿越航空公司	美国航空公司	捷蓝航空公司	穿越航空公司
经营收入	14.53	10.44	10.72	18.04	13.00	13.47
燃油成本	(5.51)	(4.17)	(5.02)	(6.84)	(5.19)	(6.30)
薪酬成本	(4.07)	(2.14)	(1.99)	(5.05)	(2.66)	(2.51)
其他经营费用	(6.11)	(3.79)	(4.01)	(7.58)	(4.73)	(5.04)
经营利润	(1.16)	0.34	(0.30)	(1.43)	0.42	(0.38)
盈利能力分解：						
销售收益率				(8.7)%	2.2%	(8.7)%
资产周转率				0.68	0.58	1.24
资产报酬率				(5.9)%	1.3%	(10.8)%

就某个具体年份而言，航空公司的成本（如折旧费用和薪酬费用）主要是固定成本，因此每个座位里程的经营费用就是航空公司的经营成本。燃油成本是这三家航空公司的主要成本，其中，捷蓝航空公司的燃油成本最低，美国航空公司的燃油成本最高。美国航空公司的薪酬成本和其他经营费用最高，因此尽管美国航空公司的每个座位里程的收入最高，还是出现了巨额经营亏损。穿越航空公司的成本低于美国航空公司，但其单位里程收入较低，因此也出现了经营亏损。与此相反，捷蓝航空公司的单位里程经营收入最低，但其燃油成本、薪酬成本和其他经营费用都较低，最终实现了盈利。美国航空公司和穿越航空公司的销售收益率差不多，都是负值，而捷蓝航空公司的销售收益率是正值。穿越航空公司的资产周转率最高，但其销售收益率为负值，所以其资产报酬率自然也是负值。尽管穿越航空公司和美国航空公司的销售收益率差不多，但资产周转率却不同，导致穿越航空公司和美国航空公司的资产报酬率有所不同。为什么穿越航空公司（2008 年度）的资产周转率会高于美国航空公司呢？因为穿越航空公司的 136 架飞机中有 100 架飞机通过租赁取得，而美国航空公司的 892 架飞机中只有 220 架飞机通过租赁取得（表 4－12 没有列示这些数据）。捷蓝航空公司的资产周转率最低，但其销售收益率为正值，因此其资产报酬率虽然较低，但仍为正值。

读者也可以将类似的指标运用于产能固定的其他公司。例如，分析医院时经常关注每个床位或每个患者每天的利润数据，而分析酒店时则关注每个房间的利润数据。分析有线电视和通信公司时主要关注每个用户的利润数据。营利性教育公司的评估指标是每个学生的利润数据。通用的非财务指标包括顾客满意度、市场份额和销售收入增长率，由于理解行业的经济特征（包括各种行业特有指标的有用性）越来越重要，分析师越来越专注于某个行业。

服务公司分析

基于美国公认会计原则，服务公司最重要的资源（即提供服务的员工）并没有作为资产出现在资产负债表上。因此，运用资产报酬率分析服务公司的盈利能力可能会得出误导性结论。弥补这种缺陷的方法是以每位员工为基础表述利润。不过，读者必须谨慎运用这些数据，因为各家公司在使用全职或兼职员工的模式、直接提供服务或间接提供服务的组合等方面存在差异。

表4-13列示了三家服务公司的盈利能力数据（2008年度）。华视传媒公司（VisionChina Media）是中国最大的移动电视广告网络公司之一，业务广泛覆盖各种公共运输工具（员工不足500人）。美国巨兽公司（Monster Worldwide）是一家将雇主与求职者联系在一起的在线招聘公司（员工大约7 000人）。埃森哲公司（Accenture）是一家跨国管理咨询公司（员工超过175 000人）。华视传媒公司的人均经营收入最高，美国巨兽公司和埃森哲公司的人均经营收入分别位列第二和第三。这是因为华视传媒公司在全中国具有网络的专营权，而且其服务（通过移动视频终端做广告）并不依赖员工来提供。与之相反，埃森哲公司几乎只能靠员工提供服务。此外，埃森哲公司的薪酬费用最高，美国巨兽公司和华视传媒公司的薪酬费用分别位列第二和第三。不过，华视传媒公司的人均薪酬费用最低①，管理费用与其他费用最高，因为根据某些协议，华视传媒公司的视频设备（实际上是销售成本）和其他设备需要巨额成本，而美国巨兽公司和埃森哲公司并没有列报这种费用。华视传媒公司不是一个纯粹的“服务”公司，在资产方面需要维持巨额投资，这种商业模式的差异导致其资产周转率非常低。埃森哲公司只需要有限的固定资产，拥有广为认可的品牌和密集的专业网络，因此其资产周转率最高。尽管埃森哲公司的人均经营收入和人均税前经营利润最低（员工数量最多），但由于其资产周转率较高，所以资产报酬率也非常高。美国巨兽公司的人均经营收入和人均税前经营利润介于埃森哲公司和华视传媒公司之间，但其资产报酬率最低。

表4-13　华视传媒公司、美国巨兽公司和埃森哲公司的盈利能力数据　　单位：美元

人均：	华视传媒公司	美国巨兽公司	埃森哲公司
经营收入	220 044	193 328	130 909
薪酬费用	(5 619)	(78 168)	(92 259)
管理费用与其他费用	(126 293)	(90 706)	(23 713)
税前经营利润	88 132	24 454	14 937
分解盈利能力：			
销售收益率	45.1%	9.4%	7.5%
资产周转率	0.44	0.67	1.88
资产报酬率	19.8%	6.3%	14.1%

人均数据大大补充了许多其他行业（包括投资银行、临时服务公司、工程公司、广告公司、职业运动队、信息技术公司和其他服务公司）采用的传统财务比率，也可以补充对那些按服务条款使用固定资产的公司（如航空公司、卫生保健提供商和酒店）的盈利能力分析。

技术型公司分析

如果没有将技术型公司的两类最重要的资源（员工及其技术）纳入资产的范畴，那么与服务公司分析相比，技术型公司分析采用的资产报酬率更是一个误导性的指标。员工为技术革新做出了贡献，但最重要的资源即技术（如果技术是公司内部创造的而不是外购的）的价值没有被确认。美国公认会计原则要求公司在研究与开发成本发生的当年对其做费用化处理。因此，公司在大量投资于研究与开发期间可能低估了资产和净利润。随后，研究与开发的成果使公司成功地推出营利性新产品，这时由于公司已经将研究与开发投资作为费用处理，所以可能低估了资产但高估了净利润。公司将内部研究与开发投资作为费用处理还是从外部购买技术并确认为相应资产，影响了对实施不同研究与开发战略的公司的比较。

研究者列夫（Lev）和索吉亚尼斯（Sougiannis）建议研究某个年份的研究和开发支出与随后年份产

① 公司的利润表没有单独披露工资和津贴项目，读者需要自己做出判断。如果读者要做横向可比费用的分类，还需要额外的数据。

生的收入之间的关系，作为资产负债表确认技术资产和每年重新计算净利润的基础。① 技术“资产”的价值等于未来收入流量的现值扣除当年的研究与开发支出。读者可以根据预期的收入流量在未来收益期内摊销这些“资产”的价值。传统财务比率分析更适用于产品处于生命周期所有阶段的成熟技术型公司，而不适用于初创公司和多数产品处于生命周期高速成长阶段早期的公司。因此，许多分析师以公司对外报告的利润表和资产负债表为基础将其重编以确认技术资产（随后摊销技术资产的价值）。这种处理方法与列夫和索吉亚尼斯的建议类似。这就进一步强调分析师需要理解财务报表和经营活动而不是死记硬背财务比率的计算公式或照本宣科分析方法。

4.5 运用财务报表比率的利弊

计算财务比率并不难，投资者可以利用许多财务数据的来源来计算财务比率。这些来源包括雅虎财经（Yahoo！Finance）和财智网（Smartmoney. com）。不过，最重要和有价值的方法还是理解并捕捉财务比率隐含的关键信息。为了实现这个目标，读者必须理解如何计算财务比率。例如，资产报酬率计算公式的分子应该是息前税后净利润还是息前税前利润呢？尽管计算公式的差异不会总是导致财务比率计算结果的显著差异，但分析师必须清楚财务比率背后的基本数据。更为重要的是，要解释财务比率必须理解公司所处的经济环境和实施的经营战略。正如本章前面部分指出的，读者必须理解公司行业特征、组织结构和战略，并根据公司的财务状况、盈利能力、风险和增长率描绘其未来的前景。

分析财务报表的比率只是认识并判断公司经营状况的证据部分。在这个步骤，读者应该深入理解各个财务比率为什么是这样的。正如我们所了解的百事公司，该公司对我们在分析过程中提出的问题解释甚少。不过，读者至少应该能分辨财务比率是否反映了公司所处行业的经济特征和公司的具体战略。借助标杆，读者还应该了解公司的经营状况比同行好还是坏，比过去好还是坏。基本的会计政策选择也会影响读者计算财务报表比率。总之，第1章讨论的六步骤分析框架的前三个步骤（即识别行业经济特征、识别公司战略和评估财务报表的质量）直接与财务比率的运用相联系，能验证读者对公司盈利能力和风险的理解，并获得前三个步骤没有发现的新见解。

正如我们在本章对百事公司进行的分析一样，读者可以将某家公司的财务比率与其过去期间类似的财务比率进行比较（时间序列分析），也可以像我们在本章对百事公司、可口可乐公司以及其他公司的分析那样，将某家公司与其他公司相同期间的财务比率进行比较（同业比较分析）。下面将讨论这种比较涉及的一些常见问题。

□ 与过去期间的比较

通过与公司过去期间进行比较可以得到有用的观点。我们在本章前面部分运用这种方法讨论了百事公司资产报酬率的分解问题。公司过去期间的财务比率可以作为解释当期财务比率的基准。读者可以研究经济环境（如衰退和通货膨胀）、行业态势（如监管状况的转变和新技术）和公司面临的具体情境（如公司战略转变、管理层变动）是如何影响这些财务比率的时间序列模式的。

在以过去期间的财务比率为基础解释当期财务比率之前，读者应该提出如下问题：

- 影响各期间财务比率可比性的因素（如产品、区域或顾客组合）是否发生了重大变化？

---

① Baruch Lev and Theodore Sougiannis，“The Capitalization，Amortization，and Value-Relevance of R&D，” *Journal of Accounting and Economics* (1996)，pp. 107 - 138.

- 公司是否存在重大收购或剥离事项？
- 公司是否改变了过去的会计方法？例如，公司是否合并了以前没有合并的主体？
- 公司是否存在影响过去期间财务状况可比性分析的非经常性项目？

分析师不应该简单地运用过去期间的绩效作为比较的基础，而不考虑过去和当期的绩效水平。例如，以前的绩效可能不尽如人意，虽然当年有所改善，但没有达到预期的水平。如果公司所有年份的盈利能力都位居同行业的末端，那么盈利能力指标有所改善可能也没有什么意义。同理，如果公司以前期间的绩效非常好，但当期的绩效下滑，公司当期的绩效可能依旧表现良好。

解释不同期间内财务比率的相对变动率是另一个需要关注的问题。读者对销售收益率增长10%可以有不同的解释，取决于行业内其他公司的销售收益率是增长了15%还是5%。通过将某家公司的财务比率与其他相似公司的财务比率进行比较，可以解答这里讨论的种种问题。对公司财务比率进行审慎的时间序列分析，不仅可以深刻理解公司过去期间内盈利能力指标如何和为何发生变化，还可以为预见未来发展趋势提供有用的信息。第10章将讨论各种详细而缜密的财务报表预测方法，我们主要依靠通过财务比率的时间序列分析得到的各种信息预测未来发展趋势。我们将在第10章编制百事公司未来五年的预测性财务报表。当期和过去的信息所提供的有价值的信息能帮助我们做出更可靠的预测。

□ 与其他公司的比较

同业比较分析的主要任务是识别可以用于比较的其他公司。其目标是选择具有类似产品、战略、规模和年限的公司。可能有极少数公司会满足这些标准，没有公司可以完全满足这些标准。例如，可口可乐公司无疑是百事公司的可比公司，但可口可乐几乎所有的收入都来自饮料，而百事的收入来自饮料和食品。可比公司极少完全可比，即使比较两家相似公司（如塔吉特公司与沃尔玛公司）也有些复杂。因为塔吉特公司的经营业务包括一个知名的信用卡分部，而沃尔玛公司的经营业务包括山姆俱乐部（Sam's Club）仓储连锁店。读者必须清楚，比较公司间财务比率需要对各公司商业模式、战略和会计政策的差异如何影响财务比率做出主观的判断。

另一种替代方法是采用诸如穆迪公司（Moody's）、邓白氏（Dun & Bradstreet）和罗伯特·莫里斯协会（Robert Morris Associates）发布的行业平均比率，也可以采用网络化数据库如Compustat提供的行业平均比率。这些行业平均比率从总体上描述了某个行业的绩效，抓住了许多公司的共性。在运用各种数据库提供的标准化财务比率时，读者应该考虑以下几个问题：

1. **行业的界定**：行业平均比率的发布者通常将从事多元化经营的公司按其主要产品划分为某个行业。例如，尽管百事公司的收入有相当大比例来源于消费食品，但还是被界定为饮料公司。由于无法获得私有公司和外国公司的数据，行业数据可能不包括私有公司和外国公司。如果私有公司和外国公司在某个行业的影响力特别大，读者应该判断行业公开数据缺少这些数据的影响。

2. **行业平均比率的计算**：行业平均比率是所有公司财务比率的简单平均（不考虑权重）还是加权平均？有必要弄清楚是以平均值还是中位数为基础汇总行业平均比率。

3. **比率围绕平均值的分布**：为了解释某个公司的财务比率偏离行业平均比率的原因，需要获得该财务比率围绕平均值的分布信息。读者对一个超过行业平均值10%的财务比率可以有不同的解释，这取决于标准差是大于还是小于平均值的5%或15%。行业平均比率的数据库通常提供四分位数或分布区间。

4. **财务比率的定义**：如前所述，读者应该注意每个公布的财务比率的定义。例如，普通股权益报酬率的计算公式采用普通股权益的平均值还是普通股权益的期初余额？对外报告的净利润是否存在调整项目（如非经常性费用）？

行业平均比率可以作为一种有用的比较基础。不过，读者应该意识到其可能存在的局限性。

本章小结

本章讨论了财务报表分析六步骤的第四步骤即分析公司的盈利能力和风险。我们讨论了盈利能力的两个重要的综合性指标：资产报酬率和普通股权益报酬率。此外还讨论了有助于理解资产报酬率或普通股权益报酬率驱动因素的各种财务比率。运用和解释这些财务比率（而不是死记硬背这些财务比率）强化了对这些财务比率的理解。不过，正如本章所指出的，再怎么强调解释财务比率的重要性都不为过。这是一个定性分析的过程，需要某些智慧，要求读者基于行业框架理解公司的战略并清楚可能影响财务比率计算过程所采用的数据的基本会计政策。

我们也讨论了衡量盈利能力的各种方法。本章第一部分关注简单的方法如每股收益、共同比分析和百分比变动率分析以及各种对利润的定义。当然，本章的大部分内容还是聚焦于如何解释各种不同层次的盈利能力指标。图4-8总结了本章讨论的盈利能力指标。我们通过四个深层次的分析层层推进盈利能力分析。第1层次是公司整体的盈利能力指标，即资产报酬率和普通股权益报酬率。第2层次将资产报酬率和普通股权益报酬率分解为各个组成要素。资产报酬率分解为销售收益率和资产周转率，普通股权益报酬率分解为销售收益率、资产周转率和资本结构杠杆效应。第3层次将销售收益率分解为各种费用占销售收入的百分比，并将资产周转率分解为个别资产周转率。第4层次则运用产品和区域分部的数据更深入地研究资产报酬率、销售收益率和资产周转率。

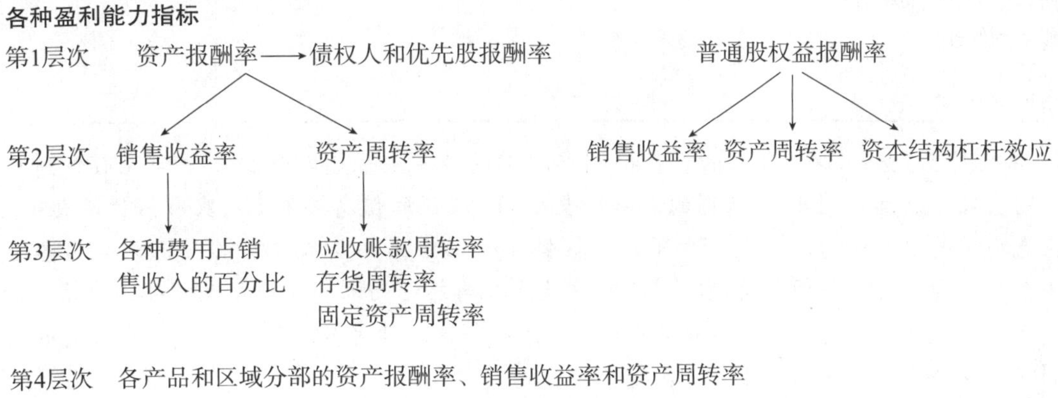

图4-8 总结各种盈利能力指标

综合案例

星巴克公司

第一部分

第1章的综合案例已经介绍了咖啡店的行业经济特征和星巴克公司的经营战略。表1-15列示了星巴克公司2009—2012年的比较资产负债表。表1-16列示了星巴克公司的比较利润表，表1-17则列示了星巴克公司的比较现金流量表。表1-18和表1-19分别列示了星巴克公司的共同比和百分比变动率资产负债表和利润表。在阅读本综合案例之前，我们建议读者先回顾第1章的综合案例。

本综合案例的第一部分将分析星巴克公司盈利能力的变动情况。

要求：

a. 表4-14列示了星巴克公司2010年度和2011年度的盈利能力指标。运用表1-15和表1-16的财务报表数据，计算星巴克公司2012年度的盈利能力指标。星巴克公司的所得税税率为35%。应收账款周转率计算公式的分子只包括特色门店的收入，因为星巴克公司的应收账款主要与加盟店和食品服务部门有关，而与零售部门没有关系。存货周转率计算公式的分子采用销售成本（包括租用成本），因为星巴克公司没有分别披露产品销售成本（适合作为存货周转率计算公式的分母）和租用成本。

表4-14　星巴克公司财务比率分析

	2012年度	2011年度	2010年度
销售收益率（基于资产报酬率）		10.9%	9.1%
资产周转率		1.70	1.79
资产报酬率		18.5%	16.2%
销售收益率（基于普通股权益报酬率）		10.6%	8.8%
资本结构杠杆效应		1.71	1.78
普通股权益报酬率		30.9%	28.1%
销售成本/经营收入		42.0%	41.2%
门店经营费用/经营收入		30.7%	32.4%
其他经营费用/经营收入		3.4%	2.6%
折旧与摊销费用/经营收入		4.5%	4.8%
一般行政管理费用/经营收入		6.4%	6.6%
重组费用/经营收入		0.0%	0.5%
权益投资收益/经营收入		1.5%	1.4%
利息收入/经营收入		1.1%	0.5%
税后所得税费用/经营收入		4.9%	4.7%
应收账款周转率		6.0	6.1
存货周转率		6.5	7.3
固定资产周转率		4.9	4.3

b. 导致星巴克公司这三年间的资产报酬率波动的最主要原因是什么？结合现有信息尽量分析星巴克公司的财务比率。运用图4-8所列的术语和表4-15提供的信息按第1层次、第2层次和第3层次分别分析星巴克公司的盈利能力。表4-15还额外提供了有助于第4层次分析的星巴克公司各个经营分部的信息。各个分部费用之和与费用总额之间的差异就是公司总部尚未分配给各个分部的费用。此外，如果有必要，读者可以查阅星巴克公司年度报告或10-K格式年报。读者应该可以在星巴克公司的投资者关系网页查阅到星巴克公司年度报告或10-K格式年报。

c. 导致星巴克公司这三年间的普通股权益报酬率波动的最主要原因是什么？

第二部分

本综合案例的第二部分将比较星巴克公司和帕尼罗面包公司（Panera Bread）的盈利能力。尽管星巴克公司与帕尼罗面包公司在其经营的主要食品领域并不是直接的竞争对手，两家公司在休闲咖啡体验方面却是竞争对手。星巴克公司的产品主要集中在咖啡和休闲饮料，而帕尼罗面包公司的产品主要是新鲜烘焙的面包和糕点。帕尼罗面包公司还出售三明治、汤，围绕面包提供类似的午餐和简餐、咖啡和其他饮料。帕尼罗面包公司的零售商店平均规模通常超过星巴克公司的零售商店平均规模。帕尼罗面包公司和星巴克公司都拥有自己的零售店，也都将其品牌和产品授权其他公司经营。这些其他公司本身拥有并经营其他零售商店。帕尼罗面包公司各个区域的商店每天都制作新鲜面团供自己的商店使用并出售给各个加盟店。与星巴克公司不同，帕尼罗面包公司没有拓展美国以外的业务。

表4-16列示了帕尼罗面包公司2010—2012年度的盈利能力指标，表4-17则列示了分部盈利能力和其他数据。表4-16与表4-14的格式相似。不过，帕尼罗面包公司没有披露更详细的信息，表4-17也就没有包括帕尼罗面包公司经营分部的具体成本结构。这与星巴克公司和表4-15所列示的数据类似。帕尼罗面包公司没有分配给各个分部的一般行政管理费用所占的百分比也类似于星巴克公司相应项目的百分比（这意味着分析这两家公司时并不存在影响可比性的重要因素）。

表 4-15 星巴克公司盈利能力的分部数据

	美洲			欧洲、中东和非洲			亚太			渠道开发		
	2012 年度	2011 年度	2010 年度	2012 年度	2011 年度	2010 年度	2012 年度	2011 年度	2010 年度	2012 年度	2011 年度	2010 年度
收入净额	9 936	9 065	8 489	1 141	1 047	953	721	552	407	1 292	861	707.4
共同比利润表												
收入净额	100.0%	100.0%	100.0%	100.0%	100.0%	100.0%	100.0%	100.0%	100.0%	100.0%	100.0%	100.0%
销售成本（包括租用成本）	39.1%	38.8%	38.4%	52.3%	50.7%	49.5%	50.3%	51.1%	52.4%	64.0%	56.7%	54.2%
门店经营费用	34.5%	35.1%	36.3%	32.5%	31.3%	34.0%	16.5%	15.1%	15.7%	0.0%	0.0%	0.0%
其他经营费用	0.8%	0.8%	0.7%	2.9%	3.5%	3.8%	6.5%	6.5%	7.4%	14.8%	17.6%	16.3%
折旧与摊销费用	3.9%	4.3%	4.6%	5.0%	5.1%	5.3%	32%	3.3%	3.9%	0.1%	0.3%	0.5%
一般行政管理费用	0.7%	0.7%	0.7%	6.3%	6.2%	6.1%	5.3%	6.0%	6.7%	0.7%	0.8%	0.6%
重组费用	0.0%	0.0%	0.3%	0.0%	0.0%	2.6%	0.0%	0.0%	0.0%	0.0%	0.0%	0.0%
经营费用总额	79.1%	79.7%	81.1%	99.1%	96.7%	101.3%	81.8%	81.9%	86.1%	79.6%	75.3%	71.7%
权益投资收益	0.0%	0.0%	0.0%	0.0%	0.6%	0.7%	17.0%	16.8%	17.9%	6.6%	8.8%	10.0%
分部利润率	20.9%	20.3%	18.9%	0.9%	3.8%	−0.6%	35.1%	35.0%	31.8%	27.0%	33.4%	38.3%
分部资产周转率	4.5	4.9	4.6	2.4	2.6	2.0	1.1	1.0	0.9	14.6	15.7	13.1
分部资产报酬率	94.3%	100.0%	87.4%	2.2%	10.1%	−1.2%	38.6%	35.8%	29.3%	392.5%	526.1%	500.9%
直营店数量	7 857	7 623	7 580	882	872	847	666	512	439	不适用	不适用	不适用
加盟店数量	5 046	4 776	5 044	987	862	807	2 628	2 334	2 141	不适用	不适用	不适用
商店总数	12 903	12 399	12 624	1 869	1 734	1 654	3 294	2 846	2 580			
收入总额/商店总数	770 053	731 107	672 410	610 647	603 691	576 421	219 004	194 062	157 868			
经营利润/商店总数	160 769	148 585	127 281	5 564	23 241	(3 325)	76 958	67 850	50 233			
资产总额/商店总数	170 425	148 552	145 588	250 080	229 642	287 666	199 332	189 740	171 318			
收入总额增长率	9.6%	6.8%	643.8%	9.0%	9.8%	32.2%	30.6%	35.6%	−68.5%			
可比商店收入增长率[a]	8%	8%	7%	0	3%	5%	15%	22%	11%			

a. 可比商店至少开业 13 个月。

表4-16　帕尼罗面包公司的财务比率分析

	2012年度	2011年度	2010年度
销售收入增长率	16.9%	18.1%	14.0%
销售收益率（基于资产报酬率）	8.2%	7.5%	7.3%
资产周转率	1.86	1.87	1.75
资产报酬率	15.2%	14.0%	12.7%
销售收益率（基于普通股权益报酬率）	8.1%	7.5%	7.3%
资本结构杠杆效应	1.55	1.56	1.48
普通股权益报酬率	23.5%	21.7%	18.7%
产品销售成本/销售收入	70.4%	70.6%	69.5%
加盟店生面团与其他产品销售成本/销售收入	6.2%	6.4%	7.2%
折旧与摊销费用/销售收入	4.3%	4.4%	4.5%
一般行政管理费用/销售收入	5.5%	6.2%	6.6%
开业前费用/销售收入	0.4%	0.4%	0.3%
所得税费用（扣除利息费用的税收效益）/销售收入	5.2%	4.6%	4.5%
应收账款周转率	30.2	39.2	46.2
存货周转率	81.6	82.0	80.5
固定资产周转率	4.0	3.9	3.6

表4-17　帕尼罗面包公司的分部盈利能力和其他数据

	2012年度	2011年度	2010年度
销售收入总额	100%	100%	100%
销售收入净额：			
公司自营店	95.6%	87.4%	85.7%
加盟店	5.2%	5.1%	5.6%
食品服务与其他服务	−0.8%	7.5%	8.8%
销售收入净额合计	100.0%	100.0%	100.0%
经营利润：			
公司自营店	19.3%	16.8%	16.2%
加盟店	4.9%	4.7%	5.2%
食品服务与其他服务	0.9%	1.1%	1.6%
分部资产周转率：			
公司自营店	2.3	2.3	2.3
加盟店	9.9	12.4	12.9
食品服务与其他服务	2.5	5.8	5.2
分部资产报酬率：			
公司自营店	47.1%	45.0%	42.9%
加盟店	927.8%	1 148.3%	1 203.7%
食品服务与其他服务	29.5%	42.0%	49.9%
直营店数量	809	740	662
加盟店数量	843	801	791
商店总数	1 652	11 541	1 453

续表

	2012年度	2011年度	2010年度
销售收入/直营店	2 322 967	2 52 636	1 995 713
销售收入/加盟店	121 087	115 846	108 970
销售收入/所有商店	1 190 345	182 370	1 061 589
经营利润/所有商店	171 305	142 701	123 993
资产总额/所有商店	767 653	666 659	636 326
销售收入总额增长率	7.9%	18.1%	不适用
可比商店销售收入增长率	5.8%	1.9%	不适用

要求：

a. 星巴克公司和帕尼罗面包公司的资产报酬率都超过了行业平均资产报酬率。不过，帕尼罗面包公司的资产报酬率通常低于星巴克公司。哪些原因可能导致两家公司资产报酬率之间的差异？尽量深入地分析现有信息并推测可能影响分析结果的经济因素。

b. 尽管帕尼罗面包公司的普通股权益报酬率通常低于星巴克公司，但帕尼罗面包公司的利润率较高，为什么？

第5章

风险分析

学习目标

1. 描述美国公认会计原则和国际财务报告准则要求公司披露的风险敞口和风险管理活动的信息。

2. 定义财务柔性，并运用新颖的方法分解普通股权益报酬率以评估财务柔性。

3. 运用各种分析工具评估营运资本管理和短期流动性风险。

4. 解释财务杠杆的效用和风险，并运用各种分析工具评估长期偿债风险。

5. 运用各种风险分析工具评估信用风险。

6. 运用各种预测的统计模型评估破产风险。

7. 解释公司特有风险（以各种财务比率计量）与系统性风险（以市场 β 系数计量）之间的差别以及这两类风险之间的联系。

风险的概念因人而异，因为对于不同情境和利益相关者而言，风险有不同的潜在后果，因此风险有各种各样的定义。一个常见的定义是，风险就是衡量某种特定类型损失敞口的指标。这个定义的关键在于如何界定特定类型损失。例如，权益投资者基于权益投资的预期报酬率与权益投资可能无法实现预期报酬率（或报酬率很低，甚至亏钱）的风险做出投资决策。同理，债权人基于利息收入的预期报酬率与债务人可能违约的风险做出贷款决策。风险分析是将经济资源投入某个项目或某项投资决策的核心问题。

本章将描述美国公认会计原则和国际财务报告准则要求公司披露的信息，公司必须告知财务报表使用者可能影响公司的特定风险有哪些以及公司是如何管理这些风险的。例如，我们将在本章讨论短期流动性风险、长期偿债风险、信用风险、破产风险和系统性风险等特定风险。我们将在第 6 章进一步分析会计信息的质量并讨论会计舞弊风险问题。所有风险指标都相互关联，因为这些风险指标都与外部投资者和债权人相关。本章还将讨论有助于分析各种类型风险的财务比率，并通过统计风险预测模型和其他分析工具对财务比率进行补充。公司年度报告的许多地方（如财务报表附注、管理层讨论与分析、资产负债表、利润表和现金流量表）都会出现有关风险的信息。我们将在本章讨论如何运用这些共同信息洞察公司面临的各种风险。我们将运用各种财务报表分析方法评估以下各种类型的风险：

- 财务柔性
- 短期流动性风险
- 长期偿债风险
- 信用风险
- 破产风险
- 市场权益风险

正如第 4 章已经指出的，公司运用财务杠杆来提升股东权益报酬率。如果公司向债权人借钱投资于报酬率超过税后债务资本成本率的资产项目，那么普通股股东将受益。资本结构杠杆效应虽然提升了普通股股东的报酬率，却引入了风险。因此，借助财务柔性可以将第 4 章讨论的盈利能力分析与本章将讨论的风险分析联系起来。财务柔性就是基于现有的财务杠杆程度和经营性资产的盈利能力，公司能够获得债务融资的能力。

由于公司需要用现金清偿其未来债务，因此财务杠杆会诱发风险。表 5-1 将影响公司获得现金能力的各种因素与其运用现金的需求联系起来。评估风险的许多财务报表分析方法聚焦于比较现金供需。例如，利用财务报表信息的风险分析可以考察短期流动性风险（即获得现金以满足营运资本和偿债需求的即期能力）和长期偿债风险（即从公司内外部获得现金以满足扩大产能和偿债需求的长期能力）。

表 5-1　风险的财务报表分析框架

公司活动	获得现金的能力	运用现金的需求	财务报表分析主题
经营活动	销售商品或服务的盈利能力	营运资本需求	短期流动性风险
投资活动	出售现有厂房或投资项目	扩大产能的需求	长期偿债风险
筹资活动	筹资能力	偿债需求	长期偿债风险

财务报表信息也有助于评估信用风险和破产风险这两种紧密关联的公司特有风险。信用风险关注公司持续支付到期债务利息和本金的能力，而破产风险则关乎公司盈利能力较差、现金流量不足、债务成本较高最终被迫申请破产甚至随后被清算的可能性。分析师认为，公司面临这两种风险就意味着其陷入了财务困境。表 5-2 按严重程度递增的方式列示了这些财务困境。

表 5-2　各种事项对公司投资者的严重程度

公司					
不严重	不怎么严重		比较严重		非常严重
应付账款展期	无法按时支付利息	债务重组	无法支付债务本金	申请破产	被清算

担心借给或投资于公司的钱可能遭受经济损失的分析师会对公司所处的财务困境阶段进行检验。我们将详细讨论分析师是如何运用短期流动性风险和长期偿债风险工具评估信用风险和破产风险的。

面临表 5-2 界定的从“不严重”到“非常严重”几种状态之一的财务困境的上市公司不足 5%。其余 95%的上市公司财务都比较健康，能够合理地利用债务为未来扩张或意料之外的投资机会筹集资金。这就是前面提及的财务柔性概念。尽管有时检验流动性风险、长期偿债风险、信用风险、破产风险非常重要，但分析师经常更感兴趣的是公司通过举债并战略性运用财务杠杆以提升公司普通股权益报酬率的财务柔性。

前述的各种风险无法涵盖权益投资者作为公司剩余风险的承担者必须考虑的所有风险，因此为了评估公司的价值，投资者还要评估投资于某家公司普通股的内在风险与所有公司的共有风险。例如，投资者要考虑系统性（没有分散的）风险，并用它来解释普通股预期报酬率的差异。经济学理论认为风险差异与预期报酬率的差异有关。有关风险/报酬率关系的众多研究都采用市场 β 系数作为市场权益风险的一个衡量指标。市场 β 系数可以衡量某家公司的报酬率与权益资本市场所有证券的报酬率指数之间的协变性。理论研究与实践都表明，市场 β 系数会随着财务杠杆的提高而提高。我们将在本章后面部分简要讨论有关财务报表数据与市场 β 系数的研究，在第 11～14 章将更为详细地讨论这个问题。

显然，所有这六个风险要素都相互关联。公司运用财务柔性和财务杠杆为权益投资者赢得较高的报酬率。不过，如此一来，公司就引入了财务风险。分析师不仅评估短期流动性风险和长期偿债风险，还评估信用风险和破产风险。影响长期偿债风险和财务柔性的某些因素也会影响市场权益风险。

我们将运用百事公司的财务报表具体说明如何分析各个维度的风险。与第 4 章的做法一样，我们将比较百事公司各个年度的财务比率。将百事公司的财务比率与行业平均比率或百事公司的竞争对手（如可口可乐公司）的财务比率做比较，可以更好地理解百事公司面临的风险。

5.1　风险与风险管理的披露

公司面临各种各样的风险，而且这些风险相互关联。在美国，证券交易委员会要求公司在其 10-K 格式年报的“1A 项目：风险因素”中明确标识其面临的各种风险。美国证券交易委员会在其《非财务信息

披露内容与格式条例》(Regulation S-K) 的第229.503(c) 段指出:

在适当的地方在"风险因素"标题之下讨论导致新股具有投机性或冒险性的最重要因素。该讨论必须简明扼要,结构合理。不要描述适用于所有发行者或所有新股的风险。解释风险如何影响发行者或发行的证券。

这种风险的示例如下:

风险的来源	风险的类型或性质
公司特有	吸引、留住并激励员工的能力
	依赖某个或几个顾客
	依赖某个或几个供应商
	环境或政治监管
	诉讼
行业	原材料或其他生产资料的获取渠道和价格
	竞争状况
	技术水平
	管制情况
	劳动力的工资与供给
国内	政治环境
	经济衰退
	通货膨胀或通货紧缩
	利率变动
	人口变化
国际	汇率变动
	东道国政府的管制与态度
	政治动荡或征用资产

多数风险难以避免,公司必须持续监控各种风险,确保能够采取措施最大限度降低环境不利事项或变化的影响。不过,本章聚焦于如何运用财务报告的各种信息披露和数据评估这些风险类型的财务后果。各种财务列报准则和金融市场管制条例都要求公司在财务报表附注或在监管文件中讨论重要的风险因素是如何影响某家公司以及该公司是如何管理这些风险的。在美国发行证券的非美国公司必须提交的20-F格式年报包括"3D项目:风险因素"。全世界的资本市场管制者通常都要求公司提交类似的报告。例如,在法国,公司每年都要向法国金融市场管理局(AMF)提交一份注册文件,而在新加坡,公司要向会计与公司监管局(ACRA)提交一份"年度报酬与经审计的财务报告"。我们采用百事公司10-K格式年报的"1A项目:风险因素"、财务报表附注10"金融工"及"管理层讨论与分析"部分的"我们的经营风险"的各种披露说明公司提供的各种风险信息(包括商品价格风险、利率风险和汇率风险)。

□ 公司特有风险

与所有公司一样,百事公司也面临因业务性质、竞争状况、供应商关系、顾客和公司总体战略而引发的众多特有风险。百事公司在其10-K格式年报的"1A项目:风险因素"罗列了近20项与其业务相关的风险。下面摘录了其中几项风险:

- 如果不能拓展新兴市场的业务或产品销售市场存在不稳定的政治因素、国内动荡或其他事件和风险,我们的财务绩效将受到严重的影响。
- 供应链断裂可能严重影响我们的业务、财务状况和经营成果。
- 如果不能聘用或留住关键员工或熟练员工和多技能工人,我们的业务可能会面临不利的影响。

● 信用等级降低可能严重影响我们的举债成本和进入资本市场与信用市场的能力。

● 我们的部分工人加入了工会。无法成功地续签集体劳务协议、罢工或停工可能使我们的业务遭受损失。

百事公司披露的许多信息似乎具有普遍性且适用于任何公司，但是，其10-K格式年报的后面部分进一步详细地讨论了各项信息。例如，百事公司详细讨论了原材料供应中断的影响：

> 在经营过程中，我们和业务合作伙伴会使用各种原材料和其他物品。我们使用的主要原料包括苹果、橙子、菠萝汁与其他浓缩汁、甜味素、玉米、玉米甜味剂、香精、面粉、葡萄柚与其他水果、燕麦、橘子、土豆、鲜奶、大米、调料、蔗糖素、糖、蔬菜以及必要的油和小麦。我们的主要包装材料是各种塑料树脂，包括聚酯合成纤维、塑料饮料瓶耗用的聚乙烯树脂、小吃耗用的薄膜包装材料以及易拉罐、玻璃瓶、瓶塞耗用的铝、纸板与硬纸板包装材料。我们的设备与运送各种产品的卡车要耗用燃料和天然气，因此，燃料和天然气也是我们的重要原料。

识别并讨论公司特有风险可以在理解公司行业特征、经营战略、盈利能力与识别可能影响公司成长、盈利并最终为债权人和利益相关者创造价值的能力的特有风险之间搭建一座有用的桥梁。在上述公司特有风险中，有些公司特有风险可以量化，它们主要在财务报表附注中披露。本部分接下来将主要讨论这些风险。

□ 商品价格

除非公司可以将价格上涨转嫁给顾客、与供应商签订固定价格合约或通过商品期货合约套期保值，否则制造各种产品的原材料价格的变动将对公司未来的盈利能力产生（有利或不利的）影响。例如，有些公司通过与供应商签订购货承诺合约，在特定期间内以特定价格购买一定数量的商品，达到管理商品价格变动风险的目的。当然，公司也可以通过购买期货合约或其他套期保值工具规避商品价格变动风险。百事公司在其财务报表附注10中披露了商品价格变动风险：

> 在竞争性经营环境中，我们通过提高销售价格来弥补上涨的成本的能力有限，因此，我们面临商品价格变动风险。当然，我们可以运用固定价格采购订单、定价协议和各种衍生工具来管理这种风险。此外，我们也可以通过实现采购地区和供应商的多元化来减少某些原材料的供应风险。我们运用期限不超过三年的各种衍生工具有效地规避部分预期购买商品（主要是农产品、金属能源）的价格变动风险……
>
> 截至2012年12月29日，适合按套期保值会计处理的开放式衍生工具合约的面值为5.07亿美元，截至2011年12月31日，其面值为5.98亿美元。截至2012年12月29日，不适合按套期保值会计处理的开放式衍生工具合约的面值为8.53亿美元，截至2011年12月31日，其面值为6.30亿美元。

财务报表附注10以表格的形式列示了所有金融资产和金融负债（包括商品、汇率和利率的各种衍生工具合约）的公允价值。第9章将详细地讨论商品衍生工具合约的会计问题，包括适合按套期保值会计处理的各种合约类型。就本章而言，至关重要的是理解2012年末财务报表附注披露的内容。2012年末，百事公司归类为资产的衍生工具合约的公允价值为4.66亿美元，而归类为负债的衍生工具合约的公允价值只有2.47亿美元，因此，总体而言百事公司的衍生工具合约似乎处于有利地位。百事公司在其财务报表的“管理层讨论与分析”部分以“市场风险”为题指出，如果2012年末的商品价格下降10%，百事公司（适合按套期保值会计处理）的商品衍生工具尚未实现净损失将增加0.49亿美元，（不适合按套期保值会计处理的）商品衍生工具已实现损失将增加 0.85 亿美元。披露这些信息有助于读者评估百事公司面临的特有风险的相对水平。例如，如果商品价格下降 10%，1.34 亿美元的风险头寸大约为税前利润（83.04 亿美元）的 1.6%。

□ 外汇

汇率的变动可能以多种方式对公司产生影响：

- 公司向国外供应商购买原材料所需支付的数额。
- 公司向国外顾客出售产品可以收取的数额。
- 公司收取以本币之外的货币计价的应收账款、应收贷款或其他应收款项可以得到的现金数额。
- 公司结算以本币之外的货币计价的应付账款、应付贷款或其他应付款项需要支付的现金数额。
- 公司收到国外分支机构的汇款或国外子公司的股利可以得到的现金数额。
- 公司清算外国经营单位时投入国外资产和借入国外债务的现金等价物价值。

公司经常运用远期外汇合约规避某些或全部外汇风险。第 8 章将讨论汇率变动对外国经营单位的影响，第 9 章将讨论用于规避外汇风险的远期合约。

百事公司的财务报表附注 10 指出：

> 我们在美国之外的经营活动创造的收入占公司收入净额的 49%。来自俄罗斯、墨西哥、加拿大、英国和巴西的收入大约占公司收入净额的 25%。所以我们面临外汇风险。
>
> 此外，我们也面临由正常经营过程中外币购货、外币资产和外币负债引发的外币风险。我们通过购货外包、与国外供应商签订以当地货币计价的合约以及运用各种衍生工具（主要是期限不超过两年的远期合约）管理外币风险。与外币交易相关的汇率利得或损失在其发生时确认为利润表的交易利得或损失。

百事公司披露，2012 年末外币衍生工具的面值为 28 亿美元。该数额远远超过商品衍生工具的数额。就那些适合按套期保值会计处理的外币衍生工具而言，如果 2012 年汇率的不利变动为 10%，未实现损失可能增加 1.34 亿美元，该数额（碰巧等于商品衍生工具的风险头寸）也大约为税前利润的 1.6%。

□ 利率

利率变动可能影响：

- 以固定利率计息的债券投资、证券投资、贷款或应收款项的价值。
- 以固定利率计息的负债的价值。
- 公司养老金投资的报酬率。

公司经常用利率互换对冲利率变动的风险。第 7 章将讨论，锁定一个固定利率将使本金数额免受利率变动的影响，但本金依然存在公允价值变动的风险。而锁定一个变动利率则可以使本金免受公允价值变动的风险，却会使支付利息的现金流量出现波动。公司（尤其是金融机构）也通过投资相同数额和期限的固定利率资产和固定利率负债规避某些利率风险。

百事公司的财务报表附注 10 指出：

> 考虑到投资机会、风险、税收因素和总体筹资战略，我们决定集中管理公司的债务和投资组合。我们运用各种利率衍生工具（包括但不限于利率互换、交叉货币利率互换、国债锁定和互换锁定）管理总体利息费用和汇率风险。这些利率衍生工具有效地改变了利率和特定债务的币种。某些固定利率

债务已经互换为浮动利率债务。这些利率互换和交叉货币利率互换的名义金额、利息支付额和到期日都与相关债务的本金、利息支付额和到期日相匹配。我们之所以签订国债锁定和互换锁定的合约，是为了应对与预期债务交易相关的利率发生不利变动的风险。

百事公司在其财务报表的“管理层讨论与分析”部分指出，利率上升 1 个百分点，2012 年度的利息费用净额将增加 9 000 000 美元。该数额大约为已实现利息费用的 1%（9 000 000/899 000 000）。

□ 与风险相关的其他披露

公司风险管理披露的具体风险要素取决于公司面临的风险类型。许多财务报表附注都包括风险的定性讨论或定量指标。例如，百事公司的财务报表附注 7“养老金、退休医疗与储蓄计划”披露，保健成本趋势比率发生 1%的变动就可能对服务成本、退休医疗费用的利息以及相关的员工福利负债产生影响。财务报表附注 6“以股份为基础的薪酬费用”披露的内容有助于财务报表使用者评估股票期权估值背后各种假设的影响。同理，根据财务报表附注 5“所得税”披露的信息，在确定计提所得税准备数额时，百事公司基于过去纳税状况评估了现有纳税稽查状况的可持续性风险。最后，财务报表附注 9“债务与承诺”指出，尽管公司的资产负债表没有列示长期契约性承诺（而不是长期负债），但其在评估本章后面将讨论的各种流动性风险和信用风险时是非常有用的。

现在，公司会披露相当丰富的信息以帮助读者评估各种风险对公司的影响。会计准则制定者和管制者也不断要求公司披露（如前面部分提及的）各个变量和假设的变动对财务报表列报数额的影响。随着分析师和财务报表其他使用者越来越熟悉这种新的列报方式，公司披露这些信息的价值也就随之提高。

5.2 通过分解普通股权益报酬率分析财务柔性

财务柔性代表公司战略性运用债务融资提升普通股股东投资报酬率的能力。正如第 4 章已经指出的，公司借入资金投资于报酬率超过税后债务资本成本率的资产项目，就可以为普通股股东创造价值。只要公司的资产报酬率超过税后债务资本成本率，资本结构的债务比例将提高，普通股股东因此而受益。因此，财务杠杆有助于提升普通股股东的报酬率。我们将在本节讨论普通股权益报酬率的分解方法，使读者能够评估公司的财务柔性，进而评估公司是否具备战略性运用债务为股东创造更高报酬率的能力。本节将第 4 章的盈利能力分析与第 5 章的风险分析联系起来。

根据第 4 章的讨论，普通股权益报酬率可以分解为销售收益率、资产周转率和资本结构杠杆效应：

$$\textbf{普通股权益报酬率} = \textbf{销售收益率} \times \textbf{资产周转率} \times \textbf{资本结构杠杆效应}$$

$$\frac{\text{归属于普通股股东的净利润}}{\text{普通股权益平均余额}} = \frac{\text{归属于普通股股东的净利润}}{\text{销售收入}} \times \frac{\text{销售收入}}{\text{资产平均余额}} \times \frac{\text{资产平均余额}}{\text{普通股权益平均余额}}$$

杠杆较高通常意味着财务风险较高。我们将在后面的短期流动性风险、长期偿债风险、信用风险和破产风险部分讨论财务风险。财务风险主要源于债务成本，而长期负债的利息费用和长期负债到期需要以现金支付负债的本金将反映财务风险。

普通股权益报酬率的分解说明普通股股东因财务杠杆的提高而受益（即普通股权益报酬率分解公式的第三个项目）。不过，有两个因素抵消了财务杠杆提高带来的效益。第一，财务杠杆提高假设公司能够将通过债务融资得来的资金配置于盈利能力与周转率（即普通股权益报酬率分解公式的第一个和第二个项目）都维持在现有水平的资产项目。这种资源配置肯定不是自发形成的，而是取决于公司基于现有的报酬率、市场容量和战略实施路径能否使经营状况成比例增长。第二，财务杠杆提高，利息费用随之增加，从而会降低销售收益率（即普通股权益报酬率分解公式的第一个项目）。如此一来，财务杠杆提高具有潜在的效益，也有潜在的风险。

普通股权益报酬率的标准分解公式的缺陷是无法直接评估公司能否战略性提高财务杠杆，在不抵消盈利能力的前提下提高普通股权益报酬率。我们将这种能力称为财务柔性。为了评估公司的财务柔性，我们可以将普通股权益报酬率分解为经营活动的影响和筹资活动的影响两个独立部分。本章后面部分将讨论的另一种分解方法则要求我们首先根据经营活动和筹资活动的分类重构资产负债表和利润表。[1]

图5-1列示了标准的会计恒等式。公式中的项目都可以进一步分解为各个主要组成项目。

- 资产总额＝经营性资产总额＋金融资产总额
- 负债总额＝经营性负债总额＋金融负债总额（包括优先股权益总额）
- 权益总额＝普通股权益总额

资产总额 = 负债总额 + 权益总额

经营性资产总额+金融资产总额 = 经营性负债总额+金融负债总额+普通股权益总额

经营性资产总额-经营性负债总额 = 短期负债+长期负债+优先股权益+非控制性权益+普通股权益

（短期负债+长期负债+优先股权益+非控制性权益+普通股权益）：产生融资成本的负债和权益资本来源

（经营性资产总额-经营性负债总额）：经营性资产净额　（短期负债+长期负债+优先股权益+非控制性权益）：金融负债　（普通股权益）：普通股权益

图5-1　将标准资产负债表重构为经营性资产净额、金融负债和普通股权益

一项重要的工作是将各项资产和负债归类为经营性项目与金融项目。所谓经营性资产和经营性负债就是公司实际经营活动必备的资产和负债，而金融资产和金融负债则代表为经营性资产净额提供融资的资金来源。例如，经营性资产包括：

- 为保持流动性而持有的现金
- 应收账款
- 预付账款
- 存货
- 财产、厂房与设备
- 无形资产
- 递延所得税
- 其他资产

金融资产包括：

- 富余现金
- 以备偿债的证券投资
- 基于债务条款的限制性现金
- 债券偿债基金

① 有时将这种分解方法称为"彭曼分解法"（Penman decomposition），以纪念斯蒂芬·H. 彭曼（Stephen H. Penman）在清晰地阐释公司的经营活动与筹资活动方面所做的开创性工作。更为详细的讨论参见 Stephen H. Penman, *Financial Statement Analysis and Security Valuation* (New York: McGraw-Hill Irwin), 2004, chapter 11。

- 其他指定用途的资产

同理，经营性负债包括：

- 应付账款
- 应计负债
- 递延所得税
- 其他负债

金融负债包括：

- 短期负债
- 应付票据
- 应付债券
- 抵押贷款
- 资本租赁
- 优先股权益
- 非控制性权益

与公司合并的会计准则对非控制性权益的处理一样，我们比照优先股权益处理非控制性权益（即一种金融负债）。不过，有些分析师则提出了不同处理意见，他们认为非控制性权益应该从经营性资产总额中扣除。（后面内容将讨论）只要利润表中的非控制性权益采用相同的处理方法，也可以采用另一种调整方法。

重构的会计恒等式为：

经营性资产净额＝金融负债＋普通股权益

重构的财务报表的主要变化是将经营性负债（包括流动负债与非流动负债）从经营性资产中扣除，会计恒等式的右边只剩下金融负债和普通股权益。此外，与普通股权益不同，金融负债包括非控制性权益和优先股权益。尽管会计恒等式依然恒等，但由于经营性资产与经营性负债相互抵消，重构的会计恒等式的总额不同于标准的资产负债表恒等式的总额。

所有的公司都拥有某些金融资产，包括现金、有价权益证券和短期投资。这些金融资产根据其目的分配给经营性项目和金融项目。至于如何分配，需要读者做出判断。有些金融资产是公司日常经营活动的必备项目（例如，公司每天的经营活动以及为了满足不同季节和经营周期的现金流量需求都需要拥有一定数额的现金和有价权益证券）。此外，公司基于战略性目的可能持有某些金融资产（如对子公司的投资）。这些类型的金融资产与公司的经营活动存在直接的关系，而且多数公司拥有全部或绝大多数类型的金融资产。当然，作为公司财务结构的一个组成部分，有些公司也可能专门持有一定数额的金融资产。这些金融资产可能包括债券偿债基金、（基于债务条款的）限制性现金和/或公司以备偿债的富余现金和有价证券（超过流动性需求数额）。这些金融资产应该从金融负债中扣除，以得到金融负债净额（类似于将经营性负债从经营性资产中扣除得到经营性资产净额）。

现金应该如何归类是一个具有挑战性的问题。有些现金是营运资本的必要组成部分，应该视为经营性资产。不过，公司可能拥有富余现金。计算富余现金并没有通用的公式，而且富余现金的定义必须考虑公司拥有富余现金的各种可能原因。例如，2004 年，有投资者批评微软公司拥有富余现金。2004 年末，微软公司拥有的现金和短期投资数额超过 600 亿美元，而其资产总额为 940 亿美元。微软公司随后发放了一笔每股 3 美元的特别股利，这笔股利的总额为 330 亿美元，并且宣告该公司计划回购流通在外的普通股，数额高达 300 亿美元。尽管难以计量微软公司 2004 年拥有多少富余现金，但任何一个估计值都足以使微软公司的金融负债净额为负值（微软公司没有短期负债和长期负债）。本章后面部分将进一步讨论，只要利润表的分类与将资产、负债分配给经营性项目与金融项目的分类保持一致，那么金融负债净额为负值不是什么问题。

为了与重构的资产负债表保持一致，我们还需要重构利润表。我们将利润表的各个项目都归类为对外报告的盈利能力的经营性项目或金融项目。一旦重构了资产负债表，将利润表各个项目归类为经营活动或筹资活动就简单了。在利润表上，归类为金融资产或负债的项目必须有一个相应的"流量"数额。最为常见的项目就是（金融资产的）利息收入或（金融负债的）利息费用。值得注意的是，将优先股权益归类为金融负债意味着优先股股利是一项筹资成本。同理，如果将非控制性权益归类为金融负债，那么归属于非控制性权益的利润扣除额也就归类为筹资成本。

表5-3列示了百事公司2009—2012年重构的资产负债表。假设百事公司没有持有任何基于筹资目的的金融资产（如债券偿债基金），我们将百事公司的现金及现金等价物和短期投资归类为经营性资产。有鉴于此，百事公司的经营性资产总额与其资产总额相等。将流动负债与非流动负债从经营性资产中扣除，百事公司2012年的经营性资产净额为507.58亿美元。值得注意的是，根据百事公司的财务报表，其2012年的资产总额为746.38亿美元。

表5-3 百事公司重构的资产负债表

单位：百万美元

	2012年	2011年	2010年	2009年
经营性资产				
现金及现金等价物	6 297	4 067	5 943	3 943
短期投资	322	358	426	192
应收账款与应收票据（净额）	7 041	6 912	6 323	4 624
存货	3 581	3 827	3 372	2 618
预付费用与其他流动资产	1 479	2 277	1 505	1 194
财产、厂房与设备（净值）	19 136	19 698	19 058	12 671
可摊销无形资产（净值）	1 781	1 888	2 025	841
商誉	16 971	16 800	14 661	6 534
其他不可摊销无形资产（净值）	14 744	14 557	11 783	1 782
非控制性子公司投资	1 633	1 477	1 368	4 484
其他资产	1 653	1 021	1 689	965
减：经营性负债				
应付账款与其他流动负债	(11 903)	(11 757)	(10 923)	(8 127)
应交所得税	(371)	(192)	(71)	(165)
其他负债	(6 543)	(8 266)	(6 729)	(5 591)
递延所得税	(5 063)	(4 995)	(4 057)	(659)
经营性资产净额	50 758	47 672	46 373	25 306
金融负债				
短期负债	4 815	6 205	4 898	464
长期负债	23 544	20 568	19 999	7 400
优先股（无面值）	41	41	41	41
回购优先股	(164)	(157)	(150)	(145)
非控制性负债权益	105	311	312	638
金融负债	28 341	26 968	25 100	8 398
普通股权益				
普通股（有面值）	26	31	31	30
资本公积	4 178	4 461	4 527	250
留存收益	43 158	40 316	37 090	33 805
累计其他综合损失	(5 487)	(6 229)	(3 630)	(3 794)
库藏股	(19 458)	(17 875)	(16 745)	(13 383)
普通股权益	22 417	20 704	21 273	16 908
金融负债与普通股权益总额	50 758	47 672	46 373	25 306

表5-4列示了百事公司2010—2012年度重构的利润表。该表展现了如何直截了当地识别百事公司的筹资相关成本（主要包括利息费用和优先股股利）。所有其他数额都是经营利润的组成要素。[①] 从经营利润中扣除所得税准备就得到修正后的盈利能力指标即税后经营净利润（NOPAT）。会计教材有时将该概念称为息前税后利润（EBIAT）。与税后经营净利润一样，息前税后利润对经营活动和筹资活动也采用一致的处理方法，而且合理地处理了税收问题（本章后面部分将讨论这个问题）。[②]

表5-4 百事公司重构的利润表 单位：百万美元

	2012年度	2011年度	2010年度
收入净额	65 492	66 504	57 838
销售成本	(31 291)	(31 593)	(26 575)
销售与一般行政管理费用	(24 970)	(25 145)	(22 814)
其他经营费用	(119)	(133)	(117)
经营利润	9 112	9 633	8 332
装瓶公司权益投资收益	0	0	735
利息费用	92	58	69
调整后税前利润	9 204	9 691	9 136
按实际税率计提所得税准备	(2 316)	(2 602)	(2 102)
税后经营净利润	6 888	7 089	7 034
筹资费用			
利息费用×(1－实际税率)	(673)	(626)	(695)
优先股股利	(1)	(1)	(1)
归属于非控制性权益的净利润	(36)	(19)	(18)
筹资费用净额（税后）	(710)	(646)	(714)
归属于普通股股东的净利润	6 178	6 443	6 320
实际税率	25.2%	26.9%	23.0%

要注意重构的利润表是如何将百事公司的所得税准备分配至经营活动和筹资活动的。以2012年度为例，百事公司财务报表列报的所得税准备总额为20.90亿美元，但表5-4显示，按调整后税前利润计算的所得税准备总额为23.16亿美元。由于税前利润剔除了筹资费用，因此表5-4列示的所得税准备数额较大。如表5-4所示，利息费用的税收效应抵减了利息费用的实际数额，使利息费用从8.99亿美元下降到6.73亿美元。两者的差额2.26亿美元（8.99－6.73）就是百事公司对外报告的所得税准备（20.90亿美元）与表5-4列示的调整后所得税准备（23.16亿美元）之间的差异。这也是普通股股东因公司运用债务融资且利息可以税前扣除而获得的效益。优先股股利不是税前扣除项目，因此不需要任何税收调整。注意下列公式：

税后经营净利润－(税后)筹资费用净额＝归属于普通股股东的净利润

如果我们将百事公司的短期投资归类为金融资产，那么表5-3列示的百事公司的金融负债可能已经扣除了该项资产。相应地，为了与资产负债表的处理方法保持一致，在计算表5-4列示的筹资费用净额（税后）时，利息费用（税后）也需要扣除与短期投资相关的利息收入（税后）。重构的资产负债表的总额发生变化但依然平衡。重构的利润表中归属于普通股股东的净利润依然保持不变，但归属于经营活动与筹

① 第4章强调计算盈利能力指标可能需要借助某些判断，根据对盈利能力的非经常性项目的主观评估确定这里讨论的调整后净利润。基于本章的分析目的，我们还原百事公司2012年度财务报表列报的数额，没有调整任何非经常性项目。如此处理可能导致这里的讨论复杂化。另外，我们刻意采用的是归属于普通股股东的净利润，因此必须从百事公司利润表列示的净利润中扣除优先股股利和归属于非控制性权益的净利润。

② 税后经营净利润比息前税后利润得到更普遍的运用。只要在线随意搜索一下这两个指标（NOPAT和EBIAT），搜索结果大约有40个税后经营净利润（NOPAT）。息前税后利润（EBIAT）的搜索结果多数与姓氏有关，并非盈利能力的概念。

资活动的部分却发生了变化。在处理非控制性权益时这些观点依然适用。我们（在图5-1中）将非控制性权益视为金融负债的一部分，因此筹资费用净额也包括归属于非控制性权益的净利润部分。

基于财务报表项目的新分类，图5-2展现了普通股权益报酬率分解为经营活动与筹资活动部分的公式。因此普通股权益报酬率的另一个分解公式为：

普通股权益报酬率＝经营性资产报酬率＋(财务杠杆程度×融资利差)

经营性资产报酬率是公司经营性资产净额创造的报酬率（税后经营净利润/经营性资产净额），是归属于所有筹资来源（债务、优先股权益和普通股权益）的报酬率。经营性资产报酬率的定义不同于第4章所讨论的资产报酬率的定义。因为经营性资产报酬率计算公式的分母是经营性资产净额，而资产报酬率计算公式的分母是资产总额。[①]

$$\text{普通股权益报酬率}=\frac{\text{归属于普通股股东的净利润}}{\text{普通股权益总额}}$$

$$=\frac{\text{税后经营净利润}-\text{筹资费用净额（税后）}}{\text{普通股权益总额}}$$

$$=\frac{\text{税后经营净利润}}{\text{经营性资产净额}}\times\frac{\text{经营性资产净额}}{\text{普通股权益总额}}-\frac{\text{筹资费用净额（税后）}}{\text{金融负债}}\times\frac{\text{金融负债}}{\text{普通股权益总额}}$$

$$=\frac{\text{税后经营净利润}}{\text{经营性资产净额}}\times\frac{\text{普通股权益总额}+\text{金融负债}}{\text{普通股权益总额}}-\frac{\text{筹资费用净额（税后）}}{\text{金融负债}}\times\frac{\text{金融负债}}{\text{普通股权益总额}}$$

$$=\frac{\text{税后经营净利润}}{\text{经营性资产净额}}\times\left(1+\frac{\text{金融负债}}{\text{普通股权益总额}}\right)-\frac{\text{筹资费用净额（税后）}}{\text{金融负债}}\times\frac{\text{金融负债}}{\text{普通股权益总额}}$$

$$=\text{经营性资产报酬率}\times\left(1+\frac{\text{金融负债}}{\text{普通股权益总额}}\right)-\frac{\text{筹资费用净额（税后）}}{\text{金融负债}}\times\frac{\text{金融负债}}{\text{普通股权益总额}}$$

$$=\text{经营性资产报酬率}+\text{经营性资产报酬率}\times\frac{\text{金融负债}}{\text{普通股权益总额}}-\frac{\text{筹资费用净额（税后）}}{\text{金融负债}}\times\frac{\text{金融负债}}{\text{普通股权益总额}}$$

$$=\text{经营性资产报酬率}+\frac{\text{金融负债}}{\text{普通股权益总额}}\times\left[\text{经营性资产报酬率}-\frac{\text{筹资费用净额（税后）}}{\text{金融负债}}\right]$$

$$=\text{经营性资产报酬率}+\text{财务杠杆程度}\times(\text{经营性资产报酬率}-\text{税后负债利率})$$

$$=\text{经营性资产报酬率}+\text{财务杠杆程度}\times\text{融资利差}$$

图5-2 普通股权益报酬率分解的公式

除了经营性资产报酬率之外，新的普通股权益报酬率分解公式的右边还包括其他两个因素：财务杠杆程度和融资利差。如图5-2所示，财务杠杆程度等于金融负债除以普通股权益总额，类似于标准的负债与权益比率。筹资性负债包括优先股权益和非控制性权益。融资利差是经营性资产报酬率与税后负债利率（综合考虑了实际利率与优先股股利）之间的差异。简而言之，公司的经营性资产报酬率与税后负债利率之间的差异越大，增加举债数额就越有利于公司的普通股股东。

凭直觉来看新的普通股权益报酬率分解公式，要提高普通股股东的报酬率就必须：

- 提高公司的经营性资产报酬率
- 提高财务杠杆

---

① 无论财务报表项目数额的分类如何变化，依然能得到普通股权益报酬率公式的各个要素。理解这个问题的一种简便方法是将重构的财务报表中所有的资产和负债都归类为经营性项目。此时在计算经营性资产总额时，要从资产总额中扣除短期负债、长期负债、优先股（如果存在优先股的话）和少数权益。根据定义，该计算结果等于普通股权益总额。利润表的重构应该采用一致的处理方法，所有利息费用、优先股股利和少数权益都应该归类为经营性项目，计算结果是归属于普通股股东的净利润。普通股权益报酬率的另一个分解公式“普通股权益报酬率＝经营性资产报酬率＋(财务杠杆程度×融资利差)”就可以简化为“普通股权益报酬率＝经营性资产报酬率”。所以“经营性资产报酬率＝归属于普通股股东的净利润/普通股权益总额”。尽管这个计算公式并没有什么显著变化，但却强调了无论资产或负债如何重分类，普通股权益报酬率分解公式都具有数学等效性。

- 降低税后债务资本成本率和优先股权益资本成本率

此外，与资产报酬率相似，将经营性资产报酬率计算公式的分子和分母同时乘以销售收入，就可以进一步分解为：

$$经营性资产报酬率=\frac{税后经营净利润}{经营性资产净额平均余额}$$
$$=\frac{税后经营净利润}{销售收入}\times\frac{销售收入}{经营性资产净额平均余额}$$

经营性资产报酬率是销售经营利润率与经营性资产净额周转率的乘积，资产报酬率则是销售收益率与资产周转率的乘积。两者的表述方式相同。

财务柔性是公司为了战略性利用正常经营过程中产生的投资机会或应对意料之外的支出而运用债务融资的能力。例如，如果某家公司的债务水平极高、举债成本较高、盈利能力较弱或缺乏足够现金流量以满足经营活动或偿还债务的需求，那么该公司的财务柔性较差。相反，如果某家公司拥有尚未使用的信用额度、举债成本较低、盈利能力较强、拥有充裕的现金流量以满足经营活动或偿还债务的需求，那么该公司的财务柔性较高。

除了可以便捷筹到资金，“融资利差”对于充分理解财务柔性非常重要。融资利差反映了经营性资产报酬率（例如15%）与债务资本成本率（例如8%）之间的差异。融资利差较大意味着公司能够以某个债务资本成本率筹集资金并将资金投入报酬率可以弥补债务资本成本率的经营性资产，而这些超额的报酬率归属于普通股权益投资者。

财务杠杆的增量提高可能与举债成本（名义举债成本和较高的边际举债利率）的提高有关。例如，某项财产第二次抵押贷款的利率通常就高于该财产第一次抵押贷款的利率。同理，债务或优先股权益的增加额外提高了税后负债利率，由此扩大了融资利差，降低了财务杠杆提高的额外效益。不过，融资利差较大的公司在资金运用方面可能面临战略性障碍，从而导致报酬率递减，债务或优先股权益的资本成本率逐步提高。因此，相对于举债成本，经营性资产报酬率非常高的公司可能通过提高债务或优先股权益的方式提高举债的水平，因此具有鲜明的财务柔性特征。后面两节将进一步讨论，财务柔性意味着长短期偿债风险较低。

为了说明普通股权益报酬率是如何分解为经营性资产报酬率、财务杠杆程度和融资利差的，表5-5用表5-3和表5-4列示的财务报表数据计算普通股权益报酬率。为了进行比较，表5-5展现了两种分解普通股权益报酬率的方法。当然，两种分解方法计算出来的普通股权益报酬率相同。

根据另一种普通股权益报酬率分解方法，百事公司的经营性资产报酬率与税后负债利率之间的融资利差很大。百事公司2012年度、2011年度和2010年度的经营性资产报酬率分别为14.0%、15.1%和19.6%。显然，百事公司的经营活动非常有效地运用了各项经营性资产。百事公司2012年度、2011年度和2010年度的税后负债利率分别为2.6%、2.5%和4.3%，因此2012年度、2011年度和2010年度经营性资产报酬率与税后负债利率之间的融资利差分别为11.4%、12.6%和15.4%。百事公司2012年度融资利差的一种解释是公司现在每借入1美元投资于经营性资产，就可以获得税后经营利润0.14美元，而其借款的（税后）成本只有0.026美元，差额0.114美元直接归普通股权益投资者所有。这就是权益投资者战略性运用财务杠杆的本质。

百事公司创造的较大的融资利差说明该公司拥有较强的财务柔性。相对而言，债权人更喜欢将钱借给资产报酬率远远超过债务资本成本率的公司。不过，表5-5显示的趋势表明百事公司不断显著地提高其财务杠杆。百事公司2010年的财务杠杆程度只有0.88，到了2012年，其财务杠杆程度就攀升到1.28。

表 5-5 运用两种分解方法计算百事公司 2010—2012 年度普通股权益报酬率 单位：百万美元

标准普通股权益报酬率分解方法		2012 年度的计算过程	2012 年度	2011 年度	2010 年度
销售收益率	归属于普通股股东的净利润/销售收入	6 171/65 492	9.4%	9.7%	10.9%
×资产周转率	销售收入/资产平均余额	65 492/[0.5×(74 638+72 882)]	0.89	0.94	1.07
×资本结构杠杆效应	资产平均余额/(普通股权益平均余额－非控制性权益)	[0.5×(74 638+72 882)]/[0.5×(22 417+20 704)]	3.42	3.36	2.83
＝普通股权益报酬率	归属于普通股股东的净利润/普通股权益平均余额	6 171/[0.5×(22 417+20 704)]	28.6%	30.7%	33.1%
另一种普通股权益报酬率分解方法			2012 年度	2011 年度	2010 年度
销售经营利润率	税后经营净利润/销售收入	6 887/65 492	10.5%	10.7%	12.2%
×经营性资产净额周转率	销售收入/经营性资产净额平均余额	65 492/[0.5×(50 758+47 672)]	1.33	1.41	1.61
＝经营性资产报酬率	税后经营净利润/经营性资产净额平均余额	6 887/[0.5×(50 758+47 672)]	14.0%	15.1%	19.6%
＋财务杠杆程度	金融负债平均余额/普通股权益平均余额	[0.5×(28 341+26 968)]/[0.5×(22 417+20 704)]	1.28	1.24	0.88
×融资利差	经营性资产报酬率－税后负债利率	14.0%－2.6%	11.4%	12.6%	15.4%
＝普通股权益报酬率	经营性资产报酬率＋（财务杠杆程度×融资利差）	14.0%＋(1.28×11.4%)	28.6%	30.7%	33.1%
税后负债利率	筹资费用金额（税后）/金融负债平均余额	710/[0.5×(28 341+26 968)]	2.6%	2.5%	4.3%

以 2012 年度为例，财务杠杆程度和融资利差说明百事公司因运用财务杠杆为股东赢得了 14.6%的额外报酬率。换言之，财务杠杆程度为 1.28 表明每 1 美元的权益资本对应 1.28 美元的债务资本。更进一步说，投资于经营性资产的每 1 美元债务资本，可以使百事公司获得的报酬率比债务资本成本率高出 11.4%，由此显著提升了股东的报酬率。

因此，根据另一种普通股权益报酬率分解方法，百事公司 2012 年度的普通股权益报酬率（28.6%）是经营性资产报酬率（14.0%）加上财务杠杆程度（1.28）与融资利差（11.4%）的乘积［28.6%＝14.0%＋(1.28×11.4%)］。与 2010 年度相比，另一种普通股权益报酬率分解方法说明百事公司 2012 年度的经营性资产报酬率已经下降到 2010 年度经营性资产报酬率水平的 71.40%（14.0%/19.6%）。尽管百事公司 2012 年度的普通股权益报酬率的下降幅度小一些，也已经下降到 2010 年度普通股权益报酬率水平的 86.4%（28.6%/33.1%）。这主要是因为百事公司战略性运用财务杠杆导致其为普通股股东创造的报酬率要补偿其因财务杠杆而承担的财务风险。

普通股权益报酬率的两种分解方法都表明，百事公司 2010—2012 年度的利润率有所降低、周转率有所提高且财务杠杆有所提高。另一种普通股权益报酬率分解方法为理解财务杠杆变化的性质提供了额外的信息。表 5-5 上部列示的标准普通股权益报酬率分解方法掩饰了这些信息，而下部列示的另一种普通股权益报酬率分解方法显示，财务杠杆的提高较为显著，尤其是 2011 年度较 2010 年度财务杠杆提高了 41%［(1.24－0.88)/0.88)］。根据标准普通股权益报酬率分解方法，2010—2011 年间，百事公司的资本结构杠杆效应较 2010 年度只提高了 19%［(3.36－2.83)/2.83］。两者之间的差别就是，我们在另一种普通股权益报酬率分解方法中可以通过特别关注财务杠杆引发的付息负债并以财务柔性的一个指标量化融资利差，获得某些额外的信息。

实际上，根据表 1-4，百事公司 2012 年末的负债总额为 522.39 亿美元，但只有 283.59 亿美元是实际付息的金融负债（短期负债 48.15 亿美元＋长期负债 235.44 亿美元）。根据标准普通股权益报酬率分解方法，作为财务杠杆处理的其他负债包括应付账款与其他流动负债（119.03 亿美元）、其他非流动负债（65.43 亿美元）和递延所得税（50.63 亿美元）。在评估公司的长期偿债风险时，这些项目的数额至关重要，但它们并非引发额外举债成本的直接筹资来源。

5.3 短期流动性风险分析

短期流动性是公司满足供应商、员工、短期债权人对长期负债的流动负债部分和其他短期负债的偿债要求的能力。因此分析短期流动性风险需要了解公司的经营周期。不妨以一家典型制造业公司为例。该公司以赊购的方式购买原材料并向供应商承诺在 30～60 天内付款。然后，该公司组合原材料、人工和其他投入品生产出某种产品。该公司在这些成本发生时支付了部分款项，其他成本则延期支付。在某些时点上，该公司将产品出售给消费者（很可能是赊销），接着向顾客收取货款并向供应商和其他债权人支付因赊购而欠的款项。

如果公司在收到顾客支付的现金之前不必向其供应商、员工和其他单位支付所有现金，且收到的现金多于必须支付的现金，那么公司不可能面临短期流动性问题。不过，多数公司，尤其是处于起步阶段或成长阶段的公司，难以准确地安排其现金流出量与现金流入量的时间。员工可能要求公司每周或每半个月支付一次工资，而顾客可能延迟 30 天甚至更长时间才支付货款。公司可能正在快速发展，某个期间的产品生产量必须超过销售量。即使公司能够准确地安排其现金流出量与现金流入量的时间，支持本期较高生产量水平的现金流出量也可能超过本期来源于前期较低销售量水平的现金流入量。在某个期间经营亏损的公司经常发现经营周期的结束意味着现金流量净额为负值。不妨以一家以麦芽为原料的苏格兰威士忌酿酒厂作为一个极端例证。购买谷物与其他配料、酿造威士忌并在木桶中储藏多年耗费了该酿酒厂巨额现金流出量。该酿酒厂只有将陈酿多年的威士忌出售给顾客才能有现金流入量。

当然，长期财务杠杆可能引发短期流动性问题。例如，公司的资本结构中可能存在较高比例的长期负债。这种负债通常需要定期支付利息，也可能需要偿还本金。对某些公司（尤其是金融公司、房地产公司和能源公司）而言，利息费用是其最大的单项成本。经营周期创造的现金数额必须能够满足经营性营运资本的需求，还要能够满足偿债的需求。

财务健康的公司经常以短期借款弥补其经营周期内暂时出现的现金流量缺口。这种公司可能签发商业票据或取得 3～6 个月的银行贷款。多数公司会与银行维持一个信用额度，以便快速获得现金，满足其经营性营运资本的需求。财务报表附注通常会披露信用额度的具体数字、当年信用额度内的借款水平以及信用额度协议中规定的财务限制条款。例如，百事公司财务报表附注 9“债务与承诺”披露了如下内容：

> 我们在 2012 年度的第二个季度将四年期无担保周转信用协议（四年期信用协议）的到期日从 2015 年 6 月 14 日延展到 2016 年 6 月 14 日，将 364 天无担保周转信用协议（364 天信用协议）的到期日从 2012 年 6 月 12 日延展到 2013 年 6 月 11 日。根据四年期信用协议和 364 天信用协议借入的资金可能基于常规目的用于百事公司及其子公司的（包括但不限于）营运资本、资本性投资和收购活动。

遗憾的是，百事公司并没有定量描述公司基于这些信用协议的可用信用额度。不过，这些数据经常被单独提交给监管机构。在评估公司整体财务风险时，有必要关注这些可用但尚未使用的借款能力。信用额度可能代表潜在财务风险的增加，但与此同时也为公司提供了（上节讨论过的）有益的财务柔性。

一种快速理解短期流动性问题的简单方式就是编制第 1 章讨论过的共同比资产负债表。共同比资产负债表提供了公司投资于各类资产和负债的相对数额。例如，根据表 1－11，百事公司 2012 年的流动资产总额占资产总额的 25.1%。相对而言，这个比例略低于流动负债总额占资产总额的比例（22.9%）。为了评估短期流动性风险，我们将讨论以下六个财务报表比率：

1. 流动比率
2. 速动比率
3. 经营活动现金流量与流动负债比率
4. 应收账款周转率
5. 存货周转率
6. 应付账款周转率

□ 流动比率

流动比率等于流动资产总额除以流动负债总额，表明资产负债表日公司可供使用的现金数额和在一年内预期可转换为现金的其他流动资产数额（收回应收账款和出售存货）与当期到期负债总额之间的关系。流动比率较高说明公司拥有数额较大的流动资产可供偿还下个年度到期的负债。同理，流动比率较低说明公司的流动资产总额可能不足以偿还短期负债。

百事公司 2012 年末的流动比率为：

$$\text{流动比率}=\frac{\text{流动资产总额}}{\text{流动负债总额}}$$

$$1.10=\frac{18\ 720\ 000\ 000}{17\ 089\ 000\ 000}$$

百事公司 2011 年末的流动比率为 0.96，因此其流动比率在不断上升。这种趋势与百事公司的现金及准现金资产总额与流动负债总额的比例不断上升的趋势相吻合。

为公司提供短期借款的银行、供应商和其他债权人通常希望公司的流动比率超过 1.0，但不能独立地评估公司的流动比率，应该综合考虑影响公司流动性的其他各种因素。银行、供应商和其他债权人通常综合考虑公司经营周期长短、经营活动预期现金流量、公司拥有的在必要时可以用于解决流动性问题的非流动资产数额、公司拥有的不需要发生现金流出的流动负债数额（如各种递延收入负债）以及其他类似因素，以评估公司流动比率的合理水平。20 世纪 80 年代之前，多数行业的流动比率平均值超过 2.0。随着 80 年代初期利率的提升，公司试图增加应付账款，更多地利用供应商的资金满足公司营运资本（即应收账款和存货）的资金需求。此外，越来越多的公司开始建立能够降低原材料和产成品存货数量的即时生产系统。受到这两方面因素的影响，流动比率开始朝 1.0 的方向变化。流动比率围绕 1.0 上下波动，甚至低于 1.0 的情况也屡见不鲜。尽管这种趋势性变动意味着短期流动性风险增加，但多数投资者认为可以接受这种风险水平。

根据有关流动比率的描述性统计数据，不同公司、不同行业的流动比率存在较大的差异。因此读者在评估流动比率时，还需要考虑以下几个解释性问题：

● 如果发生交易之前的流动比率大于 1.0，那么流动资产总额与流动负债总额同时增加相同的数额（如赊购存货）会使流动比率下降，而如果发生交易之前的流动比率小于 1.0，那么流动资产总额与流动负债总额同时增加相同的数额会使流动比率提高。如果流动资产总额与流动负债总额同时减少相同的数额，也会产生类似的解释性问题。

● 对某些公司而言，流动比率非常高未必可取，也许预示着经营环境很糟糕，而流动比率非常低或不断下降则可能是财务健康的标志，预示着经营活动有利可图。例如，在经济衰退期间，公司可能很难出售存货和收回应收账款，因此应收账款和存货的增长可能导致流动比率上升到一个较高的水平。在经济繁荣期间则可能出现相反的情形。

● 如果公司拥有非常强大的通过经营活动创造巨额且稳定的现金流量的动力，即便流动比率较低也可以有效运营。而如果公司经营活动创造的现金流量较少或不稳定，则可能希望流动比率高一些。

● 流动比率很容易成为“粉饰”的对象。也就是说，公司管理层可能在资产负债表日故意采取某些步骤，使流动比率比该期间正常或平均的流动比率看起来更健康。例如，公司在临近期末时可能加紧赊购存货（如果流动比率小于 1.0）或尽量延迟赊购存货（如果流动比率大于 1.0），以改善流动比率。当然，公司也可能收回以前借给公司高管的被归类为非流动资产的贷款，用这些款项降低流动负债总额。

尽管流动比率存在这些解释性问题，读者还是可以发现，流动比率作为一个衡量短期流动性风险的指标得到了广泛的运用。有关债务违约、破产和其他财务困境情形的实证研究（本章后面部分将讨论这个问题）已经发现，流动比率对代价高昂的财务后果具有很强的预测能力。

□ 速动比率

速动比率或酸性测试比率是流动比率的一种变形。速动比率的计算公式与流动比率的计算公式相似，不过，速动比率计算公式的分子只包括公司可以快速（经常为 90 天之内）转换为现金的流动资产，通常包括现金、有价证券、其他短期投资和应收账款。不过，在确定速动比率计算公式的分子是否包括应收账款并剔除存货之前，读者应该研究公司的具体情况。有些公司（例如存货中包括大量畅销商品的公司）可以比其他公司（例如为顾客提供长期融资的设备制造商，如约翰迪尔公司（John Deere））更快地将存货转换为现金。

我们假设速动比率计算公式的分子包括应收账款而不包括存货，那么，百事公司 2012 年末的速动比率计算如下：

$$\text{速动比率}=\frac{\text{现金及现金等价物}+\text{短期投资}+\text{应收账款}}{\text{流动负债总额}}$$

$$0.80=\frac{6\ 297\ 000\ 000+322\ 000\ 000+7\ 041\ 000\ 000}{17\ 089\ 000\ 000}$$

百事公司 2011 年末的速动比率为 0.62。除非存货周转率发生显著变动，否则速动比率和流动比率的相对变动趋势高度相关。也就是说，读者只要检验流动比率或速动比率中的任意一个，就可以得到短期流动性风险是增加还是减少的类似信息。值得注意的是，百事公司的流动比率和速动比率都呈上升趋势，不过速动比率的上升趋势更明显。百事公司 2012 年的流动资产总额增加了 7.3%，而流动负债总额下降了 5.9%。另一方面，百事公司 2012 年的现金、有价证券与应收账款之和增加了 20.5%，相对于流动负债总额，这些项目的数额显著增加。因此，百事公司的流动比率与速动比率之间的不一致是由于流动性差的流动资产发生了变化。实际上，根据百事公司 2012 年的资产负债表，其存货、预付费用和其他流动资产都有所减少。

与流动比率一样，速动比率同样面临某些解释性问题。也就是说，分析师在解释速动比率时应该考虑影响公司流动性的其他因素，包括公司经营活动创造现金流量的能力。不同公司、不同行业的速动比率存在显著差异。

□ 经营活动现金流量与流动负债比率

与其运用基于资产负债表的指标（如流动比率或速动比率），不如运用更直观的指标（如基于经营活动现金流量的各种指标）来衡量公司近期创造现金的能力，比如经营活动现金流量与流动负债比率。该比率反映某个期间创造的现金与一年内到期的负债水平之间的关系。由于该比率计算公式的分子采用的是某个期间的数额，因此其分母通常采用相同期间流动负债的平均余额。百事公司2012年经营活动现金流量与流动负债比率如下所示：

$$\text{经营活动现金流量与流动负债比率}=\frac{\text{经营活动现金流量}}{\text{流动负债平均余额}}$$

$$0.48=\frac{8\,479\,000\,000}{0.5\times(17\,089\,000\,000+18\,154\,000\,000)}$$

百事公司2011年的经营活动现金流量与流动负债比率为0.41。对一家健康的制造公司或零售公司而言，经营活动现金流量与流动负债比率通常为0.40及以上。[①] 百事公司的经营活动现金流量与流动负债比率高于0.40，而且该比率在2012年的变动趋势十分有利。因此，根据经营活动现金流量与流动负债比率，百事公司的短期流动性风险并不大。

□ 营运资本周转率

描述公司营运资本的效率并进一步评估公司经营活动创造现金的能力和短期流动性风险的最后三个指标是：

$$\text{应收账款周转率}=\frac{\text{销售收入}}{\text{应收账款平均余额}}$$

$$\text{存货周转率}=\frac{\text{产品销售成本}}{\text{存货平均余额}}$$

$$\text{应付账款周转率}=\frac{\text{购货数额}}{\text{应付账款平均余额}}$$

第4章讨论了作为盈利能力指标的应收账款周转率和存货周转率（这两个指标是资产周转率的组成部分）。我们在这里用应收账款周转率和存货周转率衡量公司出售存货并将应收账款转化为现金的速度。应付账款周转率说明制造业公司或零售公司支付赊购原材料和存货款项的速度。公司通常不会披露原材料或存货的购货数额，但计算其数额并不难。如前所述，存货账户的等式如下所示：

$$\text{期末存货}=\text{期初存货}+\text{购货数额}-\text{产品销售成本}$$

所以读者可以按如下公式大致估算购货数额[②]：

$$\text{购货数额}=\text{产品销售成本}+\text{期末存货}-\text{期初存货}$$

要注意购货数额通常指零售公司的存货采购额或制造业公司的原材料采购额和生产成本。

我们经常以各个资产负债表项目（即应收账款、存货和应付账款）的周转天数表示应收账款周转率、存货周转率和应付账款周转率，即用365天分别除以应收账款周转率、存货周转率和应付账款周转率。[③] 尽管周转率（次数）与周转天数在数学上具有等效性，但周转天数更为直观。读者可以将资产负债表项目的数额除以合适的流量变量，从而转化为每日平均数额。例如，我们可以以“365/应收账款周转率”或更

---

① Cornelius Casey and Norman Bartczak, “Cash Flow—It’s Not the Bottom Line,” *Harvard Business Review* (July-August 1984), pp. 61-66.

② 如果产品销售成本中不经过应付账款账户核算的成本（如折旧和人工成本）所占的比例较高，应付账款周转率将向上偏斜。与零售公司相比，制造业公司更关注这种偏差。而且与时间序列分析相比，同业比较分析更需要关注这种偏差。

③ 如果想得出更确切的结果，那么闰年应该采用364天。而如果公司的会计年度为52/53周，那么53周的会计年度应该采用371天。

直接地以“应收账款平均余额/（销售收入/365）”来计算应收账款周转天数。

表5-6列示了百事公司2012年的应收账款周转率、存货周转率和应付账款周转率及其相应周转天数的计算过程。百事公司的资产负债表将应付账款与其他流动负债合并列报。百事公司财务报表附注14“补充性财务信息”中将合并数额分解为各个组成部分并单独列示了应付账款的数额。我们采用财务报表附注14提供的应付账款数额计算应付账款周转率。回顾第4章提到的一个细节，我们应该采用赊销收入数额（剔除现销收入数额）计算应收账款周转率。当然，这个问题与某些公司（如百事公司）无关，但与商业零售公司（如星巴克）密切相关。百事公司2012年末的应付账款与其他流动负债总额为119.03亿美元，应付账款总额只有44.51亿美元，其余项目包括应计市场开拓费用、应计薪酬与津贴、应付股利和其他流动负债。

表5-6　百事公司2012年的营运资本周转率

单位：百万美元

应收账款周转率	**应收账款周转天数**
65 495/[0.5×(7 074+6 912)]=9.4次/年	365/9.4=39天
存货周转率	**存货周转天数**
31 291/[0.5×(3 581+3 827)]=8.4次/年	365/8.4=44天
应付账款周转率	**应付账款周转天数**
33 393/[0.5×(4 451+4 083)]=7.8次/年	365/7.8=47天

存货周转天数加应收账款周转天数等于公司从生产或购进存货到将存货出售给顾客并收回现金的总天数，意味着公司必须为其营运资本的主要资产项目进行融资的时间长度。应收账款周转天数意味着公司通过供应商为其营运资本融资的天数。公司必须为其营运资本融资的天数与公司通过供应商为其营运资本融资的天数之间的差额就是公司必须融资的额外时间长度（天数）。该额外时间长度（天数）就称为现金周期（也称为现金经营周期）。现金周期度量了公司支出现金与最终收回现金之间的时间长度。我们可以将这些关系描绘如下：

营运资本需要融资的天数：

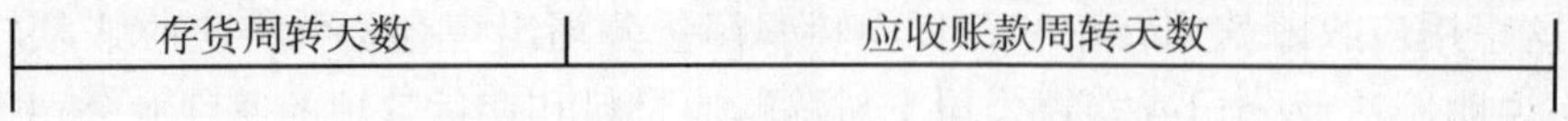

为营运资本提供融资的天数：

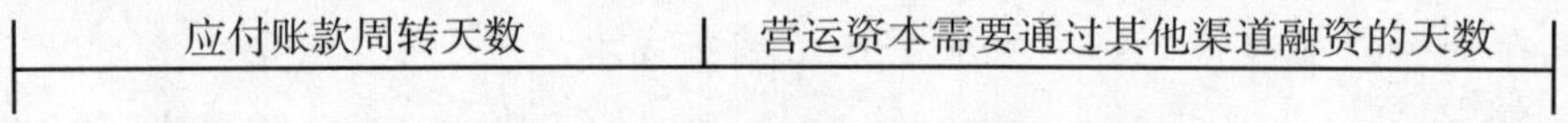

表5-7列示了百事公司2010—2012年需要通过其他渠道融资的天数。百事公司的应付账款周转天数略大于存货周转天数，说明百事公司可能战略性利用供应商为其存货提供融资。通过其他渠道提供融资的天数大致等于应收账款周转天数。与多数公司一样，百事公司运用短期借款提供部分资金。

表5-7　百事公司需要通过其他渠道为营运资本提供融资的天数

年份	应收账款周转天数	+	存货周转天数	−	应付账款周转天数	=	需要通过其他渠道融资的天数
2010	35		41		(45)		31
2011	36		42		(45)		33
2012	39		43		(50)		32

通常，需要通过其他渠道融资的天数越少，经营活动现金流量与流动负债比率就越高。需要通过其他渠道融资的天数较少意味着应收账款和存货的融资需求相对较少（即公司可以快速出售存货并立即收到顾客支付的现金）或积极运用在供应商处的信用为流动资产融资（即公司延迟向供应商支付现金）。这两种

情形都提高了经营活动现金流量与流动负债比率计算公式的分子经营活动现金流量的数额。如果需要通过其他渠道融资的天数较少，那么公司就可以较少依赖银行和其他金融机构的短期借款。短期借款提高了经营活动现金流量与流动负债比率计算公式的分母流动负债平均余额，从而降低了经营活动现金流量与流动负债比率。

以一个具有极其良好的营运资本需求的公司为例，表 5 - 8 列示了亚马逊公司的营运资本融资情况。亚马逊是一家经营图书、电子媒体和众多其他产品的著名大型在线零售商。由于亚马逊公司的应收账款和存货水平较低，且延期偿还应付账款，因此，其需要通过其他渠道融资的天数为负值，不需要短期融资也就不足为奇。亚马逊公司 2012 年末的其他负债包括：（1）应计费用 56.84 亿美元；（2）长期负债 30.84 亿美元；（3）其他长期负债 22.77 亿美元（资产总额为 325.55 亿美元）。作为另一个极端，像蒂芙尼这样的珠宝公司的现金经营周期非常长，光存货周转天数就超过 500 天。

表 5 - 8　亚马逊公司 2010—2012 年度需要通过其他渠道融资的天数　单位：百万美元

	2012 年度	2011 年度	2010 年度
销售收入	61 093	48 077	34 204
产品销售成本	52 390	41 864	29 459
购货数额	53 429	43 654	30 490
应收账款	3 364	2 571	1 587
存货	6 031	4 992	3 202
应付账款	13 318	11 145	8 051
应收账款周转天数	18	16	14
存货周转天数	38	36	33
应付账款周转天数	(84)	(80)	(82)
需要通过其他渠道融资的天数	(27)	(29)	(35)

5.4　长期偿债风险分析

我们在讨论财务柔性时指出，如果公司借入资金投给报酬率超过税后债务资本成本率的资产项目，那么财务杠杆会提升普通股权益报酬率。只要公司的资产报酬率超过税后债务资本成本率，资本结构的债务比例提高，普通股股东将因此而受益。不过，随着资本结构的债务比例不断提高，公司无法支付债务的利息和本金的风险也随之增加。也就是说，随着信用风险和破产风险的提高，举债的额外成本也可能会随之提高。长期偿债风险的分析关注公司支付到期长期负债的利息、本金及履行类似义务的能力。

公司历年创造利润的能力是评估长期偿债风险的最好指标。盈利的公司不仅可以通过经营活动创造充裕的现金，还可以通过债权人或权益投资者获得必要的现金。有鉴于此，第 4 章在分析资产报酬率和普通股权益报酬率时讨论的盈利能力指标也可以用于评估长期偿债风险。此外，长期偿债风险的分析必须以评估前面分析过的财务柔性水平及趋势和分析短期流动性风险为起点。评估长期偿债风险的三个指标为：

1. 负债比率
2. 利息保障倍数
3. 经营活动现金流量与负债比率

□ 债务比率

债务比率衡量资本结构中负债（尤其是长期负债）的相对数额。债务比率越高，长期偿债风险越大。

作为普通股权益报酬率分解公式的一个组成部分，第4章讨论过的资本结构杠杆效应是债务比率的一种变形。同理，本章前面部分讨论过的财务柔性评估为计算财务杠杆效应提供了另一种方式。债务比率有多种变形，包括以下四种常见的指标：

$$负债比率=\frac{负债总额}{资产总额}$$

$$负债与股东权益比率=\frac{负债总额}{股东权益总额}$$

$$长期负债与长期资本比率=\frac{长期负债总额}{长期负债总额+股东权益总额}$$

$$长期负债与股东权益比率=\frac{长期负债总额}{股东权益总额}$$

百事公司2012年末的债务比率计算如下：

$$负债比率=\frac{52\,239\,000\,000}{74\,638\,000\,000}=0.70$$

$$负债与股东权益比率=\frac{52\,239\,000\,000}{22\,399\,000\,000}=2.33$$

$$长期负债与长期资本比率=\frac{23\,544\,000\,000}{23\,544\,000\,000+22\,399\,000\,000}=0.51$$

$$长期负债与股东权益比率=\frac{23\,544\,000\,000}{22\,399\,000\,000}=1.05$$

表5-9列示了百事公司2010年末、2011年末和2012年末的债务比率。正常公司的负债与股东权益比率大约为1.0，因此负债比率大约为0.5。百事公司基于其规模、盈利能力和强大的债务融资能力，债务比率略高于这些正常值。从2010年末至2012年末，百事公司的债务比率略有下降。长期负债比率也略有下降，不过其下降趋势更缓慢。这与前面部分讨论百事公司财务柔性的趋势时得出的结论相符。

表5-9 百事公司2010年末至2012年末的债务比率

	2012年度	2011年度	2010年度
负债比率	0.70	0.71	0.68
负债与股东权益比率	2.33	2.49	2.17
长期负债与长期资本比率	0.51	0.50	0.48
长期负债与股东权益比率	1.05	0.98	0.93

值得注意的是，同一期间内涉及负债总额的两个债务比率的变动与涉及长期负债的两个债务比率的变动高度相关。其实这很正常，因为计算这些债务比率都采用相互关联的财务报表数据。通常，读者只需选择任意一个债务比率就可以得到其他类似债务比率的信息。由于存在不同的债务比率，读者在阅读财经期刊并与他人讨论债务比率时务必小心谨慎。因为不同版本的债务比率比比皆是。例如，负债与股东权益比率大于1.0（即负债总额超过股东权益总额）很正常，但负债比率或长期负债与长期资本比率大于1.0就非常不正常（因为此时的股东权益总额为负值）。

除了计算各种债务比率，读者还可以通过长期负债的财务报表附注收集其他信息。财务报表附注包含公司已经发行债券的类型、利率和到期日等信息。在某些情境中，为了监督公司履行债务契约条款，读者有必要查验债务契约的各种公开文件。百事公司财务报表附注9“债务与承诺”提供了长期负债与发行重要债券的时间安排等信息。百事公司2012年已经发行超过50亿美元的优先级应付票据并将筹得的资金用于“公司总部，包括偿还商业票据”。

为了使公司显示出低风险性并降低筹资成本，或避免违反现有债务契约条款，有些公司试图以表外融资的方式美化筹资结构。例如，公司经常将租赁列报为经营租赁（而不是资本租赁），从而最大限度减少对外列报的长期负债数额。在解释债务比率时，读者应该关注公司是否存在这些行为，也许还需要调整公司对外列报的数额（例如，第7章将讨论租赁调整问题，第6章将讨论其他协议调整问题）。百事公司财务报表附注9专门提供了一张计划安排表，列示了几个表外项目，如经营租赁、购货承诺和市场承诺。百事公司2012年末的经营租赁、购货承诺和市场承诺的总额为61.31亿美元。

□ 利息保障倍数

利息保障倍数指公司的利润或现金流量可以弥补利息费用的倍数。例如，一种常见的计算利息保障倍数的方法是用息前净利润与所得税费用之和除以利息费用。以利润为基础，采用对外列报的净利润和所得税费用数据，百事公司2012年的利息保障倍数计算如下[①]：

$$\text{(以净利润为基础的)利息保障倍数}=\frac{\text{净利润}+\text{利息费用}+\text{所得税费用}+\text{归属于非控制性权益的净利润}}{\text{利息费用}}$$

$$10.2=\frac{6\ 178\ 000\ 000+899\ 000\ 000+2\ 090\ 000\ 000+36\ 000\ 000}{899\ 000\ 000}$$

百事公司2011年和2010年的利息保障倍数分别为11.3和10.1。百事公司这三年的盈利能力先有所提高，随后略有下降（参见第4章的讨论），同期的债务水平有所提高，但利息保障倍数却处于一个相对稳定的状态。分析师通常将利息保障倍数小于2.0视为有偿债风险的标志。有鉴于此，百事公司的长期偿债风险非常小。

有时，公司可以将利息资本化并计入有形资产的成本。在检查债务成本净额时，读者应该关注巨额利息费用的资本化问题。同理，如果公司必须定期支付某些其他费用（如养老金或租赁费用），读者在计算利息保障倍数时也需要考虑这个因素。考虑这个因素计算的利息保障倍数称为固定费用保障倍数。

一种有关把利息保障倍数和固定费用保障倍数作为衡量长期偿债风险指标的批评意见是，这两个指标计算公式的分子采用的是利润（而不是现金流量）。显然，公司是以现金（而不是利润）支付利息和其他固定费用。与现金流量相比，尽管利润作为一个综合的绩效评价指标有其优势（参见第2章和第3章的讨论），但读者可以采用经营活动现金流量替代原先计算公式分子中的利润，从而创建以（息税前）现金流量为基础的各种保障倍数指标。如果以利润为基础的保障倍数相对较低（即小于2.0），读者可能还需要关注以现金流量为基础的保障倍数指标。

以百事公司为例。百事公司2012年度的经营活动现金流量为84.79亿美元。根据百事公司财务报表附注14“补充性财务信息”，百事公司2012年度的利息费用和所得税费用分别为10.74亿美元和18.40亿美元。以现金流量为基础，百事公司2012年度的利息保障倍数计算如下：

$$\text{(以现金流量为基础的)利息保障倍数}=\frac{\text{经营活动现金流量}+\text{利息费用与所得税费用支付额}}{\text{利息费用现金支付额}}$$

$$10.6=\frac{8\ 479\ 000\ 000+1\ 074\ 000\ 000+1\ 840\ 000\ 000}{1\ 074\ 000\ 000}$$

① 为提高精确度，利息保障倍数计算公式的分母要包括当年的所有利息成本，而不仅仅包括确认为利息费用的数额。如果公司有自建固定资产，就必须每年将部分利息成本资本化并计入自建固定资产的价值。分析师应该在分析巨额举债并建造资本密集型工厂的电力行业时运用这种改良的利息保障倍数计算方法。

□ 经营活动现金流量与负债比率

标准的债务比率（如负债比率）并没有体现公司创造经营活动现金流量以偿还债务的能力。经营活动现金流量与负债比率弥补了这个缺陷。经营活动现金流量与负债比率类似于评估短期流动性风险的一个比率，但其计算公式的分母包括所有的负债（流动负债与非流动负债）。

百事公司 2012 年度的经营活动现金流量与负债比率计算如下：

$$经营活动现金流量与负债比率=\frac{经营活动现金流量}{负债平均余额}$$

$$0.16=\frac{8\,479\,000\,000}{0.5\times(52\,239\,000\,000+51\,983\,000\,000)}$$

百事公司 2011 年度和 2010 年度的经营活动现金流量与负债比率分别为 0.17 和 0.25。对一家财务健康的公司而言，经营活动现金流量与负债比率通常为 0.20 及以上。[①] 因此百事公司属于财务健康的公司，这个结论与根据其他长期偿债风险指标得出的结论相吻合。

5.5 信用风险分析

信用风险是公司无法定期支付利息并偿还借款本金的可能性。信用风险分析是一种评估借款人信用可靠性的系统方法。为了评估信用风险，债权人首先要关注本章已经讨论过的短期流动性风险比率和长期偿债风险比率。当然，债权人还需要关注下列其他因素：

- 产生贷款需求的情形
- 公司的信用历史
- 公司的现金流量
- 公司可作为抵押品的资产项目
- 公司的借款能力
- 或有事项
- 管理层特征
- 沟通
- 条件或条款

该清单既不是此类因素的完整目录，也不是所有必须检验因素的强制性清单，但该清单为读者提供了一个可以评估各个公司的框架。

□ 产生贷款需求的情形

公司需要借款的原因会影响贷款的风险和偿还贷款的可能性。不妨看看下面的示例。

示例 1：格兰特公司（W. T. Grant Company）是一家折扣零售连锁店，1975 年申请破产。格兰特公司的破产已经成为因缺乏有效设计与实施的管理控制系统而导致公司陷入财务困境的经典案例。1968—

① Casey and Bartczak，*op. cit.*

1975 年，格兰特公司越来越难以收回其信用卡顾客的应收账款。为了解决越积越多的应收账款资金问题，格兰特公司只能向商业银行借入短期资金。然而，格兰特公司无法解决信用延期和应收账款的现金收取问题。如此一来，银行贷款使格兰特公司在不断恶化的信用状况下经营。靠举债满足与某个尚未解决的问题或难题相关的现金流量需求具有较高的风险。

示例 2：玩具反斗城（Toys "R" Us）预期假日季的需求旺盛，因此会在 9 月份和 10 月份购入各种玩具、游戏和其他娱乐产品。玩具反斗城通常需要在 30 天之内向供应商支付购货款，但在当年 12 月份、次年 1 月份或之后才能收到顾客支付的现金。为了解决存货的资金问题，玩具反斗城向银行借入短期借款，而后用从顾客那收取的现金偿还这些借款。靠举债满足与持续的季节性经营活动相联系的现金流量需求通常风险较低。玩具反斗城已建立起知名品牌并拥有可预测的需求。尽管可能会在某个特定年份因其提供的产品无法满足顾客的偏好而存在某些风险，但玩具反斗城公司拥有多样化的产品线，因此无法收取充足现金的可能性较低。

示例 3：得州仪器公司（Texas Instruments）设计和制造用于计算机和其他电子产品的半导体。假设得州仪器公司想开发新的半导体，需要借钱投入新产品的设计与开发工作。这种贷款的风险可能较高。因为半导体技术变革很快，得州仪器公司开发的半导体可能过时。此外，设计与开发半导体的支出不可能形成可作为贷款抵押品的资产项目。

□ 信用历史

债权人希望看到某家公司过去贷过款且偿还了该贷款。初创公司有时会回避借钱以规避借款可能带来的各种约束。不过，这些公司经常发现，缺乏良好的信用历史会使其难以借到钱。另外，如果公司早期的信用历史不佳，由于难以消除第一印象的不良影响，公司可能会失败。

□ 现金流量

与本章前面部分讨论的各种比率一样，债权人希望公司能够创造足够的现金流量以支付贷款的利息并偿还贷款的本金（统称为还本付息），而不是依靠出售抵押品偿还债务。考察公司创造现金流量能力的方法包括分析公司近年来的现金流量表、计算各种现金流量财务比率和研究预测性财务报表的现金流量。

现金流量表

考察公司最近三四年的现金流量表可以看出公司是否面临潜在的现金流量问题。我们已经在第 3 章详细地讨论过现金流量问题。如果我们连续数年观察某家公司，那么潜在现金流量问题的某些标志包括：

- 应收账款和存货的增长率超过销售收入的增长率。
- 应付账款或其他经营性流动负债的增长率超过存货或销售收入的增长率。
- 因为亏损或营运资本净额（流动资产总额减去流动负债总额）巨额增加而导致经营活动现金流量持续为负值。
- 资本支出显著超过经营活动现金流量。尽管这是一家快速成长的资本密集型公司会出现的情景，但资本支出显著超过经营活动现金流量，导致现金流量净额（经营活动现金流量减去资本支出）为负值，还是意味着公司的增长需要持续的外部融资。
- 某个期间内的资本支出减少。尽管资本支出减少在短期内可能节约现金，但这可能预示着公司预计其未来销售收入、利润和经营活动现金流量将减少。
- 出售有价证券的数额超过购买有价证券的数额。尽管出售有价证券可以马上获得现金，但这可能预示着公司经营活动创造的现金流量无法满足营运资本和长期投资的资金需求。当然，如果公司只是将现在计划用于并购或购置固定资产的暂时多余资金投资于有价证券，那么出售有价证券未必预示着公司存在现金流量问题。

- 减少或取消股利支付或股票回购。尽管这种行为在短期内可以节约现金，但减少股利支付或取消和中止股票回购计划可能会传递公司未来前景不佳的负面信号。

- 公司已经用了（以前确定的）全部信用周转额度。公司用了全部信用额度可能意味着其经营活动缺乏现金流量的支持。

尽管这些标志本身不能作为现金流量问题的结论性证据，但却传递出一个信息：管理层需要对公司是否存在潜在现金流量问题做出解释。正如分析师必须基于公司的行业特征与战略来分析公司的盈利能力，债权人也必须遵循同样的分析步骤。

现金流量财务比率

本章前面各节讨论了两个可能揭示现金流量问题的现金流量比率：(1) 经营活动现金流量与流动负债比率；(2) 经营活动现金流量与负债比率。

预测财务报表的现金流量

预测性财务报表包括未来数年的预测性资产负债表、预测性利润表和预测性现金流量表。债权人可能要求潜在的借款人编制预测性财务报表（预测性财务报表很少公开），展现借款人偿还到期贷款本息的能力。拿到预测性财务报表的信用分析师应该质疑预测性财务报表背后隐含的各个重要假设（如销售收入增长率、成本结构或资本支出计划）。第10章将讨论预测性财务报表的编制问题。

□ 抵押品

评估信用风险需要考虑的第四个因素是贷款抵押品的可用性和价值。如果公司的现金流量不足以支付利息和到期本金，债权人就有权处置贷款的抵押品。可作为贷款抵押品的资产项目通常包括：(1) 有价证券；(2) 应收账款；(3) 存货；(4) 财产、厂房与设备；(5) 无形资产。

有价证券

代表所有权比例低于20%的有价证券以市场价值列示于资产负债表中。读者可以评估作为抵押品的有价证券的市场价值是否超过尚未偿还的贷款。资产负债表通常以权益法（见第8章）列示代表另一家公司20%或20%以上所有权的有价证券。确定这种有价证券的市场价值是否足以弥补尚未偿还贷款会更困难。

应收账款

债权人应该评估应收账款的现值是否足以弥补以应收账款作为抵押品的尚未偿还贷款。确定应收账款的账面价值是否准确反映其市场价值需要考察与销售收入相关的坏账准备变动情况、与应收账款总额相关的坏账准备余额变动情况、与应收账款总额相关的坏账注销数额以及应收账款周转天数。

存货

如果一项存货在借款人陷入财务困境时可以出售并获得足够的现金流量，那么，该存货对债权人而言就是有价值的抵押品。读者应该考察存货周转率的变动情况、产品销售成本占销售收入百分比的变动情况以及原材料、在产品和产成品存货组合的变动情况，识别存货可能存在的过时废弃问题。

财产、厂房与设备

公司经常将固定资产作为长期借款的抵押品。由于会采用各种购置成本估价法，运用对外报告的财务信息难以确定固定资产的市场价值。公司特有固定资产的市场价值就更难估计。预示着固定资产市场价值下降的线索包括重组费用、资产减值费用和近期处置资产损失。

无形资产

由于债权人在贷款违约时不能轻易地收回无形资产（换言之，债权人难以从公司的所有其他资产或能力中分离出无形资产），因此无形资产（如品牌、顾客名录和其他资产）通常不能作为借款的抵押品。不过，在某些特殊的情境中，无形资产也可以作为借款的抵押品。例如，航空公司拥有的机场着陆权在贷款违约时可以转移给债权人，债权人可以出售该着陆权以弥补尚未归还的贷款。

□ 借款能力

与公司创造现金的能力和可用抵押品密切相关的问题是公司额外借款的能力，也就是前面讨论过的财务柔性。现金流量和抵押品是偿债的手段。多数公司在借款时都留有余地，不会用尽其借款能力，债权人也希望有一个“安全边际”。除了已经讨论过的作为财务柔性的组成部分的各种因素，财务报表附注还披露了公司尚未使用的信用额度，为公司的借款能力提供了额外的直接证据。

债务比率

作为衡量资本结构中负债比例的指标，我们在本章前面部分讨论了将长期负债总额或负债总额与股东权益总额或资产总额联系起来的比率。通常，债务比率越高，信用风险越高，公司尚未使用的借款能力就越差。读者在评估各种债务比率时必须仔细考虑各种可能的表外债务（如经营租赁承诺，或未备足基金的养老金，或保健福利负债）。

利息保障倍数

如前所述，经营活动创造的息税前利润能够支付的利息的倍数可以作为衡量经营活动偿还债务的安全边际的一个指标。如果利息保障倍数下降至大约2.0以下，通常就意味着信用风险相当高。

□ 或有事项

如果现有的不确定性因素转变为不利因素，那么公司的信用状况可能会发生突变。有鉴于此，读者应该评估或有事项转变为现实事项的可能性。下面是一些例证：

- 公司是否在其主要产品、技术优势、所得税返还或其他可能改变其未来盈利能力和现金流量的核心领域成为重要诉讼的被告？作为经营活动的一个正常组成部分，多数大型公司会不断应对各种诉讼，而且多数与诉讼相关的损失已投保。不利法律裁决可能对小型公司产生更为深远的影响，因为小型公司的资源较少，无法自我辩护，也难以承受诉讼损失，可能无法承担全额保险的费用。
- 公司是否以附有追索权的方式出售应收账款或成为子公司、联营公司、特定目的主体或公司高管的贷款的担保者？如果是，那么一旦需要公司代为支付，就可能消耗现有的现金流量以偿还其他债务。
- 公司是否需要支付与衍生金融工具相关的支出？如果利率、汇率或其他价格朝着一个意料不到的方向发生重大变化，那么衍生金融工具可能对未来现金流量产生不利的影响（参见第7章和第9章有关衍生金融工具的讨论）。

● 公司是否依赖一个或几个关键员工、合约或许可协议、技术？这些关键员工、合约或许可协议、技术的损失可能对公司的生存能力产生重大影响。

要回答这些问题，读者必须详细地阅读财务报表附注并向公司管理层、律师和其他相关人士提出相关的问题。

□ 管理层特征

可以在一定程度上减弱公司信用状况不良影响的无形资产是管理层特征。公司的管理团队以前是否经受住可能导致多数公司破产的经营问题和挑战？公司的管理团队过去是否实现了其销售收入计划、成本降低计划、新产品开发计划和类似的经营预算？债权人更希望把钱借给那些连管理层也会将其大部分个人财富投资于该公司普通股的公司。

□ 沟通

与债权人建立良好的关系需要自始至终都保持有效的沟通。如果债权人对公司或公司的管理层不熟悉，就必须努力与债权人就公司产品或服务的性质、公司为了赢得竞争优势而实施的战略直接沟通。借款公司在整个贷款期间内都必须定期与债权人沟通。正如我们在本章前面部分所指出的，债权人不喜欢突发事件，因此会监督公司的盈利能力和财务状况。

□ 条件或条款

债权人为了保护自身的利益，经常对公司设置某些限制或条款。这些限制或条款在银行业称为契约条款。这种契约条款可能包括某些财务比率的最低或最高水平。例如，流动比率不得低于1.2，长期负债与股东权益比率不得超过75%。这种契约条款也可能限制公司发放股利、回购普通股或在公司出现破产情形时优先于现有债权人获得新融资的权利。如果公司违背了这些契约条款，就需要马上归还贷款、承担较高的利率或履行其他严格的限制性条款。

5.6 破产风险分析

本节将运用财务报表信息来讨论破产风险分析。

□ 破产程序

2008—2009年经济衰退期间，大量的大型知名公司申请破产。这些公司包括美国印地麦克银行（IndyMac Bancorp，2008年7月申请破产）、雷曼兄弟公司（Lehman Brothers，2008年9月申请破产）、华盛顿共同基金（Washington Mutual，2008年9月申请破产）、电路城公司（Circuit City，2008年11月申请破产）、论坛报公司（Tribune Group，2008年12月申请破产）、萨博汽车公司（Saab Automobile，2009年2月申请破产）、克莱斯勒公司（Chrysler，2009年4月申请破产）、通用汽车公司（General Motors，2009年6月申请破产）、艾迪堡公司（Eddie Bauer，2009年6月申请破产）、焦特公司（The Jolt Company，2009年9月申请破产）和席梦思寝具公司（Simmons Bedding，2009年11月申请破产）。随后，有许多更典型的财务健康的公司（包括本书的出版商）也申请破产。在美国，多数公司根据《破产法》第11章的要求提交破产申请文件。根据《破产法》第11章，公司可以在六个月内向法院提交一份重组计划。六个月之后，债权人、员工和其他相关方可以提交各自的重组计划。重组计划可能包括立即出售公司的资产以偿还到期债务。由法院决定哪一个重组计划能够为所有相关方提供最为公平的处理方案。一旦公司进入破产程序，债权人就失去其求索权。法院负责监督重组计划的实施。如果法院认为公司已经成功实施其重组计划并成为一个能够独立生存的主体，公司就脱离破产状态。与《破产法》第11章相反，《破产法》第7章要求立即出售或清算公司的资产并将所得款项按偿债的优先次序分配给各个求索者。

公司在现金不足以偿付即将到期的债务时，通常就会申请破产。如果公司不申请破产，债权人为了保障其贷款的安全，有权占有其贷款的任何抵押品，并开始清算该公司。公司可能为了保证资产的完整和经营活动的有序运作，争取重组的时间而申请破产。近年来，有些公司申请破产的原因并不是其流动性资源不足以偿付债务，而是为了规避劳动合约或退休负债。因为这些公司认为劳动合约或退休义务的成本过高。有些面临潜在巨额诉讼的公司则以申请破产作为迫使对方协商和解的手段。

□ 破产预测模型

有关破产的各种实证研究试图明确申请破产的公司与没有申请破产的公司的财务特征有何差异。其目标是建立一个模型，预测哪些公司可能在一年或几年内申请破产。这些模型都采用了财务报表比率和其他数据。

单变量破产预测模型

20世纪60年代中期对破产预测的早期研究都采用单变量分析。单变量模型检验某个具体财务报表比率与破产之间的关系。本章随后将讨论的多变量模型综合了许多财务报表比率以确定一组财务报表比率是否能提高预测破产的能力。比弗（Beaver）[①] 研究了公司破产前5年内的29个财务报表比率，研究的样本包括破产公司与非破产公司各79家。其研究目的是识别出最能够区分这两组公司的财务报表比率，从而确定这两组财务报表比率在公司破产前多少年可能出现差异。六个最具识别能力的财务报表比率（以及每个财务报表比率衡量的风险性质）为：

1. 折旧、折耗和摊销前净利润/负债总额（长期偿债风险）[②]
2. 净利润/资产总额（盈利能力）
3. 负债总额/资产总额（长期偿债风险）
4. 营运资本净额/资产总额（短期流动性风险）
5. 流动资产总额/流动负债总额（短期流动性风险）
6. 现金、有价证券与应收账款/扣除折旧、折耗和摊销的经营费用（短期流动性风险）[③]

值得注意的是，上述财务报表比率涵盖了盈利能力、短期流动性风险和长期偿债风险等方面的比率。比弗的最佳预测比率是折旧、折耗和摊销前净利润/负债总额。表5-10总结了该比率在公司破产前5年

---

① William Beaver, "Financial Ratios as Predictors of Failure," *Empirical Research in Accounting: Selected Studies*, 1966, supplement to *Journal of Accounting Research* (1966), pp. 71-201.

② 这个比率类似于本章前面部分讨论过的经营活动现金流量与负债比率。只不过比弗提出的这个比率计算公式的分子不包括营运资本项目的变动。在比弗从事该研究的那个年代，对外公布的"资金流动"表将"资金"定义为营运资本（而不是现金）。

③ 该比率称为安全偿付期或速动资产够用天数，表示一年当中公司以现金和准现金资产支付现金性经营费用而能够持续经营的时间长度。

内各个年份成功预测公司破产的正确比例。随着破产的临近，预测的准确性会提高，在破产前5年内，该比率的预测正确率接近80%。

表5-10　运用折旧、折耗和摊销前净利润/负债总额比率预测破产的准确性与差错率

破产前年份	预测正确的比率	差错率	
		第一种类型	第二种类型
5	78%	42%	4%
4	76%	47%	3%
3	77%	37%	8%
2	79%	34%	8%
1	87%	22%	5%

资料来源：William Beaver，"Financial Ratios as Predictors of Failure," *Empirical Research in Accounting*：*Selected Studies*，1966，supplement to *Journal of Accounting Research*（1966），pp. 90. 经布莱克威尔出版公司（Wiley-Blackwell）许可重印。

当然，差错率值得特别关注。第一种类型差错是预测某家公司不会破产但该公司最终却破产了。第二种类型差错是预测某家公司将要破产但该公司最终却存活下来。就投资者而言，第一种类型差错的成本更高。因为第一种类型差错可能导致投资者损失其全部投资额。第二种类型差错只不过导致投资者丧失其投入资金可能获得利润的机会成本而已。值得注意的是，根据表5-10，比弗的研究结果表明，第一种类型的差错率远远高于第二种类型的差错率。在公司破产4年前运用折旧、折耗和摊销前净利润/负债总额这个比率预测公司破产时，第一种类型的差错率为47%，而第二种类型的差错率只有3%。

由于单变量分析有助于识别与公司破产相关的各种因素，因此在设计破产风险预测指标的初期，单变量分析是一个有用的步骤。然而在评估风险方面，单变量分析并没有提供衡量各个财务报表比率相对重要性的方法，也没有提供整合各个财务报表比率的方法。例如，如果某家公司的流动比率和负债比率都比较高，难道其破产风险就高于流动比率和负债比率都比较低的公司吗？分析师必须对预示破产风险较高的各个财务报表比率的水平做出主观判断。

运用多元判别分析的破产预测模型

20世纪60年代后期至70年代，单变量分析的缺陷使得研究者开始运用多元判别分析（一种多变量统计方法）建立破产预测模型。研究者通常选择一组破产公司样本，采用同行业规模大致相同的健康公司与这些破产公司样本进行配对。这种配对程序力图控制公司规模和行业因素的影响，从而检验可能解释公司破产的其他因素的影响。接下来，研究者就可以计算大量可以预测公司破产的财务报表比率。以这些财务报表比率为输入变量，多元判别分析模型选择最能够识别破产公司与非破产公司之间差异的子集（通常包括4～6个财务报表比率）。如此一来，多元判别分析模型包含一系列系数，将相应的系数乘以具体的财务报表比率并将这些乘积相加，就得到一个可以预测公司破产可能性的多变量分值。这样，研究者就可以分析第一种类型差错与第二种类型差错发生的可能性，找出一个能够区分公司破产可能性高低的临界值。研究者通常针对一个估计样本建立多元判别分析模型，然后用一个独立的验证性或预测性样本检验该模型的普适性和可预测性。

最著名的多元判别分析破产预测模型可能是阿尔特曼（Altman）采用制造业公司的数据建立的Z值模型。[①] Z值的计算公式如下：

---

① Edward Altman，"Financial Ratios，Discriminant Analysis，and the Prediction of Corporate Bankruptcy，" *Journal of Finance*（September 1968），pp. 589-609.

$$Z\text{值}=1.2\times\frac{\text{营运资本净额}}{\text{资产总额}}+1.4\times\frac{\text{留存收益}}{\text{资产总额}}+3.3\times\frac{\text{息税前利润}}{\text{资产总额}}$$
$$+0.6\times\frac{\text{权益市场价值}}{\text{负债账面价值}}+1.0\times\frac{\text{销售收入}}{\text{资产总额}}$$

各个比率能反映盈利能力或风险的不同维度：

1. 营运资本净额/资产总额：反映资产总额中流动性相对较强的流动资产净额（流动资产总额减去流动负债总额）的比例。该比率是一个衡量短期流动性风险的指标。

2. 留存收益/资产总额：公司的累计盈利和相对年限。

3. 息税前利润/资产总额：资产报酬率的另一种形式。该比率衡量公司当前的盈利能力。

4. 权益市场价值/负债账面价值：负债与权益比率的另一种形式，但它融合了公司股东权益价值的市场评估。因此，该比率衡量长期偿债风险以及市场对公司盈利能力和风险的整体评估。

5. 销售收入/资产总额：这是第 4 章讨论过的资产周转率，反映公司运用资产创造销售收入的能力。

在运用该模型时，阿尔特曼发现：Z 值小于 1.81 意味着公司破产的可能性较高，Z 值大于 3.00 则意味着公司破产的可能性较低。介于 1.81～3.00 之间的 Z 值则属于灰色地带。

借助微软电子表格（Excel）的正态密度函数[①]，我们可以将 Z 值转化为更为直观的公司破产概率。Z 值为 3.00 转化为公司破产概率就是 2.75%。Z 值为 1.81 转化为公司破产概率就是 20.90%。因此，根据 Z 值与破产概率的关系，破产概率小于 2.75%意味着公司破产的可能性较低，介于 2.75%～20.90%属于灰色地带，超过 20.90%则意味着公司破产的可能性较高。我们不能以常规方式解释这些概率水平。在具体确定破产概率较低、灰色地带和破产概率较高区间的临界点时，阿尔特曼不得不权衡第一种类型差错与第二种类型差错。

在公司破产前一年，阿尔特曼正确预测的准确率为 95%，第一种类型的差错率为 6%，第二种类型的差错率为 3%。在公司破产前两年，阿尔特曼正确预测的准确率为 83%，第一种类型的差错率为 28%，第二种类型的差错率为 6%。与比弗的研究结论一样，成本更高的第一种类型的差错率高于第二种类型的差错率。

表 5-11 列示了百事公司 2012 年度阿尔特曼 Z 值的计算过程。由于阿尔特曼根据公司原始报告数据建立自己的模型，所以我们也采用百事公司原始报告数据（而不是剔除非经常性项目的调整数据）。

果然，百事公司的 Z 值为 3.33，清楚地表明百事公司破产的概率较低。

表 5-11　百事公司 2012 年度阿尔特曼 Z 值的计算过程　　单位：百万美元

比率	权重	分值
营运资本净额/资产总额（18 720－17 089）/74 638	1.2	0.026 2
留存收益/资产总额 43 158/74 638	1.4	0.809 5
息税前利润/资产总额（6 214＋899＋2 090）/74 638	3.3	0.406 9
权益市场价值/负债账面价值（68.43×1 544）/52 239	0.6	1.213 5
销售收入/资产总额 65 492/74 638	1.0	0.877 5
Z 值		3.333 6

多元判别分析的主要优势如下所示：

- 同时融合了多个财务比率。
- 为汇总各个自变量提供了相应的系数。

① 微软电子表格中的公式为＝NORMSDIST(1－Z 值)。阿尔特曼建立了自己的破产预测模型。较高的正 Z 值意味着破产概率较低。因此在计算破产概率时，(1－Z 值）就必须使用正态密度函数。财务报表分析软件包（FASP）也计算了阿尔特曼的 Z 值和破产概率。

- 一旦建立初始模型便易于应用。

对多元判别分析的主要批评如下所示：

- 与单变量模型一样，研究者不能确保多元判别分析模型包含所有相关且具有判别能力的财务比率。例如，多数早期的研究只采用基于权责发生制的利润表和资产负债表数据，而没有采用现金流量数据。多元判别分析可以从提供的数据中选出最佳比率，却未必能够提供最有解释力的比率。
- 与单变量模型一样，研究者必须主观判断能够最有效地区分破产公司与非破产公司的临界点值，并考虑第一种类型差错与第二种类型差错的水平和成本。
- 建立与运用多元判别分析模型要求公司披露计算各个财务比率需要的信息。将没有提供必要数据的公司排除在外，可能会影响多元判别分析模型的有效性。
- 多元判别分析模型假设破产公司与非破产公司的各个财务比率都呈正态分布。如果公司陷入财务困境，其财务比率经常会呈现出非正常的极大值或极小值，从而导致财务比率的分布偏离正态分布。此外，研究者没有包含哑变量（例如，如果财务报表经过审计为0，如果财务报表没有经过审计为1）。哑变量不服从正态分布。
- 多元判别分析要求破产公司与非破产公司解释变量的方差-协方差矩阵相同。①

运用Logit分析的破产预测模型

破产预测研究方法发展的第三个阶段是20世纪80年代至90年代初用Logit分析代替多元判别分析。Logit分析并不要求数据像前面讨论过的多元判别分析那样呈现基本的统计特征。

运用Logit分析建立破产预测模型遵循与多元判别分析类似的程序：（1）计算大量的财务比率；（2）将这些大量的财务比率精简到最能够预测破产公司与非破产公司的子集；（3）估计模型各个变量的系数。

Logit模型将破产概率定义为：

$$\text{公司破产概率}=\frac{1}{1+e^{-y}}$$

上述公式中，e大约等于2.718 282。幂指数y是一个包含一个常数和一系列解释变量（即能够识别破产公司与非破产公司的各个财务报表比率）的系数的多变量函数。

奥尔森（Ohlson）② 和扎瓦格伦（Zavgren）③ 运用Logit分析建立了破产预测模型。与阿尔特曼的模型相比，奥尔森和扎瓦格伦的模型由于采用了不同的财务报表比率在运用时有些复杂。我们不会在这里深入地讨论奥尔森和扎瓦格伦的模型，有兴趣的读者可以参阅本章引用的研究文献。尽管破产预测的判别模型存在缺陷，奥尔特曼的Z值模型依然是最为广泛引用的模型，也是本章重点讨论的模型。

阿尔特曼破产模型在格兰特公司的运用

格兰特公司曾是美国最大的零售商之一，于1975年10月申请破产。表5－12列示了格兰特公司1968—1975年的阿尔特曼Z值计算过程。

---

① 如果读者想详细了解这些批评，可以参见 James A. Ohlson，"Financial Ratios and the Probabilistic Prediction of Bankruptcy," *Journal of Accounting Research*（Spring 1980），pp. 109－131；Mark E. Zmijewski，"Methodological Issues Related to Estimation of Financial Distress Prediction Models," *Journal of Accounting Research*，Supplement（1984），pp. 59－82。

② James A. Ohlson，"Financial Ratios and the Probabilistic Prediction of Bankruptcy," *Journal of Accounting Research*（Spring 1980），pp. 109－131.

③ Christine V. Zavgren，"Assessing the Vulnerability to Failure of American Industrial Firms：A Logistic Analysis," *Journal of Business Finance and Accounting*（Spring 1985），pp. 19－45.

表 5-12 阿尔特曼破产模型在格兰特公司的运用

会计年度	1968	1969	1970	1971	1972	1973	1974	1975
阿尔特曼 Z 值模型								
营运资本净额/资产总额	0.543 53	0.513 41	0.444 30	0.377 91	0.448 14	0.365 08	0.385 24	0.193 90
留存收益/资产总额	0.437 38	0.426 69	0.419 29	0.385 11	0.345 13	0.310 23	0.257 12	0.048 73
息税前利润/资产总额	0.413 58	0.446 11	0.442 28	0.388 48	0.278 20	0.260 29	0.254 70	(0.636 44)
权益市场价值/负债账面价值	0.866 43	1.017 40	0.955 43	0.895 39	0.697 88	0.505 78	0.102 11	0.017 30
销售收入/资产总额	1.775 64	1.761 99	1.713 25	1.679 74	1.570 05	1.586 78	1.547 97	1.628 02
Z 值	4.036 56	4.165 60	3.974 55	3.726 63	3.339 40	3.028 16	2.547 14	1.251 51
破产概率区间	低	低	低	低	低	灰色地带	灰色地带	高
破产概率	0.12%	0.07%	0.15%	0.32%	0.97%	2.13%	6.09%	40.07%

根据阿尔特曼模型，格兰特公司 1973 年之前的破产概率较低，在 1973—1974 年进入了灰色地带，1975 年的破产概率较高。阿尔特曼以制造业公司为基础建立其 Z 值模型，而格兰特公司是一家零售商，如此一来可能会夸大格兰特公司的 Z 值水平。零售商的资产周转率通常比制造业公司的资产周转率更高。有鉴于此，Z 值的变动趋势比其绝对值更有意义。值得注意的是，格兰特公司的 Z 值自 1970 年就开始稳步下降。除了个别年份，Z 值的五个组成部分也都稳步下降。①

破产预测模型研究的其他方法论问题

公司破产预测研究还涉及其他方法论问题。

1. 破产公司与非破产公司的样本规模相同。经济活动中破产公司的比例显著低于非破产公司。多数研究普遍运用的配对研究设计会导致多元判别分析和 Logit 模型在趋向破产公司的特征时过度拟合。如果模型的目标是识别破产公司的特征，那么这种过度拟合未必是一个问题。但如果将模型用于更大的总体样本，就可能导致将更多的非破产公司判别为破产公司（第一种类型差错）。研究者（如前面提及的奥尔森）采用能够更充分反映总体样本的非破产公司样本回应了这种批评。

2. 根据规模和行业特征配对破产公司与非破产公司。这种配对方法排除了将公司规模和行业特征作为破产的可能解释变量。然而，与大公司相比，小公司更难获得需要的资金。行业会员身份（尤其是周期性行业的会员身份）在解释破产时可能是一个重要因素。有些研究者选择非破产公司的随机样本。另一种方法是建立各个行业的多元判别分析模型或 Logit 模型。例如，普拉特（Platt）② 为 16 个两位数代码的标准产业分类的行业建立了破产判别模型。不同行业破产判别模型的解释变量和系数各不相同。普拉特和普拉特（Platt and Platt）③ 把各家公司的财务比率与其所在行业的财务比率平均值挂钩，将各家公司的财务比率标准化。研究发现，原来非标准化财务比率的正确判别比例为 78%，标准化财务比率将样本的正确判别比例提高到 90%。

3. 权责发生制与现金流量变量的运用。20 世纪 80 年代之前，多数破产研究都采用基于权责发生制的资产负债表和利润表的财务比率或来自“资金流动”表（该表将资金定义为营运资本）的财务比率。现金流量表将资金定义转换为现金定义，于是，有些研究者就在破产预测模型中增加了现金流量变量。其中，凯西（Casey）和巴尔扎克（Bartczak）④ 研究发现，在原有的权责发生制模型基础上增加经营活动现金流

① 这个案例说明，1975 年之前格兰特公司没有解决坏账问题。这个问题导致高估了作为 Z 值组成部分的营运资本净额/资产总额、留存收益/资产总额和息税前利润/资产总额，低估了销售收入/资产总额，从而可能高估了 Z 值。

② Harlan D. Platt, "The Determinants of Interindustry Failure," *Journal of Economics and Business* (1989), pp. 107 - 126.

③ Harlan D. Platt and Marjorie B. Platt, "Development of a Class of Stable Predictive Variables: The Case of Bankruptcy Prediction," *Journal of Business, Finance, and Accounting* (Spring 1990), pp. 31 - 51.

④ Casey and Bartczak, *op. cit.*

量与流动负债比率、经营活动现金流量与负债比率并没有显著增强模型的解释力。不过，其他研究者却得出了相反的结论，认为运用现金流量变量可能增强模型的破产预测能力。①

4. 破产预测模型的期间稳定性。有关破产预测模型研究的最后一个方法论问题是模型包括的解释变量和系数的期间稳定性。美国《破产法》及其司法解释在各个期间会有所变化。随着经济环境的变化，公司申请破产的频率和公司的行业集中度也会发生变化。以前建立的多元判别分析模型或 Logit 模型都没有考虑不断涌现的新融资工具（例如可赎回优先股或债券以及附带各种期权的权益证券）。读者如果想要在现实情境中运用这些模型，就应该定期更新这些模型。

贝格利、明和瓦茨②（Begley，Ming and Watts）运用 20 世纪 80 年代破产公司与非破产公司样本检验阿尔特曼多元判别分析模型和奥尔森 Logit 模型。当然，贝格利、明和瓦茨采用的样本期间晚于阿尔特曼和奥尔森采用的样本期间。贝格利、明和瓦茨的研究发现，与原先的研究结果相比，第一种类型与第二种类型的差错率显著提高。他们接着采用 20 世纪 80 年代部分样本的数据重新估算各个模型的系数。与原先的研究结果相比，流动性比率的系数有所提高，而债务比率的系数有所降低。如果 20 世纪 80 年代的样本分别采用原先的系数和重新估算的系数，贝格利、明和瓦茨的研究发现阿尔特曼模型的第二种类型差错率有所降低但第一种类型差错率却没有任何改善。就奥尔森模型而言，贝格利、明和瓦茨的研究发现第二种类型差错率的降低与第一种类型差错率的提高相互抵消。因此，修改后的系数降低了将非破产公司判定为破产公司的差错率，但将破产公司判定为非破产公司的差错率没有什么变化甚至更高。

破产预测研究的综合分析

本章前面各节讨论了破产预测模型。与此类似的研究包括商业银行贷款③、债券评级④、公司重组⑤和公司清算⑥。尽管这些研究采用的统计模型和相关的财务报表比率不尽相同，但也存在某些共性。本部分将总结各种研究中最能一致解释破产的因素。

投资因素

与资产负债表中资产方相关的两个因素如下所示：

1. 公司资产的相对流动性。如果公司资产的相对流动性有所增强，公司陷入财务困境的可能性就降低。与拥有的主要资产是固定资产或无形资产的公司相比，拥有较大比例流动资产的公司陷入财务困境的可能性较小。资产的流动性较高意味着公司已经或即将创造出满足债权人偿债要求的必要现金。

2. 资产周转率。任何资产投资的报酬率最终都将以现金的形式实现。为了生产适销对路的产品（存货）或提供理想的服务，公司需要购置固定资产或创建无形资产。公司经常以赊销的方式出售商品或提供服务（应收账款），而后收回现金。资产周转速度越快，公司收回现金的速度也就越快。该因素常用的财务比率是资产周转率、应收账款周转率和存货周转率。

---

① 有关该研究的总结可以参见 Michael J. Gombola，Mark E. Haskins，J. Edward Ketz，and David D. Williams，"Cash Flow in Bankruptcy Prediction，" *Financial Management*（Winter 1987），pp. 55-65。

② Joy Begley，Jin Ming，and Susan Watts，"Bankruptcy Classification Errors in the 1980s：An Empirical Analysis of Altman's and Ohlson's Models，" *Review of Accounting Studies* 1，No. 4（1996），pp. 267-284.

③ Edward Altman，*Corporate Financial Distress and Bankruptcy*，2nd ed.，（New York：John Wiley & Sons，1993），pp. 245-266.

④ George E. Pinches and Kent A. Mingo，"A Multivariate Analysis of Industrial Bond Ratings，" *Journal of Finance*（March 1973），pp. 1-18.

⑤ James E. Seward，"Corporate Restructuring and Reorganization，" *Handbook of Modern Finance*，ed. Dennis Logue，（New York：Warren，Gorham & Lamont，1993），pp. E8-1 to E8-36.

⑥ Cornelius J. Casey，Victor McGee，and Clyde P. Stickney，"Discriminating between Reorganized and Liquidated Firms in Bankruptcy，" *Accounting Review*（April 1986），pp. 249-262.

筹资因素

与资产负债表中负债方相关的两个因素如下所示：

1. 负债总额在资本结构中的相对比例。如果不能偿还到期债务，公司可能破产。负债总额在资本结构中的比例越高，公司破产的可能性越大。负债比例较低的公司面临财务困境时可以动用其尚未使用的信用额度。该因素常用的财务比率包括负债比率、负债与股东权益比率。

2. 短期负债在资本结构中的相对比例。除了短期负债更早到期可能加大破产风险之外，这个因素（短期负债在资本结构中的相对比例）与前述因素（负债总额在资本结构中的相对比例）的原理相似。该因素常用的财务比率是流动负债比率（流动负债总额/资产总额）。

经营因素

与公司经营活动相关的两个因素如下所示：

1. 盈利能力的相对水平。营利公司最终可以创造充裕的现金流量。与非营利公司相比，营利公司通常更容易借到钱。盈利能力较差甚至亏损的公司经常依赖已有的现金或额外举债以满足偿还到期债务的现金需求。研究表明，导致多数公司破产的原因是一年或连续数年经营成果不佳。拥有尚未动用的信用额度的公司经常可以在其经营困境发生逆转的前一两年借到钱。盈利能力较弱和债务比率较高的综合影响可能使公司陷入财务困境。盈利能力常用的财务比率是净利润/资产总额、息税前利润/资产总额、净利润/销售收入以及经营活动现金流量/资产总额。

2. 经营活动的波动性。与经营活动波动性小的公司相比，经营活动波动性大的公司（如具有周期性销售模式的公司）的破产可能性更大。经营活动波动性大的公司在经营周期的低谷经常通过筹资满足其财务需求，维持经营水平。

其他可能解释变量

我们还需要讨论公司破产研究涉及的三个其他因素。

1. 规模。破产研究已经强烈意识到公司规模是一个重要的解释变量。与小公司相比，大公司通常能够接触到更多的财务资源，能够以更大的财务柔性重新配置资产。多数研究用资产总额衡量公司规模。

2. 成长性。破产研究经常引入某些成长性指标（如销售收入增长率、资产增长率或净利润增长率）作为可能解释变量。不过，要对其相对重要性下结论可能为时过早。得出这种模糊的结论主要是因为公司的成长性与公司破产之间的关系含糊不清。快速成长的公司经常需要通过外部筹资满足其经营活动的现金短缺和购置固定资产的现金需求。快速成长的公司的财务比率经常呈现出在深陷财务困境的公司中常见的特征（即债务比率高、盈利能力差）。然而，快速成长公司的成长潜力使其能够获得资金并存活下去。那些处于成熟期晚期或衰退期早期的公司可能成长较为缓慢（甚至可能出现负增长），却呈现出健康的财务比率。在这种情形下，未来盈利能力可能较差，所以未来陷入财务困境的可能性就很高。

3. 非标准审计意见。有些研究检验了非标准审计意见在预测破产方面的信息价值。[①] 非标准审计意见具有与基于财务比率的破产预测模型相似的预测准确性。如果审计师在决定是否出具非标准审计意见时运用了破产预测模型，那么得出这种结果并不奇怪。

破产预测研究小结

破产预测研究代表着为整合传统财务报表分析与统计模型而做出的努力。阿尔特曼、奥尔森和扎瓦格

---

① William Hopwood, James C. McKeown, and Jane F. Mutchler, "A Reexamination of Auditor versus Model Accuracy within the Context of the Going-Concern Opinion Decision," *Contemporary Accounting Research* (Spring 1994), pp. 409 - 431.

伦建立的各种破产预测模型依据的是数十年前的数据，并以经营活动和《破产法》为基础。当前的环境已大不相同。不过，证券分析师和学术研究者依然会采用这些破产预测模型。尽管这些模型存在前述讨论的种种局限，但其研究结论还是相对靠谱的。[①]

5.7 衡量系统性风险

除了信用风险和破产风险，公司还面临其他风险。经济衰退、通货膨胀、利率变动、汇率波动、失业率不断飙升以及类似的经济因素会对所有的公司产生影响，但影响程度取决于公司经营活动的性质。公司的普通股投资者在做出投资决策时必须考虑这些风险因素。各种投资方案之间的预期报酬率差异应该与其风险差异相关。我们将在本节简要讨论如何运用权益市场获得更多的风险衡量指标。接着将简要讨论如何将风险的市场衡量指标与财务报表信息联系起来。

研究者通常采用资本资产定价模型研究市场报酬率。该研究通常会建立某个期间内某家公司普通股权益报酬率［（股利±资本利得或损失）/期初普通股价格］与所有普通股报酬率和无风险利率的差额之间的回归方程。该回归方程如下所示：

$$\text{某家公司的普通股权益报酬率}=\text{无风险利率}+\text{市场}\beta\text{系数}\times(\text{市场报酬率}-\text{无风险利率})+\text{误差}$$

β系数衡量公司报酬率与市场交易的所有股票多元化投资组合的报酬率（无风险利率与报酬率的差额）之间的协变性。如果某家公司的市场β系数为1，那么该公司的报酬率协变性等于整个股票市场的平均协变性。如果某家公司的市场β系数大于1，那么其报酬率的协变性大于整个股票市场的平均协变性。如果某家公司的市场β系数小于1，则其报酬率的协变性小于整个股票市场的平均协变性。例如，某家公司的市场β系数为1.2意味着其协变性比整个股票市场的平均协变性高20%，而某家公司的市场β系数为0.8则意味着其协变性比整个股票市场的平均协变性低20%。

β系数是衡量公司系统性风险（或不可分散风险）的一个指标。通过公司股票的定价市场为承担系统性风险的股东提供补偿。系统性风险之外的其他风险称为非系统性风险。非系统性风险包括可分散的公司特有风险，如产品过时、工人罢工、诉讼损失、火灾损失、天气或自然灾害损失。投资者可以通过构建证券的多元化投资组合消除非系统性风险对投资组合整体报酬率的影响。因此，市场定价不应该为非系统性风险提供任何报酬率。

从直觉上说，某些公司的特有因素与公司的市场β系数相关。这些因素包括：

- 经营杠杆
- 财务杠杆
- 销售收入的波动性

这些因素的每一个都会引起某家公司的利润在不同期间发生变动，而且由于利润与股票价格之间的关系，这些因素与公司的市场β系数相关。

经营杠杆指的是固定经营成本在成本结构中的比重。折旧和摊销这些成本并不随着销售收入水平的变动而变化。保险费、管理人员的薪酬与津贴等其他成本尽管可能随着销售收入水平的变化而有所变化，但在某个期间内可能保持相对固定。由于存在固定经营成本，经营利润的变动幅度可能大于销售收入的同期

---

① 有一项研究将破产预测作为一个运用市场价值的期权定价估值模型。作者比较了这种基于市场价值的模型与阿尔特曼、奥尔森的破产预测模型的预测准确性，结果发现这种基于市场价值的模型的预测准确性更高。不过，如果在这种期权定价模型的基础上运用阿尔特曼或奥尔森的模型，也能够提高其预测准确性。参见 Stephen A. Hillegeist，Donald P. Cram，Elizabeth K. Keating，and Kyle G. Lundstedt，"Assessing the Probability of Bankruptcy，" *Review of Accounting Studies*（March 2004），pp. 5 - 34。

变动幅度。同理，由于（本章前面部分讨论过的）财务杠杆增加了利息这项固定成本，利润的变动幅度会大于销售收入的变动幅度。如此一来，如果销售收入发生变动而公司又不能同时改变固定成本的水平，那么经营杠杆和财务杠杆将引起利润的变动。

研究表明，利润的变动与股票价格的变动存在某种关系。[①] 因此，经营杠杆、财务杠杆和销售收入的变动都会引起某家公司普通股市场报酬率的变动。市场中所有公司的平均报酬率应该反映这些公司经营杠杆、财务杠杆和销售收入波动性的平均水平。因此，某家公司的市场β系数应该反映该公司相对于所有公司平均水平的波动程度。第11章和第14章将更全面地讨论财务报表信息与市场β系数之间的关系，以及在公司估值中如何运用市场β系数。

本章小结

有效的风险分析要求读者广泛考虑各种因素（如政府管制及姿态、行业竞争、技术变革、管理层的特征、竞争对手的行为、盈利能力和财务报告风险）。本章讨论了那些具有财务后果且影响财务报表的风险。

本章首先讨论财务柔性，这是盈利能力分析的延伸。重点是将公司的财务报表分为经营活动和筹资活动。在理解了如何战略性运用杠杆提升股东的报酬率之后，我们沿着以下三个维度讨论了与运用杠杆相关的财务风险分析：

1. 时间框架：我们分析了公司偿还一年内到期债务的能力（短期流动性风险分析）和偿还较长时间到期债务的能力（长期偿债能力风险分析）。财务比率可以检验公司在各种时间框架内对现金和其他流动性资源的需求。

2. 陷入财务困境的程度：我们强调有必要沿着公司陷入财务困境的风险由低到高的路径来考察风险。财务柔性大的公司陷入财务困境的风险较低。可能无法按时偿债的公司陷入财务困境的风险处于中低水平。面临破产的公司陷入财务困境的风险则处于中高水平。

3. 与市场中其他证券报酬率的协变性：我们简要地强调了运用市场β系数作为市场的系统性风险的衡量指标。本章分析的各种风险类型都会影响与市场相关的系统性风险。

分析师和学术研究者将风险的前两个维度称为非系统性风险或公司特有风险，而将风险的第三个维度称为系统性风险。有些共同因素可能影响三个维度的风险分析。与经营活动或筹资活动相关的固定成本制约着公司应对不断变化的经济、经营和公司特有环境的财务柔性。盈利能力和创造现金的能力使得公司能够基于现有约束条件开展经营活动或沿着某些理想的方向改变现有的约束条件。如果面临的约束条件太苛刻或公司应对约束条件的能力太差，那么公司可能面临财务困境风险。面临潜在财务困境风险的公司更有可能操纵盈余和会计信息。我们将在第6章讨论这个问题。

综合案例

星巴克公司

表5-13列示了星巴克公司2010年和2011年各种衡量风险的比率。第1章的表1-15、表1-16和

① Ray Ball and Philip Brown, “An Empirical Evaluation of Accounting Income Numbers,” *Journal of Accounting Research* (Autumn 1968), pp. 159-178.

表1-17分别列示了星巴克公司的财务报表。

表5-13 星巴克公司各种衡量风险的比率

	2012年	2011年	2010年
流动比率		1.83	1.55
速动比率		1.17	0.98
经营活动现金流量与流动负债比率		0.84	1.01
应收账款周转天数		61	60
存货周转天数		56	50
应付账款周转天数		28	23
营运资本需要融资的天数		89	87
负债比率		0.40	0.42
负债与股东权益比率		0.68	0.73
长期负债与长期资本比率		0.11	0.13
长期负债与股东权益比率		0.13	0.15
利息保障倍数		47.9	54.3
经营活动现金流量与负债比率		0.57	0.65
阿尔特曼的Z值		9.094	7.577
破产概率		0.0%	0.0%

要求：

a. 计算2012年表5-13列示的星巴克公司的各个比率。星巴克公司2012年末流通在外的普通股数量为7.493亿股，每股市场价格为50.71美元。在计算应收账款周转天数时只采用专业门店的收入，因为星巴克公司的应收账款主要与加盟店和食品服务部门有关，而与零售部门没有关系。

b. 解释星巴克公司这三年各种衡量风险的比率的变动情况，并指出值得关注的问题。

第6章

会计质量

- 6.1　会计质量
- 6.2　盈余管理
- 6.3　负债确认与计量的会计质量
- 6.4　资产确认与计量
- 6.5　影响盈余持续性的具体事项和条件
- 6.6　评估会计质量的工具
- 6.7　全球财务报告准则

学习目标

1. 描述会计信息质量的概念，包括经济信息含量和盈余持续性的特征。
2. 描述资产负债表质量与盈余质量的特征。
3. 定义盈余管理并描述基于何种条件管理层更有可能实施盈余管理。
4. 识别各种不同类型的负债，解释职业判断是如何影响负债的确认与计量、表外融资又是如何影响会计质量的。
5. 描述资产确认与计量规则、职业判断是如何影响会计质量的。
6. 评估那些不经常发生但可能显著影响对外呈报的财务报表的各种不同项目是如何影响盈利能力和盈余持续性的。
7. 将盈余分为应计部分与现金流量部分，评估会计质量。
8. 计算贝尼斯操纵指数来评估盈余操纵的可能性。
9. 解释两套会计准则（国际财务报告准则与美国公认会计原则）对全球财务可比性的影响。

第4章和第5章运用财务报表数据为分析公司的盈利能力和风险提供了各种工具。我们假设财务报表数据：

- 准确地描绘了公司当期各种决策与行为的经济后果。
- 恰当地呈现了公司期末的财务状况。
- 提供了有关公司未来盈利能力与风险的有用信息。

如果上述假设不成立，数据的质量较低，那么可能需要调整数据以提高数据的质量。本章将讨论会计质量，因为会计质量与分析公司的盈利能力和风险并预测公司未来的财务状况有关。我们在本章还会：

- 描述美国公认会计原则或国际财务报告准则许可范围内外的盈余管理（如不诚实呈报）以及管理层实施盈余管理的动机。
- 讨论各种会计问题对资产负债表和盈余质量的影响，包括资产负债确认与计量的职业判断问题、各种不经常发生的事项对对外报告的盈余的影响。
- 阐释两种可以评估盈余管理与操纵的工具。
- 思考两套会计准则对财务分析师工作的影响。

6.1 会计质量

其实，像南方保健公司（HealthSouth）、美国国际集团公司（AIG）、阿德菲亚公司（Adelphia）、安然公司（Enron）、世界通信公司（WorldCom）、帕玛拉特公司（Parmalat）、阿霍德公司（Ahold）、萨特雅姆公司（Satayam）和环球电讯公司（Global Crossing）这种滥用财务呈报的案例并不多见，却引人注目，因为它们能解释评估会计信息质量非常重要的原因，这些公司对外提供的会计信息没有如实反映公司的基本经济实质和盈余潜能。此外，务必意识到，即便正确运用会计准则，财务报表有时也可能无法反映未来盈余潜能并限制资产负债表在评估财务状况和风险时的用途。

我们重点关注以下两个作为财务报表分析与公司估值核心的会计质量问题：

- 会计信息应该公允、完整地呈现公司的经济成果、财务状况和风险。
- 会计信息应该为预测公司的未来盈余和现金流量提供相关信息。

这里的会计质量概念涵盖利润表、资产负债表、现金流量表、财务报表附注和管理层讨论与分析中包含的经济信息。各种财务报表和补充披露信息之间相互联系，合为一体，具有勾稽关系，有助于财务报表使用者评估公司的盈利能力、风险和价值。

会计稳健性有时会成为会计信息呈报质量的一个属性。与会计稳健性相比，对会计质量的观点更为宽泛。基于财务报表分析与公司估值的目的，稳健的会计数字本身就存在偏差，并非高质量的会计信息。稳健性只是会计师和管理层对在衡量交易、事项和商业安排的经济影响时面临的不确定性做出的一种谨慎反应。

我们判断会计质量的方法也较为宽泛，不仅仅关注公司是采用美国公认会计原则还是国际财务报告准则、是否收到独立审计师出具的非标准审计意见，还会严格地测试公司对外呈报的财务报表，确定公司是否为财务报表使用者提供了有用信息。所谓有用信息是指有助于理解公司财务状况、经营成果和风险，并预测公司未来盈余和现金流量的相关且可靠的信息。

□ 高质量意味着反映经济现实

从理论上说，会计信息可以反映如下三个要素：

- 经济实质
- 计量误差（或噪声）
- 人为偏差

高质量会计信息公允且全面地描绘了公司决策与行为的经济影响，精确地描述了公司财务状况、绩效与风险的经济面貌。也就是说，高质量会计信息能做到经济信息含量最丰富，而计量误差和人为偏差最小。如果信用良好的管理层做出的估计最终被证明是错误的，就会产生计量误差。会计准则要求管理层每期都做出许多（经常是很难的）估计，如估计应收账款可收回数额、金融资产的公允价值、养老金负债的数额和许多其他项目的数额。由于这些估计具有高度的不确定性，所以某些计量误差也就在所难免。基于充分信息的诚信估计可以减少难以预测变动方向的计量误差。计量误差会随着时间和管理层在某个年份必须做出的各种估计中相互抵消，从而产生高质量的会计数据。如果管理层采用不当的会计准则（例如，要求调低资产价值而不允许调高资产价值的会计准则）或利用估计程序列报过度乐观（和很少悲观）的会计数据，就会产生人为偏差。不偏不倚地运用会计准则可以减少人为偏差，从而提供高质量的会计数据。①

财务报表质量与披露

我们接下来将公司提交给美国证券交易委员会的 10-K 格式报表中与会计相关的部分分解为各个主要部分，并说明各个部分是如何提供高质量会计信息的。

资产负债表。一份高质量的资产负债表会描绘某个时点可以合理地预期能够为公司创造未来经济利益的经济资源（和对这些资源的求索权）。如果错报了资产或遗漏了负债，那么该资产负债表的质量很低。

利润表。一份高质量的利润表包括：

- 当期公司赚取且预期可以收回的所有收入。
- 所有消耗资源的成本，包括创造收入的生产过程中消耗的资源（即与收入直接相关的各种成本，如销售成本）。
- 当期与收入间接相关、随着时间推移而消耗的各种资源（如固定管理成本和利息费用）。
- 当期其他交易和事项产生的所有利得或损失的影响。

如果净利润存在以下情形，则会计质量很低：

① 债权人可能更喜欢某些人为偏差（例如，稳健性会计准则）。

- 包括公司当期没有赚取或可能无法收回的收入。
- 没有包括当期的费用或损失。
- 包括归属于其他期间的费用或损失。
- 被错误分类或隐瞒的关键利润项目。

现金流量表。一份高质量的现金流量表会：

- 总结某个期间内公司绩效和财务状况变动的现金流量含义。
- 在相应的附注中列报重要的非现金投资与筹资活动。
- 将现金流量恰当地分为经营活动现金流量、投资活动现金流量和筹资活动现金流量，为分析师理解各期现金流量变动原因提供详尽的信息。

财务报表附注。高质量的财务报表附注会：

- 提供额外信息，帮助财务报表使用者理解公司管理层在计量和报告会计金额及其变动时所采用的各种会计方法以及所做出的各种职业判断和估计。
- 为财务报表列报的各种金额提供有用的定量分析与解释。

管理层讨论与分析。10-K 格式报表和年度报告中高质量的管理层讨论与分析部分会：

- 通过经营活动与风险的定性讨论，强化信息披露。
- 为财务报表列报的定量数据提供详尽的定性和公正的情境描述。

管理层与会计信息质量

高质量会计信息的源头在管理层。公司的基本经济环境（包括所处行业的环境、竞争战略和技术）决定了公司在美国公认会计原则或国际财务报告准则允许的范围内所做出的各种选择和估计。例如，为了反映租赁协议的经济性质差异，美国公认会计原则和国际财务报告准则允许公司采用两种租赁会计处理方法，即经营租赁法和资本租赁法。[①] 因此，为了获得高质量会计信息，管理层应该基于美国公认会计原则或国际财务报告准则选择最能够反映公司经济活动特征的会计原则。

即使选择了最恰当的会计原则或方法，管理层在运用这些会计原则或方法时仍需要做出各种估计。实际上，所有会计金额都需要某种程度的估计。例如，公司在一定期间内以不同的速度消耗楼房和设备，因此会计原则允许管理层估计建筑物和设备的使用年限。由于管理层有时需要谨慎选择会计原则，并在运用这些会计原则时做出各种估计，公司必须在财务报表及其附注中披露充分的信息，以使财务报表使用者评估管理层所做出的各种选择的经济适当性。因此，披露充分信息是高质量会计信息的一个必要元素。

会计准则制定机构与会计信息质量

为了提高会计信息质量，会计准则制定机构制定了各种会计准则，为公司计量和报告各种活动的经济影响、绩效和财务状况提供各种指引和规则。会计准则制定机构也会制定各种准则，为审计师审计公司财务报告的公允性提供一个共同基础，也为财务报表使用者提供一套可比较和可理解的公司会计准则。然而，会计准则制定机构已经意识到，计量公司各种活动的经济影响、绩效和财务状况经常要涉及职业判断、估计和主观性。随着主观程度的提高，公司提供的会计信息中包含非故意计量误差或故意偏差的可能性随之增加，使其有利于公司或公司管理层。为了应对这种故意偏差或非故意计量误差，会计准则制定机构在制定会计准则时权衡了精确反映经济现实与获得可靠的会计信息之间的关系。因此，高质量会计信息就是在计量的可靠性约束下尽量提高会计信息的相关性和可靠性。

最后，会计准则制定机构有时可能不允许公司或管理层自由选择会计方法，导致会计准则无法如实反

① 第 7 章将详细地讨论租赁会计问题。

映所有公司所有期间的基本情形。例如，百事公司不能将其有价值的品牌确认为资产。根据美国公认会计原则，由于公司内部开发的无形资产缺乏市场独立交易，要可靠地评估其价值非常困难。苹果公司、谷歌公司和礼来公司（Eli Lilly）在研究与开发方面投入了巨额资金，许多技术、专利和知识产权都与这些研究与开发支出有关。然而，根据美国公认会计原则，这些资产缺乏可靠的计量基础。因此，尽管这些资源对公司的经济状况和绩效至关重要，但美国公认会计原则不允许这些公司将这些资源资本化。换言之，即便公司如实地运用美国公认会计原则或国际财务报告准则，依然可能产生低质量的财务报表。

分析师与会计信息质量

分析师可能认为某个公司对外报告的财务报表达不到会计信息质量要求。因此，为了在运用会计信息评估经营成果、财务状况或风险之前提高会计信息质量，分析师可能会调整公司对外报告的数额。例如，分析师可能认为加速折旧法比直线法更能准确地反映楼房或设备服务潜能的经济价值不断下降的趋势，或为了计量可能成为坏账的应收账款数额，有必要提高计提坏账准备的比例。我们在本章只是概括性讨论分析师为了提高会计信息质量可能调整公司对外报告数额的各种选择和方式。[①]

□ 高质量会计信息有助于评估盈余的持续性

我们在前面部分描述了高质量会计信息的第一个重要元素，即如实计量和报告公司当期的财务成果和财务状况。高质量会计信息的第二个重要元素是，与不持续且未来不会再发生的盈余相比，公司计量和报告盈余在未来的可持续程度。综合考虑高质量会计信息的这两个重要元素就产生如下四种组合：

- 盈余可以很好地反映当期绩效且显示当期绩效具有可持续性。这构成高质量会计信息的两个维度（例如，因推出畅销的新产品，当期销售收入和盈余大幅增长）。或者，盈余可以很好地反映当期绩效但显示当期绩效不具有可持续性。这也会构成高质量会计信息的两个维度。例如，公司本年度实现一笔意料之外的利得（或损失），但却清晰地将其归类为非经常性项目并对外报告。这没有什么歧义。因为该利得不可能影响未来盈余。
- 盈余可以反映当期绩效，但不能反映未来绩效（即不能降低不确定性）。这时，当期的信息质量很高，但未来的信息质量很低。例如，由于原材料存货的成本突然降低，公司的产品销售成本也随之突然下降。就当期绩效而言，产品销售成本是一个相关和可靠的指标，但当年较高的收益无助于预测原材料价格是否会持续走低，因此也无助于预测盈余的可持续性。
- 盈余不能反映当期绩效，但能反映未来绩效可持续性。这时，当期的信息质量较低，但长远的信息质量较高。例如，当期的盈余中包括新店的筹备成本，新店可以展开经营活动并预期未来可以盈利。
- 盈余不能反映当期绩效和未来绩效。相对而言，这种低质量会计信息的两个维度组合相当罕见。赊销的不实呈报就是一个例证。如果当期盈余被误报，那么在预测未来盈余和销售增长率时就可能被误导。

盈余与估值

第 10～14 章将论证，公司价值取决于对投资者未来利益的各种预测：股利、自由现金流量和盈余。为了将我们讨论的当期盈余和预期未来盈余与估值联系起来，考虑以下四种情境。在每个情境中，我们都假设分析师已经调整或重述了公司对外报告的盈余数额，以使当期和未来绩效的经济信息含量达到期望的水平。

第一种情境：当期盈余质量较高且与预期一致，但并不表明预期未来盈余会变化。读者不应该期望观察到权益证券的市场价格变化。市场价格可能已经反映了预期盈余水平。在某种意义上，当期盈余具有信

① 第 7～9 章将更详细地讨论这些问题。

息含量。当期盈余如果向市场传递出以前的预期已经达到的信息，且不存在引发未来预期变化的突发事件，那么该盈余就具有信息含量。

第二种情境：当期盈余与预期不同，而新的盈余水平预期具有可持续性。某公司可能在当期推出一种成功的新产品，但市场在给权益证券定价时并没有充分预料到该产品的成功。该产品能够增加公司未来数年的盈余。由于当期已经实现更多的盈余，预期未来盈余的现值可能增加，因此权益证券的市场价格应该提高。如果该公司披露当期来自新产品的盈余和因该新盈余流量的可持续性而增加的未来盈余，那么该盈余就具有信息含量。

不妨考虑另一个示例。某公司意外地输掉一场专利侵权诉讼。该公司不仅不得再出售为该公司创造巨额利润的某些关键产品，还要赔偿各种直接损失。由于赔偿了各种直接损失，该公司的权益证券市场价值应该随之下降。此外，与以前的预期盈余相比，预期未来盈余水平也将随之下降。这意味着该公司权益证券的市场价值也应该因预期未来利润的现值较低而下降。如果公司披露了该直接经济损失的数额以及对未来盈余的持续不利影响，那么，该盈余就具有信息含量。

第三种情境：当期盈余与预期不同，但预期未来盈余不变。由于当地政府纠正了一项处理错误，某家公司意外地收到一笔财产税返还款。有了这笔财产税返还款，该公司权益证券的市场价值应该会增加。因为如果预期未来盈余不变，权益证券市场就不会有进一步的价格反应。如果该公司披露了该笔一次性的财产税返还款，那么该盈余就具有信息含量。

第四种情境：当期盈余与预期一致，但预期未来盈余会变。某家制造业公司在当期期末以一台成本相同但效率更高的新设备替换了一台原有设备。新设备提高了该公司的生产能力，可能降低制造成本，增加未来期间的预期盈余。尽管购置该设备不应该对该公司权益证券的市场价格产生显著影响，但由于预期未来盈余的现值较高，市场价值应该会增加。如果该公司为分析师预测预期未来盈余增加提供了充分的信息，那么该盈余就具有信息含量。

□ 盈余质量与资产负债表质量

鉴于会计质量是所有财务报表的一个特征，有必要区分盈余质量概念（一种利润表概念）与资产负债表质量概念之间的差别。盈余质量有助于精确地评估当期绩效并为预测未来绩效奠定基础，而资产负债表质量则有助于精确地评估风险的各种重要特征：流动性、财务柔性和偿债能力。用来衡量风险各个要素的比率需要恰当地计量并包括各个资产与负债项目。[①] 如果资产负债表质量较低，这些比率的功效就大大减弱。

财务报表的勾稽关系将盈余质量与资产负债表质量联系起来

第2章和第3章已经讨论过，财务报表存在勾稽关系。人们可以衡量资产负债表的各种资产和负债项目的变化并将这种变化（少数例外）以收入和费用的形式在利润表中反映出来。或者也可以采用收入确认规则和费用确认惯例计量利润表的各种收入与费用，并将其相关的变化转化为资产负债表中各种资产和负债项目的变化。机器设备折旧的会计处理就是选择以某种财务报表为起点而其他财务报表反映其影响的一个最好例证。从理论上说，资产负债表计量和报告机器设备剩余服务潜能的公允价值，而利润表则以费用的形式反映机器设备服务潜能的衰减。当然，我们也可以采用费用确认惯例系统地分配机器设备的原始成本并将其转化为利润表的折旧费用，而资产负债表则以扣减机器设备账面价值的形式反映机器设备的折旧。无论选择哪种方式，机器设备的会计处理都涉及管理层的职业判断或估计，利润表和资产负债表都将反

① 有关这些比率的详细讨论参见第5章。

映其会计影响。因此，不现实的估计、糟糕的职业判断或不当的选择都可能影响资产负债表质量和盈余质量。

利润表与资产负债表的目标差异导致盈余质量与资产负债表质量可能存在差异

财务报表分析时可以基于不同目的运用资产负债表和利润表，这种做法在一定程度上可能影响财务报表勾稽关系构造的盈余质量与资产负债表质量高度吻合的关系。因此，会计准则和管理层的选择也许提高了资产负债表质量，但资产负债表质量的提高可能对盈余质量没有任何影响，或可能产生不利影响。沿用前述机器设备的例证。资产负债表以公允价值（而不是过时的历史成本）列报该机器设备的价值可能提高资产负债表质量。由于信用分析采用资产负债表列报的数值，因此，公允价值更好地描绘了公司的流动性、财务柔性和偿债能力。不过，管理层难以控制的外部压力，加上未来绩效难以预测，可能导致利润表列报的机器设备公允价值发生变动。如果公允价值变动只是未来绩效的一个暂时（而不是持续）指标，那么基于估值目的进行未来盈余的预测将更为困难。然而，如果公司充分披露公允价值变动的暂时性，那么盈余质量依然较高。不过，公允价值需要借助于估计，这种估计强化了非故意计量误差或偏差。

另一个例证是管理层选择存货流动计价的先进先出法或后进先出法。如果某个期间内存货购进价格持续上涨，资产负债表的存货项目采用先进先出法计量，那么，资产负债表会列报过时的存货成本。先进先出法假设最近（以较高价格）购进的存货先出售，而以前（以较低价格）购进的存货后出售（依然以存货形式列示于资产负债表）。如此一来，资产负债表以较低购进价格列报存货成本，高估了出售存货的未来现金流量潜力。由于没有充分反映流动性，因此资产负债表质量受损。不过，利润表上的销售毛利等于最近的销售价格减去最近的购进成本，这倒是反映了经济实质，而且还提供了一个更具可持续性的盈余数字。这就是一份高质量利润表应该具备的特征。在上述情境中，如果管理层采用后进先出法，那么资产负债表的流动性计量问题可能因此得到改善，但利润表质量则可能因此而受损。[①]

6.2 盈余管理

如果管理层计量和报告公司绩效和财务状况的计量误差或偏差非常小，那么此时的会计就是高质量会计。然而，公司管理层对会计实务的影响会导致盈余管理，降低会计信息质量，以及为了更好地反映会计信息的经济信息含量而调整财务数据。不同使用者可能会基于不同语境理解盈余管理。希利（Healy）和瓦伦（Wahlen）对盈余管理的定义如下所示：

> 如果管理层为了修改财务报告在财务列报和结构化交易方面运用职业判断，以在公司基本经济成果方面误导某些利益相关者或影响那些与公司呈报的会计数字相关的契约结果，就可能产生盈余管理。[②]

值得注意的是，该盈余管理的定义包括管理层的各种选择、职业判断和估计。尽管这些选择、职业判断和估计都是必要的，但却可能扭曲公司的基本经济成果。

此外，结构化交易也可能成为一种盈余管理工具。例如，管理层可能为了提高对外报告的利润推迟维修工作。这种做法经常称为真实性盈余管理。因为尽管这种做法不涉及任何估计或职业判断，但管理层为了影响决策者对未来盈利能力的盈余信号的理解而实施了一项推迟维修的决策。

---

① 我们将在第9章讨论财务报表附注披露的后进先出法储备以及分析师将如何运用该信息从资产负债表和利润表中获得高质量会计信息。

② Paul M. Healy and James M. Wahlen, "A Review of the Earnings Management Literature and Its Implications for Standard Setting," *Accounting Horizons* (December 1999), pp. 365 - 383。Katherine Schipper 提供了另一个有用的盈余管理定义："以获得某些私利为目的（而不仅仅是为了促进对外财务报告过程的中立性运作）而有意干预对外财务报告过程。"参见 Katherine Schipper, "Commentary: Earnings Management," *Accounting Horizons* (December 1989), pp. 91 - 102。

由于管理层可以在财务报告过程中以多种方式行使其职业判断，因此盈余管理难以察觉。况且，盈余管理原本就打算创造出经济增长的景象（例如不断增加的销售额和盈余）。

□ 盈余管理的动机

如果美国公认会计原则或国际财务报告准则允许的各种选择或估计有利于管理层个人，或者盈余管理有利于公司及其利益相关者，那么管理层就可能实施盈余管理。盈余管理的理由包括：

● 如果管理层的薪酬合约以盈余或股票价格为基础，向上管理盈余可能增加管理层的薪酬。

● 通过影响那些可能影响公司控制权（如代理权争夺和接管）的交易结果，向上管理盈余可以确保管理层的工作安全。

● 通过呈现更好的盈利能力或更低的风险，避免违反债务合约，或影响与会计结果捆绑在一起的其他合约限制条款，向上管理盈余可能有助于公司以较低的成本实现债务融资。

● 向上管理盈余可能影响短期股票价格，增加参与首次公开发行、股权再融资以及在并购中采用公司股票的那些公司的经济利益。

● 在管理层出售其个人持有股票（内部人交易）之前，向上管理盈余可能会提高股票价格，最大限度增加管理层出售个人持有股票的利得。

● 通过达到或超过市场的盈余预期、管理层自己的盈余预测和前期盈余，向上管理盈余可能会正面影响股票价格（或延迟股票价格的下跌时间），也可能平滑各个期间的盈余水平，使公司呈现出较低的风险。

● 向下管理盈余可能阻止潜在竞争对手进入公司所处的行业。

● 向下管理盈余可以降低对公司实施反垄断举措的可能性，或减少与税收、资本需求（如银行、储蓄机构和保险公司）和进口补助相关的监管干预或政治干扰。

● 向下管理盈余可能压低股票价格，为公司的私有化创造有利的条件。

● 在回购管理层内部股票之前，向下管理盈余可能会降低股票价格，最大限度提高管理层未来出售股票的利得。

● 向下管理盈余可能对当期产生负面影响，但将为未来期间的反向盈余管理创造机会。

□ 盈余管理的阻止因素

阻止管理层实施盈余管理的因素如下：

● 资本市场和监管机构（如美国证券交易委员会）会惩罚违规的盈余管理层。

● 实施激进的盈余管理的公司和管理层将“声名扫地”，而且将失去资本市场参与者和利益相关者的信任。公司一旦被发现操纵盈余，其股票价格通常会暴跌，公司管理层会受到惩罚或被解聘。

● 激进的盈余管理和欺诈可能要承担法律后果。

● 证券和股票交易的法规要求独立审计师对公司实施年度审计。尽管在美国公认会计原则或国际财务报告准则允许范围内遏制公司盈余管理行为的权力受到限制，但审计师还是可以监控公司管理层实施影响盈余的激进盈余管理行为。

● 证券分析师和投资者的持续监督可以阻止盈余管理。证券分析师通常能够通过跟踪某个行业的数家公司，捕捉到各家公司财务报告的“个性”和策略。公司管理层与股东和分析师沟通的频率、及时性和质量都传递出有关公司管理层的正直和盈余是否有被严重操纵的信息。①

---

① Mark H. Lang and Russell J. Lundholm, “Corporate Disclosure Policy and Analyst Behavior,” *Accounting Review* (October 1996), pp. 467 - 492.

尽管存在各种阻止盈余管理的因素，但也存在实施盈余管理的各种动机。这就提醒我们，一旦出现这些动机，最好强化对会计质量的分析。

6.3　负债确认与计量的会计质量

在评估财务柔性（即公司为新项目筹集资金的能力）和财务风险时，高质量的资产负债表极其重要。由于财务柔性和风险与负债的合理确认、计量和分类密切相关，我们首先讨论资产负债表的负债应该揭示哪些信息。如果某项义务满足以下标准，财务报告便将其确认为负债：

- 在某个特定或可确定的日期，该义务涉及某项未来经济利益的可能损失，如现金、商品或服务的未来转移，或放弃未来收取现金的权利，或权益股份的转移。公司能够合理地计量履行该义务所需资源的现金价值。
- 公司存在某项现时的义务（而不是某项未来可能义务）且几乎难以规避未来经济利益的可能损失。
- 引发该义务的交易或事项已经发生。①

负债的确认标准看起来一目了然，也不存在模棱两可的解释。然而，事实并非如此。公司的各种义务满足这些标准的程度可能处于非常确定到不确定之间。图 6－1 将这些义务分为六类。

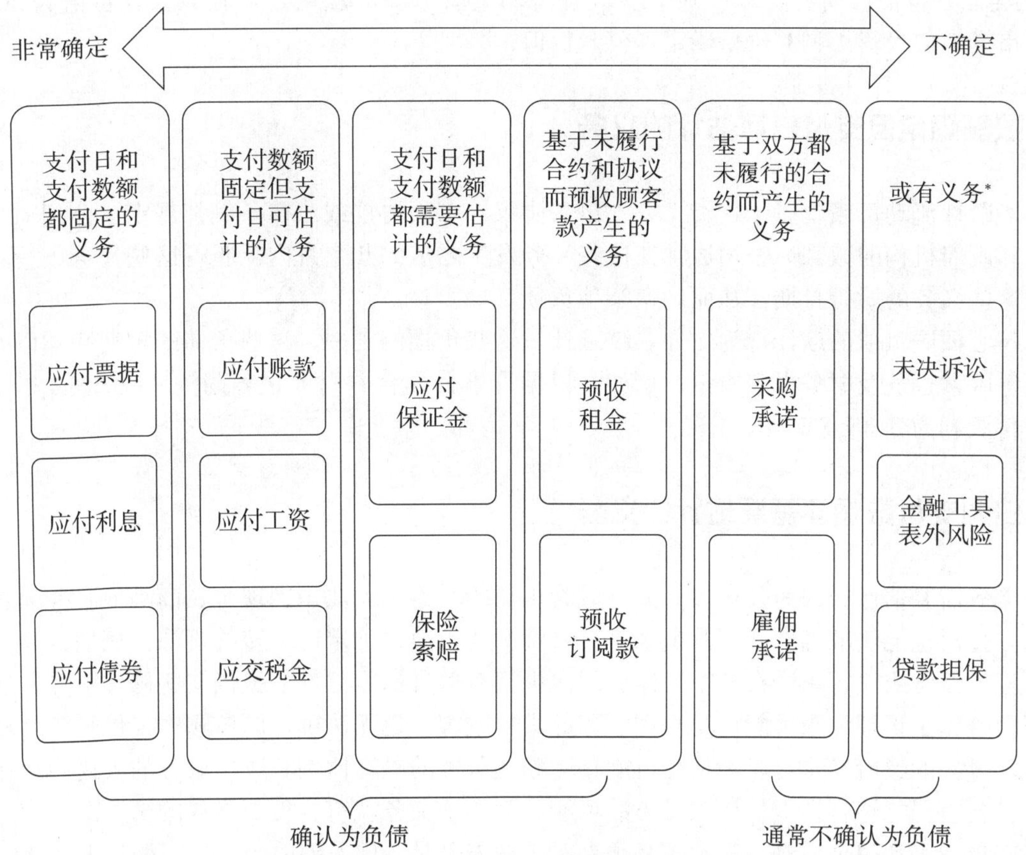

图 6－1　负债按其不确定性程度分类

＊如果一项义务满足损失或然性的某些标准，那么公司必须将该项义务确认为负债。参见本章后面部分的讨论。

① 美国财务会计准则委员会第 6 号财务会计概念公告指南 Elements of Financial Statements（1985）和财务会计公告准则第 150 号 Accounting for Certain Financial Instruments with Characteristics of both Liabilities and Equity（2008）要求将对某些权益股份的义务归类为负债；*FASB* 编纂专题 480。

□ 支付日和支付数额都固定的义务

完全满足负债确认标准的义务是支付日和支付数额（通常由合约设定）都固定的义务。因借款协议产生的多数义务（归类为筹资活动）就是这类义务的例证。借款协议规定了支付利息和本金的时间安排和数额。

不过，即使合约确定了支付日期和支付数额，长期负债也面临利率的选择问题。在原始交易时点，合适的利率就是债权人向债务人提供现金时的实际利率。然而，为了满足财务报表附注的要求，需要重新评估长期负债（即公允价值计量），管理层可能选择以公允价值为基础列报资产负债表（以及公允价值变动对利润表的影响）。① 读者应该尽量通过完整阅读长期负债的附注和该附注所描述的会计政策明确公司如何采用公允价值计量长期负债。如果公司以市场价格或以类似投资工具的市场价格为基础确定公允价值（这意味着采用一个由市场确定的利率），那么管理层基本没有自由裁量权，会计质量可能比较高。如果利率是公司估算出来的，那么读者就需要格外谨慎地评估长期负债公允价值的重大变动，因为公司采用过高的折现率可能会降低长期负债的公允价值。②

根据百事公司的财务报表附注10，该公司2012年12月29日合并资产负债表列报的负债账面价值为283.59亿美元（包括长期负债235.44亿美元和短期负债48.15亿美元），而其公允价值为305亿美元。百事公司以市场类似投资工具的价格确定其公允价值。

□ 支付数额固定但支付日可估计的义务

多数经营性流动负债就属于这类义务。口头协议、书面协议或法律条例都规定了公司应该支付给供应商、员工和政府机构的数额。公司通常在这些义务发生之后的几个月内就履行这些义务。公司可以充分准确地估计这些义务的履行日期，从而确认某项负债。

除了担心藏匿负债的欺诈行为之外，缺乏计量这些负债的利率、这些负债的短期性质以及合约通常锁定其数额等因素也危及财务报表质量。例如，根据百事公司合并财务报表附注14，2012年12月29日该公司的应付股利为8.38亿美元。

□ 支付日和支付数额都需要估计的义务

这类义务需要估计。因为公司在该义务成为负债的时点上无法识别现金、商品或服务的具体未来接收者。此外，公司也无法准确地计算其未来将转移资源的价值或确定何时转移资源。例如，如果公司在出售商品时签订了保修协议，承诺在某个具体期间内更换有瑕疵的零部件或提供某些修理服务，那么在出售商品时，公司既无法识别将来可能接受修理服务的具体顾客，也无法确定向该顾客提供服务的具体时间或金额。当然，过去的经验经常可以为估计可能接受修理服务的顾客比例和顾客服务的大致平均金额提供必要的信息。只要公司能够合理地估计该义务的可能金额，该义务就符合负债确认的第一个标准。这类负债同样影响资产负债表和盈余质量。管理层必须判断公司未来是否以及何时会发生资源流出。这同样需要估计

---

① *FASB Codification Topic 825*；International Accounting Standards Board，*International Accounting Standard 39*，“Financial Instruments：Recognition and Measurement.”

② 多数公司只在财务报表附注中列报负债的公允价值，因此这个问题主要影响财务报表附注的质量，而财务报表附注的质量与资产负债表的质量相关。有趣的是，公司本身风险的提高推高了折现率，降低了负债的公允价值。如此一来，如果比率分析采用公允价值数据，公司似乎风险并不大。巴克莱银行（Barclays）在其基于国际财务报告准则编制的2011年度财务报表中列报了一项27亿英镑的债务重估贬值利得。

履行该义务的成本。

高质量的财务报表附注有助于读者完成会计质量评估工作。公司经常在其财务报表附注中列报各种估计数额、实际数额和估计数额的变动情况。例如，哈雷戴维森公司（Harley Davidson）列报了其基于保修协议的摩托车维修费用估计数额、修理摩托车实际发生的费用数额、基于经验可能会发生的修理服务变动情况以及各种新出现的保修服务。基于保险合约和理赔经验，保险公司也会在其财务报表附注中详细披露各种预计义务。

分析师应该仔细研究这些财务报表附注，尤其要关注这类负债的突发变动。管理层可以通过提取准备金来操纵盈余。例如，为了达到或超过华尔街的盈余预期，管理层可能会少计提准备金。当然，如果公司当期盈余较好并且以后期间可以少提取准备金，那么管理层可能会多提准备金。当期多提准备金可能会使以后期间的盈余因少提准备金而显得更为可观。这种手法就是建立和运用“储备账户操纵利润”的典型例证。

□ 基于未履行合约和协议而预收顾客款产生的义务

公司有时会因在未来某个时点向顾客提供商品或服务而预收顾客的现金。许多这种类型的收入涉及顾客的预付款如机票款、报刊订阅费、保险费、会员费和特许费等，这些预收款项目就形成了公司的服务义务。收入确认通常要求公司在确认收入之前交付商品或提供服务。[①] 有关资产负债表和盈余质量的重要问题是公司是否过早确认收入。如果公司过早确认收入，低估的负债将损害资产负债表的质量，而高估的收入将损害盈余质量。因此，读者应该研究公司收入确认的会计政策并根据行业的经济特征和公司经营战略评估其收入确认会计政策的合理性。

百思买公司（Best Buy）2012 年度 10-K 格式财务报表附注 1（关键会计政策）描述了该公司与礼品卡相关的收入确认情况：

> 如果顾客兑换了礼品卡或顾客兑换礼品卡的可能性非常小（“礼品卡破损”），而且我们确定我们没有法定义务向相关权利人支付尚未兑换礼品卡的价值，我们便可以确认礼品卡的收入。我们根据历史兑换模式确定礼品卡破损率。基于历史信息，礼品卡发出 24 小时之后就可以确定礼品卡兑换的可能性。此时，如果这些礼品卡已经明确没有兑换的可能性，我们也没有法定义务向相关权利人支付这些尚未兑换礼品卡的价值，就可以确认这些破损礼品卡的收益。我们合并利润表的收入中包括这些破损礼品卡的收益。2010 年度、2011 年度和 2012 年度的破损礼品卡收益为（单位：百万美元）：

年度	2012 年度	2011 年度	2010 年度
破损礼品卡收益	54	51	41

□ 基于双方都未履行的合约而产生的义务

如果两个主体都同意转移资源却都没有实际执行，就会产生双方都未履行的合约。例如，星巴克公司可能同意今后两年从其供应商处采购绿咖啡豆。某个棒球组织可能同意以薪酬的方式向某个签约球员支付一笔钱，以得到其未来五年的服务。某家银行可能同意为其商业顾客提供信用额度，以使这些公司未来需要资金时可以获得相应的信贷。双方相互承诺，但任何一方都没有转移资源。因此，双方相互承诺时并未产生任何会计上的负债，只有任何一方转移了资源才会产生负债。与前两类义务不同，这类义务称为待履行的合约。因为这类合约或协议属于部分履行的合约。根据保修协议，公司收取现金但尚未履行其保修义

① 我们将在第 9 章更为详细地分析收入确认问题。

务。根据预收款协议，公司同样收取现金但并没有提供相应的商品或服务。

美国公认会计原则和国际财务报告准则通常都要求公司将双方都未履行的合约确认为会计义务。如果某项义务涉及的数额较大，公司必须在其财务报表附注中披露该义务的性质和数额。不过，分析师可能认为这些义务增加了公司的风险，应该调整其对外报告的财务报表以包括这些义务。

采购承诺只是承担上述风险的双方都未履行合约的一种。根据采购承诺，公司承诺会锁定未来交付商品的价格。由于公司尚未支付货款，对方也没有交付商品，因此该合约并没有确认为一项负债。不过，公司承担了该商品以市场价格反映的公允价值变动风险。如果公司没有签订该合约，就必须以市场价格购买该商品。分析师可以阅读财务报表附注的“承诺”项目。该项目将说明采购承诺可能发生的预期现金流量。此外，根据美国公认会计原则，如果资产负债表日在公开市场购买该商品的价格低于该合约锁定的固定价格，那么公司必须列报采购承诺可能发生的损失。

由于公司都希望将原材料购买成本的变动幅度控制在最小的范围内，所以采购承诺很常见。尽管百事公司的资产负债表并没有将采购承诺确认为一项负债，其2012年12月29日合并财务报表的附注9还是列报了17.38亿美元的采购承诺。

□ 或有义务

未来结果不可预知的事项可能产生资源的未来转移义务。例如，某家公司可能是某个诉讼案件的被告，其诉讼结果取决于法律审判结果。某家公司可能为其子公司提供贷款担保，其结果取决于该子公司的未来偿债能力。某家保险公司可能承诺如果未来发生某种事件，将支付或赔偿一定金额。

或有义务未必与会计上的负债确认相联系。只要公司同时满足以下两个条件，财务呈报规则就要求公司确认或有义务的预计损失（称为或有损失）及其相关负债。

- 财务报表公布之前已有信息表明某项资产已经减值或某项负债已经发生。
- 公司能够以合理的精确度估计损失的数额。[①]

就第一个条件而言，并不存在界定可能或很可能的概率临界点的清晰指示。财务会计准则委员会指出，“以其通常的含义而不是具体的会计或技术含义应用‘很可能’这个词。‘很可能’指基于尚未确定或证实的现有证据或逻辑可以预期或推定的情形”。[②]

就第二个条件而言，也不存在界定合理估计概念的精确术语。如果公司可以将损失的数额缩小到一个合理的区间（尽管该区间较大），就能够为负债确认提供依据。公司对外列报的损失数额就是该区间最可能的估计值。如果该区间不存在可能的估计值，那么公司应该采用该区间的下限。计量误差，乃至管理偏见可能影响对或有负债的估计，从而降低资产负债表和盈余的质量。因此，或有负债的估计可能会受到质疑。

与或有损失密切相关的概念是担保。例如，某家公司可能为其他公司的借款提供担保。如果其他公司到期不能偿还借款，该公司就需要履行偿债义务。再如，某公司可能将其部分应收账款出售给其他公司，并承诺在坏账数额超过某个具体数额时予以赔偿。公司未来是否需要支付现金是一个取决于未来事项的或有事项。美国公认会计原则要求公司将担保的公允价值确认为一项负债。[③] 要计量该公允价值就需要估计担保成为一项应付义务的可能性、时间和数额。即便公司未来需要支付现金的可能性很低，担保也可能存在公允价值。某家财务实力强的公司为某家财务实力弱的公司的债务提供担保，将降低财务实力弱的公司

---

① *FASB Codification Topic 450*.

② *Statement of Financial Accounting Concepts No.6* (1985)．尽管财务会计准则委员会并没有明确界定“很可能”的含义，但实践却要求公司和审计师界定“很可能”的含义。目前，多数公司和审计师倾向于用“很可能”表达可能性至少达到80%～85%的情形。

③ *FASB Codification Topic 460*.

的举债成本。担保人将其给予借款人的利益的公允价值确认为一项应收账款和一项负债。向应收账款购买方支付超额坏账的义务可能增加应收账款购买方支付给应收账款出售方的数额。将该担保的公允价值确认为一项负债，可能影响应收账款出售方确认其出售应收账款的利得或损失数额。除了将该担保的公允价值确认为一项负债之外，公司还必须披露可能成为应付义务的最低数额和担保人必须履行担保义务可能获得的任何担保品。

担保是一种合约。担保信息的披露为分析师理解违约发生时担保人的潜在负债提供了一个清晰的线索。除了这些显性的担保之外，分析师还应该运用其从战略分析步骤中获得的知识，思考即便不需要为其战略伙伴的债务负法律责任，公司是否也将帮助该战略伙伴筹集资金。例如，前述的合并财务报表都提及了装瓶子公司。尽管百事公司和可口可乐公司都大量持有装瓶子公司的股份，但都不控制装瓶子公司。也许，百事公司和可口可乐公司都希望拓展某个陷入财务困境但却具有战略性的重要装瓶公司的筹资渠道。

□ 表外融资安排

投资者和债权人经常将公司资本结构中的债务比例作为衡量风险的指标。因此，债务比例成为决定各种资金来源成本的一个因素。[①] 如果其他条件不变，公司倾向于在资产负债表中不列示负债以筹集资金，希望未来债权人或投资者会忽略与此筹资相关的风险。公司有时会构造某些可能不符合负债确认标准（即财务报告将义务当作一项待履行合约或一项或有义务）的创新性融资安排。此类融资安排的主要目的是降低资产负债表中列示的负债数额。公司通过以下各种方法实施表外融资，包括租赁、出售应收账款、产品融资安排、通过其他主体获得融资、通过合营企业获得融资和照付不议合约。

租赁

最常见且数额可能最大的表外融资是经营租赁。租赁会计较为复杂，本书将在第 7 章详细讨论租赁会计问题。不过，读者有必要先理解经营租赁是如何影响资产负债表的质量的。在典型的租赁合约中，出租人为承租人提供长期生产性资产（货车、楼房等），而承租人承诺（不可撤销）在租赁期间向出租人支付现金。租赁可能是经营租赁或资本租赁：

- 经营租赁的承租人收到的资产并不记入“财产、厂房与设备”项目，承诺支付的租金现值也不记入“长期负债”项目。
- 资本租赁将该交易作为为取得某项长期资产而举借长期负债。

此时的资产负债表质量问题指经营租赁显著低估了公司对外报告的长期带息负债和“财产、厂房与设备”项目的数额，由此可能导致分析师低估各种长期偿债风险比率，而高估资产报酬率。零售商如梅西百货和终点线（Finish Line），餐饮公司如星巴克，航空公司如达美航空和法航、荷航会大量运用经营租赁。[②]

出售应收账款

公司有时会将出售其应收账款作为一种获得资金的方式，或通过特定目的主体发行由应收账款担保的证券（如金融机构或其特定目的主体发行的抵押证券）。图 6－2 描述了运用特定目的的主体出售应收账款的基本流程。第一笔交易是公司向初始顾客出售存货、出借现金或提供服务。公司将应收账款转给特定目的主体获得现金（第二笔交易），而不是等着顾客付款。特定目的主体通过举债从债权人那里获得支付给公司的现金（第三笔交易）。应收账款为该债务提供抵押。第四笔交易是初始顾客清偿特定目的主体的应收

① 第 5 章讨论了衡量风险的各种比率，第 11 章将讨论运用公司资本结构计算加权平均成本的各种方法。

② 我们将在第 7 章讨论如何将经营租赁调整为资本租赁。

账款，第五笔交易是特定目的主体以现金支付债权人的本金和利息。如果顾客的回款不足以支付借款本金和利息，公司可能还需要支付相应的差额，即债权人拥有向借款公司追索的权利。①

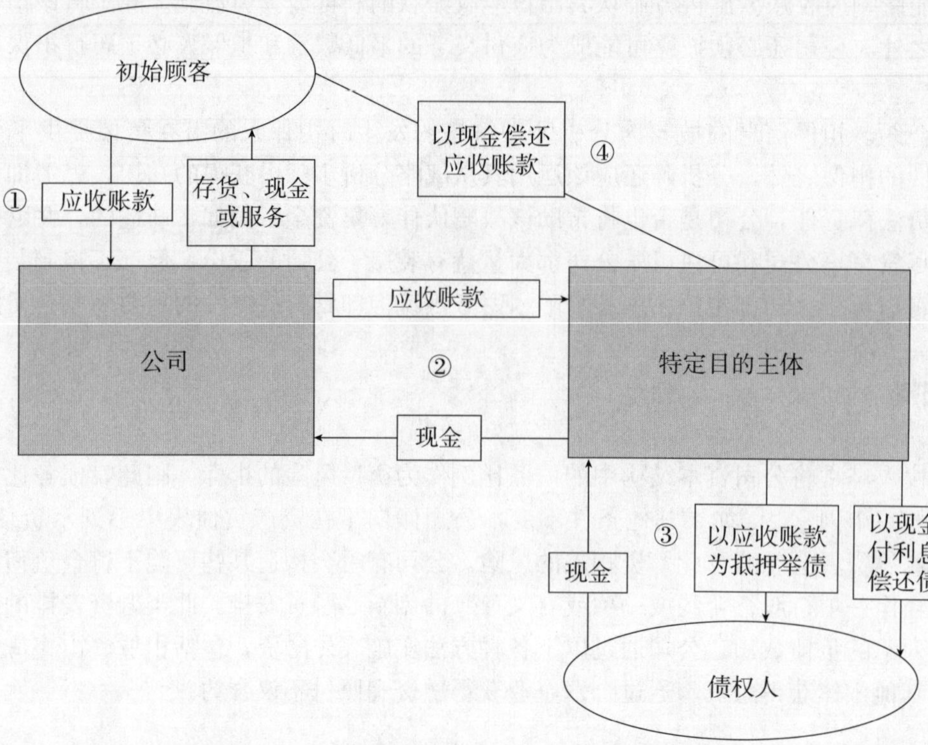

图 6-2　运用特定目的主体出售应收账款的基本流程

问题在于追索条款是否产生一项负债。有些人认为这种融资安排类似于抵押贷款。就第二笔交易而言，公司的账簿应该保留应收账款并以收到的现金数额确认一项负债。另一些人则认为公司已经出售一项资产，只有当顾客的回款不足而公司需要清偿不足部分时，公司才应该确认一项负债。

出售应收账款究竟是一种出售行为还是一种贷款行为？财务会计准则委员会和国际会计准则委员会为这种判断提供了会计处理规则。② 例如，根据美国公认会计原则，只有转让方放弃对应收账款的控制权，公司才能将应收账款的转让确认为一种出售行为。只有下列条件都得到满足，公司才放弃控制权：

- 被转让资产（即应收账款）独立于出售应收账款的公司（即转让方）。换言之，在出售方破产时，转让方和出售应收账款的公司的债权人都不能拥有应收账款。
- 购买应收账款的公司（即受让方）获得了质押或交易该转让资产的权利。受让方可以无条件地行使其权利，而且转让方只能拥有微不足道的利益。
- 出售应收账款的公司不能通过协议使其自身同时有权利和义务回购该项资产或单方面让受让方归还特定资产来继续有效控制该被转让资产。

负债概念的主要问题是识别哪个主体享有该项资产（本例的应收账款）的经济利益并承担相应的经济风险。如果出售应收账款的公司（借款方）控制着经济利益或风险，那么该交易就是一种质押贷款行为。如果这些经济利益或风险转移给购买应收账款的公司（贷款方），那么该交易就是一种出售行为。

① 以债权人替代特定目的的主体，去掉第三笔交易和第五笔交易，就可以理解不借助特定目的主体的相同交易。

② *FASB Codification Topic 860*；Financial Accounting Standard Board，*Statement of Financial Accounting Standards No. 156*，“Accounting for Serving of Financial Assets”（2006）；International Accounting Standards Board，*International Accounting Standard No. 39*，“Financial Instruments：Recognition and Measurement”（revised 2003）.

产品融资安排

如果公司（发起人）发生以下任何一项交易，便会产生产品融资安排：

- 将存货卖给另一个主体，同时在另一个相关的交易里同意在特定时间内以特定的价格回购该存货。
- 安排另一个主体以公司的名义购买存货，同时在另一个相关的交易里同意从其他主体处购买该存货。

第一种安排类似于出售带有追索权的应收账款，除了存货交易需要一笔未来现金流出量，因此存在较大的不确定性。第二种安排更像一种购买承诺。不过在这种情况下，发起公司通常会单独为了购买存货而创建一个特定目的主体。发起公司通常会对特定目的主体在购买存货过程中产生的债务提供担保。

图 6-3 描述了运用特定目的的主体实施产品融资安排的基本流程。第一笔交易是特定目的主体签发应付票据从供应商处购买存货。公司还同意将来从特定目的主体处购买存货，形成一个购买承诺（第二笔交易）。由于该购买承诺尚待履行，公司的账簿既没有记录该存货，也没有记录购买该存货的付款承诺。公司通常会对该应付票据提供担保，或特定目的主体以该购买承诺作为降低贷款风险的证据。公司以现金向特定目的主体购买存货（第三笔交易）。特定目的主体随后将这些现金交给供应商，支付应付票据和利息。

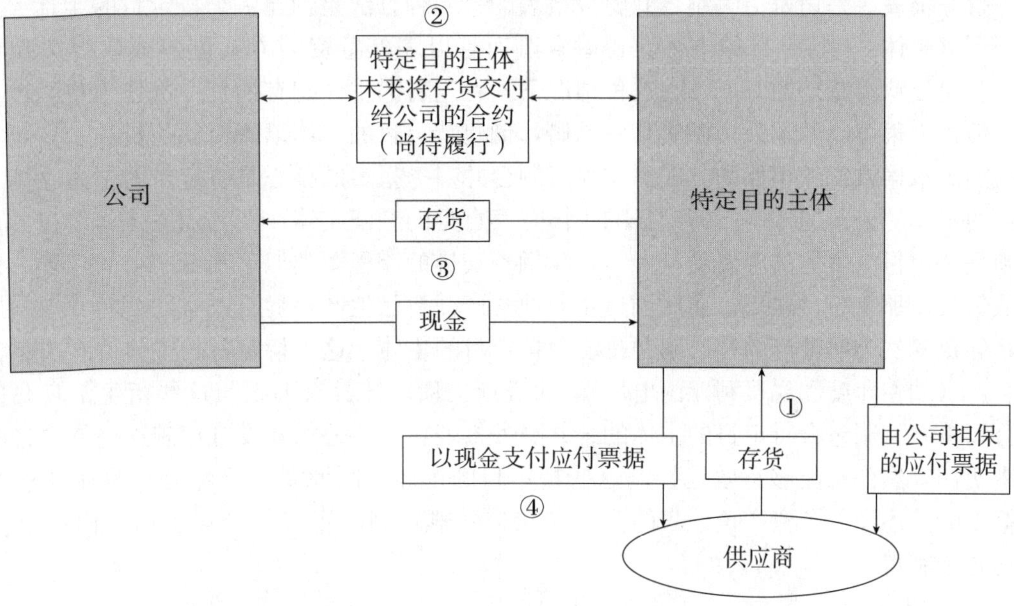

图 6-3 运用特定目的主体实施产品融资安排的基本流程

如果产品融资安排满足以下两个条件，财务报告要求将其确认为负债：

- 该安排要求发起公司以特定价格购买存货（大致相同的存货或以该存货为基础的加工品）。
- 支付给其他主体的数额涵盖了所有购买、持有和融资成本。[①]

根据第二个条件，即使发起公司没有控制存货实物或对存货供应商不负有法律义务，只要存在购买和持有存货的经济风险（例如成本或利率的变动），发起公司就要确认一项负债。因此，与出售带有追索权的应收账款一样，只要公司能够掌控哪方享有相关资产的经济利益并承担其经济风险，就应该确认一项负债。当然，公司还应该确认一项等额的资产，该项资产通常为存货。

通过其他主体获得融资

公司经常通过其他主体为其资产融资，然而公司的资产负债表却不列报这些资产和融资。但其他主体

① *FASB Codification Topic 470.*

的资产负债表却列报了这些资产和融资。

例如，假设某公司需要扩大产能，却不希望借款建造额外的厂房（资产），反而承诺以特定的成本（涵盖经营成本和债务成本）从某个独立公司购买一定数量的产品。该独立公司将购买承诺提交给某金融机构并获得一项贷款，并运用该笔贷款建造需要的产能。独立公司在资产负债表中列报了新厂房（资产）和贷款。而购买承诺是原先那家需要扩大产能公司的一份双方都未履行的合约。如前所述，公司并没有将待履行的合约确认为负债。

当然，公司也可以借助子公司达到同样的效果。不过，与独立公司相比，公司对子公司的影响更大。如果公司不需要编制包含子公司的合并财务报表，其资产负债表将不列报该项债务。同一主体控制下的合并财务报表汇总了两家或两家以上主体各自的财务报表。只要合并财务报表范围内任何一个主体的资产负债表列报了该债务，合并资产负债表就会列报该债务。[①] 为了避免编制合并财务报表，需要融资的公司必须不能有效控制取得融资的主体。

公司避免编制合并财务报表的一种方法是与其他主体创建一家合营企业，每个主体都拥有 50%的普通股，此时任何一家公司都不能控制该合营企业。目前，美国公认会计原则不要求任何公司编制包含合营企业的合并财务报表。公司避免编制合并财务报表的另一种方法是创建一个特定目的主体。特定目的主体也称为可变利益主体。[②] 特定目的主体获得融资，而且以表外融资的方式创建或取得公司期望得到的资产，或从该公司处购买特定的资产。在这种情况下，特定目的主体持有的资产都作为贷款的抵押品。特定目的主体的债权人很可能要求公司做出某些承诺，创建特定目的主体以确保偿还贷款。这种承诺可能采用不可撤销的购买承诺或贷款担保的方式。避免编制合并财务报表的核心是特定目的主体必须从根本上摆脱创建特定目的主体的公司的控制。特定目的主体有其自身的经济实体，而其他主体（债权人或其他权益所有者）必须是特定目的主体的主要受益者。产品融资安排的流程图类似于图 6－3，除了第一笔交易是特定目的主体从债权人那里获得融资，而后创造生产性资产并自己生产存货。

例如，导致安然公司破产的核心问题是滥用特定目的主体。这些特定目的主体持有表外衍生工具、证券和其他资产（如在印度和尼日利亚的电厂），而资产负债表却没有列报与这些衍生工具和证券相关的融资。安然公司没有编制包含特定目的主体的合并财务报表，声称公司并没有控制这些特定目的主体。但随后的事实表明，安然公司能够有效地控制这些特定目的主体，因此要求安然公司重述其已发布的财务报表。财务报表的重述增加了资产负债表的资产和负债数额，剔除了安然公司确认的向特定目的主体“出售”资产的各种利得。

研究与开发融资安排

如果公司借钱从事研究与开发活动，就需要在借钱时确认一项负债，并在发生研究与开发成本时确认各种费用。那些尝试创新性融资的公司总是希望资产负债表不列报负债，利润表也可以有效地剔除各种研究与开发费用。例如，假设两家制药公司组建一家合营企业，借此开发、制造和销售新产品。由于两家制药公司持有合营企业相同比例的股权，因此两家公司都不必编制合并财务报表。不过，两家公司都将其持有合营企业的股权列为一项投资。合营企业的任何负债都只列示于合营企业的财务报表，而没有列示于两家公司的资产负债表。同理，合营企业的研究与开发费用也未列示于两家公司的利润表。

除了合营企业，公司还可以应用其他融资安排。尽管不同公司的融资结构有所不同，但正如图 6－4 所示，其操作方式通常为：

- 发起公司以其前期研究与开发工作或未来产品的权利交换合伙企业的常规利益（第一笔交易）。

① 第 8 章将更详细地讨论合并财务报表问题。

② 第 8 章将讨论特定目的主体的会计问题。

• 合伙企业吸纳有限合伙人（通常是公司的董事或高管），而有限合伙人以现金换取合伙利益（第二笔交易）。

• 发起公司从事研究与开发工作，获得一笔服务费（第三笔交易）。发起公司通常会尽最大努力开展研究与开发工作，但不确保会成功。发起公司将收取的合伙企业的研究与开发服务费确认为收入。该收入的数额通常等于或超过发起公司发生的研究与开发费用。

• 合伙企业通常拥有研究与开发产生的产品的各种权利。不过，合伙协议通常会约束有限合伙人的收益与风险。一旦研究开发出有价值的产品，发起公司通常可以获得合伙企业的有限合伙利益。发起公司必须承诺向合伙企业支付最低限额的特许权使用费或同意购买产品的合伙权利。

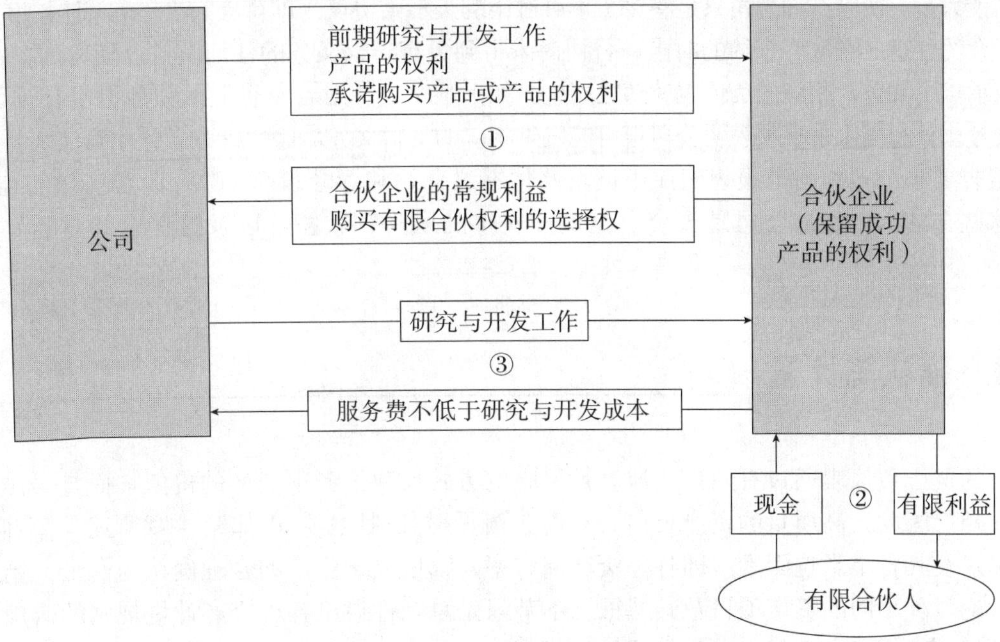

图6-4　研究与开发的合作流程

就这些安排而言，发起公司的目的主要是为其研究与开发工作筹集资金，且不必确认一项负债。关于公司何时必须将诸如此类的融资安排确认为负债有一些标准。① 满足以下条件之一，发起公司就必须确认一项负债：

• 合约要求发起公司无论研究与开发结果如何都必须偿还其他主体提供的资金。

• 环境条件表明，即使合约不要求发起公司偿还由其他主体提供的资金，发起公司也要承担研究与开发工作失败的风险。例如，如果发起公司对合伙企业的债务提供担保，或必须向合伙企业支付最低限额的特许权使用费或必须购买所有产品的合伙权利，那么发起公司必须承担研究与开发工作的风险。

与前面讨论过的应收账款和存货等表外融资安排一样，如果公司承担合营企业研究与开发融资涉及的资产或产品的相关风险，那么公司必须确认相应的负债。②

照付不议或吞吐量合约

照付不议合约是买方因购买产品或服务而定期向卖方支付特定数额的一种协议。吞吐量合约类似于照

---

① *FASB Codification Topic 730.*

② 一项对通过有限合伙从事研究与开发工作的研究发现，在公司估值过程中，股票市场似乎会考虑公司研究与开发结果的购买选择权。有鉴于此，作者呼吁与其在资产负债表中确认一项负债，不如改善这些融资安排的披露情况。参见 Terry Shevlin，"The Valuation of R&D Firms with R&D Limited Partnerships，" *Accounting Review*（January 1991），pp. 1－21。

付不议合约，不过购买的“产品”是运输或加工服务。

下面举例说明这种安排的基本原理。假设两家石油公司都需要提高炼油能力。如果每家公司都建造一个炼油厂，其资产负债表将列报一项资产及其相关的融资。假设两家公司选择组建一家合营企业，共同建造一个炼油厂。合营企业获得融资建造了一个炼油厂。为了确保合营企业的资金来源，两家石油公司签订了照付不议合约，同意每期向合营企业支付一定数额的款项来购买合营企业的炼油服务，该款项足以弥补炼油厂的所有经营成本和融资成本。即使合营企业的所有者没有购买任何炼油服务，也必须定期付款给合营企业。

这种安排的经济实质是每家石油公司都拥有合营企业一半的股权，同时对融资也负有一半的责任。这种安排的法律约束力是，两家石油公司只是签署了不可撤销购买承诺协议（即待履行合约）。财务报告也将这些安排作为待履行合约处理。在签署合约的时点，公司尚未得到负有付款义务的任何利益。随着时间的推移，公司获得了利益或承担了义务，相应的负债也就随之产生。如果某个主体对合营企业的债务提供担保，这种担保就是一种或有义务。只有当未来事项表明公司很可能发生相应的支付义务，这种或有义务才确认为一项负债。

财务报告要求公司在财务报表附注中披露照付不议合约和吞吐量合约。[①] 读者应该查阅财务报表附注中披露的这些合约，以评估公司是否会承担这种安排的风险和收益，以及这些合约是否应该确认为一项负债。

6.4 资产确认与计量

高质量的资产负债表通过有效评估流动性风险的方式反映了各项资产的价值，而且考虑了相关负债的合理确认问题。因此，高质量的资产负债表有助于衡量财务风险。[②] 正如第4章所述，盈利能力分析（即资产报酬率）及其各个影响因素（即各种资产周转率）都取决于资产的合理确认与衡量。第8章和第9章将详细地讨论各种不同的资产项目及其特征。本节只是总括性讨论各种资产计量规则的运用以及管理层自由裁量权是如何影响资产负债表和盈余质量的。

□ 流动资产

衡量短期流动性风险的各种比率取决于现金、短期投资、应收账款和存货的合理计量与列报。

现金

现金通常不存在重要的计量问题。即使是外币也能够通过美元（或公司母国货币）金额轻易地估计和计量其数额。不过，作为流动资产的现金必须随时可以用于清偿当前债务。因此，读者必须仔细阅读财务报表附注，判断公司现金的用途是否有限制。基于各种长期支付目的（如债权偿债基金、厂房扩张支出）而用途受限的现金应该作为非流动资产项目列报。

短期投资

短期投资通常以可以随时获取的市场价值计量。因此，与应收账款和存货的会计处理相比，短期投资几乎不存在值得关注的计量问题。

---

① *FASB Codification Topic 440*.

② 参见第5章讨论的各种衡量风险的比率。

应收账款

应收账款最初以赊销或签订协议时的公允价值计量。在资产负债表日，管理层根据顾客的付款情况估算坏账数额并相应调减应收账款数额。因此，公司的收入确认政策和管理层估算坏账的水平决定了应收账款的会计信息质量。如果公司提前确认收入或虚构收入，资产负债表可能高估应收账款数额。如果收入来源于产品销售，资产负债表可能低估存货数额。如此一来，流动比率（一个关键的流动性比率）计算公式的分子会被高估与销售毛利相同的数额。如果管理层低估了坏账数额，就会高估应收账款的数额。

由于资产负债表与利润表存在勾稽关系，应收账款的计量存在问题也会影响盈余质量。以激进的方式确认源于销售产品和提供服务的应收账款将导致高估收入，进而可能高估净利润。低估坏账的数额将导致低估坏账损失，进而高估净利润。

存货

存货最初以取得存货时发生的原始成本入账。存货存在两个会影响会计质量的计量问题。第一个问题是存货流动计价方法的选择问题。基于美国公认会计原则，后进先出法是一种普遍运用的存货估价方法（不过，国际财务报告准则不允许采用后进先出法）。[①] 后进先出法假设最近购进的商品（通常以较高成本购进）先出售。由于最近的成本与最近的收入相匹配，盈余能更好地反映利润的经济学定义（基于已售商品的重置成本），也更有持续性。因此，后进先出法通常可以提高盈余质量。不过，由于存货估价只反映较早的购进成本，后进先出法使资产负债表的存货估价更保守。其他存货流动计价方法如先进先出法或平均成本法使资产负债表的存货估价更接近出售存货的公允价值（即现金流入量），有助于更好地评估存货的流动性。

影响会计质量的第二个存货计量问题源于财务报告要求公司每年评估作为资产的存货成本是否超过其市场价值，因为过时、不适销、需求条件或其他经济因素可能导致存货价值的减损。如果作为资产的存货成本超过其市场价值，根据成本与市价孰低法，存货价值必须下调为市场价值，利润表因此必须列报一项相关的损失。管理层的判断显著影响公司下调存货价值的数额和时间，因而可能损害会计质量。[②]

□ 非流动资产

非流动资产的确认与计量规则对会计质量具有重要的影响。多数非流动资产会计处理的流程如下：

- 如果一项过去的交易或事项使得公司可以控制该项资产的可能利益，就应该将该项资产确认为非流动资产。
- 以取得资产而付出的公允价值计量非流动资产，或者如果已得资产的公允价值更容易确定，则以已得资产的公允价值计量非流动资产。
- 为了确保各期的利润充分反映价值的减损，公司必须评估非流动资产的价值变动。

非流动资产的会计准则很复杂，不同类别的资产项目的会计准则显著不同。[③] 本节只从一般意义上讨论上述流程是如何引起会计质量问题的。

控制权

非流动资产的初始确认强调取得某项资产的控制权及其未来经济利益。这里需要关注的问题是控制权

---

① 第 9 章将更详细地讨论后进先出法。

② 第 9 章将讨论影响会计质量的另一个复杂的存货问题：后进先出法分层次计算。除非分析师进行了相应的调整，否则这种方法可能暂时但严重影响未来盈余的估值。

③ 我们将在第 8 章和第 9 章讨论非流动资产问题。届时，我们将讨论管理层的判断、估计和动机是如何影响会计质量的。

与所有权之间的差别。就特定目的主体而言，这种差别至关重要。[1] 过去，由于创设主体拥有的具有投票权的普通股股份微不足道，因此创设主体的资产负债表并没有列报特定目的主体的资产。不过，根据最近的会计准则，如果公司能够以某种方式控制特定目的主体或公司是特定目的主体持有资产的利益的实际受益者，那么公司的资产负债表应该合并特定目的主体。

可能性

根据非流动资产的初始确认要求，未来经济利益必须很可能发生。管理层对未来经济利益很可能发生的判断是降低会计质量的一个潜在因素。读者应该阅读财务报表附注中的会计政策，理解哪些成本可以资本化为财产、厂房与设备以及无形资产。不过，会计准则制定机构经常不允许公司做出选择，禁止研究与开发成本和营销成本等项目资本化为非流动资产项目。会计准则制定机构通过限制管理层对某些项目的判断改善了资产负债表的质量，但却因此将许多有价值的资产项目（如公司内部开发的品牌和知识产权）排除在资产负债表之外，降低了资产负债表的质量。

公允价值

正常、有序交易的资产的初始公允价值通常很容易确定。不过，特殊的交易难以计量和估值，可能会降低会计质量。例如，假设某公司通过提供独特的咨询或设计服务取得一份长期应收票据。该长期应收票据应该以其公允价值列示为非流动资产。然而，如果该服务具有独特性且缺乏完备的市场价值信息，会计师只能直接确定该长期应收票据的公允价值并以此为基础记录该笔交易。会计师根据长期应收票据合约规定的现金流入量（如定期利息和最终到期价值）和体现风险水平的利率确定其公允价值。这就涉及众多的管理层判断以及判断差错。无论管理层是不是主观故意，长期应收票据的估值都可能降低会计质量。财务报表存在勾稽关系，如果该长期应收票据的估值存在偏差，则服务收入的估值也可能存在偏差，由此可能影响盈余质量。公司和审计师都必须确保以合理、无偏差的方式记录该交易。不过，读者应该识别巨额收入或资产是不是独特交易的结果，并了解公司是如何解释这些交易的。

价值变动

基于持续经营假设，长期生产性资产（如楼房和设备）必须采用某种折旧方法在其预计使用年限内计提折旧，使其价值等于预计残值。在缺乏经济理由的情况下调整预计使用年限，也就调整了折旧费用，这有助于公司实现其盈余目标。管理层对折旧数额的估计存在偏差或过于乐观都可能降低盈余质量。[2]

公司在购置资产（如财产、厂房与设备以及无形资产）时假设这些资产将产生未来效益。然而，事实并非都如此。竞争对手开发出新技术、政府法规的变化、人口趋势的变化和其他因素都可能降低这些资产原先预计的未来效益。为了改善资产负债表列报的非流动资产（这里指非金融资产）会计处理质量，会计准则制定机构提出了一系列检测资产减值的方法。这些检测方法的基本流程是估算非流动资产的公允价值是否低于其账面价值。如果非流动资产的公允价值已经低于其账面价值，公司应该注销该资产的部分价值并以较低的未来可能发生的经济效益重新列报该项资产，由此改善资产负债表的质量。如果当期持续经营的利润中包含非流动资产减值损失，那么盈余质量（尤其是与盈余持续性相关的盈余质量）会经常受损。而如果以前各期间利润中原本就应该包含这些损失，那么各期间盈余质量也将随之降低。此外，高质量的信息披露可以提高盈余质量。如果利润表的附注清晰地说明了资产减值的性质，分析师就可以评估资产何时发生减值及其可持续性，那么盈余质量依然较高。

---

① 我们将在第9章进一步讨论特定目的主体问题。

② 第8章将讨论检测折旧数额的估计是否过于乐观的方法。

财务会计准则委员会列举的长期资产或资产组可能存在价值回收问题的事项或情形如下：

- 长期资产的市场价值大幅下降。
- 长期资产的使用程度或方式或其所处的客观条件发生显著不利的变化。
- 影响长期资产价值的法律因素或商业环境发生显著不利的变化，包括监管机构的不利行为或评价。
- 累计成本显著超过长期资产原先预计的购置或建造成本。
- 当期结合历史和预计的经营活动成现金流量损失表明，持续损失与长期资产的使用有关。
- 目前预期公司很可能①将出售长期资产或在预计使用年限结束之前处置长期资产。②

出现上述事项或情形时需要特别注意的是：一旦公司预计以前购置的资产不能提供原先预期的未来效益，就必须确认减值损失。如果分析师想评估公司过去的战略决策，这是一个值得考虑的信息。

公司的持续经营税前利润必须包括减值损失。资产减值不一定要作为利润表的一个独立部分（如后面将讨论的终止经营或非经常性利得或损失）列报。公司还可以采用其他方式列报资产减值损失，既可以是利润表的一个独立项目，也可以是描述利润表各个项目（包括资产减值损失）的一个详细附注。

6.5 影响盈余持续性的具体事项和条件

我们在本节将焦点转向影响盈余质量（尤其是盈余持续性）的众多具体条件和交易。为了提供一个可供讨论的框架，表6-1列示了一个假想利润表，该表展现了作为独立项目处理的某些特殊项目（以斜体标识）的列报方式。

表6-1 XYZ公司的综合收益表

销售收入	×
产品销售成本	(×)
销售与管理费用	(×)
经营利润	×
辅助业务利得（损失）	(×)
重组费用与减值损失	(×)
利息收入	×
利息费用	(×)
税前利润	×
所得税费用	(×)
持续经营收益	×
终止经营收益（税后）	×
非经常性利得或损失（税后）	(×)
净利润	×
其他综合收益（税后）	×
综合收益	×

① 这里的"很可能"指发生的可能性超过50%。

② *FASB Codification Topic* 360（*-10-35-21*）；同时参见 Hugo Nurnberg and Nelson Dittmar, "Reporting Impairments of Long-Lived Assets: New Rules and Disclosures," *Journal of Financial Statement Analysis*（Winter 1997），pp. 37-50。这篇文章列举了石油和天然气、餐馆、零售食品以及与服务相关行业的各家公司运用这些减值指标的案例。

□ 辅助业务利得和损失

公司经常从事与其核心经营业务相关的辅助业务并发生必须列示于利润表的利得和损失。例如，为了创造、生产和营销其产品，公司通常需要对各种资产（如楼房和设备）进行投资。如果公司决定出售和更新这些资产，那么出售资产通常可能发生利得或损失。与重组费用相似，持续经营收益包括围绕公司主营业务的各种辅助业务所发生的利得和损失。分析师在评估公司当前的盈利能力和预测公司未来的盈余时，必须关注并决定是否剔除这些利得和损失项目。这些利得和损失通常来源于出售长期资产或清偿长期负债，但公司的资产或负债数额的变动却未必与当期经营活动有关。例如，出售某项建筑物的利得可能是因为以前期间该楼房升值而产生经济利得，或者由于预计的使用年限太短而导致该楼房以前期间的折旧数额过高。无论哪种情况，分析师在评估公司当期盈利能力时都应该剔除该利得。

公司以税前利润为基础列报辅助业务的利得和损失。所得税费用包括影响利得或损失的所有因素。如果分析师决定从持续经营收益中剔除利得或损失，则必须基于公司披露的各种税收因素等具体信息或法定税率（如果公司没有披露各种税收因素等具体信息）剔除影响所得税费用的各种相关因素。

利得和损失可能经常发生，而且可能是公司战略的重要组成部分。例如，表6-2列示了新加坡航空公司（Singapore Airlines）如何列报其2003—2008年间因处置飞行器、备用件和备用引擎而产生的利得。新加坡航空公司为了维护其技术先进且飞机更新快的名声，使飞机的使用年限比其他航空公司更短。如此一来，飞行器和备用件的销售就成为影响新加坡航空公司盈利能力的重要因素。因此，分析师在预测新加坡航空公司的未来盈余时，就应该将飞行器和备用件的销售视为经常性项目。

表6-2　新加坡航空公司处置飞行器利得汇总表　　单位：百万新加坡元

会计年度	处置利得	税前利润	占税前利润的百分比
2003—2004	102.7	820.9	12.5%
2004—2005	215.2	1 829.4	11.7%
2005—2006	115.7	1 662.1	6.9%
2006—2007	237.9	2 284.6	10.4%
2007—2008	60.6	1 198.6	5.0%

□ 重组费用与减值损失

公司可能决定保留某个经营分部但希望在战略方向或经营水平方面做出重大变革。[①]公司经常会因实施以下决策而发生一笔冲减利润的重组费用，比如解聘或重新安置员工、关闭某些经营业务或从根本上改变生产与销售流程。与裁员或员工培训和重新安置员工相关的员工成本通常是重组费用的重要组成部分。重组计划通常也会引发资产减值。前面讨论与非流动资产相关的会计质量时曾经讨论过资产减值问题。

在分析盈利能力和评估盈余的持续性时，处理重组费用非常重要。如果经济处于衰退期，公司列报的当期盈余经常会包括重组费用。无论经济衰退期是否持续，都将影响未来盈余的预测。况且，重组可能改

① 如果公司决定放弃某个经营分部或部门，就可以使用后面将讨论的终止经营列报政策。不过，公司通常并不打算放弃现有的经营业务，而是“重组”这些经营业务以改善公司的盈利能力。

善经营效率或战略效益，从而可能降低未来费用和提高未来收入。基于重组的这种价值增值特征，宣告重组信息通常会提高股票价格。

由于各家公司采用不同的会计方法处理重组费用，因此很难解释某家具体公司的重组费用。

- 与较为激进地运用会计准则的公司相比，稳健地运用会计准则的公司（例如，应计提折旧的资产采用相对较短的使用年限、将设备修理支出立即作费用处理或无形资产采用较短的摊销年限）需要冲销的重组费用较少。
- 为了最大限度地减少重组费用对每年盈余的影响，通过延长重组费用的摊销期间而采用不当的财务报告列报方式的公司，经常必须积累数年的重组费用，列报更多的重组成本。
- 公司为了最大限度地增加某个特定年份的重组费用，可能会突然传递"坏消息"（称为"巨额冲销"），减少或剔除未来需要增加的重组费用。如果随后发现重组费用太高，后期的持续经营收益中就会包括一笔重组费用的抵减项目以增加对外报告的利润。

近年来，与日俱增的重组费用促使会计准则制定机构重视公司重组费用的计量与报告问题。尽管在过去几年里美国公认会计原则与国际财务报告准则之间的差异经常导致重组费用出现时间差异，但是，2013 年 1 月 1 日生效的国际会计准则第 19 号最新修订版充分协调了美国公认会计原则与国际财务报告准则在重组费用方面的差异。① 其基本规则是如果公司存在以下两种情形，就需要在资产负债表中列报一项重组负债并在利润表中列报一项相关的重组费用：

- 管理层决意实施重组计划并已经告知员工解聘补偿事宜。
- 重组成本符合负债的定义。

以艾美加公司（Iomega Corporation）为例来说明重组费用的列报问题。艾美加是美国电子机器公司（EMC Corporation）的一家全资子公司，向消费者和其他公司出售各种数据存储产品，是一家提供便携式数据（包括驱动器和磁盘）存储解决方案的领先制造商。其产品主要用于共享、传输、分类和备份重要信息。员工薪酬及其相关成本是艾美加公司最大的费用支出项目之一。其他较大的费用项目包括办公地点租赁成本以及家具与设备的折旧费用。艾美加公司详细披露了 2003 年度和 2004 年度的重组费用构成信息，包括员工遣散费用总额、租赁终止费用和家具减值数额。表 6－3 列示了艾美加公司财务报表附注 5"重组费用/转回"的部分内容。

表 6－3 艾美加公司财务报表附注 5 的部分内容

2004 年度的重组活动。2004 年度，公司当年的重组活动共发生 370 万美元的重组费用。这些重组费用包括 2004 年 9 月 26 日宣告的全球范围内岗位被撤销的 108 名正式和临时员工（大约占公司全球范围内员工总数的 18%）的现金遣散费用和津贴 260 万美元、租赁终止成本 70 万美元、与多余家具相关的非现金费用 40 万美元。2004 年度发生的 370 万美元重组支出全部列示为重组费用，构成经营费用的一个组成部分。这些重组费用没有分配给任何一个经营分部。

2003 年度的重组活动。2003 年度重组活动共发生重组费用 1 450 万美元，包括全球范围内 198 名正式和临时员工（大约占公司全球范围内员工总数的 25%）的遣散费用和津贴 650 万美元、终止合约性义务 300 万美元、补偿战略供应商的重组费用 260 万美元、租赁终止成本 180 万美元以及与多余家具相关的成本 60 万美元。

资料来源：艾美加公司截至 2004 年 12 月 31 日的会计年度 10-K 格式年报。

值得注意的是，艾美加公司没有披露各个年度的重组费用可能带来的节税额信息。在公司支付相关重组负债和纳税申报扣除之前，这些节税额属于递延所得税资产。同样值得注意的是，艾美加公司披露了 2004 年度发生的重组费用的现金部分，但没有披露 2003 年度的相应数据。从性质上说，艾美

① *FASB Codification Topic 420*；International Accounting Standards Board，*International Accounting Standard 37*，"Provisions，Contingent Assets and Contingent Liabilities"（1988）；International Accounting Standards Board，*International Accounting Standard 19*（*Revised*），"Employee Benefits"（2011）.

加公司的重组费用也属于经常性项目。尽管这里没有列示，但艾美加公司 2002 年度也存在重组费用。因此，分析师在预测公司未来盈利能力时，持续经营收益中也可以包括重组费用（及其相关的预计税收效应）。艾美加公司在以后年度继续列报重组费用，2005 年度和 2006 年度分别列报了 570 万美元和 300 万美元重组费用。不过，在美国电子机器公司收购艾美加公司的前一年度即 2007 年度，艾美加公司没有披露重组费用。

□ 终止经营

如果公司决定退出某项具体经营业务，就会将该业务归类为终止经营。这种归类为分析师和其他财务报表使用者区分持续经营与终止经营对当期绩效的影响提供了信息，也为预测公司持续经营的未来利润奠定了基础。美国公认会计原则规定，终止经营要么是一种单独的业务，要么是一个可以清楚地区分经营业务和现金流量的公司组成部分。① 某个剥离出去的业务与持续经营业务的经营整合程度可能因公司的不同而不同，这种不同取决于各家公司的组织结构和经营政策。因此，某家公司可能将出售某个业务的利得或损失列报为持续经营收益（即剥离出去的业务与持续经营业务在经营方面依然整合在一起），而另一家公司则可能列报为终止经营收益（即剥离出去的业务与持续经营业务在经营方面相分离）。

国际财务报告准则对终止经营的限制条件更多。② 只有处置某个业务或地区的重要部门才符合确认终止经营的条件。例如，如果某家拥有 20 个餐馆的餐饮连锁公司出售了 3 个具有独立现金流量但经营不善的餐馆，且不再介入已经出售餐馆的经营活动（例如，通过特许经营协议），那么根据美国公认会计原则，该出售行为就属于终止经营，而根据国际财务报告准则，该出售行为不属于终止经营。③

公司将报告期初与处置日之间终止经营产生的经营净利润或亏损列报为利润表终止经营部分的一个独立项目（税后净额），将处置利得或损失（税后净额）列报为利润表终止经营部分的“终止经营收益、利得和损失”。多数美国公司的利润表包括三个年度的利润表信息。如果公司当年决定剥离某项业务，其当年的利润表和前两年的比较利润表的终止经营部分就会包括该业务的净利润或亏损（公司在其原先为这两年编制的利润表的持续经营部分列报了该业务的利润）。如果公司到了期末尚未发生最终的剥离，就应该对持有待售的剩余资产进行减值测试，终止经营披露的信息就应该包括减值损失（税后）。终止经营的资产和负债不仅彼此独立，而且会在资产负债表或解释资产负债表的附注中分别披露。

表 6 - 4 列示了鲍恩公司（Bowne & Co.）终止经营的列报情况。鲍恩公司是美国最大的财务文件印刷公司之一。2004 年，鲍恩公司决定将其文件外包业务出售给威廉斯·李公司（Williams Lea，Inc.）。

值得注意的是，鲍恩公司将终止经营收益与利得（都是税后）分开列报。鲍恩公司 2004 年度终止经营的税后利润使得当年小额的持续经营损失转变为可观的净利润。鲍恩公司每年的资产负债表都列报与终止经营相关的资产数额和负债数额。在评估鲍恩公司的可持续盈利能力时，分析师必须从资产报酬率计算公式的分子中剔除终止经营收益，从资产报酬率计算公式的分母中剔除相关资产。

---

① 美国公认会计原则有关终止经营的最新规定即 Financial Accounting Standards Board，*Statement of Financial Accounting Standards No. 144*，“Accounting for the Impairment or Disposal of Long-Lived Assets”（2001），在终止经营的列报方面保留了会计原则委员会（Accounting Principles Board）的 *Opinion No. 30*，“Reporting the Results of Operations”（1973）的基本条款，但扩展了列报范围以包含更多的处置交易。*FASB Codification Topic 360*.

② International Accounting Standards Board，*International Financial Reporting Standard 5*，“Noncurrent Assets Held for Sale and Discontinued Operations”（2004）.

③ 财务会计准则委员会和国际会计准则理事会一直在就终止经营的会计处理问题展开协商，截至 2013 年初，与收入确认、金融工具、租赁和财务报表呈报等问题相比，终止经营的会计处理问题还没有被提上议事日程。

表 6-4 鲍恩公司终止经营相关信息节选 单位：千美元

	2004 年度	2003 年度
利润表		
收入	899 011	847 636
费用：		
销售成本	(574 264)	(536 166)
销售与管理费用	(266 034)	(247 977)
折旧费用	(32 121)	(35 466)
摊销费用	(2 713)	(2 478)
出售建筑物的利得	896	—
重组、整合与资产减值损失	(14 644)	(23 076)
经营（亏损）利润	10 131	2 473
利息费用	(10 709)	(11 389)
清偿债务的损失	(8 815)	—
其他费用（净额）	(118)	(1 367)
税前持续经营损失	(9 511)	(10 283)
所得税效益（费用）	1 313	729
持续经营损失	(8 198)	(9 554)
终止经营：		
终止经营收益（税后）	4 150	1 805
终止经营利得（税后）	31 552	—
终止经营净利润	35 702	1 805
净利润（亏损）	27 504	(7 749)
简化合并资产负债表		
持有待售资产（非流动资产）	—	106 898
其他资产（未提供详细项目）	—	620 927
资产总额	648 811	727 825
持有待售负债（非流动负债）	—	3 882
其他负债与股东权益	—	723 943
负债与股东权益	648 811	727 825
简化合并现金流量表		
经营活动现金流量：		
持续经营损失	(8 198)	(9 554)
折旧与摊销费用	34 834	37 944
资产减值损失	518	2 198
出售建筑物的利得	(896)	—
清偿债务的损失	8 815	—
其他资产和负债变动额（扣除非现金交易）	(2 404)	(10 339)
经营活动现金流量净额	32 669	20 249
投资活动现金流量净额（详细项目省略）	148 200	(21 117)
筹资活动现金流量净额（详细项目省略）	(97 784)	(10 872)
终止经营现金流量净额	(20 123)	(4 131)
现金及现金等价物净增加（减少）额	62 962	(15 871)
现金及现金等价物期初余额	17 010	32 881
现金及现金等价物期末余额	79 972	17 010

资料来源：鲍恩公司截至 2003 年 12 月 31 日和 2004 年 12 月 31 日的会计年度 10-K 格式年报。

有趣的是，表6-4表明鲍恩公司在计算经营活动现金流量时剔除了终止经营的影响，并将与终止经营相关的现金流量单独归为现金流量表的一部分列示于筹资活动现金流量之后。由于经营活动现金流量不包括与终止经营相关的任何现金流量，因此分析师在计算现金流量比率（例如，经营活动现金流量/流动负债平均余额）时，不需要做出任何调整，可以直接采用该现金流量。如果公司没有从经营活动现金流量中剔除终止经营的现金流量影响，分析师就需要做出相应的调整。

就多数公司而言，终止经营收益是一种不可持续的利润来源。因此，多数情境中分析师预测的未来盈余都应该剔除终止经营收益，更关注持续经营收益。[①]

□ 非经常性利得与损失

利润表中可能包括非经常性利得与损失。要将一个收益项目归类为非经常性项目，必须满足以下两个标准[②]：

- 性质非同寻常
- 发生频率较低

公司应用这些标准时应该结合自身和同行业类似公司的经营情境，考虑公司所处的经营环境。因此，就某些公司而言，某个项目属于非经常性项目，而对其他公司而言，该项目不属于非经常性项目。

非经常性项目并不常见。美国的“9·11事件”和卡特里娜飓风造成的损失不作为非经常性项目处理。会计准则制定机构认为，美国的“9·11事件”造成的损失无法可靠地区分为事件损失与非事件损失，因此不允许将其作为非经常性项目处理。由于海湾地区经常出现飓风，卡特里娜飓风事件不符合“性质非同寻常”和“发生频率较低”这两个标准。不过，公司偶尔也会列报一些非经常性项目。圣海伦火山喷发（130年来首次喷发）就是非经常性项目。威瑞森通信公司（Verizon Communications Inc.）列报了其委内瑞拉国有化公司的一个非合并子公司的270非经常性项目。

根据国际财务报告准则，有些公司要单独列报并描述重要的非经常性项目。不过，国际财务报告准则不允许公司财务报表的封面或附注出现“非经常性项目”一词。[③]

□ 其他综合收益项目

即使公司没有通过市场交易实现其价值变动，美国公认会计原则和国际财务报告准则也要求公司每期都重新评估某些资产和负债的价值。正如第2章所述，这些资产和负债的确认和估值不会马上影响净利润和留存收益，但这些尚未实现的利得和损失会被列报为当期的其他综合收益，包括在资产负债表股东权益的累计其他综合收益或损失中。

根据目前的美国公认会计原则，四个资产负债表项目需要遵循这种会计处理方法[④]：

- 可供出售投资性证券的公允价值利得和损失
- 以现金流量套期保值为目的持有的衍生工具的公允价值利得和损失

---

① 有些公司实施先收购再出售的战略，对它们而言，终止经营收益是一种可持续的利润来源，分析师预测的未来盈余中可能包括终止经营收益。有些公司为了聚焦某个规模较小的核心盈利经营业务而使其战略可能经常发生重大调整，从而会在此过程中列报其额外的终止经营。鲍恩公司就是一个例证。在2010年唐纳利公司（RR Donnelley）收购鲍恩公司之前，鲍恩公司就列报了额外的终止经营。当然，最好在财务报表分析的行业与战略分析步骤考虑终止经营是否会持续发生这个问题。

② *FASB Codification Topic 225*.

③ International Accounting Standards Board, *International Accounting Standard 1*, “Presentation of Financial Statements” (revised 2003).

④ 第7～9章将更详细地讨论这些项目的会计问题。

- 养老金和其他退休后福利待遇的某些调整
- 某些国外经营业务的资产和负债的外币调整

国际财务报告准则也允许公司向上重估经营用固定资产的价值。

在评估盈余的可持续性和预测未来盈利能力时，分析师必须决定是否应包括尚未实现的利得和损失：

- 未来盈余可能更应该包括以下这些利得和损失：
  - √ 与公司持续经营活动密切相关。
  - √ 可以相对客观地计量（即存在活跃市场以显示价值变动额）。
- 未来盈余可能不应该包括以下这些利得和损失：
  - √ 与公司持续经营活动没有直接的联系。
  - √ 公司出售资产或清偿负债最终可以实现的利得和损失数额可能与各期列报的数额不同，而且在处置这些资产或清偿这些负债之前的未来年份可能出现反转。
  - √ 由于这些资产并没有在活跃市场交易，其利得或损失数额的计量可能具有主观性。

□ 会计原则变更

公司偶尔也会变更其编制财务报表所采用的会计原则。当然，会计准则制定机构有时也会要求公司变更会计原则。无论出于何种原因的会计原则变更，根据美国公认会计原则，公司都必须列报当年和以前年度的数额，相当于公司一直在应用新的会计原则（称为追溯处理）。这种列报方式的理论基础是用公司打算在未来各个期间采用的相同会计原则计量当年和以前年度的净利润，提高预测未来盈余中报告盈余的信息含量。这种处理方法与国际财务报告准则的处理方法一致。[①]

如果公司难以确定特定期间会计原则变更的影响或会计原则变更的累计影响，就没有必要追溯重述以前年度的盈余。这时，公司必须应用新的会计政策列报可以追溯的最早期间的资产和负债余额，并相应地调整该期间的留存收益。如果公司难以确定会计原则变更对所有以前相关期间的累计影响，就必须在预计会计原则可能变更的起始年份应用新的会计原则。

例如，假设某家公司的存货和产品销售成本的成本流转假设从先进先出法转换为后进先出法，那么公司通常难以确定会计原则变更对以前期间的影响。有鉴于此，公司将在预计会计原则变更的起始年份（即当年和以后年度）开始应用变更之后的后进先出法成本流转假设。

公司也可能自愿采用追溯处理方法。例如，表 6－5 展现了苹果公司将其 2009 年度 10-K 格式报表修改为 10-K/A 格式报表的理由。苹果公司解释了苹果手机和苹果电视采用新的会计方法时是如何影响财务报表的。以前的会计方法要求苹果公司递延苹果手机和苹果电视的所有相关收入和费用，并在产品预计使用年限内平均确认这些相关的收入和费用，因为苹果公司承诺其产品的软件和性能将来可以免费升级。递延确认收入的理由通常是公司尚未赚取收入。新的会计准则要求苹果公司在销售时点确认与已经交付的软硬件相关的收入和费用，递延确认相关产品将来可以免费升级权利的预计公允价值。苹果公司可以选择（在当期和未来各期）采用新的会计准则即未来适用法或追溯调整法（调整以前年度的结果，而后在当期和未来各期采用新的会计准则）。为了提高会计信息的可比性，苹果公司选择了追溯调整法。值得注意的是，苹果公司选择追溯调整法涉及的数额巨大。由于采用了新的会计准则，苹果公司 2009 年度、2008 年度和 2007 年度的收入分别增加了 64 亿美元、50 亿美元和 4.83 亿美元。

---

① *FASB Codification Topic 250*；International Accounting Standards Board，*International Accounting Standard 8*，"Accounting Policies, Change in Accounting Estimates，and Errors"（revised 2003）.

表6-5 苹果公司收入确认方法变更的解释（节选）

基于历史成本原则，公司必须采用平均确认的会计方法解释苹果手机和苹果电视的销售情况，因为公司有时会就其产品提供未来软件和性能的免费升级服务。根据平均确认的会计方法，苹果手机和苹果电视的收入及相关的产品销售成本将递延至销售时在各种产品的估计使用年限内平均确认。由此可能递延确认苹果手机和苹果电视的巨额收入及相关的产品销售成本。公司因设计、销售、营销和保修而发生的成本在发生时确认为费用。截至2009年9月26日，根据历史成本原则，累计递延收入总额和与过去出售的苹果手机、苹果电视相关的递延成本分别为121亿美元和52亿美元。

新的会计原则通常要求公司解释苹果手机和苹果电视在两次交付时的销售情况。第一次交付是产品出售时的软硬件交付，而第二次交付则是购买苹果手机和苹果电视可以获得的未来软件升级权利的交付。实际上，新的会计原则要求公司在销售时确认所有销售苹果手机和苹果电视的收入。此外，公司必须估计出售苹果手机和苹果电视附带的软件升级权利的独立销售价格，并在相关硬件设备预计24个月的使用期内按比例确认相应的数额。就所有列报期间而言，根据公司的估计，出售的每个苹果手机和苹果电视附带的软件升级权利的销售价格分别为25美元和10美元。由于采用了新的会计原则，公司2009年度、2008年度和2007年度的销售净额分别增加了64亿美元、50亿美元和5.72亿美元。截至2009年9月26日，与出售苹果手机和苹果电视相关的修正之后累计递延收入总额为4.83亿美元，而累计递延成本为零。

公司在采用新的会计原则时可以选择未来适用法或追溯调整法。根据未来适用法，公司应该在2010年度开始销售时应用新的会计原则，不必反映新的会计原则对2009年9月之前出售的苹果手机和苹果电视的影响。相应地，采用新的会计原则之后两年的财务成果将包括与过去出售苹果手机和苹果电视相关的递延收入和递延销售成本的巨额摊销的影响。由于过去苹果手机的销售额非常大，所以公司认为未来适用法将导致各个财务年度的财务信息不可比。有鉴于此，公司选择采用追溯调整法。根据追溯调整法，公司必须修正其以前已经发布的财务报表，相当于公司一直在应用新的会计原则。公司认为采用追溯调整法可以为财务报表使用者提供最具可比性且有用的财务信息，也更符合公司管理层评估经营活动的信息需求，能够更好地反映公司的基本经济成果。因此，为了反映新的会计原则即追溯调整法的应用，公司已经将2009年度、2008年度和2007年度的财务报表修正为10-K/A格式。公司采用新的会计原则即追溯调整法对2006年度和2005年度的财务报表没有任何影响，因为在2006年度和2005年度尚未推出苹果手机和苹果电视。

资料来源：苹果公司截至2009年9月26日的会计年度10-K/A格式年报。

□ 会计估计变更

如前所述，会计准则要求公司做出许多估计，会计估计的例证比比皆是（如坏账的数额、固定资产和无形资产的使用年限、长期项目的完工比例、各种权证的报酬率以及各种养老金、医疗保健和其他退休后福利的内含利率、薪酬和通货膨胀率）。公司可能定期变更会计估计。以前年度列报的各种收入和费用数额可能与按照新的会计估计确定的收入和费用数额不同。会计准则制定机构认为做出会计估计和变更会计估计都是公司应用会计准则的一个必要组成部分。如果公司每次重述其以前年度的财务报表都变更会计估计，那么会计准则制定机构会担心财务报表的可信度。因此，现有的会计准则要求公司采用当年和以后年度新的估计值解释各种估计值的变动情况。

由于新的估计值可以改变当期的利润，分析师必须确定估计值变动额是否较大。当然，分析师经常需要判断估计值变动的影响。例如，第8章将讨论计算应计提折旧资产平均使用年限的公式。如果分析师在某个年份发现平均使用年限有所延长，报告利润勉强超过预期，就应该采用以前年份的平均使用年限重新计算折旧费用，以判断折旧数额的差异是否会导致当期利润增加。同理，分析师应该借助坏账费用与销售额的比率监控预计坏账费用的变动额。如果有可能，分析师还应该比较估计值与已实现数额之间的差异，从而评估管理层操纵估计值的程度，并确定这种趋势是否将持续下去。

务必注意，某个期间的估计值变动都存在合理的理由。权责发生制财务报表数值的主要决定因素之一是对外列报的资产和负债数额可以反映管理层的观点。产业经济学和战略的知识可以为分析师判断估计值变动是否合理提供更充分的依据。

为了反映新的环境，分析师还需要确定是采用每年对外报告的原始财务报表数据还是采用重述后的财务报表数据。因为多数财务报表分析的目的是评估过去，为预测未来提供依据，所以合乎逻辑的反应就是采用重述后的财务报表数据。

不过，分析师采用重述后的数据可能面临某些问题。多数公司的年报包括两个年度的资产负债表以及三个年度的利润表和现金流量表。分析师只能用两个年度的资产负债表数据计算各种比率（如流动比率或长期负债与股东权益比率）并进行其他分析。分析师可以用三个年度的利润表数据计算各种比率（如产品销售成本与销售收入比率）或现金流量表数据计算各种比率（如经营活动现金流量与资本支出比率）。然而，许多重要的比率和其他分析依赖于资产负债表、利润表或现金流量表的数据。例如，普通股权益报酬率等于归属于普通股股东的净利润除以普通股权益平均余额。普通股权益报酬率计算公式的分母需要两个年度的资产负债表数据。因此，分析师可以在新的条件下，采用资产负债表和其他两个财务报表（只有一个年度）之一的重述后数据的平均数计算各种具有可比性的比率。尽管分析师可以从以前年报中获得前年的资产负债表数据，但依赖以前年报可能导致以前年度重述后的利润表或现金流量表数据与未重述的资产负债表数据之间的比较。分析师应该应用以前年度的数据评估财务报表重述对各种比率的影响程度。苹果公司的10-K/A格式年报重述了2009年度、2008年度和2007年度的收入和净利润。根据苹果公司披露的信息，由于2007年度之前出售苹果手机的收入有限，重述对以前年度的影响不大。

如果公司提供了充分的信息让分析师可以采用合理的假设重述以前年度的财务报表，分析师应该追溯采用重述后的财务报表数据。如果公司没有提供财务报表重述所需的充分信息，分析师就应该采用每年对外报告的原始数据。为了解释由此计算出来的各种比率，分析师要评估新的报告环境下各种比率可能发生多大的变化以及与其他比率存在多大的关系。显然，在分析历史财务数据时，财务报表重述可能引出许多重要的解释问题。

□ 会计分类差异

会计质量主要是一个关于某家公司的概念，如果分析师希望比较相同经济项目采用不同会计分类的两家公司，那么相关问题就应运而生。以奢侈品零售商蔻驰公司（Coach）和蒂芙尼公司为例。蔻驰公司的销售与一般行政管理费用包括装运与处理费用（装运产品并发送到零售点和顾客的费用），而蒂芙尼公司的销售与一般行政管理费用则只包括产品销售成本。由此导致两家公司的销售毛利口径不同。当然，如果蔻驰公司披露了装运与处理费用的数额，分析师就可以调整销售与一般行政管理费用和产品销售成本。如果蔻驰公司没有披露装运与处理费用的数额，分析师在比较两家公司的盈利能力时就必须考虑这种差异。

比较不同国家公司的会计分类问题就更复杂。表6-6列示了芬兰斯道拉·恩索公司（Stora Enso）根据国际财务报告准则编制的2009年度合并利润表。斯道拉·恩索公司是一家经营纸、包装纸和林木产品的全球性公司，主要生产新闻用纸、书刊用纸、高级纸、消费用木板、工业包装纸和林木产品。斯道拉·恩索公司2009年度的销售收入达到89亿欧元，员工大约27 000人，分布在全球35个以上的国家。

表6-6　斯道拉·恩索公司合并利润表　　单位：百万欧元

	会计年度截至12月31日		
	2009年度	**2008年度**	**2007年度**
持续经营			
销售收入	**8 945.1**	**11 028.8**	**11 845.5**
其他经营利润	172.8	120.2	88.4
产成品和在产品存货的变动额	(200.5)	(76.1)	81.0
生物资产净值的变动额	(3.3)	(18.2)	7.5
材料与服务	(5 464.3)	(6 815.7)	(7 051.5)
运费与销售佣金	(833.6)	(1 127.1)	(1 133.9)
人员费用	(1 349.6)	(1 669.1)	(1 712.9)

续表

	会计年度截至12月31日		
	2009年度	2008年度	2007年度
其他经营费用	(833.1)	(752.6)	(761.9)
权益投资收益	111.8	7.6	341.3
折旧、摊销与减值损失	(1 152.9)	(1 422.4)	(1 529.6)
经营利润（亏损）	**(607.6)**	**(726.6)**	**176.9**
财务收益	209.3	356.7	161.9
财务费用	(488.5)	(523.9)	(318.6)
税前利润（亏损）	**(886.8)**	**(893.8)**	**20.2**
所得税	8.6	214.8	(7.4)
当年持续经营净利润（亏损）	**(878.2)**	**(679.0)**	**12.8**
当年税后终止经营收益（亏损）	**—**	**4.3**	**(225.2)**
当年经营净利润（亏损）	**(878.2)**	**(674.7)**	**(212.4)**

资料来源：斯道拉·恩索公司截至2009年12月31日的会计年度年报。

斯道拉·恩索公司是一家非美国公司，其财务报表的典型特征是各种费用根据来源（而不是功能）分类。例如，某家美国纸业公司的经营费用包括产品销售成本、销售与一般行政管理费用、其他利得或损失、重组费用和减值损失。工资薪金成本和折旧费用则归属到产品销售成本和销售与一般行政管理费用。产品销售成本包括当期分配给已经出售存货的各种成本，如工资、折旧费用（即制造费用）和材料成本。与生产无关的工资、薪金和折旧费用则归入销售与一般行政管理费用。与此相反，斯道拉·恩索公司没有列示这些分配的相关信息。例如，尽管列示了“人员费用”项目，但却无从知道这些费用有多少分配给存货，有多少分配给产品销售成本。同理，斯道拉·恩索公司列报了“折旧、摊销与减值损失”项目，这与美国公司的列报方式不同。斯道拉·恩索公司的利润表没有列报“产品销售成本”项目，却列报了“材料与服务”“产成品和在产品存货的变动额”项目。在估算产品销售成本时，分析师必须估算存货应该包括的人员费用和折旧费用。

如果分析师可以轻易且明确地对各个项目进行重分类，那么重分类后的数据就应该作为分析的基础。如果重分类涉及各种假设，分析师应该尽量精确地做出各种假设，或者不做出假设。在解释财务报表分析结果时，分析师还要注意会计分类差异的参考作用。

6.6 评估会计质量的工具

我们在上一节讨论了各种可能降低会计质量的因素，并建议读者阅读财务报表及其附注，判断会计质量的高低并在评估盈利能力和风险时做必要的调整。我们将在本节阐述评估会计质量的两种工具：第一种工具是将盈余分为现金流量与应计盈余，以更好地理解盈余的可持续性；第二种工具是一种评估财务报表操纵可能性的模型。

□ 将盈余分为经营活动现金流量与应计盈余

分析师可以轻易地识别和计量经营活动现金流入量和流出量，但为了计量盈余，权责发生制会计要求考虑非现金资产和非现金负债的变动因素。非现金资产和非现金负债称为应计项目。盈余是现金流量和应计项目变动额之和。例如，如果公司向顾客提供服务并获得收入1 000美元，收到顾客支付的现金700美元和应收账款300美元，而该公司向员工支付工资200美元，那么其盈余为800美元：

利润表：	服务收入	1 000
	工资费用	(200)
	盈余	800

同理，盈余也可以表述为现金与应计盈余之和：

资产负债表影响：	因销售而增加的现金数额（现金）		700
	应计项目增加额（应计盈余）		
	应收账款增加额	300	
	应付工资增加额	(200)	100
	盈余		800

就反映经济实质和预测未来现金流量而言，权责发生制会计比收付实现制会计更合适。应计盈余净增加额 100 美元就是预期未来现金流量数额。下一个会计期间，公司将收回应收账款取得现金 300 美元并以现金支付应付工资，由此得到现金流入量净额 100 美元。

分析应计盈余的变动情况

如果公司的管理层试图“管理”其报告盈余，通常就会借助各种应计盈余的估计额。即使管理层如实编制财务报表，净利润的应计盈余也会展现出不同于净利润的经营活动现金流量的可持续性。为了进一步阐明“应计盈余”的含义，图 6－5 展现了现金流量表的分解过程和识别应计盈余的路径。应计盈余是协调经营活动现金流量与净利润的调整项目。应计盈余由于将公司的基本经济元素归入对外报告的盈利能力，因此也是盈余的组成部分。如果投资者关注净利润或经营活动现金流量，却不理解两者之间的关系，就可能对现金流量或盈余的可持续性做出错误的判断。

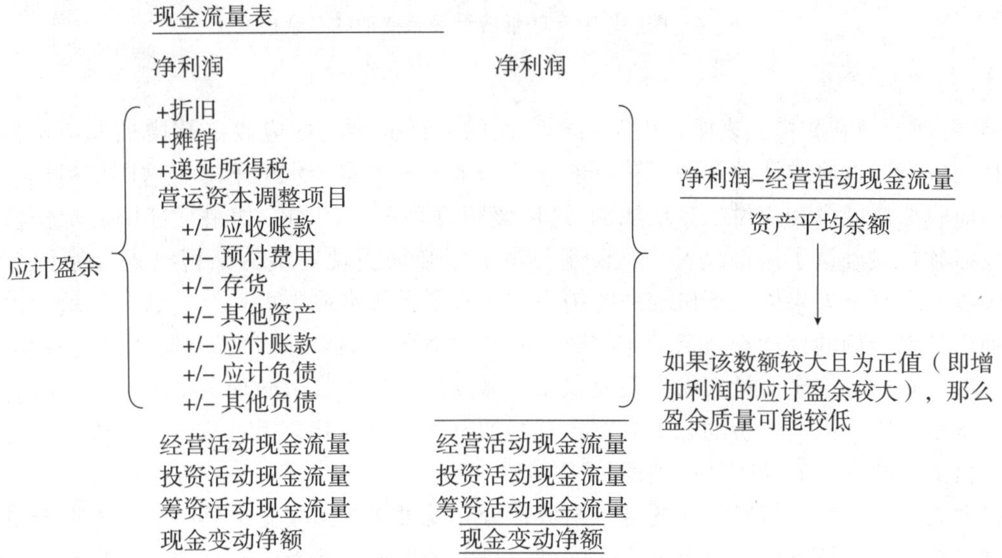

图 6－5　根据现金流量表经营活动部分计算应计盈余的简图

斯隆（Sloan）通过观察净利润与应计盈余数额之间的关系研究净利润与经营活动现金流量的关系。[①] 斯隆将当期盈余的应计盈余定义为净利润减去经营活动现金流量，然后将应计盈余除以期初期末资产平均余额，以缩小其规模，从而使不同规模的公司具有可比性。接着，斯隆以该应计盈余的数额为基础对各家

① Richard G. Sloan, “Do Stock Prices Fully Reflect Information in Accruals and Cash Flows about Future Earnings?” *The Accounting Review* (1996), pp. 289－315.

公司进行排序。斯隆将其计量应计盈余年份前后各五年的净利润（除以资产平均余额，以缩小其规模）描绘成图。

图6-6展示了应计盈余最低（最大负值）公司和应计盈余最高（最大正值）公司。图6-6上面部分的折线表明当期应计盈余最高的公司在排序那个年份的利润也非常高。与前五年的利润相比，这个较高的利润代表了最高值。更为重要的是，该利润几乎是以后年份利润的转折点。另外，当期应计盈余最低的公司与以前年份相比报告利润非常低，但在随后的年份开始有所好转。与经营活动现金流量相比，如果净利润较高，该公司就存在“增加利润”的应计盈余；如果净利润较低，则存在“减少利润”的应计盈余。非营运资本应计盈余（如折旧）通常比营运资本应计盈余（如应收账款、应付账款和存货）更具有可持续性。营运资本应计盈余通常起伏不定。成熟公司的营运资本应计盈余通常围绕零上下变动。

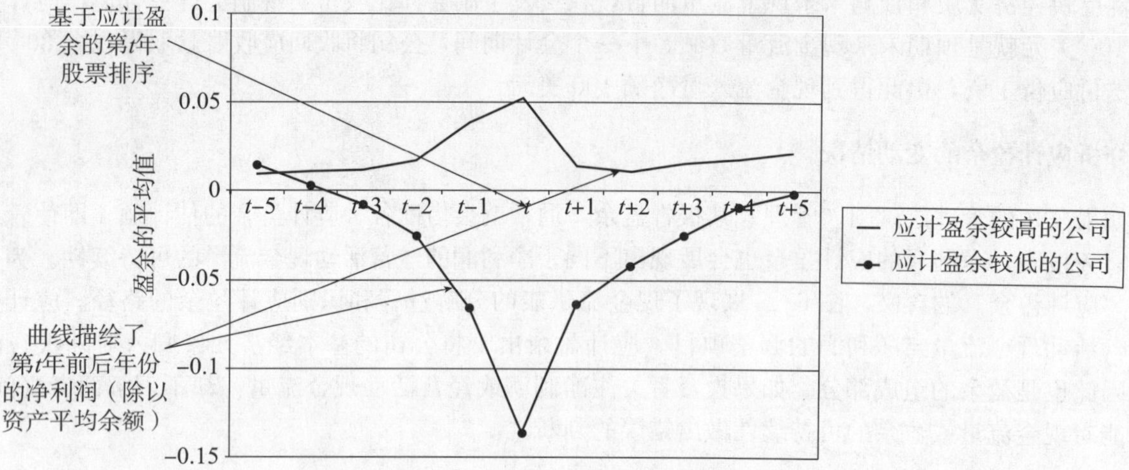

图6-6 围绕较高和较低应计盈余变动的盈余模式

资料来源：Sloan（1996），*op cit*.

图6-6展现的净利润模式表明，由于增加利润的应计盈余（如应收账款增加和应付账款减少）数额较大，净利润较高，这些应计盈余的反转可能导致未来年份的盈余水平下降。这同样适用于减少利润的应计盈余（如应收账款减少和应付账款增加）。这应该很好理解。例如，如果某公司的赊销数额非常大，既增加了应收账款，又确认了销售收入，那么该公司来年必须实现更多的销售收入以维持现有（或不断增长）的销售收入水平。如果以前年份较高的销售收入水平不正常或不可持续，这一点就难以实现。现金流量表通过确定各期余额的变动额概括了应收账款的变化情况。如果赊销增加额较大的公司不能实现更多的销售收入，以后年份的现金流量表将出现应收账款减少额。尽管收回的现金将增加经营活动现金流量，但净利润可能减少。因为以前年份的赊销数额没有增加，销售收入就会相对减少。从根本上来说，盈余的减少与证券价格的下跌存在非常密切的关系。

如果投资者没有仔细分析净利润的各个组成部分，就可能无法接受由较高的“增加利润”的应计盈余引发的较高盈余的可持续性较差这个事实。同理，投资者也无法接受由较高的“减少利润”的应计盈余引发的较低盈余的可持续性较差且对未来期间盈余的改善通常会出现反转这个事实。如果多数投资者无法充分理解当期盈余与未来盈余之间的关系，公司普通股可能会被错误定价。实际上，这就描述了图6-7描绘的公司的股票报酬率模式。

应计盈余总额除以资产平均余额可以视为盈余质量的一个逆向指标：该指标的数值越大，盈余质量越差。因为对外报告的盈余在未来可能不可持续，而且很可能会减少。管理层估计应计盈余时存在偏差，根据复式簿记原理，应计盈余可能出现反转。因此，盈余质量较低，对外报告的盈余缺乏可持续性。当然，也可能是因为赊销数额大幅增加或费用大幅减少导致盈余的平均值激烈波动。越来越多的投资者和财经媒体关注应计盈余与盈余质量之间的关系。例如，财经网站 TheStreet. com 上的一篇针对微软公司 2009 年度第二季度盈余公告的文章评论道：

> 由于应计盈余的反转，只是平淡地叙述其盈余质量较差的各种结果的公司很可能无法实现未来季度的预期目标。①

图 6－7 描绘了图 6－6 按照应计盈余的符号和数额（除以资产平均余额）展现的那些公司未来一两年的股票报酬率。图 6－7 的横轴“1”代表“增加利润”的应计盈余最高的公司（占 10%），横轴“10”代表“减少利润”的应计盈余最高的公司（占 10%）。图 6－7 描绘的股票报酬率是所有公司的股票平均报酬率。在计算所有公司的股票平均报酬率时，首先按照类似规模公司的投资组合股票报酬率调整各家公司的股票报酬率。因此，该股票报酬率可以称为“正常”报酬率。正常报酬率为正说明公司的股票价格“跑赢”了类似规模公司的股票价格，而正常报酬率为负则说明公司的股票价格“跑输”了类似规模公司的股票价格。图 6－7 表明，在公司按应计盈余排序之后的第一年，“增加利润”的应计盈余最高的公司，其股票报酬率最差，而“减少利润”的应计盈余最高的公司，其股票报酬率最好。在第二年，股票报酬率也呈现出类似的模式。不过，两类公司的股票报酬率差距有所缩小。总体而言，这些股票报酬率的变动模式印证了一个结论，投资者基本没有意识到报告盈余的应计盈余的重要性。应计盈余很重要，有助于投资者预测未来盈余，从而预测未来股票报酬率。如果公司按季度报告出现较大的“增减利润”的应计盈余数额之后年份的各种结果，投资者就可以逐渐看到图 6－6 展现的盈余反转。那么股票价格就会逐渐调整，回归到投资者调整后的未来盈余预期。

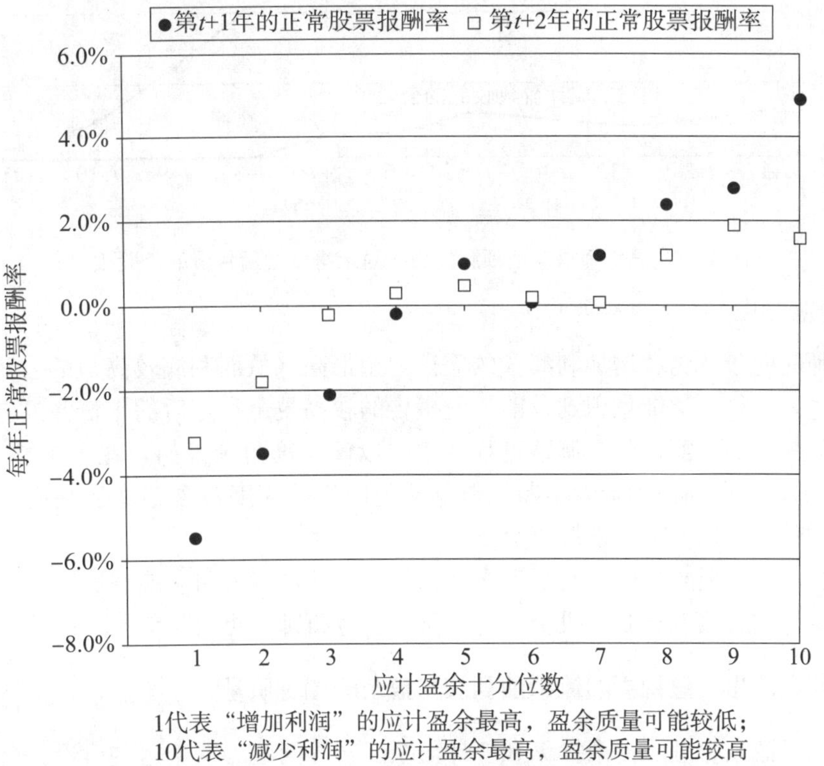

图 6－7 计量应计盈余年份之后一两年的股票报酬率

资料来源：Sloan（1996），*op cit*.

---

① David MacDougall，“Analyst's Toolkit：Don't Hate on Microsoft，” *TheStreet. com*（July 29，2009）.

分析师认可这些盈余模式吗？

分析师应该熟悉财务报表，而且应该深刻理解“增加利润”或“减少利润”的应计盈余较大何时会导致盈余忽高忽低。图6-8展示了布拉德肖（Bradshaw）、理查德森（Richardson）和斯隆的一项研究成果提供的证据。该证据印证了图6-6的结论，即分析师并没有理解盈余的模式。① 根据图6-8，分析师错误预测了公司按应计盈余排序（如图6-6所示）之后12个月的每股收益。用分析师预测的某家公司的每股收益减去实际每股收益计算预测误差。为了便于计算不同规模公司的平均值，将该差额除以每股价格。图6-8展现了“增加利润”的应计盈余最高的公司与“减少利润”的应计盈余最高的公司之间的平均预测误差。

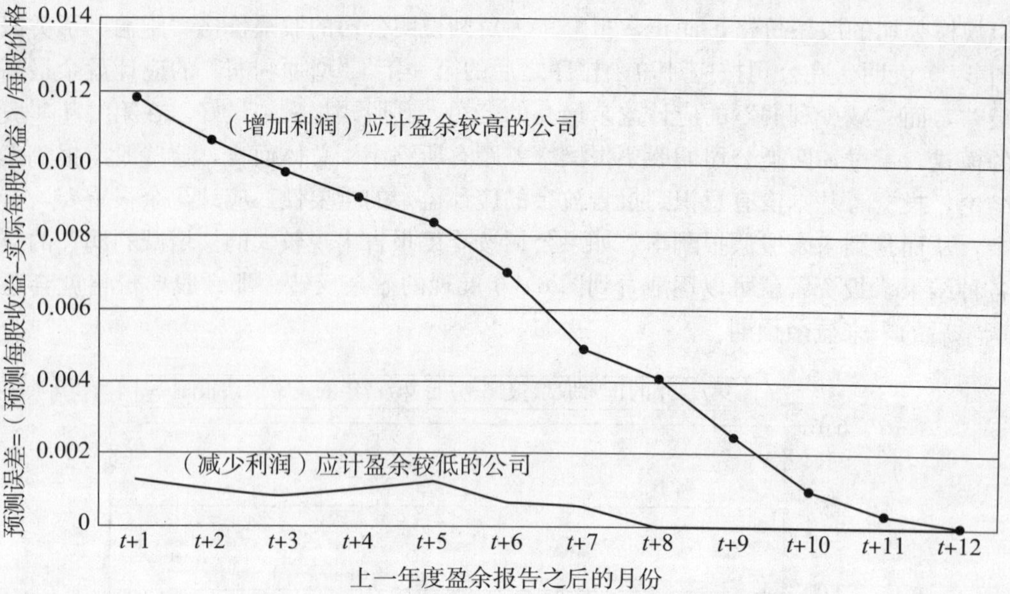

图6-8　分析师错误地预测按应计盈余排序之后月份的每股收益

资料来源：Bradshaw，Richardson，and Sloan（2001），*op cit*.

显然，分析师倾向于认为“增加利润”的应计盈余最高（从而利润较高）的公司未来（前几个月）的盈余也较高。不过，分析师逐渐意识到以前年份报告的较高盈余在随后的年份并没有重现，最终将其预测的数额调整到实际报告的数额。整个调整过程从宣告以前年度盈余开始，花了整整12个月时间才调整到位。如图6-7所示，该期间内投资者不断调低其原先因以前年度包含“增加利润”的应计盈余的较高盈余而拉升的预期和估值，因此公司的股价会不断下跌。②

图6-6至图6-8展现的盈余、股票报酬率和分析师的预测说明，能够运用现金流量表识别应计盈余可能反转的各种条件的投资者比其他投资者（包括专业分析师）更有优势。

一个警告：现金流量、息税折旧摊销前利润与盈余的相对质量

我们前面讨论了盈余管理、盈余操纵和应计盈余反转等问题。基于这些讨论，读者可能觉得权责发生

① Mark T. Bradshaw，Scott A. Richardson，and Richard Sloan，“Do Analysts and Auditors Use Information in Accruals?” *Journal of Accounting Research*（June 2001），pp. 45-74.

② 值得注意的是，分析师年初的预测通常较为乐观。尽管这种年初的乐观偏差可能导致分析师对（因存在“减少利润”的应计盈余较低引起的）盈余最低公司的预测也较为乐观，但分析师对存在“增加利润”的应计盈余的公司的预测不至于出现这种情况。

制会计得到的盈余数字几乎与其他绩效指标（如现金流量或息税折旧摊销前利润）没有什么关系。

有些分析师推崇息税折旧摊销前利润（EBITDA）这个指标，因为该指标与股价的关系更为密切。这些分析师认为息税折旧摊销前利润这个指标非常接近税前经营利润的现金指标。在现金流量表尚未问世之前，息税折旧摊销前利润是计算现金流量的一个“临时应急”指标，因此得到了广泛应用。不过，经营活动现金流量或经营利润是更为完善的经营成果指标，也更容易计算，因为财务报表直接列报了该指标。

更为重要的是，息税折旧摊销前利润剔除了四个重要的非营运资本调整项目。就多数公司而言，在计算经营活动现金流量时为调整净利润剔除的折旧与摊销项目是数额最大的非营运资本调整项目。如果公司不是处于成长阶段，经营性营运资本调整项目的调整额应该相对较小，而且各年度基本围绕零上下变动，因此可以推定息税折旧摊销前利润大致相当于经营活动现金流量。当然，各年度的息税折旧摊销前利润也可能因受公司其他活动的影响而存在显著差异。例如，快速成长的公司为了维持快速成长需要追加营运资本的投资额，而息税折旧摊销前利润忽略了营运资本的追加投资额。剔除折旧费用而没有剔除租金费用，也可能导致公司对拥有并计提折旧的资产与租用“资产”二者产生的费用的处理方法不一致。同理，以息税折旧摊销前利润为基础建立的横截面公司数据库可能导致拥有应计提折旧资产的公司与租用资产的公司之间缺乏可比性。

剔除利息费用可以提供一个不受筹资成本影响的盈余指标。如果分析师对息税折旧摊销前利润感兴趣，并以此作为衡量公司弥补筹资成本能力的原始指标，或者以综合考虑债务与权益资本成本的折现率或盈余倍数用息税折旧摊销前利润对公司进行估值，那么在计算息税折旧摊销前利润时剔除利息费用就有其道理。不过，我们在第4章强调过，分析师必须谨慎，不能混淆公司层面的盈利能力指标（如资产报酬率）和普通股权益层面的盈利能力指标（如权益报酬率）。而关于剔除所得税费用的理由就有些说不清。盈利公司除了必须向供应商、员工以及其他商品和服务提供者支付款项外，还必须支付所得税。很难提供令人信服的理由要求在评估公司盈利能力时必须忽略所得税费用。

学术研究已经讨论了普通股市场报酬率与净利润、经营活动现金流量、息税折旧摊销前利润之间的相关性。[①] 这些研究成果表明，股票报酬率与净利润的相关性远远强于股票报酬率与经营活动现金流量或息税折旧摊销前利润的相关性。例如，第2章讨论过德肖的研究成果。她检验了现金流量与净利润对股票报酬率的相对解释力。她的研究成果证实，随着计量窗口的延长（她汇总了几年的公司绩效指标），现金流量和净利润与股票报酬率的相关性越来越强。德肖发现，如果计量窗口较长（比如五年），汇总的现金流量与盈余都可以更好地捕捉经济实质，而且与股票价格变动紧密相关。如果计量窗口较短（如一个季度或一年），净利润与股票价格变动的相关性更强。许多研究（包括德肖的研究）得出的主要结论是：“经营、投资和筹资活动变动较大的公司的盈余比现金流量能更好地反映公司的绩效。”[②]。根据第1章的表1-9，盈余增加与盈余减少之间的正常报酬率差距平均为35.6%，而经营活动现金流量正值与负值变动的差距只有15.0%。

这些研究发现并不令人意外。因为净利润是盈利能力的最终指标，并没有遗漏具有未来现金流量信息含量的营运资本调整项目。况且，如果某个期间的净利润为负值，通常意味着绩效不佳，公司价值减损。而如果经营活动现金流量为负值，其含义并不明确，可能意味着绩效非常好，公司创造了价值（例如初创公司和成长型公司）。同理，经营活动现金流量遗漏了某些绩效元素，而息税折旧摊销前利润不包括与营利型、资本密集型或杠杆公司的价值相关的各种费用。

---

① Mary E. Barth, Donald P. Cram, and Karen K. Nelson, “Accruals and the Prediction of Future Cash Flows,” *Accounting Review* (January 2001), pp. 27-58.

② Patricia M. Dechow, “Accounting Earnings and Cash Flows as Measures of Firm Performance: The Role of Accounting Accruals,” *Journal of Accounting and Economics* (July 1994), p. 7.

既然公司必须对外披露经营利润、净利润和经营活动现金流量，读者可能会好奇为什么分析师还经常以息税折旧摊销前利润作为经营利润、净利润和经营活动现金流量的近似指标。如前所述，息税折旧摊销前利润不仅忽略了公司从事经营业务发生的四种重要成本，而且忽略了经营性营运资本项目的变动。经营性营运资本项目可能因受公司成长性、经营周期和管理层自由裁量权的影响而发生变动。在评估公司盈利能力和公司价值时，所有这些因素都非常重要。现金流量表可以直接提供衡量公司现金流量的更好的指标。

□ 识别舞弊可能性的模型

会计研究已经讨论了可能导致（或标志着可能发生）财务报告舞弊的潜在因素。德肖、斯隆和斯威尼（Sweeney）[①] 研究了那些受到美国证券交易委员会的会计和审计强制处罚（即正式指控操纵数据）的公司的治理特征。他们发现这些公司的治理结构存在瑕疵，包括董事会没有设立审计委员会、任命公司创始人为首席执行官、任命公司首席执行官为董事长以及董事会由内部人员（员工、咨询顾问或与公司关系密切的人士）掌控。美国证券交易委员会的强制处罚使这些公司的股票价格平均下跌 9%，买卖价差增大[②]，分析师盈余预测的偏差扩大和卖空数额增加[③]。每个后果都可能增加公司的资本成本。然而，公司治理并不是一种解决方案，也不是一个明确的概念。例如，世界公司治理联盟（the World Council for Corporate Governance）2008 年授予萨蒂扬公司（Satyam）其梦寐以求的公司治理金孔雀奖（Golden Peacock Award for Corporate Governance），而不久之后，萨蒂扬公司发生了有史以来最大的财务报告舞弊案之一。

为了识别可能涉嫌盈余操纵的公司具备的财务特征，贝尼斯（Messod D. Beneish）建立了十二因素模型和八因素模型[④]：

- 十二因素模型综合采用财务报表指标和公司股票价格变动指标。
- 八因素模型只采用财务报表指标。

贝尼斯采用因财务报告舞弊而受到美国证券交易委员会强制处罚的公司的数据构建其模型。

构建这些模型需要识别可能操纵盈余的公司特征，选择财务报表比率或这些特征的其他计量指标，而后运用概率回归模型筛选出重要的影响因素并确定各个因素的系数。[⑤] 通常的做法是先建立一个概率回归方程，明确与盈余操纵相关的各个因素的系数，然后用这些系数结合公司的绩效指标，计算出一个盈余操纵分值。我们用 y 表示这个分值。概率回归模型借助一个标准正态分布和一个盈余操纵的特定先验概率将 y 转换为一个概率。一旦有了具体的 y 分值，Excel 中的 NORMSDIST 命令就可以将其转换为恰当的概率。系数为正值说明盈余操纵的概率提高。

下面讨论贝尼斯模型的八因素及其存在的理由。要注意有些因素（如日销售应收账款指数）描述的是存在盈余操纵，而有些因素（如毛利率指数）描述的是管理层可能面临的各种过度激励措施，这些过度激励措施可能导致盈余操纵。

---

① Patricia M. Dechow，Richard G. Sloan，and Amy P. Sweeney，"Causes and Consequences of Earnings Manipulation：An Analysis of Firms Subject to Enforcement Actions by the SEC，" *Contemporary Accounting Research*（Spring 1996），pp. 1 - 36.

② 买卖价差是买方愿意支付的最高股票价格与卖方愿意出售的最低股票价格之间的差额。

③ 卖空数额是投资者已经卖空但尚未补仓或平仓的股票数量。卖空代表股票价格是否会下跌的市场情绪。

④ Messod D. Beneish，"Detecting GAAP Violations：Implication for Assessing Earnings Management among Firms with Extreme Financial Performance，" *Journal of Accounting and Public Policy*（1997），pp. 271 - 309. 要想获得在某家实际公司应用该模型的教学案例，参见：Christine I. Wiedman，"Instructional Case：Detecting Earnings Manipulation，" *Issues in Accounting Education*（February 1999），pp. 145 - 176；Messod D. Beneish，"A Note on Wiedman's（1999）Instructional Case：Detecting Earnings Manipulation，" *Issues in Accounting Education*（May 1999），pp. 369 - 370；Messod D. Beneish，"The Detection of Earnings Manipulation，" *Financial Analyst Journal*（September/October 1999），pp. 24 - 36。

⑤ 这个流程类似于第 5 章讨论过的识别破产预测因素的做法。

1. 日销售应收账款指数（DSRI）。日销售应收账款指数将当年应收账款年末余额占当年销售额的百分比这个比率与前一年度的相同比率联系起来。应收账款占销售额的百分比大幅提高可能意味着公司为了增加盈余而高估当年的应收账款和销售额。当然，公司信用政策的变化（例如放宽信用条件）也可能使应收账款占销售额的百分比大幅提高。

2. 毛利率指数（GMI）。毛利率指数将前一年度的毛利率与当年的毛利率联系起来。毛利率下降会使毛利率指数大于1.0。当年盈利能力较弱的公司很可能会操纵盈余。

3. 资产质量指数（AQI）。资产质量指除流动资产，财产、厂房与设备以及证券投资之外的剩余资产占资产总额的比率。剩余资产包括无形资产。与流动资产和财产、厂房与设备的未来效益相比，无形资产的未来效益具有更大的不确定性。资产质量指数等于当年低质量资产比例与前一年度低质量资产比例之间的比值。资产质量指数提高可能预示着公司增加了资本化数额，递延了原本应该作为费用处理的各种成本。

4. 销售增长指数（SGI）。销售增长指数等于当年销售额与前一年度销售额之间的比值。销售增长未必就意味着操纵。不过，增长型公司通常比成熟型公司更依赖外部融资。对低成本外部融资的需求可能会刺激管理层操纵销售额和盈余。成长型公司的经营年限不长，往往缺乏有效防范管理层操纵盈余的公司治理措施。

5. 折旧指数（DEPI）。折旧指数等于前一年度折旧费用占折旧前财产、厂房与设备净值百分比和当年折旧费用占折旧前财产、厂房与设备净值百分比之间的比值。折旧指数大于1说明公司可能通过延长折旧年限减缓折旧的速度，从而增加盈余。

6. 销售与行政管理费用指数（SAI）。销售与行政管理费用指数等于当年销售与行政管理费用占销售额的百分比和前一年度销售与行政管理费用占销售额的百分比之间的比值。销售与行政管理费用指数大于1可能意味着公司增加了用于提高未来期间销售额的市场营销费用。那些无法维持销售增长的公司可能会操纵盈余。当然，销售与行政管理费用指数大于1的另一种解释是公司无法充分资本化各种成本，只能将这些成本作为费用处理。那些企图操纵盈余的公司可能会递延各种成本，其销售与行政管理费用指数可能小于1。如果这种解释行得通，那么该变量系数就是负值。因此，只能基于一定条件来解释贝尼斯舞弊模型的这个变量。

7. 杠杆指数（LVGI）。杠杆指数等于当年流动负债和长期负债占筹资总额的比例与前一年度流动负债和长期负债占筹资总额的比例之间的比值。负债比例提高可能使公司面临更大的债务违约风险。为了规避债务违约风险，公司需要操纵盈余。

8. 应计总额/资产总额（TATA）。应计总额等于持续经营收益与经营活动现金流量之间的差额。为了使不同公司和不同时点的应计总额具有可比性，将应计总额除以年末资产总额。贝尼斯将这个变量作为衡量盈余来源于应计项目（而不是现金流量）程度的一个指标。持续经营收益显著超过经营活动现金流量说明应计项目在计量利润方面扮演着重要的角色。应计项目可以作为一种操纵盈余的手段。

贝尼斯分别建立了一个考虑盈余操纵比例的加权概率模型和一个未加权概率模型。我们将在本节举例说明未加权概率模型，财务报表分析软件包采用该模型计算贝尼斯的盈余操纵指数及盈余操纵的相应概率。未加权概率模型更倾向于将没有操纵盈余的公司归类为操纵盈余的公司（出现较多的第二种类型差错），但降低了出现成本最高的第一种类型差错的可能性。y分值计算如下：

$$
\begin{aligned}
y=&-4.840+(0.920\times \text{日销售应收账款指数})+(0.528\times \text{毛利率指数})+(0.404\times \text{资产质量指数})\\
&+(0.892\times \text{销售增长指数})+(0.115\times \text{折旧指数})-(0.172\times \text{销售与行政管理费用指数})\\
&-(0.327\times \text{杠杆指数})+(4.670\times \text{应计总额/资产总额})
\end{aligned}
$$

销售与行政管理费用指数的系数为负值表明，与前一年度相比，当年销售与行政管理费用占销售额的百分比较低会提高公司为了增加利润而操纵盈余的可能性。杠杆指数的系数也是负值。资本结构的债务比率下降可能意味着公司外部筹资能力下降。这时，公司为了将自己伪装成更健康的公司需要操纵盈余。销售与行政管理费用指数和杠杆指数的系数缺乏统计学意义。不过，既然我们无法解释多变量模型中与其他变量独立的系数的符号或统计学意义，那么，销售与行政管理费用指数和杠杆指数的系数缺乏统计学意义也就在情理之中。

贝尼斯模型在日光公司的应用

我们以日光公司（Sunbeam Corporation）的财务报表为例说明贝尼斯概率模型的应用。日光公司生产厨房用品和烧烤架。20世纪90年代中期，该公司的销售增长率和盈利能力相当低迷，公司普通股的市场价格也开始下跌。1996年中期，公司聘请艾尔·邓拉普（Al Dunlap）担任首席执行官。以“电锯艾尔”著称的邓拉普因大刀阔斧削减成本并推动困难公司实现战略转型而闻名。1996—1997年，邓拉普裁掉一半的员工，关闭或合并了日光公司半数以上的工厂，剥离了许多经营分部，宣布以新产品和公司收购为重点的主要增长点。

该公司1997年的报告显示，与1996年相比，公司各方面都得到显著的改善。销售额增长了18.7%，毛利率从8.5%提高到了28.3%。从1996年中期公司宣布聘用邓拉普到1997年末，公司的股票价格成倍上涨。

在宣告1998年第一季度的盈余之前，公司转型之路已经持续七个季度，一切似乎都在按计划进行。然而令分析师和股票市场震惊的是，日光公司居然对外报告1998年第一季度出现净亏损。分析师和媒体深入调查后发现，日光公司可能在1997年操纵了盈余。美国证券交易委员会对日光公司1997年中期涉嫌盈余操纵案进行了正式调查。1998年10月，日光公司做出回应，重述其1996年第四季度到1998年第一季度的财务报表。重述的财务报表揭示日光公司曾采取各种措施增加1997年度的盈余。这些措施包括：

- 日光公司1997年通过“提前购买”和“开票持有”的办法鼓励零售商在1997年的最后几个月内从日光公司购买存货。日光公司没有完全供货并取消了交易，却由此高估了1997年度的销售额和净利润。
- 日光公司高估了1996年第四季度的一笔重组费用。这笔重组费用原本应该列入1997年度的利润表。
- 日光公司低估了1997年度的坏账费用。

表6-7以日光公司1996年度和1997年度的原始财务报表数据和重述后的财务报表数据为例，列示了贝尼斯盈余操纵模型的运用。

表6-7　贝尼斯盈余操纵模型在日光公司的运用

变量的数值（未考虑系数）	原始数据		重述后数据	
	1996年度	1997年度	1996年度	1997年度
日销售应收账款指数	1.020	1.167	1.020	0.982
毛利率指数	2.403	0.300	2.303	0.393
资产质量指数	0.912	0.928	0.912	0.919
销售增长指数	0.968	1.187	0.968	1.090
折旧指数	0.752	1.284	0.752	1.290
销售与行政管理费用指数	1.608	0.516	1.665	0.632
杠杆指数	1.457	0.795	1.457	0.917
应计总额/资产总额	(0.196)	0.117	(0.208)	0.055
贝尼斯盈余操纵模型的y分值	(2.983)	(1.827)	(3.101)	(2.388)
盈余操纵概率	0.143%	3.386%	0.096%	0.848%

说明：本表数字保留三位小数。

采用与第5章讨论过的比弗破产预测测试相似的方法，选择反映盈余操纵的临界概率需要权衡第一种类型差错与第二种类型差错：

- 第一种类型差错将盈余操纵公司错误地识别为非盈余操纵公司。
- 第二种类型差错将非盈余操纵公司错误地识别为盈余操纵公司。

与第二种类型差错相比，第一种类型差错的成本更高。临界概率取决于分析师如何看待第一种类型差错与第二种类型差错的相对成本。也就是说，将一家操纵盈余公司识别为非盈余操纵公司的成本究竟比将一家非盈余操纵公司识别为盈余操纵公司的成本高出多少？第一种类型差错可能导致投资者在公司盈余操纵真相大白之后损失其在该公司的所有投资，而错误地将一家非盈余操纵公司识别为盈余操纵公司只会导致投资者失去投资机会，从而失去原本投资于该公司可能获得的收益。当然，投资者也可能投资于另一家公司。因此，与破产预测一样，第一种类型差错的成本更高。与某项投资占非多元化投资组合的比例很高的成本相比，如果该项投资占投资者多元化投资组合的比例很小，那么第一种类型差错的成本要低得多。第一种类型差错与第二种类型差错的相对成本组合形成的临界概率如下表所示：

相对于第二种类型差错，第一种类型差错的成本	临界概率
10：1	6.85%
20：1	3.76%
30：1	3.76%
40：1 或更高	2.94%

表 6－7 表明，以日光公司对外披露的原始数据为基础，其 1996 年度的盈余操纵概率是 0.143%。这个概率水平远远低于上面列示的第一种类型差错与第二种类型差错的相对成本组合形成的临界概率。因此，我们不能得出该公司存在盈余操纵的结论。不过，日光公司 1997 年度的盈余操纵概率攀升到了 3.386%。基于第一种类型差错与第二种类型差错的成本比例为 40：1 的假设，分析师可以推断日光公司就是一家盈余操纵公司。1996—1997 年度的各个变量变动分析显示，盈余操纵业已发生。应计总额/资产总额这个指数显著提高。日光公司对外报告的持续经营收益显著增加，从 1996 年度的净亏损 1.967 亿美元变成 1997 年度的净利润 1.231 亿美元。不过，经营活动现金流量却从 1996 年度的 1 330 万美元变成 1997 年度的－820 万美元。1997 年度的经营活动现金流量为负值的主要原因是应收账款和存货不断累积。1996—1997 年间的日销售应收账款指数有所提高，这是由“提前购买”和“开票持有”导致应收账款增加所致。由于公司采用激进的方法确认收入，销售增长指数也有所提高。尽管 1996—1997 年间的折旧指数有所提高，但公司的财务报表及其附注没有提供任何解释，难以推断公司是否有操纵盈余。1996—1997 年间的毛利率指数得到显著的改善，似乎降低了盈余操纵的可能性。不过，由于日光公司无法完全供货，取消了交易，因此毛利率指数的改善可能会产生误导。

表 6－7 表明，基于重述后数据计算出来的盈余操纵概率低于 1996 年度和 1997 年度的临界概率。基于原始数据和重述后数据计算出来的 1997 年度概率存在重大差异。重述后的持续经营收益减少，使得应计盈余更少，减少了该变量对盈余操纵指数的影响。有趣的是，如果日光公司从一开始就准确地报告其数据（即直接报告重述后数据），该模型并不能表明日光公司就是一家盈余操纵公司。当然，如果日光公司从一开始就对外呈报重述后数据，其股票价格很可能下跌。这大概是邓拉普希望避免的。

近年来不断曝出的公司滥用报告规则案使评估公司是否故意操纵盈余越来越重要。有关盈余操纵的学术研究还处于起步阶段。前述讨论的研究数据主要是 20 世纪 90 年代之前的数据。20 世纪 90 年代中期之后，商业环境发生了翻天覆地的变化，尤其是技术型公司。期待今后可以看到盈余操纵领域的更多研究成果。

盈余操纵风险的评估并不局限于财务比率，还应该考虑某些相关的定性因素。这些定性因素（如增加以股票期权为基础的薪酬数额、成长预期或大量的关联方交易）可能改变管理层的激励方式，增加盈余操纵的潜在成本。

6.7 全球财务报告准则

迄今为止，我们已经讨论了许多会计质量和可比性问题。本章讨论的这些问题同样适用于那些遵循非美国呈报制度（如国际财务报告准则）的公司。不过在比较在不同国家从事经营活动的公司的财务数据时有值得注意的其他重要问题。

跨国分析公司需要采取两个步骤：

1. 尽量使公司采用的列报方法和会计原则具有可比性。
2. 理解公司战略、制度结构以及公司从事经营活动所处国家的独特文化习惯。

从2005年开始，欧盟成员国公司的财务报表必须与国际财务报告准则公告一致。此外，国际财务报告准则与美国公认会计原则的趋同将是实现全球财务呈报一致性的中心议题。国际会计准则理事会和财务会计准则委员会都承诺将竭尽全力促使现有美国和国际会计准则理事会的会计准则兼容，并协调双方未来的工作项目，以确保既定目标一旦达成，会计准则之间的兼容性仍可保持。例如，财务会计准则委员会网站（fasb.org）的“项目”部分说明国际会计准则理事会和财务会计准则委员会正在联合研究各种项目。

总部不在美国但其债务或权益证券在美国资本市场交易的公司必须每年向美国证券交易委员会提交根据美国公认会计原则编制的10-K格式年报或20-F格式年报。过去，20-F格式年报必须包括一份根据国际财务报告准则（或公司所在国的会计准则）列报的显示股东权益和净利润与根据美国公认会计原则列报的股东权益和净利润之间差异的调节表。有了这些信息，分析师就可以将非美国公司的财务报表进行转换，使其与美国公司采用的会计原则具有可比性。

其实，所谓编制调节表就是要求在美国从事经营活动的外国公司保留两套财务记录。这是一项成本高昂的举措，也是一种遏制公司在美国上市交易的潜在手段。因此，美国证券交易委员会最近放松了对非美国公司的列报要求，接受根据国际会计准则理事会制定的国际财务报告准则编制的财务报告，该报告不再根据美国公认会计原则编制调节表。美国证券交易委员会最终规则（SEC Final Rule）第33-8879号为美国投资者提供了两套会计原则，即国际财务报告准则和美国公认会计原则。取消编制调节表是一个具有争议的问题。因为研究表明国际财务报告准则与美国公认会计原则之间依然存在显著差异，而取消编制调节表使美国乃至世界各国投资者原本可以获得的相关信息减少了。①

表6-8列示了爱立信公司20-F格式年报的调节表。爱立信公司是一家瑞典的手机制造商。爱立信公司在其20-F格式年报的附注32“基于美国公认会计原则的调节事项”中详细讨论了各个调节项目。该附注的篇幅超过5页。

尽管在分析跨国公司的财务报表时财务报表列报的可比性非常重要，但还是需要谨慎地解释财务报表数据。由于跨国公司在各国的经营环境千差万别，所以分析其财务报表较为复杂。跨国公司在其母国实施的经营战略在其他国家却难以实施。一些制度安排（如与银行的重要联盟、公司间广泛持股）在某个国家可能很普遍，而在其他国家并不常见。某个国家的文化特征可能影响公司在该国的经营活动，但这些文化特征却不见得与其他经营环境相关。②

---

① 并不是所有非美国公司都采用国际财务报告准则。许多公司必须提交根据母国会计准则或结合当地法律和偏好修正的国际财务报告准则编制的财务报表。因此，如果这些公司要在美国上市交易，必须根据美国公认会计原则调整其财务报表。

② 参见 Don Herrmann，Tatsuo Inoue，and Wayne Thomas，“Are There Benefits to Restating Japanese Financial Statements According to U. S. GAAP?” *Journal of Financial Statement Analysis*（Fall 1996），pp. 61－73。即便为了实现可比性而对外国公司财务报表进行调整，为有效地解释外国公司财务报表也必须考虑各种环境因素。本文提供了环境因素的一个例证。

表 6-8 爱立信公司 20-F 格式年报的调节表 单位：百万瑞典克朗

	2003 年度	2002 年度	2001 年度
股东权益调整			
对外报告的股东权益	60 481	73 607	68 587
软件开发支出资本化	6 409	11 652	16 502
利息费用资本化	133	172	211
养老金	(299)	440	99
商誉	2 700	1 064	—
套期保值	3 509	2 744	(2 196)
重组成本	1 442	217	1 458
销售租回	(1 381)	(2 063)	(2 176)
递延税款	(3 347)	(4 021)	(4 487)
其他	316	(609)	(197)
基于美国公认会计原则的股东权益	69 963	83 203	77 801
净利润调整			
对外报告的净亏损	(10 844)	(19 013)	(21 264)
重组成本	1 225	(1 240)	(1 642)
软件开发支出资本化	(5 153)	(4 940)	(2 135)
商誉摊销	1 636	1 064	—
养老金	(840)	459	1 006
套期保值	1 603	2 884	(2 233)
销售租回	682	113	(815)
递延所得税	533	966	2 042
其他	561	(211)	638
基于美国公认会计原则的净利润	(10 597)	(19 918)	(24 403)

资料来源：爱立信公司截至 2003 年 12 月 31 日的会计年度 20-F 格式年报。

本章小结

第 1～5 章讨论的财务报表分析框架以及第 10～14 章将讨论的预测与估值都假设公司对外报告的财务报表数据准确地反映了公司决策的经济影响。另一个假设是财务数据能够为预测公司未来盈利能力和风险提供丰富的信息。本章讨论了会计质量的概念。会计质量是评估公司对外报告的财务报表数据的信息含量的基础，也是评估公司盈利能力和风险或预测或评估公司价值之前调整财务报表数据的基础。

本章讨论了盈余管理、负债与资产的计量、报告质量以及可能降低会计质量的各种条件。为了更好地反映财务报表数据的经济信息含量，有必要调整财务报表数据。在讨论调整财务报表数据的必要性时，会计质量与盈余管理这两个概念经常被联系起来。我们将在第 7～9 章讨论筹资活动、投资活动和经营活动的财务报告问题，并更为详细地讨论会计质量问题。

综合案例

星巴克公司

第 1 章综合案例的表 1-15 至表 1-17 列示了星巴克公司 2009—2012 年度的财务报表。下面展现的是星巴克公司财务报表的附注 1“重要会计政策概述”所讨论的主要项目。

附注1：重要会计政策概述

各种估计与假设

根据美国公认会计原则编制财务报表时，要求公司管理层做出可能影响资产、负债、收入和费用对外列报数额的各种估计和假设。各种估计和假设包括但不限于：资产和商誉减损的估计、以股票期权为基础的薪酬放弃率、资产置换义务、存货储备、保险准备、未兑换储值卡的利润以及财务报表业已确认的某些事项的未来潜在税收问题。实际结果可能与这些估计和假设不同。

公允价值

公允价值是市场参与者之间在有序的交易中愿意接受的出售资产或偿还债务（脱手价格）的价格。金融工具和投资以公允价值计价或披露。我们以会计期间最后一天的市场报价（如果可以获得）为基础确定公允价值。如果相同资产无法获得市场报价，我们以类似资产的市场报价为基础或采用其他各种估值方法确定公允价值。我们采用内部开发的估值模型确定拍卖利率证券的公允价值。该模型涉及的变量包括利率曲线、信用与流动性基差以及有效到期日。

由于现金及现金等价物具有短期特征，其账面价值几乎就是公允价值。我们根据相同或相似债务的市场报价或相同期限债务的现行利率估计长期负债的公允价值。除非出现暂时减损，否则我们一次性以公允价值计量采用权益法和成本法核算的各种投资。我们采用各种现有的市场报价或折现现金流量确定公允价值。

坏账准备

确定坏账准备以历史经验、顾客信用风险和个别计价法为基础。截至2012年9月30日、2011年10月2日和2010年10月3日，公司坏账准备的数额分别为560万美元、330万美元和330万美元。

存货

我们采用成本（主要是移动平均成本）与市价孰低原则列报存货。我们对过时且周转慢的存货以及实物盘点可能出现短缺的存货计提了存货减值准备。我们以存货过时的速度、历史经验为基础，应用个别计价法确定存货减值准备。截至2012年9月30日、2011年10月2日和2010年10月3日，公司存货准备的数额分别为2 260万美元、1 950万美元和1 810万美元。

财产、厂房与设备

财产、厂房与设备以原始成本减去累计折旧之后的数额列报。财产、厂房与设备包括通过资本租赁取得的资产。财产、厂房与设备在其预计使用年限内采用直线法计提折旧。设备的预计使用年限通常为2～15年，而建筑物的预计使用年限通常为30～40年。租赁物改良支出以预计使用年限与相关租赁年限孰短为原则，在较短期限内摊销。租赁物改良支出的摊销期限通常为10年。我们对公司有权续租的租赁物通常采用原有租赁条款，剔除可续租期以确定预计使用年限。如果公司没有续租，就可能受到经济处罚。我们可能在起租日就确定续租是否合理并在确定预计使用年限时考虑可续租期。销售成本中包括与生产和分销设备相关的部分折旧费用。公司综合盈余表中包括租用成本。维修成本在其发生时作费用处理，而显著提高生产率或延长某项资产使用年限的修缮支出则作资本化处理。如果公司日后更新或出售这些资产，从在净利润中确认的剩余利得或损失中扣除资产成本及其相关的折旧费用。

商誉

我们每年第三季度实施商誉减值测试。如果经营环境（如绩效严重恶化或大量关店）表明报告单位的账面价值超过其公允价值，我们会更频繁地实施商誉减值测试。在评估商誉减值时，我们首先会做一个定性评估，确定报告单位的公允价值是否可能超过其账面价值。如果报告单位的公允价值没有超过其账面价值，我们就会计算报告单位的预计公允价值。如果商誉的账面价值超过其预计的公允价值，公司就会在当期确认一项商誉减值费用，将账面价值调整为预计的公允价值。

作为持续经营的一部分，由于门店绩效不佳或无法续租等种种原因，我们可能会关闭报告单位中某些有商誉的门店。我们会放弃这些关闭门店的相关资产（包括租赁物改良支出和其他不可转让资产）。根据美国公认会计原则，在确定处置某个经营分部的处置损失时，该经营分部的账面价值应该包括与其相关的商誉。在确定放弃相关资产时，我们要评估公司处置的报告单位是不是公司的经营分部。尽管正在经营的门店在关闭之前都符合经营分部的会计定义，但在关闭日该门店却不是一个经营分部。因为关闭日的剩余资产已经不是公司可以经营和管理的资产组的组成部分，难以为投资者提供收益。因此，在计算相关资产的处置损失时我们不将商誉考虑在内。如前所述，如果关闭门店意味着报告单位的商誉可能减值，我们会在关闭门店时评估报告单位的商誉。2012 年度和 2011 年度我们没有确认任何商誉减值费用，而 2010 年度我们确认了 160 万美元的商誉减值费用。

其他无形资产

其他无形资产主要包括具有无限寿命期的商标。我们每年都会实施商标减值测试。当然，如果事项或经营环境的变化表明该商标可能减值，我们会更频繁地实施商标减值测试。有限寿命期的无形资产主要包括基于合约的专利权和版权。这些无形资产在其预计寿命期内摊销。如果事实和经营环境表明可能难以收回其账面价值，公司会实施减值测试。根据减值测试的结果，2012 年度、2011 年度和 2010 年度公司的其他无形资产没有发生任何减值。

长期资产

如果事实和经营环境表明公司可能难以收回长期资产的账面价值，我们就会实施长期资产的减值测试。我们首先将长期资产账面价值与其预计（未折现）未来现金流量相比较。如果预计未来现金流量低于长期资产账面价值，我们就以长期资产的预计公允价值为基础确定减值损失。我们以内部预测的预计未来收入和经营成本为基础，采用折现现金流量模型估算长期资产的公允价值。在评估财产、厂房与设备的减值时，我们尽量以可辨认现金流量为标准将其归类。公司直营店资产的现金流量在每个门店都可以明确识别。公司处置的长期资产根据其账面价值与公允价值扣除预计出售成本后的差额孰低原则对外列报。

由于公司直营店经营绩效不佳，2012 年度、2011 年度和 2010 年度我们分别确认了减值和处置净损失 3 170 万美元、3 620 万美元和 6 770 万美元。根据减值资产的性质，综合盈余表可能会将下列情况确认为经营费用：零售门店将减值和处置净损失确认为门店的经营费用；其他门店将减值和处置净损失确认为销售成本（销售成本包括租用成本、其他经营费用或销售与一般行政管理费用）。

保险准备

我们综合运用保险与自我保险的机制（包括全资的专属保险机构和签订再保险协议）应对某些风险（包括员工薪酬、医疗津贴、责任保险、财产保险、董事与工作人员责任保险）可能引发的负债。我们没有将公司与这些风险相关的负债折现，而是主要根据历史索赔经验、人口数量、风险及其严重程度以及其他精算假设估算这些负债。

收入确认

合并收入以公司内部全资子公司、控股公司和按权益法核算（以公司拥有的股权百分比为基础）的授权商相互抵销之后的净额对外列报。此外，合并收入以扣除销售折扣、销售退回、销售折让和销售激励（包括返券和优惠券）之后的净额对外列报。

公司直营店收入

公司直营店的收入在销售并收取价款时确认。零售店收入以扣除向顾客收取但转交给税务机构的销售、使用或其他交易税之后的净额对外列报。

加盟店收入

加盟店收入包括向加盟店出售产品的收入以及授权商使用星巴克商标支付的特许权使用费和其他收入。根据合约条款，咖啡、茶叶及其相关产品的收入通常在装运并发送给授权商时确认。向授权商收取的装运费也确认为收入。综合盈余表的销售成本（包括租用成本）包括各种相关的装运成本。

根据新市场业务开发活动（如创业、房地产和门店开发计划，以及为了开拓新加盟店零售市场而提供经营材料和培训课程）所提供服务的实际绩效确认加盟店不可返还的原始开发费用。新加盟店一开业就确认额外的门店加盟费用。按对外报告的销售额和其他持续经营费用（如市场服务费）的百分比收取的特许权收入在赚取时按月确认。

包装食品、食品服务和其他收入

包装食品、食品服务和其他收入主要包括：（1）国内外包装咖啡和茶叶的销售收入；（2）向杂货商、批发店和专业零售店出售各种即饮饮料、单杯咖啡和茶叶的收入；（3）国内食品服务点收入；（4）根据特许权协议，向生产和营销星巴克和西雅图最佳咖啡品牌产品的制造商出售产品和特许权的收入。根据合约条款，公司通常在收取顾客或分销商的款项时确认咖啡、茶、即饮饮料以及杂货店和批发店的相关收入。我们根据历史经验估算未来产品销售退回数额，计提销售退回准备，冲减包装食品收入。收入以扣除为了促销而给予顾客的销售折扣和在顾客门店植入产品广告而支付的款项之后的净额对外列报。

根据特许权协议，公司通常在制造商或分销商收到产品时确认向生产和营销星巴克和西雅图最佳咖啡品牌产品的制造商出售产品和特许权的收入。公司按销售收入的百分比向制造商收取特许权收入，并在赚取时每月确认该收入。公司在顾客或分销商收到产品时确认国内食品服务点收入。

储值卡

公司在兑换或根据历史经验判断兑换可能性很小时确认储值卡（主要是星巴克储值卡）的收入。合并资产负债表的递延收入中包含顾客的储值卡余额。公司的储值卡没有到期日，也不会收取任何可能冲减顾客余额的服务费。我们一直尊重持有储值卡的顾客。当然，有些储值卡长期没有激活，管理层可能会评估其兑换的可能性。这时，根据无人认领财产法规定，如果管理层认为不必将储值卡余额上缴政府机构，储值卡余额可能被确认为综合盈余表的利息收入与其他收入净额。截至2012年9月30日、2011年10月2日和2010年10月3日的没有兑换的储值卡余额分别为6 580万美元、4 690万美元和3 120万美元。根据最近法庭根据州无人认领财产法的裁决，我们还在2012年度确认了与没有兑换的礼物卡相关的利润。

购买星巴克卡的美国、加拿大、英国顾客的每次消费都自动记入“我的星巴克奖励”（My Starbucks Reward）计划并得到绩点（“星”）。根据12个月内赢得的绩点数量，参与“我的星巴克奖励”计划的成员可以获得各种福利。递延收入中包括参与“我的星巴克奖励”计划成员赚取的可以获得免费产品的绩点的价值。公司根据即将兑换的绩点价值，在“我的星巴克奖励”计划成员赚取绩点时冲减收入。

营销与广告

公司每年的营销费用包括许多项目。其中的一个项目就是广告成本。除了某些生产成本在第一次推广活动时作为费用处理之外，多数广告成本在其发生时作为费用处理。

公司2012年度、2011年度和2010年度的营销费用总额分别为2.779亿美元、2.44亿美元和1.987亿美元。其中，公司2012年度、2011年度和2010年度的广告费用总额分别为1.824亿美元、1.414亿美元和1.762亿美元。

门店开办费

与新门店的创建和推广有关的各种成本在其发生时作为费用处理。

经营租赁

根据租赁协议，我们租赁了零售店、烧烤设施、分销与货仓设施以及办公场所。多数租赁协议包括租户改善补贴、免租金、租赁保证金、租赁免责条款和/或有租金条款。为了以直线法为基础确认奖励、租赁保证金和最低租赁费用，我们通常在进入租赁场所并按照预定用途加以改善且占用租赁场所的时候就开始摊销这些租赁保证金和最低租赁费用。

我们在合并资产负债表中将租户改善补贴和免租金列报为递延租金负债，并在租赁期摊销递延租金，冲减综合盈余表的租金费用。

我们在合并资产负债表中将签订租赁协议之前支付的租赁保证金列报为递延租金资产，并在租赁期摊销递延租金，增加综合盈余表的租金费用。

对于租赁期间的租赁免责条款或一开始（而不是开始占用租赁场所时）就支付的租金，我们在综合盈余表中按照直线法在租赁期内确认最低租赁费用。

有些租赁附带或有租金条款，如果毛利率超过某个具体水平就确定相应的租金。我们在合并资产负债表中确认或有租金负债。如果毛利率超过某个具体水平，或者我们认为该会计年度内毛利率可能超过某个具体水平，我们就会确认相应的租金费用。

如果采用经营租赁方式的公司直营店终止经营活动，其租赁合约中列明了应付房东的终止费用，我们会在向房东发放书面通知时确认终止费用。如果终止费用还要与房东协商，我们将在与房东签署协议时确认终止费用。如果房东不允许我们提前终止租赁但允许转租，我们就会估算转租收益的公允价值，并将在停用日支付给房东的剩余款项与转租收益之间的差额作为费用处理。

资产置换义务

我们在履行资产置换义务时按资产置换义务的公允价值确认一项负债。我们的资产置换义务主要与租赁物改良资产有关。为了满足租赁合约要求，租赁期满时我们必须根据合约要求拆除租赁物改良资产。租赁合约一生效，我们就确认资产置换义务负债和相应的资本性资产。其数额与资产置换义务的预计公允价值相同。公司根据众多假设条件估算该负债。这就涉及管理层的判断（包括关店成本、通货膨胀率和折现率），而且与该负债的预期未来价值密切相关。资本性资产采用与租赁物改良资产相同的折旧方法计提折旧。如果满足资产置换义务的条件，综合盈余表会将已经确认的资产置换义务负债与实际发生的资产置换成本之间的差额确认为经营利得或损失。截至2012年9月30日和2011年10月2日，“财产、厂房与设备”项目包括的资产置换义务资产净额分别为880万美元和1 180万美元，“其他长期负债”项目包括的资产置换义务负债净额分别为4 260万美元和5 010万美元。

所得税

我们采用资产负债表法计算所得税。由此产生的递延所得税就是财务报表账面数额与资产负债税基数额之间的暂时性差异。我们经常评估递延所得税资产可能实现的效益。如果在所有现有证据基础上确定某些税收效益无法实现，我们就会计提估值准备。只有当相关税收机构经核查认为公司面临的不确定性纳税环境很可能会继续维持时，我们才会确认因不确定性纳税环境而产生的税收效益。财务报表最大限度地（最终实现的可能性超过50%）确认了该税收效益。星巴克公司的“所得税费用”项目确认了与所得税相关的利息和罚金。

要求：

a. 描述星巴克公司的关键成功因素和风险因素。运用上述财务报表附注信息评估星巴克公司的会计质量。

b. 如果你认为星巴克公司的会计政策既不能合理地计量其资产和负债（即反映经济实质），也不能合理地计量净利润（即预测未来利润），为了改善会计质量，你对如何合理地计量资产、负债和利润有何建议（学习到这里，如果你不能提出具体的调整数值，至少也应该能描述可能改善财务报表的会计分录或知道做出这些会计分录需要哪些信息）？

c. 分别从信用分析、权益估值和管理层评估的角度评价你提出的调整建议。

第7章 筹资活动

- 7.1 权益筹资
- 7.2 净利润、留存收益、累计其他综合收益和准备金
- 7.3 债务筹资
- 7.4 租赁
- 7.5 运用衍生工具规避利率风险
- 7.6 债务筹资的会计处理与报告规则的预期变化

学习目标

1. 描述所有者投资（发行股票）与向所有者分配（发放股利与股票回购）的财务报表列报问题。
2. 解释以股份为基础的薪酬费用（股票期权、股票增值权和限制性股票）的会计处理问题。
3. 识别其他综合收益的各个组成部分。
4. 理解长短期负债（债券、应付票据、租赁和问题债务）的财务报告规则。
5. 解释混合证券的会计处理与财务列报问题。
6. 描述经营租赁与资本租赁如何对财务报表产生影响，在调整时需要将经营租赁转换为资本租赁。
7. 解释应用衍生工具规避长期负债利率变动风险的经济影响如何在财务报表中列报。
8. 理解债务和租赁的财务报告准则可能发生的重要变化。

第 6 章讨论了会计质量的概念。我们将在第 7～9 章更深入地讨论某些会计问题，使读者理解管理层有望用于充分呈现经营活动经济实质的会计流程。我们将在本章讨论与筹资活动相关的会计问题，关注资产负债表的右边。资产负债表的右边反映了公司向投资者筹集权益资本和向债权人筹集债务资本的结果。我们还将讨论筹资活动对利润和现金流量的影响。公司通过筹资活动筹集必要的资本从事投资活动（购置生产性资产和投资性资产）。我们将在第 8 章讨论投资活动。公司为了从事主要的经营活动将内部资金用于购置生产性资产。在第 9 章讨论经营活动。在第 7～9 章讨论管理层的各种选择和会计准则制定机构制定的各种会计准则。这些会计准则引导着财务报表的编制。会计一直在向财务报告的通用准则迈进，为了与这种快速发展保持同步，我们应同时考虑美国公认会计原则和国际财务报告准则。根据美国公认会计原则和国际财务报告准则，尽管许多会计实务大同小异，但我们还是会指出其重要差异。①

在学习本章有关筹资活动的重点问题之前，有必要回顾一下百事公司 2012 年 12 月 29 日的合并资产负债表（见表 1-4）。百事公司对外列报的资产总额为 746.38 亿美元。实际上，百事公司将所有资产都用于经营业务。这些资产的主要求索权是债权人的求索权，为 522.39 亿美元（即负债总额）。其中，长期负债与短期负债分别为 235.44 亿美元和 48.15 亿美元。权益求索权为 223.99 亿美元（即普通股权益总额）。本章不仅关注资产负债表体现的长期负债和短期负债的求索权，也关注股东权益的剩余求索权。

我们首先讨论权益筹资活动，包括通过发行普通股和优先股筹集资金，通过股利和股票回购将资金返还给股东，通过股票期权、股票增值权和限制性股票以股份（和股权升值）回报员工。接着，我们将讨论净利润和其他综合收益的影响。本章的第二部分将讨论债务筹资活动。我们将讨论应付票据、债券、问题债务、混合证券以及财务报表没有反映的负债（表外筹资）等项目的会计处理与列报问题。这些表外筹资项目包括经营租赁和基于横向可比性与风险分析目的而资本化的项目。我们还将讨论如何运用衍生工具规避长期负债的利率风险。最后会介绍截止到本书写作时会计准则制定机构正在审议的债务与租赁的财务报告规则可能发生的变化。

7.1 权益筹资

公司通过发行普通股筹集巨额资金，并将这些资金投入能够盈利的经营业务。资产负债表列报的股东权益总额（股东权益的账面价值）是各种投资额的基础。盈利能力分析（第 4 章）的权益报酬率、风险分

① 我们提供了美国财务会计准则委员会财务会计准则汇编项目的编号。截至 2009 年 7 月 1 日，这些法规在美国是权威性指南。当然，我们也会提及国际会计准则理事会的具体会计准则。

析的所有者出资指标（第5章）和以剩余收益为基础的权益估值涉及的净资产价值指标（第13章和第14章），都与该投资额有关。可能改变股东权益价值的三个主要事项是：

- 股东投资。公司通常在股票发行日收到现金净额。
- 股份分配。公司通常以现金股利的方式定期支付给股东或进行股票回购。
- 能够盈利的经营活动和投资活动。主要包括净利润和“其他综合收益”。

下面将分别讨论与这些事项相关的会计与财务报表披露问题。①

□ 股东投资：发行普通股

发行普通股的会计处理基本原则是以公司最初从投资者那里按公允价值收取的款项在资产负债表中记录权益求索权。如果发行股票的公司不能可靠地确定公允价值，也可以根据已经发行权益的公允价值记录该交易。基于非关联方交易价格就是独立交易公允价值的假设，只要确定了交易一方的公允价值，交易另一方的公允价值也就随之确定。

通常，投资者会将现金转给公司以获得权益利益。投资者也可以将资产（如财产）转给公司或为公司提供服务以换取股东权益。除了向投资者发行普通股，公司也可以发行其他类型的证券如优先股、购买普通股的期权或认股权证。② 这些事项都适用公允价值规则。公司将按公允价值收取的款项分为普通股（股票面值）和资本公积（按公允价值收取的款项超过股票面值的部分）。在许多美国之外的公司，资本公积通常指股票溢价。从财务报表分析的角度看，将公司按公允价值收取的款项分为普通股（股票面值）和资本公积两个部分意义不大。因为股票面值只是公司董事会对外宣告的一个数字，没有任何经济意义。事实上，有些公司还发行“无面值”普通股。③

普通股权益是公司的剩余求索权，数额等于公司偿还所有负债之后剩余的资产总额。由于普通股股东承担了剩余求索权增减变动的风险，因此普通股股东拥有投票权，进而拥有控制权。当然，公司与其他主体的契约关系可能会限制普通股股东的控制权。例如，通过收购公司所有的产品或应用公司所有产能的契约，或者随后通过购买的方式取得控制产能的权利，都可以取得公司的实际控制权。第6章讨论过的特定目的主体普遍采用这类契约。此外，债权人为了保护其对资产的求索权经常要求公司签订债务契约，限制普通股股东对公司某些经营与筹资决策（如公司扩张、股利支付和再融资）的控制权。

公司有时也发行优先股。公司发行优先股必须在维持公司控制权（优先股没有投票权）与引入优先股股东之间做出权衡。优先股股东是在所有资产分配方面（包括股利）都优先于普通股股东的另一类股东。优先股最初发行的会计处理与普通股发行的会计处理没有什么差别。公司发行优先股同样适用公允价值规则。在公司清算时，优先股的求索权位于普通股之前。因此，优先股（按其面值）在股东权益部分通常位

---

① *FASB Codification Topic 505* 描述了股东权益会计适用的美国公认会计原则。权益筹资是正式的国际财务报告准则指南不足的一个例证。除了披露（International Accounting Standards Board，*International Accounting Standard 1*，“Presentation of Financial Statements”）和以股份为基础的支付（International Accounting Standards Board，*International Accounting Standard 2*，“Share-Based Payment”）等准则，国际会计准则基本没有提到如何对股东权益交易进行会计处理。

② 普通股股东拥有优先权。如果公司增发股票，普通股股东可以维持其所有权比例。公司发行认股权证时并没有收取股东任何款项（对财务报表没有任何影响）。公司发行认股权证只需要正式确认业已存在的权利。如果投资者行使认股权证的权利，由此发行的普通股就相当于发行股票换取现金，公司必须在财务报表中列报该事项。公司有时也会发行另一种类型的认股权证作为反收购的手段。如果外部机构购买或试图购买公司巨额权益，那么股票回购权赋予现有股东购买更多公司股票的权利。

③ 公允价值通常以普通股发行日的价格计量。某些情境（本章和后续各章讨论这个问题）中可能会在两个时点计量公允价值：两部分交易的第一部分交易发生的时点（例如权证、可转换优先股和股票期权发行的时点）和公司收到现金的时点（例如股票期权或权证行使的时点）。有时，个人和政府可能捐赠资产给公司，尽管此时公司并没有发行任何股票，但现有股东的权益依然因个人和政府的捐赠而增加。捐赠入账的基础是捐赠资产的公允价值。

于普通股之前。除了股利和清算分配的优先权之外，如果公司没有宣告并支付股利，优先股的股利还可以累积（股利累积权）。公司在宣告并支付普通股股利之前，必须先宣告并支付拖欠的优先股股利，而且必须在财务报表附注中披露该信息。优先股可以在预定日期或根据公司的自由裁量权转换为普通股（有利于投资者的特征）或赎回（不利于投资者的特征）。优先股具有的这种看涨期权牵扯到一个更大的问题：特定类别的优先股应该归类为债务还是权益（本章后面部分将讨论这个问题）。

为了说明股东权益的会计处理，假设某公司通过发行权益证券筹集资金：

1. 以每股价格 5 美元发行面值为 1 美元的普通股 100 000 股。

2. 以每股面值 1 美元的普通股 28 000 股换取一块土地。该权益投资者以 85 000 美元购置了该土地。类似土地的最近交易价格为 150 000 美元。

3. 以 75 000 美元发行面值为 10 美元的优先股 5 000 股。

表 7-1 总结了这些交易对财务报表的影响。金额表示各个交易对财务报表项目的影响。该财务报表影响模板列示的相应会计分录展现了各个交易对具体项目的影响。

表 7-1 发行普通股和优先股的会计处理

	资产总额	=	负债总额	+	股东权益总额		
					投入资本	累计其他综合收益	留存收益
1.	现金 +500 000				普通股 +100 000 资本公积 +400 000		
现金 500 000 普通股 100 000 资本公积 400 000							
2.	土地 +150 000				普通股 +28 000 资本公积 +122 000		
土地 150 000 普通股 28 000 资本公积 122 000							
3.	现金 +75 000				优先股 +50 000 资本公积 +25 000		
现金 75 000 优先股 50 000 资本公积 25 000							

根据第一项交易，股东权益增加了投入公司的资产（现金）的公允价值。根据第二项交易，投入公司的土地的公允价值很容易确定为 150 000 美元（类似土地的现金价格）。该数额成为第二项交易的计量基础。不过，非现金资产的价值经常难以确定，可能有赖于公司对已发行普通股的公允价值的估计（例如活跃市场的股票价格）。值得注意的是，公司发行优先股或普通股时将投入资本分为股票面值和资本公积。

这些筹资活动的现金流量影响以现金来源列报于现金流量表的筹资活动部分。发行股票换取土地单独列报于现金流量表的“不影响现金的重要投资和筹资活动”项目。

参阅百事公司的合并资产负债表（见表 1-4）。根据百事公司在其股东权益部分披露的信息，该公司已经发行了 18.66 亿股普通股（董事会授权核定发行 36 亿股），回购了 3.22 亿股普通股（作为库藏股持有），现在流通在外的普通股数量为 15.44 亿股，每股面值为 $1\frac{2}{3}$ 美分（15.44 亿股×$1\frac{2}{3}$ 美分/股大约等于 2 600 万美元）。2012 年 12 月 29 日资本公积的余额说明普通股、股票期权和认股权证（后面部分再讨论这个问题）的发行价格超过股票面值 41.78 亿美元。百事公司列报了 4 100 万美元优先股，但由于优先股没有面值，因此没有单独列报资本公积项目。根据百事公司财务报表附注 12 披露的信息，该公司因桂格子公司的员工股票计划而发行了优先股。截至 2012 年 12 月 29 日，流通在外的优先股为 186 533 股，每股都可以根据持股者的期权转换为 4.962 5 股普通股。百事公司也可以以每股 78 美元加上应计和尚未支付股利的价格赎回优先股。我们将在本章后面部分讨论股票转换和赎回是如何影响财务报表的。

□ 向股东分配：股利

随着时间的推移，净利润不断累积于留存收益。留存收益作为股东权益的一个组成部分列报于资产负债表。股利分配减少了留存收益，只不过是将股东已经拥有的权益部分转移给股东，要将公司净资产某个期间的增加额确认为净利润。公司留存的净利润代表投资者对公司的再投资。

由于需要及时识别任何时点的股东记录在管理上十分复杂，因此正式宣告发放股利涉及三个重要的时点。

- 宣告日。即董事会宣告发放股利的日期。公司在宣告日会产生一项分配股利的法定负债。
- 登记日。股利的接收者在未来某个日期会成为股票的所有者，这个日期就是登记日。
- 支付日。股利实际分配日就是支付日。

通常，这三个时点之间会隔好几个星期。

公司通常以现金支付股利，也可以通过以下方式支付股利：

- 带息本票（票据股利）。
- 其他公司的股票投资（财产股利）。
- 公司资产，如财产（实物股利）。

在股利宣告日，无论是现金股利还是票据股利、财产股利和实物股利，公司将根据此时的公允价值调降这些股东权益的留存收益数额，同时确认一项负债。股利使公司的净资产减少。股东权益表将列报净资产的减少额。登记日对公司的会计处理没有任何影响。由于资产总额（现金或财产）和负债总额（应付股利）同时减少，支付日的权益总额没有任何变化（即净资产没有任何变化）。如果公司宣告发放股利但到了年末仍未支付，资产负债表的流动负债部分就会出现“应付股利”这样一项（非经营性）负债。①

在许多国家（尤其是美国之外的国家），留存收益的余额意味着支付股利的限额。不过，也可能出现公司支付给股东的股利数额超过留存收益余额的情形。这种股利称为清算股利。在多数国家，如果股利数额超过留存收益余额，公司必须根据增量部分调减投入资本数额。实际上，清算股利是对投资者原始投资额（即投资者购买公司股票时最初投入公司的资金）的一种返还。

股票股利与股票分割

公司有时会以股票股利的形式将公司的股票分配给现任股东。与其他股利形式不同，股票股利不会：

- 涉及将资产转移给股东。
- 引起股东权益总额的变化。
- 改变股东的持股比例。
- 改变投资者的财富。

会计准则和各国法定要求决定了股票股利和股票分割对留存收益和投入资本的影响。如果股票股利的数量不大（发放数量不超过普通股数量的 20%～25%），按照已发行股票的公允价值计算其数额并从留存

① 国际财务报告准则（国际会计准则第 1 号）要求公司披露提议但尚未批准的股利和年末之后宣告发放的股利。

收益项目转移到投入资本项目。由于美国公认会计原则没有明确界定中等规模股票股利（20%～100%）的会计处理方法，因此各州的公司法确定了中等规模股票股利的会计处理方法。在多数情况下（与美国证券交易委员会的指南一致），中等规模股票股利的会计处理方法是按股票面值在股东权益项目之间转移（也就是说，从留存收益项目转移到资本项目或在资本项目之间转移）。

多数大规模的股票股利分配（超过或等于100%）采用股票分割的方式。假设某公司希望其流通在外的股票数量翻倍而价格减半，那么该公司可以通过发行100%的股票股利或一股换两股的股票分割实现其目标。与中等规模股票股利的会计处理相似，大规模股票股利的会计处理方法取决于公司所在州的法律。多数情况下根据股票面值从留存收益项目或资本公积项目转移到普通股项目。公司也可能希望减少流通在外的股票数量，这时可能采用股票合并的方式。以两股换一股的股票合并为例，流通在外的股票数量将减少50%，每股价格将翻倍。过去，公司热衷于股票合并。因为公司要上市或吸引机构投资者就必须满足股票价格的最低限要求。相关政策禁止股票交易价格低于某个最低价格。

就股票分割而言，美国公认会计原则并没有要求将一定数额从留存收益项目转移到投入资本项目，但是各州的法律可能允许将一定数额从留存收益项目或资本公积项目转移到普通股项目。根据相关会计准则，为了保证股票分割前后的面值总额相同，必须调整每股面值。因此，如果50 000股每股面值为10美元的股票按一股换两股的方式分割，公司还要额外发行50 000股，并将总共100 000股的每股面值从原来的10美元降为5美元。

从财务报表分析的角度看，必须记住下列要点：

- 股票股利与股票分割的会计处理只是某个数额在股东权益总额之间的再分配。
- 由于公司并没有消耗任何资产（换句话说，公司并没有支付任何现金），因此股东权益总额保持不变。
- 流通在外的股票数量增加并没有同比例降低每股收益、每股账面价值和每股现金流量。

为了说明股票股利与股票分割的会计处理，假设麦斯特公司（Mystic，Inc.）在其2012年度财务报表中列报了下列事项：

- 流通在外的普通股数量为22.63亿股，每股面值为3美元。
- 2012年股票的每股平均价格大约为20美元。
- 2012年已经支付的普通股每股股利为0.20美元。

表7-2列示了下列事项对财务报表的影响（假设各个事项相互独立）。

1. 麦斯特公司宣告并支付股利4.526亿美元（22.63亿股×0.20美元/股）。假设麦斯特公司宣告后没几天就支付。

2. 麦斯特公司向普通股股东发放其他公司的普通股股票（有价证券的短期投资）作为发放财产股利。该证券的公允价值为200万美元，原始成本为180万美元。麦斯特公司采用市价法处理这些证券，并在按市价计量这些证券之后的某个时点宣告发放股利。

3. 麦斯特公司分配10%的股票股利（10%×流通在外的股票数量22.63亿股=2.263亿股；2.263亿股×每股面值3美元=6.789亿美元面值；2.263亿股×每股市场价格20美元=45.26亿美元公允价值）。

4. 麦斯特公司分配100%的股票股利（额外发行22.63亿股；22.63亿股×每股面值3美元=67.89亿美元面值）。

5. 麦斯特公司宣告一股换两股的股票分割。

6. 麦斯特公司宣告两股换一股的股票合并。

值得注意的是，以资产的形式（即现金和财产，第一笔交易和第二笔交易）分配股利会让股东权益总额减少（最后三栏的合计数）。以普通股的形式（第三笔交易和第四笔交易）分配股利会引起股东权益内部项目的重新安排，但股东权益总额没有发生任何变化。同理，股票分割（第五笔交易和第六笔交易）对股东权益总额或股东权益项目的余额没有任何影响。现金流量表的筹资活动部分列报了现金股利引起的现金流出。①

表7-2　股票股利与股票分割的会计处理　　单位：百万美元

宣告日：

	资产总额	=	负债总额	+	股东权益总额		
					投入资本	累计其他综合收益	留存收益
1.			应付股利　+452.6				留存收益　−452.6
留存收益　452.6 　应付股利　452.6							

登记日：没有会计分录

支付日：

	资产总额	=	负债总额	+	股东权益总额		
					投入资本	累计其他综合收益	留存收益
1.	现金　−452.6		应付股利　+452.6				
应付股利　452.6 　现金　452.6							
2.	投资　−2.0						留存收益　−2.0
留存收益　2.0 　投资　2.0							
3.					普通股　+678.9 资本公积　+3 847.1		留存收益　−4 526.0
留存收益　4 526.0 　普通股　678.9 　资本公积　3 847.1							
4.					普通股　+6 789.3		留存收益　−6 789.3
留存收益　6 789.3 　普通股　6 789.3							
5. 备忘分录记录了公司流通在外的股票数量翻倍至45.262亿股，每股面值降至1.50美元。							
6. 备忘分录记录了公司流通在外的股票数量减半至11.316亿股，每股面值翻倍至6美元。							

以百事公司2012年度的合并普通股权益表为例。百事公司在其留存收益调整部分列报了2012年度宣告发放的现金股利情况：普通股、优先股和限制性股票或限制性股票单位的现金股利分别为33.12亿美元、100万美元和2 300万美元。百事公司2012年度总共宣告发放现金股利33.66亿美元，留存收益减少了33.66亿美元。百事公司合并现金流量表的筹资活动部分列报了已经支付的现金股利33.05亿美元。截至资产负债表日，宣告发放的现金股利超过已经支付的现金股利的数额表现为非经营性负债（“应付股利”）的增加额。

向股东分配：股票回购

出于各种原因，公司可能通过股票回购向股东分配现金并减少股东权益总额。例如，员工薪酬计划经常赋予员工购买普通股的期权。为了满足行权的需要，公司可能回购股票，以便拥有自己的股票或者抵消

① 第三笔交易和第四笔交易假设麦斯特公司在相同期间宣告发放并分配股票股利。如果财务报表报告日在宣告日与分配日之间，那么表7-2的模板应该将“可供分配股票股利”作为权益抵减项目（而不是留存收益减少项目）列示。

因行权而发行股票导致对现有股东所有权的稀释。公司回购股票也可能仅仅是为了改变债务与权益融资的组合或向投资者传递某种信号，即公司管理层认为由于投资者低估了公司未来潜在的盈余或现金流量，股票市场低估了公司股票的价值。当然，流通在外的股票数量较少，意味着投票权的稀释程度较低。如果公司正面临一场收购战，避免投票权的稀释就显得尤其重要。

股票回购减少了权益。股票回购对现金流量表的影响显而易见。以现金形式减少的权益是筹资活动的一项现金流出量。当然，股票回购对利润表的影响也显而易见：没有任何影响。权益的减少就是公司向所有者的分配，该交易不影响利润。股票回购对资产负债表的影响取决于回购的股票是注销还是作为库藏股持有以备再发行。公司如果注销回购的股票，就应该扣除原先计入普通股（即面值）和资本公积的数额。出于自身的考虑或所在州的法律规定，微软公司和星巴克公司就是不断大规模回购自己的股票并注销回购的股票的典型例证。公司为了注销这些股票所支付的现金通常超过这些股票的原始发行价格。超过部分作为股利处理，就像常规现金股利那样从留存收益中扣除。回购股票支付的数额低于这些股票的原始发行价格的情况很少见。在这种情况下，资本公积有所增加，相当于股东将该数额作为一项永久性的资本投入留存于公司。

公司为了日后再发行而回购的股票称为库藏股。库藏股有两种可接受的会计处理方法：成本法和面值法。由于面值法的应用不普遍，我们重点讨论成本法。运用成本法有一个假设前提：库藏股将再发行。

以现金回购股票并以库藏股的形式持有减少了股东权益总额。库藏股并非公司的资产。公司不能拥有自己的股权。公司向其所有者支付现金就是向所有者的一种分配。根据成本法，这种分配会增加权益抵减项目（即库藏股）的数额。增加权益抵减项目的数额等于减少权益项目的数额。根据成本法，库藏股项目通常列示于股东权益部分的底部。随后，库藏股再次发行，权益抵减项目（即库藏股）的数额会减少。如果库藏股的再次发行价格高于（低于）库藏股的成本，资本公积会随之增加（减少）。从理论上说，库藏股再次发行与普通股的初次发行并没有什么差别（投资者投入资金，公司发行普通股），都没有任何利得或损失。

参阅百事公司合并资产负债表的普通股权益部分（见表1-4）。百事公司2012年和2011年合并资产负债表的普通股权益部分列报了一个抵减项目即“超面值回购普通股”（2012年和2011年回购股票的数量分别为3.32亿股和3.01亿股）。百事公司2012年末和2011年末“超面值回购普通股”项目的数额分别为194.58亿美元和178.70亿美元。百事公司过去年度的财务报表以一个抵减项目在股东权益部分按成本列报了库藏股，这种列报方法与该公司采用成本法核算库藏股是一致的。不过，为了披露相关信息，百事公司当期的财务报表将成本数额分为面值和超面值两部分。实际上，无论是过去的财务报表还是当期的财务报表，股东权益部分都扣除了库藏股的成本。

百事公司的合并普通股权益表解释了各个年度的普通股权益变动情况。股票回购总额为32.19亿美元，这是一笔现金流出，减少了权益资本数额。因此，百事公司合并现金流量表的筹资活动部分列报了该数额。该数额是百事公司2012年度单笔数额第二大的现金流出。加上已经支付的现金股利，百事公司2012年度返还给股东的现金总共有63.24亿美元。库藏股经常在行权时再次发行。我们将在下节讨论这个问题。

□ 以薪酬方式发行股票：股票期权

为了吸引、留住和激励员工，公司制定了薪酬计划。许多薪酬计划都包括固定或随员工绩效水平变动的现金薪酬。公司经常基于会计的利润指标（如权益报酬率）或股票报酬率解释这些薪酬计划。公司通常会在薪酬计划中赋予员工以某个固定价格购买公司普通股的权利或期权。如果某个期间内股票价格上涨，员工可以行权，以低于股票市场价格的某个价格购买公司的股票。这些薪酬计划称为股票期权。20世纪

90年代和21世纪初，股票期权得到广泛运用，俨然成为技术型公司员工薪酬组合的“主角”。①

股票期权允许员工在公司授予股票期权的时点以等于（或略超过）股票市场价格的价格购买普通股。如果股票市场价格上涨，超过股票期权的行权价格，员工就会行权。公司之所以授予员工股票期权，是因为股票期权具有将员工利益与股东利益联系起来的特征。显然，股票市场价格上涨有利于股东，也有利于员工。然而，股票期权与薪金形式的薪酬不同，在授予股票期权期间，公司不需要动用现金。此外，公司提供权益激励（如将股票期权作为薪酬组合的组成部分）可以增强其吸引和留住员工的能力。在行权之前，员工拥有股票期权，因此愿意与公司继续维持聘用关系。

理解以股份为基础的薪酬费用会计处理需要理解几个关键问题：

- 授予日是公司给予员工股票期权的日期。
- 行权日是员工可以行权的首日。
  - √ 行权日之前或股票期权有效期结束之后，员工不能行权。
  - √ 行权期内，为了提高员工保有率，加大激励强度，公司通常会合理制定股票期权计划，尽量缩短授予日与行权日之间的时间差。
  - √ 公司可能会延迟员工行权的时间（如延长一年或一年以上）或可能设置一个较高的行权价格，使员工在股票价格上涨之前无法行权。
- 交割日是员工选择行权并以现金购买普通股的日期。
- 行权价格是股票期权合约载明的购买普通股的具体价格。
- 市场价格是股票在市场交易的价格。
- 理论上说，股票期权的价值包括两个要素：(1) 由于股票市场价格超过行权价格，在行权日实现的收益（收益要素）；(2) 可以行权的期间长度（时间价值要素）。

在行权日之前无法知晓收益要素的数额。通常，行权价格低于股票现行市场价格的股票期权的价值（称为有价期权）高于行权价格超过股票现行市场价格的股票期权的价值（称为无价期权）。

股票期权的时间价值要素来源于在行权期间内股票市场价格上涨给股票期权持有者带来的收益。在行权期间内，股票市场价格超过行权价格越多，股票期权持有者的收益就越高。行权期间越长，股票期权的时间价值要素的价值就越大。股票市场价格的波动性越大，股利收益率和折现率就越低。值得注意的是，即使股票期权的行权价格可能超过股票现行市场价格（收益要素的价值为零），也依然有价值，因为行权日的股票市场价格有可能超过行权价格（时间价值要素的价值为正值）。随着股票期权到期日的逼近，时间价值要素的价值趋近于零。

公允价值是股票期权会计处理的基础。② 公司必须计量授予日股票期权的公允价值。由于员工股票期权的价值无法以一个在活跃市场交易中形成的可观察的价值来计量，因此多数公司采用布莱克-斯科尔斯模型（Black-Scholes model）或格点模型（lattice model）（如二项式模型）来估算股票期权的公允价值。有关股票期权估值模型的详细讨论超出了本书的范围，具体内容参见会计学文献。不过，任何模型都必须涵盖股票期权的行权价格、股票期权的条款、股票现行市场价格、预期股票市场价格变动性、股利和无风险利率等各种因素。③

---

① 近年来，由于担心管理层薪酬过高，股票期权的热度有所降低。不过，许多公司依然以股票期权计划作为激励薪酬。

② *FASB Codification Topic 718*。财务会计准则第123号公告（2014年修订）的发布意味着美国会计准则与国际会计准则的趋同。International Accounting Standards Board，*International Financial Reporting Standard* 2，“Share-Based Payment”.

③ 有关期权定价历史的详细阐述可以参见：Fischer Black and Myron Scholes，“The Pricing of Options and Corporate Liabilities，” *Journal of Political Economy*（May/June 1973），pp. 637－654。有关各种估值模型可靠性的评论可以参见：American Accounting Association's Financial Accounting Standards Committee，“Response to the FASB's Exposure Draft on Share-Based Payment：An Amendment of FASB *Statements No. 123* and *No. 95*，” *Accounting Horizons*（June 2005），pp. 101－114.

一旦公司估算出授予日股票期权的公允价值，就必须在员工服务期间（通常为行权期）内按比例将该数额确认为薪酬费用，并披露股票期权对薪酬费用总额的影响、评估股票期权价值的方法（模型）以及估算股票期权价值的关键假设。

股票期权会计处理的示例

假设某家网络公司决定保留现金，并允许以每股10美元的价格购买面值为1美元的股票期权9 000份来补偿管理层，以此将管理层利益与股东利益联系起来。现行股票市场价格为每股10美元。等待期为3年，之后7年内可以行权。公司用相应的股票期权定价模型评估股票期权的价值，结果是每份股票期权的价值为2美元。

表7-3列示了下列交易对财务报表的影响：

1. 授予日。
2. 在等待期的3年内每年确认薪酬费用。
3. 股票市场价格为每股18美元时行权。
4. 股票期权到期。
5. 某位管理者离开公司，在等待期的第3年初撤销其股票期权。

该股票期权的公允价值为18 000美元（每份股票期权2美元×9 000份股票期权）。由于管理者为公司提供服务，所以在授予日股票期权对财务报表没有任何影响。股票期权的公允价值18 000美元在等待期的3年内平均分摊，每年分摊6 000美元，增加了薪酬费用（净利润减少，留存收益也相应减少）。由于管理者接受期权（而不是接受现金薪酬），所以股票期权的资本公积增加了股东权益总额。值得注意的是，相互抵消之后，第二笔交易对股东权益总额（最后三栏的合计数）没有影响（留存收益减少，资本公积增加）。

行权（第三笔交易）涉及将股票期权和每股10美元的行权价格从管理者转移到公司。这影响了股东权益的三个项目，股东权益总额增加10美元，即收到现金的公允价值。值得注意的是，收到的现金并不等于普通股的公允价值。普通股的市场价格为每股18美元。该笔交易完成之后，权益项目反映的数额为普通股1美元和资本公积11美元，所以发行的普通股以每股12美元入账。这个数额等于收到现金的公允价值（10美元）加上授予日股票期权的公允价值估计值（2美元）。①

股票期权到期时（第四笔交易），管理者根据聘用协议投入公司的资金被重新归类为永久性投入的股东权益。如果管理者为公司服务不满三年，其股票期权将被撤销（第五笔交易）。当期的薪酬费用将扣除与被撤销股票期权相关的薪酬费用。这种处理方法是采用未来追溯法调整预期估计变动的示例。公司以员工预期为公司服务三年为基础，估计每年的薪酬费用为6 000美元。如果员工离开公司，其股票期权被撤销，就必须采用未来追溯调整法修改原先的估计数额，不需要调整以前期间的薪酬费用。②

股票期权产生了两项现金流量。行使股票期权增加了来自发行股票的现金，并以一项筹资活动列报于现金流量表。尽管表7-3的模板没有列示，但管理者行权时公司将得到一笔税收扣除额，等于行权日的股票市场价格减去行权价格（由于该数额是管理者的薪酬，所以管理者将就该数额纳税）。公司的节税额作为筹资活动的现金流入量处理。

---

① 如果之前购买了库藏股而不是发行新股，按库藏股的原始购买成本冲减库藏股，剩余的权益增加额计入资本公积。

② 我们假设公司没有预料到员工会丧失行权的权利。如果公司预料到员工将丧失行权的权利，原先估计的薪酬费用应该会低一些。我们展现的这种处理方法应该应用于未曾料到丧失行权的权利的情形。我们按照该股票期权的全额（而不是已经确认为薪酬费用的2/3）冲减薪酬费用，假设条件是最后一年分摊的薪酬费用不受影响。另一处理方法是薪酬费用减少4/3美元（2美元×2/3），第三年的薪酬费用减少6 000美元。

表 7-3 股票期权的会计处理

1. 授予日不必做任何会计处理（合约尚未生效）。但要以授予日股票期权价值计量其公允价值。公允价值为18 000美元（9 000份股票期权×每份股票期权2美元）。

第一年、第二年和第三年：

	资产总额	=	负债总额	+	股东权益总额		
					投入资本	累计其他综合收益	留存收益
2.					资本公积——股票期权 +6 000		薪酬费用 −6 000

每年：
薪酬费用　　6 000
　资本公积——股票期权　　6 000

行权：

	资产总额	=	负债总额	+	股东权益总额		
					投入资本	累计其他综合收益	留存收益
3.	现金 +10				普通股 +1 资本公积 +11 资本公积——股票期权 −2		

现金　　10
资本公积——股票期权　　2
　普通股　　1
　资本公积　　11

股票期权到期：

	资产总额	=	负债总额	+	股东权益总额		
					投入资本	累计其他综合收益	留存收益
4.					资本公积——到期的股票期权+2 资本公积——股票期权 −2		

资本公积——股票期权　　2
　资本公积——到期的股票期权　　2

撤销股票期权：

	资产总额	=	负债总额	+	股东权益总额		
					投入资本	累计其他综合收益	留存收益
5.					资本公积——股票期权 −2		薪酬费用 +2

资本公积——股票期权　　2
　薪酬费用　　2

"悬垂"期权

未行权的期权和预期未来可能发行的新股可能稀释公司价值。如果行权，公司可以收到与行权价格相等数额的现金，但为了满足行权的要求，公司必须向期权持有者提供股票。行权价格经常远低于股票市场价格，因此，公司必须额外拿出现金（这笔现金原本应该是现任股东的自由现金流量）从股票市场购买公司流通在外的股票。当然，公司也可以发行新股，但同样会稀释现有股东的每股价值。

"悬垂"期权可能很重要，尤其是对技术型公司而言，因为技术型公司喜欢以期权作为激励薪酬。如果以授予的期权数量占流通在外的股票数量的比例界定"悬垂"期权，那么思科公司（Cisco）2012年末的"悬垂"期权略低于10%。思科公司前5年的"悬垂"期权超过20%。大量行权和为了满足行权要求从公开市场回购股票，使思科公司的"悬垂"期权所有减少。

现有股东的“悬垂”期权可能引发的现金流量变动可以通过现行股票市场与行权价格（即期权的内在价值）之间的差额来计量。财务报表附注披露了该信息。例如，根据百事公司在其财务报表附注 6 中披露的信息，截至 2012 年 12 月 29 日，可行权的股票期权和限制性股票单位的内在价值分别为 5.677 亿美元和 8.150 亿美元。

分析师应该关注“悬垂”期权对公司价值潜在的负面影响。前述的内在价值并非现金流出量净额的准确估计值。如果尚未行权，该估计值可能较低。员工行权时，公司可以得到一笔税收扣除额，该估计值也将比较低。

□ 以股份为基础的薪酬计划：限制性股票与限制性股票单位

员工行权可能产生现金流量问题。为了取得（希望持有而不是出售）股票，员工必须支付行权价格并就薪酬纳税。在另一种以股份为基础的薪酬计划中管理层不必支付行权价格。在授予日，公司给管理层股份而不是股票期权（不过，数量会远远少于股票期权的数量。因为该股份的公允价值通常高于购买股票的期权的公允价值）。该股份在行权期内不能交易（限制性股票）。[①] 一旦等待期届满，管理层就可以得到一定数量股票的不可交易权利（限制性股票单位）。

为了说明限制性股票的会计处理，假设某家网络公司决定通过以下方式激励管理层。该公司在股票的每股市场价格为 10 美元时授予管理层普通股 1 000 股，每股面值 1 美元。等待期为两年。等待期届满之前该股票不能交易。表 7 - 4 列示了下列交易对财务报表的影响：

1. 授予日。
2. 在等待期的每年末确认薪酬费用。

表 7 - 4 限制性股票的会计处理

授予日：

	资产总额	=	负债总额	+	股东权益总额		
					投入资本	累计其他综合收益	留存收益
1.					普通股 +1 000 资本公积 +9 000 递延薪酬 −10 000		

递延薪酬	10 000	
普通股		1 000
资本公积		9 000

第一年和第二年：

	资产总额	=	负债总额	+	股东权益总额		
					投入资本	累计其他综合收益	留存收益
2.					递延薪酬 +5 000		薪酬费用 −5 000

每年：		
薪酬费用	5 000	
递延薪酬		5 000

与授予股票期权不同，由于在授予日就发行了普通股，公司需要做一个会计分录确认普通股的存在（第一笔交易）。值得注意的是，公司的净资产没有发生任何变化，股东权益总额也没有变化。参照市场价格很容易计量股票的公允价值，因此（相对于股票期权）薪酬数额的计量也更可靠。等待期内，管理者根

① “限制性”这个修饰词只是意味着授予的股票在行权期之前通常不能交易。限制性股票的持有者通常享有股利分配权和投票权。

据限制性股票计划获得薪酬（第二笔交易），薪酬费用影响了净利润，留存收益减少，递延薪酬（一个权益抵减项目）也随之减少。第二笔交易的净效应是一定数额的留存收益转入投入资本。资产总额或负债总额没有任何变化，股东权益总额自然也就没有任何变化。

由于近年来限制性股票和现金结算计划的广泛应用，股票期权的使用越来越少。一旦美国财务会计准则委员会不允许应用原来可接受的内在价值法评估股票期权的价值（通常为零），以股票期权作为薪酬的主要收益（即利润表不确认任何费用）便丧失殆尽。如此一来，限制性股票的应用就会越来越普遍。尽管限制性股票的应用可能给员工带来某些纳税问题，但与股票期权相比，股票期权到期时一文不值，而限制性股票还有点价值。这就是限制性股票给员工带来的主要收益。

□ 以股份为基础的薪酬计划：现金结算的以股份为基础的薪酬计划

任何一本书都难以完全罗列以股份为基础的薪酬计划的数量、复杂性和多样性。不过，本章所阐述的股票期权、限制性股票和限制性股票单位足以涵盖绝大多数以股份为基础的薪酬计划。

近年来，许多公司为员工制定了以股票价格增值为基础的现金薪酬计划。这些薪酬计划（经常称为股票增值权计划）是一种现金结算计划，不会像股票期权或普通股薪酬计划那样增加股东权益的投入资本数额。从理论上说，现金结算股票增值权计划与根据产出结果（例如，超过销售定额或盈余目标）以现金形式的奖金激励员工类似。关键的差异在于公司依靠股票市场评估公司的价值，决定需要支付现金的数额。

现金结算薪酬计划的会计处理方法是根据需要支付给员工的现金数额增加一项经营性负债，并相应增加一项薪酬费用。例如，思爱普公司（SAP AG）根据国际财务报告准则编制的财务报表描述了其“明星计划”（STAR plan）的运作情况，并指出“由于我们的明星计划采用现金结算，没有发行权益证券，因此，我们以报告日明星计划奖项的现行公允价值为基础确认该计划的负债”。

百事公司财务报表附注6“以股份为基础的薪酬费用”描述了该公司授予员工和董事会成员的股票期权情况。百事公司的长期激励计划也是许多公司实施的常规计划。百事公司股票期权的行权期通常是10年和3年。百事公司财务报表附注6的细分项目“以股份为基础的薪酬费用：会计处理方法与假设”指出，“我们用会计的公允价值法核算员工股票期权。我们用布莱克-斯科尔斯模型计量授予日的股票期权费用”。为了激励高管，百事公司还采用限制性股票单位和一种以盈余目标和股票价格为基础的薪酬计划（即百事公司权益绩效单位）。根据百事公司2012年度合并利润表，其2012年度的费用总额超过560亿美元。与2012年度的费用总额相比，百事公司2012年度以股份为基础的薪酬费用相对较少（只有2.78亿美元）。当然，有些公司（尤其是技术型公司）未必如此。

百事公司2012年度的合并现金流量表列报了4个与以股份为基础的薪酬计划相关的项目。在合并现金流量表的筹资活动部分，来自行使股票期权的现金总额为11.22亿美元。无论用什么指标来计量，这笔现金都算得上使权益筹资巨额增加。合并现金流量表的筹资活动部分还包括因员工行权给百事公司带来的税收效益。百事公司2012年度的税收效益为1.24亿美元。由于以股票期权为基础的薪酬费用是一种减少了净利润的经营费用（而节税额增加了净利润），因此合并现金流量表的经营活动部分也分两个项目列报。百事公司采用间接法编制合并现金流量表的经营活动部分。以股份为基础的薪酬费用是一种非现金费用。因此，以股份为基础的薪酬费用（2.78亿美元）必须加回净利润。此外，尽管额外的税收效益是一种现金来源，但根据相关规则，该现金来源不被视为经营活动。因此在计算经营活动现金量时，必须扣除该税收效益（1.24亿美元）。

7.2 净利润、留存收益、累计其他综合收益和准备金

除了投入资本，没有以股利的形式分配出去的留存收益可以为投资活动和经营活动提供资金。本节将讨论留存收益的列报问题。

□ 净利润与留存收益

到现在为止，我们所讨论的许多筹资方式（发行股票、股票回购和现金股利）都是直接改变股东权益的公司与股东之间的交易。其实，盈利的投资活动与经营活动也可以通过增加利润表中列报为净利润的净资产来增加股东权益总额。会计结账程序增加了股东权益表的留存收益，进而增加了资产负债表的留存收益余额。

百事公司2012年度的合并股东权益表将2012年初留存收益余额（403.16亿美元）调整为资产负债表日（2012年12月29日）的余额（431.58亿美元）。净利润（61.78亿美元）增加了留存收益（进而增加了股东权益总额）。宣告发放的普通股、优先股和限制性股票单位的股利则减少了留存收益。

□ 累计其他综合收益

股东权益的另一个项目累计其他综合收益是会计准则制定者允许重估某些资产和负债价值（称为其他综合收益）的产物。这种重估绕开利润表，直接列报于股东权益部分（与净利润项目的会计处理不同，其他综合收益首先出现在利润表中，然后通过留存收益体现为股东权益的增加额）。[①] 第3章讨论了综合收益的概念。本章简要讨论累计其他综合收益包括的项目，随后各章再详细讨论其会计处理与列报问题。根据美国公认会计原则，累计其他综合收益包括四个项目，国际财务报告准则又增加了第五个项目：

- **可供出售证券投资尚未实现的利得与损失**。只要公司存在可供出售证券（第8章将详细讨论这个问题）尚未实现的利得或损失，就会产生其他综合收益。公司每年都会在综合收益表中确认可供出售证券尚未实现的公允价值利得或损失变动额，并累计列报于累计其他综合收益项目。如果公司出售这些证券，就应该注销尚未实现的利得或损失项目，并在计量净利润时确认为已实现的利得或损失。
- **编制合并财务报表期间外币财务报表折算尚未实现的利得与损失**。在国外从事经营业务的美国公司通常采用期末汇率将其外国公司的财务报表计价货币转换为美元（第8章将详细讨论这个问题）。汇率变动可能产生尚未实现的外币利得或损失。在计量每期的净利润时，公司并不确认该利得或损失。相反，公司在综合收益表中确认外币折算利得与损失，并相应地增加或减少股东权益的累计其他综合收益项目。也许，采用累计其他综合收益反映外币折算利得与损失可以最大限度减少外币汇率波动对体现资产和负债现行价值的报告利润的影响。如果汇率出现反转或公司处置了其外国公司，就应该从累计其他综合收益项目中剔除尚未实现的外币调整额。当然，如果公司处置了其外国公司，还应该在净利润项目中确认一项利得或损失。
- **某些套期保值活动尚未实现的利得与损失**。现金流量套期保值的公允价值变动额也作为其他综合收

① *FASB Codification Topic 220*；International Accounting Standards Board，*International Accounting Standard 1*，"Presentation of Financial Statements."

益累计列报于资产负债表的其他综合收益项目。本章的后面部分和第9章将进一步讨论这个问题。如果公司对现金流量实施套期保值，就会对利润表产生影响，抵消部分重分类为当期净利润的累计其他综合收益。

- **某些养老金资产和负债变动尚未实现的利得与损失**。两个关键经济数据的变动会影响养老金的会计处理（第9章将详细讨论这个问题）。这两个关键经济数据就是养老金负债（所有预期未来需要支付给退休员工的养老金的现值）和养老金资产（为了支付养老金而专门拨出的现金和证券的公允价值）。用于计算负债现值的折现率和当期员工赚取的数额决定了负债的预期变动额。而资产投资的预期报酬率决定了资产的预期变动额。当期净利润通过养老金费用反映该预期变动额。折现率、实际的资产报酬率的变动可能导致资产和负债的意外变动。其他精算假设（如死亡率）引起的变动额作为尚未实现的利得和损失处理，列报于累计其他综合收益项目，并在一定期间内分摊至当期净利润。
- **长期经营性资产重估值尚未实现的利得与损失（国际财务报告准则增加的第五个项目）**。国际财务报告准则要求公司定期采用现行市场价值重估固定资产和无形资产的价值（第8章将讨论这个问题）。资产的重估增值将增加资产负债表股东权益部分的重估值准备项目的数额（类似于累计其他综合收益）。重估值后资产的折旧额或摊销额可能作为一项费用完整地出现在每期利润表上，也可能分解为利润表项目（以购置成本为基础计算的折旧额或摊销额）和重估值准备的扣除额（以现行市场价值超过购置成本的部分为基础计算的折旧额或摊销额）两个部分。

无论尚未实现的利得或损失是立即影响净利润或其他股东权益项目（累计其他综合收益）还是以后影响净利润，股东权益总额都一样。因此，分析师的关注点是资产或负债重估值和递延确认其对净利润的影响的恰当性。从某种意义上说，累计其他综合收益的变动只是暂时的（也就是说，终究难以预测利率、市场报酬率和汇率的变动），对未来盈余的预测应该剔除累计其他综合收益变动额。不过，分析师应该考虑公司管理层是否可以控制累计其他综合收益重分类为当期利润的节奏。我们将在第8章从交易性证券的角度进一步讨论这个问题。

综合收益和累计其他综合收益的起伏波动会影响公司的风险。这种起伏波动量化了利率、市场报酬率、汇率和商品价格风险对公司价值的影响。长期观察公司的综合收益可以发现，综合收益的波动性通常远远超过净利润的波动性。

□ 准备金

有些国家的公认会计原则允许某些收益项目绕过利润表，直接增加或减少股东权益项目的数额（类似于根据美国公认会计原则和国际财务报告准则处理的累计其他综合收益项目）。有些国家的会计实务做法是通过减少留存收益的数额创建一个准备金项目。例如，公司可能会减少留存收益，增加一个名为“应急准备或应急留存收益拨备”的股东权益项目的数额。随后将公司解决应急事项花费的成本在准备金项目中列支，而不是计入费用。因此，处理应急事项的成本绕开了利润表，通常会导致报告利润的高估。值得注意的是，应用这种准备金并不会错报股东权益总额。因为所有受影响的项目（留存收益、准备金项目和费用项目）都是股东权益的组成项目。因此，分析师对这些准备金的主要关注点是，评估剔除这些项目的报告净利润是否能合理地呈现公司的盈利能力并为估计未来盈余提供可靠的基础。分析师可以研究资产负债表的股东权益部分，判断公司是否会借助利润表，利用准备金项目避免列示合法的费用项目。在采用国际财务报告准则之前，这种类型的准备金在德国公司以会计准则为基础的报告体系中非常流行。

参阅百事公司合并资产负债表的普通股权益部分（见表1-4）。2012年12月29日，百事公司对外报告的留存收益和累计其他综合损失分别为431.58亿美元和54.87亿美元。留存收益余额表示（一定期间内百事公司）以净利润对外报告的净资产增加额减去宣告发放的股利。累计其他综合损失则表示由公司资产和负债重估值导致的净资产减少额（净利润中不包括该净资产减少额）。百事公司合并普通股权益表描述了2012年度累计其他综合损失的变动情况。资产负债表列报的累计其他综合损失从期初的62.29亿美元变为期末的54.87亿美元。累计其他综合损失的减少额（即当年产生的利得）是百事公司2012年度的净利润（62.14亿美元）与综合收益（69.20亿美元）之间的差额。百事公司的合并综合收益表列示了这个调整结果。[①] 百事公司确认的2012年度综合收益的利得大部分来源于外币折算利得（7.37亿美元）。由于外币折算和与养老金项目相关的损失，百事公司2011年度的综合收益（38.44亿美元）明显低于净利润（64.43亿美元）。在其他综合收益和累计其他综合收益或损失项目中确认诸如此类的利得和损失可能引起的一个争议是，这种类型资产和负债的重估值通常都是暂时的估值。也就是说，随着时间的推移，这种估值可能出现反转。分析师应该长时间考察累计其他综合收益的变化性质，判断当期利润中包括其他综合收益的各个项目是否有助于评估公司的风险和预测未来利润。

□ 关于权益的总结与解释

普通股权益代表权益投资者求索权的账面价值。普通股权益总额除以流通在外的普通股数量就得到每股账面价值。证券市场通过股票的供求关系决定普通股每股市场价格。市场价值与账面价值比率的计算公式为：

$$市场价值与账面价值比率=\frac{每股市场价格}{每股账面价值}$$

如果市场价值与账面价值比率刚好等于1，意味着权益的市场价值与账面价值相等。基于两个原因，市场价值与账面价值比率通常大于1。第一，会计的保守性（会计准则本身或管理层应用会计准则的结果）导致个别资产的账面价值通常等于或低于其公允价值（而不是高于其公允价值）。例如，如果公司的经营活动中包含大量的研究与开发活动（根据美国公认会计原则，研究与开发支出必须立即作为费用处理），那么，由研究与开发活动产生的那些没有入账的经济资产会导致每股账面价值低于其公允价值。第二，公司未来成长机会可能会推高每股市场价格，但会计在计量账面价值时却没有反映公司的未来成长机会。

根据美国公认会计原则和国际财务报告准则，只要交易已经发生或未决事项可以可靠地估计，财务报表就应该确认其账面价值。因此，股东权益的账面价值往往滞后于市场价值。第13章和第14章将讨论一种估值方法，即通过预测账面价值尚未反映的未来会计盈余将账面价值与市场价值联系起来。

7.3 债务筹资

第5章已经讨论过，公司可以用债务为其投资与经营活动提供资金，这有利于提高普通股股东的普通股权益报酬率。不过，应用债务也有风险和成本。债务提高了偿债风险，因此，随着公司资本结构中的债务数额不断增加，普通股股东的必要报酬率（即权益资本成本）也会不断提高。而且，债务产生的利息费用将使净利润减少。有鉴于此，财务报告和债务分析对于理解公司的盈利能力和风险非常重要。

我们将在本节讨论在资产负债表中确认的传统债务筹资活动的会计问题，包括发行长期应付票据和债

---

① 国际财务报告准则也要求公司编制其他综合收益表。

券、问题债务的会计处理、混合证券的发行和转换以及可能影响资产负债表确认的其他筹资活动（如出售应收账款和经营租赁）。我们将特别关注租赁筹资，向读者说明在评估财务风险时如何将表外租赁筹资纳入财务报表的范畴。

□ 长期负债筹资

第4章和第5章已经讨论过，具有盈利能力的公司可以运用杠杆提升普通股权益报酬率。对多数公司而言，杠杆效应的主要来源是以应付票据（主要是应付银行和其他金融机构的票据）、应付债券（应付各种债权人，包括公开市场的债券投资者）和租赁（与财产所有者、设备经销商或财务公司签订的合约）的方式举借的长期负债。

举债的证据包括债券合约、本票或租赁协议。这些文件将载明：

- 约定在某个具体日期支付本金。
- 约定在某个具体日期以现金的形式支付具体数额的利息（如果是租赁，则支付租金）。
- 赎回条款。
- 描述作为证券抵押品的财产。
- 债务是否可以转换为其他求索权。如果可以转换，以何种比率转换。
- 合约和限制性条款，包括偿债基金要求、营运资本限制性条款、股利支付条款、举借新债的限制性条款以及其他限制性条款。

本节将以应付票据为例说明长期负债的会计处理。除了可能在更活跃的市场上交易且具有更为确定的公允价值之外，应付债券的会计处理与应付票据相似。下节将讨论财务报表附注必须披露金融工具的公允价值，以及财务报表确认这些金融工具所采用的计量方法。百事公司财务报表附注9“债务与承诺”指出，百事公司用许多长期带息票据筹集资金。假设百事公司2013年1月1日向银行签发了1亿美元本票。该本票的期限为5年，2018年1月1日到期，每年1月1日支付5%的利息。银行将9 579万美元（取整数）转给百事公司。

在该票据有效期内，百事公司的现金流量为（单位：百万美元）：

签发票据时的现金流入量		95.79
每年现金流出量（支付利息）：		
票据面值	100.00	
票面或设定利率	×5%	
每年支付的现金利息	5.00	
年数	×5	
支付利息总额		(25.00)
偿还日现金流出量		(100.00)
现金流出量净额		(29.21)

现金流出量净额2 921万美元就是该票据的利息成本总额。权责发生制会计以一种富有经济意义的方式在该票据存续的5年内确认其利息成本。

银行为该本票支付的数额不足1亿美元，获得的报酬率将超过设定利率（5%）。也就是说，银行的该项投资充满风险，因此其收益率或实际利率应该超过5%。可以说，银行“低估”了该票据。实际利率（也称为收益率、到期收益率或报酬率）是交易风险特征的函数。对债权人（投资者）而言，实际利率就是其经济报酬率，而对债务人（筹资者）而言，实际利率就是其经济成本。用票面利率或设定利率乘以债务的面值就可以确定现金利息的数额。票据或私募债券的设定利率是协商的结果，或者只是提供给公开发行债券的潜在购买者的利率。①

许多因素决定了实际利率。任何实际利率都包含公司因运用债权人资金而必须给予债权人的补偿这个因素。如果资金来源于贷款，也许该资金还有更强的盈利能力。实际利率也反映了预期通货膨胀率。通货膨胀导致美元的未来购买力下降。此外，如果贷款以外币计价，那么各国经济状况的相对变动可能不利于将外币转换为美元。最后，公司特有的流动性和偿债风险（第 5 章讨论过这个问题）可以为实际利率之间的差异提供解释。

读者可以用下面的公式求解某项贷款的实际利率（i）：

$$\text{现值}=\sum_{n=1}^{t}\frac{\text{现金利息数额}}{(1+i)^n}+\frac{\text{到期价值}}{(1+i)^t}$$

$$95\,790\,000=\sum_{n=1}^{5}\frac{5\,000\,000}{(1+i)^n}+\frac{100\,000\,000}{(1+i)^5}$$

计算可得 i 为 6%。②

百事公司必须使用实际利率法核算该票据。表 7－5 是实际利息摊销表。将票据面值乘以设定利率（5%）就得到“现金利息数额”这栏的数字，而将期初票据面值（上一行）乘以银行收取的实际利率（6%）就得到“实际利息费用”这栏的数字。“现金利息数额”与“实际利息费用”之间的差额就是折价摊销额。

表 7－5　实际利息摊销表　　单位：百万美元

日期	现金利息数额（5%）	实际利息费用（6%）	摊销额	票据面值
2013 年 1 月 1 日				95.79
2013 年 12 月 31 日	5.00	5.75	0.75	96.54
2014 年 12 月 31 日	5.00	5.79	0.79	97.33
2015 年 12 月 31 日	5.00	5.84	0.84	98.17
2016 年 12 月 31 日	5.00	5.89	0.89	99.06
2017 年 12 月 31 日	5.00	5.94	0.94	100.00
	25.00	29.21		

期初账面价值（95 790 000 美元）是 2013 年 1 月 1 日银行借给百事公司的数额。百事公司承担最初借款额（95 790 000 美元）的利息费用（利率为 6%），实际利息费用为 5 750 000 美元。所以实际上该债务的数额增加了 5 750 000 美元。由于百事公司只向银行支付现金利息 5 000 000 美元，利润表列报的实际利息费用与支付的现金利息之间的差额（“摊销额”这栏列示的数额 750 000 美元）增加了该票据的面值。值得注意的是，由于百事公司对该债务承担固定的利息费用（利率为 6%），其各期的债务数额不断增加，因此各期的实际利息费用不断增加。每年增加的债务数额作为到期支付额（1 亿美元）的组成部分一并偿还银行。表 7－6 列示了这些交易和事项对财务报表的影响。

① 如果实际利率与设定利率相等，计算出来的票据现值将等于票据面值。如果债权人以面值购买债券或票据，那么该债券或票据就是“按面值发行”。

② 设定 n（每年支付利息的次数）＝5，payment（每年支付现金利息的数额）＝5 000 000 美元，present value（现值）＝95 790 000 美元，future value（未来值）＝100 000 000 美元，运用财务计算器就可以求出 i。

表7-6　应付票据的会计处理　　单位：百万美元

2013年1月1日签发票据：

资产总额	=	负债总额	+	股东权益总额		
				投入资本	累计其他综合收益	留存收益
现金　+95.79		应付票据　+95.79				

现金	95.79	
应付票据		95.79

2013年12月31日应计利息：

资产总额	=	负债总额	+	股东权益总额		
				投入资本	累计其他综合收益	留存收益
		应付票据　+0.75 应付利息　+5.00				利息费用　−5.75

利息费用	5.75	
应付票据		0.75
应付利息		5.00

2014年1月1日利息支付日：

资产总额	=	负债总额	+	股东权益总额		
				投入资本	累计其他综合收益	留存收益
现金　+5.00		应付利息　−5.00				

应付利息	5.00	
现金		5.00

2014年12月31日应计利息：

资产总额	=	负债总额	+	股东权益总额		
				投入资本	累计其他综合收益	留存收益
		应付票据　+0.79 应付利息　+5.00				利息费用　−5.79

利息费用	5.79	
应付票据		0.79
应付利息		5.00

2015年1月1日利息支付日：

资产总额	=	负债总额	+	股东权益总额		
				投入资本	累计其他综合收益	留存收益
现金　+5.00		应付利息　−5.00				

应付利息	5.00	
现金		5.00

2015年12月31日应计利息：

资产总额	=	负债总额	+	股东权益总额		
				投入资本	累计其他综合收益	留存收益
		应付票据　+0.84 应付利息　+5.00				利息费用　−5.84

利息费用	5.84	
应付票据		0.84
应付利息		5.00

长期负债的财务列报

应付债券和应付票据以采用发行（签发）日的实际利率计算出来的未来现金流量现值列报于资产负债表。值得注意的是，实际利息摊销表（表7-5）列示了票据各年末的账面价值。2017年12月31日，由于从资产负债表日（实际上，到期日是第二天即2018年1月1日）起票据必须在一年内清偿，因此该票据的到期价值（1亿美元）必须重分类为流动负债。将巨额的应付票据从长期负债重分类为流动负债可能对营运资本（流动资产总额减去流动负债总额）和流动比率（流动资产总额/流动负债总额）产生不利的影响。在实践中，有两种方式可以减少这种潜在的不利影响。第一，公司可能（因为债务合约的要求或作为公司现金管理政策的一部分）以流动性资产建立一个清偿债务的偿债基金。偿债基金将抵消债务重分类对营运资本的不利影响。①

第二种避免将长期负债重分类为流动负债的方式是签订一个再融资协议。如果公司有意且有能力以长期负债的方式再融资，美国公认会计原则允许公司在资产负债表日保留该债务的原来分类，依然列报为长期负债（当然，财务报表附注需要合理披露该信息）。审计师将调查公司是否在财务报表发布之前与债权人签订再融资协议以证明其再融资能力或作为公司已经实施再融资的证据。②

现金流量表列报了公司发行债券的实得款项、支付的利息和到期支付额。根据美国公认会计原则和国际财务报告准则，与债务本金相关的现金流量作为筹资活动列报于现金流量表。根据美国公认会计原则，利息费用的现金流量部分作为经营活动现金流出量列报于现金流量表。根据间接法，利息费用冲减了作为经营活动现金流量来源列报的净利润，利息费用并非现金流出量，因此，根据利息费用调整净利润就可以得到经营活动现金流量。也就是说，在现金流量表的经营活动现金流量部分，应付利息增加额必须加回净利润。债券折价（溢价）摊销额增加（减少）了利息费用，但利息费用并非现金流出量（流入量）。因此，在现金流量表的经营活动现金流量部分，债券折价摊销额也必须加回净利润，而债券溢价摊销额则必须从净利润中扣除。③

许多公司在其财务报表附注中披露公司支付的现金利息数额或在补充资料部分提供现金流量表。百事公司在其财务报表附注14中披露其支付的现金利息数额。根据国际财务报告准则，支付的现金利息数额可以列报为经营活动现金流出量，也可以列报为筹资活动现金流出量。根据美国公认会计原则和国际财务报告准则，利润表将利息费用列报为非经营性费用。

公允价值披露与公允价值期权

长期票据和债券属于金融工具，因此公司必须在财务报表附注中披露其公允价值。④ 回顾表7-5，2015年12月31日应付票据的账面价值为98 170 000美元，该数额称为摊余成本，因为是债务的原始“成本”（95 790 000美元）加上2013—2015年度银行折价摊销额之后的数额。该数额也是剩余现金流量（两次5 000 000美元的利息支付额和最终1亿美元的本金支付额）按实际利率（6%）折现的现值。

---

① 公司必须披露资产负债表日之后5年内每年的偿债基金和债券偿还计划。*FASB Codification Topic 440*.

② *FASB Codification Topic 440 and 470*.

③ 我们将在第8章讨论，公司自建资产的有些利息可以资本化为该资产的价值，由此可能导致利息费用与支付的利息数额之间存在差异。资本化利息是现金流量表投资活动部分的一项现金流出，并作为资本支出的组成部分列报于现金流量表的投资活动部分。

④ *FSAB Codification Topic 825*; International Accounting Standards Board, *International Financial Reporting Standard 7*, “Financial Instruments: Disclosures.”

$$98\,170\,000=\sum_{n=1}^{2}\frac{5\,000\,000}{(1+0.06)^n}+\frac{100\,000\,000}{(1+0.06)^2}$$

如果自该票据原始签发日期起市场必要利率已经发生变化，该债务的公允价值也将随之发生变化。假设 2015 年 12 月 31 日百事公司票据的市场必要利率为 7%，那么该票据的公允价值为：

$$96\,380\,000=\sum_{n=1}^{2}\frac{5\,000\,000}{(1+0.07)^n}+\frac{100\,000\,000}{(1+0.07)^2}$$

百事公司将在其资产负债表中列报摊余成本 98 170 000 美元（可能与其他长期负债合并列报）并在财务报表附注中披露其公允价值 96 380 000 美元。

最近美国财务会计准则委员会和国际会计准则理事会都通过了一项会计准则。该会计准则允许公司以公允价值（而不是摊余成本）为基础在资产负债表中列报其金融负债（和金融资产）。[①] 百事公司打算采用公允价值列报该负债。其资产负债表将列报应付票据 96 380 000 美元，利润表将确认一项长期负债尚未实现利得（参见表 7-7），数额为 1 790 000 美元（98 170 000－96 380 000）。关于如何确认以公允价值为基础列报的长期负债所产生的利息费用却缺乏相应的会计准则。不过，以新的市场利率和新的账面价值为基础应用（前述的）实际利率法倒是与现有会计实务相吻合。公司必须决定各种新型融资工具是否会选择以公允价值作为计量基础。各种金融工具的计量基础不必保持一致，因此，有些公司的资产负债表可能以摊余成本列报某些融资工具而以公允价值列报其他融资工具。

表 7-7　应付票据重估值的会计处理

单位：百万美元

2015 年 12 月 31 日按公允价值重新计量：

资产总额	=	负债总额		+	股东权益总额			
					投入资本	累计其他综合收益	留存收益	
		应付票据	−1.79				尚未实现利得	+1.79
应付票据				1.79				
尚未实现利得					1.79			

计量公允价值

公司披露公允价值面临的挑战是如何取得可靠的数据。过去，会计准则制定者倾向于避开公允价值计量，而采用公司与外部主体独立交易所产生的可靠历史数据。不过，近年来，会计准则制定者认为公允价值数据与决策的潜在相关性比潜在的计量可靠性更重要。如果计量的项目是金融资产或金融负债，而公司又可以提供用于判断数据可靠性水平的信息，那么公允价值数据与决策的潜在相关性就显得更为重要。例如，如果公允价值与账面价值存在显著差异，分析师在计算加权平均资本成本时可能就会采用债务的公允价值估计数。

第 2 章在讨论公允价值时曾提及，相关权威指南区分了计量公允价值的输入参数层次。第一层次输入参数提供了最可靠的计量基础，公司应该尽量采用第一层次输入参数，而后才依次考虑采用第二层次和第三层次输入参数。公司应该披露计量各项资产或负债所采用的输入参数层次。如果公司采用多种输入参数层次计量各项资产或负债，则应该披露可靠性最低的输入参数层次对计量各项资产或负债的重要影响。根据百事公司财务报表附注 10，该公司采用第二层次输入参数确定其长期负债的公允价值。截至 2012 年 12 月 29 日和

① Financial Accounting Standards Board, *Statement of Financial Accounting Standards No. 159*, "The Fair Value Option for Financial Assets and Financial Liabilities" (2008); *FASB Codification Topic 825*; International Accounting Standards Board, *International Financial Reporting Standard 39*, "Financial Instruments: Recognition and Measurement."

2011 年 12 月 31 日，以公开市场相似金融工具的价格为基础，百事公司列报的长期负债分别为 305 亿美元和 298 亿美元。与此同时，资产负债表列报的长期负债账面价值分别为 283.59 亿美元和 267.73 亿美元。这意味着自百事公司产生原始债务开始，利率就在下降（也就是说，以较低的利率折现固定数额的现金流量增加了该债务的现值）。百事公司没有选用公允价值计量其债务，因此其 2012 年度的净利润中不包括大约 21 亿美元的尚未实现损失（当期债务公允价值超过其账面价值的部分）。

不过，也有人质疑公允价值的相关性，主要是担心采用第二层次和第二层次输入参数估算公允价值的可靠性。尽管采用第一层次输入参数（公开市场价格）估算公允价值在直觉上具有吸引力，但如果公开市场并非“有序”市场，那么采用第一层次输入参数估算公允价值也不够可靠。2008—2009 年，抵押证券市场不停波动，有些人因此开始质疑该市场是否“有序”。

减少债务

公司可以通过在债务到期时偿还本金来减少债务。当然，公司也可以通过在公开市场购买可以交易的债务或行使赎回权或转换权来提前偿还债务。偿还债务需要花费的数额与偿还日债务的账面价值之间的差额作为已实现利得或损失列报于利润表。偿还债务耗用的现金流作为一项筹资活动现金流出列报于现金流量表。债务的“视同清偿”，即将资产转移或抵押给某个不可撤销信托以清偿暂时存在的债务，曾经是另一种把债务从资产负债表中剔除的流行方式。现在，美国公认会计原则和国际财务报告准则禁止公司通过“视同清偿”来终止确认债务。

□ 问题债务的会计处理

20 世纪后期的金融危机导致许多公司难以偿还债务，因此宣告破产或重新协商债务条款。本节将讨论债务人如何处理问题债务的重组。[①] 从债务人的角度看，可以通过两种方式处理问题债务：结清债务和修改条款。

因为债权人同意以低于债务账面价值的款项结清债务，所以对债务人来说，结清问题债务可能产生经济利得。如果债务人通过转让非现金资产（例如某项抵押资产）结清债务，那么在转让之前必须将其账面价值调整为公允价值。由此产生的利得或损失列报于利润表。结清债务的利得是已结清债务的账面价值（本金与应计利息之和）与非现金资产或清偿债务现金的公允价值之间的差额。当然，公司也可以通过发行股票结清债务。这时，发行的股票以其公允价值入账，债权人的利得就是该债务的账面价值超过所发行股票的公允价值的部分。

除了接受资产或以普通股结清债务之外，债权人也可以修改债务条款（例如，减免还款额或延长还款时间），希望债务人能在较宽松的偿债条款下从事经营活动。根据美国公认会计原则，如果修改了债务条款，债务人必须将重组后债务的（未折现）未来现金流量总额与该债务的账面价值进行比较。如果重组后债务的（未折现）未来现金流量总额依然大于该债务的账面价值，债务人没有必要调整该债务的账面价值（即没有发生任何利得）。未来要采用实际利息法确认利息费用，即以一个新的利率将重组后债务的未来现金流量总额折现为当期的账面价值。

① 有关债务人的美国公认会计原则可以到 *FASB Codification Topic 470* 中查找。我们将在第 8 章讨论债权人一方的问题债务会计处理方法。在问题债务的重组过程中，债权人对陷入财务困境的债务人做出了让步。近年来，FASB 发布了“A Creditor's Determination of Whether a Restructuring is a Troubled Debt Restructuring,” *Accounting Standards Update No. 2011－02*（Norwalk，CT：FASB 2011），明确债权人让步是指债权人得到的重组后现金流量低于原先合约载明的现金流量，而财务困境意味着债务人可能无法偿还全部或部分原先合约载明的现金流量。国际财务报告准则（“Financial Instruments：Recognition and Measurement,” *International Accounting Standard No. 39*，修订后于 2011 年 1 月 1 日生效）要求对债务重组做出类似的处理。根据国际财务报告准则，公司必须提供导致预期减值损失的客观证据。

如果重组后债务的（未折现）未来现金流量总额小于该债务的账面价值，债务人应将该债务的账面价值调减至重组后债务的未来现金流量总额，并确认利得。因为所有未来现金流量就是本金的偿还额，所以未来不必确认利息费用，也就是假设折现率为零。这种会计处理方法很稳健，因为在债务人实际确认利得之前，未来现金流量必将显著减少。这种稳健的会计处理方法的结果是使陷入困境且必须重新商定债务协议的债务人的确认利得减到最少。由于忽略了确定问题债务账面价值的未来重组后现金流量的现值和债务重组的利得，而且经常导致后续确认利息费用以一个不现实的利率假设为基础，因此问题债务的稳健性会计准则饱受批评。

我们从债务人的角度以下面的示例对照说明美国公认会计原则和国际财务报告准则对问题债务的会计处理方式。假设论坛报业公司（Tribune Co.）欠美国银行（Bank of America）2 000 000 美元（五年期，票面利率为 8%，按面值发行）。按计划支付一年之后，论坛报业公司陷入财务困境。第二年末，论坛报业公司欠了美国银行 2 160 000 美元（本金 2 000 000 美元加上应计未付利息 160 000 美元）。美国银行重新修改了该票据，豁免论坛报业公司应付利息 160 000 美元，并将票据的本金调减至 1 800 000 美元，将票面利率调降至 7%。

根据美国公认会计原则，论坛报业公司将重组后债务的未来现金流出量总额（即未折现）与该债务当前的账面价值进行比较（单位：美元）：

重组后债务的未折现未来现金流量：		
调整后的本金	1 800 000	
调整后的利息（1 800 000×7%×剩余年限 3 年）	378 000	2 178 000
该债务当前的账面价值：		
原来的本金	2 000 000	
原来的应计利息	160 000	2 160 000

由于未折现未来现金流量超过该债务当前的账面价值，论坛报业公司没有确认利得。未来利息费用采用实际利率法核算。实际利率是使未来现金流量现值与该债务的现值（即当前账面价值）相等的利率。

$$2\,160\,000=\sum_{n=1}^{3}\frac{126\,000}{(1+i)^n}+\frac{1\,800\,000}{(1+i)^3}$$

解得 i 是一个非常小的利率（0.002 9%）。

如果美国银行将本金调减至 1 700 000 美元，论坛报业公司将做如下比较（单位：美元）：

重组后债务的未折现未来现金流量：		
调整后的本金	1 700 000	
调整后的利息（1 700 000×7%×剩余年限 3 年）	357 000	2 057 000
该债务当前的账面价值：		
原来的本金	2 000 000	
原来的应计利息	160 000	2 160 000

由于未折现未来现金流量小于该债务当前的账面价值，论坛报业公司将该债务的账面价值调减至 2 057 000美元并确认利得 103 000 美元（2 160 000－2 057 000）。未来现金流量现在等于现值（即调减后的账面价值），因此不存在未来利息费用（即实际利率为零）。

根据国际财务报告准则，论坛报业公司将重组后债务的未来现金流出量的现值（而不是根据美国公认会计原则使用未折现现金流量）与该债务当期的账面价值进行比较。如前所述，美国银行将本金调减至 1 800 000美元。采用历史实际利率（8%）计算现值的过程如下所示（单位：美元）：

未来现金流量的现值（使用财务计算器）：		
FV＝1 800 000		
PMNT＝1 800 000×7%＝126 000，i＝8%，n＝3		1 753 612
该债务当期的账面价值：		
原来的本金	2 000 000	
原来的应计利息	160 000	2 160 000

国际财务报告准则采用“10%法则”确定是否确认利得。1 753 612美元的现值比账面价值2 160 000美元低了23.2%（即超过了比账面价值低10%的界限），因此，论坛报业公司确认了利得。该利得的数额等于该债务的公允价值低于该债务当期账面价值的数额。计算重组后债务的现金流量的公允价值需要使用现行市场利率（而不是历史利率8%）。例如，鉴于论坛报业公司陷入财务困境，假设论坛报业公司更合适的现行利率为12%。以12%的利率折现相同的现金流量得到的现值为1 583 835美元。因此论坛报业公司将以1 583 835美元列报该重组后债务的账面价值，并在净利润中确认利得576 165美元（2 160 000－1 583 835）。根据国际财务报告准则，论坛报业公司将采用12%的实际利率确认未来利息费用，从而正确地摊销调整后账面价值，直至调整后账面价值等于到期日的调整后到期价值。

如果按历史利率折现的重组后现金流量的现值不超过该债务账面价值的10%，那么论坛报业公司不会确认利得。如果任何利得都不确认，那么采用美国公认会计原则还是国际财务报告准则对利润的影响都差不多。国际财务报告准则采用更经济合理的现值法确定清偿数额，而美国公认会计原则采用更为稳健的未折现未来现金流量法，重组后债务的调整后账面价值相对较低。因此，根据美国公认会计原则确认的利得将大于根据国际财务报告准则确认的利得。

□ 混合证券

公司为了筹集资金而发行债券和优先股。然而，这些债券和优先股的计量和分类存在许多模棱两可的问题。因为这些证券具有期权特征（即具有债务和权益特征，如可转换债券），所以将这些证券称为混合证券或复合筹资工具。例如，公司经常发行优先股。在一定期间之后，公司拥有用现金或普通股赎回这些优先股的权利。① 优先股究竟应归类为债务还是权益，取决于谁拥有赎回权利以及公司根据美国公认会计原则还是国际财务报告准则列报优先股。如果赎回发生于某个时点或取决于某个事件（例如持有者死亡），美国公认会计原则和国际财务报告准则都将优先股作为一项负债处理。这种优先股通常称为强制性可赎回优先股。如果赎回由发行优先股的公司决定（即优先股是可赎回优先股），美国公认会计原则和国际财务报告准则都将优先股作为一项权益处理。如果赎回是持有者的权利（即优先股是可回售优先股），美国公认会计原则要求公司在资产负债表的负债部分与权益部分之间披露该优先股（即所谓“夹层”披露），而国际财务报告准则要求公司将该优先股作为一项负债披露。

可转换优先股类似于优先股。可转换优先股的持有者有权按照预定的转换率将优先股转换为普通股。例如，某个优先股持有者拥有1 000股（面值为100美元，股息率为7%）可转换优先股，有权将每股可转换优先股转换为5股面值为10美元的普通股。在发行日，将可转换优先股作为优先股处理。（根据发行日优先股的公允价值导致权益增加的数额）如果可转换优先股转换为普通股，只需要将优先股的数额转到普通股即可。

---

① 下面的讨论基于：*FASB Codification Topic 480*；Securities and Exchange Commission，*Accounting Series Release No. 268*，“Presentation in Financial Statements of Redeemable Preferred Stock”；International Accounting Standards Board，*International Accounting Standard 32*，“Financial Instruments：Presentation”（修订后于2011年1月1日生效）。

债权人有权将可转换债券按照预定的转换率转换为普通股。债权人拥有：(1) 具有设定利率和到期日的债券；(2) 将债权转为权益的选择权。不过，债权和选择权特征在二级市场不能分别交易。债权人持有可转换债券可以得到利息，这是一种债权特征。债权人也有权将债权转换为权益，这是一种权益特征。根据美国公认会计原则，会计师曾经将可转换债券作为金融负债处理并确认利息费用。将债权转换为权益的选择权既没有估值，也没有入账。根据国际财务报告准则，债权和选择权特征分别入账，这两个独立要素在一定程度上可以可靠地估计其公允价值。

根据美国公认会计原则和国际财务报告准则，多数公司采用账面价值法处理混合证券的转换问题。账面价值法的基本理念是转换只是原始交易的一种终极方式。将债务转换为权益时，只需要将债务（和根据国际财务报告准则确认的权益）的数额转到股东权益项目。美国公认会计原则和国际财务报告准则都允许公司采用市场价值法。根据市场价值法，普通股的市场价值决定了转换交易的基础。不过，采用市场价值法可能会产生巨额损失，因此很少有公司采用这种方法。

我们下面举例说明混合证券的会计处理。根据数字河流公司（Digital River，Inc.）2008 年 12 月 31 日合并资产负债表，该公司 2004 年发行了面值为 1.95 亿美元、利率为 1.25%的 20 年期优先级可转换票据。每 1 000美元的票据本金可以转换为 22.6948 股面值为 0.01 美元的数字河流公司普通股，每股转换价格为 44.063 美元。根据美国公认会计原则和国际财务报告准则，表 7－8 列示了下列交易对财务报表的影响：

1. 记录原始发行。为了说明国际财务报告准则的会计处理，假设数字河流公司如果没有提供转换权将以 4%的利率去借款。

2. 确认一年利息的影响。

3. 票据的转换。假设数字河流公司的股票交易价格为每股 50 美元并采用账面价值法。

美国公认会计原则将第一笔交易即发行可转换票据的全部实得款项都作为债务处理。而根据国际财务报告准则，这笔实得款项将在票据（债务）的公允价值与票据转换选择权（权益）之间分配。如果数字河流公司没有提供转换选择权，原本应该就已经发行的票据支付 4%的利率，此时该票据的公允价值大约就是以 4%的利率折现该票据合约载明的现金流量的现值。20 年内收到的 1.95 亿美元和每年根据合约支付的现金利息 2 437 500 美元（1.95 亿×1.25%）的现值等于 1.221 2 亿美元。因此，应付票据应以 1.221 2 亿美元入账，实得款项的剩余部分（1.95 亿－1.221 2 亿）归类为权益。“资本公积——应付票据”项目将作为资本公积的一部分列报于资产负债表的股东权益部分。

根据美国公认会计原则，第二笔交易每年支付的现金 2 437 500 美元作为利息费用处理。由于数字河流公司按面值发行票据，因此其现金利息与实际利息相等。根据国际财务报告准则，该票据按实际利率 4%折现，所以实际利息 4 884 800 美元（1.221 2 亿×4%）不等于合约载明的现金利息，而且必须摊销票据折价（2 447 300 美元）。[①]

账面价值法（第三笔交易）的基本理念是，转换只是发行股票交易的一种终极方式。将债务转换为权益时只需要将债务的数额转到股东权益项目。根据美国公认会计原则，原始发行的债券作为债务处理，所以要从应付票据项目中剔除 1.95 亿美元。转换为普通股的总数为 4 425 486 股，也就是合约载明的每 1 000 美元票据本金转换率 22.694 8 乘以票据的数量 195 000 份（1.95 亿÷1 000）。按这些股票的面值（0.01 美元/股×4 425 486股）增加普通股项目的数额，剩余部分作为资本公积处理。根据国际财务报告准则，原始发行债券的实得款项部分作为债务处理（以应付票据入账），部分作为权益处理（以资本公积——应付票据入账）。转换后，其数额分别转到普通股（面值）项目和资本公积项目。从应付票据项目转出的数额等于第一笔交易的原始发行价格加上第二笔交易因票据摊销而增加的应付票据数额。

① 任何长期负债都应该这么处理。以实际利率计算的应计利息费用增加了数字河流公司的债务，而合约载明的现金支付额则减少了数字河流公司的债务。由于实际利息超过现金利息支付额，数字河流公司的债务因应付票据的增加而增加。

表7-8　混合证券的会计处理　　单位：百万美元

美国公认会计原则：

	资产总额	=	负债总额	+	股东权益总额		
					投入资本	累计其他综合收益	留存收益
1.	现金 ＋195.00		应付票据 ＋195.00				

现金	195.00	
应付票据		195.00

国际财务报告准则：

	资产总额	=	负债总额	+	股东权益总额		
					投入资本	累计其他综合收益	留存收益
1.	现金 ＋195.00		应付票据 ＋122.12		资本公积——应付票据 ＋72.88		

现金	195.00	
应付票据		122.12
资本公积——应付票据		72.88

美国公认会计原则：

	资产总额	=	负债总额	+	股东权益总额		
					投入资本	累计其他综合收益	留存收益
2.	现金 －2.437 5						利息费用 －2.437 5

利息费用	2.437 5	
现金		2.437 5

国际财务报告准则：

	资产总额	=	负债总额	+	股东权益总额		
					投入资本	累计其他综合收益	留存收益
2.	现金 －2.437 5		应付票据 ＋2.447 3				利息费用 －4.884 8

利息费用	4.884 8	
应付票据		2.447 3
现金		2.437 5

美国公认会计原则：

	资产总额	=	负债总额	+	股东权益总额		
					投入资本	累计其他综合收益	留存收益
3.			应付票据 －195.000 0		普通股 0.044 3 资本公积 ＋194.955 7		

应付票据	195.000 0	
普通股		0.044 3
资本公积		194.955 7

国际财务报告准则：

	资产总额	=	负债总额	+	股东权益总额		
					投入资本	累计其他综合收益	留存收益
3.			应付票据 －124.527 3		资本公积——应付票据 －72.880 0 普通股 ＋0.044 3 资本公积 ＋197.363 0		

应付票据	124.527 3	
资本公积——应付票据	72.880 0	
普通股		0.044 3
资本公积		197.363 0

附带可分离权证债券提供了一个说明债务和权益特征可以轻易分离（其实，根据美国公认会计原则和国际财务报告准则，债务和权益特征已经分离）的好例证。通常，这种证券发行之后，其债券和可分离权证可以在二级市场分开交易。投资者购买了附带可分离权证债券，也就购买了一种债务工具（债权）和以固定价格购买权益的选择权（股票权证）。由于这种证券发行之后，债务和权益特征可以分开交易，所以会计师以两种工具的相对公允市场价值为基础将附带可分离权证债券购买价格在债券和股票权证之间分配。举一个简单的例子，假设面值为1 000 000美元的附带可分离权证债券的发行价格为975 000美元。假设这种附带可分离权证债券发行之后，债券的交易价格为900 000美元，股票权证的交易价格为100 000美元。会计师将附带可分离权证债券的发行价格975 000美元的90%（债券价值900 000÷债券和权证的价值1 000 000）分配到债券（975 000×90%=877 500），而另外的10%分配到股票权证（975 000×10%=97 500）。

□ 应收账款转让

公司有时将转让其应收账款作为一种筹资方式或用特定目的主体发行以应收账款为抵押的证券（金融机构或其特定目的主体发行抵押证券）。如果向顾客收取的款项不足以偿还借款本金和利息，转让应收账款的公司可能需要支付差额部分。债权人可能拥有对借款公司的追索权。①

追索条款可能产生负债吗？有些人认为应收账款转让协议与抵押贷款类似。公司应该在其账簿上保留应收账款项目并在收到现金时确认一项负债。有些人则认为公司已经出售了一项资产，只有当向顾客收取的款项不足且公司必须偿还部分款项时，才应该确认一项负债。

为了说明应收账款转让的会计处理，假设西尔斯公司将1 000 000美元分期应收账款转让给某家银行，取得950 000美元。如果银行无法收回该应收账款，西尔斯公司必须支付给银行相应的款项（附带追索权的应收账款转让）。据估计，这种追索权的公允价值为20 000美元。表7-9列示了应收账款转让分别列报为借款和出售对财务报表的影响。

表7-9 应收账款转让的会计处理

借款：

	资产总额	=	负债总额	+	股东权益总额		
					投入资本	累计其他综合收益	留存收益
1.	现金 +950 000		应付贷款 +950 000				

现金　950 000
　应付贷款　950 000

出售：

	资产总额	=	负债总额	+	股东权益总额		
					投入资本	累计其他综合收益	留存收益
1.	现金 +950 000 应收账款 −1 000 000		追索权负债 +20 000				出售损失 −70 000

现金　950 000
出售损失　70 000
　应收账款　1 000 000
　追索权负债　20 000

① 应收账款转让合约将载明应收账款的购买方是否拥有追索权。应收账款的购买方如果没有追索权，将承担收款的全部风险。

在“借款”交易中，西尔斯公司没有放弃对应收账款的控制权（即没有满足美国财务会计准则委员会确认销售额的三个条件），因此在其账簿上保留了应收账款项目并记录了收到的现金和发生的负债（应付贷款）。在“出售”交易中，西尔斯公司的资产负债表剔除了应收账款项目，因为该公司不再控制该应收账款项目。为了满足因顾客无法付款而引发的追索权条款，西尔斯公司还要记录预期现金流出量。由于净资产减少了 50 000 美元，负债增加了 20 000 美元，西尔斯公司记录了 70 000 美元应收账款转让损失，这项损失列报于利润表并冲减了留存收益。

7.4　租赁

许多公司通过租赁取得使用资产的权利。例如，公司可能租赁计算机设备 3 年、办公室 5 年或整栋楼 40 年，承诺在租赁期间内定期支付固定的租金。租赁为承租方（租赁资产的使用者）提供如下效益：

- 将很少甚至没有应税所得额的承租方（如航空公司）的折旧和其他扣除额转移给拥有巨额应税所得额的资产出租方或所有者的能力。承租方与出租方协商，通过降低租金的方式共享税收抵扣的某些效益。
- 无须购买或出售资产就可以根据需要改变产能的灵活性。
- 相对于直接拥有所有权，通过维持转向技术更先进资产的灵活性，降低技术落后风险的能力。
- 在难以获得其他筹资来源或其他筹资来源成本太高时，借助出租方的资金为购置资产提供筹资的能力。

对承租方而言，租赁的潜在效益并非没有成本。由于承担了所有权风险，因此出租方会要求承租方支付更多的租金。由哪方承担风险是出租方与承租方之间需要协商的重要问题。

公司对支付一系列不可撤销的租金的承诺就像签订了一份债务合约或抵押贷款一样笃定。因此，在许多方面，其会计处理方法也相似。① 本节将讨论长期租赁的两种会计处理方法：经营租赁法和资本租赁法（有时也称为融资租赁法）。② 我们将举例说明承租方（也就是租赁资产的使用者）的会计处理。

为了说明这两种方法，假设迈尔斯公司（Myers Company）想购置一台使用年限为 3 年的计算机，可以以 10%的年利率借入 3 年期的资金。某个计算机制造商愿意以 45 000 美元的价格出售该计算机设备或将该计算机设备出租 3 年。无论是租赁还是购置该计算机设备，迈尔斯公司都必须承担该计算机的财产税和维修费用。

假设迈尔斯公司在第一年的 1 月 1 日签订了一份租赁合约，必须在每年的 12 月 31 日支付租金（在实践中，承租方通常需要预付租金，但假设年末支付租金可以简化计算过程）。出租方确定偿还本金 45 000 美元和按 10%的利率计算 3 年内每年末需要支付的利息。与债券和票据类似，为了计算支付额，列出下列方程式：

$$45\,000=\sum_{n=1}^{3}\frac{\text{支付额}}{(1+0.10)^n}$$

用财务计算器（$i=0.10$，$n=3$，future value＝0，present value＝45 000）求解该方程式，可以得到每年支付额为 18 095 美元。

---

① 租赁的信息披露经常使用“不可解除租赁”（noncancelable leases）这个术语描述承租方对租赁合约的承诺。就不可解除租赁而言，承租方通常只有在支付巨额罚款之后才能解除该租赁合约。

② *FASB Codification Topic 840*；International Accounting Standards Board，*International Accounting Standard 17*，“Leases”（revised 2003）.

□ 经营租赁法

根据经营租赁合约，所有者或出租方只是将一定期间内的财产使用权转让给承租方。租赁期满之后，承租方将财产归还出租方。例如，汽车租赁公司按天或周出租汽车。如果承租方既没有承担风险，也不享有所有权收益，就应该将租赁作为经营租赁处理。签署的经营租赁合约在会计上不需要确认（也就是说，承租方不需要在其资产负债表中列报租赁资产和租赁负债，租赁只是一份双方尚未执行的合约）。在租赁期内，承租方在计算每年的净利润时都必须确认租金费用。如果迈尔斯公司将租赁作为经营租赁处理，那么，该租赁对迈尔斯公司每年的财务报表的影响（所得税忽略不计）如表 7-10 所示。

表 7-10　经营租赁的会计处理

第一年、第二年和第三年的 12 月 31 日：

	资产总额	=	负债总额	+	股东权益总额		
					投入资本	累计其他综合收益	留存收益
1.	现金　−18 095						租金费用　−18 095

租金费用　　18 095
　现金　　　　18 095

在这三年间，该租赁对利润表的总体影响就是租金费用的总和（54 285 美元）。这个数额等于支付租金的现金流出量总额。

□ 资本租赁法

如果租赁合约上明确载明承租方会承担风险并享有所有权收益，那么该租赁合约就是一份资本租赁合约。根据资本租赁合约，承租方在确认资本租赁合约签署的同时必须确认购置了一项长期资产，并承担与支付租金相对应的一项长期负债。承租方每年都必须确认两项与资本租赁相关的费用。第一，承租方在使用资产的期间内（即租赁期或资产的使用年限。如果租赁期满之后该资产将留给承租方，就采用资产的使用年限）计提的租赁资产折旧。假设迈尔斯公司采用直线法计提折旧，每年需要确认折旧费用 15 000 美元（45 000/3）。第二，如表 7-11 所示，每年支付的租金包括两部分：利息费用和负债减少额。

表 7-11　租赁摊销表

单位：美元

日期	支付额	实际利息（利率为 10%）	摊销额	租赁负债的账面价值
第一年的 1 月 1 日				45 000
第一年的 12 月 31 日	18 095	4 500	13 595	31 405
第二年的 12 月 31 日	18 095	3 141	14 954	16 451
第三年的 12 月 31 日	18 095	1 644	16 451	0
	54 285	9 285	45 000	

在第一年的 1 月 1 日签署资本租赁合约以及每年确认折旧费用和利息费用对财务报表的影响如表 7-12 所示。

表 7－12　资本租赁的会计处理

第一年的 1 月 1 日签署资本租赁合约：

资产总额	=	负债总额	+	股东权益总额		
				投入资本	累计其他综合收益	留存收益
租赁资产　＋45 000		租赁负债　＋45 000				

租赁资产	45 000	
租赁负债		45 000

第一年的 12 月 31 日支付租金：

资产总额	=	负债总额	+	股东权益总额		
				投入资本	累计其他综合收益	留存收益
现金　－18 095		租赁负债　－13 595				利息费用　－4 500

利息费用	4 500	
租赁负债	13 595	
现金		18 095

第一年的 12 月 31 日计提折旧：

资产总额	=	负债总额	+	股东权益总额		
				投入资本	累计其他综合收益	留存收益
租赁资产（净值）　－15 000						折旧费用　－15 000

折旧费用	15 000	
租赁资产（净值）		15 000

第二年的 12 月 31 日支付租金：

资产总额	=	负债总额	+	股东权益总额		
				投入资本	累计其他综合收益	留存收益
现金　－18 095		租赁负债　－14 954				利息费用　－3 141

利息费用	3 141	
租赁负债	14 954	
现金		18 095

第二年的 12 月 31 日计提折旧：

资产总额	=	负债总额	+	股东权益总额		
				投入资本	累计其他综合收益	留存收益
租赁资产（净值）　－15 000						折旧费用　－15 000

折旧费用	15 000	
租赁资产（净值）		15 000

第三年的 12 月 31 日支付租金：

资产总额	=	负债总额	+	股东权益总额		
				投入资本	累计其他综合收益	留存收益
现金　－18 095		租赁负债　－16 451				利息费用　－1 644

利息费用	1 644	
租赁负债	16 451	
现金		18 095

第三年的 12 月 31 日计提折旧：

资产总额	=	负债总额	+	股东权益总额		
				投入资本	累计其他综合收益	留存收益
租赁资产（净值）　－15 000						折旧费用　－15 000

折旧费用	15 000	
租赁资产（净值）		15 000

签署资本租赁合约时将租赁资产和租赁负债列报于资产负债表。然后，与前述的应付票据一样，每年采用实际利率法核算租赁负债，并计提租赁资产的折旧。值得注意的是，采用资本租赁法时这三年的费用总额为54 285美元，包括折旧费用45 000美元和利息费用9 285美元。资本租赁法确认的费用总额与前述的经营租赁法确认的费用总额（18 095×3＝54 285）相同。从时间上看，资本租赁法比经营租赁法更早确认费用。一旦租赁合约终止，无论是经营租赁法还是资本租赁法，其费用总额都等于现金支出额。根据资本租赁法，要在资产负债表中同时确认资产和负债。①

□ 选择会计方法

承租方如果将某项租赁作为资本租赁处理，就应该确认资产和负债，从而增加负债总额，使公司看起来风险更高。如果可以选择，多数承租方选择不在其资产负债表中显示资产及相关的负债。有鉴于此，承租方更偏好经营租赁，而不喜欢分期付款或资本租赁。基于财务报告目的，承租方也偏好晚些确认费用。这些偏好导致许多承租方会刻意安排资产的购置方式，以便采用经营租赁的融资方式，进而达到表外融资的目的。

美国公认会计原则为长期租赁的会计处理方法提供了详细的规则。如果满足四个条件之一，出租方和承租方就必须将该租赁作为资本租赁处理。② 这些条件试图识别出租方或承租方哪方承担了更多与租赁资产相关的风险。如果出租方承担更多风险，该租赁就是经营租赁。如果承租方承担更多风险，该租赁就是资本租赁。

如果某项租赁满足以下条件之一，该租赁就是资本租赁：

- 租赁期至少达到该资产预期使用年限的75%（即承租方的使用时间占该资产预期使用年限的绝大部分）。
- 租赁期满时，资产所有权将转移给承租方（即租赁期满时，承租方承担该资产剩余价值的变动风险）。
- 由于存在“廉价收购”选择权，出租方可能将资产所有权转移给承租方（即还是承租方承担了该资产剩余价值的变动风险；廉价收购选择权赋予承租方在行权时以低于该资产预期公允市场价值的价格购买该资产的权利）。
- 合约载明的最低租金现值等于或超过签署租赁协议时该资产公允市场价值的90%。③

如果出租方和承租方希望将某项租赁作为经营租赁（而不是资本租赁）处理，租赁合约可以轻易地规避前三个条件。上述四个条件中，最难规避的是第四个条件。如果合约载明的最低租金现值等于或超过签署租赁协议时该资产公允市场价值的90%，意味着出租方在租赁期满时只承担小于或等于10%的该资产剩余价值变动风险。因此，该租赁已经将所有权的大部分风险与收益从出租方转移到承租方。从经济实质看，承租方已经取得该资产，并同意按长期租赁合约支付租金，承租方就应该确认一项负债。如果合约载明的最低租金现值低于签署租赁协议时该资产公允市场价值的90%，出租方承担了该资产所有权的大部分风险和收益，该租赁就是经营租赁。

由于某些租赁协议满足上述四个条件中的一个或多个条件，而其他租赁协议却不满足上述四个条件的任何一个条件，因此公司经常会同时列报经营租赁和资本租赁。作为租赁活动重要性的一个例证，以航空业某个租赁了许多飞机和地面设施的典型公司为例。如表7-13所示，西南航空公司（Southwest Airlines）2011年12月31日合并财务报表的附注8披露了资本租赁和经营租赁的承诺表，在其2011年12月31日的合并资

---

① 资本租赁法不允许公司在资产负债表中列报资产和负债的公允价值选择权。

② *FASB Codification Topic 840*.

③ 国际财务报告准则的判断标准与此类似，不过没有提供一个明确的百分比如75%或90%，而是要根据下列问题做出判断：(1) 租赁期满时，所有权会从出租方转移到承租方吗？(2) 租赁合约是否包含“廉价收购”选择权？(3) 租赁期是否占大部分的资产有效使用期？(4) 最低租金的现值大致等于资产的全部公允价值吗？(5) 租赁资产为承租方专用吗？

产负债表中列报了长期负债和长期负债的流动负债部分，数额为37.51亿美元。值得注意的是，资本租赁的支付额并不是西南航空公司长期负债的重要组成部分。经营租赁的承诺额（未来现金流量总额为55.83亿美元）却很可观，这意味着该公司存在巨额表外现金流量承诺。

表7-13　摘自西南航空公司2011年12月31日10-K格式年报的租赁承诺表　单位：百万美元

附注8（部分）。计入2011年度、2010年度和2009年度经营费用的飞机和其他设施的经营租赁租金费用总额分别为8.47亿美元、6.31亿美元和5.96亿美元……2011年12月31日，资本租赁、不可解除经营租赁以及原始或剩余期限超过一年的资本租赁的未来最低租赁支付额为：

	资本租赁	经营租赁
2012年度	6	640
2013年度	6	717
2014年度	6	642
2015年度	6	579
2016年度	6	489
次后年度	26	2 516
最低租赁支付总额	56	5 583
减：利息数额	14	
最低租赁支付额的现值	42	
减：流动负债部分	3	
长期负债部分	39	

将经营租赁转换为资本租赁

由于将承租方的租赁承诺作为经营租赁处理，所以资产负债表中自然不会列报资产或负债，如果分析师认为这些义务本质上就是财务承诺，那么承租方的会计处理可能会导致分析师低估公司的短期流动性风险或长期偿债风险。在不同公司之间进行横向比较时，为了使所有公司的资产和负债更具可比性，分析师希望将所有租赁都作为资本租赁处理。以这种方式重述承租方的财务报表可以提供一个更为稳健的负债总额指标。

为了说明经营租赁是如何转换为资本租赁的，不妨回顾一下百事公司财务报表附注9“债务与承诺”披露的经营租赁信息。表7-14总结了百事公司披露的经营租赁承诺的信息。第二栏列示了百事公司2012年12月29日不可解除经营租赁承诺扣除转租赁收入之后的净额，还列报了2014—2015年度和2016—2017年度的支付额。我们假设支付额均匀分配。为了将经营租赁的现金支付额转换为资本租赁，分析时必须将这些承诺折为现值。分析师应该采用的折现率是承租方与租赁协议借款具有类似风险的增量借款利率。百事公司2012年度的利息费用（参见利润表）占长短期借款平均余额（参见资产负债表）的比例为3.3%(899 000 000/[0.5×(4 815 000 000+23 544 000 000+6 205 000 000+20 568 000 000)])。我们假设计算经营租赁承诺现值的折现率为4%。

表7-14　百事公司摘自2012年12月29日年报的经营租赁信息披露　单位：百万美元

年度	经营租赁承诺	折现率为4%的现值系数	现值
2013	445	0.961 53	427.9
2014	317	0.924 55	293.1
2015	317	0.888 99	281.8
2016	181	0.854 80	154.7
2017	181	0.821 92	148.8
2018及以后	620	—	462.4(41)
	2 061		1 768.7

(41)先以4%的折现率计算155 000 000美元的四期年金现值，然后再按4%的折现率将其折现为五期的现值。

表7-14说明了租赁资本化的过程。各个现金流量的现值等于现金流量乘以现值系数。查阅现值表或通过公式“$1/(1+i)^n$”便可以得到表7-14第三栏的各个现值系数。例如，2014年度的现值系数为0.924 55即$1/(1+0.04)^2$。为了折现2018及以后年度的支付额，分析师需要确定百事公司支付6.20亿美元的年数和每年支付额。假设每年支付额与2017年度的支付额都是1.81亿美元，那么百事公司将在四年内（6.20亿/1.81亿<4）支付6.20亿美元。如表7-14所示，各年支付额在不断减少，假设在四年内支付6.20亿美元，那么每年要支付1.55亿美元（6.20亿/4）。先以4%的折现率计算1.55亿美元的四期年金现值，得到2017年末的现值，然后再将该现值按4%的折现率折为五期的现值，就得到现值为4.624亿美元。百事公司所有经营租赁支付额的现值为17.687亿美元。

如果该租赁作为资本租赁处理，为了估算租赁资产总额和租赁负债总额的大致数额，分析师将17.687亿美元的租赁支付额现值加到“财产、厂房与设备”项目。在2012年12月29日的资产负债表上，2013年度租赁支付额的现值4.279亿美元属于流动负债，而2012及以后年度租赁支付额的现值13.408亿美元（17.687－4.279）属于长期负债。经营租赁的资本化可能显著影响某些财务比率。例如，以对外列报的数额为基础，百事公司的长期负债与股东权益比率为105.0%（235.44/224.17）。如果将资本租赁负债的长期负债部分（13.408亿）加到长期负债与股东权益比率计算公式的分子中，那么长期负债与股东权益比率变为111.0%［(235.44＋13.408)/224.17］。对百事公司而言，长期负债与股东权益比率的增幅并不大。如果零售商、餐饮连锁店和航空公司发生租赁调整，其长期负债与股东权益比率的增幅经常会更大。如果分析师想对百事公司做时间序列分析，那么至少需要对前两年的财务比率做类似的计算。

如果基于比较不同公司的目的，分析师需要将资产负债表的经营租赁转换为资本租赁，那么应该通过以下方式将基于经营租赁法的利润表转换为基于资本租赁法的利润表：

- 剔除租金费用。
- 在资本化资产中包括折旧费用。
- 在租赁债务中包括利息费用。

总体而言，如果平均租赁期处于资产使用年限的前半期，那么采用资本租赁法的费用总额往往超过采用经营租赁法的费用总额，因此调整后的利润通常可能低于对外报告的利润。如果平均租赁期处于资产使用年限的后半期，那么采用资本租赁法的费用总额往往低于采用经营租赁法的费用总额，因此调整后的利润通常可能高于对外报告的利润。如果平均租赁期刚好处于资产使用年限的中间点，那么采用资本租赁法的费用总额大致等于采用经营租赁法的费用总额。百事公司平均租赁期接近资产使用年限的中间点，2013年度的经营租赁支付额（445亿美元）将作为经营租赁的租金费用。读者只要将该经营租赁支付额与采用资本租赁的大致费用进行比较，就可以得出这个结论。采用资本租赁的大致费用计算如下：

折旧费用＝租赁资产价值17.687亿美元/租赁年限7年①
　　　　＝2.526 7（亿美元）

利息费用＝租赁负债总额17.687亿美元×4%
　　　　＝0.707 5（亿美元）

（作为资本租赁处理的）折旧费用与利息费用之和是3.234 2亿美元，低于（作为经营租赁处理的）租

① 采用加权平均法计算得出结果大约为7年（7.02年）的过程为：如果2013—2021年的租金支付额相等，那么可以合理假设所有租赁资产都可以在9年内使用。然而，租金支付额不断减少意味着有些资产已经报废，不在租赁资产之列。往后追溯，每年的现金流量为1.55亿美元，前5年的现金流量增加额为0.26亿美元（1.55＋0.26＝1.81），前3年的现金流量再增加1.36亿美元（1.81＋1.36＝3.17），2013年度的现金流量再次增加1.28亿美元（3.17＋1.28＝4.45）。9年内在用资产的相关现金流量占了67.7%（每年1.55×9＝13.95，13.95/20.61＝67.7%），5年内在用资产的相关现金流量占了6.3%（每年0.26×5＝1.30，1.30/20.61＝6.3%），依此类推。使用年限为9年的权重为67.6%，使用年限为5年的权重为6.3%，依此类推。由此可以得出平均使用年限为7.02年。

金费用（4.450 亿美元）。百事公司财务报表附注 4“财产、厂房与设备和无形资产”显示，百事公司“财产、厂房与设备”的累计折旧大约为“财产、厂房与设备”的一半。这就印证了百事公司剩余资产的使用年限大致处于其资产使用年限的中间点。

因此，经营租赁的资本化过程可能会增加净利润。增加的数额等于采用经营租赁法的费用总额与采用资本租赁法的费用总额之间的差额（4.450－3.234 2＝1.215 8）乘以“（1－法定税率）”，即 0.790 3 亿美元［1.215 8×(1－35%)］。这个数额略高于百事公司 2012 年度净利润（61.78 亿美元）的 1%。对其他普遍应用的绩效指标的影响更为显著。由于息税折旧摊销前利润剔除了折旧费用、摊销费用和税金费用（如果经营租赁完全资本化，这些项目都需要调整），如果再剔除租金费用，其数额将增加 4.450 亿美元。同理，由于经营利润剔除了利息费用，其增加的数额为剔除的租金费用减去包括的折旧费用，即增加净额为 1.923 亿美元。

重述资产负债表经常比重述利润表更重要。如此一来，分析师经常会忽视重述利润表，尤其是在第 5 章讨论过的分析师的重点是评估公司信用风险的情况下。值得注意的是，即使对平均租赁期处于资产使用年限中间点的公司而言，重述对其利润表的影响也是微不足道的，而对其资产负债表的影响可能十分显著。①

分析师还可以因经营租赁资本化而重述现金流量表。根据经营租赁法，年度的租赁支付额是一种经营活动现金流出量。租赁支付额作为计算净利润的一个扣除项目，成为现金流量表经营活动部分列报的一项现金流出量。根据资本租赁法，支付现金意味着偿还租赁负债。这是一种筹资活动现金流出量，而不是经营活动现金流出量。分析师应该将这部分现金支付额从现金流量表的经营活动部分重归类为现金流量表的筹资活动部分。分析师还可能因资本化租赁资产的折旧费用而调低净利润。不过，该数额会作为一项非现金费用被加回净利润。因此，折旧费用最终对经营活动现金流量没有影响。

显然，财务报表附注披露的信息有助于财务分析师将经营租赁资本化，但可能存在某些差错。经营租赁资本化过程必然涉及许多假设和估计（有时只能粗略估计），而且这些假设未必适合所有行业的所有公司。因此，信用评级机构如穆迪公司和惠誉公司本着标准化和简单化的目标开发了许多方法。例如，有些分析师只采用一种“8X”规则估计需要资本化的租赁资产和租赁负债数额。也就是说，计算资本化资产和负债数额的简单方法是将每年租金费用乘以 8。由于这种“8X”规则以某些具体假设为基础（例如，利率为 9%，资产使用年限为 15 年或利率为 4%，资产使用年限为 4 年。这两种情况下都可以得到 1 美元的年金现值系数大约为 8），穆迪公司采用了一种修正的方法，考虑了租赁资产使用年限的行业差异和“时效”（即年限）。因此就具体公司而言，可能采用 5X、6X、8X 或更高的倍数。拥有长期资产的公司如航空公司、航运公司和公用事业单位的倍数可能更高。惠誉公司也采用“8X”规则，这是一种现值法，需要充分的数据且适合特定的公司。②

实际上，所有公司都存在一定数额的经营租赁承诺额。某些公司的债务比率变动相对较小，百事公司就是如此。而对有些公司（尤其是航空公司和零售商）而言，经营租赁承诺的影响较大。即使是对经营租赁承诺影响较小的公司，综合经营租赁资本化的影响与其他表外负债的影响也可能产生重大的联动效应。在确定资本结构的权重和（公司估值时计算加权平均资本成本的）债务成本时，分析师还应该考虑表外租赁的影响。

---

① 将经营租赁转换为资本租赁的另一种程序可以参见：Eugene A. Imhoff，Jr.，Robert C. Lipe，and David W. Wright，“Operating Leases: Impact of Constructive Capitalization，” *Accounting Horizons*（March 1991），pp. 51－63。在该研究中，作者发现，将经营租赁资本化使高租赁公司和低租赁公司的资产报酬率分别下降了 34%和 10%，使高租赁公司和低租赁公司的债务与权益比率分别提高了 191%和 47%。

② Moody's Approach to Global Standard Adjustments in the Analysis of Financial Statements for Non-Financial Corporations—Part Ⅰ，*Standardized Adjustments to Enable Global Consistency for US and Canadian GAAP Issuers*（March 2005）；“Capitalization of Operating Leases by Credit Rating Agencies，” *ELT*（February 2007）.

7.5 运用衍生工具规避利率风险

长期借款使公司承担利率变动风险。衍生工具有助于公司减少利率（和其他类型）风险。本节将讨论衍生工具的性质、运用、会计处理与列报，主要关注公司是如何运用衍生工具规避利率风险的。① 为了便于讨论，我们采用以下两种情景：

第一种情景：2013年1月1日，A公司为了购置生产设备向某供应商签发了一份应付票据。该票据的面值为100 000美元，每年的固定利率为8%，每年12月31日支付利息。2015年12月31日，该票据到期。A公司有权在到期日之前清偿该票据。清偿数额以清偿日该票据的公允价值为基础，而公允价值以清偿日的现行市场利率为基础。A公司担心该票据的价值会因利率下降而增加。如果A公司决定提前清偿该票据，其支付额必须超过100 000美元。

第二种情景：2013年1月1日，B公司为了购置生产设备向某供应商签发了一份应付票据。该票据的面值为100 000美元，利率为优惠贷款利率。假设2013年1月1日的优惠贷款利率为8%。每年12月31日，供应商为了确定下一日历年度的利息费用将重新设定利率。每年12月31日支付利息，2015年12月31日，该票据到期。B公司担心该票据存续期间内利率可能超过8%，从而对其现金流量造成不利的影响。

衍生工具的性质与运用

衍生工具是一种金融工具，其价值衍生于其他金融工具或可观察的市场价格如股票价格、利率、汇率、商品价格等。例如，购买股票的期权（期权合约）的价值衍生于该股票的市场价格。在将来购买一定数额外汇的承诺（远期合约）的价值衍生于该外汇的汇率变动。公司通常运用衍生工具（期权、远期合约和互换合约）规避因市场价格、利率、汇率和商品价格变动而产生的损失风险。其基本理念是衍生工具的价值变动可能抵消资产或负债的价值变动或未来现金流量的变动，从而“对冲”经济损失。

回顾第一种情景。A公司希望“对冲”因市场利率变动而引起的应付票据市场价值变动的影响，于是与银行签订了一份名义价值为100 000美元的互换合约。互换合约是一种衍生工具。根据该互换合约，A公司将其承担的固定利率债务转换为变动利率债务。也就是说，根据该互换合约，A公司同意就100 000美元向银行支付变动利率，而银行将向A公司支付固定利率（8%）。只要互换合约的变动利率与供应商重估该票据存续价值所采用的变动利率相同，该票据的市场价值依然是100 000美元。互换之后，尽管A公司的利息支付额将随着变动利率的变动而变动，但却将应付票据的价值“锁定”在100 000美元。

回顾第二种情景。B公司希望其未来现金流量能够免受变动利率上升至初始利率（8%）以上可能带来的影响，于是与银行签订了一份名义价值为100 000美元的互换合约。根据该互换合约，B公司将其承担的变动利率债务转换为固定利率债务。也就是说，根据该互换合约，B公司同意就100 000美元向银行支付固定利率（8%），而银行将向B公司支付变动利率。该互换合约将B公司每年的利息费用和现金支出额“锁定”为该票据名义价值100 000美元的8%，消除了B公司的利率上升风险。不过，签订了互换合

① 美国公认会计原则和国际财务报告准则具有相似的衍生工具会计准则。*FASB Codification Topics 815 and 825*；International Accounting Standards Board，*International Accounting Standard 39*，“Financial Instruments：Recognition and Measurement”（revised 2003）；International Accounting Standards Board，*International Financial Reporting Standard 7*，“Financial Instruments：Disclosures，”（2005）.

约之后，B公司就不能得到利率下降至8%以下可能带来的好处，而这正是B公司原本的变动利率票据可以得到的好处。当然，互换合约“锁定”了B公司应付票据的利息支付额，但对供应商而言，该票据的价值将随着变动利率的变动而变动。

银行和其他金融中介精心设计收取一定费用的各种衍生工具来满足顾客需求。因此，衍生工具的性质和复杂性千差万别。为了说明衍生工具的会计处理与列报问题，我们主要讨论上述两种情景所涉及的利率互换合约。考虑衍生工具的下列要素：

- 衍生工具有一个或多个基础工具。所谓基础工具就是衍生工具应用的具体项目，如利率、商品价格、汇率或其他变量。上述两种情景的基础工具是利率。
- 衍生工具有一个或多个名义金额。所谓名义金额就是合约载明的单位数量（如美元金额、外币单位、蒲式耳、桶、加仑、股或其他单位）。票据面值100 000美元就是上述两种情景的名义金额。
- 衍生工具可能需要一笔初始投资额。通常，公司通过与交易对方（如商业银行或投资银行）交换承诺而取得衍生工具。衍生工具的取得通常就是一种承诺（即双方尚未执行的合约）的交易。
- 衍生工具通常要求或允许净额结算。例如，第一种情景的A公司将向供应商支付固定利率票据确定的利率（8%）。如果互换合约采用的变动利率下降到6%，作为交易对方的银行将向A公司支付一笔数额等于该票据名义金额100 000美元的2%（8%−6%）的现金。A公司向供应商支付8%的利息，但向交易对方收取2%的现金，两者相抵，A公司的利息成本净额为按利率为6%计算的利息。如果变动利率上升至10%，A公司还必须按初始票据的约定向供应商支付利率为8%的利息。这时，A公司将向作为交易对方的银行多支付2%（10%−8%）的利息，其利息费用总额等于按变动利率（10%）计算的利息。

□ 衍生工具的会计处理

根据合约载明的权利和义务，衍生工具可能列报为资产或负债。根据利率的水平，上述两种情景的互换合约可能列报为资产或负债。本节后面部分将讨论这些资产和负债的初始估值问题。

公司必须在每期重估衍生工具的公允价值。除了调增或调减衍生资产或衍生负债的价值之外，重估价值还会影响当期净利润或其他综合收益，进而影响以后期间的净利润（具体影响的结果取决于随后将讨论的美国公认会计原则和国际财务报告准则的要求）。第2章讨论过，其他综合收益是列报某个会计期间内某些资产和负债（如衍生工具）价值变动的一个暂时性股东权益项目。公司会在期末将其他综合收益项目的数额结转到累计其他综合收益项目。累计其他综合收益是一个永久性股东权益项目。将这种结转对利润的影响列报为净利润还是其他综合收益取决于公司利用衍生工具套期保值的性质。根据美国公认会计原则和国际财务报告准则，衍生工具可以分为三类：

- 投机性投资
- 公允价值套期保值
- 现金流量套期保值

公司通常将衍生工具归类为公允价值套期保值或现金流量套期保值。公司必须根据其购买衍生工具的套期保值战略和目的，明确各种衍生工具的归类。衍生工具要么归类为公允价值套期保值，要么归类为现金流量套期保值。

投机性投资

如果出于规避风险之外的原因而购买衍生工具，那么公司就将该衍生工具归类为投机性投资。公司必须定期以公允价值重估作为投机性投资而持有的衍生工具，并在净利润中确认相应的利得或损失。

公允价值套期保值

为了规避资产或负债的公允价值变动风险而购买的衍生工具就称为公允价值套期保值。公允价值套期保值包括两种基本类型：已确认的资产或负债的套期保值和尚未确认的公司承诺的套期保值。[①] 为了“对冲”利率变动对应付票据的市场价值的影响，第一种情景的A公司签署了利率互换协议，对已确认的负债套期保值，因此，这种衍生工具就是一种公允价值套期保值。

现金流量套期保值

为了规避预期未来现金流量的变动风险而购买的衍生工具就称为现金流量套期保值。现金流量套期保值包括两种基本类型：现有资产或负债的现金流量套期保值和预期交易的现金流量套期保值。[②] 为了“对冲”利息支付额的现金流量变动对变动利率应付票据的影响，第二种情景的B公司签署了利率互换协议，对现有负债套期保值，因此，这种衍生工具就是一种现金流量套期保值。

衍生工具的套期保值总结如下：

情景	套期保值的类型	采用的衍生工具
第一种情景	公允价值——负债	互换合约——变动利率转换为固定利率
第二种情景	现金流量——利息支付额	互换合约——固定利率转换为变动利率

衍生工具及其套期利得和损失的会计处理

如果将某种衍生金融工具归类为公允价值套期保值，那么，美国公认会计原则和国际财务报告准则都要求公司在持有金融工具期间以该金融工具因公允价值变动而产生的利得和损失将该金融工具确认一项资产或负债，并定期在净利润中确认该金融工具的利得或损失。美国公认会计原则和国际财务报告准则也要求公司重估已采用公允价值套期保值的资产或负债的价值并确认相应的利得或损失。如果套期保值完全有效，衍生金融工具的利得（损失）将完全抵消已套期保值的资产或负债的损失（利得），此时对盈余的最终影响为零。如果套期保值不是完全有效，利得或损失的净额将增加或净利润会减少。

美国公认会计原则和国际财务报告准则要求公司根据金融工具“对冲”风险的“高度有效性”程度，将归类为现金流量套期保值的衍生金融工具因公允价值变动而产生的利得和损失计入各期的其他综合收益。公司的净利润中必须确认套期保值的当期“无效部分”。尽管财务报告准则提供了通用指南，但如何界定“完全有效”却只能依靠职业判断。在衍生工具存续期间或结算时点，公司根据所采用的衍生工具的类型，定期将与该项具体衍生工具相关的其他综合收益的累计数额结转到净利润。

下面讨论衍生金融工具因公允价值变动而产生的利得和损失的不同会计处理方式的基本逻辑。就已确认资产或负债的公允价值套期保值而言，资产负债表通常会确认已套期保值的资产（或负债）及其相关的衍生工具。公司必须定期以公允价值重估已套期保值的资产（或负债）及其相关的衍生工具的价值，并在净利润中确认和列报已套期保值的资产（或负债）的利得或损失以及衍生工具的利得或损失。因此，净利润中会包括以“对冲”风险套期保值的有效性为基础的利得或损失净额。就预期交易的现金流量套期保值而言，资产负债表并不确认已套期保值的现金流量承诺，但却确认相应的衍生工具。如果该衍生工具产生利得或损失，资产负债表会将该衍生工具确认为一项资产或负债，但在确认该衍生工具的公允价值相应变

① 我们将在第9章讨论尚未确认的公司承诺的套期保值问题。

② 我们将在第9章讨论预期交易的套期保值问题。

动时，资产负债表却不确认资产或负债。因此，在累计其他综合收益中确认公允价值的变动额。有鉴于此，公司将衍生工具相应的利得或损失归类到其他综合收益。随后，如果公司发生实际交易，再重新将其利得或损失归类到净利润。

□ 衍生工具会计处理的示例

下面以上述两种利率互换情景为例说明衍生工具的会计处理。

公允价值套期保值：将固定利率债务转换为变动利率债务的利率互换（第一种情景的A公司）

表7-15列示了2013年1月1日至2015年12月31日的各项交易对财务报表的影响及其会计分录。下面的文字则解释了该票据及其相关衍生工具的会计处理。

表7-15 公允价值套期保值：将固定利率债务转换为变动利率债务的利率互换

资产总额	=	负债总额	+	股东权益总额 投入资本	累计其他综合收益	留存收益
2013年1月1日 设备 +100 000		应付票据 +100 000				
设备 100 000 　应付票据 100 000						
2013年12月31日 票据的利息费用： 现金 −8 000 票据的重估值： 互换合约的重估值： 互换合约 +3 667		应付票据 +3 667				利息费用 −8 000 应付票据重估值损失 −3 667 互换合约重估值利得 +3 667
利息费用 8 000 　现金 8 000 应付票据重估值损失 3 667 　应付票据 3 667 互换合约 3 667 　互换合约重估值利得 3 667						
2014年12月31日 票据的利息费用： 现金 −8 000 互换合约资产的利息收入： 互换合约 +220 收到交易对方的现金： 现金 +2 000 互换合约 −2 000 票据的重估值： 互换合约的重估值： 互换合约 −1 887		应付票据 −1 780 应付票据 −3 705 互换合约 +1 818				利息费用 −6 220 利息收入 +220 应付票据重估值利得 +3 705 互换合约重估值损失 −3 705

续表

资产总额		=	负债总额		+	股东权益总额			
						投入资本	累计其他综合收益	留存收益	
利息费用				6 220					
应付票据				1 780					
现金						8 000			
互换合约				220					
利息收入						220			
现金				2 000					
互换合约						2 000			
应付票据				3 705					
应付票据重估值利得						3 705			
互换合约重估值损失				3 705					
互换合约						3 705			
2015 年 12 月 31 日									
票据的利息费用：									
现金	−8 000		应付票据	+1 818				利息费用	−182
互换合约负债的利息费用：									
			互换合约	+182				利息费用	−182
向交易对方支付现金：									
现金	−2 000		互换合约	−2 000					
清偿该票据：									
现金	−100 000		应付票据	−100 000					
利息费用				9 818					
应付票据						1 818			
现金						8 000			
利息费用				182					
互换合约						182			
互换合约				2 000					
现金						2 000			
应付票据				100 000					
现金						100 000			

- 2013 年 1 月 1 日，A 公司因购置设备向供应商签发了一份票据。当天，A 公司签署了一份互换合约，该互换合约当时属于双方尚未执行的合约，票据的变动利率为 8%，与签发给设备供应商的票据的固定利率相同。互换合约当天的公允价值为零。因此，A 公司不必做任何会计分录以记录该互换合约。

- 2013 年 12 月 31 日，A 公司必须支付该票据 2013 年度的利息 8 000 美元（0.08×100 000），净利润因发生利息费用 8 000 美元而减少 8 000 美元。

- 假设 2013 年的利率下降至 6%。2013 年 12 月 31 日，与 A 公司签订互换合约的交易对方将 2014 年的利率重新设定为 6%。A 公司需要根据公允价值重新列报应付票据并记录因利率下降而引起的该互换合约的市场价值变动额。折现率为 6%，该应付票据的剩余现金流量（两次 8 000 美元的利息支付额和第二年的到期价值 100 000 美元）现值为 103 667 美元。A 公司记录了该票据公允价值的增加额 3 667 美元，并在利润表中确认等额的应付票据重估值损失。除非公司已经选择了前述的公允价值选择权，否则，利率发生变动时公司通常不需要根据市场价值重估金融工具（如该应付票据）的价值。公司继续采用该金融工具原始记录时的利率核算该金融工具。不过，如果公司对金融工具实施了套期保值，就必须像确认互换合约的公允价值变动额那样确认公允价值的变动额。

- 由于 A 公司签订了互换合约，利率下降到 6%意味着 A 公司每年的利息支付额可以节约 2 000 美元。折现率为6%，两期年金2 000美元的现值为3 667美元。因此，互换合约的价值从2013年初的零增加到2013年末的3 667美元。A公司将互换合约的公允价值增加额记录为一项资产，并在利润表中确认互换合约重估值利得3 667美元。应付票据重估值损失刚好抵消互换合约重估值利得。这就说明互换合约完全有效（即互换合约重估值利得100%抵消了应付票据重估值损失）地规避了利率风险。

2014年12月31日，A公司延续上述类似流程：

- A公司采用实际利率法计算当年的利息费用，记录应付票据的利息费用。2014年的实际利率为6%，年初的应付票据（重估值后的）账面价值为103 667美元。因此，利息费用为6 220美元（0.06×103 667）。现金支付额8 000美元则是初始借款协议上与设备供应商商定的数额。由于支付的现金数额超过利息费用，应付票据减少的数额等于两者之间的差额1 780美元（这是一个溢价摊销额）。
- 随着时间的推移，A公司取得了利息收入，互换合约资产增加了220美元（0.06×3 667）。如前所述，互换合约最初采用现值估值。因此，其现值每年增加的数额就是利息数额。综合这两个会计分录的结果，利息费用（净额）为6 000美元（利息费用6 220－利息收入220），这是2014年度的变动利率6%乘以该票据的账面价值500 000美元的结果。
- 由于利率从8%下降到6%，根据与交易对方签订的互换合约，A公司收到2 000美元[100 000×(0.08－0.06)]，同时，互换合约资产减少了2 000美元。从某种意义上说，收到交易对方支付的2 000美元补偿了A公司按该票据的利率8%支付的利息，即利率下降（本例的利率下降至6%）时互换合约给予公司的效益。
- 假设2014年的利率上升到10%，银行将2015年互换合约的利率重新设定为10%。A公司必须根据公允价值的变动额重估应付票据和互换合约的价值。折现率为10%，该票据的剩余支付额（一次现金支付额8 000美元和第一年的到期价值100 000美元）的现值为98 182美元。该应付票据重估值前的账面价值为101 887美元（103 667－1 780）。重估应付票据价值的会计分录使应付票据价值减少了3 705美元（101 887－98 182）。该减少的数额在利润表中列报为应付票据重估值利得。互换合约的公允价值减少。根据互换合约，A公司现在必须额外支付2 000美元的利息，因此互换合约成为一项负债（而不是一项资产）。按10%折现，2 000美元的现值为1 818美元，即互换合约负债为1 818美元。互换合约资产重估值前的账面价值为1 887美元（3 667＋220－2 000）。该重估值会计分录使互换合约从一项资产（1 887美元）转变为一项负债（1 818美元），由此导致利润表确认一项互换合约重估值损失3 705美元。该票据的重估值利得刚好抵消互换合约的重估值损失。该互换合约规避了利率变动风险。

2015年12月31日，A公司还是延续上述类似流程：

- A公司支付现金8 000美元（0.08×100 000）时记录了利息费用9 818美元（0.10×98 182），应付票据价值随之增加了1 818美元（折价摊销额）。
- 随着时间的推移，A公司确认了互换合约负债的利息费用182美元（0.10×1 818）（如前所述，如果互换合约是一项资产，那么，随着时间的推移会产生利息收入）。综合考虑这两个因素的影响，利息费用（净额）为10 000美元（利息费用9 818＋利息费用182）。这个数额等于变动利率10%乘以该票据的面值。
- 由于变动利率（10%）超过固定利率（8%），A公司必须向交易对方支付额外的利息，即按2%计算的利息。因此，现金和互换合约负债同时减少2 000美元。
- A公司清偿该票据并结束互换合约。做出上述会计分录之后，2015年12月31日互换合约项目的余额为零（1 818＋182－2 000），A公司不必再为结束该互换合约而做任何会计分录。

总之，净利润反映了每年的变动利率：2013年、2014年和2015年的变动利率分别为8%、6%和10%。每年末应付票据和互换合约的净值之和都是100 000美元。

现金流量套期保值：将变动利率债务转换为固定利率债务的利率互换（第二种情景的 B 公司）

第二种情景的 B 公司希望规避其利息现金支付额的利率变动风险，于是与交易对方签订一份互换合约，将其变动利率的应付票据转换为固定利率的应付票据。B 公司将该互换合约认定为现金流量套期保值。该票据的面值为 100 000 美元，初始变动利率为 8%，而交易对方将 2014 年和 2015 年的利率分别设定为 6%和 10%。2015 年 12 月 31 日，该票据到期。表 7－16 列示了该互换合约对财务报表的影响。

表 7－16　现金流量套期保值：将变动利率债务转换为固定利率债务的利率互换

资产总额	＝	负债总额	＋	股东权益总额		
				投入资本	累计其他综合收益	留存收益
2013 年 1 月 1 日 设备　＋100 000		应付票据　＋100 000				
设备 　应付票据		100 000		 100 000		
2013 年 12 月 31 日 票据的利息费用： 现金　－8 000 票据的重估值：		互换合约　＋3 667			其他综合收益—— 互换合约　－3 667	利息费用　－8 000
利息费用 　现金 互换合约重估值损失（其他综合收益） 　互换合约		8 000 3 667		 8 000 3 667		
2014 年 12 月 31 日 票据的利息费用： 现金　－6 000 互换合约负债的利息“费用”（其他综合收益）： 向交易对方支付现金： 现金　－2 000 其他综合收益重分类部分： 互换合约的重估值： 互换合约　＋1 181		互换合约　＋220 互换合约　－2 000 互换合约　－1 887			其他综合收益—— 互换合约　－220 其他综合收益—— 互换合约　＋2 000 其他综合收益—— 互换合约　＋3 705	利息费用　－6 000 利息费用　－2 000
利息费用 　现金 其他综合收益——互换合约 　互换合约 互换合约 　现金 利息费用 　其他综合收益——互换合约 互换合约 　其他综合收益——互换合约		6 000 220 2 000 2 000 3 705		 6 000 220 2 000 2 000 3 705		

续表

资产总额	=	负债总额	+	股东权益总额		
				投入资本	累计其他综合收益	留存收益
2015年12月31日						
票据的利息费用： 现金 −10 000						利息费用 −10 000
互换合约资产的利息“费用”（其他综合收益）： 互换合约 +182					其他综合收益——互换合约 +182	
收到交易对方支付的现金： 现金 +2 000 互换合约 −2 000						
其他综合收益重分类部分：					其他综合收益——互换合约 −2 000	利息费用 +2 000
清偿该票据： 现金 −100 000		应付票据 −100 000				

利息费用	10 000	
现金		10 000
互换合约	182	
其他综合收益——互换合约		182
现金	2 000	
互换合约		2 000
其他综合收益——互换合约	2 000	
利息费用		2 000
应付票据	100 000	
现金		100 000

- 2013年1月1日，B公司记录因购买设备而签发的票据。
- 2013年12月31日，B公司记录支付利息的现金流出量8 000美元和2013年度的利息费用8 000美元。
- 由于该票据的利率为变动利率，因此与第一种情景不同，该票据的公允价值并没有随着利率的变动而变动。互换合约的公允价值也没有变动，且该互换合约成为一种负债。交易对方将利率重新设定为6%之后，2013年12月31日该互换合约的公允价值为3 667美元。如果利率还是6%，该数额是B公司将于2014年12月31日和2015年12月31日支付给交易对方的2 000美元的现值。由于利率的变动，现在该互换合约（其初始估值为0美元）是一项负债，数额为3 667美元。尽管互换合约重估值损失不会马上影响现金流量套期保值当期的净利润，但却减少了其他综合收益。将其他综合收益结转到股东权益项目即累计其他综合收益（因此，其他综合收益是累计其他综合收益的一个组成部分）。
- 应付票据的账面价值100 000美元与互换合约的账面价值3 667美元之和等于103 667美元。这个数额是固定利率票据与互换合约的预期现金流量按6%折现的现值。
- 2014年12月31日，B公司支付固定利率票据的利息6 000美元并确认相应的利息费用。
- 随着时间的推移，B公司必须调增互换合约负债的账面价值220美元（0.06×3 667）。值得注意的是，尽管利息费用不会马上影响净利润，却减少了其他综合收益。
- 根据互换合约的要求，B公司向交易对方支付2 000美元［100 000×(0.08−0.06)］并调减互换合约负债的数额。由于该互换合约是对2014年与利率风险相关的现金流量的套期保值，因此，B公司将部分其他综合收益即2 000美元［100 000×(0.08−0.06)］重新分类为净利润。这时，互换合约负债的余额为1 887美元（3 667+220−2 000）。与该交易相关的累计其他综合收益也调减借方余额1 887美元（即股东权益的一个净扣除额）。利润表列报的利息费用为8 000美元（6 000＋2 000）。

● 2014年12月31日，重新设定2015年的利率为10%，由此改变了该互换合约的价值，从一项负债转换为一项资产。如果折现率为10%，B公司将在2015年末收到交易对方支付的2 000美元的现值1 818美元。B公司重估互换合约的价值，调减互换合约负债1 887美元，同时调增互换合约资产1 887美元。剔除负债，调增资产，2014年的其他综合收益增加了3 705美元。此时，2014年的其他综合收益为5 485美元（2 000＋3 705－220）。因此，累计其他综合收益从2013年末的借方余额3 667美元增加到2014年末的贷方余额1 887美元。该贷方余额等于该互换合约资产的余额。

● 2015年12月31日，B公司按10%的利率支付贷款利息并确认相应的利息费用。随着时间的推移，B公司互换合约资产和其他综合收益的账面价值调增182美元（0.10×1 818）。根据该互换合约，交易对方需要向B公司支付2 000美元，由此互换合约资产减少了2 000美元。

● 由于该互换合约是对2015年与利率风险相关的现金流量的套期保值，因此，B公司通过减少利息费用将其他综合收益2 000美元重新分类为净利润，因此2015年度的利息费用（净额）为8 000美元（10 000－2 000）。

● 最后，B公司于2015年12月31日清偿该票据并结束互换合约。2015年12月31日互换合约项目的余额为零（1 818＋182－2 000），因此B公司不必做任何会计分录。如果互换合约能够有效但不能完全有效“对冲”利率风险，那么，累计其他综合收益项目可能会存在一个与该互换合约相关的余额。这时，B公司可能将该余额重新分类为净利润。

总之，每年的利息费用为8 000美元。B公司通过签订互换合约实现固定利率为8%的目标。其他综合收益的数额反映了互换合约的公允价值变动额。该互换合约的价值始终为零。

□ 衍生工具示例总结

公司在每个报告期间都应该记录所有衍生工具的市场价值变动额。用于公允价值套期保值的衍生工具及其相关资产、负债或承诺的价值变动会马上流向净利润。与现金流量套期保值相关的衍生工具的价值变动会增加或减少其他综合收益。如果套期保值的现金流量影响净利润，那么衍生工具的价值变动也会影响当期净利润。由于作为投机性投资持有的衍生工具并不多见，本节没有专门讨论其会计处理，其会计处理方法与公允价值套期保值的会计处理方法相同。

□ 与衍生工具相关的披露

公司必须披露金融工具的账面价值和公允价值。金融工具赋予某个主体收取现金的权利，也就要求另一个主体承担支付现金的义务。金融工具包括应收账款、应收票据、应付票据、应付债券、远期合约、互换合约和多数衍生工具。公允价值就是两个自愿主体交换衍生工具获得的现金的当前数额。此外，公司必须披露下列与衍生工具相关的信息：

● 公司必须描述其风险管理战略和具体的衍生工具是如何帮助公司实现其套期保值目标的。这种描述应该明确区分公允价值套期保值的衍生工具、现金流量套期保值的衍生工具和其他所有衍生工具。

● 对于公允价值套期保值和现金流量套期保值，公司必须披露盈余中确认的因套期保值无效（即没能对冲套期保值的风险）而产生的利得或损失净额以及利润表中包括该利得或损失净额的具体项目。

● 对于现金流量套期保值，公司必须描述可能导致将利得和损失从其他综合收益重新分类为净利润的交易或事项以及今后12个月内重分类的估计数额。

- 如果套期保值公司的承诺不再作为公允价值套期保值，或预期交易套期保值不再作为现金流量套期保值，公司就必须披露盈余中已经确认的利得和损失净额。[①]

□ 百事公司的衍生工具披露

百事公司运用各种衍生工具对商品价格、汇率和利率进行套期保值，在其财务报表附注10“金融工具”中描述了其运用衍生工具的情况。就本章讨论的利率风险套期保值问题，百事公司描述如下：

> 我们的某些固定利率债务已经互换成浮动利率债务。利率和交叉货币互换的名义金额、支付利息数额和到期日与相关债务的本金、支付利息数额和到期日相匹配。……截至2012年12月29日和2011年12月31日，利率衍生工具的名义金额分别为81亿美元和83亿美元。就这些作为现金流量套期保值的利率衍生工具而言，任何无效套期保值产生的利得或损失都马上入账。所有期间呈报的无效套期保值所产生的利得或损失都微不足道。今后12个月内，我们将把与这些套期保值相关的损失净额2 300万美元从累计其他综合损失重分类到净利润。截至2012年12月29日，在考虑相关利率衍生工具的影响之后，债务总额中大约还有27%的债务采用变动利率，而截至2011年12月31日，该比率为38%。

公司必须列报各种主要风险因素的变动是如何影响盈余的，通常在管理层讨论与分析部分披露这些信息。百事公司讨论了商品价格、汇率和利率的变动对盈余的影响。这些信息有助于分析师评估各种风险的套期保值程度和有效性。2012年百事公司指出，“基于2012年末的变动利率债务和投资水平，利率提高一个百分点将使2012年度的利息费用净额增加9 000 000美元”。

□ 会计质量与衍生工具

公司必须定期根据公允价值调整衍生工具的价值。如果衍生工具像许多远期合约、利率互换合约和货币互换合约那样存在一个活跃、成熟的市场，通常就可以轻易、可靠地确定衍生工具的公允价值。如果公司进行不存在活跃市场的衍生工具交易，便会产生公允价值的可靠性问题。例如，安然公司买卖与宽带服务的价格和可获得性相关的衍生工具。宽带服务当时还是一个新兴市场，安然公司只是进行这类衍生工具交易的极少数公司之一。安然公司还持有数十亿美元名义金额的衍生工具，买卖各种能源商品（包括石油、天然气和电力）的长期合约，有些长期合约的期限长达25年。安然公司是这类没有广泛交易的衍生工具的最大做市商。

第二个会计质量问题涉及衍生工具的分类问题：衍生工具究竟应该归类为公允价值套期保值还是现金流量套期保值。在一些情况下，公司既可以将外汇合约和商品合约归类为公允价值套期保值，也可以将其归类为现金流量套期保值。现金流量套期保值的利得和损失影响盈余的时间晚于公允价值套期保值的利得和损失影响盈余的时间。如果现金流量套期保值的利得和损失显著超过盈余中包括的公允价值套期保值的利得和损失，分析师至少必须质疑公司对套期保值的分类是否合理。

如果公司能够有效地运用衍生工具管理各种风险，那么各期的利得或损失净额应该相对较小。大额和变动较大的利得或损失通常意味着公司无法有效地运用各种衍生工具。

---

① 美国公认会计原则要求定性披露运用衍生工具的目标和战略，定量披露衍生工具的公允价值、利得和损失，同时披露与衍生工具协议的或有特征相关的信用风险。*FASB Codification Topic 815*.

7.6 债务筹资的会计处理与报告规则的预期变化

截至本书写作之时，财务界仍在等待美国财务会计准则委员会与国际会计准则理事会在某些领域的联合审议结果，包括债务筹资的会计处理与列报问题。已经接近收尾的重要项目可能显著地影响会计实务。尽管我们还不能详细地列举出新的会计准则，但初步讨论可以揭示会计准则未来可能变化的某些端倪。

美国财务会计准则委员会与国际会计准则理事会联合审议的项目依然是主要金融工具项目，包括具有权益特征的金融工具。这些相关项目的可能结果包括：

- 金融资产类别的标准定义以及如何计量和列报这些类别的金融资产（我们将在第8章讨论投资时再讨论这些规则的可能变化）。
- 尽管以摊余成本确认的金融负债（本章已经讨论过这个问题）很少具有公允价值选择权，但资产负债表仍披露了公允价值。有趣的是，利率提高时如果消除金融负债的公允价值选择权，也会消除欠下债务还可以产生利得这种反常的结果。
- 美国公认会计原则改变了可转换债务的入账方式。为了与国际财务报告准则相匹配，美国公认会计原则可能将可转换债务的债务要素与权益要素分开。
- 美国公认会计原则与国际财务报告准则对问题债务重组的处理方法逐步趋同。

期待已久的联合审议发布的租赁准则似乎已经接近尾声。2013年5月6日，租赁准则草案再度“曝光”，期望（收集各种评论并再次联合审议）最终的租赁准则能够在2014年发布并于2017年生效（追溯重述至2015年）。我们在本章讨论了经营租赁的资本化以及这种资本化是如何影响资产负债表和利润表的。考虑到预期会计准则的变化，今后可能不再需要将经营租赁资本化。除了短期租赁之外，最低租赁支付额（“使用权”的一个指标）的现值将作为金融负债和经营性资产列报于资产负债表，从而消除了与经营租赁相关的表外融资问题。这种处理方法对利润表的影响取决于租赁资产是财产（如土地、办公场所和一体化设备）还是“非财产”（如复印机、飞机和运输车辆等）。拟议的租赁准则倾向于通过利润表确认“非财产”租赁的摊销或折旧费用和利息费用。这种倾向很像本章讨论过的资本租赁的处理方法。拟议的租赁准则倡导采用直线法确认财产租赁的租赁费用。之所以采用不同的利润表确认方法，是因为会计准则制定者认为财产租赁在租赁期间涉及较少的资产消耗。“非财产”租赁的资产消耗非常严重，因此出租方会确定租赁支付额以获得投资报酬率。

我们建议读者继续关注美国财务会计准则委员会和国际会计准则理事会对上述问题和其他问题的联合审议结果。

本章小结

本章探讨了与公司筹资活动相关的各种会计问题。管理层是选择带息债务还是股东权益来为扩大产能筹集资金影响着盈利能力分析和风险分析。这些负债的合理计量和列报有助于分析师理解债权投资和权益投资的风险。而表外融资安排使盈利能力分析和风险分析更为复杂。

本章主要关注由公司与各种贷款机构之间的交易所产生的各种负债。这些负债主要是应付票据和应付债券，通常是因公司为购置经营用长期资产筹集资金而产生的。第8章将讨论这些长期资产的会计问题。第9章将回到经营活动产生的各种负债（如应付账款、准备金、递延所得税负债和养老金负债）的计量和列报问题。

综合案例

星巴克公司

根据星巴克公司2012年9月30日的合并资产负债表，该公司的长期负债总额和股东权益总额分别为5.496亿美元和50.462亿美元。因此，如果将长期负债与长期资本比率定义为长期负债总额/（长期负债总额+股东权益总额），那么，星巴克公司的长期负债与长期资本比率为9.71%。

星巴克公司在其财务报表的“管理层讨论与分析”和附注部分还提供了与其列报的债务和权益相关的额外信息：

长期负债5.496亿美元、利率为6.25%的优先票据的公允价值（以第二层次估值为基础；附注4）为6.74亿美元。

2012年第四个季度普通股每股平均市场价值（“管理层讨论与分析”部分）为48.67美元。

资产负债表日流通在外的股票数量（资产负债表）为7.493亿股。

此外，作为快餐和零售咖啡连锁店的常规做法，星巴克公司以经营租赁的方式租赁了部分或所有零售场所。星巴克公司2012年9月30日的合并财务报表附注10披露了公司该年末的未来经营租赁承诺（单位：百万美元）。

会计年度	
2013	787.9
2014	728.5
2015	640.4
2016	531.5
2017	403.4
以后年度	968.5
租赁支付额合计	4 060.2

要求：

a. 以折现率为6.25%计算经营租赁负债的现值。假设所有现金流量都发生于年末。进一步假设2017年度之后最低租赁支付额在五年内均匀地产生。

b. 假设星巴克公司将经营租赁资本化并将其中的长期部分列报为长期负债，重新计算长期负债与长期资本比率。

c. 假设将经营租赁的长期部分作为长期负债处理，运用长期负债和权益的市场价值重新计算长期负债与长期资本比率。

d. 对b和c的结果进行评论。这些计算能够提供哪些额外的信息呢？

e. 星巴克公司的利润表以“销售成本（包括租用成本）”项目列报了一项费用。思考为什么星巴克公司的利润表以一个综合数额呈报其销售和租用成本（经营租赁支付额）。

第 8 章

投资活动

- 8.1 长期经营性资产投资
- 8.2 管理层如何将购置成本分摊到受益期
- 8.3 长期资产的账面价值与市场价值的关系
- 8.4 证券投资
- 8.5 可变利益主体的主要受益人
- 8.6 外币折算

学习目标

1. 描述公司有形和无形的生产性资产投资的会计处理与列报方法，包括资本化还是费用化的决策。
2. 讨论通过折旧和摊销程序分摊成本过程中所涉及的职业判断。
3. 运用相关规则对不同类型长期资产（包括商誉）进行减值测试。
4. 描述债务性证券投资（包括公允价值法与摊余成本法）和权益证券投资（包括公允价值法、权益法和合并法）的会计处理与列报方法。
5. 描述可变利益主体（有时也称特定目的的主体）并解释主要受益人的需求。
6. 为了与美国母公司合并，折算以外币计价的子公司财务报表。

我们在第7章中讨论了筹资活动的财务列报问题。筹资活动是投资活动和经营活动的主要资金来源。我们将在本章讨论投资活动的财务列报问题。公司一旦取得资金，就必须有效地投资，获得超过筹资成本的报酬率。

投资活动会产生资产，因此，投资的会计处理方法会直接影响第4章和第5章中讨论过的资产报酬率计算公式的分母。此外，预测性未来财务报表也在相当大程度上依赖于预测性投资活动，尤其是经营性资产（如财产、厂房与设备）的投资。

投资活动可以分为两大类：

- 投资于长期经营性资产，包括长期有形固定资产（如土地、建筑物和设备）、无形资产（如专利权、商标权、顾客清单和商誉）以及自然资源（如石油储藏量和林地）。
- 投资于其他公司发行的证券，包括股票和债券。[①]

公司也会在营运资本方面做些战术性和经营性的投资。由于营运资本产生的各种资产（如应收账款和存货）和各种负债（如应付账款和其他流动负债）来源于日常创造收入的各种活动，用于日常创造收入的各种活动，因此，第9章将结合经营活动讨论营运资本投资问题。

为了说明本章的主题，我们对百事公司2012年度合并资产负债表的资产部分进行回顾（如表1-4所示）。百事公司的合并资产负债表列示了短期投资（在流动资产部分）和非流动资产（即财产、厂房与设备净值；可摊销的无形资产的净值；商誉；其他不可摊销的无形资产；对非控制性子公司的投资）。2012年12月29日，这些资产项目的总额达到545.87亿美元，占资产总额（746.38亿美元）的73%以上。百事公司的财务报表是合并报表，意味着所有财务报表都包括其子公司的资产、负债、收入、费用和现金流量。

由于本章关注公司的主要资产，因此，在讨论投资活动所产生的两类重要资产之前，有必要先回顾第1章中提到的资产定义。资产具有四个特征（前三个特征构成资产的定义，第四个特征则是资产计量的必要特征）：

（1）可能提供未来效益。

（2）已由主体获得或控制。

（3）是过去交易和事项的结果。

（4）可以（以购置成本或公允价值）可靠地计量。[②]

---

① 由于股票投资的一个重要类别是子公司的控制性投资，因此，我们将在本章讨论以外币计价的国外子公司财务报表的折算问题。

② Financial Accounting Standards Board, *Statement of Financial Accounting Concepts No. 5*, "Recognition and Measurement in Financial Statements of a Business Enterprise," (1984); Financial Accounting Standards Board, *Statement of Financial Accounting Concepts No. 600*, "Elements of Financial Statements," (1985). 近年来，国际财务报告准则的资产定义与美国公认会计原则的资产定义非常相似。截至本书写作时，美国财务会计准则委员会与国际会计准则理事会一直致力于概念框架项目的B阶段合作研究。该研究项目的最终目标是使财务报表各个项目的定义趋同。目前看来，新的资产定义淡化了过去交易和事项以及预期未来利益，更强调确定主体现在是否拥有某项经济资源。该经济资源可能通过出售、特许使用或其他可能的交易方式而独立于主体或来源于某项合约或法定权利。该资产定义与会计准则制定者的观念一致。会计准则制定者认为更多的资产和负债应当以公允价值计量。这种资产定义将资产与合约或法定权利相分离，直接允许或强化了计量某项资产公允价值的能力。

就许多长期生产性资产（如机器）而言，要确定其是不是一项资产并计量其成本并不是一件难事。然而，有些交易却不然，例如某些支出可能无法创造未来效益，例如与研发、营销和品牌建设以及自然资源开发相关的支出。此外，本章后面部分将讨论，"控股"特征能决定公司间投资者的财务报表应该确认哪些资产。最后，可靠的公允价值信息的可获得性将对许多金融资产的计量产生影响。

8.1 长期经营性资产投资

根据财务报表附注 4"财产、厂房与设备和无形资产"，百事公司详细说明了截至 2012 年 12 月 29 日其合并资产负债表列报的各种长期经营性资产：

- 财产、厂房与设备净值 191.36 亿美元
- 可摊销无形资产净值 17.81 亿美元
- 不可摊销无形资产（包括商誉）317.75 亿美元

百事公司财务报表附注 4 披露的具体数额还为财务报表分析者提供了一个很有用的会计问题的总结清单：

- 百事公司在其财务报表附注 4 的第一部分解释了资产负债表列报的"财产、厂房与设备"这项有形资产的账面净值 191.36 亿美元的具体情况：等于财产、厂房与设备的购置成本 361.62 亿美元减去资产负债表日的累计折旧 170.26 亿美元。百事公司每年的利润表中均列报了当年的折旧费用（一定期间的折旧费用总额等于累计折旧）。2012 年度，百事公司利润表列报的折旧费用为 24.89 亿美元。
- 百事公司在其财务报表附注 4 的第二部分描述了第二种类型的长期经营性资产即使用年限有限的可摊销无形资产。百事公司 2012 年度的净利润中扣减了摊销费用 1.19 亿美元。
- 百事公司在其财务报表附注 4 的最后一部分披露了第三种类型的长期经营性资产（即不可摊销无形资产）各个项目（包括永久性品牌、特许经营权和商誉）的期末和期初余额。由于这些资产使用年限无限，因此尽管不可摊销，但每年都需要进行减值测试。如果这些资产出现减值损失，就需要将其账面价值调整为公允价值。因此，百事公司 2012 年度没有确认这些资产的摊销费用。但附注 4 披露，百事公司 2012 年度和 2011 年度确认的不可摊销资产的减值损失分别为 2 300 万美元和 1 400 万美元。

下面将根据百事公司财务报表附注 4，以分析师的问题作为标题，讨论财务报表分析的重要问题。这些问题的答案决定了长期资产投资领域的会计质量。我们也将讨论这些答案是如何影响分析师进行盈利能力与风险分析以及预测未来财务报表的。

□ 购置成本是资产还是费用？

资产对财务报表的初始影响在于决定购置成本是否应资本化并确认为某项资产（即是否满足资产确认与计量的四个条件）。如果购置成本不符合资本化的条件，就确认为一项费用。如果购置成本资本化，随后的成本分配会逐渐减少使用年限内的长期资产价值，消耗的成本作为费用处理，资产的剩余账面价值（调整后的购置成本）列报于资产负债表。如果原始成本被认为是一项费用，那么应该马上费用化，资产负债表不存在任何需要列报的资产。

由于购置成本的资本化和费用化对资产负债表和利润表的影响显著不同，购置成本的会计质量分析必须关注以下几个问题：购置成本资本化合理吗？购置成本产生了资产还是应该费用化？公司的资本化政策清晰且与竞争对手和经济现实相符吗？即使会计准则要求将购置成本作为费用处理，也会产生某些经济资产吗？基于分析的需要，我们将讨论与各种支出的财务列报相关的各种问题。与实物资产（有形资产和无

形资产）相关的各种活动将导致这些支出的发生。我们将讨论：

- 财产、厂房与设备。
- 研究与开发成本。
- 软件开发成本。
- 提高或维持财产、厂房与设备性能的后续支出。
- 自建成本。
- 无形资产的购置成本。
- 自然资源的购置成本。

购置财产、厂房与设备的会计处理：通则

在多数情况下，购买财产、厂房与设备的成本均将产生未来效益，因此，将这些成本确认资产是合情合理的。确认资产的通则是资产应该以公允价值入账。这里的“公允价值”是指为了取得该资产（无论以现金、债务的方式还是以权益股份的方式）并使该资产达到预期可使用状态所发生的支出（包括装运、临时储存、保险、安装和校准等成本）。

以现金购置的财产、厂房与设备作为一项现金流出量列报于现金流量表的投资活动部分。如果以债务或权益（两者都是非现金交易）购置财产、厂房与设备，那么，该投资活动将分别以一项重要的非现金投资活动和一项筹资活动列报于现金流量表。根据百事公司的合并现金流量表，2010—2012 年间每年列报的资本支出为 27 亿～33 亿美元。此外，百事公司 2010 年还购买了无形资产“DPSG 公司的制造和分销权”，耗费 9 亿美元。百事公司 2010—2012 年间的这些有形资产和无形资产投资耗用了大部分同期经营活动产生的现金净额，每年的数额为 84 亿～89 亿美元。

研究与开发成本的会计处理

研究与开发是许多公司的一项重要活动。然而，在确定研究与开发活动能否产生足够且可以可靠计量的未来经济效益，以确保研究与开发成本可以资本化为某项资产的过程中，固有的不确定性始终存在。有鉴于此，美国公认会计原则要求公司将所有内部研究与开发成本立即费用化。[①] 由于两个市场参与者之间的独立交易可以提供证实购买成本的可靠证据，独立交易价格也是一个证实存在未来经济效益的指标，因此，购买专利权或特许经营权的外部研究与开发成本可以资本化。美国公认会计原则要求研究与开发支出数额较大的行业（如研究密集型的生物技术行业）将内部研究与开发成本费用化（而不是资本化），这一点尤其值得关注，因为这表明某种重要资产从来不会出现在资产负债表上。

如果公司采用不同的战略实施研究与开发活动，那么，针对这种研究与开发活动的分析就更为复杂。例如，将百健艾迪公司（Biogen Idec）和安进公司（Amgen，Inc.）的不同战略进行比较。百健艾迪公司在神经学、血友病和免疫学领域拥有领先的产品和生产能力，2012 年的收入超过 55 亿美元。公司主要在其研究实验室开发与药相关的产品，并通过遗传工程开发各种保健药品。百健艾迪公司描述的研究与开发成本的会计政策如下：

> 研究与开发费用包括预付给合作者的各种费用以及研究与开发活动过程中发生的各种费用（包括薪酬与津贴、设施费用、间接费用、临床试验费用、临床制造费用、支付给临床研究组织的费用、其他外部费用），在其发生时费用化。[②]

---

① *FASB Codification Topic 730*. 应用于多个研究与开发项目的长期资产（如建筑物、计算机和实验设备）先资本化，然后将这些资产的折旧费用转化为研究与开发费用。

② 百健艾迪公司 2012 年 12 月 31 日 10-K 格式年报的附注 1。

百健艾迪公司2012年的研究与开发费用大约占销售额的24%。根据美国公认会计原则，百健艾迪公司资产负债表没有列报任何与这些内部研究活动相关的资产。公司通过收购其他技术公司获得了成熟的技术、专利权和正在实施的研究与开发工作。这些收购活动都是与外部主体进行的交易，百健艾迪公司的资产负债表列报了成熟核心技术和专利权等无形资产的价值10.396亿美元，以及正在实施的研究与开发项目的公允价值3.30亿美元（其中的2.19亿美元是百健艾迪公司2012年收购石骨菊公司（Stomedix）的单笔支出①）。

安进是一家领先的保健公司，2012年众多畅销产品的销售收入合计超过170亿美元。安进公司通过许多合营公司、特许经营公司和合伙公司实施内部生物技术开发与外部发展并举的战略。安进公司贡献出其前期研究成果，以谋取这些合营公司和合伙公司的权益，其他参与方则提供这些前期研究成果后续开发所需要的资金。有时，安进公司与合营公司或合伙公司签订合约，在自己的实验室开展后续开发活动。在这种情况下，安进公司每期都可以收到一笔数额相当于研究过程中发生的研究与开发成本的收入（不会产生任何研究与开发成本净额问题）。有时，合营公司或合伙公司独立开展研究工作，此时安进公司不会在其账面上列报任何研究与开发费用。安进公司通常对合营公司或合伙公司所开发的所有产品拥有优先购买权。当然，安进公司必须定期向合营公司的所有者支付一笔特许权使用费。安进公司2012年的研究与开发费用占销售额的20.3%。

尽管百健艾迪公司与安进公司的研究与开发费用占销售额的比例差不多（都比较高），但安进公司研究与开发费用占销售额的比例并不能充分反映其研究与开发活动，资产负债表也不能充分反映该公司在生产过程中应用各种技术创造未来现金流入量的可能性。尽管安进公司曾将研究与开发成果成功地转化为产品和未来现金流量，但其资产负债表却没有列报任何研究与开发资产。而且安进公司的利润表也没有列报合营公司实施的许多研究与开发活动的研究与开发费用，因此，安进公司的研究与开发费用没有充分反映其研究与开发活动。而百健艾迪公司将其成熟核心技术和正在实施的研究与开发活动的公允价值资本化，于是可以使研究与开发费用较充分地反映其研究与开发活动，资产负债表也能显著反映研究与开发活动创造现金流量的潜能。

为了解决上述问题，分析师可以用统一的方法核算所有的研究与开发支出，然后将具有未来服务潜能的所有研究与开发支出（无论是公司内部发生的研究与开发成本还是外部购买的在研或已经完成的技术）都资本化并加以摊销，而将不具有未来服务潜能的所有研究与开发支出立即费用化。这种方法要求按公司在合营公司或合伙公司的股权比例合并相应的资产、负债、收入以及研究与开发费用。遗憾的是，分析师很快就会发现未来效益的固有不确定性会导致仅靠财务报表披露的信息难以判断未来服务潜能。而正因为未来效益的固有不确定性，会计准则制定者才要求公司必须将所有内部研究与开发支出费用化。因此，分析师还需要借助公司合理的信息披露和财务报告模型之外的其他信息。当然，财务报表附注只是披露了某些研究与开发的合营公司数据，要编制包括合营公司的合并财务报表不是一件容易的事。

由于缺乏相关的数据，导致难以修改财务报表，分析师应该注意研究与开发支出的费用化规则对盈利能力的影响。对资产报酬率的影响体现在其计算公式的分子与分母之间存在“此消彼长”的现象。如果研究与开发支出不作为资产列报，则低估了资产报酬率计算公式的分母。如果所有研究与开发支出都作为当期费用处理，则低估了资产报酬率计算公式的分子即（调整后）净利润。如果剔除以前成功的研究与开发工作所形成的资产的摊销费用，则高估了资产报酬率计算公式的分子即（调整后）净利润。如果研究与开发支出不断增长，当期的研究与开发费用超过其摊销费用，两种不同方向的影响相互抵消之后，可能会低

① 现在，因并购取得的正在实施的研究与开发项目的公允价值必须资本化。FASB Codification Topic 805 反映了美国公认会计原则2017年的规则变化。International Accounting Standard Board，*International Financial Reporting Standard 3*，“Business Combinations”（2007）描述了相关的规则。

估对资产报酬率计算公式分子的最终影响。成熟公司可能处于稳定状态，如果研究与开发支出都资本化，则当期研究与开发费用等于摊销费用总额。此时，尽管资产报酬率计算公式的分子不受影响，但由于没有列报研究与开发所形成的资产，依然低估了资产报酬率计算公式的分母。根据国际财务报告准则的相关规则，研究成本费用化，产品开发成本（即研究出一种产品或一种技术可行的流程之后所发生的各种成本）资本化。因此，国际财务报告准则降低了高估资产报酬率的可能性。①

总之，（相对于立即费用化）研究与开发支出资本化及其随后的摊销使得后续收益更为平稳，从理论上说，可以因此得到一个更容易预测的净利润。尽管管理层及其他相关人士都将研究与开发活动视为必要的投资活动，但由于研究与开发活动并没有形成资产负债表中可以列报的资产，因此，现金流量表将研究与开发活动作为经营活动列报。研究与开发支出会减少当期的净利润，从而减少当期的经营活动现金流量。

软件开发成本的会计处理

根据美国公认会计原则，计算机软件开发成本的处理方法与研究与开发成本的处理方法略有不同。在计算机软件开发工作使产品达到技术可行性之前，公司必须将内部开发计算机软件发生的所有成本费用化，之后将再发生的开发成本资本化并在随后各期摊销。② 美国公认会计原则将技术可行性定义为“完成详细的程序设计或完成工作模型”。显然，确定软件开发项目何时达到技术可行性需要管理层和其他人的重要判断。例如，IBM的研究与开发成本包括形成软件产品概念的成本和软件产品达到技术可行性以前已经资本化的软件成本的摊销费用。与此相反，奥多比系统公司（Adobe Systems）在内部开发新软件的同时也积极收购其他软件公司的软件（Acrobat 和 Reader 是其知名产品）。奥多比系统公司也将内部研究与开发费用形式的原始软件开发成本费用化，而将达到技术可行性的软件开发成本资本化。此外，如果奥多比系统公司收购获得的软件已经达到技术可行性，公司会将该软件的成本资本化。微软公司认为其 Windows 和 Office 后代产品已经具有技术可行性，其多数研究与开发成本早已发生，因此，微软只将极少部分 Windows 和 Office 后代产品的开发成本资本化。幸好，技术发展的速度非常快，软件和技术产品的生命周期只有短短几年，资本化与立即费用化的时间差越来越小，其差异也就显得微不足道。

提高或改善资产性能的后续支出

公司取得长期经营性资产之后，还需要花钱提高或改善其性能。合理的会计处理方法是将可能延长某项资产的预期服务时间或提升某项资产的预期潜能（定量或定性）的各项支出资本化（即增加资产的账面价值）。对那些仅仅维持原先预期服务潜能的维修支出，公司应该立即将其费用化。例如，公司在确定轮胎的初始使用年限时就假设轮胎要定期更换。因此，更换货车轮胎的支出不属于资本支出。不过，如果为了提高易腐货物的运输能力而在货车的货物区安装制冷设备，且其服务质量得到超预期的改善，那么，安装制冷设备的支出就应该资本化。

维护成本的数额可能较大。美国航空公司是世界上最大的航空公司之一。该公司对其所有的飞机都制定了严格的维护计划。美国航空公司在其 2012 年度 10-K 格式年报的“经营费用”项目所列报的维修费用超过 10 亿美元。

后续支出所涉及的管理层判断为盈余管理提供了很多机会，因为资本化或费用化处理会立即影响利润表。一种增加盈余的方式是（不正确地）将日常维修成本作为资本支出处理。投资者必须依靠管理层的诚

---

① International Accounting Board，*International Accounting Standard 38*，“Intangible Assets”（1998）.

② *FASB Codification Topic 985*. 有关计算机软件成本的这些规则适用于准备出售、租赁或市场化的软件，并不适用于为内部使用而开发的软件（这些软件的开发成本应该资本化并摊销）。

信和审计师的监督来防止具有自利行为的管理层使用各种必要的判断来操纵盈余。健全的公司治理体系和审计师出具的内部控制缺陷报告有助于评估会计质量。

自建成本

为了节约成本或在找不到外部供应商的情况下，公司可能自己建造厂房和设备。例如，沃尔玛可能建造自己的商店。自建资产的成本等于建造过程中所发生的全部必要成本（包括材料、人工和制造费用）的公允价值。例如，自建项目经常使用现有设备，在设备、工厂管理和财产税等方面不会产生额外支出，但这些固定成本在建设过程中必然会发生。有鉴于此，美国公认会计原则和国际财务报告准则都要求自建成本承担部分固定制造费用。如果公司内部支出数额超过从外部取得资产的成本，自建资产的入账金额将以外部购置成本为限，所发生的成本超过外部公允价值的部分作为该期间的损失处理。这种处理方法可以确保资产的初始入账金额不会超过其公允价值。

作为一种通则，第 7 章已经讨论过，债务的利息成本作为该期间的费用处理。不过，美国公认会计原则和国际财务报告准则都规定，公司自用长期生产性资产自建期间所发生的利息费用不适用于此规则。[①] 为了建造资产而额外举债的利息是建造该资产的合理且必要的成本。将自建资产的利息资本化，可以更好地反映公司为了取得该资产所牺牲的公允价值。资本化的利息成本成为资产历史成本的组成部分（计提折旧的基础），从而转化为每年的折旧费用。

自然资源的购置成本

油田、林区和矿藏是自然资源的典型例证。与自然资源相关的三种成本为：

- 购置成本
- 勘探成本
- 开发成本[②]

购置成本。购置成本包括取得自然资源的成本以及取得自然资源之后使自然资源处于可接受状态的相关成本。自然资源经常依附于自然资源开采结束后还可以利用的土地。如此一来，原始购置成本就分为两部分：一部分购置成本归属于土地，单独以“土地”或“财产”项目列报；其余购置成本资本化并以“自然资源”项目与其他生产性、经营性资产一起列报于资产负债表的“财产、厂房与设备”部分。

自然资源资产经常涉及项目结束时的恢复成本问题。例如，露天煤矿可开采期结束后，煤矿经营者需要耗费巨额成本填埋矿坑，使土地恢复到原先的状态。自然资源的恢复成本就是资产置换义务的一个例证。公司应该将履行该义务的公允价值（通常通过折现预期未来恢复成本来确定公允价值）资本化并在相关自然资源资产的使用年限内摊销。[③]

勘探成本。勘探成本是为了探测自然资源的存在及其精确位置而发生的各种成本。例如，石油公司要先取得油田（购置成本），然后钻探、发现石油。钻探活动的成本（包括物料供应、人工和机器折旧费用）就是勘探成本。勘探成本的会计处理已经成为会计史上最具争议的主题之一。争议的焦点是不成功的勘探

---

① （第 9 章将讨论）建造某些类型存货的利息成本也可能资本化。*FASB Codification Topic 835*；International Accounting Standards Board，*International Accounting Standard 23*（*revised* 2007），“Borrowing Costs.”

② *FASB Codification Topics 930 and 932*；International Accounting Standards Board，*International Financial Reporting Standard 6*，“Exploration for and Evaluation of Mineral Resources”（2004）. 国际财务报告准则的成本分类与美国公认会计原则的成本分类略有差异。国际财务报告准则要求对自然资源成本资本化或费用化的判断有一个清晰且连贯的会计政策。考虑到本节讨论的美国公认会计原则的相关规则可能引发各种可以合理判断的资产计量问题，而且资本化或费用化的决策存在可选择空间，可以认为美国公认会计原则与国际财务报告准则的处理方法不可能导致自然资源估值的差异。

③ *FASB Codification Topic 410*；International Accounting Standards Board，*International Accounting Standard 16*，“Property，Plant and Equipment”（1998）.

活动成本究竟是资产还是费用。针对这个问题，存在以下两个学派：

- 成功法（与勘探成功的油井相关的勘探成本资本化，与勘探不成功的油井相关的勘探成本费用化）
- 完全成本法（与勘探成功的油井和勘探不成功的油井相关的勘探成本都资本化）

根据成功法，如果石油公司钻探六口油井，只有两口油井产油，那么，两口勘探成功的油井的相关勘探成本资本化为自然资源资产，而四口勘探不成功的油井的相关勘探成本费用化。这种观点有其道理。因为只有成功的油井才可能创造未来经济效益（即出售石油），才应该称为资产。

完全成本法则强调所有六口油井的勘探成本都是自然资源资产的组成部分。其依据在于石油公司为了探明石油必须钻探所有的油井。所有六口油井的勘探成本是石油公司获得未来经济效益的必要投资。因此，所有成本都应该资本化。这种观点也有其道理，而且在其他会计领域占有一席之地。如果公司在生产合格品的过程中必须损毁或损坏某些产品，那么，生产有瑕疵或损坏产品的相关成本就构成生产合格品的成本。例如，快速罐装饮料可能存在某些浪费，于是将浪费的饮料成本资本化为饮料成本的组成部分。

成功法和完全成本法都有其合理的依据。因此，公司可以采用任何一种方法核算自然资源的勘探成本。管理层可以为公司选择其认为最合适的核算方法。同行业的公司经常选择不同的核算方法，由此导致不同公司的财务报表难以相互比较。财务报表使用者抱怨相同交易存在两种不同的会计方法导致会计信息缺乏可比性。近年来，规模较大的公司倾向于采用成功法，而规模较小的公司倾向于采用完全成本法。有鉴于此，在比较采掘行业不同规模公司的盈利能力和风险时，分析师务必注意勘探成本的不同会计处理方法。公司会在财务报表附注的会计政策部分披露其选择的会计核算方法。

开发成本。一旦公司取得自然资源并探明储存地点，就必须开发自然资源。开发成本包括有形的开发成本（例如与钻探和运输资源的重型设备相关的成本）与无形的开发成本（例如钻井成本和建造矿井成本）。有形开发成本资本化为设备（或其他财产、厂房与设备项目）成本的组成部分。由于无形开发成本难以与自然资源相分离，因此，无形开发成本资本化为自然资源资本的组成部分。例如，与钻探某个具体油井相关的各种成本不能转移到其他油井。[1]

汇总购置成本、勘探成本（只包括成功的油井还是全部油井的相关勘探成本，取决于公司采用的会计核算方法）和无形开发成本就可以得到资本化的自然资源成本。随着自然资源的消耗，自然资源成本逐渐费用化。折耗费用就是自然资源消耗的估计值。

无形资产的购置成本

无形资产包括品牌、商标、专利权、版权、特许经营权、顾客清单和商誉。根据美国公认会计原则和国际财务报告准则，公司将内部开发无形资产的成本在发生当期费用化。这些成本立即费用化的理由是，要确定某项支出能否带来未来效益很困难，而且存在不确定性。如果某项支出能够带来未来效益，就可以确认为资产，否则只能确认为费用。有鉴于此，尽管百事公司每年都花费数十亿美元推销其产品，其品牌（如百事和非多利）代表着公司有经济价值的资产，但是，百事公司却不能将内部开发和维护这些品牌的各种支出确认为资产。原因是品牌估值的差错和管理层故意滥用品牌成本资本化的自由裁量权足以抵消财务报表列报这些品牌价值的适当性。

公司可以将从其他公司购买的无形资产所发生的成本资本化。因为外部市场交易可以为这些无形资产的价值提供一个可靠的指标。过去几年间，百事公司通过收购获得许多品牌。百事公司 2012 年度财务报表附注 4 的第三部分显示，该公司的品牌成本资本化的总额高达 48.39 亿美元。

---

① 会计系统反映的自然资源成本还包括环境保护成本。为了最大限度降低环境风险，公司可能需要发生某些成本。例如，作为埃克森·瓦尔迪兹号（Exxon Valdez）油船漏油事件的余波，现在采用双壳油船运输阿拉斯加原油。采用双壳油船的成本远远高于采用单壳油船的成本。埃克森公司清理漏油的直接成本和埃克森公司声誉损失的间接成本都很大。

根据定义，无形资产能否带来经济效益具有与生俱来的高度不确定性。因此，多数分析师倾向于将无形资产成本立即费用化。[①] 有些分析师甚至在财务分析之前，剔除资产负债表中列报为资产的所有研究与开发成本、软件开发成本和商誉。分析师认为这种做法的意义在于：(1) 缩减盈余管理空间，改善盈余信息质量。(2) 剔除资产负债表中缺乏实体的“软资产”，改善资产负债表信息质量。如果无形资产的购置成本已经资本化，有些分析师会从留存收益中剔除无形资产的成本（经常用“有形权益”这个术语描述扣除无形资产之后剩余的股东权益）。由于分析师可能剔除这些品牌资产，低估公司的资产总额（百事公司的资产负债表中没有确认诸如百事和菲多利这样的品牌。这两个品牌可是百事公司的重要品牌），因此，必须详细解释财务分析的结果。本章后面部分将更详细地讨论，资产负债表中确认了公司因合并而取得的许多无形资产。根据合约，这些无形资产具有公允价值，要么租赁，要么出售，可以独立计量其公允价值。

商誉

确认无形资产的最常见场景是公司收购。收购公司必须将收购价格分配到获得的资产和承担的负债上。收购公司首先将收购价格分配到可辨认的有形资产（存货、土地和设备）和负债上作为其公允价值，然后，将多余的收购价格部分分配到可具体辨认的无形资产（如专利权、顾客清单和品牌）上作为其公允价值。最后，将剩余的收购价格部分分配到商誉上。因此，商誉是一个剩余值。实际上，商誉代表所有不可具体辨认的无形资产。根据百事公司财务报表附注4的披露，截至2012年12月29日，百事公司的商誉为169.71亿美元。

分析师如何处理公司资产负债表中列报的商誉呢？一种方法是根据财务列报规则，将商誉视同公司的生产性资产。这种方法的依据是商誉的初始估值源于公司在其他公司的独立投资，代表会计师无法辨认和独立计量的有价值资源。分析师应该以管理层预期的这些有价值资源可以创造的合理收益为基础，将这些有价值资源纳入资产总额。如果这些有价值资源不能永久存续，将其成本在一定期间内摊销也合情合理。

另一种方法是从资产总额中剔除商誉并从留存收益或其他普通股权益项目中扣除相应的数额。这种方法的依据是因公司收购而分配到商誉上的数额也许只是因为公司支付的收购价格过高，未必表明其存在具有未来服务潜能的资源。从留存收益中扣除分配到商誉上的相应数额意味着多余的收购价格是公司的一种损失。这一做法将因收购而产生的商誉视同内部自创商誉处理。我们将在本章后面部分讨论公司收购问题，并更详细地讨论商誉问题。

8.2 管理层如何将购置成本分摊到受益期

成本分配包括（有形固定资产的）折旧、（使用年限有限的无形资产的）摊销和（自然资源的）折耗过程。在将购置成本分摊到受益期时，管理层必须：(1) 选择分配方法；(2) 估计使用寿命；(3) 估计残值。此外，在长期资产的整个使用年限内，必须测试长期资产的经济价值以验证其账面价值的合理性，由此可能导致资产重估减值损失（美国公认会计原则和国际财务报告准则）或增值（根据国际财务报告准则，这是一种选择权）。当然，这种固定资产价值评估经常涉及众多的判断和估计。

鉴于多数资产负债表都列报了大量的长期资产和理解管理层会计判断的重要性，下面各小节将讨论固定资产价值评估所涉及的各种判断和估计，以帮助分析师回答下列问题：

- 基于资产的经济服务和价值，固定资产的使用年限和残值的估计合理吗？

---

① 对稳定或适度增长的公司而言，每年立即费用化所产生的费用数额大致相当于将支出资本化以后摊销所产生的费用数额。

√ 固定资产的使用年限和残值与竞争对手一致吗？

√ 战略或经济现实可以解释固定资产平均使用年限的变动吗？或固定资产使用年限的变动是不是投机取巧？

- 折旧方法是否符合固定资产的预期经济使用年限？

√ 固定资产的使用年限是否与竞争对手类似固定资产的使用年限相似？

√ 折旧方法是否经常变动？

□ 长期有形资产和使用年限有限的无形资产的使用年限

实物磨损和技术老化会影响固定资产使用年限和残值的估计值，管理层可以向公司股东传递长期资产未来预期使用年限的信息。不过，这也导致管理层在估算固定资产使用年限过程中的偏误会影响公司对外列报的盈余。例如，管理层企图对外列报较高的盈余，于是可能故意调高固定资产预期使用年限或残值，从而减少每年的折旧费用。

遗憾的是，公司披露的固定资产折旧年限信息通常无助于判断公司是否为了操纵盈余而故意延长或缩短折旧年限，原因包括公司披露的信息过于综合、通常宽泛地披露各类固定资产的使用年限、很少披露预期残值。例如，我们可以用百事公司财务报表附注所披露的信息说明长期资产平均使用年限的估计过程。根据财务报表附注4“财产、厂房与设备和无形资产”披露的信息，百事公司应计提折旧和可摊销资产的平均使用年限如下所示：

土地与改良支出	10～34年
建筑物与改良支出	15～44年
机器与设备（包括船只和软件）	5～14年
外购的特许经营权	56～60年
再次外购的特许经营权	1～14年
品牌	5～40年
其他可辨认的无形资产	10～24年

基于财务报告目的，多数美国公司采用直线法计提固定资产折旧。分析师将平均应计提折旧的资产成本（原值，假设残值为零）除以每年的折旧费用就可以估计出应计提折旧（和可摊销）资产的平均使用年限。表8-1列示了百事公司2007—2012年度资产平均使用年限的计算过程。

表8-1 百事公司“财产、厂房与设备和无形资产”平均使用年限的计算过程 单位：百万美元

会计年度	财产、厂房与设备（包括在建工程）	折旧费用	预计折旧年限	无形资产	摊销费用	预计摊销年限
2007	19 912	1 304		1 820	58	
2008	20 779	1 422	14.31	1 771	64	28.05
2009	23 471	1 500	14.75	1 970	63	29.69
2010	31 121	2 124	12.85	3 269	117	22.39
2011	33 314	2 476	13.01	3 220	133	24.39
2012	34 425	2 489	13.61	3 199	119	26.97

预计折旧年限=[(当年财产、厂房与设备数额+以前年度财产、厂房与设备数额)×0.5] /折旧费用

预计摊销年限=[(当年无形资产数额+以前年度无形资产数额)×0.5] /摊销费用

2012年度，财产、厂房与设备的预计平均使用年限为13.6年，而可摊销无形资产的预计平均使用年限接近27.0年。比较这些预计使用年限与2007年度计算出来的预计使用年限（分别为14.3年和28.5年）可以发现，百事公司五年间计算折旧和摊销所用的使用年限已经有所缩短。如果百事公司2012年度

按照14.3年计提折旧，那么，折旧费用将为23.685亿美元［(344.25＋333.14)×0.5÷14.3］，而不是2012年度财务报表列报的24.89亿美元。税前差异1.205亿美元是2012年度税前利润83.04亿美元的1.45%（假设所得税税率为35%，则略低于净利润的1%）。也许这个数额看似比较大，但对外列报的净利润较小。通常，除非公司正在考虑处置资产，否则分析师不必关注长期资产预期变动引起的对外列报利润较低的问题（百事公司没有这个问题，该公司这些年很少披露巨额资产出售利得或损失就是证据）。不过，如果公司提高折旧率，而且频繁披露出售长期资产的利得，分析师就得提高警惕，因为这证明公司可能通过建立储备账户操纵利润（见第6章）。

即便分析师只拥有综合数据，通过比较不同公司应计提折旧资产的平均使用年限也可以看出问题。资产构成相似的公司（如直接竞争对手），其资产使用年限也应该相似，否则，分析师应该评估存在差异的原因。当然，公司的战略可能导致特定资产的使用年限较短。例如，航空公司如新加坡航空公司选择较短的资产使用年限，可能就是因为公司的战略要求公司采用更新的飞机执行飞行任务，因此其飞机使用年限较短。分析师还应该对那些不断变动应计提折旧资产使用年限的公司提出质疑①，资产使用年限的变动是因为确定资产使用年限的假设条件发生变化了吗？公司的资产构成发生变动了吗？公司的战略要求发生变动了吗？由于这段时间内百事公司进行了大量的收购活动，有形资产与无形资产的构成也发生了变化，因此，百事公司该期间的折旧率发生变化很正常。

美国公认会计原则和国际财务报告准则都允许管理层将某些无形资产（例如百事公司财务报表附注4所披露的永久性品牌和商誉）归类为使用年限无限的无形资产，不必摊销其成本。这些不可摊销的无形资产需要做减值测试（本章后面部分将讨论这个问题）。

□ 成本分配（折旧/摊销/折耗）方法

公司可能采用一种合理的系统方法在资产使用年限内分配资产的购置成本。购置成本的分配就是在利润表确认并列报折旧费用（有形固定资产）、摊销费用（无形资产）或折耗费用（自然资源）。②

多数公司在资产使用年限内均匀地冲销长期资产价值（直线法）。有些公司在资产使用年限的早期冲销较大数额的长期资产价值，而在资产使用年限的后期冲销较小数额的长期资产价值（加速折旧法）。几乎所有的公司都采用直线法摊销无形资产价值。公司通常采用直接法或产量法（即按自然资源消耗的比例计提自然资源的折耗费用。例如，林业公司砍伐木材脚板数量占预计可砍伐木材脚板总量的比例）计提自然资源的折耗费用。无论采用哪种成本分配方法，资产使用年限内的折旧总额通常不能超过该资产的购置成本（除非公司以现行公允价值重估该资产的价值，不过这种情况相当罕见）。因此，各种折旧方法的差异只是在资产使用年限内费用确认时间分布的差异，而不是费用总额的差异。

实际上，基于纳税申报目的，所有美国公司都采用加速折旧法，美国的所得税法明确规定了折旧年限。美国税法规定的折旧年限通常比公司基于财务报告目的而采用的折旧年限更短。在税法显著影响财务报告的国家（如德国、法国和日本），许多公司无论基于财务报告目的还是基于纳税申报目的都采用加速折旧法。这样，如果分析师要比较美国公司与国外公司，就必须评估不同折旧方法和不同假设条件的影响。为了增加可比性，分析师可以采用加速折旧法重述美国公司列报的折旧费用或采用直线法转换其他国家公司列报的折旧费用。

---

① 如果公司改变应计提折旧资产的使用年限或残值估计值，只是提前消化了这种变化。也就是说，公司只是在资产的剩余使用年限内按其剩余账面价值计提折旧。*FASB Codification Topic 250*. International Accounting Standards Board, *International Accounting Standard 16*, "Property, Plant and Equipment"（1998）.

② 如果长期资产是生产用资产，其折旧费用/摊销费用/折耗费用先作为产品成本计入存货。随后在存货出售时，再作为产品销售成本计入费用。

分析师可以使用财务报表中与所得税有关的附注信息，采用加速折旧法重述美国公司列报的折旧费用。第2章已经讨论过，公司必须在其财务报表附注中说明当年期初与期末因会计与税务的折旧时间差异而产生的递延所得税负债部分。

例如，根据百事公司财务报表附注5“所得税”披露的信息，该公司2012年12月29日和2011年12月31日因“财产、厂房与设备”项目引起的递延所得税负债分别为24.24亿美元和24.66亿美元。因会计与税务的费用确认程序差异而产生的递延所得税负债减少，说明百事公司当年基于会计目的计提固定资产折旧的速度快于基于税务目的计提固定资产折旧的速度（对成长性公司而言，这种情况并不多见）。如果分析师想比较百事公司与采用加速折旧法的公司（国外公司或其他公司）的盈利能力和风险，就必须采用加速折旧法转换百事公司的关键数据（如财产、厂房与设备净值，净利润等关键数据）或采用直线法转换拟比较公司的关键数据。下面的计算过程说明了如何采用加速折旧法来转换百事公司的关键数据（根据百事公司财务报表附注5披露的信息，该公司的联邦法定税率为35%）。

以加速折旧法转换财产、厂房与设备净值（单位：百万美元）：

基于财务报告目的确认的2012年12月29日列报的财产、厂房与设备净值		19 136.0
基于纳税申报目的确认的额外累计折旧：		
与额外累计折旧相关的递延所得税负债（额外折旧乘以税率）	2 424.0	
除以税率	÷0.35	(6 925.7)
基于纳税申报目的确认的财产、厂房与设备净值		12 210.3

由于百事公司通过额外折旧乘以35%得到递延所得税负债为24.24亿美元，因此，将递延所得税负债除以35%就可以得到（基于纳税申报目的）额外的累计折旧69.257亿美元。

基于纳税申报目的，当期折旧费用较低，净利润较高。具体计算过程如下（单位：百万美元）：

当年递延所得税负债减少额		
(2 466—2 424)	42.0	
除以税率	÷0.35	120.0
所得税费用增加额（120.0×0.35）		(42.0)
基于纳税申报目的确认的2012年度净利润增加额		78.0

上述计算过程假设递延所得税负债的变动额（0.42亿美元）直接影响净利润。如果采用加速折旧法，递延所得税负债的变动额除以税率得出的（基于纳税申报目的）折旧费用较低。基于纳税申报目的，百事公司的税前利润较高，其所得税费用也较高（0.42亿美元）。如果我们将百事公司2012年度基于财务报告目的采用的折旧方法转换为基于纳税申报目的采用的折旧方法，那么，该年度的净利润将增加0.78亿美元，大约增加1.3%。

□ 何时更新长期资产

预测未来财务报表需要考虑未来购置有形资产以替代现有生产或服务能力并提高产能的情况。尽管分析师必须依靠行业知识和公司战略才能估算出资本支出增长率，但只要通过相应的计算就可以理解何时应该更新现有长期资产。由于累计折旧的数额取决于已经计提折旧的年限，应计提折旧资产的平均年限等于累计折旧数额除以折旧费用。根据百事公司财务报表附注4“财产、厂房与设备和无形资产”披露的信息，累计折旧数额170.26亿美元除以折旧费用24.89亿美元等于应计提折旧资产的平均年限6.8年。而应计提折旧资产已经耗用的比例等于累计折旧总额除以购置成本。以百事公司为例，累计折旧总额170.26亿美元除以购置成本344.25亿美元等于应计提折旧资产已经耗用的比例49.4%。同理，分析师将应计提折旧的财产、厂房与设备净值除以每年的折旧费用还可以估算出该资产的剩余使用年限。以百事公司为例，剩余使用年限等于7.0年［(34.425－170.26)/24.89］。分析师可以追踪资产平均使用年限和已经耗用的比例，并与竞争对手的相应数据比较，从而判断资产是否过时、公司是否需要花费巨额资本支出更新现有资产。同时，资产过时和耗用比例较高也说明公司处于产品生命周期的后期。

如果过时资产退役并报废，必须注销其剩余的账面价值并在经营利润中确认一项处置资产已实现损失。因出售长期资产而产生的现金流入量列报于现金流量表的投资活动部分。当然，新资产替代了现有资产。美国公认会计原则和国际财务报告准则都要求新购置的资产按公允价值入账并在净利润中确认资产“以旧换新”所产生的利得和损失。不过，这种处理规则有一个例外。如果交易缺乏商业实质，购置的资产按放弃资产（包括“以旧换新”的资产）和承担负债的账面价值入账，不确认任何利得或损失。①

8.3 长期资产的账面价值与市场价值的关系

公司以购置成本减去累计折旧（调整后的购置成本）的数额列报长期经营性资产。这种以购置成本为基础的列报方式假设购置成本能够比公允价值更客观地反映固定资产的价值。确定公允价值时面临以下困难：

1. 许多二手固定资产（尤其是满足特定公司需求的二手固定资产）缺乏活跃的市场。
2. 为了合理评估资产价值，需要在市场上识别现成的可比资产。
3. 为了在估值过程中应用市场现成的新资产的价格，必须考虑技术和其他改善的影响。

然而，会计准则却要求公司确定一点，即相对于市场价值的经济现实，公司是否高估了长期资产的账面净值。会计准则特别关注公司应该如何对长期资产进行减值测试以及如果出现减值损失，该如何冲销长期资产的价值（此处体现了稳健主义）。

为了理解会计计量规则对分析公司盈利能力和预测未来盈利能力的影响，分析师必须回答下列问题：

- 资产减值费用与公司的经济环境相匹配吗？
- 资产减值费用是偶尔发生还是经常发生？
- 资产减值费用或国际财务报告准则重估值是以可靠的公允价值为基础吗？

为了提升读者的判断能力，下面各小节讨论在账面价值与市场价值存在差异时，根据美国公认会计原则和国际财务报告准则，公司应如何列报各项长期资产。接下来的三小节将讨论长期经营性资产的三种基本类型：(1) 需要折旧和摊销的长期资产（尽管土地不需要计提折旧，但也归属于这种类型）；(2) 因使用年限无限而不需要摊销的无形资产；(3) 商誉。第四小节讨论如何根据国际财务报告准则重估资产增值。

□ 需要折旧和摊销的长期资产的减值

竞争对手推出新技术、政府管制的变化、人口趋势的变动和其他外部因素都可能减少原先预期来源于长期资产的未来效益。公司必须基于现有环境评估能否收回固定资产的账面价值。如果不能收回，就必须根据公允价值冲销其账面价值，并在持续经营收益中确认相应的减值损失。②

如果资产的账面价值（即减值测试时的账面价值）超过使用和处置该资产的预期未折现现金流量总

---

① *FASB Codification Topic 845*；International Accounting Standards Board，*International Accounting Standard 16*，“Property，Plant and Equipment”（revised 1998）．公司替换资产之后，如果现金流量变动相对较小，则证明该交易缺乏商业实质。该条款可以消除公司过去滥用资产交易规则的情况。过去，两家公司可以按低于公允价值的账面价值交易几乎相同的资产，这一交易没有任何商业目的，只是为了确认公允价值与账面价值之间的差异所产生的利得。

② *FASB Codification Topic 360*；International Accounting Standards Board，*International Accounting Standard 36*，“Impairment of Assets.”

额，根据美国公认会计原则，该账面价值就是不能收回的账面价值，此时，公司应该确认减值费用。减值费用等于该资产的账面价值超过其公允价值的数额。根据美国公认会计原则，尽管公司应以未折现未来现金流量确定是否要确认减值费用，但应以公允价值确定实际减值费用，并采用第2章讨论过的美国财务会计准则委员会划分的三个层次界定公允价值。由于难以观察在有序市场交易的相同或相似资产的价值，公司经常通过计算使用固定资产所能创造的预计现金流量的现值（折现值）估算其公允价值（运用现值的估值方法的第三层次输入参数，第12章将讨论这个问题）。

在要求公司采用未折现现金流量测试长期有形资产的减值时，美国会计准则制定者认为，如果公司将来能够收回的现金流量数额等于或大于其当前账面价值，就不会发生减值损失。会计理论工作者和实务工作者都质疑采用未折现（而不是折现）现金流量测试长期资产减值的依据。在某些情况下，由于长期资产的未折现未来现金流量超过其账面价值，尽管长期资产的经济价值可能低于其账面价值，但公司不确认长期资产的减值。

从理论上说，国际财务报告准则所采用的规则更合理。根据国际财务报告准则，公司必须确定长期资产是否已经发生减值并计提减值损失。公司通过比较长期资产的账面价值与该资产公允价值减去出售该资产预计成本或该资产的在用价值（也就是使用该资产可以创造的预计现金流量的现值）后的余额孰高来计提长期资产的减值损失。

长期资产减值：美国公认会计原则与国际财务报告准则的差异

为了说明美国公认会计原则与国际财务报告准则之间的差异，假设某房地产公司拥有一栋公寓大楼。该公寓大楼的原始成本为2 000万美元，目前的账面价值为1 500万美元。该公司预期在出售该公寓大楼之前每年可以收取租金167万美元，可以收30年。如果出售公寓大楼，该公司可以获得800万美元。然而，由于周边环境不断恶化，该公司重新评估了可以收取的租金数额。根据最近的一份评估报告，该公寓大楼的公允价值为1 000万美元。该公司现在估计每年可以收取租金135万美元，可以收15年，然后出售公寓大楼，获得500万美元。该公司计算得出，该投资现值的折现率为8%，预计出售该公寓大楼的成本为300万美元。

美国公认会计原则的处理方法：由于未折现未来现金流量总额2 525万美元（135×15+500）超过账面价值1 500万美元，所以该房地产公司不需要列报任何减值损失。实际上，该房地产公司已经遭受经济损失，但其财务报表却没有列报任何损失。如果本例的未折现未来现金流量总额低于其账面价值，该房地产公司就需要将公寓大楼的账面价值与其公允市场价值（本例为1 000万美元）之间的差额作为减值损失。该公司的持续经营收益中将确认减值损失500万美元，该公寓大楼将以新的账面价值（1 000万美元）入账。

国际财务报告准则的处理方法：根据国际财务报告准则，该公司首先要判断该资产的在用价值与出售该资产的公允价值孰高。以折现率（8%）计算现金流入量为135万美元的15年期年金现值，再加上第15年末收到500万美元的现值，就得到该资产的在用价值为1 310万美元。该资产的公允价值为1 000万美元，减去处置成本30万美元，得到出售该资产的价值为970万美元。显然，该资产的在用价值1 310万美元较高。然后将该资产的在用价值1 310万美元与该资产的账面价值1 500万美元进行比较，得出该资产的减值损失为190万美元。该公司的持续经营收益中应确认减值损失190万美元，该公寓大楼将以新的账面价值（1 310万美元）入账。

□ 不需要摊销的无形资产的减值

公司必须每年对不需要摊销的无形资产（即使用年限无限的无形资产）做减值测试。不过，如果各种事项和环境表明资产可能减值，公司必须更频繁地对不需要摊销的无形资产做减值测试。与应计提折旧资产和可摊销无形资产的减值测试不同，根据美国公认会计原则，只有当无形资产的公允价值低于其账面价值时，不需要摊销的无形资产才会发生减值。与使用年限有限的资产减值测试所采用的未折现现金流量相比，公允价值与折现现金流量的关系更为密切。因此，从理论上说，这种方法更合理。根据国际财务报告准则，不需要摊销的无形资产的减值测试方法与应计提折旧资产和可摊销资产的减值测试方法基本相同。

□ 商誉减值

美国公认会计原则与国际财务报告准则的商誉减值测试方法差不多。美国公认会计原则与国际财务报告准则都认为商誉无法与其他资产相分离，需要以报告单位为基础单独做减值测试。美国财务会计准则汇编350将报告单位定义为一个分部或分部的一个部门。这些分部或部门是管理层定期审核的具有独立财务信息的经营单位。国际财务报告准则（IAS 36）将现金创造单位定义为“创造现金流入量的最小可辨认资产组。其创造的现金流入量独立于其他资产或资产组创造的现金流入量”。减值测试基本模拟公司与外部主体在一个有序的市场上为了取得该报告单位而发生的交易。

商誉减值的示例

为了说明商誉减值，假设卡布雷拉公司（Cabrera Co.）于2014年1月1日以1 000 000美元的现金收购了高尔夫科技公司（Golf Tech，Inc.）。在收购日，收购价格分配如下①：

收购价格	1 000 000
高尔夫科技公司长期有形资产的公允价值	(400 000)
具有无限使用年限的品牌的公允价值	(100 000)
商誉	500 000

2014年12月31日，卡布雷拉公司估计高尔夫科技报告单位的公允价值为800 000美元。高尔夫科技报告单位长期有形资产的账面价值和公允价值为400 000美元，品牌的公允价值为70 000美元。

美国公认会计原则的处理方法：根据美国公认会计原则，公司首先要对非商誉资产做减值测试。品牌的公允价值已经降低了30 000美元。因此，公司要将无形资产的账面价值调减为70 000美元，并列报无形资产减值费用30 000美元。然后比较报告单位的账面价值与公允价值。具体计算过程如下：

2014年12月31日，高尔夫科技报告单位的公允价值		800 000
2014年12月31日，高尔夫科技报告单位的资产账面价值：		
长期有形资产	400 000	
品牌（调减之后的账面价值）	70 000	
商誉	500 000	
2014年12月31日，高尔夫科技报告单位的资产账面价值		970 000

如果报告单位的公允价值超过账面价值，就可以认定商誉没有减值。不过，根据本示例的数据，报告单位的账面价值超过了公允价值。因此，卡布雷拉公司必须通过模拟再次收购来计量商誉减值。通过比较报告单位的公允价值与可辨认资产的公允价值，可以得到一项隐性商誉。具体计算过程如下：

2014年12月31日，高尔夫科技报告单位的公允价值		800 000
2014年12月31日，高尔夫科技报告单位的资产（不包括商誉）公允价值：		
长期有形资产	400 000	
品牌	70 000	(470 000)
2014年12月31日，隐性商誉		330 000

① 在收购过程中，要将收购方转让的公允价值（本例为1 000 000美元）分配到所收购的资产上，所收购的这些资产以公允价值入账。收购价格超过资产公允价值的数额作为商誉入账。本章后面部分将更详细地讨论收购过程。

商誉的价值从500 000美元调减为330 000美元，确认了减值损失170 000美元。表8－2列示了品牌和商誉的减值费用，总共200 000美元。①

表8－2 根据美国公认会计原则计算的商誉减值　　单位：美元

资产总额	=	负债总额	+	股东权益总额		
				投入资本	累计其他综合收益	留存收益
品牌 －30 000 商誉 －170 000						减值损失 －200 000

减值损失	200 000	
品牌		30 000
商誉		170 000

值得注意的是，各项资产调整后的账面价值为：

长期有形资产	400 000
品牌（100 000－减值损失30 000）	70 000
商誉（500 000－减值损失170 000）	330 000
调整后账面价值合计	800 000

国际财务报告准则的处理方法：根据国际财务报告准则，应通过比较资产的可收回数额与其原始账面价值来确认商誉。长期有形资产和品牌的可收回数额是在用资产或出售资产的公允价值（减去处置成本）中的较高者。而商誉的可收回数额就是模拟性商誉330 000美元。这是采用与前述美国公认会计原则相同的处理方式计算出来的结果：

	原始账面价值	可收回数额
长期有形资产	400 000	400 000
品牌	100 000	70 000
商誉	500 000	330 000
合计	1 000 000	800 000

上述结果对财务报表的影响如表8－2所示。根据这些结果，品牌和商誉的账面价值应该分别冲减30 000美元和170 000美元。

从上述示例可以清楚地看到，管理层（及其估值咨询顾问）只要估算未来现金流量或公允价值就可以确认商誉减值损失。在评估公司当期盈利能力和预测未来盈余时，分析师应该考虑以下几个因素：第一，相对不可预测和不确定的商誉减值费用取代了确定的商誉摊销费用。分析师应该关注公司过去的商誉减值费用和近期收购价格的合理性，预测公司是否还会发生商誉减值损失。第二，分析师应该判断公司发生商誉减值费用是否预示着管理层支付了过高的收购价格、经营管理绩效不佳或存在其他不可控的外部因素。第三，商誉减值涉及众多估计，可能导致盈余管理。

收购之后立即减值

收购之后商誉可能马上发生减值。2008年，耐克公司收购了茵宝公司（Umbro）。表8－3摘自耐克公司2009年6月的10-K格式年报。

① *FASB Codification Topic 350* 描述了无形资产的列报问题。2012年，财务会计准则委员会修订了美国公认会计原则，允许公司首先评估定性因素，再确定是否有必要做定量的减值测试。如果定性因素表明公允价值很可能超过账面价值，那就没有必要再做减值测试。ASU 2012－02，"Testing Indefinite-Lived Intangible Assets for Impairment."

表 8-3 耐克公司收购茵宝公司发生的减值

根据财务会计准则第 142 号公告"商誉和其他无形资产"，在每个会计年度的第四季度，当某些事项的发生或环境的变化很可能导致报告单位或使用年限无限的无形资产的公允价值低于其账面价值时，公司就会对商誉和使用年限无限的无形资产做减值测试。由于全球消费需求疲软、宏观经济环境继续恶化、公司管理层决定调整茵宝公司的投资额，公司认为，截至 2009 年 2 月 1 日茵宝公司已经出现明显的减值迹象，因此需要对茵宝公司的商誉和使用年限无限的无形资产做减值测试。公司对茵宝公司商誉进行减值测试的第一步是比较茵宝公司的公允价值与账面价值。由于账面价值超过公允价值，因此，确定该商誉存在减值的可能性。接着，公司实施第二个步骤，比较茵宝公司商誉的内含公允价值与账面价值。将茵宝公司的公允价值分配到茵宝公司所有资产和负债（包括确认与未确认的无形资产）上，就可以确定商誉的内含公允价值。其方法与公司合并时确定商誉的方法相同。

公司采用和确定内含公允价值时相同的权重，通过折现现金流量分析并与类似上市公司的市场价值相比较，得到茵宝公司的公允价值。公司认为综合应用各种模型可以消除应用单一模型可能存在的固有风险。其他市场参与者实施类似估值时也会考虑这些因素。……根据公司的评估结果，截至 2009 年 2 月 28 日的会计年度的第三季度，公司确认茵宝公司商誉和商标的减值费用分别为 1.993 亿美元和 1.813 亿美元。由于确认了商标的减值费用，公司相应确认了递延所得税 5 450 万美元。除此之外，公司还确定茵宝公司持有的一项权益投资也存在减值迹象，公司确认了与该权益投资相关的减值费用 2 070 万美元。基于分部报告目的，这些减值费用列报于公司的"其他"类别。

折现现金流量分析以管理层的经营计划为基础预测未来 12 年的现金流量，并预测之后年份的增长率为 3%，根据这些数据来分析计算茵宝公司的公允价值。在分析过程中，公司采用的加权平均折现率为 14%。该折现率主要根据公开数据确定。当然，公司也根据现有市场环境导致的市场风险调整了该折现率。折现现金流量分析涉及的其他重要估计数据包括预期增长率、茵宝公司经营业务的盈利能力和营运资本效益。市场估值法以比较茵宝公司与经营业务类似的其他上市公司为基础确定茵宝公司的公允价值。市场估值法涉及的重要估计包括识别具有可比因素（如规模、增长率、盈利能力、收入组合和投资报酬率风险）的类似公司。

如果保持测试日的其他条件不变，折现率增加 100 个基点将导致茵宝公司净资产的调整后账面价值减少 12%。

值得注意的是，耐克公司综合应用了各种模型（折现现金流量分析和市场可比性分析），因为该公司认为其他市场参与者也应用了这些模型。当然，折现现金流量分析所用的各种假设、加权平均折现率的应用和敏感性分析也是值得注意的问题。在学习第 10～14 章的财务报表预测和估值之后，我们再回到耐克公司这个案例。

只要公司确认减值损失，净利润就会相应减少。不过，减值损失并不等于现金流出量。因此，现金流量表投资活动部分需要将减值损失加回净利润。反映管理层的观念且并非投机的减值损失可以为投资者和分析师理解未来现金流量提供丰富的信息。

□ 国际财务报告准则对资产重估增值的规定

美国公认会计原则禁止长期资产的重估增值。而国际财务报告准则允许公司重估升值的无形资产和有形资产。① 公司必须确定适用重估值的资产类别，而后定期重估值。这种选择一经做出，不可撤销，而且难以获得活跃市场中非金融资产的公允价值。获得可靠计量结果的成本经常超过在资产负债表上列报相关估值的效益。由于资产重估需要耗费时间和精力，许多公司选择放弃资产重估增值。

如果公允价值依然超过初始购置成本，重估增值或减值作为其他综合收益列报并累计于资产负债表的股东权益部分。通常用于表述其他综合收益类别的项目称为"重估盈余"。如果公允价值低于或等于成本，先前重估减值（作为损失列报于利润表）的数额作为利得列报于利润表。

为了说明国际财务报告准则的处理方法，假设有一家采用国际财务报告准则的法国公司，其葡萄园土地的原始成本为 2 000 000 欧元。在未来四年的年末，该土地的价值分别为（单位：欧元）：

2013 年	2 500 000
2014 年	2 300 000
2015 年	1 900 000
2016 年	2 000 000

① International Accounting Standards Board, *International Accounting Standard 16*, "Property, Plant and Equipment" (1998).

表 8－4 列示了重估增减值对资产的影响。

表 8－4　根据国际财务报告准则的资产重估增值　　　　单位：欧元

资产总额	=	负债总额	+	股东权益总额		
				投入资本	累计其他综合收益	留存收益
2013 年： 土地　＋500 000					未实现利得　＋500 000	
2014 年： 土地　－200 000					未实现利得　－200 000	
2015 年： 土地　－400 000					未实现利得　－300 000	未实现损失　－100 000
2016 年： 土地　＋100 000						未实现利得　＋100 000

2013 年：		
土地	500 000	
未实现利得（其他综合收益）		500 000
2014 年：		
未实现利得（其他综合收益）	200 000	
土地		200 000
2015 年：		
未实现利得（其他综合收益）	300 000	
未实现损失（净利润）	100 000	
土地		400 000
2016 年：		
土地	100 000	
未实现利得（净利润）		100 000

2013 年，公允价值超过初始购置成本，土地重估增值，其他综合收益增加但净利润并没有增加。该增加额列报于资产负债表股东权益部分的累计其他综合收益。2014 年，该土地重估减值，累计未实现利得部分转回。只要公允价值超过初始购置成本，先前未实现利得的转回部分作为损失列报于其他综合收益，减少资产负债表的累计其他综合收益。2015 年，公允价值低于初始购置成本，由于其他综合收益确认了未实现损失 300 000 欧元，净利润确认了未实现损失 100 000 欧元，因此，累计其他综合收益的累计未实现利得的剩余部分转回。2016 年，土地的价值回升，列报于净利润的 2015 年未实现损失的转回部分作为未实现利得列报于 2016 年的净利润。①

小结

如果公司存在巨额有形长期资产和无形长期资产，则理解该公司长期资产的会计政策就显得非常重要。管理层选择的会计政策可以向财务报表使用者传递丰富的信息，但是，这种会计政策的自由选择权也使得管理层可以操纵财务报表。要特别关注折旧和摊销过程中涉及的估计数据的变动、资产减值费用发生的原因与时间、出售长期资产的利得与损失。有时，管理层的这些自由裁量权可以改变各期盈余，导致资产负债表所列报的长期资产价值存在偏误。

① 还有最后一种专属于国际财务报告准则的长期资产。生物资产是能转化为各种可供出售项目（如农产品或其他类别生物资产）的植物和动物。例如在酿酒过程中酿酒商拥有的葡萄树，这些葡萄树产出最终用于酿酒的葡萄，葡萄树就是生物资产。除非公允价值明显不可信，否则，在资产负债表日，生物资产以公允价值减去预计处置成本列报，所有公允价值变动体现在当期净利润中。International Accounting Standards Board，*International Accounting Standard 41*，"Agriculture"（2001）.

8.4 证券投资

公司也可能投资其他公司的证券（如普通股和长期债券），从而获得其他公司的经营所得。在计算资产报酬率时，金融资产增加了资产报酬率计算公式中的分母，而投资获得的利润既增加了资产报酬率计算公式中的分母（资产），也增加了分子（净利润）。本节讨论证券投资的会计处理、列报和分析问题。

出于各种原因，公司可能投资政府、其他公司、可变利益主体、合营公司和合伙公司等的证券。这些原因包括：

- 获得利息或股利。
- 投机于证券的潜在升值。
- 锁定高收益的长期债务性证券。
- 对重要的原材料供应商、顾客、技术创新者或其他有价值主体提供财务支持、施加重大影响或控制。
- 其他战略目的。

投资的会计处理方法是否合适，取决于投资公司“控制财务利益”的水平。而“控制财务利益”的水平又取决于：

- 公司影响和控制其他主体的程度。这种影响和控制可能源于：
  - √ 少数、被动投资。
  - √ 少数、主动投资。
  - √ 多数、主动投资。
- 报告公司是不是其投资的可变利益主体的主要受益人。

□ 少数、被动投资

为了获得预期利息或股利和资本利得，公司经常投资其他公司的债务性证券、优先股或普通股。如果公司拥有的其他公司有投票权股份的比例较小（低于20%），投资公司也不是可变利益主体的主要受益人（下节再讨论这个问题），这种投资就属于少数、被动投资。

少数、被动投资的会计处理方法为①：

- 公司以购置成本确认初始投资。
- 各期收入等于已收或应收的利息和股利。
- 期末和出售时的会计处理方法取决于证券的类型、公司持有证券的能力与意图。具体包括：
  - √ 公司必须以摊余成本核算其期望持有至到期的债务性证券。也就是说，公司必须运用第7章讨论过的实际利息法来摊销这些债务性证券的购置成本与到期价值之间的差额，并以此调整该债务性证券存续期间的利息收入。如果公司出售该证券，就必须根据出售该证券实际得到的款项与该证券的摊余成本之间的差额确认已实现利得或损失。

---

① 在少数、被动投资的会计处理与列报方面，美国公认会计原则与国际财务报告准则基本没有差别。*FASB Codification Topic 320*；International Accounting Standards Board，*International Accounting Standard 39*，“Financial Instruments：Recognition and Measurement”（revised 2003）；International Accounting Standards Board，*International Financial Reporting Standard 7*，“Financial Instruments：Disclosure”（2005）. 不过，美国公认会计原则与国际财务报告准则还是存在两个重要差异：（1）根据美国公认会计原则，除非公司是一个经纪人或交易商、投资公司、保险公司或固定受益计划，非上市权益证券通常以成本入账（除非发生了减值或采用公允价值模式计量），而国际财务报告准则只要求以公允价值可靠计量。（2）美国公认会计原则明确区分债务性证券（如债券）与贷款（如本票）并限定了这些证券的处理规则（本节将讨论这个问题），而国际财务报告准则不做这种区分。

√ 公司必须以公允价值核算交易性证券。交易性证券是公司为了赚取市场价值的短期价差或变动额而主动买卖的证券。交易性证券作为流动资产列报于资产负债表，期末按市场价格计价。例如，经纪人或交易商、银行和保险公司经常在全球不同资本市场买卖证券，赚取市场价格的短期价差。制造商、零售商和其他非金融机构基于交易目的偶尔也会投资这种证券，但并不常见。公司需每期确认未实现持有利得或损失。在出售交易性证券时，将该交易性证券的出售价格与账面价值（即出售之前最近会计期末的市场价格）之间的差额确认为已实现利得或损失。

√ 公司必须以公允价值核算可供出售证券。公司根据预期持有期间，将可供出售证券作为流动资产或非流动资产列报于资产负债表。可供出售证券是持有至到期证券和交易性证券之外的少数、被动投资。可供出售证券的未实现利得或损失不包括在各期的净利润中，却以"可供出售证券未实现持有利得或损失"的名目作为其他综合收益的组成部分。可供出售证券的累计未实现利得或损失作为累计其他综合收益的组成部分列报于资产负债表的股东权益部分。公司在出售可供出售证券时，将可供出售证券的出售价格与购买成本（如果可供出售证券是债券，购买成本就是摊余成本）之间的差额确认为已实现利得或损失。公司在出售可供出售证券时，必须从累计其他综合收益中冲销未实现利得或损失，并在净利润和留存收益中全额确认已实现利得或损失。

少数、被动投资的会计处理示例：交易性与可供出售证券

假设詹姆斯公司（James Company）在发生下列各项交易之前没有任何权益投资。2013 年，詹姆斯公司购买了下列普通股：

奥登公司（Oden Company）	每股 5 美元，10 000 股	50 000	
米勒公司（Miller Company）	每股 4 美元，5 000 股	20 000	
哈斯勒姆公司（Haslem Company）	每股 6 美元，2 000 股	12 000	
艾伦公司（Allen Company）	每股 20 美元，3 000 股	60 000	142 000
韦德公司（Wade Company）	每股 3 美元，10 000 股	30 000	
博什公司（Bosh Company）	每股 2 美元，10 000 股	20 000	50 000
合计			192 000

詹姆斯公司打算将持有的奥登公司、米勒公司、哈斯勒姆公司和艾伦公司的股票作为交易性证券核算，而将无限期持有的韦德公司和博什公司的股票作为可供出售证券核算。詹姆斯公司对这些公司都不能施加重要影响。詹姆斯公司 2013 年和 2014 年收到这些股票投资的股利分别为 25 000 美元和 20 000 美元。詹姆斯公司 2014 年以 62 000 美元出售了艾伦公司的股票。2013 年末和 2014 年末，詹姆斯公司持有股票的市场价值如下①：

	2013 年	2014 年
奥登公司	30 000	55 000
米勒公司	20 000	23 000
哈斯勒姆公司	10 000	10 000
艾伦公司	63 000	0
合计	123 000	88 000
韦德公司	25 000	20 000
博什公司	30 000	22 000
合计	55 000	42 000

① 值得注意的是，本示例的詹姆斯公司持有三种交易性证券的时间超过两年。根据定义，交易性证券的持有时间较短（例如，90 天）。持有时间为两年的证券不应该属于交易性证券。不过，本示例的目的在于比较、对照交易性权益证券投资和可供出售权益证券投资的会计处理方法。因此，为了方便读者比较、对照交易性权益证券投资和可供出售权益证券投资的会计处理方法，假设交易性证券的持有时间超过两年。

由于詹姆斯公司对这些被投资公司都不能施加重要影响，因此，詹姆斯公司采用市价法核算这些投资。表8－5列示了各个资产负债表日交易性证券和可供出售证券的成本与公允价值。

交易性证券投资按其年末公允价值列报于资产负债表的流动资产部分。2013年12月31日和2014年12月31日，交易性证券的公允价值分别为123 000美元和88 000美元。可供出售证券按其年末公允价值列报于资产负债表的长期投资部分。2013年12月31日和2014年12月31日，可供出售证券的公允价值分别为55 000美元和42 000美元。交易性证券各年度的公允价值变动额（2013年度未实现损失19 000美元和2014年度未实现利得28 000美元）列报于利润表。可供出售证券重估值的未实现利得或损失（2013年度未实现利得5 000美元和2014年度未实现损失13 000美元）则作为其他综合收益列报于综合收益表。将成本调整为公允价值的累计调整额列报于资产负债表所有者权益部分的累计其他综合收益。詹姆斯公司还分别确认了2013年和2014年的股利25 000美元和20 000美元。

詹姆斯公司已经出售了以交易性证券持有的艾伦公司股票。因此，表8－5所列示的2014年度数据中没有包括这部分股票的成本与公允价值数据。通过比较2013年末艾伦公司股票的公允价值与出售价格，可以计算出詹姆斯公司出售该股票的已实现损失：

出售价格	62 000
2013年12月31日艾伦公司股票的公允价值	(63 000)
出售可供出售证券的已实现损失	(1 000)

詹姆斯公司在2014年度的净利润中确认了这笔已实现损失。

表8－5　市价法在交易性证券中的运用

单位：千美元

	2013年12月31日		2014年12月31日	
	成本	公允价值	成本	公允价值
交易性证券：				
奥登公司	50	30	30	55
米勒公司	20	20	20	23
哈斯勒姆公司	12	10	10	10
艾伦公司	60	63	—	—
合计	142	123	60	88
列报于利润表的未实现（损失）利得	(19)		28	
可供出售证券：				
韦德公司	30	25	30	20
博什公司	20	30	20	22
合计	50	55	50	42
作为累计其他综合收益列报于资产负债表股东权益部分的未实现利得（损失）	5		(8)	
作为未实现利得（损失）列报于其他综合收益的以前年度变动额	5		(13)	

由于从事交易性证券投资的多数公司都是基于经营目的投资的金融公司，因此，交易性证券的原始投资额作为现金流出量列报于现金流量表的经营活动部分。可供出售证券的原始投资额则作为现金流出量列报于现金流量表的投资活动部分。根据美国公认会计原则，公司收到的股利作为现金流入量列报于现金流量表的经营活动部分。国际财务报告准则允许公司将收到的股利列报于现金流量表的经营活动部分或投资活动部分。

表8－6总结了交易性证券投资与可供出售证券投资对财务报表的影响，并列示了詹姆斯公司为核算交易性证券投资和可供出售证券投资所需要做的会计分录。

表 8-6 交易性证券投资与可供出售证券投资对财务报表的影响

资产总额	=	负债总额	+	股东权益总额：投入资本	股东权益总额：累计其他综合收益	股东权益总额：留存收益
2013 年购买证券： 交易性证券 +142 000 可供出售证券 +50 000 现金 −192 000						
2013 年收到股利： 现金 +25 000						股利收入 +25 000
2013 年 12 月 31 日公允价值调整： 交易性证券 −19 000 可供出售证券 +5 000					可供出售证券公允价值调整累计未实现损失/利得（其他综合收益） +5 000	交易性证券公允价值调整未实现损失 −19 000
2014 年收到股利： 现金 +20 000						股利收入 +20 000
2014 年出售艾伦公司股票： 现金 +62 000 交易性证券 −63 000						出售交易性证券已实现损失 −1 000
2014 年 12 月 31 日公允价值调整： 交易性证券 +28 000 可供出售证券 −13 000					可供出售证券公允价值调整累计未实现损失/利得（其他综合收益） −13 000	交易性证券公允价值调整未实现利得 +28 000

2013 年购买证券：		
交易性证券	142 000	
可供出售证券	50 000	
现金		192 000
2013 年收到股利：		
现金	25 000	
股利收入		25 000
2013 年 12 月 31 日公允价值调整：		
交易性证券公允价值调整未实现损失	19 000	
交易性证券		19 000
可供出售证券	5 000	
可供出售证券公允价值调整累计未实现损失/利得		5 000
2014 年收到股利：		
现金	20 000	
股利收入		20 000
2014 年出售艾伦公司股票：		
现金	62 000	
出售交易性证券已实现损失	1 000	
交易性证券		63 000
2014 年 12 月 31 日公允价值调整：		
交易性证券	28 000	
交易性证券公允价值调整未实现利得		28 000
可供出售证券公允价值调整累计未实现损失/利得	13 000	
可供出售证券		13 000

证券分类与潜在的盈余管理

在资产负债表的所有者权益部分（而不是利润表的利润部分）列报可供出售证券的未实现利得或

损失，可以延长长期交易的短期价值波动的影响。公司持有这些证券并非想做短期买卖，因此，当期利润中不包括这些利得和损失是一种合理的处理方法。可供出售证券的这种特殊处理方法为盈余管理创造了机会："赢者"出售，"输者"持有。这种处理方法将已实现利得作为利润确认，而未实现损失作为所有者权益的组成部分递延到以后期间。例如，假设某公司最近进行了两笔可供出售权益证券投资，这两笔投资的成本都是1 000美元。当期，A投资升值为11 000美元，而B投资的公允价值则贬值为9 500美元。如果该公司希望当期列报更多的利润，可以出售A投资以获得利得1 000美元。如果该公司没有出售A投资，则1 000美元只能作为未实现利得列报于资产负债表的股东权益部分。同理，该公司也可以采用类似的方法处理B投资，产生一项损失。综合收益可能影响未实现利得和未实现损失，但又不受操纵净利润意图的影响。可供出售证券的利得和损失无论已实现还是未实现，都是综合收益的组成部分。

由于可供出售证券的未实现利得和损失的处理方式不同（在净利润中确认还是在其他综合收益中确认），所以公司在出售可供出售证券时，需要在净利润中结转已实现利得和损失。延伸上个例子，假设该公司2015年度将可供出售证券以2014年12月31日的公允价值42 000美元出售，而在2014年12月31日，该可供出售证券的成本为50 000美元。为了反映该证券的重估减值，资产负债表的股东权益部分列报了累计综合损失8 000美元。公司出售该证券时，这8 000美元的损失已经实现，列报于净利润和留存收益中。2015年，通过结转其他综合收益，从资产负债表的股东权益中剔除累计其他综合损失8 000美元。这样，在以现金形式实现之前，先在累计其他综合收益（第2章所讨论的临时"置存区"）中确认未实现的公允价值利得和损失；以现金形式实现时，再通过净利润（最终在留存收益）确认未实现的公允价值利得和损失。由于净利润确认了已实现损失，列报于其他综合收益的累计其他综合损失也相应减少，两者的影响相互抵消，避免双重计算综合收益。换言之，综合收益只影响前两年的可供出售证券的公允价值利得和损失，并不影响可供出售证券出售时的公允价值利得和损失。

持有至到期的债务性证券投资

债务性证券没有投票权，自然也就不存在控制性影响的问题。因此，与权益证券投资的会计处理规则相对应，债务性证券的会计处理也分为交易性证券和可供出售证券两类。采用第7章讨论过的实际利息法确定的利息收入列报于利润表，即用折价摊销额加回现金流量表经营活动部分的净利润（溢价摊销额要从现金流量表经营活动部分的净利润中扣除）。每个报告日，债务性证券都按市价计价（即按公允价值列报）。

相反，持有至到期债务性证券是管理层有意和有能力持有至到期的投资。（值得注意的是，"到期"并不意味着长期持有。如果持有至到期债务性证券在一年内到期，那么作为流动资产列报。）持有意图的主观性很强，而持有能力的主观性较弱。例如，如果某公司在债务性证券投资到期之前已经有大量的负债到期，那么，为了偿还负债，该公司可能得变现该债务性证券投资。在评价公司持有能力方面，作为财务管理核心的资产与负债的到期日匹配问题非常重要。在每个资产负债表日，持有至到期债务性证券投资都以摊余成本列报于资产负债表。会计准则制定者认为市场价值的短期波动对预测现金流量水平来说不太相关，因为该债务性证券在到期之前不会出售。相应地，资产负债表没有以市价计量持有至到期债务性证券。不过，财务报表附注披露了持有至到期债务性证券的公允价值。

百事公司2012年12月29日合并资产负债表的流动资产部分列报了3.22亿美元的短期投资。财务报表附注10"金融工具"提供了百事公司所有金融资产的清单，却没有直接解释3.22亿美元短期投资的具体构成。该附注披露的信息显示，百事公司还持有指数基金的短期投资。该短期投资的公允价值（第一层次）为7 900万美元。百事公司的合并综合收益表列报了这些证券未实现利得（税后净额）1 800万美元。

“非暂时减值”证券

读者通过前面各节已经看到，在可供出售证券投资和持有至到期证券投资出售或到期之前，其公允价值减少额并未实现，因此，无须确认这些公允价值减少额。这种会计处理方法假设可供出售证券的公允价值减少额可能出现反转，而且投资者将持有这些债务性证券投资至到期，并收取利息和到期本金。

如果公司的管理层判定这些证券是“非暂时减值”证券，就必须以公允价值调整其账面价值，并在当期确认未实现损失。有鉴于此，管理层必须每期都测试这些已经出现未实现损失的证券是否属于“非暂时减值”证券。公司要披露这些“暂时减值”证券的减值可能持续的时间，也要经常讨论管理层判断公司收取这些债务性证券的利息和到期本金的依据。

表 8-7 是高通公司披露信息的一个范例。高通公司开发、制造和营销数字无线通信产品并提供相应的服务。高通公司在其 2012 年度 10-K 格式年报的附注中披露了其有价证券的会计处理方法。

表 8-7 摘自高通公司 2012 年度 10-K 格式年报的会计政策与有价证券附注

公司在每个资产负债表日都评估可供出售证券的未实现损失的状况，确定未实现损失是否处于“非暂时减值”状态。公司考虑的因素包括：(1) 与历史成本相比，价值下降的幅度；(2) 影响单一资产类别的证券价格下降的基本因素；(3) 证券价格低于历史成本的持续时间；(4) 与类似资产类别相比，证券的相对绩效；(5) 预期市场变动性、总体市场与经济状况；(6) 分析师推荐意见与价格目标；(7) 外部投资者的观点；(8) 向具体投资对象发布的消息或财务信息；(9) 投资对象所处行业的前景。

可供出售证券的构成如下（单位：百万美元）：

	成本	未实现利得	未实现损失	公允价值
2012 年 9 月 28 日				
权益证券	2 599	628	(14)	3 213
债务性证券	17 714	573	(19)	18 268
	20 313	1 201	(33)	21 481

下表列示了公司投资的各类证券的未实现损失和公允价值。这些证券持续处于未实现损失状态，其“暂时减值”时间包括 12 个月以内与超过 12 个月两类。按投资类别划分，其构成如下（单位：百万美元）：

	12 个月以内		超过 12 个月	
	公允价值	未实现损失	公允价值	未实现损失
公司债券与票据	723	(8)	256	(9)
资产抵押证券	143	(1)	7	—
标售利率证券	—	—	115	(1)
普通股与优先股	105	(5)	9	—
权益基金	64	(4)	36	(5)
	1 035	(18)	423	(15)

高通公司既投资债务性证券，也投资权益证券。不过，这些证券都归类为可供出售证券。高通公司在财务报表附注中说明了这些证券的未实现利得和损失。如果这些利得和损失只是暂时性的，就可能会反转。高通公司认为损失的“暂时性”持续时间可能超过 12 个月，并根据损失的“暂时性”持续时间将这些证券分为两组。在评估会计信息质量时，分析师必须确定其盈余是否应该包括可供出售证券未实现持有利得或损失的变动额。主张不包括这些变动额的主要理由是，未实现利得或损失几年内可能出现反转或可能压根就无法实现。而主张包括这些变动额的主要理由则是，不管未实现利得或损失是否会实现，它们都具有经济意义，也都会影响公司投资绩效的评估。投资利得和损失的信息披露方式对金融服务公司（如银

行和保险公司）特别重要。由于金融服务公司的数量众多，投资组合的绩效与管理对金融服务公司的盈利能力和风险的影响特别大。例如，在金融危机期间，花旗集团公司2008年年报披露的可供出售证券未实现损失高达101.18亿美元。尽管该数额列报于花旗集团公司的综合收益，但并不是该公司2018年度损失净额276.84亿美元的组成部分。保险巨头美国国际集团2008年度的可供出售证券未实现损失净额也高达87.22亿美元。

□ 少数、主动投资

公司经常购买其他公司的股票，以期对该公司施加重大影响。这种重大影响通常体现在公司董事会的政策制定层面，通过占据其他公司董事会的席位影响其政策的制定。由于多数上市公司的股权高度分散，许多股东并没有行使其投票权，因此，公司不需要持有其他公司的多数投票权就可以对该公司施加重大影响（但不是完全控制）。总体而言，除非有证据表明投资公司不能施加重大影响，或其他情形赋予投资公司控制被投资公司的权力，或投资公司是可变利益主体的主要受益人，否则公司只要持有其他公司20%～50%的有投票权股份，就拥有了少数、主动投资。

美国公认会计原则和国际财务报告准则要求公司采用权益法核算持股比例介于20%～50%之间的少数、主动投资。[①] 根据权益法，公司按其拥有其他公司股份的比例将其他公司净利润（亏损）的相应份额确认为当期利润（亏损）。具体例子可参见百事公司的利润表。百事公司2010年度利润表中列报了“装瓶公司权益投资收益”7.35亿美元，即百事公司持有装瓶公司20%～50%的股份应该享有的利润份额。投资公司将收取的被投资公司发放的股利作为投资返还（而不是收益）处理。尽管百事公司依然持有装瓶公司的股份，而且编制的合并报表也包括装瓶公司，但其2012年12月29日的资产负债表还根据权益法以“非控制性子公司投资”项目列报该投资，数额为16.33亿美元。这个数额等于百事公司对装瓶公司的原始投资额加上历年确认的累计权益投资收益，再减去历年收取的装瓶公司发放的股利。

少数、主动投资的权益法示例

2013年1月1日，莱克公司（Lake Co.）以500 000美元价格购买了庞德公司（Pond Co.）40%的普通股。庞德公司净资产的账面价值为1 000 000美元。假设可辨认净资产的公允价值等于庞德公司除了一栋建筑物之外的其他资产的账面价值。该建筑物的公允价值为150 000美元，超过其账面价值。该建筑物的预计使用寿命还有10年。庞德公司2013年度的净利润为50 000美元，发放股利30 000美元。

莱克公司以500 000美元购买了庞德公司40%的股份。这意味着莱克公司花了460 000美元购买可辨认净资产，花了40 000美元购买不可辨认资产。具体情况如下：

支付的价格	500 000
获得的可辨认净资产的公允价值（1 150 000×40%）	(460 000)
获得的不可辨认资产（隐性商誉）	40 000

如果莱克公司打算年末采用市价法计量对庞德公司的投资，利润表中将列报股利收入12 000美元（30 000×40%）。不过，根据权益法，投资公司应该确认的利润是被投资公司利润的相应份额而不是被投资公司发放的股利。莱克公司的投资收益确定如下：

① *FASB Codification Topic 323*；International Accounting Standards Board，*International Accounting Standard 28*，“Investments in Associates”（1989）.

享有被投资公司利润的份额（50 000×40%）	20 000
建筑物的额外折旧（150 000×40%/10）	(6 000)
投资收益	14 000

被投资公司（庞德公司）以其资产的账面价值为基础计算折旧费用，得出利润为50 000美元。根据权益法，投资公司（莱克公司）按其持有股份的比例确认享有被投资公司利润20 000美元（50 000×40%）。然而，从莱克公司的角度看，莱克公司在购买庞德公司40%的股份时，为购买那栋已经升值的建筑物多支付了60 000美元。因此，莱克公司为了获得庞德公司利润的40%所投入的资金超过庞德公司账面成本的40%，莱克公司在确认其利润时必须分摊这部分额外的投资成本（由此产生额外折旧费用6 000美元）。

莱克公司对庞德公司的投资列报于莱克公司资产负债表的长期投资部分。其数额等于该投资的原始成本，加上莱克公司因享有被投资公司（庞德公司）利润而增加的投资额，减去因被投资公司（庞德公司）发放股利而减少的投资额。具体计算过程如下：

2013年1月1日，莱克公司对庞德公司的投资额（原始成本）	500 000
莱克公司按其持有股份的比例享有庞德公司的利润	14 000
莱克公司收到庞德公司发放的股利（30 000×40%）	(12 000)
2013年12月31日，莱克公司对庞德公司的投资额	502 000

表8-8总结了莱克公司采用权益法核算庞德公司投资对财务报表产生的影响。

表8-8 莱克公司的权益投资对财务报表的影响（采用权益法核算少数、主动投资）

资产总额	=	负债总额	+	股东权益总额		
				投入资本	累计其他综合收益	留存收益
购买投资： 对庞德公司投资 +500 000 现金 −500 000 收到股利： 对庞德公司投资 −12 000 现金 +12 000 确认享有庞德公司利润的份额： 对庞德公司投资 +14 000						享有子公司利润的份额 +14 000

购买投资：		
对庞德公司投资	500 000	
现金		500 000
收到股利：		
现金	12 000	
对庞德公司投资		12 000
确认享有庞德公司利润的份额：		
对庞德公司投资	14 000	
享有子公司利润的份额		14 000

尽管莱克公司的净利润中包括投资收益14 000美元，但只收到现金股利12 000美元。因此，莱克公司现金流量表的经营活动部分将列报因这部分非现金收益（14 000美元）而从净利润中扣除的14 000美元

以及来源于股利的现金流入量 12 000 美元（即子公司未分配利润的净扣除额 2 000 美元）。

少数、主动投资涉及关联方问题。公司的财务报表附注必须披露与关联方之间的买卖（包括应收应付关系）。① 投资方公司的财务报表必须剔除与少数、主动投资相关的关联方交易。当然，需要通过减少投资方公司在子公司净利润中的份额和子公司投资数额来冲销公司内部买卖存货产生的利润。假设莱克公司以 100 美元的价格将成本为 75 美元的存货卖给庞德公司，庞德公司年末存货余额为 10 美元。假设利润率为 25%（利润 25/销售价格 100），则 10 美元存货中包含利润 0.25 美元，而莱克公司拥有庞德公司 40% 的股份，因此，莱克公司必须冲销 1 美元（2.50×40%）的利润。②

□ 多数、主动投资

如果投资方公司拥有其他公司超过 50%的有投票权股份，通常就对该公司具有控制权。这种控制权不仅体现在董事会的政策制定层面，还体现在日常经营层面。这时，拥有多数股权的投资方公司就是母公司，而被持有多数股权的公司就是子公司。（除非法律或其他原因导致母公司不能行使控制权）财务列报要求汇总或合并母子公司的财务报表。③

合并报表的目的

母公司与各个子公司的合并财务报表展现了基于母公司控制的一组关联公司的经营成果、财务状况和现金流量的变化。从本质上说，这一组公司就像一个单独主体。尽管母公司与各个子公司在法律上都是独立主体，却像一个集中控制的经济主体一样经营。与母子公司独自编制的财务报表相比，合并财务报表通常可以为母公司股东提供更有用的信息。

与采用权益法核算少数、主动投资相比，合并财务报表可以提供更有用的信息。由于拥有投票权，母公司可以有效地控制子公司的资产运用、财务杠杆、股利政策和战略。母子公司各项资产、负债、收入和费用的合并可以提供整个经济主体的经营活动与财务状况更完整和更现实的景象。

在美国，上市公司公开年报通常只披露合并财务报表。有时，公司也披露合并子公司独立的财务报表。例如，大型集团公司如通用电气和福特就会披露金融子公司的独立财务报表。

公司收购与合并财务报表示例

公司收购指某家公司取得另一家公司的多数股权。现有的相关会计准则是美国财务会计准则委员会与国际会计准则理事会在公司合并领域通力合作的产物。④ 本节将讨论两种公司合并的类型：（1）法定兼并，即一个主体收购另一个主体的全部资产和负债，并在账簿上记载所收购的资产和负债。（2）收购，即取得被收购主体 51%～100%的普通股，被收购主体继续以一个独立的法律主体从事经营活动并具有独立

---

① *FASB Codification Topic 850*; International Accounting Standards Board, *International Accounting Standard 24*, "Related Party Disclosures" (revised 2003); and International Accounting Standards Board, *International Accounting Standard 1*, "Presentation of Financial Statements" (revised 2007).

② 公司也可以采用公允价值列报少数、主动投资，并在经营利润中确认因重估值而产生的所有利得和损失。

③ *FASB Codification Topic 805 and 810*; International Accounting Standards Board, *International Accounting Standard 28*, "Investment in Associates" (1989); International Accounting Standards Board, *International Accounting Standard 27*, "Consolidated and Separate Financial Statements" (revised 2003); International Accounting Standards Board, *International Accounting Standard 3*, "Business Combinations" (revised 2008); and International Accounting Standards Board, *Standing Interpretations Committee Interpretation 12*, "Special Purpose Entities" (1998).

④ 财务会计准则汇编收编了取代财务会计准则第 141 号公告（要求公司采用购买法核算所有收购活动）的第 141R 号公告（要求采用购买法核算公司合并）。在第 141 号公告发布之前的数年间，美国公认会计原则要求公司采用购买法或权益结合法核算公司收购活动。考虑到两种方法对收购之后盈余的影响，多数公司更倾向于采用权益结合法（而不是购买法）核算公司收购活动。不过，权益结合法有时不可用。

的财务记录。① 两种类型的公司合并都应该采用购买法核算，因而对财务报表具有相同的影响。收购的股权比例超过50%属于前面描述的多数、主动投资，为了编制合并财务报表需要编制合并工作底稿。

为了说明兼并与收购的会计处理方法，假设母公司为了取得子公司100%的普通股于2013年12月31日发行100 000股普通股。如果今后两年达到某些盈余预测目标，则母公司同意以现金形式再额外支付500 000美元给原子公司股东。以达到盈余预测的可能性为基础，母公司估计其承诺的公允价值为300 000美元。母公司为此次收购支付了法律费用20 000美元，股票发行成本为25 000美元。母公司还发生与管理层促成此次交易所耗费时间相关的内部成本10 000美元。在收购日，母公司的股票公允价值为每股30美元。表8-9列示了收购日母公司的账面价值以及子公司的账面价值和公允价值。

表8-9 收购日母子公司的账面价值与公允价值 单位：美元

	母公司账面价值（2013年12月31日）	子公司账面价值（2013年12月31日）	子公司公允价值（2013年12月31日）
现金	900 000	400 000	400 000
应收账款	1 400 000	500 000	450 000
存货	1 700 000	1 200 000	1 400 000
财产、厂房与设备（净值）	14 000 000	1 600 000	2 000 000
顾客清单	0	0	100 000
未申请专利技术	0	0	200 000
正在实施的研究与开发工作	0	0	300 000
资产总额	18 000 000	3 700 000	4 850 000
应付账款	(600 000)	(400 000)	(400 000)
应付票据	(5 100 000)	(2 100 000)	(2 100 000)
负债总额	(5 700 000)	(2 500 000)	(2 500 000)
普通股（面值1美元）	(200 000)	(100 000)	
资本公积	(4 400 000)	(500 000)	
留存收益	(3 700 000)	(300 000)	
收入	(9 000 000)	(2 000 000)	
费用	5 000 000	1 700 000	
股东权益总额	(12 300 000)	(1 200 000)	

注：括号里的负债和股东权益项目的数字表示这些项目是对资产的抵减，即这些项目记在传统借贷记账法工作底稿的贷方。括号里的收入、利得和净利润的数字表示其符号与费用和损失的符号相反，也表示这些项目记在传统借贷记账法工作底稿的贷方。

法定兼并。为了记录收购活动，假设子公司已经注销（即法定兼并）。运用购买法核算本次兼并包括以下三个步骤：

（1）计量为了收购子公司而转让的等价物的公允价值。购买法的一个关键问题是如何计量母公司转让的等价物的公允价值。母公司选择以公允价值3 000 000美元（10 000股×每股公允价值30美元）发行普通股并承担公允价值300 000美元的负债（或有对价负债）。母公司还发生相关的法律费用、内部成本和股票发行成本55 000美元。由于会计准则将公允价值定义为市场参与者在计量日的有序交易中出售某项资产接受的价格或转移某项负债支付的价格，因此，会计准则制定者认为该交易的公允价值是发行股票得到的款项净额2 975 000美元（3 000 000－发行成本25 000），加上股票发行成本的公允价值25 000美元和承担的负债的公允价值300 000美元，共计3 300 000美元。（或者直接将发行的股票的公允价值3 000 000美元加上承担的负债的公允价值300 000美元。因为股票发行成本25 000美元既是公允价值的加项，又是公允价值的减项。）法律费用20 000美元和内部成本10 000美元是当期费用，不是购买价格的组成部分。

① 母公司可能更喜欢以一组法律上独立的公司（而不是单一法律主体）从事经营活动。例如，独立经营使子公司的财务和法律风险与母公司相分离，公司可以在不同州和国家做生意，能更有效地应付各种重叠和不一致的税则、管制和法律要求，可能改善管理层与投资者之间的激励匹配问题（在一家目标明确的公司里，股票升值可能成为管理层薪酬组合的组成部分）。

（2）计量所收购的可辨认资产、承担的负债和非控制性权益的公允价值。计算出购买价格 3 300 000 美元之后，母公司就可以估算子公司的净资产（不管子公司的账簿是否记录这些资产）的价值。根据表 8-9提供的信息，在收购日，现金、应付账款、应付票据的公允价值等于其账面价值。短期货币性资产和负债的账面价值与公允价值相等（即合约确定了这些资产和负债具有固定的现金流量）很常见。此外，采用公允价值计量时，账面价值与公允价值相等的可能性会增加。母公司估计应收账款的公允价值为 450 000 美元，比账面价值少了 50 000 美元。这说明母公司认为子公司少计提了坏账准备。母公司估计子公司的存货，财产、厂房与设备等非货币性资产的公允价值超过其账面价值。收购公司必须单独确认因法定或合约权利而产生或可以出售或独立于被收购公司的任何无形资产（商誉除外）。美国财务会计准则委员会已经列出一份无排他性的可辨认无形资产（商誉除外）清单。这些无形资产符合资产确认的标准（见表 8-10）。母公司识别出了三类子公司没有入账的无形资产。子公司顾客清单的公允价值为 100 000 美元，未申请专利技术的公允价值为 200 000 美元，而正在实施的研究与开发工作的公允价值为 300 000 美元。由于子公司通过内部的营销、广告和研究与开发活动创建了这三类无形资产，而且根据会计准则，这些内部活动所发生的成本已经作为以前年度的费用处理，因此，这些无形资产没有任何账面价值。

表 8-10 满足确认标准的无形资产（商誉除外）示例

与市场相关的无形资产	合约型无形资产
商标、品牌CL	特许权、使用权、滞停协议CL
服务标识、集体标识、认证标识CL	广告、建造、管理、服务或供应合约CL
商业外观（独特的颜色、形状或包装设计）CL	租赁协议CL
报纸报头CL	施工许可证CL
互联网域名CL	特许经营协议CL
非竞争协议CL	经营和转播权CL
与顾客相关的无形资产	诸如着陆、钻探、水、空气、矿产、木材和航线等的使用权CL
顾客清单S	服务合约如抵押贷款服务合约CL
订单或生产计划S	聘用合约CL
顾客合约及其相关的顾客关系S	**技术型无形资产**
非合约性顾客关系S	专利技术
与艺术相关的无形资产	计算机软件和装饰作品CL
戏剧、歌剧和芭蕾CL	未申请专利技术S
书、杂志、报纸和其他文学作品CL	数据库（包括产权书库）S
音乐作品如乐曲、歌词和广告配乐CL	商业秘密（包括秘密配方、流程诀窍）CL
图片和照片CL	
视频广告视听材料，包括电影、音乐视频、电视节目CL	

资料来源：财务会计准则第 141 号和第 141R 号公告。

CL 表示该资产符合合约或法律的确认标准。（资产也可能符合可分离性确认标准，但可分离性标准并非确认资产的必备标准。）

S 表示该资产虽然不符合合约或法律的确认标准，却符合可分离性确认标准。

（3）将所转让等价物公允价值的多余部分推定为商誉或确认廉价收购的利得。收购公司支付的公允价值与可辨认资产的公允价值之间的差额就是商誉。就本例而言，母公司为了收购子公司的净资产支付了 3 300 000美元，这些净资产的公允价值为 2 350 000 美元（资产的公允价值 4 850 000－负债的公允价值 2 500 000），两者之间的差额 950 000 美元（3 300 000－2 350 000）就是商誉。在判断过程中，各方将超过可辨认资产公允价值总和的那部分价值推定为子公司的商誉。商誉意味着子公司经营活动的超预期盈利能力超过子公司资产的预期盈利能力。

如果母公司廉价收购子公司，则其支付的公允价值低于可辨认资产的公允价值。由于所有者的行为都是理性的，因此，廉价收购并不多见。不过，确实经常出现廉价收购的案例，例如基于某些非常情境（如所有者死亡或因破产而被迫清算或陷入财务困境）需要快速清算一家公司。如果收购公司廉价收购了某家公司，就可以得到一笔经济利得，其数额等于得到的公司的公允价值减去支付的公允价值，收购公司要确认该利得。在金融危机期间，许多财务健康的银行确认了因廉价收购陷入困境的银行而产生的利得（联邦存款保险公司经常助推这种收购）。例如，摩根大通公司 2008 年收购华盛顿互助银行时就确认了因廉价收购而生产的一笔高达 10 亿美元的利得。

表 8－11 列示了收购活动对财务报表的影响以及 2013 年 12 月 31 日母公司账簿中记录的收购活动的会计分录。母公司记录了取得的子公司的资产和负债的公允价值以及支付给子公司股东的转让等价物的公允价值（或有绩效负债和已发行普通股）。值得注意的是，尽管子公司没有确认可辨认无形资产、正在实施的研究与开发工作和商誉，其原始账面价值为零，但这些无形资产却以公允价值入账。由于许多公司过去将正在实施的研究与开发工作所发生的成本作为费用处理，美国公认会计原则和国际财务报告准则针对现有收购活动的会计准则的调整使公司收购技术密集型公司的会计处理发生了重大变化，与公司合并相关的法律成本和管理成本要作为经营费用处理。发行股票的成本减少了发行股票筹集的资金数额，因此，要作为资本公积的抵减项目处理。

表 8－11　兼并对财务报表的影响（收购日）

资产总额	=	负债总额	+	股东权益总额		
				投入资本	累计其他综合收益	留存收益
转让等价物： 现金 ＋400 000 应收账款 ＋450 000 存货 1 400 000 财产、厂房与设备 ＋2 000 000 顾客清单 ＋100 000 未申请专利技术 ＋200 000 正在实施的研究与开发工作 ＋300 000 商誉 ＋950 000		应付账款 ＋400 000 应付票据 ＋2 100 000 或有绩效负债 ＋300 000		普通股 ＋100 000 资本公积 ＋2 900 000		
法律与管理成本： 现金 －30 000						经营费用 －30 000
发行股票的成本： 现金 －25 000				资本公积 －25 000		

转让等价物：		
现金	400 000	
应收账款	450 000	
存货	1 400 000	
财产、厂房与设备	2 000 000	
顾客清单	100 000	
未申请专利技术	200 000	
正在实施的研究与开发工作	300 000	
商誉	950 000	
应付账款		400 000
应付票据		2 100 000
或有绩效负债		300 000
普通股		100 000
资本公积		2 900 000
法律与管理成本：		
经营费用	30 000	
现金		30 000
发行股票的成本：		
资本公积	25 000	
现金		25 000

现在，母公司的账簿已经记录了子公司的各项资产和负债，子公司也不再作为一个独立的法律主体存在，因此，母公司没有必要编制合并财务报表。

收购。如果根据公司合并条款，子公司继续作为一个独立的法律主体存在（即收购），那么收购日的会计分录与法定兼并的会计分录不同。表8-12列示了收购活动对财务报表的影响以及（子公司继续作为一个独立的法律主体存在时）母公司账簿中记录的收购活动的会计分录。在收购过程中，母公司只记录一个账户即“子公司投资”，代表其享有的子公司公允价值的权益。其余会计分录与法定兼并的会计分录相同。

表8-12 收购活动对财务报表的影响（收购日）

资产总额	=	负债总额	+	股东权益总额：投入资本	股东权益总额：累计其他综合收益	股东权益总额：留存收益
转让等价物： 子公司投资 +3 300 000		或有绩效负债 +300 000		普通股 +100 000 资本公积 +2 900 000		
法律与管理成本： 现金 −30 000						经营费用 −30 000
发行股票的成本： 现金 −25 000				资本公积 −25 000		

转让等价物：		
子公司投资	3 300 000	
或有绩效负债		300 000
普通股		100 000
资本公积		2 900 000
法律与管理成本：		
经营费用	30 000	
现金		30 000
发行股票的成本：		
资本公积	25 000	
现金		25 000

由于母公司的账簿中不记录子公司的各项资产和负债，而且母公司控制着子公司，因此，为了反映主体的实质重于其法律形式，母公司必须编制合并财务报表。下表解释了母公司花3 300 000美元取得子公司股份的原因。公允价值分配表展现了收购价格3 300 000美元的三个组成部分。前两个部分是：（1）子公司的账面价值；（2）子公司的可辨认净资产的公允价值超过其账面价值的数额。这两部分的总和等于子公司可辨认净资产的公允价值。第三个组成部分就是商誉。

公允价值分配表（收购日）

单位：美元

母公司转让的等价物的公允价值		3 300 000
子公司账面价值（股东权益总额来自表8-9）		(1 200 000)
超额部分		2 100 000
在收购日在公允价值与账面价值之间分配超额部分：		
应收账款（450 000−500 000）	(50 000)	
存货（1 400 000−1 200 000）	200 000	
财产、厂房与设备（2 000 000−1 600 000）	400 000	
顾客清单（100 000−0）	100 000	
未申请专利技术（200 000−0）	200 000	
正在实施的研究与开发工作（300 000−0）	300 000	(1 150 000)
分配给商誉的数额		950 000

□ 编制收购日合并报表

表8-13列示了编制收购日母子公司合并财务报表所需要的工作底稿。编制工作底稿的主要目的是以前面提及的“子公司投资”账户的三个组成部分替代“子公司投资”账户。

表8-13 收购日合并财务报表的工作底稿（2013年12月31日） 单位：美元

	母公司（按收购影响调整）	子公司	抵销数额	合并数额
利润表				
收入	(9 000 000)	—	—	(9 000 000)
费用	5 030 000	—	—	5 030 000
净利润	(3 970 000)	—	—	(3 970 000)
资产负债表				
现金	845 000	400 000		1 245 000
应收账款	1 400 000	500 000	(50 000)	1 850 000
存货	1 700 000	1 200 000	200 000	3 100 000
财产、厂房与设备（净值）	14 000 000	1 600 000	400 000	16 000 000
子公司投资	3 300 000	—	(3 300 000)	—
顾客清单	—	—	100 000	100 000
未申请专利技术	—	—	200 000	200 000
正在实施的研究与开发工作	—	—	300 000	300 000
商誉	—	—	950 000	950 000
资产总额	21 245 000	3 700 000	(1 200 000)	23 745 000
应付账款	(600 000)	(400 000)	—	(1 000 000)
应付票据	(5 100 000)	(2 100 000)	—	(7 200 000)
或有绩效负债	(300 000)	—	—	(300 000)
普通股	(300 000)	(100 000)	100 000	(300 000)
资本公积	(7 275 000)	(500 000)	500 000	(7 275 000)
留存收益（2013年12月31日）	(7 670 000)	(600 000)	600 000	(7 670 000)
负债与股东权益总额	(21 245 000)	(3 700 000)	1 200 000	(23 745 000)

注：括号里的收入、利得和净利润的数字表示其符号与费用和损失的符号相反，也表示这些项目记在传统借贷记账法工作底稿的贷方。括号里的负债和股东权益项目的数字表示这些项目是对资产的抵减，即这些项目记在传统借贷记账法工作底稿的贷方。

(1) 在“抵销数额”栏将“子公司投资”的汇总数额剔除。这样，“合并数额”栏就不再存在“子公司投资”这个项目。从合并财务报表的角度看，合并之后的母子公司不存在独立的“子公司投资”项目。母公司已经将子公司的各项资产和负债汇总到合并财务报表。如果母子公司合并之后继续保留“子公司投资”项目，可能导致重复计算。

(2) 汇总各行的数额，就可以得到合并总额。这样，子公司财务报表的各项资产和负债也就相应地汇总到母公司的资产和负债。合并后子公司股份的外部所有者已经不复存在，自然应该剔除子公司的股东权益项目。通过这些步骤，收购价格的第一个组成部分即子公司的账面价值就汇总到“合并数额”栏。

(3) “抵销数额”栏的其他剩余项目会将收购价格的第二个组成部分（即子公司可辨认净资产的公允价值与账面价值之间的差额）和第三个组成部分（即商誉）汇总到“合并数额”栏。

母公司合并财务报表列报的合并后各项资产和负债的数额等于母公司账面价值与收购日重新计量的子公司公允价值的总和。由于被合并主体（子公司）已经不再从事经营活动，因此，合并财务报表中不包括子公司的利润表数据。抵销分录只是工作底稿中的会计分录，不会进入母公司或子公司的财务报表。如此一来，每个报告期间都需要编制合并工作底稿。

关于收购准备的一个说明

在一家公司收购另一公司时，收购公司并不知道其收购资产的潜在损失或收购公司的潜在负债，因此，采用购买法经常需要建立专门的“收购准备”账户。[①] 收购准备会使负债增加或资产减少。收购公司可能将部分收购价格分配到各种类型的收购准备账户中（例如长期合约的预计损失和未决诉讼的预计负债）。收购之后的一年内，如果出现新的信息，收购公司将重估这些收购准备。重估之后，收购准备账户将保留该数额。只有发生收购损失时，才冲销该数额。也就是说，为了计量预期损失，收购公司在已经建立的“收购准备”账户（而不是净利润）中确认实际损失。

例如，假设被收购公司有一宗未决诉讼。收购公司预计该未决诉讼最终可能导致税前损失 1 000 万美元，并将这笔损失确认为收购准备（诉讼的预计负债）。由于存在潜在的负债，收购公司可能只要支付较少价款就可以收购该公司（被收购公司）。假设收购结束的三年后，该诉讼判决的结果为赔偿（税前损失）800 万美元。于是收购公司冲销收购准备（而不是当年的净利润）800 万美元，账户中还保留 200 万美元，增加了诉讼判决当年的净利润。

收购准备可能会影响对会计信息质量的评估，因此，监管机构需要严格监控收购准备的运用（和滥用）。当然，如果收购准备能够得到合理运用，它就是一种有助于被收购公司的资产和负债如实反映市场价值的会计机制。然而，建立收购准备涉及许多估计，管理层有操纵盈余的空间。

□ 收购日之后的合并财务报表

收购之后，编制合并财务报表时必须考虑母子公司的经营活动。因此，除了合并资产负债表之外，还要编制其他合并财务报表。为了说明收购一年之后的合并过程，仍使用表 8-9 列示的原始数据。表 8-9 列示了收购日子公司的公允价值与账面价值之间的差额。假设财产、厂房与设备以及顾客清单、未申请专利技术和正在实施的研究与开发工作的剩余使用年限为 10 年。表 8-14 展示了收购（2014 年 12 月 31 日）一年以后的合并工作底稿。为了重点关注抵销数额和合并后数字的含义，我们分别用 P 和 S 表示母公司和子公司各自财务报表的数额。接下来我们将描述收购日的合并财务报表与收购日之后的合并财务报表之间的差异。

表 8-14 收购日之后一年的合并工作底稿

单位：美元

	母公司（2014 年 12 月 31 日）	子公司（2014 年 12 月 31 日）	抵销数额	合并数额（2014 年 12 月 31 日）
利润表				
收入	(P)	(S)		(P)+(S)
产品销售成本	P	S	200 000	P+S+200 000
坏账费用	P	S	(50 000)	P+S−50 000
折旧费用	P	S	40 000	P+S+40 000
摊销费用	P	S	10 000	
			20 000	P+S+60 000
			30 000	
享有子公司利润的份额	(P)		P[a]	0
净利润	(P)	(S)	S	(P)
资产负债表				
现金	P	S		P+S
应收账款	P	S		P+S
存货	P	S		P+S
财产、厂房与设备（净值）	P	S	360 000	P+S+360 000
子公司投资	P		(P)[b]	0

① 第 7 章讨论过财务报表列报的各种类型的准备项目。在美国，除非“准备”这个名称能描述其目的，否则通常不予使用。美国公司通常使用更准确的“准备”账户名称，如“坏账准备”和“预计保证负债”。

续表

	母公司（2014年12月31日）	子公司（2014年12月31日）	抵销数额	合并数额（2014年12月31日）
顾客清单	P		90 000	P+S+90 000
未申请专利技术	P		180 000	P+S+180 000
正在实施的研究与开发工作	P		270 000	P+S+270 000
商誉			950 000	950 000
资产总额	P	S	1 850 000	P+S+1 850 000
应付账款	(P)	(S)		(P)+(S)
应付票据	(P)	(S)		(P)+(S)
或有绩效负债	(P)	(S)		(P)+(S)
普通股	(P)	(S)	S[c]	(P)
资本公积	(P)	(S)	S[c]	(P)
留存收益（2014年12月31日）	(P)	(S)	S[c]	(P)
负债与股东权益总额	(P)	(S)	S	(P)+S的负债

a. 抵销因摊销公允价值超过账面价值部分而调整的子公司净利润。

b. 抵销权益法的余额。该余额=原始投资额+因摊销公允价值超过账面价值部分而调整的子公司净利润−子公司发放的股利。

c. 抵销子公司的股东权益。

注：括号里的收入、利得和净利润的数字表示其符号与费用和损失的符号相反，也表示这些项目记在传统借贷记账法工作底稿的贷方。括号里的负债和股东权益项目的数字表示这些项目是对资产的抵减，即这些项目记在传统借贷记账法工作底稿的贷方。

（1）在“抵销数额”栏剔除“子公司投资”的数额。这样一来，汇总“子公司投资”这行的数额之后，“合并数额”栏就不再存在“子公司投资”项目。“子公司投资”包括原始投资额，加上母公司享有的子公司当期利润的份额（由于持有子公司100%的股份，母公司享有子公司因摊销公允价值超过账面价值部分而调整的全部利润），再减去母公司享有的子公司发放股利的份额（由于持有子公司100%的股份，母公司享有子公司发放的全部股利）。

（2）汇总各行的数额，就可以得到合并总额，于是母公司将子公司财务报表的各项资产和负债汇总到母公司的资产和负债中。这时，子公司股份的外部所有者已经不复存在，母公司需要剔除子公司的股东权益项目。通过这些步骤，收购价格的第一个组成部分即子公司的账面价值就汇总到“合并数额”栏。子公司的资产、负债和所有者权益等于收购日的账面价值加上由子公司当年经营活动引起的资产和负债的变动额。子公司的净利润以子公司的资产和负债的账面价值为基础反映其资产和负债的变动额。例如，子公司出售存货时，以存货的账面价值（而不是收购日所确定的公允价值）确认产品销售成本。

（3）通过其他调整，将收购价格的第二个组成部分（即子公司可辨认净资产的公允价值与账面价值之间的差额）和第三个组成部分（即商誉）汇总到“合并数额”栏。表8-15列示了“抵销数额”栏的会计分录。在收购日，为了反映应收账款的公允价值下降，我们从合并工作底稿的应收账款中扣除了50 000美元。假设母公司判断正确，应收账款确实无法收回（即顾客违约）。由于子公司（从其所称）未曾预料到当年顾客会违约，所以其财务报表列报了一笔较大的坏账费用。如表8-15所示，表8-14列示的合并工作底稿中扣除了坏账费用50 000美元，但没有调整应收账款的数额。如果该项目（在本例，就是应收账款）是一种流动资产，那么，收购日的公允价值与账面价值之间的所有差额都要分配到各项费用中（不需要分配到各项资产中）。存货也是一种流动资产（即会在一年之内出售），表8-15将收购日的公允价值与账面价值之间的全部差额200 000美元都分配到产品销售成本中（没有分配任何数额到存货中）。如前所述，子公司出售存货时，以存货的账面价值确认产品销售成本，从合并角度看，母公司需要通过工作底稿调整产品销售成本。表8-15列示的其他项目属于长期资产。如果这些长期资产项目需要计提折旧或摊销，收购日的公允价值与账面价值之间的一部分差额要以这些长期资产的预计剩余使用年限为基础分配到费用中，而剩余部分则分配到资产中。由于商誉不能摊销，因此，作为一个资产调整项目，“抵销数额”栏全额反映商誉的价值。

表8-15 收购日一年之后可辨认资产的公允价值与账面价值之间的差额

单位：美元

收购日公允价值与账面价值之间的差额	费用增减数额	一年之后的余额
应收账款：(50 000)	坏账费用减少 50 000	0
存货：200 000	产品销售成本增加 200 000	0
财产、厂房与设备：400 000	折旧费用增加 40 000（400 000/10 年）	360 000
顾客清单：100 000	摊销费用增加 10 000（100 000/10 年）	90 000
未申请专利技术：200 000	摊销费用增加 20 000（200 000/10 年）	180 000
正在实施的研究与开发工作：300 000	摊销费用增加 30 000（300 000/10 年）	270 000
分配到商誉的数额：950 000	0（除非发生减值）	950 000
影响净额	收益减少 250 000	资产总额增加 1 850 000

（4）剔除享有子公司利润的份额。汇总各栏列示的母子公司收入和费用，子公司相应的合并项目已经转化为合并利润表的相应项目。

我们分别用P和S替代母公司和子公司各自财务报表的数额。一年之后，我们聚焦于收购日之后的“合并数额”这栏。“子公司投资”和“享有子公司利润的份额”不再存在。母公司合并财务报表的合并后资产和负债的数额等于母公司的账面价值加上收购日子公司的公允价值，再加上母公司为了计算合并财务报表净利润而调整的公允价值与账面价值差额的费用化数额。值得注意的是，在本例中，母公司持有子公司100%的股份，因此，合并后的净利润就是根据权益法计算出来的母公司净利润。各项收入和费用替代了“享有子公司利润的份额”项目的子公司收益总额。由于采用权益法，母公司的净利润中已经包括该数额。

关联方交易

编制合并财务报表还需要考虑其他交易。尽管母公司与子公司之间的交易影响各自的财务报表，但应该不影响合并财务报表。当然，编制合并财务报表时，还需要抵消下列事项：

- 公司之间的贷款与应收账款以及由此产生的利息费用和收入。母公司经常为子公司提供贷款，子公司的会计系统会在其账簿中列报应付账款和应计利息费用。同理，母公司也会列报应收账款和应计利息收入。
- 公司之间的买卖以及期末存货中隐含的利润。本章前面部分讨论过子公司投资（少数、主动投资）。如前所述，公司之间的买卖列报为关联方交易，必须抵消这种销售产生的存货中隐含的利润，因为公司之间的买卖并非与合并主体之外的第三方交易，因此在编制合并财务报表时必须抵消。
- 因公司之间的买卖而产生的公司之间的应付应收账款。例如，如果母公司以赊销的方式向子公司购买存货，子公司将确认应收账款。而这笔应收账款就是母公司的应付账款。

母公司与子公司之间可能发生的其他更为复杂的交易在本书讨论范围之外。编制合并财务报表的指导原则是从合并主体的角度审视交易的实质。

□ 何谓非控制性利益

如果投资公司拥有其他公司有投票权股份的比例少于100%，就存在非控制性利益问题。许多公司用“少数利益”这个术语描述财务报表中的非控制性利益。非控制性利益（可能为投资者广泛持有）按持有股份的比例享有相应的净资产、盈余和股利。近年来，有关非控制性利益会计处理的会计准则发生了重大的变化。过去，收购的其他公司有投票权股份的比例少于100%时，只需要按持股比例以公允价值重新计量被收购公司的资产和负债。例如，某公司收购其他公司有投票权股份的 70%，合并财务报表中可能会以 107 美元重新计量并列报账面价值和公允价值分别为 100 美元和 110 美元的土地。以公允价值为基础，母公司拥有的该土地的利益为 77 美元（110×70%），而以账面价值为基础，非控制性利益为 30 美元（100×30%）。根据现行会计准则（购买法），收购交易的确认基础是被收购公司的公允价值。如此一来，该土地应以公允价值 110 美元重新计量，并按持股比例在母公司与非控制性利益之间分配。非控制性利益的计量还涉及商誉。就商誉而言，控制性利益与非控制性利益都以公允价值计量。根据国际财务报告准则，公司有权（基于逐项交易）按其持股比例分配非控制性利益。非控制性利益的分配范围仅限于可辨认资产和负债的公允价值与账面价值之间的差额，不包括商誉。

现有会计准则发布之前，需要在资产负债表的负债与股东权益之间列报非控制性利益（所谓“夹层”披露）。而根据现有会计准则，非控制性利益是股东权益的组成部分。

为了说明收购其他公司有投票权股份的比例少于 100%的会计问题，表 8-16 分别列示了鲍尔公司（Power Company）及其持有 80%股份的子公司斯莫尔技术公司（Small Technologics）2015 年 12 月 31 日的财务报表。两年之前的 2014 年 1 月 1 日，鲍尔公司以 39 亿美元现金收购了斯莫尔技术公司 80%的普通股。斯莫尔技术公司 2014 年度的净利润为 3.50 亿美元，当年没有发放股利；2015 年度的净利润为 4.50 亿美元，当年发放普通股股利 2.50 亿美元。

表 8-16　鲍尔公司和斯莫尔技术公司 2015 年 12 月 31 日财务报表　　单位：百万美元

	鲍尔公司	斯莫尔技术公司
收入	(4 550)	(2 150)
产品销售成本	1 720	1 000
折旧费用	300	100
摊销费用	500	375
利息费用	350	225
享有子公司利润的份额	(320)	0
净利润	(2 000)	(450)
现金	2 600	2 000
短期投资	1 030	225
土地	1 520	1 475
设备（净值）	1 950	800
斯莫尔技术公司投资	4 260	0
专利技术	4 400	2 700
资产总额	15 760	7 200
长期负债	(5 410)	(2 950)
普通股	(4 350)	(1 150)
留存收益	(6 000)	(3 100)
负债与股东权益总额	(15 760)	(7 200)

注：括号里的收入、利得和净利润的数字表示其符号与费用和损失的符号相反，也表示这些项目记在传统借贷记账法工作底稿的贷方。括号里的负债和股东权益项目的数字表示这些项目是对资产的抵减，即这些项目记在传统借贷记账法工作底稿的贷方。

收购日后不久，斯莫尔技术公司普通股的交易价格接近鲍尔公司支付的收购价格。这说明该收购交易没有控制权溢价，因此斯莫尔技术公司的公允价值为 48.75 亿美元（收购价格 39.00 亿/80%）。以 48.75 亿美元（以公允价值为基础的购买法）而不是 39.00 亿美元（购买法）记录该收购交易，导致控制性利益也反映了公允价值。[1]

① 如果斯莫尔技术公司普通股的交易价格低于鲍尔公司支付的收购价格，就说明存在控制权溢价。该收购交易的公允价值就是鲍尔公司支付的收购价格加上较低的剩余非控制性股份的公允价值。

表 8-17 列示了收购日鲍尔公司对斯莫尔技术公司的公允价值的分配情况，并更新了其在 2015 年 12 月 31 日的余额。每年的合并净利润中都必须反映当年公允价值超过账面价值的数额的摊销额，因此，截至 2015 年 12 月 31 日，资产负债表中的数额已经累积了两年的摊销额。例如，专利技术的公允价值超过斯莫尔技术公司的账面价值的数额为 6.00 亿美元。如果该专利技术的预计使用年限为 20 年，那么在合并财务报表上，母公司每年的摊销费用必须增加 3 000 万美元，两年之后，合并资产负债表列报的专利技术公允价值为 5.40 亿美元。

表 8-17　收购日鲍尔公司对斯莫尔技术公司的公允价值的分配

单位：百万美元

	公允价值分配	预计使用年限	每年费用	2015 年 12 月 31 日余额
收购日斯莫尔技术公司的公允价值	4 875			
收购日斯莫尔技术公司的账面价值	(3 700)			
公允价值超过账面价值的数额	1 175			
土地（不计提折旧）	300	—	0	300
设备	(50)	10	(5)	(40)
专利技术	600	20	30	540
长期负债	200	8	25	150
商誉	125	无限期	0	125
			50	

表 8-18 描述了鲍尔公司采用权益法核算斯莫尔技术公司的过程。在收购日（2014 年 1 月 1 日），鲍尔公司支付了 39.00 亿美元，确认了享有的斯莫尔技术公司利润的份额（用持股比例乘以斯莫尔技术公司的利润，并根据表 8-17 列示的公允价值超过账面价值的数额的摊销额进行调整），调增了投资账户的数额。如果鲍尔公司收到斯莫尔技术公司发放的股利，则应当调减投资账户的数额。鲍尔公司的利润表中列报了 2015 年度享有斯莫尔技术公司利润的份额为 3.20 亿美元。2015 年 12 月 31 日，鲍尔公司的资产负债表中列报了其对斯莫尔技术公司的投资额为 42.60 亿美元。采用相同的方法计算非控制性利益，可以得到 2015 年度非控制性利益享有的斯莫尔技术公司的净利润为 8 000 万美元，而享有的斯莫尔技术公司 2015 年 12 月 31 日的净资产为 10.65 亿美元。

表 8-18　投资者享有的斯莫尔技术公司的利益

单位：百万美元

	鲍尔公司控制性利益（80%）		非控制性利益（20%）	
收购日（2014 年 1 月 1 日）公允价值=4 875		3 900		975
斯莫尔技术公司 2014 年度净利润=350	280		70	
公允价值超过账面价值的数额的每年摊销额=50（表 8-17）	(40)		(10)	
享有的斯莫尔技术公司 2014 年度净利润的份额		240		60
对斯莫尔技术公司的投资（2014 年 12 月 31 日）		4 140		1 035
斯莫尔技术公司 2015 年度净利润=450	360		90	
公允价值超过账面价值的数额的每年摊销额=50（表 8-17）	(40)		(10)	
享有的斯莫尔技术公司 2015 年度净利润的份额		320		80
斯莫尔技术公司 2015 年度发放的股利=250		(200)		(50)
对斯莫尔技术公司的投资（2015 年 12 月 31 日）		4 260		1 065

表 8-19 列示了 2015 年 12 月 31 日的合并工作底稿。为了便于理解，抵销项目用代码表示。收购其他公司有投票权股份的比例少于 100%的合并报表编制程序与前述收购其他公司 100%有投票权股份的合并报表编制程序相同，确认表 8-18 计算出来的非控制性利益享有的斯莫尔技术公司净利润和净资产的数额，调增相应项目的数额。抵销项目所用代码的含义如下：

A代表抵销斯莫尔技术公司投资项目

B代表抵销斯莫尔技术公司股东权益项目

C代表根据表8-17的计算结果将收购日公允价值超过账面价值的数额分配到各项费用和资产负债表相应项目中

D代表抵销享有子公司利润的份额项目

E代表确认非控制性利益享有合并净利润的数额为8 000万美元和享有净资产的数额为10.65亿美元

表8-19 2015年12月31日合并工作底稿　　单位：百万美元

	鲍尔公司	斯莫尔技术公司	抵销数额		合并数额
收入	(4 550)	(2 150)			(6 700)
产品销售成本	1 720	1 000			2 720
折旧费用	300	100	C	(5)	395
摊销费用	500	375	C	30	905
利息费用	350	225	C	25	600
享有子公司利润的份额	(320)	0	D	320	0
净利润	(2 000)	(450)			
合并净利润					(2 080)
非控制性利益在净利润中的份额			E	80	80
归属于控制性利益的净利润					(2 000)
现金	2 600	2 000			4 600
短期投资	1 030	225			1 255
土地	1 520	1 475	C	300	3 295
设备（净值）	1 950	800	C	(40)	2 710
对斯莫尔技术公司的投资	4 260	0	A	(4 260)	0
专利技术	4 400	2 700	C	540	7 640
商誉			C	125	125
资产总额	15 760	7 200			19 625
长期负债	(5 410)	(2 950)		150	(8 210)
普通股	(4 350)	(1 150)	B	1 150	(4 350)
非控制性利益			E	(1 065)	(1 065)
留存收益	(6 000)	(3 100)	B	3 100	(6 000)
负债与股东权益总额	(15 760)	7 200		0	(19 625)

注：括号里的收入、利得和净利润的数字表示其符号与费用和损失的符号相反，也表示这些项目记在传统借贷记账法工作底稿的贷方。括号里的负债和股东权益项目的数字表示这些项目是对资产的抵减，即这些项目记在传统借贷记账法工作底稿的贷方。

非控制性权益利益10.65亿美元应该列报为股东权益的组成部分。正如第4章所述，如果资产报酬率计算公式的分母包括所有资产（分母通常包括所有资产），那么分子就应该使用向非控制性利益进行分配之前的合并净利润。非控制性利益是税后净利润，因此，不必调整税收影响。

□ 公司收购与所得税

多数公司的收购活动都涉及收购公司与被收购公司的股东之间的交易。尽管被收购公司的董事会和管理层通常深入参与收购活动的讨论与谈判，但是，收购活动通常以收购公司向被收购公司的股东让渡某些等价物以换取其股票而告终。从法律上看，被收购公司依然是独立的法律主体，只是改变了股东构成而已。

公司收购活动的所得税处理方法遵从法律主体的概念。在许多收购活动中，基于纳税申报的目的，被收购公司不会重述其资产和负债的价值以反映收购公司为购买普通股支付给股东的价款。相反，收购之后，收购公司直接结转被收购公司资产和负债原本的税基（美国的税法称之为“免税重组”）。

为了集中讲解收购和合并报表编制过程，前述的示例没有考虑所得税的影响。下面的示例将说明如何根据公允价值与账面价值之间的差额确认递延税款。假设存货的账面价值和公允价值分别为70美元和80美元，所得税税率为35%。在分配收购日的公允价值（和编制合并过程的抵销分录）时，存货调增10美元，递延所得税负债增加3.50美元（10×35%）。为了便于将来出售存货时确认所得税负债增加额，收购日必须计提递延所得税负债。如果子公司下一个年度以公允价值80美元出售该存货，则子公司的税前利润（基于财务报告目的）和应税收益（基于纳税申报目的）都是10美元。合并财务报表中并不确认任何利润，因为虽然子公司税前利润为10美元，但通过抵销分录确认了产品销售成本10美元（母公司购买存货时多支付了10美元）。这样，该交易的合并税前利润为零，合并所得税费用自然为零。收购日的存货税基并没有增加到80美元。因此，该存货出售时，子公司必须支付税款3.50美元。

□ 未合并附属公司和合营公司的合并问题

有时，公司拥有合营公司和附属公司的少数股份。从战略角度看，这些合营公司和附属公司是公司经营活动的重要组成部分，但没有纳入合并财务报表的范围。为了更完整地理解公司的经济状况和成果，分析师可能希望评估合并了所有重要的持有少数股份的附属公司之后公司的全貌。例如，公司经常与合营公司一起开展经营活动。由于公司并没有持有合营公司的多数股份，因此不能编制公司与合营公司的合并财务报表，但可以采用权益法核算合营公司的利润。

未合并附属公司和合营公司的合并过程可以通过前述的合并工作底稿来描述。一般而言，分析师首先要剔除投资项目，然后，将附属公司或合营公司的各项资产和负债加到母公司的相应资产和负债上，再根据附属公司或合营公司账面价值与公允价值（如果母公司的财务报表附注可以提供该信息）之间的尚未摊销差额调整资产和负债的数额，并确认非控制性利益享有的净资产的数额。

比例合并法是全部合并的一种替代方法。采用比例合并法，资产负债表的资产和负债方将单独列报投资者享有的附属公司资产和负债的份额；剔除权益投资项目，不需要确认任何非控制性利益。这种替代方法对两家公司各持50%股份的合营公司特别有吸引力。根据美国公认会计原则，公司应该采用权益法核算对合营公司的投资，因为这些投资介于少数、主动投资与多数、主动投资之间。而国际财务报告准则允许公司采用比例合并法核算合营公司投资。国际财务报告准则认为比例合并法可以更好地体现基于合营控制的交易的经济实质。

8.5 可变利益主体的主要受益人

通过持有50%以上的有投票权股份取得控制权后，收购公司就可以编制合并财务报表。然而，公司可能持有某个主体的股份比例远低于50%，但通过合约关系却依然是该主体经营成果的主要受益人，而且可以控制该主体的决策过程。特定目的主体或可变利益主体是安然公司大规模舞弊丑闻的主角。如今，特定目的主体或可变利益主体往往与公司的种种不法行为相联系。当然，公司也可能基于合法商业目的构建可变利益主体。可变利益主体的形式可以是公司、合伙制、信托制或其他用于商业目的的法律结构。房地产租赁、研究与开发协议、与能源相关的外汇合约等的管理主体都是可变利益主体的典型例子。可变利益主体经常持有金融资产（如应收账款或应收贷款）、房地产或其他财产，可能只是被动地代表一家公司或多家公司开展某项业务（如管理商业房地产租赁），也可能代表一家公司或多家公司主动开展某些活动（如研究与开发活动）。相对于发起公司，可变利益主体可能规模很大，也可能很重要。例如，华特迪士尼公司 2014 年宣告要合并欧洲迪士尼公司和中国香港迪士尼乐园。华特迪士尼公司拥有这两家公司的股份分别略高于 40%。

可变利益主体的主要效益之一是资产购买的低成本融资。例如，发起公司可以用最少的权益投资、一定数额的债务投资、可变利益主体的抵押品或其他外部投资者的损失准备金创建一个可变利益主体。可变利益主体可以向发起公司购买或租赁某项资产，该资产与发起公司经营活动相分离，以该资产作为抵押品，发起公司提供债务担保以鼓励债权人向可变利益主体提供低利率贷款。这样，可变利益主体就可以用这些低利率贷款购买资产。

由于持有股份的权益投资比例较低，发起公司不能合并可变利益主体的财务报表。但是，发起公司可以通过合约控制可变利益主体的经营活动、投资活动和筹资活动而拥有作为典型权益投资者的权利。当然，作为权益投资者，发起公司也可能承担损失或享有利润。

□ 何时将某个主体归类为可变利益主体?

要想将某家公司对其他公司的投资归类为可变利益主体投资，必须满足下列条件之一[①]：

- 没有其他主体（包括权益持有者）额外的次级财务支持，存在风险的权益投资总额不足以满足该主体各项活动的融资需求。由此可以推定，在没有额外财务支持的前提下，权益投资的比例低于主体资产总额的 10%时，主体无法满足各项活动的融资需求。如果主体持有高风险资产、从事高风险活动或承受的风险超过其列报的资产和负债，其投资的比例可能就需要超过 10%。
- 权益投资公司不具备下列三个表明存在控制性财务利益的特征之一：
  - √ 通过投票权或类似权利，直接或间接对主体各项活动做出决策的能力。与资金次级提供者的合约协议通常限制了权益投资公司对主体各项活动做出决策的能力。
  - √ 如果主体发生预期损失，有义务承担该主体预期损失。资金次级提供者也要承担一些预期损失。
  - √ 如果主体存在预期剩余收益，有权利取得预期剩余收益。资金次级提供者对预期剩余收益也有一些求索权。

哪个主体应该合并可变利益主体?

如果公司与某个被认定为可变利益主体的主体存在某种关系，就必须判断该公司是不是可变利益主体的主要受益人。如果是可变利益主体的主要受益人，公司就必须合并可变利益主体的资产、负债、收入、费用和非控制性利益。如果具备下列条件，公司就是可变利益主体的主要受益人。

- 具备直接或间接对主体各项活动做出决策的能力。
- 如果主体发生预期损失，有义务承担该预期损失。
- 如果主体存在预期剩余收益，有权利取得预期剩余收益。

这些标准说明合约权利可能导致发起公司拥有类似于传统权益所有者的可变利益。可变利益主体与预期损失或收益相联系的例子包括：

- 参与分配权（持有者有权分配可变利益主体的利润）。
- 资产购买权（持有者有权分享公允价值的增加额，而且经常拥有廉价回购权）。
- 债务担保（如果可变利益主体不能偿债，担保者必须挺身而出，清偿可变利益主体的债务）。

---

① *FASB Codification Topics 810 and 860*.

- 次级债务工具（如果可变利益主体不能偿债，次级债务人必须提供现金以清偿优先债务）。
- 租赁剩余价值担保（如果租赁资产的价值低于其预期剩余价值，担保者必须弥补相应的损失）。

由于存在上述可变利益，主要受益人即使没有权益投资，也可以取得控制权，主要受益人控制着可变利益主体的净资产，因此，应当合并可变利益主体。合并过程与前述多数、主动投资的合并过程相同。

如果可变利益主体对财务报表有显著影响，主要受益人必须披露：

- 可变利益主体的性质、目的、规模和活动内容。
- 作为可变利益主体债务抵押品的合并后资产的账面价值和分类。
- 与主要受益人的资产相比，可变利益主体的资源状况。

如果公司拥有可变利益主体的重要可变利益，必须披露：

- 与可变利益主体关联的实质与关联的起始时间。
- 可变利益主体的性质、目的、规模和活动内容。
- 投资公司基于与可变利益主体的关联能承担的最大损失。

福特汽车公司在其2012年度10-K格式年报的附注12中描述了可变利益主体。对每个可变利益主体，福特汽车都描述其是不是主要受益人及其依据。

如图8-1所示，福特汽车的金融子公司福特信贷公司以最少的权益投资创建了一个可变利益主体。根据可变利益主体的资产负债表，其现金数额相对较少。为了开展经营活动，可变利益主体需要购置某些资产，因此必须吸收其他主体的资金。某个潜在的资金提供者（如银行、保险公司或权益投资者）评估了可变利益主体的风险，认为福特汽车的风险并不构成问题。可变利益主体是一个独立于福特汽车的法律主体，可以用“破产隔离”这个术语来描述这种状况。由于存在“破产隔离”机制，可变利益主体可以获得更为优惠的融资。为了实现预定目标，可变利益主体购置了某些资产，并将根据这些资产的现金流量风险确定其资本结构。以福特汽车的金融服务为例，可变利益主体从福特信贷公司取得顾客应收账款，并将该应收账款证券化，也就是可变利益主体将该应收账款的现金流量权利转让给投资者。顾客偿还应收账款后，可变利益主体向投资者出售担保权益而收取的现金也就转回至福特信贷公司。顾客以现金偿还福特信贷公司的应收账款，而福特信贷公司将现金返还给可变利益主体的投资者。

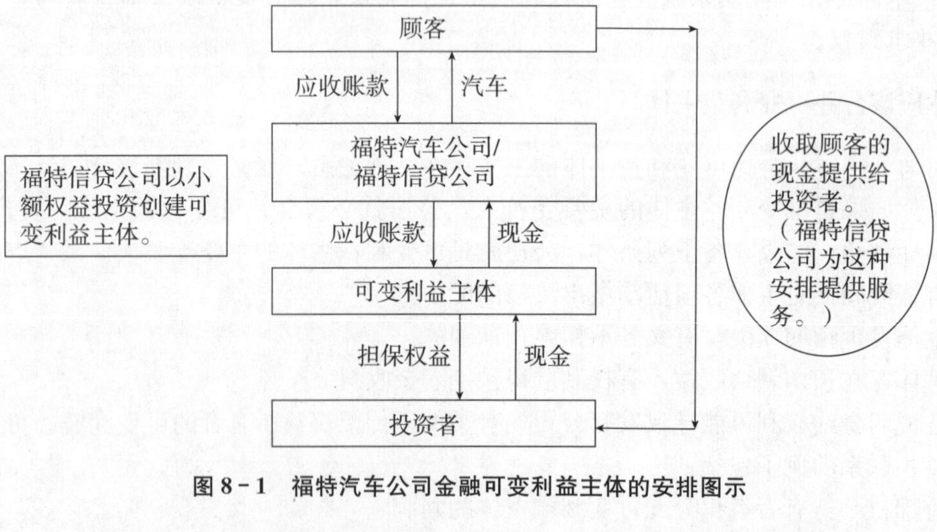

图8-1 福特汽车公司金融可变利益主体的安排图示

福特汽车通过这种安排获得的好处显而易见：福特汽车快速地将其应收账款转化为现金，而福特信贷公司可以提供更多的融资以刺激未来的销售。当然，这种好处并非没有代价。可变利益主体的投资者要求其投资得到报酬。尽管可变利益主体的“破产隔离”机制有助于激励可变利益主体的投资者接受较低的报酬率，但通常投资者还是会要求有更多的担保，希望福特信贷公司能够承担证券化的应收账款缺乏足够现金流量的风险。福特汽车是可变利益主体的主要受益人，因此，其适当地合并了可变利益主体。

8.6 外币折算

公司经常在总部所处国家之外的其他国家开展大规模的经营活动。例如，百事公司在其财务报表附注 1“呈报基础与我们的分部”中指出，该公司的收入净额大约有 49%来源于国外（这里将国外界定为美国以外的国家）。[①] 尽管有些公司（如可口可乐）的总部设在美国，其收入却主要来自国外。在为股东和债权人编制合并财务报表之前，美国母公司必须将其国外分部和子公司的财务报表的计价货币折算为美元。本节将阐述并举例说明外币折算方法，进而讨论、解释财务报表信息披露方法的含义。[②]

国外分部或子公司的财务报表折算普遍存在以下两个问题：

● 公司应该采用交易时的汇率（称为历史汇率）还是当期或期末的汇率（称为现行汇率）折算财务报表的各个项目？如果公司采用历史汇率折算财务报表的各个项目，无论汇率如何变动，各期的财务报表将列报相同的美元数额。例如，在汇率为 1 欧元兑换 1.05 美元时，以 10 000 欧元的价格在法国购置土地，那么每期的资产负债表都将以 10 500 美元列报该土地。如果公司采用现行汇率折算财务报表的各个项目，则汇率发生变动时，各期的财务报表将列报不同的美元数额。因此，在汇率变为 1 欧元兑换 1.40 美元时，资产负债表将以 14 000 美元列报该土地。如果公司采用现行汇率折算财务报表的各个项目，每期都会产生一个外汇调整项目。

● 在计量每期的净利润时，公司应该将外汇调整确认为当期利得或损失还是递延到未来期间再确认？外汇调整是一种尚未实现的利得或损失，与衍生工具、有价证券、存货和其他资产的市场价值变动非常相似。

本节接下来将讨论这两个问题。

□ 功能货币的概念

根据美国公认会计原则，外币项目折算的核心是功能货币的概念。[③] 功能货币的确定将涉及把美国公司国外主体财务报表的计价货币折算为美元的会计处理问题。国外主体（无论是分部还是子公司）包括两种基本类型：

● 设在国外的独立且完整的单位。其功能货币是其所在国的货币。理由是国外经营单位的管理层可能主要基于所在国的经济环境做出经营、投资和筹资决策，较少关注其他国家的经济环境、汇率和类似因素。

● 母公司经营活动的直接组成部分或延伸。其功能货币是美元。理由是国外经营单位的管理层可能从美国管理层的角度做出决策。即使该主体的日常交易通常都以外币计价，国外经营单位的管理层也要考虑其决策将如何影响以美元计价的金额。

美国公认会计原则指出了如何确定以国外经营单位的货币为功能货币还是以美元为功能货币。表 8－20进行了总结。某个国外经营单位的经营特征可能为确定功能货币提供各种各样的信息。管理层必

---

① 财务列报要求公司按地理位置（国外与本国）、可列报经营分部和重要顾客分别披露分部数据。*FASB Codification Topic 280*。百事公司的财务报表附注 1 按地理位置披露了丰富的分部信息。

② 除了术语和相对次要的执行差异外，美国公认会计原则与国际财务报告准则在外币折算这个领域基本没有什么差别。

③ *FASB Codification Topics 220 and 830*.

须判断哪种功能货币能最有效地表现国外主体的经营和财务状况。后面部分将讨论，为了影响功能货币的选择，管理层可能精心设计融资或其他交易的结构。一旦公司确定了某个国外主体的功能货币，除非经济环境的变化清晰地表明功能货币必须改变，否则，公司必须一如既往地使用原先确定的功能货币。

表8-20　确定公司总部在美国的国外经营单位的功能货币时的考虑因素

	功能货币是外币	功能货币是美元
国外主体的现金流量	应收账款和应付账款以外币计价，通常不允许当期汇回母公司。	应收账款和应付账款以美元计价，允许随时汇回母公司。
销售价格	主要受当地竞争环境影响，对汇率的短期变动不敏感。	受全球竞争环境影响，对汇率的短期变动很敏感。
成本因素	国外经营单位主要从其所在国取得人工、原料和其他投入品。	国外经营单位主要从美国取得人工、原料和其他投入品。
融资	取得以外币计价的融资或国外经营单位内部提供融资。	取得以美元计价的融资或母公司持续提供资金。
母公司与国外经营单位的关系	公司之间的交易较少，母公司与国外经营单位之间的经营关系不密切。	公司之间的交易较多，母公司与国外经营单位之间的经营关系很密切。

表8-20所描述的指南有一个例外：如果国外主体在一个通货膨胀严重的国家从事经营活动，美国公认会计原则认为该国货币不稳定，不能作为功能货币，则该公司必须以美元作为功能货币。所谓通货膨胀严重的国家是指过去三年间累计通货膨胀率至少达到100%的国家，有些发展中国家就属于这种情况，导致美国母公司存在某些特殊问题。百事公司在其2012年度10-K格式年报中披露，尽管该公司通常采用国外子公司所在国的货币作为功能货币，但由于委内瑞拉属于通货膨胀严重的国家，因此，该公司在委内瑞拉的子公司以美元作为功能货币。

□ 外币是功能货币的折算方法

如果功能货币是国外经营单位的货币，美国公认会计原则要求该公司采用完全现行汇率折算法。这种折算方法的依据在于，公司对国外经营单位的投资是一种长期投资，汇率的短期变动不应该影响当期净利润。根据完全现行汇率折算法：

- 按当期平均汇率折算各项收入和费用。
- 按期末汇率折算资产负债表项目。
- 将出现的“折算调整”（资产负债表的平衡项目）作为其他综合收益（而不是净利润）的组成部分。
- 在计量出售或处置国外经营单位的利得或损失时，在利润表中确认“折算调整”项目的累计数额。

除了汇率变动影响母公司对国外子公司或分部的权益投资之外，公司列报的“折算调整”还包括第二个组成部分：公司可以采用远期合约、货币互换或其他衍生工具规避其国外经营单位的投资风险。作为折算调整的组成部分，公司要列报用于规避国外主体投资净额风险的衍生工具的公允价值变动额。① 从这个意义上说，外币套期保值与现金流量套期保值（第7章讨论过这个问题）的会计处理方法相似。套期保值的公允价值变动额都作为其他综合收益处理。两者的不同之处在于公司不单独披露套期保值的公允价值变动额，而折算调整包含了套期保值的公允价值变动额。这种处理方法同样体现了汇率变动对母公司的国外主体权益投资的影响。

① *FASB Codification Topic 815*. 如果外币套期保值不是投资净额的套期保值，那么，该准则所确定的公允价值和套期保值的标准就应该用于确定合适的会计处理方法。参见第7章有关用于公允价值和现金流量套期保值的衍生工具会计处理方法的讨论。

外币是功能货币的示例

表8-21列示了某个国外经营单位在经营活动的第一年采用的完全现行汇率折算法。当年1月1日的汇率为1.0美元∶1FC（FC表示1个单位的外币，如1欧元或1新加坡元），12月31日的汇率为2.0美元∶1FC，而当年平均汇率为1.5美元∶1FC。显然，当年外币相对美元有所升值。折算过程如下：

表8-21 外币是功能货币的折算方法例解

	外币（FC）	汇率	美元
资产负债表			
资产			
现金	10	2.0∶1FC	20.0
应收账款	20	2.0∶1FC	40.0
存货	30	2.0∶1FC	60.0
固定资产（净值）	40	2.0∶1FC	80.0
资产总额	100		200.0
负债与股东权益			
应付账款	40	2.0∶1FC	80.0
应付债券	20	2.0∶1FC	40.0
负债总额	60		120.0
普通股	30	1.0∶1FC	30.0
留存收益	10		12.5[a]
累计其他综合收益——未实现折算调整	—		37.5[b]
股东权益总额	40		80.0
负债与股东权益总额	100		200.0
利润表			
销售额	200	1.5∶1FC	300.0
已实现交易利得	2[c]	1.5∶1FC	3.0[c]
未实现交易利得	1[d]	1.5∶1FC	1.5[d]
产品销售成本	(120)	1.5∶1FC	(180.0)
销售与行政管理费用	(40)	1.5∶1FC	(60.0)
折旧费用	(10)	1.5∶1FC	(15.0)
利息费用	(2)	1.5∶1FC	(3.0)
所得税费用	(16)	1.5∶1FC	(24.0)
净利润	15		22.5
[a]**留存收益（1月1日）**	0.0		0.0
加：净利润	15.0		22.5
减：股利	(5.0)	2.0：1FC	(10.0)
留存收益（12月31日）	10.0		12.5
[b]**净资产（1月1日）**	30.0	1.0：1FC	30.0
加：净利润	15.0		22.5
减：股利	(5.0)	2.0：1FC	(10.0)
净资产（12月31日）	40.0		42.5
	→	2.0：1FC	80.0
未实现折算“利得”			37.5

a. 展示了折算后留存收益的计算过程。

b. 展示了折算调整的计算过程。

c. 国外经营单位的应收账款和应付账款以其他货币（不是所在国货币）计价。当期结清这些应收账款和应付账款时，国外经营单位需要做一次货币兑换，从而实现两个外币单位的交易利得。

d. 在未来期间，国外经营单位结清应收账款和应付账款时，这些项目需要做一次货币兑换。因为在这些应收账款和应付账款的存续期间汇率已经发生变动。因此，国外经营单位的财务报表要列报未实现交易利得。

- 公司以 12 月 31 日的汇率折算资产负债表列报的所有资产和负债项目。
- 公司以普通股发行日的汇率折算普通股项目。
- 公司以平均汇率折算国外经营单位的所有收入和费用。国外经营单位当年实现的折算利得计入当年收益。此外，国外经营单位的折算数额中包括尚未结算的项目产生的未实现交易利得（第 9 章将讨论这些交易利得和损失）。
- 公司以折算后的净利润和股利确定折算后的留存收益。表 8－21 的注释 a 展示了折算后留存收益的计算过程。12 月 31 日，国外经营单位发放了股利。
- 公司用折算调整项目反映汇率对折算投资的累计影响。表 8－21 的注释 b 列示了该数额的确定过程。

注释 b 列示了折算调整的计算过程。1 月 1 日对国外经营单位投资 30 美元，并在当年将 22.5 美元的利润留存于国外经营单位，由于外币相对美元持续升值，因此母公司就有一项潜在汇兑利得 37.5 美元。母公司将该汇兑利得作为其他综合收益的组成部分列报于综合收益表。

□ 美元是功能货币的折算方法

如果功能货币是美元，公司就必须采用货币或非货币折算法折算外币财务报表。采用货币或非货币折算法的基本前提是，折算后数额应该反映公司原本采用美元计量时应该列报的数额。为了满足这个基本前提，必须区分货币性项目与非货币性项目，并按相应的汇率折算各个项目：

- 货币性项目的名义到期数额不会随汇率的变动而变动。
- 从美元的角度看，因为需要用美元结清随汇率变动而变动的固定数额外币，所以，货币性项目会产生汇兑利得和损失。
- 货币性项目包括现金、有价证券、应收账款、应付账款、其他应计负债、短期负债和长期负债。公司采用期末汇率折算货币性项目并确认折算利得和损失。
- 无论国外经营单位为了结清货币性项目是否实际发生货币兑换，折算利得或损失都会增加或减少各期的净利润。确认未实现折算利得和损失的理由是，国外经营单位为了结清货币性资产和货币性负债在不久的将来可能需要做一次货币兑换，或为了将股利汇回美国而把外币兑换为美元。这些活动与作为美国母公司延伸的国外经营单位所从事的活动没有差别。
- 非货币性项目包括存货、固定资产、普通股、收入和费用。
- 公司采用国外经营单位原先计量非货币性项目时的实际历史汇率折算这些非货币性项目。
  - √ 按国外经营单位取得存货项目时的汇率折算存货和产品销售成本。
  - √ 按国外经营单位取得固定资产时的汇率折算固定资产和折旧费用。
  - √ 除了固定资产和折旧费用之外，按当期平均汇率折算多数收入和费用。
  - √ 折算的目的是按与美元等值的历史成本来表述这些项目。折算后的数额恰当地反映了美元作为功能货币时的数额。

美元是功能货币的示例

以表 8－21 的数据为基础，表 8－22 列示了货币或非货币折算法的应用。根据货币或非货币折算法，净利润中同样包括已实现与未实现的交易利得和损失。因此，净利润中同样包括交易损失 22.5 美元。

正如表 8－22 的注释 b 所示，如果该期间美元相对外币贬值，则公司出现货币性负债净额。由于公司年末结清以外币计价的负债净额所需要的美元数额超过公司在汇率变动之前结清这些负债净额所需要的美元，因此产生了折算损失。

表 8-22　美元是功能货币的折算方法例解

	外币（FC）	汇率	美元
资产负债表			
资产			
现金	10	2.0 : 1FC	20.0
应收账款	20	2.0 : 1FC	40.0
存货	30	1.5 : 1FC	45.0
固定资产（净值）	40	1.0 : 1FC	40.0
资产总额	100		145.0
负债与股东权益			
应付账款	40	2.0 : 1FC	80.0
应付债券	20	2.0 : 1FC	40.0
负债总额	60		120.0
普通股	30	1.0 : 1FC	30.0
留存收益	10		(5.0)[a]
股东权益总额	40		25.0
负债与股东权益总额	100		145.0
利润表			
销售额	200	1.5 : 1FC	300.0
已实现交易利得	2	1.5 : 1FC	3.0
未实现交易利得	1	1.5 : 1FC	1.5
未实现折算损失	—		(22.5)[b]
产品销售成本	(120)	1.5 : 1FC	(180.0)
销售与行政管理费用	(40)	1.5 : 1FC	(60.0)
折旧费用	(10)	1.0 : 1FC	(10.0)
利息费用	(2)	1.5 : 1FC	(3.0)
所得税费用	(16)	1.5 : 1FC	(24.0)
净利润	15		5.0
[a]**留存收益（1 月 1 日）**	0		0.0
加：净利润	15		5.0
减：股利	(5)	2.0 : 1FC	(10.0)
留存收益（12 月 31 日）	10		(5.0)

a. 展示了折算后留存收益的计算过程。

b. 财务报表中的收益包括当期未实现交易利得或损失。国外经营单位的货币性项目净额是计算交易利得或损失的基础。如果美元相对外币贬值，则该期间国外经营单位的货币性项目净额为负债。由于公司年末结清货币性负债净额所需要的美元数额超过公司初始记录这些交易（该交易导致当期货币性负债净额的变动）时结清这些债务所需要的美元，因此产生了折算损失。具体计算过程如下：

货币性项目净额状况（1 月 1 日）	0	—	0
加：			
发行普通股	30.0	1.0 : 1FC	30.0
现销和赊销	200.0	1.5 : 1FC	300.0
结清应收账款/应付账款利得	2.0	1.5 : 1FC	3.0
应收账款/应付账款未实现利得	1.0	1.5 : 1FC	1.5
减：			
购置固定资产	(50.0)	1.0 : 1FC	(50.0)
购买存货	(150.0)	1.5 : 1FC	(225.0)
销售与行政管理成本	(40.0)	1.5 : 1FC	(60.0)
利息成本	(2.0)	1.5 : 1FC	(3.0)
所得税	(16.0)	1.5 : 1FC	(24.0)
股利	(5.0)	2.0 : 1FC	(10.0)
货币性负债净额状况（12 月 31 日）	(30.0)		(37.5)
	└──→	2.0 : 1FC	−(60.0)
未实现折算损失			22.5

国外经营单位的组织结构和经营政策决定其选择何种功能货币。两种可以接受的选择及其相应的折算方法都可以表现母公司与国外附属公司之间不同的经济和经营关系。不过，公司有权决定各个国外经营单位的功能货币（和折算方法）。通常，合适的功能货币可能表现得并不明显，公司有做出选择的自由。管理层选择以外币作为功能货币可能考虑的因素包括：

- 国外经营单位的分权决策。国外经营单位的自主权越大，以其所在国货币作为功能货币的可能性就越大。当国外经营单位具有较大的经营自主权时，美国母公司可以设计有效的控制系统以监控国外经营单位的经营活动。

- 汇款或股利最小化。国外经营单位留存利润的比例越高，以其所在国货币作为功能货币的可能性就越大。母公司可以间接从国外经营单位取得现金，而不是通过汇款或股利取得现金。例如，功能货币表现得并不明显的国外经营单位，可能通过贷款或转移产品和服务将现金转给另一个以其所在国货币作为功能货币的国外经营单位。以其所在国货币作为功能货币的国外经营单位再将现金转给母公司。国外经营单位之间的交易也可能使某些外币而不是美元成为功能货币。

多数在国外从事经营活动的美国公司以外币作为功能货币。如果美国公司以美元作为功能货币，极有可能是因为其子公司在通货膨胀严重的国家从事经营活动。公司似乎倾向于采用完全现行汇率法，这主要是因为采用完全现行汇率法可以从各期盈余中剔除未实现的外币“利得和损失”，减少因为汇率波动而产生的“盈余惊喜”。

分析师评估盈余质量时需要考虑的问题是：外币折算账户的变动额是应包括在盈余中还是作为其他综合收益的组成部分。主张从盈余中剔除外币折算账户的变动额的主要理由是，从长远来看，未实现利得或损失可能出现反转，说不定历经数年都不会实现。主张盈余中应当包括外币折算账户的变动额的主要理由是：(1) 管理层选择外币作为功能货币的目的是避免盈余中包括这些利得或损失，并不是因为公司允许其国外经营单位独立从事经营活动；(2) 外币折算调整项目的变动额代表当期即将实现的最终利得或损失净额。本书第13章提出，无论美国公认会计原则将价值变动额作为净利润还是其他综合收益处理，盈余都应该包括所有已经确认的价值变动额。

一项检验折算调整的价值相关性的研究对市场调整后的报酬率与以下三个变量之间的关系进行了回归分析：(1) 剔除利得和损失后的盈余；(2) 盈余中的交易汇兑利得和损失；(3) 综合收益中的折算调整变动额。[①] 该研究发现，尽管折算调整的系数在统计上具有显著相关性，但相关性弱于剔除利得和损失后的盈余。这意味着市场认为折算调整与证券估值相关，但持久性弱于与剔除利得和损失的盈余的相关性。基于该研究发现，财务会计准则委员会要求公司在综合收益中独立且显著地列报折算调整变动额的决定似乎有助于投资者的决策。

百事公司的国外子公司的功能货币通常是国外经营单位所在国的货币，因此百事公司在其他综合收益中列报外币折算调整。百事公司2010—2012年的合并综合收益表将利润表列报的净利润调整为归属于百事公司的综合收益。值得注意的是，这三年的净利润相对稳定，而综合收益则不然。每年数额最大的其他综合收益项目都是外币折算调整：2010年度为利得2.99亿美元，2011年度是损失14.63亿美元（超过当年净利润的20%），2012年度为利得7.37亿美元（超过当年净利润的10%）。2012年12月29日的合并资产负债表中列报的累计其他综合损失为54.87亿美元。附注13“归属于百事公司的累计其他综合收益”中披露，该公司2012年12月29日的累计其他综合收益余额中包括累计折算损失19.46亿美元。因为百事公司的股东权益总额为224.17亿美元，所以累计折算损失是一个重要项目。随着时间的推移，由于外币相对美元贬值，百事公司拥有国外子公司净资产的价值逐渐减少，由于百事公司并没有变现其对子公司

---

① Billy S. Soo and Lisa Gilbert Soo, “Accounting for the Multinational Firm: Is the Translation Process Valued by the Stock Market?” *The Accounting Review* (October 1995), pp. 617 - 637.

的投资，因此该数额是未实现损失。

百事公司在其“管理层讨论与分析”部分披露，该公司委内瑞拉经营单位的货币性资产净额的重估产生了一笔税后净额为1.20亿美元的费用（大约为2010年度冲销该费用前净利润的1.5%）。2013年2月，委内瑞拉政府使本国货币进一步贬值。百事公司预计2013年第一季度还会有1亿美元的税后费用需要冲销。

□ 解释汇率变动对经营成果的影响

除了理解外币折算方法对公司财务报表的影响之外，分析师还应该考虑汇率变动对销售水平、销售组合和净利润变化的影响。例如，假设某公司第一年在美国和国外的销售额分别为10 000美元和2 000外币单位，当年美元与外币的汇率为2.0美元∶1FC。2 000外币单位的销售额折算为4 000美元，销售组合为国内销售额占71.4%，国外销售额占28.6%。为了说明问题，假设第二年国内销售额和国外销售额分别为10 000美元和2 000外币单位。接着，首先假设第二年美元相对外币升值，平均汇率为1.8美元∶1FC，国外销售额2 000外币单位折算为3 600美元，销售组合为国内销售额占73.5%，国外销售额占26.5%；或者假设第二年美元相对外币贬值，平均汇率为2.4美元∶1FC，国外销售额2 000外币单位折算为4 800美元，销售组合为国内销售额占67.6%，国外销售额占32.4%。不考虑销售价格和销售量变化的影响，是汇率变动使国内外销售水平及其组合产生变动。

	汇率	国内销售额	国外销售额	销售总额	国内销售比例	国外销售比例
第一年	2.0∶1FC	10 000	4 000	14 000	71.4%	28.6%
第二年	1.8∶1FC	10 000	3 600	13 600	73.5%	26.5%
第三年	2.4∶1FC	10 000	4 800	14 800	67.6%	32.4%

汇率变动也影响毛利率和报酬率。公司的毛利率是其国内销售毛利率与国外销售毛利率的加权平均值。这里的权重就是销售组合的比例。汇率变动影响销售组合的比例（除了影响数额），从而影响公司的整体毛利率。

百事公司的“管理层讨论与分析”部分附有其2012年的年报。百事公司讨论了汇率对其各个分部销售额的影响。就某些分部而言，汇率变动（和收购）可以在很大程度上对销售复合增长率做出解释。我们将在第10章中预测百事公司的未来销售额，并分析汇率对销售额的影响。

本章小结

投资活动能为经营活动提供动力。公司为了开展经营活动需要投资各种资产，资产负债表中列报了财产、厂房与设备以及各种无形资产（包括商誉）和自然资源的余额。公司也会投资其他公司的经营活动。由于合并了其控制的主体、公司投资占多数的附属公司和可变利益主体（公司是可变利益主体的主要受益人）的各项资产、负债、收入和费用，因此，公司的资产负债表中列报了对有价证券的被动投资和对附属公司的主动权益投资。

公司代表其资产的求索者（即债权人、优先股股东、股东权益中的控制性利益和非控制性利益）开展各种投资活动。管理层的目标是通过经营活动创造投资报酬。第9章将讨论经营过程以及经营活动的会计处理与列报问题。

综合案例

星巴克公司

第一部分：会计政策

下面的内容摘自星巴克公司2012年9月30日合并财务报表的附注1。星巴克公司在该附注中描述了长期资产的会计政策。

摘自附注1：重要会计政策概述

财产、厂房与设备

财产、厂房与设备以原始成本减去累计折旧之后的余额计价。财产、厂房与设备（包括融资租入资产）采用直线法在预计使用年限内计提折旧。设备的预计使用年限通常为2～15年，建筑物的预计使用年限为30～40年。租赁资产改良支出在预计使用年限和相关租赁期限二者中较短的期限内摊销，摊销期通常为10年。对公司有权决定续租期的租赁，通常采用原始租赁条款（剔除续租期）来确定预计使用年限。如果没有行使续租选择权，我们可能要承担经济赔偿。因此，我们可能在租赁时就确定续租并在确定合适的预计使用年限时考虑续租期。合并利润表的销售成本（包括租用成本）包括与生产和分销设施相关的部分折旧费用。维修成本在其发生时作为费用处理，而显著提高某项资产生产能力或延长某项资产使用年限的翻新与改良支出则作资本化处理。资产报废或出售时，注销该资产成本及相关的累计折旧，由此产生的剩余利得或损失列入净利润。

商誉

我们在第三季度开展本年度商誉减值测试。如果环境（如业绩严重恶化或大规模关店）表明报告单位的账面价值可能超过其公允价值，我们可能会更频繁地开展商誉减值测试。在评估商誉减值时，我们首先实施定性评估，确定报告单位的公允价值是否很可能超过其账面价值。如果报告单位的公允价值没有超过其账面价值，我们就计算报告单位的预计内含公允价值。如果商誉的账面价值超过内含公允价值，就要确认一笔减值费用，并将商誉账面价值调减为公允价值。

基于持续经营假设，由于业绩不佳、无法续租或其他种种原因，我们关闭了某些商店（包括注销其商誉）。我们放弃了与这些商店相关的某些资产，包括租赁改良支出和其他不可转移资产。根据美国公认会计原则，如果要处置的报告单位是公司经营单位的组成部分，在确定处置损失时，该经营单位的账面价值中包括相关的商誉。于是我们在放弃该报告单位时评估了即将要处置的报告单位是否构成公司经营单位的组成部分。尽管在放弃前，这些商店符合公司经营单位的会计定义，但在关闭日已经不构成公司经营单位的组成部分，其剩余资产不构成公司可以运用和管理并能够为投资者提供报酬的资产的组成部分。因此在关闭这些商店后，计算相关资产的处置损失时我们没有考虑其商誉。如前所述，如果关店意味着报告单位商誉的潜在减值，我们会在关店时对报告单位的商誉重新评估。2012年和2011年都没有发生任何商誉减值损失，但2010年发生了160万美元商誉减值损失。

其他无形资产

其他无形资产主要包括使用年限无限的商标和使用年限有限的无形资产。公司每年对使用年限无限的商标实施减值测试。如果种种事项或环境变化表明该商标可能发生减值，我们会更频繁地对使用年限无限的商标实施减值测试。使用年限有限的无形资产主要包括以合约为基础的专利权和版权。使用年限有限的无形资产在预计使用年限内摊销其价值。如果种种事项或环境变化表明公司可能难以收回这些使用年限有限的无形资产的账面价值，公司就会实施减值测试。根据减值测试的结果，2012年、2011年和2010年其他无形资产都没有发生减值损失。

长期资产

如果种种事项或环境变化表明公司可能难以收回长期资产的账面价值，我们就会评估这些长期资产的减值情况。我们首先对资产的账面价值与资产的预计未来现金流量（未折现）进行比较。如果资产的预计未来现金流量低于资产的账面价值，我们就以资产的预计公允价值为基础计算减值损失。我们以公司内部预测的未来收入和经营成本为基础，采用折现现金流量模型估算资产的公允价值。财产、厂房与设备按最精细的层次归类，确认各个具体商店的现金流量以便为评估减值损失提供更可靠的现金流量。要处置的长期资产按其账面价值和公允价值扣除预计出售成本之后的余额二者中的较低者列报。

我们在 2012 年、2011 年和 2010 年分别确认了减值与处置损失净额 3 170 万美元、3 620 万美元和 6 700万美元。这主要是因为公司直营店绩效不佳。根据减值资产的类别，这些损失分别计入合并利润表的不同经营费用项目中：零售经营业务的减值与处置损失计入商店的经营费用，而其他经营业务的减值与处置损失则计入销售成本（包括租用成本、其他经营费用和一般行政管理费用）。

资产弃置义务

发生资产弃置义务时，我们按需要弃置的资产的公允价值确认一项负债。我们的资产弃置义务主要与租赁改良有关。根据租赁协议，我们要在租赁期期末剔除租赁改良支出。我们在租赁开始时就确认一笔资产弃置负债及其相应的资本化资产，其数额等于该义务的预计公允价值。我们根据许多假设（包括关店成本、通货膨胀率和折现率）及其预期值估算该负债，这些假设涉及管理层的判断。资本化资产采用与租赁改良资产相同的折旧方法计提折旧。只要满足资产弃置义务的条件，已入账的资产弃置负债与实际发生的弃置成本之间的差额都确认为合并利润表的经营利得或损失。截至 2012 年 9 月 30 日和 2011 年 10 月 2 日，我们的财产、厂房与设备所包括的含资产弃置义务的资产净额分别为 880 万美元和 1 180 万美元，其他长期负债中含资产置换义务的负债净额分别为 4 260 万美元和 5 010 万美元。

要求：

a. 租赁资产改良支出是星巴克公司装备、改造和改善租赁零售店成本的重要组成部分。星巴克公司为什么要将租赁资产改良支出资本化并按期摊销呢？那些确定含有续租选择权的租赁资产使用年限政策可以提供高质量的会计信息吗？如果星巴克公司原本打算续租但最终没有续租，要如何处理租赁期末剩余的租赁改良成本？

b. 星巴克公司有一项与租赁资产改良支出相关的资产弃置义务。先描述星巴克公司会如何在资产负债表中确认该义务，再描述如何在利润表中确认与该义务相关资产和负债的变动额。如果星巴克公司耗费现金将租赁资产恢复到原始状态，对其利润有何影响？如果耗费的现金数额超过资产弃置义务负债的数额，星巴克公司如何处理其差额？

c. 如果星巴克公司采用国际财务报告准则，那么附注 1 的长期资产部分的前两句文字应如何修改？哪种会计准则可以提供最高质量的长期资产减值会计信息？

d. 附注中长期资产部分的第二段描述了星巴克公司的利润表反映减值费用的方式。你认为在哪个项目中列报减值费用更合适？为什么？

第二部分：公司合并

星巴克公司编制了合并财务报表。下面的内容主要摘自星巴克公司 2012 年度合并财务报表的附注 1、附注 2。

摘自附注 1：重要会计政策概述

合并原则

合并财务报表反映了星巴克公司（包括其全资子公司和控制的投资公司）的财务状况和经营成果。我们对不能控制，但可以对其经营和财务政策施加重要影响的子公司投资采用权益法核算。对不能施加重要影响的子公司投资则采用成本法核算。我们已经抵销了公司内部之间的交易和余额。

外币折算

我们的国际经营业务通常以当地货币作为功能货币。我们按资产负债表日的实际汇率折算各项资产和负债，按当年每月平均汇率折算收益和费用项目。由此产生的折算调整作为累计其他综合收益的组成部分列报于合并资产负债表。

摘自附注2：收购

2012年7月3日，为了提升我们的核心食品供应能力，创建优质的手工面包品牌，我们收购了Bay Bread公司100%的股份及其La Boulange面包品牌，后者的收购价格约1亿美元现金。下表列示了按截止日的公允价值将购买价格分配到所收购资产和所承担负债上的过程：

	2012年7月3日的公允价值
财产、厂房与设备	18.1
无形资产	24.3
商誉	58.7
其他流动与非流动资产	5.1
流动负债	(6.4)
支付的现金总额	99.8

我们的美国分部资产负债表包括上述所收购资产和所承担负债。所收购的其他流动资产主要包括现金、应收账款和存货。此外，我们承担的各种流动负债主要包括应付账款和与应计工资相关的各种负债。交易中收购的无形资产包括该品牌商标以及专利配方和制作工艺。该品牌商标具有无限使用年限，价值为970万美元，而与专利配方和制作工艺相关的无形资产的价值为1 460万美元，使用年限为10年。基于所得税申报目的，商誉5 870万美元是税前扣除项目。我们的美国分部资产负债表中包括这部分商誉。

要求：

a. 说明公允价值这一概念对收购的会计处理过程的影响。

b. 为了编制合并财务报表，星巴克公司将采用何种方法折算其国外子公司的财务报表？星巴克公司会列报其折算利得和损失吗？

c. 在收购日，该品牌商标以及专利配方和制作工艺的账面价值可能接近零。一年之后，Bay Bread的财务报表将如何列报下列项目的价值：

- 商标
- 专利配方和制作工艺
- 商誉

一年之后，星巴克公司的合并财务报表将如何列报下列项目的价值：

- 商标
- 专利配方和制作工艺
- 商誉
- 折旧费用与摊销费用

第三部分：折旧与使用年限

下面的内容来自星巴克公司2012年合并财务报表附注7。

摘自附注7：资产负债表补充信息

财产、厂房与设备（净值）	2012年9月30日	2011年10月2日
土地	46.2	44.8
建筑物	225.2	218.5
租赁资产改良支出	3 957.6	3 617.1
商店设备	1 251.0	1 101.8
烧制设备	322.8	295.1
家具、设备与其他资产	836.2	757.8
在建工程	264.1	127.4
财产、厂房与设备（原值）	6 903.1	6 163.1
减：累计折旧与摊销	(4 244.2)	(3 808.1)
财产、厂房与设备（净值）	2 658.9	2 335.0

要求：

a. 估计应计提折旧的财产、厂房与设备的平均预计使用年限。星巴克公司的现金流量表列报的折旧与摊销数额为5.806亿美元。其中，与使用年限有限的无形资产相关的摊销额为450万美元。该估计与规定财产、厂房与设备的使用年限的会计政策相符吗？

b. 分析师应该如何解释某个特定公司各个期间使用年限估计值的差异情况？分析师又该如何解释某公司与其竞争对手之间使用年限估计值的差异呢？

c. 估计应计提折旧资产的平均使用年限以及财产、厂房与设备已使用年限的比例和剩余使用年限。分析师应如何运用这些信息？

第 9 章

经营活动

- 9.1 收入确认
- 9.2 费用确认
- 9.3 所得税
- 9.4 养老金与退休后福利
- 9.5 运用衍生工具规避外币风险和商品价格风险

学习目标

1. 讨论并运用经营活动以及相关资产、负债和现金流量产生的收入的确认标准。
2. 讨论并运用经营活动以及相关资产、负债和现金流量产生的费用的确认标准。
3. 运用财务报表及其附注中披露的公司所得税信息分析公司的税收战略。
4. 解释养老金和其他退休后福利是如何影响财务报表的。
5. 解释公司如何运用衍生工具规避经营性交易所产生的货币和商品风险。

利润表的经营利润部分（以权责发生制为基础）列报了公司经营活动的成果，现金流量表的经营活动现金流量部分（以收付实现制为基础）列报了公司经营活动的成果。此外，资产负债表反映了经营活动产生的营运资本、长期资产和长期负债。根据百事公司的合并利润表，截至 2012 年 9 月 29 日，该会计年度的经营利润为 312.91 亿美元，其中包括收入净额 654.92 亿美元、销售成本 312.91 亿美元、销售与一般行政管理费用 249.70 亿美元和无形资产摊销费用 1.19 亿美元。考虑其他收益、其他费用和所得税准备（所得税准备为 20.90 亿美元），百事公司合并利润表列报的 2012 年度净利润为 62.14 亿美元。

根据百事公司的合并现金流量表，截至 2012 年 9 月 29 日，该会计年度的经营活动现金流量净额为 84.79 亿美元。经营活动现金流量净额是以收付实现制为基础衡量公司当期经营活动成功与否的指标。与多数公司一样，百事公司采用间接法推算经营活动现金流量，因此，其合并现金流量表以净利润 62.14 亿美元为起点，然后调整所有非现金收益项目（如折旧费用和摊销费用）以及由经营性资产与经营性负债（即营运资本）变动引发的现金流量。采用间接法编制的现金流量表经营活动部分协调了以下两个经营活动成果指标：权责发生制下的净利润和收付实现制下的经营活动现金流量。换言之，现金流量表的经营活动部分“还原”了权责发生制对利润表中列报的净利润的影响，反映了基本的现金流量。

百事公司合并资产负债表列报的多数资产和负债都是在经营活动过程中形成的。本书已经在第 7 章中讨论了筹资活动产生的各种负债（如短期负债和长期负债）。在第 8 章中讨论了投资活动产生的各种经营性资产（如短期投资，财产、厂房与设备，可摊销无形资产，商誉，其他不可摊销无形资产，非控制性子公司投资）。本章将讨论第 7 章和第 8 章没有讨论的源于经营活动的其他资产和负债项目：资产负债表流动资产部分列报的营运资本资产项目（短期投资除外）、资产负债表流动负债部分列报的营运资本负债项目、与所得税相关的负债项目（包括应交所得税和递延所得税）、与养老金相关的负债项目、与其他退休后福利相关的负债项目。

本章将根据利润表的结构解释经营活动。首先将讨论收入确认的重要主题以及与延迟收取现金（应收账款）和提前收取现金（递延收入）相关的营运资本项目。接着，本章将讨论利润表主要费用项目的会计处理与列报问题。这些主要费用项目包括：销售成本（顺便讨论存货和应付账款等营运资本项目）、销售与一般行政管理费用（包括预付费用和应计费用等营运资本项目）、所得税费用（和当期应交所得税与递延所得税）和薪酬费用（包括养老金和其他退休后福利义务）。本章最后将讨论运用衍生工具规避与经营活动相关的外币风险和商品价格风险的会计问题。

9.1 收入确认

利润表首先列示来自销售和服务的各项收入。第 10 章将讨论：编制预测性财务报表始于对未来收入的预测，许多对费用、资产和负债的预测都以预测性收入为基础。因此，理解公司如何和何时确认收入是会计分析的重要主题。下面将讨论收入确认的现有标准及其实践应用。2014 年（及其之后）的财务报表都以现有的财务会计和列报准则为基础。截至本书写作之时，国际会计准则理事会与财务会计准则委员会的收入确认合作项目已经接近尾声。该项目所制定的新准则适用于报告期间自2015年1月1日开始（如果公司财务报表的报告期间采用日历年度，那就是截至2015年12月31日的2015年度）的财务报表。该收入确认项目的目标是制定一套指引各种收入确认决策的会计准则。本章将讨论这些收入确认决策。

□ 收入确认标准

收入确认主要是一个时间问题。公司必须做出的最重要的财务列报决策之一就是何时确认收入。国际财务报告准则与美国财务会计准则委员会的收入确认标准相似但不相同。根据美国公认会计原则（美国财务会计准则委员会第5号财务会计概念公告指南），公司确认收入必须具备以下两个条件：

（1）所有或大部分产品已经交付或所有或大部分服务已经履行。公司已经完成赚取收入必须完成的事项。

（2）收到某项资产（现金，公司可以合理确定收回的应收账款，或其他资产）或产生某项负债（如预收顾客款项或递延收入）。公司能够合理精确地计量该资产或负债的价值。①

公司通常在销售时点，即将产品或服务交付给顾客时确认收入。在这个时点，公司已经完成产品生产过程或提供了服务，而且将产品或服务交付给顾客，满足了收入确认的第一个条件。公司通过提供产品或服务获得的效益是现金、应收账款或公司期望得到的其他等价物。如果顾客承诺将来支付现金，公司需要审核顾客的信用状况，并评估收取现金的可能性。如果公司能够合理地预测将收取的现金数额或能够评估已经得到资产的价值或需要清偿负债的价值，就满足了收入确认的第二个条件。

美国证券交易委员会也认为收入确认对于绩效报告与利润计量的精确性至关重要。有鉴于此，美国证券交易委员会发布的第104号员工会计公告描述了收入确认的四个条件：

（1）交易存在充分证据。

（2）已经交付产品或已经提供服务。

（3）买卖价格固定或可确定。

（4）可以合理地确定款项的可收回程度。②

尽管用词不同，但与美国财务会计准则委员会第5号财务会计概念公告指南所描述的收入确认的两个条件相比，第104号员工会计公告描述的收入确认的四个条件略显严格。第104号员工会计公告与第5号财务会计概念公告指南的主要差别在于第一个条件，即交易存在充分证据。交易的证据包括与顾客签署的正式合约。该合约载明了买卖双方的责任与风险以及现金流量的数额与发生时间。不过，由于买卖双方之间的关系不那么正式，某些条件（如以前的生意往来和商业惯例）也可能被视为充分证据。

美国公认会计原则也提供了众多特殊行业和交易的收入确认指南（例如特许经营、房地产和电影的收入确认指南），美国财务会计准则委员会发布的财务会计准则汇编总结了这些特别指南。总体而言，国际财务报告准则的收入确认指南也大同小异。就产品销售收入而言，国际财务报告准则提供了收入确认的五个标准：

（1）销售方已经将产品所有权的主要风险与报酬转移给购买方。

（2）销售方没有保留与产品所有权相关的有效控制权或关联。

（3）收入的数额可以可靠地计量。

（4）销售方可能获得与交易相关的经济效益。

---

① Financial Accounting Standards Boards, *Statement of Financial Accounting Concepts No. 5*, "Recognition and Measurement in Financial Statements of Business Enterprises" (1984).

② Securities and Exchange Commission, *Staff Accounting Bulletin No. 104*, *17 CFR Part 211* (December 2003).

(5) 已经发生或即将发生的成本可以可靠地计量。[①]

就服务收入而言，国际财务报告准则以“服务完成阶段可以可靠地划分”取代上述前两个标准。再次强调，尽管用词不同，但国际财务报告准则与美国公认会计原则的标准是一致的，两套准则的收入确认标准通常也是一致的。不过，分析师必须清楚即便美国公认会计原则与原则导向的国际财务报告准则的用词只是略有不同，二者之间还是存在收入确认的差异。例如，美国证券交易委员会要求“买卖价格固定或可确定”，而国际财务报告准则要求“收入的数额可以可靠地计量”。根据美国证券交易委员会的要求，在或有事项消除之前，包含或有事项的销售（支付给销售方的数额取决于未来某些事项）不能确认为收入。而根据国际财务报告准则，消除或有事项的可能性较高就可以视为“可靠”，收入可以提前确认。

基于当今的商业环境，销售方与顾客之间的商业安排的复杂性和多样性使理解公司商业模式及其与所选择的收入确认原则之间的关系显得更为重要。公司的销售业务可能包括未来业绩承诺，也可能涉及公司之间以服务换取货物的交易，还可能绑定多种产品和服务。诸如此类的例证足以说明收入确认原则的选择与运用可能显著影响公司列报的收入数额与列报时间。

财务报表附注披露了收入确认所采用的会计原则。例如，百事公司在其财务报表附注2“我们重要的会计政策：收入确认”和管理层讨论与分析的第一部分“我们重要的会计政策：收入确认”中披露了其收入确认原则。百事公司在产品装运或将产品交付给顾客时确认收入。百事公司的产品（食品和饮料）保质期较短，采用这种直截了当的收入确认原则不足为奇。

□ 收入确认标准的运用

收入确认原则在实际商业情境中的运用远不像百事公司那样直截了当。为了说明运用收入确认原则的复杂性，不妨看看以下示例。

- **租赁合约捆绑物品**。施乐公司（Xerox Corporation）主要生产复印机，并向顾客出售复印机或通过租赁合约向顾客出售复印机。如果施乐公司向值得信赖的顾客出售复印机，则在交付复印机时确认销售收入。如果施乐公司将复印机租给顾客，其租赁期限经常接近复印机的使用年限，这种租赁安排相当于出售复印机，同时向签署租赁合约的顾客提供融资。其会计处理有些复杂，因为这种租赁合约通常规定了每月支付额，每月支付额不仅包括顾客在租赁期限内使用复印机的成本，而且包括维修服务成本、复印材料（纸张和墨盒）供应品限额成本和融资成本。施乐公司的收入确认问题是何时确认租赁合约涵盖的四项服务的收入：(1) 使用复印机；(2) 维修服务；(3) 复印材料供应品；(4) 融资。

如果施乐公司的复印机销售不是一种买断交易，而是一种涉及捆绑定期租金支付额的租赁安排，那么施乐公司必须“解绑”每月支付额，确定与该捆绑交易各个组成部分相关的收入比例。如果该租赁安排的经济实质相当于销售，施乐公司必须确定：(1) 应该预先为生产复印机并供顾客全程使用确认多少收入；(2) 应该将多少收入分配到租赁合约所涵盖的其余三个收入项目上并在相应期间确认收入。事实上，施乐公司并未如此分配，美国证券交易委员会曾经指责施乐公司分配给复印机销售收入的每月支付额过多而分配给维修服务、供应品和融资等项目的收入过少，结果就是加速确认收入和盈余。美国的各个监管机构认为施乐公司的收入确认政策过于激进，因此施乐公司重述了其盈余。

- **不确定的收入时间**。创建于1810年的哈特福德金融服务集团公司（Hartford Financial Services Group）是美国最大的投资与保险公司。该公司在以下三个领域处于领先地位：(1) 人寿保险与集团、员工福利；(2) 汽车与房主保险；(3) 商业保险。哈特福德金融服务公司的汽车保险部门每期都能收到来自

---

① International Accounting Standards Board, *International Accounting Standard 18*, “Revenue” (1993).

保险费和投资款两个渠道的现金。该公司将绝大部分现金投资于有价证券，这样可以使其客观地评估投资的有价证券的公允价值变动额。由于汽车保险单的存续期（通常）为一年，因此，计量汽车保险单存续期内各期收入的数额并不难。相反，哈特福德金融服务公司的人寿保险收入确认时间较为复杂。长期（如五年）保险单需要在相应期限内（如五年内）确认收入。保险费在整个保险期限内的确认时间取决于投保人的预期寿命。随着时间的推移，投保人死亡的可能性随之增加，这样，在保险期限内平均确认保险费收入可能没有意义。另一个问题是公司（如哈特福德金融服务公司）是否应该将投资的利息和股利收益以及因投资的市场价值变动而产生的已实现和未实现利得或损失确认为收入。保险行业的惯例是在计算每年净利润时不仅确认投资的利息和股利收益，也确认已实现和未实现利得或损失。[①]

- **捆绑服务**。微策略公司（MicroStrategy，Inc.）是一家信息技术领域的软件与咨询公司，专门为顾客定制个性化大型数据库分析软件。顾客经常与该公司签署两年或三年的合约，合约内容包括针对顾客需求专门开发专用软件，并特许（与销售相对应）顾客在合约期限内使用该专用软件。合约经常要求微策略公司培训顾客的员工使其具备使用软件挖掘大型数据库的能力，帮助顾客设计基于数据挖掘和分析的各种报告，并明确规定需要交付的主要服务以及合约期限内支付费用的时间安排。假设微策略公司有把握能收到顾客的服务费用，那么收入确认的重要问题是确定该公司何时满足收入确认的实质条件。具体情境有些复杂，因为微策略公司提供以下两种产品或服务：（1）允许顾客使用针对其需求定制的专用软件；（2）向顾客的员工提供能形成价值增值的报告和分析的咨询服务。如此一来，在合约中有多少与软件相关，又有多少与咨询服务相关呢？那些决定微策略公司何时完成可以赚取收入的各种流程的交付服务的需求又有多精确呢？

微策略公司曾经在签署合约时就将合约金额的大约50%确认为收入，因为它认为在合约签署日就已经完成向顾客所承诺服务的大约一半。不过，美国证券交易委员会不同意这种做法，它认为签署合约时就将合约金额的大约50%确认为收入过于激进，不恰当地加速了收入的确认进程。微策略公司只好将合约签署日确认收入的比例缩小为大约10%，并重述其过去的财务报表。微策略公司需要重述以前年度对外报告的盈余的消息导致该公司股票价格暴跌。

- **在线广告收入是确认总额还是净额**。美国在线公司（AOL）曾经是美国在线时代华纳（AOL Time Warner）的互联网服务分部（2009年12月，美国在线成为一家独立公司），通过顾客订阅其在线服务获得订阅收入，也通过在各种网站投放广告获得广告收入。美国在线公司曾经与eBay公司签署一项广告协议。根据该协议，美国在线公司负责寻找希望在eBay公司网站投放广告的公司，并将广告空间卖给各家公司，然后将部分广告收入转给eBay公司。如果这些投放广告的公司无法支付广告空间的费用，美国在线公司不承担任何信用风险，只确保每月广告空间的最低销售额。如果美国在线公司每月广告空间的销售额不能达到最低限额，必须向eBay公司支付补偿。美国在线公司将向投放广告的各家公司收取的广告费确认为收入，将支付给eBay公司的数额确认为费用。eBay公司则将从美国在线公司收到的净额确认为收入。

与这种收入相关的会计问题是确定美国在线公司究竟是买卖广告空间的委托方还是代理方。上述讨论的收入确认方式将美国在线公司视为委托方，因为美国在线公司确认了所有的收入与费用。不过，如果美国在线公司是委托方，那么美国公认会计原则要求其承担主要产品风险。但如果美国在线公司每月能够充分出售广告空间，达到eBay公司要求的最低限额，那么根据美国在线公司与eBay公司的协议，美国在线公司并不需要承担主要产品风险，因为它几乎不需要承担未出售广告空间的风险。因此，美国在线公司是代理方，只需要以收入净额确认收入。这里的收入净额等于向广告空间购买者收取的数额减去美国在线公

---

① 在整个保险期限内，如何确认费用同样是一个复杂的问题，因为费用确认模式需要精确地计算预期寿命、投资报酬率以及其他类似因素。人寿保险公司每期确认的费用数额都会增加相应的负债（经常称为投资人准备金）。人寿保险公司支付保险款时，再减少该项负债。

司转给 eBay 公司的数额。尽管无论美国在线公司是委托方还是代理方并不影响净利润，但将美国在线公司作为委托方列报的收入数额远远超过将其作为代理方列报的收入数额。因此，判断其究竟是委托方还是代理方仍是一个重要问题，而收入经常是评估公司（尤其是技术和互联网公司，如美国在线公司）的一个关键指标。

- **在线销售收入是确认总额还是净额**。价格线公司（Priceline. com）允许顾客在订酒店房间时“自行报价”的商业模式产生了类似的收入确认问题。价格线公司是应该将酒店房间的价格确认为收入，而将酒店向价格线公司收取的酒店房间成本确认为产品销售成本，还是只将酒店房间价格与酒店房间成本之间的差额确认为服务费收入？后一种方法也许可以更合理地计量价格线公司的收入。如果价格线公司确认所有收入和所有成本，就意味着该公司消耗了一项发生费用（即产品销售成本）的资产（在某个酒店房间过夜的权利）。然而，价格线公司并没有承担该项资产的所有权风险。事实上，价格线公司承担的唯一重要风险是“房源占用”问题。在整个交易过程中，价格线公司只是一个“订房人”。尽管美国证券交易委员会不允许代理人以酒店房间价格确认收入，但围绕诸如价格线公司这种商业模式引发的收入确认问题依然争论不休。

- **在存货管理有效时其收入是确认总额还是净额**。尽管美国在线公司和价格线公司的收入模式比较特殊，但在存货管理良好的传统行业，以收入总额确认收入的情境比比皆是。例如，戴尔公司按照惯例会在收到订单之后委托其供应商直接将商品发运给顾客，那么，戴尔公司应该确认其收入总额和与收到顾客订单时可能尚未购入的存货相关的产品销售成本吗？法国零售商家乐福应该确认其出售的尚未购入商品的收入总额吗？如果分析师要比较不同公司的财务比率（如销售毛利率），预测销售额的增长率，就必须仔细阅读财务报表附注，了解不同公司和不同行业的收入确认惯例。在商品出售之前，戴尔公司和家乐福公司与这些商品没有任何关系，因此它们从未承担持有存货的风险。不过，如果出现退货，戴尔公司和家乐福公司都必须承担产品性能风险和再出售风险。戴尔公司和家乐福公司都只是“中间商”，或许不应该视为代理方。

- **产能互换**。环球电信公司（Global Crossing）、奎斯特通信公司（Qwest Communications）和其他电信公司在过去几年建立起了全球光纤网络。该行业的公司通常与行业内的其他公司签署长期租赁合约，以便使用其他公司开发的光纤网络。例如，环球电信公司可能在印度创建了光纤网络，而奎斯特通信公司可能在中国创建了类似的网络，因此两家公司可能要租用对方的部分网络。租赁合约经常赋予承租方不可撤销的网络使用权，实际上是一种网络使用权的法律转移。各家公司都在签署租赁合约当年将“出售”网络法律使用权的所得确认为收入。而购买方公司将“购买”网络法律使用权的支出确认为购置长期资产的资本支出。需要解决的收入确认问题是判断公司是否满足收入确认标准。根据收入确认标准，这两家公司在互换网络法律使用权时，必须收到一项可以用现金等值计量的资产。与有形设备的生产与销售不同，网络法律使用权互换只涉及网络法律使用权的出售。如果光纤网络已经建立，“生产”活动就已经完成。只要购买的网络法律使用权没有受到重大限制，该买方就得到一项资产：未来使用其他公司网络的权利。分析师还必须考虑其他两个问题：第一，在整个合约存续期间，网络法律使用权的卖方是否还存在，是否能提供相应的服务？电信行业近年来面临的财务困境使这个问题成为一个值得考虑的重要因素。第二，公司应该如何确定合约的价值？由于合约经常涉及未来互换网络法律使用权的问题，又没有现金往来，因此，要确定合约的真实价值是一件比较困难的事。美国证券交易委员会认为网络法律使用权互换的会计处理虚增了这些电信巨头的利润和资产，要求公司重述其资产负债表和利润表，消除虚增的利润。

上述示例说明收入确认基本原则在运用过程中可能面临的问题。如果分析师所关注的公司或行业的经营活动涉及较大的不确定性或主观性，那么在分析该公司对外列报的财务数据时就必须倍加谨慎。近年来，美国证券交易委员会强调投资者必须了解公司的收入确认惯例，同时也要求公司清晰、完整地描述其收入确认惯例。

□ 销售（交付）时点的收入确认

多数公司在交付产品或提供服务时确认其收入。资产负债表的现金或应收账款根据销售数额增加相应的数额。如果公司允许顾客退货，而且可以可靠地估算退货的数额，那么公司可以按扣除预计退货数额之后的净额列报销售收入及相关的应收账款。① 在销售（交付）时点确认收入非常普遍，分析师可能会疏于评估这种确认时间安排是否适合某个特定公司。公司可能通过提前确认收入或过于乐观地估计可收回的数额而增加对外列报的盈余。下面三种情况可能预示着公司会提前确认收入：（1）坏账数额较大且波动较大；（2）退货数额异常巨大；（3）产品保证支出数额巨大。每种情况都应该与各期收入保持一种合理的稳定关系。各期收入波动会导致对在销售时点确认收入的合理性提出质疑。

在销售时点确认收入还面临一个更为重要的问题：为了提前确认收入，有些公司可能改变其对销售的定义。公司收到顾客对存货的订单是否构成销售？销售是否取决于产品的实物交付和将法律权利转移给顾客？顾客定制产品完工是否足以确认收入，还是需要交付产品才能确认收入？为了实现某期销售目标，公司有时会赶在交付产品之前确认收入。而在实际完成获得盈余的必要过程之前，公司不得确认收入。这意味着公司在将产品的控制权和法律权利转移给顾客之前不应该确认收入。

有些公司热切希望对外列报更高的销售收入或销售收入增加额，因此可能倾向于违背收入确认规则，仅仅根据顾客享有产品的权益确认收入。销售人员面临的压力可能导致公司违背收入确认规则，与此相关的盈余管理伎俩是公司在年末快速装运产品并确认向紧密关联顾客（如经销商、加盟商和附属公司）的销售收入，低估这些顾客的销售退回数额（这种盈余管理伎俩俗称“填塞渠道”）。有些公司甚至会伪造销售发票，将产品发运并储存于某个遥远的或公司独立拥有的仓库，心存侥幸地希望独立审计师不会察觉这种造假行为。

收入是公司创造并列报利润和发展能力的核心。追求宏大的销售收入增长目标的公司以及销售收入增长率与同行业其他公司相比逐渐下降的公司，最有可能通过变通收入确认规则操纵盈余。尽管这类盈余管理最终能够迎合公司的目标，但可能会导致公司的可持续盈余逐渐下降。

□ 尚未实际履行义务时的递延收入确认

公司经常收取顾客的现金却没有满足收入确认标准，这通常是因为作为卖方，公司没有履行其对买方承诺的某些或全部义务。前述的预付保险费并在保险单有效期内确认收入就是典型的例证。也有许多其他的例证，顾客在收到商品或得到服务之前就付款，但必须等到公司取得收入时才能确认收入。递延确认的收入通常与公司出售可兑换产品（如星巴克公司和诺德斯特龙公司（Nordstrom）的产品）、报刊、飞机票和会员资格的礼品卡有关。例如，山姆会员店是沃尔玛公司的一个分部，专门提供折扣仓储购物服务。山姆会员店每年收取会员费，承诺顾客一年内可以在其所属商店购物。在出售一年会员资格时，沃尔玛公司只记录现金增加额，收入却必须递延到山姆会员店履行其对会员承诺的义务时才能确认。沃尔玛公司将收取的全部会员费确认为负债（经常称为递延收入、未赚取收入或预收顾客款），每个月冲销 1/12 的负债，并将 1/12 的会员费确认为收入。年末，尚未赚取的会员费作为负债列报于沃尔玛公司的资产负债表，下个年度赚取会员费时再将其确认为收入。

软件公司如微策略公司和微软公司都将产品和服务捆绑销售。例如，微软公司将 Windows 软件、电话支持和未来升级捆绑在一起。美国公认会计原则和国际财务报告准则都要求根据捆绑产品或服务的公允

---

① *FASB Codification Topic 605* 提供了明确的指南，国际财务报告准则却没有提供。如果退货数额不能可靠地计量，收入递延到退货期满再确认。

价值将销售价格分配到所捆绑的各个产品或服务中[1]，应该确认的收入数额等于捆绑的各个产品或服务的公允价值。例如，微软公司在承诺期内平均确认软件承诺服务的收入，而将已经承诺但尚未提供服务的收入列报为“未赚取收入”。

在分析公司的流动性时，分析师应该注意，递延或未赚取收入等负债数额可能较大，但公司不需要动用现金结清这些负债，只需通过提供服务结清这些负债。以星巴克公司为例，该公司2012年末的递延收入为5.10亿美元，大约占流动负债总额的23%。星巴克公司通过为持卡顾客提供咖啡结清了该负债。

□ 长期合约的收入确认

这部分内容将讨论长期合约结束之前（按照长期承包商之间的惯例）或长期合约结束之后（按照公司长期合约的未来成本或收回现金面临高度不确定性时的惯例）确认收入的方法。

长期承包商（如商业或工业建筑承包商、航空制造商和船舶制造商）的经营周期与传统制造商的经营周期有三个重要差异：

- 建造（生产）周期可能跨越多个会计期间。
- 承包商确定顾客并在开始建造之前（或至少在建造初期）就合约价格和条款与顾客达成协议，同意为顾客建造定制化项目。
- 顾客经常按工程进度定期支付合约价款。

在建造期间或工程竣工之前，长期承包商的经营活动经常满足收入的确认标准。合约的存在表明已经明确买方和承包商，而且买方已经同意建造项目的范围和价格。承包商会预先收取现金，或根据顾客信用状况的评估结果认为工程竣工之后可以收取与合约价格相等的现金。尽管合约可能规定承包商必须提供未来服务，但承包商应该能够以合理的精确度估计这些服务的成本。在确定合约价格时，承包商应该能够估计该合约可能发生的成本总额。

完工百分比法

许多长期承包商在建造期间就满足收入确认的标准。例如，长期承包商的建造工程取得重要的进展，有权利要求顾客支付完工部分的价款，就满足收入确认标准，可以采用完工百分比法确认收入。根据完工百分比法，长期承包商根据某个期间建造工程的完工程度将合约价格总额的一部分确认为该期间的收入。长期承包商根据工程师或建筑师所估计的工程完工程度或当时工程已经发生的成本占该合约预计成本总额的比重，确定确认收入的比例。根据完工百分比法，收取现金的进度并不是决定各个期间应该确认收入数额的重要因素。即使长期承包商预期在工程竣工时可以收取全部合约价款，只要能够合理地估计出按工程进度可能收取的现金数额或发生的成本数额，依然要采用完工百分比法。长期承包商将部分合约价格确认为收入时，将相应部分的合约成本确认为费用。

为了说明完工百分比法的应用，假设某长期承包商打算建造一座桥，工程造价为5 000 000美元。第1年、第2年和第3年的预期成本分别为1 500 000美元、2 000 000美元和500 000美元。这样，该合约的预期毛利为1 000 000美元（5 000 000－1 500 000－2 000 000－500 000）。该长期承包商第1年、第2年和第3年向顾客开出账单并收到的款项数额分别为2 000 000美元、2 000 000美元和1 000 000美元。假设该长期承包商根据当时已经发生成本总额占预期实际发生成本总额的比例确定完工程度，该合约的收入和费用如下表所示：

---

① 参见 *FASB Codification Topic 605* 提供的指南。尽管国际财务报告准则没有提供明确的指南，但其实质大同小异。

年份	完工程度	收入	费用	毛利
第 1 年	1 500 000/4 000 000=37.5%	1 875 000	1 500 000	375 000
第 2 年	2 500 000/4 000 000=50.0%	2 500 000	2 000 000	500 000
第 3 年	500 000/4 000 000=12.5%	625 000	500 000	125 000
		5 000 000	4 000 000	1 000 000

值得注意的是，收到现金的数额并不是收入的确认数额。这些业务对利润表的影响是根据完工程度按比例确认的收入、费用和毛利。这种确认方法可以更好地评估该长期承包商各期的经营成果。表 9-1 更详细地展现了本示例下列基本交易对财务报表的影响：

第 1 年

（1）发生成本 1 500 000 美元（假设以现金支付所有成本）。

（2）向顾客开出账单 2 000 000 美元，收到全额现金。

（3）采用完工百分比法分别确认收入和费用 1 875 000 美元和 1 500 000 美元。

第 2 年

（4）发生成本 2 500 000 美元（假设以现金支付所有成本）。

（5）向顾客开出账单 2 000 000 美元，收到全额现金。

（6）采用完工百分比法分别确认收入和费用 2 500 000 美元和 2 000 000 美元。

第 3 年

（7）发生成本 500 000 美元（假设以现金支付所有成本）。

（8）向顾客开出账单 1 000 000 美元，收到全额现金。

（9）采用完工百分比法分别确认收入和费用 625 000 美元和 500 000 美元。

表 9-1　长期建造工程的会计处理

	资产总额	=	负债总额	+	股东权益总额		
					投入资本	累计其他综合收益	留存收益
1.	第 1 年： 现金　−1 500 000 在建合约　+1 500 000						
	在建合约 　现金		1 500 000		 1 500 000		
2.	应收账款　+2 000 000 应收账款　−2 000 000 现金　+2 000 000		工程进度款　+2 000 000				
	应收账款 　工程进度款 现金 　应收账款		2 000 000 2 000 000 		 2 000 000 2 000 000		
3.	在建合约　+375 000						合约收入　+1 875 000 合约费用　−1 500 000
	在建合约 合约费用 　合约收入		375 000 1 500 000 		 1 875 000		

续表

	资产总额	=	负债总额	+	股东权益总额		
					投入资本	累计其他综合收益	留存收益
4.	第2年： 现金 －2 000 000 在建合约 ＋2 000 000						
	在建合约 　现金		2 000 000 		 2 000 000		
5.	应收账款 ＋2 000 000 应收账款 －2 000 000 现金 ＋2 000 000		工程进度款 ＋2 000 000				
	应收账款 　工程进度款 现金 　应收账款		2 000 000 2 000 000 		 2 000 000 2 000 000		
6.	在建合约 ＋500 000						合约收入 ＋2 500 000 合约费用 －2 000 000
	在建合约 合约费用 　合约收入		500 000 2 000 000 		 2 500 000		
7.	第3年： 现金 －500 000 在建合约 ＋500 000						
	在建合约 　现金		500 000 		 500 000		
8.	应收账款 ＋1 000 000 应收账款 －1 000 000 现金 ＋1 000 000		工程进度款 ＋1 000 000				
	应收账款 　工程进度款 现金 　应收账款		1 000 000 1 000 000 		 1 000 000 1 000 000		
9.	在建合约 ＋125 000						合约收入 ＋625 000 合约费用 －500 000
	在建合约 合约费用 　合约收入		125 000 500 000 		 625 000		

长期合约两个独特的资产负债表项目是工程进度款（负债类账户）和在建合约（资产类账户）。长期承包商在资产负债表的在建合约项目列报实际合约成本（第1笔交易、第4笔交易和第7笔交易）。在建合约是一项资产，代表未来经济利益（正在建造的项目），记录了在建过程中的累计成本和毛利，合约期间内的合计数额等于合约价格（第3笔交易、第6笔交易和第9笔交易确认了毛利）。长期承包商向顾客开出账单，预收工程进度款，应收账款和工程进度款这两个账户的数额增加（第2笔交易、第5笔交易和第8笔交易）。工程进度款是一个负债类账户，是一项负债。因为长期承包商根据合约价格和工程进度向

顾客开出收款账单，所以有义务在工程竣工时向顾客交付在建资产。这两个账户以净额（在建合约的数额减去工程进度款的数额）列报为负债净额（开出收款账单的数额超过按工程进度应该收取的数额的部分）或资产净额（按工程进度应该收取的数额超过开出收款账单的数额的部分）。例如，第2年末，在建合约总额为4 375 000美元（1 500 000＋375 000＋2 000 000＋500 000），而工程进度款总额为4 000 000美元（2 000 000＋2 000 000）。这样，第2年末的在建合约总额比工程进度款总额多了375 000美元，资产负债表将该净额列报为资产。第3年末，该项目竣工时，在建工程与工程进度款这两个账户的余额相等，这两个账户将被结清。

合约的实际成本不可能与预期成本一致。长期承包商获得预期成本总额的新信息后就必须调整当期和以后各期列报的收益数额，而不是追溯重述以前各期的收益数额。假设该合约第2年实际发生的成本是2 200 000美元（而不是2 000 000美元），预期成本总额增加到4 200 000美元。该合约的收入、费用和毛利如下表所示：

年份	完工程度	收入	费用	毛利
第1年	1 500 000/4 000 000＝37.5%	1 875 000	1 500 000	375 000
第2年	3 700 000/4 200 000＝88.1%	2 530 000[a]	2 200 000	330 000
第3年	4 200 000/4 200 000＝100.0%	595 000[b]	500 000	95 000
		5 000 000	4 200 000	800 000

a. (0.881×5 000 000)－1 875 000＝2 530 000
b. 5 000 000－1 875 000－2 530 000＝595 000

预期之外的成本是一种估计的变动额。因此，第2年的收入是根据成本的新估计值确认的累计收入数额减去根据原先成本估计值确认的累计收入数额的余额。

如果有迹象表明长期承包商在工程竣工时可能发生损失，那么一旦证据确凿，长期承包商就必须全额确认该损失。例如，如果长期承包商在第2年末预期该合约将发生损失200 000美元，那么该承包商就必须在第2年确认损失575 000美元。这575 000美元首先抵销第1年已经确认的收益375 000美元，然后再确认合约预期损失200 000美元。

工程竣工法

根据美国公认会计原则，如果长期承包商无法合理估计合约价格和成本或完工程度，可以推迟收入的确认时间，等到工程竣工再确认收入，即采用工程竣工法确认收入。如果上述示例的长期承包商采用工程竣工法，那么该承包商在第1年或第2年不必确认任何收入或费用，在第3年确认合约收入5 000 000美元和合约费用4 000 000美元。值得注意的是，无论采用完工百分比法还是工程竣工法，毛利总额都是1 000 000美元，等于现金流入量5 000 000美元减去现金流出量4 000 000美元。当然，如果长期承包商预期合约可能发生损失，即便工程尚未竣工，一旦发生损失的证据确凿，就应该确认该损失。

如果基于上述原因，长期承包商不能采用完工百分比法，国际财务报告准则不允许其采用工程竣工法，那么承包商必须采用成本回收法。我们将在后面部分讨论成本回收法。

长期承包商对列报方法的选择

如果长期承包商完成项目过程中将要发生的成本总额存在重大不确定性，就不应该采用完工百分比法。因为如果长期承包商无法估计成本总额，也无法估计截至某个时点已经发生的成本总额百分比，那就无法估计已经提供服务的百分比，更无法估计可以确认的收入数额，也就无法估计工程竣工之前的合约收入总额。

有时，由于合约期限较短（如几个月），无论采用完工百分比法还是工程竣工法，对外列报的盈余并不存在显著差异，长期承包商会采用工程竣工法，一个合理解释就是其应用成本较低。如果长期承包商在建造阶段没有找到具体的购买方，可能采用工程竣工法，住宅建造合约就是例证。这些例证都要求长期承包商具备未来的营销能力，如此一来，最终合约价格和长期承包商可能收取的现金数额都可能存在重大不确定性。

显然，基于纳税申报目的，长期承包商必须采用完工百分比法。尽管多数长期承包商倾向于采用工程竣工法，延迟确认收入和缴纳所得税，但美国税法不允许长期承包商采用工程竣工法。

前述示例说明了长期承包商确认收入时涉及的估计和不确定性问题。有时，某个项目可能历时数年才能竣工。在某些情况下，长期承包商可能与数百家分包商并肩作战。就大额合约而言，反复磋商合约条款是司空见惯的事情。分析师在应用建造并出售长期项目的公司的历史数据以估计其持续性盈余时，必须考虑许多因素。这些因素包括在建项目的数量、能按时和按预算顺利竣工项目的数量、项目耗时情况、承担项目的类型和顾客的性质（如果公司能够取得相关信息）。长期承包商通常在其年报和 10-K 格式文件的经营分析部分说明这些因素。由于这些长期承包商的现金流入与现金流出的时间差过长，计量收入与费用时涉及众多估计，因此，长期承包商盈余管理的空间较大。分析师在评估诸如建筑、航空以及国防相关行业的公司时，必须特别关注盈余管理问题。

□ 收取现金存在不确定性时的收入确认

在某些情况下，销售方已经将产品交付给顾客或已向顾客提供服务，但允许顾客在一段较长的时间之后再付款。此时，销售方要可靠地估计最终可以取得的现金数额可能是一件难事。这可能是因为顾客未来财务状况存在高度不确定性或顾客有权退货，销售方借此不支付现金。未来现金流入量的不确定性可能导致销售方（在销售时点）无法计量其预期可以取得现金的现值，从而无法满足收入确认的第二个标准：能够可靠地计量因收入交易而取得资产的价值。

由于难以估计现金流入量，盈余管理的空间可能掩盖了管理层精确地计量盈余的良好愿望。未来现金流量的不确定性也影响对盈余可持续性的评估。比如今天可以看出，2005 年前后那些通过次级贷款融资获得且已出售的房屋未来所能收取的现金数额的不确定性和风险显然超出预期。

如果公司未来可以收取的现金数额不确定且无法可靠地估计，那么，公司必须推迟确认收入。公司只能采用分期付款法或成本回收法，在收到现金时确认收入。如果公司收取现金的可能性存在不确定性，分期付款法和成本回收法不失为谨慎且稳健的收入确认方法。分析师的任务包括两个方面：（1）理解分期付款法和成本回收法的会计处理；（2）判断在销售时点确认收入的公司是否应该采用更稳健的收入确认方法，因为现金流入量存在较大的不确定性。我们接下来将讨论这些问题。

分期付款法

根据分期付款法，公司以现金收取的销售价格按比例确认收入，同时将产品销售成本或服务成本按比例确认为费用。例如，假设某公司以 100 美元的价格出售成本为 60 美元的商品，购买方同意在 5 个月内每个月支付 20 美元（利息忽略不计）。该公司在每个月收到现金时确认收入 20 美元。与此同时，该公司每个月确认产品销售成本 12 美元（20/100×60）。在第 5 个月末，该公司确认的收益总额为 40 美元［5×(20−12)］。

土地开发公司通常出售尚未开发的土地并承诺未来几年内开发该土地，因此有时也采用分期付款法。购买方支付一笔名义首期款，同意在 10 年、20 年或更长时间内分期支付剩余的购买价款。在这种情况下，该土地的未来开发是实现盈余的一个重要因素。当然，公司最终能否收回分期付款票据的款项存在重大不确定性，顾客可能选择停止付款，放弃拥有该土地的权利。

成本回收法

如果公司收回现金存在重大不确定性（或如果根据国际财务报告准则，公司不能采用完工百分比法），就可以采用成本回收法。成本回收法是一种非常稳健的收入确认方法。根据成本回收法，只有到成本回收这个时点才确认收入。在这个时点之后，成本回收法就成为一种激进的收入确认方法。在收回所有成本之前，成本回收法将创造收入的成本与收取的现金相配比。在收取现金之前，公司不确认收入。在收回全部成本之前，公司在各期确认相应的费用。只有当公司累计收到的现金数额超过成本总额时，公司的利润表才开始列报利润。一旦收回全部成本，公司就会进一步将收取顾客的现金确认为收入，但没有确认与这些收入相配比的成本。

为了说明成本回收法的应用，不妨参阅前述以100美元出售商品的示例。公司将在前3个月内每个月确认收入20美元和费用20美元。到第3个月末，公司已经回收全部成本。因为公司累计收到的现金数额60美元刚好等于已经销售商品的成本。到了第4个月和第5个月，公司每月将确认收入20美元，但不需要确认费用。从整体看，这5个月的收入总额依然是40美元（等于现金流入量100美元减去现金流出量60美元），但收入确认模式与分期付款法的确认模式不同。

分期付款销售收入确认方法的综合示例

第1年1月1日，特切诺计算机公司（Technor Computer Corporation，TCC）将一台成本为16 000 000美元的计算机以20 000 000美元的价格出售给波士顿市。波士顿市同意在第1年12月31日至第5年12月31日分5年每年支付5 548 195美元。表9－2的A部分列示该交易的应收票据摊销表。波士顿市分5年每年支付5 548 195美元，按照折现率12%折现，其现值等于销售价格即20 000 000美元。这样，该应收票据的内含利率就是12%。特切诺计算机公司采用第7章讨论过的实际利息法确认利息收入。

表9－2　分期付款销售收入确认方法的示例

单位：美元

A部分：应收票据摊销计划表

年份	应收票据（1月1日）	利息收入（利率为12%）	收取的现金	本金数额	应收票据（12月31日）
1	20 000 000	2 400 000	5 548 195	3 148 195	16 851 805
2	16 851 805	2 022 217	5 548 195	3 525 978	13 325 827
3	13 325 827	1 599 099	5 548 195	3 949 096	9 376 731
4	9 376 731	1 125 208	5 548 195	4 422 987	4 953 744
5	4 953 744	594 451	5 548 195	4 953 744	0
合计		7 740 975	27 740 975	20 000 000	

B部分：出售计算机的收入确认

	销售时点法			分期付款法			成本回收法		
年份	收入	费用	毛利	收入	费用	毛利	收入	费用	毛利
1	20 000 000	16 000 000	4 000 000	3 148 195	2 518 556	629 639	3 148 195	3 148 195	0
2	0	0	0	3 525 978	2 820 782	705 196	3 525 978	3 525 978	0
3	0	0	0	3 949 096	3 159 277	789 819	3 949 096	3 949 096	0
4	0	0	0	4 422 987	3 538 390	884 597	4 422 987	4 422 987	0
5	0	0	0	4 953 744	3 962 995	990 749	4 953 744	953 744	4 000 000
合计	20 000 000	16 000 000	4 000 000	20 000 000	16 000 000	4 000 000	20 000 000	16 000 000	4 000 000

除了应收票据的利息收入，特切诺计算机公司确认了销售毛利。表9－2的B部分分别列示了三种收入确认方法下的收入、费用和毛利。销售时点法的前提是波士顿市极有可能支付票据的到期金额。收到款

项立即确认的收入、费用和毛利分别为 20 000 000 美元、16 000 000 美元和 4 000 000 美元。

如果特切诺计算机公司能否收取应收票据的现金存在重大不确定性，就应该采用分期付款法或成本回收法。分期付款法确认的收入数额等于表 9-2 的 A 部分所列示的收回应收票据的本金数额即 20 000 000 美元（即波士顿市每期支付的现金数额不包括利息）。每年的费用是所确认收入的 80%（16 000 000/20 000 000）。根据成本回收法，特切诺计算机公司在第 5 年之前没有确认任何收入。到了第 5 年，累计收到的现金数额超过制造计算机的成本即 16 000 000 美元，特切诺计算机公司才确认收入。

值得注意的是，第 5 年末三种收入确认方法的毛利总额相同。三种收入确认方法的差异只是收入确认的时间不同而已。公司收取应收票据的可能性决定了收入确认的时间。

营运资本投资：应收账款与递延收入

尽管收入通常创造现金流入量，但某个期间的收入未必等于现金流入量。从本章前述的示例可以清晰地看到，现金流入经常发生在收入确认之后，由此产生一项营运资本项目的资产即应收账款，或现金流入发生在收入确认之前，由此产生一项营运资本项目的负债即递延收入（也称为未赚取收入或预收顾客款）。经营活动现金流量的发生时间因应收账款而滞后，或因递延收入而提前。

百事公司 2012 年 12 月 29 日的合并资产负债表列报的应收账款与应收票据为 70.41 亿美元，占其资产总额的 9.4%。附注 14“补充性财务信息”说明多数应收账款属于应收销货款。这意味着这些应收账款因销售而产生。附注 14 也描述了流动负债的构成，但没有单独列示递延收入的数额。根据百事公司的商业模式，在确认收入之前不可能收到现金。根据百事公司 2012 年度合并现金流量表，在将净利润调整为经营活动现金流量时，“应收账款与应收票据变动额”项目列示了 2.50 亿美元的扣除额。

与此相反，咖啡零售商和快餐经销商通常同时存在应收账款和递延收入。例如，天使冰王集团公司（TCBY Enterprises Inc.）就同时拥有销售点收入（酸奶和冰淇淋零售收入）、应收账款（特许经营费和向附属公司销售产品收入）和递延收入（礼品卡和预收特许经营费收入）。

国际会计准则理事会与财务会计准则委员会的收入确认项目

正如本章开头所说，国际会计准则理事会与财务会计准则委员会的收入确认合作项目已经接近尾声。这项新收入指南的核心原则是，“某个主体应该确认收入以描述将约定商品或服务交付给顾客的过程，所确认收入的数额应反映该主体预期有权换取这些商品或服务的对价”。[①] 除了商品或服务的交付之外，收入指南也适用于非金融资产（如财产、厂房与设备以及无形资产）的销售但不适用于租赁、保险、金融工具或某些非货币性交易。各个主体可以追溯应用最终发布的新收入准则，由此可能引起对以前年度盈余的重述。

应用这个核心原则需要五个步骤：

（1）识别顾客合约。只要合约明确了各种强制性权利和义务，根据惯例，合约可以是口头形式、书面形式或默示形式。这样可能会使识别主体与顾客签订的合约涉及众多判断。如果公司的销售安排较为复杂（如顾客是合作者或合伙人），涉及的判断会更多。

（2）识别合约中的各项履约义务。这是新收入指南的重要内容，要求公司判断特定商品或服务是具有可区分性而需要独立核算，还是不具有可区分性，只能与其他约定商品或服务合并核算。如果商品或服务

---

① *Revenue from Contracts with Customers*: *Proposed Accounting Standards Update* (*Revised*), Financial Accounting Standards Board, January 4, 2012. 这部分内容主要得益于征求意见稿总结的结构与语言。

符合下列标准，就具有可区分性：

√ 主体定期单独出售商品或服务。

√ 顾客可以受益于该商品或服务，也可以受益于该商品或服务与顾客现有其他资源的组合。

为了满足合约要求，主体可能根据顾客需求搭配或定制某个组合。如果某种商品或服务是这种组合的组成部分，那么不能将该商品或服务视为具有可区分性。不难想象，同行业的两家公司可以对要求做出不同的解释，从而对收入做出不同的确认。

（3）确定交易价格。主体在确定交易价格时，需要考虑下列因素的影响：

√ 如果顾客支付的数额可能变动（而不是固定不变），那么，期望（如概率权重）或最可能（概率最大的结果）变动数额取决于哪一个因素能够更好地预测该数额。该指南可能涉及众多判断。此外，公司必须考虑确定变动数额时需要考虑的各种或有事项。

√ 如果合约包含筹资因素（只考虑合约期限超过一年的筹资因素），则需要考虑货币时间价值。

√ 非现金等价物可以采用公允价值直接计价。如果无法合理估计公允价值，也可以采用商品或服务出售给顾客换取该等价物的约定独立交易价格间接计量。

√ 除非支付给顾客的对价是为了取得具有可区分性的商品或服务，否则支付给顾客的对价应该作为交易价格的抵减项目。

在确定交易价格时，不必考虑顾客的信用风险（即能否收回款项）。尽管公司可以采用现有标准确认坏账费用，但有违现有惯例。坏账费用将作为一个独立项目列报于收入项目之后。从收入中扣除坏账费用，将重新界定销售毛利的概念。

（4）将交易价格分配到合约的各项履约义务中。一旦取得各项履约义务的独立交易价格，或虽然无法取得各项履行义务的独立交易价格但已经估计出该独立交易价格，公司就应该以一个相对的独立交易价格为基础分配交易价格。

（5）在主体履行某项履约义务时确认收入。顾客取得商品或服务的控制权，主体就履行了该履约义务。公司必须通过一定期间内商品或服务的控制权是否转移来判断其是否履行了该履约义务。如果未转移，则公司可能在某个时点履行了该履约义务。财务会计准则委员会的提议概括了确定一定期间内何时履行了该履约义务的许多标准。例如，主体的履约何时创造或强化了顾客控制的某项资产。如果公司在一定期间内履行了该履约义务，那么可以采用产出法或投入法，根据履行该履约义务的进度计量收入。例如，可以考虑用已经铺路的英里数（产出指标）或铺路已经发生的成本（投入指标）计量道路建设进度。如果公司在某个时点履行了该履约义务，则以控制权转移为标志确认收入。控制权转移的标志包括：

√ 主体有权收取该资产的价款。

√ 顾客拥有该资产的法定权利。

√ 主体已经让渡该资产的实体占用权。

√ 顾客承担该资产的重要风险并享有其所有权收益。

√ 顾客已经接受该资产。

上述这些标志是新收入指南中对整个流程的总结。新收入指南包括特殊项目（如回购协议、代销安排和借助开票持有协议）实施指南，以帮助主体确定约定商品或服务的控制权何时转移给顾客，以及如何、何时确认该履约义务和销售合约成本的指南。

新收入指南有两个显著特征。第一，该准则改善了美国公认会计原则和国际财务报告准则中的收入确认相关内容，使得两套准则更协调。美国公认会计原则对不同商业模式下的收入确认采用了许多明线规则。新收入指南是强调职业判断的统一准则，该统一准则将替代多数明线规则。第二，披露内容的数量将显著增加。新收入指南要求披露各种合约，履约义务的判断基础及其履行情况和其他相关项目。

9.2 费用确认

公司从事经营活动必然会消耗资产，产生负债，从而产生经营费用。接下来各节将讨论费用确认的通用标准，并运用这些标准解释公司如何确认在利润表中列报的各种经营费用。

□ 费用确认标准

美国公认会计原则和国际财务报告准则都要求按照权责发生制确认费用：

（1）与收入直接相关的成本必须在公司确认收入的当期确认为费用。

（2）与收入间接相关的成本必须在公司消耗服务或享受经营成本效益的当期确认为费用。

多数制造成本可以直接关联或分配到具体的产品。当这些产品出售时，公司确认收入和这些直接相关的费用（称为产品成本）。其他成本（租金、保险费和财产税、公司各级员工的工资、不构成生产过程的有形资产和无形资产的折旧费和摊销费）与某个特定期间的经济业务相联系，与该期间创造的收入间接相关。这些成本之所以确认为某个期间的费用，是因为公司享用了这些服务的效益。会计师将这些成本称为期间费用。

由于利润表列报的大部分费用与所确认的收入直接相关，而其他大部分费用与报告期间的经济业务相关，因此，利润表通常可以可靠地评价公司各期的经营成果。有些期间费用容易受管理层操纵。作为期间费用列报于利润表的公司更易操纵的各项支出是盈余管理的主要对象。分析师应该特别关注坏账费用、广告费用、研究与开发支出和维修支出，判断这些支出水平的变动（尤其是相对销售额的变动）是否具有实质性理由，这些支出水平的变动是不是盈余管理的结果。例如，某家公司某个期间的盈余勉强达到或超过分析师的预测，而其酌量性费用却没有任何理由地突然减少，那么公司管理层很可能为了达到或超过该期间的盈余目标，削减了这些酌量性费用。

与收入确认类似，公司必须关注财务报表附注中披露的费用确认的重要会计政策。例如，百事公司合并财务报表附注 2 描述了与销售促销和其他市场营销费用、分销成本、软件成本、承诺与或有事项、研究与开发支出以及其他费用有关的会计政策。

□ 销售成本

就多数零售业和制造业公司而言，销售成本是利润表中列报的单笔数额最大的费用项目。零售商在其存货账户中累积存货购买成本净额（发票注明价格减去购货折扣、购货退回，再加上购货方支付的运输成本）。制造业公司在其原材料存货账户中累积其存货购买成本。生产过程中使用的原材料的成本以及与生产过程相关的人工、物料和间接成本（包括与生产过程相关的财产、厂房与设备的折旧）一起被分配到在产品上。一旦产品完工，在产品成本就转移到产成品。最后在出售产品时将存货成本列报为产品销售成本。

如果公司出售的产品的价值较高（如汽车、飞机和房地产），可以从会计记录中分辨出已出售的每件产品的具体成本。公司可以在出售各件产品时确认收入，并将已出售的每件产品的具体成本确认为产品销售成本。

然而，在多数情况下，公司不能分辨出已出售的每件产品的成本。当存货项目相似且单位成本较低时，公司设计一套可以跟踪具体单位成本的会计系统并不合算。这时，为了计量产品销售成本，公司必须对成本流动做出某些假设。成本流动假设包括如下三种：

- 加权平均法

- 先进先出法
- 后进先出法

值得注意的是，这些成本流动假设未必反映实物流动。例如，即使杂货店肯定先出售最早购进的牛奶，但仍然可以采用上述任何一种方法核算其牛奶存货。更有甚者，许多公司针对不同子公司或经营分部或不同国家的不同存货项目，采用成本流转假设的组合。

将成本流转假设引入列报系统，给盈余管理和盈余质量变动增加了可能。因此，在存货会计处理的情境中，分析盈余质量时就需要了解公司管理层可以选择的列报方法。

加权平均法

加权平均法是确定某个期间内所有可供出售存货（期初存货的数量加上本期购入存货的数量）的加权平均单位成本，而后将成本分配到已出售存货和期末存货上。如果存货周转较快，本期购入存货数量在计算加权平均单位成本过程中所占的权重较大。

先进先出法

先进先出法将最先购入存货的成本分配到已出售存货上，将最后购入存货的成本分配到期末存货上。先进先出法使资产负债表列报的期末存货数额接近现行重置成本。然而，由于先进先出法根据期初存货成本和当年最先购入存货的成本确认产品销售成本，因此产品销售成本有些脱离现实。如果存货成本不断提升，根据先进先出法，列报的净利润和期末存货价值在三种方法中最高（产品销售成本最低）。而如果存货成本下降，根据先进先出法，列报的净利润和期末存货价值在三种方法中最低。

后进先出法

后进先出法将最后购入存货的成本分配到产品销售成本上，将最先购入存货的成本分配到期末存货上。后进先出法使产品销售成本大致接近现行重置成本。不过，资产负债表列报的存货中可能包括许多之前购入存货的成本。如果存货成本不断提升，根据后进先出法列报的产品销售成本在三种成本流动假设中最高，列报的净利润则在三种成本流动假设中最低。有鉴于此，基于纳税申报目的，公司通常喜欢采用后进先出法。如果公司基于纳税申报目的选择了后进先出的成本流动假设，那么所得税法要求公司向股东呈报的财务报告也采用后进先出法。国际财务报告准则不允许采用后进先出法。

后进先出法清算

如果公司某个期间内出售存货的数量超过购入存货的数量，就不能得出在存货成本不断提升期间采用后进先出法列报的净利润最低这样的结论（称为后进先出法存货分层计算）。在这种情况下，后进先出法将所有本期购入存货的成本与分层计算得到的存货成本一起分配到产品销售成本中。在存货成本不断提升时，分层计算得到的存货成本可能低于现行成本。由此可能导致产品销售成本较低，而净利润较高。如果公司的存货成本存在分层计算问题，现金流量可能出现两种现象：第一，公司推迟进货，延迟一笔现金流出量的发生。第二，公司的应税所得额增加，纳税需要的现金流出量也增加。通用汽车公司 2008 年 12 月 31 日合并财务报表的附注 7“存货”中列报了一笔后进先出法准备，数额为 12.33 亿美元。通用汽车还列报了一笔后进先出法分层计算的结果：

> 2008 年和 2007 年，适用于后进先出法的存货数量有所减少。如此一来，分层计算得到的 2008 年和 2007 年的存货购入成本低于前几年的存货成本。因此，2008 年和 2007 年的汽车销售成本分别减少了大约 3.55 亿美元和 1.00 亿美元。

如果存货分层清算只是一个偶然事项，那么通用汽车本期利润就不能代表其未来盈余。

采用后进先出法的公司的特征

研究者研究了采用和不采用后进先出法的公司的特征。尽管这些研究成果并没有得出一个统一结论，但显示出影响公司决定是否采用后进先出法的相关因素①：

公司遵循美国公认会计原则。国际财务报告准则不允许公司采用后进先出法，但遵循美国公认会计原则编制合并财务报表的美国公司和非美国公司均可以采用后进先出法。有些公司拥有在遵循国际财务报告准则的国家注册的子公司，即使根据美国公认会计原则可以采用后进先出法计算存货成本，这些子公司也不能采用后进先出法计算存货成本。

存货价格变动的方向与影响程度。与面临价格缓慢上涨或下降的公司相比，面临原材料、劳动力或其他产品成本快速上涨的公司采用后进先出法可以得到更多的税收效益。尽管采用后进先出法意味着未来可以节税（好消息），但也意味着未来存货价格会更高（坏消息）。

存货增长率的波动性。与依然采用先进先出法的公司相比，采用后进先出法的公司在采用后进先出法之前存货增长率波动性更大。采用后进先出法之后，公司的存货增长率波动性变小。与先进先出法或加权平均法相比，后进先出法倾向于将最近购入存货成本与销售收入进行配比（先进先出法或加权平均法有时采用的是现行重置成本6～15个月之前的成本数据）。因此，在经营周期内，根据后进先出法计算出来的销售毛利率波动性较小。如果公司的存货增长率波动性较大（也许是由其所处行业的周期性所致），采用后进先出法比采用先进先出法或加权平均法更容易实现收益平滑的目标。公司可以通过期末多进货，创造更多的分层计算存货成本的机会，并将分层计算后的存货成本与销售收入进行匹配，从而实现收益平滑的目标。

节税机会。采用后进先出法的公司倾向于通过后进先出法赢得节税机会。公司在采用后进先出法当年获得的节税额超过采用后进先出法前后年份获得的节税额，这意味着采用后进先出法的决策更多考虑的是税收因素而不是财务列报因素。

行业成员资格。某一特定行业的公司更有可能采用后进先出法。因为同行业的公司面临相似的价格变动和存货增长率波动问题，这些公司对成本流转假设可能做出相似的选择。

资产规模。与规模较小的公司相比，规模较大的公司更有可能采用后进先出法。与先进先出法相比，无论是在采用后进先出法的当年还是随后的年份，后进先出法都增加了记账成本。与规模较小的公司相比，规模较大的公司可以获得更多的节税额，从而可以消化采用后进先出法的后续记账成本。

上述研究成果检验的一项假设是采用后进先出法的公司与管理层薪酬之间存在相关性。由于后进先出法通常会使利润较低，与没有采用后进先出法的公司相比，采用后进先出法的公司的管理层薪酬或以利润为基础确定的薪酬可能较低。不过，众多研究成果并没有发现采用后进先出法与没有采用后进先出法的公司其管理层薪酬存在差异。

从后进先出法转换为先进先出法

如果公司的利润表采用后进先出法列报现行成本，其资产负债表中列报的期末存货价值中可能包含某些很早以前购入存货的成本（相对于先进先出法而言），期末存货价值会远远脱离其现行成本。如果存货估值导致存货价值过低且脱离现实，则资产负债表的期末存货数据提供的是低质量的会计信息，可能给财

① 有兴趣了解这些研究成果的读者可以参见 Frederick W. Lindahl, "Dynamic Analysis of Inventory Accounting Choice," *Journal of Accounting Research* (Autumn 1989), pp. 201 - 226, and Nicholas Dopuch and Morton Pincus, "Evidence on the Choice of Inventory Accounting Methods: FIFO versus FIFO," *Journal of Accounting Research* (Spring 1988), pp. 28 - 59。

务报表使用者提供潜在的误导性信息（尽管根据后进先出法，产品销售成本更能反映重置成本，会计信息的质量也较高）。美国证券交易委员会要求采用后进先出法的公司在其财务报表附注中披露公司采用后进先出法确认的存货价值与采用先进先出法确认的存货价值之间的差异。分析师有时将采用后进先出法与采用先进先出法确定的期末存货价值的差额称为后进先出法准备。根据财务报表附注中披露的信息，分析师可以将采用后进先出法得到的净利润和期末存货数额转化为采用先进先出法得到的净利润和期末存货数额。借助这种方式可以使采用后进先出法的公司与采用先进先出法的公司更有可比性。

百事公司资产负债表列报的2012年末和2011年末的存货价值分别为38.81亿美元和38.72亿美元。其财务报表附注14“补充性财务信息”中披露，百事公司的存货和产品销售成本只有3%采用后进先出法核算。百事公司认为2012年度和2011年度采用后进先出法与采用先进先出法确定的存货价值不存在显著差异。

存货持有时间较长的公司，其后进先出法准备的数额通常较大。纽柯钢铁公司（Nucor Corporation）创建于1958年，是一家主要在北美从事经营活动的钢铁制造商。表9-3列示了摘自纽柯钢铁公司2012年12月31日10-K格式年报的代表性数据。纽柯钢铁公司的大部分存货采用后进先出法计算成本。

表9-3　纽柯钢铁公司代表性财务报表信息　　单位：千美元

资产负债表	2012年12月31日	2011年12月31日
存货	2 323 641	1 987 257
流动资产（包括存货）	5 661 364	6 708 081
流动负债	2 029 568	2 396 059
利润表	**2012年度**	
销售收入	19 429 273	
销售成本	17 915 735	
销售毛利	1 513 538	
净利润	504 619	

为了将纽柯钢铁公司基于后进先出法列报的相关数据转化为基于先进先出法列报的相关数据，我们利用基于后进先出法列报的资产负债表期初存货和期末存货的数据以及利润表的销售成本数据推算该期间内的购货成本。为实现这一目的，我们使用了财务报表附注信息。根据该附注信息，纽柯钢铁公司基于先进先出法列报的期初存货和期末存货的数额较大，该公司基于先进先出法列报的期末存货和期初存货的数额分别比基于后进先出法列报的相应数额高出607 200 000美元和763 200 000美元。将纽柯钢铁公司基于后进先出法列报的相关数据转化为基于先进先出法列报的相关数据的过程如下（单位：千美元）：

	基于后进先出法的列报数额	调整额	基于先进先出法的列报数额
销售收入（*a*）	19 429 273		19 429 273
期初存货	1 987 257	763 200	2 750 457
购货数额	18 252 119		18 252 119
可供出售商品	20 239 376		21 002 576
期末存货	(2 323 641)	(607 200)	(2 930 841)
销售成本	17 915 735	156 000	18 071 735
销售毛利（*b*）	1 513 538		1 357 538

在投入品价格不断上升期间，基于先进先出法列报的销售成本较高，因此，其销售毛利率（b/a）较低：

基于后进先出法的销售毛利率＝7.79％

基于先进先出法的销售毛利率＝6.99％

为了将净利润调整为基于先进先出法列报的净利润，将基于后进先出法列报的净利润 504 619 000 美元减去销售成本的增加额再乘以（1－所得税税率）得到净利润的减少额为101 400 000美元［－156 000 000×(1－35％)］。该数额是基于后进先出法列报的净利润的 20％。如果纽柯钢铁公司采用先进先出法，其调整后的净利润为 403 219 000 美元。

存货周转率（销售成本/存货平均余额）这一衡量公司存货管理效率的指标的计算过程如下：

基于后进先出法的存货周转率＝17 915 735 000/[0.5×(1 987 257 000＋2 323 641 000)]
＝8.31

基于先进先出法的存货周转率＝18 071 735 000/[0.5×(2 750 457 000＋2 930 841 000)]
＝6.36

基于后进先出法计算得到的存货周转率与基于先进先出法计算得到的存货周转率之间的显著差异说明，纽柯钢铁公司采用后进先出法的时间比较长。现行存货成本（基于先进先出法计算）明显高于其账面价值（基于后进先出法计算）。由于基于后进先出法计算得到的存货周转率是反映现行成本的产品销售成本除以反映较早成本的存货平均余额的结果，因此不能充分反映存货的实际周转状况。而基于先进先出法计算得到的存货周转率是反映近期成本的产品销售成本除以反映近期成本的存货平均余额的结果，因此能够更好地反映存货的周转状况。尽管多数公司基于后进先出法与基于先进先出法计算得到的存货周转率可能差别不大，但如果某家公司采用后进先出法，而其他公司采用先进先出法，那么就不适合进行横向比较。这个示例说明可能存在资产负债表与盈余质量之间的权衡问题。如前所述，尽管后进先出法以现行成本反映产品销售成本，可能提供高质量的盈余信息，但它可能并不是计量资产负债表存货价值的最佳方法。

第 5 章中讨论过经常用于评估短期流动性风险的流动比率指标（流动资产总额/流动负债总额）。存货成本流转假设也可能影响流动比率，具体影响如下（单位：千美元）：

	2012 年度	**2011 年度**
流动资产总额（对外列报数额）	5 661 364	6 708 081
将存货数额调整为基于先进先出法列报的存货数额	607 200	763 200
流动资产总额（基于先进先出法）	6 268 564	7 471 281
流动负债总额	2 029 568	2 396 059
流动比率（对外列报数额）	2.78	2.80
流动比率（基于先进先出法）	3.09	3.12

如果纽柯钢铁公司采用先进先出法，每年的流动比率可能更高。

列报存货的公允价值变动

先进先出法、后进先出法和加权平均法都是将购买成本分配到期末存货和销售成本中的方法。就多数公司而言，资产负债表日存货的市场价值可能与其购买成本不同。根据美国公认会计原则和国际财务报告准则，公司必须在每个资产负债表日以稳健的成本与市价孰低法列报存货价值。[①] 在公司出售存货之前，

① *FASB Codification Topic 330*；International Accounting Standards Board，*International Accounting Standard 2*，"Inventories."美国公认会计原则与国际财务报告准则之间的一个差异就是如何界定市场价值。根据美国公认会计原则，市场价值就是重置存货的成本（即重置成本），而根据国际财务报告准则，市场价值是存货的出售价格减去预计处置成本的余额（即可变现净值）。根据美国公认会计原则，如果可变现净值低于重置成本，以可变现净值替代重置成本。因此，无论是美国公认会计原则还是国际财务报告准则，资产负债表列报的存货价值都不能超过其可变现净值。

财务报表不反映市场价值增加额。如果存货的市场价值增加，公司可以通过提高销售价格将市场价值增加额转嫁给顾客，出售存货以得到更多的销售毛利和更多的现金或应收账款。由于存货是一种流动资产，因此这种情况的发生频率应该较高。

根据美国公认会计原则和国际财务报告准则，财务报表中必须反映存货跌价损失。如果存货市场价值低于成本，公司应该减少存货价值，增加产品销售成本，或者如果存货跌价损失数额较大，将该损失作为利润表的一个独立项目对外列报。根据美国公认会计原则，财务报表不反映后续回升的存货价值；而根据国际财务报告准则，财务报表需要反映后续回升的存货价值。因市场价值下降而在当期调减的存货价值在资产负债表中得到了合理反映，从而在以后期间出售存货时可以得到一个正常的销售毛利。也就是说，由于存货的市场价值下降，以后期间存货的销售价格较低，而现在降低的存货成本决定了产品销售成本也在降低，以后期间的产品销售成本也随之较低。

会计信息质量：销售成本与存货

为了评估与销售成本和存货相关的会计信息质量，分析师应该考虑以下问题：

- 管理层选择的成本流转假设
- 价格波动与存货周转速度
- 后进先出法存货分层计算
- 存货的损毁或废弃
- 采购存货的融资

成本流转假设。由于后进先出法在计量盈余时通常将最近购买成本与收入进行配比，因此根据后进先出法计算出来的盈余通常就是可持续盈余的最佳指标。如果公司希望持续经营，就必须重置已经销售商品的成本，最近购买的存货成本就是存货重置成本的最佳预测值。先进先出法成本流转假设将最早购买成本与当期收入相配比，加权平均法成本流转假设的计算结果介于后进先出法与先进先出法之间。研究者在检验权益证券市场报酬率与基于后进先出法和先进先出法的产品销售成本而计算出来的盈余之间的关系时发现，基于后进先出法计算得到的盈余比基于先进先出法更能反映报酬率的横向波动。①

尽管后进先出法通常能够确保较高质量的利润表数据，但先进先出法通常能够确保较高质量的资产负债表数据。这是因为基于后进先出法计算得到的存货价值大大低于重置成本或现行成本，而基于先进先出法计算得到的存货价值接近重置成本或现行成本。不过，公司不能采用后进先出法计量利润表的产品销售成本，不能采用先进先出法计量资产负债表的存货价值。采用后进先出法的公司必须披露基于后进先出法计算得到的存货成本与基于先进先出法计算得到的存货成本之间的差异。如前所述，借助该信息可以将资产负债表列报的存货价值转换为更接近现行经济价值的数额。

存货周转速度与价格稳定性。如果存货周转速度快或存货购买成本变动不大，与后进先出法相关的节税偏好就会显著减弱。如果每年的存货周转次数超过4次，或者尽管存货周转速度较慢但价格很稳定，成本流转假设的选择不会产生什么影响，根据后进先出法、先进先出法和加权平均法计算出来的产品销售成本大致相同。

后进先出法存货分层计算。如果公司涉及后进先出法存货分层计算，就必须呈报产品销售成本减少额（通常情况下）和盈余增加额。这是盈余质量较低但报告利润较高的典型例证。如果分析师采用当期盈余估算可持续盈余，就应该从当期盈余中剔除因后进先出法存货分层计算所造成的影响。分析师还应该理解存货耗尽的原因。例如，存货可能因顾客需求旺盛或变现存货的战略选择而被耗尽。

---

① Ross Jennings, Paul J. Simko, and Robert B. Thompson Ⅱ, "Does LIFO Inventory Accounting Improve the Income Statement at the Expense of the Balance Sheet?" *Journal of Accounting Research* (Spring 1996), pp. 85 - 109.

存货的废弃或损毁。我们在讨论成本与市价孰低法时曾经提及，如果因存货废弃、损毁或盗窃（尤其是零售公司）而导致存货的现行价值低于其购买成本，为了反映存货价值的减损，公司必须计提存货跌价准备。尽管分析师需要依靠管理层和审计师来确定公司何时高估了存货的价值，但更好的观测方法包括观察竞争对手是否也在计提存货跌价准备，以及公司推出新产品或引入新技术是否降低了现有存货的价值。还可以根据披露公司产品需求信息的行业出版物进行判断。

存货融资安排。公司在其经营周期的早期经常需要大量资金购买原材料，从而可能通过短期借款安排向供应商寻求融资，这种短期借款安排以"应付账款"列报于资产负债表。不过，公司有时希望以能够避免在资产负债表中列报负债的方式取得融资以购买存货。例如，公司可以创建一家专门以购买公司经营活动所需要的原材料为目的的信托公司，该信托公司以赊购的方式向各个供应商购买原材料，随后，公司以协议价格向该信托公司购买需要的原材料并补偿该信托公司的原材料储存成本。由于公司有购买承诺，所以供应商愿意以赊销的方式将产品卖给该信托公司。

这种短期借款安排的经济实质是公司以赊购的方式购买原材料，但资产负债表中却没有列报任何应付账款。现行的财务报告准则有时也允许存在表外的隐性存货和应付账款。这种做法降低了债务水平，提高了存货周转率和应付账款周转率。分析师应该阅读财务报表附注所披露的重要购买承诺并考虑是否应将这些重大购买承诺添加到存货和应付账款中去。

公司也可能将其取得产成品存货的生产任务或生产存货所需要的零部件的大部分业务外包出去。例如，苹果公司在其 2012 年度 10-K 格式年报中披露该公司：

> ……利用几个外包合作者制造公司产品的组件、完成最终的组装并检测完工产品。与行业惯例一样，公司根据预计需求信息，通过采购订单、供应商合约和开放订单的组合取得各种零部件。截至 2012 年 9 月 29 日，公司表外的第三方生产任务和零部件购买承诺的数额高达 211 亿美元。

营运资本投资：存货与应付账款

2012 年 9 月 29 日，百事公司的两个数额最大的营运资本项目（应收账款和存货）的投资额为 106.22 亿美元，大约占资产总额的 14%。为了抵消尚未销售存货和尚未收回现金项目占用现金造成的影响，公司尽量向供应商、员工和税务机构延迟付款。2012 年 9 月 29 日，根据百事公司资产负债表的流动资产部分披露的信息，应付账款和其他流动负债的数额为 119.03 亿美元。而根据财务报表附注 14 披露的信息，应付账款的数额为 44.51 亿美元（超过资产负债表中的存货余额）。

□ 销售与一般行政管理费用

成本项目如销售佣金的数额会直接随销售额的变动而变动。但是，多数的销售与一般行政管理费用通常与销售额的变动没有什么直接关系。销售与一般行政管理费用作为经营利润的组成部分列报于利润表，其数额意味着公司为了履行其行政管理职能（不是生产职能）而消耗的资产和承担的负债。这些行政管理职能主要包括广告、营销、销售、行政管理、核算、信息系统和信用管理。下面将讨论销售与一般行政管理费用的会计处理和列报问题。

广告与营销费用

许多消费品行业的公司在广告与营销方面会发生大量的支出。尽管公司期望这些支出能够创造价值，但量化其价值并不容易。有鉴于此，美国公认会计原则和国际财务报告准则都要求公司将这些支出立即作为费用处理。我们在第 8 章已经详细讨论过，这些支出不符合资产的定义。预付广告费（如预付传播媒体如电视和广播的商业时段广告费或预付出版物的广告版面费用）增加了营运资本资产项目（通常列报为“预付费用”）。延迟支付供应商和服务提供商的广告与营销费用增加了营运资本负债项目（通常列报为“应计费用”）。根据百事公司财务报表附注 14 披露的信息，该公司有一个拓展市场的重要负债项目（与营销相关），其数额从 2011 年度至 2012 年度逐年增加。

对某家公司（如百事公司）而言，这种费用可能数额较大，但公司的利润表经常不单独披露这些费用。根据百事公司财务报表附注 2“我们重要的会计政策”披露的信息，该公司 2012 年度、2011 年度和 2010 年度的广告与其他营销活动的费用分别为 37 亿美元、35 亿美元和 34 亿美元。这些费用作为销售与一般行政管理费用的组成部分列报于利润表。

薪酬费用

公司在生产过程中发生的工资、薪金、薪资税、奖金、佣金和附加福利先资本化为存货的价值，而后随着存货的出售费用化为产品销售成本。如果薪酬费用与销售、广告、营销或行政管理相关，就将其列报为销售与一般行政管理费用的“薪酬费用”项目。百事公司财务报表附注 14 列报了该公司因延迟支付员工薪酬而产生的一个营运资本负债项目（应计薪酬），其财务报表附注 6“以股份为基础的薪酬费用”更详细地披露了该公司以股份为基础的薪酬费用信息。

折旧、折耗与摊销费用

如前所述，长期生产性资产的折旧、折耗和摊销费用是资产的成本分摊到各个受益期间的部分。如果长期资产是生产性资产，分摊的成本就资本化为存货的价值。如果不是生产性资产，分摊的成本则费用化为销售与一般行政管理费用的组成部分。基于这些费用的重要性，财务报表附注必须披露这些费用。此外，折旧、折耗和摊销费用通常是用间接法编制现金流量表经营活动部分时净利润最大的加回项目。

信用政策

为了努力增加销售额，多数公司允许顾客延迟付款。如果公司没有把握能够收回现金，该销售就应该先不入账。有些顾客可能付款，有些顾客可能不付款。此外，顾客的付款能力在销售时点与付款时点之间可能发生变化。

应收账款必须以预期可以实现的现金数额（即可变现净值）列报于资产负债表。在每个资产负债表日，可变现净值的列报需要估计可能导致应收账款不可收回的两个因素：销售退回与坏账。

如果销售退回的数额较小且不经常发生，公司应在其发生时减少销售额和应收账款。如果销售退回的数额较大，公司应采用备抵法核算销售退回。总体而言，公司应该估计销售退回的预期数额，作为销售收入的抵减项目（“预期销售退回”）列报于利润表，同时作为应收账款的抵减项目（“销售退回准备”）列报于资产负债表。例如，假设某公司的赊销数额为 1 000 美元，当期已经收回 200 美元，预期销售退回的数额为 50 美元，则该公司对外列报的销售净额和应收账款的数额分别为 950 美元和 750 美元。值得注意的是，销售退回是销售收入的一个直接扣除项目，而不是一个销售与一般行政管理费用项目。

坏账也采用备抵法核算。公司通常采用期末应收账款余额百分比或应收账款账龄确定“坏账准备”的余额。如果用账龄分析法确定坏账准备的数额，公司可以利用估计坏账的历史经验与对坏账的未来预期，以应收账款的账龄为基础，估计无法收回的应收账款数额。应收账款的账龄越长，公司收回应收账款的可能性就越小。例如，历史经验表明，账龄低于 60 天的应收账款的坏账比例为应收账款数额的 1%；账龄介于 61～180 天之间的应收账款的坏账比例为应收账款数额的 5%；账龄超过 180 天的应收账款的坏账比例为应收账款数额的 40%。公司在每个期末都要估计坏账准备的余额。将坏账准备的增加数额确认为坏账费用（经常称为坏账准备），列报为销售与一般行政管理费用的组成部分。①

根据美国公认会计原则，期限超过一年的应收账款（如应收票据）可以采用上述核算方法。这些应收账款先以其现值列报，每个资产负债表日再确定无法收回的应收票据准备（经常称为贷款损失准备或储备）。与坏账的处理程序很相似，在实际发生贷款损失时冲销贷款损失准备。与此相反，根据国际财务报告准则，资产负债表列报的应收票据应该遵循第8章所讨论的投资项目的公允价值列报规则。

对应收账款、坏账费用和销售收入的纵向与横向分析有助于揭示收入与费用的可操纵空间。如果应收账款账龄显著延长，那么公司可能有意放松信用条款，以增加销售收入或进入遵循不同支付惯例的产品市场。也有可能是因为顾客陷入财务困境（意味着公司应该确认更多的坏账费用或未来减少对该顾客的销售），或更为极端的情况，即顾客已经不存在（即虚假销售）导致无法付款。留意利润表的坏账费用与销售收入的比率和资产负债表的坏账准备与应收账款的比率，可以发现公司没有充分确认坏账费用。

保修费用

提高销售额的另一种方式是为已经出售的产品提供保修服务。公司必须在保修产品出售后的期间内增加产品保修义务和保修费用（销售与一般行政管理费用的组成部分），确认产品保修的预期成本。随着公司履行保修义务，相应的保修服务成本冲减了预期的产品保修义务。如果对坏账费用数额的估计过于乐观，那么会计信息质量可能受损。

□ 经营利润

销售收入减去销售成本、销售与一般行政管理费用即为税前经营利润。以税前经营利润为基础，公司再扣除筹资活动和投资活动的其他收入和费用，包括享有的子公司利润的份额，最后再扣除所得税费用便得到净利润。

9.3 所得税

所得税是一项重要的经营费用。第2章中引入所得税并说明了所得税费用、递延所得税资产和递延所得税负债的会计处理方法。想必读者希望能回顾一下所得税问题。我们将在本节关注财务报表附注中披露的所得税信息，并讨论如何评估公司的所得税状况，以更好地理解权责发生制会计与税务会计（通常类似于收付实现制会计）之间的差异。

□ 所得税的披露要求

财务报表附注中的所得税附注是一个丰富的信息来源。我们将在这部分讨论四类强制且有用的披露信息：

- 所得税准备（即所得税费用）的构成
- 调整法定税率的所得税与所得税费用之间的差异
- 递延所得税资产和递延所得税负债的构成
- 有关不确定的纳税状况与相关储备的信息

---

① 新的收入确认规则通过，坏账费用将从利润表最顶端的销售收入项目中直接扣除，不再是销售与一般行政管理费用的组成部分。

我们将采用百事公司财务报表附注5“所得税”中披露的所得税信息分析上述四个问题。为了方便讨论，我们对附注5的内容进行了重新表述。

所得税费用的构成

表9-4列示了百事公司披露的税前利润和所得税费用的构成信息。首先，百事公司按其所得来源（美国和外国）划分税前利润。值得注意的是，外国所得每年数额都比较大。由于外国税率经常低于美国的税率，因此，所得来源的变化可能具有重要的税收意义。其次，按税收管辖权（美国联邦政府、外国政府和州政府）以及所得税费用所属期间（当期和递延）列示预提所得税（百事公司2012年度合并利润表中列报的20.90亿美元就是这栏的合计数）。

表9-4　摘自百事公司2012年度10-K格式年报的附注5所得税部分

（税前利润和所得税费用构成）

单位：千美元

附注5：所得税	2012年度	2011年度	2010年度
税前利润			
美国	**3 234**	3 964	4 008
外国	**5 070**	4 870	4 224
合计	**8 304**	8 834	8 232
预提所得税			
当期：美国联邦政府	**911**	611	932
外国政府	**940**	882	728
州政府	**153**	124	137
合计	**2 004**	1 617	1 797
递延：美国联邦政府	**154**	789	78
外国政府	**(95)**	(88)	18
州政府	**27**	54	1
合计	**86**	755	97
总计	**2 090**	2 372	1 894

百事公司三年税前利润总额的平均税率（实际税率）计算如下（单位：美元）：

年度	计算过程
2010	1 894 000/8 232 000=**23.0%**
2011	2 372 000/8 834 000=**26.8%**
2012	2 090 000/8 304 000=**25.2%**

这三年的平均税率有所增加，而且变化幅度不小。我们可以区分美国（联邦政府和州政府）和外国的税源以进一步分析税率出现差异的原因（单位：美元）：

年度	美国联邦政府和州政府	外国
2010	(932 000+137 000+78 000+1 000)/4 008 000=**28.6%**	(728 000+18 000)/4 224 000=**17.7%**
2011	(611 000+124 000+789 000+54 000)/3 964 000=**39.8%**	(882 000−88 000)/4 870 000=**16.3%**
2012	(911 000+153 000+154 000+27 000)/3 234 000=**38.5%**	(940 000−95 000)/5 070 000=**16.7%**

显然，百事公司的盈利主要来源于在低税率国家创造的所得。美国通用的税则要求美国公司必须就其所得纳税，不管该所得来源于哪个税收管辖权国家。当然，用于再投资而不是以股利的方式汇回美国的外国所得可以不纳税。百事公司财务报表附注5的后面部分介绍了未分配国际所得的情况：

截至 2012 年 12 月 29 日，我们拥有的未分配国际所得数额大约为 322 亿美元。在可以预见的将来，我们打算将这些所得继续投资于美国境外。因此我们没有确认这些所得应缴纳的美国所得税费用。

调整法定税率的所得税与所得税费用之间的差异

美国公司必须披露平均税率与税前利润的联邦法定税率之间存在差异的原因。公司可以采用美元金额或百分比来表述相应的调整项目。表 9－5 列示了百事公司税率调整的过程。

表 9－5 摘自百事公司 2012 年度 10-K 格式年报的附注 5 所得税部分

（税率调整过程）

	2012 年度	2011 年度	2010 年度
美国联邦法定税率	**35.0%**	35.0%	35.0%
州所得税（扣除美国联邦税收效益）	**1.4**	1.3	1.1
外国所得少纳税额	**(6.9)**	(8.7)	(9.4)
与税收法庭判决相关的税收效益	**(2.6)**	—	—
收购百事装瓶公司和百事美洲公司	—	—	(3.1)
其他（净额）	**(1.7)**	(0.8)	(0.6)
年平均税率	**25.2%**	26.8%	23.0%

调整过程可以采用百分比表述（百事公司就采用百分比表述），也可以采用税收效益的美元金额表述。这种调整的基本假设是所有所得都应该按美国联邦法定税率课税，这是一个合理的假设，因为美国公司的所有所得不论来源于何处都必须课税。州和地方所得税通常会导致公司的平均税率在联邦法定税率基础上有所提高（联邦税收是可以抵扣的项目，因此要扣除美国联邦税收效益）。就百事公司而言，州所得税使百事公司的平均税率增加了 1.1%～1.4%。

如前所述，百事公司这三年间的平均税率相对较低的主要原因是，其来源于外国经营活动的所得适用的税率较低。值得注意的是，这些低税率带来的效益似乎在逐渐减少（2010 年度调减幅度为 9.4%，2012 年度调减幅度只有 6.9%）。外国税率和来源于外国的所得逐渐提高，意味着平均税率在不断提高。除非公司采取应对措施，否则平均税率的不断提高可能损害公司未来的盈利能力。外国税收效益可能抵减平均税率，但这已经超出了百事公司的掌控范围。如果仅仅是因为外国税收管辖权引起税率逐渐提高，那百事公司就更难掌控局面。尽管如此，分析师还是可以通过某些途径评估百事公司是否会实施将所得从税率较高的税收管辖权国家转向税率较低的税收管辖权国家的税收战略。这些途径主要包括：

- 经营业务（如制造或营销）的实际转移。
- 为了转移所得而调整转移价格或成本分摊方式。
- 为了最大限度获得利息的税前扣除效益，转移在不同税收管辖权国家之间的借款或在某个税收管辖权国家内部改变债务或权益的融资方式。

联邦政府税、州政府税和外国税通常具有永久性，但许多税率调整项目具有暂时性。由于解决了一个与金融工具分类审计相关的税收问题，百事公司 2012 年度的平均税率较低。相对于法定税率（35%），平均税率调减的幅度（2.6%）相当大。此外，百事公司 2010 年度因收购装瓶公司剩余权益而列报了一个税率调减幅度（3%）。根据百事公司的管理层讨论与分析中“我们的财务成果，影响可比性的各个项目”披露的信息，由于装瓶公司权益的公允价值超过装瓶公司投资账户的账面价值，百事公司收购装瓶公司剩余权益时确认了一笔利得。根据国际财务报告准则，这类收购活动的多数利得都免税。

最后，每年都有一些调减税率的次要项目即“其他（净额）”。这些项目可能包括免税或不能扣除

（市政债券利息和税收罚款等）的永久性差异，因此（如第2章所述），这些项目对所得税费用没有任何影响。

分析师在评估公司的盈利能力时，务必考虑公司是否存在由暂时性事件（如收购或审计问题的解决）所创造的盈利能力。分析师在预测未来所得税准备时，必须通过分析一定期间内的税率调整过程确定预期的未来税率。通常，用联邦和州政府税率减去外国税收效益就可以得到一个更为稳定的税率。

递延所得税资产和递延所得税负债的构成

公司还必须披露递延所得税资产和递延所得税负债的具体构成。递延所得税资产和递延所得税负债的具体构成能描述一定期间内许多项目因权责发生制会计与收付实现制会计的税收处理差异而累积的数据。表9-6列示了百事公司财务报表附注5中披露的递延所得税资产和递延所得税负债的具体构成信息。

表9-6 摘自百事公司2012年度10-K格式年报的递延所得税资产和递延所得税负债的具体构成信息

单位：百万美元

	2012年度	2011年度	2010年度
递延所得税负债			
非控制性子公司投资	**48**	41	
全资子公司的债务担保	**828**	828	
财产、厂房与设备	**2 424**	2 466	
无形资产（不包括不可抵扣的商誉）	**4 388**	4 297	
其他	**260**	184	
递延所得税负债合计	**7 948**	7 816	
递延所得税资产			
结转净额	**1 378**	1 373	
以股份为基础的薪酬费用	**378**	429	
退休人员医疗福利	**411**	504	
其他员工相关福利	**672**	695	
养老金福利	**647**	545	
可抵扣的州所得税和利息效益	**345**	339	
长期负债	**164**	223	
其他	**863**	822	
递延所得税资产合计	**4 858**	4 930	
估值准备	**(1 233)**	(1 264)	
递延所得税资产净额	**3 625**	3 666	
递延所得税负债净额	**4 323**	4 150	

我们将在下面讨论这些具体构成项目，并特别关注财务报表附注有关税收项目中披露的常见构成项目。

非控制性子公司投资。百事公司持有的某些子公司的权益达不到控股的比例，应当采用权益法核算该投资。百事公司每年确认其享有的被投资公司的利润份额，其利润中包括该利润份额。只有当百事公司收到子公司发放的股利时，这部分股利收益才需要纳税。2012年末和2011年末，与这些投资的未来股利相关的递延所得税负债分别为48 000 000美元和41 000 000美元。百事公司在以前年度尚未取得装瓶公司的剩余权益，其暂时性差异的数额较大且不断增加。现在，暂时性差异的数额较小。

财产、厂房与设备。在纳税申报时，公司扣除的折旧费用是在比应计提折旧资产预计使用年限更短的期间内采用加速折旧法计算出来的折旧额。基于财务报告目的，多数公司采用直线法在应计提折旧资产预计使用年限内计提该资产的折旧。如此一来，应计提折旧资产的账面价值可能超过其计税基础。未来年份基于纳税申报目的的折旧费用可能小于基于财务报告目的的折旧费用，由此将产生一项需要在未来支付税款的负债。与应计提折旧资产相关的递延所得税负债的数额非常大，这与延迟纳税的有效税收筹划可谓一脉相承。百事公司的递延所得税负债数额相对稳定，这意味着应计提折旧资产刚刚超过使用年限的中点，暂时性差异开始反转。此外，百事公司的资本支出增长率可能较低。

无形资产（不包括不可抵扣的商誉）。百事公司在其财务报表附注4“财产、厂房与设备和无形资产”中指出，除了商誉之外，使用年限有限的无形资产的摊销年限为5～40年。这些无形资产项目出现递延所得税负债说明百事公司基于纳税申报目的在以更快的速度注销这些无形资产。这种做法虽然降低了当期的所得税负债，却增加了未来的所得税负债。这是百事公司递延所得税负债的最大来源。

结转净额。第一个也是数额最大的递延所得税资产项目是结转净额。无论基于财务报告目的还是基于纳税申报目的，公司某个年度的经营结果都可能出现亏损。公司可以用该亏损往后抵销过去两年的应纳税所得额，并得到一笔过去两年已缴纳所得税的税收返还，在发生亏损当年将该税收返还确认为所得税抵免。如果公司过去两年的应纳税所得额为负值，没有可以抵销亏损的应纳税所得额，或亏损超过过去两年的应纳税所得额，可以用亏损抵销未来20年的应纳税所得额。这种结转亏损的做法可以抵销未来年份的应纳税所得额，减少应纳所得税，因此能够为公司带来未来税收效益。这种正常经营亏损往前结转的效益产生了递延所得税资产。

百事公司可以用以前年度发生的正常经营亏损抵销未来年份的应纳税所得额，因此确认了一笔递延所得税资产。2012年末，百事公司因结转净额而产生的递延所得税资产为13.78亿美元。其财务报表附注5中也描述了亏损往前结转的数额高达104亿美元，同时还说明了该亏损往前结转的期限。

以股份为基础的薪酬费用。基于财务报告目的，百事公司根据股票期权授予日的期权价值确定以股份为基础的薪酬费用，随后在股票期权授予期间确认以股份为基础的薪酬费用。基于纳税申报目的，以股份为基础的薪酬费用必须延迟到员工行使股票期权时确认。一旦员工行使股票期权，美国税法允许公司在纳税申报时抵扣股票市场价格与股票行权价格之间的差额。2012年末，百事公司与以股份为基础的薪酬费用相关的递延所得税资产为3.78亿美元。

退休人员医疗福利、其他员工相关福利和养老金福利。基于财务报告目的，只要员工提供服务，公司每年都要确认员工退休后费用和养老金费用。基于纳税申报目的，公司向养老基金缴存现金时可以得到一笔扣除额。由于缴存现金可以获得的税收扣除额存在限制，养老金和退休后福利经常缺乏资金。资产负债表列报的未来需要支付现金的负债远远超过计税基础的负债（该数额等于零），为了清偿负债的未来税收扣除额，产生了当期的递延所得税资产。2012年度，百事公司的退休人员医疗福利、其他员工相关福利和养老金福利分别为4.11亿美元、6.72亿美元和6.47亿美元。

其他常见的递延所得税资产项目。百事公司既不存在也没有列报常见于其他公司的其他递延所得税资产项目。这些其他常见的递延所得税资产项目主要包括：

- 无法收回的应收账款。基于财务报告目的，公司在销售当年需要估计无法收回的应收账款的数额，但基于纳税申报目的，只有当顾客确实无法付款时公司才能确认坏账费用。如此一来，应收账款的账面价值小于其计税基础，两者之间的差额就是坏账费用的未来税收扣除额。这些未来税收扣除额乘以所得税税率就得到递延所得税资产的数额。
- 保修费用。基于财务报告目的，公司在保修期间内将预计的保修成本确认为费用，但基于纳税申报目的，公司只有在提供保修服务实际发生支出时才能扣除保修费用。如此一来，保修义务的账面价值（其数额为正值）将超过保修义务的计税基础（计税基础为零，因为所得税法不允许确认保修义务），两者之间的差额就是保修费用的未来税收扣除额，由此便产生了一项递延所得税资产。
- 减值和重组费用。为了确认减值并记录与重组相关的负债，公司调减了有形资产和无形资产的价值。基于纳税申报目的，只有当公司实际支出时才能扣除这些项目。未来税收扣除额产生了一项递延所得税资产。

递延所得税资产估值准备。公司必须确认可能无法带来税收效益的递延所得税资产的估值准备，以使资产负债表以最可能实现的净额列报递延所得税资产。百事公司的估值准备的数额与每年正常经营亏损结转而产生的递延所得税资产的数额差不多。这意味着估值准备可能与这些项目相关。百事公司正常盈利且纳税，因此该亏损与子公司相关。子公司的亏损只能在以后年度抵销该公司的净利润。税法将各个子公司视为不同的纳税主体，因此正常的经营亏损通常不能在各个子公司之间转移。如果公司（如百事公司）非常赚钱且正常纳税，而子公司不赚钱也不纳税，那么无论是现在还是未来，与正常经营亏损结转相关的递延所得税资产也就不存在，自然也就没有必要计提相应的估值准备。

递延所得税估值准备是一种税收储备，这种税收储备导致所得税费用增加、净利润减少。也就是说，与其他非税资产和负债的变动不同，税收储备的变动直接影响所得税费用。而其他非税资产和负债的变动通常影响净利润，影响数额为变动额乘以（1－税率）。这种税收储备的较大变动可能会显著影响净利润，因此，应该进一步关注税收储备这个项目。

有关不确定的纳税状况与相关储备的信息

财务报告准则要求公司列报不确定的纳税状况下税收效益的各种储备。例如，某公司在填写纳税申报表时填写了一项税收扣除额或遗漏了一项所得，不能确定其纳税状况是否能够通过税务机关的核查。如果税务机关的核查或随后的诉讼和上诉能够支持公司的纳税状况，公司就可以将该税收效益确认为所得税费用的扣除项目，否则必须建立税收储备。根据百事公司财务报表附注 5 的描述，经过美国、墨西哥、英国、加拿大和俄罗斯的公开税务审计，该公司应交所得税和其他负债列报的税收储备数额多达 24.25 亿美元。表 9－7 列示了该税收储备的期初与期末余额的必要调整过程。

表 9－7　摘自百事公司 2012 年度 10-K 格式年报的所得税附注（税收储备）　　单位：百万美元

	2012 年度	2011 年度
年初余额	**2 167**	2 022
与当年相关的纳税状况增加额	**275**	233
以前年度的纳税状况增加额	**161**	147
以前年度的纳税状况减少额	**(172)**	(46)
结算支付额	**(17)**	(156)
法定时效期满	**(3)**	(15)
折算与其他项目	**14**	(18)
年末余额	**2 425**	2 167

2011 年度和 2012 年度的税收储备分别增加了 1.45 亿美元和 2.58 亿美元。如果这两年的净利润都有所增加，出现这种情况并不意外。但事实上，这两年的净利润并非都有所增加。百事公司 2012 年度的净利润较上年减少了 2.65 亿美元。就递延所得税资产估值准备而言，税收储备增加会导致所得税费用增加、净利润减少。税收储备的变动几乎可以解释百事公司净利润下降的全部原因。这有助于分析师理解税收储备的作用及重要性，也说明了为什么分析师必须密切关注某个期间内税收储备的变动情况。

9.4　养老金与退休后福利

除了薪金、奖金、工资、假期和以股份为基础的薪酬之外，多数雇主还为员工提供退休后福利。本节将讨论养老金福利，随后将简要总结其他退休后福利（如医疗保健）的财务列报问题。[1]

为了给退休人员提供养老金福利，雇主发起建立固定缴存计划或固定受益计划。根据固定缴存计划，雇主承诺将员工收益的一定比例投资于员工指定的投资工具。过去十年间，越来越多的雇主开始建立固定受益计划，通常是401(k)计划，每年将员工工资的一定比例以现金形式转入某个投资账户。根据固定受益计划，一旦资金投入投资账户，雇主就履行了义务。雇主并不确保员工退休时能够得到既定福利。退休金的数额取决于投资公司的投资绩效和员工如何在各种类型的投资之间分配缴存资金。固定缴存计划的会计处理较为简单。根据合约，员工现在的服务使雇主有义务定期支付相应的款项，雇主根据固定缴存义务的数额确认养老金费用。

根据固定受益计划，雇主必须在员工退休后向其支付养老金。雇主与员工协商确定的养老金计划条款决定了雇主的最终义务。通常，许多因素会影响雇主最终义务的确定和最终支付的数额，这些因素包括员工为公司服务的年限、预期员工寿命和退休状态。确定和评估特定期间养老金成本的复杂性使其会计处理也较为复杂。

雇主公司通常会聘用第三方信托人（通常是保险公司或其他金融服务公司）管理各种养老金计划。雇主每年都会将一笔缴存额交给信托人，这些资金将投资于由信托人管理的各种指定资产（通常是现金、债务与权益证券的组合）。信托人记录各种养老金计划对各个员工的义务并向符合条件的员工支付养老金。接下来，我们将讨论更为复杂的固定受益计划的会计处理问题。

□ 固定受益养老金计划会计的经济问题

要解释固定受益养老金计划的基本经济问题，必须理解和比较两个关键项目：养老金义务与养老金资产。

养老金义务（负债）

在一个典型的固定受益计划中，根据该计划的计算公式，员工退休时可以一次性得到一笔钱或每月定期得到一笔钱。典型的固定受益计划的计算公式会考虑员工服务年限、每年服务的提存额（通常为最后工资额的一定比例）和退休日最后工资额等因素。例如，某个养老金计划的计算公式如下：

每年福利 = 每年提存额 × 服务年限 × 退休日最后工资额

假设每年提存额比例为1%，该计算公式的含义是：员工每服务一年，其每年的退休福利将增加退休日最后工资额的1%。根据该退休计划，如果某个员工工作了30年，其退休福利为最后工资额的30%。预计养老金义务（负债）是根据退休计划计算公式（采用预期未来工资水平）和精算假设确定的雇主应该支付给员工的预计退休福利数额（截至现在员工已经工作并赚取的福利数额）的现值。计算现值所用的折现率（利率）称为结算利率，即外部主体实际履行义务的现行市场利率。

养老金资产

为了保证到期时拥有可供支付养老金的资金，雇主可以通过两种方式积累养老金资产，分别是设置专款专用的基金（自己管理养老金计划）或将现金交给养老金计划的信托人，以期该信托人将这些现金用于投资，获得投资报酬，从而增加养老金计划的资金数额。如果雇主自己管理养老金计划，该计划称为无基

① 养老金和退休后福利的相关会计准则包括：*Codification Topics 715 and 958*；International Accounting Standards Board，*International Accounting Standard 19*，"Employees Benefits"（revised 1998）。

金计划。如果由信托人管理养老金计划，该计划称为基金计划。除非特别说明，否则我们假设所有养老金计划都由第三方信托人负责管理。雇主和第三方信托人与某个精算师协商后，基于对该养老金计划资产的预期长期报酬率的假设来决定支付给信托人的数额。

养老基金资产以其年末的公允价值计量。雇主的财务报表以年末公允价值或一定期间内（通常为五年）的平均公允价值（该平均值也称为与市场相关的公允价值）列报其养老基金资产。通常，要确定养老基金资产的公允价值并不难，因为养老基金资产一般审慎地投资于由现金和广为持有的公开交易证券所组成的基金。

固定受益计划的经济状况

比较预计养老金负债与固定受益计划资产的公允价值就可以确定固定受益计划的经济状况：

如果预计养老金负债大于固定受益计划资产的公允价值，该计划资金不足，产生负债。

如果预计养老金负债小于固定受益计划资产的公允价值，该计划资金过剩，产生资产。

资产负债表能反映固定受益计划的经济状况。公司的资产负债表将资金不足的固定受益计划确认为负债，而将资金过剩的固定受益计划确认为资产。如果存在多种不同的固定受益计划（不同的员工小组、子公司和国家等），那么应该根据不同的固定受益计划分别确定其资金不足或过剩的状况。确认为资产的固定受益计划与确认为负债的固定受益计划应当分别累积和列报。

哪些因素改变了固定受益计划的经济状况？除了募集资金数额（即公司支付给信托人的数额）之外，利润表的综合收益中还列报了固定受益计划的经济状况的变动情况。

哪些因素改变了预计养老金负债（即养老金计划负债）？以下五个事项可能改变某个期间的预计养老金负债：服务成本、预计养老金负债的利息、前期服务成本、基于精算假设的负债利得和损失，以及福利支付数额。

1. 员工当年赚取的福利（服务成本）

员工多工作一年，就可以赚取更多的未来福利。未来福利增加额的精算现值就是雇主养老金负债的增加额。这个负债增加额称为服务成本。

2. 时间的流逝（预计养老金负债的利息）

预计养老金负债就是应付退休人员未来福利的现值。随着时间的推移，只要负债依然存在，就将以结算利率计算并累积利息。也就是说，长期预计养老金负债将以结算利率增长。这种随着时间的推移而增加的负债称为利息成本。

3. 因计划修改而产生的追溯福利（前期服务成本）

有时，雇主与员工协商后决定修改养老金计划的福利计算公式。雇主与员工的协商通常可能增加可追溯的退休福利。回顾前述养老金计划计算公式的示例，现在我们假设雇主修改养老金计划协议，将每年提存额比例从1%增加到2%。如果这种养老金计划的修改可以追溯，员工现在有权获得的每年福利就等于最后工资额的60%。由于预计养老金负债是预计未来退休福利支付额的精算现值，因此，退休福利支付额的意外增加额就转化为预计养老金负债的意外增加额。因养老金计划的修改与福利的追溯而产生的预计养老金负债增加额就称为前期服务成本。雇主认为受益于修改后的可追溯养老金计划的员工是士气高昂、忠心耿耿的劳动力，因此经常对预计养老金负债的意外增加额表示认可。在受影响的员工组剩余的服务期限内，这些士气高昂、忠心耿耿的员工就可以为雇主带来未来经济利益。

4. 未来退休福利支付额的精算假设发生变化（基于精算假设的负债利得和损失）

精算师每期都会根据各个项目（如利率、死亡率、增加的支付额和工作分类）的最新假设估算预计养老金负债。如果某个期间的经验表明，这些假设应该发生变化，精算师就会根据新的假设计算出预计养老金负债。如此一来，预计养老金负债可能发生增减变动。这种预计养老金负债的增加额或减少额称为基于精算假设的负债利得和损失。例如，如果新的信息表明员工退休后预计的寿命期比原先预计的寿命期长，则未来支付的退休福利数额可能增加，相应的预计养老金负债也随之增加。预计养老金负债的意外增加额就是负债损失。养老金计划假设的其他因素发生变化，也可能导致预计养老金负债的减少。预计养老金负债的减少额就归类为负债利得。

5. 已支付退休福利数额（福利支付数额）

实际支付给退休员工的退休福利数额会减少预计养老金负债。

哪些因素改变了养老金计划资产的市场公允价值？以下三个事项可能改变某个期间的养老金计划资产的市场公允价值：雇主向养老金计划信托人缴存的现金数额、养老金计划资产的实际报酬率和退休福利支付数额。

1. 雇主向养老金计划信托人缴存的现金数额（雇主缴存数额）

雇主向养老金计划缴存现金会增加养老金计划的资金，从而增加养老金计划资产的市场公允价值。公司管理层每年都要在一定范围内决定向养老金计划缴存的现金数额。美国联邦政府强制规定了固定受益计划的最低数额，该最低数额成为公司向固定受益计划缴存现金的最低限额。美国税法只允许将一定数额的现金缴存额作为税前扣除项目，多数公司将该扣除数额作为其缴存现金的最高限额。公司向养老金计划缴存的现金数额通常介于最低限额与最高限额之间。值得注意的是，该缴存现金数额减少了雇主对退休员工的义务即预计养老金负债。

2. 养老金计划资产的实际报酬率（养老金计划资产报酬率）

养老金计划信托人将雇主缴存的现金投资于股票、债券和其他资产。信托人由此获得一定的报酬（如股利或利息）并承担市场价值的波动风险。该期间养老金计划资产的市场公允价值波动、雇主缴存现金数额和支付福利数额的调整，导致养老金计划资产的实际报酬率需要重新计算。如果实际报酬率为正值，该期间的养老金计划资产的市场公允价值会增加。当然，养老金计划资产的实际报酬率也可能为负值。该实际报酬率由两个部分组成：预期报酬率与未预期报酬率。

- 养老金计划资产的预期报酬率以类似于养老金计划资产的多元化投资组合的长期预期报酬率为基础。养老金计划资产的预期报酬率总是为正值。
- 养老金计划资产的未预期报酬率以实际报酬率与预期报酬率之间的差异为基础（资产利得和损失）。

例如，某公司的预期报酬率为10%，而实际报酬率为9%，那么实际报酬率的两个组成部分是预期报酬率10%和养老金计划资产损失1%。根据结算利率计算利息会增加预计养老金负债。同理，根据预期报酬率计算利息，养老金计划资产的市场公允价值也会增加。如果事实证明结算利率（或其他假设）与预期不同，预计养老金负债就可能增加或减少。如果事实证明实际报酬率高于或低于预期报酬率，养老金计划资产的市场公允价值也可能增加（利得）或减少（损失）。

3. 退休福利支付数额（福利支付数额）

最后，向退休员工实际支付退休福利会降低现有养老金计划资产的市场公允价值。值得注意的是，向退休员工支付的退休福利数额也会减少雇主对退休员工的义务即预计养老金负债。

□ 在净利润和其他综合收益中列报收益的影响

预计养老金负债和养老金计划资产市场公允价值的非现金变动，可以立即确认为当期的养老金费用，也可以递延确认为其他综合收益。

立即在净利润中确认的项目包括服务成本、利息成本和养老金计划资产的预期报酬率。立即确认为预计养老金负债的服务成本和利息成本增加了养老金费用，因为这两个项目都代表着预计养老金负债的增加。养老金计划资产的预期报酬率总是为正值，因为其代表养老金计划资产公允价值的增加，所以，养老金计划资产的预期报酬率减少了养老金费用。[①]

养老金计划变动的类型	处理方法
预计养老金负债的变动：	
服务成本	增加养老金费用
预计养老金负债的利息成本	增加养老金费用
前期服务成本	增加其他综合收益
预计养老金负债的利得/损失	增加或减少其他综合收益
养老金计划资产的市场公允价值变动：	
养老金计划资产的实际报酬率（两个组成部分）：	
养老金计划资产的预期报酬率	增加养老金费用
养老金计划资产的利得/损失	增加或减少其他综合收益

前期服务成本通常会增加预计养老金负债，并将增加额确认为其他综合收益的减少额。前期服务成本将通过摊销程序确认为一定期间的净利润，这一做法不仅符合前期服务成本可以创造员工声誉的观点，也符合在员工剩余服务期间内由员工声誉带来的效益应该追溯至声誉所属的员工的观点。鉴于对养老金的会计处理存在一个平滑利润的固有目标，养老金负债和养老金资产的利得和损失应该递延确认。支撑这个目标的主要理由是多数利得和损失都是暂时性波动，所以在当期不应该确认这些利得和损失。这些利得和损失的具体递延确认规则相当复杂，我们将在本章后面部分讨论这个问题。基本思路是只有当暂时性利得和损失的数额非常大时才应该摊销这些利得和损失，并在利润表中列报。不过在这些利得和损失发生的当期，所有负债的利得和损失都要在其他综合收益中列报。

利润表将在当期净利润中确认的以上数额列报为养老金费用。为了便于读者理解养老金费用的计算过程，并说明资产负债表和财务报表附注中披露的内容，我们不妨参考如下简例。

□ 资产负债表和财务报表附注披露内容中涉及的养老金费用的计算过程

2013年1月1日，莫雷诺公司（Moreno Co.）创建了一个固定受益养老金计划，固定受益养老金计划的预计养老金负债和资产的市场公允价值当时都是零。2014年初，莫雷诺公司将追溯性福利100 000美元授予平均剩余服务年限达到10年的员工，并决定每年末向该固定受益养老金计划的信托人缴存60 000美元，以为该固定受益养老金计划提供资金。每年服务成本为50 000美元，投资报酬率为10%，通过购买一份利率为7%的年金，莫雷诺公司可以履行相应的义务。为了便于分析，我们假设：(1) 该固定受益养老金计划资产的实际报酬率和预期报酬率相等（即没有资产利得或损失）；(2) 实际预计养老金负债与预期预计养老金负债相等（即没有负债利得或损失）。我们的目的是编制莫雷诺公司2013—2015年度的财务报表。

为了计算该固定受益养老金计划需要披露的许多数据，必须调整预计养老金负债与资产的市场公允价值。表9-8列示了莫雷诺公司的调整过程。

员工在2013年提供了服务，预计养老金负债将从原来的0美元增加到50 000美元。预计养老金负债没有期初余额，不会随着时间的推移而增加，因此预计养老金负债的利息成本为0美元。2013年，预计养

① 我们交替使用“养老金费用”与“养老金成本净额”这两个术语，这种做法未必总是正确的。因为成本可能是一项费用，也可能是一项资产，取决于其经济效益是否超越当期。我们在前面的讨论中已经提及养老金成本（如直接人工的养老金成本）可能是存货成本的组成部分。当然，如果养老金成本是存货成本的组成部分，那么就不列报为养老金费用。这时，养老金成本将以产品成本的形式分配到存货中。随后在这些存货出售时，分配到存货中的养老金成本就转化为产品销售成本的组成部分。

表 9-8 莫雷诺公司养老金负债与资产的调整过程

单位：美元

预计养老金负债的变化		2013 年		2014 年		2015 年
预计养老金负债期初余额		0		50 000		203 500
服务成本		50 000		50 000		50 000
预计养老金负债的利息：						
预计养老金负债期初余额	0		50 000		203 500	
结算利率	×0.07		×0.07		×0.07	
利息成本		0		3 500		14 245
前期服务成本		0		100 000		0
预计养老金负债期末余额		50 000		203 500		267 745
资产市场公允价值的变化		**2013 年**		**2014 年**		**2015 年**
资产市场公允价值期初余额		0		60 000		126 000
预期资产报酬：						
期初余额	0		60 000		126 000	
长期预期资产报酬率	×0.10		×0.10		×0.10	
预期报酬		0		6 000		12 600
缴存现金数额		60 000		60 000		60 000
资产市场公允价值期末余额		60 000		126 000		198 600

老金负债没有发生其他变化（本示例有意不考虑的两个其他可能变化的因素是负债的利得或损失与支付给退休员工的数额）。该固定受益养老金计划资产的市场公允价值期初余额为 0 美元，因为没有投资，自然没有报酬率。年末，莫雷诺公司向该固定受益养老金计划信托人缴存现金 60 000 美元（本示例假设没有向退休员工支付款项）。比较 2013 年 12 月 31 日该固定受益养老金计划的预计养老金负债和资产的市场公允价值，我们可以发现莫雷诺公司缴存的现金数额比该固定受益养老金计划应该向员工履行的义务还多了 10 000 美元。如此一来，该固定受益养老金计划的资金多了 10 000 美元，即该计划的资产净额为 10 000 美元。莫雷诺公司 2013 年 12 月 31 日的资产负债表将以净额 10 000 美元列报该资产。

2014 年，情况发生了重大变化。服务成本 50 000 美元再次导致预计养老金负债的增加。不过，现在的预计养老金负债的余额为 50 000 美元，应该按结算利率 7%计算利息，因此预计养老金负债增加了 3 500 美元（预计养老金负债的利息成本）。此外，2014 年是莫雷诺公司因修改固定受益养老金计划而开始追溯员工福利的年份，因此预计养老金负债因前期服务成本而增加了 100 000 美元。综上，2014 年 12 月 31 日预计养老金负债的余额为 203 500 美元。莫雷诺公司没有选择马上为前期服务成本募集资金。该固定受益养老金资产的市场公允价值只增加了该固定受益养老金计划资产期初余额获得的 10%的报酬和莫雷诺公司每年末向信托人支付的 60 000 美元。因此，莫雷诺公司 2014 年 12 月 31 日的负债净额为 77 500 美元，预计养老金负债为 203 500 美元，而固定受益养老金计划资产的市场公允价值为 126 000 美元，比较两者的差异就可以得出负债净额为 77 500 美元，作为一项负债在 2014 年度的资产负债表中列报。根据相关法律，如果固定受益养老金计划资金募集不足，公司必须为其购买相应的保险。即便资金募集不足没有引发法律问题，也可能影响员工士气，进而严重影响公司未来的盈余和现金流量。

2015 年，影响该固定受益养老金计划的预计养老金负债和资产市场公允价值的事项与往年大同小异。不过，现在的预计养老金负债的利息（14 245 美元）已经超过了该固定受益养老金计划资产的实际报酬（12 600 美元）。这样一来，只有雇主向该固定受益养老金计划缴存的现金数额超过每年的服务成本，才能扭转该计划资金募集不足（即出现负债净额）的境况。

□ 利润表的影响

莫雷诺公司的账簿将服务成本、预计养老金负债的利息和固定受益养老金计划资产的报酬在获得后立即确认为养老金费用。前期的服务成本、利得与损失则递延确认。在其他综合收益中需要首先确认前期服务成本、利得与损失，增加预计养老金负债，随后将其期初余额在员工平均剩余服务年限内摊销，进而在净利润中确认。养老金费用净额的具体计算过程如下表所示。

单位：美元

养老金费用净额的计算过程	2013 年	2014 年	2015 年
服务成本	50 000	50 000	50 000
预计养老金负债的利息	0	3 500	14 245
预期资产报酬	0	(6 000)	(12 600)
前期服务成本摊销额*	0	0	10 000
利得/损失摊销额	0	0	0
养老金费用净额	50 000	47 500	61 645

*假设 2014 年 12 月 31 日的前期服务成本从 2015 年开始摊销，以截至 2014 年 12 月 31 日的员工平均剩余服务年限为摊销期，假设员工平均剩余服务年限为 10 年。

值得注意的是，2013 年和 2014 年的前期服务成本摊销额都为 0 美元（因为前期服务成本的期初余额为 0），而 2015 年的前期服务成本摊销额为 10 000 美元（前期服务成本 100 000/10）。今后 9 年将继续摊销前期服务成本。

2013—2015 年间，每年的利润表都会反映养老金费用净额。就商业公司而言，养老金费用净额是一种经营费用，而就制造业公司而言，参与制造存货的员工的养老金费用净额要先资本化为存货成本，随后在存货出售时再转为产品销售成本。

表 9-9 列示了前述的讨论过程。2013 年，养老金负债增加，导致养老金费用增加了 50 000 美元。养老金资产因雇主缴款而增加了 60 000 美元。2014 年，因修改养老金计划产生了前期服务成本 100 000 美元，从而增加了养老金负债，莫雷诺公司递延确认了前期服务成本（即当期养老金费用中不包括前期服务成本），而其他综合收益有所减少。养老金负债（增加了 53 500 美元）和养老金资产（增加了 6 000 美元）的其他变化主要来源于需要在发生后立即在养老金费用中确认的事项（增加了 47 500 美元）。募集资金进一步增加了养老金资产（增加了 60 000 美元）。2015 年，类似的事项同样使养老金资产和养老金负债发生了改变。此外，通过注销其他综合收益 10 000 美元将前期服务成本摊销为养老金费用。

表 9-9 养老金会计处理对财务报表的影响

资产总额	=	负债总额	+	股东权益总额		
				投入资本	累计其他综合收益	留存收益
2013 年： 记录养老金费用： 记录支付的现金： 现金 −60 000 养老金资产 +60 000		养老金负债 +50 000				养老金费用 −50 000
养老金费用 50 000 养老金负债 50 000 养老金资产 60 000 现金 60 000						

续表

资产总额	=	负债总额	+	股东权益总额 投入资本	股东权益总额 累计其他综合收益	股东权益总额 留存收益
2014 年： 记录养老金计划的修改：		养老金负债 +100 000			其他综合收益 −100 000	
记录养老金费用： 养老金资产 +6 000		养老金负债 +53 500				养老金费用 −47 500
记录支付的现金： 现金 −60 000 养老金资产 +60 000						
其他综合收益 100 000 　养老金负债 100 000 养老金费用 47 500 养老金资产 6 000 　养老金负债 53 500 养老金资产 60 000 　现金 60 000						
2015 年： 记录养老金费用： 养老金资产 +12 600		养老金负债 +64 245			其他综合收益 +10 000	养老金费用 −61 645
记录支付的现金： 现金 −60 000 养老金资产 +60 000						
养老金费用 61 645 养老金资产 12 600 　其他综合收益 10 000 　养老金负债 64 245 养老金资产 60 000 　现金 60 000						

莫雷诺公司在其财务报表附注中披露了各期养老金费用净额的各个组成部分（参见前述养老金费用净额的具体计算过程）。此外，莫雷诺公司的财务报表附注中还必须披露预计养老金负债与固定受益养老金计划资产市场公允价值的期初期末调整过程。

单位：美元

财务报表附注披露的信息：预计养老金负债和资产市场公允价值的调整	2013 年	2014 年	2015 年
预计养老金负债期初余额	0	50 000	203 500
服务成本	50 000	50 000	50 000
利息成本	0	3 500	14 245
前期服务成本	0	100 000	0
支付福利数额	0	0	0
预计养老金负债期末余额	50 000	203 500	267 745
固定受益养老金计划资产市场公允价值期初余额	0	60 000	126 000
公司缴存现金数额	60 000	60 000	60 000
支付福利数额	0	0	0
固定受益养老金计划资产的实际报酬	0	6 000	12 600
固定受益养老金计划资产市场公允价值期末余额	60 000	126 000	198 600
养老金负债（资产）净额	(10 000)	77 500	69 145

□ 利得与损失的确认

截止到现在，我们假设所有实际数额与预期数额都相等。如果事实证明预期与现实不同，就会产生利得和损失，即

预期预计养老金负债≠实际预计养老金负债，就会产生负债利得或损失

预期市场公允价值≠实际市场公允价值，就会产生资产利得或损失

养老金的会计处理过程中会递延确认资产和负债的利得和损失。只有当递延利得/损失的净额非常大，才有必要进行摊销。美国财务会计准则委员会强制规定了一个数额（称为门槛数额）作为递延利得或损失摊销的门槛。这里的门槛数额是指其数额超过实际预计养老金负债或实际市场公允价值的10%。这种处理方式背后的逻辑很简单，利得和损失的出现说明偏离预期。如果预期没有偏差，一定期间内的利得和损失将相互抵销，利得净额或损失净额应该围绕0波动。当然，如果一定期间内的利得和损失不能相互抵销，那么累计利得或损失会变得很大。这里的"很大"是指其数额超过门槛数额。根据美国财务会计准则委员会的规定，只有递延利得或损失的余额超过门槛数额，才要摊销递延利得或损失。公司每年都要就是否摊销递延利得净额或损失净额做出决策，而且各年的决策要相互独立。此外，公司必须根据年初余额做出决策（也就是说，要根据以前年度的递延利得净额或损失净额、预计养老金负债和市场公允价值的期末余额）。摊销损失净额对财务报表的影响与摊销前期服务成本对财务报表的影响相同。摊销利得净额减少了其他综合收益，降低了养老金费用，进而增加了净利润。

□ 精算假设的影响

公司必须在其财务报表附注中披露对下列参数所做的各种假设：

- 计算养老金福利义务采用的折现率。
- 养老金投资的预期报酬率（包括形成预期报酬率基础的养老金计划投资指南）。
- 影响预计养老金负债数额的薪酬增长率。

养老金福利义务的数额与折现率呈负相关。美国公认会计原则明确要求公司应该采用长期政府债券利率作为折现率。这样一来，折现率的变化应该不会太大。即使折现率发生细微的变化，也会显著影响养老金福利义务的数额。

公司会采用不同的养老金投资预期报酬率，因为养老金投资组合的投资结构不同。例如，投资于相同比例的债券和股票的公司的预期报酬率（和风险）应该低于全部投资于股票的公司的预期报酬率。百事公司在其财务报表附注7中披露，这三年的养老金计划资产的预期投资报酬率为7.8%。百事公司养老金计划资产的目标配置是40%投资于固定收益证券、33%投资于美国股票、22%投资于国际股票和5%投资于房地产。百事公司还详细披露了其确定养老金计划资产的公允价值的过程。基于以下两个原因，这种披露颇具价值。第一，分析师可以判断公允价值的可靠性。百事公司对每个投资项目都分层次（如第一层次、第二层次或第三层次）标明了其公允价值，并详细地披露了公允价值估值所采用的信息来源。例如，分析师可以在"美国养老金计划资产"这个标题下找到"政府证券"。根据其披露的信息，采用第二层次估值的投资项目的公允价值为12.87亿美元，第二层次估值"以市场上可比证券的公开报价和经纪人或交易商不可观测的报价为基础"。值得注意的是，几乎没有养老金计划资产投资于第三层次资产。

第二，这种披露有助于分析师评估配置目标是否已经实现。例如，养老金计划资产在2011年末的公

允价值总额为 112.93 亿美元，而投资于美国和国际资产等固定收益证券的公允价值为 46.06 亿美元，占养老金计划资产公允价值总额的 40.8%。而在 2012 年末，该比例为 39.5%。因此，百事公司养老金计划资产的固定受益证券投资比例接近其配置目标（40%）。

由于担心公司为了盈余管理而采用不同的预期报酬率，公司被要求必须充分披露其目标投资配置与实际投资配置。预设的养老金资产长期报酬率以多种方式影响养老金的分析。第一，如果公司获得的平均报酬率低于该预设的报酬率，公司未来就需要缴存更多的现金。第二，养老金资产的预期投资报酬将减少各期的养老金费用，进而增加盈余。如果累计利得和损失超过门槛数额，公司就必须摊销预期报酬与实际报酬之间的差异以及负债利得与损失。这样一来，由预期过高的报酬率导致的预期与实际报酬率之间的差异可能使养老金费用缓慢上升。

预设的薪酬增长率也存在类似问题，因为预设的薪酬增长率由公司管理层决定，不像预计养老金负债的折现率和养老金计划资产预期报酬率可以得到外部验证。而养老金福利义务的数额与预设的薪酬增长率直接相关。如此一来，公司倾向于采用较低（而不是较高）的预设薪酬增长率，从而降低公司的预期养老金负债和员工对未来薪酬增长的预期。分析师应该将公司一定期间内的各种假设与其他公司进行比较，评估公司各种假设的激进程度。

□ 其他退休后福利

除了养老金，雇主会向员工及其配偶和家属提供退休后福利。这些退休后福利可能包括医疗与住院费用、大学学费补助和人寿保险费用。前述的养老金示例已经讨论过，员工在当期为公司提供服务会使公司产生这些义务，而这些福利的预期义务可以通过未来支付额的精算现值计算出来。

遵循前述讨论养老金会计处理时所采用的费用确认、资产负债表列报和附注调整等框架可以很好地理解退休后福利的会计处理过程。养老金与退休后福利的会计处理过程存在两个主要差异。第一，许多公司只有在退休人员提出要求时才支付这些福利，并没有提供资金设立用于支付其他退休后福利的养老金计划资产投资组合。因为政府的法规并没有具体规定公司为养老金之外的退休后福利提供资金的最低限额，所以许多公司的退休后福利计划资产的市场公允价值为零。第二，除养老金之外的退休福利还需要披露两个问题：(1) 精算假设所采用的预设医疗保健费用的趋势增长率；(2) 预设医疗保健费用的趋势增长率增减 1 个百分点对医疗保健福利的累计退休后福利义务以及各期退休医疗保健福利成本净额中的服务成本和利息成本产生的影响。

□ 盈余持续性的信号

投资项目的市场价值大幅波动可能会显著影响养老金费用和盈余。公司采用长期预期投资报酬率计算各期的预期资产报酬率和养老金投资组合的预期资产报酬率。如果投资项目的市场价值像 20 世纪 90 年代那样不断上升，许多公司就会发现其养老金费用变成了养老金收益。这时，有些公司的养老金收益就成为其不断增加的盈余的重要组成部分。在随后的股票市场低迷期间，公司只得确认养老金费用（而不是养老金收益），这加剧了经济萧条环境的盈余下行压力。如果分析师采用当期盈余预测未来盈余，就应该意识到股票价格变动对养老金费用计量的影响。

□ 百事公司的养老金和其他退休后福利

百事公司合并财务报表附注 7 中披露了（美国和国际）养老金和其他退休后福利的信息。该附注的第一个重要表格显示，百事公司的美国养老金计划资产的预计养老金负债从2012年初的119.01亿美元增加到128.86亿美元。导致预计养老金负债增加的主要因素包括服务成本（4.07亿美元）、期初预计养老金负债的利息成本（5.34亿美元）、养老金计划修改导致的员工福利的增加额（0.15亿美元）和估算预计养老金负债时精算假设的不利变动（9.32亿美元）。导致预计养老金负债减少的主要因素是向退休员工支付的福利（2.78亿美元）。当然，公司有时也会终止或削减养老金计划。2012年，百事公司就结算或削减了一项养老金计划，所支付的款项导致预计养老金负债减少（6.33亿美元）。员工小组有时会就终止的养老金计划与公司协商一笔特别终止福利。百事公司就因发生这样的事项而增加了预计养老金负债（0.08亿美元）。百事公司在其他栏目以类似的方式披露了国际养老金计划和退休医疗计划的预计养老金负债变动信息。美国养老金计划与国际养老金计划披露的信息存在一个重要差异，即国际养老金计划因计量货币折算为美元而产生了一笔外汇调整，从而增加了预计养老金负债（1.02亿美元）。

百事公司在该附注第一个表格列示的美国养老金计划部分解释了养老金计划资产的公允价值变动情况。2012年初，该养老金计划资产的公允价值为90.72亿美元，其实际报酬增加了12.82亿美元，报酬率为14.1%，远远超过预期报酬率（根据百事公司披露的信息，该养老金计划资产的预期长期报酬率为7.8%）。百事公司向该养老金计划资产缴存现金13.68亿美元，用2.78亿美元支付各种福利，还用6.27亿美元支付因结算或削减养老金计划而产生的特别终止福利。到年末，养老金计划资产只有108.17亿美元，而养老金计划负债为128.86亿美元，因此百事公司养老金计划出现了负债净额。该差额20.69亿美元主要列报为资产负债表的其他非流动负债（根据附注7披露的信息，20.18亿美元列报为资产负债表长期负债部分的其他负债，剩余部分列报为流动负债）。

百事公司在其他栏目以类似的方式披露了国际养老金计划和退休医疗计划的资产公允价值变动信息。导致预计养老金负债增加1.02亿美元的外汇调整使养老金计划资产的公允价值增加了0.86亿美元。

这些变动额大部分列报为当期利润表的其他综合收益和资产负债表的累计其他综合收益。在该期间内，美国养老金计划的综合收益总共减少了43.33亿美元，而国际养老金计划的综合收益总共减少了10.93亿美元，但百事公司的利润表尚未反映这些综合收益的减少额。百事公司2012年12月29日的资产负债表股东权益部分列报的累计综合损失为54.87亿美元，该综合收益减少额接近该累计综合损失的98.9%。该数额主要是因为在计算预计养老金负债和养老金计划资产公允价值时采用的各种假设发生了预期之外的不利变化而产生的（美国养老金计划和国际养老金计划分别为42.12亿美元和10.96亿美元）。分析师只要关注百事公司披露的2012年和2011年美国养老金计划和国际养老金计划的损失净额增减变动信息，就可以评估该笔综合损失的累计情况。根据“折现率变动”这行所披露的信息，2012年和2011年美国养老金计划分别损失了7.76亿美元和17.10亿美元，而国际养老金计划分别损失了1.88亿美元和3.02亿美元。仅仅两年，这四项损失的总额就多达29.76亿美元，大约占该期间累计损失的56%。因此，在仅仅两年的时间里，利率不断下跌导致计算未来养老金福利现值（即预计养老金负债）的预设折现率降低，大约有30亿美元的损失被当作累计其他综合收益的组成部分列报。

百事公司继续披露了计算需在净利润中确认的养老金费用的过程。服务成本（4.07亿美元）和利息成本（5.34亿美元）导致养老金费用的增加，而养老金计划资产的预期报酬（7.96亿美元）则导致养老金费用的减少。如前所述，养老金计划资产的预期报酬远低于其实际报酬。其他综合收益原先反映的前期服务成本通过摊销转化为养老金费用（0.17亿美元）。而其他综合收益原先反映的损失数额太大，超过了门槛数额，必须通过摊销转化为养老金费用（2.59亿美元）。结算或削减养老金计划损失（1.85亿美元）和特别终止福利（0.08亿美元）都必须立即确认为养老金费用。

百事公司披露的信息突出了养老金会计具有的平滑收益的特征。如果养老金计划资产的所有实际利得都确认为当期的净利润（而不是增加其他综合收益），或者因折现率降低而导致的所有损失都确认为收益，可以想象其对当期净利润的影响会有多大。这种会计处理方式的合理性在于证券市场变动具有暂时性，而百事公司对退休员工的义务具有长期性。因为精算利得和损失、养老金计划资产未预期报酬和未摊销前期服务成本都是综合收益的组成部分（可供出售证券的未实现利得和损失、外币折算利得和损失以及某些衍生工具的利得和损失也都是综合收益的组成部分），而当期综合收益会影响其他累计综合收益，所以养老金会计并没有平滑股东权益。

9.5　运用衍生工具规避外币风险和商品价格风险

公司会从事许多交易，这些交易会使公司面临与利率、汇率和商品价格变动相关的风险。在第7章讨论筹资活动时，我们从总体上讨论了衍生工具的会计处理并举例说明了如何运用利率互换这种衍生工具规避利率风险。读者可能希望回顾该讨论，我们将在本章举例说明衍生工具在经营活动中的三种常见应用情况：

- 规避因进出口商品而产生的现有资产或负债外币风险的远期合约（一种不适合规避会计处理风险的合约）。
- 规避未确认公司承诺外币风险的远期合约（可以规避公允价值风险）。
- 规避预测性未来交易固有的商品价格风险的远期合约。

规避外币风险：现有资产或负债

我们在第8章已经讨论过公司折算子公司以外币计量的财务报表的程序，以及如何列报外币折算产生的未实现交易利得和损失。相对于美元价值，外币价值可能发生波动。未实现利得和损失旨在计量拥有以外币计量的资产和负债的子公司所面临的风险。① 如果公司进出口商品且合约以外币计价，就面临外币风险。

为了说明外币风险、如何规避外币风险及其财务报表的含义，我们以一家进口商为例。假设世界风格公司（Worldwide Style，Inc.）是一家以12月31日为年末的美国零售商。该公司2013年12月5日以100 000欧元向一家意大利供应商购买存货，将在2014年4月5日支付应付账款100 000欧元。为了防止2014年4月5日欧元升值，世界风格公司于2013年12月5日签订一份将在2014年4月5日购买100 000欧元的远期合约，以锁定未来的汇率。在关键计量日，以单位欧元兑换美元数量表述的即期（即现在）汇率与远期汇率如下：

2013年12月5日：　即期汇率＝1.40　　2014年4月5日的远期汇率＝1.44
2013年12月31日：即期汇率＝1.45　　2014年4月5日的远期汇率＝1.50
2014年4月5日：　即期汇率＝远期汇率＝1.52

表9-10以财务报表模板的形式列示了这些交易。②

- 2013年12月5日，以即期汇率记录购货，以其公允价值确定存货的成本。由于远期合约尚未履行，因此通常不入账。不过，我们还是展示了远期合约的会计分录，以便更容易理解外币价值变动的影响。以

① 这种风险也可以规避，但我们不在本书讨论子公司投资净额的套期保值问题。

② 由于涉及未来的应付账款和应收账款，因此为了考虑货币时间价值，这些套期保值合约必须折现。我们在此忽略这些复杂的折现问题。由于合约存续时间较短，折现与否的数额差异通常微不足道。

表 9-10　规避现有负债的外币风险

单位：美元

<table>
<tr><th rowspan="2">资产总额</th><th rowspan="2">=</th><th rowspan="2">负债总额</th><th rowspan="2">+</th><th colspan="3">股东权益总额</th></tr>
<tr><th>投入资本</th><th>累计其他综合收益</th><th>留存收益</th></tr>
<tr><td>2013 年 12 月 5 日：
购货：
存货　+140 000
远期合约：
应收交易商账款　+144 000</td><td></td><td>

应付账款　+140 000

应付交易商账款　+144 000</td><td></td><td></td><td></td><td></td></tr>
<tr><td colspan="7">存货　140 000
　应付账款　140 000　（即期汇率 1.40×100 000）
应收交易商账款　144 000
　应付交易商账款　144 000　（远期汇率 1.44×100 000）</td></tr>
<tr><td>2013 年 12 月 31 日：
重新计量应付账款：

重新计量远期合约：
应收交易商账款　+6 000</td><td></td><td>

应付账款　+5 000</td><td></td><td></td><td></td><td>

汇兑损失　−5 000

汇兑利得　+6 000</td></tr>
<tr><td colspan="7">汇兑损失　5 000　［即期汇率上升幅度（1.45−1.40）×100 000］
　应付账款　5 000
应收交易商账款　6 000
　汇兑利得　6 000　［远期汇率上升幅度（1.50−1.44）×100 000］</td></tr>
<tr><td>2014 年 4 月 5 日：
重新计量应付账款：

重新计量远期合约：
应收交易商账款　+2 000
履行远期合约：
现金　−144 000
外币　+152 000
应收交易商账款　−152 000
清偿应付账款：
外币　−152 000</td><td></td><td>

应付账款　+7 000

应付交易商账款　−144 000

应付账款　−152 000</td><td></td><td></td><td></td><td>

汇兑损失　−7 000

汇兑利得　+2 000</td></tr>
<tr><td colspan="7">汇兑损失　7 000　［即期汇率上升幅度（1.52−1.45）×100 000］
　应付账款　7 000
应收交易商账款　2 000
　汇兑利得　2 000　［远期汇率上升幅度（1.52−1.50）×100 000］
应付交易商账款　144 000
　现金　144 000
外币　152 000
　应收交易商账款　152 000
应付账款　152 000
　外币　152 000</td></tr>
</table>

远期汇率计量应收交易商账款和应付交易商账款。由于远期合约尚未履行，不需要列报与远期合约相关的资产或负债。

- 从 2013 年 12 月 5 日的财务报表可以看出购买存货的交易已经完成，之后汇率的变动只影响应付账款的公允价值。此外，应付交易商账款已经锁定在 144 000 美元，之后的汇率变动只影响应收交易商账款。如此一来，世界风格公司面临资产和负债两种风险，在关键计量日必须重新计量各种风险。向交易商交付外币的成本 4 000 美元就是最终支付给交易商的现金流出量 144 000 美元与存货的公允价值 140 000 美元之间的差额。

- 在 2013 年财务报表日 12 月 31 日，必须重新计量应付账款和应收交易商账款。即期汇率已经上升，意味着支付以欧元计价的应付账款需要花更多的美元。相应地，随着即期汇率的上升，应付账款也随之增加。因此，需确认汇兑损失 5 000 美元。远期汇率上升意味着向交易商收取的欧元更值钱。相应地，随着远期汇率的上升，应收交易商账款也随之增加。由此需确认汇兑利得 6 000 美元。这 6 000 美元同时确认为一项来源于远期合约的资产。在净利润中要确认汇兑损失和利得。
- 公司在 2014 年 4 月 5 日清偿应付账款。首先，以即期汇率（1.52）重新计量应付账款和应收交易商账款，会再次产生汇兑损失和利得。世界风格公司向交易商支付锁定的 144 000 美元并注销应付交易商账款。交易商将 100 000 欧元（现在值 152 000 美元，即 1.52×100 000）交付给世界风格公司，注销应收交易商账款。世界风格公司将 100 000 欧元交付给意大利供应商，清偿应付账款。
- 汇总汇兑利得和损失，得到损失净额为 4 000 美元。如前所述，这就是最初购货日的即期汇率与远期汇率之间的差异，也是将风险转嫁给外汇交易商的成本。

上述示例的基本原理也适用于出售存货并签订远期合约，以将以外币计价的应收账款转换为固定数额美元的出口商。上述示例假设远期汇率升水，即汇率向上变动。当然，上述示例也适用于远期汇率贴水，即汇率向下变动的情形。

□ 规避外币风险：未确认外币承诺

公司也会做出在未来以确定的价格购买存货的承诺。如果价格以外币标示，公司就会面临外币价值变动的风险。公司可以签订一份远期合约以规避这项现在尚未确认外币承诺的风险。如果该承诺可能兑现，也可辨认，且明确载明购买价格和数量，该交易就适合进行公允价值套期保值（这里的公允价值就是存货的公允价值）。

为了说明该交易，我们稍微改变了前述示例。世界风格公司 2013 年 12 月 5 日没有购买存货而是做出一个购买承诺，于 2014 年 4 月 5 日结清购货款。表 9-11 列示了该交易的会计处理过程。

表 9-11 规避外币风险：未确认外币承诺 单位：美元

资产总额	=	负债总额	+	股东权益总额		
				投入资本	累计其他综合收益	留存收益
2013 年 12 月 5 日： 远期合约： 应收交易商账款 +144 000		应付交易商账款 +144 000				
应收交易商账款 144 000 　应付交易商账款 144 000 （远期汇率 1.44×100 000）						
2013 年 12 月 31 日： 重新计量购货承诺： 重新计量远期合约： 应收交易商账款 +6 000		购货承诺 +5 000				汇兑损失 −5 000 汇兑利得 +6 000
汇兑损失 5 000 ［即期汇率上升幅度（1.45−1.40）×100 000］ 　购货承诺 5 000 应收交易商账款 6 000 　汇兑利得 6 000 ［远期汇率上升幅度（1.50−1.44）×100 000］						

续表

资产总额	=	负债总额	+	股东权益总额		
				投入资本	累计其他综合收益	留存收益
2014 年 4 月 5 日：						
重新计量购货承诺：						
		购货承诺 +7 000				汇兑损失 −7 000
重新计量远期合约：						
应收交易商账款 +2 000						汇兑利得 +2 000
履行远期合约：						
现金 −144 000		应付交易商账款 −144 000				
外币 +152 000						
应收交易商账款 −152 000						
清偿应付账款：						
外币 −152 000						
存货 +140 000		购货承诺 −12 000				

汇兑损失	7 000		[即期汇率上升幅度（1.52−1.45）×100 000]
购货承诺		7 000	
应收交易商账款	2 000		
汇兑利得		2 000	[远期汇率上升幅度（1.52−1.50）×100 000]
应付交易商账款	144 000		
现金		144 000	
外币	152 000		
应收交易商账款		152 000	
存货	140 000		
购货承诺	12 000		
外币		152 000	

- 2013 年 12 月 5 日，由于购货承诺是一项尚未履行的合约，所以并不入账。当然，远期合约通常也不入账，因为远期合约尚未履行。不过，我们同样展示了远期合约的会计分录，以说明外币价值变动的影响。公司以远期汇率计量应收交易商账款和应付交易商账款。由于远期合约尚未履行，不需要列报与远期合约相关的资产或负债。
- 2013 年 12 月 31 日即财务报表日，购货承诺和应收交易商账款必须重新计量。除了账户名称，所有会计分录与前述示例相同。购货承诺中不存在应付账款，因此在确认汇兑损失 5 000 美元时增加了购货承诺（一项负债）。
- 2014 年 4 月 5 日清偿应付账款。我们首先重新计量购货承诺和应收交易商账款。与前述示例一样，公司履行远期合约，交付给世界风格公司 100 000 欧元。记录这些事项的会计分录与前述示例基本一样。唯一不同的会计分录是记录世界风格公司履行购货承诺，即将 100 000 欧元（现在值 152 000 美元）交付给意大利供应商的会计分录。这时记录了存货 140 000 美元，剩余的 12 000 美元用于清偿已经确认的全部购货承诺负债。
- 在净利润中确认公允价值套期保值的所有汇兑利得和损失。

□ 规避商品价格风险：预测性未来交易

最后，我们讨论另一种常用于经营活动的规避商品价格风险的套期保值方法。为了说明预测性未来交易的套期保值，假设吉特里·乔咖啡店（Jittery Joe's Coffee）用阿拉比卡咖啡豆煮咖啡。2013 年 12 月 1 日，吉特里·乔估计 2014 年 2 月因出售咖啡需要购买咖啡豆 10 000 磅，希望锁定其购买咖啡的价格。于是，吉特里·乔签订了一份期货合约，将 2 月交付咖啡豆的价格锁定在每磅 1.20 美元。吉特里·乔购买期货合约的目的是避免因咖啡豆价格上升而侵蚀未来的利润。即使吉特里·乔尚未购买咖啡豆，咖啡豆的价格也可能上升。该期货合约涉及预测性交易的套期保值。吉特里·乔选定衍生工具来规避现金流量风险。假设 2013 年 12 月 31 日约定 2014 年 2 月交付商品的咖啡豆远期价格为每磅 1.22 美元。表 9-12 列示了这种套期保值的会计处理过程。

表 9-12 规避商品价格风险：预测性未来交易

资产总额	=	负债总额	+	股东权益总额		
				投入资本	累计其他综合收益	留存收益
2013 年 12 月 1 日 期货合约不入账 **2013 年 12 月 31 日** 重新计量期货合约： 期货合约 +200					未实现持有利得 +200	
期货合约 200 　未实现持有利得（其他综合收益） 200　[价格上升幅度（1.22－1.20）×10 000]						
2014 年 2 月 取得存货： 现金 －12 200 存货 ＋12 200 交割期货合约： 现金 ＋200 期货合约 －200						
存货 12 200 　现金 12 200 现金 200 　期货合约 200						

● 2013 年 12 月 1 日，由于期货合约是尚未履行的合约，因此不入账。

● 2013 年 12 月 31 日，期货合约的价值增加了 200 美元［（1.22－1.20）×10 000］，因为吉特里·乔将其购买咖啡豆的价格锁定在每磅 1.20 美元。如果吉特里·乔没有签订期货合约，购买咖啡豆的价格将上涨到每磅 1.22 美元。在其他综合收益中列报该利得。

● 2014 年 2 月，交割期货合约。（我们假设咖啡豆的价格再也没有变化。如果咖啡豆的价格发生变化，我们在交割期货合约之前要重新计量期货合约。）吉特里·乔取得存货 12 200 美元（1.22×10 000）。以净额交割期货合约，吉特里·乔得到现金 200 美元。

● 随后，吉特里·乔咖啡店出售该存货，产品销售成本减少 200 美元，期货合约未实现持有利得结转到利润表。这样，吉特里·乔咖啡店以产品销售成本 12 000 美元（12 200－200）为基础确定净利润。套期保值达到预期效果。

本章小结

经营活动的盈利能力是公司价值的关键驱动因素。本章围绕经营活动讨论了相关的会计与列报问题。我们在讨论经营活动的盈利能力时遵循了利润表项目的常规顺序。我们首先讨论收入确认问题，接着讨论销售成本、销售与一般行政管理费用和所得税费用等主要费用项目。经营活动需要投入营运资本，因此我们讨论了存货和应收账款的列报问题、基于权责发生制计量而产生的流动资产和流动负债的列报问题以及现金流量时间不匹配问题。最后，我们讨论了养老金与衍生工具对财务报表的影响。养老金与衍生工具的盈利能力列报分为在利润表当期确认与在其他综合收益中递延确认。

综合案例

星巴克公司

要求：

星巴克公司以多种方式获得收入。除了直营店外，星巴克还授权其他公司销售星巴克研磨好的咖啡、茶和其他产品。

a. 根据下列各种顾客的特点，描述星巴克公司应该如何确认收入和因收入确认方法而产生的营运资本项目。第（1）项至第（5）项的销售税忽略不计。

（1）顾客用现金在星巴克公司的直营零售店购买咖啡。

（2）顾客为其星巴克会员卡充值。

（3）顾客用其星巴克会员卡在星巴克公司的直营零售店购买咖啡。

（4）顾客赊购星巴克公司的产品。

（5）加盟新店。

（6）顾客购买咖啡时向星巴克公司支付了销售税。

b. 星巴克公司的金牌顾客购买15杯咖啡可以得到一杯（第16杯）免费咖啡。星巴克公司应该如何核算这个优惠策略？（假设每杯咖啡的销售价格为2.20美元，直接存货成本为1.50美元。）

第 10 章

编制预测性财务报表

学习目标

1. 解释作为预测必备基础的财务报表分析框架的前四个步骤。
2. 列举并描述预测的通用原则和预测框架的7个步骤。
3. 应用预测框架的7个步骤预测以下项目，编制预测资产负债表、利润表和现金流量表。
   a. 收入。
   b. 经营费用。
   c. 经营性资产和负债。
   d. 财务杠杆、资本结构和财务收益项目。
   e. 所得税、净利润、股利和留存收益。
   f. 资产负债表。
   g. 现金流量。
4. 理解如何和何时应用快捷预测方法。
5. 检验预测假设和结果的有效性。
6. 检验主要预测假设和变量的敏感性。
7. 建立弹性的综合预测模型，对公司宣告的新的重要信息做出快速、有效的反应。

至此，本书的前九章已经涉及了会计学、财务学、经济学和战略等学科。这九章讨论了财务报表分析与估值框架的前四个步骤，描述了如何分析：(1) 公司所处行业的经济特征；(2) 公司战略的竞争优势和风险；(3) 公司会计信息的内涵与质量；(4) 公司的财务绩效和风险。本书的后五章将讨论财务报表分析与估值框架的最后两个步骤：(5) 预测公司未来的经营活动、投资活动和筹资活动；(6) 估值。

我们在本章将关注点转向未来，因为投资的价值是其预期未来收益及内在风险的函数。分析师应该根据其了解的公司行业、战略、会计质量、过去与现在的盈利能力以及风险确立对公司未来经营活动、投资活动和筹资活动的无偏预期，并在预测公司未来财务报表即利润表、资产负债表和现金流量表时牢记这些预期。编制预测性财务报表的目的就在于确立对公司未来盈余、现金流量和股利的无偏预期。分析师可以应用这些变量估计公司的股票价值，也可以在更广阔的决策范围（如战略规划、信用分析、公司管理和兼并与收购）内应用预测性财务报表。

我们将在后续各章应用本章所编制的预测性财务报表推断和评估公司未来支付给普通权益股东的收益数额。第11章将描述如何估算基于风险的资本成本并讨论基于股利的经典估值模型。基于股利的经典估值模型是其他估值方法的理论基础。第12章将讨论采用未来预期自由现金流量的估值模型。第13章将讨论基于未来预期盈余的估值模型。第14章将讨论基于可比公司和市场倍数（如市盈率、市场价值与账面价值比率）的估值方法，以及某些高级的估值方法，包括计算价格差异和反向推算股票价格。

10.1 预测概论

分析师必须对公司未来经营活动的结果有一个现实的预期。为此，分析师需要编制预测性利润表、资产负债表和现金流量表。编制预测性财务报表会整合公司未来经营活动、投资活动和筹资活动的各种预测结果。这些活动决定了公司的未来盈利能力、成长性、财务状况、现金流量和风险。预测性财务报表是确定股票价值的重要工具。分析师可以借助预测性财务报表推断公司未来支付给权益股东的收益，如盈余、现金流量和股利。而这些收益是确定股票价值的基础。

预测性财务报表也是许多其他决策的重要工具。信用风险决策需要对公司未来可供支付利息和本金的现金流量有一个预期。管理层要做出战略、顾客或供应商关系、兼并或收购、分部或子公司的剥离，乃至公司能否提供良好的就业机会等方面的决策，必须对公司未来支付的收益及其风险有一个合理的预期。

预测是本书提出的 6 步骤分析框架中最难的步骤。因为分析师必须面对高度不确定性，而且错误预测要付出高昂代价。乐观的预测可能导致分析师高估未来盈余和现金流量或低估风险，进而高估公司的价值。而悲观或保守的预测可能导致分析师低估未来盈余和现金流量或高估风险，从而错过有价值的投资机会。有鉴于此，分析师需要对未来盈余和现金流量建立一个现实（即无偏且客观，既不乐观也不保守）的预期。这样，分析师才能做出周密的投资决策。

有效的预测有助于分析师挑选出能够获得超常报酬率的股票。第 1 章已经讨论过，尼科尔斯和瓦伦的实证研究结果表明，年度盈余增加的公司每年的股票报酬率比市场平均报酬率大约高出 19%，而年度盈余减少的公司每年的股票报酬率比市场平均报酬率大约低了 16%。[①] 分析师应该关注这些激动人心的研究结果，因为它们意味着分析师只要能够提高预测未来年度盈余变动的能力，就更有可能区分出未来赚钱与亏钱的股票。

会计研究者也研究了本书提及的财务报表比率是否可以用于准确地预测盈余的未来变动。例如，Ou and Penman 就基于盈余变动与财务报表比率的回归关系构建了预测模型，该预测模型估算了前一年盈余增加的概率。[②] 他们采用样本外检验，发现其估算的概率可以正确地预测出大约 67%的被观察公司前一年盈余增加或减少。他们还发现，如果假设盈余增加的概率较高（较低）的股票看涨（看跌），那么研究期间每年经市场调整的平均报酬率大约为 8%。他们的研究结果和随后的相关研究都表明，财务报表比率的基本面分析可以更准确地预测公司未来盈余并有助于做出盈利性投资决策。

本书提出的财务报表分析框架的前 4 个步骤已经为读者提供了预测的必备基础。为了最大限度提升读者编制可靠的预测性财务报表的能力，避免错误预测的高昂代价，读者的预期应该反映：（1）行业的经济特征；（2）公司战略的竞争优势和风险；（3）公司会计信息的质量；（4）公司盈利能力和风险的动因。这 4 个步骤会告诉读者公司的主要风险与成功因素，以及公司盈利能力与风险的关键动因。主要成功因素（即公司战略、会计信息质量和盈利能力的焦点）和风险是预测公司未来财务报表的最重要的"基石"。

本章首先简要讨论预测的通用原则，描述编制预测性财务报表的 7 个步骤，并就预测提供几个实用的"小贴士"。接着将以百事公司为例，说明这 7 个步骤的具体运用情况，编制该公司今后 5 年的预测性利润表、资产负债表和现金流量表。本章还将讨论有助于提高预测可靠性的各种方法，如敏感性分析、迭代和有效性检验，以及某些快捷预测方法和能使这些方法更可靠、更能避免预测差错的各种条件。

---

① D. Graig Nichols and James Wahlen, "How Do Earnings Numbers Relate to Stock Returns? A Review of Classic Accounting Research with Updated Evidence," *Accounting Horizons* (December 2004), pp. 263 - 286. 该研究采用 1998—2001 年的数据重新检验前人的重要研究结果，如 Ray Ball and Phili Brown, "An Evaluation of Accounting Income Numbers," *Journal of Accounting Research* (Autumn 1968), pp. 159 - 178; Roger Kormendi and Robert Lipe, "Earnings Innovations, Earnings Persistence, and Stock Returns," *Journal of Business 60* (1987), pp. 323 - 345; Victor Bernard and Jacob Thomas, "Post-Earnings Announcement Drift: Delayed Price Response or Risk Premium?" *Journal of Accounting Research* (1989 Supplement), pp. 1 - 48。

② 参见 Jane Ou and Stephen Penman, "Financial Statement Analysis and the Prediction of Stock Returns," *Journal of Accounting and Economics* (November 1989), pp. 295 - 330。该领域的其他研究成果参见：Jeffery Abarbanell and Brian Bushee, "Abnormal Stock Returns to a Fundamental Analysis Strategy," *The Accounting Review 73* (January 1998), pp. 19 - 46; Stephen Penman and X. J. Zhang, "Modeling Sustainable Earnings and P/E Ratios With Financial Statement Information," 2010 working paper, Columbia University; James Wahlen and Matthew Wieland, "Can Financial Statement Analysis Beat Consensus Analysts' Recommendations?" *Review of Accounting Studies* (March 2011), pp. 89 - 115。

10.2 编制预测性财务报表

预测的通用原则

在开始讨论如何编制预测性财务报表前，需要提及几个关键的预测原则。

- **预测应该预见公司未来的经营活动、投资活动和筹资活动，未来预测性财务报表应该反映公司的经营活动、投资活动和筹资活动**。分析师应该关注如何预见公司未来的业务活动。例如，制造商何时投资兴建新的生产用厂房？该生产用厂房的产能如何？如何为该生产用厂房融资？财务报表应该反映公司未来业务活动的预期影响。
- **预测的目的是对决定未来投资收益的未来盈余、现金流量和股利形成一个可靠、现实的预期**。为了最大限度提高预测的可靠性，避免错误预测的高昂代价，预测性财务报表应该无偏、客观地预见公司未来的经营活动、投资活动和筹资活动。公司管理层可能过于乐观，而会计师可能过于保守。理想的预测应该既不过于乐观，也不过于保守，应该准确、现实。
- **预测应该避免"一厢情愿"**。预测不能基于公司希望实施的战略或公司自认为应该实施的战略，应该反映公司未来将实施和可实现的战略。
- **预测性财务报表应该全面**。预测性财务报表应该包括未来预期的所有经营活动、投资活动和筹资活动。例如，假设某个分析师采用快捷方法，只用以前年度销售收入增长率推断未来预期的销售收入，进而假设销售毛利率保持不变以预测未来预期盈余。显然，这种方法没有综合考虑决定未来盈利能力的各个因素，因此可能导致盈余预测不够全面，甚至可能产生误导。分析师假设销售毛利率保持不变本身就忽略了许多重要因素，如产品销售成本和经营费用可能比销售收入增长得更快或更慢。
- **预测性财务报表应该保持内部一致性**。预测性财务报表应该以财务报表内部各个项目数字的可加性为基础，确保三份主要财务报表之间保持勾稽关系，避免内部不一致，降低因假设不一致而引发预测差错的概率。为了捕捉经营活动、投资活动和筹资活动之间存在的许多复杂关系，预测性财务报表之间的数据应该可以汇总，具有勾稽关系。利润表应该包括各个期间的所有收入、费用、利得和损失，进而可以大致计量各个期间的利润或亏损。资产负债表应该囊括反映财务状况的所有项目，而且应该平衡。现金流量表应该反映所有因利润表和资产负债表的变动而产生的全部现金流入量和现金流出量。各种预测性财务报表之间将相互影响。
- **预测性财务报表的假设必须具有外部有效性**。预测假设应该经得起常识的检验。公司应该以现实来检验预测假设。例如，销售收入增长率的预测假设能大致反映公司的战略和行业竞争环境（包括公司产品的市场需求、价格弹性以及公司的生产能力）吗？公司应该以行业平均值和公司过去的绩效与战略为标杆，检验预测假设的外部有效性。

预测的7个步骤

图10－1总结了预测的7个步骤。这是一套编制未来预测性财务报表的合乎逻辑、连续的流程。

1. 预测向顾客出售产品和提供服务的收入。
2. 预测经营费用（例如产品销售成本、销售与一般行政管理费用）并推断经营利润。

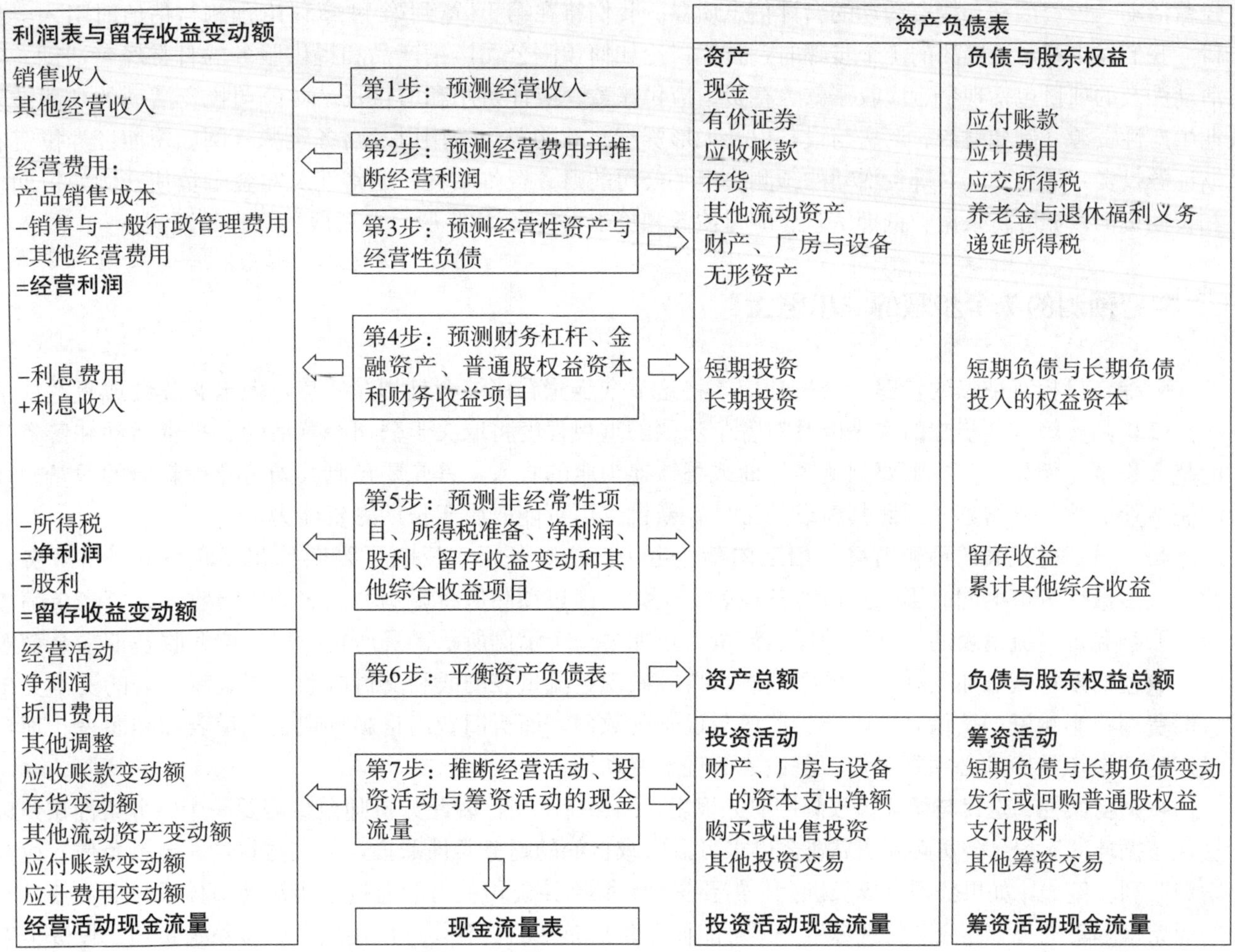

图 10－1　编制预测性财务报表的 7 个步骤

3. 预测支持第 1 步和第 2 步所预测的经营水平所需要的经营性资产（例如，现金，有价证券，应收账款，存货，财产、厂房与设备，无形资产）。同时，预测前述业务活动可能产生的经营性负债（例如，应付账款、应计费用）。

4. 预测为第 3 步所预测的经营性资产净额提供融资需要的金融负债、金融资产和普通股权益资本（例如，短期负债和长期负债、满足债务或权益需求的多余现金或证券投资、除了留存收益之外的普通股权益）。此外，还需要确定金融负债产生的利息费用以及金融资产产生的利息和投资收益。

5. 预测非经常性利得或损失并推断预测性税前利润。从预测性税前利润中扣除预测性所得税准备可以得到预测性净利润。从预测性净利润中扣除股利可以得到预测性留存收益的变动额。此外，还需要预测其他综合收益。

6. 此时的预测性资产负债表很可能不平衡，公司必须确定如何运用财务柔性平衡资产负债表。例如，如果预测性资产数额超过预测性负债数额与权益数额之和，说明公司可能需要通过额外的长短期负债或发行股票来筹集资金。反之，如果预测性负债数额与权益数额之和超过预测性资产数额，说明公司可以偿还债务、增发股利或回购股票。第 4 步、第 5 步和第 6 步必须不断重复，直至资产负债表平衡。

7. 根据预测性利润表和预测性资产负债表的数额变动编制预测性现金流量表。

本书自始至终都希望读者能够通过评估公司的经营活动、投资活动和筹资活动更深刻地理解公司。第 1 章到第 5 章讨论的经济特征分析、战略分析和财务分析方法强调如何以公司盈利能力和风险的动因综合分析公司的经营活动、投资活动和筹资活动。第 6 章到第 9 章讨论的会计分析方法向读者展现如何评估反映公司经营活动、投资活动和筹资活动的会计信息质量。我们将在第10章到第14章讨论预测与估值时引入会计分析。我们在本章讨论预测的7个步骤时，首先讨论如何预测公司产销产品和提供服务的日常经营活动。经营活动涉及的项目包括现金、应收账款、存货、应付账款、应计费用和所得税。对公司投资活动的预测涉及长期生产性资源（例如财产、厂房与设备以及无形资产）的购置与运用以及财务资源（例如短期证券投资和长期证券投资）的预测。对筹资活动的预测决定了公司的财务资本结构，通常涉及对金融负债（例如短期负债和长期负债，如应付票据、抵押贷款、应付债券和资本租赁）、优先股、普通股和股利的预测。

□ 实施预测的7个步骤的“小贴士”

- **综合且相互依赖的步骤**。分析师应该将这7个步骤看作综合且相互依赖，但未必连续或直线式的工作。分析师实施这些步骤的次序以及对各个步骤的重视程度将取决于公司经营活动、投资活动和筹资活动的整合程度。例如，分析师要预测零售商或餐饮连锁店的收入，首先要预测其即将开设新店的数量。要预测制造业的收入，需首先预测其新设的工厂，新设工厂可能取决于长期融资能力。
- **三份财务报表的预测值必须相互勾稽**。由于三份财务报表反映了复杂且相互联系的经济业务，因此，大多数预测值会同时影响三份财务报表。例如，销售预测值将影响利润表的销售收入、资产负债表的应收账款和现金流量表的经营活动现金流量。正如另一个示例所示，资产负债表的留存收益期末余额等于留存收益的期初余额加上利润表的净利润，再减去现金流量表的股利支付数额。现金流量表的资本支出和折旧费用将影响资产负债表的财产、厂房与设备的数额。而折旧费用将影响现金流量表和利润表。现金流量表的现金流量净额必须等于资产负债表的现金变动额。
- **财务柔性、迭代与循环**。预测性财务报表必须保持平衡，因此分析师至少需要一个财务柔性账户以及迭代与循环的流程。公司必须依靠资金供求可以增减自如的财务柔性账户，如金融资产、金融负债、权益资本和股利。例如，如果公司有成长机会，需要资金，那么该公司就可能通过举借短期负债或长期负债甚至发行股票来筹集资金。而成熟的现金牛公司可能拥有非常充裕的资金，可以用这些资金偿还负债、投资金融资产、发放现金股利或回购普通股。这样，分析师必须清楚公司拥有何种财务柔性以及如何运用其财务柔性。分析时必须根据需要调整财务柔性账户，使公司的未来财务资本结构与公司未来经营活动、投资活动相匹配。如此一来，编制预测性财务报表需要反复迭代并不断循环。例如，预测性财务报表的第一次循环可能揭示公司必须增加长期负债，为未来资本支出提供资金。然而，增加长期负债将增加利息费用，由此导致净利润减少，进而导致留存收益减少。如此一来，公司可能需要进一步增加长期负债。分析师必须不断重复该流程，直至资产负债表达到平衡，并使其与利润表和现金流量表形成相互勾稽的关系。①
- **垃圾进，垃圾出**。预测的质量以及以预测为基础的投资决策质量将取决于预测假设的质量。分析师应该周密地审视各项假设，尤其是反映公司战略的主要风险和成功因素的最重要的假设。此外，分析师应该运用各种比率、共同比财务报表和百分比变动率财务报表分析预测性财务报表，进而检验各种预测假设。这些分析工具（第1章、第4章和第5章讨论过这些分析工具）可能说明某些预测假设不现实或不一致。
- **投入时间和精力**。分析师应该投入大量的时间和精力来审视最重要的预测假设。这些假设反映了公司主要的经济业务。而这些主要的经济业务将决定公司的未来成长性、盈利能力和风险。对多数公司而言，如何预测其收入、关键经营费用、重要资产（财产、厂房与设备）和债务权益比率确实值得好好琢磨一番。当然，财务报表的某些项目并不是公司重要的风险或成功因素。对这些不重要的项目，分析师完全可以迅速做出简单、合理的假设，大可不必陷入“为分析而分析”的窘境。

---

① 许多计算机电子表格软件为迭代和循环计算提供了便利。例如，Excel（电子表格）“选项”栏的“计算公式”页面包含一个工具箱。该工具箱有助于迭代计算。这样，该电子表格可以自动迭代计算（例如迭代计算1 000次），直至计算结果收敛于某个具体的最大变动值。

- **预测性财务报表的敏感性分析**。有些假设比其他假设的影响更为重大。敏感性分析有助于分析师评估预测结果依赖关键假设的程度。例如，分析师应该基于不同销售增长情形比较各种不同假设（例如最可能增长率、乐观增长率和悲观增长率等）的盈余和现金流量的变动情况。

本章后续部分将以百事公司 2012 年度财务报表为基础，讨论预测的 7 个步骤。我们将在本章分析和应用百事公司 2010—2012 年度的财务报表数据，谨慎地建立各种预测假设，并编制百事公司 2013—2017 年度的预测性财务报表。我们将用第+1 年度至第+5 年度表示未来第 1 个年度至第 5 个年度将发生的经济业务的预测年份。①

应用财务报表分析软件包编制预测性财务报表

第 1 章提及的财务报表分析软件包（FASB）中包含一个可以用于编制预测性财务报表的预测电子表格。如果读者没有设计过编制预测性财务报表的 Excel 电子表格，那么在使用财务报表分析软件包的预测电子表格之前，应该先设计一个 Excel 电子表格。恰当地设计电子表格并用于编制预测性财务报表，有助于强化和巩固读者对各个财务报表项目之间关系的理解。一旦读者习惯于采用电子表格编制预测性财务报表，应用财务报表分析软件包的预测电子表格就可以节约时间。

财务报表分析软件包的预测电子表格是编制预测性财务报表的一个通用和可修改的模板。此外，财务报表分析软件包中还包含一个可用于计算各种详细预测假设的预测升级电子表格。为了说明预测模板和预测升级电子表格的应用，我们将本章对百事公司所做的具体预测假设嵌入财务报表分析软件包中，包括带有到第+5 年度详细财务报表预测假设的预测电子表格和带有各种支持性计算过程的预测升级电子表格。财务报表分析软件包还包含各种说明和用户指南。

本章所有财务报表项目的数额都以百万美元表示。电子表格将所有计算过程都精确到小数点后的几位数。由于我们以百万美元表示所有财务报表项目的数额，因此可能产生某些细微的四舍五入的差异，导致各个项目的总和可能与总额不一致。

10.3 第 1 步：预测收入

多数公司的主要业务活动都是通过销售产品或提供服务创造收入。因此，多数分析师编制预测性财务报表都始于预测公司主要业务活动的收入。分析师通常以预期未来收入水平为基础推断预测性财务报表许多其他项目的数额。②

销售量和价格决定销售收入。有些公司列报了销售量（例如汽车制造商列报汽车销售量，饮料制造商列报饮料销售的加仑数或箱数），分析师就可以分别评估作为过去收入的动因和未来收入预测指标的销售量和价格。有些公司则列报了与销售量相关的各种指标，如零售商和餐饮连锁店的门店数量或航空公司的乘客数量和每座英里收入。分析师可以用这些指标预测收入。分析师在实施财务报表分析流程的第一个步骤即行业分析时，可能会发现影响销售量预测的各种因素。就成熟行业的某家稳定公司（如快消食品）而

① 为了评估百事公司当期的盈利能力、风险和会计信息质量，前面几章已经分析了最近 3 年的数据。在预测未来第 1 个年度至第 5 个年度或更长时间的财务报表时，为了评估公司长期发展趋势，分析师经常需要利用较长时间的历史数据。对成熟、稳定的公司而言，分析师更需要利用较长时间的历史数据。对处于生命周期的导入期或成长期的公司或最近经历过重大兼并或剥离的公司而言，可能难以获得长时间的历史数据或长时间的历史数据可能难以与当期数据比较。

② 由于收入会显著影响预测性利润表、资产负债表和现金流量表，因此收入预测特别重要。分析师应该尽量利用更多的相关信息建立可靠的收入预测假设。分析师可以经常从公司披露的信息、竞争对手的财务报表及其披露的信息、行业数据以及国家和地区特有的经济数据中发现有用的预测信息。本章将向读者简明扼要地说明在预测时应用这些信息的各种方法。

言，分析师可能认为该公司的市场份额不会显著扩张或萎缩，但销售量可能因公司所在区域的人口增长而增长。就预期产能会快速增长行业的某家公司（如生物技术或平板电脑公司）而言，分析师可能采用行业增长率结合公司产能扩张情况预测其收入将增长。

分析师在预测价格时，应该考虑可能影响需求和价格弹性的公司及其所在行业的各种特有因素，如产能过剩或不足、原材料过剩或短缺、替代品以及产品或生产方法的技术变迁。资本密集型公司（如造纸公司或计算机芯片制造商）扩大产能可能需要数年的时间。如果公司处于预计未来几年产能会接近极限的资本密集行业，那么，提高价格的可能性就很大。相反，如果公司处于产能过剩的资本密集行业，提高价格的可能性就很小。此外，处于竞争性行业的产能过剩的资本密集型公司可能面临较高的退出壁垒，因此，其未来价格可能下跌。从高速增长阶段转向成熟阶段的公司或生产技术进步显著的公司（如计算机行业或移动电话行业的某些公司）其销售量可能增加但价格可能下跌。如果具有独特特征的公司已经创建了竞争性品牌或产品，可能比那些产品普通的竞争对手具有更大的维持或提高价格的潜力。

分析师在预测价格时还应该考虑各种经济因素，如预期通货膨胀率和汇率变动。第8章已经讨论过，在编制合并财务报表时，母公司将其控股子公司的收入和费用汇总到合并利润表中。如果子公司的财务报表以外币计价，而该外币相对母公司编制财务报表时所采用的货币已经升值，由于汇率上升，财务报表折算和合并将增加列报的收入额。如此一来，与提高销售量或价格不相关的收入增长率显得过高。此外，分析师在预测收入时还应该考虑公司交易（如收购和剥离）的影响。收购通常会增加收入，而剥离子公司则通常会减少收入。

如果公司前期的收入以一个合理稳定的速度增长，而且没有迹象表明经济、行业或公司的特有因素可能发生重大变动，那么分析师可以预期公司的未来收入将延续过去的增长率。如果汇率或重要收购或剥离影响了公司过去的收入增长率，分析师在预测收入时就必须调整这些影响。预测周期性公司（如重型机械制造商、财产保险公司和投资银行）的收入可能难度更大。由于经营周期的原因，周期性公司过去的收入增长率的变动方向和变动数额都相当大。只要分析师能够正确地识别公司目前所处的经营周期阶段和进入下一个经营周期阶段的速度，就可以预测随着经营周期阶段的变化而变动的收入增长率。

由于产品研究与开发过程的固有不确定性，如果公司主要靠新产品创造收入（制药公司通过研究发明了新药、技术型公司开发出新产品或油气公司勘探出新的石油），那么对该公司未来收入的预测还是面临许多挑战。这时，分析师经常主要依靠公司所披露的研究与开发信息。此外，分析师还经常寻求那些为公司研究与开发活动成功提供有益建议的科学家、医生或技术专家的帮助。

这里的讨论进一步强调预测主要依靠财务报表分析框架的前4个步骤。预测公司未来业务活动（如收入）主要依靠深刻地理解经济特征、行业竞争力、公司竞争优势、公司会计信息质量以及公司盈利能力和风险的动因。

□ 预测百事公司的各项收入

前面章节曾经指出，美国快消食品行业已经相当成熟。近年来，该行业的收入以普通人口的增长率增长，每年的增长率大约为2%。有些快消食品公司通过收购、国际扩张和进入相关市场（如餐饮业）取得了较高的增长率。百事公司的增长率超过行业平均水平，2010—2012年度收入净额的复合增长率高达6.4%。

百事公司2012年度报告中的管理层讨论与分析部分以“经营成果：分部回顾”为题披露了百事公司六个经营分部（也称为公司）各自的收入与经营利润。根据产品和地理位置，这六个分部分为四个业务经营单位。以收入为标准，最大的业务经营单位是百事美洲食品公司。百事美洲食品公司包括三个公司：北美菲多利公司（经营零食）、北美桂格食品公司（经营麦片、大米、面条和乳制品）和拉丁美洲食品公司

（经营零食）。第二大业务经营单位是百事美洲饮料公司（在北美和拉丁美洲经营饮料业务）。第三大业务经营单位是百事欧洲公司（在南非和整个欧洲经营饮料、食品和零食业务），而最小的业务经营单位是百事亚洲、中东和非洲公司（在除南非之外的其他地区经营饮料、食品和零食业务）。

百事公司披露了每个公司的整体收入增长率，以及与销售量、价格、汇率、收购、剥离和 2011 年度第 53 周经营活动（2012 年度和 2010 年度只有 52 周）相关的收入增长率。表 10－1 列示了百事公司这些收入动因的数据。根据这些数据，六个公司的收入增长动因存在显著差异。例如，尽管所有公司都试图通过有效定价提升收入增长率，但北美桂格食品公司的销售量不断下降。外币折算汇率的涨落严重影响了拉丁美洲食品公司和百事欧洲公司。由于收购与剥离，百事美洲饮料公司，百事欧洲公司和百事亚洲、中东和非洲公司的收入增长率都出现了波动。分析师通过分析各公司收入增长率的动因可以更准确地预测各公司的收入增长率乃至收入总额。

表 10－1　百事公司各公司收入增长率分析　　单位：百万美元

	2010 年度	2011 年度	2012 年度
百事公司全部收入净额	**57 838**	**66 504**	**65 492**
年增长率		15.0%	−1.5%
年复合增长率			6.4%
北美菲多利公司	**12 573**	**13 322**	**13 574**
整体增长率		6.0%	1.9%
销售量增长率		2.0%	−1.0%
来自有效定价因素的增长率		2.0%	4.8%
外币折算产生的影响		0.0%	0.0%
第 53 周经营活动产生的影响		1.9%	−1.9%
北美桂格食品公司	**2 656**	**2 656**	**2 636**
整体增长率		0.0%	−0.8%
销售量增长率		−5.0%	−1.0%
来自有效定价因素的增长率		2.1%	2.1%
外币折算产生的影响		1.0%	0.0%
第 53 周经营活动产生的影响		1.9%	−1.9%
拉丁美洲食品公司	**6 315**	**7 156**	**7 780**
整体增长率		13.3%	8.7%
销售量增长率与收购的影响（净额）		3.5%	6.0%
来自有效定价因素的增长率		5.9%	11.6%
外币折算产生的影响		2.0%	−7.0%
第 53 周经营活动产生的影响		1.9%	−1.9%
百事美洲饮料公司	**20 401**	**22 418**	**21 408**
整体增长率		9.9%	−4.5%
销售量增长率与收购的影响（净额）		6.0%	−7.5%
来自有效定价因素的增长率		1.0%	4.9%
外币折算产生的影响		1.0%	0.0%
第 53 周经营活动产生的影响		1.9%	−1.9%
百事欧洲公司	**9 602**	**13 560**	**13 441**
整体增长率		41.2%	−0.9%
销售量增长率与收购的影响（净额）		36.0%	2.0%
来自有效定价因素的增长率		0.3%	6.0%
外币折算产生的影响		3.0%	−7.0%

续表

	2010年度	2011年度	2012年度
第53周经营活动产生的影响		1.9%	−1.9%
百事亚洲、中东和非洲公司	**6 291**	**7 392**	**6 653**
整体增长率		17.5%	−10.0%
销售量增长率与收购的影响（净额）		10.0%	−9.0%
来自有效定价因素的增长率		3.6%	3.9%
外币折算产生的影响		2.0%	−3.0%
第53周经营活动产生的影响		1.9%	−1.9%

北美菲多利公司收入增长率

北美菲多利公司通过在美国和加拿大生产和销售零食获得收入。百事公司在其2012年度报告的管理层讨论与分析部分以“经营成果：分部回顾”为题披露了该公司2012年度和2011年度的收入增长率分别为1.9%和6.0%。这意味着该公司2010—2012年度的年复合增长率为3.9%［$(1.019\times1.060)^{0.5}-1.0$］。根据百事公司披露的信息，北美菲多利公司2011年度的销售量增长率为2%、来自有效定价因素的增长率为2%、来自第53周经营活动因素的增长率为1.9%［2010年度只有52周，其影响大约为1.9%，即（53÷52）−1］。由于这三个因素的综合影响，北美菲多利公司2011年度的整体增长率为6.0%。北美菲多利公司2012年度的销售量增长率为−1.0%、来自有效定价因素的增长率为4.8%，相对于2011年度，2012年度来自第53周经营活动因素的增长率为−1.9%。由于这三个因素的综合影响，北美菲多利公司2012年度的整体增长率为1.9%。价格上升可能反映了菲多利品牌在相对以价格为竞争要素的零食市场的整体实力。

基于菲多利核心品牌的整体实力和持续开发并成功推出新产品的能力，分析师预计北美菲多利公司未来每年的销售量将增长1.0%。由于北美零食行业竞争激烈且相对成熟，分析师预计未来销售价格每年的增长率不会超过2.0%。分析师预计汇率和收购不会对北美菲多利公司的未来销售收入产生持续的重大影响。根据这些假设，分析师推断其年销售增长率为3.0%（1.010×1.020−1）。

第+4年度，百事公司的会计年度（结束于每年12月份的最后一个周六）将包括53周。为了反映第53周经营活动对北美菲多利公司第+4年度预测收入的影响，分析师预计整体销售增长率为5.0%（1.010×1.020×53/52−1）。第+5年度，百事公司的会计年度将回到正常的52周。因此，相对于第+4年度，第+5年度的销售增长率将只有1.1%（1.010×1.020×52/53−1）。百事公司今后几个会计年度均不会再出现53周，因此，分析师可以忽略这个因素对预测第+5年度之后销售收入的影响。

北美菲多利公司第一个五年预测期的预测性销售收入和增长率如下（经四舍五入处理，单位：百万美元）：

2012年度实际销售收入	13 574	
第+1年度预测性销售收入	13 984	+3.0%
第+2年度预测性销售收入	14 406	+3.0%
第+3年度预测性销售收入	14 841	+3.0%
第+4年度预测性销售收入	15 584	+5.0%
第+5年度预测性销售收入	15 751	+1.1%

北美桂格食品公司收入增长率

北美桂格食品公司销售麦片、大米、面条、乳制品和其他产品。北美桂格食品公司作为一个非常稳定的分部处于一个成熟和竞争激烈的行业中。2010—2012年度，北美桂格食品公司的销售收入略有下降。2011年度，北美桂格食品公司的销售量增长率为−5.0%、来自有效定价因素的增长率为2.1%、来自汇率因素的增长率为 1.0%、来自第 53 周经营活动因素的增长率为 1.9%。这四个因素的综合作用使得北美桂格食品公司 2011 年度的整体增长率为 0%。2011—2012 年度，北美桂格食品公司的销售量增长率为 -1.0%、来自有效定价因素的增长率为 2.1%、来自第 53 周经营活动因素的增长率为 1.9%。这三个因素的综合作用使北美桂格食品公司 2012 年度的整体增长率为－0.8%。

放眼未来，分析师预计北美桂格食品公司的销售量增长率将持续为－1.0%，价格增长率将为 1.0%。同时预计汇率和收购对北美桂格食品公司的未来销售收入没有重大影响。因此，北美桂格食品公司的平均销售收入增长率为 0%（0.990×1.010－1）。第＋4 年度，考虑到第 53 周经营活动的因素，分析师预计北美桂格食品公司的销售收入增长率为 1.9%（0.990×1.010×53/52－1）。第＋5 年度，调整第 53 周经营活动因素之后，分析师预计北美桂格食品公司的销售收入增长率为－1.9%（0.990×1.010×52/53－1）。北美桂格食品公司五年预测期的预测性销售收入和增长率如下（单位：百万美元）：

2012 年度实际销售收入	2 636	
第＋1 年度预测性销售收入	2 636	＋0.0%
第＋2 年度预测性销售收入	2 636	＋0.0%
第＋3 年度预测性销售收入	2 636	＋0.0%
第＋4 年度预测性销售收入	2 686	＋1.9%
第＋5 年度预测性销售收入	2 635	－1.9%

拉丁美洲食品公司收入增长率

拉丁美洲食品公司在拉丁美洲销售零食、麦片和早餐食品。2010—2012 年度，拉丁美洲食品公司的销售收入增长率为 11.0%，这是一个引人瞩目的年复合增长率。2010—2011 年度，拉丁美洲食品公司的销售量增长率为 3.5%、来自有效定价因素的增长率为 5.9%、来自汇率因素的增长率为 2.0%、来自第 53 周经营活动因素的增长率为 1.9%。这四个因素的综合作用使拉丁美洲食品公司 2011 年度的整体增长率为 13.3%。2011—2012 年度，拉丁美洲食品公司的销售收入增长率却不同于上一年度。2012 年度，拉丁美洲食品公司的销售量增长率为 6.0%、来自有效定价因素的增长率高达 11.6%、来自汇率因素的增长率为－7.0%，相对于 2011 年度，2012 年度来自第 53 周经营活动因素的增长率为－1.9%。这四个因素的综合作用使拉丁美洲食品公司 2012 年度的整体增长率为 8.7%。

考虑到拉丁美洲食品公司品牌在所在地区的影响力，分析师预计该公司销售量和销售价格将强劲增长，增长率都将为 4.0%。由此，分析师预计拉丁美洲食品公司每年的销售收入增长率为 8.2%（1.040×1.040－1）。第＋4 年度，考虑到第 53 周经营活动的因素，分析师预计拉丁美洲食品公司的销售收入增长率为 10.2%（1.040×1.040×53/52－1）。第＋5 年度，调整第 53 周经营活动因素的影响之后，分析师预计拉丁美洲食品公司的销售收入增长率为 6.1%（1.040×1.040×52/53－1）。拉丁美洲食品公司五年预测期的预测性销售收入和增长率如下（单位：百万美元）：

2012 年度实际销售收入	7 780	
第＋1 年度预测性销售收入	8 415	＋8.2%
第＋2 年度预测性销售收入	9 101	＋8.2%
第＋3 年度预测性销售收入	9 844	＋8.2%
第＋4 年度预测性销售收入	10 852	＋10.2%
第＋5 年度预测性销售收入	11 516	＋6.1%

百事美洲饮料公司收入增长率

百事美洲饮料公司在美国、加拿大和拉丁美洲生产和销售各种各样的糖浆、浓缩液和成品饮料（包括各种碳酸和非碳酸软饮料、果汁、水、茶和咖啡）。百事美洲饮料公司的整体增长率变动相当大，2011年度的整体增长率接近10%，而2012年度的整体增长率为-4.5%。百事美洲饮料公司2011年度的销售收入增长率主要受到销售量增长、收购、有效定价和第53周经营活动等因素的影响。百事美洲饮料公司2012年度的销售收入下降主要受到剥离、销售量下降、第53周经营活动影响的反转（增长率从1.9%转化为-1.9%）和有效定价（来自该因素的增长率为4.9%）等因素的影响。

放眼未来，考虑到百事美洲饮料公司品牌产品（如碳酸软饮料、运动饮料、果汁、水、咖啡和茶）在各个饮料市场的组合，分析师预计该公司未来的销售量增长率将恢复到1.0%。分析师认为价格增长率4.9%（超过同期北美地区的通货膨胀率）难以持续，未来百事公司的价格增长率只能达到2.0%（接近整个经济体的通货膨胀率）。分析师还预计汇率和收购对百事美洲饮料公司未来收入的影响微不足道。综合这些因素，分析师假设销售收入的年增长率为3.0%（1.010×1.02-1）。

考虑到第53周经营活动的影响，百事美洲饮料公司第+4年度的销售收入增长率调增到5.0%（1.01×1.02×53/52-1），第+5年度的销售收入增长率只有1.1%（1.01×1.02×52/53-1）。百事美洲饮料公司五年预测期的预测性销售收入和增长率如下（单位：百万美元）：

2012年度实际销售收入	21 408	
第+1年度预测性销售收入	22 055	+3.0%
第+2年度预测性销售收入	22 721	+3.0%
第+3年度预测性销售收入	23 407	+3.0%
第+4年度预测性销售收入	24 577	+5.0%
第+5年度预测性销售收入	24 842	+1.1%

百事欧洲公司收入增长率

2010—2012年度，百事欧洲公司是百事公司增长最快的分部。百事欧洲公司在英国、欧洲、俄罗斯和南非销售食品、零食和饮料。根据公司披露的信息，百事欧洲公司2011年度的销售收入增长率为41.2%，主要受到俄罗斯重大收购、销售量增长、汇率和第53周经营活动等因素的影响。2012年度，由于汇率因素，尤其是俄罗斯卢比和欧元相对美元贬值（百事公司以卢比和欧元计价的销售收入折算为美元的数额减少），销售收入下降了7.0%。由于2011年度第53周经营活动影响的反转，销售收入下降了1.9%。此外，收购和有效定价分别导致销售收入增长了2.0%和6.0%。这些影响因素相互抵消之后，百事欧洲公司2012年度的整体增长率略有下降（整体增长率为-0.9%）。

根据百事欧洲公司过去的记录，分析师预计其未来销售量增长率为2.0%，未来价格增长率也为2.0%。分析师认为目前不利的汇率走势在今后五年内难以持续。基于这些假设，分析师预计百事欧洲公司销售收入的平均增长率为4.0%（1.020×1.020-1）。考虑到第53周经营活动的影响，百事欧洲公司第+4年度的销售收入增长率应该提高到6.0%（1.020×1.020×53/52-1），而第+5年度应回落到2.1%（1.02×1.02×52/53-1）。如此一来，百事欧洲公司五年预测期的预测性销售收入和增长率如下（单位：百万美元）：

2012年度实际销售收入	13 441	
第+1年度预测性销售收入	13 984	+4.0%
第+2年度预测性销售收入	14 549	+4.0%
第+3年度预测性销售收入	15 137	+4.0%
第+4年度预测性销售收入	16 051	+6.0%
第+5年度预测性销售收入	16 385	+2.1%

百事亚洲、中东和非洲公司收入增长率

百事亚洲、中东和非洲公司在其所在地区销售食品、零食和饮料。2010—2012 年度，百事亚洲、中东和非洲公司的整体增长率变动非常大。2011 年度，百事亚洲、中东和非洲公司的整体增长率高达 17.5%。其中，销售量增长率为 10.0%、来自有效定价因素的增长率为 3.6%、来自汇率因素的增长率为 2.0%、来自第 53 周经营活动因素的增长率为 1.9%。与 2011 年度相比，百事亚洲、中东和非洲公司 2012 年度的销售收入下降了 10.0%。其中，剥离导致销售收入下降了 17.0%、销售量导致销售收入增长了 8.0%、汇率导致销售收入下降了 3.0%、2011 年度第 53 周经营活动导致销售收入下降了 1.9%。来自有效定价因素的销售收入增长率为 3.9%。

显然，由于销售收入增长率变动非常大，百事亚洲、中东和非洲公司的销售收入不容易预测。分析师预计销售量增加将使销售收入增长 5.0%，未来可能发生的收购将使价格增长 2.0%。但分析师难以预测未来五年的汇率走势。基于这些假设，分析师预计百事亚洲、中东和非洲公司销售收入的年平均增长率为 7.1%（1.050×1.020－1）。考虑到第 53 周经营活动的影响，百事亚洲、中东和非洲公司第＋4 年度的销售收入增长率为 9.2%（1.050×1.020×53/52－1），而第＋5 年度的销售收入增长率只有 5.1%（1.050×1.020×52/53－1）。百事亚洲、中东和非洲公司五年预测期的预测性销售收入和增长率如下（单位：百万美元）：

2012 年度实际销售收入	6 653	
第＋1 年度预测性销售收入	7 125	＋7.1%
第＋2 年度预测性销售收入	7 631	＋7.1%
第＋3 年度预测性销售收入	8 173	＋7.1%
第＋4 年度预测性销售收入	8 922	＋9.2%
第＋5 年度预测性销售收入	9 375	＋5.1%

整体销售收入增长率

下表汇总了百事公司六个分部的预测性销售收入。该表展现了五年预测期各分部的预测性销售收入、百事公司全部收入净额和每年销售收入增长率（单位：百万美元）。

百事公司各分部的预测性销售收入

	2012 年度	第＋1 年度	第＋2 年度	第＋3 年度	第＋4 年度	第＋5 年度
北美菲多利公司	13 574	13 984	14 406	14 841	15 584	15 751
北美桂格食品公司	2 636	2 636	2 635	2 635	2 686	2 635
拉丁美洲食品公司	7 780	8 415	9 101	9 844	10 852	11 516
百事美洲饮料公司	21 408	22 055	22 721	23 407	24 577	24 842
百事欧洲公司	13 441	13 984	14 549	15 137	16 051	16 385
百事亚洲、中东和非洲公司	6 653	7 125	7 631	8 173	8 922	9 375
百事公司全部收入净额	65 492	68 198	71 044	74 037	78 672	80 503
整体销售收入增长率		4.1%	4.2%	4.2%	6.3%	2.3%

财务报表分析软件包的预测电子表格使分析师可以输入从第＋1 年度至第＋5 年度的具体预测变量（如销售收入增长率）和第＋6 年度及之后年度的通用预测变量。就第＋1 年度至第＋5 年度而言，分析师可以输入上述销售收入增长率和预测性销售收入的数值。第＋6 年度及之后年度的预测变量是长期的通用预测假设。分析师假设百事公司第＋6 年度及之后年度的销售收入增长率依然为 3.0%，与整个经济体的

预期长期增长率和预期长期通货膨胀率之和保持一致。①

分析师可以用财务报表分析软件包的预测升级电子表格建立详细的销售收入预测模型，捕捉公司销售收入增长的关键动因。分析师在分析和预测百事公司各分部的销售收入增长动因之后，汇总这些预测性销售收入就可以得到百事公司五年预测期的全部预测性销售收入。至此，分析师完成了预测的第1步。

10.4 第2步：预测经营费用

预测经营费用的程序取决于经营费用包含的固定费用或变动费用的比例。如果某些经营费用直接随销售收入的变动而变动，而且分析师预计该经营费用与销售收入之间的关系保持不变，那么就可以采用共同比利润表的百分比预测未来经营费用的数额。分析师可以通过将预测性销售收入乘以相应的共同比利润表的百分比预测未来经营费用的数额，也可以假设经营费用的增长率与销售收入的增长率相同，按照销售收入增长率预测未来经营费用的数额。

如果分析师确定成本结构包含不与销售收入成比例变动的固定费用（例如，随着销售收入的增加，公司可能更有规模经济效应，或即使销售收入下降，公司的费用也保持相对固定），那么采用共同比利润表的方法可能导致预测的经营费用过高或过低。公司很少披露固定费用与变动费用的费用构成情况。如此一来，分析师就必须估算公司列报的经营费用总额中包括的固定费用与变动费用。

许多费用都同时包含固定费用和随销售收入变动的变动费用。例如，公司的销售成本中可能包括定期发生的固定成本（如租金和折旧费用）和随产品销售收入变动的变动成本（如直接人工和直接材料）。销售与一般行政管理费用中也经常包括固定费用（如薪金、租金、保险费和其他公司间接费用）和随销售收入变动的变动费用（如销售佣金）。判断公司是否存在固定成本的一个线索就是，与销售收入变动百分比相比，各项费用变动百分比是否稳定。如果公司存在固定成本，那么一定期间内的各项费用变动百分比可能发生变化。

如果销售收入增长率超过产品销售成本或销售与一般行政管理费用的增长率，通常表明公司存在固定成本。分析师可以将费用变动额除以同期相应的销售收入变动额，来估算某项变动费用占销售收入的百分比。然后将销售收入乘以变动费用百分比，来估算变动费用总额。费用总额扣除变动费用就得到某个项目的固定费用估计值。采用这种方法可以预测未来经营费用中的固定费用和随销售收入变动的变动费用。如果公司的经营活动特别依赖财产、厂房与设备，分析师就需要创建一个单独的表格，预测那些可能创造未来销售收入的资本支出，以及财产、厂房与设备随后可能发生的折旧费用（本章后面将讨论这个问题）。②

分析师在预测经营费用占销售收入的百分比时，应该牢记某项费用占销售收入的百分比可能随着时间推移而发生变化：

- 即使销售收入保持不变，费用也可能发生变化。例如，分析师可能会预计，如果公司通过提高经营效率或引进新的生产技术降低成本，那么随着时间的推移，某项费用占销售收入的百分比可能下降。同理，分析师也可能会预计，如果公司不能通过提高价格将不断增加的成本转嫁给顾客，某项费用占销售收入的百分比可能上升。

① 分析师预测第+5年度之后的长期增长率平均为3.0%是合理也是常见的。不过与采用一个线性的长期增长率相比，分析师可能更希望采用更长的预测期（如10年）以得到更为精确的预测值。

② 有时可能有必要采用更为复杂的方法如回归分析来估算经营费用中的固定费用和变动费用。例如，分析师可能会采用时间系列数据估算“产品销售成本$=\alpha+\beta\times$销售收入$+\varepsilon$”函数的系数。截距（α）的估计值就是固定费用的估计值，而斜率（β）反映了单位变动费用。

- 即使费用保持不变，销售收入也可能发生变化。例如，分析师可能预计公司将保持费用（如产品销售成本）相对稳定，但随着市场竞争愈发激烈，公司可能被迫降低销售价格，进而导致预期费用占销售收入的百分比上升。同理，分析师也可能预计销售收入将增加，但由于固定费用存在，因此费用依然相当稳定。
- 销售收入和费用可能同时发生变化，而且变化的方向相同。如果分析师预计公司的销售收入和经营费用会同时增加（减少），那么预期费用占销售收入百分比的最终结果将取决于这二者中哪个变化的比例更大。
- 销售收入和费用可能同时发生变化，但变化的方向相反。例如，如果分析师预计公司的销售收入会增加而经营费用会减少（从生命周期的起步阶段转向成长阶段的公司可能出现这种情形），或公司的销售收入会减少而经营费用会增加（陷入困境的公司可能出现这种情形），那么预期费用占销售收入百分比的最终结果将取决于这二者中影响较大的一方。

分析师在预测公司未来的销售收入与经营费用之间的关系时，必须评估公司未来成长性、产品或产品组合的转变情况、固定费用与变动费用结构的变化情况、价格的竞争压力等方面的战略，以及其他影响因素。

□ 预测产品销售成本

第 1 章和第 4 章讨论过的共同比利润表数据表明，百事公司的产品销售成本占销售收入的百分比从 2010 年度的 45.9％稳步上升到 2012 年度的 47.8％。百事公司年报的“管理层讨论与分析”部分除了提及战略投资和原材料商品价格不断上涨等六个分部都存在的影响因素之外，几乎没有讨论产品销售成本的这种不利变动。

尽管前面的分析已经表明，有效定价（而不是销售量增加）使百事公司 2011 年度和 2012 年度的销售收入增加，但是产品销售成本占销售收入的百分比还是不断上升。如果成本保持不变，销售价格提高应该会降低产品销售成本占销售收入的百分比。基于百事公司近年来的经营状况，分析师质疑百事公司可能通过削减成本来改善业绩表现，降低未来产品销售成本占销售收入的百分比。①

根据百事公司 2012 年报管理层讨论与分析部分“经营成果：分部回顾”披露的信息，百事公司六个分部中，拉丁美洲食品公司，百事欧洲公司以及百事亚洲、中东和非洲公司等三个分部的经营利润率最低，但这三个分部的销售收入增长率最高。由此可见，经营利润率较低的分部，其销售收入增长率反而较高。这在一定程度上可以解释百事公司的产品销售成本占销售收入的百分比不断上升的原因。由于分析师在预测销售收入时假设拉丁美洲食品公司、百事欧洲公司以及百事亚洲、中东和非洲公司等三个分部未来销售收入占百事公司全部销售收入的百分比将不断上升，因此，分析师预计在五年预测期内百事公司未来产品销售成本占销售收入的百分比将不断上升。如果百事公司按分部披露产品销售成本信息，分析师就可以预测各个分部未来的产品销售成本。然而，百事公司只是汇总披露所有分部的产品销售成本。基于以上分析，分析师预计百事公司的产品销售成本占销售收入的百分比将从第＋1 年度的 47.9％逐渐提高到第＋5及以后年度的 48.3％。这样，百事公司五年预测期的预测性产品销售成本如下（单位：百万美元）：

	销售收入	产品销售成本占销售收入的百分比	产品销售成本
第＋1 年度	68 198	47.9％	32 667
第＋2 年度	71 044	48.0％	34 101
第＋3 年度	74 038	48.1％	35 612
第＋4 年度	78 672	48.2％	37 920
第＋5 年度	80 504	48.3％	38 883

① 百事公司在饮料行业的主要竞争对手可口可乐公司的产品销售成本占销售收入的百分比较低但逐年上升。可口可乐公司的产品销售成本占销售收入的百分比从 2010 年度的 36.1％上升到 2011 年度的 39.1％和 2012 年度的 39.7％。尽管百事公司与可口可乐公司是直接竞争对手，但由于两家公司的经营模式不同，其成本结构也可能不同。可口可乐公司主要经营饮料，而百事公司除了经营饮料之外，还经营大量的零食和早餐食品。

□ 预测销售与一般行政管理费用

根据百事公司2012年报管理层讨论与分析部分“我们的财务成果”披露的信息，百事公司通过提高销售与一般行政管理费用的效率开始实施一项成本控制计划。共同比利润表数据表明，百事公司的销售与一般行政管理费用占销售收入的百分比从2010年度的39.4%下降为2011年度的37.8%，而后又上升到2012年度的38.1%。① 据此而言，百事公司的销售与一般行政管理费用占销售收入的百分比可能继续小幅波动。因此，分析师预计百事公司未来的销售与一般行政管理费用占销售收入的百分比大约为38.1%。

百事公司五年预测期的预测性销售与一般行政管理费用如下（单位：百万美元）：

	销售收入	销售与一般行政管理费用占销售收入的百分比	产品销售成本
第+1年度	68 198	38.1%	25 984
第+2年度	71 044	38.1%	27 068
第+3年度	74 038	38.1%	28 208
第+4年度	78 672	38.1%	29 974
第+5年度	80 504	38.1%	30 672

顾名思义，销售与一般行政管理费用包括各种各样的经营费用。根据百事公司财务报表附注2“我们重要的会计政策”披露的信息，百事公司2012年度的销售与一般行政管理费用包括广告营销费用37亿美元、运输与装卸费用91亿美元、研究与开发费用5.52亿美元以及薪酬与员工福利、租金和其他各种费用。如果分析师认为是其他因素（而不是销售收入增长率）导致这些费用项目的发生，或相对未来销售收入，这些费用项目的构成将发生变化，那么分析师就应该分别预测各项费用，然后再汇总各个费用项目，最终得到预测性销售与一般行政管理费用总额。

□ 预测其他经营费用

百事公司2010—2012年度确认的无形资产摊销费用分别为1.17亿美元、1.33亿美元和1.19亿美元。各年度的无形资产摊销费用大约相当于销售收入的0.2%。这些费用都是使用年限有限（使用年限为1～60年）的无形资产（如特许经营权、品牌和商标）的摊销费用。百事公司2012年度资产负债表中列报的可摊销无形资产的账面净值高达17.81亿美元。根据百事公司财务报表附注4“财产、厂房与设备和无形资产”披露的有用信息，以2012年度的汇率为基础，并假设该期间不再新增对可摊销无形资产的投资，分析师预计第+1年度、第+2年度、第+3年度、第+4年度和第+5年度的无形资产摊销费用分别为1.10亿美元、0.95亿美元、0.86亿美元、0.78亿美元和0.72亿美元。分析师以这些数额作为百事公司无形资产摊销费用的预测值，并冲减相应年度的可摊销无形资产的账面净值。

美国公认会计原则不要求摊销使用年限无限的商誉或其他无形资产。百事公司的商誉（169.71亿美元）和其他不可摊销无形资产（147.44亿美元）大约占其2012年度资产负债表列报的无形资产总额的95%。分析师在预测其他经营费用时没有包括这些不可摊销无形资产的摊销费用或减值损失。

---

① 百事公司的此类数据不如其竞争对手可口可乐公司。可口可乐公司2010年度、2011年度和2012年度的销售与一般行政管理费用占销售收入的百分比分别为37.6%、37.4%和36.9%。

□ 预测非经常性收益项目

前面各章已经讨论过，公司对外报告的利润表中通常包括作为经营活动组成部分的其他非经常性利得或损失、作为经营活动附属部分的非经常性利得或损失以及来自终止经营分部的利润。例如，百事公司 2012 年报管理层讨论与分析部分以“我们的财务成果：影响可比性的各个项目”为题披露了相关信息。根据这些信息，百事公司确认的重组费用与减值费用数额为 2.79 亿美元。这些费用包括在销售与一般行政管理费用中。此外，百事公司的非经常性收益项目还包括：商品衍生工具按市场价值计价的利得 0.65 亿美元、兼并整合费用 0.11 亿美元、与剥离（康师傅）相关的重组费用 1.50 亿美元以及一次性结算的养老金费用 1.95 亿美元。如果忽略这些费用和利得，百事公司的销售与一般行政管理费用将略有下降。百事公司 2012 年度的销售与一般行政管理费用占销售收入的百分比为 37.3%。百事公司还披露了 2011 年度和 2010 年度的各种重组费用、兼并整合费用、按市场价值计价的利得和损失以及存货的公允价值调整。当然，百事公司披露的信息还强调了第 53 周经营活动对 2011 年度利润表列报的收入与利润的影响。

根据百事公司在其 2012 年报管理层讨论与分析部分“市场风险”披露的信息，百事公司 2013 年度第一季度还发生了一笔超过 1.00 亿美元的税后费用。该笔费用是由于委内瑞拉的货币博利瓦相对美元贬值导致百事公司以博利瓦计价的货币性资产净额减值而产生的费用。2010 年度，百事公司也发生过类似的委内瑞拉货币贬值费用 1.20 亿美元，包括在该年度的销售与一般行政管理费用中。

前面各章已经讨论过，分析师必须确定此类项目未来是否还可能继续存在。如果继续存在，预测性财务报表中就必须包括这些项目。要预测百事公司的非经常性项目（如重组费用或兼并整合费用）的具体数额非常困难。根据以往情况，这种费用将来可能继续存在（如即将发生的委内瑞拉博利瓦贬值损失）。分析师假设该公司的预测性产品销售成本和销售与一般行政管理费用将隐性地包括 2012 年度所发生的这些非经常性费用。此外，第＋4 年度和第＋5 年度的预测性收入和费用将包括第 53 周经营活动的影响。

□ 预测经营利润

汇总预测性销售收入、产品销售成本、销售与一般行政管理费用和无形资产的摊销费用，就可以得到百事公司第＋1 年度至第＋5 年度的预测性经营利润如下（单位：百万美元）：

	第＋1 年度	第＋2 年度	第＋3 年度	第＋4 年度	第＋5 年度
销售收入	68 198	71 044	74 038	78 672	80 504
产品销售成本	−32 667	−34 101	−35 612	−37 920	−38 883
销售毛利	35 531	36 943	38 426	40 752	41 621
销售毛利率	(52.1%)	(52.0%)	(51.9%)	(51.8%)	(51.7%)
销售与一般行政管理费用	−25 984	−27 068	−28 208	−29 974	−30 672
无形资产摊销费用	−110	−95	−86	−78	−72
经营利润	9 438	9 780	10 131	10 700	10 877
经营利润率	(13.8%)	(13.8%)	(13.7%)	(13.6%)	(13.5%)

表 10－2 列示了百事公司从第＋1 年度至第＋5 年度完整的预测性利润表以及综合收益和留存收益的变动额。假设百事公司以一个不变的增长率（3%）继续增长，表 10－2 还列示了第＋6 年度的各项目预测值。表 10－2 的格式即财务报表分析软件包的预测电子表格的格式。在编制了百事公司预测性资产负债表之后，我们将在本章后续部分讨论如何预测利息收入、利息费用、所得税费用、净利润、综合收益以及留存收益的变动额。

表 10-2　百事公司净利润和综合收益的实际值与预测值

单位：百万美元

实际值和预测值用黑体字标识；我们在实际值下方列示历史的共同比和变动率；我们在预测值下方列示预测假设和简要解释。

年度	实际值			预测值					
	2010 年度	2011 年度	2012 年度	第+1 年度	第+2 年度	第+3 年度	第+4 年度	第+5 年度	第+6 年度
利润表									
销售收入	**57 838**	**66 504**	**65 492**	**68 198**	**71 044**	**74 038**	**78 672**	**80 504**	**82 919**
共同比	100.0%	100.0%	100.0%	4.1%	4.2%	4.2%	6.3%	2.3%	
变动率		15.0%	−1.5%	（预测销售收入的详细情况参见预测升级电子表格）					
产品销售成本	**−26 575**	**−31 593**	**−31 291**	**−32 667**	**−34 101**	**−35 612**	**−37 920**	**−38 883**	**−40 050**
共同比	−45.9%	−47.5%	−47.8%	−47.9%	−48.0%	−48.1%	−48.2%	−48.3%	
变动率		18.9%	−1.0%	（假设产品销售成本占销售收入的百分比缓慢上升）					
销售毛利	**31 263**	**34 911**	**34 201**	**35 531**	**36 943**	**38 426**	**40 752**	**41 621**	**42 869**
共同比	54.1%	52.5%	52.2%	52.1%	52.0%	51.9%	51.8%	51.7%	51.7%
变动率		11.7%	−2.0%	3.9%	4.0%	4.0%	6.1%	2.1%	
销售与一般行政管理费用	**−22 814**	**−25 145**	**−24 970**	**−25 984**	**−27 068**	**−28 208**	**−29 974**	**−30 672**	**−31 592**
共同比	−39.4%	−37.8%	−38.1%	−38.1%	−38.1%	−38.1%	−38.1%	−38.1%	
变动率		10.2%	−0.7%	（假设销售与一般行政管理费用占销售收入的百分比保持不变）					
无形资产摊销费用	**−117**	**−133**	**−119**	**−110**	**−95**	**−86**	**−78**	**−72**	**−74**
共同比	−0.2%	−0.2%	−0.2%						
变动率		13.7%	−10.5%	（具体数额以百事公司财务报表附注 4 披露的信息为基础）					
经营利润	**8 332**	**9 633**	**9 112**	**9 438**	**9 780**	**10 131**	**10 700**	**10 877**	**11 203**
共同比	14.4%	14.5%	13.9%	13.8%	13.8%	13.7%	13.6%	13.5%	13.5%
变动率		15.6%	−5.4%	3.6%	3.6%	3.6%	5.6%	1.6%	
利息收入	**68**	**57**	**91**	**61**	**56**	**58**	**61**	**63**	**65**
共同比	0.1%	0.1%	0.1%	1.0%	1.0%	1.0%	1.0%	1.0%	
变动率		−16.2%	59.6%	（假设现金与有价证券的平均余额的利率为 1.0%）					
利息费用	**−903**	**−856**	**−899**	**−1 049**	**−1 087**	**−1 136**	**−1 196**	**−1 248**	**−1 286**
共同比	−1.6%	−1.3%	−1.4%	−3.65%	−3.65%	−3.65%	−3.65%	−3.65%	
变动率		5.2%	−5.0%	（金融负债的加权平均利率）					

续表

年度	实际值			预测值					
	2010 年度	2011 年度	2012 年度	第＋1 年度	第＋2 年度	第＋3 年度	第＋4 年度	第＋5 年度	第＋6 年度
权益投资收益	**735**	**0**	**0**	**0**	**0**	**0**	**0**	**0**	**0**
共同比	1.3%	0.0%	0.0%						
变动率		−100.0%	0.0%						
税前利润	**8 232**	**8 834**	**8 304**	**8 450**	**8 749**	**9 053**	**9 565**	**9 691**	**9 982**
共同比	14.2%	13.3%	12.7%	12.4%	12.3%	12.2%	12.2%	12.0%	12.0%
变动率		7.3%	−6.0%	1.8%	3.5%	3.5%	5.7%	1.3%	
所得税费用	**−1 894**	**−2 372**	**−2 090**	**−2 281**	**−2 362**	**−2 444**	**−2 583**	**−2 617**	**−2 695**
共同比	−3.3%	−3.6%	−3.2%	−27.0%	−27.0%	−27.0%	−27.0%	−27.0%	
变动率		25.2%	−11.9%	（假设实际的所得税税率与过去两年的所得税税率相同）					
净利润	**6 338**	**6 462**	**6 214**	**6 168**	**6 387**	**6 609**	**6 983**	**7 075**	**7 287**
共同比	110%	9.7%	9.5%	9.0%	9.0%	8.9%	8.9%	8.8%	8.8%
变动率		2.0%	−3.8%	−0.7%	3.5%	3.5%	5.7%	1.3%	3.0%
归属于非控制性权益的净利润	**−18**	**−19**	**−36**	**−10.5**	**−10.5**	**−10.5**	**−10.5**	**−10.5**	**−11**
共同比	0.0%	0.0%	−0.1%	10.0%	10.0%	10.0%	10.0%	10.0%	
变动率		5.6%	89.5%	（假设非控制性权益的投资报酬率为 10%）					
归属于普通股股东的净利润	**6 320**	**6 443**	**6 178**	**6 158**	**6 377**	**6 598**	**6 972**	**7 064**	**7 276**
共同比	10.9%	9.7%	9.4%	9.0%	9.0%	8.9%	8.9%	8.8%	8.8%
变动率		1.9%	−4.1%	−0.3%	3.6%	3.5%	5.7%	1.3%	3.0%
其他综合收益项目	**146**	**−2 618**	**706**	**0**	**0**	**0**	**0**	**0**	**0**
共同比	0.3%	−3.9%	1.1%	0.0	0.0	0.0	0.0	0.0	
变动率		−1 893.2%	−127.0%	（假设随机游走的均值为零）					
归属于百事公司的综合收益	**6 484**	**3 844**	**6 920**	**6 158**	**6 377**	**6 598**	**6 972**	**7 064**	**7 276**
共同比	11.2%	5.8%	10.6%	9.0%	9.0%	8.9%	8.9%	8.8%	8.8%
变动率		−40.7%	80.0%	−11.0%	3.6%	3.5%	5.7%	1.3%	3.0%

10.5 第3步：预测资产负债表中的经营性资产和负债

我们将在本节讨论利润表的预测性经营活动如何产生资产负债表的未来经营性资产和负债，以及如何运用不同资产和负债的各种增长驱动因素预测经营性资产和负债。当然，随着公司经营业务的发展，其资产与负债的组合可能发生变化。

□ 预测经营性资产和负债的方法

为了预测各项经营性资产和负债，分析师首先要确定经营活动的基本动因。增加有些类型的资产（如存货以及财产、厂房与设备）通常可以增加未来的销售收入。而其他类型资产（如应收账款）的增加通常滞后于销售收入的增加。经营性资产可能催生某些经营性负债（如因购买存货而产生的应付账款），经营费用也会催生某些经营性负债（如应计费用产生的负债）。

确定可能催生未来经营性资产和负债的业务活动类型之后，分析师可以采用许多方法预测未来资产负债表项目的数额。如果资产和负债与销售收入存在线性关系，分析师可以使用一定的增长率（如预期销售收入增长率）来预测该类型资产和负债的数额。例如，分析师可以预计公司未来的应收账款增长率与销售收入增长率相同。还可以用各种周转率来预测公司未来经营性资产和负债的数额（如用相应的周转率预测未来存货和应付账款的数额）。分析师还可以根据公司过去的增长趋势或未来的战略转型来预测公司未来的增长率，进而预测某些类型资产和负债的数额。例如，为了增加流动性，公司可能会比过去持有更多的现金。有时，公司的战略目标就是维持相对稳定的某些类型资产和负债占资产总额的百分比，此时分析师可以采用预期未来的共同比预测资产和负债的数额。例如，如果公司希望维持一个现金占资产总额的目标百分比，可以采用这种方法。分析师有时以未来大笔交易为基础预测资产和负债的数额。例如，为了收购其他公司或创建新厂房，公司明年可能借入大笔现金，那么分析师就可以预计公司明年举债之后现金数额将大增，或者公司明年投资之后现金数额将大减。

分析师经常采用以第4章讨论过的周转率为基础的各种方法来预测销售收入可能催生的经营性资产（如现金、应收账款、存货以及财产、厂房与设备）和负债（如应付账款）的数额。如果公司全年销售收入均匀且所需预测项目随着销售收入的变动而变动，那么采用周转率可以合理地预测出相应项目的平均值和年末余额。不过，如果公司未来销售收入的增长率与所需预测项目的增长率显著不同，或预测期间的销售收入与所需预测项目之间的变动关系难以预见，分析师就不应该采用以周转率为基础的各种预测方法。

采用以周转率为基础的各种预测方法可能会导致一个不尽如人意的特征出现：所需预测项目曾经的波动性可能导致预测值的变动性。例如，假设分析师预计某公司今后五年的销售收入将保持不变，每年的销售收入都是121.67亿美元。另外，假设分析师预计公司希望持有相当于30天销售收入的现金数额，公司目前的现金余额为8.00亿美元。根据30天销售收入的现金周转率，分析师预计该公司现金平均余额为10.00亿美元（121.67/365×30）。

为了根据现金平均余额计算年末现金余额，分析师将现金平均余额乘以2，再减去期初现金余额（现金期末余额＝现金平均余额×2－现金期初余额）。根据这种方法，预计年末现金余额如下所示（单位：百万美元）：

	每年预测性销售收入	平均每天销售收入	持有现金的销售收入天数	现金平均余额	期初现金余额	期末现金余额
第＋1 年度	12 167	33.33	30	1 000	800	1 200
第＋2 年度	12 167	33.33	30	1 000	1 200	800
第＋3 年度	12 167	33.33	30	1 000	800	1 200
第＋4 年度	12 167	33.33	30	1 000	1 200	800
第＋5 年度	12 167	33.33	30	1 000	800	1 200

值得注意的是，由于公司在预测期起始点持有的现金余额（8.00 亿美元）低于现金平均余额（10.00 亿美元），因此预测值必须先弥补其差额。于是，第＋1 年度末的现金平均余额预测值较大（12.00 亿美元）。由于第＋2 年度的预测值必须再次弥补差额，因此年末平均现金余额预测值较小（8.00 亿美元）。第＋1年度期初现金余额较小导致第＋1年度期末现金余额较大，而第＋1 年度期末现金余额较大又导致第＋2年度期末现金余额较小。依此类推。图 10－2 描绘了这种锯齿型变动性模式。

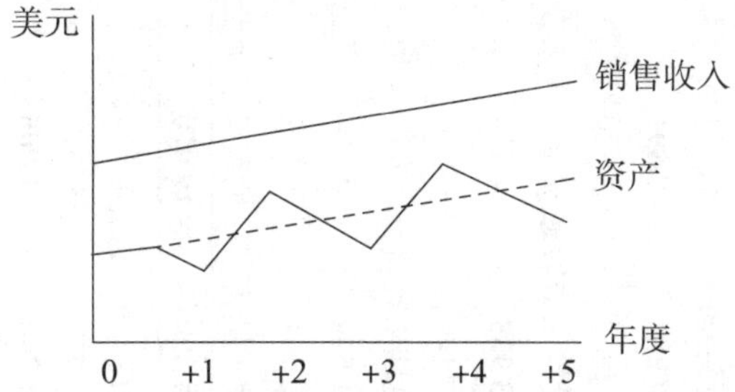

图 10－2 采用资产周转率预测资产数额可能面临的预测值变动性示例

在某些情境中，这种变动性是公司经营环境（如季节性或周期性）变动性的现实结果。如果分析师担心公司可能违背某些契约条款（如债务契约条款或资本需求管制条款），那么这些反映季节性或周期性的不稳定的预测方法也许更适合。分析师有时可能喜欢能够缓和变动性的平滑预测方法。如果分析师认为预测值可能围绕一定期间内的平均增长趋势随机变动，那么这种平滑预测方法可能更适合。分析师更容易向受众展现和解释平滑增长率的预测方法，因此有时会偏好这种预测方法。

分析师可以借助许多方法得到平滑预测方法。其中一种方法就是使预测的期末余额等于预测的平均余额。就上述示例而言，分析师只要假设每年现金期末余额的预测值等于其平均余额（10.00 亿美元）就可以得到平滑预测值。

另一种平滑预测方法是采用周转率预测某个期末（如第＋5 年度末）预测项目的期末余额。分析师首先确定预测期的期末余额必须达到的年平均增长率，然后用这个增长率预测每年的期末余额。举一个简例来说明这个问题。如果公司现在的现金余额为 8.00 亿美元，预期第＋5 年度末的现金余额为 12.00 亿美元。这就意味着年平均增长率必须达到 8.45%。分析师可以用这个增长率创建一个预测第＋1 年度至第＋5 年度现金余额的平滑模式。同理，如果分析师确定期末现金余额会直接随着销售收入的变动而变动，就可以用预期销售收入增长率预测现金余额的增加额。在选择预测方法时，分析师必须在实现预测精确度和减少预测差错的目标与避免不必要的复杂计算之间进行权衡。

我们将在本节后续部分采用包括共同比、增长率和资产周转率等在内的各种预测动因来预测百事公司的各项经营性资产和负债。表 10－3 列示了百事公司第＋1 年度至第＋5 年度的预测性资产负债表。我们也可以采用财务报表分析软件包的预测电子表格编制该预测性资产负债表。假设百事公司以一个不变的增长率（3%）继续增长，表 10－3 还列示了第＋6 年度各项目的预测值。

表 10-3　百事公司实际与预测性资产负债表

单位：百万美元

实际值和预测值用黑体字标识；我们在实际值下方列示历史的共同比和变动率；我们在预测值下方列示预测假设和简要解释。

年度	实际资产负债表			预测性资产负债表					
	2010 年度	2011 年度	2012 年度	第+1 年度	第+2 年度	第+3 年度	第+4 年度	第+5 年度	第+6 年度
资产负债表									
资产：									
现金及现金等价物	**5 943**	**4 067**	**6 297**	**5 232**	**5 450**	**5 680**	**6 035**	**6 176**	**6 361**
共同比	8.7%	5.6%	8.4%	28.0	28.0	28.0	28.0	28.0	
变动率		−31.6%	54.8%	（假设期末现金余额等于 28 天的销售收入）					
有价证券	**426**	**358**	**322**	**293**	**267**	**243**	**221**	**201**	**207**
共同比	0.6%	0.5%	0.4%	−9.0%	−9.0%	−9.0%	−9.0%	−9.0%	
变动率		−16.0%	−10.1%	（假设每年减少 9%，与 2010 年度以来的下降趋势保持一致）					
应收账款与应收票据（净额）	**6 323**	**6 912**	**7 041**	**7 287**	**7 591**	**7 911**	**8 406**	**8 602**	**8 860**
共同比	9.3%	9.5%	9.4%	39.0	39.0	39.0	39.0	39.0	
变动率		9.3%	1.9%	（假设期末应收账款余额等于 39 天的销售收入）					
存货	**3 372**	**3 827**	**3 581**	**3 938**	**4 158**	**4 391**	**4 727**	**4 900**	**5 047**
共同比	4.9%	5.3%	4.8%	44.0	44.5	45.0	45.5	46.0	
变动率		13.5%	−6.4%	（假设期末存货余额继续增加，与最近趋势保持一致）					
预付费用与其他流动资产	**1 505**	**2 277**	**1 479**	**1 540**	**1 604**	**1 672**	**1 777**	**1 818**	**1 873**
共同比	2.2%	3.1%	2.0%	4.1%	4.2%	4.2%	6.3%	2.3%	
变动率		51.3%	−35.0%	（假设按销售与一般行政管理费用的增长率增长，该费用随销售收入增长）					
流动资产	**17 569**	**17 441**	**18 720**	**18 290**	**19 070**	**19 896**	**21 166**	**21 697**	**22 348**
共同比	25.8%	23.9%	25.1%	24.1%	24.3%	24.5%	24.8%	24.9%	24.9%
变动率		−0.7%	7.3%	2.3%	4.3%	4.3%	6.4%	2.5%	3.0%
非控制性权益投资	**1 368**	**1 477**	**1 633**	**1 764**	**1 905**	**2 057**	**2 222**	**2 399**	**2 471**
共同比	2.0%	2.0%	2.2%	8.0%	8.0%	8.0%	8.0%	8.0%	
变动率		8.0%	10.6%	（假设增长率为 8.0%，与过去两个年度的增长率保持一致）					
财产、厂房与设备	**33 041**	**35 140**	**36 162**	**39 162**	**42 572**	**46 126**	**49 902**	**53 766**	**55 379**
共同比	48.5%	48.2%	48.4%						
变动率		6.4%	2.9%	（财产、厂房与设备的预测假设参见预测升级电子表格的计划表）					
累计折旧	**−13 983**	**−15 442**	**−17 026**	**−19 760**	**−22 732**	**−25 953**	**−29 437**	**−33 190**	**−34 186**
共同比	−20.5%	−21.2%	−22.8%						
变动率		10.4%	10.3%	（参见预测升级电子表格的折旧计划表）					
可摊销无形资产（净值）	**2 025**	**1 888**	**1 781**	**1 671**	**1 576**	**1 490**	**1 412**	**1 340**	**1 380**
共同比	3.0%	2.6%	2.4%	−110	−95	−86	−78	−72	
变动率		−6.8%	−5.7%	（假设摊销数额参见百事公司财务报表附注 4 披露的信息）					

续表

年度	实际资产负债表			预测性资产负债表					
	2010 年度	2011 年度	2012 年度	第+1 年度	第+2 年度	第+3 年度	第+4 年度	第+5 年度	第+6 年度
商誉	**14 661**	**16 800**	**16 971**	**17 672**	**18 410**	**19 185**	**20 386**	**20 861**	**21 487**
共同比	21.5%	23.1%	22.7%	4.1%	4.2%	4.2%	6.3%	2.3%	
变动率		14.6%	1.0%	（假设其增长率与销售收入增长率一样）					
其他不可摊销无形资产	**11 783**	**14 557**	**14 744**	**15 353**	**15 994**	**16 668**	**17 711**	**18 124**	**18 667**
共同比	17.3%	20.0%	19.8%	4.1%	4.2%	4.2%	6.3%	2.3%	
变动率		23.5%	1.3%	（假设其增长率与销售收入增长率一样）					
其他资产	**1 689**	**1 021**	**1 653**	**1 721**	**1 793**	**1 869**	**1 986**	**2 032**	**2 093**
共同比	2.5%	1.4%	2.2%	4.1%	4.2%	4.2%	6.3%	2.3%	
变动率		23.5%	1.3%	（假设其增长率与销售收入增长率一样）					
资产总额	**68 153**	**72 882**	**74 638**	**75 873**	**78 587**	**81 338**	**85 348**	**87 029**	**89 640**
共同比	100.0%	100.0%	100.0%	100.0%	100.0%	100.0%	100.0%	100.0%	100.0%
变动率		6.9%	2.4%	1.7%	3.6%	3.5%	4.9%	2.0%	3.0%
负债：									
应付账款	**3 865**	**4 083**	**4 451**	**4 524**	**4 701**	**4 910**	**5 241**	**5 350**	**5 511**
共同比	5.7%	5.6%	6.0%	50.0	50.0	50.0	50.0	50.0	
变动率		5.6%	9.0%	（假设支付期为 50 天，与以前年度保持一致）					
流动应计费用	**7 058**	**7 674**	**7 452**	**7 760**	**8 084**	**8 424**	**8 952**	**9 160**	**9 435**
共同比	10.4%	10.5%	10.0%	4.1%	4.2%	4.2%	6.3%	2.3%	
变动率		8.7%	−2.9%	（假设按销售与一般行政管理费用的增长率增长，该费用随销售收入增长）					
应付票据与短期负债	**4 898**	**6 205**	**4 815**	**4 943**	**5 169**	**5 402**	**5 722**	**5 892**	**6 069**
共同比	7.2%	8.5%	6.5%	2.7%	4.6%	4.5%	5.9%	3.0%	
变动率		26.7%	−22.4%	（假设其增长率比资产总额增长率高 1.0%）					
应交所得税	**71**	**192**	**372**	**379**	**393**	**407**	**427**	**435**	**448**
共同比	0.1%	0.3%	0.5%	0.5%	0.5%	0.5%	0.5%	0.5%	
变动率		170.4%	93.2%	（假设保持资产总额的 0.5%）					
流动负债	**15 892**	**18 154**	**17 089**	**17 606**	**18 347**	**19 143**	**20 341**	**20 837**	**21 463**
共同比	23.3%	24.9%	22.9%	23.2%	23.3%	23.5%	23.8%	23.9%	23.9%
变动率		14.2%	−5.9%	3.0%	4.2%	4.3%	6.3%	2.4%	
长期负债	**19 999**	**20 568**	**23 544**	**24 169**	**25 275**	**26 413**	**27 979**	**28 810**	**29 674**
共同比	29.3%	28.2%	31.5%	2.7%	4.6%	4.5%	5.9%	3.0%	
变动率		2.8%	14.5%	（假设其增长率比资产总额增长率高 1.0%）					
长期应计负债	**6 729**	**8 266**	**6 543**	**6 813**	**7 098**	**7 397**	**7 860**	**8 043**	**8 284**
共同比	9.9%	11.3%	8.8%	4.1%	4.2%	4.2%	6.3%	2.3%	
变动率		22.8%	−20.8%	（假设按销售与一般行政管理费用的增长率增长，该费用随销售收入增长）					

续表

年度	实际资产负债表			预测性资产负债表					
	2010 年度	2011 年度	2012 年度	第+1 年度	第+2 年度	第+3 年度	第+4 年度	第+5 年度	第+6 年度
递延所得税负债（非流动负债）	**4 057**	**4 995**	**5 063**	**5 159**	**5 344**	**5 531**	**5 804**	**5 918**	**6 095**
共同比	6.0%	6.9%	6.8%	6.8%	6.8%	6.8%	6.8%	6.8%	
变动率		23.1%	1.4%	（假设保持资产总额的 6.8%）					
负债总额	**46 677**	**51 983**	**52 239**	**53 748**	**56 064**	**58 484**	**61 984**	**63 608**	**65 516**
共同比	68.5%	71.3%	70.0%	70.8%	71.3%	71.9%	72.6%	73.1%	73.1%
变动率		11.4%	0.5%	2.9%	4.3%	4.3%	6.0%	2.6%	
股东权益：									
优先股	**−109**	**−116**	**−123**	**0**	**0**	**0**	**0**	**0**	**0**
共同比	−0.2%	−0.2%	−0.2%	0.0	0.0	0.0	0.0	0.0	0.0
变动率		6.4%	6.0%	（假设百事公司赎回优先股）					
普通股与资本公积	**4 558**	**4 487**	**4 204**	**4 249**	**4 401**	**4 555**	**4 779**	**4 874**	**5 020**
共同比	6.7%	6.2%	5.6%	5.6%	5.6%	5.6%	5.6%	5.6%	
变动率		−1.6%	−6.3%	（假设保持资产总额的百分比不变）					
留存收益	**37 090**	**40 316**	**43 158**	**45 866**	**48 735**	**51 705**	**54 842**	**58 021**	**59 762**
共同比	54.4%	55.3%	57.8%						
变动率		8.7%	7.0%	（加上净利润，减去股利；参见下面的股利预测）					
累计其他综合收益（损失）	**−3 630**	**−6 229**	**−5 487**	**−5 487**	**−5 487**	**−5 487**	**−5 487**	**−5 487**	**−5 487**
共同比	−5.3%	−8.5%	−7.4%	0.0	0.0	0.0	0.0	0.0	
变动率		71.6%	−11.9%	（加上利润表的其他综合收益项目）					
库藏股与其他权益调整	**−16 745**	**−17 870**	**−19 458**	**−22 608**	**−25 231**	**−28 023**	**−30 875**	**−34 092**	**−35 279**
共同比	−24.6%	−24.5%	−26.1%	−3 144	−2 618	−2 786	−2 846	−3 211	
变动率		6.7%	8.9%	（回购库藏股，扣除重新发行库藏股后的净额）					
普通股与优先股股东权益总额	**21 164**	**20 588**	**22 294**	**22 020**	**22 418**	**22 749**	**23 260**	**23 316**	**24 015**
共同比	31.1%	28.2%	29.9%	29.0%	28.5%	28.0%	27.3%	26.8%	
变动率		−2.7%	8.3%	−1.2%	1.8%	1.5%	2.2%	0.2%	
非控制性权益	**312**	**311**	**105**	**105**	**105**	**105**	**105**	**105**	**108**
共同比	0.5%	0.4%	0.1%	0.0	0.0	0.0	0.0	0.0	
变动率		−0.3%	−66.2%	（假设非控制性权益保持不变；所有利润都已分配）					
权益总额	**21 476**	**20 899**	**22 399**	**22 125**	**22 523**	**22 854**	**23 365**	**23 421**	**24 123**
共同比	31.5%	28.7%	30.0%	29.2%	28.7%	28.1%	27.4%	26.9%	
变动率		−2.7%	7.2%	−1.2%	1.8%	1.5%	2.2%	0.2%	
负债与股东权益总额	**68 153**	**72 882**	**74 638**	**75 873**	**78 587**	**81 338**	**85 348**	**87 029**	**89 640**
共同比	100.0%	100.0%	100.0%	100.0%	100.0%	100.0%	100.0%	100.0%	100.0%
变动率		6.9%	2.4%	1.7%	3.6%	3.5%	4.9%	2.0%	3.0%

□ 预测现金及现金等价物

通过每年的销售收入可以计算出现金的平均周转率。分析师可以用该周转率预测百事公司预测期的期末现金余额。与所有公司一样，百事公司为了满足日常流动性的需求需要持有一定数额的现金。[①] 百事公司 2010—2012 年度的现金持有量存在波动。2010 年度的现金平均余额大约为 31.2 天的销售收入，2011 年度和 2012 年度的现金平均余额大约为 27.5 天和 28.9 天的销售收入（计算公式是用 365 天除以销售收入与现金平均余额的比率，2012 年度的 28.9 天＝365/{654.92/[(40.67＋62.97)/2]}）。分析师假设百事公司未来的期末现金余额相当于 28 天的销售收入。

为了应用这种方法，分析师可以用预测性销售收入和预期持有现金的销售天数计算每年的期末现金余额。第＋1 年度的预测性销售收入为 681.98 亿美元或平均每天 1.868 亿美元。分析师预计百事公司第＋1 年度持有现金的销售天数为 28 天，现金余额为 52.32 亿美元。分析师预计百事公司资产负债表的现金及现金等价物的余额如下（单位：百万美元）：

	现金及现金等价物			
	每年预测性销售收入	平均每天销售收入	持有现金的销售收入天数	期末现金余额
第＋1 年度	68 198	186.8	28	5 232
第＋2 年度	71 044	194.6	28	5 450
第＋3 年度	74 038	202.8	28	5 680
第＋4 年度	78 672	215.5	28	6 035
第＋5 年度	80 504	220.6	28	6 176

由于三份主要预测性财务报表各个项目的数额存在勾稽关系，每年预测性资产负债表的现金余额变动额必须与预测性现金流量表的现金变动额保持一致。我们将在本章后面部分讨论如何编制预测性现金流量表。

□ 预测有价证券

百事公司 2010—2012 年度的有价证券（通常也称为短期投资）余额稳步下降，平均每年大约下降 9%。百事公司似乎主要通过有价证券的较大现金余额（而不是微不足道的）管理其流动性。放眼未来，分析师假设百事公司将延续这种逐年下降的趋势，期末有价证券余额每年将减少 9%。有价证券的预期余额如下（单位：百万美元）：

	有价证券		
	期初余额	增长率	期末余额
第＋1 年度	322	−9.0%	293
第＋2 年度	293	−9.0%	267
第＋3 年度	267	−9.0%	243
第＋4 年度	243	−9.0%	221
第＋5 年度	221	−9.0%	201

我们将在本章后面部分提到，预测性利润表还包括现金及现金等价物可以获得的未来利息收入。

① 分析师假设百事公司持有现金的目的在于满足其日常经营活动的流动性需求，此时现金是营运资本的组成部分。有些公司持有多余现金的目的不是满足日常经营活动的流动性需求。这些公司的多余现金充当平衡资产负债表的财务柔性账户，应该视为金融资产。

□ 预测应收账款

第4章讨论过的百事公司应收账款周转率分析表明，百事公司最近三年应收账款收款期越来越长，从2010年度平均35天延长到2011年度平均36天，乃至2012年度平均39天（365/{654.92/[(69.12+70.41)/2]}）。为了预测应收账款的数额，分析师假设百事公司未来的应收账款平均收款期依然是39天，相当于每年应收账款大约周转9.4次（365/39）。与前述预测现金及现金等价物的原理相同，分析师只用应收账款周转率就可以预测应收账款的期末余额。预计应收账款余额如下（单位：百万美元）：

	应收账款			
	每年预测性销售收入	平均每天销售收入	应收账款平均收款期	期末应收账款余额
第+1年度	68 198	186.8	39	7 287
第+2年度	71 044	194.6	39	7 591
第+3年度	74 038	202.8	39	7 911
第+4年度	78 672	215.5	39	8 406
第+5年度	80 504	220.6	39	8 602

□ 预测存货

第4章讨论过的百事公司存货周转率分析表明，百事公司最近三年存货周转天数逐渐变长，从2010年度41天延长到2011年度42天，乃至2012年度43天。基于百事公司目前的存货管理水平，结合百事公司在拉丁美洲、欧洲和亚洲、中东和非洲等地区的不断发展，分析师预计百事公司的存货周转天数将逐步延长，到第+5年度将达到46天。预计存货期末余额如下（单位：百万美元）：

	存货			
	产品销售成本	平均每天产品销售成本	存货周转天数	期末存货余额
第+1年度	32 667	89.50	44.0	3 938
第+2年度	34 101	93.43	44.5	4 158
第+3年度	35 612	97.57	45.0	4 391
第+4年度	37 920	103.89	45.5	4 727
第+5年度	38 883	106.53	46.0	4 900

有些公司（如零售连锁店）的存货占资产总额的比例较大。分析师在预测这类公司的存货数额时，应该考虑该公司未来几年可能新开的店面数量（甚至应该考虑零售空间多大）。例如，经营大型仓储式商店的零售公司（如沃尔玛或好市多），每开一家新店都需要数百万美元的存货，因此，其预计存货的数额可能呈阶梯式增长。在销售旺季来临之际，季节性销售的零售商店需要适当地开设一些新店（从而需要额外备置存货，如返校季的休闲装和圣诞季的玩具）。分析师在预测这类公司的存货数额时，还应该考虑销售旺季来临之前所开设新店的数量。

□ 预测预付费用与其他流动资产

预付费用与其他流动资产包括预付租金、广告费和保险费等项目。这些项目的数额经常随着公司经营活动水平（如销售收入、广告、产量、新店或新餐馆数量和资产总额）的变动而变动。分析师假设百事公司未来的预付费用和其他流动资产的增长率将与销售收入的增长率一样。预付费用与其他流动资产的预计数额如下（单位：百万美元）：

	预付费用与其他流动资产					
	2012 年度	第+1 年度	第+2 年度	第+3 年度	第+4 年度	第+5 年度
销售收入增长率		+4.1%	+4.2%	+4.2%	+6.3%	+2.3%
预计数额	1 479	1 540	1 604	1 672	1 777	1 818

□ 预测非控制性权益投资

2010 年度之前，百事公司的非控制性权益投资的数额庞大，而且非常重要，数额超过资产总额的 10%。仅仅 2009 年度，百事公司的利润表就确认并单独列报了 3.65 亿美元的非控制性权益投资收益。这些非控制性权益投资主要用于百事公司的主要装瓶公司，尤其是百事装瓶公司和百事美洲公司。百事公司 2010 年度收购了这些公司流通在外的所有股份，将这些公司纳入合并财务报表的范围。

到了 2011 年度和 2012 年度，百事公司的非控制性权益投资主要是其在联合利华公司和星巴克公司等合营公司的权益。百事公司的非控制性权益投资现在的数额大约只是其资产总额的 2%。百事公司的利润表不再单独列报这些非控制性权益投资收益，而是将这些非控制性权益投资收益和销售与一般行政管理费用汇总在一起（进而减少了利润表列报的销售与一般行政管理费用的数额）对外报告。百事公司 2011 年度和 2012 年度的非控制性权益投资的增长率分别为 8.0%和 10.6%。

分析师假设非控制性权益投资在五年预测期内每年将继续增长 8.0%，并进一步假设百事公司利润表的“销售与一般行政管理费用”项目隐性地包括了这些非控制性权益投资收益，抵销了部分销售与一般行政管理费用。[①] 非控制性权益投资的预计数额如下（单位：百万美元）：

	非控制性权益投资					
	2012 年度	第+1 年度	第+2 年度	第+3 年度	第+4 年度	第+5 年度
增长率		+8.0%	+8.0%	+8.0%	+8.0%	+8.0%
期末余额	1 633	1 764	1 905	2 057	2 222	2 399

□ 预测财产、厂房与设备

百事公司 2010—2012 年度的固定资产周转率略有下降，从 2010 年度 3.6 下降到 2012 年度 3.4 (654.92/[(191.36+196.98)/2])。固定资产周转率逐年下降说明百事公司的固定资产使用效率不如从前。这主要是因为百事公司的销售收入净额从 2011 年度的 665 亿美元下降到 2012 年度的 655 亿美元，从而降低了固定资产使用效率。

百事公司在其 2012 年报的管理层讨论与分析部分描述了“我们的流动性、资本资源与财务状况”。根据其中披露的信息，管理层预计“2013 年度资本支出净额将达到 30 亿美元左右。其中，长期资本支出不超过销售收入净额的 5%”。据此，分析师认为百事公司第+1 年度的资本支出净额为 30 亿美元，该数额是百事公司销售收入净额 681.98 亿美元的 4.4%。根据百事公司披露的信息，结合其资本支出较为稳定的

① 分析师需要做出更精确的预测。预期未来非控制性权益投资的数额应该遵循权益法。如此一来，非控制性权益投资增加的数额等于百事公司根据持股比例享有附属公司净利润的数额减去附属公司发放的股利数额。非控制性权益投资应该随着投资的增加而增加，随投资的处置而减少。

经验，分析师认为百事公司第+2年度及以后年度的资本支出为销售收入的4.8%。由于财产、厂房与设备数额增加，百事公司的预测性资产负债表中已经包括这些资本支出净额，预测性现金流量表投资活动部分的现金流出量中也已经包括这些资本支出净额。此外，分析师认为这些项目的数额反映了扣除出售财产、厂房与设备所得收入（百事公司出售财产、厂房与设备所得收入数额很小）之后的资本支出净额。资本支出的预计数额如下（单位：百万美元）：

年度	每年预测性销售收入	财产、厂房与设备 资本支出占销售收入的百分比	资本支出
第+1年度	68 198	4.4%	3 000
第+2年度	71 044	4.8%	3 410
第+3年度	74 038	4.8%	3 554
第+4年度	78 672	4.8%	3 776
第+5年度	80 504	4.8%	3 864

百事公司在经营过程中使用了这些财产、厂房与设备，因此，现有的这些资产将继续计提折旧。此外，百事公司新增财产、厂房与设备需要的资本支出可能会使每年的折旧费用增加。根据百事公司财务报表附注4“财产、厂房与设备和无形资产”披露的信息，百事公司基于财务报告目的采用直线法计提折旧。尽管附注4中并没有披露有关残值的信息，但分析师可以假设应计提折旧的财产、厂房与设备的残值为零。根据这些信息，分析师可以将以购置成本计价的财产、厂房与设备的平均数额除以当年的折旧费用，估算出百事公司用于计提折旧的平均使用年限。百事公司2012年度计提折旧的平均使用年限为14.32年（[(361.62+351.40)/2]/24.89）。分析师假设百事公司将继续以14.32年作为计提折旧的平均使用年限。①

分析师在计算第+1年折旧时，需要预测两个数字。第一个数字是第+1年度初公司拥有的361.62亿美元财产、厂房与设备的折旧数额，为25.25亿美元（361.62/14.32）。第二个数字是第+1年度30.00亿美元资本支出的折旧数额，为2.09亿美元（30.00/14.32）。汇总这两个数字，第+1年度的折旧费用为27.34亿美元（25.25+2.09），累计折旧将相应增加27.34亿美元。第+2年度的折旧费用为29.72亿美元。该数额除了包括第+1年度的前述这两个数字外，还包括第+2年度购置财产、厂房与设备所发生的资本支出应该计提的折旧数额2.38亿美元（34.10/14.32）。依此类推，折旧费用的预计数额如下（单位：百万美元）：

	折旧费用 应计提折旧的基数	每年折旧数额（假设使用寿命为14.32年）： 第+1年度	第+2年度	第+3年度	第+4年度	第+5年度
现有财产、厂房与设备	36 162	2 525	2 525	2 525	2 525	2 525
第+1年度资本支出	3 000	209	209	209	209	209
第+2年度资本支出	3 410		238	238	238	238

① 根据百事公司在其财务报表附注4“财产、厂房与设备和无形资产”中披露的信息，百事公司2012年度的折旧费用为24.89亿美元。百事公司的财产、厂房与设备包括不需要计提折旧的土地（当然，土地改良支出应该计提折旧）和尚不能计提但未来需要计提折旧的在建工程。在计算使用年限和预测折旧费用时，追求更精确预测的分析师应该剔除这些项目。百事公司2012年度的现金流量表披露，百事公司将折旧与摊销费用26.89亿美元（折旧费用和摊销费用分别为24.89亿美元和2.00亿美元）加回净利润。为了区分应计提折旧使用年限与摊销费用之间的估算界限，分析师利用了百事公司财务报表附注4中披露的信息（24.89亿美元）。值得注意的是，百事公司的财产、厂房与设备只增加了10.22亿美元，小于其2012年度的资本支出净额26.19亿美元。百事公司2012年度的累计折旧只增加了15.84亿美元（从154.42亿美元增加到170.26亿美元），远远小于折旧费用的增加额。之所以产生这些差异，是因为百事公司出售（或因减值而注销）了包含累计折旧的财产、厂房与设备，从而剔除了这些固定资产项目的成本和各自的累计折旧。

续表

	应计提折旧的基数	折旧费用				
		每年折旧数额（假设使用寿命为 14.32 年）:				
		第+1 年度	第+2 年度	第+3 年度	第+4 年度	第+5 年度
第+3 年度资本支出	3 554			248	248	248
第+4 年度资本支出	3 776				264	264
第+5 年度资本支出	3 864					270
折旧费用总额		2 734	2 972	3 220	3 484	3 754

与多数公司一样，百事公司的利润表并没有以一个独立的项目列报折旧费用，而是根据这些固定资产在生产过程或销售与管理领域的使用情况，将折旧费用分配到产品销售成本或销售与一般行政管理费用中。如此一来，分析师预测的折旧费用并不包括在利润表中分别列报的这些折旧费用。产品销售成本和销售与一般行政管理费用的预期数额中反而包括了这些折旧费用。在编制预测性现金流量表时，分析师会将折旧费用加回净利润（本章后面部分将讨论这个问题）。资本支出，财产、厂房与设备，折旧费用和累计折旧的预计数额如下（单位：百万美元）：

年度	财产、厂房与设备				
	资本支出	期末余额（以成本计价）	折旧费用	累计折旧	期末余额（净值）
2012 年度实际数		36 162		(17 026)	19 136
第+1 年度	3 000	39 162	2 734	(19 760)	19 402
第+2 年度	3 410	42 572	2 972	(22 732)	19 840
第+3 年度	3 554	46 126	3 220	(25 953)	20 173
第+4 年度	3 776	49 902	3 484	(29 437)	20 465
第+5 年度	3 864	53 766	3 754	(33 191)	20 575

在预测资本密集型公司（如制造业公司或公用事业公司）或固定资产增长率是未来销售收入和盈余的重要动因的公司（如零售连锁公司或餐馆连锁公司的新开门店）的固定资产数额时，财产、厂房与设备通常占资产总额的比例较大，对分析师的预测具有重要的影响。对此类公司，分析师需要投入大量的时间和精力创建资本支出，财产、厂房与设备和折旧费用的详细预测模型。财务报表分析软件包的预测升级电子表格包括此类预测模型。

□ 预测可摊销无形资产

百事公司的可摊销无形资产主要包括特许经营权、品牌、商标以及百事公司通过收购其他公司取得的使用年限有限的其他可辨认无形资产。如前所述，百事公司在这些资产的预计使用年限内（1～60 年）按比例摊销其价值。百事公司 2012 年度资产负债表列报的可摊销无形资产的账面净值为 17.81 亿美元（只占资产总额的 2.4%）。由于百事公司并购了装瓶公司（即百事装瓶公司和百事美洲公司），因此 2010 年度的可摊销无形资产账面净值增加了一倍多。百事公司 2011 年度和 2012 年度可摊销无形资产的账面净值都有所减少，主要原因是这两个年度百事公司几乎没有新增对可摊销无形资产的投资。百事公司在财务报表附注 4“财产、厂房与设备和无形资产”中披露了该公司预计的今后五年这些可摊销无形资产的摊销费用。分析师将它们列入预测性现金流量表的“无形资产摊销”项目。分析师认为百事公司的可摊销无形资产将以其披露的摊销费用数额继续减少。与过去两个年度一样，分析师认为百事公司将不再收购任何可摊销无形资产，但将收购商誉和不可摊销无形资产。我们接下来讨论商誉与不可摊销无形资产问题。

□ 预测商誉与不可摊销无形资产

百事公司的多数无形资产是使用年限无限的商誉（169.71亿美元）和其他不可摊销无形资产（主要是品牌，数额为147.44亿美元）。这些无形资产因百事公司收购其他公司而产生。这些无形资产项目中包括百事公司分配给无形资产（如商誉和品牌）的那部分收购价格。由于百事公司并购了两个主要装瓶公司（即百事装瓶公司和百事美洲公司），这些无形资产项目的数额从2009年度的83亿美元猛增到2010年度的264亿美元。由于这些无形资产的使用年限无限，美国公认会计原则和国际财务报告准则都不要求公司摊销这些无形资产的价值。但它们都要求公司每年测试这些无形资产的价值，判断这些无形资产是否发生减值。如果测试表明这些无形资产发生减值，公司必须将其账面价值调整为公允价值。迄今为止，百事公司已经判定这些无形资产只需要确认非常少的减值损失（百事公司在欧洲的某些品牌2012年度和2010年度的减值损失分别为0.23亿美元和0.14亿美元）。如果分析师认为销售收入有所下降，可能出现经营亏损，那可能预示着百事公司出现无形资产减值，而销售收入强劲增长并获得经营利润的预测假设则意味着百事公司未来不可能出现减值损失。

收购拥有值钱的商誉、品牌和产品的其他公司是百事公司的重要战略。这种收购有助于百事公司创造销售收入新的增长点，拓展其产品组合，进入全球新市场。百事公司2011年度的商誉与不可摊销无形资产总共增加了56亿美元（主要是因为该公司收购了其俄罗斯子公司WBD品牌）。百事公司2012年度的商誉和不可摊销无形资产增加了3.58亿美元（剥离使商誉与不可摊销无形资产减少了1.71亿美元，而外币折算利得使商誉与不可摊销无形资产增加了5.29亿美元）。百事公司似乎可能继续实施收购战略，但由于缺乏内部信息，分析师难以预测其具体的收购活动。因此，分析师只好假设百事公司的商誉与不可摊销无形资产将以销售收入增长率继续增长，并进一步假设商誉与不可摊销无形资产未来不会发生减值费用。商誉与不可摊销无形资产的预计数额如下（单位：百万美元）：

	商誉与不可摊销无形资产				
	期初余额		销售收入增长率	期末余额	
	商誉	不可摊销无形资产		商誉	不可摊销无形资产
第+1年度	16 971	14 744	4.1%	17 672	15 353
第+2年度	17 672	15 353	4.2%	18 410	15 994
第+3年度	18 410	15 994	4.2%	19 185	16 668
第+4年度	19 185	16 668	6.3%	20 386	17 711
第+5年度	20 386	17 711	2.3%	20 861	18 124

□ 预测其他非流动资产

百事公司在财务报表附注14“补充性财务信息”中披露，该公司的其他非流动资产包括非流动应收账款、递延市场拓展费、养老金资产和其他投资等项目。过去三年间，百事公司其他非流动资产项目的数额变动较大。例如，百事公司2010年末、2011年末和2012年末的其他非流动资产分别为16.89亿美元、10.21亿美元和16.53亿美元。由于缺乏更多的信息，在预测其他非流动资产具体数额时，分析师只好假设百事公司其他非流动资产每年将以与销售收入一样的增长率继续增长。其他非流动资产的预计数额如下（单位：百万美元）：

	其他非流动资产		
	期初余额	销售收入增长率	期末余额
第+1年度	1 653	4.1%	1 721
第+2年度	1 721	4.2%	1 793
第+3年度	1 793	4.2%	1 869
第+4年度	1 869	6.3%	1 986
第+5年度	1 986	2.3%	2 032

□ 预测按资产总额百分比变动的资产

有时，分析师需要预测占资产总额一定百分比的某项资产的数额，尤其是对于将资产总额的固定百分比投资于某个特定类别资产的公司。例如，假设百事公司的战略是，为了保持流动性，始终维持现金占资产总额的7.0%（注意：分析师已经预测出百事公司的未来现金余额，这里的讨论仅仅是举例而已）。假设分析师预测的第+1年度所有资产项目（现金除外）的预计数额如下（单位：百万美元）：

有价证券	293
应收账款	7 287
存货	3 938
预付费用和其他流动资产	1 540
长期投资	1 764
财产、厂房与设备（净值）	19 402
可摊销无形资产	1 671
商誉	17 672
不可摊销无形资产	15 353
其他非流动资产	1 721
资产小计	70 641

这些资产小计706.41亿美元，占资产总额的93.0%（1.00−0.07），因此预测性资产总额应该是759.59亿美元（706.41/0.93）。如此一来，基于这个假设性示例，期末现金余额为53.17亿美元（0.07×759.59）。

值得注意的是，这种预测方法将一些循环引入了预测性财务报表。现金余额是资产总额的函数，而资产总额又是现金余额的函数。这种预测方法并非不现实，也不会产生计算问题。本章后面部分将讨论在预测性财务报表中如何确定共同决定变量。

□ 预测应付账款

百事公司的资产负债表中单独列报了应付账款与其他流动负债。百事公司2012年末的应付账款与其他流动负债的数额为119.03亿美元。根据百事公司财务报表附注14“补充性财务信息”披露的信息，百事公司119.03亿美元应付账款与其他流动负债总额中，应付账款为44.51亿美元，其余（74.52亿美元）为市场拓展费、薪酬与福利、股利和其他费用等应计负债。百事公司未来对供应商的存货赊购政策和支付政策可能会催生应付账款，而应计费用可能随着销售与一般行政管理费用的增长而增长。有鉴于此，分析师只好分别预测应付账款和应计费用的数额。

百事公司2010年度和2011年度的付款期都是45天，2012年度攀升到50天。分析师假设百事公司未来应付账款的付款期将继续维持在50天。为了预测百事公司未来应付账款的数额，分析师首先预测其赊购的存货数额（存货将催生应付账款）。分析师以曾经预测过的产品销售成本为基础，加上存货余额的变动额，计算出存货购买数额（存货购买数额需要经过应付账款核算），接着预测应付账款的期末余额。假设付款期为50天，应付账款的预计数额如下（单位：百万美元）：

	应付账款						
	产品销售成本	加：期末存货	减：期初存货	等于：存货购买数额	每天购买数额	付款期（天）	期末余额
第+1年度	32 667	3 938	3 581	33 024	90.5	50	4 524
第+2年度	34 101	4 158	3 938	34 321	94.0	50	4 701
第+3年度	35 612	4 391	4 158	35 845	98.2	50	4 910
第+4年度	37 920	4 727	4 391	38 256	104.8	50	5 241
第+5年度	38 883	4 900	4 727	39 056	107.0	50	5 350

□ 预测其他流动应计负债

如前所述，根据百事公司财务报表附注14“补充性财务信息”披露的信息，百事公司2012年末的市场拓展费、薪酬与福利、股利和其他费用等应计负债的数额为74.52亿美元。分析师在预测百事公司的利润时，假设该公司的销售与一般行政管理费用是销售收入的一个固定百分比，将与销售收入呈比例增长。因此，分析师推断其他流动应计负债将随着销售与一般行政管理费用的增长而增长（销售与一般行政管理费用将随着销售收入的增长而增长）。其他流动应计负债的预计数额如下（单位：百万美元）：

	其他流动应计负债		
	期初余额	销售与一般行政管理费用增长率	期末余额
第+1年度	7 452	4.1%	7 760
第+2年度	7 760	4.2%	8 084
第+3年度	8 084	4.2%	8 424
第+4年度	8 424	6.3%	8 952
第+5年度	8 952	2.3%	9 160

□ 预测流动负债：应交所得税

百事公司的流动负债中包括应交所得税这个独立项目。应交所得税的变动与所得税准备有关，也与税款支付额、税务争议的解决、兼并与收购、递延所得税资产和负债的变动以及其他难以预测的项目有关。百事公司2010—2012年度的应交所得税变动幅度很小，介于资产总额的0.1%~0.5%之间。分析师简单地假设百事公司未来的应交所得税平均为资产总额的0.5%。应交所得税的预计数额如下（单位：百万美元）：

	应交所得税		
	资产总额	应交所得税占资产总额的百分比	期末余额
第+1年度	75 873	0.5%	379
第+2年度	78 587	0.5%	393

续表

	应交所得税		
	资产总额	应交所得税占资产总额的百分比	期末余额
第+3 年度	81 338	0.5%	407
第+4 年度	85 348	0.5%	427
第+5 年度	87 029	0.5%	435

□ 预测其他非流动负债

其他非流动负债是与养老金负债、医疗保健、长期薪酬以及其他经营管理活动等相关的费用的应计负债。因此，分析师推断其他非流动负债将随着销售与一般行政管理费用的增长而增长（销售与一般行政管理费用将随着销售收入的增长而增长）。其他非流动负债的预计数额如下（单位：百万美元）：

	其他非流动负债		
	期初余额	销售与一般行政管理费用增长率	期末余额
第+1 年度	6 543	4.1%	6 813
第+2 年度	6 813	4.2%	7 098
第+3 年度	7 098	4.2%	7 397
第+4 年度	7 397	6.3%	7 860
第+5 年度	7 860	2.3%	8 043

□ 预测递延所得税

百事公司财务报表附注 5“所得税”中披露了与各种经营活动项目（如财产、厂房与设备以及无形资产）相关的递延所得税。百事公司 2010 年度的递延所得税从 6.59 亿美元猛增到 40.57 亿美元。这主要是因为百事公司并购了两个主要装瓶公司（百事装瓶公司和百事美洲公司）。百事公司 2011 年度和 2012 年度的递延所得税相对稳定，占资产总额的 6.8%。分析师认为百事公司未来的递延所得税将保持在资产总额的 6.8%。递延所得税的预计数额如下（单位：百万美元）：

	递延所得税		
	资产总额	递延所得税占资产总额的百分比	期末余额
第+1 年度	75 873	6.8%	5 159
第+2 年度	78 587	6.8%	5 344
第+3 年度	81 338	6.8%	5 531
第+4 年度	85 348	6.8%	5 804
第+5 年度	87 029	6.8%	5 918

10.6 第 4 步：预测财务杠杆、金融资产、普通股权益资本和财务收益项目

预测完经营性资产和负债项目之后，分析师接着要开始预测公司持有的金融资产以及为公司经营活动和投资活动提供必要资金的金融负债和股东权益。此外，分析师还要通过预测公司未来的利息收入、利息

费用和其他财务收益项目来推断筹资活动对净利润的影响。

如果公司资本结构在一定期间内保持稳定，分析师就可以用共同比资产负债表的百分比预测负债和权益资本的数额。如果公司制定了包括负债与权益相对稳定比例的目标资本结构（例如，某公司可能制定一个负债占60%、权益资本占40%的目标资本结构），分析师就可以用这些共同比和资产总额的预期数额预测公司未来的负债总额和权益资本总额。

当然，分析师也可以通过预测公司未来财务杠杆战略的变化来预测债务资本与股东权益的数额。例如，近年来，公司债务的利率处于历史最低水平，许多公司借此机会调整资本结构，举借更多的长短期负债，提高财务杠杆，并将获得的资金用于回购普通股和增发现金股利，减少股东权益的数额。此外，分析师可能需要预测公司如何通过兼并、收购或剥离等交易改变其资本结构。

我们将在本节通过预测百事公司的财务杠杆战略，根据时间不断调整其债务与权益的预期数额，进而预测其债务与权益的数额。下面将分别讨论这些项目。

□ 预测金融资产

为了确定公司是基于经营流动性目的还是基于财务目的运用金融资产，分析师必须评估公司的经营活动和财务战略。多数公司运用金融资产（如现金、短期投资性证券和长期投资性证券）以实现如下全部或其中某些目标：

- 管理经营流动性中的季节性波动。
- 为未来的不确定性提供财务缓冲。
- 拥有能够在盈利机会一出现便加以利用的财务柔性。

正因为如此，预测作为公司流动性和经营活动组成部分的金融资产具有重要意义。例如，百事公司2012年度的资产负债表中列报了现金、短期投资（有价证券）和非控制性权益投资。如前所述，百事公司用现金和短期投资为经营活动提供流动性，而非控制性权益投资则是百事公司对非控制性合营公司的投资。因此，分析师预测百事公司的经营活动时就包括了这类金融资产。

相反，有些公司并非基于经营流动性目的而是基于财务目的（如清偿债务、公司收购、回购股票或支付股利）持有多余现金、短期投资或长期投资。分析师在预测这类公司的未来资本结构时，必须预测公司未来的金融资产。这些金融资产是公司用以清偿债务或基于其他财务目的的财务储备。例如，假设某公司发行债券以解决建设厂房与设备所需要的资金。债券合约要求公司建立偿债基金（用于清偿未来债务的现金或有价证券储备），偿债基金中的现金和有价证券就是用于清偿债务的金融资产。因此，分析师应该在预测公司的资本结构（而不是公司的经营活动）时预测这部分金融资产。百事公司2012年度的资产负债表中并没有列报基于清偿债务目的持有的任何短期投资性证券和长期投资性证券，因为百事公司不可能基于清偿债务目的持有投资性证券以作为未来清偿债务的储备。分析师不必预测这部分金融资产。

□ 预测长短期负债

百事公司2012年度总共动用了283.59亿美元长短期借款。百事公司共同比资产负债表数据（见第1章）显示，该公司的长短期负债占资产总额的比例越来越大。2009—2010年度，因为百事公司收购了主要装瓶公司，其资本结构中的负债总额迅速增加，负债比例从19.7%上升到36.5%。2010年度以来，百事公司的负债比例继续小幅攀升，2011年度的负债比例为36.7%，2012年度达到38.0%。百事公司共同比资产负债表数据显示，该公司2010年度、2011年度和2012年度的短期负债占资产总额的比例分别为

7.2%、8.5%和 6.5%，而长期负债占资产总额的比例分别为 29.3%、28.2%和 31.5%。

百事公司 2012 年度的合并资产负债表中列报的短期负债为 48.15 亿美元。根据百事公司财务报表附注 9“债务与承诺”中披露的信息，该公司短期负债中包括本期到期的长期负债 29.01 亿美元、商业票据 11.01 亿美元和其他短期借款 8.13 亿美元。① 2012 年末，百事公司的长期负债为 235.44 亿美元（264.45 亿美元的长期负债总额减去 2013 年度到期的 29.01 亿美元）。

百事公司 2012 年度的合并现金流量表显示，该公司经营活动创造的现金流量净额大约为 85 亿美元，而用于投资活动的现金流量净额为 30 亿美元。在筹资活动方面，百事公司 2012 年度通过长期负债筹集了近 35 亿美元（净额）的资金，清偿短期负债约 15 亿美元（净额），耗用现金 33 亿美元发放股利，以现金 32 亿美元回购普通股。显然，百事公司通过经营活动创造了大量的现金，但希望通过发放股利和回购股票将更多现金返还给股东。为此，百事公司增加了其负债总额。

百事公司似乎希望通过借入更多的长期负债、支付更多的股利和回购更多的普通股来转变其财务杠杆战略。事实上，根据百事公司财务报表附注 9 披露的信息，该公司 2012 年度通过 7 次借款总共新借了近 60 亿美元的长期负债，到期日从 2015 年至 2042 年。分析师认为百事公司将保持目前的这种趋势，继续增加长短期负债（其负债比例将更高）。因此，分析师认为百事公司从第+1 年度至第+5 年度的长短期负债增长率将比资产总额的预期增长率高出 1%（根据预测性资产总额做出推断）。这样一来，百事公司的负债比例将逐渐从 38%上升到第+5 年度的接近 40%。长短期负债的预计数额（都是带息负债）如下（单位：百万美元）：

	长短期负债					
	预期资产总额	资产总额增长率	预计负债增长率	短期负债	长期负债	带息负债总额
2012 年度实际数额	74 638			4 815	23 544	28 359
第+1 年度	75 873	1.7%	2.7%	4 943	24 169	29 112
第+2 年度	78 587	3.6%	4.6%	5 169	25 275	30 444
第+3 年度	81 338	3.5%	4.5%	5 402	26 413	31 815
第+4 年度	85 348	4.9%	5.9%	5 722	27 979	33 701
第+5 年度	87 029	2.0%	3.0%	5 892	28 810	34 702

我们将在下面部分以带息负债的预计数额为基础，预测百事公司的未来利息费用。

百事公司现存的长期负债到期日从 2013 年至 2042 年。百事公司财务报表附注 9“债务与承诺”中披露了第+1 年度至第+5 年度及以后年度到期的负债数额信息。如果分析师要预测正在通过清偿负债“去杠杆”或由于存在高杠杆很可能陷入困境或破产的公司的长短期负债，那么未来长期负债到期日计划表对预测公司何时必须清偿负债或因负债到期需要再融资就显得非常有用。

□ 预测利息费用

现在，分析师可以根据带息长短期负债的预计余额预测利息费用的第一次迭代预计额。根据百事公司财务报表附注 9“债务与承诺”中披露的信息，该公司 2012 年末的利率从商业票据的 0.1%到其他长期借款的 9.3%不等。将 2012 年度的利息费用除以 2012 年度现存的带息负债平均数额，可以得到百事公司长短期负债的加权平均利率大约为 3.3%（8.99/[(235.44+48.15+205.68+62.05)/2]）。当然，这个加权平均利率可能略微被低估，因为如前所述，百事公司 2012 年度新借长期负债 7 次，这些长期负债未必需

① 如果公司打算且能够重新借入长期负债，也可以将本期到期的长期负债归类为长期负债。

要全年承担利息费用。

同理，分析师可以用百事公司财务报表附注 9 披露的信息估算现存负债总额的加权平均利率，具体如下（单位：百万美元）：

负债资本的加权平均成本率				
	数额	权重	利率	加权平均利率
2013 年到期票据	2 891	0.102	2.3	0.234
商业票据	1 101	0.039	0.1	0.004
2013 年到期的其他借款	813	0.029	7.4	0.212
2014 年到期票据	3 237	0.114	4.4	0.502
2015 年到期票据	3 300	0.116	1.5	0.175
2016 年到期票据	1 878	0.066	3.9	0.258
2017 年到期票据	1 250	0.044	2.0	0.088
2018—2042 年到期票据	13 781	0.486	4.4	2.138
2013—2020 年到期的其他负债	108	0.004	9.3	0.035
合计	28 359	1.000		3.647

这种方法将未来利率的权重考虑在内，因此分析师可以用第＋1 年度至第＋5 年度带息负债平均数额的加权平均利率 3.65%作为现存负债总额的加权平均利率来预测利息费用。分析师利用前面预测过的带息负债总额，预计利息费用数额如下（单位：百万美元）：

	带息负债的利息费用					
	短期负债	长期负债	带息负债总额	带息负债平均数额	利率	利息费用
2012 年度实际数额	4 815	23 544	28 359			899
第＋1 年度	4 943	24 169	29 112	28 735.5	3.65%	1 049
第＋2 年度	5 169	25 275	30 444	29 778.0	3.65%	1 087
第＋3 年度	5 402	26 413	31 815	31 129.5	3.65%	1 136
第＋4 年度	5 722	27 979	33 701	32 758.0	3.65%	1 196
第＋5 年度	5 892	28 810	34 702	34 201.5	3.65%	1 248

百事公司利息费用的预计数额小于过去几年的利息费用数额，说明百事公司 2012 年度的财务杠杆战略已经转向更多地依赖长期负债资本。现在，分析师可以将“第一轮”利息费用数额填到预测性利润表中。如果预测性资产负债表显示百事公司需要更多或更少的长期负债为其未来增加的资产提供融资，那么负债总额可能发生变化。此时，分析师就需要重新计算利息费用的预计数额。

□ 预测利息收入

分析师也可以预测百事公司金融资产（如现金和有价证券的短期投资）的“第一轮”利息收入数额。百事公司 2012 年度确认了利息收入 0.91 亿美元，2012 年度的现金和有价证券的平均数额为 55.22 亿美元［(62.97＋3.22＋40.67＋3.58)/2］，平均报酬率为 1.65%（0.91/55.22）。百事公司 2010 年度和 2011 年度这些金融资产的平均报酬率分别只有 1.3%和 1.0%，说明 2010—2012 年度百事公司处于利率非常低的环境中。此外，百事公司持有的现金和有价证券很可能是风险非常低但流动性非常高的金融工具，因此其报酬率也非常低。第＋1 年度初，低风险、高流动性的短期债券和美国中期国库券的无风险利率不超过 1.0%。有鉴于此，分析师认为百事公司持有的现金和有价证券平均余额每年可以获得的报酬率为 1.0%。

利息收入的预计数额如下（单位：百万美元）：

年度	期末余额：		利息收入		
	现金	有价证券	平均余额	报酬率	利息收入
2012 年度实际数额	6 297	322			
第+1 年度	5 232	293	6 072	1.0%	61
第+2 年度	5 450	267	5 621	1.0%	56
第+3 年度	5 680	243	5 819	1.0%	58
第+4 年度	6 035	221	6 089	1.0%	61
第+5 年度	6 176	201	6 316	1.0%	63

如果预测性资产负债表显示百事公司将创造和维持更多的现金和有价证券，有息资产总额将增加。这样，分析师就需要重新计算利息收入的预计数额。

□ 预测非控制性权益投资收益

正如第 8 章中所述，有些公司对附属公司或合营公司的投资数额巨大。在这种情境中，尽管投资方可以对被投资方施加重要影响，但却不能控制被投资方的经营决策与筹资决策。这时，投资者只拥有附属公司流通在外股份的 20%～50%，还不足以控制公司的各种活动，因此该项投资没有纳入合并财务报表的范围。根据美国公认会计原则和国际财务报告准则，投资方的利润表按其持有的附属公司股份的比例确认享有附属公司净利润的份额。资产负债表列报的非控制性权益投资应该在原有数额的基础上，加上投资方按其持有附属公司的股份比例确认享有的附属公司净利润的份额，减去每年收到的附属公司发放的股利数额，加上投资方对附属公司的新增投资数额，再减去处置的附属公司的投资数额。

为了预测公司未来的非控制性权益投资收益，分析师可以预测一个正常的报酬率和非控制性权益投资的水平。一种更耗时但可能更精确的方法是编制一套完整的非控制性附属公司的预测性财务报表，然后估算投资者应该享有的未来预计利润的份额。如果公司对合营公司和附属公司的投资数额巨大且十分重要，那么这种方法值得一试。

2010 年度之前，百事公司对非控制性附属公司（主要是装瓶公司）的投资数额较大，也由此获得了一笔数额较大的投资收益。百事公司 2009 年度的非控制性权益平均账面价值为 41.84 亿美元［(44.84＋38.83)/2］，获得的投资收益为 3.65 亿美元。这意味着该项投资的报酬率大约为 8.7%。如前所述，百事公司 2010 年度收购了装瓶公司的全部股份并将这些装瓶公司纳入合并财务报表范围。

百事公司 2011 年度和 2012 年度的非控制性权益投资代表其在联合利华公司和星巴克公司等合营公司中的权益。这些投资的数额现在只占百事公司资产总额的 2%。百事公司的利润表中不再单独列报这些投资收益，而是将这些投资收益合并到销售与一般行政管理费用中。由于缺乏更充分的信息，分析师只好假设非控制性权益投资收益是销售与一般行政管理费用预计数额（净额）的一个隐性项目。

□ 预测优先股

百事公司 2012 年末的可转换优先股数额为负值（－1.23 亿美元）。根据百事公司财务报表附注 12“优先股”披露的信息，作为员工持股计划的组成部分，北美桂格食品公司 2001 年度曾发行过优先股。员工持股计划的参与者可以溢价赎回该优先股，百事公司也可以溢价回购该优先股。优先股的数额为负值并不常见。之所以出现这种情况，是因为百事公司通过发行优先股募集了0.41亿美元，但截止到现在，百事公司因员工持股计划参与者赎回或公司回购优先股而支付了1.64亿美元。百事公司2012年末流通在外的优先股数量为186 000股，公允价值为0.63亿美元。分析师假设第+1年度百事公司或员工持股计划参与者可能以公允价值回购或赎回这些流通在外的优先股，从而认为百事公司支付的0.63亿美元只是购回并注销这些优先股的一笔一次性特别清算股利。既然分析师已经假设所有优先股终将消失，便可进一步假设百事公司第+1年度末的优先股期末余额为零。分析师将注销剩余优先股而支付的0.63亿美元视为发放一次股利，并将优先股账户的负值余额（−1.23亿美元）调整为零，同时调整库藏股账户余额（参见第7章有关股票注销的会计处理内容）。

□ 预测非控制性权益

尽管非控制性权益类似于（前述的）非控制性权益投资，但是，就非控制性权益而言，公司是控股股东且将附属公司纳入了合并财务报表的范围。因此，非控制性权益代表持有附属公司股份的比例不足50%的少数权益投资者的所有权（与非控制性权益投资会计处理的原理相同）。

百事公司2012年末来自非控制性权益股东的资金为1.05亿美元。这些投资者拥有百事公司控制并纳入合并财务报表范围的某些附属公司的较大但尚未达到控制的股份比例。因此，分析师需要通过预测非控制性权益的投资者增加（额外投资）或减少（注销）非控制性权益的数额以及享有利润的份额和这些附属公司向非控制性权益投资者发放的股利数额，预测非控制性权益的数额。

简化起见，分析师假设百事公司既不注销任何非控制性权益，也不筹集任何额外的非控制性权益资金。百事公司的合并权益报表显示，该公司2012年度归属于非控制性权益股东的净利润为0.36亿美元，非控制性权益投资的平均报酬率大约为18%，而2011年度非控制性权益投资的平均报酬率大约只有6%。简化起见，分析师假设非控制性权益投资者可以得到的投资报酬率为10%（投入1.05亿美元获得收益0.105亿美元），这些收益每年全部都归投资者所有。分析师据此进一步假设百事公司未来的非控制性权益还是1.05亿美元。于是，分析师调减了预测性利润表的净利润，每年将1.05亿美元净利润调整为归属于非控制性权益的净利润，剩余的净利润则归百事公司股东所有。

□ 预测普通股与资本公积股本溢价

如第7章所述，如果公司向投资者发售普通股或在并购过程中发行股票募集资金，普通股与实收资本账户数额会随之增加。如果公司注销股票，普通股与实收资本账户数额会随之减少。如果公司向员工、管理层和董事发放以股份为基础的薪酬和奖金（如股票期权或限制性股票单位），实收资本账户数额会相应增加。这时，以股份为基础的薪酬费用的公允价值就是实收资本的增加额（同时也是留存收益的减少额）。随后，如果有人行使股票期权或将限制性股票转换为非限制性股票，公司向个人收取的现金净额（如股票期权行权价格）就是实收资本的增加额。

百事公司的合并权益报表显示，由于用了大约45亿美元的权益股份收购主要装瓶公司（即百事装瓶公司和百事美洲公司），百事公司2010年度的普通股与资本公积显著增加。由于发放了以股份为基础的薪酬且有人行使了股票期权和转换了限制性股票，百事公司2010—2012年度的资本公积也发生了变化。百事公司的共同比资产负债表数据（见第1章）显示，百事公司的实收资本占资产总额的比例从2009年末的0.7%攀升到2010年末的6.7%。此后，百事公司的实收资本占资产总额的比例略有下降，从2011年末的6.2%下降到2012年末的5.6%。考虑到百事公司的资本结构战略已经转向提升长期负债所占的比例，分析师推断其未来将不再大量发行普通股。因此，分析师预期普通股与资本公积将随着资产总额的增加而增加，普通股与资本公积依然占资产总额的 5.6%。普通股与资本公积的预计数额如下（单位：百万美元）：

	普通股与资本公积的预计数额		
	预计资产总额	普通股与资本公积占资产总额的百分比	期末余额
第+1 年度	75 873	5.6%	4 249
第+2 年度	78 587	5.6%	4 401
第+3 年度	81 338	5.6%	4 555
第+4 年度	85 348	5.6%	4 779
第+5 年度	87 029	5.6%	4 874

□ 预测库藏股

如果公司回购一部分流通在外的普通股，库藏股的数额将增加（在资产负债表中列报的负值数额将变大）。如果公司在公开市场重新发行库藏股、用库藏股满足股票期权的行权、在并购过程中发行库藏股或注销库藏股，库藏股的数额将减少（在资产负债表中列报的负值数额将变小，有关库藏股交易会计处理的更详细内容参见第 7 章）。百事公司 2010—2012 年度的普通股权益报表显示，百事公司已经回购普通股大约 107 亿美元（2010 年度、2011 年度和 2012 年度分别回购普通股 50 亿美元、25 亿美元和 32 亿美元），从而减少了权益资本，提高了财务杠杆。此外，为了满足股票期权的行权和其他以股份为基础的交易，百事公司 2010—2012 年度重新发行库藏股约 46 亿美元（2010 年度、2011 年度和 2012 年度分别重新发行库藏股 16 亿美元、14 亿美元和 16 亿美元）。①

根据百事公司 2012 年报管理层讨论与分析部分“我们的流动性、资本资源与财务状况”披露的信息，百事公司 2013 年度第 1 季度宣告了一个经董事会批准的新股票回购计划，以接替 2013 年度到期的现有股票回购计划。新股票回购计划将回购股票 100 亿美元。百事公司可能会继续大规模回购股票。百事公司的管理层讨论与分析部分还披露，百事公司 2013 年度（第+1 年度）可能回购库藏股约 30 亿美元。根据“第一轮迭代”的假设，分析师预计百事公司第+1 年度回购的库藏股扣除为了满足股票薪酬计划而重新发行的库藏股之后的净额将达到 30 亿美元，而且第+1 年度至第+5 年度将一直保持这个规模（如前所述，分析师还假设库藏股中隐性地包括了因冲减优先股负值余额而减少的 1.23 亿美元）。如果根据之后的分析判定百事公司的现金流量不足以回购这些库藏股，或者分析师的权益估值表明资本市场高估了百事公司的股票价格，那么分析师可能需要调减某个年度的回购库藏股的预计数额。同理，如果分析师的分析表明百事公司未来现金流量充裕，或者分析师的权益估值表明资本市场低估了百事公司的股票价格，那么分析师可能需要调增某个年度的回购库藏股的预计数额。

在预测扣除重新发行股票之后的股票回购净额时，分析师假设百事公司未来将继续发放其他以股份为基础的薪酬，员工也将继续行使股票期权。如果分析师的权益估值表明百事公司的股票期权不可能“有价”，分析师在进行后续分析时可能需要调整该假设。分析师还隐性地假设销售与一般行政管理费用中包括以股份为基础的薪酬所产生的公允价值费用。

库藏股的预计数额如下（单位：百万美元）：

---

① 股票市场经常将公司发布股票回购公告的消息称为“好消息”，推断那些对公司有深入了解的管理层认为资本市场低估了公司的股票价格（尽管具有讽刺意味的是，多数股票回购计划并不能按照公告严格完成）。股票市场通常以抬高公司股票价格回应这种正面消息。资本市场参与者也可能偏好股票回购，因为股票回购是一种向股东发放隐性股利的方式。这种股利可能按资本利得税征税，而资本利得税的税率可能低于股利的正常所得税税率（当然，这取决于股东持有股票的时期和所处的税级）。

	库藏股		
	期初余额	扣除重新发行库藏股之后的股票回购数额	期末余额
2012年度实际数额	−17 870	−1 588	−19 458
第+1年度	−19 458	−3 000	−22 458
第+2年度	−22 458	−3 000	−25 458
第+3年度	−25 458	−3 000	−28 458
第+4年度	−28 458	−3 000	−31 458
第+5年度	−31 458	−3 000	−34 458

□ 预测累计其他综合收益或损失

如第8章和第9章所述，影响其他综合收益的利得和损失源于四种类型的资产和负债重估：可供出售证券的公允价值利得和损失、外币折算调整、某些养老金与退休福利负债的调整以及现金流量套期保值的公允价值利得和损失。由于整个经济体的利率和汇率变动可能只是暂时性的变动，许多公司会通过套期保值来规避或减少利率和汇率风险，因此，分析师经常很难判断某家公司在较长的期间内能否持续产生利率或汇率变动的利得或损失。有鉴于此，分析师通常认为其他综合收益项目的平均利得或损失为零。

根据合并综合收益表披露的信息，百事公司2012年度的净利润为62.14亿美元，综合收益为69.51亿美元，税后其他综合收益项目的数额达到7.37亿美元。根据百事公司的合并综合收益表，其他综合收益项目主要是外币折算调整。2012年度，美元相对于百事公司资产净额的许多其他计价货币贬值，导致出现了外币折算利得。百事公司2012年度确认了小额的现金流量套期保值的公允价值损失、养老金与退休福利计划负债的调整损失以及投资性证券的公允价值利得。根据合并权益报表披露的信息，百事公司2012年初的累计其他综合损失为62.29亿美元，2012年末的累计其他综合损失变成了54.87亿美元。①

分析师在预测百事公司各个国际分部的收入时，曾经假设百事公司将继续拓展其国际经营业务。不过，即使是经验丰富的宏观经济专家也难以预测未来五年间美元相对于百事公司国际经营业务所采用的外币究竟是会升值还是贬值。百事公司也会规避或限制其外币汇率变动的风险。因此，分析师认为百事公司未来不会出现持续的正值或负值外币折算调整。这就相当于假设百事公司未来年份的正值或负值外币折算调整可能相等，未来年份的外币折算调整的平均数额将为零。此外，另一个合乎逻辑的假设是百事公司未来年份的养老金与退休福利计划、可供出售投资性证券以及现金流量套期保值的利得或损失可能相等，未来五年间这些项目的平均数额将为零。如此一来，分析师预计百事公司的累计其他综合损失的数额将维持在现有水平。因此，百事公司未来年份综合收益所包括的其他综合收益项目的数额将为零。

10.7 第5步：预测所得税准备、净利润、股利和留存收益

至此，分析师已经预测了百事公司的经营活动项目，包括经营利润和经营性资产和负债。此外，分析师也已经预测了百事公司的未来金融负债、普通股权益资本和财务收益项目（包括利息收入、利息费用和非控制性权益收益）。分析师将在第5步完成百事公司的净利润和股利的预测工作，从而预测百事公司的留存收益数额。此后，分析师将进入第6步，确定为了使预测性资产负债表保持平衡是否

① 百事公司累计其他综合损失的变动额为7.42亿美元。这似乎与百事公司2012年度综合收益表中列报的综合收益数额（7.37亿美元）不一致。事实上，两者的差异0.05亿美元是归属于非控制性权益的综合损失。

需要修改原先的预测假设。

□ 预测所得税准备

正如第 9 章所述，百事公司财务报表附注 5“所得税”中展现了法定税率与百事公司的平均税率或实际税率之间的调节过程。2010—2012 年度，美国法定联邦税率为 35.0%。百事公司 2012 年度的年平均税率比法定税率大约高出 1.4%，但比国际经营业务的较低税率大约低了 6.9%。其他因素导致百事公司的实际税率降低了 1.7%。因此百事公司的实际税率大约为 27.8%。此外，百事公司还因税收法庭的有利裁决而获得了税收优惠，由此使得公司 2012 年度的实际税率降为 25.2%。百事公司 2011 年度和 2010 年度的实际税率分别为 26.8%和 23.0%。其中，百事公司 2010 年度收购了百事装瓶公司和百事美洲公司，导致其实际税率降低了 3.1%。如果没有出现非经常性因素，百事公司 2012 年度、2011 年度和 2010 年度的实际税率将分别为 27.8%、26.8%和 26.1%，平均税率大约为 27.0%（与 2010 年度之前年份一致）。据此，分析师预计百事公司第+1 年度至第+5 年度的联邦、州和外国税的平均综合所得税税率为 27.0%。

根据财务报表附注 5“所得税”中披露的信息，百事公司因不确定的纳税状况而计提了所得税准备 24.25 亿美元，列报为流动负债中的应交所得税。百事公司还披露，“如果未来几个月内各种审计裁决能够完成，因不确定的纳税状况而计提的所得税准备可能会减少约 15 亿美元”。如果百事公司的这些审计裁决能够得到有利的解决，可以减少所得税准备，那么百事公司第+1 年度的所得税准备就会显著减少。由于这些审计结果存在不确定性，分析师依然假设百事公司第+1 年度的实际税率为 27.0%，但如果百事公司提供了新的信息，分析师将关注其纳税状况并快速做出反应。

□ 预测归属于百事公司普通股股东的净利润

分析师已经完成了对利润表所有项目（包括利息费用、利息收入和所得税的“第一轮迭代”预计数额）的预测工作。回顾表 10-2 列示的预测性利润表，归属于百事公司普通股股东的净利润、预计增长率和预计净利润率如下（单位：百万美元）：

年度	归属于普通股股东的净利润	预计增长率	预计净利润率
2012 年度实际值	6 178	−4.1%	9.4%
第+1 年度	6 158	−0.3%	9.0%
第+2 年度	6 377	3.6%	9.0%
第+3 年度	6 598	3.5%	8.9%
第+4 年度	6 972	5.7%	8.9%
第+5 年度	7 064	1.3%	8.8%

百事公司的净利润预计数额意味着净利润只是适度增长，类似于百事公司最近几年的净利润增长率。百事公司的净利润预计数额也意味着其销售毛利率略低于 2010—2012 年度的销售毛利率，这是因为百事公司的产品销售成本预计数额略有增加。因此分析师预计百事公司未来的销售毛利率会减少。

□ 预测留存收益

总体而言，留存收益通常随净利润的增加而增加，随股利的发放和净损失的出现而减少。百事公司 2010—2012 年度的股利支付率不断提高，从 47.0%提高到 48.9%，再到 53.2%。根据百事公司 2012 年报管理层讨论与分析部分“我们的流动性、资本资源与财务状况”披露的信息，经董事会批准，百事公司2013年度的股利支付率将增加5.6%，每股股利达到2.27美元，股利总额大约为34亿美元。[①] 根据这些信息，分析师预计百事公司的股利支付率平均为第+1年度至第+5年度持续经营活动净利润的55%。因此，百事公司发放给普通股股东的股利数额预计将随着净利润的变动而变动。例如，百事公司第+1年度发放给普通股股东的股利数额预计为33.87亿美元（0.55×61.58）。这个预计股利数额非常接近百事公司管理层的预计数额34.00亿美元。

回顾前述讨论过的百事公司优先股问题。当时，分析师预计百事公司会在第+1年度动用0.63亿美元注销剩余的流通在外优先股，预计留存收益会相应减少0.63亿美元。与此同时，百事公司还会冲销1.23亿美元优先股，库藏股也会相应减少。留存收益的预计变动额如下（单位：百万美元）：

	留存收益				
	第+1年度	第+2年度	第+3年度	第+4年度	第+5年度
年初余额	43 158	45 866	48 735	51 705	54 842
归属于普通股股东的净利润	6 158	6 377	6 598	6 972	7 064
发放给普通股股东的股利	(3 387)	(3 507)	(3 629)	(3 835)	(3 885)
注销优先股	(63)	(0)	(0)	(0)	(0)
年末余额	45 866	48 735	51 705	54 842	58 021

10.8 第6步：平衡资产负债表

虽然分析师完成了利润表和资产负债表所有项目数额的第一轮预测工作，但资产负债表未必平衡。因为尽管为了捕捉公司的基本经营业务，分析师已经预测了各个资产和负债项目的数额，但它们并未完美地连为一体。每年预测的资产总额与负债及股东权益总额之间的差异意味着分析师必须通过调整财务柔性账户来平衡资产负债表的数额。如果该差额是一个正数，即预测的资产总额超过负债及股东权益总额，公司必须举债或发行股票筹集更多资金或削减预测的资产总额。如果该差额是一个负数，即预测的资产总额小于负债及股东权益总额，公司可以偿还债务、发放更多的股利、回购更多的股票或增加对金融资产的投资额。该差额的变动额就是分析师每年必须调整的财务柔性账户的增加额。

分析师必须评估公司的财务柔性并相应调整资产负债表。有些公司（如初创公司）的财务柔性可能表现为代表财务流动性“安全阀”的现金或有价证券。基于对财务宽松的考虑，这类公司的资产负债表中经常列报数额相对较大的现金或有价证券，并在公司需要满足定期现金需求时运用这些现金。这类公司的大量现金流入量（如新增债务或发行股票取得的现金流入量）会增加现金和有价证券账户的数额，而其现金流出量（如购置资产或研究与开发支出产生的现金流出量）则会减少现金和有价证券账户的数额。在确定这类公司资产负债表所有其他项目的数额之后，分析师可以用现金或有价证券作为平衡资产负债表所需的财务柔性账户。

如果公司属于盈利的成长型公司，其现金或有价证券的储备数额不大，可以通过长短期负债或权益资本实现财务柔性。随着公司的不断成长和对不断增加的产能的投资，公司必须通过举债或发行股票来筹集

① 资本市场通常对公司宣告的计划提高股利支付率的决定做出正面的反应。因为资本市场参与者推断这是管理层对公司未来可持续盈利和现金流量有积极期待的一种信号。而且管理层不愿意削减或取消股利，因为资本市场通常对公司此类信息做出负面反应。因此，只有当管理层认为增加股利这一措施可持续时才会宣布增加股利。

必要的资金。随着公司进入成熟期并成为现金牛，公司转向考虑如何运用财务柔性偿还债务，也可以开始或增加发放股利和回购股票。分析师应该仔细考虑公司具有以及可能运用何种财务柔性。

平衡百事公司的资产负债表

分析师目前所预测的百事公司的资产总额与负债及股东权益总额之间的差异即为资产负债表尚需平衡的数额。该数额列示如下（单位：百万美元）：

预测数额：	第+1 年度	第+2 年度	第+3 年度	第+4 年度	第+5 年度
资产总额（A）	75 873	78 587	81 338	85 348	87 029
负债总额	53 748	56 064	58 484	61 984	63 608
普通股与资本公积	4 249	4 401	4 555	4 779	4 874
留存收益	45 866	48 735	51 705	54 842	58 021
累计其他综合损失	(5 487)	(5 487)	(5 487)	(5 487)	(5 487)
库藏股	(22 458)	(25 458)	(28 458)	(31 458)	(34 458)
非控制性权益	105	105	105	105	105
负债与股东权益总额（L+SE）	76 023	78 360	80 904	84 765	86 663
差额［A−(L+SE)］	−150	+226	+434	+583	+366
差额变动额	−150	+376	+208	+148	−217
差额变动额占资产总额的百分比	−0.2%	+0.5%	+0.3%	+0.2%	−0.2%

第+1 年度的“第一轮迭代”预测结果表明，负债与股东权益总额比资产总额多出 1.50 亿美元（大约占资产总额的 0.2%），分析师需要对该数额做出调整。第+2 年度的“第一轮迭代”预测结果表明，资产总额比负债与股东权益总额多出 2.26 亿美元，分析师需要在第+2 年度再调整 3.76 亿美元（大约占资产总额的 0.5%），依此类推。分析师可以根据百事公司的投资和资本结构战略，利用许多财务柔性账户完成每年的调整。分析师可以考虑如下选择：

- 如果百事公司为了保持财务柔性而持有大量的有价证券，可以增加有价证券的数额。
- 如果百事公司为了运用其财务柔性“去杠杆”，可以削减短期负债或长期负债的数额。
- 多发放股利，削减留存收益。
- 多回购库藏股，增加库藏股的数额。

百事公司 2012 年报管理层讨论与分析部分“我们的流动性、资本资源与财务状况”的内容表述如下：“管理性经营活动现金流量主要用于回购股票和发放股利。我们预计将在维持我们可以便捷地进入全球信用资本市场所需要的信用等级的前提下，继续通过发放股利和回购股票的方式将管理性经营活动现金流量返还给我们的股东。”①

基于百事公司披露的信息及其希望通过发放股利和回购股票的方式将更多的资金支付给股东的表态，分析师可以将回购股票调整为财务柔性账户。同理，分析师可以假设百事公司通过发放更多的股利（而不是回购库藏股）将多余的资金分配给股东。百事公司将通过增加股利或回购库藏股的方式把多余的资金返还给股东的假设同样会影响资产总额、负债总额、股东权益总额和净利润。综上所述，分析师将增加百事公司第+1 年度股票回购的预计数额 1.50 亿美元。这是平衡资产负债表需要调整的数额，也就意味着如果百事公司第+1 年度的财务绩效和财务状况刚好与分析师的预测结果相匹配，为了使资产总额和负债与股东权益总额保持平衡，百事公司可以增加股票回购数额 1.50 亿美元。从第+2 年度至第+5 年度，为了

① “管理性经营活动现金流量”是百事公司的特有指标，是指经营活动现金流量扣除购置财产、厂房与设备的资本支出之后的净额。

使资产负债表保持平衡，分析师每年都需要稍微调增或调减股票回购的预计数额（例如，第+2年度调整3.76亿美元、第+3年度调整2.08亿美元，依此类推）。股票回购的预计数额如下（单位：百万美元）：

	第+1年度	第+2年度	第+3年度	第+4年度	第+5年度
股票回购初始预计数额	−3 000	−3 000	−3 000	−3 000	−3 000
财务柔性调整数额	−150	+376	+208	+148	−217
股票回购总额	−3 150	−2 624	−2 792	−2 852	−3 217

调整股票回购预计数额之后，库藏股的预计数额如下（单位：百万美元）：

	库藏股				
	第+1年度	第+2年度	第+3年度	第+4年度	第+5年度
年初余额	(19 458)	(22 608)	(25 231)	(28 023)	(30 875)
股票回购数额	(3 150)	(2 624)	(2 792)	(2 852)	(3 217)
年末余额	(22 608)	(25 231)	(28 023)	(30 875)	(34 092)

资产负债表各个项目的预计数额（分析师应该借助表10-3列示的预测性资产负债表加以验证）如下（单位：百万美元）：

预计数额：	第+1年度	第+2年度	第+3年度	第+4年度	第+5年度
资产总额（A）	75 873	78 587	81 338	85 348	87 029
负债总额	53 748	56 064	58 484	61 984	63 608
普通股与资本公积	4 249	4 401	4 555	4 779	4 874
留存收益	45 866	48 735	51 705	54 842	58 021
累计其他综合损失	(5 487)	(5 487)	(5 487)	(5 487)	(5 487)
库藏股	(22 608)	(25 231)	(28 023)	(30 875)	(34 092)
非控制性权益	105	105	105	105	105
负债与股东权益总额（L+SE）	75 873	78 587	81 338	85 348	87 029
差额［A−(L+SE)］	0	0	0	0	0

□ 结束循环：确定共端变量

如果将多余的资金加到带息资产项目（如有价证券或现金）中或从带息负债项目（如短期负债或长期负债）中扣除多余的资金，利润表应该就相应的利息收入或利息费用做出调整。如此一来，在预测性财务报表中就产生了许多共端变量。

例如，假设分析师以长期负债作为财务柔性账户，并对其加以调整以使资产总额和负债与股东权益总额保持平衡。为了确定长期负债需要调整的数额，分析师首先必须预测所有其他资产、负债和股东权益项目（包括留存收益）的数额。为了预测留存收益的数额，分析师必须预测净利润的数额，而净利润的数额又取决于长期负债的利息费用。为了预测留存收益的数额，分析师还必须预测股利的数额，而股利的数额又取决于净利润的数额。由此可以看出，分析师必须同时确定至少五个变量的数额。

虽然看上去很棘手，但利用电子表格程序（如Excel）的计算能力可以解决这个问题。为了在各种版本的Excel中同时确定变量，选中选项框进入“迭代计算”菜单，反复迭代计算1 000次。① 按照这种方

① 不同版本的Excel会在不同方位显示选项框。最近版本的Excel在“文件”下“选项卡”的“公式”菜单中显示选项框。而较早版本的Excel则在“公式”菜单下的“计算”菜单中显示选项框。

式，Excel 将反复计算循环引用 1 000 次，直至所有计算结果达到要求的精确度。即使是由其他变量同时决定的变量，分析师也可以用程序指令各个单元格计算出来。借助财务报表分析软件包，默认设置已经考虑了迭代的同时计算问题，但有些版本的 Excel 可以自动重设默认设置。因此，分析师应该遵循这些步骤复核财务报表分析软件包电子表格对这些共端变量的同时计算。

10.9　第 7 步：预测现金流量表

7 步骤预测程序的最后一个步骤是预测第 3 章讨论过的现金流量表，这项工作相对较为简单，因为现金流量表只是以现金的形式呈现资产负债表各个项目数额的变动情况。分析师可以直接根据资产负债表所有项目（当然，不包括现金项目）的预计变动数额推断预期现金流量。具体推断如下：

- 资产增加意味着对现金的使用。
- 资产减少意味着现金的来源增加。
- 负债与股东权益增加意味着现金的来源增加。
- 负债与股东权益减少意味着对现金的使用。

□ 编制预测性现金流量表的小贴士

下面是编制预测性现金流量表的一些小贴士：

● 如果资产负债表不平衡或利润表不能与资产负债表相互勾稽，现金流量表将无法与预测性利润表和资产负债表协调一致（即留存收益的变动额中应该包括净利润）。

● 分析师不应该根据历史现金流量表编制未来的现金流量表，而应该遵循下面将讨论的编制预测性现金流量表的具体步骤。遗憾的是，与历史资产负债表和利润表不同，历史现金流量表无法为编制预测性现金流量表提供良好的基础，因为现金流量表的许多项目难以与资产负债表项目的历史变动额协调一致。具体原因是，在编制现金流量表时，会计师汇总了现金流量表各个项目的现金流量，但分析师可能无法确定他们到底汇总了哪些项目的数额或那些项目如何与资产负债表相联系。例如，会计师必须单独列报公司收购产生的现金流量净额，但公司收购同时也会引起许多资产项目和负债项目的数额变动。此外，会计师可能会披露分析师无法验证的现金流量细节。例如，会计师可能在现金流量表中单独披露公司买卖有价证券的数额，但不能验证这些数额。因为分析师只能观察到从年初到年末有价证券余额的变动净额。

● 我们强烈推荐遵循下面的步骤，根据分析师可以观察和验证的预测性利润表和资产负债表编制预测性现金流量表。财务报表分析软件包的预测电子表格可以运用这种方法自动编制预测性现金流量表。

□ 编制预测性现金流量表的具体步骤

表 10 - 4 展现了百事公司从第＋1 年度至第＋6 年度的预测性现金流量表。我们将描述各个项目的变动情况。分析师应该验证表 10 - 4 展现的预测性现金流量表是如何反映下列各项现金流入量和现金流出量的。

（1）净利润：利用预测性利润表的数额（见表 10 - 2）。

（2）折旧费用：加回净利润中包括的折旧费用预计数额，并将该折旧费用预计数额用于计算财产、厂房与设备的累计折旧变动净额。折旧费用的预计数额应该与预测性资产负债表的累计折旧变动额（扣除已经出售或报废资产的累计折旧减少额）协调一致。就百事公司而言，分析师加回了隐藏在产品销售成本和销售与一般行政管理费用中的折旧费用。

表 10-4　百事可乐公司实际与预测性现金流量表

（实际值和预测值用黑体字标识）

单位：百万美元

预测性现金流量表	实际现金流量表		预测性现金流量表						各行编号
	2011 年度	2012 年度	第+1 年度	第+2 年度	第+3 年度	第+4 年度	第+5 年度	第+6 年度	
净利润	6 462	6 214	6 168	6 387	6 609	6 983	7 075	7 287	(1)
加回折旧费用（净额）	1 459	1 584	2 734	2 972	3 220	3 484	3 754	996	(2)
加回摊销费用（净额）	133	119	110	95	86	78	72	74	(3)
应收账款净额（增加）减少额	(589)	(129)	(246)	(304)	(320)	(495)	(196)	(258)	(4)
存货（增加）减少额	(455)	246	(357)	(220)	(233)	(336)	(173)	(147)	(5)
预付费用（增加）减少额	(772)	798	(61)	(64)	(68)	(105)	(41)	(55)	(6)
应付账款增加（减少）净额	218	368	73	178	209	330	110	161	(7)
流动应计负债增加（减少）额	816	(222)	308	324	341	527	208	275	(8)
应付所得税增加（减少）额	121	179	8	14	14	20	8	13	(9)
递延所得税资产和负债变动净额	938	68	96	185	187	273	114	178	(10)
长期应计负债增加（减少）额	1 537	(1 723)	270	284	299	463	183	241	(11)
经营活动现金流量净额	9 668	7 502	9 104	9 850	10 344	11 222	11 114	8 764	
财产、厂房与设备（增加）减少净额（按成本计价）	(2 099)	(1 022)	(3 000)	(3 410)	(3 554)	(3 776)	(3 864)	(1 613)	(12)
有价证券（增加）减少额	68	36	29	26	24	22	20	(6)	(13)
投资性证券（增加）减少额	(109)	(156)	(131)	(141)	(152)	(165)	(178)	(72)	(14)
可摊销无形资产净值（增加）减少额	4	(12)	0	0	0	0	0	(114)	(15)
商誉和不可摊销无形资产（增加）减少额	(4 913)	(358)	(1 311)	(1 378)	(1 450)	(2 244)	(887)	(1 170)	(16)
其他资产（增加）减少额	668	(632)	(68)	(72)	(76)	(117)	(46)	(61)	(17)
投资活动现金流量净额	(6 381)	(2 144)	(4 481)	(4 975)	(5 207)	(6 280)	(4 955)	(3 036)	
短期负债增加（减少）额	1 307	(1 390)	128	226	233	320	170	177	(18)
长期负债增加（减少）额	569	2 976	625	1 106	1 138	1 566	831	864	(19)
优先股增加（减少）额	(7)	(7)	123	0	0	0	0	0	(20)
普通股和资本公积增加（减少）额	(71)	(283)	45	152	154	225	94	146	(21)
累计其他综合收益增加（减少）额	(2 599)	742	0	0	0	0	0	0	(22)
库藏股和其他权益调整增加（减少）额	(1 125)	(1 588)	(3 150)	(2 624)	(2 792)	(2 852)	(3 217)	(1 187)	(23)
股利	(3 217)	(3 336)	(3 450)	(3 507)	(3 629)	(3 835)	(3 885)	(5 535)	(24)
非控制性权益增加（减少）额	(20)	(242)	(11)	(11)	(11)	(11)	(11)	(8)	(25)
筹资活动现金流量净额	(5 163)	(3 128)	(5 689)	(4 657)	(4 907)	(4 586)	(6 018)	(5 543)	
现金变动净额	(1 876)	2 230	(1 065)	218	230	356	141	185	(26)

说明：我们把 2011 年度和 2012 年度的现金流量表及其数额标识为“实际现金流量表”，它们是根据百事公司财务报表的实际资产负债表和利润表（而不是预测性财务报表）的数额推断出来的。

(3) 摊销费用：加回可摊销无形资产的摊销费用。加回到净利润中的摊销费用数额应该与可摊销无形资产余额的变动额协调一致，并调整可摊销无形资产的新增投资额（新增可摊销无形资产的投资额应该作为现金流量表投资活动部分的现金流出量处理）。[①] 就百事公司而言，分析师加回了预测性利润表中作为经营费用处理的摊销费用。如果某些公司的摊销费用数额不大，在计算经营活动现金流量时，分析师也可以不将这些摊销费用加回净利润，只在现金流量表的投资活动部分列报可摊销无形资产的变动净额。这种处理方式可能会低估经营活动现金流入量和投资活动现金流出量。这两种影响相互抵消后并不影响现金流量净额。

(4) ～ (9) 营运资本项目：根据预测性资产负债表列报的所有经营性流动资产（现金除外）和流动负债项目（如应收账款、存货、应付账款、应计费用和其他项目）的变动额调整净利润。

(10) 和 (11) 递延所得税和长期应计费用：根据递延所得税、应计费用产生的非流动负债和其他非流动负债项目的变动额调整净利润。这些项目包括经营活动产生的长期应计费用的变动额（其中又包括预测性资产负债表中列报的递延所得税、养老金与退休福利负债、保证金和其他非流动负债项目）。

经营活动现金流量净额：汇总第（1）行至第（11）行的数额就得到经营活动现金流量净额的预计数额。

(12) 财产、厂房与设备：财产、厂房与设备的数额反映了资本支出预计数额产生的现金流出量。该数额等于表10－3展现的预测性资产负债表中列报的财产、厂房与设备（按成本计价）变动额减去出售财产、厂房与设备获得的现金数额。作为一种复核，分析师应该确保现金流量表反映财产、厂房与设备产生的所有现金流量净额。为了进行验证，在净利润中加回折旧费用数额，减去资本支出产生的现金流出量，再加上资产出售或报废产生的现金流入量，应该等于预测性资产负债表中列报的财产、厂房与设备净值的变动额。

(13) 和 (14) 有价证券和投资性证券（净额）：现金流量表将有价证券买卖净额（流动资产）和投资性证券（非流动资产）归类为投资性交易。预测性资产负债表中这些项目的变动净额决定了现金流量表中这些项目的现金流量数额。投资性证券产生的现金流量可能出现某些差错。如果公司的非控制性权益投资收益超过其收到的股利（这是该资产数额的一种非现金增加额），该变动净额应该增加相应的差额部分（负值变小）。同理，现金流量表经营活动部分的净利润应该扣除公司非控制性权益投资收益超过其收到股利的部分。与其对数额相对较小的项目（其影响将完全相互抵消）做出各种假设，不如简单地将投资变动净额全部作为投资性交易处理。这种选择可能会略微高估经营活动现金流量，略微低估投资活动现金流量。但由于低估与高估的数额相等，因此每年的现金变动净额不受影响。

(15) 可摊销无形资产：在这行填入由可摊销无形资产变动额产生的现金流量净额。该数额等于购置可摊销无形资产发生的现金流出量预计数额减去出售或报废可摊销无形资产产生的现金流入量。上述第（3）项讨论过，摊销费用被加回到现金流量表经营活动部分的净利润中。现金流量表投资活动部分可摊销无形资产产生的现金流出量或现金流入量调整额不应该包括摊销费用。考虑到资产负债表通常以扣除累计摊销之后的净额列报可摊销无形资产，可摊销无形资产净值的变动额将同时影响投资活动现金流量和摊销费用。为了单独反映可摊销无形资产净值的变动额对投资活动现金流量的影响，分析师应该将摊销费用加回到可摊销无形资产净值的变动额中。

(16) 商誉和不可摊销无形资产：在这行填入商誉和不可摊销无形资产变动额产生的现金流量。考虑到这些资产不可摊销，预测性资产负债表列报的不可摊销无形资产余额的变动净额应该等于公司新购不可摊销无形资产所发生的现金流出量扣除出售或报废不可摊销无形资产所产生的现金流入量。如果商誉或不

---

① 值得注意的是，分析师不应该加回不可摊销无形资产（如商誉和使用年限无限的品牌）的摊销费用，因为根据美国公认会计原则和国际财务报告准则，公司不能摊销商誉和使用年限无限的其他无形资产的价值。因此，预测性利润表中不应包括这些资产的摊销费用。

可摊销无形资产的余额因计提减值费用而下降，分析师应该将这部分非现金费用加回到现金流量表经营活动活动部分的净利润中，并相应调整现金流量表投资活动部分的商誉或不可摊销无形资产变动净额所产生的现金流量（类似于加回摊销费用）。

(17) 其他非流动资产：在这行填入其他非流动资产的变动额。预测性资产负债表列报的其他非流动资产变动额等于购置相应资产所产生的现金流出量扣除出售或报废相应资产所产生的现金流入量。

投资活动现金流量净额：汇总百事公司预测性现金流量表的第（12）行至第（17）行的数额就得到投资活动现金流量净额的预计数额。

(18) 和 (19) 短期负债和长期负债：预测性资产负债表列报的带息债务（短期应付票据、长期负债的当期到期部分和长期负债）变动额属于筹资活动产生的。

(20) 非控制性权益和优先股：预测性资产负债表列报的非控制性权益和优先股的变动额属于筹资活动产生的。就百事公司而言，第＋1年度的优先股余额从负值调整为零，这似乎是一种现金流入，但第（24）行的现金流出量以相同的调整额抵消了此影响。

(21) 普通股和资本公积的变动额：该数额代表由资产负债表列报的普通股和资本公积变动所产生的筹资活动现金流量。

(22) 累计其他综合收益的变动额：该数额代表累计其他综合收益的变动额。累计其他综合收益作为股东权益的组成部分列报于资产负债表中。

(23) 库藏股：该数额代表库藏股交易产生的现金流量净额。预测性资产负债表中列报的库藏股变动净额反映了库藏股交易。

(24) 股利：填入每年普通股和优先股的股利预期数额（在预测性资产负债表的留存收益部分已经讨论过这个问题）。就百事公司第＋1年度而言，该数额包括注销流通在外优先股所支付的数额。

(25) 非控制性权益：填入发放给非控制性权益的股利预计数额作为现金流出量。当然，如果公司存在来自非控制性投资者额外投资的现金流入，还得扣除该现金流入量。

筹资活动现金流量净额：汇总第（18）行至第（25）行列的数额就得到筹资活动现金流量净额的预计数额。

(26) 现金变动净额：填入经营活动、投资活动和筹资活动的现金流量总额。该现金流量总额应该等于预测性资产负债表中列报的现金变动额。

10.10 快捷预测方法

至此，本章已经讨论了一种系统详尽的预测方法。该方法可以预测公司未来经营活动、投资活动和筹资活动的动因。这些动因将决定公司利润表、资产负债表和现金流量表所列报的各个项目的预计数额。分析师有时只需要直接预测利润表和资产负债表的总额，没有必要详细预测各个项目的数额。如果这种快捷预测方法的假设不适合各个项目，这种方法可能导致预测差错。当然，如果公司是处于稳定均衡行业的稳定成熟型公司，那么快捷预测方法是以现有稳定状态预测未来的有效方法。本节将讨论如何应用快捷预测方法预测百事公司的利润表和资产负债表。

□ 预测销售收入与利润的方法

我们可以利用百事公司最近的销售收入增长率和净利润率快捷地预测其销售收入和净利润。利润表的共同比与变动率数据显示，百事公司2010—2012年度销售收入的复合增长率为6.4%，平均净利润率为

10.0%。如果我们只用这些比率预测百事公司第＋1 年度至第＋5 年度的销售收入和净利润，预计数额如下（单位：百万美元）：

年度	销售收入增长率	销售收入预计数额	净利润率	净利润预计数额
2012 年度实际数额		65 492		
第＋1 年度	6.4%	69 683	10.0%	6 968
第＋2 年度	6.4%	74 143	10.0%	7 414
第＋3 年度	6.4%	78 888	10.0%	7 889
第＋4 年度	6.4%	83 937	10.0%	8 394
第＋5 年度	6.4%	89 309	10.0%	8 931

采用快捷预测方法得到的销售收入和净利润预计数额远远高于本章所预测的百事公司销售收入和净利润数额（尤其是第＋3 年度至第＋5 年度的预计数额）。分别预测各项费用的数额可以捕捉各项费用相对销售收入的预计变化，而快捷预测方法假设销售收入与费用之间的现有关系将线性地持续到未来。

□ 预测资产总额的方法

我们也可以用资产总额最近的历史增长率预测资产总额。百事公司 2010—2012 年末资产总额的年复合增长率为 4.6%。如果该增长率能够持续到第＋5 年度，资产总额的预计数额如下（单位：百万美元）：

年度	资产总额增长率	资产总额预计数额
2012 年度实际数额		74 638
第＋1 年度	4.6%	78 108
第＋2 年度	4.6%	81 740
第＋3 年度	4.6%	85 541
第＋4 年度	4.6%	89 518
第＋5 年度	4.6%	93 680

如果分析师不能考虑销售收入增长与资产增长之间的关系，采用历史增长率预测资产总额可能会出现差错。分析师采用快捷预测方法预测销售收入时，假设百事公司的销售收入增长率为 6.4%，而资产总额的增长率为 4.6%。这意味着资产周转率从 2012 年度的 0.88 显著提高到第＋5 年度的 0.95。如果公司增加资产总额并不现实，采用快捷预测方法可能产生差错。

预测资产总额的另一种快捷方法是采用将销售收入增长率与资产增长率明确联系在一起的资产周转率。分析师依然假设百事公司未来每年销售收入增长率为 6.4%，不过，现在进一步假设百事公司今后五年的资产周转率将会保持 0.88。采用资产周转率这种快捷预测方法，年末资产总额的预计数额如下（单位：百万美元）：

年度	销售收入预计数额	资产平均周转率	年末资产总额的预计数额	资产总额变动百分比
第＋1 年度	69 683	0.88	79 185	6.4%
第＋2 年度	74 143	0.88	84 253	6.4%
第＋3 年度	78 888	0.88	89 645	6.4%
第＋4 年度	83 937	0.88	95 382	6.4%
第＋5 年度	89 309	0.88	101 488	6.4%

这种预测方法将资产总额的预计数额与销售收入的预计数额联系在一起。如果预测期内资产总额与销售收入之间的线性关系保持不变，这种预测方法还是有效的。

一旦预测了资产总额，共同比资产负债表的百分比就可以提供一种快捷方法，将资产总额分配到各项资产、负债和股东权益中。在应用共同比资产负债表的百分比时，分析师假设无论资产总额如何变化，公司的资产、负债和权益的组成结构保持不变。换言之，分析师假设各项资产、负债和权益的增长率与资产总额的增长率相同，而资产总额的增长率又与销售收入的增长率相同。例如，百事公司的共同比资产负债表（见第1章）显示，其负债总额大约占资产总额的70.0%，而权益总额占资产总额的30.0%。如果分析师假设百事公司未来几年的资本结构保持相同的负债与权益比例，而且分析师采用资产总额的预计数额，那么百事公司第+1年度至第+5年度的负债总额和股东权益总额的预计数额如下（单位：百万美元）：

年度	年末资产总额的预计数额	负债总额的预计数额（70.0%）	股东权益总额的预计数额（30.0%）
第+1年度	79 186	55 430	23 756
第+2年度	84 254	58 978	25 276
第+3年度	89 646	62 752	26 894
第+4年度	95 383	66 768	28 615
第+5年度	101 488	71 041	30 447

采用共同比资产负债表预测各项资产、负债和股东权益的数额可能（至少）面临三个问题。第一，共同比快捷预测方法不能为分析师提供一种有效的机制，使分析师能够预测反映资产相对于负债和股东权益的不成比例变动的重要交易。例如，百事公司2010年度并购了主要装瓶公司，使得某些资产、负债和股东权益项目发生重大变化。这与共同比保持不变的假设不一致。

第二，在采用共同比资产负债表百分比预测资产、负债和股东权益的数额时，分析师假设资产、负债和股东权益的组成结构保持不变，各项资产、负债和股东权益的增长率与资产总额的增长率相同，而资产总额的增长率又与销售收入的增长率相同。对多数公司而言，这种假设可能不适用，由此可能导致资产、负债和股东权益的动态和非线性变动。

第三，采用共同比资产负债表百分比不允许分析师改变对各项资产或负债未来状态的假设。例如，百事公司计划推行有助于提高存货周转率的存货控制系统，因此，与过去年度相比，百事公司未来的存货占资产总额的百分比将有所下降。这时分析师可能面临的问题是，需要调整共同比资产负债表的百分比以反映存货政策的变化。

总之，与更为全面和周密的利润表和资产负债表的预测方法相比，快捷预测方法具有效率高的优势，但出现预测差错的可能性也更大。考虑到预测差错可能会导致投资决策失误，其代价相当高昂，我们强烈建议采用更为精细的预测方法，即以各个利润表和资产负债表项目为基础来预测公司未来的经营活动、投资活动和筹资活动，进而编制预测性财务报表。

10.11 通过分析预测性财务报表检验预测假设和结果的有效性

采用相同比率和前面各章讨论过的其他分析工具分析预测性财务报表，可以验证预测假设的合理性和预测假设的内在一致性。表10-5列示了基于百事公司第+1年度至第+5年度预测性财务报表的比率分析。财务报表分析软件包的预测电子表格可以提供这些比率的计算过程。

表10-5 基于百事公司实际与预测性财务报表的财务比率分析

	实际值			预测值					
	2010年度	2011年度	2012年度	第+1年度	第+2年度	第+3年度	第+4年度	第+5年度	第+6年度
预测有效性检验数据：									
增长率									
销售收入增长率	33.8%	15.0%	−1.5%	4.1%	4.2%	4.2%	6.3%	2.3%	3.0%
净利润增长率	6.3%	1.9%	−4.1%	−0.7%	3.5%	3.5%	5.7%	1.3%	3.0%
资产总额增长率	71.0%	6.9%	2.4%	1.7%	3.6%	3.5%	4.9%	2.0%	3.0%
资产报酬率（基于列报数额）：									
销售收益率	12.0%	10.6%	10.4%	10.2%	10.1%	10.0%	10.0%	9.9%	9.9%
×资产周转率	1.1	0.9	0.9	0.9	0.9	0.9	0.9	0.9	0.9
=资产报酬率	12.8%	10.0%	9.2%	9.2%	9.3%	9.3%	9.4%	9.3%	9.3%
资产报酬率（扣除非经常性项目）：									
销售收益率	12.6%	11.4%	10.8%	10.2%	10.1%	10.0%	10.0%	9.9%	9.9%
×资产周转率	1.1	0.9	0.9	0.9	0.9	0.9	0.9	0.9	0.9
=资产报酬率	13.5%	10.8%	9.6%	9.2%	9.3%	9.3%	9.4%	9.3%	9.3%
普通股权益报酬率（基于列报数额）：									
销售收益率	10.9%	9.7%	9.4%	9.0%	9.0%	8.9%	8.9%	8.8%	8.8%
×资产周转率	1.1	0.9	0.9	0.9	0.9	0.9	0.9	0.9	0.9
×资本结构杠杆	2.8	3.4	3.4	3.4	3.5	3.5	3.6	3.7	3.7
=普通股权益报酬率	33.1%	30.7%	28.6%	27.5%	28.7%	29.3%	30.4%	30.4%	30.8%
普通股权益报酬率（扣除非经常性项目）：									
销售收益率	11.5%	10.6%	9.9%	9.0%	9.0%	8.9%	8.9%	8.8%	8.8%
×资产周转率	1.1	0.9	0.9	0.9	0.9	0.9	0.9	0.9	0.9
×资本结构杠杆	2.8	3.4	3.4	3.4	3.5	3.5	3.6	3.7	3.7
=普通股权益报酬率	35.0%	33.5%	29.9%	27.5%	28.7%	29.3%	30.4%	30.4%	30.8%
经营成果：									
销售毛利率	54.1%	52.5%	52.2%	52.1%	52.0%	51.9%	51.8%	51.7%	51.7%
经营税前利润率	14.4%	14.5%	13.9%	13.8%	13.8%	13.7%	13.6%	13.5%	13.5%
资产周转率：									
应收账款周转率	10.6	10.0	9.4	9.5	9.6	9.6	9.6	9.5	9.5
存货周转率	8.9	8.8	8.4	8.7	8.4	8.3	8.3	8.1	8.1
固定资产周转率	3.6	3.4	3.4	3.5	3.6	3.7	3.9	3.9	4.0
流动性：									
流动比率	1.1	1.0	1.1	1.0	1.0	1.0	1.0	1.0	1.0
速动比率	0.8	0.6	0.8	0.7	0.7	0.7	0.7	0.7	0.7
偿债能力：									
负债比率	68.5%	71.3%	70.0%	70.8%	71.3%	71.9%	72.6%	73.1%	73.1%
负债与股东权益比率	217.3%	248.7%	233.2%	244.1%	250.1%	257.1%	266.5%	272.8%	272.9%
利息保障倍数	10.1	11.3	10.2	9.1	9.0	9.0	9.0	8.8	8.8

百事公司预测的销售收入增长率相对较为平稳，与其过去的销售收入增长表现不一致，因为过去的销售收入增长中包括2010年度收购主要装瓶公司的绩效。净利润的预计数额显示增长率比过去几年的增长率更为平稳。预测的资产报酬率略有上升，从第+1年度的9.2%上升到第+5年度的9.3%，与百事公司2012年度的资产报酬率基本保持一致。预测的普通股权益报酬率从2012年度的28.6%上升到第+5年度的30.4%。这是因为预计百事公司的财务杠杆会有所提高。

百事公司预测期内的资本结构杠杆预计会有所提高，这是因为百事公司的战略从2007年度开始转变为增加长期负债，当年新增长期负债16亿美元，2010年度又新增长期负债59亿美元。此外，百事公司还将继续通过增加股利和回购股票将多余的现金流量返还给股东，预计将以经营活动现金流量为其回购库藏股和发放股利提供资金。如此一来，百事公司的股东权益将减少，进而会提高资本结构的杠杆比率。长期负债比率提高与通过回购股票和支付股利减少股东权益最终会导致百事公司的资本结构杠杆提高。由于百事公司预计可以保持稳定的销售收益率，提高资本结构杠杆可以创造更高的普通股权益报酬率。

考虑到未来的财务绩效和财务状况，百事公司的各种经营绩效比率、流动性比率、资产周转率和偿债能力比率都印证了分析师的预测假设是合理的。遗憾的是，这些比率不能验证分析师所设定的预测假设是否正确，也不能说明分析师是否已经准确和实际地预测到百事公司的未来销售收入增长、盈利能力、现金流量的和财务状况。只有时间才能验证一切。

10.12 敏感性分析

这些预测性财务报表可以作为“标杆”。分析师可以根据这个“标杆”评估公司各种主要预测假设变化的影响。例如，借助这些预测性财务报表，分析师可以评估净利润和现金流量的预计数额对销售收入增长率、销售毛利率、销售与一般行政管理费用和其他项目的关键假设的敏感性。以预测性财务报表（见表10-2、表10-3和表10-4）为“标杆”，分析师可以评估销售收入增长率提高或降低一个百分点或销售毛利率提高或降低一个百分点对百事公司盈利能力的影响。

分析师也可以运用预测性财务报表评估百事公司的流动性和资本结构杠杆对预测关键假设变化的敏感性。例如，分析师可以评估改变长期负债比率和利息费用的预测假设对百事公司的流动性和偿债能力比率的影响。贷款人和信用分析师可以运用预测性财务报表评估债务合约中对百事公司具有约束力的各种条件。例如，假设百事公司的长期负债和信用周转额度协议要求其流动性比率和利息保障倍数必须超过最低水平。预测性财务报表为分析师提供了一种结构性方法，分析师可以用这种方法评估百事公司的净利润和现金流量可以降低多少（以及长期负债和利息费用可以增加多少）以保证不至于违反债务合约条款。

10.13 对公告的反应

预测性财务报表也有助于分析师快速、有效地对公司发布的新公告做出反应。例如，假设分析师在2009年度建立了一个预测百事公司财务报表的模型。令人惊讶的是，百事公司发出收购要约企图收购其在两个目标装瓶公司的多数权益，但这两个装瓶公司的董事会和管理团队拒绝了百事公司的收购要约。在百事公司以更高的收购价格做出回应后，这两个装瓶公司的董事会决定接受该收购价格。于是，百事公司最终收购了其在这两个装瓶公司的多数权益。假设在收购竞价过程中，分析师需要预测百事公司的财务报表，评估收购行为的影响，借助一个动态、弹性的财务报表预测模型（就像财务报表分析软件包中的预测模型）便可以做出相对有效的反应，并可以在预测百事公司未来盈余、资产负债表和现金流量时快速考虑这些新信息。

举一个例子，假设百事公司突然宣告将改变其资本结构战略，将在第+1 年度停止回购库藏股（但为了满足股票期权的行权需求，将重新发行以前回购的库藏股），并计划用那些现金偿还带息长期负债。分析师原先预测百事公司将在第+1 年度回购库藏股 30.00 亿美元，但现在百事公司不再回购库藏股。由于百事公司将用这些现金偿还（而不是举借）长期负债，分析师必须改变其原先的预测值。分析师只要改变几个预测假设就可以使预测性财务报表反映该公告的影响。百事公司第+1 年度原始和修正后的各项比率预测值如下：

	第+1 年度的原始预测值	第+1 年度的修正后预测值
销售收益率	10.2%	10.2%
资产报酬率	9.2%	9.2%
普通股权益报酬率	27.5%	25.8%
资本结构杠杆	3.4	3.2
负债比率	70.8%	66.7%
利息保障倍数	9.1	9.6

由此可见，库藏股和长期负债增长率的预测假设对百事公司的预测性财务报表和各项比率具有重要影响。预测假设的其他因素也可能发生变化。通过设计一个预测性财务报表的弹性电子表格模型，分析师可以快速、有效地改变任何一个或多个预测假设，并观察改变预测假设对财务报表和各项比率的影响。财务报表分析软件包便提供了一个弹性的预测电子表格。

本章小结

本章讨论了编制预测性财务报表的 7 个步骤。编制预测性财务报表需要对公司未来的经营活动、投资活动和筹资活动做出各种假设（包括未来销售收入增长率、各种费用的成本习性、营运资本和固定资产的投资水平、资本结构杠杆和股利支付率）。分析师应该仔细考虑，为公司未来的经营活动、投资活动和筹资活动确立一个现实的预期，并在编制预测性财务报表时反映这些预期，使预测性财务报表能够客观现实地描绘公司的未来前景。分析师应该研究财务报表对各种预测假设以及各种预测假设变化影响的敏感性。

分析师采用预测性财务报表对未来盈余、现金流量和股利确立各种周密现实的预期之后，就可以运用这些信息做出各种各样的决策，包括评估公司是否适合作为权益投资的对象。我们将在接下来的四章讨论如何在评估公司价值时考虑未来股利、现金流量和盈余的各种预期。

综合案例

星巴克公司

星巴克公司综合案例为读者提供了一个在星巴克公司完整运用本书的财务报表分析 6 步骤的机会。从本书的第 1 章开始，各章都基于星巴克公司综合案例讨论并应用财务报表分析与估值的各种工具。本章的综合案例以分析星巴克公司 2012 年度财务报表为基础，运用本章讨论过的 7 个步骤编制百事公司第+5 年度的一套完整的预测性财务报表。

表 10-6 至表 10-7 列示了星巴克公司 2010—2012 年度以美元计价、共同比与变动率格式的利润表和资产负债表。表 10-8 列示了星巴克公司 2010—2012 年度的现金流量表。这些财务报表列报了星巴克公司的财务绩效和财务状况，总结了星巴克公司的经营活动、投资活动和筹资活动的成果。星巴克公司的共同比和变

动率格式资产负债表和利润表凸显了各个项目之间的关系及其变动趋势。表10－9列示了星巴克公司2012年度的销售收入分析数据与门店经营数据，包括同店销售收入增长率、开设新店数量和开设门店总数（包括分别按分部和门店类型详细分类的销售收入和销售收入增长率数据）。读者可能需要回顾表1－15至表1－19（见第1章）以获得更多的财务报表数据，参阅表4－14至表4－15（第4章）可以了解星巴克公司盈利能力比率分析和各个经营分部的数据。本书的其他各章也讨论了星巴克公司的会计信息质量和财务报表分析问题。在读者开始编制星巴克公司的预测性财务报表时，这些数据和分析都将发挥作用。

表10－6　星巴克公司以美元计价、共同比与变动率格式的利润表

（除了每股收益数额之外，单位为百万美元）

	2010年度	2011年度	2012年度
销售收入	10 707	11 700	13 300
销售成本与租用成本	−4 459	−4 916	−5 813
销售毛利	**6 249**	**6 785**	**7 486**
门店经营费用	−3 551	−3 595	−3 918
其他经营费用	−293	−393	−430
折旧与摊销费用	−510	−523	−550
一般行政管理费用	−570	−749	−801
重组费用与非经常性利得	−53	30	0
权益投资收益	148	174	211
经营利润	**1 419**	**1 728**	**1 997**
利息收入	50	116	94
利息费用	−33	−33	−33
税前利润	**1 437**	**1 811**	**2 059**
所得税	−489	−563	−674
净利润	**948**	**1 248**	**1 385**
归属于非控制性权益的净利润	−3	−2	−1
归属于普通股股东的净利润	**946**	**1 246**	**1 384**
基本每股收益	1.27	1.66	1.83
其他综合收益项目	−8	−11	−24
综合收益	**940**	**1 237**	**1 361**

	共同比			变动率		
	2010年度	2011年度	2012年度	2011年度	2012年度	复合变动率
销售收入	100.0%	100.0%	100.0%	9.3%	13.7%	11.4%
销售成本与租用成本	−41.6%	−42.0%	−43.7%	10.2%	18.3%	14.2%
销售毛利	**58.4%**	**58.0%**	**56.3%**	**8.6%**	**10.3%**	**9.5%**
门店经营费用	−33.2%	−30.7%	−29.5%	1.2%	9.0%	5.0%
其他经营费用	−2.7%	−3.4%	−3.2%	34.0%	9.4%	21.1%
折旧与摊销费用	−4.8%	−4.5%	−4.1%	2.5%	5.2%	3.8%
一般行政管理费用	−5.3%	−6.4%	−6.0%	31.6%	6.9%	18.6%
重组费用与非经常性利得	−0.5%	0.3%	0.0%	−156.6%	−100.0%	−100.0%
权益投资收益	1.4%	1.5%	1.6%	17.3%	21.3%	19.3%
经营利润	**13.3%**	**14.8%**	**15.0%**	**21.8%**	**15.6%**	**18.6%**
利息收入	0.5%	1.0%	0.7%	130.4%	−18.6%	37.0%

续表

	共同比			变动率		
	2010 年度	2011 年度	2012 年度	2011 年度	2012 年度	复合变动率
利息费用	−0.3%	−0.3%	−0.2%	1.8%	−1.8%	0.0%
税前利润	**13.4%**	**15.5%**	**15.5%**	**26.0%**	**13.7%**	**19.7%**
所得税	−4.6%	−4.8%	−5.1%	15.2%	19.8%	17.5%
净利润	**8.9%**	**10.7%**	**10.4%**	**31.6%**	**11.0%**	**20.8%**
归属于非控制性权益的净利润	0.0%	0.0%	0.0%	−14.8%	−60.9%	−42.3%
归属于普通股股东的净利润	**8.8%**	**10.6%**	**10.4%**	**31.7%**	**11.1%**	**21.0%**

表 10-7 星巴克公司以美元计价、共同比与变动率格式的资产负债表 单位：百万美元

	2010 年	2011 年	2012 年
资产：			
现金及现金等价物	1 164	1 148	1 189
有价证券	286	903	848
应收账款与应收票据（净额）	303	387	486
存货	543	966	1 242
预付费用与其他流动资产	157	162	197
递延所得税（流动部分）	304	230	239
流动资产总额	**2 756**	**3 795**	**4 200**
非控制性权益投资	342	372	460
财产、厂房与设备（按成本计价）	5 889	6 163	6 903
累计折旧	−3 472	−3 808	−4 244
可摊销无形资产（净值）	417	410	386
商誉	262	322	399
长期投资	192	107	116
资产总额	**6 386**	**7 360**	**8 219**
负债与股东权益：			
应付账款	283	540	398
流动应计负债	936	941	1 134
递延收入	414	449	510
保险储备	146	146	168
流动负债	**1 779**	**2 076**	**2 210**
长期负债	549	550	550
长期应计负债	375	348	345
负债总额	**2 704**	**2 973**	**3 105**
普通股与资本公积	146	41	40
留存收益	3 471	4 297	5 046
累计其他综合收益	57	46	23
股东权益总额	**3 675**	**4 385**	**5 109**
非控制性权益	8	2	6
权益总额	**3 682**	**4 387**	**5 115**
负债与股东权益总额	**6 386**	**7 360**	**8 219**

	共同比			变动率		
	2010 年	2011 年	2012 年	2011 年	2012 年	复合变动率
资产：						
现金及现金等价物	18.2%	15.6%	14.5%	−1.4%	3.5%	1.1%
有价证券	4.5%	12.3%	10.3%	215.9%	−6.0%	72.3%
应收账款与应收票据（净额）	4.7%	5.3%	5.9%	27.7%	25.7%	26.7%
存货	8.5%	13.1%	15.1%	77.8%	28.5%	51.2%
预付费用与其他流动资产	2.5%	2.2%	2.4%	3.2%	21.7%	12.1%
递延所得税（流动部分）	4.8%	3.1%	2.9%	−24.3%	3.6%	−11.4%
流动资产总额	**43.2%**	**51.6%**	**51.1%**	**37.7%**	**10.7%**	**23.4%**
非控制性权益投资	5.3%	5.1%	5.6%	9.0%	23.5%	16.0%
财产、厂房与设备（按成本计价）	92.2%	83.7%	84.0%	4.7%	12.0%	8.3%
累计折旧	−54.4%	−51.7%	−51.6%	9.7%	11.5%	10.6%
可摊销无形资产（净值）	6.5%	5.6%	4.7%	−1.8%	−5.8%	−3.9%
商誉	4.1%	4.4%	4.9%	22.6%	24.1%	23.3%
长期投资	3.0%	1.5%	1.4%	−44.2%	8.4%	−22.2%
资产总额	**100.0%**	**100.0%**	**100.0%**	**15.3%**	**11.7%**	**13.4%**
负债与股东权益：						
应付账款	4.4%	7.3%	4.8%	91.1%	−26.3%	18.7%
流动应计负债	14.7%	12.8%	13.8%	0.5%	20.5%	10.0%
应付票据与短期负债	0.0%	0.0%	0.0%	不适用	不适用	不适用
长期负债的流动部分	0.0%	0.0%	0.0%	不适用	不适用	不适用
递延收入	6.5%	6.1%	6.2%	8.5%	13.6%	11.0%
保险储备	2.3%	2.0%	2.0%	−0.4%	15.2%	7.1%
流动负债	**27.9%**	**28.2%**	**26.9%**	**16.7%**	**6.5%**	**11.4%**
长期负债	8.6%	7.5%	6.7%	0.0%	0.0%	0.0%
长期应计负债	5.9%	4.7%	4.2%	−7.3%	−0.7%	−4.1%
负债总额	**42.3%**	**40.4%**	**37.8%**	**10.0%**	**4.4%**	**7.2%**
普通股与资本公积	2.3%	0.6%	0.5%	−71.8%	−2.7%	−47.6%
留存收益	54.4%	58.4%	61.4%	23.8%	17.4%	20.6%
累计其他综合收益	0.9%	0.6%	0.3%	−19.1%	−51.0%	−37.0%
股东权益总额	**57.5%**	**59.6%**	**62.2%**	**19.3%**	**16.5%**	**17.9%**
非控制性权益	0.1%	0.0%	0.1%	−68.4%	129.2%	−14.9%
权益总额	**57.7%**	**59.6%**	**62.2%**	**19.1%**	**16.6%**	**17.9%**
负债与股东权益总额	**100.0%**	**100.0%**	**100.0%**	**15.3%**	**11.7%**	**13.4%**

表 10－8　星巴克公司合并现金流量表　　单位：百万美元

	2010 年度	2011 年度	2012 年度
净利润	**948**	**1 248**	**1 385**
加回折旧与摊销费用	541	550	581
加回以股份为基础的薪酬费用	77	145	154
递延所得税	−42	106	61

续表

	2010 年度	2011 年度	2012 年度
权益投资收益（扣除收到的股利）	−17	−33	−49
应收账款（增加）减少额	−33	−89	−90
存货（增加）减少额	123	−422	−273
应付账款增加（减少）额	−4	228	−105
其他流动负债增加（减少）额	1	−82	24
递延收入增加（减少）额	24	36	61
加回净利润的其他项目或从净利润中扣除的其他项目	52	−52	24
其他经营活动现金流量	35	−23	−20
经营活动现金流量净额	**1 705**	**1 612**	**1 750**
购置财产、厂房与设备	−441	−415	−851
有价证券（增加）减少额	−338	−536	48
对外投资	−12	−56	−129
其他投资性交易	1	−13	−42
投资活动现金流量净额	**−790**	**−1 020**	**−974**
短期借款增加（减少）额	0	31	−31
长期借款增加（减少）额	−7	−4	0
发行股票	128	235	237
收到行使股票期权的现金	37	104	170
股票回购——库藏股	−286	−556	549
支付股利	−171	−390	−513
其他筹资性交易	−48	−28	−59
筹资活动现金流量净额	**−346**	**−608**	**−746**
汇率变动对现金的影响	−5	−1	10
现金变动净额	**564**	**−16**	**40**
年初现金及现金等价物	**600**	**1 164**	**1 148**
年末现金及现金等价物	**1 164**	**1 148**	**1 189**

表 10－9　星巴克公司销售收入分析数据与门店经营数据　　金额单位：百万美元

	2010 年度	2011 年度	2012 年度
销售收入总额：			
直营店	8 963.5	9 632.4	10 534.5
加盟店	875.2	1 007.5	1 210.3
包装食品、食品服务和其他收入	868.7	1 060.5	1 554.7
销售收入总额	**10 707.4**	**11 700.4**	**13 299.5**
增长率		9.3%	13.7%
按分部和门店类型：			
直营店	**8 963.5**	**9 632.4**	**10 534.5**
增长率		7.5%	9.4%
门店数量	8 866	9 007	9 405
门店平均销售收入	1.007	1.078	1.144
门店平均销售收入增长率		7.0%	6.2%

续表

	2010 年度	2011 年度	2012 年度
加盟店	**875.2**	**1 007.5**	**1 210.3**
增长率		15.1%	20.1%
门店数量	7 992	7 996	8 661
门店平均销售收入	0.112	0.126	0.145
门店平均销售收入增长率		13.0%	15.3%
包装食品、食品服务和其他收入	**868.7**	**1 060.5**	**1 554.7**
增长率		22.1%	46.6%
销售收入总额	**10 707.4**	**11 700.4**	**13 299.5**
美国			
年内新开（关闭）门店数量净额：			
直营店	(33)	43	234
加盟店	111	(268)	270
合计	78	(225)	504
门店总数：			
直营店	7 580	7 623	7 857
加盟店	5 044	4 776	5 046
合计	12 624	12 399	12 903
销售收入：			
直营店		8 365.5	9 077.0
单年销售收入			1.173
增长率			8%
加盟店		676.7	825.8
单店年销售收入			0.168
欧洲、中东和非洲			
年内新开（关闭）门店数量净额：			
直营店	(64)	25	10
加盟店	100	79	101
合计	36	104	111
门店总数：			
直营店	847	872	882
加盟店	807	886	987
合计	1 654	1 758	1 869
销售收入：			
直营店		905.5	968.3
单年销售收入			1.104
增长率			0%
加盟店		112.2	139.5
单店年销售收入			0.149
中国及其他亚太地区			
年内新开（关闭）门店数量净额：			
直营店	30	73	154
加盟店	79	193	294
合计	109	266	448

续表

	2010年度	2011年度	2012年度
门店总数：			
直营店	439	512	666
加盟店	2 141	2 334	2 628
合计	2 580	2 846	3 294
销售收入：			
直营店		361.4	489.2
单年销售收入			0.831
增长率			15%
加盟店		190.9	232.2
单店年销售收入			0.094
包装食品、食品服务和其他收入（包括美国；欧洲、中东和非洲；中国及其他亚太地区）			
销售收入	868.7	1 060.5	1 544.7
增长率		22.1%	46.6%

说明： 2012年度和第+1年度第一个季度末披露的“管理层讨论与分析”表明星巴克公司第+1年度计划开设大约1 300家新店（在美国新开设直营店和加盟店各300家；在中国及其他亚太地区分别新开设直营店和加盟店200家和400家；在欧洲、中东和非洲分别新开设直营店和加盟店34家和66家）。星巴克公司披露的“管理层讨论与分析”还表明公司第+1年度将发生资本支出12.00亿美元，但没有披露第+1年度之后的相关事项。

要求：

完整编制星巴克公司第+1年度至第+5年度的预测性利润表、资产负债表和现金流量表。如本章所述，读者需要为星巴克公司第+1年度至第+5年度的未来经营活动、投资活动和筹资活动确立一个客观且无偏的预期，并通过预测性财务报表反映这些预期。

具体说明：

a. 创建电子表格，确定编制星巴克公司预测性财务报表的预测假设及需要的数据。读者可以借用本章讨论的百事公司示例作为创建电子表格的模型。如果读者已经掌握创建预测电子表格的技能，可以直接用本书附带的星巴克公司财务报表分析软件包的模板编制预测性财务报表。

b. 星巴克公司的经营活动、投资活动和筹资活动主要是在美国及世界各地开设和经营各种自营咖啡零售店。星巴克公司的年报提供了公司拥有的自营咖啡店数量、每年新开门店数量和同店销售收入增长率等有用数据。这些数据表明星巴克公司各个分部的销售收入和销售收入增长率差别很大。以表10-9总结的这些数据为基础来预测：(1) 星巴克公司现有门店的未来销售收入；(2) 星巴克公司将新开设的自营店数量；(3) 这些新店未来的销售收入；(4) 新店需要的资本支出数额。

c. 星巴克公司的业务收入包括加盟店的收入以及通过餐饮服务、杂货店和仓储式会员店等出售星巴克公司咖啡和其他产品的收入。用表10-9列示的数据，预测星巴克公司加盟店、餐饮服务和其他业务的收入。

d. 用新店需要的资本支出预计数额，结合星巴克公司的财产、厂房与设备及其折旧的数据，创建一个计划表，模仿本章讨论的百事公司的做法，预测星巴克公司的财产、厂房与设备及其折旧费用的数额。

e. 星巴克公司似乎用回购普通股作为平衡资产负债表的财务柔性账户。与发放股利类似，回购普通股也是将多余现金返还给普通股股东的一种机制。以股利作为财务柔性账户编制预测性财务报表。

f. 保存预测电子表格。读者将在后续各章运用估值模型，预测星巴克公司未来的盈余、现金流量和股利，进而评估星巴克公司的股票价值。

第 11 章

经风险调整的预期报酬率与股利估值法

学习目标

1. 描述通用估值模型及其在财务报表分析与估值的 6 个步骤（本书的核心内容）中所扮演的最终角色。
2. 解释基于预期未来股利、自由现金流量和盈余的三种估值法的等效性。
3. 估算经风险调整的预期权益资本报酬率和用来将终值折现为现值的加权平均资本成本率。
4. 解释股利估值法背后隐含的理论基础与基本概念，包括返还给投资者的现金流量与再投资于公司的现金流量之间的关系。
5. 理解股利估值法涉及的一些更高深的概念之后，论述如何估算股利、确定预测期间和评估持续股利的价值。
6. 综合所有因素构建股利估值模型。
7. 运用股利估值法评估公司价值。
8. 评估公司价值与关键估值参数（如折现率和预期长期增长率）的敏感性并做出投资决策。

本章的第一部分将讨论股利估值法、现金流量估值法和盈余估值法等各种估值方法的等效性。第二部分将讨论经风险调整的预期权益资本报酬率和加权平均资本成本率的计算问题。我们将在估值时采用加权平均资本成本率作为折现率。本章的最后部分将讨论股利估值模型及其运用。我们将以百事公司为例说明各种估值方法的运用。

展望后续各章，第 12 章将讨论现金流量估值法及其运用。第 13 章将讨论盈余估值法及其运用。第 11～13 章还将讨论各种估值方法在理论与实践方面的优劣势的决定因素。这三章都将以估值模型理论的发展情况说明这些不同估值方法的等效性，并运用这些估值方法预测第 10 章已经预测过的百事公司的股利、现金流量和盈余。第 14 章将讨论分析师可能用于评估公司价值的各种市场倍数，如市盈率和市场价值与账面价值比率。

11.1　通用估值模型

经济学理论认为投资项目的价值等于该投资项目创造的预期未来收益以某个利率折现后的现值。该利率反映了货币时间价值和投资项目创造的预期未来收益的内在风险。估算预计持有 n 期的某个证券在 $t=0$ 这个时点的现值（以 V_0 表示）的通用模型为①：

$$V_0=\sum_{t=1}^{n}\frac{\text{第 } t \text{ 期的预期未来收益}}{(1+\text{折现率})^t}$$

在一个并非充分有效的证券市场上，证券的价格未必总是等于证券的价值。因此，证券价格暂时偏离证券基本价值的现象比比皆是。投资者购买某个证券，支付了证券的价格而得到了证券的价值；投资者出售某个证券，得到了证券的出售价格而放弃了证券的价值。价格可观察，但价值不能观察，只能估算。因此，估算某个证券的价值并做出明智的投资决策就是财务报表分析的基本目标。投资者、分析师、投资银行家、公司管理层以及其他相关人士通过财务报表分析与估值可靠地确定普通股或公司的价值。他们通常会关注以下问题：

- 某家公司的普通股的价值是多少？

---

① 在本章，t 指会计期间。估值时点决定公司价值。用 V_0 表示 $t=0$ 这个时点的公司价值。$t=1$ 指开始折现的第一个会计期间。$t=n$ 指预期产生最终收益或清算收益的会计期间。

- 我自己估算的价值与市场的现行价格相比，我应该买入、卖出还是持有该公司的普通股？
- 在首次公开发行或公司并购时，卖方可以接受（或询价）的股票合理价格是多少？买方可以支付（或出价）的股票合理价格又是多少？

以股利、现金流量和盈余为基础的权益估值模型曾经是许多理论与实证研究的主题。这些研究成果提出了许多有关估值的独到见解，其中有两个非常引人注目的基本结论激发了本书对估值模型及其运用的讨论：

- 资本市场的股票价格通常与股票价值紧密相关。
- 股票价格并不总是等于股票价值，股票价格可能会暂时偏离股票价值。

第一，许多实证研究成果证实股利估值模型、现金流量估值模型和盈余估值模型通常能详细解释资本市场呈现出的股票价格。[①] 这些估值模型所确定的股票价值与资本市场呈现的股票价格具有较强的正相关关系。即使是不同类型的公司、不同的期间和不同的国家，股票价值与股票价格也存在这种正相关关系。许多实证研究成果还表明，股利、现金流量和盈余的意外变动同样与股票价格的变动紧密相关。

第二，许多实证研究成果显示，估值模型也有助于判断资本市场的股票价格何时会暂时偏离股票的基本价值。股利估值模型、现金流量估值模型和盈余估值模型有助于判断资本市场何时会暂时高估或低估股票价值，从而发现资本市场上存在的潜在获利的投资机会。例如，图 11－1 展现了弗兰克尔（Frankel）和李（Lee）1998 年的研究结论。弗兰克尔和李（1998）根据股票价值（V）/股票价格（P）比率每年将公司样本分为五种组合。[②] 其研究成果显示，这些组合获得的 36 个月平均股票报酬率存在显著差异。股票价值/股票价格比率最高的组合获得的平均报酬率显著超过股票价值/股票价格比率最低的组合获得的平均报酬率。对有兴趣掌握预测与估值基本技能的投资者而言，弗兰克尔和李（1998）的研究结论非常令人振奋。

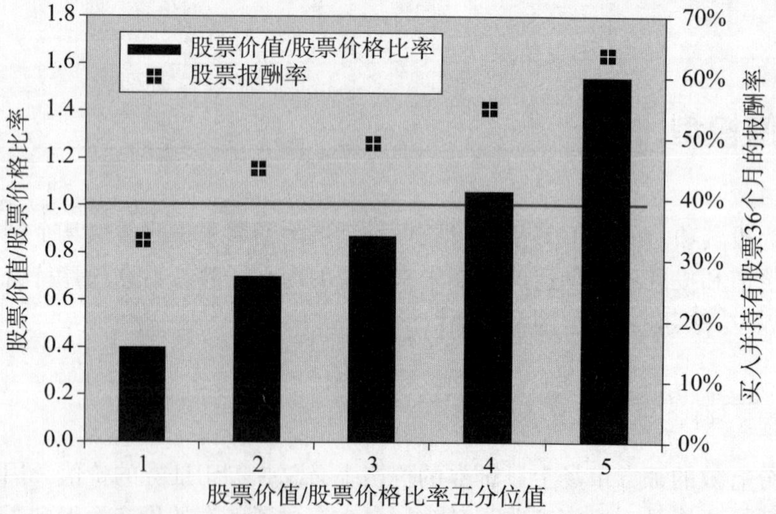

图 11－1 与股票价值/股票价格比率相关的各种组合股票报酬率的实证证据

---

① 例如，可以参见 Craig Nichols，James Wahlen，and Matthew Wieland，"Pricing and Mispricing in the Time-Series and the Cross-Section，" 2013 Working paper，Indiana University；Stephen Penman and Theodore Sougiannis，"A Comparison of Dividend，Cash Flow，and Earnings Approaches to Equity Valuation，" *Contemporary Accounting Research 15*，no. 3（Fall 1998），pp. 343－383；and Jennifer Francis，Per Olsson，and Dennis Oswald，"Comparing the Accuracy and Explainability of Dividend，Free Cash Flow，and Abnormal Earnings Equity Value Estimates，" *Journal of Accounting Research 38*（Spring 2000），pp. 45－70。

② Richard Frankel and Charles Lee，"Accounting Valuation，Market Expectation，and Cross-Sectional Stock Returns，" *Journal of Accounting and Economics 25*，Issue 3（1998），pp. 283－319.

构成本书框架的财务报表分析与估值的 6 个步骤（参见第 1 章的图 1－2）是理解公司基本特征并合理评估公司价值的具有逻辑顺序的步骤。第一，我们分析了行业的经济特征和竞争环境；第二，我们从行业竞争动态的角度分析了特定公司的战略。第三，我们评估了公司会计信息和财务报告的质量。第四，我们通过一系列财务比率分析了公司的盈利能力和风险。第五，我们运用所有信息编制预测性财务报表。第六，我们从预测性财务报表中得到公司未来盈余、现金流量和股利的预期数额，并将那些预期数额作为公司预期未来收益的衡量指标。我们将这些预期未来收益作为估值模型的输入变量以确定公司的价值。要想可靠地预测公司未来收益预期数额（本章开头提及的通用估值模型的分子），需要无偏且周密地编制预测性利润表、资产负债表和现金流量表。所有这一切都需要可靠地预测公司未来的经营活动、投资活动和筹资活动。评估一个合适的经风险调整的折现率（通用估值模型的分母）需要评估预期未来收益的内在风险。因此，可靠地评估公司价值取决于预期未来收益和合适的经风险调整的折现率的无偏估计。所有这一切都取决于财务报表分析与估值框架 6 个步骤所提供的全部信息。

11.2　股利估值法、现金流量估值法与盈余估值法的等效性

如前所述，分析师、投资者和资本市场参与者通常用股利、现金流量和盈余估算股票价值并选股。如果分析师从一套预测性财务报表中得到内在一致的未来盈余、现金流量和股利的预期数额，并采用相同的折现率计算这些预期未来收益的现值，那么这些估值模型应该估算出相同的公司价值。也就是说，股利估值模型、现金流量估值模型和盈余估值模型是互补性方法，可以估算出相同的公司价值。

股利估值法、现金流量估值法和盈余估值法的差异主要在于视角方面：

- 股利估值法关注公司分配给股东的财富，股东未来得到的现金流量现值决定股票价值。
- 现金流量估值法强调公司可供股东分配的自由现金流量。所谓自由现金流量是公司以现金支付经营性资产必要投资和偿还债权人债务之后剩余的现金。
- 盈余估值法将视角转向盈余。盈余衡量了公司各个期间为普通股股东创造的资本或造成的减损。公司最终将以现金流量的方式实现盈余并以股利的形式将盈余分配给股东。

由此可见，盈余估值法关注公司为股东创造的财富，现金流量估值法关注公司的股利支付能力，而股利估值法则关注分配给股东的财富。

我们可以用自由现金流量代替股利来代表投资者的预期未来收益，作为通用估值模型的分子。如果股利估值法与现金流量估值法采用的假设一致，那么两种估值方法可以得到相同的估值。在公司存续期间，流入公司的自由现金流量总额将等于公司向股东分配股利而流出公司的现金流量总额。因此，这两种估值方法等效。

盈余估值法是另一种估值视角，与股利估值法和现金流量估值法等效。只要预测盈余、现金流量和股利的假设相同，盈余估值法也将估算出与股利估值法和现金流量估值法相同的公司价值。图 11－2 展现了三种估算公司价值方法之间的概念关系。如果同时采用这三种估值方法，就会比仅仅依靠一种估值方法的分析师更深刻地理解公司的价值。当然，如果能够灵活地运用股利估值法、现金流量估值法和盈余估值法，就可以更全面地理解各种估值方法在各种不同情境的运用。

第 11～14 章都强调估值的目标不是估算出公司价值的具体数额，而是在主要预测假设和估值变量的相关范围内确定一个可靠的公司价值区间。用现金流量、盈余和股利估计股票价值，并评估这些预期股票价值在预测假设和估值变量相关范围内的敏感性，读者就可以确定股票价值的最可能区间，并与资本市场的股票价格进行比较，做出明智的投资决策。

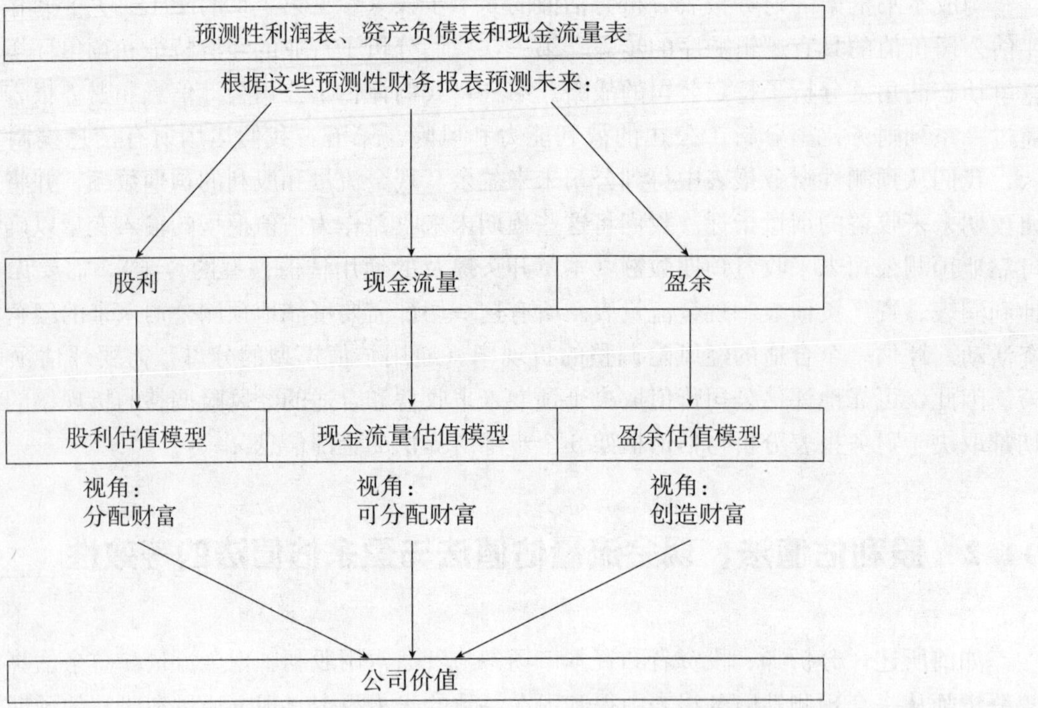

图 11－2　股利估值法、现金流量估值法和盈余估值法的等效性图示

11.3　经风险调整的预期报酬率

我们在第 11～14 章讨论的各种估值方法都将以本章开头提出的通用估值模型为基础。通用估值模型通过将预期未来收益折现为现值来确定公司价值。因此，所有估值方法都需要计算预期未来收益的折现率。为了弥补货币时间价值和风险，折现率应该等于投资者要求得到的必要报酬率。这是公司为吸引投资者投入资金而支付的报酬率。如果分析师要计算普通股股东的收益（股利、自由现金流量和盈余）现值，就应该以普通股权益资本经风险调整的必要报酬率作为折现率。

折现率应该是投资的预期必要报酬率。因此，折现率应该取决于公司创造收益期间内的预期未来风险和整个经济体的预期未来利率。公司过去的折现率可能在未来也可以使用，不过需要满足以下三个条件：

- 公司现有风险与公司预期未来风险相同。
- 预期未来利率可能等于现行利率。
- 公司现有资本结构（即现有的债务融资与权益融资组合）与公司预期未来资本结构相同。

作为估计预期资本报酬率的起点，分析师可以计算投资于公司各类资本（债务、优先股和普通股）的通行税后成本。现有的资本成本率反映公司现有资本结构的必要报酬率，如果公司满足上述三个条件，该必要报酬率就是计算公司未来收益现值的合适的折现率。如果不能全部满足上述三个条件，分析师就需要预测能够合理反映预测期内公司未来风险、资本结构与整个经济体利率的折现率。

以资本成本率作为折现率假设资本市场对资本的定价反映了无风险的货币时间价值和风险溢价。我们将在后面讨论估算公司权益资本成本率、债务资本成本率和优先股权益资本成本率的各种方法。本章后面将进一步讨论如何计算公司的加权平均资本成本率。

□ 普通股权益资本成本率

分析师通常用资本资产定价模型估算权益资本成本。资本资产定价模型认为资本市场由持有资产多元化组合的风险厌恶型投资者组成。基于一定的预期报酬率，风险厌恶型投资者力求承担尽量小的风险，并通过持有各种类型资产多元化组合降低风险。因此，资本资产定价模型假设，在均衡条件下，投资者应该预期可以获得的普通股权益报酬率等于资本市场要求的以资产多元化组合持有公司股票可以获得的报酬率。从理论上说，资本市场由风险厌恶型投资者组成，风险厌恶型投资者要求的报酬率包括：（1）补偿其放弃使用资本的机会成本（货币时间价值）；（2）以风险溢价的形式补偿其承担的系统风险（系统风险也称为市场风险，风险厌恶型投资者无法通过多元化消除系统风险或市场风险）。系统风险源于各种经济因素（如经济增长或衰退、失业、意外的通货膨胀、自然资源如石油和天然气价格的意外变动、汇率的意外变动和人口增长）。这些因素会对所有公司产生不同程度的影响，无法通过多元化完全消除这些因素产生的风险。有鉴于此，如果公司普通股存在无法通过多元化消除的固有风险，权益资本的市场必要报酬率就是经济体通行无风险利率加上承担风险的风险溢价的函数。

值得注意的是，资本资产定价模型将非系统风险视为投资者可以通过多元化持有各种股票组合而消除的风险因素。非系统风险是行业和公司特有的，包括行业竞争水平、公司产品组合、公司战略的可持续性以及公司促进销售收入增长和控制费用的能力。根据资本资产定价模型，在一个竞争性的均衡资本市场中，投资者不可能因某家公司的非系统风险而得到预期报酬率，因为投资者无法通过股票组合消除这些非系统风险。

分析师用公司的股票报酬率与股票市场的股票报酬率指数之间的协方差来衡量无法通过多元化消除的风险或系统风险，通常用公司的市场 β 系数来衡量。其实，市场 β 系数就是公司的股票报酬率与反映一定期间内整个股票市场的股票投资组合报酬率之间的回归系数。[①] 如果某家公司的市场 β 系数等于 1，则说明总体而言，该公司的股票报酬率与整个股票市场的股票投资组合报酬率共同发生变化，即二者之间存在协变性，意味着该公司的系统风险水平与整个股票市场的风险水平相同。如果某家公司的市场 β 系数大于 1，则该公司的系统风险水平高于整个股票市场的风险水平。而如果某家公司的市场 β 系数小于 1，则该公司的系统风险水平低于整个股票市场的风险水平。

表 11-1 列示了 2003—2012 年间 47 个行业样本的市场 β 系数的均值、第 25 百分位和第 75 百分位。[②] 这些数据说明过去十年间不同行业的系统风险差异较大。行业市场 β 系数的均值从较低的 0.58（啤酒与白酒行业、烟草制品行业）到较高的 1.72 和 1.76（分别是钢铁行业和煤炭行业）。各种财务数据来源和网站会定期发布上市公司普通股权益的市场 β 系数。不过，各种信息来源发布的市场 β 系数通常差异较大，这主要是因为估算市场 β 系数选择的期间和所采用的方法存在差异。[③]

---

① 研究人员和分析师已经开发出估算市场 β 系数的各种不同方法。一种常用的方法是通过计算过去 60 个月内公司每月股票报酬率与整个股票市场的股票报酬率指数（如标准普尔 500 指数）之间的回归系数来估算市场 β 系数。

② 非常感谢马特·维兰德（Matt Wieland）教授帮忙收集这些数据。

③ 尤金·法玛（Eugene Fama）和肯尼斯·弗伦斯（Kenneth Frence）创建了一个实验模型。该模型用他们在研究期间发现的与报酬率相关的三个因素解释已实现的股票报酬率。他们的模型和研究结论表明，在研究样本期间内（1963—1992 年），公司的股票报酬率与公司的市场 β 系数、市场价值（规模）和市场价值与账面价值比率相关。参见 Eugene F. Fama and Kenneth Frence，"The Cross Section of Expected Stock Returns," *Journal of Finance*（June 1992），pp. 427-465。从弗伦斯的网页（http：//mba. tuck. dartmouth. edu/pages/faculty/ken. frence/data _ library. html）可以获得他们采用的各种数据。

表 11-1　2003—2012 年间行业与系统风险之间的关系

行业名称	第 25 百分位	均值	第 75 百分位
啤酒与白酒	0.39	0.58	0.79
烟草制品	0.43	0.58	0.72
食品	0.44	0.68	1.03
糖果与苏打水	0.46	0.74	0.95
银行	0.21	0.76	1.35
公用事业	0.55	0.77	1.00
房地产	0.26	0.77	1.42
国防	0.54	0.84	1.32
健康保健	0.52	0.85	1.19
休闲	0.49	0.90	1.31
医疗设备	0.57	0.90	1.27
印刷与出版	0.55	0.93	1.32
个人服务	0.55	0.94	1.28
农业	0.51	0.94	1.30
纺织品	0.41	0.95	1.38
消费品	0.48	0.96	1.39
保险	0.67	0.96	1.31
橡胶与塑料制品	0.49	0.97	1.38
餐饮与旅馆	0.54	1.00	1.33
稀有金属	0.68	1.01	1.51
批发	0.58	1.01	1.47
药品	0.63	1.02	1.48
娱乐	0.63	1.03	1.49
通信	0.74	1.05	1.49
服装	0.58	1.09	1.41
贸易	0.65	1.09	1.54
商业服务	0.69	1.11	1.56
计量与控制设备	0.65	1.12	1.60
船运集装箱	0.88	1.12	1.45
航空	0.89	1.15	1.44
建筑材料	0.65	1.16	1.56
运输	0.79	1.16	1.54
商业供应	0.71	1.17	1.60
零售	0.80	1.19	1.53
电气设备	0.71	1.21	1.63
计算机	0.79	1.21	1.66
加工制品	0.60	1.24	1.72
化工	0.90	1.28	1.67
石油与天然气	0.86	1.31	1.76
机械	0.91	1.35	1.75
电子设备	0.87	1.35	1.90
汽车与卡车	0.95	1.36	1.77
造船、铁路设备	0.69	1.40	1.90

续表

行业名称	第 25 百分位	均值	第 75 百分位
非金属与工业金属矿开采	0.98	1.45	1.87
建筑	1.17	1.60	1.98
钢铁	1.25	1.72	2.11
煤炭	1.16	1.76	2.11
整个经济体	**0.61**	**1.06**	**1.52**

资本资产定价模型预测 j 公司的普通股权益资本预期报酬率如下：

$$E[R_{Ej}]=E[R_F]+\beta_j\times\{E[R_M]-E[R_F]\}$$

上述公式中，E 表示相关变量是一个期望值；R_{Ej} 表示 j 公司普通股的必要报酬率；R_F 表示无风险报酬率；β_j 表示 j 公司的市场 β 系数；R_M 表示股票多元化市场投资组合（如标准普尔 500 指数）的必要报酬率。根据资本资产定价模型，没有任何系统风险的普通股权益证券（即 $\beta_j=0$）可以获得的报酬率预期等于无风险证券的预期报酬率。当然，多数权益证券并非无风险。前述公式括号里的减项表示平均市场风险溢价。平均市场风险溢价等于资本市场的权益投资者因承担整个市场的平均系统风险而要求获得的超过无风险报酬率的那部分报酬率。因此：

- 某种权益证券的系统风险等于资本市场所有市场 β 系数等于 1 的权益证券的平均系统风险。因此，这种公司的普通股权益资本成本率应该等于市场投资组合的必要报酬率。
- 如果公司的市场 β 系数等于 1，则其风险高于平均系统风险，权益资本成本率较高。因为该公司必须补偿投资者所承担的较高风险，与此相匹配，资本市场预期该公司获得较高的报酬率。
- 如果公司的市场 β 系数小于 1，则其权益资本成本率较低。因为该公司只需要补偿投资者所承担的较低风险，与此相匹配，资本市场预期该公司获得较低的报酬率。

图 11－3 描绘了资本资产定价模型。

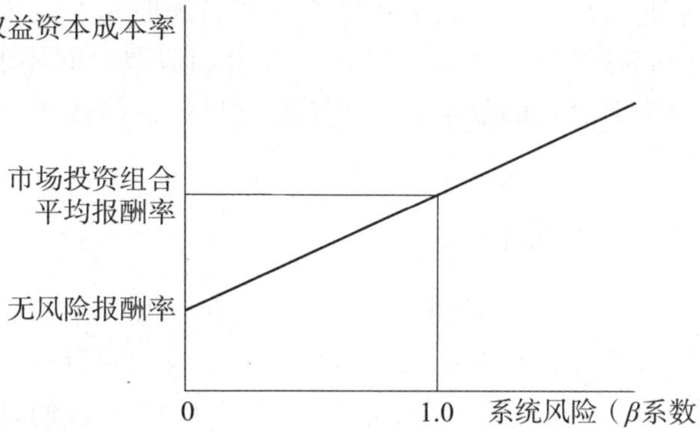

图 11－3　权益资本成本率与系统风险的关系

在运用资本资产定价模型时，分析师应该以系统风险为零的证券市场报酬率作为无风险利率。这种无系统风险证券（如美国国库券）的报酬率与股票多元化市场组合的报酬率应该没有相关性。考虑到权益证券没有到期日，以美国长期国库券的收益率作为无风险利率可能更合适。美国长期国库券的收益率对通货膨胀率和利率的变动更敏感。因此，与美国短期国库券相比，美国长期国库券的系统风险更大（尽管其系统风险依然很低）。通常的做法是以美国中期国库券的收益率（如美国 10 年期国库券的收益率）作为无风险利率。在过去相当长的期间内，美国 10 年期国库券的收益率平均为 6%左右。近年来，美国 10 年期政府证券的收益率相当低，平均为 1%～4%。

市场组合实现的平均报酬率取决于研究的期间。从历史的角度看，市场组合实现的平均报酬率为9%～13%。这样，市场组合超过无风险利率的风险溢价为3%～7%。有些财务经济学家认为一定期间内的风险溢价会随着投资者消费需求的变动而变动。他们认为，从增量的角度看，如果经济健康且不断增长（失业率较低，消费者信心满满），投资者的增量消费需求会相对较低。如此一来，投资者因推迟消费和承担风险而要求得到补偿的报酬率相对较低。因此，如果经济状况强劲，风险溢价通常较低（可能是3%～4%）。相反，如果经济状况较差，投资者面临较高的不确定性，其增量消费需求相对较高。如此一来，投资者因推迟消费和承担风险而要求得到补偿的报酬率相对较高。因此，如果经济状况较差，风险溢价通常较高（可能是6%～7%）。这些断言风险溢价会随着时间的变化而变动（而且其变动方向与投资者增量消费需求的变动方向相反）的理论似乎很直观，也可以较好地解释在资本市场中观察到的风险溢价，但要将这些理论融入估值框架还存在某些问题，需要更多的实证研究。

运用资本资产定价模型计算预期报酬率

假设A公司的市场β系数为0.60，B公司的市场β系数为1.40。假设美国10年期国库券的通行收益率大约为3.0%，资本市场承担平均系统风险的风险溢价为5.0%。运用资本资产定价模型，我们可以分别计算A公司和B公司的预期报酬率如下：

$$\text{A公司：}E[R_A]=3.0+(0.60\times 5.0)=6.0$$
$$\text{B公司：}E[R_B]=3.0+(1.40\times 5.0)=10.0$$

由此可见，根据资本资产定价模型，投资者投入A公司的权益资本要求得到的报酬率为6.0%，投入B公司的权益资本要求得到的报酬率为10.0%。B公司的系统风险较高，其权益资本成本率也较高。在确定A公司和B公司的股票价值时，投资者应该以6.0%的折现率将A公司的预期未来收益折现为现值，以10.0%的折现率将B公司的预期未来收益折现为现值。如果投资者预期A公司和B公司的未来收益相同（尽管B公司的未来收益风险更高），那么投资者对B公司普通股的估值会低于其对A公司普通股的估值（而且投资者对B公司普通股的出价会低于其对A公司普通股的出价）。B公司与A公司的股票价值差异反映了股东因持有风险较高的B公司股票（相对于A公司股票）而要求得到的额外补偿，股东将以相同的收益实现这种补偿，因为B公司的股东购买股票所支付的价格低于A公司的股东购买股票所支付的价格。

计算百事公司权益资本的必要报酬率

2012年末，不同信息来源提供的百事公司普通股的各种市场β系数大约为0.50～1.00。而在过去一定期间内，百事公司的市场β系数大约为0.75。有鉴于此，我们假设百事公司2012年末的普通股市场β系数大约为0.75。此时，美国10年期国库券的收益率低于3.0%。我们以美国10年期国库券的收益率作为无风险利率。此外，随着经济状况不断得到改善，股票市场指数也不断增长，与以前相比，投资者没有那么厌恶风险了。这样，我们假设投资者要求得到的市场风险溢价为6.0%。因此，根据资本资产定价模型，百事公司的普通股权益资本成本率为7.50%［3.0+(0.75×6.0)］。

调整市场β系数以反映新的资本结构

回顾第5章，我们讨论了市场β系数反映经营杠杆、财务杠杆、销售收入和盈余的变动性以及其他公司特征。以市场价格的历史数据计算出来的市场β系数反映了公司现有的资本结构。在某些情境如杠杆式收购中，公司计划大幅度调整财务资本结构。这时，分析师需要预测公司改变财务资本结构后的市场β系数。可以通过剔除杠杆的影响调整市场β系数，进而去除现有市场β系数的杠杆（即“去杠杆”），然后，

调整市场 β 系数以使其反映新的资本结构的杠杆影响，从而使市场 β 系数"再杠杆化"。"去杠杆"后的市场 β 系数（有时也称为资产 β 系数）估算公式如下：

$$\text{现行“杠杆化”市场}\beta\text{系数}=\text{“去杠杆”后的市场}\beta\text{系数}\times\left[1+(1-\text{所得税税率})\times\left(\frac{\text{债务的现行市场价值}}{\text{权益的现行市场价值}}\right)\right]$$

该公式背后隐含的道理是现行市场 β 系数会反映两个因素：（1）公司经营活动和资产的系统风险；（2）剔除财务杠杆产生的税收效益之后（即扣除利息费用所产生的税收节约额）的公司财务杠杆（债务与权益比率）。估算新的"杠杆化" β 系数需要两个步骤：

（1）变换前述公式。将现行"杠杆化"市场 β 系数除以该公式右边方括号里的项目，求出"去杠杆"后的市场 β 系数：

$$\text{“去杠杆”后的市场}\beta\text{系数}=\frac{\text{现行“杠杆化”市场}\beta\text{系数}}{\left[1+(1-\text{所得税税率})\times\left(\frac{\text{债务的现行市场价值}}{\text{权益的现行市场价值}}\right)\right]}$$

（2）预测新的"杠杆化"市场 β 系数。以预测性债务市场价值与权益市场价值比率替代现行的债务市场价值与权益市场价值比率，并用"去杠杆"后的市场 β 系数乘以该公式右边方括号里的项目：

$$\text{新的“杠杆化”市场}\beta\text{系数}=\text{“去杠杆”后的市场}\beta\text{系数}\times\left[1+(1-\text{所得税税率})\times\left(\frac{\text{新的债务市场价值}}{\text{新的权益市场价值}}\right)\right]$$

为了说明财务杠杆对 β 系数和预期报酬率的影响，假设某家公司的市场 β 系数为 0.9。该公司的所得税税率为 35%，债务市场价值与权益市场价值比率为 60%。如果无风险利率为 6%，市场风险溢价为 7%，那么根据资本资产定价模型，资本市场预期该公司能够获得的权益报酬率为 12.3% [6.0%+(0.9×7.0%)]。该公司打算采用新的资本结构，希望将债务与权益比率提高到 140%。为了预测该公司基于新的资本结构的"杠杆化"市场 β 系数，第一步就是求出"去杠杆"后的市场 β 系数（用 X 表示）：

$$0.9=X[1+(1-0.35)\times(0.60/1.00)]$$
$$X=0.9/[1+(1-0.35)\times(0.60/1.00)]$$
$$=0.65$$

由于财务杠杆与市场 β 系数正相关，剔除财务杠杆的影响会使市场 β 系数降低。"去杠杆"后的市场 β 系数应该反映公司经营风险、销售收入的变动性和其他经营因素，但没有反映与财务杠杆相关的风险。新的市场 β 系数预期可以反映新的债务与权益比率（用 Y 表示）：

$$Y=0.65\times[1+(1-0.35)\times(1.40/1.00)]=1.24$$

这个新的资本结构将提高杠杆，进而增加公司的系统风险。根据资本资产定价模型，基于新的资本结构，该公司的权益资本成本率为 14.68% [6.0%+(1.24×7.0%)]。

□ 运用资本资产定价模型估算权益资本成本率

运用资本资产定价模型估算权益资本成本率这一做法受到各种批评：

- 公司一定期间内的市场 β 系数应该随公司系统风险的变动而变动，然而，市场 β 系数的估计值却对计算所采用的期间和方法很敏感。
- 从理论上说，资本资产定价模型是以某只股票相对于整个经济体的资产多元化组合的风险为基础估算该股票的必要报酬率，但涵盖整个经济体的资产多元化组合的报酬率指数根本就不存在。计量某只股票相对股票市场报酬率指数（标准普尔500指数）的系统风险无法考虑股票报酬率与股票市场之外的资产报酬率（包括其他金融性投资如美国国库券与公司债券以及私有权益、房地产和人力资本）之间的协变性。

- 一定期间内的市场溢价并不稳定，而且对计算所采用的期间较为敏感。如何恰当地调整市场溢价面临高度不确定性，恰当的调整幅度是应该近似3%、7%还是其中的某个数值并没有明确答案。[①] 如前所述，有些财务经济学家认为，如果经济状况健康且不断增长，则风险溢价较低；如果经济状况较差且充满不确定性，则风险溢价较高。这种观点貌似合理，且与一定期间内整个市场观察到的股票报酬率变动情况一致。然而，为了创建能够计量某家公司随着时间变动而变动的风险溢价的实用模型，还需要进一步研究这种估算方法。

针对资本资产定价模型的上述批评意见，结合经风险调整的折现率在普通股权益估值过程中所扮演的重要角色，如何分析不同折现率的股票估值的敏感性就显得非常重要。例如，分析师应该在3%～7%之间不断变动市场风险溢价，根据普通股折现率的相关范围，估算某家公司的普通股权益价值。

第14章将讨论反向推算普通股权益证券隐含的预期报酬率的各种方法，还将讨论一种用无风险折现率计算股票价格隐含的风险折现的方法。这些方法不需要资产定价模型（如资本资产定价模型）的假设。

□ 债务资本成本率

分析师应该计算各种类型债务资本（包括长短期应付票据、抵押贷款、债券和资本租赁）的税后资本成本率。各种债务的税后资本成本率等于各种债务的到期收益率乘以（1－利息作为所得税扣除项目适用的法定税率）。到期收益率是将债务合约性现金流量折现为该债务的现行公允价值的折现率。如果该债务的公允价值等于其面值（例如，面值为1 000美元的信用债券的交易价格为1 000美元），那么该债务的到期收益率就等于其票面利率。如果该债务的公允价值超过其面值，该债务的到期收益率就低于其票面利率。如果利率下降，以前已经举借的固定利率债务的票面利率可能超过信用质量和条款都可比的债务的现行市场收益率，债务到期收益率就可能低于其票面利率。如果利率上升，现有固定利率债务的票面利率就可能低于可比债务的现行市场利率，这时，该债务的公允价值就低于其面值，到期收益率可能高于其票面利率。

公司在财务报表附注中披露其现有带息债务资本的到期收益率，也披露这些带息债务的预期公允价值。这些预期公允价值应该反映以该债务通行的市场到期收益率折现出来的债务现值。总而言之，综合财务报表附注披露的这些信息，分析师就可以估算公司尚未偿还债务的通行市场到期收益率。

在估算债务资本成本率时，分析师通常剔除经营性负债项目（如应付账款、应计费用、递延所得税负债和退休福利负债），而将这些经营性负债项目作为公司经营活动（而不是公司财务资本结构）的一个组成部分。

资本化的租赁负债可能隐含一个税后资本成本率。该税后资本成本率等于具有相同风险与到期日的抵押借款的税后到期收益率。公司将资本租赁负债确认为资产负债表的金融负债项目。正如第7章所述，即便是经营租赁，公司也可能为了未来的支付需要而做出巨额表外承诺。如果公司基于经营租赁而做出巨额

① 参见James Claus and Jacob Thomas，"Equity Premia as low as Three Percent? Empirical Evidence from Analysts' Earnings Forecasts for Domestic and International Stock Markets," *Journal of Finance 56* (October 2001)，pp. 1629 - 1666。也可以参见Peter Easton，Gary Taylor，Pervin Shroff，and Theodore Sougiannis，"Using Forecasts of Earnings to Simultaneously Estimate Growth and the Rate of Return on Equity Investment," *Journal of Accounting Research 40* (June 2000)，pp. 657 - 676。

表外承诺，分析师可能认为在估算债务资本成本率时必须包括这些巨额表外承诺。（正如第 7 章所述）如果分析师选择调整公司的资产负债表，将这些经营租赁承诺资本化为债务，那么，为了使估算的债务资本成本率包括经营租赁的影响，分析师应该做以下三步调整：

（1）在估算公司尚未偿还的各种类型债务的公允价值时，包括经营租赁负债的现值。

（2）将用于估算经营租赁承诺现值的折现率作为估算债务资本成本率的税后利率。与资本租赁相比，出租人在经营租赁时承担更多的风险。因此，经营租赁呈现的资本成本率可能高于资本租赁呈现的资本成本率。

（3）在估算自由现金流量时，应该将经营租赁支付的租金所产生的现金流出量重新归类为支付的债务利息和偿还的债务本金。第 7 章讨论过将经营租赁转化为资本租赁的各种方法。

用于估算利息的税收影响的所得税税率应该是适用于利息费用扣除的公司税率。就多数公司而言，适用于利息费用扣除的税率就是法定联邦税率。2013 年，美国的法定联邦税率是 35%。州和外国税收或其他特别税收因素可能会使综合的法定税率提高或降低。这取决于公司在哪里筹集债务资本。尽管公司通常不单独披露法定税率或外国税率，但是，财务报表附注的“所得税”项目的“所得税调整”部分总结了各种税收的影响。为了达到更高的精确度，分析师可以根据公司财务报表附注的“所得税”项目所披露的实际税率大致估算适用于利息费用扣除的综合法定税率。

□ 优先股权益资本成本率

优先股权益资本成本率取决于其优先条款。在股利和清算方面比普通股享有优先权的优先股通常以接近其面值的价格出售。因此，优先股权益资本成本率就是其股利支付率。根据优先股的属性，优先股的股利可能会得到税收扣除。这样，优先股的税后资本成本率可能低于税前资本成本率。可以转换为普通股的优先股具有普通股和优先股的双重属性，其资本成本率是不可转换优先股和普通股的资本成本率的综合。

□ 归属于非控制性权益资本成本率

如第 7 章所述，非控制性权益就是拥有子公司股份比例不足 50%的少数权益投资者的权益所有权项目。如果公司资产负债表的股东权益部分列报了归属于非控制性权益的权益资本，就意味着该公司是控股股东，而且合并了其子公司的财务报表。非控制性权益项目计量和列报了非控制性投资者已经投入公司的权益资本数额。其资本成本率取决于这部分权益资本的风险。有时，子公司可能是一家上市公司，分析师可以获得该上市公司的系统风险估计值（如 β 系数）。这样，分析师就可以运用资本资产定价模型估算非控制性权益资本成本率。如果子公司不是一家上市公司，分析师可能需要采用其他方法估算其资本成本率。例如，如果子公司的风险非常接近编制合并财务报表的公司的风险，那么采用母公司的权益资本成本率作为非控制性权益资本成本率也是合适的做法。

□ 估算加权平均资本成本率

有时，分析师可能需要确定公司所有资产的投资收益现值，而不仅仅是确定公司权益资本的投资收益现值。例如，如果正在考虑收购某家公司的全部资产或控股权益，就可能需要确定公司所有资产的投资收益现值。如果分析师需要确定公司所有资产的投资收益现值或收购该公司所有债权的收益现值，就应该采用一个能够反映为公司经营性资产净额提供融资的债务、优先股和普通股的加权平均必要报酬率的折现率。

加权平均资本成本率（用 R_A 表示）的计算公式为：

$$R_A=[w_D\times R_D\times(1-\text{所得税税率})]+(w_P\times R_P)+(w_E\times R_E)+(w_{NCI}\times R_{NCI})$$

式中，w——各种类型资本的权重；D——债务资本；P——优先股资本；E——普通股权益资本；NCI——归属于非控制性权益的权益资本；R——各种类型资本的资本成本率；所得税税率——适用债务资本成本的税率。

用来估算加权平均资本成本率的权重应该是各种类型资本的市场价值占公司财务资本结构的市场价值总额的比例（$w_D+w_P+w_E+w_{NCI}=1.0$）。上述公式右边的第一项［$w_D\times R_D\times(1-\text{所得税税率})$］计量的是债务的加权平均税后资本成本率，第二项（$w_P\times R_P$）计量的是优先股的加权平均资本成本率，第三项（$w_E\times R_E$）计量的是普通股权益的加权平均资本成本率，第四项（$w_{NCI}\times R_{NCI}$）计量的是归属于非控制性权益的加权平均资本成本率。

为了合理地确定估算加权平均资本成本率所需要的权重，分析师首先必须确定各种类型资本（债务、优先股、普通股和非控制性权益）的市场价值。分析师只能观察到已经发行公开交易债券的公司债务的市场价值。美国公认会计原则和国际财务报告准则要求公司每年在其财务报表附注中披露尚未偿还债务的公允价值。然而，如果是私有公司，或不必遵循美国公认会计原则或国际财务报告准则，再或者只是一个分部，那么分析师可能无法获得公允价值信息。如果分析师无法观察到其市场价值，公司也没有披露其债务的公允价值，那么分析师可以：（1）在获得公司信用质量和公司债务到期日和条款等的充分数据的基础上，估算公司债务的公允价值；（2）依靠债务的账面价值估算其公允价值。债务的账面价值可能是其公允价值的一个可靠估计值，不过要满足以下三个条件：

- 最近刚发行债券。
- 债券承担变动利率。
- 债券承担固定利率，但发行债务之后，利率和公司信用质量一直保持稳定。

由于债务到期收益率与其市场价值之间呈负相关，如果利率稳定且债务市场价值大致接近账面价值，那么分析师只用债务的票面利率和账面价值就可以大致估算出债务资本成本率。

如果分析师可以获得权益证券的市场价格，那么权益证券的市场价格就可以为确定权益的市场价值提供相应的数额。然而，如果是私有公司或母公司的子公司，分析师则可能无法获得权益的市场价值。如此一来，分析师只能以权益的账面价值为起点计算资本结构的权益权重。

如果分析师预期预测期间内公司的资本结构可能发生变化，那么随着时间的推移，债务、优先股、普通股权益和非控制性权益资本的权重也可能发生变化。此外，随着经济体的通用利率、公司的风险或税收状况等方面发生变化，分析师预期的债务资本到期收益率和权益资本必要报酬率也会随之发生变化。为了反映这些变化，分析师可能需要预计预测期间内每期的加权平均资本成本率。

估算加权平均资本成本率

为了说明如何估算加权平均资本成本率，假设某公司资产负债表展示的资本结构如下（单位：美元）：

	账面价值
长期债券（年票面利率为10%，按面值发行）	20 000 000
优先股（股利率为4%，按面值发行）	5 000 000
普通股权益	25 000 000
合计	50 000 000

各种证券的市场价值分别为：债务 22 000 000 美元、优先股权益 5 000 000 美元、普通股权益 33 000 000 美元。资本市场确定的债务收益率为 8.0%（8.0%是将债务合约约定的利息支付额年金 2 000 000 美元和到期价值 20 000 000 美元折现为债券公允价值 22 000 000 美元的折现率）。该公司的所得税税率为 35%，

因此，税后债务资本成本率为 5.2% [(1−0.35)×8.0%]。值得注意的是，该税后债务资本成本率低于票面利率（10%），该债务的市场价值高于其面值。采用票面利率和账面价值可能导致债务资本成本率（0.65×10.0%=6.5%）较高，而债务的权重较小。假设优先股的股利不是税收扣除项目，由于按面值发行，因此优先股的资本成本率就是其股利率（4.0%）。权益资本的市场 β 系数为 0.9，假设无风险利率为 6.0%，市场溢价为 7.0%，则权益资本成本率为 12.3% [6.0%+(0.9×7.0%)]。加权平均资本成本率的计算过程如下（单位：美元）：

	市场价值	权重	税后资本成本率	加权平均资本成本率
长期负债	22 000 000	37%	5.2%	1.92%
优先股权益	5 000 000	8%	4.0%	0.32%
普通股权益	33 000 000	55%	12.3%	6.77%
合计	60 000 000	100%		9.01%

迭代估算加权平均资本成本率

前述讨论表明，基于估值目的估算加权平均资本成本率存在循环推理问题。分析师采用债务和权益的市场价值估算加权平均资本成本，反过来又采用加权平均资本成本率估算公司债务和权益的市场价值，这就是循环推理。因为分析师确定权重需要知道市场价值，但要确定用于估算公司价值的加权平均资本成本率又需要知道权重。在实践中，分析师可以采用两种方法处理这种循环问题。一种方法是假设公司以某些标杆（如公司过去的债务与权益比率、公司设定的财务杠杆战略或行业平均值）为基础，未来将保持一个稳定的目标债务与权益比率。另一种方法则是迭代估算加权平均资本成本率和债务与权益资本的价值，直至权重和价值都收敛。

假设分析师需要估算某家公司的加权平均资本成本率和权益的市场价值，但无法获得该公司的市场价值或公允价值数据。进一步假设该公司尚未偿还的债务账面价值 4 000 万美元。该公司最近刚刚举借了该债务，其票面利率为 8.0%，分析师假设这就是债务资本成本率的一个可靠指标。该公司的所得税税率为 35%，权益的账面价值为 6 000 万美元。同行业具有可比风险的类似公司的市场 β 系数为 1.2。采用与前述示例相同的无风险利率和市场风险溢价，权益资本成本率为 14.4% [6.0%+(1.2×7.0%)]。加权平均资本成本率的第一轮估计值计算如下（单位：美元）：

	金额	权重	税后资本成本率	加权平均资本成本率
债务	40 000 000	40%	5.2%	2.08%
普通股权益	60 000 000	60%	14.4%	8.64%
合计	100 000 000	100%		10.72%

采用加权平均资本成本率 10.72%将自由现金流量折现为现值之后，分析师确定该公司的权益价值大约为 1.20 亿美元（不再列示计算过程）。用于估算加权平均资本成本率的金额和权重与分析师估算的权益价值不同。分析师第一轮迭代估算赋予债务的权重过高，而赋予权益的权重过低，应该采用修正后的权益价值重新估算加权平均资本成本率和公司价值。采用修正后的权益价值重新估算的加权平均资本成本率如下（单位：美元）：

	金额	权重	税后资本成本率	加权平均资本成本率
债务	40 000 000	25%	5.2%	1.30%
普通股权益	120 000 000	75%	14.4%	10.80%
合计	160 000 000	100%		12.10%

接下来分析师应该采用修正后的加权平均资本成本率 12.10%重新估算权益价值，并不断重复这个估算过程，直至债务和权益的价值收敛于债务和权益的权重。

估算百事公司的加权平均资本成本率

百事公司 2012 年末的资产负债表显示，该公司的带息债务总额为 283.59 亿美元，短期负债和长期负债分别为 48.15 亿美元和 235.44 亿美元。第 10 章曾用百事公司财务报表附注 9“债务与承诺”披露的相关信息评估其带息债务的票面利率，百事公司 2012 年度尚未偿还债务的加权平均资本成本率大约为 3.65%。根据财务报表附注 10“金融工具”披露的信息，百事公司 2012 年末尚未偿还债务的公允价值为 305.00 亿美元。因此，可以看出百事公司的债务资本发生了未实现（和未确认）损失 21.41 亿美元（283.59－305.00）。这笔未实现损失有点令人意外，因为百事公司现金流量表的筹资活动部分显示，该公司 2010—2012 年度以通行市场利率举借了长期负债 154.50 亿美元。这笔未实现损失意味着百事公司以前年度举借的尚未偿还的长期固定利率债务必须承担的票面利率超过了现在的通行市场利率，而 2012 年末的通行市场利率相对较低，百事公司的绝大部分尚未偿还债务都是近期举借的债务。有鉴于此，第 10 章预期百事公司第＋1 年度及以后年度的债务资本成本率大约为 3.65%。基于加权平均的目的，我们采用百事公司的现行公允价值作为市场价值的替代变量。根据财务报表附注 5“所得税”披露的信息，百事公司 2012 年度联邦、州和外国税的综合平均税率为 25.2%。第 10 章预期百事公司第＋1 年度及以后年度的平均税率大约为 27%。因此，我们假设百事公司适用于利息费用扣除的实际税率为 27%而不是法定联邦税率 35%。根据这些预测值，百事公司税后债务资本成本率为 2.66% [3.65×(1－0.270)]。

百事公司 2012 年度资产负债表的优先股项目余额为－1.23 亿美元。第 10 章预期百事公司将在第＋1 年度注销剩余的流通在外优先股，以后年度不再额外发行优先股。因此，在估算百事公司加权平均资本成本率时，我们不再考虑优先股。

百事公司 2012 年度资产负债表还列报了归属于非控制性权益的权益资本 1.05 亿美元。第 10 章预期非控制性权益的报酬率为 10%。因此，我们采用 10%作为非控制性权益的资本成本率。

我们在本章前面部分采用资本资产定价模型确定了百事公司的权益资本成本率为 7.50%。百事公司 2012 年末流通在外的普通股数量为 15.44 亿股，每股市场价格为 68.43 美元，普通股权益的市场价值总额为 1 056.56 亿美元。

综合上述债务资本成本率和权益资本的相关信息，我们估算出来的百事公司的加权平均资本成本率为 6.420%（单位：百万美元）：

资本	估值基础	金额	权重	税后资本成本率	加权平均资本成本率
债务	公允价值	30 500	22.38%	2.66%	0.596%
普通股权益	市场价值	105 656	77.54%	7.50%	5.816%
非控制性权益	账面价值	105	0.08%	10.0%	0.008%
合计		136 261	100.00%		6.420%

这只是我们初次估算的百事公司的加权平均资本成本率。如前所述，分析师必须不断迭代估算加权平均资本成本率，直至权重与债务和权益资本的现值一致。

在本章只用我们估算出来的百事公司权益资本成本率讨论股利估值模型。我们将在第 12 章用百事公司的加权平均资本成本率讨论自由现金流量估值模型。接下来，我们将讨论股利估值法的理论基础与基本概念。

11.4 股利估值法：理论基础与基本概念

股利是评估股票价值的最基本的预期未来收益，因为股利代表着公司向股东分配的财富。权益股东投入现金，购买公司的股票，然后作为持有该公司股份的收益，以股利的形式收取现金。这里的股利包括投资者出售股票可以获得的最终清算股利。在讨论股利估值法时，我们宽泛地给股利下定义，股利包括公司与普通股股东之间的所有现金流量。因此，在估值时，股利包括公司通过定期支付股利、回购股票和清算股利等流向股东的所有现金流量，也包括公司发行股票时从股东流向公司的现金流量（从某种意义上说，这是一种负值股利）。

估值过程采用预期股利的理论基础包括两个方面：

（1）现金是交换消费的主要媒介，而消费是价值的最终来源。如果个人和公司将现金投资于某个经济资源，那么个人和公司就是为了未来的消费而放弃现在的消费。现金是一种交换媒介，使得个人和公司未来可以消费各种商品和服务。某项投资之所以有价值，是因为该项投资能够提供未来的现金流量。股利度量了投资者最终从权益投资中获得的现金。

（2）公司以现金的形式支付股利，而现金可以作为比较不同投资机会未来效益的一个可计量的通用标准。个人可能比较的投资机会包括债券、股票或房地产，比较这些投资机会需要一个计量其未来效益的通用单位。这些投资机会带来的未来现金流量可以担当这个重任。

从实践来看，公司管理层和董事会制定的股利政策所确定的季度或年度股利支付额有点武断。公司定期支付的股利通常并不随着公司各期绩效的变动而变动。有些公司，尤其是初创、高速增长公司，并不定期支付股利。就多数公司而言，最终清算股利扮演着重要的角色，通常占采用股利估值法公司的价值的较大比例。如果公司清算其资产并将所有资本返还给股东，另一家公司以兼并或收购的交易方式取得公司所有流通在外的股票，或者股东出售股票清算其投资，就会产生最终清算股利。如果分析师以股利估算公司股票价值，就必须预测公司存续期内（或预期将持有股票的时间长度）的股利，包括最终清算股利（即注销、收购或出售股票时的未来价格）。因此，为了评估现在的股票价值，分析师必须预测未来清算股利发生时的股票价值，这对分析师而言是一个挑战。

□ 股利估值法涉及的概念

我们将在这部分描述并讨论股利估值法的关键概念。我们首先讨论涉及单一项目的简单示例，而后讨论向股东支付的股利与流向公司的现金流量、名义股利与实际股利等对立性概念问题。我们将在本章的后面部分以一个复杂、现实的示例说明股利估值法并运用股利估值法评估百事公司的价值。

单一资产公司的股利估值法

下面的示例假设：

- 公司只拥有单一资产，该资产每年都可以创造税前现金流量净额 200 万美元。
- 公司适用的所得税税率为 40%。
- 公司每年偿还债务和缴纳税款后，以支付股利的方式将剩余现金流量分配给权益股东。

示例：全权益公司的普通股权益价值

本示例进一步假设：

● 权益股东以权益资本1 000万美元为公司提供融资。

● 权益资本成本率为10%。

以公司支付给普通股股东的股利现值确定股东拥有的公司价值。公司每年支付给普通股股东的股利如下（单位：美元）：

所有债务和权益资本的税前现金流量净额	2 000 000
支付债务利息	(0)
所得税（0.40×2 000 000）	(800 000)
普通股股东的股利	1 200 000

普通股股东拥有的公司权益的价值为1 200万美元（120/0.10）。由于公司每年支付给普通股股东的股利12万美元是一笔永续年金，因此，可以将公司每年支付给普通股股东的股利直接除以折现率。普通股股东的这笔投资价值1 200万美元（比其原始投资额多了200万美元，即赚了200万美元）。

示例：债务融资公司的普通股权益价值

假设基本情况与前述示例相同，但进一步假设：

● 权益股东以权益资本400万美元为公司提供部分融资。

● 公司以债务资本600万美元作为剩余融资。

● 公司资本结构的债务数额不会显著改变权益投资者所承担的公司风险。因此，权益投资者要求的报酬率还是10%。

● 按面值发行债券，债券的风险低于权益的风险。因此，债权人要求的年利率仅为6%，每年年末支付利息。

● 基于纳税申报目的，利息费用可以税前扣除。

再次根据公司支付给普通股股东的股利现值确定普通股权益投资的价值。公司每年支付给普通股股东的股利如下（单位：美元）：

所有债务和权益资本的税前现金流量净额	2 000 000
支付债务利息（0.06×6 000 000）	(360 000)
所得税［0.40×(2 000 000－360 000)］	(656 000)
普通股股东的股利	984 000

假设公司每年以永续年金的方式支付股利98.40万美元，普通股股东拥有的权益的价值为984.00万美元（98.40/0.10）。值得注意的是，在本示例中，普通股股东拥有的权益的价值超过其原始投资额的金额为584.00万美元（984.00－400.00）。普通股股东赚的钱比前面示例多出了384.00万美元（584.00－200.00）。这是因为：

● 债务资本比权益资本低（是债务融资600.00万美元的6%而不是10%），资本结构杠杆为普通股股东创造价值240.00万美元（600.00×[(0.10－0.06)/0.10]）。

● 利息费用节税净额为普通股股东创造价值144.00万美元（(80.00－65.60)/0.10，或（利息费用扣除额36.00×所得税税率0.40)/0.10)。

● 我们假设资本结构的债务数额不会改变权益投资者要求的报酬率。

示例：债务融资公司风险更大的普通股权益价值

假设公司的资本结构变为债务占60%而权益占40%，其他假设与前面示例相同。这样，权益投资者将承担更多的公司风险，因此其要求得到的报酬率为 15%（而不是原先的 10%）。基于这些假设，普通股权益投资者拥有的权益的价值变成 656.00 万美元（98.40/0.15）。值得注意的是，在本示例中，普通股股东拥有的权益的价值超过其原始投资额的金额变成 256.00 万美元（656.00－400.00）。这是因为普通股权益投资者承担的风险增大，要求得到的报酬率提高，利息费用节税净额为普通股股东创造的价值变成 96.00 万美元 [(80.00－65.60)/0.15]，资本结构杠杆为普通股股东创造的价值变成 160.00 万美元（256.00－96.00）。①

公司向股东支付的股利与流向公司的现金流量

我们在本章的开头就提到，分析师可以用公司预期支付给股东的股利或公司预期创造的自由现金流量（最终也将支付给股东）作为计量股东可以得到的与价值相关的预期收益的等效方法。采用流向公司的现金流量净额与采用公司支付给股东的股利可以得到相同的估值吗？以股利的形式支付给股东的现金流量与流向公司的自由现金流量的差异在于，公司将各个期间所创造的现金流量再投资于公司的比例（部分或是全部）。当然，如果公司将自由现金流量再投资所能够获得的报酬率等于投资者使用的折现率（即权益资本成本率），无论哪种收益（股利或自由现金流量）在同一个时点都可以得到相同的公司股票估值。为了说明这种等效性，考虑以下各种情形。

示例：股利支付率为 100%的股利政策与估值无关

某家公司在其剩余存续期内投入的权益资本每年可以创造 15%的自由现金流量。这种情形将在未来持续无限长的时间（直至 $t=n$）。根据该公司的风险水平，其权益投资者每年要求得到的报酬率为 15%。假设该公司每年都将全部自由现金流量以股利的形式支付给股东（即公司创造的自由现金流量＝各期分配给股东的现金股利），那么投资者投入的每一美元资本的未来现金流量现值等于 1 美元。换言之，在一段未来无限长的时间内：

$$1\text{ 美元} = \sum_{t=1}^{n} \frac{0.15\text{ 美元}}{1.15^t}$$

示例：股利支付率为零的股利政策与估值无关

假设公司不将任何自由现金流量以股利的形式支付给股东，其他假设与前面示例相同。公司每一美元的资本保留 0.15 美元的自由现金流量，并将这些自由现金流量再投资于各种项目，预期每年可以获得的投资报酬率为 15%。因此投资者没有得到定期股利。只有当投资者出售其股票或公司在 $t=n$ 时点清算时，投资者才能获得现金。在未来 n 期的终止日，现在投资于公司的每一美元资本可以获得的复合报酬率为 15%。这个复合报酬率等于投资者要求得到的报酬率。而且，投入的每一美元资本的未来现金流量的现值等于 1 美元，与上述股利支付率为 100%的示例完全相同。即

$$1\text{ 美元} = \frac{1.15\text{ 美元}^n}{1.15^n}$$

示例：支付部分股利的股利政策与估值无关

假设公司每期将自由现金流量的 25%以股利的形式支付给股东，将自由现金流量的 75%再投资于各

---

① 资本结构杠杆为普通股股东创造的价值降低是以下两个因素综合影响的结果。第一，公司的风险增大使得普通股权益投资者将折现率从 10%提高到 15%，从而（如果单独考察这个因素）使得公司价值减少到 800.00 万美元（120.00/0.15）。这意味着普通股权益投资者投资的 1 000 万美元损失了 200.00 万美元。第二，债务资本比权益资本便宜，资本结构杠杆为普通股股东创造价值 360.00 万美元（600.00×[(0.15－0.06)/0.15]）。扣除公司风险增大的影响之后，最终的结果是资本结构杠杆为普通股股东创造价值 160.00 万美元。

种项目，预期每年可以获得的投资报酬率为 15%。其他假设与前面示例相同。这时，投入的每一美元资本的未来现金流量的现值等于 1 美元，与上述两个示例相同。即

$$1\text{ 美元}=\sum_{t=1}^{n}\frac{0.25\times 0.15\text{ 美元}}{1.15^{t}}+\frac{0.75\times 1.15\text{ 美元}^{n}}{1.15^{n}}$$

假设公司将现金流量再投资能够获得投资者要求的报酬率，上述三个示例都说明股利政策与估值无关。①

名义股利与实际股利

一般物价水平的变化（即通货膨胀或通货紧缩）导致货币单位的购买力随着时间的推移而发生变化。估值应该采用包括通货膨胀或通货紧缩影响的名义股利还是采用剔除一般购买力变化影响的实际股利呢？② 只要采用的折现率是分别与股利指标保持一致的名义报酬率或实际报酬率，无论采用名义股利还是实际股利，某项经济资源的投资估值结果都应该相同。也就是说，如果预期股利是包括货币单位一般购买力变动影响的名义股利，那么折现率就应该是包括通货膨胀因素的名义报酬率。如果预期股利是剔除一般价格变动影响的实际股利，那么折现率就应该是剔除通货膨胀因素的实际报酬率。

示例：名义股利与实际股利

某家公司拥有一项资产，预期会在从现在开始的一年之后以 1.155 亿美元的价格出售。该公司预期这个时间内的一般物价水平将上涨 10%，实际利率为 15%。为了反映实际利率与通货膨胀的复合影响，名义折现率应该是 15.5% [(1.10×1.05)−1]。以该折现率折现名义股利或实际股利，该公司拥有的该项资产现在价值 1.00 亿美元。具体估算过程如下（单位：百万美元）：

名义股利	×	包括预期通货膨胀率的折现率	=	价值
115.5	×	1/（1.05×1.10）	=	100

实际股利	×	剔除预期通货膨胀率的折现率	=	价值
115.5/1.10	×	1/1.05	=	100

这两个示例都是通过计算支付给股东的股利现值来估算公司权益的价值。从实践来看，资本成本率和预期报酬率通常是名义资本成本率和预期名义报酬率，因此，分析师时常会发现以名义折现率折现名义股利更为直接。

11.5 一个更高深的概念：股利估值法

我们将在本节解释和讨论股利估值法必备的三个更高深的概念：

---

① Merton Miller and Franco Modigliani，"Dividend Policy，Growth and the Valuation of Shares，" *Journal of Business*（October 1961），pp. 411 - 433。Penman 和 Sougiannis 实证检验了股利对未来盈余的替代属性，并发现了支持股利政策与估值无关的证据。参见 Stephen H. Penman and Theodore Sougiannis，"The Dividend Displacement Property and the Substitution of Anticipated Earnings for Dividends in Equity Valuation，" *The Accounting Review*（January 1997），pp. 1 - 21。

② 值得注意的是，这里讨论的问题不是某家公司资产、负债、收入和费用的具体价格变化。这些具体价格变化影响公司股利、现金流量和盈余的预测值，应该纳入公司估值的范畴。问题在于部分或全部的具体价格变化，乃至具体价格变化以外的因素，是否仅仅反映了经济体的货币单位购买力的变动。不过，这应该不会影响公司的价值。

1. 估算股利
2. 确定预测期间
3. 预测和评估持续股利的价值

我们将在本节随后部分通过股利估值模型整合这三个概念并运用股利估值模型评估百事公司的价值。

□ 估算股利

显然，股利估值模型的一个重要步骤就是估算确定股票价值的股利。股利估值法通过估算从公司流向权益股东的所有现金流量净额的现值评估普通股权益的价值。因此，股利估值法的目标是估算公司分配给普通股股东的全部股利净额（包括股东持有股票而获得的所有现金流量）的现值。

全部股利净额包括根据公司的股利政策，通过定期（季度或年度）支付股利，从公司流向普通股股东的现金流量。全部股利净额也包括通过股票回购从公司流向普通股股东的现金流量。如果公司发行股票，则从股东流向公司的现金流量称为负值股利。为了估算与价值相关的全部股利净额（包括各期从公司流向普通股股东的所有现金流量），分析师应该考虑以下三个组成部分：

＋按季度或年度定期支付给普通股股东的股利
＋因回购普通股权益股票而从公司流向股东的现金流量净额
－因发行普通股权益股票而从股东流向公司的现金流量净额
＝公司分配给普通股股东的全部股利

估算全部股利净额的另一种方法取决于公司基于净盈余会计法如何核算股东权益。根据净盈余会计法，收益必须包括公司为普通股股东创造价值而发生的所有收入、费用、利得和损失。根据美国公认会计原则和国际财务报告准则，综合收益（即净利润加上其他综合收益中包括的所有未实现利得和损失）计量了净盈余收益。根据净盈余会计法，权益的账面价值将随着诸如定期支付股利、发行股票和股票回购等公司与普通股股东之间的直接资本交易结果而增加或减少。①

根据净盈余会计法的一般原则，普通股权益可以表述为：

$$BV_T = BV_{T-1} + CI_T - D_T$$

式中，BV_T——第 T 年度末权益的账面价值；CI——第 T 年度末的综合收益；D——第 T 年度内公司与普通股股东之间的直接资本交易净额（支付股利、发行股票和股票回购）。

为了区分第 T 年度内公司与股东之间发生的所有现金流量净额，重新表述上述公式：

$$D_T = CI_T + BV_{T-1} - BV_T$$

这样，股利估值法所用的股利总额应该等于每年的综合收益加上因直接资本交易而产生的普通股权益账面价值变动的调整额。

□ 估算百事公司的股利

我们以百事公司为例说明股利估值法。我们从第 10 章的百事公司预测性财务报表中获取预期股利数额。我们预期（单位：百万美元）：

● 百事公司第＋1 年度将支付的普通股权益股利数额为归属于普通股股东的净利润的 55%，总额为

① 我们还假设公司与普通股股东之间的直接资本交易是按照公允价值进行的独立交易。也就是说，公司交易自己的股票不会产生利得或损失，因为公司按公允价值发行或回购股票。

33.87 亿美元 [0.55×(61.68－0.105)]。

● 百事公司的普通股和资本公积大约为资产总额的 5.6%。到第＋1 年度末，普通股和资本公积将从 42.04 亿美元增加到 42.49 亿美元。这意味着百事公司将发行新股 0.45 亿美元（实际上就是负值股利 0.45 亿美元）。

● 百事公司第＋1 年度回购股票净额达到 31.50 亿美元（30.00＋1.50）：

√ 扣除因股票期权行权而重新发行的股票之后，百事公司回购普通股 30.00 亿美元。

√ 百事公司用回购库藏股作为平衡资产负债表的财务柔性项目，因此，通过股票回购，百事公司又返还给普通股股东 1.50 亿美元。

汇总上述各个组成部分，我们预期百事公司第＋1 年度普通股股东得到的与价值相关的股利总额为（单位：百万美元）：

定期支付的股利	3 387
发行普通股	(45)
回购库藏股净额	3 150
普通股股东的股利总额	6 491

根据净盈余会计法，上述计算过程可以调节为：第＋1 年度的综合收益预期数额为 61.58 亿美元。第＋1 年度初的普通股权益账面价值总额（扣除非控制性权益前）为 224.17 亿美元，第＋1 年度末的普通股权益账面价值总额为 220.20 亿美元。根据净盈余会计法，第＋1 年度的股利总额为（单位：百万美元）：

$$D_T = CI_T + BV_{T-1} - BV_T = 6\,158 + 22\,417 - 22\,020 = 6\,554$$

然而如前所述，由于百事公司回购和注销流通在外的优先股而发生了清算股利 0.63 亿美元，第＋1 年度的权益账面价值相应减少了 0.63 亿美元。扣除该数额（归属于优先股而不是普通股）之后，根据净盈余会计法估算的普通股股东获得的股利净额与上述计算结果相同（单位：百万美元）：

$$6\,554 - 63 = 6\,491$$

表 11－2 展示了百事公司第＋1 年度至第＋5 年度股利总额的计算过程。

表 11－2　基于股利估值法的百事公司股利总额计算过程　　单位：百万美元

	采用各个组成部分估算股利总额				
	第＋1 年度	第＋2 年度	第＋3 年度	第＋4 年度	第＋5 年度
支付给普通股股东的股利	3 387	3 507	3 629	3 835	3 885
减：发行普通股	(45)	(152)	(154)	(225)	(94)
加：回购普通股	3 150	2 624	2 792	2 852	3 217
普通股股东股利总额	6 491	5 979	6 267	6 462	7 008
	采用净盈余会计法估算股利总额				
	第＋1 年度	**第＋2 年度**	**第＋3 年度**	**第＋4 年度**	**第＋5 年度**
综合收益	6 158	6 377	6 598	6 972	7 064
减：注销优先股	(63)	(0)	(0)	(0)	(0)
归属于普通股权益的综合收益	6 095	6 377	6 598	6 972	7 064
加：期初普通股权益账面价值	22 417	22 020	22 418	22 749	23 260
减：期末普通股权益账面价值	(22 020)	(22 418)	(22 749)	(23 260)	(23 316)
普通股股东股利总额	6 491	5 979	6 267	6 462	7 008

□ 选择预测期间

分析师应该预测未来多少年的投资收益呢？正确答案是需要估值的投资项目的预期存续期。机器、建筑物或任何具有物质形态的资源或具有明确到期日的金融工具（如债券、抵押贷款或租赁）等投资项目的存续期是一个有限的年数。然而，就权益估值而言，需要估值的投资项目是预期存续期无限的公司所有权。因此，从理论上说，就权益证券估值而言，分析师必须预测未来无限期的股利。

当然，从实践来看，分析师不可能准确地预测公司未来很多年的股利。有鉴于此，分析师通常根据公司所处的行业、公司的成熟度、公司预期增长率以及公司经营活动的可预测性确定一个明确的股利预测期间（也许是 5 年或 10 年）。在这个明确的预测期间之后，分析师通常采用通用的稳定增长假设，预测未来将无限延续的股利。因此，分析师在明确的预测期间内完全可以不断地编制预测性利润表、资产负债表和现金流量表，直至公司的增长模式处于稳定的均衡状态。之后，分析师可以预期公司的股利将以一个稳定、可预测的比率永续增长。

选择预测期间涉及权衡取舍问题。分析师可以在较长的预测期间内合理可靠地预测稳定、成熟型公司的股利数额。预测稳定、成熟型公司（如第 10 章讨论过的百事公司）的股利数额能反映其相对稳定的经营活动。然而，分析师难以在较长的预测期间内可靠地预测初创、高速增长型公司如特斯拉汽车公司的股利数额。因为这类公司的经营绩效具有高度不确定性。初创、成长型公司在获得潜在的稳定盈利能力之后的遥远的未来，才能创造出巨额价值。如此一来，分析师就面临一个困境：必须以较长的预测期间预测初创、成长型公司的股利数额，但长期预测充满不确定性且难以进行。如果分析师预期成长型公司的近期股利数额为零或负值，那么对其进行股利预测与估值就更不容易。靠发行普通股为增长提供融资的快速成长型公司的股利预测与估值同样不容易，因为该公司的价值完全取决于遥远的未来年份创造的股利。

遗憾的是，分析师无法摆脱这种困境。即便是最稳定且可预测的公司，分析师也难以准确地预测其未来多年的股利数额。分析师必须承认所有公司尤其是增长型公司的股利预测与估值都存在高度不确定性和估算风险。为了缓解这种不确定性和估算风险，分析师应该遵循以下几个“小贴士”：

- 勤勉和全面地遵循财务报表分析框架的 6 个步骤。通过全面分析公司的行业与战略、会计质量、财务绩效与风险，分析师将获得更多的信息，尽量可靠地开展长期预测。
- 通过编制 5 年或 10 年的未来预测性利润表和资产负债表，获得股利预期数额，尽可能直接面对长期不确定性问题。在未来 5 年或 10 年公司进入稳定增长状态之后，分析师可以合理地预测公司的股利数额。
- 基于合理的增长区间假设，评估股利预期数额与估值的敏感性。

□ 预测和评估持续股利的价值

我们将在本部分讨论在明确的预测期间之后如何运用稳定增长率预测持续股利并估算持续股利的现值。

如果分析师可以可靠地预测到股票未来将获得一笔清算股利，可能不需要预测明确的预测期间之后的股利数额。这时，清算股利就是公司流向股东的最终现金流量。如果公司在经营存续期末清算其资产并将所得现金返还股东且注销其股票，就可能产生清算股利。同理，如果另一家公司以兼并或收购的交易方式取得公司的股票，也可能产生清算股利。当然，股东出售股票也会产生一笔清算股利。

预测持续股利

如果分析师不能可靠地预测股票是否和何时能得到清算股利，就需要预测明确的预测期间内的股利数额。如果分析师预期公司会进入稳定增长的成熟期，就可以假设该公司的股利将以一个固定比率不断增长。分析师可能预期未来持续股利的长期可持续增长率（用 g 表示）为正值、负值或零。通货膨胀的长期预期、行业的销售收入、整体经济状况和公司战略决定着公司股利的可持续增长率。分析师应该选择一个能够反映公司第＋1 年度及以后年度的现实长期预期的增长率。

遗憾的是，某些分析师在估算第 $T+1$ 年度的持续股利时所采用的快捷方法（这是有些分析师常犯的错误）是将第 T 年度的股利数额乘以“（1＋可持续增长率）”即 $(1+g)$，而不是从第 $T+1$ 年度的预测性利润表和资产负债表中取得第 $T+1$ 年度的股利数额。如果分析师希望避免这种错误，可以用股利、自由现金流量和盈余估算出内在一致且相同的公司价值。但是这么做忽略了资产负债表和利润表的所有要素都可能增长，由此导致股利、现金流量和盈余的预测假设不一致。即使分析师预期第 $T+1$ 年度的股利、现金流量和盈余将以同一个比率增长，如果第 $T+1$ 年度的股利、现金流量和盈余与其相应的长期可持续数额不一致，分析师也可能会得到不一致的估值。

示例：错误预测持续股利

假设分析师对公司第 $T-1$ 年度至第 T 年度的相关预测值为（单位：美元）：

	资产总额	=	负债总额	+	股东权益总额
第 $T-1$ 年度余额	100	=	60	+	40
净利润	+20				+20
新增借款	+6		+6		
支付的股利	−10				−10
第 T 年度余额	116	=	66	+	50

假设分析师预测公司第 $T+1$ 年度及以后年度将以一个稳定的比率（10%）增长。如果分析师简单（错误）地预测第 T 年度的股利将增长 10%，第 $T+1$ 年度的股利将只有 11 美元（第 T 年度股利 10×1.10）。接着，如果分析师预测未来盈余将以相同的稳定比率（10%）增长，第 $T+1$ 年度的盈余将为 22 美元（第 T 年度净利润 20×1.10）。尽管分析师采用了相同的增长率，但采用了不一致的假设。我们将在下面进一步讨论，如果资产、负债和股东权益都增长 10%，股利和净利润也不可能同时增长 10%，净盈余关系将不成立。这种错误将导致根据股利估算出来的公司价值小于根据盈余估算出来的公司价值。

示例：正确预测持续股利

为了正确地预测第 $T+1$ 年度的持续股利数额，分析师应该从第 $T+1$ 年度的预测性利润表和资产负债表中取得持续股利数额。有鉴于此，分析师应该用预期长期增长率（g）预测第 $T+1$ 年度利润表和资产负债表所有项目的数额。也就是说，分析师应该通过将第 T 年度每个项目的数额乘以 $(1+g)$ 预测第 $T+1$ 年度利润表和资产负债表所有项目的数额。这样，采用净盈余会计法，分析师可以得到第 $T+1$ 年度的股利数额：

$$D_{T+1}=CI_{T+1}+BV_T-BV_{T+1}$$

这样，第 $T+1$ 年度的综合收益和账面价值分别为 $CI_{T+1}=CI_T\times(1+g)$ 和 $BV_{T+1}=BV_T\times(1+g)$。

将这些项目代入上述 D_{T+1} 的公式：

$$D_{T+1}=[CI_T\times(1+g)]+BV_T-[BV_T\times(1+g)]$$

为了正确地得到第 $T+1$ 年度的股利数额，分析师必须将长期增长率假设统一用于第 $T+1$ 年度的预测性利润表和资产负债表。从长远来看，分析师可以假设公司将以一个稳定的比率增长，公司所有因素（收入、费用、收益、资产、负债、股东权益、现金流量以及股利）都将以相同的比率增长。如果利润表和资产负债表的所有项目都采用一个统一的增长率，分析师就可以使所有预测值都以内在一致的稳定比率增长，在整个持续的预测期间保持资产负债表的平衡，进而使股利、现金流量和盈余都保持以内在一致的比率增长。

回到示例中。为了正确地估算第 $T+1$ 年度的持续股利，分析师应该预期第 $T+1$ 年度的净利润、资产总额、负债总额和股东权益总额都将增长 10%，然后估算第 $T+1$ 年度的持续股利（单位：美元）：

	资产总额	=	负债总额	+	股东权益总额
第 T 年度余额	116	=	66	+	50
增长率	×1.10		×1.10		×1.10
第 $T+1$ 年度余额	127.6	=	72.6	+	55

预期净利润为 22 美元（20×1.10）。第 $T+1$ 年度的股利预期数额为 17 美元（净利润 22＋股东权益期初余额 50－股东权益期末余额 55）。值得注意的是，第 $T+1$ 年度正确预测的股利数额 17 美元远远超过前面错误预测的股利数额 11 美元。同时，第 $T+1$ 年度的股利预期数额 17 美元也远远超过第 T 年度的股利数额 10 美元。公司可以从第 $T+1$ 年度及以后年度开始支付较多的股利是因为公司的长期增长率（10%）低于前述预测性财务报表所列报的第 T 年度资产总额和股东权益总额的增长率（分别为 16% 和 25%）。因此，该公司不必再投资更多的盈余来满足其增长的资金需求，第 $T+1$ 年度及以后年度公司有能力支付更多的股利。

在预测第 $T+1$ 年度及以后年度的持续股利时，分析师假设公司将保持一个长期可持续增长率。分析师经常假设公司长期可持续增长率与整个经济的长期增长率一致，大约为 3%～5%。如果公司在第 $T+1$ 年度就已经实现高速增长，那么长期可持续增长率意味着公司资产总额和权益总额的增长率可能较低，从而可以支付更多的股利。以长期可持续增长率预测第 $T+1$ 年度的净利润、资产总额和权益总额，就可以预测公司能够支付的长期可持续股利数额。由此预测出来的第 $T+1$ 年度的持续股利数额可能远远超过公司在增长率较高的年份实际支付的股利数额。第 $T+1$ 年度的股利数额反映了公司从为满足资产总额高速增长的融资需求的高比率再投资转向为满足资产总额低速增长的融资需求的低比率再投资。

估算持续股利的价值

一旦估算出第 $T+1$ 年度的持续股利，分析师就可以采用永续年金增长估值模型估算第 $T+1$ 年度及以后年度持续股利的持续价值（有时也称为终值）。假设公司第 T 年度末的普通股权益持续价值（用 V_T 表示）等于第 $T+1$ 年度及以后年度的未来持续股利的现值，那么可用下列公式表示：

$$V_T=\sum_{t=1}^{\infty}\frac{D_{T+t}}{(1+R_E)^t}$$

如前所述，我们假设第 T 年度利润表和资产负债表各个项目的数额都以长期稳定的比率增长，从而估算出第 $T+1$ 年度的股利数额。如前所述，我们假设股东权益账面价值（BV）的会计处理遵循“加上综合收益（CI）再减去各期支付给普通股股东的股利”的一般原则（即 $BV_t=BV_{t-1}+CI_t-D_t$）。这样，第

$T+1$ 年度的综合收益和股东权益账面价值分别为 $CI_{t+1}=CI_t\times(1+g)$ 和 $BV_{T+1}=BV_T\times(1+g)$。D_{T+1} 的公式可以重新表述为：

$$D_{T+1}=CI_{T+1}+BV_T-BV_{T+1}=[CI_T\times(1+g)]+BV_T-[BV_T\times(1+g)]$$

假设 D_{T+1} 将以永续年金增长率即 g 增长，采用永续年金增长估值模型就可以估算出第 T 年度末的公司价值①：

$$V_T=\sum_{t=1}^{\infty}\frac{D_{T+t}}{(1+R_E)^t}=\frac{D_{T+t}}{(R_E-g)}=\frac{[CI_T\times(1+g)]+BV_T-[BV_T\times(1+g)]}{(R_E-g)}$$

示例：估算持续股利的价值

假设分析师预测公司第+5 年度的股利数额为 3 000 万美元，而第+5 年度的盈余和现金流量也是 3 000 万美元。为了简化起见，假设分析师预测在较长时间内公司的利润表和资产负债表各个项目的数额都将以统一比率增长，那么现金流量、盈余和股利也将以统一比率增长。但分析师不能确定公司第+6 年度及以后年度是否还能够以稳定的长期增长率继续增长。分析师认为增长率极有可能为零，但每年的增长率可能合理地介于−6%～+6%之间。因此，分析师得到第+6 年度的股利数额区间如下表所示。假设资本成本率为 15%，下表列示了公司持续价值的可能范围（单位：百万美元），即公司在持续价值期初（即第+6 年度初）的现值和现在的现值。也就是说，持续价值就是用系数“$1/1.15^5$”折现到现在的价值。

第+5（即 T）年度股利	长期增长率	第+6（即 T+1）年度股利	永续年金增长系数	持续价值的现值：第+6（即 T+1）年度初	持续价值的现值：现在
30.00	0%	30.00	1/(0.15−0.00)=6.67	200.00	99.44
30.00	+6%	31.80	1/(0.15−0.06)=11.11	353.30	175.65
30.00	−6%	28.20	1/(0.15+0.06)=4.76	134.23	66.74

分析师也可以用持续价值期第一个年度的股利倍数估算持续价值。下表列示了基于不同资本成本率和增长率以“$1/(R-g)$”计算的持续价值倍数。在资本成本率一定的情况下，该倍数随着增长率的提高而增加，在增长率一定的情况下，该倍数随着资本成本率的提高而减少。

资本成本率	持续价值倍数（即永续年金增长系数） 长期增长率 0%	2%	3%	4%	5%	6%
6%	16.67	25.00	33.33	50.00	100.00	不适用
8%	12.50	16.67	20.00	25.00	33.33	50.00
10%	10.00	12.50	14.29	16.67	20.00	25.00
12%	8.33	10.00	11.11	12.50	14.29	16.67
15%	6.67	7.69	8.33	9.09	10.00	11.11
18%	5.56	6.25	6.67	7.14	7.69	8.33
20%	5.00	5.56	5.88	6.25	6.67	7.14

如果增长率等于或大于折现率（即 $g\geqslant R$），那么采用永续年金增长估值模型估算的持续价值无效。因

① 这个公式只是不断增长的永续年金现值计算公式的代数简化版。

为此时计算公式的分母为零或负值，由此估算出来的持续价值没有意义。所以此时分析师不能采用永续年金增长估值模型。分析师必须采用终止期增长率估算预测期间之后各年度的股利数额，而后采用该折现率将各个年度的股利数额折现为现值。分析师也应该重新思考预期公司的股利增长率会超过永续年金的折现率（预期报酬率）是否符合现实。某些年度可能存在这种情形，但不可能无限持续下去。竞争、技术变革、行业的新进入者和类似的动态因素最终会降低增长率。

估算持续价值的另一种方法是采用目前在市场交易的可比公司的股利倍数。分析师可以通过研究公司的特征（如公司所处行业、规模和年限）、股利的过去增长率、盈利能力、风险和类似的因素，识别可比公司。第 14 章将更深入地讨论估值倍数问题。

由于预期长期增长率的内在不确定性和持续价值通常占估值的较大比例，分析师应该实施敏感性分析，评估公司估值对预期长期增长率变动的敏感性。例如，假设分析师正为某家初创的高增长型公司估值，可以可靠地预测未来 5 年的股利数额。在预测期间之外，尽管分析师预期该公司每年的增长率为 6%，但具有高度的不确定性，每年的长期增长率可能介于 −3%～9%之间。分析师应该实施敏感性分析，在 −3%～9%之间改变每年的长期增长率，评估公司估值对预期长期增长率变动的敏感性。

11.6　股利估值模型

本节将讨论确定公司普通股权益价值的股利估值模型。下节以百事公司为例，讨论股利估值模型的运用。

股利估值模型确定的公司普通股权益价值（用 V_0 表示）是公司在无限存续期内支付给股东所有未来股利现值的总和。股利估值模型包括所有的股利（用 D 表示）。也就是说，这里的股利包括通过定期支付股利和回购股票从公司流向股东的所有现金流量净额，扣除因公司发行股票而从股东流向公司的现金流量。我们用公司普通股权益资本成本率（用 R_E 表示）将未来股利折现为现值。股利估值模型的通用表达式为：

$$V_0=\sum_{t=1}^{\infty}\frac{D_T}{(1+R_E)^t}=\frac{D_1}{(1+R_E)^1}+\frac{D_2}{(1+R_E)^2}+\frac{D_3}{(1+R_E)^3}+\cdots$$

假设我们可以可靠地预测第 T 年度的股利数额。我们假设第 T 年度末公司普通股权益的持续价值（用 V_T 表示）等于第 $T+1$ 年度及以后年度的所有预期未来持续股利的现值（每年 D_{T+1} 的永续年金）。用公式表述为：

$$V_T=\sum_{t=1}^{\infty}\frac{D_{T+t}}{(1+R_E)^t}$$

因此，公司现在的价值可以表述为到第 T 年度为止的预测期间内定期支付股利的现值与第 $T+1$ 年度及以后年度股利持续价值的现值之和：

$$V_0=\sum_{t=1}^{\infty}\frac{D_T}{(1+R_E)^t}=\frac{D_1}{(1+R_E)^1}+\frac{D_2}{(1+R_E)^2}+\frac{D_3}{(1+R_E)^3}+\cdots+\frac{D_T}{(1+R_E)^T}+\frac{V_T}{(1+R_E)^T}$$

上述公式说明公司现在的估值（V_0）取决于未来的估值（V_T）。

如前所述，我们假设股东权益账面价值（BV）的会计处理遵循“加上综合收益（CI）再减去各期支付给普通股股东的股利”的一般原则（即 $BV_t=BV_{t-1}+CI_t-D_t$）。我们假设第 T 年度利润表和资产负债表各个项目的数额都以长期稳定的比率增长，从而估算出第 $T+1$ 年度的股利数额：

$$D_{T+1}=CI_{T+1}+BV_T-BV_{T+1}=[CI_T\times(1+g)]+BV_T-[BV_T\times(1+g)]$$

假设 D_{T+1} 将以永续年金增长率 g 增长，采用永续年金增长估值模型就可以估算出第 T 年度末的公司价值：

$$V_T=\sum_{t=1}^{\infty}\frac{D_{T+t}}{(1+R_E)^t}=\frac{D_{T+t}}{R_E-g}=\frac{[CI_T\times(1+g)]+BV_T-[BV_T\times(1+g)]}{R_E-g}$$

这样，股利估值模型估算的普通股权益的现值为：

$$\begin{aligned}V_0&=\sum_{t=1}^{\infty}\frac{D_T}{(1+R_E)^t}\\&=\frac{D_1}{(1+R_E)^1}+\frac{D_2}{(1+R_E)^2}+\frac{D_3}{(1+R_E)^3}+\cdots+\frac{D_T}{(1+R_E)^T}+\frac{V_T}{(1+R_E)^T}\\&=\frac{D_1}{(1+R_E)^1}+\frac{D_2}{(1+R_E)^2}+\frac{D_3}{(1+R_E)^3}+\cdots+\frac{D_T}{(1+R_E)^T}\\&\quad+\frac{[CI_T\times(1+g)]+BV_T-[BV_T\times(1+g)]}{(R_E-g)\times(1+R_E)^T}\end{aligned}$$

11.7 运用股利估值模型评估百事公司的价值

采用股利估值模型确定公司普通股权益价值需要估算以下三个因素：

（1）用于估算未来股利现值的折现率（在股利估值模型中，用 R_E 表示折现率）。

（2）预测期间内的预期未来股利（在股利估值模型中，用 D_t 表示 $t=1$ 至 T 期间的预期未来股利）。

（3）预测期间最后一个期间的预期股利（我们称为持续股利。在股利估值模型中，用 D_{T+1} 表示预测期间最后一个期间的预期股利）以及预测期间以后持续股利的预期长期增长率（在股利估值模型中，用 g 表示预期长期增长率）。

本章前面各节已经讨论过这三个因素。我们现在综合这三个因素估算 2012 年末百事公司的股票价值。

□ 运用股利估值模型评估百事公司

2012 年末，百事公司的股票在纽约证券交易所的每股收盘价格为 68.43 美元。然而，百事公司股票的最佳估值是多少呢？我们用本章讨论过的方法和第 10 章的预测值说明百事公司的股票估值问题。财务报表分析软件包的预测与估值电子表格可以对数据进行预测与估值。

百事公司第+1 年度至第+5 年度的股利

我们采用百事公司经风险调整的权益资本成本率作为恰当的折现率，估算百事公司 2012 年末（相当于第+1 年度初）每股普通股权益的现值。我们在本章前面部分已经采用资本资产定价模型估算出百事公司的权益资本成本率为 7.5%。表 11-2 总结了百事公司第+1 年度至第+5 年度的股利预期数额计算过程。以折现率 7.5%折现未来股利得到现值 259.772 亿美元。表 11-3 的前半部分列示了这些计算过程。

表 11-3　百事公司估值：第+1 年度至第+5 年度及以后年度的普通股权益股利现值　单位：百万美元

	第+1 年度至第+5 年度的股利估值				
	第+1 年度	第+2 年度	第+3 年度	第+4 年度	第+5 年度
普通股权益股利总额（来自表 11-2）	6 491	5 979	6 267	6 462	7 008
现值系数（R_E=7.50%）	0.930	0.865	0.805	0.749	0.697
股利现值	6 038.5	5 173.9	5 044.5	4 828.8	4 881.5
第+1 年度至第+5 年度股利现值合计	25 977.2				

第+6 年度及以后年度股利的持续价值

第+6 年度的股利预期数额：

$$D_6=[CI_5\times(1+g)]+BV_5-[BV_5\times(1+g)]$$
$$=(7\ 064\times1.03)+23\ 316-(23\ 316\times1.03)$$
$$=7\ 276.1+23\ 316-24\ 015.5$$
$$=6\ 576.6$$

$$\text{持续价值}_0=D_6\times[1/(R_E-g)]$$
$$=6\ 576.6\times[1/(0.075-0.030)]$$
$$=6\ 576.6\times22.222$$
$$=146\ 147.6$$

$$\text{持续价值}_0\text{的现值}=146\ 147.6\times[1/(1+R_E)^5]$$
$$=146\ 147.6\times[1/(1+0.075)^5]$$
$$=146\ 147.6\times0.697$$
$$=101\ 800.3$$

百事公司股利价值总额

第+1 年度至第+5 年度的股利现值		25 977.2
持续价值的现值	+	101 800.3
普通股权益的现值	=	127 777.5
年中折现调整（乘以"1+(R_E/2)"）	×	1.037 5
普通股权益的现值总额	=	132 569.1
除以流通在外普通股数量（百万股）	÷	1 544.0
百事公司每股普通股权益价值	=	85.86

百事公司第+5 年度以后的持续股利

为了计算百事公司第+6 年度及以后年度股利的现值，我们预测持续股利将以 3%的永续年金增长率持续增长。该增长率与整个经济的长期平均增长率保持一致。我们预测第+6 年度的股利为（单位：百万美元）：

$$D_6=[CI_5\times(1+g)]+BV_5-[BV_5\times(1+g)]$$
$$=[7\ 064\times1.03]+23\ 316-[23\ 316\times1.03]$$
$$=7\ 276.1+23\ 316-24\ 015.5$$
$$=6\ 576.6$$

我们采用永续年金增长模型，以百事公司的权益资本成本率 7.5%作为折现率将永续价值期的股利折现为第+6 年度初（持续价值期的期初）的现值（单位：百万美元）：

$$\text{持续价值}_0=D_6\times[1/(R_E-g)]$$
$$=6\ 576.6\times[1/(0.075-0.030)]$$
$$=6\ 576.6\times22.222$$
$$=146\ 147.6$$

接着，我们将第+6 年度初的持续价值折现为现值（单位：百万美元）：

$$\begin{aligned}\text{持续价值}_0\text{的现值} &= 146\,147.6\times[1/(1+R_E)^5]\\ &= 146\,147.6\times[1/(1+0.075)^5]\\ &= 146\,147.6\times 0.697\\ &= 101\,800.3\end{aligned}$$

百事公司股利总额

百事公司普通股股东的股利现值总额是上述两部分现值的总和（单位：百万美元）：

第+1 年度至第+5 年度股利的现值	25 977.2
持续价值的现值	101 800.3
普通股权益的现值	127 777.5

年度中间点折现

如前所述，现值计算过程按完整期间的数额折现。这样，估值的计算过程按一个整年折现第+1 年度的股利，按两个整年折现第+2 年度的股利，依此类推。当然，如果所折现的股利发生于各年年末，那么这是合适的折现方式。然而，股利经常发生于整个期间的不同时点，此时按整个年度折现的现值计算过程就可能出现过度折现。为了避免过度折现，分析师可以计算每年中间点现值折现系数，并假设股利平均发生于每个年度的中间点，进而实际折现这些股利。假设分析师采用的折现率为10%（$R=0.10$）。分析师采用折现系数 0.953 5 $[1/(1+R)^{0.5}=1/1.10^{0.5}]$ 折现发生于第+1 年度中间点的第+1 年度股利，采用折现系数 0.866 8 $[1/(1+R)^{1.5}=1/1.10^{1.5}]$ 折现发生于第+2 年度中间点的第+2 年度股利，依此类推。

分析师可以用一种快捷的方法解决年度中间点折现问题：加回半年的折现，将现值总额调整为年度中间点现值的近似值。为了调整年度中间点现值，将折现后的股利现值总额乘以折现系数“$1+R/2$”。例如，如果$R=0.10$，年度中间点折现调整系数就是1.05（1+0.10/2）。财务报表分析软件包的估值电子表格计算过程就采用了这种快捷调整方法。[①]

百事公司股利现值计算过程的年度中间点折现结果如下（单位：百万美元）：

普通股权益的现值	127 777.5
年度中间点折现调整系数（1+0.075/2）	×1.037 5
普通股权益的现值总额	132 569.1

估算每股普通股权益价值

将普通股权益的现值总额 1 325.691 亿美元除以流通在外普通股数量 15.44 亿股，就可以得到百事公司每股普通股权益价值为 85.86 美元。这里估算出来的每股普通股权益价值比 2012 年末百事公司股票的每股市场价格 68.43 美元大约高出 25%（不过非常接近 2013 年度中期百事公司股票的交易价格区间）。在

① 本章讨论的估值模型估算的是公司在预测期间第一年第一天的现值。例如，会计期间与日历年度相匹配的公司第+1 年度的 1 月 1 日。不过，分析师可能估算公司该年度每日的价值。假设分析师要估算公司 6 月 17 日的价值，并将估值与该日的市场价格做比较。确定公司 1 月 1 日价值的现值计算过程可能忽略了该年度从 1 月 1 日至 6 月 17 日之间的累计价值。为了改善计算过程，分析师可以将 V_0 乘以反映相应天数（本示例为 168 天）的累计价值的未来价值系数，将 1 月 1 日的现值调整为 6 月 17 日的现值。例如，如果估值日是 6 月 17 日，$R=0.10$，分析师可以将 V_0 乘以 1.044 8 $[(1+R)^{(168/365)}=(1+0.10)^{(168/365)}]$，以更新 1 月 1 日的估值。

第 12 章运用自由现金流量估值模型和在第 13 章运用盈余估值模型我们将得到相同的百事公司估值。表 11-4 列示了财务报表分析软件包显示的股利估值模型模板。

表 11-4　财务报表分析软件包的百事公司估值：运用股利估值模型估算第＋1 年度至第＋5 年度及以后年度普通股权益的股利现值

单位：百万美元

财务报表分析软件包输出结果：估值模型
分析师名字：瓦伦、巴金斯基和布拉德肖
公司名称：百事公司

	1	2	3	4	5	持续价值
股利估值法	第＋1 年度	第＋2 年度	第＋3 年度	第＋4 年度	第＋5 年度	第＋6 年度
支付给普通股股东的股利	3 387	507	3 629	3 835	3 885	
减：发行普通股	−45	−152	−154	−225	−94	
加：回购普通股	3 150	2 624	2 792	2 852	3 217	
普通股权益股利	6 491	5 979	6 267	6 462	7 008	6 577
现值系数	0.930	0.865	0.805	0.749	0.697	
股利净额的现值	6 038.5	5 173.9	5 044.5	4 838.8	4 881.5	
股利净额的现值总和	25 977.2					
持续价值的现值	101 800.3					
合计	127 777.5					
年度中间点折现调整系数	1.037 5					
股利的现值总额	132 569.1					
流通在外股票数量	1 544.0					
每股估值（美元）	**85.86**					
现行每股市场价格（美元）	68.43					
差异百分比	25%					

11.8　敏感性分析与投资决策

即使像百事这样的成熟公司，分析师也不应该对采用公司剩余存续期内的预测数据估算公司价值的精确度抱有太大的信心。尽管我们小心翼翼地做出预测与估值，但预测与估值过程本身就存在高度不确定性和预测差错。因此，分析师不应该过分依赖公司股票的任何一个估值，而应该描述股票价值的一个合理范围。

多数估值模型涉及的两个主要预测与估值参数是长期增长率假设和权益资本成本率假设。分析师应该通过敏感性分析检验这两个主要参数、其他关键估值参数以及预测假设对股票估值的影响。敏感性分析应该允许分析师单独和同时改变估值参数，以进一步理解股票价值、增长率与折现率假设之间的相关性。

根据百事公司的基本假设，其股票价值大约为每股 85.86 美元。百事公司的估值假设长期增长率为 3.0%，权益资本成本率为 7.5%。分析师可以在合理范围内改变这两个参数（或估值模型涉及的其他关键参数）来评估百事公司股票估值的敏感性。表 11-5 列示了长期增长率在 0%～10%之间和权益资本成本率在 5%～20%之间变动的敏感性分析结果。表 11-5 的数据（来自财务报表分析软件包）表明，如果增长率保持不变，随着折现率的提高，百事公司股票估值会下降。同理，如果折现率保持不变，随着增长率的降低，百事公司股票估值也会下降。值得注意的是，如果预设的增长率等于或超过预设的折现率，敏感性分析会省略相应的估值，因为此时的持续价值计算过程没有意义。

表 11-5　百事公司估值：估值与增长率和权益资本成本率的敏感性分析

股利估值敏感性分析									
		长期增长率假设							
	85.86	**0%**	**2%**	**3%**	**4%**	**5%**	**6%**	**8%**	**10%**
折现率：	5%	91.96	135.32	189.52	352.10				
	6%	76.74	102.04	127.33	177.92	329.69			
	7%	65.88	82.07	96.23	119.84	167.05	308.67		
	7.50%	61.54	74.81	**85.86**	103.23	134.50	207.46		
	8%	57.74	68.75	77.56	90.77	112.79	156.83		
	9%	51.42	59.24	65.11	73.32	85.64	106.18	270.44	
	10%	46.37	52.11	56.21	61.68	69.33	80.82	138.23	
	11%	42.23	46.56	49.53	53.35	58.44	65.58	94.10	236.75
	12%	38.80	42.12	44.33	47.10	50.65	55.40	72.00	121.80
	13%	35.89	38.48	40.17	42.23	44.80	48.11	58.70	83.42
	14%	33.40	35.45	36.76	38.33	40.24	42.63	49.82	64.18
	15%	31.25	32.89	33.92	35.13	36.59	38.36	43.45	52.60
	18%	26.23	27.12	27.65	28.26	28.96	29.78	31.91	35.10
	20%	23.74	24.34	24.70	25.10	25.56	26.08	27.38	29.20

首先假设经济下行，此时敏感性分析应该考虑百事公司股票估值对长期增长率和折现率不利变动的敏感程度。例如，如果折现率保持7.5%不变，长期增长率从3.0%调减到2.0%，那么百事公司的每股估值将下降到74.81美元，依然高于每股现行市场价格（68.83美元）。同理，如果长期增长率保持3.0%不变，折现率从7.5%调高到8.0%，那么百事公司的每股估值为77.56美元，还是高于每股现行市场价格。然而，如果进一步将折现率提高到9.0%，那么百事公司的每股估值为65.11美元，略低于每股现行市场价格。如果分析师同时修改两个假设参数，将长期增长率调低到2.0%，而将折现率调高到8.0%，那么百事公司的每股估值会下降到68.75美元，接近每股现行市场价格（68.43美元）。

其次假设经济上行，如果长期增长率保持3.0%不变，将折现率降到7.0%，那么百事公司的每股估值为96.23美元。如果保持折现率7.5%不变，将长期增长率从3.0%提高到4.0%，那么百事公司的每股估值会猛升到103.23美元。如果分析师进一步降低折现率或提高长期增长率，百事公司的每股估值将大大提高。例如，如果分析师将长期增长率提高到4.0%，而将折现率下调到7.0%，那么百事公司的每股估值将接近120美元。

这些数据说明百事公司的估值对长期增长率和折现率的基本假设（分别为3.0%和7.5%）的微小变动较为敏感。根据长期增长率和折现率的基本假设，百事公司的每股估值大约为86美元。估值参数的不利变动使百事公司的每股估值下降到65美元或者更低，而估值参数的有利变动使百事公司的每股估值超过100美元。

如果分析师的预测与估值假设合乎现实，那么百事公司2012年末的每股估值为85.86美元。此时，百事公司股票的每股市场价格为68.43美元，说明百事公司股票价格被低估了大约25%。基于分析师的预测假设，受增长率和折现率假设的微小影响，百事公司的每股估值可能在最低点每股65美元至最高点每股120美元之间变动。考虑到百事公司的每股市场价格为68.43美元，百事公司2012年末的每股估值支持买入建议。因为估值的敏感性分析表明百事公司股票价值的下降空间有限，但上升空间较大。

本章小结

本章讨论了经风险调整的预期权益资本酬率和分析师应用于估值模型的加权平均资本成本率。分析师在估值时采用折现率计算未来股利、现金流量或盈余的现值。本章还讨论了股利估值模型，并运用股利估值模型估算百事公司 2012 年末的价值。

股利估值法的主要优点包括：

- 股利估值法关注股利。经济学家认为股利为股票估值提供了经典方法。股利反映了股东可以消费的收益。
- 预期股利数额来源于收入、费用、资产、负债和股东权益的预期数额。因此，股利反映了分析师对公司未来经营决策、投资决策和筹资决策的预期。

股利估值法的主要缺点包括：

- 持续价值（终止价值）通常决定价值总额。如果公司没有定期支付股利或回购股票，持续价值可能就是公司价值总额。为了估算公司的现值，分析师必须预测公司的未来价值。持续价值的估值对预测期间以后的增长率和折现率假设较为敏感。
- 预测股利可能很耗费时间。如果分析师同时关注许多公司，需要定期识别被资本市场低估和高估的公司，那么预测股利的成本较高。

与第 10 章编制预测性财务报表一样，估值的合理性取决于预测假设与估值参数的可靠性。分析师应该评估估值对不同增长率、折现率参数和其他关键价值动因的敏感性。为了验证股利估值法的有效性，分析师还应该采用其他估值法（如第 12 章、第 13 章、第 14 章将分别讨论的现金流量估值法、盈余估值法和市场估值法）估算公司价值。

综合案例

星巴克公司

运用股利估值法评估星巴克公司普通股权益价值

第 10 章的综合案例呈现了星巴克公司第＋1 年度至第＋5 年度的预测性财务报表。本章的星巴克综合案例将运用本章讨论过的方法估算星巴克公司的权益报酬率，并运用股利估值模型估算星巴克公司的股票价值。为了提供投资建议，本案例对星巴克公司的股票估值与本案例开发时星巴克公司的股票价格进行了比较。

假设星巴克公司 2012 年末的市场 β 系数为 0.75，无风险利率是 3.0％，市场风险溢价是 6.0％。星巴克公司 2012 年末流通在外的股票数量为 7.493 亿股，每股市场价格是 50.15 美元。

要求：

a. 采用资本资产定价模型估算星巴克公司的权益资本报酬率。

b. 估算星巴克公司第＋1 年度初的加权平均资本成本率。星巴克公司第＋1 年度初的资产负债表列报了 5.50 亿美元尚未偿还带息债务，星巴克公司没有发行优先股。假设星巴克公司债务的账面价值大约等于其市场价值。星巴克公司第＋1 年度初将发生债务资本的利息费用，利率为 6.25％。星巴克公司的平均税率为 33.0％。

c. 以预期股利数额减去每年发行普通股净额的口径，从星巴克公司第＋1 年度至第＋5 年度的预测性财务报表中提取预期股利数额。然后以综合收益和普通股权益的预期数额为基础，采用净盈余会计法估算星巴克公司第＋1年度至第＋5年度的预期股利数额。两种方法估算出来的预期股利数额应该相同。

d. 采用净盈余会计法预测第＋6年度的持续股利。假设第＋6年度及以后年度稳定的长期增长率为3%。

e. 以上述a问题估算出来的普通股权益资本报酬率作为折现率，估算星巴克公司第＋2年度至第＋5年度的股利现值总额。

f. 以上述a问题估算出来的普通股权益资本报酬率作为折现率。假设长期增长率为3.0%，以星巴克公司第＋6年度及以后年度的持续股利为基础，估算星巴克公司第＋6年度初的持续价值。估算出持续价值之后，将该持续价值折现为第＋1年度初的现值。

g. 估算下列情形下的星巴克公司普通股价值：

(1) 估算股利现值总额，包括持续价值的现值。

(2) 采用年度中间点折现调整系数调整现值总额。

(3) 估算每股估值。

h. 运用前述预测假设，基于以下两种情景，重新估算星巴克公司的股票价值。为了定量评估星巴克公司股票估值对长期增长率和折现率变动的敏感性，将两种情形下的估值与上述g问题的估值做个比较（以百分比的形式）。

- 第一种情形：假设星巴克公司的长期增长率为2%（而不是3%）。假设星巴克公司权益资本的必要报酬率比上述a问题采用资本资产定价模型估算出来的权益报酬率高一个百分点。
- 第二种情形：假设星巴克公司的长期增长率为4%（而不是3%）。假设星巴克公司权益资本的必要报酬率比上述a问题采用资本资产定价模型估算出来的权益报酬率低一个百分点。

i. 预期星巴克公司普通股的合理价值范围是多少？相对于该合理价值范围，星巴克公司股票的现行价格是多少？有何建议？

第 12 章

现金流量估值法

学习目标

1. 描述现金流量估值模型及其理论与实践的优缺点。
2. 估算归属于所有债权人和权益股东的自由现金流量以及归属于普通股股东的自由现金流量，并解释各种估算方法的恰当性。
3. 采用下列方式估算公司价值：
   a. 以权益资本必要报酬率折现以求得归属于普通股股东的未来自由现金流量现值。
   b. 以加权平均资本成本率折现以求得归属于所有债权人和权益股东的未来自由现金流量现值。
4. 运用自由现金流量估值法估算百事公司的股票价值，理解如何运用自由现金流量估值法。
5. 评估公司估值对关键估值参数（如折现率和预期长期增长率）的敏感性。

本章依赖第10章编制的百事公司预测性财务报表以及第11章引入和运用的各种估值概念和方法，讨论现金流量估值法及其在百事公司的运用。如果读者不熟悉第10章讨论的预测方法和第11章引入的估值概念与方法，我们强烈建议读者先仔细阅读第10章和第11章，因为本章将运用这两章中解释与讨论过的许多概念。

如前所述，经济学理论认为投资项目的价值等于该投资项目创造的预期未来收益以某个利率折现的现值。该利率反映了货币时间价值和投资项目创造的预期未来收益的内在风险。估算预期持有 n 期的某个证券现值（以 V_0 表示 $t=0$ 时的价值）的通用模型为①：

$$V_0=\sum_{t=1}^{n}\frac{\text{第 } t \text{ 期的预期未来收益}}{(1+\text{折现率})^t}$$

第11章讨论的股利估值法、本章将要讨论的现金流量估值法以及第13章和第14章将要讨论的盈余估值法的目的都是希望能够可靠地估算出公司权益股票的价值。根据这些估值方法计算出来的估值为做出明智的投资决策奠定了基础。即使在相对有效的证券市场中，证券的价格也未必总是等于证券的价值。价格可观察，但价值不能观察，只能靠估算。因此，估算某个证券的价值是财务报表分析的基本目标。财务报表分析与估值可以帮助投资者、分析师、投资组合经理、投资银行和公司管理层可靠地确定普通股价值。比较普通股的价值与价格，可以为判断资本市场是否低估、高估或公允评估公司的普通股提供可靠的依据。

财务报表分析与估值能否得到可靠的股票估值完全取决于分析师是否仔细、完整地运用构成本书篇章结构的财务报表分析框架六个步骤（参见第1章的图1-2）中的每个步骤。根据财务报表分析框架的前三个步骤，分析师应该首先理解行业的经济特征，评估特定公司的战略，仔细评估公司会计质量，并做出必要的调整。根据财务报表分析框架的第四个步骤，分析师应该评估公司的盈利能力和风险。所有这些分析步骤都应该为分析师实施第五个步骤即编制预测性财务报表提供有用的信息。借助这些预测性财务报表，分析师可以形成对未来盈余、现金流量和股利的预期。盈余、现金流量和股利是估值模型的基本收益指标。第六个步骤，即最后一个步骤，是分析师运用估值模型评估公司价值。预期未来收益（估值模型的分子）取决于预期未来盈余、现金流量或股利。评估合适的经风险调整的折现率（估值模型的分母）则需要无偏地评估预期未来收益的内在风险。因此，可靠的公司估值取决于分析师对未来收益的无偏预期和合适的经风险调整的折现率。而所有这一切都取决于财务报表分析框架的六个步骤。

① 与第11章一样，在本章中 t 指会计期间。估值时点决定公司价值。用 V_0 表示 $t=0$ 时的公司价值。$t=1$ 指开始折现的第一个会计期间。$t=n$ 指预期最终收益或清算收益的会计期间。

正如第 11 章中所述，如果分析师从公司具有内在一致性的预测性财务报表中提取未来盈余、现金流量和股利的预期数额，并正确地采用相同的折现率通过各种估值模型估算未来盈余、现金流量和股利的现值，那么盈余估值模型、现金流量估值模型和股利估值模型都可以得到相同的公司估值。基于特定的预测假设和估值参数，我们在第 11 章运用股利估值法评估百事公司的价值。根据分析师的估值，百事公司股票的每股价值应该在 85.86 美元左右。我们在第 11 章从理论上讨论股利估值法与现金流量估值法的等效性。本章将以百事公司为例，从实践上讨论股利估值法与现金流量估值法的等效性。我们将在第 13 章描述盈余估值法及其运用，并从理论与实践两个方面讨论股利估值法与现金流量估值法的等效性。①

分析师应该理解股利估值法、现金流量估值法和盈余估值法的异同点，并清楚这些估值方法的理论与实践等效性。我们的实验充分表明，运用各种不同估值方法比只依赖某种估值方法能更深刻地理解公司的价值。此外，根据我们的实验，如果分析师能够彻底地理解这三种估值方法，更好地武装自己，就能够与顾客、管理层、同事和下属一起合作，有效地实施财务报表分析与估值。

所有讨论估值的各章（第 11～14 章）都强调估值的目标未必就是单一的估值。相反，估值的目标是在主要预测假设与估值参数的相关范围内确定一个估值的分布区间。通过评估公司估值对相关预测假设和估值参数分布的敏感性，我们力图确定股票价值的最可能范围。然后，我们通过比较股票估值范围与股票现行价格，做出明智的投资决策。

12.1　现金流量估值法的理论基础

正如第 11 章所述，普通股权益的价值是预期未来股利的现值。股利是分析师可以用于股票估值的基本预期未来收益。股利代表着公司分配给股东的财富。股东购买股票，投入现金，因持有股票得到的收益即股利是以现金形式收到的。当然，股利也包括股东出售股票得到的最终清算股利。在股利估值法中，我们较为宽泛地界定了股利。根据该广义的股利定义，股利包括通过定期支付股利、回购股票和清算股利而从公司流向普通股股东的所有现金流量，以及因公司发行股票而从股东流向公司的现金流量（负值股利）。

分析师应该将现金流量估值法与股利估值法视为一枚硬币的两面：分析师可以基于用于支付股利的流入公司的现金流量评估公司的价值，也可以基于公司向普通股股东支付股利而流出公司的现金流量评估公司的价值。我们已经在第 11 章用上述基本概念和方法评估了公司预期未来股利的价值，并将在第 12 章用相同的基本概念和方法评估公司现金流量的价值。表 12 - 1 列示了这些基本概念。与股利估值法关注公司通过支付股利分配财富不同，现金流量估值法关注公司创造的现金流量，而这些现金流量又保证了公司支付股利的能力。在某个特定期间内，流向公司的现金流量数额可能与公司支付的股利数额存在差异。股利估值法与现金流量估值法之所以等效，是因为在存续期间内流入公司的现金流量总额与流出公司的现金流量总额相等。

现金流量估值法估算和评估公司可以自由分配给股东的现金流量。也就是说，自由现金流量是在公司满足经营性资产必要的再投资或债权人、优先股股东或其他权益所有者的必要支付额之后，可以分配给股

① 这些估值方法的互补性研究成果可以参见：Stephen Penman and Theodore Sougiannis，“A Comparison of Dividend，Cash Flow，and Earnings Approaches to Equity Valuation，” *Contemporary Accounting Research 15*，No. 3（Fall 1998），pp. 343 - 383；Jennifer Francis，Per Olsson，and Dennis Oswald，“Comparing the Accuracy and Explainability of Dividend ，Free Cash Flow，and Abnormal Earnings Equity Value Estimates，” *Journal of Accounting Research 38*，no. 1（Spring 2000），pp. 45 - 70。

表 12-1　基本估值概念

对读者的重要提示：下列关键概念运用于本书讨论的所有估值模型，由于在第 11 章（11.3 节至 11.6 节）解释和讨论了这些概念，因此本章不再赘述。如果读者尚未阅读第 11 章或希望全面了解这些主题，我们强烈建议读者仔细地阅读第 11 章。 ● 风险、预期报酬率和加权平均资本成本率 ● 流向投资者的现金流量与流向公司的现金流量 ● 名义现金流量与实际现金流量 ● 预测期间 ● 估算持续价值

东的现金流量。作为投资者预期未来收益的与价值相关的指标，自由现金流量可以替代股利，成为本章开头提及的通用估值模型的分子。如果股利估值法与现金流量估值法采用的假设一致，那么两种估值方法可以得到相同的估值。

现金流量估值法的主要优点包括：

● 现金是交换的媒体，因此，现金是价值的基本来源。如果个人和公司将现金投资于某项经济资源，那么个人和公司就是为了未来的消费而推迟现在的消费。某项资源之所以有价值，是因为该项资源能够提供未来的现金流量，使得投资者未来可以消费各种商品和服务。现金流量估值法以公司创造的可以分配给投资者的预期现金流量为基础估算公司的价值。

● 现金是比较不同投资机会未来效益的一个可计量的通用标准。个人可能选择的各种投资机会涉及债券、股票或房地产，但比较这些投资机会需要一个计量其未来效益的通用单位。未来现金流量就可以担此重任。

● 自由现金流量的预期数额来自收入、费用、资产、负债和股东权益的预期数额，而收入、费用、资产、负债和股东权益的预期数额又取决于公司未来的经营决策、投资决策和筹资决策。

● 与关注普通股股东的股利不同，现金流量估值法直接关注公司可以分配给资本提供者的现金流入量净额。这种现金流量视角特别适合做收购决策时使用。

● 在实践中，现金流量估值法得到了广泛应用。

现金流量估值法的主要缺点包括：

● 预测自由现金流量可能很耗费时间。如果分析师关注许多公司，需要定期识别被资本市场低估和高估的公司，那么预测自由现金流量的成本较高。

● 持续价值（终止价值）通常决定价值总额。持续价值对预测期间以后的增长率和折现率假设较为敏感。

● 分析师必须非常小心谨慎，关注自由现金流量估算过程所涉及的增长率和股利支付率等长期假设的内在一致性。否则可能会导致不必要的估算差错，进而造成现金流量估值法得到的估值与股利估值法和盈余估值法得到的估值不一致的情况。

12.2　估算自由现金流量

我们将在本节首先呈现一个估算自由现金流量的概念框架。然后从归属于所有债权人和权益股东的自由现金流量与归属于普通股股东的自由现金流量这两个不同视角描述估算自由现金流量的具体操作步骤以及各种估算方法的恰当性。

□ 自由现金流量的概念框架

自由现金流量的概念框架源自众所周知的资产负债表会计等式：

资产总额 = 负债总额 + 股东权益总额

第 5 章曾将普通股权益报酬率分解为经营因素和财务杠杆因素，现采用相同的方法，将所有资产和负债分为经营性与金融两类：

经营性资产总额 + 金融资产总额 = 经营性负债总额 + 金融负债总额 + 股东权益总额

经营性资产和经营性负债与公司的日常经营活动相联系。多数公司的经营性资产包括基于保持经营流动性目的而持有的现金和短期投资性证券，应收账款，存货，财产、厂房与设备，无形资产（如特许经营权、专利、商标和商誉）和对附属公司的投资。经营性负债通常包括应付账款、应计费用、应计税款、递延税款、养老金负债和其他退休福利负债。

金融负债包括作为公司财务资本结构组成部分的带息负债。金融负债可能产生筹资成本，包括短期应付票据，长期负债当期到期部分，以抵押贷款、债券、票据和资本租赁形式出现的长期负债。如果根据流通在外优先股的特征（如有限存续期、强制赎回和保证发放股利）判断其经济性质类似于债务，那么金融负债中应该包括优先股。

公司有时可能会为偿还债务、支付股利和回购普通股提供流动性而持有金融资产，如多余现金和长短期投资性证券。区分公司服务于财务资本结构的金融资产与服务于经营流动性的现金及有价证券需要分析师的职业判断。如果公司打算用金融资产偿还债务或金融资产数额超过公司经营流动性的资金需求，分析师就会将金融资产视为公司财务资本结构的组成部分，可以用于偿还债务、支付股利或回购普通股股票。如果公司为偿还债务而持有现金或投资性证券，或根据贷款合约而持有一定数额的限制性现金，或根据债券合约条款而创建用于偿还债券的偿债基金，那么就可能存在金融资产。如果金融资产用于满足公司在不同季节或不同经营周期经营活动的流动性管理需求，那么分析师通常不会将这部分金融资产（如现金及现金等价物、有价证券）视为公司财务资本结构的组成部分。如果金融资产包括作为公司长期战略组成部分的投资性证券（如公司对与其经营活动相关的附属公司的投资、对潜在的收购目标公司的投资），分析时通常也不会将这部分金融资产视为公司财务资本结构的组成部分。[①] 分析师应该将基于经营流动性或战略性投资目的而持有的资本视为经营性资产而不是金融资产。

一旦分析师将资产负债表按经营性因素与金融因素分开，就可以重新表述资产负债表会计等式，将经营性项目放在一边，将金融项目和股东权益放在另一边：

经营性资产总额 − 经营性负债总额 = 金融负债总额 − 金融资产总额 + 股东权益总额

上述会计等式等价于：

经营性资产净额 = 金融负债净额 + 股东权益总额

上述会计等式中，经营性资产净额＝经营性资产总额－经营性负债总额，金融负债净额＝金融负债总额－金融资产总额。多数公司的经营性资产总额可能超过经营性负债总额，而金融负债总额可能

---

① 第 4 章讨论的资产报酬率计算过程假设所有资产都是经营性资产，经营利润等于剔除金融负债的税后成本之后的净利润，因此第 4 章讨论的资产报酬率计算公式的分子（即净利润）没有剔除金融资产的利息收入，其分母（资产平均余额）也没有剔除金融资产。多数制造业公司、零售公司和服务公司只持小额金融资产，忽略金融资产的调整问题通常不会导致资产报酬率计算结果的较大偏差。当然，如果公司资本结构的金融资产数额较大，为了更精确地计算该公司的资产报酬率，需要调整资产报酬率计算公式的分子，剔除利息收入，同时调整资产报酬率计算公式的分母，剔除作为财务资本结构组成部分且与经营活动没有直接关系的金融资产（现金、有价证券和投资性证券）。

超过金融资产总额（由于公司用借款取得的资金购置经营性资产，因此金融负债总额通常会超过金融资产总额）。

重新表述后的资产负债表为界定公司自由现金流量的概念提供了有用的依据。如果我们用与经营活动、筹资活动和股东权益相关的预期未来现金流量净额的现值替代上述会计等式的各个项目，可以将资产负债表表述为：

$$\begin{matrix}\text{预期未来经营活动} \\ \text{现金流量净额的现值}\end{matrix} = \begin{matrix}\text{预期未来债务融资} \\ \text{现金流量净额的现值}\end{matrix} + \begin{matrix}\text{预期未来股东权益} \\ \text{现金流量净额的现值}\end{matrix}$$

这个表达式说明，公司预期经营活动现金流量净额的现值决定公司债务和权益的价值总额。因此，分析师通过评估经营活动现金流量净额（可以自由满足债权人和权益股东求索权的现金流量净额）的价值，就可以得到公司的债务和权益资本的价值。我们将这个自由现金流量指标称为归属于所有债权人和权益股东的自由现金流量，因为该指标反映了归属于公司债权人和权益相关者的现金流量。

我们可以进一步重新表述资产负债表会计等式：

经营性资产净额－金融负债净额＝股东权益总额

采用前面的现金流量现值，我们可以将该会计等式表述为：

$$\begin{matrix}\text{预期未来经营活动} \\ \text{现金流量净额的现值}\end{matrix} - \begin{matrix}\text{预期未来债务融资} \\ \text{现金流量净额的现值}\end{matrix} = \begin{matrix}\text{预期未来股东权益} \\ \text{现金流量净额的现值}\end{matrix}$$

借助这个等式，我们可以对归属于公司权益股东的自由现金流量进行专门界定。公司经营活动自由现金流量的现值，减去满足债权人求索权所需现金流量的现值，就得到普通股股东的自由现金流量。这个指标反映了公司满足债权人求索权之后归属于权益股东的自由现金流量净额。

□ 估算自由现金流量

我们将在下面各部分描述分析师应该如何从上述两个视角（即归属于所有债权人和权益相关者的自由现金流量与归属于普通股股东的自由现金流量）估算自由现金流量以及何时应用各种估算自由现金流量方法。在实践中，不同的分析师选择不同起点（如现金流量表、净利润、息税折旧摊销前利润和经税收调整的经营利润净额）估算自由现金流量。为了完整起见，我们将讨论分析师如何以各种起点估算自由现金流量。

估算自由现金流量：以现金流量表为起点

根据美国公认会计原则和国际财务报告准则，公司列报的现金流量表将现金变动净额分为经营活动、投资活动和筹资活动三个组成部分。这三个组成部分与我们估算自由现金流量所需要的经营性因素与金融因素的分类不完全匹配。因此，为了估算满足估值需求的自由现金流量，分析师需要对现金流量表的某些部分重新分类。表12-2描述了自由现金流量的估算过程。

由于需要调整的事项最少，来自预测性现金流量表的经营活动现金流量是估算两种自由现金流量指标的最直接起点。回顾第3章，现金流量表以净利润为起点，加回非现金费用或损失（如折旧与摊销费用），减去非现金收益或利得（如通过权益法核算的利润），再调整应收账款、存货、应付账款和应计费用的变动额，从而估算经营活动现金流量。

归属于所有债权人和权益资本股东的自由现金流量

归属于所有债权人和权益资本股东的自由现金流量是可以用于向债权人支付利息和本金、赎回优先股或向优先股股东支付股利、偿还或支付非控制性权益股利、向普通股股东支付股利和回购普通股股东股票的现金流量。如表 12－2 的左半部分所示，为了估算自由现金流量，分析师以预测性现金流量表的经营活动现金流量为起点。为了估算不考虑公司财务资本结构影响的现金流量，分析师必须加回金融负债的利息费用，扣除利息费用的节税数额。如果分析师认为公司持有某些或所有金融资产（如多余的现金持有额或有价证券）是用来偿还债务和支付股利的，而且它们是公司财务资本结构的组成部分（而不是公司管理经营流动性的组成部分），就应该减去这些金融资产的利息收入，同时扣除这些利息收入所支付的所得税。为了调整利息费用和利息收入的税收影响，可以将利息费用和利息收入乘以“（1－公司边际税率）”。①

表 12－2　估算自由现金流量

归属于所有债权人和权益股东的自由现金流量：	归属于普通股股东的自由现金流量：
经营活动：	**经营活动：**
经营活动现金流量 以预测性现金流量表的经营活动现金流量为起点	**经营活动现金流量** 以预测性现金流量表的经营活动现金流量为起点
＋/－税后利息净额 加回税后利息费用净额。如果分析师认为金融资产是财务资本结构的组成部分（而不是公司经营活动的组成部分），那么还要减去税后利息收入净额	
＋/－满足流动性所需现金变动额 减去或加上满足经营流动性所需的现金增加额或减少额	**＋/－满足流动性所需现金变动额** 减去或加上满足经营流动性所需的现金增加额或减少额
＝归属于债权人和权益股东的经营活动自由现金流量	**＝归属于普通股股东的经营活动自由现金流量**
投资活动：	**投资活动：**
＋/－资本支出净额 减去资本支出的现金流出量，加上出售构成公司经营活动生产能力的资产（包括财产、厂房与设备以及附属公司和无形资产）的现金流入量	**＋/－资本支出净额** 减去资本支出的现金流出量，加上出售构成公司经营活动生产能力的资产（包括财产、厂房与设备以及附属公司和无形资产）的现金流入量
＝归属于债权人和权益股东的自由现金流量	
	筹资活动：
	＋/－债务现金流量 加上新增借款的现金流入量或减去偿还长短期带息负债的现金流出量
	＋/－金融资产现金流量 如果分析师认为金融资产是公司财务资本结构的组成部分（而不是公司经营活动的组成部分），那么还要减去持有现金和长短期投资性证券的现金流出量（或加上这些项目的现金流入量）
	＋/－优先股现金流量 加上新发行优先股的现金流入量或减去赎回优先股或支付优先股股利的现金流出量
	＋/－非控制性权益现金流量 加上非控制性权益新增投资的现金流入量或减去赎回非控制性权益或支付股利的现金流出量
	＝归属于普通股股东的自由现金流量

① 从技术上说，分析师的调整额应该采用已经支付的利息数额和已经收到的利息数额而不是利息费用和利息收入的应计数额。从实践来看，可以合理地假设利息费用的预期数额等于已经支付的利息数额，利息收入的预期数额等于已经收到的利息数额。

分析时还应该加回或减去公司满足经营流动性所需的现金余额的变动额。公司为满足经营流动性需求而必须持有的现金不能分配给债权人或权益股东，因此不是自由现金流量的组成部分。如果公司提高现金管理效率，减少满足经营流动性所需的现金数额，那么就有更多的自由现金流量可以分配给债权人或权益股东。如果公司拓展经营活动范围，进入新市场或国家，满足经营流动性所需的现金数额增加，可供债权人和权益股东分配的自由现金流量就相应减少。① 从程序上来说，分析师应该预计各期营运资本需要的现金数额，加回或减去现金余额的变动额，进而确定归属于债权人和权益股东的经营活动自由现金流量。

接下来，分析师会调整与构成公司生产能力的长期资产资本支出相关的现金流量（如财产、厂房与设备，附属公司，无形资产，其他投资活动）。分析师应该减去资本支出和投资的现金流出量，加上出售这些资产的现金流入量。分析师可以从预测性现金流量表的投资活动部分提取相关数据。

如前所述，分析师必须自行判断公司金融资产（如现金及现金等价物、长短期投资性证券）的数额是满足公司流动性和经营能力所需的数额，还是作为公司财务资本结构的组成部分可以分配给债权人或权益相关者的数额。例如，如果分析师预期公司将通过每期在证券账户存入部分现金流量的方式保有金融资产，而这些现金最终将用于偿还债务、支付股利或回购股票，那么分析师就应该将这些现金流量视为债务和权益资本的自由现金流量。根据债券合约条款，公司必须以现金或可变现证券的形式建立可以偿还到期债券的偿债基金。这时，分析师在估算归属于债务和权益资本的自由现金流量时，应该包括公司投入偿债基金的现金数额。

这种调整需要分析师自行做出判断，因为公司有时可能会保有多余的现金、有价证券或投资性证券，但这些资产实际上可能无法自由分配给资本相关者。例如，为了满足特定季节的流动性需求，从事季节性经营业务的公司的现金或证券账户的余额较大。而有些公司投资性证券账户的余额较大，这些投资性证券账户记录了公司对关键附属公司的投资额。基于这些情境，分析师不应该将这些现金流量视为可以自由分配给资本相关者的自由现金流量，而应该将其视为公司为了满足流动性和生产能力需求的必要投资。

总之，上述计算过程可以估算出可用于偿还债务，向优先股、普通股和非控制性权益股东支付股利以及回购股票的自由现金流量。我们随后将讨论以公司加权平均资本成本率折现债务和权益相关者的现金流量来估算公司债务和权益求索权现值的方法。

归属于普通股股东的自由现金流量

归属于普通股股东的自由现金流量是指公司在偿还所有债权人的债务以及向优先股和非控制性权益股东支付股利之后，专属于普通股股东的现金流量。如表 12－2 的右边所示，为了估算归属于普通股股东的自由现金流量，分析师需要再次以预测性现金流量表的经营活动现金流量为起点。如前所述，分析师应该扣除满足经营流动性所需的现金余额增加额，因为这些现金不能自由分配给权益股东（或加上满足经营流动性所需的现金余额减少额，因为满足经营流动性所需的现金余额减少额意味着公司有更多的现金可以自由分配给权益股东）。②

如前所述，分析师应该调整作为公司生产能力组成部分的长期资产资本支出的现金流量。分析师应该扣除购置与公司长期生产能力相关的长期资产的现金流出量，加上出售与公司长期生产能力相关的长期资

---

① 例如，假设分析师正在评估一家零售连锁店的价值。为了满足零售交易的现金需求，该零售连锁店的每个商店都必须保有相当于 7 天销售额的支票和现金。如果该零售连锁店新开一家商店，还需要持有额外的现金（因为新开商店需要新增存货）。如果公司打算维持经营活动，这些额外的现金需求数额将不归属于债务和权益资本提供者。

② 值得注意的是，与估算归属于所有债权人和权益股东的自由现金流量不同，在估算归属于普通股股东的自由现金流量时，不需要调整税后利息费用和利息收入。归属于普通股股东的自由现金流量指标已经反映了公司支付带息债务资本利息的现金流量净额。因为现金流量表以净利润为起点估算经营活动现金流量，而净利润已经反映了税后利息费用。

产的现金流入量。

分析师还应该加上新借长短期负债的现金流入量，减去偿还长短期负债的现金流出量，估算与债务求索权相关的现金流量。如果分析师认为公司将在现金或投资性证券账户中保留超过当时流动性需求的金融资产资本，那么这些现金流量反映了筹资活动。因此，分析师必须：(1) 减去公司购买这些证券的现金流出量（因为这些现金显然不是支付给权益股东的）；(2) 加上公司出售这些证券的现金流入量（因为这些现金流入量可以分配给权益股东）。例如，如果公司建立了可以偿还到期债券的偿债基金，投入偿债基金的现金并不归属于普通股股东。分析师还应该加上新发行优先股的现金流入量，减去赎回优先股和支付优先股股利的现金流出量。[①] 最后，分析师还应该加上非控制性权益新增资本投资的现金流入量，减去赎回非控制性权益或支付股利的现金流出量。上述计算过程可以估算出用于支付股利、回购股票或再投资的归属于普通股股东的自由现金流量。我们随后将以权益资本成本率折现普通股股东的现金流量来估算公司普通股权益价值。

估算自由现金流量：另一个起点

在实践中，不同分析师会选择不同起点估算自由现金流量。前述估算自由现金流量的方法以预测性现金流量表的经营现金流量为起点。因为经营活动现金流量是最直接的起点，需要调整的事项最少。分析师更普遍采用的起点包括预期净利润、预期息税折旧摊销前利润或经税收调整的经营利润净额。这些起点都比经营活动现金流量起点复杂，也更容易出错。表 12－3 列示了分析师估算归属于所有债权人和权益股东的自由现金流量时选择不同起点需要做出调整的步骤。表 12－4 列示了分析师估算归属于普通股股东的自由现金流量时选择不同起点需要做出调整的步骤。

表 12－3　以不同起点估算归属于所有债权人和权益股东的自由现金流量

起点：		
净利润：	**息税折旧摊销前利润：**	**经税收调整的经营利润净额[a]：**
经营活动：	**经营活动：**	**经营活动：**
净利润	息税折旧摊销前利润	经税收调整的经营利润净额
＋加回所有非现金费用	＋加回除折旧与摊销费用之外的所有非现金费用	＋加回所有非现金费用
－减去所有非现金收益项目	－减去所有非现金收益项目	－减去所有非现金收益项目
＋/－营运资本现金流量	＋/－营运资本现金流量	＋/－营运资本现金流量
＋/－税后利息净额	－减去公司已支付的税款，扣除利息费用的节税数额	
＋/－满足流动性所需现金变动额	＋/－满足流动性所需现金变动额	＋/－满足流动性所需现金变动额
＝归属于所有债权人和权益股东的经营活动自由现金流量	**＝归属于所有债权人和权益股东的经营活动自由现金流量**	**＝归属于所有债权人和权益股东的经营活动自由现金流量**
投资活动：	**投资活动：**	**投资活动：**
＋/－资本支出净额	＋/－资本支出净额	＋/－资本支出净额
＝归属于所有债权人和权益股东的自由现金流量	**＝归属于所有债权人和权益股东的自由现金流量**	**＝归属于所有债权人和权益股东的自由现金流量**

a. 经税收调整的经营利润净额是调整税后利息费用净额后的净利润。

① 公司的估值中包括现金流量表筹资活动部分列示的债务和优先股融资的变动额似乎不合适。经济学理论认为资本结构（即债务与权益比率）不应该影响公司价值。不过，债务和优先股的变动额影响归属于普通股股东的现金流量。因此，分析师在估算归属于普通股股东的自由现金流量时，应该包括与债务和优先股融资相关的现金流量，但为了反映资本结构的债务和优先股融资数额，需要调整权益资本成本率。

表 12-4　以不同起点估算归属于普通股股东的自由现金流量

起点：		
净利润：	**息税折旧摊销前利润：**	**经税收调整的经营利润净额[a]：**
经营活动：	**经营活动：**	**经营活动：**
净利润	息税折旧摊销前利润	经税收调整的经营利润净额
＋加回所有非现金费用	＋加回除折旧与摊销费用之外的所有非现金费用	＋加回所有非现金费用
－减去所有非现金收益项目	－减去所有非现金收益项目	－减去所有非现金收益项目
＋/－营运资本现金流量	＋/－营运资本现金流量	＋/－营运资本现金流量
	－减去利息费用净额	－减去税后利息费用净额
	－减去各种税款	
＋/－满足流动性所需现金变动额	＋/－满足流动性所需现金变动额	＋/－满足流动性所需现金变动额
＝归属于权益的经营活动自由现金流量	**＝归属于权益的经营活动自由现金流量**	**＝归属于权益的经营活动自由现金流量**
投资活动：	**投资活动：**	**投资活动：**
＋/－资本支出净额	＋/－资本支出净额	＋/－资本支出净额
筹资活动：	**筹资活动：**	**筹资活动：**
＋/－债务现金流量	**＋/－债务现金流量**	**＋/－债务现金流量**
＋/－金融资产现金流量	＋/－金融资产现金流量	＋/－金融资产现金流量
＋/－优先股现金流量	＋/－优先股现金流量	＋/－优先股现金流量
＋/－非控制性权益现金流量	＋/－非控制性权益现金流量	＋/－非控制性权益现金流量
＝归属于所有普通股股东的自由现金流量	**＝归属于所有普通股股东的自由现金流量**	**＝归属于所有普通股股东的自由现金流量**

a. 经税收调整的经营利润净额是调整税后利息费用净额后的净利润。

如果分析师以净利润为起点估算归属于所有债权人和权益股东的自由现金流量，那么如表 12-3 所示，分析师必须加回所有非现金费用（如折旧与摊销费用），减去所有非现金收益项目（如来自权益法的应计利润），调整营运资本项目（如应收账款、存货和应付账款）的变动额。通过这些调整能回到前述的经营活动现金流量这个起点。分析师接着需要调整税后利息净额、满足流动性所需现金变动额和资本支出，完成剩余步骤。

有些分析师以息税折旧摊销前利润为起点，估算归属于所有债权人和权益股东的自由现金流量。息税折旧摊销前利润已经加回折旧与摊销费用、利息费用（但通常不是利息收入）等非现金费用项目和所有所得税准备，因此以息税折旧摊销前利润为起点时，分析师必须进一步加回其他非现金费用（折旧与摊销费用除外），调整非现金收益项目和营运资本项目变动额。此外，由于息税折旧摊销前利润已经加回了所有所得税准备，分析师必须减去公司已经支付的税款，扣除利息费用的节税数额。通过这些调整能回到前述的经营活动现金流量这个起点。分析师接着需要调整满足经营流动性所需现金变动额和资本支出，完成剩余步骤。

最后，还有些分析师以经税收调整的经营利润净额为起点估算归属于所有债权人和权益股东的自由现金流量。经税收调整的经营利润净额是加回利息费用净额（调整了节税数额）的净利润。以经税收调整的经营利润净额为起点，分析师应该加回所有非现金费用（如折旧与摊销费用），减去所有非现金收益项目（如来自权益法的应计利润），调整营运资本项目的现金流量。分析师接着需要调整满足流动性所需现金变动额和资本支出，完成剩余步骤。

在实践中，有些分析师以净利润、息税折旧摊销前利润和经税收调整的经营利润净额为起点，估算归属于权益股东的自由现金流量。表 12-4 列示了分析师估算归属于普通股股东的自由现金流量时选择不同起点需要做出调整的步骤。值得注意的是，不是所有的额外调整都与表 12-3 所列示的调整相似。另外，以息税折旧摊销前利润或经税收调整的经营利润净额为起点估算归属于权益股东的自由现金流量的实践效果不尽如人意。因为以息税折旧摊销前利润或经税收调整的经营利润净额为起点，需要扣除税后利息费用。

当然，估算自由现金流量的起点没有终点那么重要。只要在估算自由现金流量时做出表 12－2 至表 12－4 列示的所有必要调整，分析师可以选择以现金流量表经营活动现金流量为起点，也可以选择以净利润、息税折旧摊销前利润或经税收调整的经营利润净额为起点。

应该采用哪一个自由现金流量指标?

应该采用哪一个合适的自由现金流量指标（归属于所有债权人和权益股东的自由现金流量还是归属于普通股股东的自由现金流量）取决于分析师的目标。

- 如果分析师的目标是评估经营性资产净额或公司的债务与权益资本总额的价值，就应该采用归属于所有债权人和权益股东的自由现金流量，并以加权平均资本成本率作为折现率。
- 如果分析师的目标是评估公司普通股权益的价值，就应该采用归属于普通股股东的自由现金流量，并以权益资本成本率作为折现率。

这两种估值的差异在于债务融资、优先股和非控制性权益的总额。为了调节这两种估值，分析师通常以税后债务资本成本率折现所有未来偿还债务的现金流量（包括偿还的本金）来评估债务融资工具的价值，以优先股权益资本成本率折现所有优先股股利来评估优先股资本的价值，以附属公司相应的权益资本成本率折现所有非控制性权益股利来评估非控制性权益的价值。公司的债务与权益资本总额的现值减去债务融资、优先股和非控制性权益的现值，就得到普通股权益的现值。采用何种估值方法取决于估值环境。

示例 1：评估资产收购。某家公司希望收购另一家公司的经营性资产净额。收购公司将用一个与自己公司相匹配的融资结构替代目标公司的融资结构。需要评估的目标公司经营性资产净额的相关自由现金流量等于这些资产创造的经营活动现金流量减去经营性资产的预期资本支出或归属于所有债权人和权益资本的自由现金流量。收购公司将以其预期未来加权平均资本成本率折现这些预期的归属于所有债权人和权益资本的自由现金流量。因为目标公司将采用与收购公司相似的融资结构。

示例 2：评估权益股票。某个投资者希望评估其持有的某家公司 1 000 股普通股的价值。相关的现金流量是归属于普通股股东的自由现金流量。这些自由现金流量计量了运用公司资产创造的现金流量减去偿还债务所需的现金数额。因此，归属于普通股股东的自由现金流量应该等于公司经营性资产创造的现金数额加上普通股权益价值的财务杠杆效益，减去偿还债务所需的现金流量数额。投资者应该以权益资本必要报酬率折现这些预期自由现金流量。

示例 3：评估杠杆式收购。某家公司的管理层打算以杠杆式收购的方式收购目标公司。管理层通过投资自己的权益（通常为总额的 20%～25%）并向各种债权人借入剩余资金，购入要约收购目标公司流通在外的股票。交易期间，要约收购的股票充当贷款的抵押品（通常称为过桥贷款）。管理层取得公司的投票控制权之后，就会以公司名义借入足够的债务，偿还过桥贷款。由于采用财务杠杆实施收购，公司资本结构的债务水平可能会显著提高。

确定收购取得的普通股价值需要遵循权益投资的常规程序（参见上述示例 2）。该价值应该等于按普通股权益资本成本率折现的普通股权益自由现金流量的现值。权益的估值应该反映新的资本结构以及与债务成本相关的增加额。随着资本结构的债务水平提高，权益资本成本率也可能提高，作为公司资产剩余求索权的所有者，普通股股东承担了更多的风险。因此，估值必须以预期新的权益资本成本率为基础。

作为可以得到相同普通股权益价值的替代方法，分析师可以将杠杆式收购视为一种资产的收购（类似于上述示例 1）。也就是说，以债务和权益资本的预期未来加权平均资本成本率估算归属于所有债权人和权益股东的自由现金流量的现值。加权平均资本成本率的权重反映了被收购公司新的杠杆化资本结构。该估值就是经营性资产净额的现值。经营性资产净额的现值扣除实施杠杆式收购举借债务的现值①，就得到普通股权益的现值。

12.3 现金流量估值模型

迄今为止，本章已经讨论了现金流量估值法的所有要素。为了整合这些要素，我们接着讨论自由现金流量估值模型。各个估值模型用于估算公司价值的所有变量包括预期未来自由现金流量、未来折现率和未来增长率。

□ 归属于普通股股东的自由现金流量的估值模型

下面的公式以权益资本必要报酬率（R_E）折现归属于普通股股东的自由现金流量现值，来估算 $t=0$ 这个时点的公司普通股价值（用 V_0 表示）：

$$V_0=\sum_{t=1}^{\infty}[\text{第 } t \text{ 期的权益自由现金流量}/(1+R_E)^t]$$

这种估值法将公司普通股权益价值表述为公司在满足营运资本、资本支出、债务融资的本金与利息、优先股股利和非控制性权益股利等所有其他现金需求之后为普通股股东创造的自由现金流量现值的函数。考虑到普通股股东是公司剩余风险的承担者，这种估值法以归属于普通股股东的剩余自由现金流量来估算普通股权益的价值。因此，以一个反映公司普通股权益资本的经风险调整的必要报酬率作为折现率，将这些收益折现为现值是一种合适的做法。

下面的公式也可以估算 $t=0$ 这个时点的普通股权益现值，但该公式估算的是截至第 T 年度的预测期间归属于普通股股东的预期未来自由现金流量的现值加上第 $T+1$ 年度及以后年度的持续自由现金流量的持续价值现值。② 我们以公司从第 $T+1$ 年度开始将按增长率 g 无限增长且持续到以后年度的预测假设为基础估算持续价值。我们从第 $T+1$ 年度的预测性利润表和资产负债表中提取第 $T+1$ 年度的普通股股东的自由现金流量数据。分析师曾经预测第 T 年度利润表和资产负债表所有项目的数额都以第 $T+1$ 年度初的增长率 g 增长。该公式为：

$$\begin{aligned}V_0=&\sum_{t=1}^{T}[\text{第 } t \text{ 期的权益自由现金流量}/(1+R_E)^t]\\&+\text{第 } T+1 \text{ 期的权益自由现金流量}\times[1/(R_E-g)]\times[1/(1+R_E)^T]\end{aligned}$$

这些公式都表述了公司普通股权益的价值。财务报表分析软件包的估值电子表格提供了运用归属于普通股股东的自由现金流量现值估算普通股价值（V_0）的模板，也提供了计算持续价值的模板。

□ 归属于所有债权人和权益股东的自由现金流量的估值模型

下面的公式通过估算 $t=0$ 这个时点归属于所有债权人和权益股东的自由现金流量现值（简称全部自由现金流量）来确定公司经营性资产净额的现值（用 $VNOA_0$ 表示）：

---

① 只要加权平均资本成本率恰当地反映各种融资安排的资本成本率，完成杠杆式收购之后目标公司是否存在尚未偿还的债务或公司是否再举债偿还现存债务都无关紧要。

② 值得注意的是，从本质上来说，该估值模型与第11章所描述的股利估值模型相同。两种估值模型的唯一差别在于需要估值的收益是股利还是权益股东的自由现金流量。

$$VNOA_0=\sum_{t=1}^{\infty}[\text{第 } t \text{ 期的全部自由现金流量}/(1+R_A)^t]$$

这个公式与前面的模型存在三个重要差别。第一，这种估值方法不估算普通股权益的价值，而是估算公司经营性资产净额的价值或所有债务、优先股、非控制性权益和普通股权益对公司净资产求索权的价值。第二，这种估值模型包括归属于所有债权人和权益股东的预期未来自由现金流量。而前面的公式特别关注归属于普通股股东的预期未来自由现金流量。第三，这个公式以预期未来加权平均资本成本率（R_A）作为折现率将自由现金流量折现为现值（预期未来加权平均资本成本率应该反映公司经营性资产净额的加权平均必要报酬率）。而前面的公式以权益必要报酬率（R_E）作为折现率。

这种估值法将公司财务求索权（债务、优先股、非控制性权益和普通股权益）的价值表述为公司经营性资产净额将创造且最终分配给债权人、优先股股东、非控制性权益投资者和普通股股东的自由现金流量现值的函数。因此，根据这种估值法，与价值相关的收益指标是公司经营活动创造且将用于满足所有财务求索权的超额现金。考虑到这些自由现金流量将分配给债权人、优先股股东、非控制性权益投资者和普通股股东，因此，以一个反映这些不同资本求索权的加权平均资本成本率作为折现率，将这些收益折现为现值是一种合适的做法。

下面的公式总结了相同的计算过程，但该公式使用截至第 T 年度（T 可能是未来 5 年或 10 年）的预测期间归属于所有债权人和权益股东的自由现金流量的现值加上持续价值的现值。我们以公司从第 $T+1$ 年度开始将按增长率 g 无限增长且持续到以后年度的预测假设为基础，估算持续价值。我们从第 $T+1$ 年度的预测性利润表和资产负债表中提取第 $T+1$ 年度归属于所有债权人和权益股东的自由现金流量数据。分析师曾经预测第 T 年度利润表和资产负债表所有项目的数额都以第 $T+1$ 年度初的增长率 g 增长。该公式为：

$$V_0=\sum_{t=1}^{T}[\text{第 } t \text{ 期的全部自由现金流量}/(1+R_A)^t]$$
$$+\text{第 } T+1 \text{ 期的全部自由现金流量}\times[1/(R_A-g)]\times[1/(1+R_A)^T]$$

这些公式都估算了公司经营性资产净额的价值。公司经营性资产净额的价值等于债务、优先股、非控制性权益和普通股权益资本的价值总和。为了分离出普通股权益资本的价值，分析师必须从债务、优先股、非控制性权益和普通股权益资本的价值总和中扣除所有带息债务、优先股和非控制性权益的现值。估算权益价值（用 V_0 表示）的公式为：

$$V_0=\text{公司经营性资产净额的现值}-\text{债务现值}-\text{优先股现值}-\text{非控制性权益现值}$$

财务报表分析软件包的估值电子表格提供了运用归属于所有债权人和权益股东的自由现金流量现值来估算公司经营性资产净额的现值（$VNOA_0$）和权益价值（V_0）的模板，也提供了计算持续价值的模板。

理论上说，采用这种估值法估算出来的普通股权益价值应该与采用现金流量估值法、第 11 章讨论过的股利估值法以及第 13 章将讨论的盈余估值法估算出来的普通股权益价值相同。然而，从实践来看，根据归属于所有债权人和权益股东的自由现金流量估算出来的权益价值有时难以与采用其他估值法估算出来的权益价值相匹配。主要原因是这种估值法的循环程度不断增加。这些不同的估值方法认为，用于计算加权平均资本成本率的债务、优先股、非控制性权益和普通股权益资本的权重必须与债务、优先股、非控制性权益和普通股权益资本的估值一致。由于估值取决于加权平均资本成本率，而加权平均资本成本率又取决于估值，如此一来，循环程度不断增加。因此，要取得内在一致的各种资本估值和内在一致的加权平均资本成本率，需要不断迭代，直至权重和估值都一致。

12.4 百事公司的自由现金流量估值

2012 年末，百事公司的股票在纽约证券交易所的每股收盘价格为 68.43 美元。因此我们知道了当时可以买入或卖出百事公司股票的价格。现金流量估值法可以估算出百事公司的股票价值。我们将在本节讨论如何运用本章描述的现金流量估值法和第10章预测的数据评估百事公司的股票价值。我们将用财务报表分析软件包的预测与估值电子表格进行预测与估值。

如前所述，分析师既可以采用权益资本成本率作为折现率直接估算归属于普通股股东的自由现金流量现值，也可以采用加权平均资本成本率作为折现率估算归属于所有债权人和权益股东的自由现金流量现值，然后减去债务求索权的现值，进而间接估算归属于普通股股东的自由现金流量现值。我们将在本节采用这两种方式评估百事公司2012年末（或第+1年度初）的股票价值。

实施上述估值方法需要遵循四个步骤：

（1）估算百事公司恰当的折现率。

（2）从第10章所述的百事公司预测性财务报表中提取自由现金流量数据，并对预测期间之后持续期的自由现金流量增长率做出假设。

（3）将自由现金流量（包括持续价值）折现为现值。

（4）做出必要调整，将现值计算过程转化为百事公司的股票估值。

一旦得到百事公司股票的基本估值，分析师就可以实施敏感性分析，确定百事公司股票价值的合理区间。最后将百事公司股票价值的合理区间与其市场价格做比较，并根据分析的结果提出合理的投资决策建议。如前所述，我们在第11章已经采用股利估值法估算出百事公司的股票价值为每股85.86美元。由于各种估值模型等效，所以我们应该在本章得到相同的估值。

□ 百事公司的折现率

为了折现归属于普通股股东的自由现金流量，我们需要估算百事公司权益资本的必要报酬率。而为了折现归属于所有债权人和权益股东的自由现金流量，我们需要估算百事公司加权平均资本成本率。我们在第11章讨论了百事公司权益资本的必要报酬率和加权平均资本成本率的估算过程，下面对这些估算过程进行简要回顾。

估算百事公司权益资本的必要报酬率

根据各种信息来源，百事公司2012年末普通股的市场β系数介于0.50～1.00之间，百事公司过去一定期间内的市场β系数大约为0.75。有鉴于此，我们假设百事公司2012年末普通股的市场β系数为0.75。当时，美国10年期国库券的收益率大约为3.0%，我们以该收益率（3.0%）作为无风险利率。假设市场风险溢价为6.0%，根据资本资产定价模型，百事公司普通股权益资本成本率为7.5%［3.0%+(0.75×6.0%)］。2012年末，百事公司流通在外股票数量为15.44亿股，每股市场价格为68.43美元，普通股权益的市场价值总额为1 056.56亿美元。

估算百事公司加权平均资本成本率

下面简要讨论如何估算百事公司的债务和资本结构其他要素的资本成本率，进而讨论如何估算百事公司加权平均资本成本率。

债务资本。根据百事公司2012年末的资产负债表，其短期带息负债为48.15亿美元，长期负债为235.44亿美元，总共为283.59亿美元。根据财务报表附注10“金融工具”披露的信息，百事公司2012年末尚未偿还债务的公允价值为305.00亿美元，债务资本的未实现（和未确认）损失为21.41亿美元(283.59−305.00)。基于加权平均的目的，我们采用百事公司的现行公允价值作为市场价值的替代变量。回顾第10章，我们采用百事公司财务报表附注9“债务与承诺”披露的信息评估百事公司带息债务的设定利率。我们确定百事公司 2012 年度尚未偿还债务的加权平均利率大约为 3.65%。考虑到百事公司的许多尚未偿还债务都是 2012 年度刚刚举借的债务，其通行到期收益率预期暂时处于较低水平，我们在第 10 章预期百事公司第+1 年度及以后年度的债务资本成本率继续为 3.65%。根据财务报表附注 5“所得税”披露的信息，百事公司 2012 年度的联邦、州和外国税的平均综合所得税税率大约为 25.2%。我们在第 10 章预期百事公司第+1 年度及以后年度的联邦、州和外国税的平均综合所得税税率为 27.0%。因此，我们预期百事公司的税后债务资本成本率为 2.66% [3.65×(1−0.27)]。

优先股与非控制性权益。根据百事公司 2012 年末的资产负债表，其优先股余额为−1.23 亿美元。我们在第 10 章预期百事公司将在第+1 年度注销剩余的流通在外优先股且未来年份不再发行优先股。因此，我们认为加权平均资本成本率的估算过程不必考虑优先股问题。根据百事公司 2012 年末的资产负债表，还有归属于非控制性权益的权益资本 1.05 亿美元。我们在第 10 章预期非控制性权益的报酬率为 10%，因此，我们以该报酬率（10%）作为非控制性权益的资本成本率。

百事公司的加权平均资本成本率。综合上述的债务资本成本率和权益资本成本率，我们估算百事公司的加权平均资本成本率为 6.42%，具体估算过程如下（单位：百万美元）：

资本类型	价值基础	金额	权重	税后资本成本率	加权平均资本成本率
债务	公允价值	30 500	22.38%	2.66%	0.596%
普通股权益	市场价值	105 656	77.54%	7.50%	5.816%
非控制性权益	账面价值	105	0.08%	10.00%	0.008%
合计		136 261	100.00%		6.420%

值得注意的是，这是百事公司加权平均资本成本率的第一轮估计值。如前所述，加权平均资本成本率必须不断迭代估算，直至估算加权平均资本成本率所用的权重与债务和权益资本现值的权重一致。

□ 估算百事公司的自由现金流量

我们将在这部分首先描述百事公司归属于所有债权人和权益股东的自由现金流量的估算过程，再描述百事公司归属于普通股股东的自由现金流量的估算过程。如前所述，表 12-2 至表 12-4 以现金流量表为起点，呈现了估算自由现金流量的步骤。第 10 章讨论了预测性利润表和资产负债表各个项目的具体假设，推断了相关现金流量对 5 年预测期的影响，进而描述了百事公司预测性现金流量表的具体编制过程。我们借助百事公司预测性现金流量表（见表 10-4）估算自由现金流量，在表 12-5 中列示归属于所有债权人和权益股东的自由现金流量预测值及其现值估算过程，在表 12-6 中列示归属于普通股股东的自由现金流量预测值及其现值估算过程。

表 12-5　百事公司第+1 年度至第+6 年度归属于所有债权人和权益股东的自由现金流量预测值

单位：百万美元

归属于所有债权人和权益股东的自由现金流量	第+1 年度	第+2 年度	第+3 年度	第+4 年度	第+5 年度	第+6 年度
经营活动现金流量净额	9 104.3	9 850.3	10 344.0	11 221.7	11 113.7	8 764.4
加回：税后利息费用	765.7	793.4	829.4	872.8	911.3	938.6
减去：税后利息收入	(0.0)	(0.0)	(0.0)	(0.0)	(0.0)	(0.0)
经营活动所需现金的减少（增加）额	1 065.3	(218.3)	(229.6)	(355.5)	(140.5)	(185.3)
归属于所有债权人和权益股东的经营活动自由现金流量	10 935.3	10 425.4	10 943.8	11 739.0	11 884.5	9 517.7

续表

归属于所有债权人和权益股东的自由现金流量	第+1年度	第+2年度	第+3年度	第+4年度	第+5年度	第+6年度
投资活动现金流量净额	(4 480.6)	(4 974.8)	(5 207.4)	(6 280.2)	(4 955.4)	(3 035.9)
加回：金融资产现金流量净额	0.0	0.0	0.0	0.0	0.0	0.0
归属于所有债权人和权益股东的自由现金流量	6 454.7	5 450.6	5 736.4	5 458.8	6 929.1	6 481.9
现值系数（R_A=6.42%）	0.940	0.883	0.830	0.780	0.733	
自由现金流量的现值	6 065.3	4 812.8	4 759.7	4 256.1	5 076.6	
第+1年度至第+5年度归属于所有债权人和权益股东的自由现金流量现值总和	24 970.5					

表12-6　百事公司第+1年度至第+6年度归属于普通股股东的自由现金流量预测值　单位：百万美元

归属于普通股股东的自由现金流量	第+1年度	第+2年度	第+3年度	第+4年度	第+5年度	第+6年度
经营活动现金流量净额	9 104.3	9 850.3	10 344.0	11 221.7	11 113.7	8 764.4
经营活动所需现金的减少（增加）额	1 065.3	(218.3)	(229.6)	(355.5)	(140.5)	(185.3)
归属于普通股股东的经营活动自由现金流量	10 169.6	9 632.0	10 114.4	10 866.2	10 973.2	8 579.1
投资活动现金流量净额	(4 480.6)	(4 974.8)	(5 207.4)	(6 280.2)	(4 955.4)	(3 035.9)
债务融资现金流量净额	752.9	1 332.4	1 370.2	1 886.6	1 000.6	1 041.1
金融资产现金流量净额	0.0	0.0	0.0	0.0	0.0	0.0
优先股和非控制性权益现金流量净额	49.5	(10.5)	(10.5)	(10.5)	(10.5)	(7.7)
归属于普通股股东的自由现金流量	6 491.4	5 979.0	6 266.7	6 462.1	7 008.0	6 576.6
现值系数（R_E=7.50%）	0.930	0.865	0.805	0.749	0.697	
自由现金流量的现值	6 038.5	5 173.9	5 044.5	4 838.8	4 881.5	
第+1年度至第+5年度归属于普通股股东的自由现金流量现值总和	25 977.2					

□ 百事公司归属于所有债权人和权益股东的自由现金流量

表12-5以第10章编制的百事公司第+1年度至第+5年度预测性现金流量表的经营活动现金流量为起点预测自由现金流量。① 例如，我们预期百事公司第+1年度的经营活动现金流量为91.043亿美元。我们接下来会调整利息净额，加回税后利息费用。第+1年度，我们加回税后利息费用7.657亿美元[10.49×(1−0.27)]。由于假设百事公司的利息收入都与金融资产（现金和短期投资）相关，这些金融资产都用于满足经营活动流动性需求和战略投资，而且不是资本结构的组成部分，因此没有扣除税后利息收入。我们也调整了由经营性现金必要投资而产生的经营活动现金流量。我们在第10章预期百事公司为了满足流动性需求大约需要保留相当于28天销售收入的现金数额，因此百事公司所需现金余额将随着销售收入的变动而变动。例如，我们预期百事公司第+1年度末的现金余额为52.317亿美元，相当于28天的销售收入。该现金余额（52.317亿美元）低于百事公司2012年末的现金余额（62.970亿美元），意味着百事公司的现金余额将减少10.653亿美元。第+1年度的现金减少额是为了满足偿债和权益求索权，因此我们将其加回到自由现金流量中。我们预期第+2年度的现金余额会增加2.183亿美元，达到54.50亿

① 请注意：为了方便解释，我们在第10章展示的预期数额取了整数。为了更准确地估算股票价值，我们在本章展示同样的预期数额时会保留一位小数。此外，本章所有估算结果都经四舍五入处理。

美元。该现金增加额是为了满足第+2 年度的流动性需求，因此不是一种自由现金流量，应该减去。调整之后，我们预期百事公司第+1 年度和第+2 年度归属于所有债权人和权益股东的自由现金流量分别为109.353 亿美元和 104.254 亿美元，依此类推。

我们接着用百事公司预测性现金流量表列报的投资活动现金流量净额扣除资本支出的现金流量。例如，我们预期第+1 年度的投资活动现金流量净额为 44.806 亿美元，包括购置财产、厂房与设备以及收购商誉与其他无形资产、购买有价证券与投资性证券的现金流出量。我们将购买有价证券与投资性证券视为投资活动（而不是筹资活动），因为百事公司是为了满足经营流动性需求而购买这些证券的，因此我们没有调整金融资产现金流量。我们预期百事公司第+1 年度归属于所有债权人和权益股东的自由现金流量为 64.547 亿美元（109.353－44.806），第+2 年度至第+5 年度每年重复上述步骤。

我们以百事公司的加权平均资本成本率作为折现率（预期该加权平均资本成本率为 6.42%）估算第+1 年度至第+5 年度的自由现金流量现值。根据表 12-5，百事公司第+1 年度至第+5 年度归属于所有债权人和权益股东的自由现金流量现值总和为 249.705 亿美元。

为了预测百事公司延续到第+6 年度及以后年度的自由现金流量，我们预期百事公司的长期增长率与整个经济的预期长期增长率一致，为 3.0%。为了估算第+6 年度的自由现金流量，我们预期百事公司第+5 年度利润表和资产负债表各个项目的数额在第+6 年度都将增长 3.0%。以第+6 年度预测性利润表和资产负债表的预期数额推断第+6 年度归属于所有债权人和权益股东的自由现金流量为 64.819 亿美元。假设该自由现金流量是百事公司第+6 年度初创造的第一笔持续自由现金流量的永续年金，该永续年金在以后年度每年都将增长 3.0%。财务报表分析软件包的预测与估值电子表格详细展示了上述估算过程，该电子表格可以将具体预测假设延伸到第+5 年度以后的未来年度，作为第+5 年度以后年度的持续价值预测假设。

□ 百事公司归属于普通股权益的自由现金流量

表 12-6 展现了百事公司第+1 年度至第+6 年度归属于普通股股东的自由现金流量预测值。如前所述，以第+1 年度经营活动现金流量的预测值 91.043 亿美元为起点预测自由现金流量。与前述调整步骤一样，我们加回不再需要满足流动性需求的现金减少额 10.653 亿美元，调整第+1 年度的经营活动现金流量。同样，与前述步骤一样，我们减去第+1 年度资本支出和其他投资活动的现金流出量 44.806 亿美元。值得注意的是，与前述步骤不一样的是，我们没有调整税后利息费用净额，因为需要估算与所有债务相关的现金流量净额中归属于权益股东的自由现金流量。我们估算自由现金流量的起点是经营活动现金流量，而经营活动现金流量来源于（扣除利息费用之后的）净利润，所以现金流量数额自然也是扣除利息费用之后的现金流量数额。

为了进一步将现金流量细化为归属于普通股股东的自由现金流量，需要调整与债务、优先股和非控制性权益融资相关的现金流量，首先加回新增借款的现金流入量，减去偿还债务的现金流出量。例如，在第+1 年度加回百事公司新增长短期借款的现金流量 7.529 亿美元。由于金融资产是百事公司资本结构的组成部分，所以减去与金融资产相关的现金流出量，加回与金融资产相关的现金流入量（假设这些现金流量为零）。接着加回与优先股和非控制性权益股东交易相关的现金流入量，减去与优先股和非控制性权益股东交易相关的现金流出量。在第+1 年度加回优先股与非控制性权益的自由现金流量 0.495 亿美元。0.495 亿美元这个数额是怎么来的？如前所述，优先股账户的余额为－1.230 亿美元。为结清优先股账户的余额，调整了 1.230 亿美元。先减去第+1 年度因注销剩余优先股而支付的 0.630 亿美元，再减去第+1 年度支付给非控制性权益的股利 0.105 亿美元（预期百事公司归属于非控制性权益的盈余全部分配给股东）。这样，所有调整事项的最终数额是第＋1年度归属于普通股股东的自由现金流量增加额，即0.495亿美元（1.230－0.630－0.105，第＋2年度至第＋5年度只减去非控股股东股利0.105亿美元）。预期百事公司第＋1年度归属于普通股股东的自由现金流量为64.914亿美元，第＋2年度至第＋5年度每年重复上述步骤。

我们以百事公司的经风险调整的权益资本必要报酬率7.50%作为折现率估算第＋1年度至第＋5年度的自由现金流量现值。根据表12－6，百事公司第＋1年度至第＋5年度归属于普通股股东的自由现金流量现值总和为259.772亿美元。

为了预测百事公司延续到第＋6年度及以后年度的自由现金流量，再次预期百事公司的长期增长率为3.0%，也就是预期百事公司第＋5年度利润表和资产负债表各个项目的数额在第＋6年度都将增长3.0%，并以第＋6年度预测性财务报表的预期数额推断归属于普通股权益的自由现金流量。根据估算，百事公司第＋6年度归属于普通股股东的自由现金流量为65.766亿美元（财务报表分析软件包的预测与估值电子表格详细展示了估算过程）。我们假设第＋6年度及以后年度的这些自由现金流量每年持续增长3.0%。

□ 运用归属于普通股股东的自由现金流量评估百事公司的价值

我们以百事公司经风险调整的权益资本必要报酬率7.50%作为合适的折现率，将归属于普通股股东的自由现金流量折现为现值，估算出百事公司2012年末（或第＋1年度初）的普通股权益价值。根据表12－6，百事公司第＋1年度至第＋5年度归属于普通股股东的自由现金流量现值总和为259.772亿美元。

我们以第＋6年度初的一笔不断增长的自由现金流量永续年金（预期该永续年金为65.766亿美元）的现值估算百事公司的持续价值现值。我们预期这些自由现金流量的增长率为3%，并以7.50%为折现率将这些自由现金流量折现为现值。这些自由现金流量的现值为1 018.003亿美元。如表12－7所示，百事公司归属于普通股股东的自由现金流量现值由两部分构成（单位：百万美元）：

第＋1年度至第＋5年度自由现金流量的现值	25 977.2
第＋6年度及以后年度持续价值的现值	101 800.3
普通股权益的现值	127 777.5

表12－7　运用归属于普通股股东的自由现金流量估算百事公司的价值　　单位：百万美元

第＋1年度至第＋5年度归属于普通股股东的自由现金流量现值：	
来自表12－6：	25 977.2
第＋6年度及以后年度归属于普通股股东的自由现金流量的持续价值现值：	
第＋6年度归属于普通股股东的自由现金流量预测值（表12－6）：	6 576.6
持续价值的现值（R_E＝7.50%，g＝3.0%）：	
持续价值＝第＋6年度的自由现金流量×[1/(R_E-g)]	
＝6 576.6×[1/(0.075 0－0.030 0)]	
＝6 576.6×22.222 2	
＝146 147.5	
持续价值的现值＝持续价值×[1/(1＋R_E)^5]	
＝146 147.5×[1/(1＋0.075 0)^5]	
＝146 147.5×0.697	＝101 800.3

百事公司归属于普通股股东的自由现金流量价值总额：	
第+1 年度至第+5 年度自由现金流量现值	25 977.2
持续价值的现值	+ 101 800.3
普通股权益的现值	127 777.5
年度中间点折现调整系数（乘以“1+R/2”）	× 1.037 5
普通股权益的现值总额	132 569.1
除以流通在外股票数量（百万股）	÷ 1 544
百事公司普通股权益的每股价值（美元）	85.86

如第 11 章所述，我们需要修正现值估算过程的过度折现问题。为此，将现值总和乘以年度中间点折现调整系数 1.037 5（$1+R_E/2=1+0.075\ 0/2$）。归属于普通股股东的自由现金流量现值总额应该为 1 325.691亿美元（1 277.775×1.037 5）。将百事公司普通股权益的现值总额除以流通在外股票数量 15.44 亿股，就得到百事公司普通股权益的价值为每股 85.86 美元。这个估值与在第 11 章采用股利估值模型估算的结果相同。表 12－8 展示了财务报表分析软件包的估值电子表格的计算过程。

表 12－8　财务报表分析软件包运用第+1 年度至第+5 年度及以后年度的归属于普通股股东的自由现金流量估算百事公司的价值

单位：百万美元

归属于普通股股东的自由现金流量	第+1 年度	第+2 年度	第+3 年度	第+4 年度	第+5 年度	持续价值 第+6 年度
经营活动现金流量净额	9 104.3	9 850.3	10 344.0	11 221.7	11 113.7	8 764.4
经营活动所需现金的减少（增加）额	1 065.3	(218.3)	(229.6)	(355.5)	(140.5)	(185.3)
投资活动现金流量净额	(4 480.6)	(4 974.8)	(5 207.4)	(6 280.2)	(4 955.4)	(3 035.9)
债务融资现金流量净额	752.9	1 332.4	1 370.2	1 886.6	1 000.6	1 041.1
金融资产现金流量净额	0.0	0.0	0.0	0.0	0.0	0.0
优先股和非控制性权益现金流量净额	49.5	(10.5)	(10.5)	(10.5)	(10.5)	(7.7)
归属于普通股股东的自由现金流量	6 491.4	5 979.0	6 266.7	6 462.1	7 008.0	6 576.6
现值系数（R_E=7.50%）	0.930	0.865	0.805	0.749	0.697	
自由现金流量的现值	6 038.5	5 173.9	5 044.5	4 838.8	4 881.5	
第+1 年度至第+5 年度归属于普通股股东的自由现金流量现值总和	25 977.2					
持续价值的现值	101 800.3					
合计	127 777.5					
年度中间点折现调整系数	1.037 5					
归属于权益股东的自由现金流量的现值总额	132 569.1					
流通在外股票数量（百万股）	1 544.0					
每股估值（美元）	85.86					
现行每股市场价格（美元）	68.43					
差异百分比	25%					

□ 运用归属于所有债权人和权益股东的自由现金流量评估百事公司的价值

我们以百事公司的加权平均资本成本率 6.42%作为合适的折现率，将归属于所有债权人和权益股东的自由现金流量折现为现值，估算出百事公司 2012 年末的普通股权益的现值。根据表 12－5，百事公司第

+1年度至第+5年度归属于所有债权人和权益股东的自由现金流量现值总和为249.705亿美元。为了估算百事公司持续价值的现值，采用永续年金持续增长模型估算第+6年度及以后年度的持续价值。如前所述和表12-5所示，预期百事公司第+6年度将创造自由现金流量64.819亿美元，这些自由现金流量将以每年3.0%的增长率无限增长。根据表12-9，百事公司持续价值的现值为1 388.745亿美元。① 百事公司归属于所有债权人和权益股东的自由现金流量现值由两部分构成（单位：百万美元）：

第+1年度至第+5年度自由现金流量的现值	24 970.5
第+6年度及以后年度持续价值的现值	138 874.5
归属于所有债权人和权益股东的自由现金流量现值	163 845.0

表12-9　运用归属于所有债权人和权益股东的自由现金流量估算百事公司的价值　单位：百万美元

第+1年度至第+5年度归属于所有债权人和权益股东的自由现金流量现值：	
来自表12-5：	24 970.5
第+6年度及以后年度归属于所有债权人和权益股东的自由现金流量的持续价值现值：	
第+6年度归属于所有债权人和权益股东的自由现金流量预测值（表12-5）：	6 481.9
持续价值的现值（$R_A=6.42\%$，$g=3.0\%$）：	
持续价值＝第+6年度的自由现金流量×$[1/(R_A-g)]$	
＝6 481.9×[1/(0.064 2－0.030 0)]	
＝6 481.9×29.240	
＝189 552.7	
持续价值的现值＝持续价值×$[1/(1+R_A)^5]$	
＝189 552.7×$[1/(1+0.064\,2)^5]$	
＝189 552.7×0.733	＝138 874.5
百事公司归属于所有债权人和权益股东的自由现金流量价值总额：	
第+1年度至第+5年度自由现金流量现值	24 970.5
持续价值的现值	＋138 874.5
所有债务和权益的现值	163 845.0
减去债务公允价值	－30 500.0
减去注销优先股公允价值	－63.0
减去非控制性权益账面价值	－105.0
加上资本结构的金融资产公允价值	＋0.0
普通股权益的现值	133 177.0
年度中间点折现调整系数［乘以"$1+R_A/2$"＝1+(0.064 2/2)］	×1.032 1
普通股权益的现值总额	137 451.7
除以流通在外股票数量（百万股）	÷1 544
百事公司普通股权益的每股价值（美元）	89.02

估算普通股股票价值的必要调整

为了使估算结果更接近普通股权益的现值，需要减去带息债务、优先股和非控制性权益的市场价值，加上作为公司财务资本结构组成部分的生息金融资产的现值。表12-9总结了估算过程，表12-10则展示了

① 受四舍五入的影响，持续价值的现值估算结果可能有误差。可以更精确地估算并略微修正四舍五入，保留更多位小数：持续价值＝第+6年度的自由现金流量×$[1/(R_A-g)]\times[1/(1+R_A)^5]$＝64.818 88×[1/(0.064 195 7－0.030 0)]×$[1/(1+0.064\,195\,7)^5]$＝64.818 88×29.243 443×0.732 643＝1 388.744 75(亿美元)。

财务报表分析软件包的估值电子表格运用归属于所有债权人和权益股东的自由现金流量估算出百事公司普通股权益价值的具体过程。

表 12-10　财务报表分析软件包运用第+1 年度至第+5 年度及以后年度的归属于所有债权人和权益股东的自由现金流量估算百事公司的价值

单位：百万美元

归属于所有债权人和权益股东的自由现金流量	第+1 年度	第+2 年度	第+3 年度	第+4 年度	第+5 年度	持续价值 第+6 年度
经营活动现金流量净额	9 104.3	9 850.3	10 344.0	11 221.7	11 113.7	8 764.4
加回：税后利息费用	765.7	793.4	872.8	872.8	911.3	938.6
减去：税后利息收入	0.0	0.0	0.0	0.0	0.0	0.0
经营活动所需现金的减少（增加）额	1 065.3	(218.3)	(229.6)	(355.5)	(140.5)	(185.3)
经营活动自由现金流量	10 935.3	10 425.4	10 943.8	11 739.0	11 884.5	9 517.7
投资活动现金流量净额	(4 480.6)	(4 974.8)	(5 207.4)	(6 280.2)	(4 955.4)	(3 035.9)
加回：金融资产现金流量净额	0.0	0.0	0.0	0.0	0.0	0.0
归属于所有债权人和权益股东的自由现金流量	6 454.7	5 450.6	5 736.4	5 458.8	6 929.1	6 481.9
现值系数（R_E=6.42%）	0.940	0.883	0.830	0.780	0.733	
自由现金流量的现值	6 065.3	4 812.8	4 759.7	4 256.1	5 076.6	
第+1 年度至第+5 年度归属于所有债权人和权益股东的自由现金流量总和	24 970.5					
持续价值的现值	138 874.5					
归属于债权人和权益股东的自由现金流量现值总额	163 845.0					
减去：尚未偿还债务的价值	(30 500.0)					
优先股的价值	(63.0)					
非控制性权益	(105.0)					
加上：金融资产价值	0.0					
权益的现值	133 177.0					
年度中间点折现调整系数	1.032 1					
归属于权益股东的自由现金流量的现值总额	137 451.7					
流通在外股票数量（百万股）	1 544.0					
每股估值（美元）	89.02					
现行每股市场价格（美元）	68.43					
差异百分比	30%					

根据百事公司债务的账面价值，减去尚未偿还债务的价值 305.00 亿美元。假设百事公司将在第+1 年度注销流通在外的优先股，因此减去注销优先股所需的现金流出量 0.63 亿美元。我们还减去归属于非控制性权益的权益资本账面价值（公允价值的替代变量）1.05 亿美元。假设百事公司的金融资产不是财务资本结构的组成部分，这样就不必做出调整。经过上述调整，百事公司普通股权益的现值为 1 331.770 亿美元（1 638.450−305.000−0.630−1.050）。

如前所述，现值估算过程存在对这些现金流量过度折现问题，因为在一个完整期间内折现每年的现金流量。事实上，百事公司整个期间都在创造现金流量，应该以年度中间点折现调整系数将这些现金流量折现为现值。为了修正现值估算过程的过度折现问题，将现值总额乘以年度中间点折现调整系数 1.032 1（$1+R_A/2=1+0.064\ 2/2$）。这样，归属于权益股东的自由现金流量的现值总额应该为 1 374.517 亿美元（1 331.770×1.032 1）。将百事公司归属于权益股东的自由现金流量现值总额除以流通在外股票数量

15.44 亿股，就得到百事公司普通股股票的价值为每股 89.02 美元。

值得注意的是，估算出来的百事公司普通股股票的每股价值为 89.02 美元，与前述的归属于普通股权益的自由现金流量视角的估值法和第 11 章讨论过的股利估值法估算出来的每股价值 85.86 美元略有差异。这主要是因为我们在估算初始的加权平均资本成本率时采用的是百事公司普通股的每股现行市场价格(68.43 美元)，而没有采用前述的每股估值（85.86 美元），因此在估算初始的加权平均资本成本率时没有赋予权益市场价值足够的权重。为了解决估值法的迭代计算问题，可以采用每股估值 85.86 美元确定百事公司普通股权益价值总额在加权平均资本成本率估算过程中的权重，重新估算各个预测年度加权平均资本成本率。因为我们的估算结果表明，百事公司资本结构的普通股权益资本比例相对于资本结构的债务融资比例在未来年份将逐渐下降。经过几次迭代估算，估算用于计算加权平均资本成本率的权重趋向收敛（强调这种估值法的循环性，即为了估算股票价值，我们需要一个股票价值的估值）。百事公司普通股股票的估值为 1 325.691 亿美元或每股价值为 85.86 美元就是内在一致的估值。

12.5 敏感性分析与投资决策

我们在第 11 章曾经强调过，即使是一家成熟型公司（如百事公司），其剩余存续期内的现金流量预测值也存在高度不确定性，因此不应该对采用这些预测数据估算的公司价值的精确度抱有太大的信心。尽管我们小心翼翼地做出预测与估值，但预测与估值过程本身存在高度不确定性和预测差错。因此，分析师不应该过分依赖公司股票的任何一个估值，而应该描述股票价值的一个合理范围。

多数估值模型涉及的两个主要预测与估值参数是长期增长率假设和权益资本成本率假设。分析师应该通过敏感性分析检验这两个主要参数、其他关键预测假设以及估值参数对股票估值的影响。敏感性分析应该允许分析师单独和同时改变这些预测假设和估值参数，以进一步理解股票价值、增长率与折现率假设之间的相关性。

根据百事公司的基本假设，其股票价值大约为每股 85.86 美元。百事公司的基本估值假设包括长期增长率为 3.0%，权益资本成本率为 7.50%。分析师可以在合理范围内改变这两个参数（或估值模型涉及的其他关键参数）以评估百事公司股票估值的敏感性。表 12-11 列示了长期增长率在 0%～10%之间和权益资本成本率在 5%～20%之间变动的敏感性分析结果。表 12-11 的数据表明，如果增长率保持不变，随着折现率的提高，百事公司股票估值会下降。同理，如果折现率保持不变，随着增长率的降低，百事公司股票估值也会下降。

表 12-11　百事公司估值：估值与增长率和权益资本成本率的敏感性分析

基于自由现金流量的权益估值敏感性分析									
		长期增长率假设							
	85.86	**0%**	**2%**	**3%**	**4%**	**5%**	**6%**	**8%**	**10%**
折现率：	5%	91.96	135.32	189.52	352.10				
	6%	76.74	102.04	127.33	177.92	329.69			
	7%	65.88	82.07	96.23	119.84	167.05	308.67		
	7.50%	61.54	74.81	**85.86**	103.23	134.50	207.46		
	8%	57.74	68.75	77.56	90.77	112.79	156.83		
	9%	51.42	59.24	65.11	73.32	85.64	106.18	270.44	
	10%	46.37	52.11	56.21	61.68	69.33	80.82	138.23	

续表

	长期增长率假设							
85.86	0%	2%	3%	4%	5%	6%	8%	10%
11%	42.23	46.56	49.53	53.35	58.44	65.58	94.10	236.75
12%	38.80	42.12	44.33	47.10	50.65	55.40	72.00	121.80
13%	35.89	38.48	40.17	42.23	44.80	48.11	58.70	83.42
14%	33.40	35.45	36.76	38.33	40.24	42.63	49.82	64.18
15%	31.25	32.89	33.92	35.13	36.59	38.36	43.45	52.60
18%	26.23	27.12	27.65	28.26	28.96	29.78	31.91	35.10
20%	23.74	24.34	24.70	25.10	25.56	26.08	27.38	29.20

在经济下行的情况下，如果分析师假设折现率保持7.50%不变，长期增长率降到2.0%，百事公司的每股估值将下降到74.81美元，依然高于现行每股市场价格。同理，如果分析师假设长期增长率保持3.0%不变，折现率调高到8.0%或10.0%，百事公司的每股估值大约为77.56美元。如果分析师同时修改两个假设参数，将长期增长率调低到2.0%，而将折现率调高到8.0%，百事公司的每股估值会下降到大约68.75美元，略高于每股现行市场价格（68.43美元）。

在经济上行的情况下，如果分析师假设长期增长率保持3.0%不变，将折现率降到7.0%，或如果分析师假设折现率保持7.5%不变，将长期增长率从3.0%提高到4.0%，百事公司的每股估值会分别增加到大约96美元或103美元。如果分析师进一步降低折现率或提高长期增长率，百事公司的每股估值将大大提高。

这些数据说明百事公司的估值对长期增长率和折现率的基本假设（分别为3.0%和7.5%）的微小变动较为敏感。根据长期增长率和折现率的基本假设，百事公司的每股估值为85.86美元。估值参数的不利变动使百事公司的每股估值下降到68美元甚至更低，而估值参数的有利变动使百事公司的每股估值超过100美元。

如果分析师的预测与估值假设合乎现实，则百事公司2012年末的每股估值为85.86美元。此时，百事公司股票的每股市场价格为68.43美元，说明百事公司的股票价格被低估了大约25%。基于分析师的预测假设，受增长率和折现率假设的微小影响，百事公司的每股估值可能在最低点每股68美元至最高点每股103美元之间变动。考虑到百事公司的每股市场价格为68.43美元，百事公司2012年末的每股估值支持买入建议。因为估值的敏感性分析表明百事公司股票价值的下降空间有限，但上升空间较大。

本章小结

本章讨论了运用未来自由现金流量现值的估值方法。与第10章讨论的编制预测性财务报表一样，估值的合理性取决于假设的合理性。分析师应该评估估值对增长率和折现率假设的敏感性。为了验证现金流量估值法的有效性，分析师还应该采用其他估值法（如第11章讨论过的股利估值法、第13章和第14章将分别讨论的盈余估值法和市场估值法）估算公司普通股权益的价值。

综合案例

星巴克公司

运用现金流量估值法估算星巴克公司普通股权益价值

我们在第10章的综合案例中讨论了如何编制星巴克公司第+1年度至第+5年度的预测性财务报表。

本章的综合案例将运用第10章综合案例的预测性财务报表和本章讨论的方法估算星巴克公司的权益资本必要报酬率，并运用现金流量估值模型估算星巴克公司的股票价值。为了提供投资建议，本案例比较了星巴克公司的股票估值与本案例开发时星巴克公司的股票价格。

星巴克公司2012年末的市场β系数为0.75。假设无风险利率是3.0%，市场风险溢价是6.0%。星巴克公司2012年末流通在外的股票数量为7.493亿股。第+1年度初，星巴克公司的股票市场价格是每股50.15美元。

要求：

第一部分：运用归属于普通股股东的自由现金流量估算星巴克公司的股票价值

a. 运用资本资产定价模型估算星巴克公司普通股权益资本的必要报酬率。

b. 运用第10章综合案例所编制的星巴克公司预测性财务报表，以预测性经营活动现金流量净额为起点，推断星巴克公司第+1年度至第+5年度归属于普通股股东的自由现金流量。必须确定预测性现金变动额是不是满足经营流动性所需的现金数额。

c. 预测第+6年度归属于普通股股东的持续自由现金流量。假设第+6年度及以后年度的长期增长率为3%。预期第+5年度利润表和资产负债表各个项目的数额在第+6年度将增长3%。由此编制第+6年度的预测性现金流量表。根据第+6年度的预测性现金流量表推断第+6年度归属于普通股股东的自由现金流量。

d. 以上述a问题得到的普通股权益资本的必要报酬率作为折现率，估算星巴克公司第+1年度至第+5年度归属于普通股股东的自由现金流量现值总额。

e. 采用上述a问题得到的普通股权益资本的必要报酬率作为折现率，并运用上述c问题的长期增长率数据，以星巴克公司第+6年度及以后年度归属于普通股股东的持续自由现金流量为基础，估算星巴克公司第+6年度初的持续价值。估算出第+6年度初的持续价值之后，将其折现为第+1年度初的现值。

f. 估算星巴克公司普通股的价值。

（1）估算归属于权益股东的自由现金流量现值的总额（根据上述d问题和e问题）。

（2）采用年度中间点折现调整系数调整现值的总额。

（3）估算每股价值。

说明：第11章综合案例运用股利估值法估算出星巴克公司普通股股票的价值。将第11章综合案例得到的估值结果与现在得到的估值结果做个比较，两者应该相同。

第二部分：运用归属于所有债权人和权益股东的自由现金流量估算星巴克公司的股票价值

g. 根据星巴克公司2012年末的资产负债表，该公司尚未偿还的带息长短期负债为12.63亿美元，没有优先股。假设星巴克公司资产负债表列报的负债账面价值等于该负债的市场价值。星巴克公司尚未偿还负债的利率大约为6.25%，假设在存续期间内星巴克公司尚未偿还负债的利率保持不变。假设星巴克公司预测期间的所得税税率为33%。估算星巴克公司第+1年度初的加权平均资本成本率。将估算出来的星巴克公司加权平均资本成本率与上述a问题估算出来的星巴克公司权益资本的必要报酬率做个比较。两者为何不同？

h. 以星巴克公司预测性财务报表为基础，以预测性经营活动现金流量净额为起点，推断星巴克公司第+1年度至第+5年度归属于所有债权人和权益股东的自由现金流量。将估算出来的星巴克公司第+1年度至第+5年度归属于所有债权人和权益股东的自由现金流量与上述b问题估算出来的星巴克公司归属于普通股股东的自由现金流量做个比较。两者为何不同？每年产生差异的原因是什么？

i. 预测第+6年度归属于所有债权人和权益股东的持续自由现金流量。以上述c问题编制的第+6年度预测性财务报表为基础，推断第+6年度归属于所有债权人和权益股东的自由现金流量。

j. 以上述g问题估算出来的加权平均资本成本率作为折现率，估算星巴克公司第+1年度至第+5年度归属于所有债权人和权益股东的自由现金流量现值总额。

k. 以上述 g 问题估算出来的加权平均资本成本率作为折现率，结合上述 c 问题的长期增长率，以星巴克公司第＋6 年度及以后年度归属于所有债权人和权益股东的持续自由现金流量为基础，估算星巴克公司第＋6 年度初的持续价值。估算出第＋6 年度初的持续价值之后，将其折现为第＋1 年度初的现值。

l. 估算星巴克公司普通股的价值。

(1) 运用归属于所有债权人和权益股东的自由现金流量总和，估算星巴克公司经营性资产净额的价值(根据上述 j 问题和 k 问题)。

(2) 减去尚未偿还负债的价值，得到权益价值。

(3) 采用年度中间点折现调整系数调整权益的现值。

(4) 估算股票每股价值。

m. 比较上述 f 问题的股票估值结果与上述 l 问题的股票估值结果，这些估值结果应该差不多。

第三部分：敏感性分析与投资建议

n. 运用归属于普通股股东的自由现金流量，基于以下两种情形，重新估算星巴克公司的股票价值。

第一种情形：假设星巴克公司的长期增长率为 2%（而不是 3%），星巴克公司权益资本的必要报酬率比上述 a 问题中采用资本资产定价模型估算出来的权益报酬率高一个百分点。

第二种情形：假设星巴克公司的长期增长率为 4%（而不是 3%），星巴克公司权益资本的必要报酬率比上述 a 问题中采用资本资产定价模型估算出来的权益报酬率低一个百分点。为了定量评估星巴克公司股票估值对长期增长率和折现率变动的敏感性，将两种情形下的估值与上述 f 问题的估值做个比较（以百分比的形式）。

o. 预期星巴克公司 2012 年末普通股的合理价值范围是多少？相对于该合理价值范围，星巴克公司股票的市场价格是多少？有何建议？

p. 第 11 章综合案例运用股利估值法估算出星巴克公司普通股股票的价值，将第 11 章综合案例得到的估值结果与现在得到的估值结果做个比较，两者应该相同。

第 13 章

盈余估值法

学习目标

1. 描述盈余估值法并解释盈余、股利和自由现金流量等不同估值方法的含义。
2. 描述盈余估值法的理论与实践优劣势。
3. 通过以下方式理解剩余收益估值法的概念，在实践中运用剩余收益估值法：
   a. 在估值时运用普通股权益、综合收益、股利和净盈余的账面价值。
   b. 通过将权益的期初账面价值乘以经风险调整的权益资本必要报酬率来估算必要（或“正常”）收益。
   c. 通过从预期未来收益中扣除必要收益来估算剩余（或“超常”）收益。
   d. 以普通股权益账面价值总额加上预期未来剩余收益的现值来确定普通股权益价值。
4. 运用剩余收益估值法估算股票价值，评估估值对关键估值参数（如折现率和预期长期增长率）的敏感性。
5. 描述采用剩余收益估值法时的四个重要问题。
6. 如果剩余收益、自由现金流量和股利估值法不能得出相同的估值，找出产生差错的潜在原因。

公司对外报告的盈余数字是最为广泛使用的衡量公司绩效的指标。会计准则制定机构（尤其是美国财务会计准则委员会和国际会计准则理事会）与会计职业界和财务报表使用者一起制定了权责发生制会计基础，来计量衡量公司各期盈利能力的盈余。如此一来，公司对外报告的盈余数字成为公司绩效的主要价值相关衡量指标，在资本市场的股票定价和资本配置过程中起着举足轻重的作用。

由于资本市场对盈余信息的需求，只要会计师计算得出并验证了盈余数字，公司通常就会在实际公布详细的季度和年度利润表、资产负债表、现金流量表和附注之前数周向社会公众发布季度和年度盈余信息。公司通常会在投资者、分析师、管理层、董事会成员和财经媒体参加的电话会议和新闻发布会上宣告盈余信息。分析师经常花费大量时间和精力来预测公司未来的季度和年度盈余（一旦出现新信息，就需要修正原先的预测）。卖方分析师将其预测的盈余信息传递给感兴趣的投资者、经纪人和基金经理。像机构经纪人估计系统（I/B/E/S）和 First Call 一样的商业公司将每天编辑和发布分析师盈余预测数据当作自己的业务。财经媒体（广播、纸媒和线上）每天都有公司盈余公告的新闻报道。例如，《华尔街日报》每天发布公司盈余公告以及各家公司的股票价格和市盈率。事实上，由于资本市场参与者对盈余信息的需求和关注，美国公认会计原则和国际财务报告准则都要求公司在其财务报表中列报每股收益（参见第 4 章的相关讨论）。[①]

公司股票的价格通常会对盈余公告做出快速反应，而反应方向和强度取决于盈余消息相对于投资者预期的方向和强度。如果公司宣告的盈余超过市场预期（好消息），其股票价格在宣告日和随后几天将大幅上涨。同理，如果公司宣告的盈余低于市场预期（坏消息），其股票价格可能马上暴跌。如前面各章所述，鲍尔和布朗（1968）的开创性研究和许多其他研究，包括第 1 章讨论过的尼科尔斯和瓦伦的研究成果[②]都表明公司股票报酬率与公司盈余变动高度正相关。

盈余可以为投资者和其他外部利益相关者提供非常重要的信息，在公司内部资本配置方面的决策中扮演着重要的角色。公司经常以投资项目对公司盈余的影响为基础评估公司内部投资项目。此外，公司治理层通常对管理层制定薪酬和奖励计划，而薪酬和奖励计划又以公司绩效是否达到预定的盈余目标为基础。

---

① *FASB Codification Topic 260*；International Accounting Standards Board，*International Accounting Standard 33*，“Earnings per Share”(revised 2003).

② Ray Ball and Philip Brown，“An Evaluation of Accounting Income Numbers，” *Journal of Accounting Research*（Autumn 1968），pp. 159 - 178. D. Graig Nichols and James Wahlen，“How Do Earnings Numbers Relate to Stock Returns? A Review of Classic Accounting Research with Updated Evidence，” *Accounting Horizons*（December 2004），pp. 263 - 286.

盈余的重要性表现为：

- 盈余是权责发生制会计原则下主要的公司绩效衡量指标。
- 盈余直接影响资本市场和股票定价。
- 公司管理层和董事会采用盈余配置内部资本并通过盈余将对管理层的激励与股东利益联系起来。
- 由于利益相关者对盈余信息具有强烈需求，财经媒体和分析师团体投入大量时间和精力关注盈余的列报、分析和预测问题。

有鉴于此，会计盈余为估值奠定基础也就顺理成章。本章将描述盈余估值模型（即剩余收益估值模型）在理论与实践方面的优劣势。该估值模型以预期未来盈余和普通股权益作为估值的基础。

本章将讨论剩余收益估值模型的四个重要步骤。表 13－1 列示了这四个重要步骤以及本章将讨论的关键问题。第一，我们将描述盈余估值法背后的理论基础。第二，我们将以示例的形式解释剩余收益估值法的理论与概念基础。第三，我们将以百事公司普通股权益的估值为例运用剩余收益估值模型。在运用剩余收益估值模型时，将讨论关键的计量与实施问题。第四，我们将讨论股利估值模型、自由现金流量估值模型和盈余估值模型的内在一致性，以及如果这三种模型的估值结果不同，如何识别并纠错。

表 13－1　理解剩余收益估值法的步骤

1. 理论基础
- 以盈余作为估值基础的理论依据是什么？
- 以盈余确定普通股权益价值有哪些实践优势与问题？

2. 剩余收益估值法的理论与概念基础
- 支撑剩余收益估值法的理论与概念基础是什么？
- 如何计量剩余收益？剩余收益代表何种经济思想？

3. 实践运用
- 如何运用剩余收益估值法估算股票价值？
- 运用剩余收益估值法需要理解哪些实施方面的问题？
- 运用剩余收益估值法评估百事公司普通股权益价值将得到什么估值结果？

4. 将剩余收益估值法与股利估值法、现金流量估值法联系起来
- 从理论上来说，为什么剩余收益估值法与股利估值法、现金流量估值法等效？
- 从实践上来看，采用剩余收益估值法估算百事公司普通股权益价值的结果与第 11 章和第 12 章分别采用股利估值法和现金流量估值法的估值结果是否一致？
- 如果这三种估值法的估值结果不一致，怎么办？如何发现并纠正可能的估值差错？

本章将讨论的剩余收益估值模型是一种有效的估值方法。剩余收益估值法与经典股利估值法（见第 11 章）、现金流量估值法（见第 12 章）相辅相成，为市场估值法（如第 14 章将讨论的市场倍数法，包括市场价值与账面价值比率、市盈率）奠定基础。

13.1　盈余估值法的理论基础

如表 13－1 所示，理解剩余收益估值法的第一个步骤是确立剩余收益估值法的理论与概念基础。经济学理论认为任何资源的价值等于该资源创造的预期未来收益以某个利率折现后的现值。该利率反映了该资源创造的预期未来收益的内在风险。与第 11 章和第 12 章一样，我们以估算预期持有 n 期的某个证券现值（以 V_0 表示在 $t=0$ 这个时点的价值）的通用模型为起点①：

① 我们在本章采用与前面各章相同的标识，t 指会计期间。估值时点决定公司价值。用 V_0 表示 $t=0$ 这个时点的公司价值。$t=1$ 指开始折现的第一个会计期间。$t=n$ 指预期获得最终收益或清算收益的会计期间。

$$V_0 = \sum_{t=1}^{n} \frac{\text{第 } t \text{ 期的预期未来收益}}{(1+\text{折现率})^t}$$

如第 11 章所述，普通股股票的价值应该等于股东将收到的预期未来股利的现值。股利是与价值相关的基本收益，代表公司向股东分配的财富。权益股东收到的股利是其持有股票的收益，包括公司清算股票或股东出售股票的最终清算股利。因此，采用股利评估公司股票价值时，必须将公司存续期内（预期持有股票的时间期限内）的预期未来股利（包括最终清算股利）折现为现值。这是体现财富分配（或清算）的估值方法。

如第 12 章所述，普通股股票的价值应该等于公司创造并最终以股利的形式分配给普通股股东的预期未来自由现金流量的现值。现金流量估值法关注公司创造并最终以股利形式分配给股东的现金流量数额和时间安排。因此，采用现金流量评估公司股票价值，必须将公司存续期内（预期持有股票的时间期限内）的预期未来现金流量（包括最终清算现金流量）折现为现值。这是体现可分配财富的估值方法。

除了采用不同的收益指标之外，本章将要讨论的剩余收益估值法类似于股利估值法和现金流量估值法。剩余收益估值法采用普通股权益账面价值和预期未来盈余（取代了未来股利或未来自由现金流量）确定股东将得到的与价值相关的预期未来收益（即上述通用估值模型的分子）。以股东权益账面价值作为估值基础的理论依据不言而喻：股东权益账面价值计量了资产负债表的普通股股东对公司净资产的求索权，因此是估值的起点。以预期未来盈余作为估值基础的理论依据同样不言而喻：未来盈余计量了公司将为股东创造的净利润或亏损。在公司存续期内，盈余计量了公司为股东创造的财富总额。剩余收益估值法既不关注支付股利的财富分配，也不关注自由现金流量这一可分配财富，而是关注衡量公司为股东创造的财富的一个定期绩效指标，即盈余。第 11 章的图 11－2 展现了各种估值法的不同估值视角：股利是衡量财富分配的指标，自由现金流量是衡量可分配财富的指标，而盈余是衡量财富创造的价值相关指标。

为了计量创造的财富，在权责发生制下以公司各期创造和消耗的经济资源净额为基础计量权益股东的收益，定期提供公司的财务状况表（即计量资产、负债和股东权益的资产负债表），列报公司为了创造预期未来经济效益而控制和使用的经济资源（资产）以及债权人和投资人对这些经济资源的求索权（负债和权益）。为了提供相关、可靠且富有信息含量的各种财务绩效和财务状况指标，会计职业界制定并实施了会计准则。在权责发生制下借助这些会计准则用公司各期获得和消耗的经济资源预期数额（不仅仅用经常不能反映公司各期创造或消耗的经济价值的现金流入量和现金流出量）计量收益、资产、负债和股东权益。为了计量公司某个特定期间的经济成果和财务状况，必须计量：

- 特定期间内公司通过经营活动赚取的收入，而不仅仅是该期间内公司向顾客收取的现金数额。
- 特定期间内公司因消耗资源而产生的费用，而不仅仅是该期间内公司支付的现金数额。
- 特定期间内公司消耗的长期资源，如某栋建筑物使用年限内每年定期计提的折旧（而不是在公司支付该建筑物价款的年份全额确认该建筑物的成本，忽略使用该建筑物的其他年份对该建筑物的消耗）。
- 公司对特定期间内经营活动过程中发生的未来期间债务（如养老金和其他退休福利、保证金、税款和其他负债）所做出的支付承诺（而不是忽略这些承诺，只在公司支付现金时才计量）。

权责发生制下计量的盈余远不是完美的绩效指标。第 2 章（资产与负债估值和收益确认）中讨论过会计准则如何改善权责发生制下会计信息对投资者和其他利益相关者的相关性和可靠性。会计准则让公司特定期间的会计盈余比该期间的现金流入量或现金流出量与该期间的基本经济成果（即为权益股东创造财富或减少财富）更为匹配。

在公司存续期内，股东投入公司的现金流量加上公司为股东创造的财富将决定公司可分配给股东的现金流量。因此，用投入公司的资本加上公司存续期内的盈余估算出来的公司股东权益价值（即剩余收益估值法）等于用公司存续期内的自由现金流量估算出来的公司股东权益价值（即现金流量估值法）。而且这两种方法的估值结果等于用公司存续期内的股利估算出来的公司股东权益价值（即股利估值法）。①

13.2 盈余估值法：实践优势与问题

股利、现金流量和盈余都是有效的估值基础，盈余估值法有其实践优势和问题。盈余估值法的第一个优势是公司和资本市场都强调盈余，使盈余成为估值的逻辑起点。分析师、投资者、资本市场、公司管理层、董事会和财经媒体都关注盈余预测和盈余报告，而较少关注自由现金流量预测和自由现金流量数额。几乎没有公司会举行新闻发布会宣告其自由现金流量。分析师经常发布盈余预测，但很少发布自由现金流量预测。董事会和薪酬委员会通常不会以实现自由现金流量目标为基础制定管理层奖励计划（多数公司经常以盈余作为绩效评价指标）。之所以强调盈余，是因为与股利或自由现金流量相比，资本市场、公司管理层和董事会的定期绩效评价更关注盈余。

盈余估值法的另一个优势是分析师可以更直接且有效地用盈余估值，而不必绕道自由现金流量。② 如图13-1所示，用自由现金流量估值实际上给估值过程增加了一个中间步骤。如第12章所述，现金流量估值法需要首先编制预测性利润表和资产负债表，而后再通过调整应计盈余、投入营运资本的现金流量和资本支出，根据预测性利润表和资产负债表推断出现金流量的预期数额。我们用这些现金流量确定自由现金流量，再用自由现金流量估算公司的价值。而基于剩余收益估值法，我们编制公司未来预测性利润表和资产负债表之后，就可以马上开始估值。尽管这两种估值方法最终的估值结果相同，但现金流量估值法涉及更多的估算过程，要耗费更多的时间和精力，还可能增加潜在的差错。

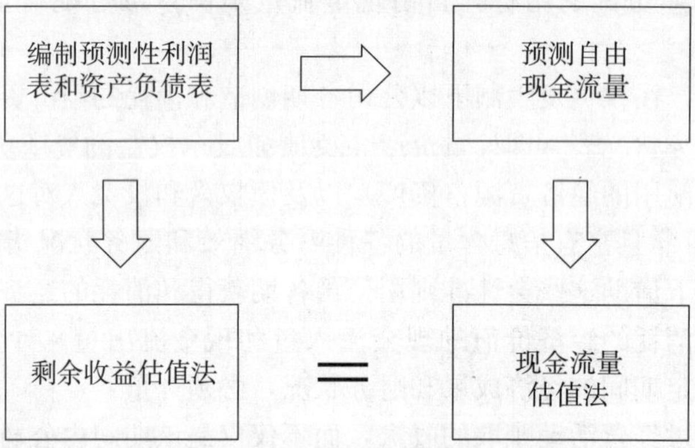

图13-1 剩余收益估值法比现金流量估值法涉及更少的步骤

① 在足够长的期间内，净利润等于归属于普通股权益的自由现金流量。随着计量期间的延长，将现金流量转化为净利润的年末应计效应逐渐减弱。随着盈余计量间隔期的延长，公司盈余与股票报酬率之间的相关性逐渐增强。不同间隔期的相关系数 R^2 值分别为：间隔期1年的 R^2 值为5%、间隔期2年的 R^2 值为15%、间隔期5年的 R^2 值为33%、间隔期10年的 R^2 值为63%。参见 Peter D. Easton, Trevor S. Harris, and James A. Ohlson, "Aggregate Accounting Earnings Can Explain Most of Security Returns," *Journal of Accounting and Economics* (1992), pp. 119-142。

② 研究者非常关注现金流量或盈余与股票报酬率的相关性问题。研究成果表明，长期累积的盈余和现金流量与长期（比如5年期）股票报酬率高度正相关。但从短期来看，盈余与股票报酬率的相关性强于现金流量与股票报酬率的相关性。参见 Patricia M. Dechow, "Accounting Earnings and Cash Flows as Measures of Firm Performance: The Role of Accounting Accruals," *Journal of Accounting and Economics* (1994), pp. 3-42; C. S. Cheng, Chao-Shin Liu, and Thomas F. Schaefer, "Earnings Performance and the Incremental Information Content of Cash Flow from Operations," *Journal of Accounting Research* (Spring 1996), pp. 173-181; Richard G. Sloan, "Do Stock Prices Fully Reflect Information in Accruals and Cash Flows about Future Earnings," *The Accounting Review* (July 1996), pp. 289-315。

经济学家有时也会表达出对剩余收益估值法的担忧。在评估投资项目时，盈余没有现金或股利那么可靠或有意义，因此可能无助于估值。经济学家针对盈余进一步指出，公司用现金支付股利，而不是用盈余支付股利。投资者可以将现金用于未来消费，而不能将盈余用于未来消费。但事实上，估值过程可以缓解这种担忧。因为盈余、现金流量和股利之间的差异只是时间差异：盈余计量公司创造财富的时间，自由现金流量计量公司以现金形式实现财富的时间，股利计量公司分配给股东财富的时间。在公司存续期内，未来盈余、现金流量和股利的现值相等。

有些经济学家则担心，权责发生制下的盈余无法反映公司基本经济价值的变动（例如，以过时的资产购置成本计提的折旧或摊销费用、已经证明成功的研究与开发费用或已经创造有经济价值品牌的广告费用）。但事实上，以公司剩余存续期的预期盈余为基础计量价值可以减少经济学家的这种担心。因为随着时间的推移，权责发生制下的会计最终将自我纠正会计数字的计量误差。例如，如果某家公司固定资产账面价值显得“过高”或“过低”，随着时间的推移（而且这个时间不会太长），后续折旧费用也将显得“过高”或“过低”，因此，权责发生制下的会计会自然纠正这些计量误差。如果当期资产负债表没有确认成功的研究与开发所创造的知识资本价值或成功的营销所创造的品牌价值，那么，随着时间的推移，在公司的无形资产创造出更多的盈余时，权责发生制下的会计也会自我纠错。①

有些经济学家担忧，公司会有意管理或操纵盈余。毫无疑问，分析师应该时刻警惕某些公司在某些期间盈余管理（甚至虚假呈报）的可能性。更令人担心的问题是公司过去和现在的盈余是不是评估公司盈利能力和风险的有用指标，进而产生的问题是，盈余、股利或自由现金流量等收益能否可靠地预测。只要分析师仔细地进行会计分析，就可以确保在预测未来收益时不至于天真地认为公司操纵的盈余将延续到未来年份，剩余收益估值法也就不会受盈余管理的影响。股利估值法和现金流量估值法也是如此。前面各章用了相当大的篇幅帮助读者理解如何评估公司的会计信息质量并做出可靠的预测。

颇具讽刺意味的是，公司可以轻易地管理某个期间的现金流量，经济学家却几乎不担心这个问题。各期的自由现金流量取决于现金流入量和现金流出量，而公司可以通过加速或延迟某个特定期间的现金支付或现金收取，轻易地操纵现金流入量和现金流出量。在公司剩余存续期内（预测和估值的关注点），公司的经营活动、投资活动和筹资活动是否成功（而不是公司过去对盈余或现金流量的操纵）将最终决定公司的盈余和现金流量。

13.3 剩余收益估值法的理论与概念基础②

如图 13-1 所示，理解剩余收益估值法的第二个步骤是建立剩余收益估值法的理论与概念基础。剩余收益估值模型的基础是第 11 章讨论过的经典股利估值模型。根据股利估值模型，普通股权益的价值是公

① 在认为公司当期资产负债表中的盈余数字不能反映公司基本的经济价值时，应该如何验证这个事实呢？如果分析师认为公司的资产负债表遗漏了知识产权或品牌资产等有价值的无形资产，那么应该如何评估这些被遗漏资产的价值呢？分析师通常认为公司的经营活动将利用这些经济资产创造未来利润，据此对公司盈余数字做出判断。盈余估值法准确地反映了这种理念。公司价值取决于公司剩余存续期内的预期未来盈余。

② 对剩余收益估值模型的严密推导应归功于 James A. Ohlson。参见 James A. Ohlson，“A Synthesis of Security Valuation Theory and the Role of Dividends，Cash Flows，and Earnings，” *Contemporary Accounting Research* （Spring 1990），pp. 648 - 676；James A. Ohlson，“Earnings，Book Values，and Dividends in Equity Valuation，” *Contemporary Accounting Research* （Spring 1995），pp. 661 - 687；Gerald A. Feltham and James A. Ohlson，“Valuation and Clean Surplus Accounting for Operating and Financial Activities，” *Contemporary Accounting Research* （Spring 1995），pp. 216 - 230。盈余估值法背后的基本理念可以追溯到更早的研究成果。参见 G. A. D. Preinreich，“Annual Survey of Economic Theory：The Theory of Depreciation，” *Econometrica* （1938），pp. 219 - 241；Edgar O. Edwards and Philip W. Bell，*The Theory and Measurement of Business Income* （Berkeley，CA：University of California Press），1961。

司在其剩余存续期内支付给股东的所有未来股利的现值。如第 11 章所述，我们将股利定义为公司与普通股股东之间的所有现金流量，包括公司通过定期支付股利、回购股票和清算股利等从公司流向股东的现金流量，也包括公司发行股票时从股东流向公司的现金流量（即负值股利）。

第 11 章讨论了如何以资本市场预期的与公司普通股权益资本相关的风险相匹配的报酬率（用 R_E 表示）为基础（采用资本资产定价模型或其他基于风险的预期报酬率模型）估算一个合适的折现率。第 11 章还讨论了股利估值法，股利估值法以所有预期股利（用 D 表示）的现值估算普通股权益的价值（用 V_0 表示）。其通用模型为：

$$V_0 = \sum_{t=1}^{\infty} \frac{D_t}{(1+R_E)^t} = \frac{D_1}{(1+R_E)^1} + \frac{D_2}{(1+R_E)^2} + \frac{D_3}{(1+R_E)^3} + \cdots$$

分析师和投资者通常发现，识别和预测决定公司未来股利的经济变量非常值得，而且它们可以替代股利并得到相同的估值结果。会计数字提供了一种解决方案。普通股权益账面价值（用 BV 表示）的会计处理可以表述为：

$$BV_t = BV_{t-1} + CI_t - D_t$$

在这个表达式中，第 t 年度末的普通股权益账面价值（BV_t）等于第 $t-1$ 年度末的普通股权益账面价值（BV_{t-1}），加上第 t 年度的综合收益（CI_t），再减去第 t 年度的所有股利（D_t）。我们在第 11 章讨论股利估值法时假设净利润和股东权益的会计处理遵循净盈余会计法。净盈余会计法意味着综合收益包括公司归属于普通股股东的所有已经确认的收益要素（即利润表中的所有数额加上所有其他综合收益项目），而股利则包括公司与普通股股东之间的所有直接资本交易（即定期支付股利、股票回购和发行股票）。

为了单独考察股利，我们可以重新表述普通股权益账面价值的会计等式：

$$D_t = CI_t + BV_{t-1} - BV_t$$

在这个公式中，股利总额等于综合收益加上公司与普通股股东之间的直接资本交易产生的普通股权益账面价值变动额。

示例：净盈余

假设某家公司第 $t-1$ 年度末资产负债表列报的股东权益账面价值为 5 000 美元，第 t 年度赚取综合收益 600 美元，向股东支付股利 50 美元，发行新股筹集资金 250 美元，用 50 美元回购普通股。此时，该公司第 t 年度末的股东权益账面价值为：

$$\begin{aligned} BV_t &= BV_{t-1} + CI_t - D_t \\ &= 5\,000 + 600 - (360 - 250 + 50) \\ &= 5\,000 + 600 - 160 \\ &= 5\,440(\text{美元}) \end{aligned}$$

在这个示例中，该公司第 t 年度的所有股利（D_t）为 160 美元。用上述公式表述为：

$$\begin{aligned} D_t &= CI_t + BV_{t-1} - BV_t \\ &= 600 + 5\,000 - 5\,440 \\ &= 160(\text{美元}) \end{aligned}$$

由于股利总额等于综合收益加上普通股权益账面价值变动额，我们可以将综合收益加上普通股权益账面价值变动额代入经典股利估值模型：

$$V_0=\sum_{t=1}^{\infty}\frac{D_t}{(1+R_E)^t}=\sum_{t=1}^{\infty}\frac{CI_t+BV_{t-1}-BV_t}{(1+R_E)^t}$$
$$=\frac{CI_1+BV_0-BV_1}{(1+R_E)^1}+\frac{CI_2+BV_1-BV_2}{(1+R_E)^2}+\frac{CI_3+BV_2-BV_3}{(1+R_E)^3}+\cdots$$

BV_{t-1}的现值的公式可以重新写为：

$$\frac{BV_{t-1}}{(1+R_E)^t}=\frac{BV_{t-1}}{(1+R_E)^{t-1}}-\frac{R_E\times BV_{t-1}}{(1+R_E)^t}$$

我们将 BV_{t-1}的现值的公式右边项目代入上述 V_0 的计算公式，重新整理各个项目并简化就可以得到剩余收益估值模型：

$$V_0=BV_0+\sum_{t=1}^{\infty}\frac{CI_t-R_E\times BV_{t-1}}{(1+R_E)^t}$$
$$=BV_0+\frac{CI_1-R_E\times BV_0}{(1+R_E)^1}+\frac{CI_2-R_E\times BV_1}{(1+R_E)^2}+\frac{CI_3-R_E\times BV_2}{(1+R_E)^3}+\cdots$$

因此，上述的剩余收益估值模型就是普通股权益的估值模型，其公式等价于股利估值法，也依赖于盈余和账面价值。①

□ 剩余收益计量与估值的常识

剩余收益估值模型的常识简单明了。普通股权益的价值等于普通股权益的账面价值加上所有预期未来剩余收益的现值。剩余收益等于公司剩余存续期内预期未来盈余超过必要盈余的数额。公司的必要盈余（也称为正常盈余）等于普通股权益资本的必要报酬率乘以各期普通股权益资本账面价值的期初余额。我们将第 t 期的必要盈余估算为“$R_E\times BV_{t-1}$”。必要盈余反映了公司在第 t 期为了实现普通股权益报酬率（等于普通股权益资本成本率）必须获得的盈余。必要盈余是权益资本成本的同义词，类似于债务资本成本的利息费用。

我们可以用下列公式估算剩余收益（超常盈余）：

$$\text{剩余收益}=CI_t-R_E\times BV_{t-1}$$

剩余收益是公司预期将创造的综合收益与公司的必要盈余之间的差额。第 t 期的剩余收益计量了公司将在第 t 期为普通股股东创造的财富数额（如果该数额为正值，就是创造财富；如果该数额为负值，就是减少财富）高于（或低于）弥补权益资本成本的必要盈余的差额部分。如果公司预期未来各期创造的综合收益刚好等于必要盈余（即 $CI_t-R_E\times BV_{t-1}=0$，未来各期的剩余收益为零），那么公司的综合收益刚好弥补了权益资本成本。这时，公司的价值刚好等于普通股权益的账面价值。当然，如果公司为普通股股东创造了价值，剩余收益为正值，公司的价值就等于普通股权益的账面价值加上所有预期未来剩余收益的现值。②

---

① 第 14 章将讨论这种剩余收益法的另一个版本。该版本将采用普通股权益报酬率（见第 4 章）和普通股权益账面价值的预期增长率确定公司的内在价值与账面价值的比率。

② 从时间上看，经济学和会计学文献中剩余收益概念的出现要比“经济增加值”的商业化早几十年。有关剩余收益概念在估值和公司治理中的实践应用可以参见：G. Bennett Stewart，*The Quest for Value*（New York：Harper Collins），1991。读者也可以参见经济增加值方面的相关文献。

□ 剩余收益的计量与估值示例

下面的示例用来说明剩余收益的计量问题以及基于各种不同假设的剩余收益估值模型。

示例1：剩余收益为零，股利支付率为100%

假设投资者用10 000美元投资了某家公司的普通股权益。考虑到该公司的风险水平，投资者期望获得的报酬率为12%，预期该公司每年股利支付率为100%。该公司每期的必要盈余为：

$$R_E \times BV_{t-1} = 0.12 \times 10\,000 = 1\,200(\text{美元})$$

假设投资者预期该公司每年创造的综合收益刚好是1 200美元。投资者估算的该公司的剩余收益为：

$$CI_t - R_E \times BV_{t-1} = 1\,200 - 0.12 \times 10\,000 = 0$$

采用剩余收益估值法，投资者以账面价值加上预期未来剩余收益为基础估算该公司的价值：

$$V_0 = BV_0 + \sum_{t=1}^{\infty} \frac{CI_t - R_E \times BV_{t-1}}{(1+R_E)^t}$$

$$= 10\,000 + \sum_{t=1}^{\infty} \frac{\text{第}\ t\ \text{期的}\ 1\,200 - 0.12 \times \text{第}\ t-1\ \text{期的}\ 10\,000}{(1+0.12)^t}$$

$$= 10\,000 + \sum_{t=1}^{\infty} \frac{0}{(1+0.12)^t} = 10\,000(\text{美元})$$

在示例1中，公司预期未来收益刚好等于弥补权益资本成本的必要盈余。因此，剩余收益为零，公司的价值等于投入公司的普通股权益账面价值。根据剩余收益估值模型，公司的价值与根据股利估值模型估算出来的公司价值相同。根据股利估值模型，公司的价值是增长率为零的一系列永续年金股利的现值：

$$V_0 = \frac{1\,200}{0.12} = 10\,000(\text{美元})$$

示例2：剩余收益为零，股利支付率为零

现在假设其他条件与示例1相同，但进一步假设投资者预期公司每年都不支付股利，所有盈余都将再投资于各种投资项目。这些投资项目将为投资者创造的必要报酬率为12%①，其他条件与示例1相同。该公司第+1年度的必要盈余为：

$$R_E \times BV_0 = 0.12 \times 10\,000 = 1\,200(\text{美元})$$

将留存收益1 200美元加到第+1年度末的权益账面价值之后，该公司第+2年度的必要盈余为：

$$R_E \times BV_1 = 0.12 \times (10\,000 + 1\,200) = 1\,344(\text{美元})$$

将留存收益1 344美元加到第+2年度末的权益账面价值之后，该公司第+3年度的必要盈余为：

$$R_E \times BV_2 = 0.12 \times (11\,200 + 1\,344) = 1\,505(\text{美元})$$

这些计算过程说明该公司的必要盈余将随着公司留存和再投资盈余的增加而增加。投资者预期该公司留存和再投资的盈余可以获得必要报酬率。

---

① 尽管这只是一个示例，但值得注意的是，这是一个重要的假设。因为该示例假设公司扩大经营规模但不降低未来报酬率。

假设投资者预期该公司每年创造的未来盈余刚好与每年的必要盈余相匹配，同时公司的所有盈余将继续再投资于各种投资项目并且在该公司剩余存续期内（即延续到第＋4 年度及以后年度）每年获得的必要报酬率都是 12%，我们可以采用剩余收益估值模型估算权益资本的价值：

$$V_0 = BV_0 + \sum_{t=1}^{\infty} \frac{CI_t - R_E \times BV_{t-1}}{(1+R_E)^t}$$
$$= 10\,000 + \frac{1\,200 - 0.12 \times 10\,000}{1.12^1} + \frac{1\,344 - 0.12 \times 11\,200}{1.12^2}$$
$$+ \frac{1\,505 - 0.12 \times 12\,544}{1.12^3} + \sum_{t=4}^{\infty} \frac{CI_t - 0.12 \times BV_{t-1}}{(1+0.12)^t}$$
$$= 10\,000 + \frac{0}{1.12^1} + \frac{0}{1.12^2} + \frac{0}{1.12^3} + \sum_{t=4}^{\infty} \frac{0}{(1+0.12)^t}$$
$$= 10\,000(\text{美元})$$

示例 3：剩余收益逐渐减少，股利支付率为零

现在假设其他条件与示例 1 相同，但进一步假设投资者预期公司未来三个年度只将盈余再投资于没有任何额外报酬率的现金或其他资产类型。投资者预期该公司原始投资额 10 000 美元每年都可以持续赚 1 200 美元，但前三个年度再投资的盈余没有获得任何额外报酬率。为了简化起见，假设该公司第＋4 年度及以后年度将投资的各种项目可以为权益股东创造的报酬率为 12%。

该公司第＋1 年度的必要盈余为：

$$R_E \times BV_0 = 0.12 \times 10\,000 = 1\,200(\text{美元})$$

将留存收益 1 200 美元加到第＋1 年度末的权益账面价值之后，该公司第＋2 年度的必要盈余为：

$$R_E \times BV_1 = 0.12 \times (10\,000 + 1\,200) = 1\,344(\text{美元})$$

将留存收益 1 200 美元加到第＋2 年度末的权益账面价值之后，该公司第＋3 年度的必要盈余为：

$$R_E \times BV_2 = 0.12 \times (11\,200 + 1\,200) = 1\,488(\text{美元})$$

我们可以采用剩余收益估值模型估算权益资本的价值：

$$V_0 = BV_0 + \sum_{t=1}^{\infty} \frac{CI_t - R_E \times BV_{t-1}}{(1+R_E)^t}$$
$$= 10\,000 + \frac{1\,200 - 0.12 \times 10\,000}{1.12^1} + \frac{1\,200 - 0.12 \times 11\,200}{1.12^2}$$
$$+ \frac{1\,200 - 0.12 \times 12\,400}{1.12^3} + \sum_{t=4}^{\infty} \frac{CI_t - 0.12 \times BV_{t-1}}{(1+0.12)^t}$$
$$= 10\,000 + \frac{0}{1.12^1} + \frac{1\,200 - 1\,344}{1.12^2} + \frac{1\,200 - 1\,488}{1.12^3} + \sum_{t=4}^{\infty} \frac{0}{(1+0.12)^t}$$
$$= 10\,000 + 0 - 115 - 205 + 0$$
$$= 9\,680(\text{美元})$$

示例 3 说明，再投资的盈余没有获得任何额外报酬率，而必要报酬率为 12%。因此该公司再投资的盈余分别比第＋2 年度和第＋3 年度的必要盈余少了 144 美元和 288 美元。从现值的角度看，该公司第＋2 年度和第＋3 年度分别减少股东价值 115 美元和 205 美元。因此在本示例中投资者对该公司的估值只有 9 680 美元，而在示例 2 和示例 1，投资者对该公司的估值为 10 000 美元。

示例4：剩余收益为正值

假设投资者用10 000美元投资了某家公司的普通股权益。投资者期望获得的报酬率为12%，预期该公司每年股利支付率为100%。现在假设这些投资者预期该公司第+1年度、第+2年度和第+3年度的净利润分别为1 000美元、2 000美元和1 500美元，第+3年度以后每年的净利润为1 200美元。投资者采用剩余收益估值模型估算：

$$\begin{aligned}V_0 &= BV_0+\sum_{t=1}^{\infty}\frac{CI_t-R_E\times BV_{t-1}}{(1+R_E)^t}\\&=10\,000+\frac{1\,000-0.12\times 10\,000}{1.12^1}+\frac{2\,000-0.12\times 10\,000}{1.12^2}\\&\quad+\frac{1\,500-0.12\times 10\,000}{1.12^3}+\sum_{t=4}^{\infty}\frac{1\,200-0.12\times 10\,000}{(1+0.12)^t}\\&=10\,000+\frac{-200}{1.12^1}+\frac{800}{1.12^2}+\frac{300}{1.12^3}+\sum_{t=4}^{\infty}\frac{\text{第 }t\text{ 年度的 }0}{(1+0.12)^t}\\&=10\,000-179+638+214+0\\&=10\,673(\text{美元})\end{aligned}$$

在示例3中，该公司第+1年度、第+2年度和第+3年度的剩余收益分别为−200美元、800美元和300美元，第+3年度以后每年的剩余收益都是0。该公司第+1年度获得的收益无法弥补权益资本成本，因此该公司减少了股东财富。不过，该公司第+2年度和第+3年度不断创造股东财富，第+3年度以后每年创造的收益都刚好弥补其权益资本成本。基于这些假设，根据剩余收益估值模型，该公司的现值为10 673美元。

示例5：基于不同会计处理方法的剩余收益估值法

如前所述，与权责发生制下的会计一样，剩余收益估值模型也会自然纠正公司存续期内各种会计方法的差异。为了说明问题，我们基于下列假设评估某家非常简单的公司。该公司只有一种资产即现金200美元，普通股权益账面价值的期初余额为200美元。投资者预期的报酬率为10%。该公司在第一个年度将现金200美元投入研究与开发项目，且在第一个年度没有实现任何收入。不过，该公司的研究与开发项目在第二个年度实现收入200美元。这些是该公司的全部业务。

假设该公司在第一个年度立即将全部研究与开发支出作费用处理。该公司第一个年度的盈余为−100美元（收入0−研究与开发费用100），第二个年度的盈余为+200美元（收入200−研究与开发费用0）。我们采用剩余收益估值模型评估该公司的价值：

$$\begin{aligned}V_0 &= BV_0+\sum_{t=1}^{\infty}\frac{CI_t-R_E\times BV_{t-1}}{(1+R_E)^t}\\&=200+\frac{-100-0.10\times 200}{1.10^1}+\frac{200-0.10\times 100}{1.10^2}\\&=200+\frac{-120}{1.10^1}+\frac{190}{1.10^2}\\&=200-109+157=248(\text{美元})\end{aligned}$$

现在，假设该公司在第一个年度将研究与开发支出全部资本化为一项资产，并在研究与开发项目创造收入的第二个年度将研究与开发支出全部转化为费用。这样，该公司第一个年度的盈余为0（收入0−研究与开发费用0），第二个年度的盈余为+100美元（收入200−研究与开发费用100）。我们采用剩余收益估值模型评估该公司的价值：

$$
\begin{aligned}
V_0 &= BV_0 + \sum_{t=1}^{\infty} \frac{CI_t - R_E \times BV_{t-1}}{(1+R_E)^t} \\
&= 200 + \frac{0-0.10\times 200}{1.10^1} + \frac{100-0.10\times 200}{1.10^2} \\
&= 200 + \frac{-20}{1.10^1} + \frac{80}{1.10^2} \\
&= 200 - 18 + 66 = 248(\text{美元})
\end{aligned}
$$

值得注意的是，不管该公司在第一个年度将研究与开发支出作资本化处理还是作费用化处理，我们会得到完全相同的估值。

现在可以估计我们采用现金流量估值法或股利估值法的估值结果。该公司第二个年度末的自由现金流量为 300 美元，可以支付清算股利 300 美元（原始现金投资额 200－第一个年度研究与开发支出现金 100＋第二个年度获得现金收入 200）。如果折现率为 10%，第二个年度末股利 300 美元的现值为 248 美元，刚好等于我们采用剩余收益估值模型所确定的估值。

13.4　在有限期内预测盈余的剩余收益估值模型与持续价值估算

分析师不可能精确地编制公司未来数年的预测性利润表和资产负债表，通常是在一个可以预见的有限期内编制预测性利润表和资产负债表，然后就预测期间之后的持续年份做出简化的增长率假设。我们可以修正剩余收益估值模型，使其包括整个 T 年度（这里的 T 是一个有限预测期，通常是未来的 5 年或 10 年）的净利润和普通股权益账面价值的预测值，然后以一个固定增长率假设（用 g 表示）预测第 $T+1$ 年度及以后所有年度的剩余收益。我们曾采用类似的方法预测股利（见第 11 章）和自由现金流量（见第 12 章）。

为了解决长期预测的不确定性问题，分析师必须在一个明确的预测期间内预测净利润、股东权益的账面价值和剩余收益，直至分析师预期公司会进入稳定增长状态。一旦公司进入稳定增长状态，其盈余、股利和现金流量（平均而言）都将以一个稳定、可预测的比率持续增长。我们将这种在长期稳定增长期间产生的剩余收益称为持续剩余收益，因为这种剩余收益反映了公司未来可以长期持续创造的剩余收益。未来持续剩余收益的长期稳定增长率可能为正值，也可能为负值，甚至为零。通货膨胀、行业规模、总体经济状况或人口的长期预期可能影响剩余收益的稳定增长率。某些行业的竞争态势最终将影响公司可能获得的未来报酬率（如未来的普通股权益报酬率）的长期预期，达到一种未来报酬率等于长期预期的权益资本成本率的均衡状态。一旦达到这个均衡点，公司预期未来剩余收益将为零。分析师应该选择一个持续稳定的剩余收益增长率，该增长率应该能够反映公司现实的长期预期。

为了估算第＋1 年度的剩余收益，分析师可以将第 T 年度的综合收益乘以增长系数（$1+g$）预测出第 $T+1$ 年度的综合收益，从而估算第 $T+1$ 年度的剩余收益（用 RI_{T+1} 表示）：

$$RI_{T+1} = CI_T \times (1+g) - R_E \times BV_T$$

以这种方式估算第 $T+1$ 年度的剩余收益（RI_{T+1}），分析师可以采用相同的统一长期增长系数即（$1+g$）估算第 $T+1$ 年度的利润表和资产负债表各个项目的数额，进而内在一致地估算第 $T+1$ 年度的自由现金流量和股利。有了自由现金流量和股利预期数额，分析师就可以用现金流量估值模型和股利估值模型确定内在一致的估值。第 11 章和第 12 章已经讨论了现金流量估值法和股利估值法。

接着，分析师可以将第 $T+1$ 年度的剩余收益（RI_{T+1}）视为从第 $T+1$ 年度开始的一项不断增长的永续年金剩余收益。可以用第11章和第12章讨论过的永续年金增长估值模型将永续年金剩余收益折现为现值，可以将永续价值的估算纳入有限预测期的剩余收益模型中：

$$V_0 = BV_0 + \sum_{t=1}^{\infty} \frac{CI_t - R_E \times BV_{t-1}}{(1+R_E)^t}$$

$$= BV_0 + \sum_{t=1}^{T} \frac{CI_t - R_E \times BV_{t-1}}{(1+R_E)^t}$$

（1）　　（2）

$$+ \left([CI_T \times (1+g) - R_E \times BV_T] \times \frac{1}{R_E - g} \times \frac{1}{(1+R_E)^T} \right)$$

（3）

根据上述公式，该模型通过（1）、（2）和（3）三部分估算普通股权益的价值：

（1）$t=0$ 这个时点的股东权益账面价值（即 BV_0 项）。

（2）预测期间第 T 年度的剩余收益现值（即求和项）。

（3）从第 $T+1$ 年度开始的不断增长的永续年金剩余收益的持续价值现值（即括号项）。

为估算持续价值，我们估算了第 $T+1$ 年度的剩余收益即 $CI_t \times (1+g) - R_E \times BV_T$。假设第 $T+1$ 年度的剩余收益将在从第 $T+1$ 年度开始的永续年金基础上以固定比率 g 持续增长。这样，我们就可以用永续年金增长估值系数 $1/(R_E-g)$ 估算从第 $T+1$ 年度开始的持续价值。最后用现值系数 $1/(1+R_E)^T$ 将持续价值折现为 $t=0$ 这个时点的现值。

小贴士：避免常见错误

如前所述，我们可以采用下列公式估算第 $T+1$ 年度的剩余收益：

$$RI_{T+1} = CI_T \times (1+g) - R_E \times BV_T$$

以这种方式估算第 $T+1$ 年度的剩余收益（RI_{T+1}），分析师实际上是用一个统一的长期增长系数（$1+g$）乘以综合收益来估算的。第11章和第12章曾经讨论过如何通过相同的长期增长系数（$1+g$）预测第 $T+1$ 年度利润表和资产负债表所有项目的数额，并推断第 $T+1$ 年度内在一致的股利和自由现金流量，进而正确地估算第 $T+1$ 年度的股利和自由现金流量。借助这个简单而重要的步骤，分析师可以通过三种估值方法（并避免采用不同估值模型对相同公司进行估值却得出不同估值结果的所有常见错误）得出内在一致的估值。

分析师可能犯的常见错误（借助上述小贴士可以避免这些常见错误）是通过“$RI_{T+1}=RI_t \times (1+g)$”预测第 $T+1$ 年度的剩余收益（RI_{T+1}）。这种（可能是错误的）快捷的预测方法隐含着这样的假设：$RI_{T+1}=RI_t \times (1+g)=(CI_T-R_E \times BV_{T-1}) \times (1+g)=CI_T \times (1+g)-R_E \times BV_{T-1} \times (1+g)$。该假设要求 $BV_T=BV_{T-1} \times (1+g)$，但这种要求未必正确。第 $T+1$ 年度的剩余收益取决于第 T 年度末的账面价值，我们假设从第 $T+1$ 年度开始的剩余收益的固定增长率为 g，因此第 $T+1$ 年度的剩余收益等于第 T 年度的剩余收益乘以（$1+g$）的唯一条件是，第 T 年度账面价值（碰巧）刚好以相同比率 g 增长。这种巧合并不常见。分析师只要正确地计算 $RI_{T+1}=CI_T \times (1+g) - R_E \times BV_T$，就可以轻易地避免这种预测和估值差错。

□ 运用剩余收益估值模型评估百事公司的价值

如表13－1所示，理解剩余收益估值法的第三个步骤是实践应用步骤。根据该步骤，我们运用剩余收益估值法评估百事公司的普通股权益价值。如第11章和第12章所述，2012年末，百事公司的股票在纽约证券交易所的每股收盘价格为68.43美元。在第11章采用第10章所编制的预测性财务报表和股利估值法估算出百事公司2012年末的股票价值大约为每股85.86美元。在第12章采用现金流量估值法同样估算出百事公司2012年末的股票价值为每股85.86美元。接下来，我们将讨论如何运用本章所述的剩余收益估值模型和第10章所编制的预测性财务报表评估百事公司的股票价值。财务报表分析软件包的预测和估值电子表格展现了预测与估值的过程。

根据下列7个步骤，运用剩余收益估值法评估百事公司的价值：

(1) 运用经风险调整的权益资本必要报酬率估算合适的折现率。

(2) 确定百事公司2012年末资产负债表的普通股权益账面价值。

(3) 根据第10章编制的百事公司预测性财务报表预测预期未来剩余收益。

(4) 预计预测期间的以后期间持续剩余收益的长期增长率。

(5) 将预期未来剩余收益（包括持续价值）折现为现值。

(6) 将权益账面价值与预期未来剩余收益现值相加，确定普通股权益价值总额，纠正年度中间点折现偏差，将普通股权益价值总额除以流通在外股票数量得出百事公司的每股股票价值。

(7) 分析百事公司股票估值的敏感性，确定百事公司股票价值的合理区间。

在这7个估值步骤之后，我们将百事公司股票价值的合理区间与其股票市场价格做个比较，并根据分析结果提出合理的投资决策建议。

剩余收益的折现率

如第11章和第12章所述，为了估算剩余收益的合适折现率，我们再次运用资本资产定价模型估算百事公司普通股的市场必要报酬率。2012年末，百事公司普通股的市场β系数大约为0.75。此时，美国10年期国库券的收益率为3.0%。我们用该国库券的收益率作为无风险利率。假设市场风险溢价为6%。根据资本资产定价模型，百事公司2012年末即估值期初的普通股权益资本成本率为7.5%（3.0%+0.75×6.0%）。我们使用与第11章（采用未来股利现值）和第12章（采用归属于普通股股东的自由现金流量现值）相同的普通股权益资本成本率评估百事公司的股票价值。

如果运用剩余收益估值模型，那么不需要估算加权平均资本成本率，但这并不意味着可以忽略债务资本或与债务资本相关的各种成本。相反，我们需要反映债务的影响。从资产总额中减去债务总额，就可以预测股东权益的账面价值，再减去利息费用（扣除节税数额），就可以预测净利润。

百事公司权益的账面价值与剩余收益预期数额

根据百事公司的资产负债表，百事公司2012年末的普通股权益账面价值为224.17亿美元，该数额是剩余收益估值模型的起点，在估值方程式中，用BV_0表示。

我们通过以下四个步骤预测有限期内各期的剩余收益：

(1) 预测各期的预期未来综合收益。

(2) 预测各期初的预期未来普通股权益的账面价值。

(3) 估算预期未来必要收益，即权益资本成本率乘以各期初普通股权益账面价值（$R_E \times BV_{t-1}$）。

(4) 从预期未来综合收益中减去预期未来必要收益得到预期未来剩余收益（$CI_t - R_E \times BV_{t-1}$）。

我们在第10章已经完成上述第一个步骤和第二个步骤。通过对利润表各个项目做出各种具体假设，预测了百事公司未来综合收益。还通过对百事公司的资产、负债和普通股权益做出具体假设，预测了百事公司资产负债表的普通股权益数额，也预测了股利、发行股票和股票回购的数额。在预测第+5年度之后的综合收益和股东权益价值时，我们假设第+6年度及以后年度百事公司每年将以3.0%的比率稳定增长。

表 13-2 列示了根据第 10 章的预测结果和 7.5%的权益资本成本率得出的百事公司第+1 年度至第+5 年度的综合收益、股东权益账面价值、必要收益和剩余收益的预期数额。

表 13-2 百事公司估值：第+1 年度至第+5 年度的剩余收益现值 单位：百万美元

	第+1 年度	第+2 年度	第+3 年度	第+4 年度	第+5 年度
年度初的普通股权益（BV_{t-1}）	22 417.0	22 020.3	22 417.9	22 749.5	23 259.5
归属于普通股股东的综合收益（CI_t）	6 094.7	6 376.6	6 598.3	6 972.2	7 064.2
必要收益（$R_E \times BV_{t-1}$；$R_E=7.5\%$）	(1 681.3)	(1 651.5)	(1 681.3)	(1 706.2)	(1 744.5)
剩余收益（$CI_t - R_E \times BV_{t-1}$）	4 413.5	4 725.1	4 917.0	5 266.0	5 319.7
现值系数（$R_E=7.5\%$）	0.930	0.865	0.805	0.749	0.697
剩余收益的现值	4 105.6	4 088.8	3 958.0	3 943.2	3 705.5
第+1 年度至第+5 年度的剩余收益现值总额	**19 801.0**				

例如，我们在第 10 章预测百事公司第+1 年度归属于普通股股东的净利润为 61.577 亿美元，预测其他综合收益项目为零，因此预期综合收益与预期净利润相等（回顾前面的讨论，剩余收益估值模型要求我们采用净盈余会计法综合估算归属于普通股股东的收益）。我们预期百事公司将在第+1 年度注销流通在外的优先股并发放清算股利 0.63 亿美元（优先股的公允价值），因此归属于普通股股东的综合收益为 60.947 亿美元。考虑到百事公司第+1 年度初普通股权益的账面价值为 224.17 亿美元，而权益资本成本率为 7.5%，我们预测百事公司第+1 年度的必要盈余为 16.813 亿美元（0.075×224.17）。有鉴于此，我们预测百事公司第+1 年度的剩余收益为 44.135 亿美元（60.947－16.813）。

为了预测百事公司第+6 年度及以后年度的持续剩余收益，我们预期百事公司每年都可以维持 3.0%的长期增长率，与整个经济的长期平均增长率相同。这也是我们在第 10 章和第 11 章分别预测第+6 年度及以后年度的股利和自由现金流量时所做的假设。假设百事公司第+5 年度的综合收益将增长 3.0%，减去必要收益（即权益资本成本率乘以第+5 年度末的权益资本账面价值）后，我们预测百事公司第+6 年度的剩余收益为 55.274 亿美元：

$$
\begin{aligned}
RI_6 &= CI_5 \times (1+g) - R_E \times BV_5 \\
&= 70.642 \times 1.03 - 0.075 \times 233.158 \\
&= 72.761 - 17.487 \\
&= 55.274(\text{亿美元})
\end{aligned}
$$

将百事公司的剩余收益折现为现值

我们采用百事公司的权益资本成本率 7.5%将剩余收益折现为现值。根据表 13-2，百事公司第+1 年度至第+5 年度的剩余收益现值总额为 198.01 亿美元。

我们从第+6 年度开始，以 3.0%的增长率、按照永续年金估算百事公司剩余收益持续价值的现值。为了估算持续价值，我们采用永续年金增长估值模型确定永续年金起始期初不断增长的永续年金现值，然后将永续年金现值折现到 $t=0$ 这个时点的现值。估算百事公司剩余收益的持续价值现值的计算过程如下：

$$
\begin{aligned}
& t = 0\ \text{时点的持续价值现值} \\
&= [CI_5 \times (1+g) - R_E \times BV_5] \times [1/(R_E - g)] \times [1/(1+R_E)^5] \\
&= (70.642 \times 1.03 - 0.075 \times 233.158) \times [1/(0.075 - 0.03)] \times [1/(1+0.075)^5] \\
&= (72.761 - 17.487) \times 22.2222 \times 0.697 \\
&= 55.274 \times 22.2222 \times 0.697 \\
&= 855.595(\text{亿美元})
\end{aligned}
$$

百事公司剩余收益的现值总额是以下两部分的总和（单位：百万美元）：

第+1 年度至第+5 年度剩余收益的现值（表 13－2）	19 801.0
第+6 年度及以后年度持续价值的现值	85 559.5
剩余收益的现值	105 360.5

估算百事公司的普通股权益价值

为了估算普通股权益的价值总额，我们将百事公司普通股权益的账面价值与剩余收益的现值相加。百事公司第+1 年度初的普通股权益价值总额是以下两个数额的总和（单位：百万美元）：

剩余收益的现值	105 360.5
普通股权益账面价值	22 417.0
年度中间点折现调整前的普通股权益账面价值的现值	127 777.5

正如第 11 章和第 12 章所述，现值估算过程存在过度折现问题。因为是在整个期间内折现每年的剩余收益，而事实上，剩余收益可能发生在整个期间内的不同时点，应该以每年的年度中间点将这些剩余收益折现为现值。为了纠正过度折现，我们将普通股权益现值总额乘以年度中间点折现调整系数 1.037 5（$1+R_E/2=1+0.075/2$）。这样，普通股权益的现值总额为（单位：百万美元）：

年度中间点折现调整前的普通股权益账面价值的现值	127 777.5
年度中间点折现调整系数	×1.037 5
普通股权益现值总额	132 569.1

将普通股权益现值总额 1 325.691 亿美元除以流通在外的股票数量 15.44 亿股，便得到百事公司普通股股票的价值为每股 85.86 美元。这个估值与第 11 章（股利估值法）和第 12 章（现金流量估值法）的估值结果相同。表 13－3 总结了百事公司普通股股票的估值过程。表 13－4 列示了财务报表分析软件包运用剩余收益估值法估算百事公司价值的过程。

表 13－3　运用剩余收益估值模型估算百事公司的价值　　单位：百万美元

估值步骤	估算过程	数额
第+1 年度至第+5 年度剩余收益的现值总额	参见表 13－2	19 801.0
加：持续价值的现值	假设第+6 年度的剩余收益增长率为 3.0%；折现率为 7.5%	＋85 559.5
剩余收益现值总额		105 360.5
加：期初权益账面价值	来自 2012 年度资产负债表的期初权益账面价值	＋22 417.0
合计		127 777.5
年度中间点折现调整	乘以“$1+R_E/2$”	× 1.037 5
普通股权益现值总额		132 569.1
除以流通在外股票数量（亿股）	流通在外的股票数量为 15.44 亿股	÷ 1 544.0
每股估值（美元）		85.86
现行每股市场价格（美元）		68.43
差异百分比	数值为正，说明股票价值被低估	25%

表 13-4　百事公司估值：财务报表分析软件包的剩余收益估值法　单位：百万美元

剩余收益估值法	1 第+1年度	2 第+2年度	3 第+3年度	4 第+4年度	5 第+5年度	持续价值 第+6年度
归属于普通股股东的综合收益	6 094.7	6 376.6	6 598.3	6 972.2	7 064.2	7 276.1
普通股权益的账面价值（t−1期）	22 417.0	22 020.3	22 417.9	22 749.5	23 259.5	23 315.8
必要盈余	1 681.3	1 651.5	1 681.3	1 706.2	1 744.5	1 748.7
剩余收益	4 413.5	4 725.1	4 917.0	5 266.0	5 319.7	5 527.4
现值系数	0.930	0.865	0.805	0.749	0.697	
剩余收益现值	4 105.6	4 088.8	3 958.0	3 943.2	3 705.5	
剩余收益现值总额	19 801.0					
持续价值的现值	85 559.5					
合计	105 360.5					
加：期初权益账面价值	22 417.0					
权益的现值	127 777.5					
年度中间点折现调整系数	1.037 5					
权益现值总额	132 569.1					
流通在外股票数量（百万股）	1 544.0					
每股估值（美元）	**85.86**					
现行每股市场价格（美元）	68.43					
差异百分比	25%					

敏感性分析与投资决策

尽管我们在第11章和第12章曾经提醒过，这里还需要重申一下，即使像百事公司这样的成熟公司，分析师也不应该对采用公司剩余存续期内的预测数据估算的公司价值的精确度抱有太大的信心。尽管我们小心翼翼地做出预测与估值，但预测与估值本身存在高度不确定性和预测差错。因此，分析师不应该过分依赖公司股票的任何一个估值，而应该描述股票价值的一个合理范围。

两个主要预测与估值参数是长期增长率假设（预期长期增长率为3.0%）和权益资本成本率假设（预期权益资本成本率为7.5%）。根据这些假设，百事公司普通股的每股价值大约为85.86美元。与第11章和第12章一样，我们通过在合理范围内改变这两个参数评估百事公司股票估值的敏感性。表13-5列示了财务报表分析软件包所包含的长期增长率在0%～10%之间和权益资本成本率在5%～20%之间变动的敏感性分析结果。表13-5的数据表明，如果增长率保持不变，百事公司的股票估值与折现率负相关；相反，如果折现率保持不变，百事公司的股票估值与增长率正相关。如果增长率等于或超过折现率，不必对估值进行敏感性分析，因为此时的持续价值估算过程没有意义。

表 13-5　百事公司估值：估值与增长率和权益资本成本率的敏感性分析

剩余收益估值敏感性分析									
		长期增长率假设							
	85.86	0%	2%	3%	4%	5%	6%	8%	10%
折现率：	5%	91.96	135.32	189.52	352.10				
	6%	76.74	102.04	127.33	177.92	329.69			
	6.5%	70.89	90.94	109.56	143.08	221.27	612.25		
	7.5%	61.54	74.81	85.86	103.23	134.50	207.46		

续表

85.86	长期增长率假设							
	0%	2%	3%	4%	5%	6%	8%	10%
8.5%	54.40	63.63	70.77	81.08	97.28	126.45	534.73	
10%	46.37	52.11	56.21	61.68	69.33	80.82	138.23	
11%	42.23	46.56	49.53	53.35	58.44	65.58	94.10	236.75
12%	38.80	42.12	44.33	47.10	50.65	55.40	72.00	121.80
13%	35.89	38.48	40.17	42.23	44.80	48.11	58.70	83.42
14%	33.40	35.45	36.76	38.33	40.24	42.63	49.82	64.18
15%	31.25	32.89	33.92	35.13	36.59	38.36	43.45	52.60
16%	29.36	30.69	31.51	32.46	33.59	34.94	38.66	44.85
18%	26.23	27.12	27.65	28.26	28.96	29.78	31.91	35.10
20%	23.74	24.34	24.70	25.10	25.56	26.08	27.38	29.20

第 11 章和第 12 章的敏感性分析表明，百事公司的估值对长期增长率和折现率的基本假设（分别为 3.0%和 7.5%）的微小变动较为敏感。估值参数微小的不利变动（如长期增长率变为 2.0%，折现率变为 8.5%）使百事公司的每股估值下降大约 63 美元，而估值参数微小的有利变动（如长期增长率变为 4.0%，折现率变为 6.5%）使百事公司的每股估值达到 143 美元。如果分析师的预测与估值假设合乎现实，百事公司 2012 年末的每股估值为 85.86 美元。此时，百事公司股票的每股市场价格为 68.43 美元，说明百事公司股票价格被低估了大约 25%。基于分析师的预测假设，受增长率和折现率假设的微小影响，百事公司的每股估值可能在最低点每股 63 美元至最高点每股 143 美元之间变动。考虑到百事公司的每股市场价格为 68.43 美元，百事公司 2012 年末的每股估值支持买入建议。

13.5 剩余收益模型的实施问题

尽管剩余收益估值模型是一种严密而简单的估值方法，但分析师仍需要注意四个重要的实施问题：

（1）“脏盈余”会计项目

（2）普通股交易

（3）归属于权益求索权而不是普通股股东的净利润

（4）权益账面价值为负值

下面将分别描述这些问题以及如何解决这些问题。

□“脏盈余”会计项目

剩余收益估值模型要求分析师在预测未来综合收益、股利和账面价值时遵循净盈余会计法，由此产生了剩余收益估值模型的第一个实施问题。净盈余会计法意味着预期未来收益数额应该包括公司已经确认的归属于普通股股东的所有收益，而且所有股利应该包括公司与普通股股东之间的所有资本交易。现在，美国公认会计原则和国际财务报告准则并没有采用净盈余会计法计量净利润，其中美国公认会计原则允许存在四个“脏盈余”项目，这些项目是公司在股东权益项目中直接确认的其他综合收益。这四个“脏盈余”项目是：

（1）可供出售投资性证券的未实现公允价值利得和损失。

（2）外币折算利得和损失。

（3）因修改养老金计划和精算假设而产生的与养老金和退休后福利相关的资产和负债变动额。

（4）现金流量套期保值的公允价值利得和损失。

美国公认会计原则要求公司在综合收益中确认这些项目，但在这些项目实现（例如公司通过出售可供出售投资性证券实现利得或损失）之前，不允许公司在净利润中确认这些项目。根据美国公认会计原则和国际财务报告准则，公司通常在利润表的附属绩效报表中单独列报综合收益。剩余收益估值模型务必采用与净盈余会计法一致的预期综合收益（而不是净利润）。

例如，根据百事公司 2012 年度的合并综合收益表，其他综合收益总额达到 7.06 亿美元。由于存在这些项目，百事公司的综合收益为 69.20 亿美元（净利润 62.14 亿美元＋其他综合收益总额 7.37 亿美元－归属于非控制性权益的综合收益 0.31 亿美元）。百事公司 2012 年末的累计其他综合损失总额（计量百事公司存续期内的累计其他综合损失调整总额，并作为股东权益的一个组成部分）为－54.87 亿美元。如第 8 章和第 10 章所述，导致百事公司产生其他综合收益的两个主要因素是外币折算调整（2012 年度的外币折算调整额达到 7.37 亿美元，累计外币折算调整额达到－19.46 亿美元）和养老金与退休福利调整（2012 年度的养老金与退休福利调整额达到－0.73 亿美元，累计养老金与退休福利调整额达到－34.91 亿美元）。

由于市场价格变动（如投资性证券公允价值、汇率或利率的变动）而引起的未实现利得和损失通常会导致出现四个“脏盈余”项目。因此，分析师可能判断这些利得和损失确实会发生，但不能精确地预测未来未实现利得和损失的方向和数额。分析师可能预测预期未来其他综合收益项目的平均数额为零，进而预测净利润等于综合收益。我们在第 10 章编制百事公司的预测性财务报表时采用了这个假设。

此外，如果分析师能可靠地预测这些项目的数额和时间分布，就应该在预测综合收益时考虑这些项目。为了考虑各种可能性（未来综合收益的预测值为零或不为零），财务报表分析软件包估值电子表格的剩余收益模型以预测未来综合收益为起点。

□ 普通股交易

改变现有普通股权益内在价值的普通股交易也可能导致剩余收益估值模型违背净盈余会计法，进而削弱剩余收益模型正确计量公司价值的能力。为了说明问题，一方面，假设公司以刚好反映股票内在价值（即对现有股东而言，出售或回购股票是一个净现值为零的投资项目）的交易价格出售普通股或回购普通股，那么这种交易没有改变现有股东的价值，而是遵循了净盈余会计法。另一方面，假设公司以低于内在价值的价格发行股票，那么这种交易稀释了所有现有普通股的价值（即降低股票价值）。综合收益和所有股利都不反映现有股东价值的这种损失，因此违背了净盈余会计法。

我们可以合理地预期多数普通股交易还是遵循净盈余会计法的。因为多数普通股的发行和回购都以市场价值入账。如此一来，多数普通股交易对现有股东没有净现值的影响，也就遵循了净盈余会计法。然而，最主要一个例外是因员工行使股票期权而发行的普通股股票。如第 7 章所述，员工以低于现行市场价格的价格行使股票期权稀释了现有股东的权益价值。如果公司在授予日估计员工股票期权的公允价值，并在计量净利润时将授予的股票期权公允价值确认为费用，就可能缓解违背净盈余会计法的程度。就此示例而言，分析师应该预测预期未来授予的股票期权的公允价值，并在预测预期未来净利润时扣除这些预期的费用。百事公司在授予股票期权时就将股票期权的公允价值作为费用处理，因此，我们在第 10 章预测百事公司的净利润时采用了这种方法。根据财务会计准则第 12 号公告（2004 年修订）和国际会计准则第 2 号，公司必须从股票期权授予日开始在授予期间内摊销股票期权的公允价值，将股票期权的公允价值作费用处理。[①]

公司经常在公开市场回购普通股股票，然后用这些股票行使股票期权。这时，股票回购按市场价格入账以及库藏股发行按股票期权的行权价格入账的会计处理反映了行使股票期权对股东权益的稀释效应。例如，如果公司以每股市场价格 60 美元从公开市场回购一股股票，而为了满足员工行使股票期权的需求以每股行权价格 40 美元发行该股票，这种会计处理的最终影响是股东权益减少了 20 美元。如果公司通过发行新股（或以前各期间以不反映当期市场价值的价格回购的库藏股）满足员工行使股票期权的需求，那么其会计处理将反映公司以行权价格发行股票，对现有股东的稀释效应将违背净盈余会计法。

例如，根据百事公司 2012 年度合并普通股权益列报的信息，该公司以 32.19 亿美元回购了股票 0.47 亿股，每股平均成本为 68.49 美元。此外，为了满足股票期权的行权要求，百事公司又发行了股票 0.24 亿股，权益资本增加了 10.57 亿美元（回购普通股账户的 14.88 亿美元－资本公积账户的 4.31 亿美元），已发行股票的每股平均账面价值为 44.04 美元。每股平均成本 68.49 美元与每股平均账面价值 44.04 美元之间的差异意味着已发行的股票每股稀释了 24.45 美元。百事公司已发行股票 0.24 亿股，总共稀释了 5.868 亿美元。百事公司流通在外的股票数量为 15.44 亿股，流通在外的股票每股稀释了 0.38 美元，大约相当于年末每股价格 68.43 美元的 0.6%。

如果分析师正在评估的某家公司拥有大量尚未行权的股票期权和/或可能在未来授予大量股票期权，而分析师又预期员工很可能会行权（分析师预期最终将失效或废止的股票期权不会影响估值），那么分析师应该投入专门的时间并关注公司以股份为基础的薪酬费用。分析师应该明确预测公司未来以股份为基础的薪酬费用数额，该薪酬费用包括未来授予股票期权的公允价值。此外，分析师还应该预测员工行权可能对普通股账面价值产生的未来稀释效应。分析师的估值应该反映这两种影响。[②]

□ 归属于权益求索权而不是普通股股东的净利润

剩余收益估值法应该以归属于普通股股东的综合收益为基础。有时，部分综合收益可能归属于权益求索权而不是普通股股东。例如，与普通股股东相比，优先股股东具有分配股利的优先权。非控股股东对其拥有股份的子公司权益的综合收益具有求索权。基于剩余收益的计量与估值目的，这部分综合收益并不归属于普通股股东，因此剩余收益应该剔除这部分综合收益（正如我们从剩余收益估值模型的期初权益账面价值中剔除资产负债表列报的非控制性权益那样处理）。例如，我们曾经预测百事公司第＋1 年度将支付 0.63 亿美元清算股利，注销流通在外优先股，因此需要计量剔除清算股利之后的剩余收益，确定归属于普通股股东的综合收益。值得注意的是，我们在编制百事公司预测性利润表时，每年都从净利润中扣除归属于非控制性权益的净利润 0.105 亿美元。因此，剩余收益估值模型以归属于普通股股东的综合收益为基础。

□ 普通股权益账面价值为负值

有些公司列报的普通股权益总额为负值（负债总额超过资产总额）。尽管这种情况并不常见，但出现重大经营亏损的初创公司却经常面临这种情形。当然，如果公司加大杠杆，用债务资本回购股票或支付股利，

① The FASB *Statement No. 123* (*Revised 2004*) "Accounting for Share-Based Payment," and the IASB *International Financial Reporting Standard 2* "Share-Based Payment" (2004).

② 有关股票期权和估值的例解，参见 Leonard Soffer，"SFAS No. 123 Disclosures and Discounted Cash Flow Valuation," *Accounting Horizon* Vol. 14，No. 2 (June 2000)，pp. 169－189。

导致股东权益总额小于零，也会出现普通股权益的账面价值为负值的情况。如果公司陷入严重的财务困境、面临高度的破产风险（实际上负债总额已经超过资产总额），也会出现权益的账面价值为负值的情况。

面对这些不同寻常的情况，由于必要盈余的计算结果（$R_E \times BV_{t-1}$）为负值，因此分析师不应该采用剩余收益估值模型。剩余收益的计算过程（$CI_t - R_E \times BV_{t-1}$）此时是加上（即减去一个负值的数额）必要盈余得到净利润，这是错误的。面对这种情况，分析师应该只采用股利估值法和现金流量估值法。[①]

13.6 剩余收益、股利与现金流量估值法的一致性

如表 13-1 所示，理解剩余收益估值模型和通用估值模型的第四个步骤即最后的步骤是，确保股利估值法、现金流量估值法和剩余收益估值法之间的内在一致性。我们从第 11 章至第 13 章以通用估值模型为基础（每章的介绍部分都呈现通用估值模型）集中讨论各种估值方法，并从概念和理论上将各种估值方法与通用估值模型联系起来。沿着这样的思路，我们通过百事公司的分析与估值说明这些估值方法的内在一致性，也说明剩余收益估值法、现金流量估值法与股利估值法的等效性。

前棒球选手和教练约吉·贝拉（Yogi Berra）曾经说："从理论上说，实践与理论相同。从实践上说，理论与实践不同。"从理论上说，如果这三种估值模型都能够正确地采用内在一致性假设，那么这三种估值模型将得到相同的估值结果。从实践上说，分析师可能发现这三种估值模型得到的估值结果不同。如果确实如此，分析师应该检查其分析过程是否存在以下三种常见错误中的一种或多种[②]：

（1）不完整或不一致的盈余和现金流量预测。分析师应该确保盈余、现金流量和股利的预测值完整，并以相互一致的假设为基础。我们在第 10 章强调，分析师可以通过编制完整的预测性财务报表降低不完整或不一致预测发生的可能性。所谓完整的预测性财务报表就是资产负债表能平衡、利润表能计量归属于普通股股东的综合收益，现金流量表与利润表和资产负债表的变动额保持勾稽关系。分析师还应该确保预期的股东权益遵循净盈余会计法。根据第 10 章的建议，财务报表的可加性和勾稽关系有助于分析师避免做出不一致的预测和估值。

（2）加权平均资本成本率的不一致估计值。假设分析师以加权平均资本成本率作为折现率，估算归属于所有债权人和权益股东的自由现金流量现值，然后扣除债务和优先股的现值，进而确定普通股权益的现值（如第 12 章所述）。这种方法得出的估值与剩余收益估值法或股利估值法得出的估值相等的唯一条件是，加权平均资本成本率所用的权重与债务、优先股和普通股权益的现值完全保持内在一致性。因此，分析师可能需要重复估算加权平均资本成本率，直至所有权重与现值具有内在一致性。

（3）不正确的持续价值计算结果。第 11～13 章强调，分析师必须谨慎估算持续价值，尤其要谨慎估算第+1 年度剩余收益、自由现金流量和股利的数额。如果分析师采用不一致的假设预测估算持续价值所需的起始数额，那么可能得到不一致的估值。为了避免这样的问题，分析师应该首先以一个统一的增长率预测第+1 年度的利润表和资产负债表各个项目的数额，然后用这些预测值推断第+1 年度的剩余收益、自由现金流量和股利的数额。推断出来的第+1 年度各个项目的数额可以作为估算持续价值的永续年金起始值。分析师可能犯的一个常见错误是简单地假设第+1 年度的所有剩余收益、自由现金流量和股利都以相同的比率 g 增长，但事实上这种捷径并不能确保预测假设和估值的一致性。

① 值得注意的是，只有普通股权益的账面价值总额为负值，才会产生这个实施问题。如果留存收益为负值（此时称为留存赤字）但普通股权益的账面价值总额为正值，就不会产生这个实施问题。出现重大经营亏损的公司（尤其是初创公司）经常面临这种情境。

② 有关可能导致三种估值模型得出不同估值的诊断性错误的更完整描述参见 Russell Lundholm and Terry O'Keefe, "Reconciling Value Estimates from the Discounted Cash Flow Model and the Residual Income Model," *Contemporary Accounting Research* (Summer 2001), pp. 1-26。

本章小结

第 11～13 章讨论了三种不同但等效的估值方法，即采用预期股利现值的估值法、采用预期自由现金流量现值的估值法和采用预期剩余收益现值的估值法。总而言之，这些估值方法是理论可靠且实用的公司估值方法。根据我们的估值经验，与基于各种情境都只采用一种估值方法相比，采用多种估值方法可以得到更有用的结论。第 14 章将讨论其他估值方法，包括市场倍数法如市场价值与账面价值比率和市盈率。

综合案例

星巴克公司

运用剩余收益估值法估算星巴克公司普通股权益价值

我们在第 10 章的综合案例中讨论了如何编制星巴克公司第＋1 年度至第＋5 年度的预测性财务报表。本章的综合案例将运用第 10 章综合案例的预测性财务报表和第 13 章讨论的方法估算星巴克公司的权益资本必要报酬率，并运用剩余收益估值模型估算星巴克公司的股票价值。为了提供投资建议，本综合案例比较了星巴克公司的股票估值与本案例开发时星巴克公司的股票价格。星巴克公司 2012 年末的市场β系数为 0.75。假设无风险利率是 3.0%，市场风险溢价是 6.0%。星巴克公司 2012 年末流通在外的股票数量为 7.493 亿股。第＋1 年度初，星巴克公司的股票市场价格是每股 50.15 美元。

要求：

第一部分：运用剩余收益估值法估算星巴克公司的股票价值

a. 运用资本资产定价模型估算星巴克公司普通股权益资本的必要报酬率。

b. 运用第 10 章综合案例中编制的星巴克公司预测性财务报表，推断星巴克公司第＋1 年度至第＋5 年度的剩余收益。

c. 预测第＋6 年度的持续剩余收益。假设第＋6 年度及以后年度的长期稳定增长率为 3%。预期第＋5 年度利润表和资产负债表各个项目的数额在第＋6 年度将增长 3%。由此推断第＋6 年度的剩余收益。

d. 以上述 a 问题得到的普通股权益资本的必要报酬率为折现率，估算星巴克公司第＋1 年度至第＋5 年度剩余收益现值总额。

e. 以上述 a 问题得到的普通股权益资本的必要报酬率为折现率，并运用上述 c 问题的长期增长率数据，以星巴克公司第＋6 年度及以后年度的持续剩余收益为基础，估算星巴克公司第＋6 年度初的持续价值。估算出第＋6 年度初的持续价值之后，将其折现为第＋1 年度初的现值。

f. 估算星巴克公司普通股的价值。

(1) 估算所有剩余收益现值总额（根据上述 d 问题和 e 问题）。

(2) 加上估值期初（即 2012 年末或第＋1 年度初）权益的账面价值。

(3) 采用年度中间点折现调整系数调整剩余收益现值总额加上普通股权益账面价值。

(4) 估算每股价值。

第二部分：敏感性分析与投资建议

g. 基于以下两种情形，运用剩余收益估值法重新估算星巴克公司的股票价值。

第一种情形：假设星巴克公司的长期增长率为 2%（而不是 3%），且权益资本的必要报酬率比上述 a 问题采用资本资产定价模型估算出来的权益报酬率高一个百分点。

第二种情形：假设星巴克公司的长期增长率为 4%（而不是 3%），且星巴克公司权益资本的必要报酬率比上述a问题采用资本资产定价模型估算出来的权益报酬率低一个百分点。为了定量评估星巴克公司股票估值对长期增长率和折现率变动的敏感性，将两种情形下的估值与上述f问题的估值做个比较（以百分比的形式）。

h. 预期星巴克公司2012年末普通股的合理价值范围是多少？相对于该合理价值范围，星巴克公司股票的市场价格是多少？有何建议？

i. 第11章的综合案例运用股利估值法估算出星巴克公司普通股股票的价值，将第11章的综合案例所得到的估值结果与现在得到的估值结果做个比较。同理，第12章的综合案例运用现金流量估值法估算出星巴克公司普通股股票的价值，将第12章的综合案例所得到的估值结果与现在得到的估值结果做个比较。这三种估值方法的估值结果应该相同。做完这三个比较你将受益匪浅。

第 14 章

市场估值法

学习目标

1. 描述如何运用市场估值倍数（如市场价值与账面价值比率、市盈率）评估某只股票的资本市场相对估值，并解释市场估值倍数的实践优势与劣势。

2. 就市场价值与账面价值比率而言：

   a. 运用一种剩余收益估值模型估算价值与账面价值比率。

   b. 通过比较价值与账面价值比率和市场价值与账面价值比率，做出投资决策。

   c. 解释各个公司的价值与账面价值比率和市场价值与账面价值比率存在差异的原因，以及风险与权益资本成本率、增长率、当前与预期未来盈余之间的差异、不同会计方法与原则等因素如何影响价值与账面价值比率和市场价值与账面价值比率。

3. 就市盈率而言：

   a. 估算并运用公司的价值与盈余比率。

   b. 将增长率纳入价值与盈余比率估算价值与盈余比率增长比率。

   c. 运用价值与盈余比率和价值与盈余比率增长比率分析不同公司的价值，并做出投资决策。

   d. 解释各个公司的价值与盈余比率和市盈率存在差异的原因，以及风险与权益资本成本率、增长率、当前与预期未来盈余之间的差异、不同会计方法与原则等因素如何影响价值与盈余比率和市盈率。

4. 估算价格差异。价格差异是市场价格与“风险中性价值”之间的差异。

5. 反向推算公司的股票价格，确定隐含的预期报酬率或隐含的预期长期增长率。

6. 解释估值过程中的资本市场有效性概念，以及关于资本市场将盈余信息融入股票价格的有效程度的学术证据。

第1～13章关注如何运用会计数字、财务报表及其附注中隐含的信息分析公司盈利能力、风险、增长和价值的基本特征。这些章节确立了一个前后连贯且有效的6个步骤框架。这个框架可以解决一个非常困难但十分吸引人的问题：如何分析和评估公司的价值。为了运用这个框架，我们首先必须了解公司的行业和经营战略，据此评估公司的会计质量并做出必要的调整。接着，运用一系列财务比率评估公司的盈利能力、风险、增长、效率和杠杆效应。以这些步骤为基础预测公司未来的经济业务，并通过编制未来预测性资产负债表、利润表和现金流量表计量公司经济业务的预期结果。我们通过预测性财务报表推断评估公司价值所需要的公司预期未来股利、自由现金流量和剩余收益。用估值模型评估公司估值对关键估值参数（如资本成本率、预期长期增长率和其他参数）的敏感性。为了使估值过程更完美，我们估算出公司估值的一个现实区间，并将估值区间与公司股票的市场价格做个比较，从而做出明智的投资决策。

图14-1展现了估值过程的基本面驱动因素。图14-1的上半部分描述了公司的价值创造因素如预期未来盈余、现金流量、股利、增长率和风险。这些价值创造因素构成了估值的经济基础。通过编制预测性财务报表捕捉这些价值决定因素，并运用剩余收益估值模型、自由现金流量估值模型和股利估值模型将这些预测值转化为公司估值。

我们将在本章继续关注盈利能力、风险、增长率和价值的基本特征，但我们认为技术性分析方法有助于拓展股票价格所隐含的信息。我们将描述并运用许多技术性分析方法比较公司的股票价格与公司的基本面。本章所讨论的技术性分析方法包括常用的市场倍数（如市场价值与账面价值比率、市盈率和市盈率增长比率），这些比率为估值过程提供了有效的快捷方法。如图14-2所示，尽管市场倍数也需要理解第11～13章讨论过的相同价值创造因素如预期盈余、现金流量、股利、增长率和风险，但市场倍数以两个重要的方式重构了估值过程。

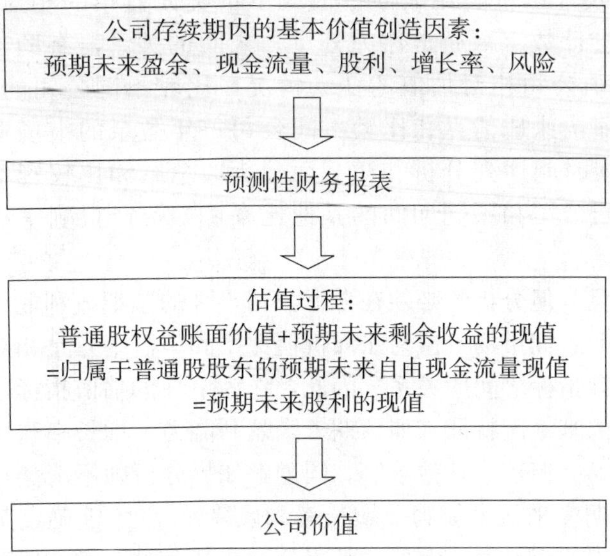

图 14－1　估值的基本面

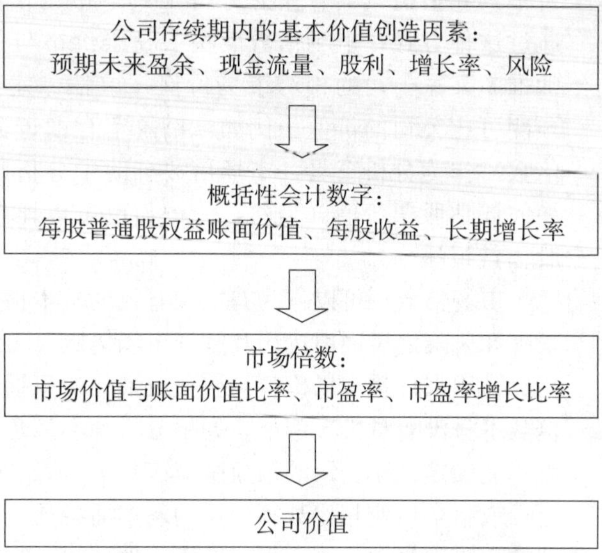

图 14－2　市场倍数

（1）市场倍数只用一个或两个概括性会计数字（如每股收益或每股普通股权益账面价值）总结价值创造因素，不需要编制预测性财务报表。

（2）市场倍数采用简单的每股价格比率，不需要广泛运用现值估算过程。

我们还将在本章讨论推断和拓展股票价格所隐含信息的两种方法。第一，将引入一个反映风险影响股票价格的指标（称为价格差异）。第二，将讨论反向推算股票价格的方法。这种方法有助于读者推断资本市场的股票定价所隐含的各种假设。我们将在本章的最后部分总结过去 40 年来会计学和财务学研究的几个重要观点。这些重要观点认为资本市场在利用会计盈余信息方面非常有效但尚未达到完全有效的境界。对那些有兴趣将盈余和会计信息运用于基本面分析、股票估值和挖掘会计信息制定交易策略的人士而言，这些研究结论非常鼓舞人心。

14.1　会计数字的市场倍数

我们已经讨论了如何通过分析会计数字广泛挖掘财务报表隐含的各种信息：盈余、资产负债表各个项目的数额、现金流量、财务报表附注、补充性管理层讨论与分析、各种财务比率、增长率和许多其他数据。然而，我们没有分析和挖掘一个非常重要的数字所隐含的信息，这个非常重要的数字就是股票价格。普通股股票的市场价格是一个富有信息含量的数字：股票市场价格汇集了跟踪这只股票的所有市场参与者（投资者、潜在投资者、分析师和其他相关人士）的预期，是市场交易活动的结果，总结了市场参与者对公司的市场预期信息及其对公司未来盈利能力、增长、风险和价值的总体预期。

股票市场价格并不意味着所有市场参与者都认为市场价格就是股票的合理价值。事实上，潜在购买者或出售者愿意接受的交易价格会因参与者和参与时间的不同而存在差异。市场价格只是使供给的力量（愿意出售股票的潜在市场参与者即交易的询价方）与需求的力量（愿意购买股票的潜在市场参与者即交易的出价方）平衡的瞬间均衡点。股票价格不断变化，不断随着投资者对股票价值预期的改变和影响股票交易的新信息的发布而发生变化。我们可以通过分析股票价格获得大量信息。

市场参与者通常可以采用一些表述为基本的概括性会计数字（如市场价值与账面价值比率或市盈率）的市场价值或股票价格来调整公司估值。这些市场倍数在分析过程中扮演着两个重要的角色：分析工具和估值工具。作为分析工具，市场倍数反映了单位美元账面价值或单位美元盈余的相对估值。通过这种方式，市场倍数反映了股票价格与关键会计数字（通常作为分母）之间的关系，有助于分析师推断某家公司的相对市场价值，评估一定期间内公司相对估值的变动情况，比较不同公司的价值，预测可比公司的价值。例如，市盈率有助于分析师快速地估算和比较不同公司每年盈余的市场资本化倍数。作为分析工具，市场倍数有助于分析师开展时间序列分析和横截面分析，总结和比较资本市场如何评估股票价值（当然，分析师也可以比较不同公司和不同期间的其他比率，如资产报酬率和普通股权益报酬率）。

市场倍数也可以作为有用和有效的基本估值工具，但分析师必须在考虑公司未来的预期盈利能力、增长率和风险之后谨慎运用和解释市场倍数。市场倍数（如市场价值与账面价值比率和市盈率）是相对价值指标，用来计量市场价值与权益或绩效的概括性会计指标之间的关系。因此，作为单独的估值指标，市场倍数本身没有意义。例如，如果分析师不清楚公司的基本面特征（如预期未来盈利能力、增长率和风险），就不能确定某家公司的市盈率应该是10倍、20倍、50倍还是其他数字。同理，如果分析师不清楚与其他公司或整个行业相比某家公司的基本面特征（如预期未来盈利能力、增长率和风险），就不能确定某家公司的市盈率是否应该高于或低于其他公司或行业平均的市盈率。例如，某家公司在某个时点的市盈率非常高，可能是出于某些非常奇特的原因：也许是因为股票价格太高，或者市场对公司未来盈余增长率预期过高进而高估了股票价值，或者公司暂时出现了较低盈余（例如，因重组费用而导致盈余过低）。如果分析师没有仔细研究公司的基本面特征便天真地运用市场倍数推断公司的股票价格，就可能会严重误解市场倍数。

市场倍数可能是非常有用的快捷估值工具。遗憾的是，分析师有时以过分简化的方式，采用市场倍数作为估值工具估算公司价值。这种“粗制滥造”的方法可能会让人误入歧途。某个天真的分析师也许会冒险只用公司历史平均或行业平均市场倍数估算公司的价值。例如，只有当公司现在的基本面特征与其过去的基本面特征相匹配，公司的历史平均市场价值与账面价值比率可能才适合评估公司现在的价值。同理，只有当公司的基本面特征与行业平均水平相匹配，行业平均市盈率可能才是评估某家公司价值的合适指标。如果公司现在的基本面特征与行业平均水平不同或不匹配，分析师必须根据公司的基本面特征调整市场倍数。

本章将继续强调价值与价格之间的差异，关注分析师应该如何估算能够合理反映公司的基本面特征并可靠地与市场价格倍数比较的价值倍数。对价值倍数的关注也可以引导分析师关注市场倍数的动因，正确地调整历史或行业平均市场倍数，使市场倍数恰当地反映公司的预期未来盈利能力、增长率和风险。

14.2 市场价值与账面价值比率和价值与账面价值比率

只要将公司在某个时点的普通股权益市场价值除以该公司最近年度的资产负债表中列报的普通股权益账面价值，就可以估算出市场价值与账面价值比率。例如，2012年12月31日，百事公司的市场价值为1 056.56亿美元（每股市场价格68.43美元×15.44亿股），而百事公司2012年末普通股权益的账面价值为224.17亿美元。这样，百事公司的市场价值与账面价值比率为4.7（1 056.56亿美元/224.17亿美元）。市场价值与账面价值比率度量了作为某个时点会计账面价值倍数的市场价值。尽管市场价值与账面价值比率反映了市场价值，却不能说明其对估算内在价值有什么作用。

□ 价值与账面价值比率的理论模型[①]

采用第 13 章讨论过的剩余收益模型，将普通股权益的内在价值除以普通股权益的账面价值，估算出价值与账面价值比率。事实上，价值与账面价值比率模型只是用普通股权益度量的剩余收益模型，价值与账面价值比率计算公式的分子是普通股权益的预期内在价值。预期内在价值综合考虑了普通股权益的账面价值、预期未来盈利能力、增长率、风险和货币时间价值。价值与账面价值比率计算公式的分母（用 BV_0 表示）是普通股权益的账面价值总额（剔除非控制性权益的账面价值）。分析师可以比较价值与账面价值比率和市场价值与账面价值比率，评估股票价格，并采用与前面各章比较内在价值与股票价格时相同的方式做出投资决策。如果分析师对价值与账面价值比率做了适当且必要的调整，价值与账面价值比率反映了可比公司基本的盈利能力、风险和增长率特征，那么分析师也可以用某家公司的价值与账面价值比率估算可比公司的价值。本节将讨论内在价值、账面价值和市场价值之间的理论与实证关系。

我们沿用前面各章的符号，运用下列模型估算价值与账面价值比率：

$$\frac{V_0}{BV_0}=1+\sum_{t=1}^{\infty}\frac{(ROCE_t-R_E)\times\dfrac{BV_{t-1}}{BV_0}}{(1+R_E)^t}$$

简而言之，价值与账面价值比率应该等于 1 加上未来剩余普通股权益报酬率（即上述计算公式中的“$ROCE_t-R_E$”）乘以账面价值的累计增长率（即上述计算公式中的“BV_{t-1}/BV_0”）的现值。账面价值增长说明了公司可以赚取剩余收益的净资产增加额，账面价值增长率取决于普通股权益报酬率、股利支付率和因发行或回购股票而导致的流通在外普通股的变动数量。根据该模型，如果公司能够创造更多的剩余普通股权益报酬率，即“$ROCE_t-R_E$”为更大的正值（通过盈余再投资和/或发行股票），公司可以赚取剩余普通股权益报酬率的账面价值增长率更高，那么将为股东创造更多的价值（上述计算公式右边的分子），价值与账面价值比率将提高。

为了推断该模型，回顾第 13 章讨论过的剩余收益估值模型：

$$V_0=BV_0+\sum_{t=1}^{\infty}\frac{CI_t-R_E\times BV_{t-1}}{(1+R_E)^t}$$

根据剩余收益估值模型，普通股权益的价值等于普通股权益的账面价值加上所有预期未来剩余收益的现值。所谓所有预期未来剩余收益就是预期未来综合收益超过公司剩余存续期内必要盈余的数额。[②] 我们将普通股权益资本的必要报酬率乘以第 t 年度初的普通股权益账面价值（即 $R_E\times BV_{t-1}$），估算出公司第 t 年度的必要盈余（或“正常”盈余）。必要盈余反映了公司为了向普通股权益资本提供等于普通股权益资本成本率的报酬率必须创造的收益数额。我们用减法即“$CI_t-R_E\times BV_{t-1}$”计量剩余收益（或“超常”收

---

① 如第 13 章所述，对剩余收益估值模型严密推导并将其拓展到价值与账面价值比率模型应归功于詹姆斯·A. 奥尔森（James A. Ohlson）。参见 James A. Ohlson，“A Synthesis of Security Valuation Theory and the Role of Dividends，Cash Flows，and Earnings，” *Contemporary Accounting Research*（Spring 1990），pp. 648 - 676；James A. Ohlson，“Earnings，Book Values，and Dividends in Equity Valuation，” *Contemporary Accounting Research*（Spring 1995），pp. 661 - 687；Gerald A. Feltham and James A. Ohlson，“Valuation and Clean Surplus Accounting for Operating and Financial Activities，” *Contemporary Accounting Research*（Spring 1995），pp. 216 - 230。价值与账面价值比率背后的基本理念可以追溯到更早的研究成果。参见 G. A. D. Preinreich，“Annual Survey of Economic Theory：The Theory of Depreciation，” *Econometrica*（1938），pp. 219 - 241；Edgar O. Edwards and Philip W. Bell，*The Theory and Measurement of Business Income*（Berkeley，CA：University of California Press），1961。

② 第 13 章曾经讨论过，剩余收益估值模型取决于普通股权益账面价值的净盈余会计法。根据净盈余会计法，预期未来盈余的预测值应该是归属于普通股股东的综合收益指标，而预期未来股利应该反映公司与普通股股东之间的所有资本交易。贯穿整章，当我们基于剩余收益估值的语境提及预期未来“盈余”或“净利润”时，我们意指基于净盈余会计法的归属于普通股股东的预期未来综合收益。

益）。剩余收益就是第 t 年度预期综合收益与公司第 t 年度的必要盈余之间的差额。剩余收益计量了分析师预期公司在第 t 年度为普通股股东创造（或减少）的财富数额超过（或低于）按权益资本必要报酬率计算的必要收益的部分。

为了将剩余收益估值模型转换为价值与账面价值比率模型，我们将剩余收益估值模型的两边同时除以普通股权益的账面价值总额（BV_0），得到如下公式：

$$\frac{V_0}{BV_0}=\frac{BV_0}{BV_0}+\sum_{t=1}^{\infty}\frac{\frac{CI_t}{BV_0}-R_E\times\frac{BV_{t-1}}{BV_0}}{(1+R_E)^t}$$

显然，$BV_0/BV_0=1$。我们重新表述 CI_t/BV_0 这个项目：

$$\frac{CI_t}{BV_0}=\frac{CI_t}{BV_{t-1}}\times\frac{BV_{t-1}}{BV_0}=ROCE_t\times\frac{BV_{t-1}}{BV_0}$$

为了重新表述 CI_t/BV_0，假设 $ROCE_t=CI_t/BV_{t-1}$。值得注意的是，将第 t 年度综合收益除以第 t 年度初的普通股权益账面价值，得到第 t 年度普通股权益报酬率（$ROCE_t$）。[①] 同时还需要注意的是，BV_{t-1}/BV_0 是第0年度（估值日）至第 $t-1$ 年度普通股权益账面价值的累计增长率。如前所述，账面价值增长率是公司每期创造的盈余加上股东额外贡献的资本减去公司通过支付股利和回购股票返还给股东的权益资本的结果的函数。账面价值增长率意味着公司可以赚取的剩余收益净资产增长率。[②]

可以将 CI_t/BV_0 分解为两个部分，并将 CI_t/BV_0 表述为盈利能力与增长率的乘积：第 t 年度的普通股权益报酬率（$ROCE_t$）乘以第0年度至第 t 年度初账面价值的累计增长率。普通股权益报酬率（$ROCE$）是年初普通股权益的盈利能力函数，而年初普通股权益则是累计增长率的函数。这样，我们可以将 CI_t/BV_0 的两个部分代入价值与账面价值比率的公式：

$$\frac{V_0}{BV_0}=1+\sum_{t=1}^{\infty}\frac{ROCE_t\times\frac{BV_{t-1}}{BV_0}-R_E\times\frac{BV_{t-1}}{BV_0}}{(1+R_E)^t}$$

将求和项分子的两个项目都乘以相同的账面价值累计增长率，重新整理该公式：

$$\frac{V_0}{BV_0}=1+\sum_{t=1}^{\infty}\frac{(ROCE_t-R_E)\times\frac{BV_{t-1}}{BV_0}}{(1+R_E)^t}$$

现在，我们拥有了有用的价值与账面价值比率模型，接下来将分别讨论各个项目。

首先，作为起点，价值与账面价值比率将等于1，以反映投入公司的普通股权益账面价值。其次，求和项说明了作为公司预期未来超常盈利能力（即“$ROCE_t-R_E$”）乘以公司账面价值累计增长率（即“BV_{t-1}/BV_0”）的结果的函数，价值与账面价值比率不等于1的原因就是，所有项目都要折现为现值，反映公司的权益资本成本率（R_E）和货币时间价值。因此，根据剩余收益估值模型，公司的价值与账面价值比率是公司价值动因（如投入资本、盈利能力、增长率、权益资本成本率、风险和货币时间价值）的函数，并提供了一种估值方法。根据这种估值方法，所有估值的输入变量都可以表述为预期比率如预期未来

① 价值与账面价值比率的理论与实证研究都将普通股权益报酬率（ROCE）界定为每年归属于普通股股东的净利润除以年初普通股权益。相反，我们在前面各章（尤其是第4章）用普通股权益的平均值作为普通股权益报酬率（ROCE）计算公式的分母。本节的价值与账面价值比率模型的理论推导和运用却用综合收益而不是年初的净利润和股东权益。从理论上说，这些变化完全正确，在实践中，这个差异对多数公司而言并无太大影响。

② 实际上，我们将在后面部分进一步讨论，如果公司通过留存收益或发行普通股增加普通股权益，没有创造未来盈余，那么公司的价值与账面价值比率将下降。

普通股权益报酬率、权益资本成本率和增长率。分析师采用价值与账面价值比率估算普通股权益的价值，唯一需要的数额就是资产负债表股东权益部分列报的普通股权益账面价值。

示例

假设分析师希望评估某家公司的价值。该公司的普通股权益账面价值为 1 000 美元，权益资本成本率为 10%。假设分析师预期该公司第+1 年度至第+3 年度的普通股权益报酬率为 15%，但第+3 年度之后，该公司的普通股权益报酬率为 10%。分析师还预期该公司的所有收益都将再投资（即股利支付率为零），不再发行新股或回购股票。采用价值与账面价值比率模型，分析师应该确定公司的价值与账面价值比率。该比率等于 1 加上未来剩余普通股权益报酬率与增长率的乘积的现值。未来剩余普通股权益报酬率与增长率的乘积的现值的计算过程如下表所示：

年度	预期普通股权益报酬率	剩余普通股权益报酬率（$ROCE-R_E$）	到第 $t-1$ 年度的账面价值累计增长率	剩余普通股权益报酬率与累计增长率的乘积	现值系数	剩余普通股权益报酬率与累计增长率乘积的现值
第+1 年度	0.15	0.05	$1.00=1.15^0$	0.050 00	0.909 1	0.045 46
第+2 年度	0.15	0.05	$1.15=1.15^1$	0.057 50	0.826 4	0.047 52
第+3 年度	0.15	0.05	$1.3225=1.15^2$	0.066 13	0.751 3	0.049 68
第+4 年度	0.10	0.00	$1.5209=1.15^3$	0.000 00	0.683 0	0.000 00
					合计	0.142 66

第+1 年度至第+3 年度剩余普通股权益报酬率与累计增长率乘积的现值总额为 0.142 66，而第+3 年度之后所有年度，剩余普通股权益报酬率与累计增长率乘积的现值总额为零。将该现值总额加上 1（反映已存在的权益账面价值），该公司的价值与账面价值比率为 1.142 66。值得注意的是，我们已经用所有以比率表述的输入变量确定了价值与账面价值比率，可以将价值与账面价值比率乘以权益的账面价值，确定该公司的价值为 1 142.66 美元（1.142 66×1 000）。我们可以用具体数额和第 12 章讨论过的剩余收益估值法验证用价值与账面价值比率估算出来的该公司价值（单位：美元）：

年度	预期普通股权益报酬率	预期盈余	第 $t-1$ 年度末的累计账面价值（BV_{t-1}）	必要收益（$BV_{t-1}\times R_E$）	剩余收益	现值系数	剩余收益现值
第+1 年度	0.15	150.00 =0.15×1 000	1 000	100 =1 000×0.10	50.00 =150−100	0.909 1	45.46
第+2 年度	0.15	172.50 =0.15×1 150	1 150 =1 000+150	115 =1 150×0.10	57.50 =172.50−115	0.826 4	47.52
第+3 年度	0.15	198.38 =0.15×1 322.5	1 322.5 =1 150+172.5	132.25 =1 322.5×0.10	66.13 =198.38−132.25	0.751 3	49.68
第+4 年度	0.10	152.09 =0.10×1 520.9	1 520.9 =1 322.5+198.4	152.09 =1 520.9×0.10	0.00 =152.09−152.09	0.683 0	0.00
						合计	142.66

根据上表可以看出，第+1 年度至第+3 年度，剩余收益的现值总额为 142.66 美元，而第+3 年度之后所有年度，剩余收益现值总额为零，权益的账面价值为 1 000 美元。由此可见，剩余收益估值模型验证了该公司的价值为 1 142.66 美元。

□ 在有限期内预测盈余的价值与账面价值比率模型与持续价值估算

如第13章所述，分析师通常在一个可以预见的有限期内编制预测性利润表、资产负债表和现金流量表，然后就预测期间之后的持续年份做出简化的增长率假设。我们可以修正价值与账面价值比率模型，使其包括整个 T 年度（这里的 T 是一个有限预测期，如未来的5年或10年）的综合收益、普通股权益账面价值和普通股权益报酬率的预测值，然后以一个固定增长率假设（用 g 表示）预测第 $T+1$ 年度及以后所有年度的普通股权益报酬率。我们曾采用类似的方法预测股利（见第11章）、自由现金流量（见第12章）和剩余收益（见第13章）。

为了构建在有限期内预测盈余的价值与账面价值比率模型和估算持续价值，沿用第13章的方法（只对其略做修改）。回顾第13章，我们编制了有限预测期（整个 T 年度）的预测性财务报表，并通过第 T 年度的综合收益乘以长期增长系数（$1+g$）预测第 $T+1$ 年度的综合收益。由此，我们估算第 $T+1$ 年度的剩余收益（用 RI_{T+1} 表示）为：

$$RI_{T+1}=CI_T\times(1+g)-R_E\times BV_T$$

以这种方式估算第 $T+1$ 年度的剩余收益（RI_{T+1}），可以采用相同的统一长期增长系数即（$1+g$）估算第 $T+1$ 年度的利润表和资产负债表各个项目的数额，进而内在一致地估算第 $T+1$ 年度的自由现金流量、股利和剩余收益。

如第13章所述，估算出第 $T+1$ 年度的剩余收益（RI_{T+1}）之后，分析师就可以运用永续年金增长估值模型估算永续年金剩余收益的现值：

$$\text{第 0 年度持续价值的现值}=CI_T\times(1+g)-(R_E\times BV_T)\times[1/(R_E-g)]\times[1/(1+R_E)^T]$$

我们可以通过两个步骤修改上述估算过程，使其适合价值与账面价值比率模型：

（1）用“$CI_T\times(1+g)$”除以 BV_T，将其转换为第 $T+1$ 年度的普通股权益报酬率指标。

（2）将 BV_T 除以 BV_0，度量账面价值的累计增长率。

经过这两个步骤的调整，结果就是基于预期剩余普通股权益报酬率和账面价值增长率的持续价值估算过程：

$$\begin{aligned}&\text{第 0 年度持续价值的现值}\\&=[CI_T\times(1+g)/BV_T-R_E]\times(BV_T/BV_0)\times[1/(R_E-g)]\times[1/(1+R_E)^T]\\&=\underset{(1)}{(ROCE_{T+1}-R_E)}\times\underset{(2)}{(BV_T/BV_0)}\times\underset{(3)}{[1/(R_E-g)]}\times\underset{(4)}{[1/(1+R_E)^T]}\end{aligned}$$

上述估算公式中，第（1）项是第 $T+1$ 年度的预期剩余普通股权益报酬率，第（2）项是现在（BV_0）到持续价值期初（BV_T）的账面价值累计增长率，第（3）项是估算截至持续价值期初永续年金现值的永续年金增长系数，第（4）项是将持续价值折现为现值的系数。

我们可以将估算持续价值过程纳入在有限期内预测盈余的价值与账面价值比率模型：

$$\underset{(1)}{\frac{V_0}{BV_0}}=1+\underset{(2)}{\sum_{t=1}^{T}\frac{(ROCE_t-R_E)\times\frac{BV_{t-1}}{BV_0}}{(1+R_E)^t}}+\underset{(3)}{(ROCE_{T+1}-R_E)\times(BV_T/BV_0)}$$
$$\times[1/(R_E-g)]\times[1/(1+R_E)^T]$$

这个模型通过三个部分估算普通股权益的价值与账面价值比率：（1）账面价值除以账面价值（即 BV_0/BV_0，其结果等于 1）；（2）整个有限预测期（第 T 年度）内剩余普通股权益报酬率的现值（求和项）；（3）持续价值的现值。在估算持续价值的现值时，将剩余普通股权益报酬率视为以第 $T+1$ 年度初为基础不断增长的一项永续年金。

□ 价值与账面价值比率和市场价值与账面价值比率之比可能不等于 1 的原因

价值与账面价值比率的表达式有助于更为深入地理解公司估值。接下来，我们首先关注价值与账面价值比率和市场价值与账面价值比率之比可能不等于 1 的许多经济方面的原因。

经济学理论认为，基于长期均衡状态，公司应该赚取与权益资本成本率相等的报酬率（即 $ROCE=R_E$）。价值与账面价值比率模型说明，处于稳定均衡状态，普通股权益报酬率等于权益资本成本率的公司将维持（既不创造，也没有减少）股东财富，其估值就是其账面价值。也就是说，就处于均衡状态的公司而言，我们可以预期其价值与账面价值比率等于 1。

- 公司可能具有某些竞争优势，能够赚取超过权益资本成本率的普通股权益报酬率。如果公司可以维持这些竞争优势，就可以增加普通股权益报酬率超过权益资本成本率的差额和持久性，进而提高价值与账面价值比率和市场价值与账面价值比率。如果公司赚取的普通股权益报酬率超过权益资本成本率，可以为普通股股东创造财富，公司的价值将超过其普通股权益的账面价值。换言之，如果普通股权益报酬率超过权益资本成本率即 $ROCE>R_E$，则价值与账面价值比率将大于 1。相反，如果公司的普通股权益报酬率低于权益资本成本率即 $ROCE<R_E$，公司将减少普通股股东的财富，公司的价值将低于其账面价值（换言之，价值与账面价值比率小于 1）。
- 增长本身未必增加价值。只有当增长能够为普通股股东创造更多的剩余收益，才会增加股东价值。如果新投资项目的预期普通股权益报酬率等于权益资本成本率，即新投资项目的净现值为零，那么这些新投资项目既没有创造，也没有减少普通股权益价值。只有当新投资项目的预期普通股权益报酬率超过权益资本成本率，新投资项目才为普通股股东创造财富，即新投资项目的净现值为正值。
- 公司的风险提高了权益资本成本率。提高权益资本成本率从两个方面降低了公司价值：（1）为了弥补已经提高的权益资本成本率，公司必须取得更高的普通股权益报酬率，即提高分子的“必要报酬率”。（2）提高估算剩余收益现值的折现率，即使分母增大。
- 如果公司的价值与账面价值比率与行业平均的价值与账面价值比率不同，应该就是因为公司预期普通股权益报酬率、权益资本成本率和/或账面价值增长率与行业平均水平不同。
- 如果公司的价值与账面价值比率随着时间的推移而变化，现在对公司未来的普通股权益报酬率、权益资本成本率和/或账面价值增长率的预期应该与过去对公司未来的普通股权益报酬率、权益资本成本率和/或账面价值增长率的预期不同。

除了经济原因之外，会计原因也可能导致公司的价值与账面价值比率和市场价值与账面价值比率之比可能不等于 1。[①] 公司可能投资某些项目，而这些投资项目所采用的会计方法与原则可能导致普通股权益报酬率与权益资本成本率不同。例如，公司可能大量投资于成功的研究与开发项目、品牌资产、人力资本或其他无形资产。根据稳健性会计原则（美国公认会计原则和国际财务报告准则普遍遵循稳健性会计原则），如果这些投资因公司内部的研究与开发活动、营销与广告活动或人员招聘与培训活动而产生，那么

① Stephen Ryan（1995）发现，由于美国公认会计原则采用历史成本计量资产价值，因此账面价值的变动滞后于市场价值的变动。而且，这种滞后变动与公司的资本密集程度有关。参见 Stephen Ryan，“A Model of Accrual Measurement and Implications for the Evolution of the Book-to-Market Ratio,” *Journal of Accounting Research*（Spring 1995），pp. 95 - 112。

公司通常必须将这些投资作为费用处理。[①] 如果这些投资随后变成盈利性资源，那么公司将拥有巨额的表外资产和表外普通股权益。这些表外资产创造净利润，却没有列报在资产负债表中。这些表外资产导致普通股权益被低估，因此普通股权益报酬率相对较高。稍加观察，许多行业的公司（如制药公司、生物技术公司、软件公司和消费品公司）都存在这种现象。

经过多年成功的产品开发、广告投放和品牌建设，百事公司和可口可乐公司已经创造了巨额的表外品牌资产。根据美国公认会计原则，百事公司和可口可乐公司已经将这些活动的投资作为费用处理。因此，普通股权益账面价值中没有确认这些表外品牌资产的价值。相对于权益资本成本率，百事公司和可口可乐公司的普通股权益报酬率非常高，未来几年可能还会非常高。

当然，在足够长的期间内，会计准则对价值与账面价值比率和市场价值与账面价值比率的影响将逐渐减少。因为经济学理论认为，长远来看，竞争性均衡压力将驱使普通股权益报酬率向权益资本成本率靠拢。此外，会计的自我纠正特性将最终消除普通股权益报酬率和普通股权益账面价值的稳健性偏差。例如，某家生物技术公司为了开发某种药品，多年来一直投资研究与开发活动。最初几年，该公司发生了一些研究成本，但根据美国公认会计原则，该公司必须将这些研究成本作为费用处理。因此，在研究的最初几年，该公司的普通股权益报酬率与普通股权益账面价值可能较低。在成功开发并推出该药品之后，该公司的普通股权益报酬率可能较高。因为该公司创造了收入，却没有与其相匹配的研究费用。较高的普通股权益报酬率将增加公司的留存收益。随着时间的推移，普通股权益报酬率和普通股权益账面价值最初的稳健性偏差将得到纠正。

□ 价值与账面价值比率模型在百事公司的运用

我们在第 13 章确定了百事公司 2012 年末的股票价值应该是一个以每股 85.86 美元为中心的合理区间。我们采用第 10 章编制的预测性财务报表和剩余收益估值模型确定了该数额。既然我们已经确定了每股股票估值，只要将其除以每股账面价值，就可以得到价值与账面价值比率。百事公司 2012 年末每股账面价值为 14.518 8 美元（224.170 亿美元/15.44 亿股）。因此，百事公司 2012 年末的价值与账面价值比率应该为 5.914（每股价值 85.86 美元/每股账面价值 14.518 8 美元）。

我们采用价值与账面价值比率模型说明百事公司的股票估值，并说明价值与账面价值比率的严密性及其与第 13 章讨论过的剩余收益估值法的一致性。为了运用价值与账面价值比率模型估算百事公司的股票价值，我们采用第 10 章所编制的预测性财务报表和第 13 章所用的权益资本成本率（7.5%）、预期长期增长率（3.0%）和剩余收益估值过程与步骤。我们在表 14－1 中总结了运用价值与账面价值比率法估算百事公司普通股股票价值的过程。财务报表分析软件包的预测与估值电子表格展现了所有预测值和估值模型。

在运用价值与账面价值比率模型估算百事公司股票价值时，要注意表 14－1 的前两行数据与表 13－4 的数据相同：归属于普通股股东的综合收益和普通股权益的账面价值。运用这些数额，第＋1 年度的预期普通股权益报酬率为 27.2%（60.947/224.170）。扣除权益资本成本率（7.5%）之后，剩余普通股权益报酬率为 19.7%。由于第＋1 年度是估值期的第一年，因此第＋1 年度的账面价值累计增长系数（BV_{t-1}/BV_0）为 1.0。[②] 这样，第＋1 年度的剩余普通股权益报酬率与累计增长系数的乘积为 19.7%。我们以权益资本

① 美国公认会计原则和国际财务报告准则通常要求将内部产生的无形资产如研究与开发支出（国际财务报告准则允许开发支出资本化）、广告和人力资本等支出费用化（而不是资本化）。因为与这些项目相关的未来现金流量具有高度不确定性，而且难以可靠地计量。

② 我们预期百事公司的普通股权益账面价值到第＋1 年度末将略微减少到 220.203 亿美元。因此，第＋2 年度初的普通股权益账面价值的累计增长系数为 0.982（220.203/224.170）。

成本率 7.5%作为折现率将该乘积折现为现值。表 14－1 列示了百事公司第＋1 年度至第＋5 年度的估算过程。第＋1 年度至第＋5 年度的剩余普通股权益报酬率与累计增长系数乘积的现值总额为 0.88。[①]

表 14－1　百事公司估值：运用价值与账面价值比率法

单位：百万美元

剩余收益估值法	1	2	3	4	5	持续价值
价值与账面价值比率法	第＋1 年度	第＋2 年度	第＋3 年度	第＋4 年度	第＋5 年度	第＋6 年度
归属于普通股股东的综合收益	6 094.7	6 376.6	6 598.3	6 972.2	7 064.2	7 276.1
普通股权益的账面价值（t－1 期）	22 417.0	22 020.3	22 417.9	22 749.5	23 259.5	23 315.8
隐含的普通股权益报酬率	27.2%	29.0%	29.4%	30.6%	30.4%	31.2%
剩余普通股权益报酬率	19.7%	21.5%	21.9%	23.1%	22.9%	23.7%
截至 t－1 期的普通股权益累计增长系数	100.0%	98.2%	100.0%	101.5%	103.8%	104.0%
剩余普通股权益报酬率乘以累计增长系数	19.7%	21.1%	21.9%	23.5%	23.7%	24.7%
现值系数	0.930	0.865	0.805	0.749	0.697	
剩余普通股权益报酬率与累计增长系数乘积的现值	0.183	0.182	0.177	0.176	0.165	
剩余普通股权益报酬率与累计增长系数乘积的现值总额	0.88					
持续价值的现值	＋ 3.82					
剩余普通股权益报酬率现值总额	4.70					
加上 1（体现 t－1 期的权益账面价值）	＋ 1.00					
合计	5.70					
年度中间点折现调整系数	× 1.037 5					
隐含的价值与账面价值比率	5.913 8					
乘以期初权益账面价值	22 417.0					
权益现值总额	132 569.1					
流通在外股票数量（百万股）	÷ 1 544.0					
每股估值（美元）	**85.86**					
现行每股市场价格（美元）	68.43					
差异百分比	25%					

价值与账面价值比率法的敏感性分析应该与剩余收益估值法的敏感性分析相同。

如前面各章所述，为了估算持续价值，我们预期第＋6 年度的综合收益将以长期增长率 3.0%增长。我们采用第＋6 年度初（第＋5 年度末）的账面价值预期数额估算隐含的剩余普通股权益报酬率，并将其乘以账面价值累计增长系数得到第＋6 年度初的账面价值。第＋6 年度的预期剩余普通股权益报酬率为 31.2%（$[CI_5\times(1+g)]/BV_5=(70.642\times1.03)/233.158=72.761/233.158$）。扣除权益资本成本率 7.5%之后，第＋6 年度的剩余普通股权益报酬率为 23.7%。第 0 年度至第＋6 年度初（第＋5 年度末）的账面价值累计增长系数为 1.04（$BV_5/BV_0=233.158/224.170$）。因此，我们预期第＋6 年度的剩余普通股权益报酬率与累计增长系数的乘积为 24.7%（23.7%×1.04）。持续价值的现值为：

① 这个数额应该理解为是价值与账面价值比率的组成部分，因为模型的所有计算都除以 BV_0。所以 0.88 这个数值应该理解为是百事公司第＋1 年度至第＋5 年度预期将创造的剩余收益数额。其现值就是 0.88 与普通股权益账面价值的乘积。为了协调这里的估算过程与第 13 章的剩余收益估值模型的估算过程，确认 0.88 与普通股权益账面价值 224.170 亿美元的乘积为 198.010 亿美元。该数额就是表 13－2 所列示的第＋1 年度至第＋5 年度的剩余收益现值总额。

第0年度持续价值的现值

$$=[(\{[CI_5\times(1+g)]/BV_5\}-R_E)\times(BV_5/BV_0)]\times[1/(R_E-g)]\times[1/(1+R_E)^5]$$

$$=(\{[(70.642\times1.03)/233.158]-0.075\}\times(233.158/224.170))$$
$$\times[1/(0.075-0.030)]\times[1/(1+0.075)^5]$$
$$=0.237\times1.040\times22.222\times0.697$$
$$=3.82\text{（百万美元）}$$

为了估算价值与账面价值比率，需要加上百事公司未来剩余收益现值和期初普通股权益账面价值（表述为期初普通股账面价值的比率，当然，该比率等于1）。此外，如前面各章所述，由于各年度的剩余普通股权益报酬率以整个期间折现，因此现值的估算过程存在过度折现问题。有鉴于此，将现值总额乘以年度中间点折现调整系数1.037 5（1+0.075/2）。隐含的价值与账面价值比率为：

第+1年度至第+5年度的剩余普通股权益报酬率的现值	0.88
第+6年度及以后年度剩余普通股权益报酬率的持续价值现值	3.82
所有未来剩余普通股权益报酬率的现值	4.70
加：期初账面价值	+ 1.00
合计	5.70
乘以年度中间点折现调整系数	×1.037 5
隐含的价值与账面价值比率	5.913 8

上述估算过程说明，百事公司普通股权益的价值应该等于5.913 8乘以2012年末的普通股权益账面价值。此时，百事公司的市场价值为1 056.56亿美元（每股68.43美元×15.44亿股），而普通股权益的账面价值为224.170亿美元。因此，百事公司的市场价值与账面价值比率为4.7（1 056.56/224.170）。价值与账面价值比率（5.913 8）比市场价值与账面价值比率（4.7）高出25%，意味着百事公司此时的股票价格被低估了25%。

同理，为了与每股市场价格对比，可以将价值与账面价值比率转换为股票的每股估值。如果将普通股权益账面价值乘以价值与账面价值比率，就可以得到百事公司普通股权益的估值为1 325.691亿美元（224.170×5.913 8）。将该估值除以百事公司流通在外的股票数量15.44亿股，就得到百事公司普通股股票的每股价值为85.86美元。这个估值与第13章的剩余收益估值模型、第12章的现金流量估值模型和第11章的股利估值模型的估值相同。比较股票每股估值85.86美元与每股市场价格68.43美元，同样说明百事公司2012年末的股票价格被低估了25%。

为了评估百事公司价值与账面价值比率的合理区间，我们可以进行百事公司价值与账面价值比率的敏感性分析，将发现价值与账面价值比率的敏感性与第13章所讨论的剩余收益模型估值的敏感性相同。这是意料之中的结果，因为这两个估值模型采用相同的预测值和估值假设。价值与账面价值比率模型只不过是剩余收益模型的比率版本。

□ 市场价值与账面价值比率的实证数据

表14-2列示了2003—2012年间47个行业的市场价值与账面价值比率的描述性统计数据（第11章的表11-1以相同的行业和年份提供了市场β系数数据）。① 该样本的48 184个公司年度市场价值与账面价值比率的均值为1.86。这些数据反映了过去十年间不同行业和同行业不同公司的市场价值与账面价值比

① 我们诚挚地感谢马特·维兰德（Matt Wieland）教授提供这些数据和表11-1和表14-5的数据。

率的显著差异。不同行业和不同年份的市场价值与账面价值比率以及其他比率的描述性统计数据也反映了市场价值与账面价值比率的显著差异。

表 14-2 市场价值与账面价值比率的描述性统计数据：2003—2012 年

（47 个行业按市场价值与账面价值比率的均值分类）

行业名称	第 25 百分位	均值	第 75 百分位
全样本（*n*=48 184 个公司年度）*	**1.18**	**1.86**	**3.12**
保险	0.87	1.21	1.70
纺织品	0.84	1.22	2.01
银行	0.85	1.33	1.94
加工制品	0.98	1.38	1.95
建筑	1.05	1.54	2.24
农业	0.95	1.60	3.07
运输	1.03	1.60	2.62
房地产	0.92	1.60	2.80
贸易	1.07	1.61	2.73
公用事业	1.30	1.64	2.15
消费品	1.01	1.64	2.88
商业供应	1.13	1.65	2.35
批发	1.08	1.66	2.59
汽车与卡车	1.12	1.67	2.93
休闲	1.08	1.68	2.68
钢铁	1.10	1.69	2.34
建筑材料	1.09	1.72	2.47
服装	1.13	1.78	2.87
橡胶与塑料制品	1.22	1.79	2.79
电子设备	1.17	1.82	3.02
零售	1.18	1.89	3.16
通信	1.26	1.92	3.37
电气设备	1.30	1.93	3.08
食品	1.28	1.94	3.36
娱乐	1.19	1.96	3.45
石油与天然气	1.35	2.05	3.04
造船、铁路设备	1.29	2.05	3.06
印刷与出版	1.30	2.06	3.62
机械	1.35	2.08	3.20
计量与控制设备	1.38	2.09	3.32
航空	1.32	2.13	3.36
餐饮与旅馆	1.23	2.14	3.66
个人服务	1.29	2.17	3.94
化工	1.51	2.20	3.59
健康保健	1.31	2.21	3.51
计算机	1.53	2.33	3.74
商业服务	1.45	2.42	4.13
船运集装箱	1.79	2.43	3.59

续表

行业名称	第25百分位	均值	第75百分位
稀有金属	1.70	2.60	4.17
糖果与苏打水	1.72	2.68	4.06
啤酒与白酒	1.34	2.69	5.01
非金属与工业金属矿开采	1.70	2.73	4.48
医疗设备	1.67	2.80	4.71
国防	1.73	2.82	4.65
煤炭	1.76	3.24	5.46
药品	2.12	3.59	6.03
烟草制品	3.82	5.47	11.64

* 为了估算这些市场价值与账面价值比率的描述性统计数据，剔除了普通股权益账面价值为负值的公司年度观测值。为了减少潜在异常值的影响，也剔除了分布在前1%的公司年度观测值。

表14-2列示的各个行业市场价值与账面价值比率的均值的差异，可能与导致增长率和相对于权益资本成本率的普通股权益报酬率差异的竞争环境不同有关，也可能与各个公司和不同期间采用不同会计准则有关。从经济学理论上看，在一个成熟和充满竞争的行业，处于平均水平的公司可能获得接近权益资本成本率的普通股权益报酬率，但其增长率不可能太高。这些公司的市场价值与账面价值比率的均值更接近1。例如，诸如保险、纺织品、银行、加工制品、建筑、农业、运输、房地产、贸易和公用事业等处于成熟和充满竞争的行业的公司，其市场价值与账面价值比率通常低于样本的平均水平。

这些行业的某些公司（尤其是银行和保险业）的资产主要是金融资产，而资产负债表以公允价值列报某些金融资产。因此，这些公司的市场价值与账面价值比率更接近1。相反，市场价值与账面价值比率相对较高的某些行业更有可能拥有表外资产和股东权益。例如，烟草行业的某些公司拥有巨额的表外品牌资产，而制药行业的某些公司则拥有巨额的表外研究与开发资产。这些行业的资产负债表低估了关键资源的经济价值，因此其市场价值与账面价值比率远远大于1。

□ 市场价值与账面价值比率预测能力的实证研究结果

许多实证研究已经发现，市场价值与账面价值比率相当稳定，随着时间的推移，均值慢慢回归，市场价值与账面价值比率可以用来可靠地预测账面价值和预期未来普通股权益报酬率的增长率（意味着普通股权益报酬率的均值也慢慢回归）。[①] 例如，维克多·伯纳德（Victor Bernard）将大约1 900家公司按照其1972—1981年每年的市场价值与账面价值比率分为10个组合，然后计算各个组合形成年份和10个后续年份的普通股权益报酬率均值。表14-3总结了部分研究结果，将公司分为最低的三个市场价值与账面价值比率组合、中间的四个市场价值与账面价值比率组合和最高的三个市场价值与账面价值比率组合。[②]

① Victor L. Bernard, "Accounting-Based Methods, Determinants of Market-to-Book Ratios and Implications for Financial Statement Analysis," *Working Paper*, University of Michigan (1993); Jane A. Ou and Stephen H. Penman, "Financial Statement Analysis and the Evaluation of Market-to-Book Ratios," *Working Paper*, Columbia University (1993); Stephen H. Penman, "The Articulation of Price-Earnings Ratios and Market-to-Book Ratios and the Evaluation of Growth," *Journal of Accounting Research*, Vol. 34, No. 2 (Autumn 1996), pp. 235-259; William H. Beaver and Stephen G. Ryan, "Biases and Lags in Book Value and Their Effects on the Ability of the Book-to-Market Ratio to Predict Book Return on Equity," *Journal of Accounting Research*, Vol. 38, No. 1 (Spring 2000), pp. 127-149.

② 为了降低幸存者偏差的影响，伯纳德的样本包括没能在未来10年存活的公司，而且最后年份的普通股权益报酬率包括公司终止经营活动（包括破产、接管或清算）所产生的全部利得或损失。

表 14－3　市场价值与账面价值比率、未来普通股权益报酬率与未来账面价值增长率的关系

市场价值与账面价值比率组合	市场价值与账面价值比率均值	年度普通股权益报酬率均值			
		第 0 年度	第＋1 年度	第＋5 年度	第＋10 年度
低	0.67	0.11	0.09	0.12	0.12
中	1.15	0.11	0.13	0.14	0.14
高	2.65	0.10	0.17	0.16	0.20
市场价值与账面价值比率组合	市场价值与账面价值比率均值	各年度账面价值累计增长率			
		第 0 年度	第＋1 年度	第＋5 年度	第＋10 年度
低	0.67	0%	15%	54%	190%
中	1.15	0%	15%	69%	204%
高	2.65	0%	21%	139%	394%

表 14－3 的数据表明，市场价值与账面价值比率最高的公司通常第＋10 年度的普通股权益报酬率最高，而市场价值与账面价值比率最低的公司通常第＋10 年度的普通股权益报酬率最低。伯纳德的研究结果还表明，市场价值与账面价值比率最高的公司第＋10 年度的普通股权益账面价值增长率最高，而市场价值与账面价值比率最低的公司第＋10 年度的普通股权益账面价值增长率最低。此外，（尽管表 14－3 所总结的研究结果并不明显）市场价值与账面价值比率对未来普通股权益报酬率的预测能力随着预测期间的延长逐渐减弱。例如，在第＋10 年度，第 3 个至第 9 个组合各个公司普通股权益报酬率的差异相对较小。因为这些公司的普通股权益报酬率在伯纳德的研究样本期间逐渐趋近于 14%。伯纳德的研究结果符合普通股权益报酬率随着时间推移而呈现均值回归的观点，也符合逐渐达到竞争均衡的趋势。

14.3　市盈率和价值与盈余比率

如第 13 章所述，资本市场参与者投入大量的时间和精力预测和分析公司的盈余。因此，得到最广泛运用和关注的市场倍数是市盈率也就不足为奇。分析师报告和财经媒体频繁提及市盈率。《华尔街日报》报道市盈率时，把它看作是股票价格和交易活动等日常新闻报道的组成部分。为了捕捉股票价格、盈利能力和增长率之间的关系，资本市场参与者不断评估整合市盈率和预期未来增长率的各种比率。

本节首先估算百事公司的价值与盈余比率，描述估算价值与盈余比率的理论模型。然后从实践的角度描述如何估算和运用市盈率。接着讨论市盈率隐含的严格假设、市盈率可能无法合理地反映多数公司的价值与盈余之间的理论关系的各种情境以及为使实际市盈率和价值与盈余理论模型所估算出来的市盈率一致可能面临的种种困难。本节还将结合盈余增长率检验市盈率增长比率。最后将讨论市盈率的实证数据、市盈率的预测能力以及市盈率和市场价值与账面价值比率之间存在勾稽关系的实证证据。

□ 价值与盈余比率模型及其在百事公司的运用

因为源于最为合理的概念和正确的理论观点，将普通股权益价值除以单期的盈余应该得到价值与盈余比率。第 13 章描述了如何运用剩余收益估值模型确定作为预期未来盈余现值函数的普通股权益价值。根据剩余收益估值模型，我们采用净盈余会计法并以归属于普通股股东的预期未来综合收益来计量未来盈余。因此，从理论上说，分析师应该通过将普通股权益价值除以下一期预期综合收益来计量价值与盈余比

率。借助这种方式，价值与盈余比率使远景（分子和分母都面向未来）与计量（分子和分母都以综合收益为基础）达成一致。

如果读者已经采用第10～13章所建立的预测与估值模型估算出公司的价值，那么从理论上说，估算正确的价值与盈余比率就只是一个简单的除法问题。例如，我们在本章前面部分和前面各章已经估算出百事公司2012年末的普通股权益价值为1 325.691亿美元。我们也预测出第+1年度的综合收益将等于归属于普通股股东的净利润即60.947亿美元。这样，我们就可以估算百事公司2012年末的价值与盈余比率：

$$V_0/E_1 = 1\,325.691/60.947 = 21.75$$

或者以每股收益（EPS）为基础，我们也可以估算百事公司2012年末的价值与盈余比率（每股价值Vps/每股收益Eps）：

$$\begin{aligned} Vps_0/Eps_1 &= (1\,325.691/15.44)/(60.947/15.44) \\ &= 85.86/3.95 \\ &= 21.75 \end{aligned}$$

我们也可以运用前面的剩余收益估值模型所确定的价值与账面价值比率推断价值与盈余比率。为了说明推导过程，我们引入一个简单的代数公式：

$$V_0/E_1 = (V_0/BV_0)\times(BV_0/E_1) = (V_0/BV_0)\times(1/ROCE_1)$$

这个公式说明驱动价值与账面价值比率的因素（V_0/BV_0）就是驱动价值与盈余比率的因素。事实上，该模型说明价值与盈余比率应该是价值与账面价值比率的倍数。这里的“倍数”是普通股权益报酬率的倒数。价值与盈余比率也可以进一步简化并做出严格的假设：以前一期的普通股权益报酬率表述价值。根据这个假设，价值与盈余比率将随着预期未来普通股权益报酬率的变动而反比例变动。如果价值与账面价值比率保持不变，且公司下一期的预期普通股权益报酬率暂时较高，那么价值与盈余比率暂时较低；反之亦然。

我们可以用这种方法，根据前面估算出来的价值与账面价值比率推断百事公司的价值与盈余比率：

$$\begin{aligned} V_0/E_1 &= (V_0/BV_0)\times(BV_0/E_1) = (V_0/BV_0)\times(1/ROCE_1) \\ &= (1\,325.691/224.170)\times(224.170/60.947) \\ &= 5.913\,8\times 3.678 \\ &= 5.913\,8\times(1/0.272) \\ &= 21.75 \end{aligned}$$

因此，百事公司的价值与盈余比率应该为21.75。我们可以将百事公司的价值与账面价值比率（5.913 8）乘以“$1/ROCE_1$”（我们预期“$1/ROCE_1$”为27.2%的倒数），从而把价值与账面价值比率转换为价值与盈余比率。

值得注意的是，我们只是根据百事公司的价值为1 325.691亿美元这个估值结果推断价值与盈余比率。而百事公司的估值结果以公司的未来盈余预测值为基础。显然，采用价值估算价值与盈余比率不能提供有关百事公司价值的任何新信息。既然如此，估算价值与盈余比率有何意义呢？

价值与盈余比率为分析师评估公司的市盈率提供了一个理论正确的基准。为了评估百事公司股票的市场价值，我们将百事公司的价值与盈余比率（21.75）与公司的市盈率进行比较。这种比较就相当于比较价值（V）与价格（P）。我们用第+1年度的盈余（归属于普通股股东的综合收益）预测值60.947亿美元估算百事公司2012年末的市盈率（P_0/E_{+1}）：

$$
\begin{aligned}
P_0/E_{+1} &= \text{第 0 年度的每股价格} / \text{第 +1 年度的每股收益}\\
&= 68.43/(60.947/15.44)\\
&= 68.43/3.95\\
&= 17.32
\end{aligned}
$$

这样，百事公司 2012 年末的股票交易价格为 17.32 乘以第＋1 年度的盈余预测值。百事公司 2012 年末的价值与盈余比率（21.75）比公司的市盈率（17.32）高出 25%。这与前面得出的百事公司估值一致。

借助基于正确理论的价值与盈余比率，也可以在对其他公司的盈利能力、增长率和风险等基本面特征做出必要调整之后，预测其他公司的价值与盈余比率。此外，还有一个估算其他公司的基准市盈率，可以用于评估资本市场是高估还是低估了其股票的价值。

我们将在后面部分讨论如何运用市盈率作为快捷估值指标并强调其必要的假设，评估其理论优势。还将讨论运用市盈率作为快捷估值指标的实践优劣势。

□ 从理论的角度看市盈率：根据永久性盈余预测公司价值

市盈率是那些对快捷估值方法感兴趣的分析师所使用的实用工具。有时，分析师可能需要对粗略的估值做出及时的反应，而市盈率可以提供一种以盈余的倍数估算公司价值的快速有效的方法。分析师可以基于公司过去的市盈率、行业平均市盈率或可比公司的市盈率评估其预期公司可能达到的基准市盈率。分析师可以用此类基准市盈率，以一个期间的盈余作为相对估值模型的通用分母（而没有必要通过详细计算确定正确的价值与盈余比率），快速评估公司的市盈率，评估资本市场对公司股票的定价是否合理。但公司的市盈率应该是多少呢？如果分析师尚未估算出用于确定价值与盈余比率的公司价值，只能用快捷计算得出的市盈率作为替代变量，那么，应该采用的合理市盈率又是多少呢？

分析师在使用一个简单的市盈率（即只用某个期间的盈余，忽略盈余的增长）估算公司价值时，给此期间的盈余设定了一个非常严格的假设：将这些盈余（无论是后续盈余还是前一期盈余预测值）视为一系列永久性盈余（按永续年金估值）的初始数额。实际上，市盈率假设一年的盈余信息足够评估公司价值并确定其股票价格。从理论上说，假设公司普通股权益价值等于其市场价值，那么公司的未来盈余将保持不变，公司的投资者预期将获得一个固定的报酬率（R_E）。基于这些严格的假设条件，我们可以用前一期盈余（用 E_1 表示）作为永续年金估算公司的普通股权益价值：

$$V_0 = P_0 = E_1/R_E$$

稍做整理之后，基于这些假设，公司的价值与盈余比率和市盈率为：

$$V_0/E_1 = P_0/E_1 = 1/R_E$$

因此，严格地说，市盈率倍数假设公司的价值是一系列固定的预期未来盈余按一个固定的预期未来折现率折现的现值。基于这些假设条件，分析师可以只用前一期盈余的倍数估算公司的价值，而公司的市盈率是折现率的倒数。

为了说明这个模型，假设市场预期公司下期将获得盈余 700 美元，权益资本报酬率为 14%。那么公司下期初的市场价值应该为 5 000 美元（700/14%）。值得注意的是，折现率 14%的倒数转换为市盈率为 7.14（1/0.14），700 美元乘以 7.14 约等于 5 000 美元。

简单的市盈率假设未来盈余将是永久性盈余。就多数公司而言，这种假设并不现实。多数公司的盈余不能预期保持固定不变，相反会不断增长。这些严格的假设并不适合百事公司。如果假设百事公司的未来盈余保持不变，未来固定的普通股权益报酬率等于权益资本成本率 7.5%，那么百事公司的市盈率应该等于 13.33（1/0.075）。该市盈率远远低于从理论上推断出来的百事公司的价值与盈余比率（21.75）。

□ 从实践的角度看市盈率

在实践中，分析师、财经媒体和金融数据库通常以当期每股股票价格除以最近财务年度或最近 4 个季度公司对外报告（历史）的每股收益（有时称为滞后或后续 12 个月的每股收益）来估算市盈率。①《华尔街日报》和金融数据网站（如雅虎财经）通常以这种方法估算市盈率。采用这种方法，百事公司 2012 年末的市盈率等于 2012 年度每股价格除以 2012 年度基本每股收益，即 17.28（68.43/3.96）。这样，百事公司 2012 年末股票的交易价格为市盈率（17.28）乘以 2012 年度的基本每股收益。②

由于分析师可以方便地获得多数公司的股票价格和基本每股收益数据，因此以每股市场价格除以最近年度的基本每股收益来估算市盈率的这种通行方法很实用。由于这种方法不需要分析师估算公司价值或预测盈余，因此这种方法很有效。然而，这种通行方法以反映未来盈余现值的股票价格除以历史盈余，会导致估值目的的逻辑错位。如果历史盈余包括预期未来盈余中不可持续的偶然或非经常性利得或损失，分析师就应该消除这些因素的影响，净化公司对外报告的历史盈余，估算能够反映未来可持续盈余的市盈率。第 3 章和第 6 章讨论了识别偶然或非经常性收益要素、调整公司对外报告的盈余以消除其影响，以及计量经常性、可持续盈余的各种方法。

作为一种构建股票价格与盈余逻辑一致性的替代方法，分析师可以将股票价格除以未来每股收益预测值（例如，分析师对下一年预期每股收益的共识预测值）来估算“远期市盈率”。不过，以预期未来盈余为基础估算市盈率，要求分析师预测未来盈余（或取得其他分析师的预测值）。如此一来，远期市盈率的可靠性取决于盈余预测的可靠性。盈余预测差错可能会使远期市盈率出现偏差。此外，我们在前面部分讨论价值与盈余比率时指出，市盈率将随着暂时性盈余因素的变动而反比例变动。如果分析师采用因暂时性利得而暂时增加或因暂时性损失而暂时减少的后续或远期盈余，市盈率将出现降低或提高的暂时性偏离。

如前所述，我们用第＋1 年度的盈余（归属于普通股股东的综合收益）预测值估算百事公司 2012 年末的远期市盈率：第 0 年度的每股价格/第＋1 年度的每股收益＝68.43 美元/(60.947 亿美元/15.44 亿股)＝68.43/3.95＝17.32。因此，百事公司 2012 年末的股票交易价格为远期市盈率（17.32）乘以第＋1 年度的盈余预测值。百事公司 2012 年末的价值与盈余比率（21.75）比百事公司的远期市盈率（17.32）高出 25%，这与我们前面得出的百事公司估值一致。③

值得注意的是，我们在这里只是将百事公司的股票市场价格除以其过去年度的每股收益或我们预测的未来每股收益，以此来推断百事公司的市盈率。显然，采用价格估算市盈率不能提供任何百事公司股票价值的新信息。

市盈率的计量问题

到现在为止，我们已经讨论了市盈率的不同计量问题。远期市盈率以股票价格除以下一年盈余预测

---

① 从理论上说，为了与净盈余会计法和剩余收益估值模型保持一致，市盈率计算公式的分母应该以每股综合收益为基础。然而，分析师、财经媒体和金融数据库很少以每股综合收益为基础估算市盈率。这主要是因为：（1）美国公认会计原则尚未要求列报每股综合收益；（2）其他综合收益项目通常是未实现利得和损失，而这些利得和损失不可能成为各期收益的永久组成部分。我们在本章遵循惯例，以公司对外报告的盈余数字估算市盈率。

② 资本市场用于评估股票价格的年末流通在外股票数量与根据美国公认会计原则用于估算每股收益的加权平均流通在外股票数量之间的差异可能使估算市盈率的通行方法出现偏差。如果我们以百万为单位（而不是以每股为单位）估算百事公司的市盈率，得到的市盈率为 17.10［105 656.0/(归属于百事公司股东的净利润 6 178－优先股股利 1)］。这个市盈率略低于以每股为单位估算出来的市盈率（17.32）。因为百事公司（根据美国公认会计原则的要求）以当年加权平均流通在外普通股数量（而不是年末流通在外的股票数量）为基础对外报告每股收益。

③ 在本例中，我们预测的百事公司第＋1 年度的净利润和综合收益相同，因此以每股收益估算的市盈率与以每股综合收益估算的市盈率相等。

值。从理论上说，这种估算方式更正确。但是，运用远期市盈率可能至少会产生两个问题。第一，就所有公司而言，下一年的盈余预测值并不能立即取得。第二，预测的精确性取决于预测假设，而预测假设差别很大。因此如前所述，在实践中，市盈率最常用的估算方法是以股票价格除以最近财务年度或最近 4 个季度的每股收益。这是一种明智的方法，因为历史盈余可以观察且唯一。然而，以历史盈余估算市盈率可能导致潜在的偏差。简而言之，分析师应该注意下列各种类型的市盈率潜在计量差错：

（1）增长。简单的市盈率没有明确考虑特定公司的长期盈余增长差异。前述的市盈率增长比率通过将增长率纳入市盈率倍数而提供了处理这种潜在偏差的机制。

（2）暂时性盈余。过去盈余毕竟是历史盈余，可能不是衡量预期未来“永久性”盈余的指标。考虑到历史盈余包括暂时性利得或损失（或其他预期不会重复发生的项目），暂时较高或较低的盈余可能导致市盈率变动较大。分析师应该消除这些非经常性或偶然利得或损失的影响，净化盈余数字。

（3）股利。公司的股利支付率差异也可能导致市盈率的潜在偏差。股利取代了未来盈余。尽管第 t 年度支付的股利降低了市场价格（市场价格降低的数额就是支付股利的数额），但盈余中却没有扣除股利。由于公司已经将部分资源支付给股东，如果其他条件不变，已经支付的股利将导致未来盈余减少，因此价格应该下降。价格下降的数额等于公司以股利形式分配给股东而放弃的资产所能获得的预期未来收益现值。如此一来，就支付股利的公司而言，股利导致当期的价格与滞后的盈余之间出现错配。为了消除这种错配，分析师可以估算其具有增长性的市盈率：$(P_t+D_t)/E_t=1/(R_E-g)$。[①]

□ 运用标杆相对估值：运用可比公司的市场倍数

除了采用市盈率作为快捷估值指标之外，分析师还可以采用市盈率作为潜在的信息标杆，比较不同公司的估值或预测其他公司的估值。例如，分析师可以比较百事公司、可口可乐公司、吉百利公司或其他饮料公司的市盈率，也可以用百事公司的市盈率预测这些饮料公司的估值。分析师还可以用已上市可比公司的市盈率（和市场价值与账面价值比率）评估私有公司（其普通股没有上市交易）或公司分部的价值。例如，投资银行用可比公司的市盈率作为确定首次公开发行股票价格合理区间的基准。

尽管市盈率具有速度和效率优势，但其估值未必精确。因此，在使用市盈率时，分析师必须仔细调整市盈率，使其与不同公司的基本面特征相匹配。例如，考虑到百事公司与可口可乐公司的盈利能力、增长率和风险等基本面特征存在差异，百事公司的市盈率应该与可口可乐公司的市盈率不同。又例如，百事公司的大部分盈余来源于零食业务，而可口可乐公司并非如此，两家公司的基本面特征自然存在差异。与百事公司相比，可口可乐公司来源于国际饮料销售业务的盈余会更多。诸多因素导致百事公司与可口可乐公司的盈利能力、增长率和风险存在差异，因此，两家公司的市盈率也存在差异。我们将在后面部分更详细地描述市盈率的种种差异并提供数据。

在采用市盈率（或市场价值与账面价值比率）进行相对估值分析时，如何选择合适的公司作为可比公司或同行公司可能是一项具有挑战性的工作。通过识别分析师在选择可比公司时应该采用的各种变量，理论模型有助于解决这个问题。2002 年，博吉拉吉（Bhojraj）和李（Lee）以影响市场倍数横向差异的各种因素（如预期盈利能力、增长率和资本成本率）为基础估算“保障性倍数”，为市场倍数估值法提供了一种选择可比公司的方法。[②] 1992 年，奥尔福德（Alford）以行业、风险、普通股权益报酬率和盈余增长率

---

① 从技术上看，因股利政策的差异而调整市盈率是正确的做法，但实践中，公司不经常采用这种做法。

② Sanjeev Bhojraj and Charles M. C. Lee, “Who Is My Peer? A Valuation-Based Approach to the Selection of Comparable Firms,” *Journal of Accounting Research*, Vol. 40, No. 2 (May 2002), pp. 407 - 439.

作为选择可比公司的基础，检验了市盈率估值模型的精确度。[①] 这些研究结果表明，如果同行业的公司具有相似的盈利能力、面临相似的风险并以相似比率增长，那么行业成员（尤其是三位数标准产业分类代码的行业成员）可以提供有用的比较基础。因此，行业成员有时可以作为市盈率估值模型的有效代理变量。然而，正如表 14-2 和表 14-4 的数据所示，相同行业的公司的市场价值与账面价值比率以及市盈率通常存在巨大差异。博吉拉吉和李的"保障性倍数"法为确定相似行业和不同行业的可比公司提供了一种思路。

市盈率的描述性统计数据

表 14-4 列示了与表 14-2（列示了市场价值与账面价值比率）和表 11-1（列示了市场β系数）相同的 47 个行业 2003—2012 年间的远期市盈率（股票价格除以尚未扣除非经常性项目的下一年盈余：P_t/E_{t+1}）。这些数据展现了计算机会计数据库（Compustat database）的 28 732 个公司年度的横截面样本（剔除盈余为负值的所有公司年度观测值）。[②] 表 14-4 按市盈率均值升序列报各个行业。

表 14-4　远期市盈率（P_t/E_{t+1}）的描述性统计数据：2003—2013 年

（47 个行业按远期市盈率的均值分类）

行业名称	第 25 百分位	均值	第 75 百分位
全样本（n=28 732 个公司年度）*	**11.40**	**16.37**	**25.40**
保险	7.94	10.92	16.35
钢铁	6.42	11.54	19.10
石油与天然气	8.57	12.45	20.73
汽车与卡车	9.87	13.16	20.98
烟草制品	11.62	13.23	15.17
煤炭	8.18	13.30	20.20
国防	9.07	13.40	22.44
加工制品	8.53	14.08	22.85
船运集装箱	11.40	14.29	19.03
非金属与工业金属矿开采	8.96	14.38	25.97
运输	9.52	14.41	21.71
服装	10.96	14.53	21.46
建筑	8.24	14.59	23.21
化工	10.07	14.60	20.92
批发	9.92	14.69	19.76
商业供应	9.92	14.79	21.85
糖果与苏打水	11.89	14.84	19.91
公用事业	12.46	14.95	19.27
电气设备	11.38	15.11	20.35
航空	12.48	15.28	19.49
银行	12.01	15.45	21.33
零售	10.98	15.49	22.24
橡胶与塑料制品	11.69	15.68	21.84
造船、铁路设备	12.85	15.82	26.87

① Andrew W. Alford, "The Effect of the Set of Comparable Firms on the Accuracy of the Price-Earnings Valuation Method," *Journal of Accounting Research* (Spring 1992), pp. 94-108.

② 以负值盈余为基础估算市盈率没有意义。因为市盈率假设盈余是永久性盈余，而负值盈余不是永久性盈余。

续表

行业名称	第 25 百分位	均值	第 75 百分位
通信	11.00	15.88	25.24
机械	11.73	15.97	22.50
健康保健	12.19	16.02	22.50
建筑材料	11.62	16.37	24.19
休闲	10.57	16.50	25.26
消费品	11.99	16.74	22.69
纺织品	9.16	17.01	24.13
啤酒与白酒	13.24	17.33	19.78
食品	12.31	17.34	25.80
房地产	9.51	17.64	41.76
印刷与出版	12.37	17.81	23.75
餐饮与旅馆	13.35	18.04	27.80
药品	12.97	18.99	30.45
农业	11.17	19.35	28.05
计量与控制设备	13.75	19.38	30.24
贸易	12.43	19.51	33.10
电子设备	12.32	19.57	32.24
个人服务	13.68	20.11	30.55
商业服务	13.74	20.84	33.81
计算机	14.48	21.79	36.96
娱乐	15.02	22.42	33.88
医疗设备	15.74	22.79	34.98
稀有金属	14.15	25.53	48.10

* 为了估算这些市盈率的描述性统计数据，我们将公司价值（年末收盘价格乘以流通在外股票数量）除以尚未扣除非经常性项目的下一年的净利润。我们剔除了下一年的净利润为负值的公司年度观测值。

这些描述性统计数据表明，不同行业在 2003—2012 年间的市盈率均值显著不同。保险、钢铁、石油与天然气、汽车与卡车等行业的公司在该期间的市盈率均值最低，而稀有金属、医疗设备、娱乐、计算机和商业服务等行业的公司在该期间的市盈率均值最高。这些描述性统计数据也说明，这 47 个行业中的多数行业 2003—2012 年间的市盈率第 25 百分位与第 75 百分位存在较大差异。除了极少数个例外，多数行业的市盈率第 75 百分位是市盈率第 25 百分位的两倍多。①

哪些因素导致市盈率因公司而异？

导致市场价值与账面价值比率因公司而异的一系列经济因素也可能会导致市盈率因公司而异。各个公司市盈率变动的主要动因是价值的基本动因：风险、盈利能力和增长率。除了经济因素，各个公司采用不同的会计方法和会计原则以及各个期间盈余之间的差异也可能导致市盈率的差异。我们将接着讨论市盈率各个决定性因素的影响。最后讨论增长率，因为我们将拓展增长率在决定市盈率时所起的作用。

风险与资本成本率。如前所述，如果公司的盈余数额相等但风险水平不同，那么其权益资本成本率和市盈率（以及价值与盈余比率）也不同。假设其他条件不变，如果公司的风险较高，则其市场价值和市盈率较低。

① 由于市盈率对接近零的盈余较为敏感，因此分析师必须谨慎看待市盈率。如果公司的盈余为正值但暂时非常低，该公司的市盈率会暂时非常高。

盈利能力。具有竞争优势的公司将获得超过权益资本成本率的普通股权益报酬率。如果公司可以维持这些竞争优势，就可以更持久地获得超过权益资本成本率的普通股权益报酬率。这样，与其他没有持续竞争优势的类似公司相比，有持续竞争优势公司的市盈率将提升。因此，持久性地获得超过权益资本成本率的普通股权益报酬率将提升各个公司的市盈率。

会计差异。除了经济因素，公司的市盈率差异可能源于诸多会计因素，包括盈余计量的期间特征、会计方法与会计原则的差异。有些公司选择稳健性会计方法进行收益确认与资产计量（如投入品价格上涨时，存货的流动计价采用后进先出法；固定资产采用加速折旧法计提折旧）。而有些公司投资于会计原则相对稳健的各种项目。例如，公司可能在各种无形活动方面发生巨额支出，而根据稳健性会计原则，这些支出必须作为费用处理。如此一来，经济资产（成功的研究与开发、品牌资产或人力资本）成为表外资产。会计方法与会计原则对财务报表列报的盈余和市盈率的影响可能在公司存续期内发生变化。假设其他条件不变，稳健性会计将降低公司存续期早期（例如加速折旧费用很高或研究与开发费用作为费用处理时）对外报告的盈余，提升公司的市盈率。具有讽刺意味的是，到了公司存续期的后期，在各种投资全部作为费用处理之后，公司对外报告的盈余将更高，而市盈率将更低。

会计计量年度盈余。如果公司某个期间的盈余非常高或非常低，则难以代表持续盈余，公司的市盈率将显著不同。例如，如果盈余中包括难以持续的非经常性损失，那么公司的市盈率可能非常高。与长期盈余预期相比，单期会计盈余的暂时特征可能导致市盈率出现更大波动。如果分析师采用包括预期难以持续的利得或损失的后续12个月的盈余估算市盈率，那么市盈率可能出现人为造成的波动。影响净利润的非经常性项目可能对市盈率产生反向的影响。换句话说，非经常性利得可能会暂时提高净利润，但会降低市盈率，而非经常性损失可能会暂时降低净利润，但会提高市盈率。

沿用前述的简单示例。假设分析师预期公司下一个期间将创造盈余600美元而不是700美元，这是因为公司将确认非经常性重组费用100美元。由于该费用是非经常性费用（不是盈余的永久性变动），如果不考虑增长因素，市场价格应该下降到大约4 900美元（5 000－100），该期间的市盈率将为8.17（4 900/600）而不是7.14（5 000/700）。相反，如果当期的盈余超过分析师预期的永久性水平，市盈率可能会低于正常水平。

分析师必须评估该期间较低或较高的盈余水平（进而导致的较高或较低的市盈率）是一个暂时事项还是永久性盈余变动到了新水平。如果分析师预期盈余从700美元下降到600美元是一个永久事项，那么市场价格（假设风险或增长率没有发生任何变动）应该下降到4 286美元（600/0.14）。因此，市盈率依然为7.14（1/0.14）。

为了说明会计差异对不同公司市盈率的影响，不妨看看下表所列示的百事公司和可口可乐公司2000年度和2001年度的市盈率（年末的股票价格除以后续每股收益）历史数据（单位：美元）。

		市盈率	每股市场价格	每股收益
2000年度：	百事公司	31.9	46.25	1.45
	可口可乐公司	69.3	60.94	0.88
2001年度：	百事公司	34.2	46.18	1.35
	可口可乐公司	29.5	47.15	1.60

根据上表，百事公司和可口可乐公司2000年度的市盈率表明资本市场应以69.3倍的盈余确定可口可乐公司的股票价格，以31.9倍的盈余确定百事公司的股票价格，可口可乐公司的市盈率是百事公司的市盈率的两倍多。这意味着，与百事公司相比，可口可乐公司的资本成本率较低、增长率较高和/或盈利能力较强。然而与此相反，可口可乐公司2000年度确认了一大笔重组费用，导致其每股收益下降到只有0.88美元，从而暂时放大了公司的市盈率。由于可口可乐公司该年度的盈余暂时下降，市盈率没有反映

公司长期盈余的市场预期，因此公司的市盈率出现大幅提升。可口可乐公司和百事公司 2001 年度对外报告的盈余都接近正常水平，其市盈率也就非常相似。

增长率。假设其他条件不变，那些市场预期其盈余将因未来投资于各种非经常性盈利的投资项目而增长率较高的公司，其市场价值和市盈率将更高。接下来，我们将讨论分析师把盈余增长率纳入市盈率的各种方法。

□ 将盈余增长率纳入市盈率

分析师通常会修正市盈率，将盈余增长率纳入市盈率。我们将讨论和运用分析师把未来盈余增长率纳入市盈率估算过程的两种方法：(1) 永续年金增长率法；(2) 市盈率增长比率法。

永续年金增长率法

永续年金增长率法假设公司当期盈余将以一个固定比率 (g) 增长。因此，分析师可以用以固定比率增长的一系列永久性未来盈余的现值评估公司的价值。这时，我们可以用永续年金增长模型表述远期价值与盈余比率和市盈率：

$$V_0 = P_0 = \frac{E_0 \times (1+g)}{R_E - g} = \frac{E_1}{R_E - g}$$

因此，

$$\frac{V_0}{E_1} = \frac{P_0}{E_1} = \frac{1}{R_E - g}$$

为了进一步说明问题，假设公司当期创造的盈余为 666.67 美元。资本市场预期该公司下一年度及以后年度的盈余将增长 5%，第+1 年度的盈余将为 700 美元。该模型说明考虑了增长率的远期市盈率应该为 11.11 [1.00/(0.14－0.05)]，市场价值应该为 7 778 美元 (700×11.11)。考虑了预期未来增长率的盈余现值使公司价值增加了 2 778 美元 (7 778－5 000)。

值得注意的是，因为上述表达式用的是 E_1（下一年的盈余），因此描述的是远期价值与盈余比率和市盈率。如前所述，在实践中，分析师通常以历史盈余计量市盈率。如果分析师预期当期（历史）的盈余将以固定比率增长，且价值与盈余比率和市盈率可以表述为当期（历史）盈余 (E_0) 的倍数：

$$V_0 = P_0 = \frac{E_1}{R_E - g} = \frac{E_0 \times (1+g)}{R_E - g}$$

因此，

$$\frac{V_0}{E_0} = \frac{P_0}{E_0} = \frac{1+g}{R_E - g}$$

沿着上述思路，以当期盈余为基础的价值与盈余比率和市盈率为 11.667 [$(1+g)/(R_E-g)$=1.05/(0.14－0.05)]。值得注意的是，采用该价值与盈余比率和市盈率，公司的价值为 7 778 美元 (666.67×11.667)，与我们用远期价值与盈余比率和市盈率估算出来的公司价值相同。

市盈率对增长率非常敏感。如果上述示例的增长率是 6%（而不是 5%），远期市盈率将变为 12.50 [1.00/(0.14－0.06)]，市场价值将变为 8 750 美元 (700×12.50)。之所以会产生这种敏感性，是因为该模型假设公司将以特定增长率永续增长。竞争、新发明、新技术或其他因素最终可能会使某个行业的增长率放缓。在运用市盈率的固定增长率版本时，分析师应该为盈余选择一个长期均衡的增长率。

价值与盈余比率和市盈率的上述表达式低估了风险与增长率在估值过程中的综合影响。考虑到预期报酬率（R_E）和风险之间的关系，价值与盈余比率和市盈率应该与风险呈负相关。如果盈余和增长率保持不变，风险水平较高，则市盈率和价值与盈余比率较低；反之亦然。即便证券的预期盈余和增长率相同，风险厌恶型投资者对高风险证券与低风险证券的出价也不同。相反，价值与盈余比率和市盈率应该与增长率呈正相关。如果盈余和预期报酬率保持不变，公司盈余的预期长期增长率较高，其价值与盈余比率和市盈率也应该较高。

就百事公司2012年末的估值而言，我们曾经假设百事公司第+6年度及以后年度的长期增长率为3.0%。如果现在假设百事公司从第+1年度开始盈余的固定增长率就为3.0%，那么运用永续年金增长率法，我们可以估算百事公司的远期市盈率：

$$\frac{P_0}{E_1}=\frac{1}{R_E-g}=\frac{1}{0.075-0.030}=22.222$$

显然，在考虑增长率之后，百事公司的远期市盈率发生了较大变化（与忽略增长率的市盈率13.33（1/0.075）相比）。假设百事公司的盈余从第+1年度开始每年增长3.0%，根据这个考虑增长率的市盈率，百事公司的股票估值为22.222乘以第+1年度的盈余预测值。这个市盈率略高于理论正确的价值与盈余比率21.7。

市盈率增长比率法

近年来，实践中出现另一种将增长率纳入市盈率的方法。这种方法是将市盈率除以预期盈余中期增长率（以百分比表示）。有些分析师采用3~5年的预期盈余增长率。这种方法催生了实践中越来越常见的所谓市盈率增长比率。分析师可以采用下列公式估算市盈率增长比率：

$$\text{市盈率增长比率}=(\text{第 0 年度的每股价格}/\text{第 1 年度的预期每股收益})/(g\times 100)$$

分析师和财经媒体将市盈率增长比率当作评估股票价格与盈余、预期未来盈余增长率之间关系的一个经验法则。尽管该经验法则（对经验法的理解因分析师而异）缺乏理论基础，市盈率增长比率的支持者通常认为公司的市盈率增长比率应该大致等于1，意味着市场价格公允地反映了预期盈余和增长率。

基于下列假设，该经验法则隐含着价值与盈余比率增长（*VEG*）比率估值模型：

- 公司的盈余表现为不断增长的永续年金。
- 公司的盈余创造了一个等于权益资本成本率的普通股权益报酬率。
- 公司的所有增长都来源于公司所有盈余的再投资。
- 公司所有盈余的再投资创造了一个等于权益资本成本率的普通股权益报酬率，因此，公司的盈余增长率等于权益资本成本率。

基于这一系列严格的假设，*VEG* 比率为（用符号表示，假设 $(g\times100)=G=R_E$）：

$$\begin{aligned}VEG_0&=(\text{第 0 年度的每股价值}/\text{第 1 年度的预期每股收益})/(g\times 100)\\&=V_0/E_1/G\\&=1/R_E/R_E\\&=1\end{aligned}$$

值得注意的是，从数学上看，*VEG* 比率相当于一个简单的估值模型，以下一年度的每股收益乘以增长率再乘以100（即 $V_0=E_1\times G$）来估算股票价值。

根据经验法则，*VEG* 比率应该等于1。其支持者认为，相对于盈余和预期盈余增长率，如果公司的市盈率增长比率小于1，资本市场可能会低估该公司的股票价格。相对于盈余和预期盈余增长率，如果公司的市盈率增长比率大于 1，资本市场可能会高估该公司的股票价格。市盈率增长比率的支持者认为，这种探索式方法考虑了下一年盈余和预期盈余增长率，为股票排序提供了一个方便的途径。[①]

我们在第 10 章曾经假设百事公司第＋1 年度至第＋5 年度每年的盈余增长率大约为 2.7%。运用该增长率假设和第＋1 年度的预期每股收益 3.95 美元，我们可以估算百事公司 2012 年末的市盈率增长比率：

$$
\begin{aligned}
PEG_{2012} &= (\text{2012 年度每股价格} / \text{第}+1\text{ 年度预期每股收益})/(g\times 100)\\
&= (68.43/3.9)/(0.027\times 100)\\
&= 17.32/2.7\\
&= 6.42
\end{aligned}
$$

如此一来，百事公司 2012 年末的股票将以市盈率增长比率（6.42）交易。百事公司的市盈率增长比率意味着百事公司的股票市场价格反映了资本市场显著高估了百事公司的盈余和预期盈余增长率。不过，这种以市盈率增长比率为基础做出的推断并没有考虑各个公司的风险和权益资本成本率存在的差异。例如，百事公司的市盈率增长比率似乎很高，因为市盈率增长比率没有考虑百事公司因存在巨额表外品牌资产而使其预期未来普通股权益报酬率显著超过权益资本成本率这个事实。此外，这种推断方法也没有考虑百事公司可能会以相对较低的风险（百事公司的市场 β 系数为 0.75）取得该未来盈余增长率这个事实。理论研究人员和实践工作人员都应该认真关注市盈率增长比率，并检验和了解市盈率增长比率的用途和局限。

□ 市盈率的实证属性

理论模型表明，市盈率与权益资本成本率、未来盈余增长率相关。许多实证研究已经检验了市盈率、风险（用市场 β 系数度量风险）和增长率（用已实现的前期增长率或分析师预测的未来增长率度量）之间的关系。这些研究发现各个公司大约有 50%～70%的市盈率变动与风险和增长率有关。[②]

将市盈率作为未来盈余增长率的预测变量

斯蒂芬·彭曼（Stephen Penman）是一位研究盈余、账面价值和市场价值之间关系的领先学者，他研究了市盈率与每股收益变动之间的关系。彭曼收集了来自美国证券价格研究中心（CRSP）和计算机会计数据库 1968—1985 年的大约 2 574 家公司的数据[③]，每年都以市盈率水平为基础将公司分为 20 个组合，并采用滞后的每股收益估算。随后，彭曼估算了各个组合形成年份和 9 个后续年份每股收益的变动百分比，汇总了各个年份的结果。下表列示了部分汇总结果。

市盈率组合	每股收益百分比变动中位数				
	第 0 年度	第＋1 年度	第＋2 年度	第＋3 年度	第＋4 年度
高	3.9%	52.2%	17.5%	17.8%	15.0%
中	14.0%	11.8%	11.6%	13.7%	15.8%
低	18.4%	4.8%	10.2%	12.3%	13.1%

① Mark Bradshaw 于 2002 年在其论文中论证了卖方分析师预期的目标价格与根据市盈率增长比率模型得出的估值高度相关。参见 Mark Bradshaw，"The Use of Target Prices to Justify Sell-Side Analysts' Stock Recommendations," *Accounting Horizons*，Vol. 16，No. 1（March 2002），pp. 27 - 41。

② 参见 William Beaver and Dale Morse，"What Determines Price-Earnings Ratios?，" *Financial Analysts Journal*（July-August 1978），pp. 65 - 76；Paul Zarowin，"What Determines Earnings-Price Ratios：Revisited，" *Journal of Accounting*，*Auditing and Finance*（Summer 1990），pp. 439 - 454。

③ Stephen H. Penman，"The Articulation of Price-Earnings Ratios and Market-to-Book Ratios and the Evaluation of Growth，" *Journal of Accounting Research*，Vol. 34，No. 2（Autumn 1996），pp. 235 - 259.

各个组合形成年份的结果与第 0 年度的盈余暂时性部分一致。总体而言，市盈率较高的公司，其第 0 年度的盈余百分比相对于以前年份变动较小（而且盈余可能下降）。市盈率较低的公司，其第 0 年度的盈余百分比变动较大。第＋1 年度的结果表明以前年份的盈余变动产生了相互抵消的效果。高市盈率组合的较低盈余增加（减少）百分比之后是较高盈余增加百分比。低市盈率组合则相反。

各个组合后续年份的结果反映了盈余百分比变动的均值回归到了百分之十几的趋势。这个结果与表 14－3 所列示的普通股权益报酬率数据一致。伯纳德观察到普通股权益报酬率均值在其研究样本期间回归到了百分之十几的趋势。均值回归意味着盈余增长率随着时间的推移而出现系统性的方向变动（即序列自相关），但这种回归需要数年时间。

市场价值与账面价值比率和市盈率之间的勾稽关系。彭曼在研究中还对样本公司进行排序，并将其分为三个市场价值与账面价值比率组合：将市场价值与账面价值比率低于 0.90 的组合界定为低市场价值与账面价值比率组合；将市场价值与账面价值比率高于 1.10 的组合界定为高市场价值与账面价值比率组合；将市场价值与账面价值比率介于 0.90～1.10 之间的组合界定为正常市场价值与账面价值比率组合。接着，彭曼运用剩余收益估值模型和实证数据检验公司市盈率与市场价值与账面价值比率之间的勾稽关系。① 表 14－5 以矩阵的方式列示了彭曼的部分研究结果。假设所有公司的资本成本率为 10%，该矩阵列示了剩余收益除以权益账面价值（实际上，就是剩余普通股权益报酬率）的计算结果。我们用 CRI 表示当期剩余收益，用 FRI_1 和 FRI_6 分别表示下一年和第六年的未来剩余收益。

彭曼的研究结果总体支持了其预测，并解释了引起市场价值与账面价值比率和市盈率共变的各种剩余收益情况。彭曼的研究结果表明，市场价值与账面价值较高公司的未来剩余收益显著高于市场价值与账面价值较低公司的未来剩余收益。通过检验表 14－5 矩阵所列示的各列剩余收益，市场价值与账面价值比率是未来剩余收益的正向预测变量。彭曼的研究结果与表 14－3 所列示的伯纳德的研究结果一致。通过检验表 14－5 所列示矩阵的各行结果，彭曼发现市盈率较高公司的当期剩余收益远低于未来剩余收益。这意味着由于剩余收益暂时较低，这些公司的市盈率暂时较高。相反，市盈率较低公司的当期剩余收益高于未来剩余收益。这意味着由于剩余收益暂时较高，这些公司的市盈率暂时较低。彭曼的研究结果提供了用于判断市场价值与账面价值比率和市盈率何时应该高、低或正常的信息。

表 14－5　市场价值与账面价值比率和市盈率之间的勾稽关系

市盈率组合	市场价值与账面价值比率组合		
	高	正常	低
高 （第 15～20 个组合）	CRI<FRI>0 CRI：－0.50～0.07 FRI_1：－0.07～0.08 FRI_6：0.01～0.11	CRI<FRI＝0 CRI：－0.36～－0.04 FRI_1：－0.13～－0.03 FRI_6：－0.06～0.07	CRI<FRI<0 CRI：－0.24～－0.06 FRI_1：－0.13～－0.06 FRI_6：－0.01～0.02
正常 （第 7～14 个组合）	CRI＝FRI>0 CRI：0.07～0.10 FRI_1：0.08～0.10 FRI_6：0.11～0.14	CRI＝FRI＝0 CRI：－0.02～0.04 FRI_1：－0.02～0.04 FRI_6：0.01～0.06	CRI＝FRI<0 CRI：－0.05～0.00 FRI_1：－0.04～0.00 FRI_6：－0.02～0.03
低 （第 1～6 个组合）	CRI>FRI>0 CRI：0.12～0.41 FRI_1：0.12～0.25 FRI_6：0.11～0.24	CRI>FRI＝0 CRI：0.05～0.22 FRI_1：0.05～0.15 FRI_6：0.07～0.12	CRI>FRI<0 CRI：0.00～0.06 FRI_1：－0.01～0.04 FRI_6：0.03～0.05

说明：CRI 表示当期剩余收益，FRI 表示未来剩余收益。

资料来源：我们从彭曼该篇论文的表 4 获取这些数据。参见 Stephen H. Penman，"The Articulation of Price-Earnings Ratios and Market-to-Book Ratios and the Evaluation of Growth，" *Journal of Accounting Research*，Vol. 34，No. 2（Autumn 1996），pp. 235－259。

① Stephen H. Penman，"The Articulation of Price-Earnings Ratios and Market-to-Book Ratios and the Evaluation of Growth，" *Journal of Accounting Research*，Vol. 34，No. 2（Autumn 1996），pp. 235－259.

14.4 价格差异

鉴于风险和预期报酬率在估值过程所扮演的重要角色以及在计量风险和预期报酬率时面临的各种不确定性，分析师需要通过各种工具来评估风险对股票价格和公司价值的影响。其中一种工具就是估算价格差异。① 借助价格差异可以解释：风险对股票价格有何影响？对于风险，股票价格的影响太大还是太小？为了解释这些问题，我们调整剩余收益模型，估算价格差异即资本市场按风险折现的股票价格的数额。

第 13 章已经详细讨论过，剩余收益模型确定的普通股权益的现值为：

$$V_0 = BV_0 + \sum_{t=1}^{\infty} \frac{CI_t - R_E \times BV_{t-1}}{(1+R_E)^t}$$

为了运用上述模型，分析师必须估算权益资本成本率（R_E），并将其用于估算剩余收益［$CI_t-(R_E\times BV_{t-1})$］，然后，以"$1/(1+R_E)^t$"为折现率将剩余收益折现为现值。不过，顶尖的财务经济学家并没有给应该如何估算权益资本成本率这个问题提供一个清晰思路。许多争论都围绕预期报酬率模型（如资本资产定价模型）而展开。市场 β 系数的合适指标是什么？除了市场 β 系数还有哪些其他因素（如公司规模、市场价值与账面价值比率或其他风险因素）应该纳入预期报酬率模型？如果分析师可以识别影响资本市场定价的适当风险因素，那么各个因素的预期报酬率的合适风险溢价是多少？在一个更基本的层面产生了一些问题，即分析师是否应该以公司的报酬率与报酬率的市场指数之间的协变性为基础估算风险和预期报酬率呢？之所以产生这些问题，主要是因为市场模型（如资本资产定价模型）本质上具有循环推理的特征：应该用股票报酬率估算评估股票价格所需要确定的预期报酬率的风险吗？或者应该以公司的报酬率与其基本面风险特征（如盈余变动性）之间的协变性为基础评估风险和预期报酬率吗？或者风险和预期报酬率应该来源于公司的股票报酬率与整个经济体的消费指标之间的协变性吗？因为从理论上说，应对预期未来消费变动的需求可能会使投资者厌恶风险。

估算价格差异的程序为评估资本市场的风险定价提供了另一种方法。我们首先以通行的无风险利率（用 R_F 表示无风险利率。例如，10 年期的美国国库券的收益率就是无风险利率）替代权益资本成本率（R_E），并运用剩余收益模型估算风险中性价值（用 RNV_0 表示风险中性价值）——在风险中性市场中的公司虚拟估值：

$$RNV_0 = BV_0 + \sum_{t=1}^{\infty} \frac{CI_t - R_F \times BV_{t-1}}{(1+R_F)^t}$$

风险中性价值是以权益账面价值和预期未来综合收益预测值为基础的公司价值，没有按风险折现。将风险中性价值除以流通在外的股票数量，就可以得到每股风险中性价值。每股风险中性价值是股票在风险中性市场交易的虚拟价值。普通股每股市场价格反映了在厌恶风险的现实世界按风险折现的价值。每股风险中性价值扣除每股市场价格就可以得到按风险折现的股票价格总额。我们将该差额称为价格差异（用 *PDIFF* 表示价格差异）。其估算公式为：

第 0 年度的价格差异 = 第 0 年度的每股风险中性价值 − 第 0 年度的每股市场价格

分析师也可以将第 0 年度的价格差异除以第 0 年度的每股风险中性价值，确定价格差异百分比：

---

① 本节主要参考：Stephen Baginski and James Wahlen, "Residual Income Risk, Intrinsic Values, and Share Price," *The Accounting Review*, Vol. 78, No. 1 (January 2003), pp. 327 - 351。

$$价格差异百分比=\frac{第0年度的每股风险中性价值-第0年度的每股市场价格}{第0年度的每股风险中性价值}$$

分析师可以通过估算价格差异百分比，判断按风险折现的市场价格是否足够补偿投资者持有公司股票所承担的风险。分析师也可以比较某家公司或不同公司在不同时间的价格差异百分比，评估资本市场按风险折现股票价格的程度。如果分析师认为相对于公司的风险价格差异百分比较大，那么资本市场可能按风险过度折现了股票价格（低估了股票价格）。相反，如果分析师认为相对于公司的风险价格差异百分比较小，那么资本市场可能按风险少折现了股票价格（高估了股票价格）。接下来，我们将举例说明如何估算百事公司的价格差异百分比，讨论如何反向推算股票价格。我们将描述并运用更为正式的估算价格差异百分比相对数值的方法。

□ 估算百事公司的价格差异

为了估算百事公司2012年末的价格差异，我们沿用第10章的预测假设和第13章的剩余收益模型。我们没有采用原先基于估算剩余收益并将剩余收益折现为现值的目的而使用的百事公司权益资本成本率（7.5%），相反，我们在估值时采用无风险利率。2012年末，10年期的美国国库券的到期收益率大约为3.0%。表14-6列示了百事公司第+1年度至第+5年度预期未来剩余收益的现值。采用无风险折现率3.0%估算，百事公司第+1年度至第+5年度预期未来剩余收益的现值总额为271.551亿美元。

表14-6 百事公司的价格差异：以无风险利率（3.0%）折现的第+1年度至第+5年度剩余收益现值

单位：百万美元

	第+1年度	第+2年度	第+3年度	第+4年度	第+5年度
滞后的普通股权益账面价值（t−1期）	22 417.0	22 020.3	22 417.9	22 749.5	23 259.5
归属于普通股股东的综合收益	6 094.7	6 376.6	6 598.3	6 972.2	7 064.2
减：必要收益	− 672.5	− 660.6	− 672.5	− 682.5	− 697.8
剩余收益	5 422.2	5 716.0	5 925.8	6 289.7	6 366.4
现值系数	× 0.970 9	× 0.942 6	× 0.915 1	× 0.888 5	× 0.862 6
剩余收益现值	5 264.3	5 387.9	5 422.9	5 588.3	5 491.7
剩余收益现值总额（第+1年度至第+5年度）	27 155.1				

为了估算持续价值，我们采用熟悉的永续年金增长模型“$1/(R_F-g)$”，假设百事公司的长期增长率为1.0%，无风险折现率为3.0%。（值得注意的是：仅仅基于展现价格差异估算过程的目的，我们假设长期增长率只有1.0%。我们在前面各章均假设百事公司的长期增长率为3.0%。如果长期增长率等于（或大于）折现率（在本示例中，就是$R_F=3.0\%$），那么（R_F-g）为零或负值，永续年金增长模型的估算过程便会得出没有意义的结果。）

根据这种方法，持续价值的现值为2 775.597亿美元。在这个持续价值现值的基础上，加上百事公司2012年末的普通股权益账面价值，并调整年度中间点折现，再除以流通在外的股票数量，我们就可以估算出百事公司的每股风险中性价值为215.05美元。扣除2012年12月31日的每股市场价格68.43美元，我们估算出每股价格差异为146.62美元。上述估算过程表明，百事公司的股票已经按风险厌恶市场的折现率折现，每股交易价格低于其在虚拟风险中性市场（第10章所做的预测假设）的交易价格，价格差异百分比为68.2%（每股价格差异/每股风险中性价值=146.62/215.05）。上述估算过程表明，相对于风险中性价值，百事公司股票的每股市场价格（68.43美元）已经折扣了68.2%。也就是说，以2012年末的每股市场价格（68.43美元）为基准，百事公司的股票交易价格大约相当于每股风险中性价值的32%

(68.43/215.05)。表 14-7 列示了上述估算过程。

表 14-7 百事公司的价格差异

单位：美元

估值步骤	估算过程	数额
第+1 年度至第+5 年度的剩余收益现值总额	按无风险利率 3.0%折现（参见表 14-6）	27 155.1
加上持续价值现值	假设第+6 年度剩余收益的永续年金增长率为 1.0%，折现率为 3.0%。估算过程略	+ 277 559.7
剩余收益现值总额		304 714.9
加：期初权益账面价值	来源于 2012 年度的资产负债表	+ 22 417.0
		327 131.9
年度中间点折现调整	乘以“$1+R_F/2$”	× 1.015
普通股权益现值		332 038.8
流通在外股票数量		÷ 1 544.0
每股风险中性价值		215.05
现行每股市场价格		− 68.43
价格差异		146.62
价格差异占风险中性价值的百分比		68.2%

根据预测假设和估值模型，我们在第 11～13 章估算出百事公司 2012 年末的股票价格可能被资本市场低估了大约 25%。上述价格差异估算过程表明，相对于百事公司的风险，资本市场对百事公司未来剩余收益的预期打了一个更大的折扣。为了更正式地评估价格差异的相对数值，我们转向采用反向推算股票市场价值的方法。

14.5 反向推算

反向推算是一种分析方法。借助这种方法，分析师可以推断和评估股票价格隐含的各种假设。我们在本书始终强调不要依靠现行市场价值，而要独立运用公司的基本面特征评估公司价值。从本质上看，这个估值过程可以归结为一个“四块拼图”，即一个包含四个变量的公式：

（1）预期未来盈利能力

（2）预期未来长期增长率

（3）预期经风险调整的折现率

（4）公司价值

迄今为止，我们已经讨论过其中三个变量（预期未来盈利能力、预期未来长期增长率和预期经风险调整的折现率）的各种预测和预期问题，也曾运用这些变量估算过第四个变量即公司价值。事实上，我们可以对四个变量中的任意三个变量做出假设，然后确定第四个变量。

例如，我们可以将普通股权益的市场价值作为其中的一个已知变量，假设第 0 年度的股票价值等于市场价格（即我们可以假设市场价格正确无误）。接着，我们可以对任意两个其他变量做出预测假设，确定未知的第四个变量。由于采用的是反向估值过程，我们将其称为反向推算股票价格。分析师假设资本市场有效，股票价值等于股票价格，然后推断资本市场确定股票价格所隐含的假设。例如，如果我们假设公司的股票价值等于股票价格，并以分析师对未来盈余和增长率的共识预测值作为市场预期的合理替代变量，就可以确定隐含的经风险调整的普通股权益预期报酬率。该报酬率与观察到的市场价格一致。从本质上看，这相当于确定股票的内含报酬率。

举另一个例子，我们假设股票价值等于股票价格，预期报酬率模型（如资本资产定价模型）可以用于确定某只股票的经风险调整的预期报酬率，而且分析师对第＋1年度至第＋5年度的共识预测值是资本市场盈余预期的合理替代变量。这样，以其他假设为基础，我们就可以确定公司股票价格隐含的长期增长率。

反向推算股票价格的流程有助于分析师推断资本市场对股票价格的渗透影响的一系列假设，并判断这些假设是合乎现实、过于乐观还是过于悲观。如果分析师认为资本市场的假设过于乐观，这意味着资本市场高估了股票价格（或者分析师应该反思自己是否过于悲观）。反之，如果分析师认为资本市场的假设过于悲观，这意味着资本市场低估了股票价格（或者分析师可能比资本市场更加乐观）。

□ 反向推算百事公司的股票价格

为了说明反向推算的流程，我们以百事公司2012年12月31日每股市场价格68.43美元为例，讨论反向推算的流程在百事公司的具体运用。为了反向推算百事公司的股票价格，我们再次借助第13章讨论过的剩余收益模型和第10章编制的预测性财务报表。

假设我们希望确定百事公司2012年度每股市场价格68.43美元中隐含的预期报酬率（即经风险调整的折现率），且假设第＋1年度至第＋5年度百事公司盈余、普通股权益账面价值和长期增长率为3.0％的预测值是符合资本市场预期的合理替代变量。具备了股票价格、第＋1年度至第＋5年度盈余与增长率预测值等数据，以及假设第＋5年度之后会有一个固定长期增长率，我们可以用剩余收益估值模型确定使未来盈余和账面价值减少到现值等于每股市场价格即68.43美元的折现率。

从程序上看，基于股票价格、盈余和增长率的各种假设来确定百事公司股票隐含的预期报酬率的方法就是（像前述价格差异的示例那样）采用无风险折现率估算普通股权益的价值。未来剩余收益没有按风险折现的风险中性价值可能远远超过市场价格。在讨论价格差异模型在百事公司的运用时，我们已经确定百事公司的每股风险中性价值为215.05美元。为了反向推算股票价格，有必要逐步提高折现率，直至根据剩余收益模型估算出来的价值刚好等于每股市场价格68.43美元。根据这种方法，百事公司股票隐含的预期报酬率为8.696％。基于剩余收益和增长率的各种假设，采用该折现率（8.696％）计算得到百事公司股票的现值为每股68.43美元，刚好等于百事公司股票的每股市场价格。如前所述，我们曾经假设，根据资本资产定价模型，百事公司普通股权益的必要报酬率为7.5％。然而根据这种反向推算方法，基于其他假设，如果以每股市场价格68.43美元买入百事公司的股票，将获得的报酬率是8.696％。财务报表分析软件包的估值电子表格有助于分析师通过改变权益资本折现率轻松地完成这些迭代计算过程。

举另一个例子，我们通过反向推算百事公司2012年末的股票价格确定其隐含的长期增长率假设。为了说明问题，我们再次假设已知每股市场价格为68.43美元，第＋1年度至第＋5年度百事公司盈余和普通股权益账面价值的预测值是符合资本市场预期的合理替代变量。结合之前的假设，即根据资本资产定价模型估算出来的百事公司经风险调整的折现率为7.50％，我们一共确定了三个假设（价值、第＋1年度至第＋5年度的盈余和经风险调整的折现率），这样就可以确定“四块拼图”中的那个未知变量，即隐含的长期增长率假设。我们首先假设长期增长率为零，以此为基础估算公司价值，并将估算出来的公司价值与市场价格做比较。由于市场价格可能包含资本市场对长期增长率的预期的现值，因此第一个估值通常远远低于市场价格。百事公司就出现了这种情况。假设增长率为零，百事公司的初始估值只有每股61.54美元，远远低于现行每股市场价格。为了确定市场价格隐含的长期增长率，我们逐步提高长期增长率，直至根据剩余收益模型估算出来的现值刚好等于每股市场价格。[①] 百事公司2012年末每股市场价格为68.43

① 值得注意的是，分析师需要在以下两处改变长期增长率参数的假设：（1）编制终止年份预测性财务报表；（2）运算估值方程式。

美元说明其长期增长率为 1.192%，远远低于我们预期的长期增长率 3.0%。也就是说，基于我们对百事公司第+1 年度至第+5 年度的剩余收益的假设、权益资本成本率为 7.50%和资本市场预期的每年长期增长率为 1.192%，百事公司股票的现值刚好等于每股市场价格 68.43 美元。鉴于百事公司的长期增长率不可能这么低，这就进一步验证了我们的判断：资本市场低估了百事公司 2012 年末的股票价格。再次强调，财务报表分析软件包的估值电子表格是一个有用的工具，有助于分析师对盈余和资本成本率做出各种假设，然后通过不断改变长期增长率假设反向推算股票价格。

14.6　学术研究与证券分析师工作的相关性

本书从头到尾都提及了实证会计研究的各种相关例证，包括鲍尔和布朗 1968 年的经典研究。该研究首次展现了盈余的变动与股票价格的意外变动之间的相关性，为未来研究奠定了基础。[①] 如第 1 章的图 1－7 所示，尼科尔斯和瓦伦（2004）重复检验鲍尔和布朗（1968）的研究结果表明，在其 1988—2002 年的研究样本期间内，只有年度盈余变动的符号差异（无论正负）与年度经市场调整的股票报酬率差异（大约 35%）存在相关性。平均而言，那些在某个特定年度列报盈余增加的平均样本公司“跑赢”了市场，其报酬率比市场报酬率高出 19%。而那些在某个特定年度列报盈余减少的平均样本公司的报酬率比市场报酬率低了 16%。这些结果说明盈余数字对资本市场而言具有非常丰富的信息含量。

会计学领域的这些学术研究结果有助于多层面、多维度地理解会计数字与各种股票市场变量之间的关系。这些股票市场变量包括股票价格、股票价格对盈余公告的反应、长期累计股票报酬率、交易量、分析师与管理层的盈余预测、权益资本成本率、隐含的市场风险溢价、市场 β 系数与其他风险因素、破产、盈余管理以及舞弊。本节将总结资本市场效率的作用，描述有关盈余的资本市场效率程度的一些重要实证证据。此外，本节还将描述一项采用本章和第 13 章所讨论的剩余收益估值模型的实证研究，以帮助挑选股票并形成各种投资组合。我们认为，分析师和投资者应该对迄今为止所取得的研究结果感到十分振奋。

□“资本市场效率”究竟意味着什么？

学术界通常从整体的角度立足大样本和市场整体趋势理解市场效率。而分析师和投资者认为其工作就是不断寻找市场定价失败即暂时定价偏误的各种证券。投资者在资本市场前线见证市场效率，每天都面临着市场价格的起伏波动，而有效市场理论有时难以解释这种市场价格的起伏波动。如此一来，学术界与专业投资者对市场效率（或者缺乏效率）的观点存在显著差异也就不足为奇。本节力图达成共识，下一节则会提供有关盈余和会计信息的资本市场效率的某些重要证据。

如果市场价格能对现有会计信息做出完整、快速的反应，那么可以认定资本市场在会计信息方面有效率。值得注意的是，效率应该是相对的，而不是绝对的。问题不是资产市场是否有效率，而是资本市场将所有价值相关信息反映到股票价格中的程度。

上述描述资本市场效率时提及的“完整”这个词是指股票价格没有任何系统偏差地反映所有会计信息中与价值相关含义的程度。一个相对有效率的资本市场会将所有与价值相关的财务报表信息（甚至包括财务报表附注可能披露的会计项目）的经济含义反映到股票价格中。

---

① Ray Ball and Philip Brown, “An Empirical Evaluation of Accounting Income Numbers,” *Journal of Accounting Research* (Autumn 1968), pp. 159－178.

上述描述资本市场效率提及的“快速”这个词的含义是，在会计信息公开披露之后，资本市场参与者不可能在较长时间内利用会计信息持续获得超常报酬率。如果资本市场效率非常高，市场价格应该快速反应（在几天之内），抓住会计信息或有关公司的其他信息来源所传递出来的任何与价值相关的信号。

在一个信息充分有效的资本市场上，股票价格反应的有效性或完整性程度和速度取决于分析师和财务报表分析。分析师和投资者研究会计信息，合理地评估股票价值，决定买卖那些被资本市场低估或高估的证券，进而驱动股票市场价格效率更高。如果公司尚未发布会计信息，股票价格将以预测和预期会计信息的速度逐步接近高效率水平。公司发布会计信息后，股票价格将以分析会计信息和对会计信息中包含的出人意料的信息做出快速反应的速度逐步接近新的更高效率水平。

我们也应该反过来思考资本市场效率很高并不意味着什么。一个信息效率很高的资本市场未必每天都能为所有股票做出正确的定价。从实践来看，相对有效率的资本市场可能在个别公司层面出现估值差错，而在整个市场层面，这些随机的无效率可能相互抵消，不会长时间存在。[①] 分析师和投资者由于能够识别和纠正证券定价偏误而成为资本市场效率的驱动力量。信息效率较高的资本市场未必具有完美的可预见性，出人意料的情况时有发生。公司时常因发布高于或低于资本市场预期的盈余信息而给资本市场带来意外。分析师和投资者会再次驱动股票市场价格对新信息做出快速、完整的反应。

□ 资本市场效率程度与盈余无效率的重要证据

维克多·伯纳德和雅各布·托马斯（Jacob Thomas）1989年和1990年的两项研究结果提供了迄今为止有关资本市场效率和盈余无效率的最重要证据。[②] 伯纳德和托马斯有关盈余公告后期间的研究结果表明，资本市场对季度盈余信息的反应较大，但并不完整、有效。尼科尔斯和瓦伦（2004）用1988—2002年的数据重复了伯纳德和托马斯（用的是1974—1986年的数据）的影响深远的结果。尼科尔斯和瓦伦收集了来自美国证券价格研究中心和计算机会计数据库的90 470家公司的季度盈余公告样本，将每个季度的所有样本公司按各家公司的意外盈余排序并分为10个组合。（为了保证横向的可比性，意外盈余（UE）等于实际每股收益减去分析师的每股收益共识预测值，再除以盈余公告之前60个交易日的每股市场价格。）尼科尔斯和瓦伦研究了各个组合在季度盈余公告之前60个交易日和季度盈余公告之后60个交易日的平均超常（经市场调整的）股票报酬率。图14-3展现了尼科尔斯和瓦伦的部分研究结果，这些研究结果再现了伯纳德和托马斯的研究结果。

图14-3展示的盈余公告之前期间的研究结果表明，资本市场在对季度盈余所包含的出人意料的消息进行预期和反应时效率非常高。季度盈余中包含出人意料的好消息的组合即第6～10个意外盈余组合的样本公司，在季度盈余公告前60个交易日和季度盈余公告当天，其累计超常报酬率都是正值。季度盈余中包含出人意料的坏消息的组合即第1～4个意外盈余组合的样本公司，在季度盈余公告前60个交易日和季度盈余公告当天，其累计超常报酬率都是负值。第10个意外盈余组合（大约为＋6.7％）与第1个意外盈余组合（大约为－6.8％）之间每个季度的累计超常报酬率平均差异为13.5％。这些研究结果表明，资本市场可以预期季度盈余信息并快速做出反应。

---

① 有关这些问题的讨论可以参见：Ray Ball，“The Earnings-Price Anomaly,” *Journal of Accounting and Economics*（1992），pp. 319－345。

② Victor Bernard and Jacob Thomas，“Post-Earnings Announcement Drift：Delayed Price Response or Risk Premium?” *Journal of Accounting Research* Vol. 27，(Supplement，1989)，pp. 1－36；and “Evidence that Stock Prices Do Not Fully Reflect the Implications of Current Earnings for Future earnings,” *Journal of Accounting and Economics* Vol. 13，No. 4（1990），pp. 305－340.

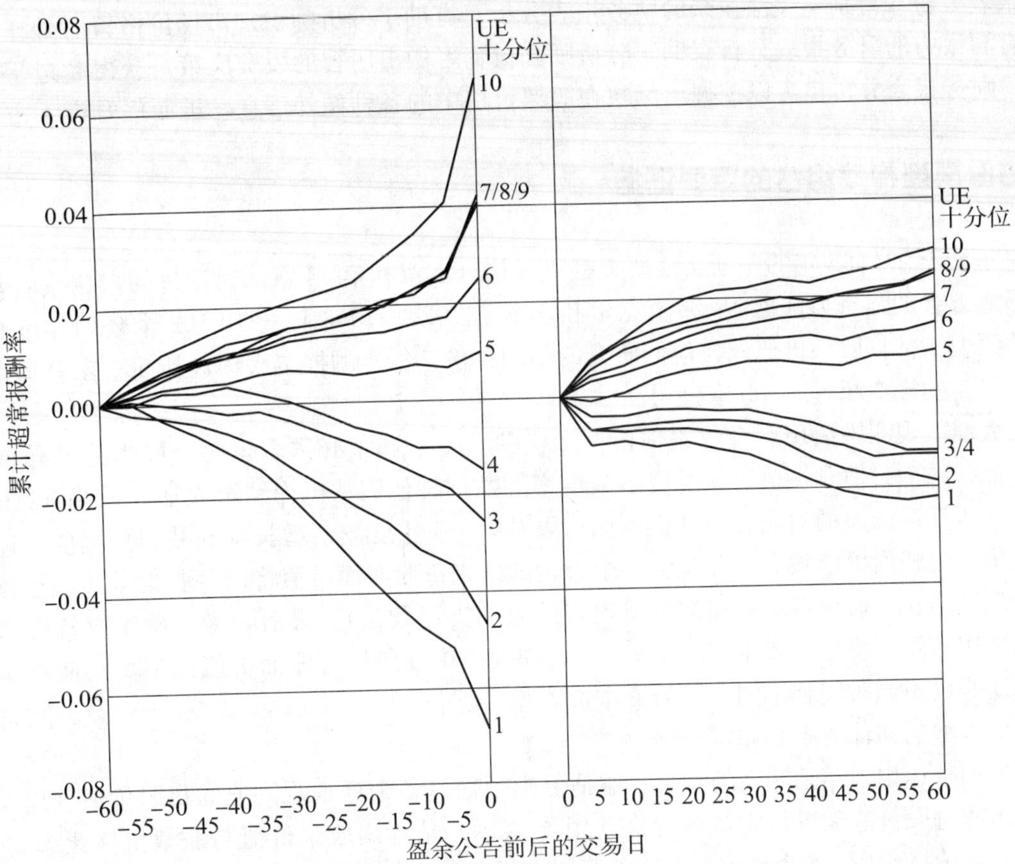

图 14－3　尼科尔斯和瓦伦（2004）重复伯纳德和托马斯（1989）有关季度盈余与市场效率的研究证据

图 14－3 展示的盈余公告之后期间的研究结果表明，资本市场对季度盈余消息的反应很强烈，但并不完整、有效。在盈余公告之后，尼科尔斯和瓦伦计量了相同组合盈余公告之后 60 个交易日的累计超常报酬率。如果资本市场对季度盈余的反应总体还算快速且完整，那么在盈余公告之后，这些组合应该不会出现任何系统性超常报酬率。盈余公告一旦发布，市场价格应该在发布之后的几天内进行有效调整。盈余公告之后的超常报酬率应该只来源于这 60 个交易日所产生的新信息，盈余公告之后的超常报酬率不应该与以前季度的盈余消息相关。

盈余公告之后期间的研究结果清晰地表明，第 10 个意外盈余组合的样本公司（最好消息）和第 1 个意外盈余组合的样本公司（最坏消息）都存在显著的累计超常报酬率。最好意外盈余消息和最坏意外盈余消息组合的累计超常报酬率均值大约为＋3.0％和－2.2％。在一项跟踪研究中，伯纳德和托马斯（1990）指出，资本市场似乎对当期盈余延续到未来期间的持续性反应不足，没有充分预期季度盈余变动的势头。

总而言之，伯纳德和托马斯的研究结果说明，资本市场会对季度盈余做出有效但并非完全有效的反应。尼科尔斯和瓦伦采用当期数据的研究结果表明，伯纳德和托马斯的研究结论依然成立。我们认为这些研究结果对分析师而言十分鼓舞人心。解读这些研究结果之后我们认为，如果分析师能够强化其预测未来盈余的能力，并在盈余公告发布前的 60 个交易日买入盈余增加的公司股票，卖出盈余减少的公司股票，就有可能获得盈余公告发布前的部分超常报酬率。同理，如果分析师能够提高其反应能力，一旦盈余公告发布就做出恰当的反应，则有可能获得盈余公告发布后的部分超常报酬率。这些研究结果说明，如果分析师擅长预测盈余并对盈余做出反应，就可以获得相应的报酬率。

我们认为，资本市场效率的精妙之处恰恰是分析师所向往的最高境界。资本市场在会计信息方面非常有效，但并非完全有效。有些股票可能暂时存在定价偏误，但资本市场将在一个相对较短的时间内纠正偏误。财务报表分析（特别是关注盈余的财务报表分析）有助于分析师识别市场价格暂时处于非均衡状态的股票。富有洞察力的财务报表分析有助于分析师和投资者做出明智的投资决策，获得超过平均水平的报酬率。此外，财务报表分析也可以挖掘出反映在股票价格中的各种额外信息，进而提升资本市场效率。

□ 运用估值模型构建组合的重要证据

弗兰克尔和李在1998年的一项实证研究提供了用（本章和第13章都讨论过的）剩余收益估值模型挑选股票并形成组合的强有力证据。[①] 弗兰克尔和李基于1976—1993年的18 162个公司年度观测值，运用剩余收益估值模型估算股票价值。在他们研究的早期年份，每年的样本大约包括500家公司，而在研究的后期年份，每年的样本超过1 300家公司。

为了在大样本观测中运用剩余收益估值模型，弗兰克尔和李必须取得每个样本公司年度的盈余预测值、账面价值、账面价值预测值、权益资本成本率等数据。他们从机构经纪人估计系统（I/B/E/S）收集分析师的后一年和后两年的每股收益共识预测值以及第+3年度盈余增长率的共识预测值，还从计算机会计数据库收集每股账面价值数据，并预测各个公司的未来每股账面价值将以每股收益共识预测值减去未来每股股利的数额增长（假设各个公司都维持现有的股利支付政策）。最后，为了确定权益资本成本率，弗兰克尔和李采用行业平均的三要素（β系数、公司规模、市场价值与账面价值比率）预期报酬率模型。弗兰克尔和李还假设不同时间和不同公司的资本成本率会保持不变（11%，12%或13%）。他们的研究结果对权益资本成本率的估计值不是非常敏感。

弗兰克尔和李运用三年预测期的剩余收益估值模型估算各个样本观测值的每股价值（用V表示）。接着将各个公司的每股价值除以每股市场价格（用P表示）估算出股票价值与股票价格比率。如果公司的股票价值与股票价格比率刚好等于1，意味着每股市场价格刚好等于每股价值；如果公司的股票价值与股票价格比率大于1，意味着资本市场低估了股票价格；而如果公司的股票价值与股票价格比率小于1，意味着资本市场高估了股票价格。弗兰克尔和李在其研究的各个年份将所有样本公司按股票价值与股票价格比率从高到低排序。由此将样本公司分为五个组合，从当年股票价值与股票价格比率最高五分位值的公司组合（前20%）到当年股票价值与股票价格比率最低五分位值的公司组合（后20%）。弗兰克尔和李假设这些组合的持有期间为36个月并累计了平均报酬率。

图14-4展现了弗兰克尔和李的各个年份研究结果的平均值。从图14-4的柱状条和左边的纵轴可以判断，最低五分位值公司组合的平均股票价值与股票价格比率大约为0.40，意味着资本市场显著高估了这些公司的股票价格。最高五分位值公司组合的平均股票价值与股票价格比率大约为1.50，意味着资本市场低估了这些公司的股票价格。图14-4的方形点和右边的纵轴表示组合形成之后买入并持有各个组合36个月的累计平均报酬率。值得注意的是，股票价值与股票价格比率最低五分位值公司组合的三年累计平均报酬率只有36%，而股票价值与股票价格比率最高五分位值公司组合的三年累计平均报酬率接近65%。弗兰克尔和李的研究还包括各种敏感性分析和验证其研究结果稳健性的各种控制测试。由此看来，通过股票价值与股票价格比率可以区分出被资本市场低估与高估的股票。

这些研究结果表明，我们已经讨论的估值模型有助于估算股票价值，判断资本市场更可能低估或高估哪些股票。尽管这些研究结果令分析师非常振奋，但并不意味着估值流程可以轻易完成或可以检验差错。实际上，我们强烈建议读者认真运用贯穿本书的财务报表分析框架的6个步骤，彻底地实施财务报表分析，精确地预测各种变量的数额，可靠地估算公司价值，提高做出明智投资决策的可能性。

---

① Richard Frankel and Charles M. C. Lee, "Accounting Valuation, Market Expectation, and Cross-Sectional Stock Returns," *Journal of Accounting and Economics*, Vol. 25 (1998), pp. 283-319.

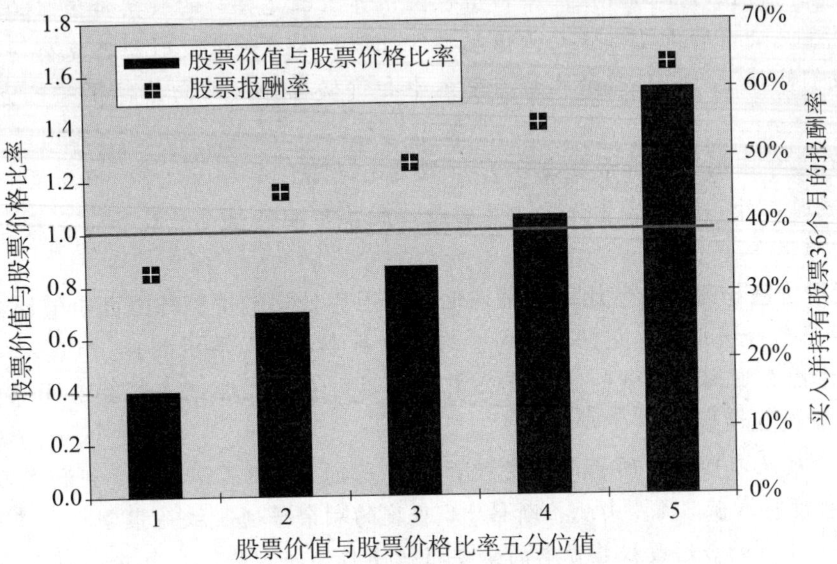

图 14-4　弗兰克尔和李（1998）运用剩余收益估值模型挑选股票并形成组合的证据

本章小结

本章讨论了估值过程中如何运用市场倍数，并以剩余收益模型为基础，创建将股票市场价格与价值的经济动因、会计基本面联系起来的理论基础。本章描述了市场倍数（如市场价值与账面价值比率、市盈率和市盈率增长比率）的概念基础及其实践应用。本章关注影响市场倍数的四个因素：

（1）风险与权益资本成本率。

（2）预期未来盈余增长率。

（3）某个特定年份盈余的永久性与暂时性部分。

（4）会计方法与会计原则对公司对外报告盈余和普通股权益账面价值的影响。

数十年来，分析师主要依靠市盈率将股票市场价格与公司盈余联系起来。不过，近年来，分析师和学者都倍感盈余的暂时性部分和盈余增长率可能降低市盈率作为价值指标的解释力度。分析师和学者逐步将关注点转向市场价值与账面价值比率、市盈率增长比率。某个特定期间的暂时性盈余对市场价值与账面价值比率的影响微不足道。本章还讨论了通过估算价格差异和反向推算股票价格，推断资本市场可能做出的各种假设，进而挖掘股票市场价值所隐含的各种信息的各种方法。本章最后部分描述了学术研究与专业分析师工作的相关性，包括重点描述某些关键研究结果。这些研究结果令那些有兴趣运用盈余和财务报表数据分析并评估公司价值的分析师非常振奋。

综合案例

星巴克公司

运用市场倍数估算星巴克公司普通股权益价值

我们在第 10 章的综合案例中讨论了如何编制星巴克公司第＋1 年度至第＋5 年度的预测性财务报表。本章的综合案例将运用第 10 章综合案例的预测性财务报表和第 14 章讨论的方法估算星巴克公司的权益资本必要报酬率，并运用价值与账面价值比率估值模型估算星巴克公司的股票价值。为了提供投资建议，本综合案例比较了星巴克公司的价值与账面价值比率估计值与本案例开发时星巴克公司的市场价值与账面价值比率。此外，我们估算了价值与盈余比率、市盈率和价格差异，反向推算了星巴克公司2012年末的股票市场价格。

星巴克公司2012年末的市场β系数为0.75。假设无风险利率是3.0%，市场风险溢价是6.0%。星巴克公司2012年末流通在外的股票数量为7.493亿股，股票市场价格是每股50.15美元。

要求：

第一部分：运用价值与账面价值比率估值法估算星巴克公司的价值与账面价值比率

a. 运用资本资产定价模型估算星巴克公司普通股权益资本的必要报酬率。

b. 运用第10章综合案例中编制的星巴克公司预测性财务报表推断星巴克公司第+1年度至第+5年度的预期剩余普通股权益报酬率。

c. 假设第+6年度及以后年度的长期稳定增长率为3%。预期第+5年度利润表和资产负债表各个项目的数额在第+6年度将增长3%。由此推断第+6年度的剩余普通股权益报酬率。

d. 以上述a问题得到的普通股权益资本的必要报酬率作为折现率，估算星巴克公司第+1年度至第+5年度剩余普通股权益报酬率的现值总额。

e. 采用上述a问题得到的普通股权益资本的必要报酬率作为折现率，并运用上述c问题的长期增长率数据，以星巴克公司第+6年度及以后年度的持续剩余普通股权益报酬率为基础，估算星巴克公司第+6年度初的持续价值。估算出第+6年度初的持续价值之后，将其折现为第+1年度初的现值。

f. 用下列三个步骤估算星巴克公司2012年末的价值与账面价值比率：

（1）估算所有未来剩余普通股权益报酬率的现值总额（根据上述d问题和e问题）。

（2）在（1）得到的数额基础上加上1（代表2012年末开始估值时的权益账面价值）。

（3）采用年度中间点折现调整系数调整（2）得到的数额。

g. 估算星巴克公司2012年末的市场价值与账面价值比率，并将价值与账面价值比率和市场价值与账面价值比率做比较。比较结果说明资本市场是低估还是高估了星巴克公司的股票价格？资本市场对星巴克公司的股票定价是否公允？根据比较结果，有何投资建议？

h. 运用价值与账面价值比率估算星巴克公司的股票价值。

i. 第11章的综合案例运用股利估值法估算出星巴克公司普通股股票的价值，第12章的综合案例运用现金流量估值法估算出星巴克公司普通股股票的价值，第13章的综合案例运用剩余收益估值法估算出星巴克公司普通股股票的价值。分别将第11～13章的综合案例的估值结果与本案例的估值结果做比较。这四种估值方法的估值结果应该相同。做完这个练习你将受益匪浅。

第二部分：运用价值与盈余比率、市盈率、价格差异和反向推断法分析星巴克公司的股票价格

j. 运用第+1年度的预测性数据预测星巴克公司第+1年度的每股收益。为此，需要将星巴克公司第+1年度归属于普通股股东的综合收益预测值除以星巴克公司2012年末流通在外的普通股数量。运用星巴克公司第+1年度的每股收益预测值和上述h问题估算出来的股票价值，估算星巴克公司的价值与盈余比率。

k. 运用上述j问题得到的星巴克公司第+1年度每股收益预测值和星巴克公司2012年末的股票市场价格，估算星巴克公司的市盈率。比较星巴克公司的价值与盈余比率和市盈率。根据比较结果，有何投资建议？比较结果说明资本市场是低估还是高估了星巴克公司的股票价格？资本市场对星巴克公司的股票定价是否公允？这种比较得出的结论与上述g问题比较价值与账面价值比率和市场价值与账面价值比率得出的结论相同吗？

l. 说明：仅就本问题假设星巴克公司第+6年度初的长期增长率为1%（而不是3%）。星巴克公司第+6

年度初的长期增长率为 1%，第+6 年度的综合收益为 29.00 亿美元。估算星巴克公司 2012 年末的价格差异。估算星巴克公司价格差异占风险中性价值的百分比。资本市场按风险对星巴克公司的股票价格打了多少折扣？

m. 反向推算星巴克公司 2012 年末的股票价格，确定股票价格隐含的预期报酬率。首先，假设价值等于价格，第+6 年度及以后年度的盈余和长期增长率（3%）预测值是资本市场对星巴克公司的预期的可靠替代变量。接着，确定资本市场在星巴克公司股票价格中隐含的预期报酬率（折现率）信息（提示：创建预测和估值电子表格，估算星巴克公司股票价值。不断改变折现率，直至估算出使估值刚好等于星巴克公司 2012 年末的每股市场价格 50.15 美元的折现率）。

n. 反向推算星巴克公司 2012 年末的股票价格，确定股票价格隐含的预期长期增长率。首先，假设价值等于价格，第+1 年度至第+5 年度的盈余预测值是资本市场对星巴克公司对预期的可靠替代变量。假设（上述 a 问题已经估算出来的）资本资产定价模型隐含的折现率是资本市场预期报酬率的可靠替代变量。接着，确定资本市场在星巴克公司的股票价格中隐含的预期长期增长率信息（提示：创建预测和估值电子表格，采用资本资产定价模型隐含的折现率估算星巴克公司股票价值。假设初始的长期增长率为零。不断提高长期增长率，直至估算出使估值刚好等于星巴克公司 2012 年末的每股市场价格 50.15 美元的长期增长率）。

Financial Reporting, Financial Statement Analysis, and Valuation: A Strategic Perspective, 8e
James M. Wahlen, Stephen P. Baginski, Mark T. Bradshaw

Cengage Learning Asia Pte. Ltd.
151 Lorong Chuan, #02-08 New Tech Park, Singapore 556741

北京市版权局著作权合同登记号图字：01-2019-2052

图书在版编目（CIP）数据

财务报表分析：第8版/詹姆斯·瓦伦，斯蒂芬·巴金斯基，马克·布拉德肖著；胡玉明译. --北京：中国人民大学出版社，2020.8
（工商管理经典译丛．会计与财务系列）
ISBN 978-7-300-25154-7

Ⅰ.①财… Ⅱ.①詹… ②斯… ③马… ④胡… Ⅲ.①会计报表—会计分析 Ⅳ.①F231.5

中国版本图书馆CIP数据核字（2020）第154379号

工商管理经典译丛·会计与财务系列
财务报表分析（第8版）
詹姆斯·瓦伦
斯蒂芬·巴金斯基 著
马克·布拉德肖
胡玉明 译
Caiwu Baobiao Fenxi

出版发行	中国人民大学出版社		
社　　址	北京中关村大街31号	邮政编码	100080
电　　话	010－62511242（总编室）		010－62511770（质管部）
	010－82501766（邮购部）		010－62514148（门市部）
	010－62515195（发行公司）		010－62515275（盗版举报）
网　　址	http://www.crup.com.cn		
经　　销	新华书店		
印　　刷	三河市恒彩印务有限公司		
规　　格	215 mm×275 mm　16开本	版　　次	2020年8月第1版
印　　张	37 插页2	印　　次	2020年8月第1次印刷
字　　数	1 105 000	定　　价	98.00元

教师教学服务说明

中国人民大学出版社财会出版分社以出版经典、高品质的会计、财务管理、审计等领域各层次教材为宗旨。

为了更好地为一线教师服务，近年来财会出版分社着力建设了一批数字化、立体化的网络教学资源。教师可以通过以下方式获得免费下载教学资源的权限：

在中国人民大学出版社网站 www.crup.com.cn 进行注册，注册后进入“会员中心”，在左侧点击“我的教师认证”，填写相关信息，提交后等待审核。我们将在一个工作日内为您开通相关资源的下载权限。

如您急需教学资源或需要其他帮助，请在工作时间与我们联络：

中国人民大学出版社　财会出版分社

联系电话：010-62515987，62511076

电子邮箱：ckcbfs@crup.com.cn

通讯地址：北京市海淀区中关村大街甲 59 号文化大厦 1501 室（100872）

CENGAGE Learning

Supplements Request Form (教辅材料申请表)

Lecturer's Details（教师信息）			
Name: (姓名)		Title: (职务)	
Department: (系科)		School/University: (学院/大学)	
Official E-mail: (学校邮箱)		Lecturer's Address / Post Code: (教师通讯地址/邮编)	
Tel: (电话)			
Mobile: (手机)			

Adoption Details（教材信息） 原版☐ 翻译版☐ 影印版 ☐			
Title: (英文书名) Edition: (版次) Author: (作者)			
Local Publisher: (中国出版社)			
Enrolment: (学生人数)		Semester: (学期起止日期时间)	
Contact Person & Phone/E-Mail/Subject: (系科/学院教学负责人电话/邮件/研究方向) （我公司要求在此处标明系科/学院教学负责人电话/传真号码并在此加盖公章.） 教材购买由 我☐ 我作为委员会的一部份☐ 其他人☐[姓名：] 决定。			

Please fax or post the complete form to（请将此表格传真至）：

CENGAGE LEARNING BEIJING
ATTN : Higher Education Division
TEL: (86) 10-82862096/ 95 / 97
FAX : (86) 10 82862089
EMAIL: asia.infochina@cengage.com
www. cengageasia.com
ADD: 北京市海淀区科学院南路 2 号
融科资讯中心 C 座南楼 12 层 1201 室 100190

Note: Thomson Learning has changed its name to CENGAGE Learning

VERIFICATION FORM / CENGAGE LEARNING